供护理学专业用

成人护理

上册

主　编　梁丽丽　向　宇　江桃桃　赵远方
副主编　卢东英　余　凡　周　涛　刘　静

科学技术文献出版社
SCIENTIFIC AND TECHNICAL DOCUMENTATION PRESS
·北京·

图书在版编目（CIP）数据

成人护理：全2册/梁丽丽等主编. –北京：科学技术文献出版社，2013.8

ISBN 978-7-5023-8097-7

Ⅰ.①成. Ⅱ.①梁. Ⅲ.①护理学–高等学校–教材 Ⅳ.①R47

中国版本图书馆CIP数据核字(2013)第146604号

成人护理

策划编辑：田文正　责任编辑：孙江莉　责任校对：张吲哚　责任出版：张志平

出版者　科学技术文献出版社
地　址　北京市海淀区复兴路15号　邮政编码100038
编务部　(010)58882938，58882087(传真)
发行部　(010)58882868，58882874(传真)
邮购部　(010)58882873
官方网址　www.stdp.com.cn
发行者　科学技术文献出版社发行　全国各地新华书店经销
印　刷　湖北省公安印刷厂
版　次　2013年8月第1版　2013年8月第1次印刷
开　本　787×1092　1/16
字　数　2 000千字
印　张　66
书　号　ISBN 978-7-5023-8097-7
定　价　158.00元(全2册)

编者名单

主　编　梁丽丽　向　宇　江桃桃　赵远方

副主编　卢东英　余　凡　周　涛　刘　静

编　委　（按编写章节顺序）

江桃桃　向　宇　赵远方

卢东英　余　凡　梁丽丽

江　震　张　勉　吴良红

周　涛　胡　恒　周　艳

常菊群　胡　丹　肖　静

苏　静　刘　静

前言

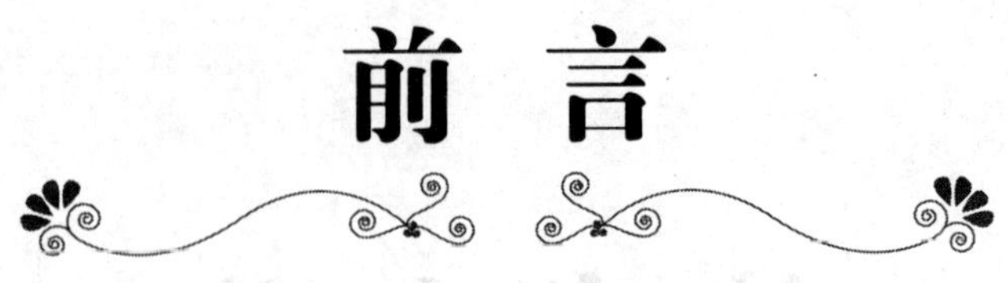

为适应二十一世纪高等护理人才培养的需要，全国护理教育也相应进行了一些列的改革，不断引进国外先进护理理念，同时以护理程序科学的工作方法指导实践。而为了满足我国高等护理院校课程改革及对相应教材的需求，本教材在注重基础理论、基础知识和基本技能的基础上，按护理评估、护理诊断、护理目标、护理措施、护理评价进行编写，引进典型病案，同时充分与护士执照考试大纲保持一致，采用了以人的生命周期为主线，以护士执照考试大纲为蓝本的一套创新型护理教材。在编写过程中，坚持以岗位需求为导向，培养其综合职业能力，保证教材的科学性、思想性、实用性、可读性和创新性。力求做到适应社会经济发展和人群健康需求变化，适应科技发展，适应医学模式变化与发展，体现“以人的健康为中心，以整体护理观为指导，以护理程序为主线”，突出护理专业特色和发展与改革需要。

本教材适用于护理专科学生，也可作为临床护士学习指导。其主要内容是从18岁至60岁病人的主要健康问题的护理。全书分为上、下两册，包括传统的内科护理（含传染科）、外科护理、妇科护理、五官护理的主要内容。本教材在编写中注重体现整体护理的理念，应用护理程序组织各章节内容，突出护理专业学生应掌握的基本知识、基本理论和基本技能，充分结合案例讲解疾病，有利于学生建立系统的护理专业知识，以及形成科学的思维和学习方法。

由于编者水平有限，编写时间仓促，本教材难免有诸多不当之处，恳请广大师生在使用过程中不吝赐教，提出宝贵意见和建议。

梁丽丽

2013.6

目录

目录

目录

目录

第一篇

总　论

第一章　绪　论

案例引入

患者,女,58 岁。因上腹痛、恶心、呕吐、腹泻 1 天入院。既往有高血压病,高黏血症,平时规律服药,3 个月前又加服阿司匹林 25mg/天。

查体:急性病容,血压正常,心肺未见异常;腹平软,无肠型及蠕动波,未触及肝脾及包块,剑突下压痛明显,肠鸣音正常。

学习任务:1.您作为管床护士请做好入院、住院和出院护理。

2.请做一次完整的护理查房。

学习目标

知识目标　能说出成人各阶段生理、心理特点,知道成人护理的范畴,并知晓成人护理的学习方法。

能力目标　能够对成人各期进行正确的生理、心理护理。

素质目标　学习过程中体现对患者的关心。

第一节　成人的成长发展及各阶段健康问题

整个人的生命周期是在年龄、功能、心理、社会几个方面动态变化的结果,其变化形态是可以预测的。护士具备成人成长及发展的知识对提供合适的护理具有重要意义。成长是指人生理方面的改变,是细胞增殖的结果,表现为机体和各器官的长大,即机体在量方面的增长。成长是可以测量和观察到的,如身高、体重、骨密度、牙齿结构的变化等客观指标。发展是生命过程中有顺序、可预期的功能改变,表现为细胞、组织、器官功能的成熟和机体能力的演进,如行为改变、技能增强等,即表现为质方面的变化,是不易测量的。发展是学习的结果和成熟的象征。成人根据生理、心理的不同特点可以划分为不同的发展阶段,但目前对成人发展阶段的描述并不是非常全面。

一、成人发展的相关理论及成人社会化过程

目前没有一个独立的理论可以解释成人的成长发展过程。在成人发展过程中,生理、心理和社会文化因素不是孤立存在的,成人发展反映了这些因素之间的内在联系。理论学家解释成人发展的特点基于以下假定:①成人发展是持续性的,具有可限定性、可预测性及连续性的特点。②生命周期中的重要发展时期表现为生理和心理社会发展经历重新组织的时候。③在每一个发展阶段都有与之相伴的特定的活动或任务。④了解下一阶段的任务是向未来阶段任务过渡的基础。

艾瑞克森(Erik Erikson)的心理社会发展理论是在弗洛伊德心理学说的基础上发展起来的,他把人的一生分为 8 个心理社会发展阶段,每个阶段都有其发展任务要完成,每个发展阶段均有一个中心问题或危机必须解决,这些矛盾冲突即是健康人格的形成和发展过程所必须遇到的社会对个体的要求和挑战。艾瑞克森认为人格的形成和发展是自我与社会环境对抗的结果。成功解决每一个阶段的中心问题或至少减轻这些压力,就可以健康地进入下一阶段。一个人的人格或情感表现可反映器每一阶段的发展结果。

(一)成人早期

即青年期 18 ~ 40 岁,发展任务是紧密与孤独的关系,即能够和他人建立紧密关系,承担对他人应尽的

责任和义务。艾瑞克森认为真正的紧密感是指两个人愿意分享和相互调节他们生活中一切重要方面。亲密关系的建立需要一定程度的奉献、包容及为他人利益而自我放弃。在成年早期如果不能履行这些行为，害怕失去自我，将会产生孤独感和自我专注。此期发展的结果是有美好的感情生活，良好的人际关系及协作精神。

成人早期的第一个家庭任务是从最初的家庭中分离开来。这个过程是逐渐发生的，包括生理、经济、情感从父母处独立。然而分离并不意味着与父母关系的结束，而是与父母建立相互联系的成人关系的第一步。离开最初的家庭后，年轻人随之要建立新的家庭，并确定新的家庭角色和家庭关系。因为社会关系的支持结构的改变，新的家庭往往面临较大的压力。结婚 3 ~ 5 年的家庭离婚率较高。

（二）成人中期

即中年期 40 ~ 65 岁，发展任务是繁殖与停滞的关系。此期的主要任务是养育和指导下一代，在工作和生活上取得成就。如果没有繁殖、养育和事业上的成就，可能会造成人格的贫乏和停滞，表现为自我专注及过多地关心自己的生理和精神需求。此期顺利发展的结果是细心培育下一代，热爱家庭和有创造力的努力工作。

成人中期需要抚养子女及赡养父母，这一时期的家庭要面对复杂的问题，包括中年人自身的转变、青春期子女的困惑及重新定位家庭角色和家庭关系。中年人对婚姻关系不抱幻想，40 ~ 50 岁的配偶彼此的满意程度较低，其原因包括职业的压力、对青春期子女的经济和情感付出等。虽然这一阶段的离婚率不像成人早期那样高，但在子女离家后的短期内会有增长。很多中年夫妻在子女离开后会重新看待婚姻关系，他们互相作为伴侣而不是“父母”，因此对婚姻的满意程度有了新的提高。中年人会更加重视父母，并以新的方式理解老年人的问题。如果父母的健康状况良好并能基本自理，父母-子女关系比较友好，如果老年父母因为经济、健康或丧偶等问题导致他们不能独立生活，父母-子女的关系可能发生改变，子女需要照顾父母。很多中年人最终要面临父母去世的问题，因为父母的离开，他们将成为家庭中最老的长辈。在成人中期很多人会成为祖父母。这种新的社会角色可能对祖父母的自尊有正面或负面的影响。对这些人而言是期望的满足，对另一些人则意味着“变老”。很多祖父母需要照顾幼小的孙辈。这些变化对成人中期的祖父母会造成生理和情感的压力。

（三）成人晚期

即老年期 65 岁以上，发展任务是自我完善与失望的关系。成年晚期是回顾过去及重新安排生活的时期。此时老人往往回顾一生以评价自己的人生是否有价值。艾瑞克森认为以前的生活可以带来完善感及生命美好的感觉。老年人在体验了这种完善感后，会进一步发挥自己的潜能以弥补自己的缺憾，使生命更有意义。当一个人接受了自己的生活后，死亡也就成为生活中有意义的部分。但在回顾以往生活时，过去生活中机会的丧失和错误可能会导致沉重感，这时会产生失望。此阶段顺利发展的结果是乐观、满足、顺其自然、安享天年。反之，老年人会处于追悔往事的消极情感中。

退休是家庭生活最后的标志，老年家庭出现特有的发展任务。首先，老人要根据退休后角色的改变和身体状况，在有限的收入条件下安排满意的生活。身体健康并有适当收入的老年人，自己居住可以保持独立生活能力及私人空间。丧偶是成年晚期的重要问题，对丧偶的老年人调整生活安排是这一阶段的主要任务。

二、成人各阶段的生理、心理发展特点

（一）成人早期

成人早期的身体处于健康的最佳阶段。此时由于年龄而造成的生理变化刚刚开始。这一时期是个体从不成熟走向成熟的后过渡时期。

1. 生理发育成熟

进入成人早期的人的各项生理功能日渐成熟。脉搏随年龄增长而逐渐减慢；血压逐渐增长并趋于稳定；肺活量逐渐增长并趋于稳定。机体的力量、耐力、速度、灵活性和柔韧性等都在成人早期进入高峰。脑的形态与功能已趋成熟。人在 22 岁左右生长发育完全成熟。此时骨骼已全部骨化，身高达最大值，第二性征在 19 ~ 20 岁彻底完成，男女体态区分明显。

2. 心理社会改变

（1）认知语言能力成熟　成人早期阶段的人抽象思维能力和注意的稳定性日益发达，观察的概括性和稳定性提高。口语表达趋于完善，书面语言表达基本称成熟。

(2)情感丰富强烈但不稳定　人的情感体验在成人早期进入最丰富的时期,同时其情感的内容也越发深刻且带有明显的倾向性。伴随不断接受新鲜事物,青年人的情绪出现强烈但不稳定的特征。随年龄的增长,其自我控制能力在提高。

(3)人格逐渐成熟　成人早期是人格形成与成熟的重要时期,虽然其个性还会受到内外因素的影响而发生变化,但已相对稳定。首先表现为自我意识趋于成熟,一方面对自身能进行自我评价,另一方面也懂得尊重他人的需要。其次人生观、道德观在这一阶段初步形成,表现为对自然、社会、人生等都有了比较稳定和系统的看法。人的兴趣和性格在成人初期趋于稳定。

(二)成人中期

1. 生理功能逐步衰退

进入中年期后,人体的各个系统、器官和组织的生理功能从完全成熟走向衰退。主要表现有:

(1)心血管系统　动脉逐渐硬化,血管运动功能和血压调节能力减弱,血液胆固醇浓度随年龄增长而增高,动脉管腔变窄,引起心脑血管供血不足甚至缺血,导致冠心病、脑卒中等心脑血管病。

(2)呼吸系统　肺组织弹性逐渐减小,肺泡间质纤维增生,肺的通气和换气功能下降。慢性呼吸系统疾病,如COPD的发病随年龄增长而增高。

(3)内分泌系统　胰岛素分泌量减少,一些个体出现糖尿病倾向或罹患糖尿病。性腺功能减低,内分泌紊乱导致出现更年期综合征。

(4)其他　其他器官系统功能减退,如肌肉开始萎缩、骨密度降低、胃功能减低等。

2. 心理能力继续发展

人的心理能力进入成人中期后许多方面仍在发展。

(1)智力发展到最佳状态　在成人中期,知识的积累和思维能力都达到了较高的水平,善于分析并做出理智的判断,有独立的见解和解决问题的能力。这一时期是事业成功的主要阶段。

(2)情绪稳定　中年人较年轻人更善于控制自己的情绪,较少冲动。自我意识明确,了解自己的才能和所处的社会地位,善于决定自己的言行。

(3)个性稳定　稳定的个性表现出每个人自己的风格,有助于建立稳定的社会关系,顺利完成人生目标。

(三)成人晚期

进入成人晚期的人不仅生理上出现衰老,心理上也发生很大的变化。

1. 生理功能衰退

人体衰老涉及全身的细胞、组织和器官的退行性改变,既有形态上的改变,又有功能上的下降。除了皮肤松弛、毛发稀少、形体改变等外貌的变化,老年人身体各器官和系统度可以发生不同程度的器质性和功能性改变。心、肺、肾等重要器官的储备能力下降明显,视力减退,听力下降,肌力减弱,动作缓慢。

2. 心理能力改变

成人晚期由于神经系统发生变化,脑细胞减少,脑组织萎缩,脑血流量减少,脑功能下降,可出现心理能力的改变。

(1)记忆能力改变　老年人近期记忆保持效果差,近事易遗忘,但远期记忆保持效果好;机械记忆能力下降,理解性、逻辑性记忆能力不差。

(2)智力改变　老年人因为中枢神经系统功能降低和感觉缺陷而出现快速思维和快速运动障碍。老年人的晶体智力易保持而液体智力下降。液体智力是与神经发展相关的能力,包括记忆、视觉-运动灵活性、联想力等;晶体智力与经验及学习的积累有关,包括推理、理解等。

(3)情绪改变　老年人情绪趋于稳定,常常表现为易兴奋、激怒、喜欢唠叨,情绪激动后恢复需要较长时间。

(4)性格改变　学习新鲜事物的减少导致做事固执、刻板。有些老人以自我为中心,影响与他人的关系。

第二节　成人护理的范畴与发展

现代护理理念的建立、时代的进步、人类对新生事物的不断加深认识和各学科间的交叉,极大地丰富了成人护理的内涵,对护理专业从业者的要求也越来越高,不仅要求其掌握各专科特有的知识、技术,还要求其熟悉社会伦理、社会经济法规、护理心理、人际关系等学科的知识。要求护士必须在现代护理观的指导下,“以人为本”，对患者进行系统的评估，提高其身、心整体的护理和个体化的健康教育，真正体现“健康促进”的宗旨。

成人护理的范畴包括呼吸系统、循环系统、消化系统、泌尿系统、血液系统、生殖系统、内分泌系统、运动系统及感觉系统患者的护理，涵括了内科、外科、妇科及五官科的护理。因外科疾病需要护理的患者类型：①感染患者：由致病菌侵入人体导致组织、器官的损害、破坏和脓肿形成，此类局限性感染患者多适宜手术治疗，包括切开引流或切除。②损伤患者：由于外力或各种致伤因子引起的人体组织的损伤和破坏，如骨折、烧伤和内脏器官破裂的患者，多需手术处理。③肿瘤患者：包括良性和恶性肿瘤患者，恶性肿瘤患者除需予以手术治疗外，大多数还需进行综合治疗，主要如化疗、放疗等。④畸形患者：部分影响生理功能、活动或生活的畸形患者常需手术整复，以恢复功能和改善外观。⑤功能障碍及其他患者：包括需要手术治疗的内分泌疾病及器官功能衰竭患者等，如甲状腺功能亢进、胰岛细胞瘤、肾移植手术等。

成人护理随着相关学科的发展、社会对卫生保健需求的变化以及护理模式的转变而不断发展。

近年来，由于基础和临床医学的进展，对许多疾病的病因和发病机制有了进一步的认识，从而为新的预防和治疗方法的探索开辟了新路径。例如遗传学的进展，使通过胎儿绒毛膜或羊水细胞基因中的 DNA 分析，可得到地中海性贫血遗传类型和血友病的产前诊断。由于免疫学的发展，免疫机制障碍在许多疾病，如恶性肿瘤、部分慢性活动性肝炎、肾小球疾病、Graves 病、类风湿关节炎中的作用受到重视；免疫治疗在器官移植、白血病等治疗中的应用，使治疗效果显著提高。药理学的研究进展，产生了大批根据发病机制研制的新药，如肾上腺素能β-受体阻滞剂、H_2受体阻滞剂，为一些疾病提供了更有效的治疗方法。

在检查和诊断技术方面，心、肺、脑的电子监护系统用于持续的病情监测，能连续记录并显示各项检测的读数和形态，在监测指标超出设定范围时及时报警，以利于及时发现和处理病情变化，提高了危重患者的抢救成功率。内镜技术的改进使其用途不断扩大，通过直接观察、摄影摄像、采集脱落细胞和活组织检查等方法，有效地提高了消化道、呼吸道、泌尿道及腹腔内一些疾病的早期诊断和确诊率，并且可以用于止血、取出结石和异物、切除息肉等治疗。显微外科技术、器官移植、微创手术、肠内外营养、体外循环、人工肾等促进了临床医学的发展。影像诊断技术如 CT、MRI、放射性核素检查、超声诊断技术等的发展，极大地提高了疾病诊断水平。

在治疗技术上，血液净化技术的不断改进，使急、慢性肾衰竭、高血容量状态、某些急性中毒的治疗效果明显改观，使慢性肾衰竭的患者的长期生存率和生存质量明显提高。器官移植技术及术后有效免疫治疗，使脏器功能严重衰竭患者的生命得以延长，埋藏式人工起搏器向微型、长效能源、程序控制和多功能化发展，心导管诊断和治疗技术的进展，使一些心脏疾病的疗效大为改善。

科学技术的进步使医学科学得以快速发展，医学科学技术的发展又促进了护理的发展。护理学的发展对减轻患者痛苦、促进康复起到关键作用。如临床路径提高了有限医疗资源的效率，循证护理为临床护理水平的提高展开了良好的前景。回顾护理学的临床实践和理论研究，曾经历了以疾病为中心、以患者为中心及以人的健康为中心的三个阶段。

第三节 成人护理学习的指导思想

随着医学科学的不断发展，各种新技术的不断引入，在为护理学的发展提供新的施展舞台的同时，也提出了新的挑战。我国护理工作者应不断认清形势，看到自身的不足之处以及与世界发达国家之间的距离，进一步加强与外国护理人员的交流，吸取外国先进的和推出自己成功的经验，承担起时代赋予的历史重任，为护理学发展做出应有的贡献。

一、树立正确和稳固的职业思想

学习护理学的目的是为了掌握知识、更好地为人类健康服务。作为护理工作者，仅有知识还远远不够，欲有效体现所学知识的价值并学以致用，关键在于树立正确和稳固的职业思想。如果一个学习者将学习过程看作是丰富自己知识的一个机会，或作为谋生的手段，就绝对成不了一个好护士。只有明确学习目标、具有学习的欲望和乐于为护理事业无私奉献者，才能学好护理，才能成为一个合格的护士。只有当一个人所学的知识为人所需、为人所用时，才能体现知识的价值。为人类健康需有正确的思想指导和实质性内容，那就是在全心全意为人的健康服务的思想指导下，在实践中运用知识、奉献爱心。

二、以现代护理观为指导

现代护理学理论包括4个框架性概念:人、环境、健康、护理。生物-心理-社会医学模式为护理学的发展注入了新的生机,为护理专业指明了发展方向。美国护士学会提出:护理是诊断和处理人类现存的或潜在的健康问题的反应,充分体现了护理的根本目的是为服务对象解决健康问题。

新的医学模式拓宽了护士的职能。护士不仅要帮助和护理患者,还需要提供健康教育和指导服务。因此,护士是护理的提供者、决策者、沟通者和研究者,也是教育者。护士所具有的这种特殊地位和职能,有助于与患者建立良好的信任关系。护理是护士与患者之间的互动过程,护理的目的是增强患者的应对和适应能力,满足患者的各种需要,使之达到最佳的健康状态。在护理实践中,应严格要求自己,始终以人为本,以现代护理观为指导,依据以护理程序为框架的整体护理模式,收集和分析资料,评估患者现有的和潜在的护理问题,采取有效的护理措施并评价其效果。

三、注重理论与实践相结合

医学发展本身就体现了理论与实践相结合的成果,而护理又是一门实践性很强的、为人类健康服务的应用性学科。因此成人护理的学习同样必须遵循理论与实践相结合的原则,一方面要认真学习书本上的理论知识,另一方面必须参加实践,将书本知识与临床护理实践灵活结合,使学习过程不仅仅停留在继承的水平,更是成为吸收、总结、提高的过程。学习成人护理结合病例,进一步印证、强化书本知识,才有助于解决护理实践中的一些问题。在学习过程中,必须综合应用所学的解剖、生理、病理、生化和各专科知识,结合患者的年龄、性格特点、工作性质和文化背景等,分析、寻找患者身上现有的或潜在的最突出的护理问题,并依此有针对性地制订护理计划和实施护理措施,充分体现循证护理。值得强调的是,在护理实践中不能只看到局部问题,还要注意由局部病变导致的全身反应,如创伤患者,除局部损伤、出血外,还可能发生休克和全身性的代谢反应和变化。作为护士必须具备整体观念,仔细观察、加强护理,及时评价护理效果。通过独立思考,将感性认识与理论知识紧密结合,提高发现问题、分析问题和解决问题的能力。只有这样才能不断拓展自己的知识和提高业务水平,塑造成一名合格的护士。

(向宇)

第二章　水、电解质、酸碱代谢失调患者护理

案例引入

案例一:王先生,26 岁,体重 60kg。因阵发性腹痛 2 日,伴频繁呕吐,停止排便、排气,自觉口渴、尿少、乏力,拟诊“急性肠梗阻”于昨日上午 8:00 入院。

查体:体温 38℃,脉搏 100 次/分,血压 86/60mmHg。表情淡漠,呼吸深快,眼窝下陷,口唇干燥,颜面略潮红,腹部见肠型,脐周有广泛的压痛,肠鸣音亢进,膝反射减弱。血清钠 145mmol/L,血清钾 3.5mmol/L。

患者入院后,医生拟定补液计划,液体有 5%GS、0.9%NaCl、5%GNS 等。

学习任务:1.您作为管床护士请做好入院、住院和出院护理。

2.请做一次完整的护理查房。

学习目标

知识目标　能说出水、电解质和酸碱代谢失调患者的主要临床特点,并正确为患者进行护理评估。

能力目标　能够对水、电解质和酸碱代谢失调患者提出正确的护理诊断,并能够为患者提供合适的护理措施。

素质目标　学习过程中学习运用临床思维方法,提高运用基本知识分析、解决临床护理案例的能力,体现以患者为中心的整体护理理念。

正常体液容量、渗透压和电解质含量是机体维持内环境平衡和稳定、各器官功能正常进行的基本保证。由于神经-内分泌系统的调节作用,人体内环境保持着一定的动态平衡。一旦该平衡因创伤、手术、感染及许多外科疾病等因素而遭破坏,若代谢失衡程度超越人体的代偿能力,便可影响疾病的转归,严重时甚至威胁生命。因此,正确认识和处理水、电解质、酸碱平衡失调是现代外科患者治疗和护理中的一个重要内容。

第一节　体液的正常代谢

一、体液的组成及分布

(一)体液组成及含量

体液的主要成分是水和电解质,其量因性别、年龄和胖瘦而异。由于肌肉组织含水量较多(75%~80%),而脂肪组织含水量较少(10%~30%),因此一般成年男性体液量约为体重的 60%,而女性体液量约为体重的 55%。小儿的脂肪较少,故体液量所占体重的比例较高,新生儿可达体重的 80%,随年龄增长,体内脂肪组织逐渐增多,体液量占体重的比例将有所下降,14 岁以后已与成人所占比例相似。

(二)体液分布

体液分为细胞内液和细胞外液两部分。细胞内液大部分位于骨骼肌内。由于成年男性肌肉较女性发达,故其细胞内液约占体重的 40%,女性约占体重的 35%。细胞外液则男、女性均约占体重的 20%。细胞外液又分为血浆和组织间液两部分,其中血浆量约占体重的 5%,组织间液占体重的 15%。以上各部分体液比例相

对恒定，它们之间又不断进行交换，保持着动态平衡。

细胞外液中主要阳离子为Na^+，主要阴离子为Cl^-、HCO_3^-和蛋白质。细胞内液中主要阳离子为K^+和Mg^{2+}，主要阴离子为HPO_4^{2-}和蛋白质。

二、体液平衡及调节

（一）水的平衡

水的正常代谢是摄入量与排出量动态平衡，人体每日摄入一定量的水分，同时也排出相应量的水分，达到每天出入水量相对恒定（表 2-1）。

表 2-1 正常人 24 小时液体出入量

	摄入量(ml)		排出量(ml)
饮水	1000 ~ 1500	尿	1000 ~ 1500
食物含水	700	粪便	150
内生水	300	皮肤	500
		呼吸	350
总量	2000 ~ 2500		2000 ~ 2500

（二）电解质平衡

体液中的电解质主要来源于食物，食物中摄入的电解质经消化道吸收并参与体内代谢。与维持体液电解质平衡相关的主要是Na^+和K^+。正常成人每日需要钠、钾分别为 5 ~ 9g 和 2 ~ 3g，多余的主要经尿液排出，少量由汗液及粪便排出。保持血清钠正常值为 135 ~ 145mmol/L，血清钾正常值 3.5 ~ 5.5mmol/L。

Na^+主要分布在细胞外液中，决定细胞外液的晶体渗透压，Na^+浓度的高低影响细胞外液的量。钠离子代谢特点是多进多排，少进少排，不进不排。说明肾脏有很强的保钠能力。

K^+主要分布在细胞内液中，决定细胞内液的晶体渗透压。细胞外液中K^+虽然浓度低，但对机体有重要的功能，如：维持神经肌肉的兴奋性，维持细胞的正常代谢，影响心肌的自律性、传导性和兴奋性。钾离子代谢特点是多进多排，少进少排，不进也排。如果禁食两天以上即可发生低钾血症，说明钾对体外补充的依赖性明显大于钠。

细胞内、外液的渗透压相等，正常渗透压为 290 ~ 310mmol/L。

（三）体液平衡的调节

体液平衡的调节是通过神经-内分泌系统和肾进行。体液正常渗透压通过下丘脑-垂体-抗利尿激素系统恢复和维持，血容量则是通过肾素-血管紧张素-醛固酮系统恢复和维持。两系统共同作用于肾脏，调节水、钠等电解质的吸收和排泄，达到维持体液平衡和内环境的稳定。但在血容量锐减，同时又有血浆渗透压降低时，机体优先保持和恢复血容量，使重要生命器官的灌流得到保证。

三、酸碱平衡及调节

正常血液 pH 保持在 7.40±0.05，以维持人体的正常生理活动和代谢功能。但人体在代谢过程中，不断产生酸性和碱性物质，使体液中的H^+浓度发生变动。人体主要依靠血液缓冲系统、肺和肾进行调节，使血液内的H^+浓度仅在小范围内波动。

（一）血液缓冲系统

HCO_3^-/H_2CO_3是最重要的缓冲对。正常人血中HCO_3^-含量平均为 24mmol/L，H_2CO_3平均为 1.2mmol/L，二者之比值维持在 20∶1，只要两者比值不变，血液的 pH 仍维持在正常范围。血液缓冲系统对酸碱平衡调节的特点是作用迅速，但不持久。对严重的酸碱平衡失调，还要依靠肺和肾的调节。

(二)肺调节

肺是排出体内挥发性酸的主要器官。主要通过增加和减少 CO_2 的排出，通过 CO_2 分压的变化来调节血中 H_2CO_3 浓度。当 $PaCO_2$ 升高，刺激呼吸中枢使呼吸加快加深，CO_2 排出增加，以降低血中 H_2CO_3 浓度；当 $PaCO_2$ 降低时，呼吸变慢变浅，CO_2 排出减少，血中 H_2CO_3 浓度升高。

(三)肾调节

肾是调节酸碱平衡的最重要器官，具有调节作用强大而持久的特点。通过排 H^+ 和 NH_3^+，吸收 Na^+ 和 HCO_3^- 来调节，排出固定酸和过多的碱性物质，维持正常的血浆 HCO_3^- 浓度。

第二节　水和钠代谢失调患者的护理

水和钠在体液平衡过程中是密切关联的，故一旦发生代谢紊乱，缺水和缺钠常同时存在。临床将水、钠代谢紊乱分为高渗性缺水(以缺水为主)、低渗性缺水(以缺钠为主)、等渗性缺水(缺水与缺钠相近)和水中毒(体液容量增大、血钠稀释)4 种类型。

【概述】

一、高渗性缺水

高渗性缺水亦称原发性缺水。水和钠同时缺失，但缺水比例多于缺钠，血清钠高于正常范围，细胞外液呈高渗状态。

常见病因：①水分摄入不足，如长期禁食、食管癌致吞咽困难或高温环境劳动而饮水不足者；②水分丢失过多，如高热大量出汗、大面积烧伤暴露疗法经创面蒸发大量水分、气管切开或大量应用渗透性利尿剂等；③高渗溶质摄取过多，如静脉输注大量高渗液体、管饲高浓度肠内营养液等。

高渗性缺水由于失水大于失钠，细胞外液呈高渗状态，细胞内液向细胞外液转移，导致细胞内缺水重于细胞外。缺水严重时，脑细胞可因缺水发生功能障碍而出现严重后果。机体对高渗性缺水的代偿机制是：高渗状态刺激视丘下部的口渴中枢，患者感到口渴而饮水，体内水分增加，降低细胞外液渗透压。细胞外液的高渗状态刺激抗利尿激素(ADH)分泌增多，肾小管对水的重吸收增加，尿量减少、尿比重增高，细胞外液量及渗透压得以恢复。若未能及时去除病因，循环血量显著减少，刺激醛固酮分泌增加，加强对钠和水的再吸收，以维持血容量。

二、低渗性缺水

低渗性缺水亦称慢性缺水或继发性缺水。缺钠比例多于缺水，血清钠低于 135mmol/L，细胞外液呈低渗状态。

常见病因有：①消化液呈持续性丧失，致大量钠盐丢失。如反复呕吐、长期胃肠减压或慢性肠梗阻；②大面积创面的慢性渗液；③应用排钠利尿剂，如依他尼酸(利尿酸)、氯噻酮等时，未注意补给适量的钠盐；④治疗等渗性缺水时过多补充水分而忽略钠的补充。

低渗性缺水由于体内失钠多于失水，早期由于细胞外液呈低渗状态，抗利尿激素(ADH)分泌减少，肾小管对水的重吸收减少，尿量增加，此改变的结果是更增加了细胞外液的丢失。后期因血容量降低，机体将不再顾及渗透压的维持。肾素-醛固酮系统兴奋，醛固酮和抗利尿激素分泌均增多，水再吸收增加，导致尿量减少。如血容量继续减少，上述代偿功能无法维持血容量时，将出现休克。严重缺钠时，细胞外液可向渗透压相对高的细胞内转移，细胞外液更加减少，而细胞内水分增加，脑组织对此改变最为敏感，可出现脑功能的显著障碍。

三、等渗性缺水

等渗性缺水亦称急性缺水或混合性缺水。外科临床最为常见的缺水类型。水和钠丢失比例大致相当，血清钠的浓度在正常范围。

常见病因有：①消化液的急性丧失，如大量呕吐和肠瘘等；②体液丧失在感染区或软组织内，如腹腔内或腹膜后感染、肠梗阻、急性腹膜炎、大面积烧伤等。

等渗性缺水可造成细胞外液量迅速减少，刺激肾脏入球小动脉壁的压力感受器及远曲肾小管致密斑的钠感受器，引起肾素-血管紧张素-醛固酮系统兴奋，醛固酮分泌增加，促进远曲小管对钠和水的再吸收，使细胞外液量得以恢复。由于液体丧失为等渗性，细胞内、外液的渗透压无明显变化，但如不及时补充适当液体，由于无形失水不可避免，会转化为高渗性缺水；如补入大量无盐液体，又可转化为低渗性缺水。

四、水中毒

又称水潴留性低钠血症或稀释性低钠血症。系指机体的摄入水总量超过了排出水量，以致水分在体内潴留，导致血浆渗透压下降和循环血容量增多。较少见。

常见病因有：①各种原因导致的抗利尿激素分泌增多；②肾功能不全，排尿能力下降；③机体摄入过多水分或接受过多的静脉输液。

水中毒因入水量过多或排出过少，细胞外液量骤增，血清钠浓度降低，渗透压亦下降。由于细胞外液渗透压低于细胞内液的正常渗透压，水分则由细胞外移向细胞内，结果使细胞内、外液的渗透压均降低。此外，细胞外液量的增加又抑制了醛固酮的分泌，使远曲小管减少对 Na^+ 的再吸收，尿中排 Na^+ 增加，血清钠浓度则进一步降低。

【护理评估】

一、高渗性缺水(Hypertonic dehydration)

1.健康史

了解患者有无水分丢失过多或摄入不足等导致高渗性缺水的危险因素。如：长期禁食、高热、气管切开等；了解患者有无重要脏器的疾病。

2.身体状况

高渗性缺水临床表现随缺水程度而异，一般将高渗性缺水分为三度：

(1)轻度缺水　除口渴外，无其他临床症状，缺水量占体重的 2%～4%。

(2)中度缺水　除极度口渴外，还伴乏力、尿少和尿比重增高、皮肤弹性差、眼窝下陷，常有烦躁现象。缺水量占体重的 4%～6%。

(3)重度缺水　除上述症状外，可出现躁狂、幻觉、谵妄甚至昏迷等脑功能障碍的表现。缺水量大于体重的 6%。

3.心理-社会状况

由于起病较急，容易引起患者焦虑、恐惧。缺水常以疾病的并发症出现，因此，患者常有原发疾病所致的心理和社会反应。

4.辅助检查

实验室检查结果：尿比重升高；血清钠浓度大于 150mmol/L；血红蛋白量、血细胞比容轻度升高。

5.处理原则

尽早去除病因。鼓励患者饮水，对轻度缺水患者，口服液体即可纠正；不能饮水或中度以上缺水者，首先经静脉输注 5%葡萄糖液。输液过程中，动态观察血清钠含量的变化，必要时适量补钠。

二、低渗性缺水(Hypotonic dehydration)

1.健康史

了解患者有无导致低渗性缺水的危险因素。如：肠瘘、腹泻、大面积烧伤患者只补充水分而补钠不足等。

2.身体状况

一般均无口渴感，以较早出现周围循环衰竭为特点，如站立性晕倒、血压下降，甚至休克等；因体液渗透压低，而缺钠所致乏力、头晕、表情淡漠、恶心呕吐、腓肠肌抽痛等较明显。

根据缺钠程度，低渗性缺水可分为三度：

(1)轻度缺钠　血清钠在 135mmol/L 以下，患者感疲乏、头晕、手足麻木；尿量正常或略增多。

(2)中度缺钠　血清钠在 130mmol/L 以下，除上述临床表现外，还伴恶心、呕吐、脉搏细速、血压不稳定或下降，脉压差变小，浅静脉瘪陷，视力模糊，站立性晕倒；尿量减少。

(3)重度缺钠　血清钠在 120mmol/L 以下，上述症状加剧，并有神志不清、肌痉挛性抽痛、腱反射减弱或消失，甚至昏迷、休克。

3.心理-社会状况

低渗性缺水又称慢性缺水，病程相对较长，若病情加重，患者及其家属更易产生恐惧感。

4.辅助检查

实验室检查结果：尿比重常在1.010以下，尿Na^+和Cl^-常明显减少；血清钠浓度低于135mmol/L；红细胞计数、血红蛋白量、血细胞比容及血尿素氮值均有增高。

5.处理原则

去除或控制原发病。静脉输注含盐溶液或高渗盐水。轻、中度缺钠患者，一般补充5%葡萄糖盐溶液；重度缺钠患者，先输晶体溶液，如复方乳酸氯化钠溶液、等渗盐水，后输胶体溶液，如羟乙基淀粉、右旋糖酐溶液和血浆等以补足血容量，再静脉滴注高渗盐水（3%～5%氯化钠溶液），以进一步恢复细胞外液的渗透压。

三、等渗性缺水（Isotonic dehydration）

1.健康

了解患者的年龄、性别、体重及有无重要脏器的疾病；有无导致等渗性缺水的危险因素。

2.身体状况

患者既有缺水表现，又有缺钠表现。表现有恶心、厌食、乏力、唇舌干燥、皮肤弹性下降及少尿等，但不口渴。当短期内体液丧失量达体重的5%时，患者可出现脉搏细速、血压不稳定或下降、肢端湿冷等血容量不足的表现，当体液继续丧失达体重的6%～7%时，休克表现明显，常伴代谢性酸中毒。若丧失的体液主要为胃液，因有H^+的大量丧失，可并发代谢性碱中毒。

3.心理-社会状况

等渗性缺水常常是严重疾病的并发症，可能影响患者重要脏器的功能，患者及家属因焦虑、恐惧而无所适从，甚至产生绝望的心理，拒绝治疗、不配合护理等。

4.辅助检查

实验室检查结果：尿比重增高；血清Na^+和Cl^-等含量一般无明显降低；红细胞计数、血红蛋白量及血细胞比容均有明显增高的血液浓缩现象。

5.处理原则

去除或控制引起等渗性缺水的原发疾病，减少水和钠的继续丢失，并积极补充。一般可用等渗盐水或平衡盐溶液尽快补充血容量，但应注意大量补充等渗盐水时，因其氯含量高于血清氯含量，大量输入有导致高氯性酸中毒的危险。而平衡盐溶液的电解质含量和血浆相似，用来治疗比较理想。常用的有乳酸钠和复方氯化钠溶液。

四、水中毒（Water intoxication）

1.健康史

了解患者有无摄入水分过多、肾脏功能不全等情况。

2.身体状况

水中毒以脑水肿症状最为突出，其次为肺水肿。水中毒的表现可分为两类：急性水中毒和慢性水中毒。

急性水中毒　发病急骤，水过多所致的脑细胞肿胀可造成颅内压增高，引起神经、精神症状，如头痛、嗜睡、躁动、精神紊乱、定向能力失常、谵妄甚至昏迷，严重者可发生脑疝，并出现相应的症状和体征。

慢性水中毒　在原发病基础上逐渐呈现体重增加、软弱无力、恶心、呕吐、嗜睡等，有时唾液、泪液增多，一般无凹陷性水肿。

3.心理-社会状况

水中毒以脑水肿症状最为突出，容易引起患者及家属产生紧张、恐惧感。

4.辅助检查

实验室检查结果：血浆渗透压降低；血红细胞计数、血红蛋白量、血细胞比容及血浆蛋白量均降低。

5.处理原则

程度轻者，限制水分摄入，在机体排出多余的水分后，水中毒即可缓解。严重者，除禁水外，静脉输注高渗盐水或渗透性利尿剂，以促进水分排出和缓解细胞肿胀和低渗状态。

【护理诊断及合作性问题】

1. 体液不足

与液体摄入不足或液体丢失过多有关。

2. 体液过多

与液体摄入过多、各种原因引起抗利尿激素分泌增加、肾功能不全有关。

3. 营养失调低于机体需要

与禁食、呕吐、腹泻及创面感染等导致的摄入减少和分解代谢增加有关。

4. 有皮肤完整性受损的危险

与水肿和微循环灌注不足有关。

5. 活动无耐力

与有效循环血量不足所致低血压等有关。

6. 知识缺乏

缺乏药物治疗和疾病预防方面的知识。

【护理目标】

1. 患者体液量恢复正常或接近正常水平,无缺水或水中毒症状和体征。

2. 患者营养状况得到改善。

3. 患者未发生压疮和皮肤破溃。

4. 患者主诉活动无耐力症状减轻。

5. 患者了解预防体液代谢失调的相关知识,并能遵从医嘱。

【护理措施】

1. 控制病因

遵照医嘱配合治疗,积极处理原发病,是防治体液失衡的根本措施。

2. 一般护理

(1)增强患者活动耐力,减少受伤的危险　定时监测血压,提醒血压不稳定或偏低的患者,改变体位时动作宜慢,以免因体位性低血压造成眩晕而跌倒受伤;护士与患者家属根据患者肌张力情况共同制定并及时调整患者活动的时间、形式和幅度;采取适当的保护措施,如移开环境中的危险因素、拉起床旁护栏等,安排专人护理。

(2)预防营养不良　患者因原发疾病出现腹泻、呕吐等,影响营养的摄入,在纠正体液失衡的同时,如果病情允许,应鼓励患者摄入含有丰富蛋白质、能量、维生素和膳食纤维的食物,必要时遵医嘱进行肠内外营养支持。

(3)维持皮肤、黏膜完整　协助虚弱或意识不清的患者翻身,或床上被动运动,按摩骨隆突处,促进血液循环,预防压疮;指导或协助患者保持口腔清洁;定时观察患者皮肤和黏膜状况,保持皮肤清洁和干燥。

3. 心理护理

因患者对疾病及手术治疗的恐惧,易产生紧张、焦虑及烦躁等心理变化,护理人员需加强对患者和家属的心理支持和疏导,最大限度地减少患者不适感,从而增强患者对治疗及护理的信心。

4. 实施液体疗法的护理

(1)缺水患者的护理　对体液量不足的患者,护士应遵医嘱给予及时、正确地补充液体。同时,在补液过程中密切监测患者生理状况和各项实验室检查结果,根据病情变化边治疗、边观察、边调整。

1)补液总量(定量):包括生理需要量、已经丧失量和继续损失量。

①生理需要量:一般成人每日生理需要量为水 2000 ~ 2500ml,氯化钠 4.5 ~ 9g,氯化钾 2 ~ 3g,葡萄糖至少 100 ~ 150g 以上。

②已经丧失量:又称累积损失量,指在制订补液计划前已经丢失的体液量。可根据缺水或缺钠的程度补给。如一位 60kg 重的患者,有中度缺水,缺水量约占体重的 5%,可按下式计算:60kg×5%=3kg,即失水 3000ml。由于机体有代偿功能,要避免一次补入过多,一般在第一日只补给全量的 1/2,第二日再补给其余的 1/2。

③继续损失量:又称额外丧失量,是治疗过程中继续损失的体液量。如补液过程中继续发生的高热、大汗、呕吐、胃肠减压等体液丢失情况,须根据病情变化估计补液量。发热的患者,体温每升高 1℃,每日将自皮肤丧失低渗性液体约 3 ~ 5ml/kg;成人体温达 40℃需多补充 600 ~ 1000ml 液体;大汗湿透一套衣裤约丧失体液 1000ml;气管切开患者,每日自呼吸道蒸发的水分约 1000ml 左右。

2)液体种类(定性):常用液体包括晶体溶液和胶体溶液二大类。根据体液平衡失调性质而选用电解质、非电解质、胶体和碱性溶液。

①生理需要量的液体:按机体对盐、糖的需要量配给。一般成人每日需要氯化钠 5 ~ 9g,氯化钾 2 ~ 3g,葡萄糖 100 ~ 150g 以上,故可补给葡萄糖生理盐水 500 ~ 1000ml,补给 5% ~ 10%葡萄糖溶液 1500ml,酌情补给 10%氯化钾 20 ~ 30ml。

②累积损失量的液体:根据缺水性质(类型)配置。高渗性缺水可先给 5%葡萄糖溶液,待缺水情况基本改善后,再给适量电解质溶液。葡萄糖溶液与生理盐水比例可粗略按 2:1 估计。等渗性缺水可补给生理盐水和葡萄糖溶液各半量即可。低渗性缺水以生理盐水为主,中、重度缺钠患者可给适量高渗盐水,如 3% ~ 5%氯化钠溶液 200 ~ 300ml。血容量不足或已发生休克者,应以平衡盐溶液为主进行扩容,同时补给适量胶体溶液,以利于维持血浆胶体渗透压,恢复和稳定血容量。

③继续损失量的液体:根据实际丢失的体液成分配给。如发热、气管切开患者主要补充 5%葡萄糖溶液。消化液丢失一般可补林格溶液或平衡盐溶液等。

3)补液方法:液体补充以口服最安全。若无法口服或口服不能满足患者需要,必须静脉输液。原则是先盐后糖、先晶体后胶体、先快后慢、尿畅补钾、液种交替。并根据患者具体情况加以适当调节如下:

①遵医嘱补液:先按当日补液医嘱内容,安排好先后次序,注意各种需添加在输液瓶中的药物之间有无配伍禁忌。

②补液顺序:a.先盐后糖,一般先输入电解质溶液,然后补葡萄糖溶液、碱性溶液、胶体液和钾盐。因葡萄糖进入体内迅速被细胞利用,对维持渗透压意义不大,先盐有利于稳定细胞外液渗透压和恢复细胞外液容量。但高渗性缺水则应先输入 5%葡萄糖溶液,以迅速降低细胞外液渗透压;b.先晶后胶,输入胶体液之前,要先输入一些晶体液,使血液适当稀释,否则先输入胶体可使血液黏稠度增加,易形成微血栓,对微循环不利。

③补液速度:a.先快后慢,明显缺水的患者,初期输液要快,以求迅速改善体内缺水和缺钠情况;如低血容量休克或紧急手术抢救的患者,往往需要两路静脉同时快速输入,必要时用加压泵,加快滴注速度。待情况好转,速度就要减慢,以免加重心肺负担;b.控制滴注速度,对心肺功能不全的患者,静脉滴注高渗盐水,或液体中加有特殊药物,如钾盐、普萘洛尔(心得安)、血管活性药物等,都要控制滴注速度,不能过快;成人静脉输注 10%葡萄糖溶液每小时不宜超过 250ml(大约每分钟 60 滴),因机体对葡萄糖的最高利用速率是 0.5g/(kg·h),如超过此速度,葡萄糖将产生渗透性利尿作用,而失去利用价值。

④交替输注:液体种类及量较多时,对盐类、糖类、胶体类及碱类、酸类等各种液体要交替输注,以免在较长时间内单纯输注同种液体,而导致医源性的体液失衡。

⑤尿畅补钾:缺水、缺钠常常伴有缺钾,故应及时补钾。应注意尿量必须正常时才能补钾,否则会因急性肾衰竭而发生高钾血症的危险。

4)观察病情:在实施液体疗法过程中,护士全面细致的观察病情,不仅能及时评估患者对治疗的效果和不良反应,同时也为补液方案提供依据。

①精神状态:严重体液失衡的患者均存在不同程度的意识障碍,护士应注意昏迷者是否苏醒,躁动者是否趋向安静,如果患者能安静入睡,对刺激有反应,是病情好转的征象。

②缺水征象:如口渴、口腔黏膜干燥、皮肤弹性减退、眼窝及小儿前囟凹陷等程度逐渐减轻,说明缺水已有改善。

③血容量:如患者心率减慢,脉搏有力,呼吸和血压稳定,尿量增加、尿比重下降,说明血容量恢复接近正常。

④输液反应:大量或快速输液时,应加强心、肺功能的监测,如出现循环负荷过重(肺水肿)和发热等输液反应,应立即报告医师,同时采取相应护理措施。

⑤记录出入液量:详细记录 24 小时出入液量,包括饮入量、输入量、尿量、各种引流、呕吐、腹泻和出汗量,以作为体液补充的依据。

⑥实验室检查:动态监测血常规、电解质、血气分析检查结果,为及时评价治疗效果和调整治疗方案提供依据。

(2)水中毒患者的护理

1)严格按控制补液速度和量:对严重创伤和感染、老年、心肺功能或肾功能不全的患者,严格按照治疗计划补充液体,禁止过速、过量补液;停止可能继续增加体液量的各种治疗,如应用大量低渗液或清水洗胃、灌肠等。

2)促进水分排出:严重水中毒患者遵医嘱使用高渗盐水如5%氯化钠溶液静脉缓滴,纠正血钠过低,缓解细胞内水肿。同时使用利尿剂,以促进水分排出和减轻脑水肿。如20%的甘露醇200ml毫升,静脉快速滴注或静脉注射呋塞米。对肾衰竭患者采取透析疗法。

3)严密观察病情变化:每日测量体重,严格记录出入量,警惕脑水肿和肺水肿的发生。

5.健康指导

(1)向患者及其家属宣传水对健康的重要性,每日必须口服足量液体,以保证机体代谢的需要。如有体液丧失,最好服用含盐饮料,如不能改善,应迅速就医。

(2)告诉患者及家属导致体液失衡的病因、症状和应对措施,对矿井下、野外、航海工作者,应主动接受水源断绝环境下的生存知识教育。

(3)发生严重创伤、大手术后以及心衰、肾衰患者,应指导患者控制水分的摄入量。

【护理评价】

1.患者体液量是否恢复平衡,是否有缺水的症状和体征。
2.患者在活动量增加时,是否出现缺氧症状及体征。
3.患者皮肤、黏膜是否完整。
4.患者有否受伤,是否掌握预防受伤的有效措施。
5.患者是否掌握水、钠失衡的基本防治知识。

第三节　钾代谢失调患者的护理

案例引入

案例二:周女士,50岁。因急性胰腺炎急诊入院已5日,入院后给予禁食及胃肠减压,每日输入10%葡萄糖溶液2000ml,5%葡萄糖盐水1000ml,现患者诉乏力嗜睡、恶心、腹胀。

查体:体温、血压正常,表情淡漠,心率110次/分,腹隆,全腹无压痛,无移动性浊音,肠鸣音减弱,腱反射减弱。

医生给周女士做了血钾浓度测定、心电图检查,血清钾为3.0mmol/L,心电图显示T波低平,S-T段降低,Q-T间期延长,出现U波。

学习任务:1.您作为管床护士请做好钾代谢失调患者的治疗配合。

2.请做一次完整的护理查房。

体内钾约98%存在于细胞内,是细胞内的主要阳离子。正常血清钾浓度为3.5 ~ 5.5mmol/L。钾具有诸多生理功能:参与和维持细胞的新陈代谢,维持细胞内液渗透压、神经肌肉组织的兴奋性及心肌的生理功能,调节酸碱平衡等。钾代谢异常的表现有低钾血症和高钾血症,以前者为多见。

一、低钾血症

低钾血症(Hypokalemia)血清钾浓度低于3.5mmol/L。

【概述】

常见原因有:①钾摄入不足,如长期禁食、少食或静脉补充钾盐不足;②钾丢失过多,如呕吐、腹泻、胃肠道引流、醛固酮增多症、急性肾衰竭多尿期、应用排钾利尿剂及肾小管性酸中毒等;③钾转入细胞内,如大量输注葡萄糖和胰岛素、合成代谢增加或代谢性碱中毒等。

【护理评估】

1.健康史

评估是否存在导致低钾血症的各种因素,低血钾的严重程度。

2. 身体状况

(1)肌无力　为最早的临床表现。先是四肢软弱无力，以后可延及躯干和呼吸肌。患者抬头及翻身困难，严重者软瘫、呼吸困难或窒息；腱反射减弱或消失。

(2)消化道功能障碍　胃肠道蠕动缓慢，有厌食、恶心、呕吐、腹胀和肠麻痹等症状。

(3)循环系统改变　低钾可引起心肌兴奋性升高，出现心动过速、心律失常、血压下降，严重时可发生心室纤颤。缺钾时典型的心电图改变为早期出现T波降低、变平或倒置，随后出现S-T段降低、Q-T间期延长和U波。

(4)代谢性碱中毒　血清钾降低时，K^+从细胞内移出，与Na^+和H^+交换增加(每移出3个K^+，即有2个Na^+和1个H^+移入细胞内)，使细胞外液的H^+浓度下降，故常合并碱中毒。另一方面，肾为了保存K^+，肾远曲小管K^+-Na^+交换减少，H^+-Na^+交换增加，使排H^+增多，尿液呈酸性(反常性酸性尿)。两方面作用的结果可致低钾性碱中毒。

3. 心理-社会状况

低钾血症患者乏力甚至软瘫，易引起患者及家属的焦虑、恐惧。主要评估患者及家属对疾病的认知程度、心理反应及承受能力。

4. 辅助检查

(1)血钾　在3.5mmol/L以下。

(2)心电图　可见T波低平或倒置，S-T段降低，Q-T间期延长，部分患者出现U波。(图2-1)

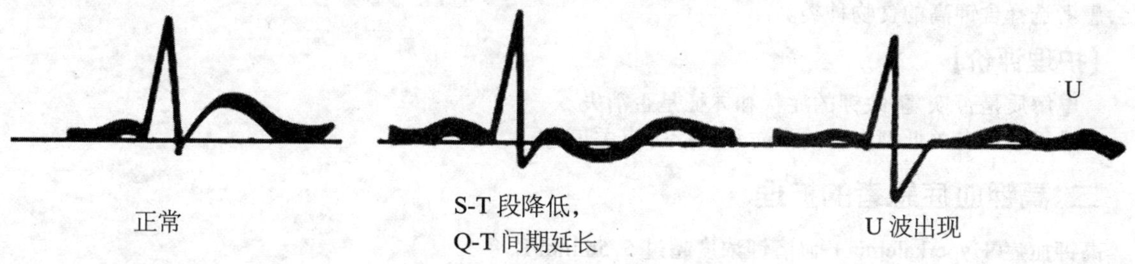

图2-1　低钾血症心电图变化

5. 处理原则

(1)治疗原发病　去除引起低血钾的原因，减少或终止钾的继续丧失。

(2)补充钾盐　能口服者尽量口服补钾，不能口服者可从静脉补钾。

【护理诊断及医护合作性问题】

1. 有受伤的危险

与四肢肌肉软弱无力、眩晕及意识恍惚有关。

2. 知识缺乏

缺乏低钾血症病因、治疗等有关知识。

3. 潜在并发症

心律不齐、心室纤颤。

【护理目标】

血清钾恢复到基本正常浓度，原有症状明显改善，患者理解有关低钾血症的预防和治疗等有关信息。

1. 血清钾基本恢复到正常浓度，原有症状明显改善，未发生受伤。

2. 理解有关低钾血症预防、治疗等有关知识。

【护理措施】

1. 一般护理

(1)休息与活动　根据病情实际情况，卧床休息者采取合适的体位，生命体征平稳者一般采取半卧位；注意协助乏力甚至软瘫的患者变换体位，改善舒适度，防止压疮形成；加强陪护，避免意外损伤。

(2)饮食与营养　鼓励患者在病情允许的情况下，能饮食者应尽量由食物来补充钾含量，向患者介绍含钾量高的食物种类。

2. 低钾血症治疗配合

（1）积极配合治疗原发病　以减少或终止钾的继续丧失。

（2）遵医嘱补钾　制订补钾计划，在病情动态观察中修订和完善补钾计划，确保有效矫正低血钾，防止高血钾。

1）补钾途径：口服最为安全，常选用10%氯化钾溶液10ml，每日3次；不能口服者应静脉滴注。补充钾盐常用10%氯化钾溶液，这不但可补充钾，同时输入氯离子，可纠正部分碱中毒，有利于低血钾的纠正。

2）静脉补钾原则：因钾离子具有高毒性及刺激性，为防止高钾血症的危险，静脉补钾应注意以下原则：①尿量不宜过少，必须在肾功能正常、每小时尿量在40ml以上时，补钾才较为安全；②浓度不宜过高，静脉滴注的溶液中，钾盐浓度一般不超过0.3%即10%葡萄糖溶液1000ml中加入10%氯化钾溶液不能超过30ml。浓度较高时，静脉滴注部位常会产生剧烈的疼痛刺激，引发静脉炎。绝对禁止静脉推注，否则会导致心跳骤停；③速度不宜过快，成人静脉滴注速度每分钟不宜超过60～80滴；④补钾总量要正确估计，对一般禁食患者而无其他额外损失者，每日可补生理需要量氯化钾2～3g；严重缺钾者每日补氯化钾总量不宜超过6～8g；⑤需要超常规快速补充钾盐时，必须专人床边守护，在心电图、血清钾和尿量等严格监护下进行。

（3）病情观察　严密观察生命体征和尿量，及时做血清钾测定和心电图检查，警惕循环功能衰竭或心室纤颤等并发症的发生。

3. 健康指导

向患者介绍钾的作用及钾摄入方面的有关知识，鼓励患者在病情允许的情况下，由食物来补充钾含量，教会患者选择含钾高的食物种类。

【护理评价】

1. 电解质是否恢复，缺钾的症状和体征是否消失。

2. 是否理解有关低钾血症的预防和治疗等有关信息。

二、高钾血症患者的护理

高钾血症（Hyperkalemia）血清钾浓度超过5.5mmol/L。

【概述】

常见原因为：①钾摄入过多，如静脉补钾过量、过快或浓度过高，大量输入保存期较久的库血等；②钾排出障碍，如急性及慢性肾衰竭；应用保钾利尿剂，如安体舒通、氨苯蝶啶等；③细胞内钾的移出，常见于严重的烧伤、挤压伤、血管内溶血、酸中毒均会因细胞破坏、细胞内钾大量释出引起高钾血症。

【护理评估】

1. 健康史

评估是否存在导致高钾血症的各种因素，高血钾的严重程度。

2. 身体状况

高钾血症对神经、肌肉和心血管的毒害较低钾血症严重，临床表现无特异性，可出现：①神经肌肉功能异常，早期常有肢体感觉异常、麻木，典型患者可有肢体软弱无力、反射消失，严重者软瘫及呼吸困难或窒息（低血钾时细胞膜超极化抑制，高血钾时细胞膜去极化抑制，故两者都可表现出神经-肌肉兴奋性抑制症状）；中枢神经系统可表现为神志淡漠、昏厥及昏迷；②心功能失常，高钾血症能抑制心肌，出现心动过缓和心律不齐，最危险的是可引起舒张期心搏骤停。

3. 心理-社会状况

高钾血症起病快，可威胁患者的生命，故很容易引起患者及家属的焦虑或恐惧等情绪反应。

4. 辅助检查

（1）血清钾浓度大于5.5mmol/L。大于7mmol/L者，几乎都有异常心电图的表现。

（2）典型心电图改变为早期T波高而尖，Q-T间期延长，随后出现Q-R-S波增宽，P-R间期延长（图2-2）。

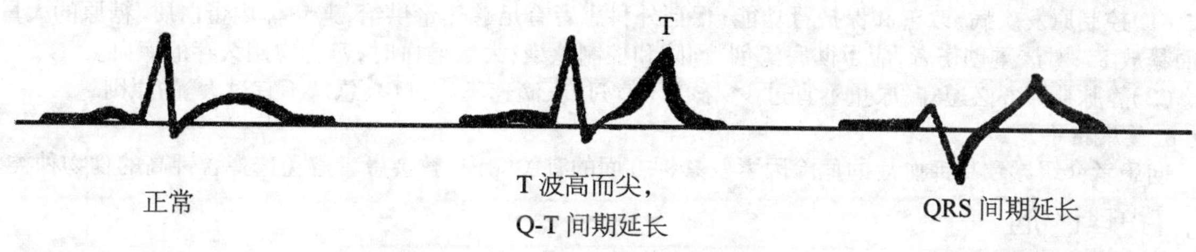

图 2-2　高钾血症心电图变化

5. 处理原则

由于高钾血症有导致患者、心搏突然停止的危险，因此高钾血症一经诊断，应予以积极治疗。

(1)立即停止进钾　积极治疗原发疾病，同时紧急处理高钾血症导致的心律失常、酸中毒等并发症。

(2)迅速降低血清钾的浓度　如采取禁钾、降钾、排钾、抗钾等有效措施。

【护理诊断及医护合作性问题】

1. 有受伤的危险

与四肢肌软弱无力，意识恍惚有关。

2. 疼痛

与肌抽搐有关。

3. 潜在并发症

心室停博。

4. 腹泻

与肌肉应激性增强有关。

【护理目标】

1)血清钾浓度恢复正常。

2)患者生活得到陪护与照料未发生意外受伤。

3)患者心功能得到改善，循环功能稳定。

【护理措施】

1. 一般护理

(1)休息与活动　根据病情实际情况，卧床休息者采取合适的体位；注意协助乏力及软瘫的患者变换体位，改善舒适度，防止压疮形成；加强陪护，避免意外损伤。

(2)饮食与营养　高钾血症者禁食含钾食物。患者禁食期间补液营养并注意口腔护理。

2. 高钾血症治疗配合

高钾血症可致患者心搏突然停止，故一经诊断，立即积极治疗。除尽快处理原发疾病和改善肾功能外，还必须采取以下措施：

(1)禁止摄入钾盐　包括禁食含钾食物、禁用含钾药物、禁输库血，以免血钾更加增高。

(2)对抗心律失常　发生心律失常遵医嘱立即用10%葡萄糖酸钙 20 ~ 30ml 加等量 5%葡萄糖溶液静脉缓慢推注，以 Ca^{2+}对抗 K^+对心肌的抑制作用，但不能与碱性溶液同时输入，以免出现沉淀。

(3)促使 K^+转移到细胞内　①静脉输入高渗葡萄糖溶液及胰岛素，可使 K^+随糖原合成进入细胞；②静脉注射 5%碳酸氢钠溶液，碱化细胞外液，促使 K^+转移到细胞内。

(4)促使 K^+排出　①应用钠型阳离子交换树脂，促进钾从肠道排除；②透析疗法，肾衰竭者，上述处理无效，应尽快采用血液透析或腹膜透析。

3. 病情观察

严密观察呼吸、脉搏、血压、尿量，及时做血清钾测定和心电图检查，尤其应注意有无呼吸困难或窒息、心律失常等呼吸和循环功能衰竭的发生。

4. 心理护理

尊重理解患者，加强护患沟通，缓解其心理压力、减轻恐惧或焦虑心理，增强患者对治疗的信心。

5. 预防高钾血症

（1）控制原发疾病，改善和保护肾功能；保证外科患者有足够热量供给，避免体内蛋白质、糖原的大量分解而释放 K^+；对严重创伤者，应予彻底清创，预防和控制感染；大量输血时，避免应用久存的库血。

（2）静脉补钾务必遵守“尿量不宜过少、浓度不宜过高、滴速不宜过快、总量不宜过大”的原则。

6. 健康指导

向患者介绍导致高钾血症的危险因素及禁钾方面的有关知识，教会患者避免选择含钾高的食物种类。

【护理评价】

1）血清钾浓度是否恢复正常，水、电解质是否平衡。

2）是否安全无意外。

3）生命体征是否平稳。

第四节　酸碱平衡失调患者的护理

案例引入

案例三：黄先生，33 岁。体重 70kg，因急性肠梗阻入院。诉口渴，软弱无力，尿少，呼吸深而快。

查体：脉搏 98 次/分，血压 96/60mmHg，皮肤弹性差，眼窝内陷。尿液检查呈酸性，血钾 3.5mmol/L，CO_2CP13.3mmol/L。

入院后第三天，患者酸碱失衡已经纠正，无口渴，尿量正常，血压 130/80mmHg，皮肤弹性好，但患者出现了抬头和翻身困难，肌肉软弱无力，经测定血钾浓度 3.2mmol/L。

学习任务：1.您作为管床护士请做好该患者的护理评估，并提出相应的护理诊断。

2.请针对患者存在的主要护理问题，采取适当的护理措施。

适宜的体液酸碱度是机体组织、细胞进行正常生命活动的重要保证。如果体内外来的或内生的酸性物质或碱性物质过多，超出了机体对酸碱平衡调节的能力，平衡状态即被破坏，将出现不同形式的酸碱失调。原发性的酸碱平衡失调可分为代谢性酸中毒、代谢性碱中毒、呼吸性酸中毒和呼吸性碱中毒 4 种。有时可同时存在两种以上的原发性酸碱失调，此即为混合型酸碱平衡失调。

反映机体酸碱平衡的三大基本要素是 pH、HCO_3^-及 $PaCO_2$。其中，HCO_3^-反映代谢性因素，HCO_3^-原发性减少或增加，可引起代谢性酸中毒或代谢性碱中毒；$PaCO_2$ 反映呼吸性因素，原发性增加或减少，则引起呼吸性酸中毒或呼吸性碱中毒。酸碱平衡失调常用的实验室诊断（血气分析）（见表 2-2）。

表 2-2　酸碱平衡失调的实验室诊断

类 型	pH 值	$PaCO_2$（kPa）	HCO_3^-（mmol/L）	碱剩余（mmol/L）
正常参考值	7.35 ～ 7.45	4.67 ～ 6.00	24 ～ 29	+3 ～ − 3
代谢性酸中毒	↓	略↓	显著↓	负值大
呼吸性酸中毒	↓	显著↑	略↑	正值略大
代谢性碱中毒	↑	略↑	显著↑	正值大
呼吸性碱中毒	↑	显著↓	略↓	负值略大

一、代谢性酸中毒患者的护理

代谢性酸中毒（Metabolic acidosis）是指体内酸性物质积聚或产生过多，或 HCO_3^-丢失过多。是临床最常见的一种。

【概述】

1. 机体产酸增多

如休克、严重感染时乳酸堆积；长时间饥饿、高热、糖尿病时酮体蓄积等。

2. 碱性物质丢失过多

如腹泻、胆瘘、胰瘘、肠瘘、肠梗阻等使碱性消化液大量丧失。

3. 肾功能不全

由于肾小管功能障碍，内生性 H 不能排出体外，或 HCO_3^-吸收减少，均可致酸中毒。其中，远曲小管性酸中毒系泌 H 功能障碍所致，近曲小管性酸中毒则是 HCO_3^-再吸收功能障碍所致。

代谢性酸中毒时体内 HCO_3^-减少，H_2CO_3 相对过多，刺激呼吸中枢产生代偿反应，表现为呼吸加快加深，加速 CO_2 呼出，降低动脉血 CO_2 分压，并使 HCO_3^-/H_2CO_3 的比值重新接近 20/1，从而保持血液 pH 在正常范围。同时，肾小管上皮细胞中的碳酸酐酶和谷氨酰酶活性增加，促进 H^+和 NH_3 的生成，二者形成 NH_4^+后排出，致 H^+排出增多。此外，$NaHCO_3$ 的再吸收亦增加，但该代偿能力有限。

【护理评估】

1. 健康史

评估是否存在导致代谢性酸中毒的各种因素，高血钾的严重程度。

2. 身体状况

(1)对呼吸影响　最突出的表现为呼吸加深加快，机体为加速排出 CO_2，以降低血碳酸浓度，肺代偿调节作用加强所致。呼气中带有酮味，乃因体内脂肪氧化不全产生酮体所致。

(2)对心血管系统影响　血 H^+浓度较高，可降低心肌收缩力，同时酸中毒常伴有高血钾也可抑制心肌收缩。患者一般心率较快，心音较弱，血压常偏低。H^+增高，刺激毛细血管扩张，患者面部潮红，口唇呈樱红色，但休克患者因缺氧而发绀。

(3)对中枢神经系统影响　对中枢神经系统产生抑制作用。患者有疲乏、嗜睡，严重者神志不清或昏迷。

3. 心理–社会状况

代谢性酸中毒常随原发病产生，而且对呼吸与循环等产生明显的影响，患者更易产生恐惧、紧张心理。

4. 辅助检查

血气分析：血液 pH 和 HCO_3^-均下降，CO_2CP(二氧化碳结合力)下降，BE(碱剩余)呈负值增大。尿 pH 值下降，呈强酸性。

5. 处理原则

消除引起代谢性酸中毒的病因是治疗的首要措施。在积极治疗原发疾病的同时辅以补充液体，纠正缺水、休克、缺氧等。较轻的酸中毒常可自行纠正，一般不需要用碱性药物治疗，严重患者必须用碱性溶液治疗。

【护理诊断及合作性问题】

1. 意识障碍

与酸中毒抑制脑代谢活动有关。

2. 潜在并发症

高钾血症。

【护理目标】

患者酸碱平衡失调状况改善，意识状况好转。

【护理措施】

1. 一般护理

(1)防压疮　代谢性酸中毒往往有疲乏、嗜睡，严重者神志不清，卧床期间应协助其变换体位，改善舒适度，防止压疮。

(2)防止意外损伤　注意神志改变，可适当应用安全措施，如床栏或移除障碍物，保护患者避免发生意外损伤。

2. 代谢性酸中毒治疗配合

治疗原发病的同时还必须遵医嘱采取以下措施:

(1)补充液体　较轻的酸中毒常可自行纠正,一般不需要用碱性药物治疗.

(2)使用碱性溶液　重症酸中毒应遵医嘱及时静脉补给适量碱性溶液,以纠正碱基丢失。常用的碱性溶液为5%碳酸氢钠溶液,具有作用快,疗效肯定的优点。用药时注意:①用药量一般由医师根据血HCO_3^-值进行计算。成人量如在200ml左右,可一次性给予,静脉滴注液体可不必稀释;如量较大则应分次给予。首次可给全量的1/2,以后根据复查血气分析及血浆电解质浓度监测结果再酌情补给;②碱性溶液宜单独滴入,其中不加入其他药物;③补给5%碳酸氢钠溶液时,应从患者补液总量中扣除等量氯化钠溶液,以免补钠过多;④酸中毒时血Ca^{2+}、K^+均可增多,故常掩盖低钙血症或低钾血症,补充碳酸氢钠溶液后应注意观察缺钙或缺钾症状的发生,并及时予以纠正。

3. 观察病情

加强病情的动态观察,重视患者的主观感受,观察患者意识,定时测量生命体征,及时遵医嘱做血气分析监测;酸中毒常合并高血钾,可引起心律紊乱,如有征象,应该密切观察并报告医师,配合处理。

4. 心理护理

加强与患者的心理沟通,减轻其思想顾虑,增强患者对代谢性酸中毒及其原发疾病治疗的信心。

【护理评价】

1. 代谢性酸中毒是否纠正。
2. 意识状况是否好转,是否安全无意外。

二、代谢性碱中毒

代谢性碱中毒(Metabolic alkalosis)因体内H^+丢失或HCO_3^-增多所致。

【概述】

1. 酸性胃液丧失过多

常见于幽门梗阻或持续胃肠减压等,胃酸中H^+和Cl^-大量丧失;

2. 碱性物质摄入过多

常见于静脉输注碱性溶液过量等;

3. 低钾血症

缺钾时细胞内K^+移至细胞外,每3个K^+从细胞内释出,就有2个Na^+和1个H^+进入,造成细胞内的酸中毒和细胞外的碱中毒。

代谢性碱中毒时血浆H^+浓度下降致呼吸中枢受抑制,呼吸变浅变慢,CO_2排出减少,$PaCO_2$升高,HCO_3^-/H_2CO_3的比值接近20/1,从而保持血液pH值于正常。同时,肾小管上皮细胞中的碳酸酐酶和谷氨酰酶活性降低,使H^+排泌和NH_3生成减少,HCO_3^-再吸收亦减少,从而使血浆HCO_3^-减少。代谢性碱中毒时,由于氧合血红蛋白解离曲线左移,使氧不易从氧合血红蛋白中释出,尽管患者的血氧含量和氧饱和度属正常,但组织仍处于缺氧状态。

【护理评估】

1. 健康史

评估是否存在导致代谢性碱中毒的各种因素。

2. 身体状况

轻者一般无明显症状。较重者抑制呼吸中枢,患者呼吸浅而慢。脑细胞代谢活动障碍,会出现头昏,甚至嗜睡、谵妄或昏迷。可有低钾血症和缺水的临床表现。由于碱中毒导致血清钙降低,可出现手足抽搐症状。

3. 心理-社会状况

主要评估患者对疾病的心理反应及承受能力。

4. 辅助检查

血气分析:血液pH增高,HCO_3^-增高,BE呈正值增大;尿呈碱性,但低钾所致的代谢性碱中毒则出现反常性酸性尿。

5. 处理原则

原发病应予积极治疗。对于轻症患者只需补给等渗盐水和钾盐就可纠正；重症需补给盐酸的稀释溶液或氯化铵溶液。

【护理诊断及合作性问题】

1. 意识障碍

与碱中毒时脑细胞代谢活动障碍有关。

2. 潜在并发症

低钾血症。

【护理目标】

患者电解质及酸碱失衡恢复正常。

【护理措施】

1. 一般护理

(1)卧床休息者采取合适的体位;对意识障碍的患者,卧床期间应协助其变换体位,改善舒适度、防止压疮。

(2)防止意外损伤　对出现手足抽搐的患者,应密切观察并适当应用安全措施加以保护,避免发生意外损伤。

2. 代谢碱中毒治疗配合

(1)配合医疗方案　积极治疗原发疾病。

(2)治疗原发病的同时遵医嘱及时采取纠正碱中毒的以下措施　①对于低氯性碱中毒,轻症输注生理盐水和葡萄糖盐水可以纠正,同时恢复细胞外液量,补充了 Cl^-。碱中毒时几乎同时存在低钾血症,故必须同时补充氯化钾;②治疗严重碱中毒可应用稀释的盐酸溶液,但不宜太迅速,一般也不要求完全纠正,关键是解除病因;③观察精神神经方面的异常表现,有手足抽搐者,遵医嘱给 10%葡萄糖酸钙 20ml,适当稀释后静脉缓慢注入。

3. 观察病情

密切监护呼吸状态及定时测量生命体征变化,记录 24 小时出入量,及时遵医嘱作血气分析及血电解质浓度监测,评估患者酸碱失衡改善情况,避免矫正过度。

【护理评价】

1)代谢性碱中毒是否纠正。

2)意识状况是否好转,是否安全无意外。

三、呼吸性酸中毒

呼吸性酸中毒(Respiratory acidosis)是因肺泡通气和换气功能障碍,导致 CO_2 在体内蓄积,动脉血 $PaCO_2$ 升高而引起的高碳酸血症。

【概述】

1. 呼吸中枢抑制

颅脑外伤,麻醉过深或吗啡类药物中毒所致的呼吸中枢抑制。

2. 呼吸道梗阻

如异物或痰液阻塞气道、支气管痉挛、喉痉挛等。

3. 胸部疾患

如严重肺炎、肺水肿等影响气体交换。

4. 胸壁活动受限

严重胸壁损伤、气胸等因呼吸活动受限。

5. 呼吸机使用不当

如呼吸机参数设置不当。

人体对呼吸性酸中毒的代偿,主要通过血液中的缓冲系统进行,即血液中 H_2CO_3 与 Na_2HPO_4 结合,形成 $NaHCO_3$ 和 NaH_2PO_4,后者从尿中排出,使 H_2CO_3,减少,HCO_3^-增多。还可以通过肾代偿:肾小管上皮细胞中的碳酸酐酶和谷氨酰酶活性增加,使 H^+和 NH_3 生成增加;H^+除与 Na^+交换外,还与 NH_3 形成 NH_4^+排出。从而使 H^+排出增多和 $NaHCO_3$ 再吸收增加。两种代偿机制使血 HCO_3^-/H_2CO_3 的比值接近 20/1,从而保持血液 pH 于正常。

【护理评估】

1. 健康史

评估是否存在导致呼吸性酸中毒的各种因素。

2. 身体状况

呼吸性酸中毒常存在明显的原发病症状,有明显的缺氧,呼吸困难和换气不足,表现为气促、胸闷、紫绀等。严重时可出现谵妄或昏迷等。

3. 心理-社会状况

呼吸性酸中毒常存在明显的原发病症状,故主要评估患者对原发疾病的心理反应及承受能力。

4. 辅助检查

血气分析显示血液 pH 值下降,$PaCO_2$ 升高。

5. 处理原则

应积极治疗原发病和改善通气功能。解除呼吸道阻塞及其他妨碍气体交换的因素,保持呼吸道通畅,并给予吸氧。必要时气管插管或气管切开,并使用呼吸机。

【护理诊断及合作性问题】

1. 低效性呼吸形态

与呼吸道梗阻等因素有关。

2. 意识障碍

与缺氧及酸中毒有关。

3. 潜在并发症

心律不齐、低血压。

【护理目标】

1)维持有效呼吸形态。

2)意识状况恢复正常。

【护理措施】

1. 一般护理

(1)协助患者采取高坡半卧位以利于呼吸;对意识障碍的患者,卧床期间应协助其变换体位,防止压疮。

(2)防止意外损伤　如有意识障碍的患者,应密切观察并适当应用安全措施加以保护,避免发生意外损伤。

2. 呼吸性酸中毒治疗配合

(1)配合医疗方案　积极治疗原发疾病,控制致病因素。

(2)改善通气功能　协助患者吸氧,鼓励患者深呼吸,有效咳嗽,必要时雾化吸入等辅助措施促进排痰,积极做好气管插管或气管切开的准备。

(3)观察病情　密切监护呼吸状态及定时测量生命体征变化,及时遵医嘱作血气分析,了解治疗效果。

【护理评价】

呼吸性酸中毒是否纠正,呼吸形态是否恢复正常。是否安全无意外。

四、呼吸性碱中毒

呼吸性碱中毒(Respiratory alkalosis)是因肺泡通气过度,体内 CO_2 排出过多,动脉血 $PaCO_2$ 下降而引起的低碳酸血症。

【概述】

凡是引起过度通气，使体内 CO_2 丢失过多的因素均可导致呼吸性碱中毒。常见原因有癔病、高热、中枢神经系统疾病、疼痛、创伤、低氧血症、呼吸机辅助通气过度等。

$PaCO_2$ 降低起初虽可抑制呼吸中枢，使呼吸变浅、变慢，CO_2 排出量减少，血中 H_2CO_3 代偿性增高，但该代偿需时过长，可致机体缺氧。故肾发挥代偿作用，肾小管上皮细胞分泌 H^+ 和生成 NH_3 均减少，H^+ 与 Na^+ 交换、H^+ 与 NH_3 形成 NH_4^+ 及 $NaHCO_3$ 重吸收均减少；随着血 HCO_3^- 的代偿性降低，HCO_3^-/H_2CO_3 的比值及 pH 值接近或维持于正常范围。

【护理评估】

1. 健康史

评估是否存在导致呼吸性碱中毒的各种因素。

2. 身体状况

一般多无明显症状，部分患者可有呼吸急促的表现。呼吸初期深快，随后浅慢或呼吸不规则。较重者以神经—肌肉兴奋性增强为其特征，表现为肌肉震颤或手足麻木、抽搐。危重患者发生急性呼吸性碱中毒常提示预后不良，或将发生急性呼吸窘迫综合征。

3. 心理-社会状况

部分患者可有呼吸急促的表现，患者易产生恐惧、紧张心理。

4. 辅助检查

血气分析显示血液 pH 值升高、血 $PaCO_2$ 和 HCO_3^- 下降。

5. 处理原则

积极治疗原发病，去除造成呼吸异常的原因，同时对症治疗。

【护理诊断及合作性问题】

1.低效性呼吸状态

与过度通气有关。

2.焦虑

与感觉异常和手足抽搐有关。

【护理目标】

1）患者呼吸频率和幅度基本恢复正常。

2）患者心态平稳和情绪稳定。

【护理措施】

1）配合医疗方案，积极治疗原发疾病，控制致病因素。如呼吸机使用不当所造成的过度通气，应及时调整呼吸机的各项参数。

2）增加血液 PCO_2，指导患者放慢呼吸速度，教会患者使用纸袋罩住口鼻呼吸，增加呼吸道死腔，减少 CO_2 的呼出，或吸入含 5%CO_2 的氧气。

3）手足抽搐的患者遵医嘱给 10%葡萄糖酸钙 10 ～ 20ml 静脉缓注。

4）心理护理：主动与患者沟通及倾听诉说解释感觉异常及手足抽搐的原因，并强调其暂时性，缓解患者焦虑的情绪。

【护理评价】

1）呼吸性碱中毒是否纠正，呼吸形态是否恢复正常。

2）焦虑是否缓解，情绪是否稳定。

（卢东英）

第三章　营养支持患者的护理

案例引入

患者,王某,急性胰腺炎术后第四天,经空肠造瘘管给予营养支持,患者出现腹胀腹泻。

学习任务:1. 您作为管床护士请正确评估该患者,并采取适当的护理措施。

2. 请指导该患者进行营养支持。

学习目标

知识目标　能说出营养评定的指标,知道肠内、外营养支持的适应证。

能力目标　能够提出正确的护理诊断,并能够为患者提供合适的护理措施。

素质目标　学习过程中体现对患者的关心。

第一节　概　述

营养支持(nutritional support, NS)是指在饮食摄入不足或不能的情况下,通过肠内或肠外途径补充或提供维持人体必需的营养素。在20世纪60年代末,Dudrick等成功地经深静脉置管提供营养物质,开辟了肠外营养支持的又一途径后,各类研究结果使人们对临床营养有了更深刻的认识,如"营养过剩"与"营养不足"同样有损健康、肠内营养较之肠外营养更符合生理等。因此,当今营养支持治疗的概念已不仅仅限于满足提供患者能量及蛋白质,而是被进一步拓宽,涉及代谢支持、营养素的药理和免疫作用。

【手术、创伤后三大营养素的代谢特点】

体内的能量来源包括糖、蛋白质及脂肪。糖原的贮备有限,在饥饿状态下仅能供12小时之用;蛋白质为体内各器官、组织的重要组分,一旦消耗将影响脏器功能,故不能视作能量贮备物;只有脂肪是饥饿时的主要能量来源。手术、创伤应激后的神经-内分泌变化使体内三大营养素处于分解代谢增强而合成降低的状态。

1. 糖代谢

手术、创伤后早期,中枢神经系统对葡萄糖的消耗基本维持在约120g/d。肝糖原分解增强时空腹血糖升高,其水平与应激程度平行;葡萄糖生成基本正常或仅轻度增加,虽然此时胰岛素水平正常或升高,但却存在高血糖现象,提示机体处理葡萄糖的能力受到影响及对胰岛素敏感性减弱。

2. 蛋白质

较大的手术、创伤后,骨骼肌群进行性分解,大量氮自尿中排出,源自氨基酸的糖异生增强。氮的丢失除与手术创伤大小相关外,也取决于原先的营养状况和年龄等因素。

3. 脂肪

手术创伤后,由于儿茶酚胺的作用,体内脂肪被动用,氧化利用率增加。此时即使提供外源性脂肪,亦难以完全抑制体内脂肪分解,该现象系交感神经系统受到持续刺激的结果。

多数中小型手术患者都能耐受术后轻至中度的分解代谢,并在术后短期内得以恢复;但较大的手术和多发性创伤患者往往难以经受明显增强的分解代谢;此类患者多置身于医院内易感因素和各种治疗、处理之中,如鼻插管、胃肠减压管、导尿管和引流管等,正常的防御机制可因此受到破坏。致感染的危险性增加。大量消耗和补充不足将进一步削弱机体的防御能力,并诱发多器官功能障碍,增加并发症的发生率和死亡率。故对较大的手术、创伤、有营养不良风险的患者,提供及时、合理的营养支持将有助其康复。

【营养评价指标】

患者营养状况评价涉及病史、人体测量和实验室检测指标等多方面的综合评价。

1. 病史

处于慢性消耗性疾病、手术创伤、感染等应激状态的患者常较长时间不能正常饮食或消耗、丢失明显。

2. 人体测量指标

(1)体重 是评价营养状况的一项重要指标。短期内出现的体重变化,可受水钠潴留或脱水因素的影响,故应根据病前3～6个月的体重变化加以判断。当实际体重仅为理想体重的90%以下时,即可视为体重显著下降。

> 温馨提示:对成人来讲,营养不良的主要表现为体重下降;而小儿处在生长发育的过程中,体重在不断增加,小儿营养不良表现出来的体重不增即相当于成人的体重下降。

(2)体质指数(body mass index, BMI) BMI=体重(kg)除以身高(m)^2,理想值介于18.5～23.0,<18.5为消瘦,>23为超重。

(3)三头肌皮褶厚度(triceps skin fold, TSF) 可间接判断体内脂肪量。正常参考值:男性11.3～13.7mm;女性14.9～18.1mm。

(4)臂肌围(arm muscle circumference, AMC) 用于判断骨骼肌或体内瘦体组织群量。计算公式为:AMC(cm)=上臂中点周长(cm)-3.14 X TSF(cm)。正常值:男性为22.8～27.8cm;女性为20.9～25.5cm。

(5)生物电阻抗 系利用生物组织(瘦组织群和脂肪组织)导电性的差异测得相应组织的含量。

3. 实验室检测指标

(1)肌酐身高指数(%) 肌酐是肌蛋白质的代谢产物,尿中肌酐排泄量与体内骨骼肌量基本成比例,故可用于判断体内骨骼肌含量。肌酐身高指数(%)=尿肌酔排泄量(mg/24h)/{[身高(cm)-100]×23(女性为18)}×100%。

(2)血浆蛋白质 临床用作营养评价的主要有血浆清蛋白、转铁蛋白和前清蛋白等,但因各自半衰期(分别约为20天、8天和2天)不同而致其血清水平的改变呈现先后及程度的差异。

(3)氮平衡 用于初步评判体内蛋白质合成与分解代谢状况。当氮的摄入量大于排出量时为正氮平衡,反之则为负氮平衡。氮平衡(g/d)=24小时摄入氮量(g/d)-24小时排出氮量(g/d)。24小时排出氮量(g/d)=24小时尿中尿素氮(g/d)+4(g),其中2g为粪氮和从汗液中分泌的氮,另2g为尿中的其他含氮物质。较为精确的氮排出量可经凯氏微量定氮法测定24小时尿、粪便及其他排泄物中的氮量。

(4)整体蛋白质更新率 是更精确地判断体内蛋白质合成或分解状态的方法,需用核素标记测试,临床较少应用。

(5)免疫指标 包括细胞和体液免疫两方面,营养不良时多以细胞免疫系统受损为主。

1)淋巴细胞总数:是反映细胞免疫状态的一项简易参数,但在严重感染时,该指标的参考价值受影响。

淋巴细胞总数=周围血白细胞计数×淋巴细胞%

2)迟发性皮肤超敏试验(delayed hypersensitive skin test, DH):能基本反映人体细胞免疫功能。通常用5种抗原于双前臂不同部位做皮内注射,24～48小时后观察反应,皮丘直径≥5mm者为阳性,否则为阴性。人体细胞免疫能力与阳性反应程度呈正比。

3)T细胞亚群和自然杀伤细胞活力:营养不良时,T辅助和自然杀伤细胞量和活力均下降。

根据上述各项指标的检测结果并结合病情基本可判断患者是否存在营养不良及其程度(表3-1)。

【营养不良的类型和临床表现】

当蛋白质和能量的供给不足以满足或维持人体正常生理功能的需要时,即可发生蛋白质-能量营养不良(protein-energy malnutrition, PEM)。临床根据蛋白质或能量缺乏种类分为3种类型,且各有不同表现特点。

1. 消瘦型营养不良(Marasmus)

为能量缺乏型,以人体测量指标值下降为主,临床表现为消瘦。

2. 低蛋白型营养不良(Kwashiorkor)

为蛋白质缺乏型,主要表现为血浆蛋白质水平降低或组织水肿,故又称水肿型;体重下降不明显。

3. 混合型营养不良(Marasmic kwashiorkor)

又称蛋白质-能量缺乏型营养不良,同时兼有上述两种类型的临床特征。

表 3-1 营养不良的评价

评价指标	正常范围	营养不良		
		轻度	中度	重度
体重	>理想体重 90%	81 ~ 90	60 ~ 80	<60
三头肌皮褶厚度(mm)	>正常值的 90%	81 ~ 90	60 ~ 80	<60
上臂肌围(cm)	>正常值的 90%	81 ~ 90	60 ~ 80	<60
肌酔身高指数(%)	>正常值的 90%	81 ~ 90	60 ~ 80	<60
清蛋白(g/L)	≥35	31 ~ 34	26 ~ 30	≤25
转铁蛋白(g/L)	2.0 ~ 2.5	>1.5 ~ 2.0	1.0 ~ 1.5	<1.0
前清蛋白(mg/L)	≥180	>160 ~ 180	120 ~ 160	<120
总淋巴细胞计数	≥1500	>1200 ~ 1500	800 ~ 1200	<800
迟发性皮肤超敏试验	≥++	+~++	-~+	-
氮平衡(g)	±1	-5 ~ 10	-10 ~ 15	>-15

【营养支持的基本指征】

当患者出现下列情况之一时,应提供营养支持:①近期体重下降大于正常体重的 10%;②血浆清蛋白<30g/L;③连续 7 天以上不能正常进食;④已明确为营养不良;⑤具有营养不良风险或可能发生手术并发症的高危患者。

【能量和蛋白质的需求】

取决于病情、患者的基础能量消耗、活动程度和治疗目标。可选择以下方法估算基本需要量。

1. 能量

(1)基础能量消耗(basal energy expenditure,BEE)值 根据 Harris-benedict 公式计算。

男:PEE(kcal)= 66.5+5H+13.8W − 6.8A

女:BEE(kcal)= 65.5+1.9H+9.6W − 4.7A

〔注:H 为身高(cm),W 为体重(kg),A 为年龄(岁)〕

(2)实际能量消耗(actual energy expenditure, AEE)值 AEE=BEE×AF×IF×TF,其中 AF 为活动因素(active factor),完全卧床时为 1.1,卧床加活动为 1.2,正常活动时为 1.3;IF 为手术、损伤因素(Injury factor),中等手术为 1.1,脓毒血症为 1.3,腹膜炎为 1.1 等;TF 为发热因素(Thermal factor);正常体温系数为 1.0,每升高 1℃,增力 0.1。

(3)静息能量消耗(rest energy expenditure, REE)值 利用仪器直接或间接测定机体静息能量消耗值。

(4)简易估算 一般为 25 ~ 40kcal/(kg·d),可根据病情和治疗目标增减。

2. 蛋白质

一般为 1.0 ~ 1.5g/(kg /d),亦可根据病情和治疗目标增减。

第二节 肠内营养支持

【概述】

肠内营养(enteral nutrition,EN)指经胃肠道,包括经口或喂养管,提供维持人体代谢所需营养素的一种方法。本节主要述及经管饲提供的肠内营养。

随着对胃肠道结构和功能研究的愈深入,逐步认识到胃肠道在免疫防御中的重要地位较之肠外营养,肠内营养的优点除体现在营养素的吸收、利用更符合生理外,还有助维持肠黏膜结构和屏障功能的完整性。正因如此,"只要胃肠道有功能,就利用它"已成为共识。

一、适应症

凡有营养支持指征、胃肠道有功能并可利用的患者都有指征接受肠内营养支持。包括:

1)吞咽和咀嚼困难。

2)意识障碍或昏迷致无进食能力。

3)消化道疾病稳定期,如消化道瘘、短肠综合征、炎症性肠病和胰腺炎等。

4)高分解代谢状态,如严重感染、手术、创伤及大面积灼伤的患者。

5)慢性消耗性疾病,如结核、肿瘤等。

二、禁忌症

①肠梗阻;②消化道活动性出血;③腹腔或肠道感染;④严重腹泻或吸收不良;⑤休克。

三、肠内营养的应用

1. 肠内营养

肠内营养制剂不同于通常意义的食品,前者已经加工预消化,更易再吸收或无需消化即能吸收。美国食品药物署(FDA)使用医疗食品(medical foods,MF)定义肠内营养剂,系指具有特殊饮食目的或为保持健康、需在医疗监护下使用而区别于其他食品的食品。肠内营养剂按营养素预消化的程度,可分为大分子聚合物和要素膳两大类。按其配方成分,又可分为用于营养支持的平衡制剂和具治疗作用的特殊制剂。

(1)按营养素的预消化程度分类

1)大分子聚合物:该类制剂包括:自制匀浆膳和大分子聚合物制剂。前者可用牛奶、鱼、肉、水果、蔬菜等食物配制,具有自然食物良好口感的优点,不足之处在于家庭制备时受食物种类限制而不能保证完整的营养成分,且营养素含量难以精确计算;后者所含的蛋白质系从酪蛋白、乳清蛋白或大豆蛋白等水解、分离而来。糖类通常是淀粉及其水解物形式的葡萄糖多聚体。脂肪来源于植物油,如谷物油、红花油、葵花油等。此外,尚含有多种维生素和矿物质,通常不含乳糖,有些配方含有膳食纤维。配方中的这些差异为临床应用提供了选择余地。大分子聚合物制剂可经口摄入或经喂养管注入,适合于胃肠功能完整或基本正常者。

该类制剂调配成液体时,标准能量密度为4.18kJ/ml,非蛋白质能量与氮的比例约为627kJ : 1g,渗透压为300 ~ 450mOsm/(kg·H_2O),适用于多数患者。高能量密度配方以较少容量提供较高能量,能量密度为6.27 ~ 8.36kJ/ml,适用于需限制大量液体的患者。高蛋白质配方中的热氮比约为313kJ : 1g,适用于需补充大量蛋白质的患者。

2)要素膳:特点是化学成分明确、无须消化、无渣,可直接被胃肠道吸收、利用。要素膳中的氮多由结晶氨基酸构成,部分可由短肽构成。要素膳中的糖类为部分水解的淀粉(麦芽糖糊精和葡萄糖寡糖);脂肪常为植物来源的中链三酰甘油(medium chain triglyceride,MCT)和长链三酰甘油(long chain triglyceride, LCT),少数制剂含有短链脂肪酸;不含乳糖和膳食纤维。此类配方亦含有足够的矿物质、微量元素和维生素。标准能量密度为4.18kJ/ml,渗透压一般为400 ~ 700mOsm/(kg·H_2O)。

要素膳较适合于消化功能弱的患者。由于该类配方的高渗透压趋于吸引游离水进入肠腔而易产生腹泻,应用时需加强护理。

(2)按配方成分分类

1)平衡型配方制剂:多用于单纯营养不良的患者,起支持作用。

2)不平衡配方制剂:指在常用配方中增加或去除某种营养素以满足特殊疾病状态下患者代谢的需要。可分为两类:一类系根据遗传或代谢性疾病特点设计,较少见;另一类系根据某些疾病,如肝、肾功能障碍或衰竭的患者而设计,目的在于将衰竭脏器的代谢负荷减至最低或纠正脏器功能障碍所致的代谢异常,具有支持和治疗的双重作用。

①高支链氨基酸(BCAAs)配方:特点为支链氨基酸(亮氨酸、异亮氨酸和撷氨酸)的含量较高,占总氨基酸量的35%~ 40%以上;而芳香氨基酸(色氨酸、酪氨酸和苯丙氨酸)的含量较低。支链氨基酸可经肌代谢,增加其浓度后不增加肝脏负担,且可与芳香族氨基酸竞争性进入血-脑脊液屏障,减少假性神经递质的产生,有助于防治肝性脑病和提供营养支持。

②必需氨基酸配方:含有足够的能量、必需氨基酸、组氨酸、少量脂肪和电解质,适用于肾衰竭患者。

③免疫增强配方:在平衡型配方的基础上增添某些营养素,如ω-3脂肪酸、核苷酸(RNA)、精氨酸和锌等,对免疫系统有正性调节作用。

④调节性制剂:又称组件配方,系指各类营养素,如蛋白质、糖和脂肪等为单独形式包装,应用时根据需要互相混合或以单独形式提供,也可将某一成分的调节性制剂加入其他配方中,以增强该成分的比例。

2. 肠内营养的给予途径

有经口和管饲两种途径,根据营养剂的类型、患者耐受程度加以选择。多数患者因经口摄入受限或不足而采用管饲。

(1)经鼻胃管或胃造瘘　适用于胃肠功能良好的患者。鼻胃管多用于仅需短期肠内营养支持者;胃造瘘可在术时或经内镜胃造瘘(percutaneous endoscopic gastrostomy, PEG),适用于需较长时期肠内营养支持的患者。

(2)经鼻肠管或空肠造瘘　适用于胃功能不良、误吸危险性较大或消化道手术后必须胃肠减压、又需长期肠内营养支持者。鼻肠管有单腔和双腔之分。双腔鼻肠管中的一个管腔开口于鼻肠管的中下段,用作胃肠减压;另一管腔开口于鼻肠管的尖端,用作营养治疗。空肠造瘘常在伴随腹部手术时实施,如经针刺置管空肠造瘘(needle catheter jejunostomy,NCT)。近年来,经皮内镜空肠造瘘(percutaneous endoscopic jejunostomy, PEJ),因能在门诊患者中实施而使需长期肠内营养的非手术患者得益。

3. 输注方式

根据喂养管尖端所在位置和胃肠道承受能力,选择分次或连续输注方式。

(1)分次给予　适用于喂养管尖端位于胃内及胃肠功能良好者。分次给予又分为分次推注和分次输注,每次量约为100 ~ 300ml。分次推注时,每次入量在10 ~ 20分钟完成;分次输注时,每次人量在2 ~ 3小时完成,每次间隔2 ~ 3小时;可视患者耐受程度加以调整。

(2)连续输注　适用于胃肠道功能和耐受性较差、导管尖端位于十二指肠或空肠内的患者。

四、肠内营养对身体的影响

肠内营养会导致腹泻,导致腹泻的相关原因为:①肠内营养剂的类型,其中乳糖、脂肪、膳食纤维的种类和含量都可能影响肠道对营养液的耐受性;②营养液的渗透压,当患者伴有营养不良或吸收不良时,高渗透压更易引起类似倾倒综合征的症状和腹泻;③营养液的输注速度过快和温度过低;④伴同用药,如抗生素可改变肠道正常菌群的制衡作用而导致某些菌群过度生长;H_2体阻滞剂可通过改变胃液的pH值而易致细菌繁殖;某些药物、电解质和含镁的抗酸剂等未经完全稀释即经导管注入,可致肠痉挛和渗透性腹泻;⑤营养液污染;⑥低蛋白血症,因血浆胶体渗透压降低,组织黏膜水肿,影响营养底物通过肠黏膜上皮细胞;同时,大量液体因渗透压差进入肠腔而引起腹泻。

对意识障碍患者经鼻胃管进行营养支持时,因患者呕吐或胃管移位导致误吸。经空肠造瘘管进行肠内营养支持时,会因管道滑入腹腔而导致腹膜炎。长时间进行营养支持时对局部鼻咽部黏膜有压迫而造成溃烂。

【护理评估】

1. 健康史

评估患者的年龄、饮食、有无手术创伤、严重感染和消耗性疾病;既往病史。

(1)疾病和相关因素　评估患者近期的饮食情况,如饮食习惯和食欲有无改变,有无明显厌食,饮食种类和进食量;是否因检查或治疗而需禁食,禁食的天数;有无额外丢失;是否存在消化道梗阻、出血、严重腹泻或因腹部手术等而不能经胃肠道摄食的病症或因素。

(2)既往史　患者近期或既往有无消化系统手术史、较大的创伤、灼伤、严重感染或慢性消耗性疾病,如结核、癌症等。

2. 身体状况

(1)局部　有无腹部胀痛、恶心呕吐、腹泻、压痛、反跳痛和肌紧张等腹膜炎体征。

(2)全身　患者生命体征是否平稳,有无腹部胀痛、休克、脱水或水肿征象。

3. 辅助检查

了解患者的体重、血浆清蛋白、细胞免疫功能等检查结果,以评估患者的营养状况及其对营养支持的耐受程度。

4.心理–社会状况

患者及家属对营养支持重要性和必要性的认知程度，对营养支持的接受程度和对营养支持费用的承受能力。

【护理诊断及医护合作性问题】

1. 有误吸的危险

与患者的意识、体位、喂养管移位及胃排空障碍有关。

2.有黏膜、皮肤受损的可能

与长期留置喂养管有关。

3.腹胀、腹泻

与肠内营养液的浓度、温度、输注速度、喂养管放置位置和患者对肠内营养液的耐受性等有关。

4. 潜在并发症

感染。

【护理目标】

1.患者未发生误吸或发生误吸的危险性降低。

2.患者未发生黏膜、皮肤的损伤。

3.患者接受肠内营养期间能维持正常的排便形态，未出现腹胀或腹泻。

4.患者未发生与肠内营养支持相关的感染。

【护理措施】

1.预防误吸

(1)妥善固定喂养管　若经鼻胃管喂养时，应将喂养管妥善固定于面颊部，以避免鼻胃管移位至食管而导致误吸。

(2)取合适的体位　根据喂养管位置及病情，置患者于合适的体位。伴有意识障碍、胃排空迟缓、经鼻胃管或胃造瘘管输注营养液的患者应取半卧位，以防营养液反流和误吸。经鼻肠管或空肠造瘘管滴注者可取随意卧位。

(3)及时估计胃内残留量　在每次输注肠内营养液前及期间(每间隔4小时)抽吸少补估计胃内残留量，若残留量每次大于100 ~ 150ml，应延迟或暂停输注，必要时加用胃动力药物，以防胃储留引起反流而致误吸。

(4)加强观察　若患者突然呛咳、呼吸急促或咳出类似营养液的痰液，应疑有喂养管移位并致误吸的可能，应鼓励和刺激患者咳嗽，以排出吸入物和分泌物，必要时经鼻导管或气管镜清除误吸物。

2.避免黏膜和皮肤的损伤

长期留置鼻胃管或鼻肠管者，可因鼻咽部黏膜间受压产生溃疡。应每天用油膏涂拭鼻腔黏膜起润滑作用；对胃、空肠造瘘者，应保持造瘘口周围皮肤干燥清洁。

3.维持患者正常的排便形态

5% ~ 30%的肠内营养治疗患者可发生腹泻。

(1)控制营养液的浓度　从低浓度开始滴注营养液，再根据患者胃肠道适应程度逐步递增，如能量密度从2.09kJ/ml起，渐增至4.18kJ/ml或更高，以避免营养液浓度和渗透压过高引起的胃肠道不适、肠痉挛、腹胀和腹泻。

(2)控制输注量和速度　营养液宜从少量开始，250 ~ 500ml/d，在5 ~ 7天内逐渐达到全量。交错递增量和浓度将更有利于患者对肠内营养的耐受。输注速度以20ml/h起，视适应程度逐步加速并维持滴速为100 ~ 120ml/h。以输液泵控制滴速为佳。

(3)保持营养液的适宜滴注温度　营养液的滴注温度以接近正常体温为宜，过烫可能灼伤胃肠道黏膜，过冷则刺激胃肠道，引起肠痉挛、腹痛或腹泻。可在输注管近端自管外加热营养液，但需防止烫伤患者。

(4)用药护理　某些药物，如含镁的抗酸剂、电解质等可致肠痉挛和渗透性腹泻，须经稀释后再经喂养管注入。对严重低蛋白血症者，遵医嘱先输注人体清蛋白或血浆，以提高血浆胶体渗透压。

(5)避免营养液污染、变质　营养液应现配现用；保持调配容器的清洁、无菌；悬挂的营养液在较凉快的室温下放置时间小于6 ~ 8小时，若营养液含有牛奶及易腐败成分时，放置时间应更短；每天更换输液皮条、袋或瓶。

4.观察和预防感染性并发症

与肠内营养相关的感染性并发症主要是误吸导致的吸入性肺炎和因空肠造瘘管滑入游离腹腔及营养液流入而导致的急性腹膜炎；其次为肠道感染。

（1）吸入性肺炎　误吸导致的吸入性肺炎多见于经鼻胃管喂养者。原因：①胃排空迟缓；②喂养管移位；③体位不当，营养液反流；④咳嗽和呕吐反射受损；⑤精神障碍；⑥应用镇静剂及神经肌肉阻滞剂。

1）保持喂养管在位：妥善固定喂养管。做胃或空肠造瘘时，应用缝线将之固定于腹壁；在喂养管进入鼻腔或腹壁处做好标记，每4小时检查1次，以识别喂养管有无移位。告知患者卧床、翻身时应避免折叠、压迫或拉脱喂养管。

2）预防误吸：参见本节护理措施中预防误吸的相关内容。

（2）急性腹膜炎　多见于经空肠造瘘输注营养液者。

1）加强观察：注意观察患者有无腹部症状。若患者突然出现腹痛、胃或空肠造瘘管周围有类似营养液渗出、或腹腔引流管引流出类似营养液的液体，应怀疑喂养管移位、营养液进入游离腹腔；应立即停输营养液并报告医师，尽可能协助清除或引流出渗漏的营养液。

2）按医嘱应用抗生素以避免继发性感染或腹腔脓肿。

（3）肠道感染　避免营养液污染、变质。在配置营养液时，注意无菌操作；配置的营养液暂时不用时应放冰箱保存，以免变质而引起肠道感染。

5.其他定时冲洗喂养管，保持通畅

喂养管阻塞的常见原因：①营养液未调匀；②药丸未经研碎即注入喂养管；③添加药物与营养液不相容，形成凝结块；④营养液较黏稠、流速缓慢，黏附于管壁；⑤管径太细。

为避免喂养管阻塞，于输注营养液前、后及连续管饲过程中每间隔4小时及特殊用药前后，都应用30ml温开水或生理盐水冲洗喂养管。药丸经研碎、溶解后直接注入喂养管，避免因加入营养液后与之不相容而凝结成块粘附于管壁或堵塞管腔。

6.健康教育

1）饮食摄入不足和营养不良对机体可能造成危害。

2）经口饮食和肠内营养有助于维护肠道功能。

3）术后患者恢复经口饮食是一个逐步递增的过程；在康复过程中，应保持均衡饮食，保证足够的能量、蛋白质和维生素等摄入。

4）指导携带胃或空肠喂养管出院的患者和其家属进行居家喂养和自我护理。于输注营养液前、后，应用温开水冲洗喂养管，以避免喂养管阻塞。

【护理评价】

1）患者有无发生误吸或发生误吸的危险性降低。

2）患者有无发生黏膜、皮肤的损伤。

3）患者是否出现腹胀或腹泻。

4）患者是否发生与肠内营养支持相关的感染。

第三节　肠外营养支持

案例引入

患者，张某，因小肠坏死，行坏死小肠切除术，经颈内静脉行静脉营养支持，近两日来，患者出现寒战、高热，检查血白细胞及中性粒细胞均增高。营养支持过程中，患者突然出现面色苍白，出冷汗，昏迷。

学习任务：1．您作为管床护士请正确评估该患者，并采取适当的护理措施。

2．请指导该患者进行营养支持。

【概述】

1968 年，美国的外科医师 Dudrick 和 Wilmore 等始创了“静脉高营养”的治疗方法。在此后的 30 余年中，有关临床营养的概念及方法不断得到更新和发展，早年定义的“静脉高营养”已被更科学、合理的“肠外营养”一词所替代。

肠外营养(parenteral nutrition，PN)系指通过静脉途径提供人体代谢所需的营养素。当患者被禁食，所需营养素均经静脉途径提供时，称为全胃肠外营养(total parenteralnutrition，TPN)。

1.适应症

当外科患者出现下列病症且胃肠道不能充分利用时，可考虑提供肠外营养支持。

(1)营养不良。

(2)胃肠道功能障碍。

(3)因疾病或治疗限制不能经胃肠道摄食。

(4)高分解代谢状态，如严重感染、灼伤、创伤或大手术前后。

(5)抗肿瘤治疗期间不能正常饮食者。

2.禁忌症

(1)严重水电解质、酸碱平衡失调。

(2)出现凝血功能紊乱。

(3)休克。

3.肠外营养的应用

(1)肠外营养剂　主要包括能量物质(糖类和脂类)、氨基酸、维生素、微量元素和矿物质等。

1)葡萄糖：是肠外营养时主要的非蛋白质能源之一，成人需要量为 4 ～ 5g/(kg·d)。当供给过多或输入过快时，部分葡萄糖可转化为脂肪沉积于肝脏，导致脂肪肝；故每天葡萄糖的供给量不宜超过 300 ～ 400g，占总能量的 50% ～ 60%。为促进合成代谢和葡萄糖的利用，可按比例添加胰岛素，一般为 8 ～ 10g 糖：1μ胰岛素。

2)脂肪:20 世纪 60 年代初，Wretlind 等研制成功以大豆油为基础的脂肪乳剂，使临床结束了主要以葡萄糖为非蛋白质能源的静脉营养的历史，开创了真正意义的肠外营养的新纪元。

脂肪乳剂是一种水包油性乳剂，主要由植物油、乳化剂和等渗剂等组成。应用脂肪乳剂的意义在于提供能量和必需脂肪酸、维持细胞膜结构和人体脂肪组织的恒定。临床常用的脂肪乳剂有两类：一类系 100%由长链三酚甘油(LCT)构成；另一类则由 50%中链三酰甘油(MCT)与 50%LCT 经物理或化学混合而成(MCT/LCT)。LCT 能提供必需脂肪酸，但需依赖卡尼汀进入线粒体代谢，MCT 则不完全依赖卡尼汀进入线粒体氧化，故 MCT 的氧化代谢速度快于 LCT，而且不易沉积在肝脏的枯否氏细胞，较适用卡尼汀缺乏的危重患者。MCT 的不足之处在于不能提供必需脂肪酸。除上述两类脂肪乳剂外，还有在其基础上添加橄榄油或鱼油的新型脂肪乳剂。脂肪乳剂的供给量占总能量的 20% ～ 30%，成人 1 ～ 2g/(kg·d)。当脂肪与葡萄糖共同构成非蛋白质能量时，二者的比例为 1：2 ～ 2：3。

3)氨基酸:构成肠外营养配方中的氮源，用于合成人体蛋白质。复方结晶氨基酸溶液都按一定模式配比而成，可归纳为二类：平衡型与非平衡型。平衡型氨基酸溶液所含必需与非必需氨基酸的比例符合蛋白质合成和人体基本代谢所需，适用于多数营养不良的患者；非平衡型氨基酸溶液的配方多系针对某一疾病的代谢特点而设计，兼有营养支持和治疗的双重作用。临床选择须以应用目的、病情、年龄等因素为依据。氨基酸的供给量为 1.0~1.5g/(kg·d)，占总能量的 15%~20%。

近年来，个别氨基酸在代谢中的特殊意义已受到重视和强调，较具代表性的有谷氨酰胺(glutamine，Gln)。谷氨酰胺属非必需氨基酸，但在严重感染、手术、创伤等应激状态下，人体对 Gln 的需求远远超过内源性合成的能力，严重缺乏时可影响多脏器的代谢功能，故又将之称为“条件必需氨基酸”，现已有谷氨酚胺双肽制剂，可加入肠外营养液中应用。

4)维生素和矿物质：是参与人体代谢、调节和维持内环境稳定所必需的营养物质。维生素的种类较多，按其溶解性可分为水溶性和脂溶性两大类。前者包括维生素 B 族、维生素 C 和生物素等，后者包括维生素 A、维生素 D、维生素 E、维生素 K。水溶性维生素在体内无储备，不能正常饮食时将缺乏；脂溶性维生素在体内有一定储备，短期禁食者一般不会缺乏。长期 TPN 时，常规提供多种维生素可预防其缺乏。在感染、手术等应激状态下，人体对部分水溶性维生素，如维生素 C、维生素 B_6 等的需要量增加，可适当增加供给量。

对临床较具实际意义的微量元素包括锌、铜、铁、硒、铬、锰等。这些元素均参与酶的组成、三大营养物质的代谢、上皮生长、创伤愈合等生理过程。长期TPN时,须重视可能出现的微量元素缺乏问题。此外,在有大量引流、额外丧失时,需根据血电解质水平调整和补充钠、钾、氯、钙、磷、镁等电解质。

(2)肠外营养液的输注途径　包括周围静脉和中心静脉途径。其选择应视病情、营养支持时间、营养液组成、输液量及护理条件等而定。当短期(<2周)、部分补充营养或中心静脉置管和护理有困难时,可经周围静脉输注;但当长期、全量补充时,则以选择中心静脉途径为宜。

(3)输注方式

1)全营养混合液(total nutrient admixture, TNA):即将每天所需的营养物质在无菌环境(层流室和层流台)中按次序混合入由聚合材料制成的输液袋或玻璃齐器后再输注。TNA又称全合一(all in one, AIO)营养液,强调同时提供完全的营养物质和有效利用,即:①以较佳的热氮比和多种营养素同时进入体内,增加节氮效果;②简化输液过程,节省护理时间;③降低代谢性并发症的发生率;④减少污染机会。

2)单瓶:在不具备以TNA方式输注条件时,采用单瓶输注方式。但由于各营养素非同步输入,不利于所供营养素的有效利用。此外,若单瓶输注高渗性葡萄糖或脂肪乳剂,可因单位时间内进入体内的葡萄糖或脂肪酸量较多而增加代谢负荷甚至并发与之相关的代谢性并发症,如高糖或高脂血症。单瓶输注时氨基酸宜与非蛋白质能量溶液合理间隔输注。

4.肠外营养支持对身体的影响

肠外营养支持对身体的影响,一方面表现在放置静脉管道,会因放置静脉通道造成气胸、误伤血管、误伤淋巴管及空气栓塞,长期留置静脉管道会造成感染和管道移位;另一方面进行静脉营养支持时,所输入的各种营养素因为输入速度及浓度造成糖代谢、脂肪代谢的紊乱及静脉管壁损伤,长期经静脉营养支持也会造成营养素的缺乏和胃肠功能的减退。长时间进行静脉营养支持因输入速度慢,患者卧床时间长而造成不舒适。

【护理评估】

1.健康史

评估患者的年龄、饮食、有无手术创伤、严重感染和消耗性疾病,既往病史。

(1)疾病和相关因素　饮食和胃肠道功能:评估患者近期的饮食情况,如有无明显厌食,饮食种类和进食量;因检查或治疗所需禁食的天数。患者的胃肠道有无功能、能否利用可利用的部位或程度。有无额外丢失和急、慢性消耗性疾病;有无肝胆系统或其他代谢性疾病;有无水、电解质代谢紊乱等内环境失衡现象。

(2)既往史　既往有无较大的手术、创伤或其他慢性疾病史。

2.身体状况

(1)局部:患者周围静脉显露是否良好,颈部和锁骨上区皮肤有无破损,有无气管切开或其他影响静脉穿刺(置管)的因素。

(2)全身:患者的生命体征是否平稳,有无脱水或休克等征象。

3.辅助检查

根据患者的体重、血电解质、血生化和细胞免疫功能等检查结果,评估患者的营养状况及其对肠外营养支持的耐受程度。

4.心理-社会状况

患者及家属对肠外营养支持重要性和必要性的认知程度及对相关知识的了解程度,对肠外营养支持费用的承受能力。

【护理诊断及合作性问题】

1)潜在并发症:气胸、血管或胸导管损伤、空气栓塞、导管移位、感染、糖或脂肪代谢紊乱、血栓性浅静脉炎。

2)不舒适:与长时间输注肠外营养液有关。

3)有体液失衡的危险。

【护理目标】

1)患者未发生与静脉穿刺置管和肠外营养支持相关的并发症。

2)患者舒适感改善,无发热,能耐受长时间输注肠外营养液。

3)患者的体液得以维持平衡。

【护理措施】

1.观察和预防并发症

(1)静脉穿刺置管时的并发症

1)气胸:当患者于静脉穿刺时或置管后出现胸闷、胸痛、呼吸困难、同侧呼吸音减弱时,应疑及气胸的发生,应立即通知医师并协助处理。包括做胸部X线检查,视气胸的严重程度予以观察、胸腔抽气减压或胸腔闭式引流及护理。对依靠机械通气的患者,须加强观察,因此类患者即使胸膜损伤很小,也可能引起张力性气胸。

2)血管损伤:在同一部位反复穿刺易损伤血管,表现为局部出血或血肿形成等应立即退针并压迫局部。

3)胸导管损伤　多发生于左侧锁骨下静脉穿刺时。穿刺时若见清亮的淋巴液渗出,应立即退针或拔除导管;偶可发生乳糜瘘,多数患者可自愈,少数需做引流或手术处理。

4)空气栓塞:可发生于静脉穿刺置管过程中或因导管塞脱落或连接处脱离所致。大量空气进入可立即致死。故锁骨下静脉穿刺时,应置患者于平卧位、屏气;置管成功后及时连接输液管道;牢固连接;输液结束应旋紧导管塞。一旦疑及空气进入,立即置患者于左侧卧位,以防空气栓塞。

(2)静脉置管后输液期间的并发症

1)导管移位:锁骨下或其他深静脉穿刺置管后可因导管固定不妥而移位。临床表现为输液不畅或患者感觉颈、胸部酸胀不适,X线透视可明确导管位置。导管移位所致液体渗漏可使局部组织肿胀;若位于颈部,可压迫气管,导致呼吸困难,甚至并发感染等。因此,静脉穿刺置管成功后必须妥善固定导管。一旦发生导管移位,应立即停止输液、拔管和做局部处理。

2)感染:长期深静脉置管和禁食、TPN,易引起导管性和肠源性感染,须加强观察和预防。①导管护理:每天清洁、消毒静脉穿刺部位、更换敷料,加强局部护理。若用3M透明胶布贴封导管穿刺处者,胶布表面应标明更换日期并按时予以更换。观察穿刺部位有无红、肿、痛、热等感染征象。若患者发生不明原因的发热、寒战、反应淡漠或烦躁不安,应疑为导管性感染。一旦发生上述现象,应及时通知医师,协助拔除导管并做微生物培养和药物敏感试验。避免经导管抽血或输血;输液结束时,可用肝素稀释液封管,以防导管内血栓形成和保持导管通畅;②营养液的配置和管理:营养液应在层流环境、按无菌操作技术配置;保证配置的营养液在24小时内输完;TNA液输注系统和输注过程应保持连续性,期间不宜中断,以防污染;避免因营养液长时间暴露于阳光和高温下而导致变质;③尽早经口饮食或肠内营养:TPN患者可因长期禁食、胃肠道黏膜缺乏食物刺激和代谢的能量而致肠黏膜结构和屏障功能受损、通透性增加,导致肠内细菌和内毒素易位,并发肠源性的全身性感染。故当患者在胃肠功能恢复或允许进食的情况下,鼓励患者经口饮食。

3)代谢紊乱

①糖代谢紊乱:当单位时间内输入的葡萄糖量超过人体代谢能力和胰岛素相对不足时,患者可出现高血糖,甚至非酮性高渗性高血糖性昏迷;但亦可因突然停输高渗葡萄糖溶液而出现反应性低血糖。前者主要表现为血糖异常升高,严重者可出现渗透性利尿、脱水、电解质紊乱、神志改变,甚至昏迷。对此,护士应立即报告医师并协助处理:停输葡萄糖溶液或含有大量糖的营养液;输入低渗或等渗氯化钠溶液,内加胰岛素,使血糖逐渐下降;但应注意避免因血浆渗透压下降过快所致的急性脑水肿。后者则主要表现为脉搏加速、面色苍白、四肢湿冷和低血糖性休克;应立即协助医师积极处理,推注或输注葡萄糖溶液。故肠外营养支持时,应加强临床观察和输液护理,葡萄糖的输入速度应小于5mg/(kg·min),当发现患者出现糖代谢紊乱征象时,先抽血送检血糖值再根据结果予以相应处理;②脂肪代谢紊乱:脂肪乳剂输入速度过快或总量过多并超过人体代谢能力时,患者可发生高脂血症或脂肪超载综合征,后者表现为发热、急性消化道溃疡、血小板减少、溶血、肝脾肿大、骨骼肌肉疼痛等。一旦发现类似症状,应立即停输脂肪乳剂。对长期应用脂肪乳剂的患者,应定期做脂肪廓清试验以了解患者对脂肪的代谢、利用能力。通常,20%的脂肪乳剂250ml需输注4～5小时。

4)血栓性浅静脉炎:多发生于经外周静脉输注营养液时。主要因:①输液的静脉管径细小,高渗营养液不能得到有效稀释,血管内皮受到化学性损伤;②置有导管的静脉跨越关节时导管与静脉壁的碰触致静脉受到机械性损伤。可见输注部位的静脉呈条索状变硬、红肿、触痛,少有发热现象。一般经局部湿热敷、更换输液部位或外涂经皮吸收的具抗凝、消炎作用的软膏后可逐步消退。

2.促进患者舒适感

肠外营养液输注速度过快并超过机体代谢营养物质的速度时,患者可因发热和呕心等而不耐受,但若慢速输注时,患者又可因长时间卧床而感不适。须采取有效措施促进其舒适感。

(1)体位　在妥善固定静脉穿刺针或深静脉导管的前提下,协助患者选择舒适体位。

(2)控制输液速度　根据提供的葡萄糖、脂肪和氨基酸量,合理控制输液速度,以免快速输注时导致患者因脸部潮红、出汗、高热和心率加快等而感觉不舒适。

(3)高热患者的护理　营养液输注过程中出现的发热,多因输液过快引起;在输液结束后数小时不经特殊处理可自行消退。对部分高热患者可根据医嘱予以物理降温或服用退热药。

(4)注意 TNA 液的输注温度和保存时间

1)TNA液配制后若暂时不输注,应以 4℃保存于冰箱内.但为避免输注液体过冷而致患者不舒适,须在输注前 0.5 ~ 1.0 小时取出,置室温下复温后再输。

2)由于TNA液中所含成分达几十种,在常温下、长时间搁置后可使其内某些成分降解、失稳定或产生颗粒沉淀,输入体内后可致患者不舒适。因此,TNA 液应在配置后 24 小时内输完。

3.合理输液,维持患者体液平衡

(1)合理安排输液种类和顺序　为适应人体代谢能力和使所输入的营养物质被充分利用,应慢速输注。但对已有缺水者,为避免慢速输注营养液导致的体液不足,应先补充部分平衡盐溶液后再输注TNA液;已有电解质紊乱者,先予以纠正,再输注 TNA 液。

(2)加强观察和记录　观察患者有无发生水肿或皮肤弹性消失,尿量是否过多或过少,并予以记录。根据患者的出入水量,合理补液和控制输液速度。

4.健康教育

1)长期摄入不足或因慢性消耗性疾病致营养不良的患者应及时到医院检查和治疗,以防严重营养不良和免疫防御能力下降。

2)患者出院时,若营养不良尚未完全纠正,应继续增加饮食摄入,并定期到医院复诊。

【护理评价】

1)与静脉穿刺置管及肠外营养支持相关的并发症是否得到有效预防或及时发现和处理。

2)患者有无发热,舒适感有无改善,能否耐受长时间输注营养液。

3)患者体液是否得以维持平衡。

(卢东英)

第四章　外科休克患者的护理

案例引入

患者,男,成人,从高处摔下,右肋腹部撞在路旁石块,感腹痛、头晕,来医院急症。

入院后查体:患者精神紧张,面色苍白,脉搏99次/分,细弱,血压12/9.(90/70mmHg),口渴,尿少,腹腔穿刺有不凝固血液。临床诊断肝破裂。

学习任务:1.您作为管床护士请做好相应的护理评估,找出患者当前的主要护理诊断。

2.请您根据患者的护理诊断提出相应的护理措施。

学习目标

知识目标　能说出休克的病因、病理、监测及治疗原则;知道休克的分类、临床表现、护理措施。

能力目标　能够对休克患者进行正确的护理评估,并能够为患者提供合适的护理措施。

素质目标　学习过程中体现对患者的关心。

【概述】

休克是有效循环血容量骤减、组织灌注不足、细胞代谢紊乱和功能受损的病理过程,它是一种由多种病因引起的综合征。现代观点认为休克是一个序惯事件,是一个从亚临床阶段的组织灌注不足向多器官功能障碍综合征(MODS)或多系统器官衰竭(MSOF)发展的连续过程。因为临床上发生休克的情形相当多见,例如感染、出血等,休克是一个动态过程,而休克又是一个严重状况,所以护士应该密切观察患者,根据患者不同阶段及时采取适当的护理措施。

1.病因与分类

(1)低血容量性休克　包括创伤性休克、失血性休克、失液性休克。创伤性休克见于严重的外伤,如复杂性骨折、挤压伤或大手术等;失血性休克在外科休克中很常见,多见于消化道大出血、肝脾破裂、大血管破裂等;失液性休克多见于大面积烧伤、急性肠梗阻、急性腹膜炎等。

(2)感染性休克　主要由细菌及毒素的作用引起,常继发于严重胆道感染、弥漫性腹膜炎、绞窄性肠梗阻和脓毒症等。按血流动力学特点分为两类:①低排高阻型休克:又称低动力型休克,其血流动力学特点为心输出量降低,外周血管阻力升高。患者皮肤温度降低,故又称为"冷休克"。临床较多见。②高排低阻型休克:又称高动力型休克,其血流动力学特点是心输出量正常或增高,外周血管扩张,阻力降低。患者皮肤温暖干燥,故又称为"暖休克"。

(3)心源性休克

(4)神经性休克

(5)过敏性休克

其中低血容量性和感染性休克是外科最常见的休克。

2.病理生理

各类休克的共同病理生理基础是有效循环血量锐减和组织灌注不足。

(1)微循环的变化

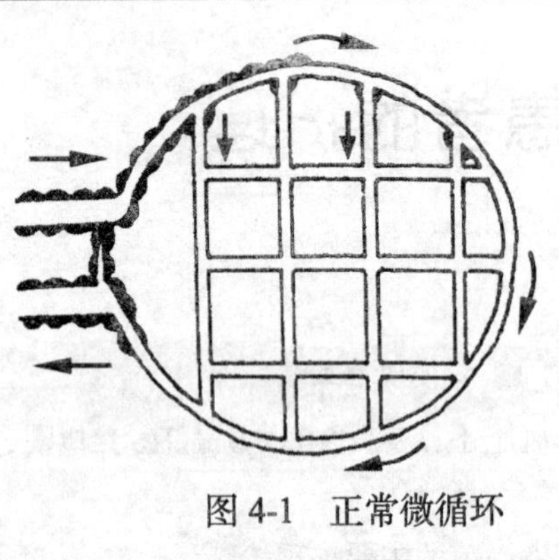
图 4-1　正常微循环

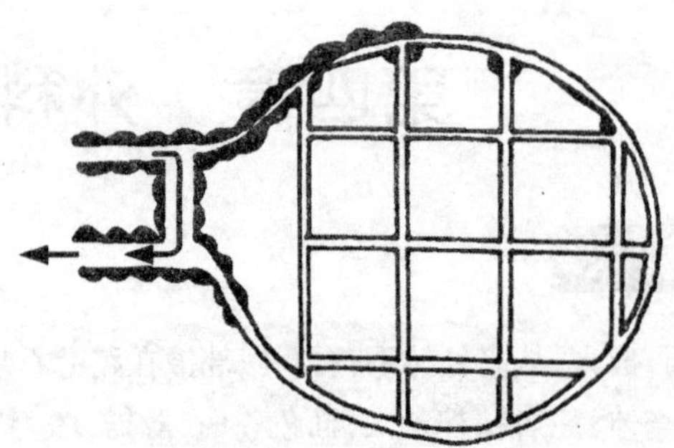
图 4-2　微循环痉挛期

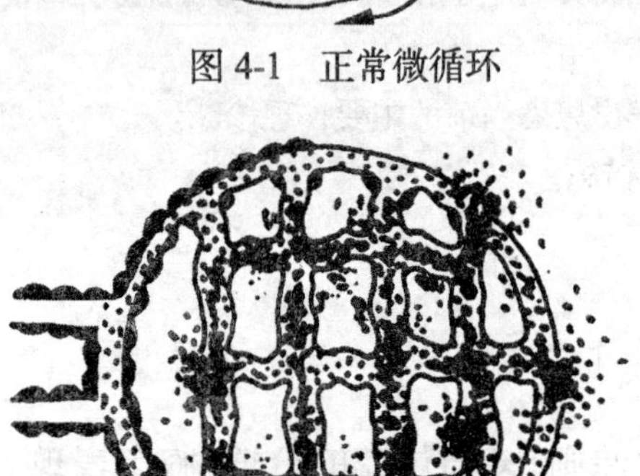
图 4-3　微循环扩张期

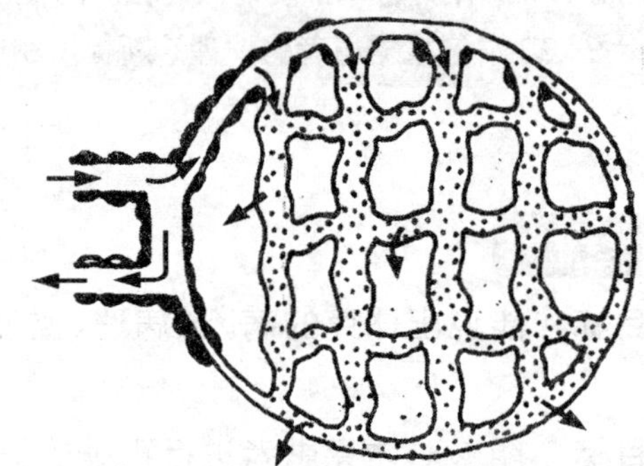
图 4-4　微循环衰竭期

1)微循环收缩期(图 4-2):休克早期,由于有效循环血量急剧减少,引起循环血容量降低、动脉血压下降,刺激主动脉弓和颈动脉窦压力感受器引起血管舒缩中枢加压反射,交感-肾上腺轴兴奋导致大量儿茶酚胺释放以及肾素-血管紧张素分泌增加,使心跳加快、心排出量增加;选择性收缩外周和内脏的小血管,使循环血量重新分布,以保证心、脑等重要器官的有效灌注;毛细血管前括约肌强烈收缩,真毛细血管网内血流减少,压力降低,有助于组织液回吸收,一定程度补充了循环血量;动静脉短路和直截通路开放,使回心血量增加。故此期称为休克代偿期。

2)微循环扩张期(图 4-3):若休克继续进展,动静脉短路和直截通路大量开放,流经毛细血管的血流继续减少,原有的组织灌注不足会更加严重。组织细胞因严重缺氧处于无氧代谢状态,并出现能量不足、乳酸类代谢产物蓄积及舒血管介质如组胺、缓激肽等的释放。这些介质可引起毛细血管前括约肌舒张,而后括约肌由于对其敏感性低仍处于收缩状态。结果大量血液瘀滞于毛细血管,导致毛细血管网内静水压升高、管壁通透性增强,引起血浆外渗、血液浓缩和血液黏稠度增加,使回心血量进一步减少,心排出量继续下降,心、脑等重要器官灌注不足,休克加重并进入抑制期。

3.微循环衰竭期(图 4-4):由于微循环内血液浓缩、血液黏稠度增加及酸性环境中血液的高凝状态等,使红细胞与血小板易发生聚集并在血管内形成微血栓,甚至引起弥散性血管内凝血(disseminated intravascular coagulation,DIC)。随着各种凝血因子的消耗,纤维蛋白溶解系统的激活,可出现出血倾向。此时,组织的血液灌注严重不足,细胞处于严重缺氧和缺乏能量状态,加之酸性代谢产物和内毒素的作用,使细胞内的溶酶体膜破裂,释放多种水解酶,引起组织细胞自溶和死亡,导致广泛的组织损害,甚至多器官功能受损。此期称为休克失代偿期。

(2)代谢变化

1)在组织灌注不足和细胞缺氧时,体内葡萄糖以无氧酵解供能,引起代谢性酸中毒。

2)能量代谢障碍:机体处于应激状态,体内儿茶酚胺和肾上腺素明显增多,蛋白质合成较少,分解增强;糖异生增强,糖降解受抑制,血糖升高。

(3)内脏器官的继发性损害

1)肺:低灌注和缺氧可损伤肺毛细血管的内皮细胞和肺泡上皮细胞,表面活性物质减少。严重可导致急性呼吸窘迫综合征(ARDS),常发生于休克期内或稳定后 48 ~ 72 小时内。

2)肾:休克时随着儿茶酚胺分泌增加,肾血管收缩,肾血流量减少,肾小球滤过率降低,尿量减少。此时,肾内血流重新分布,主要转向髓质,结果致肾皮质区锐减,肾小管缺血坏死,引起急性肾衰竭。

3)脑:休克晚期,持续性的血压下降,使脑灌注压和血流量下降,出现脑缺氧。脑缺氧和酸中毒时,血管壁通透性升高,血浆外渗,导致继发性脑水肿和颅内压增高。

4)心:冠状动脉灌流量减少,心肌因缺血缺氧而受损。一旦心肌微循环内血栓形成,可引起局灶性心肌坏死和心功能受损。

5)胃肠道:当有效循环血量不足和血压降低时,胃肠道黏膜缺血、缺氧可使正常黏膜上皮细胞屏障功能受损。并发胃应激性溃疡或肠源性感染。

6)肝:肝细胞缺血、缺氧,肝的解毒及代谢能力减弱,易发生内毒素血症,加重代谢紊乱及酸中毒。

【护理评估】

1.健康史

了解有无引起休克的原因,如大面积烧伤、骨折、挤压综合征、消化道大出血、肝脾破裂、大血管损伤、急性胆道感染、急性弥漫性腹膜炎、绞窄性肠梗阻等。

2.身体状况

根据休克的发病过程,将休克分为休克代偿期和休克抑制期(表 4-1)。

表 4-1 临床表现和休克程度

分期	程度	神志	口渴	皮肤黏膜		脉搏	血压	周围循环	尿量	估计失血量
				色泽	温度					
休克代偿期	轻度	神志清楚伴有痛苦的表情,精神紧张	口渴	开始苍白	正常,发凉	100 次/min 以下,有力	收缩压正常或稍有升高,舒张压增高脉压缩小	正常	正常	20%以下(800ml 以下)
休克抑制期	中度	神志尚清楚,表情淡漠	很口渴	苍白	发冷	100 ~ 200 次/min	收缩压(90 ~ 70 mmHg)脉压小	表浅静脉塌陷,毛细血管充盈迟缓	尿少	20%~40%(800 ~ 1600ml)
	重度	意识模糊甚至昏迷	非常口渴,但可能无主诉	显著苍白肢端青紫	冰冷(肢端更明显)	速而细弱或摸不清	收缩压在 70mmHg 以下或测不到	毛细血管充盈非常迟缓,表浅静脉塌陷	尿少或无尿	40%以上(1600ml 以上)

(1)休克代偿期 此期由于机体的代偿作用,交感-肾上腺轴兴奋,临床表现精神紧张,兴奋或烦躁不安,面色苍白,手足湿冷,心率和呼吸增快,尿量减少,脉压差减小等。此时若处理得当,休克可很快得到纠正,若处理不当,休克将发展并进入抑制期。

(2)休克抑制期 患者表现为神情淡漠,反应迟钝,甚至出现意识模糊或昏迷,皮肤和黏膜发绀,四肢厥冷,脉搏细数或摸不清,血压下降,脉压差缩小;尿量减少甚至无尿。若皮肤黏膜出现紫斑或消化道出血,则表示病情发展到弥散性血管内凝血阶段。若出现进行性呼吸困难、烦躁、发绀、一般吸氧仍不能改善者,应考虑并发急性呼吸窘迫综合征。

3.休克监测

(1)一般监测

1)精神状态:可反映脑组织血液灌流和全身循环状况。

休克早期患者呈兴奋状态,烦躁不安;休克加重时表情淡漠、意识模糊,反应迟钝,甚至昏迷。若患者意识清楚,对刺激反应正常,表明循环血量已基本足够。

2)皮肤色泽及温度:是体表灌流情况的标志。

休克期患者皮肤口唇黏膜苍白,四肢湿冷,晚期可出现发绀等。补充血容量后,若四肢转暖,皮肤干燥,说明末梢循环恢复,休克有好转。

3)血压与脉压:通常认为休克时收缩压差<90mmHg,脉压差<20mmHg;血压恢复,脉压增大则提示休克好转。

4)脉搏:脉率变化多在血压变化之前出现。

休克早期脉率增快;休克加重时脉细弱,甚至摸不到。临床常用脉率/收缩压(mmHg)计算休克指数,指数为 0.5 表示无休克;>1.0 ~ 1.5 表示有休克;>2.0 为严重休克。

5)尿量:是反映肾血液灌注情况的有用指标。尿少常常是休克早期的表现。当尿量维持在 30ml/h 以上时,提示休克已纠正。

(2)特殊监测

1)中心静脉压(CVP):代表右心房或者胸腔段静脉内的压力的变化,可反应血容量和右心功能的关系。CVP 正常值为 0.49 ~ 0.98kPa(5 ~ 10cmH_2O)。CVP<0.49kPa 表示血容量不足;CVP 高于 1.47kPa(15cmH_2O)表示有心功能不全、静脉血管床过度收缩或肺循环阻力增高;CVP 高于 1.96kPa(20cmH_2O)则提示存在充血性心力衰竭。

2)肺毛细血管楔压(PCWP):PCWP 和 PAP(肺动脉压)可反映肺静脉、左心房和左心室的功能状态。用 Swan-Ganz 漂浮导管进行测量。正常值为 0.8 ~ 2.0kPa(6 ~ 15mmHg)。小于正常值反映血容量不足,较 CVP 敏感;PCWP 增高提示左房压力增高。

3)动脉血气分析:有助于了解有无酸碱平衡失调。休克时,血气分析测得值常发生变化。动脉血 pH 值正常值为 7.35 ~ 7.45;动脉血氧分压(PaO2)正常值为 10.7 ~ 13kPa(80 ~ 100mmHg);动脉血二氧化碳分压(PaCO2)正常值是 4.8 ~ 5.8kPa(36 ~ 44mmHg)。若 PaCO2 高于 8kPa(60mmHg),吸入纯氧后仍无改善,应考虑有急性呼吸窘迫综合征。

4)动脉血乳酸盐测定:监测有助于估计休克及复苏的变化趋势。正常值为 1.0 ~ 1.5mmol/L。休克时间越长,血流灌注障碍越严重,动脉血乳酸盐浓度也愈高,提示病情严重,预后不良。

5)DIC 的监测:疑有 DIC 时,应测血小板的质量及数量、凝血因子的消耗程度及反映纤溶活性的多项指标。包括:血小板低于 80×10^9/L;纤维蛋白原少于 1.5g/L;凝血酶原时间较正常延长 3 秒以上时应考虑有 DIC。

4.治疗原则

因休克是不同病因引起的,应当针对引起休克的原因以及休克的不同发展阶段采取相应的治疗。治疗重点是恢复灌注和对组织提供足够的氧。最终防止 MODS(多器官功能障碍综合征)。

(1)一般紧急措施　积极处理导致休克的原发病及创伤,如对大出血的患者,立即加压包扎止血;保持呼吸道通畅,早期以鼻导管及面罩间歇性给氧;采取休克体位,即头和躯干抬高 20° ~ 30°,下肢抬高 15° ~ 20°,以增加回心血量及减轻呼吸困难;注意给患者保暖。

(2)补充血容量　是纠正组织低灌注和缺氧的关键。应迅速建立静脉通道,根据监测指标,首先采用晶体液和人工胶体液复苏,必要时进行成分输血。

(3)积极处理原发病　由外科疾病引起的休克,如内脏大出血、消化道穿孔、肠绞窄性坏死等,在恢复有效循环血量后,需手术处理原发病。有时则需在抗休克的同时施行手术,才能有效治疗休克。

(4)纠正酸碱平衡失调　休克患者由于组织缺氧,常有不同程度的酸中毒。在休克早期,由于过度换气,引起低碳酸血症及呼吸性碱中毒。碱中毒时,血红蛋白氧离曲线左移,使氧不易从血红蛋白释出,加重组织缺氧。休克患者不主张早期使用碱性药物。根本措施是改善组织灌注,并适时和适量给予碱性药物。常用的碱性药物为 5%碳酸氢钠溶液。

(5)应用血管活性药物　在充分容量复苏的前提下,需应用血管活性药物。主要包括血管收缩剂、血管扩张剂及强心药物。血管收缩剂临床常用的有多巴胺、多巴酚丁胺、间羟胺、去甲肾上腺素等。血管扩张剂常用的有酚妥拉明、酚苄明、阿托品、山莨菪碱等。休克发展到一定程度都伴有不同程度的心肌损害,应用强心药可增强心肌收缩力,减慢心率,常用多巴胺、多巴酚丁胺和西地兰等。休克时血管活性药物应根据患者的病情选用。休克早期血管痉挛收缩,在扩容的基础上配合使用血管扩张剂;临床上为了兼顾各重要脏器的灌注水平,常将血管收缩剂和血管扩张剂联合使用。

(6)治疗 DIC 改善微循环　诊断明确的 DIC 阶段,可用肝素抗凝治疗。有时还使用抗纤溶药,如氨甲苯酸、氨基已酸等、抗血小板黏附和聚集的阿司匹林、潘生丁和小分子右旋糖酐。

(7)皮质类固醇和其他药物的应用　对于严重休克及感染性休克患者可使用皮质激素。一般主张应用大剂量，静脉滴注，一次滴完。一般只用 1 ～ 2 次，为防止不良反应发生。

其他类药物：①钙通道阻断剂：维拉帕米，硝苯地平；②吗啡类拮抗剂：纳络酮；③氧自由基清除剂：超氧化物歧化酶(SOD)等。

5.心理-社会状况

观察患者及家属的情绪反应，了解其心理承受能力及对治疗和预后的知晓程度。休克起病急、病情重、变化快，加之抢救中使用的监测和治疗仪器较多，易使患者和家属产生遭受死亡威胁的感觉，出现不同程度的紧张、焦虑或恐惧心理。

【护理诊断及合作性问题】

1.体液不足

与大量失血、失液有关。

2.心输出量减少

与体液不足、循环血量减少或心功能不全有关。

3.组织灌注量改变

与大量失血、失液引起循环血量不足所致的心、肺、脑、肾及外周组织血流减少有关。

4.气体交换受损

与心排血量减少、组织缺氧、呼吸改变有关。

5.有感染的危险

与免疫力降低有关。

6.体温过低

与外周组织血流减少、大量输入低温库存血有关。

7.有受伤的危险

与烦躁不安、神志不清、疲乏无力等有关。

【护理目标】

略

【护理措施】

1.补充血容量，恢复有效循环血量

(1)专人护理　休克患者病情严重，应置于特护病室，并设专人护理。

(2)建立静脉通路　迅速建立 1 ～ 2 条静脉输液通道，因头皮针易穿透静脉壁，可选用留置针。对于外周置管困难者，可选用中心静脉置管，还可同时监测 CVP，所以要做好静脉导管的护理。

(3)合理补液

1)液体种类　临床休克常用的液体有晶体液和胶体液。晶体液包括平衡盐溶液，葡萄糖溶液等；胶体液包括全血、血浆、白蛋白等。

2)补液方法①补液顺序：休克患者一般先快速输入晶体液，后输胶体液；②补液速度：根据血压及血流动力学监测情况调整输液速度：血压及中心静脉压低时，应较快补液；CVP>15cmH_2O时，应限制补液，以防肺水肿及心功能衰竭(表 4-2)。

表 4-2　中心静脉压、血压与补液的关系

中心静脉压	血压	原因	处理原则
低	低	血容量严重不足	充分补液
低	正常	血容量不足	适当补液
高	低	心功能不全或血容量相对过多	给强心药，舒张血管
高	正常	容量血管过度收缩	舒张血管
正常	低	心功能不全或血容量不足	补液试验*

补液试验:取等渗盐水250ml,于5 ~ 10分钟内经静脉滴入,若血压升高而中心静脉压不变,提示血容量不足;若血压不变而中心静脉压升高0.29 ~ 0.49kPa(3 ~ 5cmH_2O),则提示心功能不全。

(4)记录出入量　输液时,尤其在抢救过程中,应有专人准确记录输入液体的种类、数量、时间、速度等,并详细记录24小时出入量以作为后续治疗的依据。

2.严密观察病情变化

每15 ~ 30分钟测体温、脉搏、呼吸、血压一次。观察患者意识、皮肤黏膜颜色及温度、尿量等情况以判断病情变化。

3.保持呼吸道通畅

(1)保持呼吸道通畅　病情许可时,鼓励患者做深呼吸及有效咳嗽、咳痰。

(2)给氧　遵医嘱给予吸氧,严重呼吸困难者,必要时气管插管或气管切开,予呼吸机辅助呼吸。

4.体位活动

将患者头和躯干抬高20° ~ 30°,下肢抬高15° ~ 20°,有利于呼吸,并可增加回心血量及改善脑血流。休克患者由于血流动力学不稳定,尽量避免过多搬运患者。

5.药物的应用

(1)血管活性药物的使用　目的是为了提升血压,改善微循环。在应用血管活性药物过程中,应监测血压的变化,及时调整输液速度,预防血压骤然变化引起不良后果。使用时从低浓度、慢速度开始,每5 ~ 10分钟测一次血压;血压平稳后每15 ~ 30分钟测一次,并按药物浓度严格控制滴数;严防药物外渗:若注射部位出现红肿、疼痛,应立即停止静脉注射,更换滴药部位,患处用0.25%普鲁卡因封闭或立其丁进行对抗,以免发生皮下组织坏死;血压平稳后,逐渐降低药物浓度,减慢速度后撤除,以防突然停药引起不良反应。

(2)强心药物的使用　对于有心功能不全的患者,应遵医嘱给予增强心肌功能的药物,如静脉注射毛花甙C快速达到洋地黄化(0.8mg/d)。一般将毛花甙C 0.2 ~ 0.4mg加入25%葡萄糖溶液20ml内缓慢静脉推注。用药过程中,注意观察心律变化及药物的不良反应。

6.预防感染和受伤

1)严格执行无菌技术操作规程。因休克患者治疗时采取很多侵袭性措施,如导尿、气管插管、吸痰、中心静脉置管等,必须严格执行无菌技术以预防感染。

2)遵医嘱全身应用有效抗生素。

3)对于烦躁或神志不清的患者,应加床旁护栏以防坠床;输液肢体宜用夹板固定,必要时,四肢以约束带固定于床旁。

4)防止长期卧床的患者出现并发症:如压疮、静脉血栓、肺部并发症。

7.维持正常体温

(1)密切观察体温变化

(2)适当保暖　休克时体温降低,应予以保暖,不能受寒。可通过增加衣服和被服,提高室温来保暖。但切忌应用热水袋、电热毯等进行体表加温,以防烫伤及皮肤血管扩张,后者使心、肺、脑、肾等重要器官的血流灌注进一步减少。此外,加热可增加局部组织耗氧量,加重缺氧,不利于休克的纠正。

(3)库存血的复温　低血容量性休克时,若为补充血容量而快速输入低温保存的大量库存血,易使患者体温降低。因此,输血前应注意将库血复温后再输入。

(4)其他　感染性休克患者体温过高,不可使用冷疗法,可通过降低室温、减少衣服和被服来降低体温。

8.心理护理

对患者及其家属的紧张、焦虑情绪进行解释。

【健康教育】

重点是教育人们识别可能导致休克的原因,当自己或他人遭遇下列情况应及时到医院救治,以防发生休克或延误休克的抢救时机:①严重损伤,如大面积烧伤、长骨骨折或严重挤压伤、胸腹部损伤、骨盆损伤;②大出血,如大量呕血或便血、大血管破裂出血或体表开放性损伤大量出血;③严重感染,如胆道感染、弥漫性腹膜炎、绞窄性肠梗阻等;④严重腹泻、呕吐或脱水等。

(卢东英)

第五章 围手术期患者护理

案例引入

某患者,近两月体重减轻10千克,确诊胃癌,家属要求住院拟手术。患者自认为手术无效,拒绝手术。后在家属和医护人员的劝说下行根治切除术。

术后第2天,患者诉切口疼痛,T38℃。

学习任务:1. 您作为管床护士请做好该患者术前、术中和术后护理。

2. 请做一次完整的护理查房。

学习目标

知识目标 能说出手术前的评估内容,知道手术室的基本布局和日常管理工作,会麻醉前评估,知道常用的麻醉方法和麻醉药物以及相关的麻醉并发症。

能力目标 能够树立外科无菌观念,并能够为患者提供合适的术前、术中和术后护理。

素质目标 学习过程中体现对患者的关心。

手术是治疗外科疾病的重要手段,然而,手术创伤、麻醉及疾病本身的刺激可通过一系列神经-内分泌反应,引起人体生理功能的紊乱和不同程度的心理压力,从而削弱机体的防御能力和对手术的耐受力,直接影响手术预后,故围手术期护理极为重要。

围手术期(Perioperative period)包括三个阶段,即手术前、手术中及手术后期,每一个阶段都有各自不同的护理内容。

(1)手术前期 从患者决定接受手术到将患者送至手术台。

(2)手术期 从患者被送上手术台到患者手术后被送入恢复室(观察室)或外科病房。

(3)手术后期 从患者被送到恢复室或外科病房至患者出院或继续追踪。

围手术期护理旨在加强术前至术后整个诊治期间患者的身心护理,通过全面评估,充分做好术前准备,采取有效措施维护机体功能,提高手术的安全性,减少术后并发症,促进患者康复。

第一节 手术前患者的护理

完善的术前准备是手术成功的重要条件。根据疾病种类、时限性及性质,手术的类型大致分为三类:①急症手术。病情危急,需在最短时间内进行必要准备后迅速实施手术,如外伤性肝、脾破裂和肠破裂等;②限期手术。手术时间选择有一定时限,应在尽可能短的时间内做好术前准备,如各种恶性肿瘤的切除手术;③择期手术。可在充分的术前准备后进行手术,如一般的良性肿瘤切除术。手术前护理的重点是在全面评估的基础上,做好必需的术前准备,纠正患者存在及潜在的生理、心理问题,加强健康指导,提高患者对手术和麻醉的耐受能力,使手术的危险性减至最低限度。

【护理评估】

1.健康史

了解患者的一般情况、既往健康状况,尤其注意与现患疾病相关的病史和药物应用情况及过敏史、手术史、家族史、遗传病史和女性患者生育史等。既往有无高血压、糖尿病及心脏疾病等,初步判断其手术耐受性。

(1)年龄　新生儿和婴幼儿对手术的耐受力较差、危险大,手术时容易并发误吸、呼吸道不通畅、药物及液体过量等。老年人器官功能衰退、代谢调节和组织愈合能力差,常伴有心血管疾病等,易发生代谢紊乱、休克和切口愈合不良;男性老年患者常因前列腺肥大而易致术后尿潴留和尿路感染等。

(2)药物治疗史　了解有无服用与手术或术后恢复有关的药物。

1)抗凝剂:易致手术中出血。

2)抗菌药:与麻醉药一起使用,会造成如增加肾脏负担、影响肌松药作用等不利影响。

3)镇静、安定类药物:易诱发低血压而致休克。

4)利尿药:大量应用致体内钾丢失或失平衡。

5)类化合物(类固醇):可影响围手术期应激反应或引起消化道出血等。

2.身体状况

通过仔细询问患者主诉和全面体格检查,评估生命体征和主要体征;了解各主要内脏器官功能情况,有无心、肺、肝及肾等器官功能不全,有无营养不良、肥胖,有无水、电解质失衡等高危因素,评估手术的安全性。

(1)各系统状况和高危因素

1)心血管系统:①脉搏速率、节律和强度;②血压;③皮肤色泽、温度及有无水肿;④体表血管有无异常,如有无颈静脉怒张和四肢浅静脉曲张。了解有无增加手术危险性的因素,如高血压、冠心病、贫血或低血容量。

2)呼吸系统:①胸廓形状;②呼吸频率、深度和形态(胸式/腹式呼吸);③呼吸运动是否对称;④有无呼吸困难、咳嗽、咳痰、胸痛、哮喘或发绀等;⑤有无上呼吸道感染。了解有无增加手术危险性的因素,如肺炎、肺结核、支气管扩张、哮喘及慢性梗阻性肺疾患、肺气肿或吸烟等。

3)泌尿系统:①排尿情况,有无排尿困难、遗尿、尿频或尿失禁等;②尿液情况,尿液浊度、颜色、尿量及尿比重等。了解有无增加手术危险性的因素,如肾功能不全、前列腺肥大或急性肾炎等。

4)神经系统:患者是否有头晕、头痛、眩晕、耳鸣、瞳孔不对等或步态不稳等。了解有无增加手术危险性的因素,如颅内压增高或意识障碍等。

5)血液系统:患者是否经常有牙龈出血、皮下紫癜或外伤后出血不止等。了解有无增加手术危险性的因素,如有出血倾向的疾病等。

6)其他:了解有无其他增加手术危险性的因素:①肝脏疾病,如肝硬化、腹水等;②内分泌系统疾病,如甲状腺功能亢进、糖尿病或肾上腺皮质功能不全;③营养不良或电解质紊乱等。

(2)辅助检查　了解各项实验室检查结果,如血、尿、粪三大常规和血生化检查结果,了解X线、B超、CT及MRI等影像学检查结果,以及心电图、内镜检查报告和其他特殊检查的结果,以助判断病情、预后及完善术前检查。

(3)估计患者对手术的耐受能力

1)耐受良好:患者全身情况较好,无重要内脏器官功能损害,外科疾病对全身影响较小,手术的安全性较大,术前只需一般性准备。

2)耐受不良:患者全身情况不良,重要内脏器官功能损害较严重,疾病影响程度广泛,手术损害大或急症手术者,手术的安全性小,术前必须充分准备,手术危险性很大者,应尽量选用手术范围小的术式或分二期手术。

3.心理-社会状况

手术对于患者而言,既能解除病痛,又是创伤的经历,易产生不良的心理反应,如感到害怕和焦虑、恐惧、抑郁或情绪激动等,此可削弱患者对手术和麻醉的耐受力,影响创伤的愈合和手术效果。评估外科患者的常见心理反应,识别并判断其所处的心理状态,有利于及时提供有效的心理护理。心理状态改变的具体表现为:

1)睡眠形态紊乱,如失眠。

2)语言和行为改变,如沉默寡言、易激动、无耐心、易怒或哭泣。

3)尿频、食欲下降、疲劳和虚弱感,自我修饰程度下降。

4)呼吸、脉搏加快,手心出汗,血压升高等。

进一步了解引起心理状态改变的相关因素:

1)担心疾病严重甚至危及生命。

2)担心疾病预后及后续影响。

3)对手术、麻醉及治疗过程的担忧以及相关知识的未知、不确定。

4)担心住院对家庭照顾、子女和老人等带来不便。

5)对住院费用的担忧。

除了对患者进行上述评估以外,还要进一步评估其家庭经济状况、家庭成员及其单位同事对其住院的反应、态度,以利于发挥社会支持系统的作用。

【护理诊断及合作性问题】

1. 焦虑和恐惧

与罹患疾病、接受麻醉和手术、担心预后及住院费用高等有关。

2. 知识缺乏

缺乏与手术、麻醉相关的知识及术前准备知识。

3. 营养失调

低于机体需要量与患病后摄入不足、丢失过多或机体分解代谢增强等有关。

4. 体液不足

与疾病所致体液丢失、液体量摄入不足或体液在体内分布转移等有关。

5. 睡眠形态紊乱

与疾病导致的不适、环境改变和担忧等有关。

6.有感染的危险

与机体抵抗力低下、营养不良、糖尿病或肥胖等有关。

【护理目标】

1. 患者情绪平稳、心理状态稳定,能配合各项检查和治疗。

2.患者对疾病和治疗的认识提高,能说出与所患疾病相关的因素、知识和相关治疗的配合要点。

3. 患者营养状态得以维持,无明显体重下降,营养素摄入充分。

4.患者体液得以维持平衡,无水、电解质失衡或酸碱平衡紊乱的表现,各主要器官灌注良好,能发挥正常生理功能,机体处于接受手术的最佳状态。

5. 患者每晚能安静入睡,保证每天有 8 小时左右的睡眠时间。

6. 患者未发生感染或感染得以及时发现和有效控制。

【护理措施】

1.有效缓解焦虑

针对产生焦虑、恐惧及情绪不稳等心理反应的原因,予以正确引导和及时纠正异常的心理变化。

(1)入院宣教　热情主动的入院接待可使患者尽快适应患者角色。和蔼亲切的态度、周到礼貌的语言可使患者感受到关心和尊重,产生信任,有利于其充分表达情感,减轻负面情绪的影响,从而正视现实,以积极的心态接受手术。具体内容包括:

1)介绍病区环境及管床医师和护士。

2)介绍患者结识同类手术康复者,使患者通过后者的现身说法体会成功的经验。

3)以认真细致的工作态度、娴熟的技术赢得患者的信任。

4)多与患者沟通,了解引起焦虑、恐惧的原因,尽量满足其合理要求。

5)帮助其安排好住院后生活及适当的休息、娱乐,分散注意力,减轻害怕和孤独感。

6)指导患者运用合适的放松方法,如深呼吸、散步、听音乐及放松疗法等。

(2)术前宣教　根据患者的年龄和文化程度等特点,结合其病情,利用图片资料、宣传手册、录音、录像或小讲课等多种形式进行术前宣教,不仅有利于纠正患者对自身疾病的错误认识,提高其健康意识,而且能使患者对自身将经历的一系列治疗过程有所了解,减少恐慌,主动配合护理措施的实施,提高参与护理活动的自觉性。术前宣教可与麻醉师及手术室护理人员的术前访视患者相结合,内容包括:

1)介绍手术室环境、主要仪器及其用途。

2)讲解麻醉方式、麻醉后可能发生的反应及注意事项。

3)解释术前处理的程序、意义,手术治疗的目的和主要过程、可能的不适等。

4)介绍术后可能留置的各类引流管及其目的和意义。

5)介绍术前和术后的常规护理。

2.提供与手术、麻醉及患者配合所需的相关知识和准备

(1)一般准备　对拟接受大、中手术者,术前应做好血型和交叉配血试验,备好一定数量的全血、血细胞或血浆。术前准备期间应同时加强病情观察和生命体征监测,以及时发现异常并给予积极的对症处理。

(2)呼吸系统的准备　对有吸烟习惯者,术前2周停止吸烟,防止呼吸道分泌物过多,影响呼吸道通畅。鼓励患者术前练习并掌握深呼吸运动、有效咳嗽和排痰等方法,即在排痰前,先轻轻咳几次,使痰松动,再深吸一口气后,用力咳嗽,使痰顺利排出。指导胸部手术者进行腹式呼吸的训练,腹部手术者进行胸式呼吸的训练。已有呼吸道感染等疾病者,给予有效的治疗。

(3)心血管系统的准备　心血管疾病可直接影响患者对手术的耐受力,故对伴有心血管疾病者应经内科治疗控制原发病,加强对心脏功能的监护。血压在160/100mmHg以下者不必做特殊准备;血压过高的患者术前应选用合适的降压药物使血压平稳在一定水平,但并不要求降至正常后才做手术。心力衰竭患者应在病情控制3～4周后再考虑手术。急性心肌梗死患者发病后6个月内不宜施行择期手术,6个月以上无心绞痛发作者可在严格监护下手术。

(4)消化系统的准备　成人术前12小时开始禁食、术前4小时开始禁饮水,以防麻醉或术中呕吐引起窒息或吸入性肺炎。胃肠道手术患者术前1～2天进食少渣食物;非肠道手术患者术前一般不限制饮食种类。一般性手术的患者,督促其术前晚排便,必要时使用开塞露或用0.1%～0.2%肥皂水灌肠等促使残留粪便的排出,以防麻醉后肛门括约肌松弛,粪便排出,增加污染的机会。肠道手术患者术前3天开始做好充分的肠道准备后,方可手术。

(5)改善和维持肝、肾功能　手术创伤和麻醉都将加重肝、肾的负荷。术前做好各项肝、肾功能检查,了解肝、肾功能损害程度,损害程度愈重,手术耐受力愈差。患有活动性肝炎的患者或肝功能严重受损并表现为营养不良、腹水或黄疸的患者,除急症外一般不宜手术。重度肾功能损害者需在有效的透析治疗后才能接受手术。因此,对此类患者需对症处理,减少肝、肾负荷,最大限度地改善肝、肾功能,提高患者对手术的耐受能力。

(6)纠正异常的出、凝血功能　术前常规检查出凝血时间、凝血酶原时间、血小板计数,必要时检测有关凝血因子。应特别注意患有严重肝硬化、脾功能亢进、血友病和原发性血小板减少性紫癜等患者的出、凝血功能,可根据实际情况输给新鲜血或浓缩血小板,同时,可根据医嘱补给维生素C、维生素K或卡巴克洛(安络血)等药物,以改善患者的出、凝血功能。

(7)饮食和休息　术前准备期间根据患者的手术种类、方式、部位和范围,加强饮食指导,鼓励其多摄入营养素丰富、易消化的食物。督促患者活动与休息相结合,减少明显的体力消耗。

(8)术前适应性训练　多数患者不习惯于床上排尿和排便,术前即应指导其练习在床上使用便盆。男性患者学会床上使用尿壶。教会患者自行调整卧位和床上翻身的方法,以适应术后体位的变化。对有的手术患者还应指导其练习术中体位,如甲状腺手术者,术前给予肩部垫枕、头后仰的体位训练,以适应术中颈过伸的姿势。

(9)皮肤准备　是预防切口感染的重要环节。术前一日督促患者剪短指甲、理发、沐浴及更衣,必要时协助其完成。重点做好手术区皮肤准备,剃除或剪去毛发、清除皮肤的污垢,腹部手术及腹腔镜手术时尤应注意脐部的清洁,可用汽油等清洁脐部污垢。备皮时注意遮挡和保暖,动作轻巧,防止损伤表皮和增加感染的可能性。如切口周围毛发不影响手术操作,可不用剃除,反之应全部剃除。备皮时间以术前2小时为宜,皮肤准备的时间若超过24小时,应重新准备。

皮肤准备即将手术区的毛发、污垢去除,一般不剃眉毛,小儿也不剃毛。备皮范围原则是超出切口四周各20cm以上。

1)备皮步骤:向患者说明备皮的意义及方法,解除顾虑,取得合作;一般在治疗室进行,如在病房需避开探视时间,并用屏风遮挡;备好用物,如保安刀、软肥皂、毛刷、橡皮布、治疗巾、棉签、汽油、纱布等;在患者身下垫橡皮布和治疗巾,用软毛刷在备皮区涂刷肥皂,一手用纱布绷紧皮肤,另一手用保安刀剃去毛发,注意要剃净并防止损伤,然后用温水和毛巾将肥皂洗去,最后清洗皮肤。检查无误即告结束。

2)备皮范围(图5-1):①颅脑手术:术前2小时剃净头发及颈部毛发,不剃眉毛;②颈部手术:自唇下至乳头水平线,两侧斜方肌前缘;③乳癌根治术:自锁骨上至脐水平,患侧至腋后线,对侧至锁骨中线或腋前线,包括患侧上臂、肩和腋窝,剃腋毛;④胸部手术:自锁骨上、肩上至脐水平,前至对侧锁骨中线或腋前线,后至对侧肩胛下角,包括胸部、上腹、患侧腋下和上臂;⑤上腹手术:自乳头连线至耻骨联合,两侧至腋后线;⑥下腹手术:自剑突至大腿上1/3前内侧及外阴部,两侧至腋后线;⑦腹股沟及阴囊部手术:自脐水平线至大腿上1/3,

两侧至腋后线，包括外阴部；⑧肾区手术：乳头水平至耻骨联合，前后均过中线；⑨会阴及肛门部手术：自髂前上棘水平线至大腿上 1/3 的内、前、后侧，包括会阴区及臀部；⑩四肢手术：以切口为中心，上、下各 20cm 以上，一般为整个肢体。

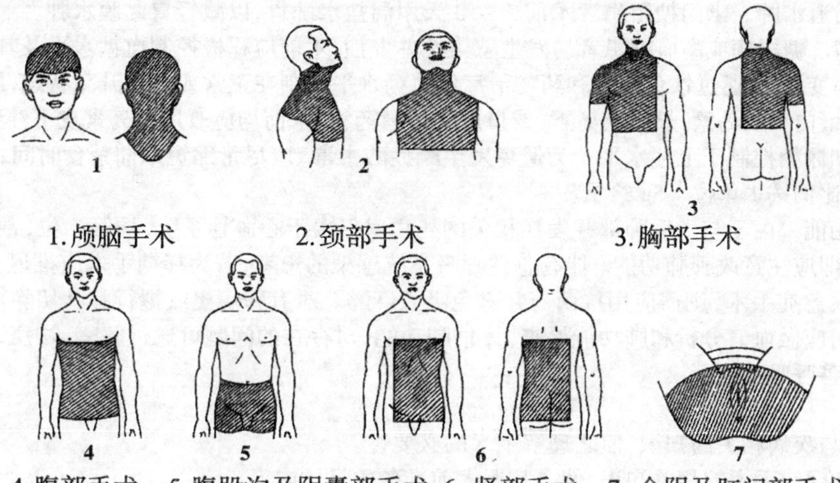

图 5-1　常见手术部位备皮范围(阴影部分)

3)特殊部位备皮：①骨科手术：术前 3 天开始备皮，第 1、2 节天先用肥皂水洗净，75%乙醇消毒，无菌巾包裹，第 3 天剃毛清洗消毒包裹，术日晨再次消毒后无菌巾包裹；②颅脑手术：术前 3 日剃头，每日洗头 1 次(急诊例外)，术前 2 小时再次剃净头发。洗头后戴清洁帽子；③面部手术：不剃眉毛；④阴囊阴茎手术：术前每日用温水浸泡，肥皂水洗净局部，术前 1 日剃毛。

(10)手术日晨的护理

1)进入手术室前的准备和护理：①认真检查、确定各项准备工作的落实情况；②若发现患者有不明原因的体温升高，或女性患者月经来潮等情况，应延迟手术日期；③进入手术室前，指导患者排尽尿液；估计手术时间将持续 4 小时以上及接受下腹部或盆腔内手术者应予以留置导尿管并妥善固定；④胃肠道及上腹部手术者应放置胃管；⑤嘱患者拭去指甲油、口红等化妆品，取下活动的义齿、发夹、眼镜、手表、首饰和其他贵重物品；⑥遵医嘱给予术前药物；⑦备好手术需要的病历、X 线检查片及药品等，将其随同患者带入手术室；⑧与手术室接诊人员仔细核对患者、手术部位及名称等，做好交接。

2)准备麻醉床：根据手术类型准备麻醉床，备好床旁用物，如胃肠减压装置、输液架、吸氧装置及心电监护仪等，以便接收手术后回病室的患者。

3.改善或纠正营养不良

营养不良的患者耐受失血和休克的能力、创伤修复和切口愈合的能力及防御能力均下降，易并发感染等并发症，术前应尽可能予以纠正。血浆清蛋白值在 30 ~ 35g/L 的患者应尽可能通过饮食补充能量和蛋白质，若低于 30g/L，则可在短期内通过输入血浆或人体清蛋白制剂等纠正低蛋白血症。对不能进食或经口摄入不足的营养不良患者，可给予肠内、外营养支持，以有效改善患者的营养状况，提高对手术的耐受力。

4. 维持体液平衡和内环境稳定

对因大量呕吐或失血，导致水、电解质和酸碱平衡失调或休克者应予以及时纠正。可根据病情，通过口服或静脉途径合理输液和补充电解质。

5. 促进患者睡眠

(1)解除患者的不适　对因疾病导致的不适和疼痛，应及时予以对症处理，包括：①指导其采取合适的体位；②根据医嘱给予镇痛药物；③通过音乐、交谈等减轻患者的不适感；④给予心理护理，解除患者的担忧。

(2)创造安静舒适的环境　促进患者的休息和睡眠。

(3)对睡眠形态明显紊乱者给予镇静药物

6. 并发症的预防和护理

(1)合理应用抗菌药　处理已存在的感染灶,避免与其他感染者接触。抗菌药的预防性应用一般适用于:①涉及感染病灶或切口接近感染区域的手术;②肠道手术;③预计操作时间长、创面大的手术;④开放性创伤,创面已污染,清创时间长或清创不彻底者。⑤涉及大血管的手术;⑥植入人工制品的手术;⑦器官移植术。

(2)减轻胃肠道水肿　幽门梗阻患者术前2 ~ 3天用温盐水洗胃,以减轻胃黏膜水肿。

(3)控制血糖　糖尿病或高血糖患者易发生感染性并发症,术前应积极控制血糖水平及其相关的并发症(如心血管和肾病变)。可通过饮食控制和药物治疗使血糖水平控制在正常或轻度升高状态,尿糖为+ ~ ++。若患者系应用精蛋白锌胰岛素(长效胰岛素)或口服降血糖药物,术前均应改用胰岛素皮下注射,每4 ~ 6小时1次,使血糖和尿糖控制于上述水平。为避免发生酮症酸中毒,应尽量缩短术前禁食时间,静脉输液时胰岛素与葡萄糖的比例按1单位:5g给予。

(4)改善肺功能　由于与术后肺部并发症相关的死亡率仅次于心血管系统,居第二位,故对伴有肺功能障碍的患者术前即应注意改善肺功能。伴有急性呼吸系统感染的患者,若为择期手术应推迟,待感染控制后再施行手术;若属急症手术,则需应用抗菌药并避免吸入麻醉。对有肺病史或拟行肺叶切除术、食管或纵隔手术的患者,术前应做血气分析和肺功能检查,评估肺功能;对存在的问题可通过解痉、祛痰、控制感染及体位引流等措施改善呼吸功能。

7.健康教育

1)告知患者与疾病相关的知识,使之理解手术的必要性。

2)告知患者麻醉、手术的相关知识,使之掌握术前准备的具体内容。

3)术前加强营养,注意休息和适当活动,提高抗感染能力。

4)戒烟,早晚刷牙、饭后漱口,保持口腔卫生;注意保暖,预防上呼吸道感染。

5)指导患者做术前各种训练,包括呼吸功能锻炼、床上活动、床上使用便盆等。

【护理评价】

1.患者的情绪、心理状态是否平稳,能否配合各项检查、治疗和护理。

2.患者对疾病的认知有无提高,能否说出所患疾病的相关因素、主要表现和预防知识。

3.患者的营养状态和体重维持情况,术前的营养不良是否得以纠正。

4.患者的体液平衡是否得以维持,有无水、电解质失衡、酸碱紊乱的表现,各主要器官功能状态,机体是否处于接受手术的最佳状态。

5.患者休息睡眠情况如何,是否达到充足的睡眠时间。

6.患者有无获得预防感染的措施,效果如何,有无发生术前感染。

第二节　手术室管理和工作

手术室(Operating room)是为患者做手术治疗的重要之地,也是医院内重要技术及仪器装备部门,要求其建筑位置、结构和布局合理,仪器设备先进、齐全;更要建立严格的无菌管理制度,以确保外科手术的高效率和高质量。手术室的护理工作也是医院护理工作的重要组成部分,具有业务面广、技术性高、无菌操作严格等特点;手术室护士不仅要具有爱岗敬业的思想素质和娴熟、严谨的业务素质,更要有敏捷、灵活、稳重、谦和的心理素质、健康体魄和科学的管理能力,才能默契地配合手术医师,保证手术的顺利进行。

一、手术室布局和人员配备

1.布局与环境

(1)手术室的设置和布局

1)手术室的位置和要求:手术室应安排在医院内环境幽静、较少污染的地段,靠近需做手术治疗类科室,以方便接送患者;与监护室、病理科、放射科、血库、中心化验室等相邻.最好有直接的通道和通信联系设备。周围道路设立安静标志。平面设计要求做到分区明确、功能流程短捷、洁污分流、无交叉污染、使用合理。患者和工作人员应由各自通道进入手术室。手术间、洗手间及无菌附属间等都布置在内走廊的两侧,手术室内走廊宽度不少于2.5m,便于工作人员、无菌器械、敷料的进出和平车运送患者。手术室外围设清洁走廊,供患者及污染器械和敷料的进出。洁净级别要求高的手术间应设在手术室的尽端或干扰最小的区域。

2)手术室的建筑要求：手术间按不同用途设计大小。普通手术间仅放置一个手术床，以每间 30 ～ 40m² 为宜。用作心血管直视手术等的手术间因辅助仪器设备较多，需 60m² 左右。门窗结构都应考虑其密闭性能，一般为封闭式无窗手术间，外走廊一般也不作开窗设计。手术间的门宜宽大，最好采用感应自动开启门；地面多用易清洗、耐消毒液的材料铺设，坚硬、光滑无隙，微小倾斜度，并有下水地漏（不用时可封闭）；墙壁和天花板应光滑无孔隙，最好使用防火、耐湿和易清洁材料，墙角呈弧形，不易蓄积灰尘。室内应设有隔音、空调和净化装置，防止各手术间相互干扰和保持空气洁净。

3)手术间内设置和配备：手术间数与手术床数应与外科的实际床位数成比例，一般为 1∶20 ～ 25。手术间内只允许放置必需的器具和物品，各种物品应有固定的放置地点，各手术间内准备的术中用物应统一格式放置于壁柜内。手术间的基本配备包括多功能手术床、大小器械桌、升降台、麻醉机、无影灯、药品柜、敷料柜、读片灯、吸引器、输液轨、踏脚凳、各种扶托及固定患者的物品。现代手术室有中心供氧、中心负压吸引和中心压缩空气等装备设施，配备各种监护仪、X线摄影和显微外科装置等，有电视录像装置或参观台供教学、参观之用。各种管道、挂钩、电源和电线都应以隐蔽方式安装在墙内或天花板上，最大限度地减少地面物品。墙上设有足够的电源插座，离地面 1m 以上，并有双电源、防火花和防水装置。手术间内光线均匀柔和，手术灯光应为无影、低温、聚光和可调。手术室内温度恒定在 22 ～ 25℃，相对湿度以Ⅰ、Ⅱ级手术室为 40%～60%，Ⅲ、Ⅳ级手术室为 35%～60%为宜。

4)其他工作间的设置和要求：手术麻醉科的布局应作整体设计。麻醉准备室是为患者进入手术间前进行麻醉诱导用，以缩短连台手术的等待时间，麻醉恢复室用于手术结束后患者未完全清醒期间的观察护理，其内应备有必要的监测、急救仪器和药品，以便急救之用。物品准备用房包括器械清洗间、器械准备间、敷料间和灭菌间等，应设计在合理的作业线上，以防止物品污染。手术室应有单独的快速灭菌装置，以便进行紧急灭菌，同时设有无菌物品贮藏室以存放无菌敷料和器械等；还配有一定空间存放必要的药品、器材和仪器。洗手间设备包括感应或脚踏式水龙头、无菌刷子、洗手液、无菌擦手巾、泡手桶等。其他附属工作间，如更衣室、接待患者处、护士站、值班室、厕所、沐浴间和污物间等亦应设置齐全、布局合理，以将细菌减少至最低限度和防止交叉污染为目标。

(2)洁净手术室（Clean operating room）　是指采用一定的空气洁净措施，使手术室内的细菌数控制在一定范围和空气洁净度达到一定级别。建设洁净手术室是当代医院发展的必然趋势，也是现代化医院的重要标志之一。

1)洁净手术室的净化标准：空气洁净的程度是以含尘浓度衡量。含尘浓度越低，洁净度越高；反之则越低（表 5-1）。

2)洁净手术室的空气净化技术：洁净手术室的净化系统主要由空气处理器，初、中、高效过滤器，加压风机，空气加温器，回风口及送风口等组成。目前采取的净化措施是在空调技术上采用超净化装置自动调节。手术室的空气净化技术是通过初、中、高效三级过滤控制室内尘埃含量。通过采用不同气流方式（乱流、水平层流和垂直层流）和换气次数（中国标准是万级:25 次/h，十万级:15 次/小时）可使空气达到一定级别的净化。

①乱流式气流：气流不平行、方向不单一和流速不均匀，而且有交叉回旋的产涡流；除尘率较差，可用于 1 万～30 万级以下的手术室，适用于污染手术间和急诊手术间。

②垂直层流：将高效过滤器装在手术室顶棚内，垂直向下送风，两侧墙下部回风。

③水平层流：在一个送风面上布满过滤器，空气经高效过滤平行流经室内。采用后两种层流方式的洁净室又称为单向流洁净室。恰当流速的层流能使手术室内的气流分布均匀，不产生涡流，并能将浮动在空气中的微粒和尘埃通过风口排出手术室，基本上杜绝了手术室内细菌传播的媒介。

洁净手术室应与辅助用房的净化空调系统分开设置，各洁净手术室宜采用独立设置的净化空调机组。

3)洁净手术室适用的范围：①级特别洁净手术室（100 级）：适用于关节置换手术、器官移植手术及脑外科、心脏外科、眼科等无菌手术；②级标准洁净手术室（1000 级和 1 万级）：适用于胸外科、整形外科、泌尿外科、肝胆胰外科、骨外科、卵巢手术和普通外科中的Ⅰ类无菌手术；③级一般洁净手术室（10 万级）：适用于普通外科（除Ⅰ类无菌手术外）和妇产科等二类手术；④级准洁净手术室（30 万级）：适用于肛肠外科及污染类手术。

(3)手术室分区　按洁净程度将手术室分为 3 个区域：洁净区、准洁净区和非洁净区。分区的目的是控制无菌手术的区域及卫生程度，减少各区之间的相互干扰，使各区手术间的空气质量达到卫生部颁布的手术室空气净化标准，防止医院内感染。

1)洁净区:包括手术间、洗手间、手术间内走廊、无菌物品间、药品室和麻醉准备室等,洁净要求最为严格,应设在内侧。非手术人员或非在岗人员禁止入内,此区内的一切人员及其活动都须严格遵守无菌原则。

2)准洁净区:包括器械室、敷料室、洗涤室、消毒室、手术间外走廊、恢复室和石膏室等,设在中间。该区实际是由非洁净区进入洁净区的过渡性区域,进入者不可大声谈笑和高声喊叫,凡已做好手臂消毒或已穿无菌手术衣者,切不可再进入此区,以免污染。

3)非洁净区:包括办公室、会议室、实验室、标本室、污物室、资料室、电视教学室、值班室、更衣室、更鞋室、医护人员休息室和手术患者家属等候室。一般设在最外侧。交接患者处应保持安静,核对患者及病历无误后,患者换乘手术室平车进入手术间,以防止外来车轮带入细菌。

表 5-1 洁净手术室的等级标准

等级	用途	沉降(浮游)细菌最大平均浓度	空气洁净度级别
I	洁净手术室	手术区 0.2 个/30min · Φ90 皿(5 个/m^3), 周边区 0.4 个/30min · Φ90 皿(10 个/m^3)	手术区 100 级, 周边区 1000 级
	洁净辅助用房	局部百级区 0.2 个/30min · Φ90 皿(5 个/m^3), 周边区 0.4 个/30min · Φ90 皿(10 个/m^3),	1000 级 (局部 100 级)
II	洁净手术室	手术区 0.75 个/30min · Φ90 皿(25 个/m^3), 周边 1.5 个/30min · Φ90 皿(50 个/m^3)	手术区 1000 级, 周边区万级
	洁净辅助用房	1.5 个/30min · Φ90 皿(50 个/m^3)	1 万级
III	洁净手术室	手术区 2 个/30min · Φ90 皿(75 个/m^3), 周边区 4 个/30min · Φ90 皿(50 个/m^3)	手术区 1 万级, 周边区 10 万级
	洁净辅助用房	4 个/30min · Φ90 皿(50 个/m^3)	10 万级
IV	洁净手术室 洁净辅助用房	5 个/30min · Φ90 皿(50 个/m^3)	30 万

(4)手术室的环境管理

1)手术室的清洁和消毒:清洁工作应在每天手术结束后在手术室净化空调系统运行过程中进行。不同级别手术室的清扫工具不得混用。采用湿式打扫,所使用的清洁工具一般应选用不掉纤维织物的材料制作。清洁工作完成后,净化空调系统应继续运行,直到恢复规定的洁净级别为止。继之,开启空调箱内紫外线灯,对空调箱内部进行灭菌。每周至少一次彻底大扫除,对吊顶和墙壁等进行擦拭清洁。手术前 1 小时运转净化空调系统。手术室应每天进行空气消毒,可用紫外线消毒 30 ~ 60 分钟。特殊感染手术后用 500mg/L 有效氯消毒液进行地面及房间物品的擦拭。HBsAg 阳性,尤其是 HbeAg 阳性的患者手术时,建议使用一次性物品,术后手术室空气可用 1g/m^3 过氧乙酸熏蒸消毒,密闭 30 分钟;消毒后开排风机将药味排除,净化空调系统同时运行。每月做一次空气洁净度和生物微粒监测。定期对净化系统的设备和设施进行维护保养。当今,对空气与物品消毒的观念正在更新,更趋向于对手术间内物体表面、地面及墙面等的彻底清洁、干燥以及环境、空气的净化,而不强调采用消毒方法。

2)手术室环境的制度化管理:建立健全各项规章管理制度,明确各类人员职责是提高工作效率和护理质量、防止差错事故和加强患者安全的重要保证。所有人员均应认真执行各项消毒隔离制度,除手术室人员和参加当日手术者外,与手术无关人员不得擅自进入;患有急性感染性疾病,尤其是上呼吸道感染者不得进入手术室。凡进入手术室的人员必须更换手术室的清洁鞋帽、衣裤和口罩。无菌手术与有菌手术严格分开，若在同一手术间内接台，则先安排无菌手术，后做污染或感染手术。手术室内备齐急救物品，无菌物品定期消毒，择期手术提前一天准备好手术器械和用品。加强对消防器材和安全设施的使用管理。

2.人员配备和职能

手术是集体智慧和劳动的集中体现，手术人员必须有明确的分工和职责，但又需互相协同和配合才能安全顺利完成手术。每台手术的人员配备包括手术医师、麻醉师、护士和其他工勤人员等。

手术中护士的配合可分为直接配合与间接配合两类。直接配合的护士直接参与手术，配合手术医师完成手术的全过程，被称为器械护士或洗手护士；间接配合的护士不直接参与手术操作的配合，而是被指派在固定的手术间内，与器械护士、手术医师、麻醉医师配合和完成手术，被称为巡回护士。

(1)手术医师

1)手术者：负责并主持整个手术操作的全过程(切开、分离、止血、结扎和缝合)。除按术前计划执行手术方案和操作步骤等外，还应根据手术中的某些发现作出决定。手术者需站在手术操作最方便的位置，如腹部手术时站在患者的右侧。

2)第一助手：完成手术野皮肤的消毒和铺巾。站在手术者的对面，协助手术者进行止血、结扎、拭血和暴露手术野等各种操作，与手术者共同完成手术。

3)第二助手：站在手术者的左侧，帮助显露手术野、拉钩和剪线等，维持手术区的整洁。

若遇大手术或疑难手术，还可设立第三助手。其主要职责是拉钩，协助手术者充分暴露手术野，协同第二助手维护手术区整洁。各助手的位置可根据手术需要做临时调整。

(2)麻醉师　负责手术患者的麻醉、给药、监测及处理，保证手术顺利进行。协助巡回护士做好输液和输血等工作。随时观察和及时发现患者病情的变化，并通知手术者，配合抢救处理。认真记录整个手术过程中患者生命体征变化的数据。术毕，协同手术室人员将患者送回病房。

(3)器械护士(Scrub nurse)　主要职责是负责手术全过程中所需器械、物品和敷料的供给，主动配合手术医师完成手术。手术中其工作范围只限于无菌区内，站在手术者对侧器械桌旁。其他工作还包括术前访视和术前准备等。

1)术前访视：术前一天访视患者，了解病情和患者的需求，根据手术种类和范围准备手术器械和敷料。

2)术前准备：术前 15 ~ 20 分钟洗手、穿无菌手术衣和戴无菌手套，做好无菌桌(器械桌)的整理和准备工作。检查各种器械和敷料等物品是否齐全完好。根据手术步骤及使用先后，将各种物品分类、顺序放置。协助医师做手术区皮肤消毒和铺手术单。

3)清点、核对用物：分别于手术前和术中关腹、关胸前及体腔关闭后缝合切口前与巡回护士共同准确清点各种器械、纱布、纱垫和缝针等的数目，核实后登记。术中需增减器械、缝针等用物时，必须反复核对清楚并记录。术毕再自行清点一次，以防止物遗留在手术区内导致严重后果。

4)正确传递用物：手术过程中按常规及术中情况向手术医师传递器械、纱布、纱垫和缝针等手术用物，做到主动迅速、准确无误。传递时，均以器械柄端轻击手术者伸出的手掌，注意手术的刀锋朝上(图 5-2)；弯钳、弯剪之类应将弯曲部向上；弯针应以持针器夹住中后 1/3 交界处；缝线用无菌巾保护好。传递针线时，应事先将线头拉出 6 ~ 9cm，防止线脱出。

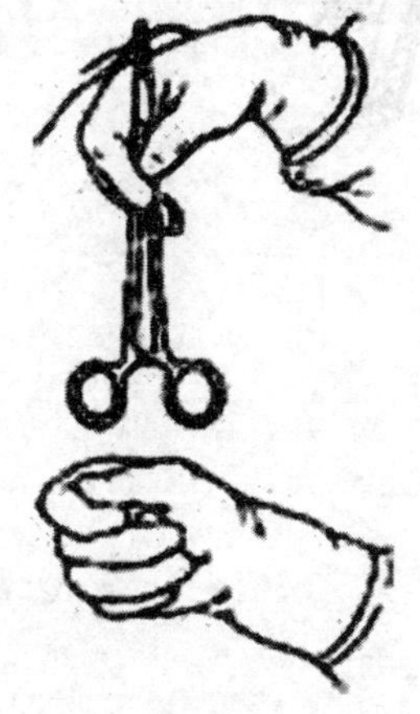

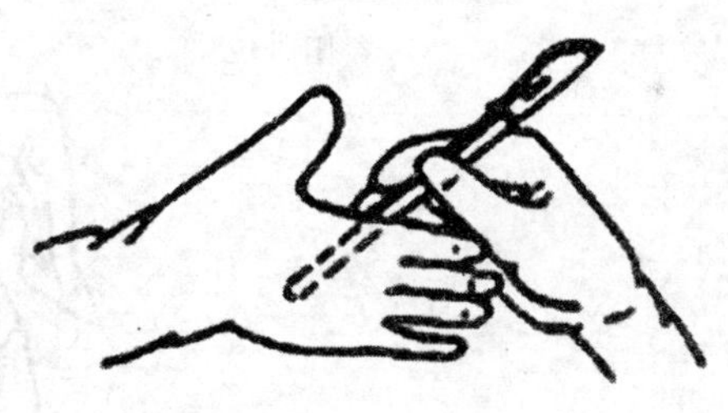

图 5-2　手术器械传递

5)保持器械和用物整洁:保持手术野、器械托盘及器械桌的整洁、干燥和无菌物品的无菌状态。器械用毕后及时取回擦净,做到“快递、快收”。随时整理器械及用物,排放整齐。随时清理缝线残端,防止带入创腔。吸引器头每次使用后需用盐水吸洗,以免血液凝固堵塞管腔。暂时不用的器械可放在器械台一角;用于不洁部位如肠道的器械要分开放置,以防污染扩散。

6)配合抢救:密切注意手术进展,若患者出现大出血、心搏骤停等意外时,应沉着冷静、果断,及时与巡回护士联系,尽快备好抢救用品,积极配合医师抢救。

7)留取标本:保留手术中采集的各种标本,如胆汁、脓液,穿刺抽吸或切除的任何组织(液)或标本等,妥善放于器械台角上;术后面交术者。

8)包扎和固定:术毕协助医师处理、包扎伤口,固定好各种引流物。

9)整理用物:术后处理手术器械、用物并协助整理手术间。

(4)巡回护士(Circulating nurse) 主要任务是在台下负责手术全过程中物品、器械、布类和敷料的准备和供给,主动配合手术和麻醉,根据手术需要,协助完成输液、输血及手术台特殊物品、药品的供给。按整体护理要求护理患者。其工作范围是在无菌区以外,在患者、手术人员、麻醉师及其他人员之间巡回。具体工作为:

1)术前物品准备:检查手术间内各种药物、物品是否备齐,电源、吸引装置和供氧系统等固定设备是否安全有效。认真检查器械的性能,调试好术中需用的特殊仪器如电钻、电凝器(刀)等。调节好适宜的室温及光线,准备无菌桌,创造最佳的手术环境及条件。

2)核对患者:热情接待手术患者,按手术通知单仔细核对床号、姓名、性别、年龄、住院号、手术名称、手术部位、术前用药、手术同意书和手术间。点收随患者带至手术室的病历、X线片和药品等。检查患者术前皮肤准备及个人卫生状况,饰物、义齿及贵重物品等是否取下。验证患者血型、交叉试验结果,做好输血准备。给患者戴好帽子,为患者开通静脉并输液。

3)安置体位:根据麻醉要求安置患者体位并注意看护,必要时用约束带,以防坠床。麻醉后,再按照手术要求摆放体位,正确固定,确保患者舒适安全。若需使用高频电刀,电极板应放平整并与患者肌肉丰富部位全面接触,以防灼伤。患者意识清楚时应给予解释和安慰,消除其恐惧、紧张心理,取得合作(见图5-3)。

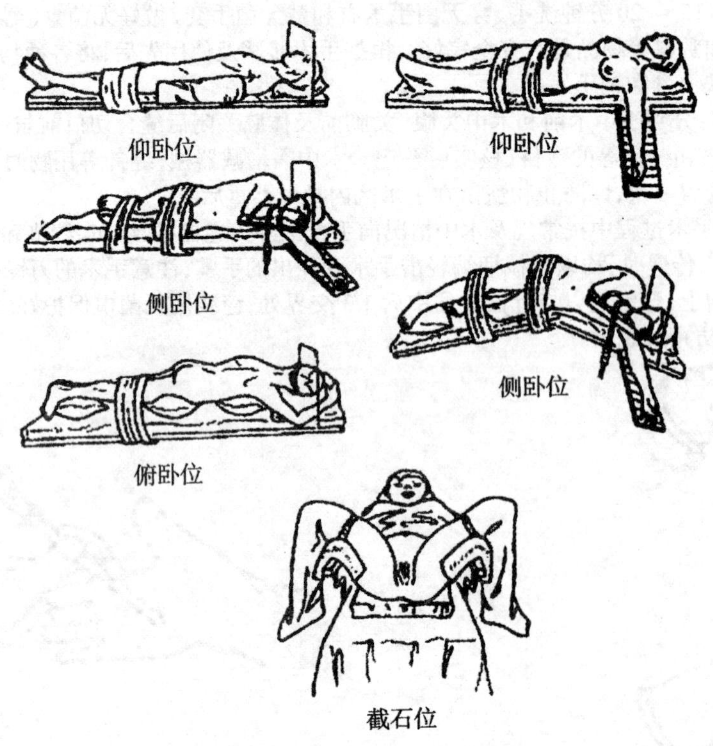

图5-3 手术体位安置

4)协助手术准备:帮助手术人员穿手术衣,安排各类人员就位。暴露患者手术区,协助手术者消毒。调整好照明光源、接好电刀、电凝及吸引器等。

5)清点核对:详细清点、登记手术台上的器械、敷料等数目,于术前、术中关闭体腔前及切口缝合前,与器械护士共同清点、核对,以防遗留。

6)手术中的配合:手术过程中应在岗尽职,注意手术进展情况,随时调整灯光,供应术中所需物品。密切观察病情变化,保证输血、输液通畅。术中用药、输血应2人核对,用有可能导致过敏的药物前应核对病历,紧急情况下执行口头医嘱时要复诵一遍。充分估计可能发生的意外,做好急救准备,主动配合抢救。用过的各种药物空瓶、储血袋,应保留在指定位置,待手术后处理。

7)保持手术间整洁安静:根据手术需要及时补充不足的物品。监督手术人员严格执行无菌操作技术,若见违反,及时予以纠正。关心手术人员,及时解决问题。

8)手术毕安置患者和整理手术间:手术完毕,协助手术者包扎伤口和妥善固定各种引流管道,并注意患者的保暖。向护送人员清点患者携带的物品。整理手术间,物归原处,进行日常的清扫和空气消毒等。

二、手术室物品管理及无菌处理

1. 布类物品

手术室的布类用品包括手术衣和用于铺盖手术野或建立无菌区的各种手术单。应选择质地细柔且厚实的棉布,颜色以深绿色或深蓝色为宜。

(1)手术衣 分为大、中、小三号,用于遮盖手术人员未经消毒的衣着和手臂,穿上后能遮至膝下;手术衣前襟至腰部处应双层,以防手术时被血水浸透;袖口制成松紧口,便于手套腕部盖于袖口上;折叠时衣面向里,领子在最外侧,取用时不致污染无菌面。

(2)手术单 有大单、中单、手术巾、各部位手术单以及各种包布等,均有各自的规格尺寸和一定的折叠方法。各种布单也可根据不同的手术需要,包成各种手术包,如胸部手术包、开腹手术包等,较之分散包裹更能提高工作效率。用过的布类用品若污染严重,尤其是HBeAg阳性患者手术用过的布类,需先放入专用污物池,用消毒剂如500mg/L有效氯溶液浸泡30分钟后,再洗涤。所有布类用品均经压力蒸汽灭菌后方可供手术使用。棉布包灭菌后保存时间为7天、过期包应重新灭菌。目前,应用一次性无纺布制作并经灭菌处理的手术衣帽、布单等可直接使用,免去了清洗、折叠、消毒所需的人力、物力和时间,但不能完全替代布类物品。

2.敷料类

包括吸水性强的脱脂纱布类和脱脂棉花类,用于术中止血、拭血及压迫、包扎等,有不同规格及制作方法。

(1)纱布类 纱布类敷料包括不同大小尺寸的纱布垫、纱布块、纱布球及纱布条。手术时,干纱布垫用于遮盖切口两侧的皮肤;盐水纱布垫用于保护显露的内脏,防止损伤和干燥;纱布块用于拭血;纱布球用于拭血及分离组织;纱布条多用于耳、鼻腔内手术,长纱布条多用于阴道、子宫出血及深部伤口的填塞。

(2)棉花类 常用的有棉垫、带线棉片、棉球及棉签。棉垫用于胸、腹部及其他大手术后的外层敷料,以吸收渗出及分泌物,保护伤口;带线棉片用于颅脑或脊椎手术时;棉球用于消毒皮肤、洗涤伤口或涂拭药物;棉签用作采集标本或涂擦药物。

各种敷料经加工制作后包成小包或存放于敷料罐内,经压力蒸汽灭菌后供手术时用。特殊敷料,如用于消毒止血的碘仿纱条,因碘仿加热后升华而失效,严禁压力蒸汽灭菌,而是严格按无菌操作技术,制成后保存于消毒、密闭容器内。对于感染性手术,尤其是特异性感染手术用过的敷料不可乱丢,要用大塑料袋集中包起,袋外注明“特异感染”,送室外指定处焚烧。

3. 器械类

手术器械是外科手术操作必备物品,其更新与发展对手术质量和速度的提高起了很大作用,但最常用的还是刀、剪、钳、针、镊和拉钩等(图5-4)。

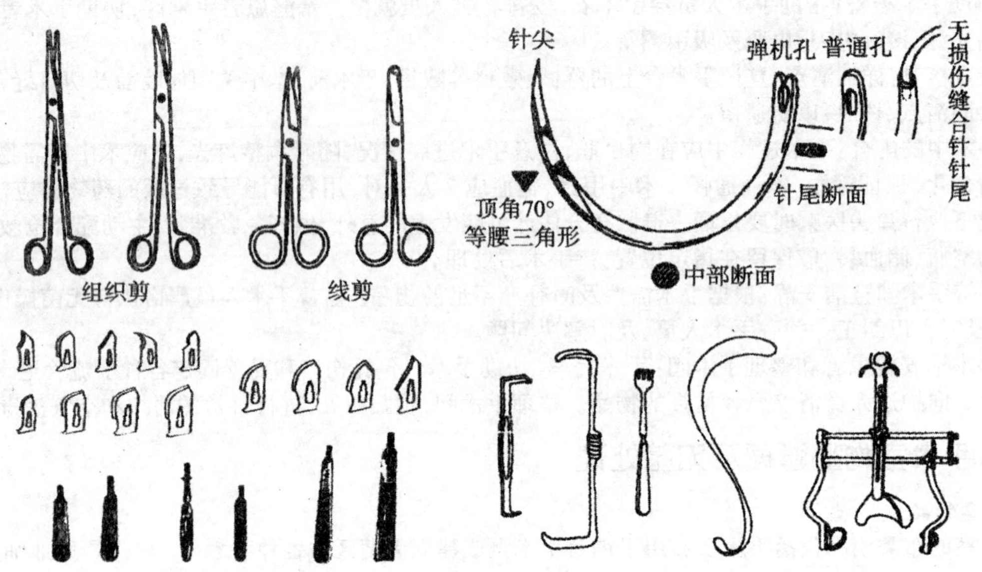

图 5-4 常用手术器械

(1)基本器械 按其功能分为五类。

1)切割及解剖器械:有手术刀、手术剪、剥离器、骨凿和骨剪等,用于手术切割。

2)夹持及钳制器械:有大、小、弯和直的止血钳,用于术中止血和分离组织;各种大小和形状的钳子、镊子用于夹持不同部位组织,以便分离、切割及操作。持针器用于把持弯针。

3)牵拉用器械:有各种形状、大小的拉钩和胸、腹腔牵开器,用于扩开组织和脏器、暴露深部手术野,以便手术操作。

4)探查和扩张器:有胆道探条、尿道探子和各种探针,用于空腔、窦道探查及扩大腔隙等。

5)取拿异物钳:有胆石钳、膀胱或气管等专用的异物钳及活体组织钳,用于取拿各部位异物及组织。

(2)特殊器械

1)内镜类:有膀胱镜、腹腔镜、胸腔镜、纤维支气管镜和关节镜等。

2)吻合器类:有食管、胃、直肠和血管等吻合器。

3)其他精密仪器:包括高频电刀、电锯、电钻、激光刀、取皮机、手术显微镜及心肺复苏仪器等。

(3)手术后器械的处理

1)普通器械的处理:手术用器械多为不锈钢制成,术后用洗涤剂溶液浸泡擦洗,去除器械上的血渍、油垢,再用流水冲净。对有关节、齿槽和缝隙的器械和物品,应尽量张开或拆卸后进行彻底洗刷。有条件的医院可采用超声清洗、压力清洗方法完成器械的清洗。洗净的器械放烤箱内烘干后涂上石蜡油保护,特别是轴节部位,然后分类存放于器械柜内。手术前根据需要挑选并检查器械功能的完好性,按一定基数打包后进行压力蒸汽灭菌后置无菌柜待用。锐利手术器械、不耐热手术用品或各类导管可采用化学灭菌法,如采用2%戊二醛浸泡10小时,用灭菌水冲净后方能使用。

2)污染手术后器械的处理:一般感染如化脓性感染、结核杆菌感染等术后,将手术器械浸泡于消毒液中进行处理,如用500ppm(10^{-6})有效氯的化学消毒剂浸泡30分钟或用1∶1000的苯扎溴铵浸泡1～2小时后,再按普通器械处理方法处理。乙肝抗原阳性患者术后的器械,用0.2%的过氧乙酸或2%的戊二醛或1%的84消毒液浸泡1小时后,再按普通器械处理。特异性感染如破伤风和气性坏疽等术后的器械,用0.2%的过氧乙酸或1%的84消毒液浸泡1小时后用清水冲净,然后用清洁包布包好送高压消毒,连续消毒3次,每日1次,然后按普通器械处理。

3)腔镜类器械的处理:手术结束立即用含酶溶液擦洗管道外部,抽吸清洁液至内镜管迫中。按要求清洁气道和水道,进行漏气测试。用清洁刷反复刷洗整个吸引管道系统至无碎屑发现,流水冲净内镜及拆下附件,用压缩空气吹干所有管腔,垂直悬挂。

4)器械的管理:器械应由专人负责保管,严格按操作规程处理,定位放置、定期检查、保养和维修。任何金属器械都不能投掷、互相撞碰。每次使用前后均应常规检查各部件是否齐全,连接处有无松动,性能是否良好。术后器械的处理应干净、彻底、干燥并上油。锐利、精细器械应特别注意利刃部位的保护,处理时与一般器械分开进行。各种器械、仪器可依据其制作材料选用不同的消毒方法,原则上能用压力蒸汽灭菌,首选压力蒸汽灭菌,对于不能耐温、耐湿的物品首选环氧乙烷。对接触或跨越手术野的部件也要进行灭菌处理,如环氧乙烷气体灭菌 6 小时、2%戊二醛浸泡 10 小时,若为手术显微镜各调节部位,可套上无菌布套,手术者通过接触无菌套进行操作。

4.缝线及缝针

手术室所用缝线和缝针大部分已由厂家分别包装并灭菌,可于术中直接应用。

(1)缝线 用于术中缝合各类组织和脏器,使组织或器官接合,也用来结扎、缝合血管,起到止血作用。缝线分为不可吸收和可吸收两类,缝线的粗细以号码标明,常用有 1 ~ 10 号线,号码越大表示线越粗。细线则以 0 表明,0 数越多、线越细。选用时尽可能选择细线且拉力大、对组织反应小的缝线。

1)不可吸收缝线:指不能被组织酶消化的缝线,如丝线、金属线、尼龙线等。黑色丝线是手术时最常用的缝线,特点是组织反应小、质软不滑、拉力好、打结牢、价廉和易得。常用于缝合伤口各层组织和结扎血管等。使用前先浸湿,以增加张力便于缝合。

2)可吸收缝线:指在伤口愈合过程中,因体内酶的消化而被组织吸收的缝线,包括天然和合成两种。天然缝线有肠线和胶原线,肠线常用于胃肠、胆管或膀胱等黏膜和肌层的吻合,分为普通肠线和铬制肠线两种。普通肠线由羊肠或牛肠黏膜下层组织制作,一般 6 ~ 12 天可被吸收;铬制肠线经过铬盐处理,经 10 ~ 20 天逐渐被吸收。近年来出现的合成缝线,如聚乳酸羟基乙酸线(XLG)和聚二氧杂环己酮线(PDS)等,比铬制肠线更易吸收,组织反应轻,但价格较高。

(2)缝针 常用有三角针和圆针两类。三角针有带三角的刃缘,用于缝合皮肤或韧带等坚韧组织;圆针对组织的损伤小,用于缝合血管、神经、脏器和肌肉等软组织。两类缝针均有弯、直两种,大小、粗细各异,可根据待缝合的组织选择适当的种类。弯针有一定的弧度,最为常用,需用持针器操作。目前发达地区多采用针线一体的缝合针,从针到线粗细一致,对组织造成的损伤小,并可防止缝针在术中操作时脱离。

5. 引流物

外科引流是指将人体组织间或体腔中积聚的脓、血或其他液体通过引流物导流于体外的技术。引流物种类很多,可根据手术部位、创腔深浅、引流液量和性质等选用合适的引流物。常用的有:

(1)乳胶片引流条 一般用于浅部切口和小量渗液的引流。

(2)纱布引流条 包括干纱条、盐水纱条、凡士林纱条及浸有抗生素的纱条等,用于浅表部位或感染创口的引流。

(3)烟卷式引流条 将乳胶片卷曲粘合成圆筒状,其中充填网格纱布卷,高压灭菌后备用。常用于腹腔内较短时间的引流。

(4)引流管 有各种型号的橡胶、硅胶或塑料类制品,是目前品种最多、应用广泛的引流物。包括普通引流管、双腔(或三腔)引流套管、T 形引流管及引流管等,用途各异。普通的单腔引流管可用于创腔引流;双腔(或三腔)引流套管多用于腹腔脓肿和胃、肠、胆或胰液等的引流;T 形引流管用于胆道减压和胆总管的引流;引流管用于膀胱及胆囊的引流。此类引流管可按橡胶类物品灭菌或压力蒸汽灭菌处理。

三、患者的准备

手术患者须提前送达手术室,做好手术准备。

1.一般准备

一般根据麻醉方法和准备工作的复杂程度决定到达手术室的具体时间。全身麻醉或椎管内麻醉的患者应在术前 30 ~ 45 分钟到达,低温麻醉的患者需提前 1 小时到达手术室。手术室护士应热情接待患者,按手术安排表仔细核实患者,确保手术部位(如左侧或右侧)准确无误,点收所带药品,认真做好三查七对和麻醉前的准备工作。同时,加强对手术患者的心理准备,减轻其焦虑、恐惧等心理反应,以配合手术的顺利进行。

2. 手术体位

手术时需将患者置于一定的体位,才能充分显露手术野,使手术顺利进行。一般由巡回护士根据患者的手术部位安置合适的手术体位,利用手术床的转动和附件的支持,应用枕垫、沙袋及固定带等物件保持患者的位式,必要时由手术人员核实或配合,共同完成患者手术体位的安置。其要求是:①最大限度地保证患者的安全与舒适;②充分暴露手术区域,同时减少不必要的裸露;③肢体及关节托垫须稳妥,不能悬空;④保证呼吸和血液循环通畅，不影响麻醉医师的观察和监测；⑤妥善固定，避免血管、神经受压、肌肉扭伤及压疮等并发症的发生。常用的手术体位有：

（1）仰卧位　是最常见的体位。适用于腹部、颌面部、颈部、骨盆及下肢手术等。患者仰卧于平置的手术床上，头部垫软枕，用中单固定两臂于体侧，掌面向下，膝下放一软枕并用较宽的固定带固定膝部，足跟部用软垫保护。手术床的头端放置麻醉架或升降器械台，患者口鼻部外露，以利观察呼吸及病情变化；足端放置升降器械台，距离患者身体约 20cm 高度。

乳腺手术时注意将手术侧靠近手术床边，肩胛下垫以卷折的中单，上臂外展于臂托上；对侧上肢仍用中单固定于体侧。甲状腺等颈前部手术时，注意将手术床上部抬高 10° ~ 20°，头板放下 60° ~ 70°，使颈部过伸，呈垂头仰卧位，颈后垫以卷枕，头部两侧用沙袋固定。

（2）侧卧位　适用于胸、腰部及肾手术。胸部手术时，患者侧卧 90°，背、胸、肋处各垫一软橡皮枕，使手术野暴露，双手伸直固定于托手架上，上面一腿成 90°屈曲，下面一腿伸直，两腿间垫以软枕，用固定带固定髋部及膝部。肾手术时，患者 90°侧卧，肾区对准手术床腰桥架，两手臂伸展固定于托手架上，腰部垫软枕，摇起手术床桥架，适当摇低一手术床的头尾部，使腰部抬高、暴露手术野；用固定带约束臀部及膝部。

半侧卧位适用于胸腹联合手术。患者半侧卧于手术床（30° ~ 50°），手术侧在上，肩背部、腰、臀部各放一软枕，术侧上肢固定于托手架上。

（3）俯卧位　用于脊柱及其他背部手术。患者俯卧于手术床上，头侧向一边，双肘稍屈曲，置于头旁。胸部、耻骨下垫以软枕，使腹肌放松。足背下垫小枕。颈椎手术时，头面部应置于头架上，口鼻部位于空隙处，稍低于手术床面。腰椎手术时，在患者胸腹部垫一弧形拱桥，足端摇低，使腰椎间隙拉开，暴露手术野。

（4）膀胱截石位　适用于会阴部、尿道和肛门部手术。患者仰卧，臀部位于手术床尾部摇折处，必要时垫一小枕，两腿套上袜套，分别置于两侧搁脚架上，腘窝部垫以软枕，用固定带固定。

（5）半坐卧位　适用于鼻咽部手术。将手术床头端摇高 75°，足端摇低 45°，两腿半屈，头与躯干依靠在摇高的手术床上，整个手术床后仰 15°，两臂用中单固定于体侧。

3. 手术区皮肤消毒

安置好手术体位后，须对已确定的手术切口及周围皮肤消毒，目的是杀灭切口及其周围皮肤上的病原微生物。

先检查手术区皮肤的清洁程度、有无破损及感染，若皮肤表面有较多油脂或胶布粘贴的残迹，先用汽油或松节油拭去，然后用浸透 0. 5%碘伏的纱球或棉球涂擦一遍，换消毒钳再消毒 2 次。碘过敏者可选用其他皮肤消毒剂，如灭菌王；对婴儿、面部皮肤、口腔、会阴部消毒可选用 1 : 1000 苯扎溴铵溶液的纱球消毒；供皮区可用 75%乙醇消毒 2 ~ 3 次。手术区消毒的原则是自清洁处逐渐向污染处涂擦，已接触污染部位的药液纱球不可再返擦清洁处。若为腹部手术，以切口为中心向四周涂擦；若为肛门、会阴部手术或感染伤口，则自手术区外周擦起，涂向感染伤口、会阴或肛门处。患者手术区皮肤消毒的范围要包括手术切口周围 15 ~ 20cm 的区域。若估计手术时有延长切口的可能，则应适当扩大消毒范围。

皮肤消毒一般由第一助手完成，故其手臂消毒后暂不穿手术衣，待消毒、铺巾完毕后，用 0.5%碘伏涂擦双手，再穿无菌手术衣及戴无菌手套。

四、手术人员的准备

手术人员的无菌准备是避免患者伤口感染、确保手术成功的必要条件之一。位居手臂皮肤的细菌包括暂居和常驻两大类，暂居菌分布于皮肤表面，易被清除；常驻菌则深居毛囊、汗腺及皮脂腺等处，不易清除，且可在手术过程中逐渐移至皮肤表面，故手臂洗刷消毒后，还须穿无菌手术衣，戴无菌手套，防止细菌污染手术切口。

1.术前一般性准备

手术人员应保持身体清洁，进入手术室时，首先在手术室入口处的更鞋室换上手术室专用鞋，进入更衣室更衣；除去身上的任一饰物，内、外衣尽可能都换下，不换者，应避免衣领、袖外露，穿好专用洗手衣和裤，将上衣扎入裤中，防止衣着宽大影响消毒隔离；戴上专用手术帽和口罩，要求遮盖住全部头发及口鼻；检查自己的指甲不长且无甲下积垢，手或臂部皮肤无破损及化脓性感染，方可进入洗手间进行手臂的洗刷与消毒。

2. 手臂的洗刷与消毒

指通过机械性洗刷及化学消毒的方法，尽可能刷除双手及前臂的暂居菌和部分常驻菌，简称为外科洗手。

传统的常规外科洗手方法有肥皂水刷手法和稀氨溶液洗手法，但随着各种有效消毒剂的产生和推广，新的手臂消毒法亦随之产生。

(1)肥皂水刷手法

1)按普通洗手方法将双手及前臂用肥皂和清水洗净。

2)用消毒毛刷蘸取消毒肥皂液刷洗双手及手臂，从指尖到肘上10cm刷洗时，把每侧手臂分成从指尖到手腕、从手腕至肘及肘上臂三个区域依次刷洗，每一区域的左、右侧手臂交替进行。刷手时尤应注意甲缘、甲沟及指蹼等处。刷完一遍，指尖朝上肘向下，用清水冲洗手臂上的肥皂水。然后，另换一消毒毛刷，同法进行第二、三遍刷洗，共约10分钟。

3)每侧手臂用一块无菌小毛巾从指尖至肘部擦干，擦过肘部的毛巾不可再擦手部，以免污染。

4)将双手及前臂浸泡在75%乙醇桶内5分钟，浸泡范围至肘上6cm处。若有乙醇过敏改用苯扎溴铵溶液浸泡，也可用1：5000氯已定溶液浸泡3分钟。

5)浸泡消毒后，保持拱手姿势待干，双手不得下垂，不能接触未经消毒的物品。否则需要重新浸泡消毒。

(2)碘伏刷手法

1)按传统肥皂水刷手法刷洗双手、前臂至肘上10cm，约3分钟。清水冲净，用无菌巾擦干。

2)用浸透0.5%碘伏的纱布，从一侧手指尖向上涂擦直至肘上6cm处，同法涂擦另一侧手臂，注意涂满，为时3分钟。换纱布再擦一遍。保持拱手姿势，自然干燥。目前应用的消毒液品种还有很多，如碘尔康、活力碘等，使用方法基本相同。

(3)灭菌王刷手法

1)按普通洗手法用肥皂水洗净双手、前臂至肘上10cm，用清水彻底冲净。

2)用消毒毛刷蘸灭菌王3～5ml刷手、前臂至肘上10cm，为时3分钟，流水冲净，用无菌纱布擦干。

3)用吸足灭菌王的纱布涂擦一遍，从手指尖到肘上6cm处，自然待干。

3. 穿无菌手术衣

(1)自器械台上拿取折叠好的无菌手术衣，选择较宽敞处站立，手提衣领，抖开，使衣的另一端下垂。注意勿使衣触碰到其他物品或地面。

(2)两手提住衣领两角，衣袖向前将衣展开，使衣的内侧面对自己。

(3)将衣向上轻轻抛起，双手顺势插入袖中，两臂前伸，不可高举过肩，也不可向左右侧撒开，以免碰触污染。

(4)巡回护士在穿衣者背后抓住衣领内面，协助将袖口后拉，并系住衣领后带。

(5)穿衣者双手交叉，身体略向前倾，用手指夹起腰带递向后方，由背后的巡回护士接住并系好腰带。穿好手术衣后，双手保持在腰以上、胸前及视线范围内，并注意双手不能触摸衣服外面或其他物品(图5-5)。

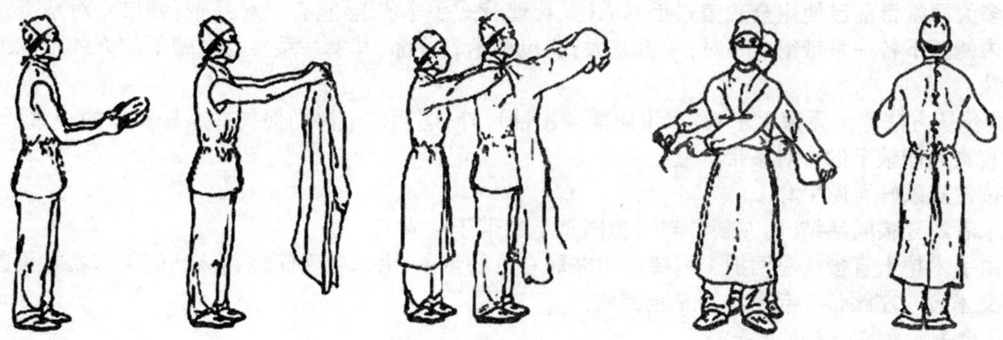

手提衣领两端抖开全衣　　二手伸人衣袖中　　提起腰带，由他人系

图5-5　穿无菌手术衣

4. 戴无菌手套

无菌手套有干、湿两种，戴法各不相同。戴干无菌手套的程序为先穿手术衣，后戴手套。此法又分闭合式和开放式。戴湿无菌手套的程序是先戴手套，后穿手术衣。目前临床多采用前种方法。

(1)闭合式　穿上手术衣时双手不出袖口，右手隔衣袖取左手套，将手套指端朝向手臂，拇指相对，放于左手衣袖上，两手拇指隔衣袖分别插入手套反折部并将之翻转包裹于袖口，手迅速伸入手套内；同法戴右手套。

(2)开放式

1)从手套袋内取出滑石粉袋，轻轻擦于手背、手掌及指间，使之光滑(一次性无菌手套已涂有滑石粉，可省略此步骤)。

2)掀开手套袋，捏住手套口的向外翻折部分(即手套的内面)，取出手套。分清左、右侧。

3)左手捏住并显露右侧手套口，将右手插入手套内，戴好手套，注意未戴手套的手不可触及手套的外面无菌面)。

4)用已戴上手套的右手指插入左手手套口翻折部的内面(即手套的外面)，帮助左手插入手套并戴好。

5)分别将左、右手套的翻折部翻回，并盖住手术衣的袖口。翻盖时注意已戴手套的手只能接触手套的外面(无菌面)。

6)用无菌生理盐水冲净手套外面的滑石粉(图 5-6)。

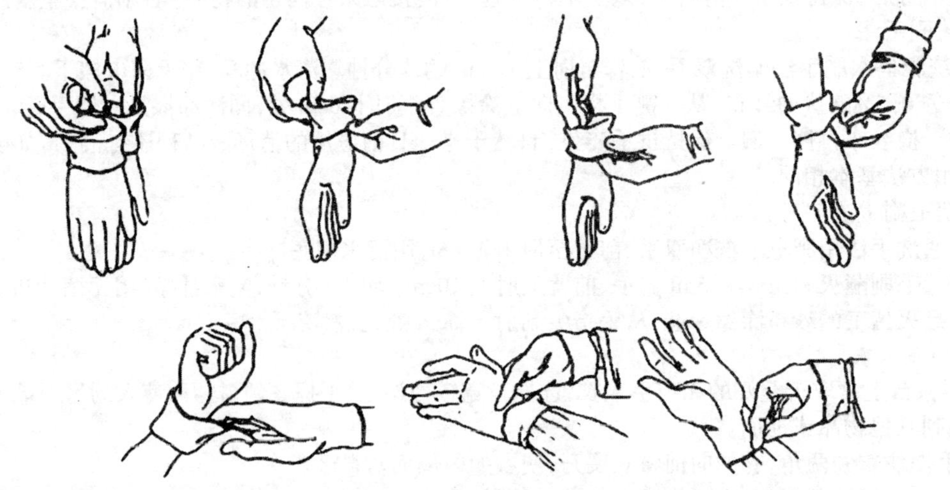

图 5-6　戴无菌手套程序

(3)协助他人戴手套　被戴者的手自然下垂，由巡回护士用双手撑开一手套，拇指对准被戴者，协助其将手伸入手套并包裹于袖口上。

5. 穿全遮盖式手术衣及戴手套

许多大医院目前已使用全遮盖式手术衣(又称遮背式手术衣)。它有三对系带：领口一对系带；左页背部与右页内侧腋下各一系带组成一对；一页宽大，能包裹术者背部，其上一系带与左腰部前方的腰带组成一对。穿戴方法：

1)同传统方法穿上无菌手术衣，双手向前伸出袖口外，巡回护士协助提拉并系好领口的一对系带及左页背部与右页内侧腋下的一对系带。

2)按常规戴好无菌手套。

3)术者解开腰间活结(由左腰带与右包围页上的带子结成)。

4)由手术护士直接或巡回护士用持物钳夹取右页的带子，由术者后面绕到前侧使手术衣右页遮盖左页，将带子交术者与左腰带一起系结于左腰部前。

6. 连台手术更换手术衣及手套

手术完毕，若需进行另一台手术时，必须更换手术衣及手套。先由巡回护士解开腰带及领口系带，再由他人帮助或自行脱下手术衣，最后脱去手套。

(1)脱手术衣法

1)他人帮助脱手术衣法：手术人员双手抱肘，由巡回护士将手术衣肩部向肘部翻转，再向手的方向拉扯脱下手术衣，手套的腕部亦随之翻转于手上。

2)自行脱手术衣法：左手抓住手术衣右肩并拉下，使衣袖翻向外，同法拉下手术衣左肩，脱下手术衣，使衣里外翻，保护手臂及洗手衣裤不被手术衣外面所污染。

（2）脱手套法

1）手套对手套脱下第一只手套：用戴手套的手抓取另一手的手套外面翻转脱下。

2）皮肤对皮肤脱下另一只手套：用已脱手套的拇指伸入另一手套的里面翻转脱下。注意保护清洁的手不被手套外面所污染。

无菌性手术完毕，如果手套未破，在需连续施行另一手术时可不用重新刷手，在巡回护士的协助下先脱手术衣再脱手套，注意皮肤不与手术衣、手套的外面接触。用75%乙醇泡手5分钟，或用0.5%碘伏擦手和前臂3分钟，再穿上无菌手术衣，戴上无菌手套。若前一台手术为污染手术，则接连施行下一台手术前应重新洗手。

五、手术室的无菌操作技术

手术中的无菌操作是预防切口感染和保证患者安全的关键，也是影响手术成功的重要因素，所有参加手术的人员必须充分认识其重要性，严格执行外科无菌技术（Surgical aseptictechnique）原则，并且贯穿手术的全过程。

1. 手术中的无菌操作原则

（1）明确无菌观念和无菌区域　树立无菌观念，手术人员一经洗手，手臂即不准接触未经消毒之物品。穿无菌手术衣及戴好无菌手套后，背部、腰部以下和肩部以上均应视为有菌区，不能再用手触摸。手术人员的手臂应肘部内收，靠近身体，既不可高举过肩，也不可下垂过腰或交叉放于腋下。手术床边缘以下的布单不可接触，凡下坠超过手术床边缘以下的器械、敷料、皮管及缝线等一概不可再取回使用。无菌桌仅桌缘平面以上属无菌，参加手术人员不得扶持无菌桌的边缘。器械护士和巡回护士都不能接触无菌桌桌缘平面以下的桌布。

（2）保持无菌物品的无菌状态　无菌区内所有物品都必须是灭菌的，若无菌包破损、潮湿或可疑污染时均应视为有菌。手术中若手套破损或接触到有菌物品，应立即更换无菌手套，前臂或肘部若受污染应立即更换手术衣或加套无菌袖套。无菌区的布单若被水或血浸湿即失去无菌隔离作用，应加盖干的无菌巾或更换新的无菌单。巡回护士取用无菌物品时须用无菌持物钳夹取，并与无菌区域保持一定距离。任何无菌包及容器的边缘均视为有菌，取用无菌物品时不可触及。

（3）保护皮肤切口　皮肤虽经消毒，只能达到相对无菌，残存在毛囊中的细菌对开放的切口有一定潜在威胁，因此，切开皮肤前，一般先用无菌聚乙烯薄膜覆盖，再经薄膜切开皮肤，以保护切口不被污染。切开皮肤和皮下脂肪层后，边缘应以大纱布垫或手术巾遮盖并固定，仅显露手术野。凡与皮肤接触的刀片和器械不应再用，延长切口或缝合前再用75%乙醇消毒皮肤一次。手术中途因故暂停时，切口应用无菌巾覆盖。

（4）正确传递物品和调换位置　手术时不可在手术人员背后或头顶方向传递器械及手术用品，手术者或助手需要器械时应由器械护士从器械升降台侧正面方向递给。手术过程中，手术人员须面向无菌区，并在规定区域内活动，同侧手术人员如需调换位置时，应先退后一步，转过身背对背地转至另一位置，以防触及对方背部不洁区。

（5）沾染手术的隔离技术　进行胃肠道、呼吸道或宫颈等污染手术时，切开空腔脏器前，先用纱布垫保护周围组织，并随时吸除外流的内容物，被污染的器械和其他物品应放在专放污染器械的盘内，避免与其他器械接触，污染的缝针及持针器应在等渗盐水中刷洗。完成全部污染步骤后，手术人员应用灭菌用水冲洗或更换无菌手套，尽量减少污染的机会。

（6）减少空气污染、保持洁净效果　手术进行时门窗应关闭，尽量减少人员走动。不用电扇，室内空调机风口也不能吹向手术床，以免扬起尘埃、污染手术室内空气。手术过程中保持安静，不高声说话嬉笑，避免不必要的谈话。尽量避免咳嗽、打喷嚏，不得已时须将头转离无菌区。请他人擦汗时，头应转向一侧。口罩若潮湿，应更换。若有参观手术者，每个手术间参观人数不宜超过2人，参观手术人员不可过于靠近手术人员或站得过高，也不可在室内频繁走动。

2. 无菌桌的准备

无菌桌（器械桌）的结构要简单、坚固、轻便、可推动和易于清洁；桌面四周有围栏，栏高4～5cm，一般分为大、小两种，其长、宽、高规格：大号器械桌110cm×60cm×90cm，小号器械桌80cm×40cm×90cm，应根据手术的性质、范围进行选择。无菌桌的准备由巡回护士和器械护士联合完成。

（1）巡回护士　手术日晨准备清洁、干燥、平整和合适的器械桌。将手术包、敷料包放于桌上，用手打开包布（双层），注意只能接触包布的外面，由里向外展开各角，手臂不可跨越无菌区。用无菌持物钳打开第二层包布,先对侧后近侧。

(2)器械护士　刷洗完手后,用手打开第三层包布。铺在台面上的无菌巾共6层,无菌单应下垂至少30cm。器械护士穿好无菌手术衣和戴好无菌手套后,将器械按使用先后分类,顺序从左向右摆于器械桌上,一般顺序为血管钳、刀、剪、镊、拉钩、深部钳和备用器械(海绵钳及吸引器皮管)放于拉钩上。放置在无菌桌内的物品不能伸于桌缘以外。如果无菌桌单被水浸湿则认为已被污染,应立即加盖无菌单。若为备用无菌桌(连台手术).应该用双层无菌巾盖好,有效期为4小时。

3.手术区铺单法

手术区皮肤消毒后,由第一助手和器械护士铺盖无菌手术布单,除显露手术切口所必需的最小皮肤区外,其余部位均予以遮盖,以避免和减少术中污染。铺单原则是除手术区外,手术区周围要求有4～6层无菌布单覆盖,外周最少2层。以腹部手术为例,一般铺以下三重巾/单。

(1)铺皮肤巾　又称切口巾,即用4块无菌巾遮盖切口周围。

1)器械护士立于无菌桌边,把无菌巾折边1/3,第一、二、三块无菌巾的折边朝向第一助手,第四块无菌巾的折边朝向器械护士自已,按顺序传递给第一助手。

2)第一助手接过折边的无菌巾,分别铺于切口下方、上方及对侧,最后铺自身侧。每块无菌巾的内侧缘距切口线3cm以内,铺下的手术巾若需少许调适,只允许自内向外移动。如果铺巾的医师已穿好无菌手术衣,则铺巾顺序改为:先(患者)足侧方向后头侧方向,再(铺巾者)近侧后对侧。

3)手术巾的四个交角处分别用布巾钳夹住。现临床多用无菌塑料薄膜粘贴,皮肤切口薄膜仍黏附在伤口边缘,可防止皮肤上残存的细菌在术中进入伤口。

铺完切口巾后,第一助手应再次消毒手臂并穿无菌手术衣,戴无菌手套后再铺其他层的无菌单。

(2)铺手术中单　将两块无菌中单分别铺于切口的上、下方,铺巾者需注意避免自已的手或手指触及未消毒物品。

(3)铺手术洞单　将有孔洞的剖腹大单正对切口,短端向头部、长端向下肢,先向上方再向下方、分别展开,展开时手卷在剖腹单里面,以免污染。要求短端盖住麻醉架,长端盖住器械托盘,两侧和足端应垂下超过手术床边30cm。已铺下的无菌单只能由手术区向外拉,不可向内移动,可用组织钳予以固定。

第三节　麻醉中的护理配合

麻醉(Anesthesia)是指用药物或其他方法使患者完全或部分失去感觉,达到手术时无痛的目的。麻醉对保证良好的手术效果具有十分重要的作用。随着外科手术技术和麻醉学的发展,麻醉的应用范围已经不是局限于消除手术中的切口疼痛(临床麻醉),同时也包括了镇静镇痛、重症监测和急救复苏等领域。

一、全身麻醉及护理

全身麻醉是临床最常使用的麻醉方法,其安全性、舒适性均优于局部麻醉和椎管内麻醉。按给药途径的不同,全身麻醉可分为吸入麻醉和静脉麻醉。吸入麻醉是最早应用于临床的全身麻醉方法,是由William Mortron于1846年率先开始应用的。真正意义的脉麻醉应该是从1853年Alexander Wood发明针管和注射器后开始的。

1.常用全身麻醉药

(1)常用吸入麻醉药

1)氟烷:1956年Johnston首先应用于临床,优点是术后恶心、呕吐发生率低,因其可降心肌氧耗量,适用于冠心病患者的麻醉。缺点是安全范围小,须有精确的挥发器;肌松作用不充分,需要肌松者应与肌松剂合用。氟烷麻醉期间禁忌用肾上腺素和去甲肾上腺。

2)恩氟烷:优点是不刺激气道,不增加分泌物,肌松弛效果好,可与肾上腺素合用。缺点对心肌有抑制作用,在吸入浓度过高时可产生惊厥,深麻醉时抑制呼吸和循环。

3)异氟烷:优点是肌松良好,麻醉诱导及复苏快,无致吐作用,循环稳定。缺点是价格贵,有刺激性气味,可使心率增快。

4)氧化亚氮:也称笑气,1844年Wells首先用于拔牙麻醉,目前仍是广泛应用的吸入麻醉药之一。其优点是麻醉诱导及复苏迅速,镇痛效果强,不刺激呼吸道黏膜。缺点是麻醉作用弱,使用高浓度时易产生缺氧。

5)七氟烷:优点是诱导迅速,无刺激性气味,麻醉深度容易掌握。缺点是遇碱石灰不稳定。

6)地氟烷:优点是神经肌肉阻滞作用较其他氟化烷类吸入麻醉药强,在体内生物转化少,对机体影响小,血、组织溶解度低,麻醉诱导及复苏快。缺点是沸点低,室温下蒸气压高,需用特殊的电子装置控制温度的蒸发器,药效较低,价格昂贵。

7)氙气:是一种无色、无味、无污染的惰性气体,麻醉效能大于氧化亚氮。目前尚不能人工合成,价格昂贵,无法在临床推广应用。

(2)常用静脉麻醉药

1)巴比妥类:临床麻醉中最常用的是超短效的硫喷妥钠和硫戊巴比妥钠,主要用于静脉导。

2)氯胺酮:属分离性强镇痛静脉麻醉药,其特点是体表镇痛作用强,麻醉中咽喉反射存在但复苏慢。临床主要用于体表小手术的麻醉以及全身麻醉的诱导。

3)地西泮类:临床常用的是咪唑安定,其作用强度为地西泮的 1.5 ~ 2.0 倍,诱导剂量为 0.2 ~ 0.3mg/kg,静脉注射后迅速起效。

4)异丙酚:属于超短效静脉麻醉药,临床主要用于全身麻醉的诱导与维持,以及人工流产等短小手术的麻醉。复苏迅速,苏醒后无后遗症。

5)辅助性麻醉镇痛药:临床最常用的是芬太尼,属于人工合成的强镇痛药,作用强度是吗啡的 50 ~ 100 倍。大剂量用药可出现呼吸抑制,对循环无明显抑制。剂量超过 50mg/kg 时可抑制插管和手术刺激引起的应激反应。以往也有使用吗啡的,但不良反应较大,目前临床已很少使用,仅用于术前用药和术后硬膜外镇痛。

6)肌松药:根据作用机制的不同主要分为两类:去极化肌松药和非去极化肌松药。去极化肌松药以琥珀胆碱为代表,起效快,肌松完全且短暂,主要用于全麻时的气管插管。非去极化肌松药以筒箭毒碱为代表,非去极化肌松药主要用于麻醉中辅助肌松。常用的非去极化肌松药有维库溴铵、哌库溴铵、阿曲库铵、罗库溴铵及泮库溴铵。

2.吸入麻醉方法

(1)分类　按麻醉通气系统和新鲜气流量两种方法进行分类。按麻醉通气系统分类是指根据呼吸气体与空气接触方式、重复吸入程度以及有无CO_2吸收装置等进行分类,可分为开放法、半开放法、半紧闭法和紧闭法。按新鲜气流量分类目前尚无统一标准。

(2)吸入麻醉的实施　吸入麻醉的实施应包括麻醉前准备、麻醉诱导、麻醉维持和麻醉复苏。

1)麻醉前准备:主要包括:①患者身体与心理的准备;②麻醉前评估;③麻醉方法的选择;④相应设备的准备和检查;⑤合理的麻醉前用药;⑥根据吸入麻醉诱导本身的特点向患者做好解释工作及呼吸道的准备。

2)麻醉诱导:是患者从清醒转入麻醉状态的过程,此时机体各器官功能受麻醉药影响出现亢进或抑制,是麻醉过程中的危险阶段。实施吸入麻醉诱导前,应监测心电图、血压和血氧饱和度,并记录麻醉前的基础值。麻醉诱导分浓度递增慢诱导法和高浓度快诱导法。单纯的吸入麻醉诱导适用于不宜用静脉麻醉及不易保持静脉开放的小儿,嗜酒者以及体格强壮者不宜应用。

3)麻醉维持:麻醉维持期间应满足手术要求,维持患者无痛、无意识,肌松弛及器官功能正常,抑制应激反应,及时纠正水、电解质紊乱及酸碱失衡,补足血容量。目前低流量吸入麻醉是维持麻醉的主要方法。术中应根据手术特点、术前用药情况以及患者对麻醉和手术刺激的反应来调节麻醉深度。麻醉深度的判定见表 5-2。

表 5-2　麻醉深度的判定

麻醉深度	判定标准
Ⅰ	由清醒至呼之无反应,痛觉存在
Ⅱ	呼吸不规则,屏气、喉痉挛,心律失常,痛觉过敏
Ⅲ	呼吸规则,窦性心律,血压略降,对强刺激有呼吸加强、血压升高和躯体运动反应,呼吸抑制,血压下降,强刺激时仍有呼吸、循环等反应,但较弱
Ⅳ	呼吸极度抑制直至停止,严重低血压、心律失常直至心脏停搏

4)麻醉复苏：复苏与诱导相反，是患者从麻醉状态转向清醒的过程。手术操作结束后，用高流量纯氧来快速冲洗患者及回路里的残余麻醉药。吸入麻醉药洗出越干净越有利于苏醒过程的平衡和患者的恢复，过多的残余可导致患者烦躁、呕吐，甚至抑制呼吸。在洗出吸入性麻醉药的同时，经静脉给予少量的麻醉性镇痛药可增加患者对气管导管的耐受，并有利于吸入药尽早排出，同时还可减轻拔管时的应激反应，对防止苏醒早期躁动也有良好效果。

3.静脉麻醉方法

静脉麻醉最突出的优点是无须经气道给药，不污染手术间。缺点是：①无任何一种静脉麻醉药能单独满足麻醉的需要；②可控性不如吸入麻醉；③药物代谢受肝肾功能影响；④个体差异大；⑤无法连续监测血药浓度变化。

(1)分类

1)按给药方式进行分类：包括单次给药、间断给药和连续给药，后者又包括人工设置和计算机设置给药速度。

2)按具体用药进行分类：包括硫喷妥钠静脉麻醉、羟丁酸钠静脉麻醉、氯胺酮静脉麻醉、丙泊酚。

(2)常用麻醉方法

1)氯胺酮分离麻醉：分次肌注法通常仅用于小儿短小手术的麻醉，常用量为4 ~ 10mg，于肌内注射。静脉给药法适用范围同肌内给药法，但剂量小。通常首次量为1 ~ 2mg/kg，追加后为首次量的1/2 ~ 3/4。

2)异丙酚静脉麻醉：用于麻醉诱导时，按2.0 ~ 2.5mg/kg缓慢静脉注射，同时严密观察血压，若血压下降明显，应立即停药或在肌松药辅助下行气管内插管。也可用于静脉麻醉，异酚诱导后，按2 ~ 12mg/(kg · h)持续给药，同时加用麻醉镇痛药和肌松弛药。

4.全身麻醉常见并发症的防治及护理

(1)呼吸系统

1)呼吸暂停：多见于未行气管插管的静脉全身麻醉者，尤其使用硫喷妥纳、异丙酚或氯胺酮施行门诊小手术、眼科手术、人工流产及各种内镜检查者；也见于全身麻醉者苏醒拔管后，系苏醒不完全，麻醉药、肌松药及镇痛、镇静药的残余作用以致发生于手术刺激结束后。呼吸暂停(伤害性刺激本身具有呼吸兴奋作用)。临床表现为胸腹部无呼吸动作，发绀。一旦发生，务必立即施行人工呼吸，必要时可在肌松药辅助下气管内插管行人工呼吸。预防：麻醉中加强监测，备好各项急救物品，麻醉中用药尽可能采用注射泵缓慢推注。

2)上呼吸道梗阻：见于气管内插管失败、极度肥胖、静脉麻醉未行气管内插管、胃内容物误吸及喉痉挛者。患者往往在自主呼吸时出现“三凹”症。务必预防在先。一旦发生则应立即处理：置入口咽或鼻咽通气道或立即人工呼吸。舌下坠所致之梗阻者托起下颌，头偏向一侧；喉痉挛或反流物所致者，注射肌松药，同时行气管内插管。

3)急性支气管痉挛：好发于既往有哮喘或对某些麻醉药过敏者，气管内导管插入过深致之反复刺激隆突或诱导期麻醉过浅也可诱发。患者表现为呼吸阻力极大，两肺下叶或全肺布满哮鸣音，严重者气道压异常增高，可>3.92kPa(40cmH$_2$O)。处理：在保证循环稳定的情况下，快速加深麻醉，松弛支气管平滑肌；经气管或静脉注入利多卡因、氨茶碱、皮质激素、平喘气雾剂等。预防：避免使用易诱发支气管痉挛的药物，如吗啡、箭毒、阿曲库铵等；选用较细的气管导管及避免插管过深或在插管后经气管导管注入利多卡因，均有良好的预防和治疗作用。

4)肺不张：多见于胸腔及上腹部术后患者。主要是术后咳痰不力、分泌物阻塞支气管所致，也可与单侧支气管插管、吸入麻醉药所致区域性肺不张有关。患者表现为持续性低氧血症：听诊肺不张区域呼吸音遥远、减低以至完全消失，X线检查可见肺影缩小。治疗：在完善镇痛的基础上，做深呼吸和用力咳痰，若为痰液阻塞，可在纤维支气管镜下经逐个支气管口吸出痰液，并进行冲洗。也可再次麻醉后经气管内插管冲洗并吸引。预防：避免支气管插管，术后有效镇痛，鼓励患者咳痰和深呼吸。

5)肺梗死：多见于骨盆、下肢骨折后长期卧床的老年患者。患者于麻醉后翻身时，出现血压急剧下降、心搏减慢至停止、颈静脉怒张、发绀等症状，往往是深静脉血栓阻塞于肺动脉所致。抢救极为困难，应及时开胸做心脏按压，并行肺动脉切开取栓。预防：对原有血脂高、血液黏稠度大的老年患者，术前口服阿司匹林；麻醉诱导后翻身时动作宜轻柔。

(2)循环系统

1)高血压：是全身麻醉中最常见的并发症。除原发性高血压者外，多与麻醉浅、镇痛药用量不足、未能及时控制手术刺激引起的强烈应激反应有关。故术中应加强观察、记录,当患者血压>140/90mmHg时,即应处理:包括加深麻醉,应用降压药和其他心血管药物。预防:由于高血压患者长期服用血管收缩、利尿药及麻醉后血管扩张,多数患者为相对循环血量不足,故诱导期应在快速补液扩容的基础上逐渐加深麻醉。

2)低血压:以往血压正常者以麻醉中血压<80/50mmHg、有高血压史者以血压下降超过术前血压的30%为低血压的标准。麻醉中引起低血压的原因,包括麻醉药引起的血管扩张、术中器官牵拉所致的迷走反射、大血管破裂引起的大失血以及术中长时间容量补充不足或不及时等。应根据手术刺激强度,调整麻醉状态;根据失血量,快速输注晶体和胶体液,酌情输血。血压急剧下降者,快速输血输液仍不足以纠正低血压时,应及时使用升压药。预防:施行全麻前后应给予一定量的容量负荷,并采用联合诱导、复合麻醉,避免大剂量、长时间使用单一麻醉药。

3)室性心律失常:也可因麻醉药对心脏起搏系统的抑制、麻醉和手术造成的全身缺氧、高或低碳酸血症、心肌缺血而诱发。对频发室性早搏以及室颤者,应予药物治疗,同时电击除颤。预防:术前纠正电解质紊乱,特别是严重低钾者;麻醉诱导气管插管过程中,注意维持血流动力学平稳,避免插管操作所致心血管反应引起的心肌负荷过度;对术前有偶发或频发室性早搏者,可于诱导的同时静脉注射利多卡因1mg/kg;麻醉中避免缺氧、过度通气或通气不足。

4)心搏停止:是全身麻醉中最严重的并发症。前述呼吸、循环系统的各项并发症,若未及时发现和处理,均可导致心搏停止。需立即施行心肺复苏。预防:严格遵守操作流程,杜绝因差错而引起的意外;严密监测,建立预警概念。

(3)术后恶心呕吐　为最常见的并发症,发生率自26%~70%不等。多见于上消化道手术、年轻女性、吸入麻醉及术后以吗啡为主要镇痛药物的患者。全麻术后发生的恶心呕吐,可用枢复宁、胃复安或异丙酚治疗。预防:术前经肌内或静脉注射胃复安、氟哌利多、枢复宁、咪唑安定等均有一定效果。

(4)术后苏醒延迟与躁动　常见原因为吸入麻醉药洗出不彻底及低体温。苏醒期躁动与苏醒延迟有关,多与苏醒不完全和镇痛不足有关。治疗:使用异丙酚1.0 ~ 1.5mg/kg使患者意识消失,自主呼吸受抑制,改用呼吸机高流量氧洗出吸入麻醉药;对躁动者可在应用异丙酚的同时,给予芬太尼或其他镇痛药。预防:正确施行苏醒期操作并于拔管前应用肌松药拮抗剂、补充镇痛药及避免低体温。

二、椎管内麻醉及护理

椎管内有两个可用于麻醉的腔隙,即蛛网膜下腔和硬脊膜外腔,将局麻药注入上述腔隙即能产生下半身或部位麻醉。根据局麻药注入的腔隙不同,分为蛛网膜下腔阻滞(简称腰麻)、硬膜外腔阻滞及腰麻-硬膜外腔联合阻滞,统称椎管内麻醉。椎管内麻醉时,患者神志清醒,镇痛效果确切,肌松弛良好,但对生理功能有一定的扰乱,也不能完全消除内脏牵拉压反应。

(一)蛛网膜下腔阻滞麻醉

简称脊麻,是把局部麻醉药注入蛛网膜下腔,使脊神经根、根神经节及节髓表面部分产生不同程度的阻滞,主要作用部位在脊神经根的前根和后根。脊麻的神经系统严重并发症或后遗症的发生率并不比其他麻醉方式高,目前仍是下肢及下腹部手术中最常用的席醉方法。

1.分类

(1)根据脊神经阻滞平面的高低分

1)高平面脊麻:适用于上腹部术,但常因呼吸和循环抑制,应用时必须做好急救准备。若阻滞平面超过胸2,随时有发生呼吸和心搏骤停的可能,临床已罕用。

2)低平面脊麻:适用于腹股沟及下肢手术。

3)鞍区麻醉:仅骶尾神经被阻滞,适用于肛门、会阴部手术。

(2)根据给药方式分为

1)单侧脊麻:指一侧的脊神经根被阻滞,但实际上并非阻滞局限于一侧,而是两侧阻滞开口不对称。如取侧卧位,病侧在下位,使用重比重溶液,注射药物时穿刺针斜面向下,可使病侧阻滞平面高于健侧,且作用时间也长于健侧。

2)连续脊麻:穿刺后把导管插入蛛网膜下腔,作分次给药,以维持长时间的脊神经阻滞。

2.麻醉前用药

蛛网膜下腔阻滞的麻醉前用药不宜过重,用量不宜过大,应使患者保持清醒状态,利于阻滞平面的调节。

麻醉前晚常规口服巴比妥类药,如苯巴比妥0.06g。麻醉前1小时肌内注射地西泮10mg(成人量),阿托品或东莨菪碱可不用或少用,以免患者术中口干不适。除非患者术前疼痛难忍,麻醉前不必使用吗啡或哌替啶等镇痛药。氯丙嗪、氟哌利多等药不宜应用,以免致患者意识模糊和血压剧降。

3.常用麻醉药

蛛网膜下腔阻滞较常用的局麻药有普鲁卡因、丁卡因、布比卡因和罗哌卡因。

(1)普鲁卡因　成人用量为10 ~ 150mg,最高剂量为200mg,鞍区麻醉用50 ~ 100mg,可按年龄和脊柱长度酌减。常用浓度为5%,最低有效浓度为2.5%,最高浓度为6%。普鲁卡因用于脊麻的优点是效果可靠,平面容易调节,不易失败。缺点是维持时间较短,仅45 ~ 90分钟,只适用于短小手术,实用性有一定限制。

(2)丁卡因　是蛛网膜下腔阻滞最常用的局麻药,麻醉维持时间较长,一般为2 ~ 3小时,用剂量10 ~ 15mg,最高剂量为20mg,一般都需加用葡萄糖液配成重比重液后使用。常用浓度为0.33%,最低有效浓度为0.1%。临床上以1%丁卡因1ml,加10%葡萄糖液及3%麻黄碱各1ml,配成丁卡因重比重溶液,使用安全有效。丁卡因重比重溶液的缺点是麻醉起效缓慢,一般需5 ~ 10分钟,20分钟后阻滞平面才固定,麻醉平面有时不易有效控制。另外,丁卡因容易弱碱中和而沉淀,使其麻醉作用减弱,甚至完全无效。

(3)布比卡因　常用剂量为10 ~ 15mg,鞍麻用5 ~ 10mg,常用浓度为0.5%,麻醉维持时间3 ~ 4小时。布比卡因的优点是麻醉效果确切,作用时间较长,不需做过敏实验。缺点是较其酰胺类药物有更高的心脏毒性,对有心肌抑制的患者特别是妊娠晚期的患者,复苏成功率很低。

(4)罗哌卡因　常用剂量为0.25% ~ 0.5%罗哌卡因溶液2 ~ 3ml,持续时间大约3小时。罗哌卡因的优点是心脏毒性较布比卡因低,诱发心律失常的不良反应较小,对心肌抑制程度较布比卡因轻。缺点是浓度过高时有收缩脊髓前动脉的潜在危险。

4.影响因素

影响蛛网膜下腔阻滞平面的因素很多,如穿刺间隙高低、患者体位、年龄、腹内压、体温,麻药的性质、剂量、浓度、容量、比重,注药速度及针尖斜面方向等。

5.蛛网膜下腔麻醉的护理

(1)一般护理

1)体位:为预防麻醉后头痛,常规去枕平卧6 ~ 8小时。

2)病情观察:密切监测生命体征,防止麻醉后并发症的出现。

3)心理护理:做好详尽的解释工作,向患者介绍麻醉的过程和必要的配合,缓减其焦虑和恐惧程度。

(2)常见并发症的防治和护理

1)低血压:由交感神经阻滞所致。防治措施:加快输液速度,增加血容量;若血压骤降可用麻黄碱15 ~ 30mg静脉注射,以收缩血管维持血压。

2)恶心、呕吐:由低血压、迷走神经功能亢进、手术牵拉内脏等因素所致。防治措施:吸氧、升压、暂停手术以减少迷走刺激,必要时甲氧氯普胺10mg静脉注射。

3)呼吸抑制:常见于胸段脊神经阻滞,表现为肋间肌麻痹,胸式呼吸减弱,潮气量减少,咳嗽无力,甚至发绀。防治措施:谨慎用药,吸氧,维持循环,紧急时行气管插管、人工呼吸。

4)头痛:发生率为3% ~ 30%,主要因腰椎穿刺时穿破硬脊膜和蛛网膜,致使脑脊液流失,颅内压下降,颅内血管扩张刺激所致。典型的头痛可发生在穿刺后6 ~ 12小时、患者术后第一次抬头或起床活动时,疼痛常位于枕部、顶部或颞部,呈搏动性,抬头或坐起时加重。约75%的患者在4天内症状消失,多数不超过1周,但个别患者的病程可长达半年以上。预防:麻醉前访视患者时,切忌暗示蛛网膜下腔阻滞后有头痛的可能;麻醉时采用细针穿刺,避免反复穿刺,提高穿刺技术,缩小针刺裂孔,保证术中术后输入足量液体。

5)尿潴留:主要因支配膀胱的第2、3、4骶神经被阻滞后恢复较迟,下腹部、肛门或会阴部手术后切口疼痛,下腹部手术时膀胱的直接刺激以及患者不习惯床上排尿体位等所致。一般经针刺足三里、三阴交、阳陵泉、关元和中极等穴位,或热敷下腹部、膀胱区有助于解除尿潴留。

(二)硬脊膜外阻滞麻醉

也称硬膜外阻滞,是指将局麻药注入硬膜外间隙,阻滞脊神经根,使其支配区域产生暂时性麻痹的麻醉方法。理论上讲,硬脊膜外阻滞可适用于除头部以外的任何手术,给药方式有单次法和连续法两种。

1.分类

(1)高位硬膜外阻滞　于颈、胸之间进行穿刺,阻滞颈部及上胸段脊神经。高位硬膜外滞易出现严重并发症和麻醉意外，从安全角度考虑，目前临床已很少采用。

(2)中位硬膜外阻滞　穿刺部位在胸1至胸4之间。

(3)低位硬膜外阻滞　穿刺部位在腰部各棘突间隙。

(4)骶管阻滞　经骶裂孔进行穿刺，阻滞骶神经。

2.常用麻醉药

用于硬脊膜外阻滞的局麻药应该具备穿透性和弥散性强、毒副作用小、起效时间短、作用间长等特点，临床最为常用的是利多卡因、丁卡因和布比卡因。

(1)利多卡因　优点是起效快，12分钟内发挥作用，在组织内浸透能力强，阻滞准确，麻醉效果好。缺点是作用持续时间较短，仅1.5小时左右。临床常用浓度为1%～2%，成人一次最大用量为400mg。

(2)丁卡因　一般10～15分钟起效，维持时间可达3～4小时，常用浓度为0.25%～0.33%，成人一次最大用量为60mg。

(3)布比卡因　4%10分钟起效，作用时间较长，可维持4～6小时，最长可达15小时以上，常用浓度为0.5%～0.75%，但只有浓度达到0.75%时，才能取得满意的肌松弛效果。

(4)罗哌卡因　用于术后镇痛和无痛分娩。常用浓度为0.2%，成人剂量可达12～28mg。

3.影响硬膜外阻滞的因素

(1)药物容量和注药速度　药物容量越大，注射速度越快，阻滞平面及范围越广。分间隔给药可增强阻滞效果。

(2)导管位置和方向　导管向头端插入时，药物易向头端扩散；向尾端插入时，多向尾端散；导管偏于一侧，可出现单侧麻醉。但最终决定药物扩散方向的仍是导管口所在位置。

(3)妊娠　妊娠后期由于下腔静脉受压，硬膜外间隙静脉充盈+间隙相对变小，用药量减少。

(4)低凝状态　容易引起硬膜外腔出血、硬膜外腔血肿。

4.硬膜外麻醉并发症及护理

(1)全脊麻　是硬膜外麻醉最危险的并发症，系硬膜外阻滞时穿刺针或导管误入蛛网膜下腔而未及时发现，致超量局麻药注入蛛网膜下腔而产生异常广泛的阻滞。若未及时发现和正确处理，可发生心搏骤停。一旦疑有全脊麻，应立即行面罩正压通气，必要时行气管插管维持呼吸、加快输液速度，给予升压药，维持循环功能。预防：麻醉前常规准备麻醉机与气管插管器械，穿刺操作时细致认真，注药前先回抽、观察有无脑脊液，注射时先用试验剂量(3～5ml)并观察5～10分钟，改变体位后需再次注射试验剂量，以重新检验，有效防止患者术中躁动。

(2)穿刺针或导管误入血管　发生率为0.2%～2.8%。足月妊娠者硬膜外间隙静脉怒张，更易刺入血管，因此注药前必须回抽。检查膜外导管回流情况。一旦局麻药直接注入血管将发生毒性反应，出现抽搐或心血管症状。治疗原则：吸氧，静脉注射地西泮或硫喷妥钠控制惊厥，同时维持通气和有效循环。

(3)导管折断　是硬膜外阻滞常见的并发症之一，多因置管技术不佳、导管质地不良、导管局部受压，拔管用力不当、置管过深或导管结圈所致。预防：规范穿刺技术，一旦遇导管尖端越过穿刺针斜面后不能继续进入时，应将穿刺针连同导管一并拔出，另行穿刺，拔管时切忌过分用力。

(4)硬膜外间隙出血、血肿和截瘫　若硬膜外穿刺和置管时损伤血管，可引起出血，血肿压迫脊髓可并发截瘫。CT或MRI可明确诊断并定位。应尽早行硬膜外穿刺抽除血液，必要时切开椎板，清除血肿。预防：对凝血功能障碍或在抗凝治疗期间患者禁用硬膜外阻滞麻醉，置管动作轻柔。

三、局部麻醉及护理

1.常用局麻药

(1)根据化学结构的不同，可分为酯类和酰胺类　临床常用的酯类局麻药有普鲁卡因、氯普鲁卡因、丁卡因和可卡因等，酰胺类局麻药有利多卡因、布比卡因、依替卡因和罗哌卡因等。酯类局麻药和酰胺类局麻药的起效时间和作用时效有着明显不同。另外，酯类局麻药在血浆内水解或被胆碱酯酶分解，产生的对氨基化合物可形成半抗原，可引起变态反应而导致少数患者出现过敏反应。而酰胺类局麻药在肝内被酰胺酶分解，不形成半抗原，引起过敏反应的极为罕见。

(2)根据局麻药作用维持时间，可分为短效局麻药、中效局麻药和长效局麻药　一般将作用时间短的普鲁卡因和氯普鲁卡因称为短效局麻药，作用时间稍长的利多卡因、甲哌卡因和丙胺卡因称为中效局麻药，作用时间长的布比卡因、丁卡因、罗哌卡因和依替卡因称为长效局麻药。

2.常用局部麻醉方法

局部麻醉(Localanesthesia)分为表面麻醉、局部浸润麻醉、区域阻滞、静脉局部麻醉和神经阻滞五类。

(1)表面麻醉　将渗透性能强的局麻药与局部黏膜接触,穿透黏膜作用于神经末梢而产生的局部麻醉作用称为表面麻醉。

1)常用药物:临床上常用的表面麻醉药有2%~4%利多卡因、0.5%~1.0%丁卡因。

2)麻醉方法:一般眼部的表面麻醉多采用滴入法,鼻腔内黏膜常采用棉片浸药填敷法,咽及气管内黏膜用喷雾法,尿道内黏膜表面麻醉用灌入法。

①眼中滴入法:采用局麻药滴入法,患者平卧,在结膜表面滴0.25%丁卡因2滴。滴后让患者闭眼,每2分钟滴一次,重复3~5次。如果用丁卡因,两次滴药之间可滴1:1000肾上腺素1滴。麻醉作用持续0.5小时,可重复应用。

②鼻腔黏膜棉片浸药填敷法:用一块棉片浸入2%~4%利多卡因或0.5%~1.0%丁卡因之中,取出后挤去多余的局麻药液,然后将浸药棉片敷于鼻甲与鼻中隔之间共3分钟。在上鼻甲前端与鼻中隔之间再填敷第二块局麻药棉片,10分钟后取出,即可行鼻息肉摘除、鼻甲及鼻中隔手术。

③咽喉、气管及支气管内喷雾法:是施行气管镜、支气管镜检查以及施行气管、支气管插管的麻醉方法。先让患者张口,对咽部喷雾3~4下,间隔2~3分钟,重复2~3次即可。

④环甲膜穿刺注药法:患者平卧头向后仰,在环状软骨与甲状软骨间用针垂直刺入环甲膜,注入2%利多卡因2~4ml。穿刺及注药时嘱患者屏气,注药后鼓励患者咳嗽,使局麻药分布均匀。

⑤尿道内灌法:最常用的是0.1%~0.5%的丁卡因溶液,男性患者可用注射器将局麻药灌入尿道,女性患者可用细棉棒浸药后塞入尿道。药液容量不宜过大,浓度不宜过高,防止损伤黏膜,以免发生局麻药中毒。

(2)局部浸润麻醉　沿手术切口线分层注射局麻药,阻滞组织中的神经末梢,称为局部浸润麻醉。

1)常用药物:最常用的是普鲁卡因,浓度一般为0.5%~1.0%,成人一次最大剂量为1.0g,与1:20万的肾上腺素合用可持续45~60分钟。普鲁卡过敏患者可选用利多卡因或布比卡因。利多卡因用于浸润麻醉时可持续120分钟,一次最大剂量为500mg。布比卡因作用持续时间可达5~7小时,一次最大剂量为200mg。

2)操作方法:先以皮内注射针刺入皮内,推入局麻药液成橘皮样皮丘,更用长10cm穿刺针经皮丘刺入,分层注药。注射局麻药液时应加压,使其在组织内形成浸润,达到与神经末梢广泛接触,以增强麻醉效果。

(3)区域阻滞　围绕手术区四周和底部注射局麻药,以阻滞进入手术区的神经干和神经末梢,称为区域阻滞麻醉。操作方法:区域阻滞麻醉常用的局麻药、操作要点及注意事项与局部浸润麻醉相同,但其注射局麻药,是环绕被切除的组织(如:小囊肿、肿块活检等)作包围注射,对于阴茎以及有蒂的肿瘤等,则环绕其基底部注射。

(4)静脉局部麻醉　在肢体上结扎止血带后静脉注入局麻药,使止血带远端肢体得到麻醉的方法,称为静脉麻醉。

1)常用药物:成人上肢可用0.25%普鲁卡因100~150ml,或0.5%普鲁卡因60ml+0.5%利多卡因40ml。下肢用药量为上肢的1.5~2.0倍。

2)操作方法:静脉穿刺固定后,抬高患肢2~3分钟或用张力绷带驱血,在该肢体扎止血带,在其远端静脉内注入局麻药,3~10分钟产生局麻作用。

(5)神经阻滞　神经阻滞指将麻醉药注射到神经、丛节的附近,阻滞神经传导,使其支配区域产生麻醉作用的麻醉方法。

3.护理

(1)一般护理　局麻药对机体影响小,一般无须特殊护理。门诊手术者若术中用药过程长应于术后休息片刻,经观察无异常后方可离院,并告之患者若有不适,即刻求诊。

(2)局麻药物不良反应及护理　局麻药不良反应包括局部和全身性。局部不良反应由麻药和组织直接接触所致,若局麻药浓度高或与神经接触时间过长可造成神经损害,故遵循最小有效剂量和最低有效浓度的原则。全身不良反应包括高敏、变态、中枢神经毒性反应。应用小剂量局麻药即发生毒性反应者,应疑为高敏反应。一旦发生立即停药治疗。绝大部分局麻药过敏者是对酯类药过敏,对疑有变态反应者可行结膜、皮内注射胞脱颗粒试验。中枢毒性按程度依次表现为:舌或口唇麻木、头痛、头晕、耳鸣、视力模糊、言语不清、肌颤搐、语无伦次、意识不清、惊厥、昏迷、呼吸停止;心血管毒性表现为收缩力降低、传导速度减慢、外周血管扩张。关键在于预防,注射局麻药前须反复进行“回抽证时无气、无血、无脑脊液”后方可注射。

四、麻醉恢复期患者的监护和管理

手术结束后，除意识障碍患者需带气管插管回病房外，一般应待患者意识恢复、拔除导管后再送回病房。此部分工作可在手术室或麻醉复苏室完成。某些术后情况危重者则需要直接送入ICU监护。麻醉后恢复期的监护包括：

1.呼吸系统

(1)观察患者呼吸次数、节律及胸腹部呼吸活动幅度，以了解患者的呼吸功能。

(2)肺部听诊，判断气管导管是否移位，有无肺不张及分泌物积聚等。

(3)监测脉搏、血氧饱和度，以了解组织氧供情况。

(4)定时监测血气分析变化。

2.循环系统

(1)常规监测心电图，了解患者有无心律失常和心肌缺血等。

(2)密切监测脉搏和心率变化，注意其强弱、频率、节律变化。

(3)密切监测血压、中心静脉压、肺动脉压等，了解患者循环血容量及心血管功能。

(4)指压甲床观察毛细血管再充盈时间，了解末梢循环情况。

(5)观察每小时尿量，了解循环灌注情况。

3.中枢神经系统

密切观察患者的意识状态、瞳孔大小、对光反射、对疼痛的知觉和体温变化。

4.苏醒过程中患者的管理和转送

体位变化对麻醉后患者的循环功能影响很大，其在血容量不足时，故在转运前应补足血容量；搬动过程中，动作应轻柔、缓慢，确保各种管道的妥善固定，防止脱出。对有呕吐可能者，应将其头置于侧偏位。对全麻未清醒患者，应在人工呼吸状态下转送；一般患者的转送，可在自主呼吸良好状态下转送；对心脏及大手术、危重患者，则应在吸氧及严密循环、呼吸监测下转送。

五、手术过程中的整体护理

当手术成为患者接受治疗的措施之一时，手术室护士承担了相对短暂而又极为重要的手术中护理。传统的手术室护理，一般仅着眼于手术物品的准备、供应及术中配合，而忽视对患者的关注以及其心理等特殊需求的满足。现今手术室护理则强调以现代护理观为指导，以患者为中心，以护理程序为框架，对患者实施生理、心理、社会文化等全方位的整体护理，配合手术医师、麻醉师，使患者减轻或消除紧张、焦虑、恐惧心理，平安度过手术期，减少手术并发症，从而达到最佳护理效果。

1.评估

接到手术通知书后，手术室护士通过阅读病历及访视，收集患者的相关资料，为提供个性化护理做好准备。

(1)阅读病历　通过阅读患者病历，护士可掌握如下情况：

1)入院时的一般状况，身高、体重、生命体征。

2)既往史，现病史，家族史；各种化验和体检结果，如血型、血常规、肝功能、肾功能、心电图等。

3)术前诊断，拟施手术名称及手术方式。

4)拟施麻醉方式。

将有关内容填写在“患者手术护理记录单”的相关栏目上。

(2)访视　手术室护士到病区进行访视，可以通过直接或间接的沟通方式，掌握患者身心状况，有无特殊需求；讲解有关手术知识；目的是让患者对即将接受的手术树立信心。

1)访视时间：一般为手术前一天下午或晚上，时间为每位患者10分钟左右。

2)访视对象：患者、患者家属、责任护士及管床医生。

3)访视内容及程序：①向患者做自我介绍；②评估患者及家属对手术的认识；③评估患者的文化、心理状态及需求；④掌握患者身体状况、肢体活动情况、静脉穿刺区域皮肤及血管情况；⑤向患者介绍手术室环境及简单的手术过程；⑥向病房责任护士了解患者术前准备情况及心理护理效果；⑦了解术者对手术所用特殊器械、患者体位的要求。

2.计划

准确、详尽的护理计划是围手术期护理质量的保证。手术室护士应根据所掌握的患者资料,提出患者心理、生理上可能发生的护理问题,制订相应的护理计划。计划应简要明了,重点突出。

3.实施

(1)麻醉前

1)按照手术室护士职责做好各项准备工作。

2)清醒患者进入手术室后,护士给予热情接待,并认真核对患者情况及病历。

3)根据护理计划,给患者安置合适的卧位,同时可以播放音乐、与患者交谈等,以分散其注意力。

4)协助麻醉师做好麻醉准备,如静脉穿刺、患者麻醉时的体位、药物核对等。

(2)麻醉开始　护士应在患者身边,给予精神上的支持。如静脉诱导麻醉前可以告诉患者:"在静脉输液处可能有短时间痛感,是因为注射的某种麻醉药物对局部血管刺激所致;为了保证充足的氧气吸入,需用面罩吸氧,您只要自然地呼吸;在整个手术过程中,您就像睡着了一样,待手术结束后,我们会叫您的名字,如果您听到了,就示意(点头、睁眼、握拳等)。"帮助减轻或消除患者的恐惧。在需要时,以适当的方式协助麻醉师,保障患者的安全。

(3)手术过程中

1)做好各项手术配合。

2)对清醒患者通过交谈、抚摸给予心理支持。

3)准确记录术中情况,给病房护士术后护理提供依据。记录的主要内容:①实施麻醉方法,麻醉用药的名称、剂量;②实施手术术式、术后诊断;③体位及固定方法;④止血带使用的时间、部位;⑤静脉穿刺部位及穿刺针种类;⑥使用人工器材的种类、规格和数量;⑦引流管插入的部位、种类和数量;⑧器械、纱布、缝针等的种类及术前、手术创口关闭前、关闭后核对的数量;⑨术中用药和输血的种类、输入量,带回患者的药物、血液制品种类和量;⑩镇痛泵的使用。

(4)手术结束　护士协助麻醉师呼唤患者的名字,若有反应,说明患者已逐步清醒,告诉患者手术已经结束,喉咙里有痰尽量咳出来。为患者擦净血迹,包扎伤口。及时为患者保暖。根据需要护送患者回病房,向病房护士介绍术中情况等。

4.评价

手术后2～3日内进行术后回访,评价护理效果。内容包括:

1)术中实施的护理计划是否妥当。

2)观察患者有无因体位摆放不当而引起的神经、肢体并发症。

3)患者精神状态。

4)患者及家属对手术护理工作的评价。

六、手术室整体护理中的注意点

1.正确评估患者的心理问题

多数患者面对手术由于缺乏手术相关知识、对手术效果怀疑、手术室环境陌生、担心疼痛以及经济困难等原因产生紧张、焦虑甚至恐惧心理。有关研究表明,适度的紧张、焦虑会提高机体的应激能力,但过度的紧张、焦虑尤其是恐惧情绪会影响免疫功能,降低机体抵抗力及手术的耐受性,增加手术后发生并发症的机会。因而,护士要根据患者存在的心理问题及其原因、程度,采取相应的对策。

2.注意与患者交谈的方式

会面时最好避开患者进食和治疗时间;要正视患者,用通俗的语言,中速、轻柔地与其交谈。对于不知道或不明白的事情,不要勉强、含糊地回答患者,防止说出引起患者不安的词语,如癌症、死亡等;更不能用生、冷、硬、训斥的语气给患者不良刺激;不要过多地对手术进行解释说明,以免引起患者过多的联想。

3.注意运用肢体语言

患者进入手术室后,面对陌生的环境,各种各样的仪器设备,听到金属器械撞击声等,都可能会加重其不良情绪。护士在给予适当的语言安慰的同时,要保持镇定的表情、稳健的举止,有条不紊地进行各项工作,以使患者增加安全感。

4.执行保护性医疗制度

对手术室的工作人员来说患者躯体暴露是司空见惯的事,而对患者来说则可能会感到难为情。因此护士要体谅患者,不得过早及不必要地暴露患者躯体。手术人员在术中尽量用手势交流,避免谈论与手术无关的话题。

5. 选择合适的音乐

节奏缓慢、优雅的音乐能安定情绪，使人精神放松、心情愉悦。患者进入手术室后可根据其喜好播放背景音乐，音量应适当。

6. 向患者家属提供适时信息

心理护理范畴包括与患者家属的交流与沟通。手术期间，让家属在指定地点休息，通过计算机连接电视屏幕，及时向家属播放麻醉知识、手术进程、术中情况及术后健康指导等，可以减轻家属的焦躁情绪，并为家属们对患者的术后照料奠定基础。

七、麻醉过程中的护理配合

1.局部麻醉的护理配合

1)了解患者有无局麻药过敏史。备好合适的麻醉药及其他用物，对患者做好解释、安慰工作。

2)固定患者于合适的体位，暴露手术部位，准备适当的药物、注射器及针头。对患者做好解释工作，取得患者配合。

3)检查穿刺部位皮肤状况，在感染及癌肿部位不宜做局部浸润麻醉，以防扩散及转移。

4)椎管内麻醉前要建立静脉通路，以便及时扩充血容量，适时调整输液速度。备好一次性椎管内麻醉穿刺包以及急救物品等。及时协助患者摆好并保持良好的麻醉体位。

5)椎管内麻醉穿刺时，鼓励患者将背向后拱起，护士在麻醉师的对面固定患者头颈部及双腿，防止扭动，便于麻醉师顺利操作。在麻醉师穿刺时，护士可告诉患者将会有什么样的感觉，常能得到患者的理解和配合。

6)椎管内麻醉穿刺后，穿刺完毕，协助麻醉师妥善固定硬膜外导管，注意观察生命体征，适时调整输液、输血速度。对麻醉过程中可能发生的情况应做到心中有数，并及时、迅速、准确地协助处理。

2.全身麻醉的护理配合

(1)全麻前准备

1)协助备好麻醉用物，包括麻醉插管盘、麻醉药品、急救药品、麻醉机等。检查供氧、吸引装置是否完好。

2)患者进入手术室后，检查并核对患者术前禁食、禁饮及术前用药情况。

3)麻醉前检查患者有无活动假牙、饰物等，应全部取下，按规定妥善保管，松开其衣、裤带。

4)建立可靠的静脉通路。

5)饱腹的急症患者，可能会发生呕吐和误吸，护士应配合将手术台头端适当放低，或垂头仰卧位，或将患者头偏向一侧，避免误吸。

(2)气管插管时的护理配合

1)协助进行麻醉诱导，在麻醉师指导下协助给药。

2)诱导时，护士应与麻醉师密切配合保护患者，防止意外。

3)协助气管插管。协助者站在患者一侧，将患者去枕，头后仰，插管后将气管导管芯拔出，放入牙垫，连接供氧管，用胶布妥善固定气管导管及牙垫。

4)如患者饱腹又必须施行全身麻醉时，在开始麻醉前常需插入胃管，将胃内容物排空。为进一步控制这种情况，在插管时护士可协助将患者的环状软骨轻轻向后压迫，能帮助麻醉师看清声带并堵住食管以防呕吐。

(3)全身麻醉深度表现及护理配合(见表5-3)

表 5-3 全麻深度患者状态及护理配合

麻醉状态	患者状态	护士配合
开始施用药物至失去知觉	可表现头晕目眩，昏昏欲睡	关闭手术间门，保持室内安静。站在患者身边，必要时给予帮助
失去知觉至松弛	表现兴奋，呼吸不规则，移动手臂、腿或身体，患者对外界刺激（噪声、突然被人碰触）非常敏感	保护患者，适当使用约束带。密切观察患者情况，必要时协助麻醉师处理
手术麻醉松弛期至失去反射，主要功能受到抑制	呼吸规则，瞳孔收缩，眼睑反射消失，腭部松弛，听觉丧失	在麻醉师认为麻醉状态已经平衡且得到良好控制后，护士可开始手术准备工作
生命功能受到过度抑制（危险期）至呼吸衰弱，有心脏停搏的可能	无呼吸，极少或没有心跳和脉搏	如发生抑制，立即协助通畅气道，提供心脏停搏盘、药物、针筒、长针。协助手术医生进行体外或开胸心脏按摩

第四节 手术后患者的护理

患者从手术完毕回到病室直至康复出院阶段的护理，称为手术后护理（Postoperativenursing care）。手术创伤导致患者防御能力下降，术后禁食、切口疼痛和应激反应等加重了患者的生理、心理负担，不仅影响创伤愈合和康复过程，而且可导致多种并发症的发生。手术后护理的重点是根据患者的手术情况和病情变化等，确定护理问题，采取切实有效的术后监护，预见性地实施护理措施，尽可能减轻患者的痛苦和不适，防治并发症，促进患者康复。

【护理评估】

1. 手术类型和麻醉方式

了解手术和麻醉情况，手术进程及术中出血、输血和补液情况，判断手术创伤大小及对机体的影响。

2. 身体状况

（1）生命体征　评估患者回到病室时的神志、血压、脉搏、呼吸、血压。

（2）切口状况　了解切口部位及敷料包扎情况。

（3）引流管/引流物　了解所置引流管的种类、数目，引流部位和引流液性状，尤其注意胃管引流液的量和性状、导尿管引流尿液的量和色泽。

（4）疼痛等不适　了解有无切口疼痛、恶心呕吐、腹胀、呃逆、尿潴留等术后不适，观察和评估不适的种类和程度。

（5）肢体功能　了解感知觉恢复情况和四肢活动度、皮肤的温度和色泽。

（6）辅助检查　了解术后血常规、生化检查结果，尤其注意血清电解质水平的变化。

3. 并发症评估

有无术后出血、术后感染、切口裂开、深静脉血栓形成等并发症的发生及其相关因素。

4. 心理-社会状况

随着手术后原发疾病和病痛的解除、麻醉及手术的度过，患者在一定程度上有暂时的解脱，但又显得非常疲乏和软弱，故需询问术后患者和家属对手术的认识和看法，了解患者术后的心理感受，有无紧张、焦虑不安、恐惧、悲观、猜疑或敏感等心理反应。进一步评估有无引起术后心理变化的原因：①失去部分肢体或身体外观改变，如截肢、乳房切除或结肠造口等；②术后出现的各种不适如切口疼痛、尿潴留或呃逆等；③留置各种导管所致的不适；④术后身体恢复缓慢及发生并发症；⑤担心不良的病理检查结果、预后差或危及生命；⑥担忧住院费用和继续治疗。

5. 判断预后

了解术后患者的治疗原则和治疗措施的落实情况。评估其机体修复情况，包括切口愈合、肠功能恢复、精神和体力恢复程度、休息和睡眠状况、食欲及饮食种类等。根据手术情况、术后病理检查结果和患者术后康复情况，判断其预后。

【护理诊断及合作性问题】

1.低效型呼吸形态

与术后卧床、活动量少、切口疼痛、呼吸运动受限和使用镇静剂等有关。

2.有体液不足的危险

与手术创伤、术后禁食和摄入不足有关。

3.舒适的改变

疼痛、腹胀、尿潴留与手术后卧床、留置各类导管和创伤性反应有关。

4.营养失调

低于机体需要量与术后禁食、创伤后机体代谢率增高和分解代谢旺盛有关。

5. 活动无耐力

与手术创伤所致乏力、倦怠有关。

6.知识缺乏

缺乏术后康复、锻炼和保健知识。

7.焦虑与恐惧

与术后不适、预后差及住院费用等有关。

8.潜在并发症

术后出血、切口感染、切口裂开、肺炎、肺不张、泌尿系统感染或深静脉血栓形成等。

【护理目标】

1)患者术后生命体征平稳，病情稳定，呼吸功能改善。

2)患者体液平衡得以维持，未发生水、电解质和酸碱平衡的紊乱，循环系统功能稳定。

3)术后不适程度减轻，得到较好休息。

4)患者术后营养状况得以维持或改善。

5)患者活动耐力增加，逐步增加活动量。

6)患者能复述有关术后康复知识。

7)患者情绪稳定，能主动配合术后治疗和护理。

8)患者术后并发症得以预防或及时发现和治疗，术后恢复顺利。

【护理措施】

1.维持呼吸、循环等生理功能的稳定，保证患者安全

(1)迎接和安置术后回室的患者　与麻醉师和手术室护士做好床边交接。搬动患者时动作轻稳，注意保护头部及各引流管和输液管道。正确连接各引流装置，调节负压，检查静脉输液是否通畅。注意保暖，但避免贴身放置热水袋取暖，以免烫伤。遵医嘱给予吸氧。

(2)安置患者合适的体位　根据麻醉方式、术式安置患者的卧位。

1)全身麻醉：尚未清醒的患者应平卧，头偏向一侧，使口腔分泌物或呕吐物易于流出，避免误吸入气管；全身麻醉清醒后根据需要调整卧位。

2)蛛网膜下隙麻醉：患者应去枕平卧12小时，防止脑脊液外渗致头痛。

3)硬脊膜外腔麻醉：患者一般取平卧位6小时，随后可根据手术部位安置成需要的卧位。

4)休克：患者取下肢抬高15°~20°，头部和躯干抬高20°~30°的体位。

5)颅脑手术：术后无休克或昏迷的患者可取15°~30°头高脚低斜坡卧位。

6)颈、胸手术：术后患者多采用高半坐位卧位，便于呼吸和有效引流。

7)腹部手术：术后多采用低半坐位卧位或斜坡卧位，以减少腹壁张力。

8)脊柱或臀部手术：术后患者可取俯卧或仰卧位。

(3)病情观察和记录

1)观察生命体征：中、小型手术的患者，手术当日每小时测量脉搏、呼吸、血压，监测6~8小时或至生命

体征平稳。大手术或可能发生出血者,必须密切观察,每 15 ~ 30 分钟监测生命体征,至病情稳定后改为 1 ~ 2 小时测 1 次,并做好观察和记录。有条件者可使用床边心电监护仪连续监测。

2)观察尿液的颜色和量:必要时记录 24 小时液体出入量。

3)加强巡视和观察:注意呼吸的频率和深度,有无呼吸道梗阻,有无切口、胸腹腔及胃肠道出血和休克的早期表现,若患者出现脉搏变快、弱,脉压变小,血压下降,呼吸急促,每小时尿量小于 50ml,应及时报告医师并协同处理。

(4)静脉补液和药物治疗　由于手术野的不显性液体丢失、手术创伤以及术后禁食等原因,术后多需予以患者静脉输液直至恢复饮食。根据手术大小、患者器官功能状态、疾病严重程度和病情变化,调整输液成分、量和输注速度,以补充水、电解质和营养物质,必要时根据医嘱输全血或血浆等,维持有效循环血量。

2. 处理术后不适,增进患者舒适

(1)切口疼痛　麻醉作用消失后,患者往往因切口疼痛而感觉不舒适。切口疼痛在术后 24 小时内最剧烈,2 ~ 3 日后逐渐减轻。剧烈疼痛可影响各器官的正常生理功能和休息,故需关心患者,观察患者疼痛的时间、部位、性质和规律,并给予相应的处理和护理。

1)评估和了解疼痛的程度:①口述疼痛分级评分法:将疼痛分成无痛、轻微疼痛、中等度疼痛和剧烈疼痛,每级 1 分;②数字疼痛评分法:用 0 ~ 10 这 11 个点的数字描述疼痛强度。0 表示无痛,10 表示无法忍受的最剧烈疼痛;③视觉模拟疼痛评分法(visual ana-logue scale,VAS):采用 1 条 10cm 长的直线或标尺,两端分别为 0 和 10,0 代表无痛,10 代表最剧烈的疼痛,让患者根据其感受到的疼痛程度,在直线上标出相应位置,再量出起点至记号点的距离(以 cm 表示),加以评分,分值越高,表示疼痛程度越重。

2)提供有效缓解术后疼痛的措施:①手术后,可遵医嘱给予患者口服镇静、止痛类药物,必要时肌内注射哌替啶等,可有效控制切口疼痛;②大手术后 1 ~ 2 日内,可持续使用患者自控镇痛泵进行止痛。患者自控镇痛(patient controlled analgesia, PCA)是指患者感觉疼痛时,主动通过计算机控制的微量泵按压按钮向体内注射医师事先设定的药物剂量进行镇痛。给药途径以经静脉、硬膜外最为常用。常用药物为吗啡、芬太尼、曲马朵或合用非甾类抗炎药等;③将患者安置于舒适体位,有利于减轻疼痛,指导患者在咳嗽、翻身时用手扶切口部位,减少对切口的张力性刺激;④鼓励患者表达疼痛的感受,并提供简单的解释;⑤指导患者运用正确的非药物方法减轻疼痛,如按摩、放松或听音乐等;⑥配合心理疏导分散患者注意力,减轻对疼痛的敏感性。

(2)发热　是术后患者最常见的症状。由于手术创伤的反应,术后患者的体温可略升高,变化幅度在 0.5 ~ 1℃,一般不超过 38℃,称之为外科手术热,于术后 1 ~ 2 日体温逐渐恢复正常。术后 24 小时内的体温过高(>39℃),常为代谢性或内分泌异常、低血压、肺不张和输血反应等,术后 3 ~ 6 日的发热或体温降至正常后再度发热,则要警惕继发感染的可能。对于发热患者,除了应用退热药物或物理降温对症处理外,更应结合病史进行如血、尿常规、X 线胸片、B 超、创口分泌液涂片和培养、血培养等检查,以寻找原因并作针对性治疗。

(3)恶心、呕吐　术后早期的恶心、呕吐常常是麻醉反应所致,待麻醉作用消失后,可自然停止。患者呕吐时,将其头偏向一侧,并及时清除呕吐物。若腹部手术后反复呕吐有可能是急性胃扩张或肠梗阻。若持续性呕吐,应查明原因,进行相应处理。部分患者需给予镇静、止吐药物以减轻症状。

(4)腹胀　术后早期腹胀常是由于胃肠道蠕动受抑制,肠腔内积气无法排出所致。随着胃肠功能恢复、肛门排气后症状可缓解。若手术后数日仍无肛门排气、腹胀明显或伴有肠梗阻症状,应做进一步检查和处理。除采用持续胃肠减压、肛管排气或高渗溶液低压灌肠等综合措施外,更要注意是否存在腹膜炎或其他原因所致的肠麻痹,或肠粘连等原因所致机械性肠梗阻,经非手术治疗不能改善者,需做好再次手术的准备。

(5)呃逆　术后呃逆可能是神经中枢或膈肌直接受刺激引起。术后早期发生者,可压迫眶上缘,抽吸胃内积气、积液,给予镇静或解痉药物等措施。上腹部术后患者若出现顽固性呃逆,要警惕膈下积液或感染的可能,做超声检查可明确病因。

(6)尿潴留　术后尿潴留较常见,尤其是老年患者。原因有全身麻醉后排尿反射受抑制、切口疼痛引起后尿道括约肌反射性痉挛以及患者不习惯于床上使用便器等。对术后 6 ~ 8 小时尚未排尿或虽排尿但尿量少、次数频繁者,应在耻骨上区叩诊检查,发现明显浊音区、明确有尿潴留时,先稳定患者情绪,采用下腹部热敷、轻柔按摩膀胱区及听流水声等多种方法诱导排尿,若无禁忌,可协助患者坐位或立起排尿。亦可根据医嘱用药物解除切口疼痛或用卡巴胆碱等促使膀胱壁肌肉收缩,以使患者自行排尿。上述措施无效时则应考虑在严格无菌技术下导尿,一次放尿液不超过 1000ml。尿潴留时间过长,导尿时尿液量超过 500ml 者,应留置导尿管1～2天。

3. 加强切口和引流的护理，促进愈合

（1）管道护理和保持引流通畅　根据不同的需要，术中可能在切口、体腔和空腔内脏器官内放置各种类型的引流物。对留置多根引流管者，应区分各引流管的引流部位和作用，作好标记并妥善固定。经常检查管道有无堵塞或扭曲，保持引流通畅。换药时，协助医生将暴露在体外的管道稳妥固定，以防滑入体腔或脱出。每天观察并记录引流液的量和性状变化，根据引流量和病情决定拔除时间。熟悉不同引流管的拔管指征，便于进行宣教。一般切口胶片引流在术后1～2日拔除，烟卷引流大都在术后4～7日拔除。作为预防性引流渗血用的腹腔引流物若引流液甚少，可于术后1～2日拔除；如作为预防性引流渗漏用，则需保留至所预防的并发症可能发生的时间后再拔除，一般为术后5～7日。胃肠减压管在肠功能恢复，肛门排气后拔除，其他引流管则视具体情况而定。

（2）观察手术切口　了解手术切口愈合过程的相关知识，便于做好切口观察和记录。定时观察切口有无出血和渗液，切口及周围皮肤有无发红，观察切口愈合情况，以及时发现切口感染、切口裂开等异常。保持切口敷料清洁干燥，并注意观察术后切口包扎是否限制了胸、腹部呼吸运动或肢端血液循环。对烦躁、昏迷患者及不合作患儿，可适当使用约束带，防止敷料脱落。

1）手术切口分为三类：①清洁切口（Ⅰ类切口）：指Ⅰ期缝合的无菌切口，如甲状腺大部分切除术等；②可能污染的切口（Ⅱ类切口）：指手术时可能带有污染的I期缝合切口，如胃大部分切除术等；Ⅱ类切口还包括皮肤不容易彻底消毒的部位、6小时内的伤口经过清创术缝合、新缝合的切口再度切开者；③污染切口（Ⅲ类切口）：指邻近感染区或组织直接暴露于污染或感染物的切口，如阑尾穿孔后的阑尾切除术等。

2）切口的愈合分为三级：①甲级愈合：用“甲”字表示，指愈合良好，无不良反应；②乙级愈合：用“乙”字表示，指愈合处有炎症反应，如红肿、硬结、血肿、积液等，但未化脓；③丙级愈合：用“丙”字表示，指切口已化脓。

按上述分类、分级方法记录切口的愈合，如Ⅰ/甲（即清洁切口甲级愈合）或II/乙等。当切口处理不当时，Ⅰ类切口亦可能成为“丙”级愈合；相反，Ⅲ类切口处理恰当，也可能得到甲级愈合。

切口愈合时间可因切口部位、局部血液供应情况、患者年龄及全身营养状况不同而异，因而缝线拆除时间也各异。一般而言，头、面及颈部切口在术后4～5日拆线，下腹部和会阴部切口为术后6～7日拆线，胸部、上腹部、背部和臀部术后7～9日拆线，四肢术后10～12日拆线，减张缝线于术后14日拆除，年老体弱、营养不良或糖尿病患者需适当延迟拆线时间，青少年可适当缩短拆线时间。

4.提供相关知识和护理，促进术后康复

（1）营养和饮食护理　术后饮食的恢复视手术种类和患者的具体情况而定。腹部手术尤其是胃肠道手术后需禁食1～3天，待肠道功能恢复、肛门排气后，开始进少量流质，逐步递增至全量流质，至第5～6天进食半流质，第7～9天可过渡到软食，术后10～12天开始普食。非腹部手术后，局部麻醉和无任何不适者术后即可按需进食；蛛网膜下隙麻醉和硬脊膜外腔麻醉者术后6小时可根据需要适当进食；全身麻醉者应待完全清醒、无恶心呕吐后方可进食，先给予流质饮食，以后视情况改为半流质或普食。在保证一定能量的基础上可选择高蛋白和富含维生素C的食物，以刺激消化液分泌和肠蠕动。当患者不能进食或进食不足时，应由静脉供给充足的水、电解质和营养素，必要时早期提供肠内和肠外营养支持，以免严重的负氮平衡影响机体修复。禁食期间，协助患者做好口腔护理，保持口腔卫生。

（2）休息和活动　保持病室安静，减少对患者的干扰，保证其安静休息。原则上，病情稳定后鼓励患者早期床上活动，争取在短期内起床活动，除非有治疗方面的禁忌。早期活动有助于增加肺活量、改善全身血液循环、预防深静脉血栓形成、促进肠功能恢复和减少尿潴留的发生。指导患者床上活动，做深呼吸运动、四肢主动活动、自行翻身和坐起、足趾和距小腿关节的伸屈运动等。对痰多者帮助叩击背部、指导其做有效咳嗽，以利痰液排出。术后第1天鼓励患者每小时至少深呼吸10次，以促进肺扩张和换气；此后，鼓励患者每2小时做数次深呼吸。向患者解释早期下床活动的重要性，督促其根据耐受程度逐步增加活动量。大部分患者术后24～48小时内可试行下床活动。腹腔镜手术患者的创伤较小，术后可尽量早下床活动，活动时固定好各种导管，并给予协助。

5. 心理护理，缓解焦虑和恐惧

（1）鼓励患者表达并稳定其情绪　加强对术后患者的巡视，进行耐心细致的沟通交流，引导患者说出自身感受，帮助其分析引起焦虑等心理反应的原因，明确患者所处的心理状态，给予适当的解释和安慰。

（2）帮助提供缓解术后不适的措施　提供适时的帮助、解除患者的病痛和不适往往是解决其心理问题的有效措施。经常询问患者，重视其主诉，及时采取措施解除切口疼痛、尿潴留等不适，并通过加强皮肤护理和口腔护理缓解留置导管引起的不舒适。

(3)指导患者进行术后康复活动　关心患者术后的康复过程,指导患者进行早期活动和功能锻炼,加强饮食指导,教会患者自理,起到稳定患者情绪的作用。

(4)相关知识的宣教　指导患者正确面对疾病和预后,告知有关继续治疗和随访等方面的知识,提高患者对疾病的认识,从而逐步接受术后躯体的变化,调整好心态,配合治疗和护理。

6.识别术后并发症,做好预防和护理

(1)出血　术后出血的可能原因有术中止血不完善或创面渗血、原先痉挛的小动脉断端舒张、结扎线脱落或凝血机制障碍等。术后需注意识别术后出血的临床表现。若覆盖切口的敷料被血液渗湿、疑有手术切口出血时,应打开敷料检查切口以明确出血情况和原因。了解各引流管内引流液的性状、量和色泽有助于判断体腔内出血。未放置引流管者,可通过密切的临床观察,评估有无低血容量性休克的早期表现,如烦躁、脉率持续增快、脉压减小和尿量少等。处理:少量出血时,一般经更换切口敷料、加压包扎或全身使用止血剂即可止血;出血量大时,应加快输液,同时可输血或血浆,扩充血容量,并做好再次手术止血的术前准备。

(2)感染　以细菌感染最为常见,常见感染部位有切口、肺部、胸腹腔和泌尿系统。

1)肺炎和肺不张等呼吸系统感染:发生肺部并发症的可能原因包括老年,胸、腹部大手术,长期吸烟,已存在急、慢性呼吸道感染,术后呼吸运动受限,呼吸道分泌物积聚及排出不畅等。

①临床表现:肺不张患者有术后早期发热、呼吸和心率增快的表现,颈部气管可能向患侧偏移。胸部体检有局限性湿性啰音和呼吸音减弱等;胸部X线检查呈现典型的肺不张征象。继发感染时,体温明显升高,白细胞计数和中性粒细胞数增加。

②处理:术后卧床期间鼓励患者做深呼吸运动,帮助其多翻身、拍背,促进气道内分泌物排出,尽快解除气道阻塞。教会患者保护切口和进行有效咳嗽、咳痰的方法:用双手按住患者季肋部或切口两侧,限制胸部或腹部活动的幅度以保护切口,在深吸气后用力咳痰,并做间断深呼吸。痰液黏稠不易咳出者,嘱患者每日摄入充足的水分(2 ~ 3L);将抗菌药或糜蛋白酶经超声雾化吸入的方法稀释痰液,每日2 ~ 3次;同时经静脉应用敏感的抗菌药治疗。

③预防:术前锻炼深呼吸,术后避免限制呼吸运动的固定或绑扎,并鼓励患者多活动。有吸烟嗜好者于术前2周停止吸烟,以减少呼吸道分泌物。可利用体位引流或药物促使排痰,保持呼吸道通畅。合理应用抗菌药,有效控制已存在的呼吸道感染。防止全身麻醉的患者呕吐物或口腔分泌物吸入肺内。

2)泌尿系统感染:诱发感染的最基本原因是尿潴留,感染常起自膀胱炎,上行感染可引起肾盂肾炎。长期留置导尿管或反复多次导尿亦可引起尿路感染。

①临床表现:急性膀胱炎的主要表现为尿频、尿急、尿痛,有时尚有排尿困难。一般无全身症状,尿液检查有较多红细胞和脓细胞。急性肾盂肾炎多见于女性,主要表现为畏寒发热,肾区疼痛,白细胞计数增高,中段尿镜检见大量白细胞和细菌。

②处理:根据尿培养和药物敏感试验结果选用有效抗菌药控制感染。多饮水或静脉补液,维持充分的尿量(>1500ml/d),保持排尿通畅。

③预防:指导患者术后自主排尿,防止尿潴留发生。出现尿潴留应及时处理,若残余尿超过500ml时,应严格按照无菌操作原则留置导尿管做持续引流。

3)切口感染:引起切口感染的可能原因有创口内留有无效腔、血肿、异物或局部组织血供不良,合并有贫血、糖尿病、营养不良或肥胖等。

①临床表现:常发生于术后3 ~ 5日,患者自述切口疼痛加重或减轻后又加重,局部出现红、肿、压痛或有波动感;伴体温升高、脉率加快及白细胞计数增高等全身表现。

②处理:感染早期予以局部热敷或理疗,使用有效的抗菌药,促使炎症消散吸收。明显感染或脓肿形成时,应拆除局部缝线,用血管钳撑开并充分敞开切口,清理切口后,放置凡士林油纱条(布)以引流分泌物,定期更换敷料,争取二期愈合。必要时取分泌物做细菌培养和药物敏感试验。

③预防:严格执行无菌技术,手术操作细致,防止残留无效腔、血肿或异物等。术后加强营养支持,增强患者抗感染的能力,合理使用抗菌药。

(3)切口裂开　可能原因有营养不良、组织愈合能力低下、切口张力大、缝合不当、切口感染及腹内压突然增高,如剧烈咳嗽、呕吐或严重腹胀等。

1)临床表现:常发生于术后1周左右或拆除皮肤缝线后24小时内。切口裂开分为全层裂开和部分裂开两种。往往发生在患者突然腹部用力或有切口的关节伸屈幅度较大时,通常自觉切口疼痛和突然松开,随即有淡红色液体自切口溢出,浸湿敷料。腹部切口全层裂开者可见有内脏脱出。

2)处理:立即嘱患者平卧位休息,并安慰和稳定其情绪,避免惊慌,告之勿咳嗽和勿进食进饮。用无菌生理盐水纱布覆盖切口,并用腹带轻轻包扎。若有内脏脱出,切勿盲目回纳,以免造成腹腔内感染。应通知医师,将患者送手术室重新缝合和处理。

3)预防:对年老体弱、营养状况差、估计切口愈合不良的患者,术前加强营养支持;腹部手术者,手术时加用全层腹壁减张缝线,术后用腹带适当加压包扎伤口,减轻局部张力,延迟拆线时间。如有慢性腹内压增高的因素存在应及时处理和消除。手术切口位于肢体或关节活动部位者,拆线后应避免大幅度动作。

(4)深静脉血栓形成或血栓性静脉炎　深静脉血栓形成多见于下肢深静脉。可能原因有术后卧床过久、活动少而引起下肢血流缓慢;血细胞凝集性增高,处于高凝状态;因手术、外伤、反复穿刺置管或输注高渗性液体、刺激性药物等致血管壁和血管内膜损伤。

1)临床表现:前者常发生于术后长期卧床、活动减少的老年患者或肥胖者。开始时患者自感腓肠肌疼痛和紧束,继之下肢出现凹陷性水钟,沿静脉走行有触痛,可扪及索状变硬的静脉。后者常表现为浅静脉发红、变硬、明显触痛,常伴有体温升高。

2)处理:仅为血栓性静脉炎者,立即停止经患肢静脉输液,抬高患肢、制动,局部50%硫酸镁湿敷。深静脉血栓形成者,遵医嘱静脉输入低分子右旋糖酐和复方丹参溶液,以降低血液黏滞度,改善微循环。局部严禁按摩,以防血栓脱落引起栓塞,同时监测凝血功能。发病3天以内者,溶栓治疗可用尿激酶每次8万单位,溶于低分子右旋糖配500ml中静脉滴注,每日2次,连续应用1周。

3)预防:术后患者应早期下床活动,卧床期间多做双下肢的屈伸活动,促进静脉回流。对于血液处于高凝状态的患者,可预防性口服小剂量阿司匹林或复方丹参片。

7.健康教育

1)恢复期患者合理摄入均衡饮食,注意休息,劳逸结合。活动量从小到大,一般出院后2~4周仅从事一般性工作和活动。

2)术后继续药物治疗者,应遵医嘱按时、按量服用。

3)切口局部拆线后可用无菌纱布覆盖1~2日,以保护局部皮肤。若带有开放性伤口出院者,应将其到门诊换药的时间、次数向患者及其家属交代清楚。

4)一般手术患者于术后1~3个月门诊随访一次,以评估和了解康复过程及切口愈合情况。

【护理评价】

1)患者术后病情、生命体征是否平稳。

2)患者体液平衡是否维持,有无发生水、电解质或酸碱平衡的紊乱。

3)患者术后不适有无减轻,能否得到较好休息。

4)患者术后营养状况有无改善。

5)患者术后活动情况如何,活动耐力有无增加。

6)患者能否复述有关术后康复知识,能否配合治疗和护理。

7)患者情绪是否稳定,能否配合术后治疗和护理。

8)患者有无术后并发症发生,并发症是否得到有效预防或及时发现和治疗。

(卢东英)

第六章 损伤患者的护理

案例引入

患者,男,35 岁,不慎被汽油烧伤全身多处伴疼痛,立即大声呼救后迅速脱离烧伤现场,1 小时后送至医院。

查体:T37℃,P130 次/分,R24 次/分,BP120/70mmHg。体重 70kg,患者左前臂和右大腿、小腿可见大量大小不等的水泡,基底潮红、水肿明显、剧痛。头面颈部、右上臂、右前臂、前胸、后背和左小腿可见少量较小的水疱,基底红白相间,渗出较多、肿胀明显、有拔毛痛。双手和双足呈苍白色,可见树枝状静脉栓塞网。

学习任务:1. 您作为管床护士请评估该患者的身体状况,找出患者目前主要的护理问题,并采取相应的护理措施。

2. 请为该患者做一次完整的护理查房。

学习目标

知识目标 知道创伤分类、愈合类型和影响创伤愈合的因素,能说出烧伤的病理生理及分期,并知道烧伤的面积评估、深度判断及严重程度的评估方法。

能力目标 会创伤的护理评估、护理诊断和护理措施。会清创步骤、注意事项和清创术后的护理。会烧伤的补液治疗方法、现场急救、烧伤创面处理的方法及感染的预防。

素质目标 学习过程中体现对患者的关心。

第一节 创伤患者的护理

【概述】

损伤指各类致伤因素作用于机体,对人体器官造成的结构破坏和功能障碍。

一、病因及发病机制

按致伤因子大致可分为:

1.机械性损伤

又称创伤。如锐器切割伤、钝器撞击伤、重物挤压伤、摔伤、火器伤等,这是损伤最为常见的病因。

2.物理性损伤

由高温、冷冻、电流、激光、放射等因素所造成。

3.化学性损伤

由强酸、强碱、毒气等因素所造成。

4.生物性损伤

遭受动物如毒蛇、犬、猫、昆虫等咬、抓、螫伤引起的损伤。此类损伤还可经伤口带入毒素和致病微生物。

二、创伤分类

1.按致伤因素分类

可分为烧伤、冷伤、挤压伤、刃器伤、火器伤、冲击伤、爆震伤、毒剂伤、核放射伤及多种因素所致的复合伤等。利于评估伤后的病理变化。

2.按受伤部位分类

可分为颅脑伤、颌面部伤、颈部伤、胸（背）部伤、腹（腰）部伤、骨盆伤、脊柱脊髓伤和四肢伤等。利于判断重要器官的损害和功能紊乱。

3.按伤后皮肤完整性分类

可分为开放性与闭合性创伤二大类。

（1）闭合性创伤　皮肤保持完整性，无开放性伤门者称闭合性创伤。常见的有：

1）挫伤：多为浅表软组织挫伤，表现为局部破损、肿胀、触痛或皮肤红、青紫。

3）扭伤：外力作用使关节超过正常的活动范围，造成关节囊、韧带、肌腱等组织撕裂破坏。

3）挤压伤：机体或躯干肌丰富部位较长时间受钝力挤压，严重时肌组织广泛缺血、坏死、变性，随之坏死组织的分解产物（肌红蛋白、乳酸等）吸收，有可能发生挤压综合征，出现高钾血症和急性肾衰竭。

4）爆震伤（冲击伤）：爆炸产生的强烈冲击波可对胸腹部等器官造成损伤，伤者体表无明显损伤，但胸、腹腔内器官或鼓膜可发生出血、破裂或水肿等复合性创伤常有深部器官损伤。

（2）开放性创伤　受伤部位皮肤或黏膜完整性遭到破坏，深部组织伤口与外界相通，称为开放性创伤。常见的有：

1）擦伤：粗糙物不规则地刮除皮肤表层、表皮及部分真皮层。

2）刺伤：由尖锐器物刺入组织造成的损伤，伤口深而细小。

3）切割伤：因锐利器械切割组织造成的损伤，切口长度、深度各不相同。创缘常平整，仅少数伤口的边缘组织因有破碎而较粗糙。

4）裂伤：钝器打击所致皮肤和皮下组织断裂，创缘多和整齐，周围组织破坏较重。

5）撕脱伤：伤口不规则，浅表和深部组织撕脱、断裂，周围组织破坏较重，出血多，易感染。

6）砍伤：也为刃器造成，但作用力较大，接近垂直方向运动，伤口较深，多伤及骨。

7）火器伤：弹片或枪弹造成的创伤，可能发生贯通伤（既有入口又有出口者），也可能导致盲管伤（只有入口没有出口者），损伤范围大，坏死组织多，易感染，病情复杂。

4.按伤情轻重分类

一般分为轻、中、重伤。轻伤主要是局部软组织伤；中等伤主要是广泛软组织伤、上下肢开放性骨折、肢体挤压伤、创伤性截肢及一般的腹腔器官伤；重伤指危及生命或治愈后有严重残疾者。

三、病理生理

创伤后机体在局部和全身两方面可发生一系列病理变化，以维持机体自身内环境的稳定。严重创伤性反应超过机体调节功能时，可损害机体本身。

1. 局部反应

创伤的局部反应是由于组织结构破坏，或细胞变性坏死、微循环障碍，或病原微生物入侵及异物存留所致。局部变化是在多种细胞因子参与下所发生的创伤性炎症反应、细胞增生和组织修复过程。局部反应轻重与致伤因素的种类、作用时间、组织损害和性质，以及污染程度和是否有异物存留有关。创伤发生时，由于局部组织细胞损伤较重，多存在组织结构破坏及邻近组织细胞严重变性坏死。如果伤口有污染、异物存留、局部微循环障碍、缺血缺氧及各种化学物质生成而造成的继发性损伤，会使局部炎症反应更为严重，血管通透性及渗出更加明显，局部炎症细胞浸润更为显著，炎症持续时间可能更长，对全身的影响将更大。局部炎症反应是非特异性的防御反应，有利于清除坏死组织、杀灭细菌及组织修复。

2. 全身性反应

全身性反应是因受到严重创伤时，机体受刺激所引起的非特异性应激反应及代谢反应，为维持自身稳定所必需。损伤后受伤组织发生炎症，局部充血、渗出，临床上表现为红、肿、热、痛。渗出过程中，纤维蛋白原转变为纤维蛋白，可充填组织损伤裂隙和作为细胞增生的网架；中性粒细胞经过趋化、吞噬作用，可清除组织内的细菌，单核细胞转变为巨噬细胞后可吞噬组织中的坏死组织碎片、异物颗粒。故一般情况下的创伤性炎症有利于创伤修复，但反应强烈或广泛时不利于创伤愈合。

3. 组织修复

创伤修复是由伤后增生的细胞和细胞间质充填、连接或代替缺损的组织。其修复过程分为3个阶段：

（1）纤维蛋白充填　局部炎症性渗出，伤口内形成纤维蛋白网。

（2）细胞增生　有新生毛细血管与成纤维细胞构成肉芽组织，再合成胶原纤维，同时毛细血管内皮细胞增生覆盖，使伤口愈合。

（3）组织塑型　肉芽组织退化变成以胶原纤维为主的瘢痕组织，再吸收软化。

创伤愈合的类型分为两种，组织修复以同类细胞为主，仅含少量纤维组织，创缘对合良好，伤口愈合快、功能良好的称为一期愈合（又称原发愈合）；组织修复以纤维组织为主，不同程度的影响结构和功能恢复，创口较大，创缘不齐，主要通过肉芽组织增生和伤口收缩达到愈合的称为二期愈合（又称瘢痕愈合）。治疗和护理创伤，应采取恰当措施，创造条件，争取达到一期愈合。

【护理评估】

1.健康史

详细询问受伤史，了解致伤原因、部位、时间，受伤当时和伤后的情况。曾接受过何种治疗，既往健康状况，有无药物过敏史等。致伤原因不同，造成的损伤类型也不同。

2.身心状况

（1）局部表现

1）疼痛：其程度与创伤部位、性质、范围、炎症反应强弱有关。伤处活动时疼痛加剧，制动后减轻。2 ~ 3日后疼痛逐渐缓解，如持续存在，甚至加重，表示可能并发感染。为避免漏诊或误诊，创伤引发的体腔内疼痛，在确诊前慎用麻醉止痛剂。严重创伤并发休克时患者常不诉疼痛；内脏损伤所致的疼痛常定位不确切。

2）局部肿胀：因受伤局部出血和创伤性炎症反应，局部出现淤斑、肿胀或血肿，组织疏松和血管丰富的部位，肿胀更为明显。严重肿胀可致局部组织或远端肢体血供障碍，出现远端肢体苍白、皮肤温度降低等。

3）功能障碍：因解剖结构破坏、疼痛或炎症反应，致机体某些功能障碍。如脱位、骨折致肢体不能正常运动，咽喉创伤后水肿可造成窒息等。神经或运动系统创伤所致的功能障碍，对诊断有定位价值。

4）伤口或创面：是开放性创伤特有的征象。按伤口清洁度可分为三类：①清洁伤口：通常指无菌手术切口，也包括经清创术处理的无明显污染的创伤伤口；②污染伤口：指有细菌污染，但未构成感染的伤口。适用于清创术。一般认为伤后8小时以内的伤口即属于污染伤口；③感染伤口：伤口有脓液、渗出液及坏死组织等，周围皮肤常红肿。

5）伤口并发症：影响伤口愈合甚至威胁生命的常见三种局部并发症是：

①伤口出血：指发生在手术或意外伤害性伤口48小时内的继发性出血，也可发生在修复期任何时段。更易发生于伤口邻近主要血管区的伤口。

②伤口感染：各种伤口均有发生感染的可能。化脓性感染是最为常见的并发症，主要症状是持续性的炎症反应，如体温升高、心率增快、白细胞增高；伤口出现红、肿、热、痛，已减轻的疼痛反而加重，有脓性分泌物出现等。

③伤口裂开：指伤口未愈合，皮肤以下各层或全层完全分离。

（2）全身表现

1）生命体征变化：创伤出血或组织坏死分解产物吸收以及外科术后均可发生吸收热。由创伤性炎症引起的发热，体温一般在38℃左右。如发生脑损伤或继发感染，患者将出现高热。创伤后释放的炎症介质及疼痛、精神紧张、血容量减少等均可引起脉搏和心率增加，血压稍高或下降，呼吸加深加快等变化。

2）其他：因失血、失液，患者可有口渴、尿少、疲倦、失眠等，妇女可出现月经异常。

3）并发症：创伤后大量失血、失液、强烈的神经刺激和并发严重感染等均可引起全身性并发症。常见有化脓性感染和创伤性休克。开放性损伤和闭合性损伤均可并发各种感染。伤后还可能发生破伤风、气性坏疽等特异性感染；严重创伤、失血、并发严重感染等，可引起有效循环血量锐减、微循环障碍而发生休克。重度创伤并发感染、休克后，可发生急性肾功能衰竭、成人呼吸窘迫综合征等多系统器官衰竭。

3.辅助检查

（1）实验室检查　血常规和红细胞比容可判断失血或感染情况；尿常规可提示泌尿系统损伤和糖尿病；血电解质和血气分析可了解水、电解质、酸碱平衡失调状况及有无呼吸功能障碍。其他生化检查有助于了解肝肾功能状况。

（2）穿刺和导管检查　各种穿刺技术有较可靠的诊断价值，如胸腹腔穿刺可用以判断内脏受损破裂情况；放置导尿管或膀胱灌洗可诊断尿道、膀胱损伤；留置导尿管可观察每小时尿量，以作补充液体、观察休克变化的参考；监测中心静脉压可辅助判断血容量和心功能。

（3）影像学检查　X线平片可证实骨折、气胸、肺实变、气腹等；超声检查可诊断胸、腹腔内的积血及肝脾包膜内破裂;CT检查可辅助诊断颅脑损伤和某些腹部实质性器官、腹膜后损伤;MRI有助于诊断颅脑、脊柱、脊髓等损伤。

(4)其他　对严重创伤患者,还可根据需要采用多种功能监护仪器和其他实验室检查方法,监测心、肺、脑、肾等重要器官的功能,以利于观察病情变化,及时采取治疗措施。此外血管造影可确定血管损伤或外伤性动脉瘤、动静脉瘘。

诊断创伤主要是明确损伤的部位、性质、全身性变化及并发症,特别是原发损伤部位相邻或远处内脏器官是否损伤及其程度。因此需要详细了解受伤史,仔细地全身检查,并借助辅助诊断措施才能得出正确的诊断。

4.处理原则

(1)全身治疗　应用支持疗法积极抗休克、保护器官功能、加强营养支持、预防继发性感染和破伤风等。

(2)局部治疗

1)闭合性损伤:如无内脏合并伤,多不需特殊处理,可自行恢复;如骨折脱位,及时复位并妥善固定,逐步进行功能锻炼;如颅内血肿、内脏破裂等,应紧急手术。

2)开放性损伤:应及早清创缝合;如伤口已有明显感染现象,则应积极控制感染,加强换药,促其尽早二期愈合。

5.心理-社会状况

了解患者的心理反应,患者及家属对疾病的态度和家庭经济状况。给伤员家属以精神和心理支持非常重要,尤其对可能需立即手术或预测会发生死亡的伤员,应给家属精神支持,帮助缓解心理压力,协助处理问题。

【护理诊断及医护合作性问题】

1. 疼痛

与损伤刺激神经末梢、炎性物质刺激细胞壁,致通透性增加,引起组织水肿有关。

2. 组织完整性受损

与开放性伤口、皮肤的防御和保护功能受损等有关。

3. 体液不足

与组织出血、体液丢失或液体补充不足有关。

4. 焦虑(或恐惧)

与创伤刺激或伤口的视觉刺激、忧虑伤残等因素有关。

5. 潜在并发症

休克、挤压综合征、多器官功能不全综合征、伤口或其他部位感染、肢体伤残等。

【护理目标】略

【护理措施】

1.急救

妥善的现场急救是挽救患者生命的重要保证,并与患者预后密切相关。救治工作原则:保存生命第一,恢复功能第二,顾全解剖完整性第三。

(1)抢救生命　优先处理危及生命的紧急情况,如心跳骤停、窒息、活动性大出血、张力性或开放性气胸、休克、腹腔内脏脱出等,并迅速将患者抢救至安全处,避免继续或再次受伤。

(2)判断伤情　经紧急处理后,迅速进行全面、简略且有重点的检查,注意有无其他创伤情况,并做出相应处理。

(3)呼吸支持　维持呼吸道通畅,立即清理口腔异物,使用人工通气道、加压面罩等。

(4)迅速有效止血　根据条件,以无菌或清洁的敷料包扎伤口。用压迫法、肢体加压包扎、止血带或器械迅速控制伤口大出血。使用止血带止血时,要注意正确的缚扎部位、方法和持续时间,一般每隔 1 小时放松 1 次止血带,避免引起肢体缺血性坏死。

(5)循环支持　积极抗休克,主要是止痛、有效止血和扩容。立即开放静脉通路,输入平衡液或血浆代用品。血压低于 90mmHg 的休克患者,可使用抗休克裤。

(6)严密包扎、封闭体腔伤口　颅脑、胸部、腹部伤口应用无菌敷料或干净布料包扎,填塞封闭开放的胸壁伤口,用敷料或器具保护有腹腔脱出的内脏。熟练掌握绷带包扎技术。

(7)妥善固定　骨折、脱位可用夹板或代用品,也可用躯体或健肢以中立位固定伤肢。注意远端血运。已污染的开放性骨折,可予受伤位包扎固定。

(8)安全转运　患者经急救处理,待伤情稳定、出血控制、呼吸好转、骨折固定、伤口包扎后,专人迅速护送患者到医院。保证迅速、安全、平稳。搬动前对四肢骨折应妥善固定,应防止再次损伤和发生医源性损害;疑有脊柱骨折,应3人以平托法或滚动法将患者轻放、平卧于硬板床上,防止脊髓损伤;胸部损伤重者,宜取伤侧向下的低斜坡卧位,以利健侧呼吸;运转途中保持患者适当体位,尽量避免颠簸,患者应头部朝后(与运行方向相反),避免脑缺血突然死亡。保证有效输液,给予止痛、镇静,预防休克;严格监测和创伤评估。

2.软组织闭合性创伤的护理

(1)观察病情　密切观察生命体征的变化,注意有无深部组织器官损伤;对伤情较重者要注意观察局部症状、体征的发展,注意卧床休息,采取合适体位应利于呼吸和促进伤处静脉回流。对挤压伤患者应观察尿量、尿色、尿比重,注意是否发生急性肾衰竭。

(2)局部制动　抬高患肢15°~30°。以减轻肿胀和疼痛。伤处先行复位,再选用夹板、绷带等固定方法制动,以缓解疼痛,利于修复。

(3)配合局部治疗　小范围软组织创伤后早期局部冷敷,以减少渗血和肿胀。24小时后可温敷和理疗,促进吸收和炎症消退。血肿较大者,应在无菌操作下穿刺抽吸,并加压包扎,预防感染。

(4)促进功能恢复　病情稳定后,配合应用理疗、按摩和功能锻炼,促进伤肢功能尽快恢复。

3.软组织开放性创伤的护理

(1)术前准备　做好备皮、药物过敏试验、配血、输液、局部X线摄片检查等。有活动性出血者,在抗休克同时积极准备手术止血。

(2)配合医师　进行清创手术对污染伤口进行清洁处理,防止感染,以使伤口一期愈合。

(3)术后护理

1)密切观察病情:严密注视伤情变化,警惕活动性出血等情况的发生。观察伤口情况,如出现感染征象时,应配合治疗进行早期处理。注意伤肢末梢循环情况,如发现肢端苍白或发绀、皮温降低、动脉搏动减弱时,报告医生及时处理。

2)加强支持疗法:根据脱水性质与程度,遵医嘱给予输液、输血,防治水、电解质紊乱,纠正贫血。加强营养,促进创伤的愈合。

3)预防感染:依据伤情尽早选用合适的抗生素,达到预防用药的目的。受伤后或清创后应及时加用破伤风抗毒素,预防破伤风。

4)心理护理:安慰患者,稳定情绪。尤其对容貌受损或有致残可能的患者,医务人员与家属都应与患者沟通,多做心理疏导,减轻其心理上的痛苦,积极配合治疗。

5)功能锻炼:病情稳定后,鼓励并协助患者早期活动,指导患者进行肢体功能锻炼,促进功能恢复和预防并发症。

4.深部组织或器官损伤的护理

疑有颅脑、胸部、腹部和骨关节等任何部位的损伤,加强心、肺、肾、脑等重要器官功能的监测,采取相应的措施防治休克和多器官功能不全,最大限度地降低患者死亡率。

5.健康教育

向患者讲解创伤的病理、伤口修复的影响因素、各项治疗措施的必要性。指导患者加强营养,配合治疗,促进组织和器官功能的恢复。督促患者坚持身体各部位的功能锻炼,防止因制动引起关节僵硬、肌萎缩等并发症,以促使患部功能得到最大康复。教育患者及社区人群注意交通安全及劳动保护,预防创伤的发生。

【护理评价】

1)患者疼痛是否被有效控制,能否配合治疗。

2)伤口处理是否妥当,有无感染发生。

3)内环境是否平衡,有无脱水,水、电解质及酸碱紊乱发生。

4)机体结构和功能是否完整统一。有无并发症发生。

第二节　清创术与换药

一、清创术

清创术指限时处理一般性污染伤口，使之转变为清洁伤口，以争取一期愈合的手术，是处理开放性损伤最重要、基本、有效的手段。通常在局部浸润或全身麻醉下施行。清创越早效果越好，应争取在伤后6～8小时内施行。在此期间，细菌仅存在于创口表面，尚未形成污染伤口，是手术的最佳时机。但时间并非绝对指标，还需考虑其他影响感染形成的因素。若伤口污染极其严重，4～6小时即可变为感染伤口，清创有可能促进感染扩散；若伤口污染轻，位于头面部的伤口，早期已应用了有效抗生素等情况，清创缝合时间可延长至伤后12小时或更迟；特殊部位伤口如面部、关节附近及有神经、大血管、内脏等重要组织或器官暴露的伤口，如果无明显感染现象，尽管时间延长，原则上也应清创并缝合伤口。清创术一般分五步骤进行：

1.清创前准备

无菌纱布覆盖伤口，剔除创口周围毛发，清除油污，取出浅层可见异物，根据损伤部位和程度选择麻醉方式等。

2.清洗消毒

用肥皂水洗伤口周围皮肤，再以等渗盐水洗净皮肤。去除伤口内敷料，分别用等渗盐水、3%过氧化氢溶液反复冲洗伤口，用无菌纱布擦干伤口周围皮肤，术者更换无菌手套后常规消毒，铺无菌巾。

3.清创

仔细检查伤口，去除血凝块及异物，切除失去活力和已游离的组织，结扎活动性出血点，深部伤口可适当扩大伤口和切开筋膜，修剪出较整齐的健康组织创面和边缘，随时冲洗干净伤口各层。

4.缝合

更换全部已用过的手术物品，重新消毒铺单实施手术。对清创彻底的新鲜伤口，彻底止血后，可按组织层次及时将伤口缝合，此为一期缝合；对伤口污染重、清创不彻底、感染危险大者，也可观察2～3日无感染征象后缝合，称为延期愈合。施行较大清创术同时，可能还需行骨折内固定、关节复位、血管和神经吻合、肌腱缝合、器官切除等修复和功能重建性手术。清创后的伤口内还应酌情放置各种引流物，如引流条、引流管等，以促使分泌物排出，减少毒素吸收，控制感染，促进肉芽生长。

5.包扎

包扎的目的是保护伤口、减少污染、固定敷料和有助止血。包扎时应注意松紧适宜，便于观察和妥善固定引流物并记录其数量，包扎后酌情使用外固定。

二、换药法

换药是外科的一项基本技术操作，合理的换药方法、伤口的用药、引流物的放置、科学的敷料更换间隔时间，是保证伤口愈合的重要条件。换药是对经过初期治疗的伤口（包括手术切口）做进一步处理的总称。其目的是动态观察伤口变化，保持引流通畅，控制局部感染，使肉芽组织健康生长，以利于伤口愈合或为植皮做好准备，又称更换敷料。正确更换敷料是提高外科治疗效果的关键措施之一。

1.换药原则

（1）无菌操作　严格遵守无菌操作原则，防止发生医院内感染。

（2）换药环境和换药时间要求　室内空气清洁，光线明亮，温度适宜。一般下列情况不安排换药：①晨间护理时；②患者进餐时；③患者睡眠时；④家属探视时；⑤手术人员上手术台前。

（3）换药顺序　先换清洁伤口，再换污染伤口，最后换感染伤口。特异性感染伤口应专人换药。

（4）换药次数　按伤口情况和分泌物多少而定，并非越多越好。清洁伤口一般在缝合后第3日换药一次，至伤口愈合或拆线时，再度换药；肉芽组织生长健康、分泌物少的伤口，每日或隔日更换一次；放置引流的伤口，渗出较多时应及时更换；脓肿切开引流次日可不换药，以免出血；感染重脓液多时，一天需更换多次，保持外层敷料不被分泌物浸湿。

2.换药步骤

（1）换药前准备

1)患者准备:核对患者,向患者做好解释工作,取得配合。应先了解患者伤口情况,帮助患者取舒适体位,充分暴露创面、便于操作,同时注意保暖和保护患者隐私。严重损伤或大面积烧伤患者,必要时在换药前应用镇静剂或止痛剂。

2)换药者准备:按无菌操作原则戴口罩、帽子、穿工作服,操作前需清洁双手。

3)物品准备:无菌盘内置无菌换药碗(盘)、器械(无菌镊2~3把,一把用于传递无菌物品,一把用于操作、接触伤口和敷料。必要时备探针、刮匙和剪刀等)、消毒棉球(注意乙醇棉球和盐水棉球,分置于治疗碗两侧,勿混在一起)、敷料、无菌盘外置绷带、引流物及弯盘等;特殊伤口需备上述所需溶液及药品。

(2)操作

1)去除伤口敷料:外层敷料用手揭去,撕胶布时方向与伤口纵轴方向平行,动作轻柔,胶布痕迹可用汽油棉签浸湿后除去;内层用一把无菌镊除去。如果内层敷料干燥,与创面粘贴紧密时,可用生理盐水浸湿软化敷料后再揭除,防止用力揭开,引起疼痛、渗血及新生肉芽组织损伤。

2)处理创面:用双手执镊操作。处理时先以70%~75%乙醇棉球由外向内擦拭消毒伤口周围皮肤,消毒范围稍大于敷料范围,避免拭入伤口内。再以生理盐水棉球蘸吸创口内的分泌物及脓液,拭净分泌物、脓液和纤维素膜等,坏死组织、痂皮等用无菌组织剪予以剪除,酌情取标本送细菌培养。视伤口深度和创面情况置入适宜的引流物。一般浅部伤口常用凡士林纱布;分泌物多时可用盐水纱布,外加多层干纱布。

3)包扎固定伤口:用70%~75%乙醇再次消毒周围皮肤一遍,以无菌敷料覆盖创面及伤口,用胶布或绷带固定。敷料覆盖的大小以不暴露伤口并达伤口外3cm左右为宜,数量视渗出情况而定。最后以胶布固定,如创面广泛、渗液多,可加用棉垫及绷带包扎。

换药完毕,协助患者卧于舒适体位,整理床单位,整理用物,更换下来的各种敷料集中于弯盘,倾倒入污物桶内;所用器械浸泡在消毒液中预处理,再进一步清洗后灭菌。特殊感染的敷料如破伤风、绿脓杆菌敷料应随即焚烧销毁,器械、器皿做特殊灭菌处理。

3.特殊处理

(1)缝合伤口的处理　无引流物的缝合伤口。如无感染现象,可至拆线时更换伤口敷料。对于手术中渗血较多或有污染的伤口,伤口内常放置橡皮片或橡皮管引流,如渗血、渗液湿透外层纱布,应随时更换敷料,引流物一般术后24~48小时取出。局部以70%乙醇消毒后,更换敷料。

(2)缝线反应　术后3~4日若患者自觉伤口疼痛或有发热,应及时检查伤口,是否有感染发生。如出现针眼周围发红为缝线反应,可用70%乙醇湿敷或红外线照射,使炎症吸收。出现线眼处小脓疱时,即刻拆去此针缝线并去除伤处脓液,再涂以碘酊。伤口感染初期给予物理疗法,化脓时应拆除部分缝线,进行引流。

(3)肉芽创面的处理　正常生长健康的肉芽为鲜红色,较坚实,呈颗粒组织、分泌物少,触之易出血,处理时先以生理盐水棉球蘸吸除去分泌物,外敷等渗盐水纱布或凡士林纱布即可。较窄的伤口可用蝶形胶布拉拢创缘,以利尽早愈合,减少瘢痕形成。面积较大的新鲜肉芽创面,应尽早植皮覆盖,缩短愈合时间,增强伤口表层强度;若肉芽高于创缘者,阻碍周围上皮生长为肉芽生长过度,可将其剪平,以棉球压迫止血,或用硝酸银烧灼后氯化钠溶液湿敷,数小时后肉芽可复原,再拉拢创缘或植皮;若肉芽创面淡红、表面光滑,质地松软,触之不易出血,为肉芽水肿,宜用3%~5%高渗氯化钠液湿敷,并注意患者全身营养状况。

(4)脓肿伤口的处理　伤面脓液量多而稀薄时多用抗菌溶液的纱布湿敷,促进水肿消退。伤面脓液稠厚,坏死组织多,且有臭味者,应用含氯石灰硼酸溶液(优琐)等湿敷。伤口深而脓液多者,换药时必须保持引流通畅,必要时冲洗脓腔。根据创面、伤口情况选用引流物,浅部伤口常用凡士林或石蜡油纱布;伤口较小而深时,应将凡士林纱条送达创口底部,但不可堵塞外口,个别小的引流口需再切开扩大。

4.拆线

伤口拆线时间,一般头、面和颈部手术4~5日拆线,四肢手术10~12日拆线,其他部位手术7~18日拆线,减张缝合需14日拆线。年老体弱或营养不良者,应适当推迟拆线时间。一期愈合的伤口或切口,应按预期愈合的时间及缝合方法按清洁伤口操作和拆除皮肤缝线。消毒皮肤和缝线后,以手术镊夹起缝合线结,用线剪在线结下紧贴皮肤处剪断缝线,随即将其抽出。再消毒切口,用无菌敷料覆盖,胶布固定。

第三节 烧伤患者的护理

【概述】

烧伤是由热力(火焰、热水、蒸汽及高温金属)、光源、放射线以及某些化学物质作用于人体所引起的局部或全身损害,常见于幼童和老人。通常烧伤多指热力烧伤,热力烧伤的程度,取决于温度和作用时间,同时烧伤的发生、发展与个体条件有关。严重烧伤常危及生命,烧伤主要致死原因有窒息、烧伤败血症和多系统器官功能衰竭。

根据烧伤的全身反应及临床过程,临床上将烧伤分为三期:

1. 急性体液渗出期(休克期)

大面积烧伤的热力作用,使毛细血管通透性增加,导致大量血浆外渗至组织间隙及创面,引起有效循环血量锐减,而发生低血容量性休克。体液渗出多自烧伤后 2 ~ 3 小时开始,6 ~ 8 小时最快,至 36 ~ 48 小时达高峰,随后逐渐吸收,临床表现为血压趋于稳定,尿液开始增多,休克是烧伤后 48 小时内导致患者死亡的主要原因。

2. 感染期

严重烧伤可以导致全身应激性反应,对致病菌的易感性增加,早期即可并发全身感染。烧伤后创面从渗出为主逐渐转化为吸收为主,创面及组织中的毒素和坏死组织分解产物吸收入血,引起中毒症状。加之烧伤使皮肤失去防御功能,污染创面的细菌易在坏死组织中生长繁殖并产生毒素。烧伤越深、面积越大,感染机会越多、感染越严重。

3. 修复期

烧伤早期在炎症反应的同时,创面已开始了修复过程。包括创面修复期和功能修复期。浅度烧伤多能自行修复;深Ⅱ°烧伤如无感染等并发症,3 ~ 4 周后自愈,留有瘢痕;Ⅲ°烧伤或严重感染的深Ⅱ°烧伤只能靠皮肤移植修复。

【护理评估】

1.健康史

(1)受伤史 了解烧伤原因,是否接触火焰、热水、蒸汽、电流、激光、放射线、强酸、强碱等。进一步了解热原种类、温度、受热时间。了解烧伤现场情况和伤后急救措施的实施情况,其次了解既往有无慢性疾患等。

(2)评估影响伤情的因素 了解是否合并骨折、软组织损伤,颅内、胸腔和腹腔内器官的损伤。呼吸道烧伤,是较危重的部位烧伤,死亡率较高。颜面部、手、生殖器或关节处烧伤,即使面积不大,也应考虑其严重性。患者既往病史与近来的健康状况均影响预后。幼儿、老人、孕妇及偏瘫、癫痫等人对烧伤的机体反应差,是平时发生烧伤的高危人群。此外,消防设施和意识薄弱的某些厂矿、商场、歌舞厅等重大火灾多发地,也是引起烧伤的常见环境因素。

2.身心状况

根据烧伤面积、深度和部位而定。

(1)烧伤面积

我国统一采用的烧伤面积计算方法有两种:

1)中国新九分法:适用于较大面积烧伤的评估。该法(表 6-1)将体表面积分为 11 个 9%,另加会阴区的 1%,构成 100%的体表面积。12 岁以下小儿头部面积较大,双下肢面积相对较小,测算方法应结合年龄进行计算。成人体表面积具体计算方法见图 6-1。

2)手掌法:以患者本人五指并拢的 1 个手掌面积约为 1%计算,适用于较小面积烧伤的估测或作为九分法的补充。

表 6-1　中国新九分法

部位		成人面积(%)		小儿面积(%)
头颈部	发际部	3	1 × 9=9	9+(12 －年龄)
	面部	3		
	颈部	3		
双上肢	双上臂	7	2 × 9=18	9 × 2=18
	双前臂	6		
	双　手	5		
躯　干	躯干前面	13	3 × 9=27	9 × 3=27
	躯干后面	13		
	外　阴	1		
双下肢	双　臀	5	5 × 9+1=46	46 －(12 －年龄)
	双大腿	21		
	双小腿	13		
	双　足	7		

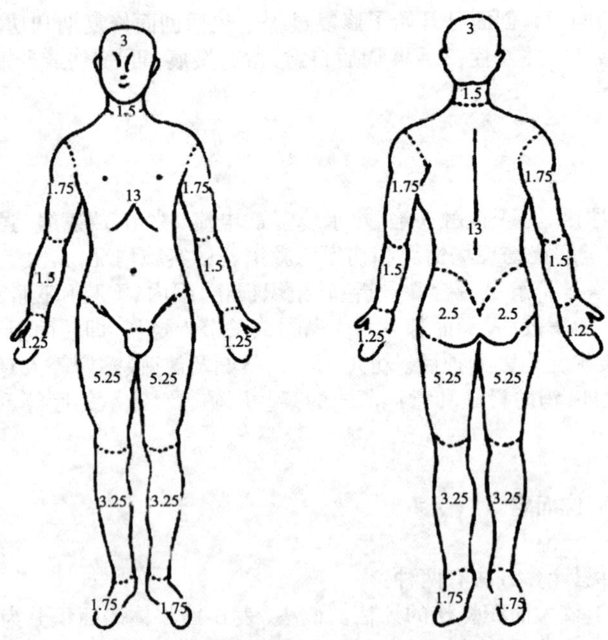

图 6-1　成人体表各部位所占百分比示意图

(2)烧伤深度　按组织损伤的层次,按国际通用的三度四分法将烧伤分为Ⅰ°、浅Ⅱ°、深Ⅱ°和Ⅲ°烧伤(图 6-2)。Ⅰ°、浅Ⅱ°属浅度烧伤;深Ⅱ°和Ⅲ°属深度烧伤。

1)Ⅰ°烧伤:又称红斑烧伤,仅伤及表皮浅层,生发层健在,再生能力强。表面红斑状、干燥、烧灼感,3 ~ 7 日脱屑痊愈,短期内有色素沉着。

2)浅Ⅱ°烧伤:伤及表皮的生发层及真皮乳头层。局部红肿明显,大小不一的水疱形成,内含淡黄色澄清液体,水疱皮如剥脱,创面红润、潮湿、疼痛剧烈。2 周左右愈合,有色素沉着,无瘢痕形成。

3)深Ⅱ°烧伤:伤及真皮层,可有小水疱,疱壁较厚、基底苍白与潮红相间、湿润,痛觉迟钝,3 ~ 4 周愈合,常有瘢痕增生。

4)Ⅲ°烧伤：是全皮层烧伤甚至达到皮下、肌肉及骨骼。痛觉消失，创面无水疱，呈蜡白或焦黄色甚至炭化成焦痂，痂下水肿并可显树枝状栓塞的血管。因皮肤及其附件已全部烧毁，无上皮再生来源，必须靠植皮而愈合。只有很局限的小面积Ⅲ°烧伤，有可能靠周围健康皮肤的上皮爬行而收缩愈合。

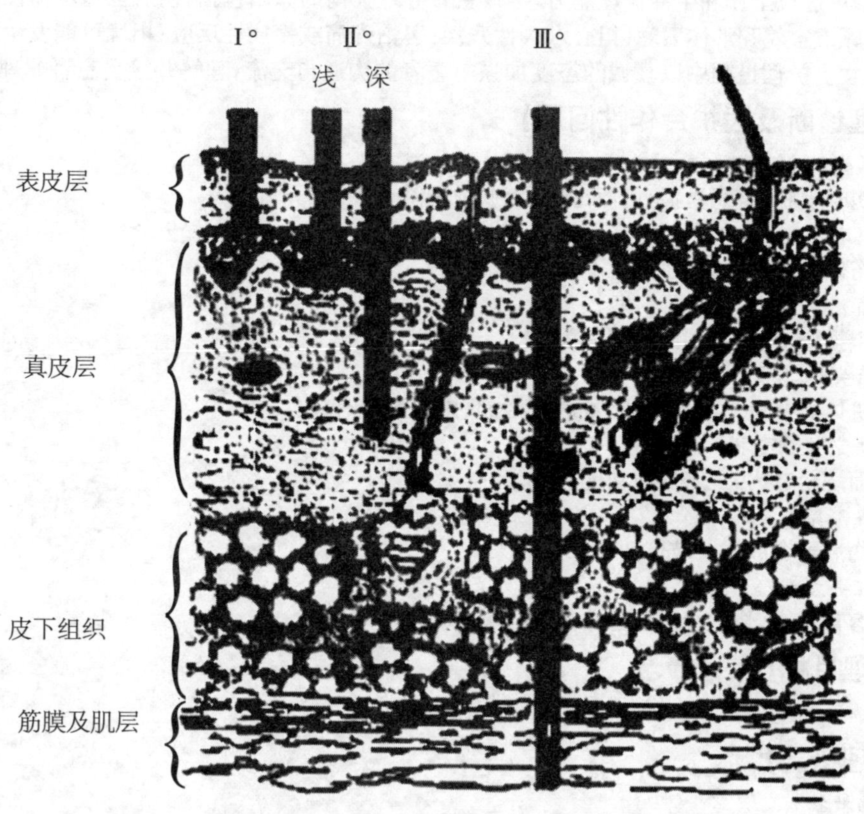

图 6-2　烧伤分度示意图

(3)烧伤严重程度　烧伤严重程度主要与烧伤深度和面积有关，临床上多采取综合性评估，以利患者分类治疗和效果评价。我国常用的分度法为：

1)轻度烧伤：Ⅱ°烧伤面积≤9%。

2)中度烧伤：Ⅱ°烧伤面积 10%～29%或Ⅲ°烧伤面积<10%。

3)重度烧伤：总烧伤面积 30%～49%或Ⅲ°烧伤面积 10%～19%，或Ⅱ°、Ⅲ°烧伤面积不足其百分比，但并发休克、呼吸道烧伤或合并较重的复合伤。

4)特重烧伤：总面积≥50%或Ⅲ°烧伤面积≥20%，或已有严重并发症。

小儿由于生理上的特点，休克、全身性感染与病死率均明显高于成人，烧伤严重程度分类是：①轻度烧伤：烧伤者总面积<10%，无Ⅲ°烧伤；②中度烧伤：烧伤者总面积 10%～29%，Ⅲ°烧伤<5%；③重度烧伤：烧伤者总面积 30%～49%，Ⅲ°烧伤 5%～14%；④特重烧伤：烧伤总面积>50%，Ⅲ°烧伤>15%。

(4)吸入性损伤　既往称为“呼吸道烧伤”，因吸入浓烟、火焰、蒸汽、热气或吸入有毒、刺激性气体所致，常与头面部烧伤同时发生，可有呛咳、声嘶、吞咽疼痛、呼吸困难、发绀、肺部哮鸣音等表现，易导致窒息或肺部感染。

3.处理原则

根据烧伤面积、深度和部位确定诊断。小面积浅表烧伤按外科原则，清创、保护创面，防治感染，促进愈合。大面积深度烧伤的全身性反应重，其原则是：①及时补液，积极纠正低血容量休克，保持呼吸道通畅；②深度烧伤组织是全身性感染的主要来源，应早期切除，自、异体皮移植覆盖；③及时纠正休克，控制感染同时，维护重要器官功能.防治多系统器官功能衰竭;④重视形态、功能的恢复。

4.心理-社会状况

了解患者对伤情、治疗配合及康复知识的掌握程度;了解患者对治疗和植皮手术可能出现的并发症及对毁容和残肢的心理承受状况和出院后对功能康复训练方法的掌握情况;判断患者及家属对预后的认知程度;评估患者预后适应工作和生活自理能力。导致患者心理失衡的原因包括;伤后强迫性体位,使其独立性减少,有挫折感;顾虑容貌和形体丑陋;担心永久性残疾;害怕疼痛或疼痛性反应;担忧可能发生或已存在的生活改变;惧怕死亡。护理过程中以真诚的态度加强与患者的沟通与交流,理解并接受患者非理智的发泄行为。

【护理诊断及医护合作性问题】

1. 有感染的危险

与烧伤时皮肤、组织受损、创面污染、免疫力下降有关。

2. 组织灌注改变

与烧伤体液丢失、循环血容量不足有关。

3. 疼痛

与组织损伤、感染和创面处理有关。

4. 营养失调

低于机体需要量与渗出多、能量消耗增加、摄入障碍有关。

5. 皮肤完整性受损

与创面烧伤、失去皮肤屏障功能有关。

6. 自我形象紊乱

与烧伤后毁容肢残及肢体功能改变有关。

7. 潜在并发症

低血容量休克、烧伤全身性感染、肢体畸形等。

【护理目标】

略

【护理措施】

1.现场救护

现场救护原则在于使患者尽快消除致伤原因,脱离现场和进行生命救治。

(1)迅速脱离热源　如火焰烧伤应尽快灭火,可就地翻滚,脱去燃烧衣物或跳入水池,熄灭火焰,以阻止高温继续向深部组织渗透,并减轻创面疼痛。互救者可就近用棉被或毛毯覆盖,隔绝灭火。切忌用手扑打火焰、奔跑呼叫,以免增加损伤。热液浸渍的衣裤,可冷水冲淋后剪开取下,以免强力剥脱而撕脱水疱皮。小面积烧伤立即用清水连续冲洗或浸泡,既可止痛,又可带走余热。酸、碱烧伤,即刻脱去或剪开沾有酸、碱的衣服,以大量清水冲洗为首选,且冲洗时间宜适当延长。如系生石灰烧伤,可先去除石灰粉粒,再用清水长时间地冲洗,以避免石灰遇水产热加重损伤。磷烧伤时立即将烧伤部位浸入水中或用大量清水冲洗,同时在水中拭去磷颗粒;不可将创面暴露在空气中,避免剩余磷继续燃烧。创面注意忌用油质敷料,以免磷在油中溶解而被吸收中毒。电击伤时迅速使患者脱离电源。

(2)抢救生命　是急救的首要原则,要配合医生首先处理窒息、心跳骤停、大出血、开放性气胸等危急情况。对头、颈部烧伤或疑有呼吸道烧伤时,应备齐氧气和气管切开包等抢救物品,并保持口、鼻腔通畅。必要时协助医生做气管切开手术。

(3)预防休克　严密观察伤者生命体征,伤后应尽早实施补液方案,尽量避免口服补液。若病情平稳,口渴者可口服淡盐水,但不能饮白开水。中度以上烧伤需转运者,须建立静脉通道,必要时按医嘱快速静脉输入平衡盐溶液 1000 ~ 1500ml 及右旋糖酐 500ml,转运途中始终保持静脉通畅。稳定伤者情绪,必要时给予镇静和止痛治疗,合并呼吸道烧伤或颅脑损伤者忌用吗啡。

(4)保护创面和保暖　暴露的体表和创面,应立即用无菌敷料或干净床单覆盖包裹,现场禁止外涂有特殊颜色的药液,以免造成误判断,协助患者调整体位,避免创面受压。寒冷环境中应特别注意增加被盖保暖。

(5)尽快转送　提前联系医院,尽快转送,对大面积烧伤者早期应避免长途转运,若处于休克期最好就近输液抗休克或加做气管切开,待病情平稳后再转运。转送途中应建立静脉输液通道,保持呼吸道通畅。转运前和转运中避免使用冬眠药物和呼吸抑制剂。抬患者上下楼时，头朝下方；用汽车转运时，患者应横卧或取头在后、足在前的卧位，以防脑缺血。详细记录处理内容，利于进一步诊治。

2.静脉输液的护理

烧伤后2日内，因创面大量渗出而致体液不足，可引起低血容量性休克。液体疗法是防治烧伤休克的主要措施。

(1)早期补液方案　我国常用的烧伤补液方案是按烧伤面积和体重计算补液量，公式法计算：

1)伤后第一个24小时补液量：按患者每千克每1%烧伤面积(Ⅱ°-Ⅲ°)补液1.5ml(小儿1.8ml，婴儿2ml)计算，即第一个24小时补液量=体重(kg)×烧伤面积(%)×1.5ml+每日生理需水量2000ml(小儿按年龄或体重计算)，即为补液总量。晶体和胶体溶液的比例一般为2∶1，特重度烧伤为1∶1，即每1%烧伤面积每千克体重补充电解质溶液和胶体溶液各0.75ml。生理日需量常用5%～10%葡萄糖溶液补充。

2)伤后第二个24小时补液量：为第一个24小时计算量的一半，日需量不变，即第二个24小时补液量=0.5×体重(kg)×烧伤面积(%)×1.5ml+每日生理需水量2000ml(小儿按年龄或体重计算)。第三个24小时补液量根据病情变化决定。

例如：一烧伤面积30%、体重50kg的患者，第一个24小时补液总量为30×50×1.5+2000=4250ml，其中胶体液为30×50×0.5=750ml，晶体液为30×50×1=1500ml.水分为2000ml。第二个24小时，胶体液减半为375ml，晶体液减半为750ml，水分仍为2000ml。

(2)液体的种类与安排　晶体液首选平衡盐液，其次选用等渗盐水等。胶体液首选血浆，以补充渗出丢失的血浆蛋白。也可用血浆代用品和全血，Ⅲ°烧伤应多输新鲜血。烧伤后第1个8小时内渗液最快，故应在首个8小时内输入胶体、晶体液总量的1/2，其余分别在第2、第3个8小时内输入。日需量应在24小时内均匀输入。补液原则一般是先晶后胶、先盐后糖、先快后慢，胶、晶液体交替输入，尤其注意不能集中在一段时间内输入大量不含电解质的液体，以免引起电解质紊乱。

(3)观察补液效果

1)尿量的观察：肾功能正常时，尿量是判断血容量是否充足的简便而可靠的指标，所以大面积烧伤患者补液时应常规留置导尿进行观察。成人每小时尿量应大于30ml，有血红蛋白尿时要维持在50ml以上，但儿童、老年人、心血管疾病患者，输液要适当限量。

2)其他：补液时，注意观察患者生命体征，正常成人安静时脉搏在100次/分(小儿140次/分)以下，心音强而有力；收缩压在90mmHg以上；患者末梢肢端应温暖；中心静脉压在0.59～1.18kPa(6～12cmH_2O)，说明补液有效。

3.创面护理

(1)创面的早期处理　在麻醉和无菌条件下应尽早进行简单性清创。清创顺序一般自头部、四肢、胸腹部、背部和会阴部顺序进行。浅Ⅱ°创面的完整水疱予以保留，已脱落及深度创面上的水疱皮予以去除。根据情况取暴露疗法或包扎疗法。Ⅲ°焦痂保持干燥，外涂碘酊，可早期植皮，也可待其自然溶痂脱落再植皮。清创术后应注射破伤风抗毒素，必要时及时使用抗生素。

(2)包扎疗法的护理　包扎疗法是采用敷料对烧伤创面包扎封闭固定的方法，适用于四肢Ⅰ°、Ⅱ°烧伤。在清创后的创面先放一层油纱布，外面覆盖数层纱布、棉垫，其厚度以不被渗液浸透为度，再予以适当压力包扎。目的是减轻创面疼痛，防止创面加深，预防创面感染，减少创面渗出、减轻创面水肿。创面包扎后，每日检查有无松脱、臭味或疼痛，注意肢端末梢循环情况，敷料浸湿后及时更换，以防感染。如创面渗出多、有恶臭，且伴有高热、创面跳痛，需及时换药检查创面。深Ⅱ°、Ⅲ°创面应在伤后3～4日更换敷料。肢体包扎后应注意抬高患肢，保持关节各部位尤其手部的功能位和髋关节外展位。一般可在伤后5日更换敷料。

(3)暴露疗法的护理　暴露疗法的病房应具备以下条件：室内清洁，有必要的消毒和隔离条件；室温控制在28～32℃，湿度70%左右；便于抢救治疗。此法适用于Ⅲ°烧伤、特殊部位(头面部、颈部或会阴部)及特殊感染(如绿脓杆菌、真菌)的创面、大面积创面。随时用灭菌敷料吸净创面渗液；保护创面，适当约束肢体，防止无意抓伤，用翻身床或定时翻身，防止创面因受压而加深。注意创面不宜用龙胆紫或中药粉末，以免妨碍创面观察，也不宜轻易用抗生素类，以免引起细菌耐药。

(4)去痂、植皮护理　Ⅲ°烧伤创面应早期采取切痂、削痂和植皮，做好植皮手术前后的护理。

(5)感染创面的处理　及时清除脓液及坏死组织，局部根据感染特征或细菌培养和药敏试验选择外用药物，已成痂的保持干燥，或采用湿敷、半暴露(薄层药液纱布覆盖)、浸浴疗法清洁创面。待感染基本控制，肉芽组织生长良好时，及时植皮促使创面愈合。

(6)特殊部位烧伤护理

1)吸入性损伤:①保持呼吸道通畅,及时清除气道分泌物,如气管切开者,做好气管造口护理;②床旁备急救物品,如气管切开包、吸痰器、气管镜等;③吸氧;④密切观察,并积极预防肺部感染。

2)头颈部烧伤:一般患者取半卧位暴露疗法,做好五官护理,及时用棉签拭去眼、鼻、耳分泌物,保持其清洁干燥;双眼使用抗生素眼药水或眼膏,避免角膜干燥而发生溃疡;耳廓创面应防止受压。口腔创面用湿纱布覆盖,加强口腔护理,防止口腔黏膜溃疡及感染。

3)会阴部烧伤:一般采取暴露疗法,保持局部干燥,将大腿外展暴露创面,尽量避免大小便污染,保持创面周围的清洁,便后使用生理盐水清洗肛门、会阴部。

4.防治感染的护理

(1)一般护理　保持呼吸道通畅,防止呼吸道感染;加强皮肤护理,保护骨隆突处,暴露的创面尽可能避免受压,使用烧伤专用翻身床或气垫床,同时确保操作安全,严格无菌原则,加强各种治疗性导管的护理。

(2)密切观察病情变化　密切观察患者的生命体征、意识变化、胃肠道反应,注意是否存在脓毒症的表现,意识改变常是其早期出现的症状。同时注意创面局部情况,如果创面出现炎症表现如水肿、渗出液增多、肉芽颜色转暗、创缘出现水肿等,或出现感染的现象,如上皮停止生长,干燥的焦痂变潮湿、腐烂,创面有出血点等,应及时报告并协助医生正确处理创面,做好创面护理。

(3)合理应用抗生素　根据创面细菌培养和抗生素敏感试验合理选用抗生素,注意不良反应及有无二重感染的发生。

(4)加强营养,维护器官功能　烧伤后患者丢失大量体液和蛋白质,应注意纠正水、电解质紊乱,加强营养,补充高蛋白、高热量以及多种维生素,应与营养师、患者及家属共同制订营养食谱,保证营养素摄入,以加速组织和皮肤创面的修复及身体功能的康复,提高免疫力。大面积烧伤者,可遵医嘱适时输入适量血浆或全血或人体血清蛋白,以增强抵抗力,防治休克。

(5)做好消毒隔离工作　采取保护性隔离措施,防止交叉感染。工作人员出入病室要更换隔离衣、口罩、鞋、帽;接触患者前后要洗手,病房物品应专用;患者出院后做好病房的终末消毒工作。

5.康复护理

鼓励患者尽早下床活动。调动患者积极性,与患者及家属共同制订康复计划,指导患者坚持常规的肢体和关节功能锻炼,必要时行体疗或理疗,以恢复功能。组织修复期应维持并固定肢体于功能位。如颈部烧伤应取后伸位,四肢烧伤取伸直位,手部固定在半握拳的姿势且指间垫油纱布以防粘连。肢体烧伤采用包扎疗法者,予以适当加压,必要时,按医嘱涂布瘢痕软化剂或采用紧身衣和固定板予以矫正。防止紫外线和红外线过多照射,防止加重瘢痕增殖,避免瘢痕创面机械性刺激。

6.心理护理

帮助患者面对烧伤的事实,鼓励其树立信心,配合治疗。鼓励患者参与力所能及的自理活动,增强其自信心与独立能力,促进其尽早回归社会。

7.健康教育

普及烧伤预防和急救知识,指导伤者及家属预防感染的方法,包括伤口保护、环境清洁等,指导伤者保护皮肤,防止紫外线、红外线的过多照射,避免对瘢痕组织的机械性刺激。在伤者出院时,与患者及家属共同制订早期康复计划,指导患者进行正确的功能锻炼,鼓励患者参与一定的家庭和社会活动,调整和适应容貌、生活状态的改变,提高其自理性。

【护理评价】

1)患者补液措施是否恰当,患者液体量补充是否得当,有无低血容量性休克发生。

2)是否得到有效迅速救治,疼痛是否缓解。

3)全身支持疗法是否得到落实,有无营养不良发生,各器官功能是否恢复正常,有无严重并发症出现。

4)烧伤创面早期处理是否得当,有无化脓感染发生。

5)是否安全度过感染期,有无高热、白细胞计数升高等全身感染征象。

6)心理状态是否稳定,能否正确面对现实,配合治疗。

7)肢体功能是否最大限度地恢复,有无畸形或功能障碍发生。

第四节　咬伤患者的护理

【概述】

自然界中很多动物可以攻击人类造成机体不同程度的咬伤、螫伤，如兽、蛇、蜂、蜈蚣等，最常见的是毒蛇和犬咬伤。

一、蛇咬伤

蛇咬伤以南方农村和山区为多。蛇分为毒蛇和无毒蛇两大类，毒蛇头部呈三角形，色彩斑纹鲜明，有一对毒牙，受伤后若不及时救治，患者可中毒死亡。毒蛇咬伤人时留下一对较深的齿痕，蛇毒灌注进入体内，引起局部及全身中毒症状，重者可致死。蛇毒中含有多种毒性蛋白质、多肽和酶类，按照毒性可分为三类。①神经毒素：能阻断中枢神经和神经肌接头的递质传递，引起呼吸麻痹和肌瘫痪，如金环蛇、银环蛇；②血液毒素：有溶组织、溶血或抗凝作用，导致机体广泛出血和溶血，如竹叶青、五步蛇；③混合毒素：兼有神经毒和血液毒的病理作用，如蝮蛇、眼镜蛇，其中以蝮蛇咬伤最多见。

【护理评估】

1.健康史

了解蛇的种类，咬伤部位，受伤时间等受伤过程。

2.身体状况

(1)创口反应　确认是否为毒蛇咬伤，无毒蛇咬伤时，皮肤留下一排较整齐的细小齿痕，局部稍痛，可起水疱，无全身反应。毒蛇咬伤，留下一对较深齿痕，从两齿痕之间的距离尚可推断蛇的大小。咬伤后，局部伤处疼痛，肿胀蔓延迅速，淋巴结肿大，大量出血，伤口中心皮肤出现血疱、淤斑，甚至局部组织坏死。

(2)全身反应　可出现全身虚弱、口周感觉异常、肌震颤、发热恶寒、烦躁不安、头晕目眩、言语不清、恶心呕吐、吞咽困难、肢体软瘫、腱反射消失、呼吸抑制，最终导致循环呼吸衰竭。部分患者伤后可因广泛的毛细血管渗漏引起肺水肿、低血压、心律失常、皮肤黏膜及伤口出血、血尿、尿少，出现肾功能不全以及多器官衰竭。

3.处理原则

依据明确的外伤史和典型的局部表现、全身症状，无须特殊检查即可判断为毒蛇咬伤。

(1)急救处理

1)绑扎：咬伤后避免奔跑，现场立即用止血带或布带等物绑扎，以减少蛇毒吸收。

2)冲洗：争取在伤后20分钟内，切开伤口，用大量清水、肥皂水或0.05%高锰酸钾溶液冲洗伤口及周围皮肤，以破坏蛇毒。

3)排毒：反复冲洗伤口，缓慢挤压伤肢或用吸力吸除，以促使毒液从伤口流出。

(2)伤口处理

1)伤口湿敷和外敷中草药。

2)局部阻滞疗法。

(3)全身治疗

1)使用抗蛇毒血清作解毒治疗。

2)防治感冒。

3)针对出血倾向、休克、肾功能不全、呼吸麻痹等器官功能不全，采取积极治疗措施。

【护理诊断及医护合作性问题】

1.疼痛

与蛇咬伤局部创伤与肿胀有关。

2.潜在并发症

呼吸衰竭、肾功能不全、休克等。

【护理目标】

略

【护理措施】

1.现场急救

(1)稳定患者情绪，嘱患者安静体息　伤后将伤肢制动后放低抬送医院，严禁走路或跑步，以免加速毒液扩散，诱发全身中毒。

(2)减少蛇毒吸收　在咬伤肢体近侧关节以上，或距创口 5 ~ 10cm 处，用止血带或就地取材加以缚扎，松紧以能阻断淋巴和静脉回流为度，以减少蛇毒吸收。

(3)伤口排毒　用大量清水、肥皂水冲洗伤口及周围皮肤，再用3%过氧化氢、1：5000 高锰酸钾反复冲洗伤口，去除毒牙与污物。通过抽吸促使毒液流出，方法有：向肢体远端方向挤压伤口；吸吮法，完整的口腔黏膜不会吸收毒素，稍有咽下也会被消化液中和。若口腔黏膜有破损、炎症或溃疡则不能吸吮；用各型拔火罐或吸奶器等吸引；注射器吸引，以负压反复抽吸，效果很好。

(4)局部降温　将伤肢浸入冷水(4 ~ 7℃)3 ~ 4 小时，后用冰袋；也可用 1：5000 高锰酸钾溶液浸泡或冲洗，以减轻疼痛、减少毒素吸收，降低毒素中酶的活力与局部代谢。

(5)转运患者　转运途中应保持患者伤口与心脏部位持平，不宜抬高伤肢。

温馨提示：各种原因引起的下肢损伤，除骨筋膜室综合征、毒蛇咬伤患者应放低以外，其余的均抬高患肢。

2.病情观察

密切监测生命体征、神志、尿量改变，注意有无发生中毒性休克，心、肺、肾功能衰竭，内脏出血等征兆。

3.伤口处理

病情严重者应彻底清创，切除被注入毒液的组织。外用蛇药或中草药外敷，尽快破坏残存在伤口的蛇毒。伤口湿敷时，纱布要保持一定湿度，出血较多的伤口应及时更换敷料，常在局部阻滞同时肌内注射氯苯那敏(扑尔敏)10mg 或异丙嗪 25mg。

4.减轻机体中毒症状

宜早期应用破伤风抗毒素和抗生素防治感染，使用前应做过敏试验。应用单价或多价抗蛇毒血清，能中和毒素，缓解症状。单价抗蛇毒血清对已知蛇类咬伤有较好疗效，使用前须做过敏试验，阳性者采用脱敏注射法。此外，可注射速尿、利尿酸钠、甘露醇等，或选用中草药利尿排毒，加快血内蛇毒排出，缓解中毒症状。我国民间有许多蛇药，如季德胜蛇药、广州蛇药等，在被毒蛇咬伤后即内服或(和)湿化后外敷伤口，利于毒液排出、肿胀消退、伤口愈合，尤对蝮蛇咬伤疗效显著。

5.支持疗法

溶血、贫血现象严重时予以输血或其他抗休克治疗措施，忌用库血。呼吸微弱时给予呼吸兴奋剂及氧气吸入，必要时进行辅助呼吸。除抗过敏治疗外，应禁用激素，以免促进毒素吸收。随时注意发生中毒性休克，心、肺、肾功能衰竭，内脏出血等情况，加强各器官功能的维护治疗。

6.健康教育

1)宣传毒蛇咬伤的有关知识，强化自我防范意识。步行时尽可能避开丛林茂密、人烟稀少的地段，在山村、丘陵地带应穿鞋行走，同时应将裤口、袖口扎紧。

2)告知人们被毒蛇咬伤后切忌慌乱奔跑。学会就地绑扎、冲洗、排毒等急救方法。

【护理评价】

1)伤者疼痛有无减轻，局部肿胀是否减轻或消失。

2)伤者是否发生呼吸衰竭、肾功能不全、休克。

二、其他原因所致咬伤患者的护理

1.犬咬伤

利牙造成的深细伤口，周围组织、血管有不同程度的挫裂伤，较广泛的组织水肿、皮下出血，甚至大出血。

伤口污染严重，容易继发感染，同时可传染一些疾病如狂犬病。

处理原则：严格细致地清洁伤口，必要时行清创术，清除坏死组织和异物，用大量无菌盐水、3%过氧化氢溶液冲洗，伤口应开放引流，不宜做一期缝合。凡需清创的伤口均应预防注射破伤风抗毒素1500U、预防注射抗生素。怀疑被狂犬咬伤，应立即预防注射狂犬病疫苗。

2.蜂螫伤

蜂螫后一般局部红斑、水肿和疼痛，数小时后即自行消退，多无全身症状。如果蜂刺留在伤口内（表现为在红肿的中心可见一黑色小点），有时可引起局部化脓。如被群蜂螫伤，有可能导致全身性过敏反应，出现全身中毒症状，有时可发生血红蛋白尿、急性肾功能衰竭。对蜂毒过敏者，即使单一蜂螫也可引发严重的过敏反应如荨麻疹、水肿、哮喘或过敏性休克。

处理原则：①局部处理：用小刀片或针头将刺挑除，注意不要挤压。局部以弱碱液（3%氨水、2%～3%碳酸氢钠、肥皂水等）洗敷以中和酸性毒素；黄蜂螫伤用弱酸液（醋、0.1%稀盐酸等）中和。若眼睛周围螫伤可能伤及角膜或巩膜，应请眼科医生处理。②全身处理：全身症状重时，应根据病情采取相应急救措施。

3.蝎螫伤与蜈蚣咬伤

蝎尾部有尖锐的钩刺，刺入皮肤后释出毒液。蝎毒是一种神经毒，可引起局部及全身反应。被刺处红肿、疼痛，螫伤部位出现水疱，甚至局部组织坏死，有烦躁不安、发热、流涎、腹痛等全身症状，重者有呼吸急促、肺水肿、消化道出血等表现。处理原则同毒蛇咬伤。蜈蚣头部第一对钳足；有毒腺开口，咬人时放出毒液，引起局部红肿、淋巴结炎、淋巴管炎，甚至有全身中毒症状。被蜈蚣咬伤后，伤口以碱性液洗涤，伤口周围以0.25%普鲁卡因封闭。口服及局部外敷南通蛇药，有淋巴管炎时，加用抗生素。

4.水蛭咬伤

水蛭即蚂蟥，栖于水中，其头尾部的吸盘可吸附在皮肤上，前吸盘内腭齿在咬伤皮肤的同时分泌出抗凝血的水蛭素以利吸血，致使伤口流血不止。局部皮肤出现水肿性丘疹，中心有瘀点，常无明显疼痛。发现水蛭吸附于体表皮肤，可用手轻拍周围皮肤，或以醋、酒、浓盐水、清凉油滴于蛭体上，水蛭即自行脱落。切忌强行拉扯水蛭，以免吸盘断入皮内。伤口用消毒干纱布压迫止血，局部涂以碘酊以防感染，严重者行破伤风抗毒素预防注射。出血不止时可用止血药物。

（卢东英）

第七章　外科感染患者的护理

第一节　概　述

案例引入

男性,26 岁,右手外伤后感染,右腋窝出现肿块,疼痛,伴发热、头痛 2 日。即来我院外科。

查体:T39℃,P120 次/分,R25 次/分,BP120/70mmHg。右腋窝有一直径 4cm 大小的肿块,质韧、压痛、无波动感,皮肤红、肿、热。白细胞 15×10^9 个/L。中性粒细胞 89%。

学习任务:1. 您作为管床护士请做好患者入院、住院和出院护理。

2. 请做一次完整的护理查房。

学习目标

知识目标　知道外科感染的定义、分类、临床表现、处理原则,能正确评估常见软组织急性化脓性感染、全身感染、破伤风感染患者的身体状况。

能力目标　能够对常见软组织急性化脓性感染、全身感染、破伤风感染患者提出正确的护理诊断,并能够为患者提供合适的护理措施。

素质目标　学习过程中体现对患者的关心。

感染通常指由致病微生物侵入人体后导致的局部或全身性炎症反应的病理过程。外科感染是指需要外科治疗的感染,包括创伤、烧伤、手术、器械检查或有创性检查、治疗后等并发的感染。

外科感染的特点:①多数为几种细菌引起的混合感染,少数在感染早期为单一细菌所致,以后发展为几种细菌的混合感染;②大部分感染的局部症状和体征明显而突出;③感染一般集中在局部,发展后会导致化脓、坏死等,使组织遭到破坏,最终形成瘢痕组织而影响局部功能。

一、分类

1.按致病菌种类和病变性质分类

(1)非特异性感染　又称化脓性或一般性感染,占外科感染的大多数。常见致病菌有金黄色葡萄球菌、大肠杆菌、乙型溶血性链球菌、拟杆菌和绿脓杆菌等,可由单一病菌导致感染,也可由几种病菌共同致病形成混合感染,一般先有急性炎症反应,继而可致局部化脓。如:疖、痈、丹毒、急性淋巴结炎、急性乳腺炎、急性阑尾炎。急性腹膜炎等,手术后感染多属此类。

(2)特异性感染　是指由一些特殊的病菌、真菌等引起的感染,如结核杆菌、破伤风杆菌、产气荚膜杆菌、炭疽杆菌、白色念珠菌、新型隐球菌等,不同的病菌可分别引起比较独特的病理变化过程。

2.按病变进程分类

(1)急性感染　病变以急性炎症为主,病程多在 3 周以内。

(2)慢性感染　病程持续超过 2 个月的感染。

(3)亚急性感染　病程介于急性与慢性感染之间。

二、病因及发病机制

外科感染的发生与致病微生物的数量和毒力有关。所谓毒力是指病原体形成毒素或胞外酶的能力以及入侵、穿透和繁殖的能力。

1.病菌的致病因素

1)病菌产生黏附因子,黏附于人体组织细胞,有些致病菌有荚膜或微荚膜,能抗拒吞噬细胞的作用,而在组织内生存繁殖;或在吞噬后抵御杀灭仍能在细胞内繁殖,导致组织细胞损伤和病变。

2)致病菌的作用与其胞外酶、外毒素,内毒素有关,常通称为病菌毒素。①胞外酶:多种病菌可释出蛋白酶、磷脂酶、胶原酶等,可侵蚀组织和细胞,如透明质酸酶能分解组织内透明质酸,使感染容易扩散;②外毒素是在菌体内产生后释出或菌体崩解后游离出来,如多种病菌的溶血素能破坏红细胞,破伤风杆菌释出的痉挛毒素可作用于神经而致肌痉挛;③内毒素是致病菌细胞壁的脂多糖成分,能导致机体发热、白细胞增多或减少、休克等全身反应。

3)侵入人体组织的病菌数量也是致病条件之一。因此,注意无菌概念和认真实施清洁卫生工作对预防外科感染具有重要的意义。

2.机体的易感性

(1)局部原因　①皮肤黏膜的病变或缺损,如开放性创伤、烧伤、胃肠穿孔、手术、组织穿刺等使屏障破坏,病菌易于入侵;②留置于血管或体腔内的导管处理不当为病菌侵入开放了通道;③管腔阻塞内容物淤积,使细菌繁殖侵袭组织,如乳腺导管阻塞和乳汁淤积后发生的急性乳腺炎、阑尾腔内粪石梗阻后发生的急性阑尾炎等;④异物与坏死组织的存在使得吞噬细胞不能有效发挥功能;⑤局部组织缺血或血流障碍,将使其降低或丧失抗菌和组织修复的能力,如闭塞性脉管炎发生趾坏死、压疮、下肢静脉曲张导致溃疡等,均可继发感染。⑥皮肤或黏膜的其他病变,如癣、口腔炎等,可继发淋巴结炎。

(2)全身性抗感染能力的降低　涉及的因素包括:①严重创伤或休克、糖尿病、尿毒症、肝功能障碍等;②长期使用肾上腺皮质激素、抗肿瘤的化学药物和放射治疗;③严重营养不良、低蛋白血症、白血病或白细胞过少等;④艾滋病患者因免疫缺陷而发生的致命性感染。

(3)条件性感染　当人体局部或(和)全身的抗感染能力降低时,人体内常驻的条件致病菌成为致病菌而引起的感染称为条件性或机会性感染。如:正常时存在于肠道内的大肠杆菌、拟杆菌等污染伤口、腹腔、尿道等时即可导致感染;表皮葡萄球菌,原本毒性很弱,但在人体抵抗力降低时可引起泌尿系感染或心内手术后的感染。条件性感染与致病菌的耐药性也相关。在用广谱或联合使用抗生素治疗某种感染的过程中,原来的致病菌被抑制,但耐药性金黄色葡萄球菌、绿脓杆菌或白色念珠菌等则大量繁殖,使病情加重,这种情况称为二重感染或菌群失调症。

三、病理生理

1.感染后的炎症反应

当致病菌侵入组织并繁殖,产生多种酶与毒素,可以激活凝血、补体、激肽系统以及血小板和巨噬细胞等,导致炎症介质的生成,引起血管扩张与通透性增加。白细胞和吞噬细胞进入感染部位发挥吞噬作用,单核-巨噬细胞通过释放促炎症细胞因子协助炎症及吞噬过程。炎症反应的作用是使入侵微生物局限化并最终被清除,同时局部出现红、肿、热、痛等炎症的特征性表现。部分炎症介质、细胞因子和病菌毒素等还可进入血流,引起全身反应。

2.感染的转归

感染的病程演变受致病菌毒力、局部抵抗力、全身免疫力及治疗措施等诸多因素影响。

(1)炎症局限　当人体抵抗力占优势、治疗及时或有效,炎症即被局限、吸收或局部化脓。若局部形成小脓肿,可自行吸收,较大的脓肿可破溃或经手术切开排脓后,转为修复过程,感染部位逐渐长出肉芽组织、形成瘢痕而痊愈。

(2)炎症扩散　当致病菌毒性大、数量多或(和)宿主抵抗力低下时,感染难以控制并向感染灶周围或经淋巴、血液途径迅速扩散,导致全身感染,如脓毒血症或菌血症,严重者可危及生命。

(3)转为慢性感染　当人体抵抗力与致病菌毒性处于相持状态,感染灶可被局限,但其内仍有致病菌,组织炎症持续存在,局部由于中性粒细胞浸润减少、成纤维细胞增加而被瘢痕组织包围而形成慢性感染。一旦人体抵抗力下降,致病菌可再次繁殖,慢性感染又重新变为急性过程。

四、临床表现

1. 局部症状

急性感染一般有红、肿、热、痛和功能障碍的典型表现。体表与浅处的化脓性感染均有局部疼痛和触痛,皮肤肿胀、色红、温度增高,还可发现肿块或硬结;慢性感染也有局部肿胀或硬结,但疼痛大多不明显;体表病变脓肿形成时,确诊可有波动感。如病变的位置深,则局部症状不明显。

2. 全身症状

随感染轻重等因素而表现不一。轻者可无全身表现,较重感染者可出现发热、呼吸脉搏加快、头痛乏力、全身不适、食欲减退等症状。严重感染者可出现代谢紊乱、营养不良、贫血,甚至并发感染性休克等。

3. 器官与系统功能障碍

感染直接侵及某一器官时,该器官功能可发生异常或障碍。严重感染导致脓毒症时,因有大量毒素、炎症介质、细胞因子等进入血循环,可引起肺、肝、肾、脑、心等器官的功能障碍。

4. 特异性表现

特异性感染的患者可因致病菌不同而出现各自特殊的症状和体征。如破伤风患者可表现为肌强直性痉挛;气性坏疽和其他产气菌引起的蜂窝织炎可出现皮下捻发音;皮肤炭疽有发痒性黑色脓疱等。

五、辅助检查

1.实验室检查

(1)血常规检查血白细胞计数、中性粒细胞比例增加,当白细胞计数小于 4×10^9/L 或发现未成熟的白细胞时,应警觉病情加重。

(2)生化检查营养状态欠佳者需检查血清蛋白、肝功能等;疑有泌尿系感染者需检查尿常规、血肌酐、尿素氮等;疑有免疫功能缺陷者需检查细胞和体液免疫系统,如淋巴细胞分类、NK 细胞和免疫球蛋白等。

(3)细菌培养表浅感染灶可取脓液或病灶渗出液做涂片或细菌培养以鉴定致病菌。较深的感染灶,可经穿刺取得脓液。全身性感染时,可取血、尿或痰做涂片、细菌培养和药物敏感试验,必要时重复培养。

2.影像学检查

(1)B 超　用于探测肝、胆、胰、肾、阑尾、乳腺等的病变及胸腔、腹腔、关节腔内有无积液。

(2)X 线　适用于检测胸腹部或骨关节病变,如肺部感染、胸腹腔积液或积脓等。

(3)CT 和 MR　有助于诊断实质性器官的病变,如肝脓肿等。

六、处理原则

局部治疗与全身性治疗并重。消除感染因素和毒性物质(如脓液、坏死组织),积极控制感染,促进和提高人体抗感染和组织修复能力。

1.局部处理

(1)保护感染部位　避免受压,肢体感染者抬高患肢,适当限制活动或加以固定,以免感染范围扩展。

(2)局部用药与理疗　浅表的急性感染在未形成脓肿阶段可选用中西药治疗,如消肿散、鱼石脂软膏、芙蓉膏等外敷或50%硫酸镁溶液湿敷,以促进局部血循环、肿胀消退和感染局限;感染伤口创面则需换药处理。炎症早期可以局部热敷或是采用超短波或红外线辐射等物理疗法,以改善血液循环、促进炎症消退或局限成脓。

(3)手术治疗　脓肿形成后应及时切开引流使脓液排出。部分感染尚未形成脓肿,但局部炎症严重、全身中毒症状明显者也应做局部切开减压,引流渗出物。深部脓肿可以在超声、CT 引导下穿刺引流。脏器组织的炎症病变,应视所在的器官以及病变程度,参考全身情况,先用非手术疗法并密切观察病情变化,必要时行手术处理。手术方式为切除或切开病变组织、排脓及留置引流物。

2.全身治疗

(1)支持治疗　保证休息,提供含丰富能量、蛋白质和维生素的饮食,补充水分和电解质,以维持体液平衡和营养状况。明显摄入不足者,可提供肠内或肠外营养支持;严重贫血、低蛋白血症或白细胞减少者,予以适当输血或补充血液成分。

(2)抗生素治疗　根据细菌学检查及药物敏感试验结果,正确合理使用抗生素种类,监测药物毒性。

(3)中西药治疗　可服用清热解毒类中药。

(4)对症治疗　体温过高时,可用物理降温或镇静退热药;体温过低时应注意保暖。疼痛剧烈者,适当应用止痛剂。

第二节 浅部软组织的化脓性感染患者的护理

一、疖

【概述】

疖俗称疖疮，是单个毛囊及其周围组织的急性化脓性感染。病菌以金黄色葡萄球菌为主，偶可由表皮葡萄球菌或其他病菌致病。感染好发于头、面、颈部、背部、腋部及会阴部等毛囊和皮脂腺丰富的部位。

温馨提示：致病菌主要为金黄色葡萄球菌的疾病：急性血源性骨髓炎、急性乳腺炎、疖、痈、手部感染、化脓性关节炎、新生儿脐炎等。

疖的发生与皮肤不洁、擦伤、局部摩擦、环境温度较高或人体抗感染能力低下有关。不同部位同时发生几处疖，或者在一段时间内反复发生疖，称为疖病，多发生于免疫力较低的小儿或糖尿病患者。

【护理评估】

1.健康史

了解患者有无抵抗力下降的原因，患者个人卫生习惯、软组织外伤史，了解感染的部位与局部感染的症状，有无全身性感染情况。

2.身体状况

疖初期，局部皮肤出现红、肿、痛的小结节，然后逐渐肿大；化脓后，其中心处先呈白色，触之稍有波动，继而破溃流脓并见黄白色脓栓，脓栓脱落、脓液流尽后，局部炎症即可消退愈合；有的疖无脓栓（无头疖），自溃稍迟。面疖常较严重，红肿范围较大。鼻、上唇及其周围称为“危险三角区”，该部位的疖被挤压时，致病菌可经内眦静脉、眼静脉进入颅内，引起颅内化脓性感染，可有寒战、发热、头痛、呕吐、意识异常等表现。

3.处理原则

依据临床表现，一般可明确诊断。如有发热等全身反应，应做白细胞计数或血常规检查；疖病患者还应检查血糖和尿糖，做脓液细菌培养及药物敏感试验。争取在早期促使炎症消退，局部化脓时及早使脓液排出，并及时消除全身炎症反应。

1）早期促使炎症消退红肿阶段可选用热敷、超短波、红外线等理疗措施，也可敷贴加油调成糊状的中药金黄散、玉露散或鱼石脂软膏。

2）局部化脓时及早排脓，疖顶见脓点或有波动感时用石炭酸点涂脓点或用针头、刀尖将脓栓剔出，禁忌挤压。出脓后敷以呋喃西林、乳酸依沙吖啶（利凡诺）湿纱条或化腐生肌的中药膏，直至病变消退。

3）抗菌治疗：若有发热、头痛、全身不适等全身症状，面部疖或并发急性淋巴结炎、淋巴管炎时，可选用青霉素或复方磺胺甲噁唑（复方新诺明）等抗生素治疗。有糖尿病者应给予降糖药物或胰岛素等相应治疗措施。

【护理诊断及医护合作性问题】

1. 疼痛

与感染有关。

2. 潜在并发症

颅内化脓性感染。

【护理措施】

1）保持疖周围皮肤清洁，以防感染扩散。

2）避免挤压未成熟的疖，尤其是“危险三角区”的疖，以免感染扩散引起颅内化脓性感染。

3）疖化脓切开引流后，应及时更换敷料，注意无菌操作，促进创口愈合。

4）疖伴有全身症状者，要注意休息，全身应用抗生素，加强营养，且不可随便手术，防止感染扩散。

【护理评价】

1)患者疼痛是否减轻或缓解;感染是否控制。

2)患者有无出现颅内化脓性感染的症状。

二、痈

【概述】

痈指邻近多个毛囊及其周围组织的急性化脓性感染,也可由多个疖融合而成。中医称为“疽”,颈后痈俗称为“对口疮”,背部痈为“搭背”(图 7-1)。

痈的发生与皮肤不洁、擦伤、人体抵抗力低下等有关。主要致病菌为金黄色葡萄球菌,多见:于免疫力弱的老年人和糖尿病患者。常发生在皮肤较厚的颈部和背部。感染一般从一个毛囊底部开始,由于皮肤厚,感染只能从阻力较弱的皮下脂肪柱蔓延到皮下组织、沿深筋膜扩散至周围并侵及附近的许多脂肪柱,再向上侵入毛囊群而导致具有多个脓头的痈。

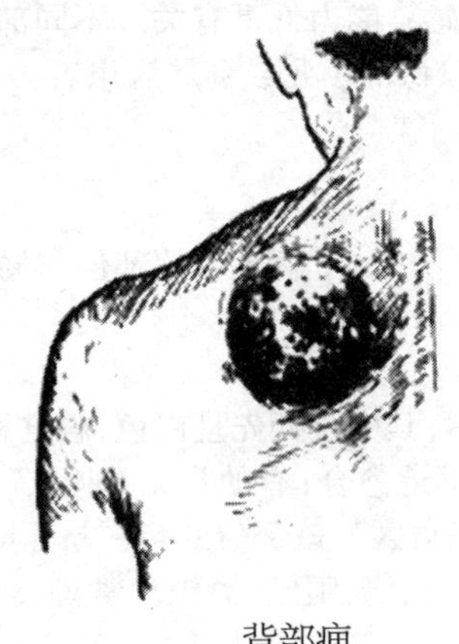

背部痈

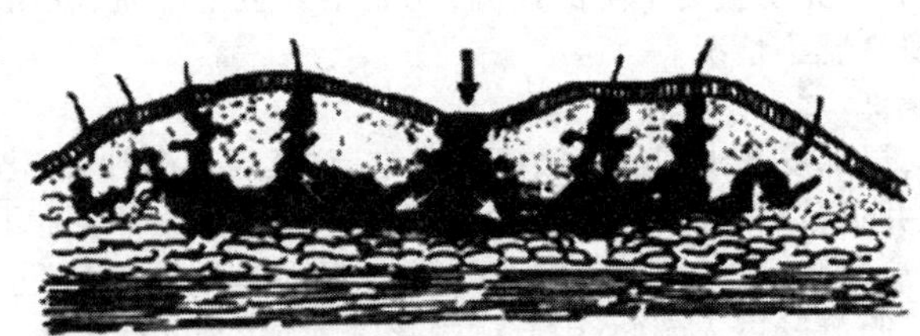

痈的切面(黑色代表脓液)

图 7-1　背部痈

【护理评估】

1.健康史

了解患者有无抵抗力下降的原因,患者个人卫生习惯、软组织外伤史,了解感染的部位与局部感染的症状,有无全身性感染情况。

2.身体状况

初起为小片皮肤肿硬、色暗红,界限不清,表面有几个凸出点或脓点,疼痛较轻;随着病情发展,皮肤肿硬范围增大,脓点增大增多,中央部为紫褐色凹陷,破溃后呈蜂窝状如同“火山口”状,其内含坏死组织和脓液。痈可向周围和深部组织发展,伴区域淋巴结肿痛。患者多伴有全身症状,包括寒战、发热、食欲不佳和全身不适等。严重者可致脓毒症或全身化脓性感染而危及生命。

3.辅助检查

实验室检查血白细胞计数增加和中性粒细胞比例增高。

4.处理原则

依据临床表现,结合实验室检查结果,一般可明确诊断。治疗包括:

1)局部处理初期仅有红肿时,可用 50%硫酸镁湿敷,鱼石脂软膏、金黄散等敷贴,也可以碘伏液稀释 10 倍后每日涂擦 3 次。如果痈范围大、中央坏死组织较多,应及时手术切开排脓,做“十”或“十十”形切口(图 7-2),深达筋膜,清除坏死组织,充分减压排脓,伤口内填塞碘仿纱布止血,并每日更换敷料,促进肉芽生长。较大创面者需行植皮术治疗。

2)全身治疗及时给予足量和有效的广谱抗生素以控制脓毒症,酌情休息,加强营养。

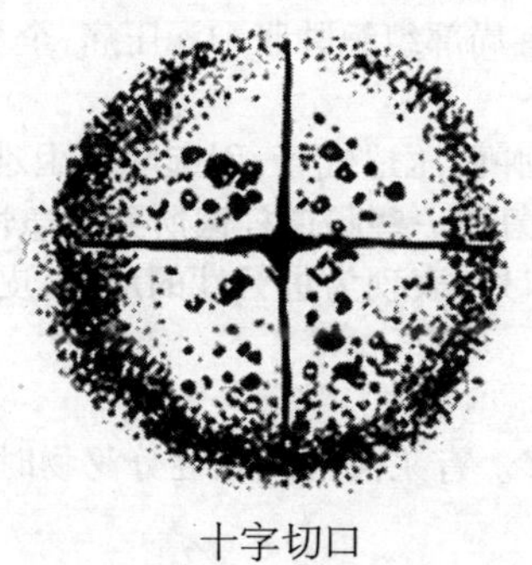

十字切口　　切口长度要超过炎症范围少许，深达筋膜

图 7-2　痈的"十"字切开

【护理诊断及合作性问题】

1. 疼痛

与感染有关。

2. 潜在并发症

全身化脓性感染。

【护理目标】

略

【护理措施】

1)保持痈周围皮肤清洁，避免挤压未成熟的痈或感染灶，以防止感染扩散。

2)伴有全身反应的患者要注意休息，加强营养，摄入含丰富蛋白质、维生素及高能量的食物，以提高人体抵抗力，促进愈合。

3)严格无菌操作，痈的创面应及时更换敷料、清除坏死组织和脓液。可敷生肌散，促进肉芽组织生长。

4)脓肿切开引流者，应及时更换敷料、换药，促进切口愈合。

5)注意个人日常卫生，尤其夏季，应做到勤洗澡、洗头、理发、剪指甲、注意消毒剃刀等；免疫力差的老年人及糖尿病患者尤应注意防护。

【护理评价】

1)患者疼痛是否减轻或缓解；感染是否控制。

2)患者是否出现全身化脓性感染的症状。

三、急性蜂窝织炎

【概述】

急性蜂窝织炎指皮下、筋膜下、肌间隙或深部疏松结缔组织的急性弥漫性化脓性感染。

急性蜂窝织炎常因皮肤或软组织损伤而引起，亦可由局部化脓性感染灶直接扩散，或经淋巴、血液传播而形成。主要致病菌为溶血性链球菌，金黄色葡萄球菌以及大肠杆菌或其他类型链球菌，亦可为厌氧菌。由于致病菌能释放毒性强的溶血素、透明质酸酶和链激酶等，加上受侵的组织较疏松因而病变发展迅速，不易局限，且与周围正常组织无明显界限。感染灶回流区的淋巴结亦常被累及，常引起脓毒症或菌血症。

【护理评估】

1.健康史

了解患者有无抵抗力下降的原因，患者个人卫生习惯、外伤史，了解感染的部位与局部感染的症状，有无全身性感染情况。

2.身体状况

临床表现常因致病菌种类和毒力、患者的状况、病变部位和深浅而不同。浅表急性蜂窝织炎表现为局部皮肤和组织的红肿、疼痛，病变边界不清，并向四周蔓延，中央部位常出现缺血性坏死，若病变部位的组织疏松则疼痛较轻;深部组织的急性蜂窝织炎,表面皮肤红肿不明显,但有局部组织肿胀和深压痛,全身症状明显,如寒战、高热、乏力、血白细胞计数增高等。

一些特殊部位,如口底、颌下、颈部等处的蜂窝织炎可致喉头水肿而压迫气管,引起呼吸困难甚至窒息。如炎症蔓延至纵隔而影响心肺功能预后较差。厌氧性链球菌、拟杆菌和一些肠道杆菌所致的急性蜂窝织炎,常发生在易被肠道或泌尿生殖道排出物污染的会阴部或下腹部伤口处,表现为进行性的皮肤、皮下组织及深筋膜坏死,脓液恶臭,局部有捻发音。

3.处理原则

根据病史、体征,一般可明确诊断。血常规检查白细胞计数增多。有浆液性或脓性分泌物时涂片检查病菌种类。病情较重时,应取血和脓做细菌培养和药物敏感试验。

(1)局部处理　局部制动,早期中西药湿、热敷,理疗。若病变进展,形成脓肿应切开引流和清除坏死组织;口底、颌下、颈部等处的蜂窝织炎应尽早切开减压,以防喉头水肿、压迫气管;对厌氧菌感染者,用3%过氧化氢溶液冲洗伤口和湿敷。高度注意并发症的发生,做好急救准备。

(2)抗菌治疗　抗菌药物一般首选青霉素,疑有厌氧菌感染时加用甲硝唑。根据临床治疗效果或细菌培养与药敏报告调整用药。

(3)全身处理　注意改善患者全身状态,高热时可行物理降温;进食困难者输液维持营养和体液平衡;呼吸急促时给予吸氧或辅助通气等。

【护理诊断及合作性问题】

1. 体温过高

与感染有关。

2. 潜在并发症

呼吸困难。

【护理计划与实施】

1. 一般护理

患者局部制动,中西药热敷、理疗,加强营养。

2. 对症处理

1)对体温较高者,给予物理降温,如冰囊、冰袋、温水或乙醇擦浴,同时鼓励患者饮水,必要时静脉补液并监测24小时出入的水量。

2)特殊部位如口底、颌下、颈部等的蜂窝织炎可能影响患者呼吸。因此,应严密观察患者的呼吸情况,注意患者有无呼吸费力、困难、甚至窒息等症状,以便及时发现和处理,警惕突发喉头痉挛,做好气管插管等急救准备。

3)合理应用抗生素酌情对创面分泌物进行细菌培养和药物敏感试验,确定抗生素的合理使用。

4)厌氧菌感染者,注意观察3%过氧化氢溶液冲洗创面和湿敷的效果。

【护理评价】

1)患者体温过高时能否给予及时处理,体温有无密切观察。

2)患者是否发生呼吸困难症状,有无及时处理。

四、丹毒

【概述】

丹毒是皮肤淋巴管网的急性炎症感染,好发部位是下肢与面部。

致病菌为乙型溶血性链球菌。患者常先有皮肤或黏膜的某种病损,如皮肤损伤、足癣、口腔溃疡、鼻窦炎等,发病后淋巴管网分布区域的皮肤出现炎症反应,引流区淋巴结也常累及,病变蔓延很快,全身反应较明显,但很少有组织坏死或化脓。治愈后容易复发。

【护理评估】

1.健康史

了解患者近期有无皮肤黏膜的损伤,个人卫生习惯,了解感染的部位与局部感染的症状,有无全身性感染情况。

2.身体状况

起病急，开始即可有畏寒、发热、头痛、全身不适等。表现为片状皮肤红疹、微隆起、色鲜红、中间稍淡、境界较清楚。局部有烧灼样疼痛，有的可起水疱，附近淋巴结常肿大、有触痛，但皮肤和淋巴结少见化脓破溃。下肢丹毒反复发作导致淋巴水肿，在含高蛋白淋巴液刺激下局部皮肤粗厚，肢体肿胀，甚至发展成象皮肿。

3.处理原则

注意皮肤清洁，及时处理小创口，局部可用50%硫酸镁液湿热敷。全身根据情况可应用抗菌药物。局部及全身症状消失后，继续用药3～5天，与丹毒相关的足癣、溃疡、鼻窦炎等应积极治疗，以避免复发。在接触丹毒患者或是换药后，应当洗手消毒，防止医源传染。

温馨提示：丹毒、破伤风、疱疹性口腔炎等均需予以隔离，以防接触性传染。

【护理诊断及合作性问题】

疼痛：与感染有关。

【护理措施】

1)做好床边隔离，防止接触性传染。

2)观察局部及全身症状，及时应用抗生素，加强营养，提高抵抗力。

3)注意卧床休息，抬高患肢。

【护理评价】

患者疼痛是否减轻或缓解；感染是否控制。

五、急性淋巴管炎和淋巴结炎

【概述】

急性淋巴管炎指致病菌经破损的皮肤、黏膜或其他感染病灶侵入淋巴流，引起淋巴管与淋巴结的急性炎症。

浅部急性淋巴管炎在皮下结缔组织层内，沿集合淋巴管蔓延。好发部位为颈部、腋窝和腹股沟，亦可在肘内侧或腘窝部。致病菌常为乙型溶血性链球菌、金黄色葡萄球菌等，可来源于口咽部炎症、足癣以及各种皮肤、皮下化脓性的感染灶。

【护理评估】

1.健康史

了解患者近期有无局部感染发生，如口咽炎、足癣以及皮肤、皮下化脓性的感染，了解感染的部位与局部感染的症状，有无全身性感染情况。

2.身体状况

(1)局部表现　急性淋巴管炎分为网状淋巴管炎和管状淋巴管炎。丹毒即为网状淋巴管炎。管状淋巴管炎多见于四肢，以下肢更常见，常因足癣而致。以皮下浅筋膜为界，可分浅、深两种。皮下浅层急性淋巴管炎在病灶表面出现一条或多条“红线”，中医学称“红丝疔”，触之硬而有压痛；深层急性淋巴管炎无表面红线，但患肢肿胀，有压痛。

急性淋巴结炎初期，局部淋巴结肿大、疼痛和触痛，与周围软组织分界清晰，表面皮肤正常。感染加重时形成肿块，往往为多个淋巴结融合所致，疼痛加剧、触痛加重，表面皮肤发红、发热，脓肿形成时有波动感，少数可破溃流脓。

(2)全身表现　因致病菌毒力和原发感染程度而不同，患者常有全身不适、寒战、发热、头痛、乏力和食欲不振等症状。

3.处理原则

1)及时、合理应用抗生素,以尽早控制炎症的发展。

2)积极治疗原发感染病灶;急性淋巴管炎可局部外敷黄金散、玉露散或用碘伏液稀释液湿敷;急性淋巴结炎形成脓肿后,应穿刺抽脓或切开减压、引流。

【护理诊断及合作性问题】

1. 疼痛

与感染有关。

2. 潜在并发症

血栓性静脉炎。

【护理措施】

1)肢体感染者,应卧床休息,抬高患肢,适当被动活动关节。鼓励患者经常翻身,预防血栓性静脉炎。

2)注意保持个人卫生,积极预防和处理原发病灶,如扁桃体炎、龋齿、手癣及足癣等感染。

3)及时、准确应用抗生素。

【护理评价】

1)患者疼痛是否减轻或缓解;感染是否控制。

2)患者是否出现血栓性静脉炎的症状。

六、脓肿

【概述】

脓肿是身体各部位发生急性感染后,病灶局部的组织发生坏死、液化而形成的脓液积聚,周围有一完整的脓腔壁将其包绕。

脓肿常继发于各种化脓性感染,如急性蜂窝织炎、急性淋巴结炎及疖、痈等,但也可由远处原发感染灶经血液循环或淋巴管转移而来。此外,有些脓肿发生在局部损伤的血肿或异物存留处。致病菌常为金黄色葡萄球菌。

【护理评估】

1.健康史

了解患者近期有无局部感染发生,如急性蜂窝织炎、急性淋巴结炎及疖、痈等,了解感染的部位与局部感染的症状,有无全身性感染情况。

2.身体状况

(1)局部表现　位置较浅的脓肿,局部隆起,有红、肿、热、痛的典型症状,与正常组织界限清楚,压之剧痛,可有波动感。位置较深的脓肿,局部常无波动感,红肿也多不明显,但局部有疼痛和压痛,在病变区可出现凹陷性水肿。寒性脓肿即结核杆菌引起的脓肿,其特点为发展慢,病程长,表面无明显的红、肿、热、痛等化脓性炎症表现,但可试出波动。

(2)全身表现　大而深的脓肿,由于局部炎症反应和毒素吸收,可有明显的全身症状,如发热、头痛、食欲减退、乏力和白细胞计数增加等。

3.辅助检查

(1)血常规检查　多数患者可有白细胞总数、嗜中性粒细胞的比例增多,少数患者有明显的核左移和白细胞中出现中毒性颗粒。病程较长的重症患者可有红细胞和血红蛋白的减少。

(2)血培养　对有全身感染者在应用抗生素之前可采血做细菌培养,同时做药物敏感试验。并发败血症者可培养出致病菌,连续3次以明确诊断。

(3)脓液细菌培养或涂片检查　对于脓肿形成者可用穿刺或切开所得脓液,常规做脓液细菌培养及药物敏感试验,也可做涂片染色检查。

(4)血生化检查　病情严重者钾、钠、氯及二氧化碳结合力也常有不同程度的改变。

(5)B超　可帮助确定感染所在部位,如有脓肿存在时,可见有“液性暗区”。

4.处理原则

消除病因,去除脓液、坏死组织,加强营养支持,增强机体的抗感染和修复能力。

（1）局部治疗　较轻或范围较小的浅部感染可局部用药、热敷、理疗；感染较重或范围较大者，应给予有效的抗菌药物；深部感染可根据疾病的种类采取相应的治疗。对于有脓肿形成者应切开引流，施行手术治疗。

（2）全身治疗　感染较重或范围较大者，应给予有效的抗菌药物；有贫血、低蛋白血症或全身性消耗者，应给予输血，特别是脓血症时，可多次适量输入新鲜血，增强机体抵抗力。

【护理诊断及合作性问题】

1. 体温过高

与感染有关。

2. 营养不良

低于机体需要量与消耗增加有关。

3. 潜在并发症

坠积性肺炎、血栓性静脉炎。

【护理措施】

1）密切观察患者的局部和全身症状，注意面部、颈部感染的发展，尽早发现并控制颅内化脓性感染等严重并发症的发生。监测体温变化，体温过高时，应限制患者活动，保持安静状态，减少产热。当体温超过 38.5℃时应采取物理降温，同时鼓励患者多饮水，必要时可静脉输液，补充机体所需的液体量和热量，纠正水、电解质和酸碱失衡，并监测 24 小时出入水量。

2）加增营养，增强机体抵抗力，鼓励患者进高蛋白、高热量、含丰富维生素的饮食和多饮水，以增强机体的代谢，促进毒素的排泄。

3）感染初起时，可局部使用物理透热法、热敷法和硫酸镁湿敷法，使脓肿消退，限制感染扩散；感染较重时，可根据细菌培养和药物敏感试验结果应用有效的抗生素。如用药 2 ～ 3 日后疗效不明显，应更换抗生素的种类，以提高治疗效果。对于严重感染者可考虑应用肾上腺皮质激素，以减轻中毒症状，改善患者的自身状况。

4）脓肿切开引流者，要保持创面干燥、清洁，及时更换敷料，注意无菌操作，防止或减少感染发生。对于疼痛不缓解者可给予止痛剂和镇静剂，以保证患者有充分的休息和睡眠。

5）对感染较重或肢体感染者，应嘱患者卧床休息，患肢制动抬高，并协助患者做患肢运动，以免病愈后患肢活动障碍。卧床期间，要鼓励患者经常做深呼吸、咳痰、翻身等活动，必要时可给患者雾化吸入，并协助其翻身、叩背、排痰，以预防坠积性肺炎及血栓性静脉炎的发生。

【护理评价】

1）患者体温是否能控制在 38.5℃以下，体温过高时有无及时处理。

2）患者营养能否满足机体代谢需要，是否经口进食。

3）患者有无出现坠积性肺炎或血栓性静脉炎的症状。

第三节　全身性感染患者的护理

【概述】

全身性感染是指致病菌侵入人体血液循环，并在体内生长繁殖或产生毒素而引起的严重的全身性感染或中毒症状，通常指脓毒症和菌血症。脓毒症是指因感染引起的全身性炎症反应，如体温、循环、呼吸等明显改变的外科感染的统称。菌血症是脓毒症中的一种，即血培养检出致病菌者。

1.病因及发病机制

引起全身性感染的主要原因是致病菌数量多、毒力强、机体的抗感染能力低下。常继发于严重创伤后的感染和各种化脓性感染、体内长期置管、不适当地应用抗生素和激素等。常见致病菌包括：①革兰阴性杆菌：常见有大肠杆菌、绿脓杆菌、变形杆菌，其次为克雷伯菌、肠杆菌等；②革兰阳性球菌：常见为金黄色葡萄球菌，其次为表皮葡萄球菌和肠球菌等。表皮葡萄球菌所致的全身性感染率近年明显增加，肠球菌则是人体肠道中的常驻菌，是引起肠源性感染的菌种之一；③无芽胞厌氧菌；④真菌：外科真菌感染中常见的致病菌是白色念珠菌、曲霉菌、毛霉菌、新型隐球菌等，属于条件致病菌；常因患者在持续应用抗生素，特别是广谱抗生素的情况下,或因基础疾病严重,应用免疫抑制剂、激素等,使机体免疫功能进一步削弱,导致真菌过度生长,成为继细菌感染后的二重感染。

2.病理生理

(1)革兰阴性杆菌感染　多见于肠道、胆道、泌尿道感染和大面积烧伤时。此类细菌的内毒素及其介导的多种炎症介质可引起毛细血管扩张、通透性增加和微循环淤滞,导致有效循环血量减少。所以,革兰阴性杆菌所致的脓毒症一般较严重,临床特点为全身寒颤或间歇发热、四肢厥冷和“三低”现象(体温不升、低血白细胞计数、低血压),早期即可发生感染性休克,且持续时间长。

(2)革兰阳性球菌感染　多见于痈、急性蜂窝织炎等。其外毒素能使周围血管麻痹、扩张,发热多呈稽留热和弛张热;患者面色潮红、四肢温暖;常有皮疹、腹泻、呕吐等。此类感染易经血液播散,可在体内形成转移性脓肿,较迟发生感染性休克。

(3)无芽胞厌氧菌感染　约 2/3 厌氧菌感染伴需氧菌感染,两类细菌的协同作用可促使组织坏死,形成脓肿,脓液有粪臭味。

(4)真菌感染　常同细菌感染混合存在,临床床表现类似革兰染色阴性杆菌感染,如寒战、高热、神志淡漠、嗜睡,甚至休克。

【护理评估】

1.健康史

了解患者发病的时间、经过及发展过程。了解原发感染灶的部位、性质及其脓液性状;评估患者有无突发寒战、高热、头痛、头晕、恶心、呕吐、腹胀等;评估患者的面色、神志、心率、脉搏、呼吸及血压等的改变;观察患者有无代谢失调、代谢性酸中毒、感染性休克及多器官功能障碍等表现;了解包括血常规、肝、肾等重要器官的检查及血液细菌或真菌的培养结果。

2.身体状况

患者突发寒战、高热,可达 40 ~ 41℃或体温不升;头痛、头晕、恶心、呕吐、腹胀、面色苍白或潮红、出冷汗等;神志淡漠或烦躁、谵妄、甚至昏迷;心率加快、脉搏细数、呼吸急促甚至困难;代谢失调和不同程度的代谢性酸中毒;严重者出现感染性休克、多器官功能不全综合征;肝脾肿大,可出现黄疸或皮下出血、瘀斑等。

3.辅助检查

(1)血常规中白细胞计数明显增高,常达 20 ~ 30×10^9 个/L 以上,或者降低、核左移、幼稚型增多、出现中毒颗粒。

(2)出现不同程度的氮质血症、溶血,肾功能受损表现。

(3)高热或寒战时采血做血液细菌或霉菌培养有诊断意义。

4.处理原则

治疗原则:处理原发感染灶、控制感染和全身支持疗法。

(1)局部处理　处理原发感染灶,清除坏死组织和异物,消灭死腔,充分引流脓液;尽早解除与感染相关的因素,如血循环障碍、梗阻等。原发感染灶不甚明确者,应全面检查,尤其注意一些潜在的感染源和感染途径。若疑有静脉导管感染,应尽快拔除导管并做细菌或真菌培养。

(2)抗生素应用　在未获得培养结果前,根据原发感染灶的性质,及早、联合应用估计有效的两种抗生素,并应用足够剂量;根据细菌培养及药物敏感试验结果,调整有效抗生素;对于真菌性脓毒症,应尽量停用广谱抗生素,改用有效的、针对性强的抗生素,并全身应用抗真菌药物。

(3)全身支持疗法　根据情况补充血容量、输注新鲜血、纠正低蛋白血症等;控制高热,纠正电解质紊乱和维持酸碱平衡等。

5.心理-社会状况

多数患者起病急、病情重、发展快,患者和家属常有焦虑、恐惧等表现。注意评估患者和家属对疾病、拟采取治疗方案和预后的认知程度及患者对医院环境的适应情况。

【护理诊断及医护合作性问题】

1. 焦虑

与突发寒战、高热、头痛及心率、脉搏、呼吸等的改变有关。

2. 体温过高

与全身性感染有关。

3. 潜在并发症

感染性休克等。

【护理措施】

1. 一般护理

（1）卧床休息　提供一个安静、舒适的环境，保证患者充分休息和睡眠。

（2）营养支持　鼓励患者进高蛋白质、高热量、含丰富维生素、高糖类的低脂肪饮食，对无法进食的患者可通过肠内或肠外途径提供足够的营养。

2. 病情观察

严密观察患者的神志和生命体征等，及时发现病情变化；监测24小时出入水量，纠正水、电解质失衡；在患者寒战高热发作时，做血液细菌或真菌培养，以便确定致病菌，为治疗提供可靠依据。

3.对症处理

高热患者，给予物理或药物降温，以降低代谢消耗；痰液黏稠给予雾化吸入，保持呼吸道通畅，协助患者翻身、叩背咳痰、深呼吸，床头备吸痰装置；也可提供氧治疗以提高组织器官氧浓度。

4. 用药护理

根据医嘱及时、准确地执行静脉输液和药物治疗，以维持正常血压、心输出量及控制感染。

5. 心理护理

关心、体贴患者，给患者及家属心理安慰和支持。

6. 健康教育

注意个人日常卫生，保持皮肤清洁；加强饮食卫生，避免肠源性感染；发现身体局部感染灶应及早就诊，以免延误治疗。

【护理评价】

1. 患者的焦虑是否减轻或缓解。
2. 体温是否正常，全身性感染是否控制。
3. 是否并发感染性休克，或发生后是否得到及时发现和有效处理。

第四节　特异性感染患者的护理

一、破伤风

【概述】

破伤风是指破伤风杆菌侵入人体伤口并生长繁殖、产生毒素而引起的一种特异性感染。常继发于各种创伤后，亦可发生于不洁条件下分娩的产妇和新生儿。

1.病因及发病机制

破伤风杆菌为革兰阳性厌氧芽胞杆菌，主要存在于人畜的肠道，随粪便排出体外，广泛分布于自然界，尤以土壤中为常见。破伤风杆菌及其毒素不能侵入正常的皮肤和黏膜，但一切开放性损伤，如火器伤、开放性骨折、烧伤、动物咬伤，甚至细小的木刺或锈钉刺伤等，均可能引起破伤风。也有因新生儿脐带处理不当，孕、产妇不洁的人工流产或分娩所致破伤风。

破伤风杆菌污染伤口后并不一定发病，缺氧环境是发病的主要因素。当伤口外口较小，伤口内有坏死组织，血块充塞，或填塞过紧、局部缺血等，就形成一个适合该菌生长繁殖的缺氧环境。如果同时存在其他需氧菌感染，后者消耗伤口内残留的氧气，即有利于破伤风的发生。

温馨提示：破伤风、产褥感染等均为厌氧菌感染。

2.病理生理

在缺氧环境中,破伤风杆菌的芽胞发育为增殖体,迅速繁殖并产生大量外毒素,即痉挛毒素和溶血毒素,是导致破伤风病理生理改变的原因。痉挛毒素引起一系列临床症状和体征,而溶血毒素可引起局部组织坏死和心肌损害。痉挛毒素经血液循环和淋巴系统至脊髓、脑干等处,与联络神经细胞的突触相结合,抑制突触释放抑制性传递介质。运动神经元因失去中枢抑制而兴奋性增强,导致随意肌紧张与痉挛。破伤风毒素还可阻断脊髓对交感神经的抑制,致使交感神经过度兴奋,引起血压升高、心率增快、体温升高、出汗等。

【护理评估】

1.健康史

了解患者的发病经过,不能忽视任何轻微的受伤史。尤其注意发病前的创伤史,深部组织感染史、近期人工流产及分娩史。

2.身心状况

(1)潜伏期　一般潜伏期通常是6～12天,个别患者可在伤后1～2天就发病。还有的受伤后数月或数年因清除病灶或异物而发病的。潜伏期越短者,预后越差。新生儿破伤风一般在断脐后7天发生,故常称“七日风”。

(2)前驱症状　前驱症状一般持续12～24小时。表现为全身乏力、头晕、头痛、失眠、多汗、烦躁不安、打呵欠、咀嚼无力、局部肌发紧、扯痛,并感到舌和颈部发硬及反射亢进等。

(3)典型症状　出现前驱症状后,在肌紧张性收缩(肌强直、发硬)的基础上,呈阵发性强烈痉挛。通常最先受影响的肌群是咀嚼肌,随后顺序为面部表情肌、颈、背、腹、四肢肌,最后为膈肌。表现为:张口困难(牙关紧闭)、蹙眉、口角下缩、咧嘴“苦笑”、颈部强直、头后仰;当背、腹肌同时收缩时因背部肌群较为有力,出现腰部向前凸、腹肌呈板状硬、躯干因而扭曲成弓,结合颈、四肢的屈膝、弯肘、半握拳等痉挛姿态,形成“角弓反张”或“侧弓反张”;强烈的肌痉挛,可致肌断裂,甚至发生骨折;膈肌受影响后,患者出现面唇青紫,呼吸困难,甚至呼吸暂停;膀胱括约肌痉挛时可引起尿潴留。上述发作可因轻微的刺激,如光、声、接触、饮水等而诱发。间歇期长短不一,发作频繁者,常为病情严重。发作时神志清楚,表情痛苦,每次发作时间由数秒至数分钟不等。患者死亡原因多为窒息、心力衰竭或肺部并发症。

(4)其他症状　少数患者仅有局部肌持续性强直,可持续数周或数月,以后逐渐消退。新生儿破伤风,因其肌纤维弱而症状不典型,常表现出为不能啼哭和吸吮乳汁、活动少、呼吸弱甚至呼吸困难。

病程一般为3～4周,如积极治疗,不发生特殊并发症者,发作的程度可逐渐减轻。但肌紧张与反射亢进可继续一段时间,恢复期间还可出现一些精神症状,如幻觉、言语、行动错乱等,但多能自行恢复。

温馨提示:破伤风又称“七日风”、“锁口风”,因此其潜伏期和典型症状就不难理解和记忆。

3.处理原则

凡有外伤史,不论伤口大小、深浅,如果伤后出现肌紧张、扯痛、张口困难、颈部发硬、反射亢进等,均应考虑此病的可能性。

治疗原则包括清除毒素来源、中和游离毒素、控制和解除痉挛、保持呼吸道通畅和防治并发症等。

(1)清除毒素来源　在良好麻醉、控制痉挛的基础上,进行彻底的清创术。清除坏死组织和异物后,敞开伤口,充分引流,局部可用3%过氧化氢溶液冲洗。对于伤口已愈合者,必须仔细检查痂下有无窦道或死腔。

(2)中和游离毒素　破伤风抗毒素(TAT)可中和血中的游离毒素,而不中和已与神经组织结合的部分毒液,故应早期使用。

(3)控制和解除痉挛　控制和解除痉挛是治疗的重要环节。根据病情可交替使用镇静及解痉药物,以减少患者的痉挛和痛苦。

(4)保持呼吸道通畅和防治并发症　主要并发症在呼吸道,如窒息、肺不张、肺部感染。对抽搐频繁,药物不易控制的严重患者,应尽早进行气管切开。以便改善通气,清除呼吸道分泌物,必要时行人工辅助呼吸。选用合适的抗生素,预防其他继发感染,如肺炎。补充水和电解质以纠正因消耗、出汗及不能进食等导致的水和电解质失衡。

破伤风是可以预防的疾病。创伤后早期彻底清创,改善局部血循环是预防破伤风发生的关键;还可采取人工免疫。人工免疫包括自动和被动两种方法。临床上常用被动免疫。被动免疫法是对伤前未接受自动免疫的伤员，尽早皮下注射破伤风抗毒素(TAT)1500 ~ 3000U，因为破伤风的发病有一潜伏期，尽早注射有预防作用。但其作用短暂，有效期为10天左右，因此对深部创伤，潜在厌氧菌感染可能的患者，可在1周后追加一次量。破伤风抗毒素易引起过敏反应，注射前必须进行皮内过敏试验。如有过敏反应，应按脱敏法注射。

4.心理-社会状况

破伤风起病急，病情严重，患者无心理准备，面对痉挛的反复发作和隔离治疗，常会产生焦虑、紧张、恐惧情绪，病情可因轻微的刺激，如光、声、接触、饮水等而诱发。

【护理诊断及合作性问题】

1. 有窒息的危险

与持续性喉头痉挛及气道堵塞有关。

2. 有体液不足的危险

与痉挛性消耗和大量出汗有关。

3. 有受伤的危险

与强烈肌痉挛抽搐，造成肌撕裂或骨折有关。

4. 尿潴留

与膀胱括约肌痉挛有关。

5. 营养失调

低于机体需要量与痉挛消耗和不能进食有关。

【护理措施】

1.一般护理

(1)将患者置于隔离病室，室内遮光、安静，室温15 ~ 20℃、湿度约60%。病室内急救药品和物品准备齐全，处于应急状态。

(2)减少外界刺激 医护人员要做到走路轻，语声低，操作稳，避免光、声、寒冷及精神刺激；使用器具无噪声；护理治疗安排集中有序，尽量在痉挛发作控制的一段时间内完成，减少探视，尽量不要搬动患者。

温馨提示：破伤风、癫痫和子痫患者病室宜暗，防止引起抽搐。

(3)严格执行消毒隔离制度 严格执行无菌技术；医护人员进入病房穿隔离衣，戴口罩、帽子、手套，身体有伤口时不要进入病室内工作；患者的用品和排泄物应严格消毒处理，伤口处更换的敷料应立即焚烧。尽可能使用一次性材料物品。

温馨提示：破伤风患者、气性坏疽患者、肺结核患者痰液污染的敷料均可采用焚烧的方法处理。

(4)保持静脉输液通畅 在每次发作后检查静脉通路，防止因抽搐使静脉通路堵塞、脱落而影响治疗。

(5)加强营养 在痉挛发作间歇期，鼓励患者进高热量、高蛋白、高维生素饮食，少量多次进食，以免引起呛咳、误吸。重症不能进食的患者，可通过胃管进行鼻饲，但时间不宜过长。也可根据机体需要由静脉补充或给予全胃肠外营养。

2.呼吸道管理

1)保持呼吸道通畅。对抽搐频繁、持续时间长、药物不易控制的严重患者，应尽早行气管切开，以便改善通气；及时清除呼吸道分泌物，必要时进行人工辅助呼吸。

2)在痉挛发作控制后的一段时间内，协助患者翻身、叩背，以利排痰，必要时用吸痰器，防止痰液堵塞；给予雾化吸入，稀释痰液，便于痰咳出或吸出。气管切开患者应给予气道湿化。

3)遵医嘱给氧，一般氧饱和度在95%左右，注意观察用氧疗效和反应。

4)患者进食时注意避免呛咳、误吸，引起窒息。

3.病情观察

严密观察患者的生命体征,观察患者痉挛、抽搐发作次数,持续时间及有无伴随症状,并做好记录,发现异常及时报告医生,并协助处理。

4.维持水、电解质平衡,纠正酸中毒

由于肌痉挛大量出汗,体力消耗极大以及不能进食,均可引起患者水和电解质代谢失调,所以应及时补充纠正,记录24小时出入水量。

5.保护患者,防止受伤

使用带护栏的病床,必要时使用约束带,防止痉挛发作时患者坠床和自我伤害;应用合适的牙垫,以防舌咬伤;剧烈抽搐时勿强行按压肢体,关节部位放置软垫,以防止肌腱断裂、骨折及关节脱位;床上置治疗气垫,防止压疮。

6.人工冬眠的护理

应用人工冬眠过程中,应密切观察病情变化,做好各项监测,随时调整冬眠药物的剂量,使患者无痉挛和抽搐的发作。

7.基础护理

患者生活多不能自理,应加强基础护理。对于不能进食的患者要加强口腔护理,防止发生口腔炎和口腔溃疡;保持持续导尿,每天会阴护理2次,防止发生泌尿系统感染。抽搐发作时,患者常大汗淋漓,护士应及时轻轻擦汗,病情允许情况下应给患者勤换衣服、床单、被褥;按时翻身,预防压疮发生;高热是病情危急的标志,体温超过38.5℃,应行物理降温。

8.健康教育

1)加强宣传教育,增强人们对破伤风的认识,加大宣传力度,可用黑板报、宣传小册子、印制各种图片、授课等形式开展健康教育。

2)加强劳动保护,防止外伤,不可忽视任何小伤口,如木刺伤、锈钉刺伤,要正确处理深部感染如化脓性中耳炎等;伤后及时就诊和注射破伤风抗毒素。

3)避免不洁接产,以防止新生儿破伤风及产妇产后破伤风等。

【护理评价】

1)患者呼吸道是否通畅,血氧饱和度是否维持在正常范围。

2)生命体征是否正常,如尿量是否正常,有无脱水、电解质和酸碱失衡等现象。

3)是否发生伤害,如舌咬伤、坠床或骨折等,强直痉挛和抽搐有无缓解。

4)是否尿潴留,膀胱括约肌痉挛是否缓解,是否恢复自行排尿。

5)营养摄入能否满足机体代谢需要,是否恢复经口饮食。

二、气性坏疽

【概述】

气性坏疽通常指由梭状芽胞杆菌所致的以肌坏死或肌炎为特征的急性特异性感染。此类感染发展急剧,预后严重。

气性坏疽属厌氧菌感染的一种,病菌为革兰阳性梭状芽胞杆菌。已知梭状芽胞杆菌有多种,引起本病的主要是产气夹膜梭菌、水肿杆菌、腐败杆菌和溶组织杆菌等。感染往往是两种以上致病菌的混合感染。此类致病菌在有氧环境下不能生存,但其芽胞抵抗力非常强,广泛存在于泥土和人畜粪便中,故容易侵入伤口,但感染发生者不多。气性坏疽的发生除取决于梭状芽胞杆菌的存在外,还决定于人体抵抗力和伤口的缺氧环境。

这类细菌可产生多种有害于人体的外毒素与酶。部分酶能通过脱氮、脱氨、发酵作用而产生大量不溶性气体,如硫化氢等,积聚在组织间;有些酶能溶解组织蛋白,引起组织细胞坏死、渗出而产生恶性水肿。组织内因气、水夹杂而急剧膨胀,局部张力迅速增高,皮肤表面变硬如“木板样”;筋膜下张力急剧增加,压迫微血管而加重组织的缺血、缺氧甚至失活,更有利于细菌的生长繁殖,形成恶性循环。此类细菌产生的卵磷脂酶、透明质酸酶等使细菌易于穿透组织间隙,加速扩散。感染一旦发生,即可沿肌束或肌群向上下扩展。病变肌为砖红色,外观如熟肉,失去弹性。大量组织坏死和外毒素吸收,可引起严重的脓毒症,并侵犯内脏器官。

【护理评估】

1.健康史

了解患者的发病经过，不能忽视任何轻微的受伤史。

2.身体状况

（1）潜伏期　潜伏期可短至伤后8～10小时，长可达5～6日，一般在伤后1～4日。

（2）局部症状　患者常诉伤肢沉重或疼痛，持续加重，有如胀裂，难以忍受，止痛剂不能奏效；局部肿胀与刨伤所能引起的程度不成比例，并迅速向上下蔓延，每小时都可见到加重。伤日中有大量浆液性或浆液血性渗出物，可渗湿厚层敷料，当移除敷料时有时可见气泡从伤口中冒出。皮下如有积气，可触及捻发音。因组织分解、液化、腐败和大量产气（硫化氢等），伤口可有恶臭。

（3）全身症状　患者精神疲软，烦躁不安，伴有恐惧或欣快感；皮肤、口唇变白，大量出汗、脉搏快速、体温逐步上升。随着病情的发展，可发生溶血性贫血、黄疸、血红蛋白尿、酸中毒，全身情况可在12～24小时内全面迅速恶化。

3.处理原则

早期诊断的重要依据是局部表现。伤口内分泌物涂片检查有革兰阳性杆菌和X线检查显示患处软组织间积气，有助于确诊。治疗越早越好，有利于挽救患者的生命，减少组织的坏死或截肢率。

（1）急症清创　术前静脉滴注大剂量青霉素、输血等。准备时间应尽量缩短。清创范围应达正常肌组织，切口敞开、不予缝合。如整个肢体已广泛感染，应果断进行截肢，以挽救生命。如感染已部分超过关节截肢平面，其上的筋膜腔应充分敞开，术后用氧化剂冲洗、湿敷，经常更换敷料，必要时还要再次清创。

（2）应用抗生素　首选青霉素，常见产气荚膜梭菌中对青霉素大多敏感，但剂量需大，每天应在1000万U以上。大环内酯类（如琥乙红霉素、麦迪霉素等）和硝咪唑类（如甲硝唑、替硝唑）也有一定疗效。氨基糖苷类抗生素对此类细菌已证实无效。

（3）高压氧治疗　提高组织间的含氧量，造成不适合细菌生长繁殖的环境，可提高治愈率，减轻伤残率。

（4）全身支持疗法　包括输血、纠正水与电解质失衡、营养支持与对症处理等。

（5）早期预防　尽早彻底清创，包括清除失活、缺血的组织，去除异物特别是非金属性异物，对深而不规则的伤口充分敞开引流避免死腔存在，对疑有气性坏疽的伤口，可用3%过氧化氢或1∶1000高锰酸钾等溶液冲洗、湿敷。

【护理诊断及合作性问题】

1. 疼痛

与创伤、感染及局部肿胀有关。

2. 组织完整性受损

与组织感染坏死有关。

3. 自我形象紊乱

与失去部分组织和肢体而致形体改变有关。

【护理计划与实施】

1.严格隔离消毒

立即执行接触隔离制度，患者住隔离室。医护人员进入病室要穿隔离衣、戴帽子、口罩、手套等，身体有伤口者不能进入室内工作；患者的一切用品和排泄物都要严格隔离消毒，患者的敷料应予焚烧；尽可能应用一次性物品及器具，室内的物品未经处理不得带出隔离间。

2.监测病情变化

对严重创伤患者，尤其伤口肿胀明显者，应严密监测伤口肿痛情况，特别是突然发作的伤口“胀裂样”剧痛；准确记录疼痛的性质、特点及与发作相关的情况。对高热、烦躁、昏迷患者应密切观察生命体征变化，警惕感染性休克的发生。如已发生感染性休克的，按休克护理。

3.疼痛护理

及时应用止痛剂，必要时给予麻醉止痛剂。亦可应用非药物治疗技巧，如谈话、娱乐活动及精神放松等方法，以缓解疼痛。对截肢后出现幻觉疼痛者，应给予耐心解释，解除其忧虑和恐惧。对扩大清创或截肢者，应协助患者变换体位，以减轻因外部压力和肢体疲劳引起的疼痛。伤口愈合过程，对伤肢实施理疗、按摩及功能锻炼,以减轻疼痛,恢复患肢功能。

4.心理护理

对患者应以关心、同情、热情的态度,帮助患者进行生活护理。对需要截肢的患者,截肢前,向患者及家属解释手术的必要性和可能出现的并发症等情况,使患者及家属能够了解、面对并接受截肢的现实;截肢后,耐心倾听患者诉说,安慰并鼓励患者正视现实;指导患者掌握自我护理技巧,但绝不勉强患者,避免增加其痛苦和心理压力;介绍一些已经截肢的患者与之交谈,使其逐渐适应自身形体变化和日常活动;指导患者应用假肢,使其接受铸作适应性训练。

5.健康教育

指导患者对患肢进行自我按摩及功能锻炼,以便尽快恢复患肢的功能。对伤残者,指导其正确使用假肢和适当训练。帮助其制订出院后的康复计划,使之逐渐恢复自理能力。

【护理评价】

1)患者疼痛是否减轻或缓解,感染是否控制,局部肿胀是否消退。

2)患者创伤组织是否修复,皮肤是否完整。

3)患者是否适应自身形体改变。

(卢东英)

第八章 肿瘤患者的护理

案例引入

江某某,男性,79 岁。患者于 2 个月前无诱因出现咳嗽、咳痰,呈白色。两个月来,咳嗽反复发作,偶有痰中带血,暗红色。近日感右胸部不适伴隐痛就诊。饮食较前减少,睡眠差,体重减轻 10kg。吸烟 1200 支/ 年,易沟通,对疾病知识不了解,有较大思想负担,有公费医疗。

查体:T37℃,BP120/ 60mmHg。发育正常,神志清楚。胸廓无畸形,语颤对称,叩诊清音,右肺呼吸音减弱,两肺未闻及干湿性啰音。心率 80 次/ 分,律齐,各瓣膜听诊区未闻疾病理性杂音。腹平软,无压痛,四肢无畸形,生理反射正常,病理反射未引出。

检查:CT 阻塞性肺不张伴炎症;ECT 第 34 腰椎有骨质破坏。

学习任务:1. 您作为管床护士请做好该患者的心理护理。

2. 该患者准备行手术治疗,术后行静脉顺铂化疗,请做好相应护理,并对该患者进行正确的健康教育。

学习目标

知识目标 能说出肿瘤患者的心理特点,肿瘤的病因、病理、治疗原则,并正确为肿瘤患者进行护理评估。

能力目标 能够提出正确的护理诊断,并能够为肿瘤患者提供合适的护理措施。

素质目标 学习过程中注意运用护理程序,对肿瘤患者实施整体护理。

【概述】

正常的细胞都依照有秩序地方法生长,组成一个组织,然后由几个组织构成一个器官,所有的器官合并起来,即构成整个身体,各细胞间互相协调、合作,以维持正常的功能与生命。肿瘤是机体正常细胞在不同的始动与促进因素长期作用下所产生的增生与异常分化形成的新生物。此新生物失去正常的生长常态,发生漫无目的的过量生长,结果就会形成肿瘤。一个肿瘤可以是良性的或者恶性的。良性肿瘤是一种不正常的新生组织,但它无伤害性,也不会扩散及浸润到其他的组织;恶性肿瘤也是不正常的新生组织,但对身体有伤害性,而且它可以由原来发生的部位扩散或转移到其他组织,治疗困难,危及生命,是构成人类死亡的重要原因之一,居死亡原因第二位。

癌症是一种世界性的疾病,没有任何一个地区或国家的人民可以免于被癌症侵袭,任何年龄、性别、种族、肤色或地区都可能受到癌症的侵袭,仅有好发部位或发生率会因上述各因素的影响而有所不同。全世界每年约有 1000 余万人患恶性肿瘤。我国每年新发病例约 200 万,死亡 150 万余人。中国男性恶性肿瘤发病前十位(占 86%)分别为肺癌、胃癌、肝癌、结/直肠癌、食管癌、膀胱癌、胰腺癌、白血病、淋巴瘤、脑肿瘤;中国女性恶性肿瘤发病前十位(占 82%)分别为乳腺癌、肺癌、结/直肠癌、胃癌、肝癌、卵巢癌、胰腺癌、食管癌、子宫癌、脑肿瘤。

表 8-1　卫生部门城市医院住院患者前十位疾病构成

顺序	2007 年		2008 年	
	疾病种类 (ICD-10)	构成%	疾病种类 (ICD-10)	构成%
1	损伤、中毒和外因	12.82	呼吸系病	12.32
2	呼吸系病	11.49	消化系病	11.09
3	消化系病	10.55	损伤、中毒和外因	10.94
4	妊娠、分娩和产褥期病	9.96	妊娠、分娩和产褥期病	9.13
5	恶性肿瘤	6.31	泌尿生殖系病	6.22
6	泌尿生殖系病	5.52	恶性肿瘤	5.97
7	脑血管病	5.25	脑血管病	5.30
8	缺血性心脏病	4.06	缺血性心脏病	4.00
9	内分泌、营养和代谢疾病	3.14	内分泌、营养和代谢疾病	3.23
10	传染病和寄生虫病	2.91	传染病和寄生虫病	3.12
11	十种疾病合计	72.01	十种疾病合计	71.32

注:资料来源于 2009 年卫生统计提要。

一、病因

致癌因素恶性肿瘤的病因尚未完全了解。目前认为人类生存的环境与肿瘤的发病密切相关，环境因素约占 80%以上。同时机体的内在因素在肿瘤的发生、发展中也起着重要的作用。人类大约有 150 种不同种类的癌症,可能至少有 500 种能够致癌的因素。

1.环境因素

(1)物理因素　如电离辐射可致白血病,如放射科工作人员和原子弹爆炸引起的辐射。

(2)化学因素　化学性污染物质长期密切接触可引发癌症。主要有氮芥、联苯胺、多环芳香烃类化合物、聚乙烯、石棉、砷等。砷化物可引发皮肤癌,石棉引发呼吸系统癌症,不纯苯可引发白血病,焦油及其衍生物可引发阴囊癌,乙烯聚化物可引发肝脏血管肉瘤,生长在发霉花生、谷类、水果及肉类中的黄曲霉素会引发肝癌,腌肉火腿、热狗中的亚硝酸盐可引发胃癌、肠癌,糖的代替品可引发膀胱癌。

(3)生物因素　病毒是生物致癌因素中最主要的因素,如 EB 病毒与鼻咽癌、伯基特淋巴瘤相关,人乳头状病毒与宫颈癌有关,乙型肝炎病毒与肝癌有关。与肿瘤有关的细菌主要是幽门螺旋杆菌,其与胃癌的发病有关,研究表明,幽门螺旋杆菌感染者发生胃癌的危险性为非感染者的 2 ~ 4 倍;少数寄生虫也引起人类肿瘤,如华支睾吸虫与肝细胞肝癌和胆管癌有关,埃及血吸虫可诱发膀胱癌,日本血吸虫与大肠癌的发生有关。

2.机体因素

(1)遗传因素　越来越多的证据表明,肿瘤与遗传有密切关系,如癌的家族聚集现象、某些遗传缺陷疾病患者易发生肿瘤(如携带缺陷基因 BRCA-1 者易患乳腺癌)、肿瘤的种族分布差异等。至今发现的遗传性肿瘤综合征有近 20 种,某些遗传性综合征与肿瘤关系密切,患有这些疾病的患者往往具有发生恶性肿瘤的倾向,可将其称为遗传性癌前期病变。常见有:家族性结肠腺瘤病,患者几乎全部发展成结直肠癌;Fanconi 贫血,约有 10%的患者可发生白血病;着色性干皮病,患者可发展为皮肤癌;毛细血管扩张共济失调,患者易患淋巴系统恶性肿瘤。

(2)内分泌因素　某些激素与肿瘤发生有关,较明确的是雌激素和催乳素,与乳腺癌的发生有关,长期服用雌激素可能引起子宫内膜癌,生长激素可以刺激肿瘤的发展。

(3)免疫因素 具有先天性或获得性免疫缺陷者易发生恶性肿瘤，如艾滋病患者易患恶性肿瘤；器官移植后长期使用免疫抑制剂者，肿瘤的发生率比正常人群高50～100倍。

(4)心理社会因素 人的性格、情绪、工作压力及环境变化等，可通过影响人体内分泌、免疫功能等而已诱发恶性肿瘤。流行病学调查发现，经历重大精神刺激、剧烈情绪波动或抑郁者较之其他人群易患恶性肿瘤。

二、病理

恶性肿瘤的发生和发展可分为癌前期、原位癌及浸润癌三个阶段。癌前期表现为上皮增生明显，伴有不典型增生；原位癌通常指癌变细胞局限于上皮层、未突破基膜的早期癌；浸润癌指原位癌突破基膜向周围组织浸润、发展，破坏周围组织的正常结构。肿瘤生长的初期，常常对身体没有什么影响，但当肿瘤生长到一定程度时，会压迫周围的器官、使周围组织变形、堵塞管腔的通道、妨碍周围组织的血液供应、干扰器官的功能，并造成机体的代谢障碍，吸取身体的营养。

1.细胞的分化

依据肿瘤细胞的分化程度不同，其恶性程度和预后亦不一样。恶性肿瘤细胞可分为高分化、中分化和低分化(或未分化)三类。高分化细胞接近正常，恶性程度低；低分化细胞核分裂较多，高度恶性，预后差；中分化的恶性程度介于两者之间。

2.生长方式

主要呈浸润性生长，肿瘤沿组织间隙、神经纤维间隙或毛细血管扩展，边界不清，实际扩展范围远较肉眼所见为大，局部切除后极易复发。

3.生长速度

恶性肿瘤生长快、发展迅速，病程较短。良性肿瘤恶变时亦可逐渐增大，若合并出血、感染，肿块可于短期内明显增大。

4.转移方式

恶性肿瘤已发生转移。转移方式有四种：

(1)直接蔓延 肿瘤细胞向与原发灶相连续的组织扩散生长。

(2)淋巴道转移 多数先转移至邻近区域淋巴结，也可出现“跳跃式”越级转移；此外，还可发生皮肤淋巴管转移，有些可行成卫星结节。

(3)血道转移 肿瘤细胞浸入血管，随血液转移至远隔部位，如腹内肿瘤可经门静脉转移到肝。

(4)种植性转移 肿瘤细胞脱落后在体腔或空腔器官内发生的转移，最多见的为胃癌种植转移到盆腔。

5.肿瘤分期

恶性肿瘤的临床分期有助于制定合理的治疗方案、正确评价治疗效果、判断预后。国际抗癌联盟(UICC)提出了TNM分期法。T指原发肿瘤(Tumor)、N为淋巴结(node)、M为远处转移(metastasis)，再根据肿块大小、浸润程度在字母后标以数字0～4，表示肿瘤的发展程度。1代表小，4代表大，0代表无；由远处转移为M1，无为M0。临床无法判断肿瘤体积时则以Tx表示。根据TNM的不同组合，临床上将之分为Ⅰ、Ⅱ、Ⅲ、Ⅳ期。各类肿瘤TNM分类的具体标准由各专业会议协定。

【护理评估】

1.健康史

评估患者是否有下列致癌因素的存在，应详细询问患者下列各项目：

(1)日常生活习惯

1)营养素的摄取是否有脂肪过剩(大肠癌、乳癌)、蛋白质过剩(淋巴癌、大肠癌)、维生素A缺乏(肺癌)、维生素C缺乏(食道癌、胃癌)，是否常吃发霉、腌制、熏烤制食物。

2)饮水中是否含砷。

3)是否吸烟，是否饮酒，是否有不合适假牙。

(2)工作环境 是否接触致癌物质，会接触何种化学物质，是否在医院放射科或核能厂工作。

(3)曾经服用何种药物 是否长期使用免疫抑制剂。

(4)是否受过刺激 有无经历重大精神刺激、剧烈情绪波动或抑郁。

(5)过去病史 是否患有肝炎，色痣是否变色，是否曾患白斑病，女性患者的月经史、生育史、哺乳史等。有无其他部位肿瘤病史及手术治疗史。

(6)家族病史　家族中是否有人罹患癌症。

2.身体状况

取决于肿瘤的性质、发生组织、所在部位以及发展速度,一般肿瘤患者早期因为未对邻近组织器官产生影响,因此临床上往往无特征性表现,只有当肿瘤生长到一定程度,才会引起相应的症状体征。尽管不同类型肿瘤表现不一,但不外乎局部表现和全身表现两方面。

(1)局部表现

1)肿块:常是体表肿瘤或浅在肿瘤的首要症状。因肿瘤性质的不同,肿块具有不同的硬度、活动度及有无包膜。位于深部或内脏的肿瘤不易触及,但可出现周围组织受压或空腔内脏器官梗阻等症状。

2)疼痛:肿块的生长、破溃或感染等使末梢神经或神经干受到压迫或刺激,出现局部刺痛、跳痛、隐痛、烧灼痛或放射痛,尤其是夜间疼痛更明显。空腔内脏器官可致痉挛而产生绞痛。

3)溃疡:体表或空腔内脏器官的恶性肿瘤因生长迅速、供血不足而出现继发性坏死,或因继发感染而发生溃烂,可有恶臭及血性分泌物。

4)出血:恶性肿瘤生长过程中发生组织破溃或血管破裂可有出血。上消化道肿瘤可有呕血或黑便;下消化道肿瘤可有血便或黏液血便;泌尿道肿瘤可见血尿;肺癌可有咯血或血痰;子宫颈癌可有血性白带或阴道出血;肝癌破裂可致腹腔内出血。

5)梗阻:肿瘤膨胀后造成空腔器官阻塞,可发生绞痛及相应的梗阻表现。胃癌伴幽门梗阻可致呕吐;大肠癌可致肠梗阻;胰头癌可压迫总胆管而出现黄疸;支气管癌可引起肺不张等。

6)转移症状:恶性肿瘤通过直接蔓延、血行或淋巴转移和种植性转移。当肿瘤转移至淋巴结时,可有区域淋巴结肿大。若发生其他器官转移可有相应表现,如骨转移可有疼痛、病理性骨折等,肺转移可有咳嗽、胸痛等。

(2)全身表现　良性及恶性肿瘤的早期多无明显的全身症状。恶性肿瘤中晚期患者常出现非特异性的全身症状,如贫血、低热、乏力、消瘦等,发展至全身衰竭时可表现为恶病质。尤其消化道肿瘤患者可较早出现恶病质。某些部位的肿瘤可呈现相应的功能亢进或低下,继而引起全身性改变,如肾上腺嗜铬细胞瘤引起高血压,甲状旁腺腺瘤引起骨质改变。颅内肿瘤引起颅内压增高和神经系统定位症状等。

3.心理–社会状况

肿瘤患者因各自的文化背景、心理特征、病情性质及对疾病的认知程度不同,会产生不同的心理反应。分析患者不同时期的心理改变,有助于有的放矢地进行心理疏导,增强患者战胜疾病的信心。肿瘤患者可经历一系列的心理变化:

(1)震惊否认期　明确诊断后,患者震惊,表现为不言不语,知觉淡漠,眼神呆滞甚至晕厥。继之极力否认,希望诊断有误,要求复查,甚至辗转多家医院就诊、咨询,企图否定诊断。这是患者面对疾病应激所产生的保护性心理反应,但持续时间过长易导致延误治疗。

(2)愤怒期　当患者不得不承认自己患癌后,随之表现出恐慌、哭泣、愤怒、悲哀、烦躁、不满的情绪。部分患者为了发泄内心的痛苦而拒绝治疗或迁怒于家人和医务人员,甚至出现冲动性行为。此虽属适应性心理反应,但若长期存在,将导致心理障碍。

(3)磋商期　此时期的患者,求生欲最强,会祈求奇迹出现。患者易接受他人的劝慰,有良好的遵医行为。

(4)抑郁期　此阶段患者虽然对周围的人、事、物不再关心,但对自己的病仍很注意。护士应利用恰当的非语言沟通技巧对患者表示关心,定时探望,加强交流,鼓励患者发泄情绪,减轻心理压力反应。鼓励其家人陪伴,预防意外事故发生。

(5)接受期　有些患者经过激烈的内心挣扎,正确认识到生命终点的到来,心境变得平和。通常不愿多说话。

以上心理变化可同时或反复发生,且不同心理特征者在心理变化分期方面存在很大差异。另外,各期的持续时间、出现顺序也不尽相同。

4.实验室及辅助检查

(1)实验室检查　常规检验的异常发现并不一定是恶性肿瘤特异的标志,但该类阳性结果常可提供诊断的线索。胃癌患者可伴贫血及大便隐血;大肠肿瘤患者可有黏液血便或大便隐血阳性;泌尿系统肿瘤患者可见血尿;恶性肿瘤患者常可伴血沉加快。血清学检查,由于特异性较差,多可作为辅助诊断,如骨肉瘤患者碱性磷酸酶可升高,绒毛膜上皮细胞癌患者的绒毛膜促性腺激素可增高。

用生化方法可测定人体内由肿瘤细胞产生的分布在血液、分泌物、排泄物中的肿瘤标记物,如酶、激素、糖蛋白和代谢产物，可间接了解肿瘤的情况。如结肠癌、胃癌、肺癌、乳癌患者的癌胚抗原(CEA)均可增高；肝癌及恶性畸胎瘤者的甲胎蛋白(AFP)可增高。由于细胞或分子水平的变化常早于临床症状之前，故近年建立的用于了解细胞分化的流式细胞分析技术以及基因技术，因其敏感和特异性而有助于诊断和估计预后。

(2)影像学检查

1)X线：胸透、平片、钡餐或钡灌肠、气钡双重造影及逆行造影检查等。

2)B超：能分辨甲状腺、肝、肾、腹中直径1cm以上的肿块。

3)CT：是近年来X线技术的重大突破。在颅脑、胸、腹等横断面上，能清楚显示实质器官肿块的位置和范围。

4)MRI：主要用于脑组织肿瘤的诊断。

5)核素显像(扫描)：常用于肝、胆、脾、肾、骨、甲状腺的扫描，及静脉、淋巴、脑血管、蛛网膜下腔等显影。

(3)内镜检查　应用金属或纤维光导的内镜直接观察空腔器官、胸腔、腹腔及纵隔等部位的病变，并取活体组织做病理学检查，还能对小的病变如息肉做摘除治疗；又可向输尿管、总胆管或胰管插入导管做X线造影检查。常用的有食管镜、胃镜、结肠镜、直肠镜、支气管镜、腹腔镜、膀胱镜、阴道镜及子宫镜等。

(4)病理学检查　为目前确定肿瘤的直接而可靠依据，包括细胞学与组织学两部分检查。主要有胸水、腹水、尿液沉渣及痰液与阴道涂片检查；食管拉网、胃黏膜洗脱液、宫颈刮片及内镜下肿瘤表面刷脱细胞检查；细针穿刺抽取肿瘤细胞进行涂片染色检查。组织学检查则根据肿瘤所在部位、大小及性质等，通过钳取活检、经手术完整切除肿瘤，然后进行石蜡切片或术中冷冻切片检查。活组织检查有可能促使恶性肿瘤扩散，应在术前短期内或术中进行。

(5)放射性同位素检查　显示器官内的占位性病变。

5.治疗原则

肿瘤的早期诊断对治疗和预后至关重要，但目前仍缺乏理想的、特异性的诊断方法。临床多通过综合病史、体格检查、辅助检查等方式，确定有无肿瘤及肿瘤的性质、范围和程度。

良性肿瘤应完整手术切除，临界性肿瘤必须彻底手术切除，否则极易复发或恶性病变。恶性肿瘤常伴浸润与转移，须从整体考虑采用手术、放射线治疗(放疗)、化学药物治疗(化疗)、生物治疗(免疫治疗、基因治疗)、内分泌治疗、中医药治疗及心理治疗等综合疗法。Ⅰ期以手术治疗为主；Ⅱ期以局部治疗为主，如原发肿瘤切除或放疗，必须包括转移灶的治疗，辅以有效的全身化疗；Ⅲ期采取综合治疗，手术前、后及术中放疗或化疗。Ⅳ期以全身治疗为主，辅以局部对症治疗。

(1)手术治疗　早期手术切除是恶性肿瘤最主要和最有效的治疗手段。根据目的不同，可将手术分为以下几种：①预防性手术：通过手术早期切除癌前病变以预防其发展成恶性肿瘤，如大肠肿瘤性息肉、黏膜白斑等。②诊断性手术：包括切取活检术和剖腹探查术，能为准确的诊断、分期，合理的治疗提供可靠依据。③根治性手术：适用于早、中期患者，包括彻底切除肿瘤、充分清扫转移的区域淋巴结、尽量杀灭手术残留的肿瘤细胞等三环节。包括改良根治术、超根治术。如早期直肠癌、结肠癌、子宫颈癌及前列腺癌。④姑息手术：适用于晚期癌症有远处转移或肿块无法切除的患者，非彻底性肿瘤切除，改道、缝扎肿瘤的营养血管。其目的是为了改善生存质量、减少并发症和缓解症状。如晚期大肠癌伴肠梗阻时行肠造口术以减轻患者痛苦，延长生命。⑤减瘤手术：仅适用于原发病灶大部切除后，残余肿瘤能用其他治疗方法有效控制者。⑥复发或转移灶的手术治疗比原发肿瘤更为困难，但对术后出现的肝、脑、肺的单个转移灶做切除治疗，仍可保持5年生存率。⑦其他：激光手术切割、激光气化、超声手术切割、液氮冷冻、肿瘤血管栓塞、肿瘤血管置管或埋泵等。

(2)化学药物治疗　简称化疗。化疗配合手术及放疗，可防止肿瘤复发和转移；用于晚期肿瘤患者，可控制肿瘤发展，某些肿瘤可因此获长期缓解，可使部分绒癌、白血病等患者获得临床治愈。化疗的方式主要有诱导化疗、辅助化疗；初始化疗、特殊途径化疗4种。化疗药物包括：①烷化剂类：属细胞毒素，可破坏DNA、干扰细胞增殖，终致细胞死亡。其中，环磷酰胺：主治肺癌、淋巴肉瘤、鼻咽癌等；塞替派：治疗乳癌、淋巴肉瘤等有效。②抗代谢类药：可封闭某些重要的酶系。阻断DNA和蛋白质合成。代表药物有5-氟尿嘧啶，广泛用于肝癌、胃癌、大肠癌等。此外还有甲氨蝶呤、阿糖胞苷等。③抗生素类：主要从放射菌族中提炼而来，通过干扰细胞代谢，来抑制或破坏肿瘤细胞。丝裂霉素常用于治疗肺癌、淋巴肉瘤；博来霉素可治皮肤癌、阴茎癌。另外还有如阿霉素、放线菌素D等。一般联合用药。④生物碱类：有效成分为生物碱，可抑制细胞的有丝分裂。常用的有长春新碱：主治肺癌、淋巴肉瘤；其他还有长春碱、羟喜树碱等。⑤激素和抗激素类。常用的有乙烯雌酚、黄体酮、甲状腺素等。手术切除性腺的疗法与激素使用原理相同，目的都在于人为地扰乱原来适宜肿瘤细胞增殖的内环境，抑制肿瘤细胞的分裂。⑥其他：如顺铂(PDD)、γ-门冬酰胺酶、甲基苄肼(PCZ)

等。近年来广泛开展的介入治疗为经动脉定位插管单纯灌注或栓塞加化疗，也可同时皮下留置微泵，在肝癌、肺癌应用较多，经介入治疗肿瘤缩小后可采取手术切除，或多次治疗使肿瘤得以控制或缓解。

化疗药物的具体用法：根据患者全身情况及肿瘤的特性而定，给药途径可静脉、肌注、口服或局部。并酌情选择大剂量冲击疗法（3～4周给药一次，毒性较大）、中剂量尖端疗法（每周1～2次，4～5周为一疗程）、小剂量维持疗法（每日或间日给药一次）。化疗必须联合用药，多疗程用药（两疗程之间，至少间隔4～6周）。目前所用药物杀伤肿瘤细胞的同时，也杀伤体内增殖较快的正常细胞，故毒性较大，可致骨髓抑制、消化道反应、毛发脱落、肾毒性反应、口腔黏膜及皮肤反应、免疫功能降低等不良反应。此外，化疗若通过静脉给药，可造成血管损伤，导致静脉炎。药液渗入皮下，会引起局部组织的变性、坏死。

（3）放射治疗　简称放疗。是肿瘤治疗的主要手段之一。它是利用放射线，如α、β、γ射线和X射线、电子线、中子束、质子束及其他粒子束等抑制或杀灭肿瘤细胞。放射治疗有外照射和内照射两种方法。各种肿瘤对放射线敏感度不一，分化程度越低、代谢越旺盛的癌细胞对放射线越敏感，治疗效果也越好；反之，则治疗效果差，不宜选用。主要不良反应是骨髓抑制、皮肤黏膜改变、胃肠道反应、疲劳，另外还有脱发等其他不良反应。

（4）生物治疗　应用生物学方法治疗肿瘤患者，改善宿主个体对肿瘤的应答反应及直接效应的治疗，包括免疫治疗和基因治疗。免疫疗法是通过刺激宿主的免疫机制，促使肿瘤消散。如接种卡介苗、注射干扰素、接种自体或异体瘤苗等。基因治疗是通过改变基因结构及功能等方法赋予靶细胞新的功能特性来治疗人体的失调和疾病。

（5）其他治疗　如内分泌治疗及中医药治疗等。内分泌治疗也叫激素治疗，用于某些发生发展与激素密切相关的肿瘤，如卵巢癌可用黄体酮类药物、乳腺癌可用三苯氧胺治疗。中医药治疗应用扶正祛邪、通经活络、化瘀散结、清热解毒、以毒攻毒的机制配合手术、放疗、化疗，减轻毒副作用，可改善机体全身情况，提高免疫能力。

【护理诊断及合作性问题】

1. 焦虑、恐惧

与担忧疾病预后和手术治疗、家庭和社会地位以及经济状况改变有关。

2. 营养失调

低于机体需要量与肿瘤所致高代谢状态、消耗增加、治疗及疾病引起厌食、恶心、呕吐及吸收障碍有关。

3. 疼痛

与肿瘤生长侵及神经、肿瘤压迫周围组织及神经、手术创伤及化疗、放疗致组织损伤有关。

4. 潜在并发症

出血、感染、器官功能障碍、骨髓抑制、口腔溃疡、静脉炎等疾病自身并发症、放疗或化疗的并发症。

【护理目标】

1）患者的恐惧、焦虑程度减轻。

2）营养失调有所预防或改善，保持机体的代谢平衡。

3）疼痛得到有效控制。

4）及早发现并处理感染征象。

【护理措施】

1.一般护理

（1）营养支持　充分的营养是保证患者细胞代谢、促进康复的重要条件。由于恶性肿瘤对营养的消耗，患者进食量的减少或消化吸收障碍，患者常存在营养不良，影响机体组织的修复。因此，应积极采取措施，改善患者营养状况，鼓励患者进食高蛋白、高碳水化合物、高维生素、清淡、易消化饮食，注意食物色、香、味及温度，避免粗糙、辛辣食物。化疗、放疗期间患者常有食欲减退、恶心、呕吐等消化道反应，可餐前适当应用药物控制症状。严重呕吐、腹泻者，给予静脉补液，防止脱水，必要时遵医嘱给予肠内、外营养支持。晚期癌症患者因营养障碍迅速加重而出现恶病质，餐前要适当控制其疼痛和恶心，为患者营造舒适的就餐环境，鼓励其进食，必要时允许进一些微辛、微辣的食品，以刺激患者食欲。指导术后康复期患者少量多餐、循序渐进恢复饮食，做好饮食指导。

（2）疼痛护理　肿瘤迅速生长、浸润神经或压迫邻近器官可引起患者疼痛，是晚期癌症患者常见的症状之一。护理人员除观察疼痛的位置、性质、特点、持续时间外，还应注意提供增进患者舒适的方法，保持病室安静，减少环境中对患者造成压力的因素。鼓励患者适当参与娱乐活动以分散注意力，并指导患者使用不同的方法控制疼痛，如松弛疗法、音乐疗法等。在护理过程中，应鼓励家属关心、参与止痛计划。晚期难以控制的疼痛对患者威胁很大，可按世界卫生组织（WHO）提出的三级阶梯止痛方案遵医嘱进行处理，有效改善晚期肿瘤患者的生存质量。一级止痛法：疼痛较轻者，可用阿司匹林等非麻醉性解热镇痛药；二级止痛法：适用于中度持续性疼痛者，当上述药物效果不显著时，改用可待因等弱麻醉剂；三级止痛法：疼痛进一步加剧上述药物无效者，改用强麻醉剂，如吗啡、哌替啶等，仍无效者可考虑药物以外的止痛治疗。用药原则：小剂量开始，视止痛效果逐渐增量；先口服，无效直肠给药，最后注射给药；定期给药，亦可采用患者自控止痛法（PCA）。

（3）心理护理

1）震惊否认期：以非语言的陪伴，协助满足患者生理需要，给予患者安全感，以增进护士与患者之间的人际关系。允许其有一定时间接受现实。不阻止其发泄情绪，但要小心预防意外事件发生。在否认期医护人员的态度要保持一致性，肯定回答患者的疑问，减少患者怀疑及逃避现实的机会。同时鼓励患者家属给予其情感上的支持、生活上的关心，使患者有安全感。

2）愤怒期：护士应在患者面前表现出严肃且关心的态度，切忌谈笑风生。做任何检查和治疗前，应详细解说。同时向家属说明患者愤怒的原因，让家属理解患者的行为。并请其他病友介绍成功治疗的经验，教育和引导患者正视现实。

3）磋商期：应加强对患者及家属的健康教育，维护患者的自尊、尊重患者的隐私，增强患者对治疗的信心，从而减少患者病急乱投医的不良后果。

4）抑郁期：应利用恰当的非语言沟通技巧对患者表示关心，定时探望，加强交流，鼓励患者发泄情绪，减轻心理压力反应。鼓励其家人陪伴，预防意外事故发生。在此期间，由于病情加重，心情抑郁，患者常会疏忽个人卫生的处理，护士应鼓励患者维持身体的清洁与舒适，必要时协助完成。

5）接受期：应尊重其意愿，替患者限制访客，主动发现患者的需要并尽量满足需要。为患者制订护理计划时，应考虑患者的生理状况，最好能集中护理，以免增加患者痛苦。

2.化疗护理

常见毒性反应的护理

1）组织坏死的预防及护理：因强刺激性药物不慎漏入皮下可致组织坏死。掌握正确的给药方法，以保护血管。妥善固定针头以防滑脱、药液外漏。一旦发现药液漏出，应立即停止用药。局部皮下注入解毒药物，冷敷24小时，同时报告医生并记录。

2）栓塞性静脉炎的预防：化疗药物注射方法不当可致血管硬化、血流不畅，甚至闭塞。治疗时选择合适的给药途径和方法。若为静脉给药，应根据药性选用适当的溶媒稀释至规定浓度；合理选择静脉并安排给药顺序；细心穿刺提高一针见血的成功率。

3）胃肠道反应的护理：化疗患者常表现恶心、呕吐、食欲减退等，应做好化疗重要性及药物的宣传工作。让患者进食前用温盐水漱口，必要时在晚餐后或入睡前给予镇痛止吐剂。口腔炎或溃疡剧痛者，可用2%利多卡因喷雾，改用吸管吸取流质饮食，必要时行肠外营养；合并真菌感染时，用3%碳酸氢钠液和制霉菌素液含漱；溃疡创面涂布0.5%金霉素甘油。

4）骨髓抑制的护理：由于骨髓抑制作用，化疗患者常出现白细胞、血小板减少，应常规监测血象变化，每周1～2次，注意有无皮肤瘀斑、牙龈出血及感染等。红细胞降低时给予必要的支持治疗，如中药调理、成分输血，必要时遵医嘱应用升血细胞类药。血小板降低时需注意安全、避免受伤。白细胞降低时要加强病室空气消毒，减少探视，预防医源性感染。对大剂量强化化疗者实施严密的保护性隔离或置于层流室。

温馨提示：化疗药物最常见的不良反应是骨髓抑制，因此在化疗过程中应定期复查血常规、骨髓象。

5）肾毒性反应的护理：癌细胞崩解易致高尿酸血症，严重者可形成尿酸结晶，甚至导致肾衰竭。应鼓励患者大量饮水，准确记录出入水量，对入量已足而尿少者酌情利尿。

6）口腔黏膜反应的护理：大剂量应用抗代谢药物易致严重口腔炎，应保持口腔清洁，出现口腔溃疡可用相应漱口水含漱。

7）皮肤反应的护理：出现皮肤反应时，应防止皮肤破损。甲氨蝶呤、6-巯基嘌呤常引起皮肤干燥、全身瘙痒，可用炉甘石洗剂止痒，严重的患者出现剥脱性皮炎，需用无菌单行保护性隔离。

8)脱发的护理:阿霉素、环磷酰胺等常引起脱发,影响患者容貌。化疗时用冰帽局部降温、预防脱发。若脱发严重,可协助患者选购合适的发套。

3.放疗护理

放射线照射后数小时很多患者出现头晕、乏力、恶心、呕吐等不良反应及骨髓抑制。因此。放射前要做好定位标志,放疗前后患者应静卧30分钟避免干扰,保证充足的休息与睡眠。放疗期间应适当减少活动、多休息,逐渐增加日常活动量。此外,放疗可引起皮肤、黏膜损伤,因此需要保护照射野皮肤。保持皮肤清洁干燥,尤其注意腋下、腹股沟、会阴部等皮肤皱褶处。穿棉质、柔软、宽松内衣并勤更换。避免热刺激及使用粘贴胶布。外出时防止日光直射。放疗期间加强局部黏膜清洁,如口腔含漱、阴道冲洗、鼻腔用抗生素及润滑剂滴鼻等。

观察照射器官的功能状态变化,若发现严重时,如膀胱照射后血尿、胸部照射后放射性肺纤维变等,应暂停放疗。放疗期间患者免疫力下降,注意减少继发感染的发生率。严格遵守无菌技术;保持病室空气新鲜,每日通风2次;监测体温及白细胞计数。若白细胞计数过低,应保护性隔离,限制人员探视,每日2次紫外线空气消毒,并用升白细胞药物治疗。

4.手术治疗护理

手术可破坏机体的正常功能,如失语、截肢、人工肛门等,常致自我形象紊乱。这样的患者在手术前就应给患者解释手术的必要性及重要性,手术后指导患者进行功能锻炼并介绍功能重建的可能及所需条件,训练患者的自理能力,提高自信心。肿瘤患者手术后可能并发呼吸系统、泌尿系统、切口或腹腔内感染等。因此,手术前应充分准备。手术后常规监测生命体征、加强引流管和切口护理;密切观察病情;保持病室环境清洁;鼓励患者翻身、深呼吸、有效咳嗽、咳痰;加强皮肤和口腔护理;早期下床活动,注意保暖。总之,采取有效措施,减少并发症,促进康复。

5.健康教育

(1)保持心情舒畅　负性情绪对机体免疫系统有抑制作用,可促进肿瘤的发生和发展。故肿瘤患者应保持乐观开朗的心境,避免不必要的情绪刺激,勇敢面对现实。可根据患者、家属的理解能力,深入浅出、有针对性地提供正确、有价值的信息资料,使患者能够积极配合治疗。

(2)注意营养　肿瘤患者应均衡饮食,摄入高热量、高蛋白、富含膳食纤维的各类营养素。做到不偏食、不忌食、荤素搭配、粗细混食。多饮水,多进食水果、蔬菜。忌辛辣、油腻等刺激性食物及熏烤、腌制、霉变食物。

(3)功能锻炼　适当的运动有利于机体增强抗病能力,减少并发症的发生。手术后器官、肢体残缺引起功能障碍者应早期进行功能锻炼,以利于功能重建及提高自理能力。

(4)提高自理能力及自我保护意识　合理安排日常生活,注意休息,避免过度疲劳,不吸烟、少饮酒,讲究卫生。指导患者进行皮肤、口腔、黏膜护理,保持皮肤、口腔清洁,教育患者减少与感染人群的接触,外出时注意防寒保暖。

(5)继续治疗　肿瘤治疗以手术为主,并辅以放射、化学药物等综合手段。手术后患者应按时接受各项后续治疗,以利于缓解临床症状、减少并发症、降低复发率。

(6)定期复查　放、化疗患者应坚持血常规及重要器官功能检查,每周1～2次,以尽早发现异常,及时处理。

(7)加强门诊随访和通信随访　随访可早期发现有无复发或转移病灶,评价、比较各种治疗方法的疗效,且对患者有心理治疗和支持的作用。因此,肿瘤患者的随访应在恶性肿瘤治疗后初3年内至少每3个月随访1次,以后每半年复查1次,5年后每年复查1次,直至终生。

(8)动员社会支持系统的力量　社会支持可满足患者的爱及归宿感的需要及自尊的需要,因此应鼓励患者家属给患者更多的关心和照顾,提高其生活质量。

【护理评价】

1)患者的焦虑、恐惧程度是否减轻,能否认识自己的焦虑、恐惧,是否学会有效的应对方法,情绪是否平稳。

2)能否获得足够的营养、休息与睡眠。

3)舒适状态有无改善,疼痛有无减轻,止痛措施是否有效。

4)有无并发症的发生。

(卢东英　向宇)

第九章 器官移植患者的护理

学习目标

知识目标 知道移植的供体选择及器官保存。

能力目标 能够为器官移植患者做好术前准备，并能够为术后患者提供合适的护理措施。

素质目标 学习过程中体现对患者的关心。

【概述】

器官移植（Organ transplantation）是通过手术方法将某一个个体的活性器官移植到另一个体内，使之发挥原有的功能。器官移植是治疗各类终末期内脏器官功能衰竭的有效手段。移植的器官称为移植物；提供移植物的个体称为供者或供体；接受移植物的个体称为受者或受体。

一、器官移植的分类

1.按供者和受者的遗传学关系分类

（1）自体移植 指供、受者为同一个体，移植后不引起排斥反应。若将移植物移植到原来的解剖位置，称为再植术，如断肢再植；若将移植物移植到另一部位，称为异位移植物，如自体皮移植。

（2）同质移植 指相同基因的不同个体间的移植，移植后不会发生排斥反应。如同卵双生同胞之间的器官移植。

（3）同种异体移植 指供、受者属于同一种族，如人与人之间的器官移植，是目前临床应用最广泛的移植方法。按供者情况可分为活体移植和尸体移植。由于供、受者的抗原结构不同，移植后会发生排斥反应。

（4）异种移植 为不同种族之间的组织或器官移植，移植后可引起强烈的排斥反应。目前处于动物实验研究阶段，离临床应用尚远。

2.按移植物的部位分类

（1）原位移植 移植物植入到受者该器官的原解剖位置。

（2）异位移植或辅助移植 移植物植入到该器官原解剖位置以外部位。

（3）原位旁移植 移植物植入到该器官原解剖位置旁。

3.按移植物的活力分类

（1）活体移植 移植物在移植过程中始终保持活力，在术后即能恢复其原有功能。临床上大部分移植均为活体移植。

（2）结构移植或支架移植 指移植物已丧失活力（如骨、血管等），移植后仅提供支持性质和机械解剖结构，使受者的同类细胞得以生长存活，术后不会发生排斥反应。

4.按移植器官的数量分类

（1）单一或单独移植 每次仅一只单个器官，如肾、肝移植。

（2）联合移植 两个器官同时移植到一个个体的体内，如胰肾、肝肾、心肺联合移植等。

（3）多器官移植 同时移植三个或更多的器官到一个个体体内。

二、器官移植的发展史

器官移植的发展是20世纪医学发展最杰出的成就之一，至21世纪得到进一步发展。器官移植是活性移植，要取得成功，技术上有3个难关需要突破。

一是移植器官一旦植入受者体内，必须立刻接通血管，以恢复输送养料的血供，使细胞赖以存活，这就要求有一套不同于缝合一般组织的外科技术，而这种完善的血管吻合操作方法，直到1903年才由A.卡雷尔创制出来。

二是切取的离体缺血器官在常温下短期内就会死亡，不能用于移植，而要在如此短促的时间内完成移植手术是不可能的。因此，要设法保持器官的活性，这就是器官保存。方法是降温和持续灌流，因为低温能减少细胞对养料的需求，从而延长离体器官的存活时间；灌流能供给必需的养料。直到1967年由F.O.贝尔泽、1969年由G.M.科林斯分别创制出实用的降温灌洗技术，包括一种特制的灌洗溶液，可以安全地保存供移植用肾的活性达24小时。这样才赢得器官移植手术所需的足够时间。

三是医疗上用的器官来自另一个人，但是受者作为生物有着一种天赋的能力和机构（免疫机构），能对进入其体内的外来“非已”组织器官加以识别、控制、摧毁和消灭。这种生理免疫过程在临床上表现为排斥反应，导致移植器官破坏和移植失败。移植器官像人的其他细胞一样，有二大类主要抗原：ABO血型和人类白细胞抗原（HLA），它们决定了同种移植的排斥反应。ABO血型只有4种（O、A、B、AB），寻找ABO血型相同的供受者并不难；但是HLA异常复杂，现已查明有7个位点，即HLA——A、B、C、D、DR、DQ、DP，共148个抗原，其组合可超过200万种。除非同卵双生子，事实上不可能找到HLA完全相同的供受者。所以，同种移植后必然发生排斥反应，必须用强有力的免疫抑制措施予以逆转。到20世纪60年代才陆续发现有临床实效的免疫抑制药物：硫唑嘌呤（1961）、泼尼松（1963）、抗淋巴细胞球蛋白（ALG，1966）、环磷酰胺（1971），这以后才能使移植的器官长期存活。1962年美国J.E.默里第一次进行人体肾移植获得长期存活，至此器官移植作为医疗手段，才成为现实。

三、器官移植的伦理学问题

器官移植中主要的伦理学问题是提供器官的供者在什么情况下提供的器官，是否自愿或事先有无同意捐献器官的意愿？是否供者可以不需要这个器官而保持其生活质量？抑或供者已经不再需要所提供的器官？答复如果都是肯定的，器官移植就可视为符合伦理学。

西方国家许多人都立下遗嘱，死后愿将器官无偿地捐献给需要它的人。西方国家车祸较多，因车祸而死亡者身体一般均较健康，器官可供移植。也有人自愿献出一个肾脏以挽救亲属生命者。国外许多国家已开始应用脑死亡概念，若昏迷患者脑电图多次呈一直线，而又不属服用麻醉药、深低温、婴幼儿等情况，即使靠人工呼吸机、升压药物尚能维持心跳血压者，也可确认为死亡，其脏器可提供移植。

美国曾有申请成立营利性的企业，经营供移植的人类脏器，但被国会否决。因为一旦提供器官有利可图，便可能诱使一些人以此谋利，出售不合格的器官，甚至把急需用钱的人解剖开来拍卖给有钱的人。

器官移植的技术要求较高，费用也很惊人，当卫生资源有限时，器官移植患者的费用，往往会挤掉其他人可享用的卫生资源。这是从宏观上不能不考虑的一个伦理学问题，也是一个卫生经济和卫生政策问题。国外在20世纪60年代一度广泛开展器官移植，以后逐年减少，收缩到几个中心深入研究。当然，像角膜移植、皮肤移植等费用不大、贮存要求不高而疗效肯定的器官移植是值得推广的。

【护理评估】

1.术前评估

（1）健康史

1）移植器官情况：了解移植器官的病因、病程及诊疗情况；出现移植器官衰竭的时间、药物治疗的经过及其他治疗的效果。

2）其他器官功能状况：包括移植器官以外的心、肺、肝、肾等功能情况，有无功能受损或不全的表现。

3）既往史：有无心血管、呼吸、泌尿系统疾病及糖尿病等病史；有无手术史及药物过敏史。

（2）身体状况

1）全身：患者生命体征是否平稳、营养状况、有无贫血或皮肤溃疡等，患者有无其他器官组织感染病灶。

2）移植器官情况：移植器官有无疼痛、压痛、叩击痛等，是否伴发热。

（3）实验室检查及辅助检查

除术前其他常规实验室及影像学检查外，还应评估供、受者之间的检查情况。

1）免疫学检测：同种异体器官移植的最大障碍是移植后供、受体之间的免疫排斥问题，其本质是受体免疫系统识别具有抗原特异性的供体器官的免疫应答反应，主要由组织相容性复合物引起，此类抗原在临床为人类白细胞抗原，具有明显的个体特异性。其他组织相容性抗原，如次要组织相容性复合物、ABO血型抗原等亦在移植免疫中起到一定作用。供、受者间组织相容性抗原的差异越小，则排斥反应发生的概率越小，移植物生存率越高；反之则排斥反应发生率增多，不利于移植物的存活。临床上常用的检测方法有以下几种：

①ABO血型相容试验：检测供者与受者的红细胞血型抗原是否相同或相容。同种异体移植时要求供、受者血型相同，至少符合输血的原则。

②人类血细胞抗原配型：按照国际标准的六抗原相配原则进行配型，包括MCH-Ⅰ类分子抗原HLA-A、B、C及MCH-Ⅱ类分子抗原HLA-DR、DP、DQ。临床主要检测HLA-A、B、DR三个位点。

③预存抗体的检测：a.淋巴细胞交叉配合试验：是检测受者血清中针对供体特异性抗体反应性的最直接方法。若淋巴细胞毒交叉配合试验阳性(>10%)，提示移植后有超急性排斥反应或血管排斥反应的风险。肾移植要求淋巴细胞毒交叉配合试验必须<10%，肝移植可相对放宽，但仍以<10%为佳。b.群体反应性抗体检测：是通过检测受者体内同种异体抗体对随机细胞群体反应的细胞筛查试验来测定其被致敏的程度，用百分率表示。检测方法主要有三种，即Elisa法、流式细胞仪技术、微量CDC方法。群体反应性抗体检测高的患者交叉配型的阳性率高，提示不容易找到合适的供体。

④混合淋巴细胞培养：将受者与供者的淋巴细胞混合在一起培养，观察其转化率，若转化率超过20%～30%，提示供、受者的淋巴细胞抗原不同，不宜进行移植手术。混合淋巴细胞培养是一种较可靠的组织配型试验，但由于此法观察结果所需时间过久，因而临床实际应用价值不大。

2)非免疫学要求：移植器官功能正常，供者无血液病、结核病、恶性肿瘤、严重全身性感染和人类免疫缺陷病毒感染等疾病。

(4)心理-社会状况

1)心理状态：与其他手术比较，移植手术及术后治疗复杂、并发症多且移植器官的功能易受多种因素的影响，使其效果存在诸多不确定性因素，致患者在术前普遍存在复杂的心理反应，可归纳为迫切型、迟疑型、恐惧型三类。

2)认知程度：患者及其家属对移植手术、术后治疗、康复相关知识的了解及接受程度。

3)社会支持系统：家属及社会支持系统对手术的风险、移植所需高额费用的承受能力。

2.术后评估

1)术中情况：了解术中血管吻合、出血、补液及尿量情况，是否输血及输血量；移植手术的方式。

2)生命体征：生命体征是否平稳，尤其是血压和中心静脉压的情况。

3)移植器官的功能：如肾移植，患者的尿量、血肌酐及水电解质值的变化，移植肾区局部有无肿胀、疼痛等。

【护理诊断及合作性问题】

1.焦虑、恐惧

与担心手术及其效果有关。

2.营养失调-低于机体需要量

与移植器官衰竭及消耗性代谢有关。

3.潜在并发症

急性排斥反应、出血、感染等。

【护理目标】

1)患者情绪稳定，焦虑、恐惧减轻或缓解。

2)患者的营养情况得到改善。

3)患者未发生并发症或并发症得到及时的发现和处理。

【护理措施】

1.术前护理

(1)心理准备　在等待供体期间，即开始为患者提供术前指导，让患者了解器官移植的相关知识，如介绍手术及相关的治疗方案，使之对器官移植及其治疗有科学的认识，解除思想顾虑，减轻对移植的恐惧和不安，增强对移植手术的信心，以良好的心理状态接受手术。

(2)完善相关检查　除术前一般常规检查外，还要检查供者、受者重要脏器功能情况。根据不同器官移植进行相关的免疫学检测。

(3)合理饮食及营养支持　通过肠内外途径进行营养支持，保证供应足够的热量及氮量，以增强抵抗力；纠正水电解质机酸碱失衡，以改善患者的营养状况，提高患者对手术的耐受力。

(4)免疫抑制药物的应用　手术前及术中即开始用药，具体药物及其剂量、用法和用药时间可根据移植器官的种类和受者情况决定。

(5)预防感染　及时治疗咽喉部和泌尿道等潜伏病灶,遵医嘱预防性应用抗生素。

(6)病室准备　患者因为应用免疫抑制剂,机体抵抗力下降,应采取保护性隔离措施,医护人员或家属进入病房前应洗手、穿戴隔离衣、帽、口罩和鞋等。术前一日用过氧乙酸或其他消毒液擦拭病室内的一切物品和门窗,然后用乳酸熏蒸或其他方法进行空气消毒。有条件的医院术后可将患者安置在有空气层流设备的洁净病室。

(7)其他准备　保证足够的睡眠,保持皮肤清洁卫生、肠道准备等,以预防感染,提高手术的耐受力。

2.术后护理

(1)检测生命体征　术后连续或每小时测量并记录脉搏、血压及中心静脉压,平稳后可根据患者情况逐步延长测量间隔时间,密切观察血压的变化,以保证移植器官的血液灌注。

(2)合理指导患者饮食　待患者胃肠功能恢复后,可给予少量饮食,以后逐渐加量和调整饮食结构。

(3)监测移植器官功能　如肾移植时尤其密切严密监测每小时尿量、血肌酐、尿素氮等,并根据尿量及时调整输液速度和补液量,保持出入量的平衡。肝移植时观察患者意识、凝血功能、胆汁及肝功能各项生化指标,患者凝血功能改善、肝细胞分泌金黄色胆汁是移植肝功能良好的表现。

(4)并发症的预防和护理

1)排斥反应:受者对供者组织器官产生的排斥反应称为宿主抗移植物反应(host versus graft reaction, HVGR)。根据移植物与宿主的组织相容程度,以及受者的免疫状态,移植排斥反应主要表现为三种不同的类型。

急性排斥(Acute rejection)是排斥反应中最常见的一种类型,一般于移植后数天到几个月内发生,进行迅速。细胞免疫应答是急性移植排斥的主要原因,CD_4^+T 细胞和 CD_8^+TC 细胞是主要的效应细胞。即使进行移植前 HLA 配型及免疫抑制药物的应用,仍有 30% ~ 50%的移植受者会发生急性排斥。大多数急性排斥可通过增加免疫抑制剂的用量而得到缓解。

预防急性排斥反应应从完善术前相关检查及准确应用免疫抑制剂开始,选择合适的供体、维持免疫抑制剂血药浓度在一定水平,达到避免或减少排斥反应的目的。

术后应加强观察,观察患者的生命体征及移植器官的功能情况,如肝移植患者出现胆汁分泌量减少、稀薄、颜色变淡,伴肝区不适、黄疸及情绪改变;肾移植患者出现体温突然升高且持续高热,伴血压升高、尿量减少、血肌酐上升,移植肾区闷胀、压痛及情绪改变,常为急性排斥反应的表现。

一旦明确为急性排斥反应,应立即遵医嘱应用抗排斥反应药物,如大剂量甲泼尼松 250 ~ 000mg/d 冲击治疗,连续 3 天;密切观察治疗效果。若经上述治疗仍不能有效控制排斥反应时,可遵医嘱再次使用大剂量激素冲击治疗或改用其他免疫抑制药物。

2)出血:术后出血多为血管吻合出血,应常规预防性使用止血药;术后采取适当的体位,平卧 24 小时,指导患者合理床上床下活动,避免腹压的剧烈改变。加强观察手术切口有无渗血及引流液情况,血压、心率及中心静脉压有无异常,移植区有无肿胀,及时发现出血征象,一旦发现出血,应及时报告医生,并配合采取相应处理。

3)感染:密切观察患者的体温、呼吸道、手术切口、泌尿道及皮肤等情况,若患者体温升高,应结合患者临床表现及相关实验室检查结果,在排除急性排斥反应后,考虑感染的存在。明确感染后,应及时查找感染的部位及病原体,遵医嘱应用敏感的抗菌药,以尽快有效控制感染。

患者移植术后易罹患与使用免疫抑制剂造成的机体抵抗力下降有关,所以关键在于预防,术前应预防性使用抗生素,加强口腔和皮肤护理,严格按无菌技术进行手术伤口及引流管的换药。病室严格消毒隔离。

3.健康教育

(1)正确服药　慢性排斥(Chronic rejection)一般在器官移植后数月至数年发生,主要病理特征是移植器官的毛细血管床内皮细胞增生,使动脉腔狭窄,并逐渐纤维化。慢性免疫性炎症是导致上述组织病理变化的主要原因。目前对慢性排斥尚无理想的治疗措施。告知患者严格遵医嘱服用免疫抑制剂及其他药物,不能自行增减药量或替代药物。

(2)合理安排作息时间　参加力所能及的工作,积极参与有益于身心健康的社会活动,保持良好的情绪。

(3)预防感染　指导患者自我监测体温、血压的变化,发现异常应及时到医院就诊。保持居室的清洁和通风,注意保暖防寒,预防感冒。注意个人卫生,保持衣裤、被褥的清洁干燥。尽量不到公共场所或人多嘈杂的环境，术后 1 个月内外出时应戴口罩，以防交叉感染。

(4)定期复查　遵医嘱定期到医院复查，若有情况异常，应及时就诊。

【护理评价】

1)患者是否情绪稳定，焦虑、恐惧有否减轻。

2)患者营养状况有无改善。

3)患者有无并发症的发生，是否得到及时的处理。

(卢东英　向宇)

第二篇

呼吸系统疾病患者的护理

第十章　概　论

第一节　呼吸系统的结构与功能

学习目标

知识目标　了解呼吸系统疾病的特点，了解科室的护理常规。

能力目标　会呼吸系统特殊性实验室检查的种类及方法、学会使用特殊的仪器。

素质目标　尊重老师、同事、营造和谐工作环境。

一、呼吸系统的结构

人体的呼吸系统(Respiratory system)由肺外呼吸道和肺两部分组成，包括鼻、咽、喉、气管、主支气管和肺等器官，是通气和换气的器官。

1.呼吸道

呼吸道是气体进出肺的通道，从鼻腔到气管。临床上常以喉环状软骨下缘为界，将其分为上呼吸道与下呼吸道两部分(图 10-1)。

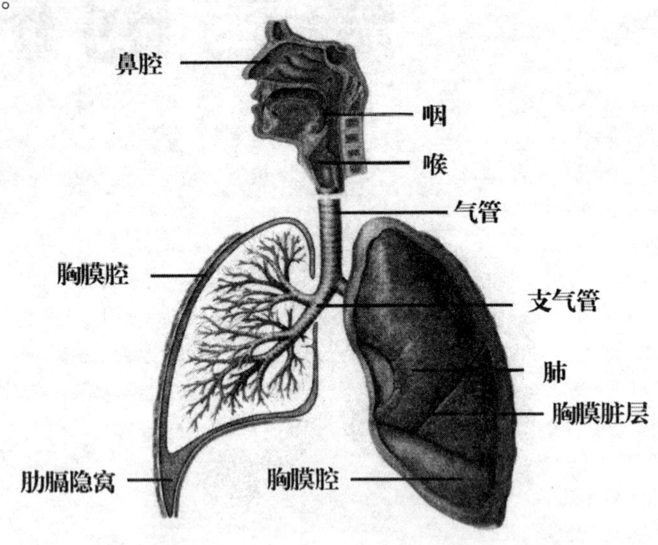

图 10-1　呼吸道

(1)上呼吸道(The upper respiratory system)　从鼻腔开始到环状软骨称为上呼吸道，包括鼻、咽、喉。其主要功能除了作为气体的通道外，还可以温暖、过滤和湿润吸入的空气，保护下呼吸道免受外来异物侵犯。

1)鼻(Nose)：鼻由外鼻、鼻腔和鼻窦三部分组成，是呼吸道的起始部位。鼻腔是呼吸道的门户，鼻腔被鼻中隔分为左右两腔，前鼻孔与外界相通，后鼻孔与咽相连。前鼻腔生有鼻毛，对吸入空气起过滤作用，可以减少尘埃等有害物质的吸入。整个鼻腔黏膜为假复层纤毛柱状上皮，其间有嗅细胞、杯细胞和分泌腺体，以及相当丰富的血管。因此，鼻腔可以使吸入气体加温加湿。而且当鼻腔受到有害气体或异物刺激时，往往出现打喷嚏、流鼻涕反应，避免有害物吸入，这是一种保护性反射动作。鼻腔除上述呼吸作用外，还有嗅觉作用。鼻窦有 4 对，即额窦、筛窦、上颌窦和蝶窦。①额窦：位于额骨的下部，后壁为一薄骨板与颅前窝相隔，底壁相当于眼眶的内上角，甚薄。发生急性额窦炎时，此处有明显的压痛；②筛窦：位于眼眶与鼻腔外上方之间的筛骨内，由极薄的小骨板组成蜂窝状小气房，分前后组。其外侧面与眼眶的内侧面为纸样板，菲薄如纸，故筛窦或眼眶炎症可互相感染；③上颌窦：居于上颌骨体内，为鼻窦最大的一对，其平均容量约13ml。上颌窦的开口位置较高，不利于引流，故比其他的窦易发炎；④蝶窦：位于鼻腔后上方蝶骨体内，其顶、外、后壁均借骨板与颅中窝及颅后窝相隔，与眶关系密切，故蝶窦炎时可引起视神经病变。

2）咽（Pharynx）：咽是一个前后略扁的漏斗形管道，由黏膜和咽肌组成。上连鼻腔，下与喉相连，可分鼻咽、口咽及喉咽三部分，是呼吸系统和消化系统的共同通道。咽具有吞咽和呼吸的功能，此外咽也是一个重要的发音共振器官，对发音起辅助作用。咽部具有丰富的淋巴组织，由扁桃体等组成咽淋巴环，可防御细菌对咽部侵袭，在幼年时期此种功能较明显。

3）喉（Larynx）：喉上与喉咽，下与气管相连，既是呼吸通道也是发音器官。喉的支架主要由会厌软骨、甲状软骨和环状软骨所组成，喉腔内左、右各有一条声带，两声带之间的空隙为声门裂。当呼吸或发音时，会厌打开，空气可以自由出入，而当吞咽时，会厌自动关闭，避免食物进入气管。

（2）下呼吸道（The lower respiratory system）　下呼吸道是指气管、主支气管、叶、段支气管及各级分支，直到肺泡。

1）气管（Trachea）和支气管（Bronchi）：气管位于食管前面，为后壁略平的圆筒形管状，成年人长约11 ~ 13厘米，上端平第六颈椎下缘，与环状软骨相连，向下至第四、五胸椎体（相当胸骨角平面）交界处，分左右主支气管。左主支气管长、细、较水平，右主支气管较短、粗、较垂直，异物容易落入右支气管内。支气管软骨环较少，形状不规则，或环绕成环行，或体积变小成不规则软骨片。平滑肌则逐渐增多，螺旋形排列，肌肉收缩有利于分泌排出。气管壁由黏膜层、黏膜下层和外膜构成。黏膜层（Tunica mucosa）由上皮、固有层构成。上皮为假复层纤毛柱状上皮，上皮下基膜明显；固有层为疏松结缔组织，有较多的弹性纤维，常见淋巴组织、神经及混合腺。此处淋巴组织参与免疫防御功能，浆细胞分泌的IgA与上皮细胞分泌的分泌片结合形成分泌性IgA，释放至管腔内，可抑制细菌的繁殖和病毒复制，减弱内毒素的有害作用；黏膜下层（Tela submucosa）为疏松结缔组织，含有血管、淋巴管、神经和混合性腺。外膜（Adventitia）为疏松结缔组织，较厚，主要有16 ~ 20个"C"形透明软骨环构成管壁支架，软骨环直接以弹性纤维组成膜状韧带连接，使气管保持通畅，并具有一定的弹性。透明软骨环缺口处朝向气管后壁，含弹性纤维组成的膜状韧带和平滑肌束。

2）叶、段和亚段支气管：左、右支气管在肺门处按肺叶分为肺叶支气管，即左肺分为上、下叶支气管，右肺分为上、中、下叶支气管。依次又分为段支气管、细支气管、呼吸性细支气管。临床上将直径小于2mm的细支气管称为小气道，是呼吸系统疾病的常见部位。直径小于1mm的细支气管没有软骨支撑，完全靠肺的弹性作用维持张开状态。

3）肺泡管和肺泡（Alveolus）：肺泡管是呼吸性细支气管的分支，每个呼吸性细支气管分成2 ~ 3个肺泡管，由许多肺泡围成，故其自身的管壁结构很少，只存在于相邻肺泡开口之间的部分。相邻的肺泡间有Kohn孔，可导致呼吸道感染的扩散。肺泡表面由肺泡上皮细胞覆盖，包括两种类型的细胞：Ⅰ型细胞呈扁平型，与邻近的肺毛细血管内皮细胞构成气血屏障（呼吸膜）；Ⅱ型细胞为Ⅰ型细胞的前体，分泌表面活性物质，在肺泡表面形成一薄薄的液膜，其功能为降低肺泡表面张力，维持肺泡稳定性，防止肺泡萎缩。肺内气体交换主要在肺泡，通过气血屏障进行。

4）肺脏（Lungs）：肺是进行气体交换的场所，肺位于胸腔，呈圆锥形，右肺较左肺略大。脏层胸膜的斜裂深入组织将肺分为上叶与下叶，右肺另有水平裂使之分为上、中、下3叶。两肺各有肺尖、肺底和两个侧面。肺底与膈肌上部的膈膜相接。肺内侧的肺门与纵隔相依附。肺门是支气管、肺动脉、肺静脉、神经和淋巴管进出的通道。肺脏有两组血液循环系统，一是肺循环，一是体循环的支气管循环。①肺循环：肺循环由肺动脉、肺静脉和毛细血管网组成。因肺循环的血压和血流阻力都明显低于体循环，属"低压低阻"型的循环，故又有小循环之称。它是气体交换的功能血管，主要由肺动脉干及其分支、毛细血管和肺静脉组成。在呼吸性细支气管、肺泡管和肺泡囊壁层发出极细分支，构成毛细血管网。每个肺泡包绕着长度为9 ~ 13μm的毛细血管段共1800 ~ 2000根，故整个肺共有2800亿根毛细血管段，在这里完成气体交换的功能。由于毛细血管壁散布有外膜细胞，且内皮细胞也有肌纤维的分布，故能配合需要，起控制和调节毛细血管内血流量的作用；②体循环：体循环为支气管和肺组织提供氧气，起营养作用。

2.胸壁

（1）胸廓（Thoracic cage）　胸廓是胸腔壁的骨性基础和支架。胸廓由12个胸椎、12对肋骨和1个胸骨借关节、软骨连结而组成，有支撑和保护作用，保护肺和心脏免受损伤。

（2）胸膜（Pleura）　胸膜分为脏层、壁层。脏层紧贴在肺表面，壁层衬于胸壁内面，两层胸膜在肺根处相互移行,构成潜在的密闭腔隙,称为胸膜腔(图10-2)。正常胸膜腔内为负压,腔内仅有少量浆液起润滑作用。因为壁层胸膜有感觉神经分布,病变累及胸膜时可引起胸痛。胸内负压的生理意义是使肺维持扩张状态,同时促进静脉血及淋巴液的回流。

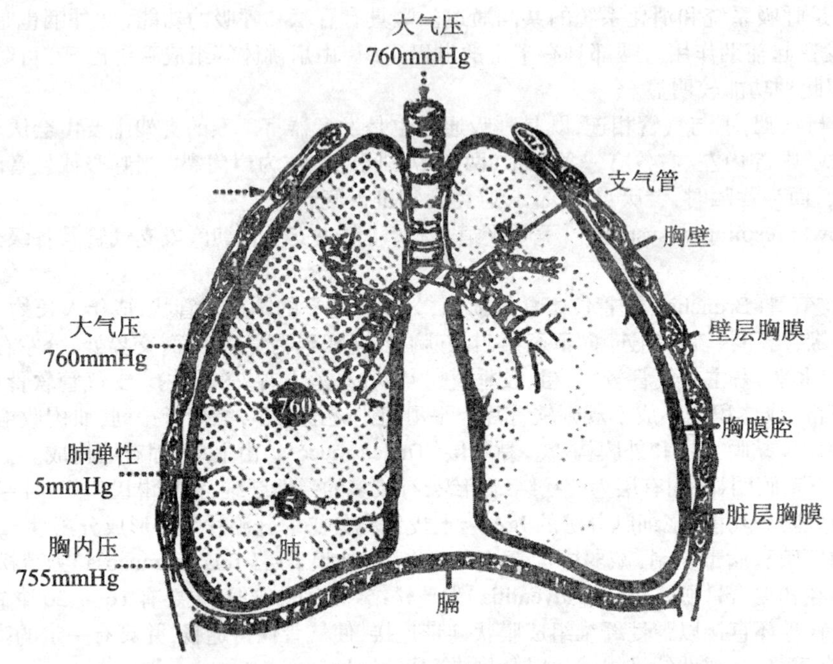

图10-2 胸膜及胸膜腔

(3)呼吸肌(Respiratory mucles) 呼吸肌可分为吸气肌和呼气肌两种,吸气肌主要有膈肌和肋间外肌,呼气肌主要有肋间内肌。膈肌是呼吸活动中最重要的肌肉,吸气时,膈肌收缩,膈顶下降,同时肋间内肌和肋间外肌收缩,肋骨向上向外运动,胸腔容积增大,因此胸腔内压减小、空气进入肺内。呼气时,膈肌松弛,膈穹窿上升恢复原位,胸腔容积减少,肋间外肌舒张,肋骨向下向内运动,以助呼气。辅助呼吸肌包括斜方肌、胸大肌、胸锁乳突肌等。另外,病理情况下,很多背部和腹部肌肉也帮助完成呼吸运动。

二、呼吸系统的功能

1.呼吸功能

机体与外环境之间的气体交换称为呼吸,包括三个环节:①外呼吸,指外环境与肺之间气体交换的肺通气,以及肺泡与血液之间气体交换的肺换气;②气体在血液中的运输;③内呼吸,指血液与组织细胞间的气体交换过程。呼吸系统主要生理功能是吸入外界的O_2,排出血液内过剩的CO_2。人体组织细胞不断新陈代谢,代谢所消耗的氧随时从外环境中吸收,氧化代谢所产生的CO_2则排出体外。吸入O_2、排出CO_2,称为气体交换,是肺最重要的功能,包括肺通气和肺换气功能。

(1)肺通气 肺通气是指外环境与肺之间的气体交换,通过呼吸肌运动引起的胸腔容积的改变,使气体有效地进入或排出肺泡。临床上常用下列指标来衡量肺的通气功能。

1)潮气量(V_T):是指平静呼吸时,每次吸入或呼出呼吸器官的气量。正常成人潮气量为400 ~ 500ml。

2)每分通气量(V_E/M_V):是指静息状态下,每分钟吸入或呼出呼吸器官的总气量。M_V=潮气量(V_T)×呼吸频率(f),正常成人每分通气量为6 ~ 8L。

3)肺泡通气量(V_A):指在吸气时进入肺泡进行气体交换的气量,又称有效通气量。$V_A=(V_T-V_D)\times f$。生理死腔(V_D)是肺泡死腔与解剖死腔之和。肺泡死腔是指每次呼吸进出肺泡但未进行交换的气量,正常人可忽略不计。故临床上常以解剖死腔表示生理死腔量。上面的公式说明深而慢的呼吸比浅而快的呼吸通气效率高。

4）最大通气量：以最快的速度和尽可能深的幅度进行呼吸时所测得的每分通气量。能反映机体的通气贮备能力，其大小取决于胸廓的完整性和呼吸肌的力量、肺的弹性和呼吸道的阻力，其中以呼吸道阻力影响最大。若比预计值降低20%以上为不正常。

（2）肺换气　肺换气是利用肺泡与肺毛细血管血液之间的气体分压差交换，主要通过肺泡-毛细血管内膜，以气体弥散方式进行。肺泡毛细血管膜由肺泡表面活性物质的液体层、肺泡上皮细胞层、肺泡基底膜、肺泡上皮细胞和毛细血管膜之间小的间隙、毛细血管基底膜和毛细血管内皮细胞层构成，全膜厚度为0.2 ~ 1.0μm。影响气体弥散的因素有：①分压差：是气体交换的动力。它不仅决定着气体扩散的方向，还影响行气体扩散速率。呼吸膜两侧O_2及CO_2的分压差越大，肺换气量越多；反之，则肺换气量减少；②呼吸膜的厚度和面积：气体扩散速率与呼吸膜的厚度成反比，与呼吸膜的面积成正比。呼吸膜增厚，通透性降低或呼吸膜面积减小均可使气体扩散速率减慢，肺换气量减少；③通气/血流比值：此比值为0.84时肺换气效率最高。若比值增大，表明有一部分肺泡未能得到足够的血流灌注，意味着无效腔增大；若比值减小说明一部分静脉血未得到充分的气体交换，发生功能性动-静脉短路。所以，通气/血流比值不论增大或减小，均引起肺换气量减少。

2.防御功能

正常人肺泡表面积高达$100m^2$，每天接触的空气高达1500L，与外界接触机会比任何器官都大。另外，还受到经血液循环带来的机体内部有害物质的侵害。为了防止各种微生物、变应原、毒素和粉尘等有害颗粒的侵入，肺与呼吸道共同构成了完善的防御机制。

（1）气道的防御机制　①气道物理学的防御机制是通过对致病因子的沉积、滞留和气道黏液-纤毛的消除作用完成的；②同肠道内的正常菌群一样，上呼吸道的正常菌群对机体来说也是一种防御机制，属于生物学的防御；③神经学的防御机制主要是有害因子刺激鼻黏膜产生的咳嗽反射、喷嚏和支气管收缩等完成，以清除致病物质。

（2）气道-肺泡的免疫防御机制　①分化程度较高的淋巴结；②主要分布在中心气道分支部黏膜下的淋巴滤泡即支气管相关淋巴样组织；③广泛分布于气道上皮、血管、肺泡间质、胸膜等处分化程度较低的淋巴样集合体；④局限在气道-肺泡腔的淋巴细胞。

在有害因子的刺激下，上述免疫系统可通过细胞免疫和体液免疫发挥防御作用。

（3）肺泡的防御机制　①用支气管肺泡灌洗的方法观察到巨噬细胞大量存在于肺泡中，这种肺泡巨噬细胞在肺泡领域的机体防御中起主导作用；②研究表明，肺泡表面活性物质有增强防御功能的作用。

3.呼吸的调节

（1）呼吸中枢　呼吸中枢在延髓，吸气和呼气两组神经元交替兴奋形成呼吸周期。

（2）呼吸运动的化学调节　是指动脉血或脑脊液中O_2、CO_2和H^+对呼吸的调节作用。

1）O_2：正常情况下，由于颈动脉体和主动脉体的血液供应远远大于其代谢的需要，外周化学感受器对缺氧不敏感，只有当$PaCO_2<60mmHg$时，才对外周化学感受器产生刺激作用，使呼吸加深加快。

2）CO_2：CO_2是维持和调节呼吸运动的重要化学因素，其作用是通过中枢和外周化学感受器，尤其是中枢的化学感受器的刺激作用而实现的。$PaCO_2$对肺通气的影响不仅与$PaCO_2$的高低有关，还与升高的速度有关。当CO_2浓度缓慢持续升高时，CO_2对中枢化学感受器的兴奋作用逐渐减弱，甚至处于抑制状态，此时呼吸运动的维持主要靠缺氧对外周化学感受器的刺激作用，若给予吸入较高浓度的O_2，随缺氧刺激的消除通气量降低，使CO_2潴留加重。

（3）反射性调节

1）肺牵张反射：由肺扩张或肺萎陷引起的吸气抑制或吸气兴奋的反射为肺牵张反射或黑-伯反射，它包括肺扩张反射和肺萎陷反射两种表现方式。肺扩张反射是肺扩张时抑制吸气活动的反射，肺萎陷反射是肺萎陷时引起吸气活动的反射。

2）呼吸肌本体感受性反射：肌梭是呼吸肌的本体感受器。当肌肉被拉长或肌肉两端固定而肌肉主动收缩时，感受器受刺激，反射性的引起受刺激肌梭所在肌肉的收缩，使呼吸道阻力增加，呼吸运动增强。

3）防御性呼吸反射：当异物突然进入气道，黏膜受机械刺激时，引起防御性呼吸反射，以清除异物，包括咳嗽反射、喷嚏反射、“J”感受器反射等。

第二节 呼吸系统疾病患者的评估

在全面收集主、客观资料的基础上，对呼吸系统疾病患者的护理评估应着重注意以下内容：

一、健康史

1.本次发病的过程

包括疾病的起因、发展、诊断和治疗过程及结果、最近检查的结果等。

2.呼吸系统既往状况

包括既往身体检查的情况，呼吸系统既往的表现，吸烟史（吸烟的方式、每日吸烟量和吸烟时间），口服和吸入呼吸系统药物的历史（如使用支气管扩张剂和类固醇、使用药物是否过量等），对药物或环境过敏史等。

3.疾病发作过程中的主要特征

包括气短、呼吸困难、咳嗽（痰）、胸痛、咯血、疲乏、食欲减退、体重减轻等，应详细了解症状出现的部位、起病的环境和特点、持续过程、加重或缓解的因素、伴随症状和处理方法等，如咳痰方式、咳痰时间和痰液量、颜色、性状，咳痰是急性出现还是慢性出现等。

4.患者个人相关资料、心理状况

包括患者的年龄、性别、学历、相关职业（如采煤、石棉制作和农业）和工作状况，患者对疾病的认识和疾病对心理状况的影响。

5.患者的家庭、经济及社会支持情况

二、身体状况

1.呼吸系统常见症状评估

（1）咳嗽与咳痰（Cough and expctoration） 咳嗽是呼吸系统疾病最常见的症状之一。咳嗽是一种保护性反射动作，可以清除呼吸道分泌物和进入呼吸道内的异物；咳嗽也有一定的危害性，例如长期、频繁的咳嗽可使胸腔内压增高，影响静脉血回流，每一次咳嗽动作都对肺泡产生一次压力性冲击作用，剧烈的咳嗽常可引起呼吸肌疼痛。咳嗽无痰或痰量甚少，称为干性咳嗽；有痰则称为湿性咳嗽，也称咳痰。痰可分为黏液性、浆液性、黏液脓性、脓性、血性等。临床上呼吸系统疾病引起的咳嗽、咳痰症状常见于：①呼吸道疾病：感染、炎症、出血、寄生虫、肿瘤等。以病毒、细菌感染最常见，如支气管炎、肺炎、肺结核等；②胸膜疾病：如胸膜炎、自发性气胸等；③理化刺激：异物、灰尘、刺激性气体、过冷或过热空气等吸入或刺激。

（2）肺源性呼吸困难（Pulmonary dyspnea） 呼吸困难指患者主观感觉空气不足、呼吸费力，客观表现为呼吸活动用力，并伴有呼吸频率、深度与节律异常。肺源性呼吸困难是由于呼吸系统疾病引起肺通气和（或）肺换气功能障碍，导致缺氧和（或）二氧化碳潴留。临床上分三种类型：①吸气性呼吸困难。特点：吸气困难，吸气时间延长，可表现为“三凹征”，见于喉头水肿、痉挛、气管异物、肿瘤等引起的上呼吸道机械性梗阻；②呼气性呼吸困难。特点：呼气费力，呼气时间延长，见于支气管哮喘、喘息型慢性支气管炎、慢性阻塞性肺气肿等；③混合性呼吸困难。特点：吸气与呼气均费力，原因：由于肺部组织广泛病变，呼吸面积减少，影响换气功能所致。

（3）咯血（Hemoptysis） 咯血是指喉以下呼吸道和肺部病变出血经口咳出者。临床上呼吸系病引起的咯血常见于：①支气管扩张、支气管肺癌、肺结核、肺炎、慢性支气管炎、肺脓肿等；②青壮年咯血多见于肺结核、支气管扩张症；③40岁以上有长期大量吸烟史者，要高度警惕支气管肺癌。咯血可分为：小量咯血（每日咯血量在100ml以内）；中等量咯血（每日咯血量100 ~ 500ml）；大量咯血：每日咯血量500ml以上，或一次咯血300 ~ 500ml。

（4）胸痛（Chest pain） 肺和脏层胸膜对痛觉不敏感，肺炎、肺结核、肺血栓栓塞症、肺脓肿等病变累及壁层胸膜时，方发生胸痛。胸痛伴高热，考虑肺炎。肺癌侵及壁层胸膜或骨，出现隐痛，持续加剧，乃至刀割样痛。突发性胸痛伴咯血和（或）呼吸困难，应考虑肺血栓栓塞症。胸膜炎常在胸廓活动较大的双（单）侧下胸痛，与咳嗽、深吸气有关。自发性气胸可在剧咳或屏气时突然发生剧痛。亦应注意与非呼吸系统疾病引起的胸痛相鉴别，如心绞痛、纵隔、食管、膈和腹腔疾患所致的胸痛。

2.呼吸系统体格检查

(1)一般状态　生命体征、精神状态、意识、营养状况、皮肤颜色等有无异常。注意面色有无苍白、多汗、发红,有无紧张、焦虑。二氧化碳潴留时面色发红,多汗。

(2)头、面、颈部　有无鼻翼扇动、鼻窦压痛、牙龈红肿、扁桃体肿大、气管移位、颈静脉充盈、淋巴结肿大。

(3)肺和胸部检查

1)视诊:①胸廓外形:观察患者胸廓形状,有无桶状胸、皮下气肿、胸廓不对称或畸形;②胸部损伤:观察患者胸部有无损伤、引流管等;③呼吸运动:呼吸频率:观察患者每分钟的呼吸次数;呼吸模式:正常呼吸模式表现为呼吸规律、平稳,偶尔出现叹息呼吸。在病理情况下,患者可出现异常呼吸模式。呼吸窘迫的表现为呼吸费力,呼吸辅助肌参与呼吸,胸骨下陷回缩,鼻翼扇动,胸部运动不对称和喘息呼吸;COPD征兆表现为喘息、多咳、缩唇呼吸、桶状胸和肌疲劳,患者喜欢坐在椅子上并身体前倾,不喜欢躺在床上;三凹征表现为锁骨上窝、胸骨上窝和肋间隙向内凹陷,见于呼吸道梗阻如舌后坠、喉头水肿和气管异物等;④安置人工气道的患者根据采用口咽管、气管插管、气管切开管的不同,观察人工气道的位置、人工气道是否通畅和人工气道连接情况。对于存在气道分泌物的患者观察咳出或吸出的气道分泌物的量、颜色和性状;⑤其他症状和体征如杵状指、颈静脉怒张、毛细血管充盈等。

2)触诊:触诊的重点是确定气管位置,评估胸廓动度和触觉语颤,另外还可评估胸壁压痛、皮下气肿等。①气管位置:将手指放置在胸骨上切迹,并向上移动手指触摸气管。正常气管位置位于中线,气管移位见于张力性气胸、肺不张、大量胸腔积液和胸膜增厚等;②触觉语颤:检查者将两手掌或手掌尺侧轻轻放于患者胸壁的对称位置,嘱患者以同样强度重复发"一、二、三"音或拉长发"一"音,分辨两侧语颤的异同。检查的范围包括前胸壁、后胸壁及两侧胸壁。正常的语颤强度因患者的声调和声音强度而不同,一般在气管旁的胸部位置较强,可感觉到明显颤动,而两侧胸部位置较弱,仅为可感知的颤动。触觉语颤增强见于肺实变性疾病如大叶性肺炎实变期、肺梗塞等,减弱见于肺气肿、阻塞性肺不张、大量胸腔积液和气胸等;③胸壁压痛:正常胸壁触诊无压通,出现压痛则与炎症或创伤有关。胸壁压痛见于肋骨骨折、胸膜炎等;④皮下气肿:用指尖触摸皮肤,出现捻发感或握雪感。皮下气肿常出现于胸部导管周围和气管切开处,也可由肋骨骨折引起。

3)叩诊:叩诊的方法为左手的中指放置于患者胸壁,用右手的中指叩击左手中指第二指节末端。叩诊的重点是评估肺结构的病变情况。肺结构的常见病变包括胸腔积液、积气、肺组织实变等。胸部叩诊可听到五种声音,清音为叩诊正常肺所听到的声音;浊音或实音见于肺内含气量减少时,如胸膜渗出、血胸、肺实变、肺不张、肿瘤和肺纤维化等;鼓音见于气胸;过清音见于肺张力减弱而含气量增多时,如肺气肿、哮喘等。

4)听诊:听诊应在安静的环境中进行,患者坐位或卧位,微张口均匀深呼吸,检查者的听诊器直接与患者胸部接触,从肺尖部开始听诊,自上而下,注意上下和左右对比。听诊的重点为正常呼吸音、异常呼吸音和听觉语音。正常呼吸音分为支气管呼吸音、支气管肺泡呼吸音和肺泡呼吸音三种;异常呼吸音为呼吸音减弱或增强;附加呼吸音包括啰音、喘息音和胸膜摩擦音等。

5)嗅诊:闻患者呼出气的气味、气道分泌物气味等。

6)正常人与常见肺部疾病患者体格检查结果比较(表10-1)。

表10-1　正常人与常见肺部疾病患者体格检查结果比较

	呼吸音	视诊	触诊	叩诊	听诊
正常肺	吸气期大于呼气期;音调低;音响弱;无附加呼吸音	胸廓对称,前后径小于横径;膈肌活动正常呼吸规则,频率16～20次/min	气管居中;胸廓膨胀好,对称;触觉语颤对称,中等音响;无胸壁压痛	清音	肺泡呼吸音;听觉语音含糊;一般无附加呼吸音,偶尔肺底有瞬时的口音
哮喘	吸气与呼气时间相同;音调中等;音响弱;呼气期出现哮鸣音	紫绀;喘息;呼吸辅助肌参与呼吸;呼吸增快	触觉语颤减弱	过清音	呼吸音遥远;听觉语音减弱;出现哮鸣音

续表

	呼吸音	视诊	触诊	叩诊	听诊
肺不张	在不张的区域;吸气期大于呼气期;音调低或无;音响弱或无;支气管开放时吸气末可听到清晰高调的啰音	患侧胸部运动减弱,肋间隙变窄;咳嗽;呼吸浅快	气管偏向患侧;患侧胸廓膨胀度降低;触觉语颤减弱或无	浊音到实音	呼吸音减弱或消失;听觉语音减弱或无;吸气末可听到清晰高调的爆裂音
支气管扩张	吸气期大于呼气期;音调低;音响弱;下胸部、背部啰音,有时咳嗽后消失	轻度时呼吸正常,重度可出现呼吸过快;咳嗽,咳脓性痰	气管居中或偏向健侧;患侧胸廓膨胀度降低;触觉语颤增强	清音或浊音	肺泡呼吸音;听觉语音含糊;可听到啰音
急性支气管炎	吸气期大于或等于呼气期;音调低;音响弱;局部啰音;呼气喘息音	严重时出现呼吸过快和紫绀;激烈咳嗽伴有黏液性痰	触觉语颤正常或增强	清音	肺泡呼吸音;听觉语音中等音响;局部啰音;呼气喘息音
肺气肿	吸气期等于呼气期;音调低至非常低;音响弱至非常弱;啰音和(或)喘息音	呼吸困难;桶状胸;呼吸过快;呼吸辅助肌参与呼吸	胸廓膨胀受限;触觉语颤减弱	清音或过清音	呼吸音音响降低,呼气音延长;听觉语音含糊或减弱;偶尔听到喘息音;吸气后期听到清晰的啰音
胸膜腔积液和胸膜增厚	吸气期大于呼气期;音调低至非常低;音响弱至非常弱;偶尔听到胸膜摩擦音	呼吸增快;患侧肋间隙变窄;呼吸困难	气管偏向患侧;患侧胸廓膨胀度降低;触觉语颤减弱或无	浊音到实音	呼吸音减弱或消失;听觉语音含糊或无,若液体压缩肺,可听到支气管语音、羊鸣音和胸耳语音;可听到胸膜摩擦音
肺炎伴有肺实变	吸气期等于呼气期;音调高;音响强;啰音出现于吸气期的后1/3时间段	呼吸过快,患侧胸廓运动减少	患侧胸廓膨胀受限,通常情况下触觉语颤增强	浊音到实音	呼吸音音调增高,受累区域出现支气管肺泡呼吸音或支气管呼吸音。听觉语音增强,可听到支气管语音、羊鸣音和胸耳语音。啰音出现于吸气期的后1/3时间段
气胸	吸气期大于呼气期;音调低至无;音响弱至无;无附加呼吸音	患侧肺膨胀受限;大量积气时出现呼吸过快;肋间隙变宽、饱满;紫绀	气管偏向患侧;患侧胸廓动度减弱;触觉语颤消失	过清音	呼吸音减弱或消失;听觉语音减弱或消失;无附加呼吸音
肺纤维化	吸气期等于呼气期;音调低至无;音响弱至无;出现啰音	呼吸困难,呼吸过快,紫绀和胸部膨胀度变小	气管偏向患侧	清音至浊音	呼吸音减弱或消失;听觉语音增强,出现胸耳语音;出现吸气期啰音

(From Barkauskas V et al:Health and physical assessment, ed 2, St Louis, 1998, Mosby.)

3.心理-社会状况

呼吸系统疾病多呈慢性迁延性,反复发作,缓解率低,呼吸困难长期困扰患者,使患者失去工作能力,甚至生活自理能力。慢性呼吸系统问题可能会引起家庭角色和家庭关系的变化,社交孤立,经济问题及失业等。护士应该全面了解患者现在的心理社会状况,患者过去应对压力的方式,帮助患者应对这些问题。

4.实验室及其他检查

护士应熟练掌握呼吸系统检查的相关原理、技术、方法和结果分析,并保持动态的观察,从而根据结果对患者进行及时的、完整的、准确的评估。

(1)血液检查　包括血液常规检查、血气分析等。呼吸系统感染时，中性粒细胞增加，有时还伴有中毒颗粒；嗜酸性粒细胞增加提示过敏性因素、曲霉或寄生虫感染；其他血清学抗体试验，如荧光抗体、对流免疫电泳、酶联免疫吸附测定等，对于病毒、支原体和细菌感染的诊断均有一定价值。动脉血气分析可以评估机体的氧合功能，肺泡通气和酸碱平衡状况。

(2)痰液检查　痰液做检查的目的是协助病因诊断及观察疗效和预后。痰细菌培养和敏感度分析可以决定抗生素的选择，反复做痰脱落细胞检查，有助于肺癌的诊断。

(3)抗原皮肤试验　哮喘的变应原皮肤试验阳性有助于变应体质的确定和相应抗原的脱敏治疗。对结核或真菌呈阳性的皮肤反应仅说明已受感染，并不能肯定患病。

(4)胸腔积液检查和胸膜活检　常规胸液检查可明确渗出性或是漏出性胸液。检查胸液的溶菌酶、腺苷脱氨酶、癌胚抗原及进行染色体分析，有助于结核性与恶性胸液的鉴别。脱落细胞和胸膜病理活检对明确肿瘤或结核有诊断价值。

(5)影像学检查　胸部X线透视配合正侧位胸片，可发现被心、纵隔等掩盖的病变，并能观察膈、心血管活动情况。高电压体层摄片和CT能进一步明确病变部位、性质以及有关气管、支气管通畅程度。磁共振显像(MRI)对纵隔疾病和肺血栓栓塞症有较大帮助。肺血管造影用于肺血栓栓塞症和各种先天性或获得性血管病变的诊断；支气管动脉造影和栓塞术对咯血有较好的诊治价值。

(6)纤维支气管镜　纤维支气管镜能深入亚段支气管，直接窥视黏膜水肿、充血、溃疡、肉芽肿、新生物、异物等，做黏膜的刷检或钳检，进行组织学检查；并可经纤支镜做支气管肺泡灌洗。灌洗液的微生物、细胞学、免疫学、生物化学等检查，有助于明确病原和病理诊断；还可通过它取出异物、诊断咯血，经高频电刀、激光、微波及药物注射治疗良、恶性肿瘤。借助纤维支气管镜的引导还可做气管插管。

(7)肺活体组织检查　经纤维支气管镜做病灶活检，可反复取材，有利于诊断和随访疗效；近胸壁的肿块等病灶，可在胸透、B型超声或CT引导下定位做经胸穿刺肺活检，进行微生物和病理检查。对于肺部纵隔部位的肿物及肿大的淋巴结，亦可通过纤维支气管镜，在CT引导下从气管或支气管腔内对肿物进行穿刺取材，必要时可做开胸肺活检。

(8)超声检查　做胸腔积液及肺外周肿物的定位，指导穿刺抽液及穿刺活检。

(9)呼吸功能测定　通过其测定可了解呼吸系统疾病对肺功能损害的性质及程度。对某些肺部疾病的早期诊断具有重要价值。如慢性阻塞性肺疾病表现为阻塞性通气功能障碍，而肺纤维化、胸廓畸形、胸腔积液、肺切除术后均显示限制性通气功能障碍。这些变化常在临床症状出现前已存在。测定通气与血流在肺内的分布、右心系统静脉血向左侧的分流，以及弥散功能，有助于明确换气功能损害的情况，如特发性肺纤维化及弥散性肺泡癌的弥散功能损害尤为突出。呼吸肌功能和呼吸中枢敏感性反应测定，再结合动脉血气分析，可对呼吸衰竭病理生理有进一步了解，并能对呼吸衰竭的性质、程度以及防治和疗效判断等做出全面评价。

第三节　呼吸系统常用诊疗技术与护理

学习目标

知识目标　掌握常用技术的适应证、禁忌证。

能力目标　会对胸腔穿刺术及纤支镜检查的患者进行护理。

素质目标　尊重老师、同事，营造和谐的工作环境。

一、纤维支气管镜检查

纤维支气管镜(Fiberoptic bronchoscope)检查是利用光学系统或内镜对气管支气管管腔的检查。一套完整的纤维支气管镜检查设备是由纤维支气管镜(图10-3)、冷光源及附件三部分组成。纤维支气管镜适用于做肺叶、段及亚段支气管病变的观察，活检采样，细菌学、细胞学检查，配合TV系统可进行摄影、示教和动态记录。支气管镜附有活检取样机构,能帮助发现早期病变,能开展息肉摘除等体内外科手术,对于支气管、肺疾病研究,术后检查等是一种良好的精密仪器。

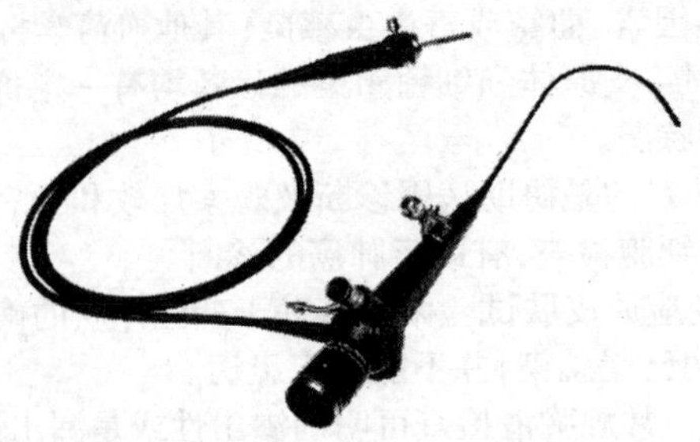

图 10-3 纤维支气管镜

1.适应症

1)原因不明的咯血、需要明确出血原因者。

2)原因不明的肺不张、阻塞性肺炎、局限性肺气肿,怀疑有支气管阻塞病变者。

3)性质不明的弥散性病变、孤立性结节或肿块,需做活检、刷检或支气管肺泡灌洗者。

4)吸收缓慢或反复在同一部位发生的肺炎。

5)难以解释的持续性咳嗽或局限性哮鸣音。

6)原因不明的喉返神经麻痹、膈神经麻痹者。

7)收集下呼吸道分泌物做细菌学检查。

8)协助做选择性支气管造影。

9)用于治疗:如钳取异物,肺脓肿直视下吸痰及局部用药,激光、高频电刀解除气管内梗阻。

2.禁忌症

1)一般情况差、体质衰弱不能耐受支气管镜检查者。

2)有精神不正常,不能配合检查。

3)有慢性心血管疾病,如不稳定性心绞痛、心肌梗死、严重心律失常、严重心功能不全、高血压病、动脉瘤等。

4)有慢性呼吸系统疾病伴严重呼吸功能不全,若需要检查时,可在供氧和机械通气下进行。

5)麻醉药物过敏,不能用其他药物代替者。

6)有严重出血倾向及凝血机制障碍者。

7)呼吸道有急性化脓性炎症伴高热,急性哮喘发作和正在咯血者,可在病情缓解后进行。

3.操作前准备

1)了解病史、胸片,术前确认患者是否签署知情同意书,向患者说明检查目的、操作过程、注意事项,以消除患者紧张情绪并取得配合。

2)术前4~6小时禁食禁饮,以防误吸。

3)术前评估患者对消毒剂、局麻药或术前用药是否过敏,防止发生过敏反应。

4)术前半小时肌内注射阿托品0.5mg或同时肌内注射安定5~10mg,以减少呼吸道分泌物和镇静,取下活动假牙。

5)局部麻醉 用2%利多卡因喷雾喷鼻腔、咽部、声门,或2~5ml做环甲膜穿刺注入或纤维支气管镜滴入。

6)监测血氧饱和度及基本生命体征。

7)备好必需的急救用物:吸引器及复苏设备,以防术中患者喉头痉挛、呼吸窘迫、因麻醉药对咳嗽和呕吐反射的抑制作用导致的呼吸道分泌物不易咳出。

4.操作过程

纤维支气管镜可经鼻或口插入,目前大多取经鼻。患者一般取仰卧位,不能平卧者,可取坐位或半坐位。术者在窥视下由鼻孔插入,看清声门,待声门开大时将支气管镜送入气管,徐徐前进,先查健侧后查病侧,及时吸出呼吸道分泌物,在看清病变的部位范围及形态特征后,可以照相及采取活体组织,或用细胞刷刷取分泌物及脱落细胞,制成玻片,立即送检。检查过程中,护理人员应该密切观察患者的生命体征和反应,麻醉患者通常很少有疼痛或不适，但操作过程中会出现轻微低氧血症，特别是有肺疾患的患者。

5.操作后护理

（1）术后观察患者的生命体征　有无血痰、咳嗽、咽痛等。如有少量咯血或咽痛不必担心，但发生大量咯血者要注意防止窒息的发生。术后有声嘶及咽部疼痛者，可予蒸汽吸入。

（2）术后禁食水2小时　以免误吸。进食前试着喝小口水，若无呛咳提示咳嗽和呕吐反射恢复，患者可进食水。术后几小时内避免吸烟、谈话、咳嗽，以减少对咽喉部的刺激。

（3）一般不用抗生素　若肺活检或术后发热，可适当应用抗生素。

（4）观察　有无并发症的发生，如：麻药过敏、喉头痉挛或支气管痉挛、低氧血症、出血、菌血症等。

二、胸膜腔穿刺术

胸膜腔穿刺术（Thoracentesis）是自胸膜腔内抽取胸腔积液（或积气）的有创性操作，常用于检查胸腔积液的性质、抽液（气）以缓解患者症状或通过穿刺给药。

1.适应症

（1）诊断性穿刺　胸腔积液性质不明者，抽取积液检查，明确性质，协助病因诊断。

（2）抽液减压　大量胸腔积液或积气者，抽液缓解压迫症状，避免胸膜粘连增厚。

（3）穿刺灌洗或给药　脓胸抽脓灌洗治疗或恶性胸腔积液胸腔内注入药物治疗。

2.禁忌症

病情垂危者，有严重出血倾血、大咯血、肺结核及肺气肿者。

3.操作前准备

1）确定患者已经签署知情同意书。

2）操作前解释穿刺目的、操作过程、注意事项。告诉患者麻醉时有针刺痛感，进针时会感受到压力，协助患者做好充足的精神准备，消除顾虑，以配合穿刺过程及避免术后不适。

3）训练患者练习穿刺体位，告诉患者术中不能突然移动体位、深呼吸或咳嗽，以免损伤胸膜或肺组织，术中若有不适不要随意活动，要配合医生，按照医生指示行事。

4.方法步骤

（1）体位　患者多取反坐于靠背椅上，面向椅背，两手交叉抱臂，置于椅背，头枕臂上，使肋间隙增宽；不能坐起者，可采取半卧位，举起患侧上臂。

（2）穿刺部位　选择叩诊实音、呼吸音消失的部位作为穿刺点，一般常选腋后线与肩胛下角线之间第7～8肋间隙或腋前线第5肋间隙；气胸者取患侧锁骨中线第2肋间隙或腋前线第4～5肋间隙进针。包裹性积液采用超声波检查定位。穿刺点可用蘸龙胆紫的棉签在皮肤上做标记。

（3）穿刺过程　常规消毒皮肤，戴无菌手套，覆盖消毒洞巾。用2%利多卡因在下一肋骨上缘的穿刺点自皮肤至胸膜壁层进行局部浸润麻醉。术者以左手食指与中指固定穿刺部位的皮肤，右手将穿刺针的三通活栓转到与胸腔关闭处，再将穿刺针在麻醉处缓缓刺入，当针锋抵抗感突然消失时，转动三通活栓使其与胸腔相通，进行抽液。助手用止血钳协助固定穿刺针，以防针刺入过深损伤肺组织。50ml注射器抽满后，转动三通活栓使其与外界相通，排出液体。如用较粗的长针头代替胸腔穿刺针时，应先将针座后的胶皮管用血管钳夹住，然后进行穿刺，进入胸腔后再接上注射器，松开止血钳，抽吸胸腔内积液，抽满后再次用血管钳夹闭胶管，尔后取下注射器，将液体注入弯盘中，以便记量或送检。抽液毕拔出穿刺针，覆盖无菌纱布，稍用力压迫穿刺部位片刻，用胶布固定后嘱患者静卧。

（4）注意事项

1）操作前应向患者说明穿刺目的，消除顾虑；对精神紧张者，可于术前半小时给安定10mg以镇静止痛。

2）操作中应密切观察患者的反应，如有头晕、面色苍白、出汗、心悸、脉细、四肢发凉、昏厥等，提示出现“胸膜反应”，应立即停止抽液，让患者平卧，监测血压，防止休克。必要时按医嘱皮下注射0.1%肾上腺素0.5ml，或进行其他对症处理。

3）一次抽液不可过多、过快，诊断性抽液50～100ml即可；减压抽液，首次不超过600ml，以后每次不超过1000ml；抽液过多过快可以使胸腔内压急骤下降，发生肺水肿或循环障碍、纵隔移位等意外。如为脓胸，每次尽量抽净。疑为化脓性感染时，助手用无菌试管留取标本，行涂片革兰氏染色镜检、细菌培养及药敏试验。检查瘤细胞，至少需100ml，并应立即送检，以免细胞自溶。

4）严格无菌操作，操作中要防止空气进入胸腔，始终保持胸腔负压。

5)应避免在第9肋间以下穿刺,以免穿透膈损伤腹腔脏器。

5.术后护理

1)记录穿刺时间、胸水量、颜色等。

2)监测患者穿刺后的反应,呼吸状况、脉搏,及时发现血胸、气胸、肺水肿等并发症。

3)嘱患者操作后静卧休息,24小时后方可洗澡,如伤口有红肿热痛或溢出液体等应立即通知医务人员。

三、胸腔闭式引流

1.胸腔闭式引流的目的和适应症

(1)目的 ①引流胸膜腔内渗液、血液及气体;②重建胸膜腔内负压,维持纵隔的正常位置;③促进肺的膨胀。

(2)适应症 用于外伤性或自发性气胸、血胸、脓胸及心胸手术后的引流等。

2.置管的位置

胸腔闭式引流的置入位置可依据体征和胸部X线检查结果确定。积液处于低位,一般在腋中线和腋后线之间第6~8肋间插管引流;积气多向上聚集,常选锁骨中线第2肋间;脓胸常选在脓液积聚最低位。

温馨提示:气体向上走,所以穿刺放气的位置较高;液体、脓液向低处集聚,所以穿刺排液的位置较低。

3.胸膜腔引流装置

传统的胸腔闭式引流装置有三种:单瓶、双瓶、三瓶。目前已有各种一次性使用的塑料胸膜腔引流装置被临床广泛应用。

(1)单瓶水封式系统 水封瓶橡胶瓶塞上有2个孔,分别插上长、短玻璃管。瓶内盛无菌生理盐水约500ml,长管的下端插至水平面下3~4cm,短管下口则远离水平面,使瓶内空间与大气相通。使用时,将患者胸膜腔引流管连接于水封瓶的长玻璃管,接通后即见管内水柱上升,高出水平面8~10cm,并随呼吸上下移动。若水柱不动,提示引流管不通。

(2)双瓶水封式系统 包括上述相同的水封瓶和集液瓶,在引流胸膜腔内液体时,水封下的密闭系统不会受到引流量的影响。

(3)三瓶水封式系统 与双瓶式相似,只是增加了一个控制瓶,使其起到施加抽吸力的作用(图10-4)。抽吸力通常由通气管没人水面的深度决定。若没人水面15~20cm,相当于对该患者施加了1.5~2kPa的负压吸力。如果抽吸力超过没人水面管子的高度时,外界的空气即会被吸入此系统中,所以压力控制瓶中始终有水泡产生方表示具有功能。

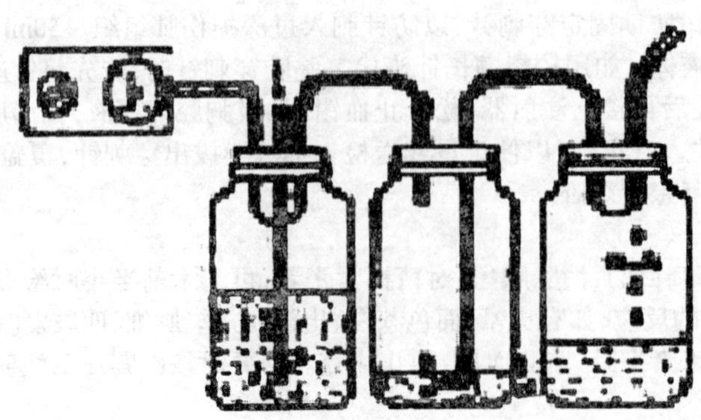

图10-4 三瓶水封瓶

4.胸膜腔闭式引流管的护理措施

(1)保持管道的封闭　①随时检查引流装置是否密闭及引流管有无脱落;②水封瓶长玻璃管没入水中3 ~ 4cm,并始终保持直立;③引流管周围用油纱布包盖严密;④搬动患者或更换引流瓶时,需双重关闭引流管,以防空气进入;⑤引流管连接处脱落或引流瓶损坏,应立即双钳夹闭胸壁引流导管,并更换引流装置;⑥若引流管从胸腔脱落,立即用手捏闭伤口处皮肤,消毒处理后,用凡士林纱布封闭伤口,并协助医师做进一步处理。

(2)严格无菌操作,防止逆行感染　①引流装置应保持无菌;②保持胸壁引流口处敷料清洁干燥,一旦渗湿,即时更换;③引流瓶应低于胸壁引流口平面60 ~ 100cm,以防瓶内液体逆流入胸膜腔;④按规定时间更换引流瓶,更换时严格遵守无菌操作规程。

(3)保持引流管通畅　闭式引流主要靠重力引流,有效的保持引流管通畅的方法有:①患者取半坐卧位;②定时挤压胸膜腔引流管,防止引流管阻塞、扭曲、受压;③鼓励患者做咳嗽、深呼吸运动及变换体位,以利胸腔内液体、气体排出,促进肺扩张。

(4)观察和记录　①注意观察长玻璃管中的水柱波动。因为水柱波动的幅度反映死腔的大小和胸膜腔内的负压大小。一般情况下水柱上下波动4 ~ 6cm。若水柱波动过高,可能存在肺不张;若无波动,则提示引流管不畅或肺已完全扩张;但若患者出现胸闷、气急、气管向键侧偏移等肺受压的症状,应疑为引流管被血块堵住,需设法捏挤或使用负压间断抽吸引流瓶的短玻璃管,促使其通畅,并立即通知医生处理;②观察引流液体的量、性质、颜色,并准确记录。

(5)拔管　一般置引流48 ~ 72小时后,临床观察无气体溢出,或引流量明显减少且颜色变浅,24小时引流液< 50ml,脓液< 10ml,X线胸片示肺膨胀良好无漏气,患者无呼吸困难,即可拔管。护士协助医生拔管,在拔管时嘱患者先深吸一口气,再呼气未迅速拔管,并立即用凡士林纱布和厚敷料封闭胸壁伤口,外加包扎固定。拔管后注意观察患者有无胸闷、呼吸困难、切口漏气、渗液、出血、皮下气肿等,如发现异常应及时通知医师处理。

(余凡)

第十一章 上呼吸道疾病患者的护理

第一节 鼻部疾病患者的护理

学习目标

知识目标 掌握急性鼻炎处理原则；鼻出血的应急处理及护理；急、慢性鼻窦炎的处理原则和护理措施。

能力目标 会慢性鼻炎的身体评估、鼻腔给药法、鼻腔分泌物引流法；鼻部手术前后的护理。

素质目标 尊重老师、同事，营造和谐的工作环境。

一、鼻炎

案例引入

患者，男性，35 岁，2 天前因受凉引发鼻塞、阵发性喷嚏、流清水样鼻涕。鼻腔检查见鼻腔黏膜鲜红色充血，腔内大量清水样分泌物，下鼻甲充血肿大。

该患者患有何病，需要做哪些处理和护理?

【概述】

鼻炎可分为急性和慢性两大类。急性鼻炎是由病毒感染引起的鼻腔黏膜急性炎性疾病，俗称“伤风”、“感冒”。慢性鼻炎是鼻腔黏膜和黏膜下层的慢性炎性疾病，包括慢性单纯性鼻炎和慢性肥厚性鼻炎两种，二者之间有过渡型。

急性鼻炎主要为黏膜充血和水肿，腺体分泌增加。慢性单纯性鼻炎的病理改变为：鼻腔黏膜血管慢性扩张，通透性增加，血管和腺体周围有炎性细胞浸润，黏液腺分泌增加。慢性肥厚性鼻炎早期与单纯性鼻炎相似，晚期黏膜、黏膜下层、骨膜和骨组织都呈增生、肥厚状态，以下鼻甲最明显，多呈结节状、桑葚状、分叶状或发生息肉样变。

病因与发病机制

1.急性鼻炎

一般是指机体抵抗力下降时病毒感染所致，在此基础上可并发或继发细菌感染。一般认为慢性鼻炎为非感染性疾病，即便存在感染也为继发性感染。

2.慢性鼻炎与多种因素有关

(1)局部因素　急性鼻炎反复发作或未彻底治疗；鼻腔及鼻窦慢性炎症长期存在对鼻黏膜的刺激；鼻腔邻近部位的感染性病灶对鼻腔黏膜的不利影响；鼻腔药物应用不当或过久，造成鼻腔黏膜的血管舒缩失调、黏膜肿胀、黏液纤毛系统输送功能障碍。

(2)全身因素　全身慢性疾病(如贫血、糖尿病等)，缺乏维生素及内分泌疾病均可引起鼻腔黏膜淤血和肿胀。

(3)职业及环境因素　长期吸入粉尘或有害气体。

(4)其他因素　免疫功能障碍、烟酒嗜好、过度疲劳等都与此病的发生有关。

【护理评估】

1.健康史

多有与此病有关的全身或局部疾病病史。

2.身体状况

1)急性鼻炎初期鼻腔内干燥、发痒,继而出现鼻塞、清涕、嗅觉减退和闭塞性鼻音。继发细菌感染者可有脓涕。全身症状个体差异较大,多有倦怠、头痛、发热表现。

2)慢性鼻炎的主要身体评估为鼻塞、流涕、头痛等。慢性单纯性和慢性肥厚性鼻炎的身体评估的区别见下表 11-1。

表 11-1　慢性单纯性鼻炎及慢性肥厚性鼻炎的鉴别要点

项目	慢性单纯性鼻炎	慢性肥厚性鼻炎
鼻塞	间隙性或交替性	持续性
鼻腔分泌物	黏液性、较稀	黏液性或黏脓性、较稠
头痛	可有	常有
嗅觉障碍	一般不明显	较明显
耳鸣、耳闷胀感	一般无	可有
下鼻甲检查	黏膜肿胀、暗红色	黏膜肥厚、表面不平
对麻黄碱的反应	明显	反应小或不明显

3.处理原则

急性鼻炎以支持疗法和对症治疗为主。慢性单纯性鼻炎以保守治疗为主,慢性肥厚性鼻炎以手术治疗为主,目的是去除病因和恢复鼻腔通气。

【护理诊断与合作性问题】

1.清理呼吸道无效

与鼻腔分泌物增多有关。

2.感知改变

与通气障碍和嗅黏膜、嗅神经损害有关。

3.有感染的危险

鼻窦炎、中耳炎等,与通气、引流不畅有关。

4.不良情绪

焦虑、失望等情绪与疾病长期反复发作有关。

【护理目标】

略

【护理措施】

1.药物治疗的护理

1)有全身症状者,积极进行对症处理,发热者须降温治疗。

2)急性鼻炎注意多饮水、清淡饮食和休息,保持大便通畅。

3)急性鼻炎和对血管收缩剂敏感的慢性鼻炎,可用 0.5% ~ 1%麻黄碱滴鼻,保持鼻腔通畅。

4)急性鼻炎可全身应用抗病毒药,慢性鼻炎和急性鼻炎继发细菌感染需用抗生素药物。

2.非药物治疗的护理

1)对血管收缩剂不敏感的慢性鼻炎可用下鼻甲硬化剂注射法、激光疗法或微波疗法等;以上方法均不合适者,可行下鼻甲黏膜部分切除或下鼻甲-骨膜下切除术。做好围手术期的常规护理。

2)密切观察鼻腔情况,积极预防感染,避免鼻窦炎和中耳炎等并发症的发生。

3)耐心与患者沟通,洞察其心理变化,正确引导其树立治疗疾病的信心、培养良性的情绪。

3.健康指导

1)积极锻炼身体,提高机体抵抗力。

2)戒除烟酒等不良嗜好。

3)避开不良的工作或生活环境。

4)教导患者学会正确的滴鼻和鼻腔引流方法。

【护理评价】

1)鼻塞、流涕等症状是否减轻或消失。

2)鼻腔呼吸功能是否恢复正常。

3)全身不适症状或发热症状是否减轻或消失,患者活动能力是否正常。

4)有无并发症发生。

二、变应性鼻炎

案例引入

患者,男性,28 岁,反复性喷嚏、流清水样鼻涕、鼻塞,受凉后加重。于 2008 年 8 月 3 日来院就诊。

1. 该患者可能患何病?

2. 需做哪些检查? 可能要做哪些处理和护理?

【概述】

变应性鼻炎是鼻黏膜的变态反应性疾病。鼻黏膜反应性增高是主要特点,分为常年性和季节性两类。

病因与发病机制　此病属Ⅰ型变态反应。鼻腔吸入变应原后,变应原与肥大细胞、嗜碱性粒细胞表面的“桥连”,继而导致以组胺为主的多种炎症介质释放;介质与鼻腔黏膜血管、神经、腺体上的受体结合,导致炎症反应。季节性变应性鼻炎的主要变应原为植物花粉,常年性变应性鼻炎的主要变应原为常年存在于生活空间的物质,如尘、螨、羽毛和棉絮等。

【护理评估】

1.健康史

有呼吸道或(和)皮肤过敏性疾病病史。

2.身体状况

以阵发性喷嚏、大量清涕、鼻塞和鼻痒为主要特征,部分患者可伴嗅觉减退。鼻腔黏膜可苍白、充血或呈浅蓝色,急性发作时呈水肿状态。

3.辅助检查

皮肤实验、黏膜激发试验或变应原特异性测定等可发现特异性变应原。

4.心理-社会状况

长期反复发作,影响社交和工作,导致烦躁。

5.处理原则

避免接触变应原,积极对症治疗,尝试免疫疗法,必要时手术治疗。

【护理诊断与合作性问题】

1.清理呼吸道无效

与分泌物持续增多有关。

2.自我形象紊乱

与喷嚏、鼻涕有关。

3.有呼吸功能异常的危险

呼吸道狭窄，影响呼吸，甚至危及生命，与变态反应发生在整个呼吸道有关。

4.知识缺乏

缺乏对此病的了解及防治的知识。

5.不良情绪

烦躁和失望等，与病情长期反复发作有关。

【护理目标】

略

【护理措施】

1.药物治疗的护理

1)询问发生此病的环境和时间，协助进行变应原试验，找到致病变应原。

2)遵医嘱给予对症药物，如糖皮质激素、抗组胺药、肥大细胞膜稳定剂、缓解充血药或抗胆碱药等。

3)免疫疗法可通过逐渐增量方法注射特异性变应原，提高患者对变应原的耐受力。

4)鼓励患者配合治疗，并介绍目前有效的治疗方法，使其消除不良情绪。

2.非药物治疗的护理

部分患者可用冷冻、激光等方法使鼻黏膜敏感性降低，或行鼻内选择性神经切断术，降低或消除神经的敏感性。

3.健康指导

1)室内保持整洁干燥，不养宠物和花草，不用羽毛类织物，经常晒衣物被褥。

2)季节性者尽量不接触花草，常戴口罩。

3)教会患者正确的鼻腔给药和引流方法。

【护理评价】

1)鼻塞、流涕等症状是否减轻或消失。

2)鼻腔呼吸功能是否恢复正常。

3)嗅觉功能是否恢复正常。

4)有无并发症发生。

三、鼻出血

案例引入

患者，女性，20 岁，因右鼻反复出血 3 天来院急诊。

1. 该患者可能患何病?

2. 需做哪些检查？如何处理和护理?

【概述】

鼻出血是耳鼻咽喉科甚至全身某些疾病的常见症状之一，也可作为一个独立疾病存在。多单侧发病，也可双侧出血，出血量多少不一。

【病因与发病机制】

病因包括局部和全身两种。局部原因有局部炎症、外伤、肿瘤、异物和鼻部特殊故疾病如鼻中隔偏曲等；全身因素如循环系统疾病、风湿热、血液疾病和尿毒症等，均可引起凝血机制障碍或血管壁结构及功能改变，从而导致鼻出血。

【护理评估】

1.健康史

有引起鼻出血的局部和(或)全身性疾病病史。

2.身体状况

儿童及青少年鼻出血的部位多在鼻中隔前下方的利特尔区，中老年多在鼻腔后部的鼻咽静脉丛和鼻中隔后部的动脉。局部原因引起者多为单侧出血,全身因素引起者多为双侧同时或双侧交替性出血,短时间内出血达500ml可出现轻微症状,失血量在500 ~ 1000ml时可有血压下降、脉搏加快、四肢冰凉、恶心和乏力等症状。若收缩压低于80mmHg,提示失血量占全身总血量的1/4。

3.辅助检查

包括全血细胞计数、出血时间、凝血时间、凝血酶原时间、血型及其他相关检查,可明确出血原因或为输血做准备。

4.心理-社会状况

患者及家属常有紧张和恐惧感。

5.处理原则

首先找出血部位,补充血容量及对症治疗,选择适当方法止血,积极治疗原发病。

【护理诊断与医护合作性问题】

1.体液不足

与出血有关。

2.疼痛

与鼻腔填塞及鼻腔其他治疗有关。

3.潜在并发症

口腔溃烂、中耳炎等。

4.恐惧

与鼻出血及失血引起的继发症状有关。

【护理目标】

略

【护理措施】

1.一般护理

1)安慰患者,协助医师进行体格检查和止血治疗。

2)患者取坐位或半卧位,有休克者平卧头低位。

3)密切观测患者的神志、血压、脉搏和呼吸等,及时向医师报告。

4)嘱患者勿吞咽血液及鼻咽部分泌物,以免引起恶心和呕吐。

5)必要时遵医嘱适量应用镇静剂。

6)少量出血者可冷敷前额和后颈,同时指压患侧鼻翼15分钟。也可用10%麻黄碱棉片(或棉球)填塞止血。

7)全身因素引起者,要进行相关疾病的治疗。

2.非药物治疗的护理

1)反复少量出血可进行药物烧灼、硬化剂注射、电灼、激光或冷冻止血。

2)出血剧烈、部位不明者,可用前后鼻孔填塞法、血管结扎或血管栓塞法止血,同时立即建立静脉通道,进行药物止血,并纠正休克。

3)严密观察鼻咽部及填塞物的情况,确定出血停止后可抽出填塞物,继续观察。

4)加强口腔护理,保持口腔清洁。

5)鼻腔填塞后,注意使用抗生素预防并发症。

3.健康指导

1)加强宣教,戒除锐物挖鼻的习惯。

2)鼻腔异物取出时须谨慎,防止损伤鼻腔黏膜。

3)重视引起鼻出血的原发病的治疗。

4)教会患者自行止血的方法。

【护理评价】

1)鼻腔出血是否已经停止,是否出现低血容量和低氧血症。

2)有无口腔、鼻腔、中耳的感染发生。

四、鼻窦炎

案例引入

患者,男性,17 岁,2 天前因受凉引发鼻塞、流脓性鼻涕,伴头痛,T38.8℃。鼻腔检查见鼻腔黏膜充血、腔内大量脓性分泌物,下鼻甲充血肿大。

该患者患有何病?需要做哪些处理和护理?

【概述】

鼻窦炎是鼻窦黏膜的化脓性炎症,多与鼻炎同时存在,可分为急性和慢性两大类。急性鼻窦炎是鼻窦黏膜的急性卡他性炎症或化脓性炎症,多继发于急性鼻炎;慢性化脓性鼻窦炎多是急性鼻窦炎反复发作、迁延不愈所致,是鼻窦黏膜的慢性化脓性炎症。

【病因与发病机制】

急性和慢性鼻窦炎的发病原因和致病菌基本相同。发病原因分为全身和局部两种。全身因素主要与机体抵抗力差、营养不良和环境不洁等有关。局部原因有:鼻腔疾病(如慢性鼻炎、鼻甲肥大、鼻腔肿瘤)、邻近组织的感染灶(如扁桃体炎、腺样体炎等)和创伤。

致病菌主要是化脓性球菌,如肺炎链球菌、溶血型链球菌、葡萄球菌等;其次是杆菌,如流感杆菌、变形杆菌等;厌氧菌感染也较常见。

【护理评估】

1.健康史

1)有急性鼻窦炎反复发作史。

2)鼻、咽部疾病病史,如慢性鼻炎、鼻甲肥大、鼻腔肿瘤、扁桃体炎、腺样体炎等。

3)全身慢性疾病病史。

2.身体状况

(1)全身症状　急性鼻窦炎的全身症状较慢性者重,有畏寒、发热等表现;慢性鼻窦炎可有倦怠、头痛、头昏、记忆力下降、注意力不集中等表现。

(2)局部症状　急性鼻窦炎与慢性鼻窦炎相似,均有鼻塞、脓涕、头痛症状;而慢性鼻窦炎还有嗅觉障碍、视力障碍等表现。

(3)鼻腔检查所见　急性鼻窦炎前鼻镜检查可见鼻黏膜充血、肿胀,鼻腔内有大量脓涕;慢性鼻窦炎可见鼻腔黏膜慢性充血、肿胀、肥厚,中鼻甲肥大或息肉样变;前组鼻窦炎者中鼻道内可见脓性分泌物。

3.辅助检查

(1)影像学检查　鼻窦CT能清晰显示鼻窦黏膜增厚,窦腔内分泌物潴留及鼻窦骨质破坏情况;鼻窦X线片清晰度差,现已少用。

(2)上颌窦穿刺冲洗　对上颌窦炎的诊断和治疗有帮助。

4.心理-社会状况

急性鼻窦炎经治愈后影响很小;慢性鼻窦炎因长期存在,使记忆力下降、工作效率低下,常受到批评,心理压抑。

5.处理原则

根除病因,使鼻腔和鼻窦通气、引流通畅,积极控制感染,预防并发症;慢性鼻窦炎用上述保守治疗无效者,可行鼻窦手术治疗。

【护理诊断与合作性问题】

1.清理呼吸道无效

与鼻塞、脓涕有关。

2.感知改变

与鼻腔通气不畅及嗅区黏膜变性有关。

3.疼痛

脓液引起的脓毒性头痛和窦口阻塞引起的真空性头痛并存。

4.潜在并发症

中耳炎与咽鼓管咽口阻塞有关。

5.不良情绪

焦虑和压抑,与学习、工作效率下降及患者不被认可有关。

【护理目标】

略

【护理措施】

1.保守治疗的护理

(1)血管收缩药的应用　如麻黄碱滴鼻液,适量加入糖皮质激素滴鼻,改善鼻腔和鼻窦的通气及引流。

(2)鼻腔冲洗　用温生理盐水冲洗,清除鼻腔内分泌物,每天1鼻窦炎2次。

(3)上颌窦穿刺冲洗　急性上颌窦炎急性期后或慢性上颌窦炎者可行上颌窦穿刺冲洗,并注入抗生素和黏膜活性恢复药等。

(4)置换疗法　利用负压吸引原理使药物进入窦腔。

(5)抗生素药物　全身应用高效抗生素,控制感染。

(6)激素　急性炎症时可考虑使用激素。

2.手术治疗的护理

经保守治疗无效者,需行鼻窦手术,包括传统鼻窦手术和功能性鼻窦内镜手术。做好术前准备和术后护理。

3.心理护理

向患者耐心解释,说明治愈后记忆力和工作效率均可提高,以消除其不良情绪。

4.健康指导

1)积极锻炼身体,增强抵抗力,防止上呼吸道感染。

2)改善工作及生活环境。

3)教导患者学会正确的鼻腔给药和引流方法。

4)积极治疗鼻腔炎性疾病,防止发生鼻窦炎。

5)积极治疗全身性疾病。

【护理评价】

1)鼻腔通气和引流情况是否改善,头痛、流涕等症状是否减轻或消失。

2)患者能否掌握鼻窦炎的自我保健知识。

3)手术前后有无并发症发生。

4)手术切口愈合是否良好。

附1:上颌窦穿刺冲洗法

1.适应症

主要是慢性上颌窦炎、上颌窦囊肿。

2.禁忌症

主要有高血压,血液病,鼻腔、鼻窦急性炎症期。

3.操作前准备

(1)用物准备　窥鼻器、棉片和铁棉签、上颌窦穿刺针、橡皮管接头、20ml或50ml注射器、治疗碗、深弯盘、1%地卡因、1：1000 肾上腺素、额镜。

(2)患者准备　取正坐位，清除鼻腔分泌物。向患者解释操作目的、方法。

4.操作过程(以穿刺右侧上颌窦为例)

1)用浸有 1%地卡因和 1：1000 肾上腺素的棉片置于下鼻道进行表面麻醉 10 ~ 15 分钟。

2)操作者右手拇指、拾指紧握穿刺针中段，掌心顶住针柄，针头斜面朝向鼻中隔，经鼻前孔进入下鼻道顶端，位置约在距离下鼻甲前端 1 ~ 1.5cm 下鼻甲附着处。

3)左手固定患者头部，右手持针向眼外眦方向稍用力，即能进入窦腔。穿刺过程中，如患者发生晕厥等情况，必须立即拔出穿刺针，使患者平卧休息，并给予密切观察和相应处理。

4)抽出针芯，瞩患者头向左侧倾斜，观察针管内是否有黄褐色液体流出，如有，则可能为上颌窦囊肿，不可再冲洗；如为血流出，则可能是上颌窦血管瘤、上颌窦癌或可能穿刺针进入了血管，则立即停止穿刺，待检查确诊后再做相应处理。

5)用注射器回抽看是否有空气或脓液，证实在窦腔内，抽吸生理盐水，连接橡皮管与穿刺针，然后缓缓推注生理盐水进行冲洗。反复冲洗，直至无脓液流出为止。如注入生理盐水有阻力，不可强行冲洗，以防注入软组织内。

6)向窦腔内注入抗生素或(和)激素，瞩患者头侧向右侧 3 分钟，防止药液流出。

7)插入针芯，拔出针头，用消毒棉球塞于前鼻孔。

8)穿刺结束，根据脓液的情况进行记录。

9)必要时取少量脓或液体进行细菌培养或肿瘤涂片检查。

5.并发症

穿刺可能引起的并发症主要有：

1)紧张性休克。

2)出血。

3)局部软组织肿胀或感染。

4)血气栓形成。

6.操作后护理

1)穿刺处用消毒棉球压迫止血，嘱患者 2 小时后自行取出。

2)嘱患者如回家后如出现出血情况，及时来院就诊。

3)适当使用抗生素。

附 2：上颌窦根治术的护理

1.术前护理

1)向患者耐心解释，消除不良情绪，以配合治疗。

2)嘱患者加强营养。

3)遵医嘱术前 3 天进行上颌窦穿刺冲洗，以清洁窦腔。

4)术前 1 小时剃须备皮。

5)术前 8 小时禁食。

6)遵医嘱术前晚给患者适当应用镇静剂，术前 30 分钟给患者肌内注射阿托品和苯巴比妥。

2.术后护理

1)术后采用Ⅰ级护理。

2)回病房后，取半卧位或平卧位，头偏向一侧。

3)给予半流质或软食饮食。

4)严密观测呼吸、脉搏、体温和血压及手术创面情况等。

5)遵医嘱给患者补充液体、营养物质、止血药和抗生素等。

6)遵医嘱给予患者漱口剂漱口，清除口腔异味。

7)术后 3 ~ 5 天视情况分次抽出术腔填塞物，完全抽出后每天用抗菌盐水冲洗。

8)根据情况术后 4 ~ 5 天拆线。

9)瞩患者出院后定期复查，进行鼻腔和窦腔的清洁。

五、鼻-鼻窦恶性肿瘤

【概述】

鼻-鼻窦恶性肿瘤在耳鼻咽喉-头颈外科仅次于鼻咽癌和喉癌而居第3位。原发于鼻窦的恶性肿瘤较鼻腔肿瘤为多,以上颌窦肿瘤最多见(占60%~80%),其次为筛小房、额窦,蝶窦肿瘤少见。任何年龄均可发病,癌症多见于40~60岁,肉瘤多见于年轻者。原发于鼻窦的恶性肿瘤早期症状较少,不易发现,一般发现时已到中、晚期。

【病因与发病机制】

可能与以下因素有关:

1.慢性炎症

长期慢性炎症刺激使黏膜上皮鳞状化生。

2.致癌物

频繁接触致癌物,如镍、砷、铬等。

3.良性病变

如鼻息肉、乳头状瘤等反复多次发作和手术治疗。

4.放射治疗

良性病变放射治疗可能诱发恶性变。

5.外伤

肉瘤患者常有外伤史。

【护理评估】

1.健康史

有慢性炎症、外伤或放射治疗史,生活环境中有致癌物。

2.身体状况

(1)鼻腔恶性肿瘤　早期有单侧进行性鼻塞、少量反复鼻出血症状,以后逐渐出现面部麻木感、胀满感和顽固性头痛。晚期可有视力减退、复视、突眼、耳鸣或剧烈头痛等。

(2)鼻窦恶性肿瘤　各鼻窦表现不一。

1)上颌窦恶性肿瘤:早期可有面颊部疼痛或麻木感,单侧脓血涕。随肿瘤逐渐增大,鼻塞进行性加重。晚期肿瘤破坏窦壁,向邻近部位发展,出现以下症状:面颊部隆起、复视、流泪、硬腭隆起、张口困难、颞部隆起、头痛、颈淋巴结转移等。

2)筛小房恶性肿瘤:早期可无明显症状。肿瘤侵入鼻腔时出现单侧鼻塞、血涕、头痛等。晚期肿瘤向各邻近部位侵犯,出现突眼、视力减退、剧烈头痛、颌下或颈深淋巴结转移等。

3)额窦恶性肿瘤:早期无明显症状。继而肿瘤发展会出现额部胀痛、皮肤麻木和鼻出血。中晚期出现复视、突眼、剧烈头痛、脑膜刺激征等。

4)蝶窦恶性肿瘤:原发肿瘤罕见。早期无症状,随着肿瘤发展,可出现顽固性头痛,并向颈后部放射。

3.辅助检查

(1)内镜检查　鼻腔和鼻窦内镜可发现局部组织有表面不平、触之易出血的新生物。

(2)影像学检查　鼻窦X线片、CT或MRI等可显示肿瘤的大小和范围,对估计预后和手术方案的制定有极大帮助,临床上CT应用最多。

(3)病理学检查　新生物活检及细胞涂片等可准确判断肿瘤的组织学类型,以确诊和制定治疗方案。

4.心理-社会状况

早期不以为然,知道真相后心理极脆弱,难以接受现实,变得焦躁不安,并有恐惧心理。

5.处理原则

采取以手术为主的综合疗法,包括术前放疗、手术彻底切除原发病灶、术后放射治疗和化学治疗等;必要时需行单侧或双侧颈淋巴结清扫术。首次治疗的结果是成败的关键。

【护理诊断与合作性问题】

1.舒适状态改变

与头痛、面部麻木、鼻阻塞等有关。

2.知识缺乏

缺乏疾病防治相关知识。

3.自我形象紊乱

与肿瘤向邻近部位侵犯破坏邻近组织和器官，以及手术损伤头面部有关。

4.体液不足的危险

恶性肿瘤晚期可突然大量出血，导致体液不足，甚至发生休克。

5.恐惧

与对治疗失去信心有关。

【护理措施】

1.术前护理

1)向患者耐心解释，消除不良情绪，以配合治疗；但需说明术后面容的改变，使其有思想准备。嘱患者加强营养。

2)遵医嘱术前3天全身应用抗生素。

3)术前1天进行交叉配血试验和备血，以备术中急用。

4)术前1天备皮，根据手术范围不同而进行具体操作。

5)术前晚患者遵医嘱应用镇静剂；全身麻醉者术前8小时禁饮食。

6)术前30分钟患者遵医嘱肌内注射阿托品和苯巴比妥。

2.术后护理

1)术后采用Ⅰ级护理。

2)回病房后，取去枕平卧位，头歪向一侧，以全身麻醉护理等级至清醒。严密观测呼吸、脉搏和血压等，必要时输血。

3)遵医嘱给患者补充液体和营养物质等，清醒后流质饮食。

4)注意吸痰，保持呼吸道通畅。

5)遵医嘱给患者使用止血药及抗生素等。

6)每天常规口腔护理，防止口腔溃烂。

7)术后3～5天视情况分次抽出术腔填塞物，完全抽出后每天用抗菌盐水冲洗。

8)根据情况术后5～7天(间断性)拆线，植皮者10天拆线。

9)恢复期帮助患者练习张口，防止瘢痕挛缩和张口困难。

10)出院后定期复查，需放射治疗或化学治疗者继续配合相应治疗。

3.健康指导

积极治疗鼻部慢性炎性疾病，避免接触致癌物，避免鼻外伤。

【护理评价】

1.手术切口愈合是否良好。

2.患者能否掌握术后的自我护理技能。

3.对自我形象的改变能否坦然接受，能否给予正确的照顾。

第二节　咽部疾病患者的护理

学习目标

知识目标　掌握急、慢性扁桃体炎患者的护理诊断及处理原则和慢性扁桃体炎术后的护理措施。

能力目标　会对急、慢性扁桃体炎和鼻咽癌的患者进行身体评估及护理。

素质目标　尊重老师、同事，营造和谐的工作环境。

一、扁桃体炎

案例引入

患者,男性,19 岁,因咽痛、发热 1 天就诊,体温 38.8℃。检查见咽部黏膜充血,扁桃体Ⅰ度肿大,表面见脓性分泌物。

该患者患有何病?需要做哪些处理和护理?

该患者治疗 3 天后,一侧咽痛症状加重,伴吞咽困难,体温升高至 39.5℃。该患者为何有如此变化?需要做哪些处理和护理?

【概述】

扁桃体炎为腭扁桃体的非特异性炎症,分为急性和慢性两种。

【病因与发病机制】

急性扁桃体炎主要由病原微生物感染引起,乙型溶血性链球菌是主要的致病菌,其次为非溶血性链球菌、葡萄球菌、肺炎链球菌、流感杆菌及腺病毒等。急性扁桃体炎反复发作及扁桃体隐窝引流不畅可使炎症转为慢性病变,近年有认为慢性扁桃体炎还与自身变态反应有关。

【护理评估】

1.健康史

工作和生活环境不良,嗜好烟酒或辛辣食物。反复上呼吸道炎症发作史。

2.身体状况

(1)急性扁桃体炎　分为急性卡他性和急性化脓性扁桃体炎。前者病变较轻,炎性反应限于局部黏膜,扁桃体隐窝及实质内无炎性病变;有咽痛、低热表现;检查可见扁桃体和腭舌弓表面充血,无脓性分泌物,扁桃体无明显肿大。后者炎症已波及到扁桃体实质;局部和全身症状较重,出现剧烈咽痛、吞咽困难、畏寒、高热;检查可见扁桃体肿大、周围充血、隐窝口有脓点。

(2)慢性扁桃体炎　主要病变在隐窝。平时无自觉症状,发作时有咽干、异物感、刺激性咳嗽等表现;如扁桃体过度肥大可出现呼吸、吞咽困难及共鸣障碍等。检查发现咽部黏膜慢性充血,扁桃体肥大,表面凹凸不平,隐窝口有黄白色干酪样物质,咽腭弓、舌腭弓带状充血,下颌角淋巴结肿大。

3.辅助检查

急性扁桃体炎者,白细胞总数和中性粒细胞比例明显升高。慢性扁桃体炎者可有心电图、血沉的异常,有助于并发症的诊断。抗链球菌溶血素“O”的异常,有助于并发症的诊断。

4.心理-社会状况

全身并发症会影响生活、工作和学习,造成经济和心理负担,从而产生焦虑和恐惧。

5.处理原则

抗生素的应用是急性扁桃体炎的主要治疗方法,同时应对症治疗。慢性扁桃体炎发作不频繁者可保守治疗;对发作频繁、影响呼吸和吞咽、有并发症、并发扁桃体良性肿瘤、多次发生扁桃体周脓肿或保守治疗无效者可手术治疗,切除扁桃体。

【护理诊断与合作性问题】

1.疼痛

与炎症有关。

2.吞咽障碍

与局部炎症及扁桃体肥大有关。

3.体温过高

与急性炎症有关。

4.潜在并发症

营养不良与发热和吞咽困难有关。

5.不良情绪

与局部病变及全身并发症的存在有关。

【护理目标】

略

【护理措施】

1.急性扁桃体炎患者的护理

1)注意休息,多饮水,进流质饮食。

2)遵医嘱应用抗生素,青霉素为首选,辅以解热镇痛药等对症治疗。

3)指导患者用漱口液漱口,保持局部清洁,去除局部分泌物。

4)饮食受限者,可静脉补充液体及营养物质。

2.慢性扁桃体炎患者的护理

(1)保守疗法的护理

1)免疫功能低下者,遵医嘱应用免疫增强剂。

2)局部用冷冻、微波或激光等治疗,消除隐窝内病原微生物,并使扁桃体缩小。

3)嘱患者加强锻炼,提高机体免疫力。

4)以上方法治疗效果不理想者,需行扁桃体切除术。

(2)手术疗法的护理 经保守治疗无效者,可行扁桃体摘除术,按扁桃体摘除术前后的护理进行护理。

附:扁桃体摘除术

【适应症】

1.慢性扁桃体炎手术适应症

1)慢性扁桃体炎反复急性发作每年超过5次。

2)有过扁桃体周围脓肿并发症者。

3)扁桃体肿大影响吞咽、呼吸或发音者。

4)病灶性扁桃体炎。

2.扁桃体摘除术的适应症

1)慢性扁桃体炎反复急性发作每年超过5次。

2)并发过扁桃体周围脓肿者。

3)扁桃体肥大影响吞咽、呼吸者。

4)病灶性扁桃体炎。

5)扁桃体角化症、良性肿瘤或恶性肿瘤早期。

6)白喉带菌,经保守治疗无效者。

7)茎突过长症。

【手术方式】

1.剥离法

采用局部麻醉或全麻进行,一般用于成人的扁桃体摘除。

2.挤切法

采用无麻或全麻进行,一般用于儿童的扁桃体摘除。

【手术护理】

1.术前护理

1)询问病史并进行体格检查,全面掌握病情。

2)嘱患者尽早完善术前常规检查。

3)术前3 ~ 7天应用抗生素。

4）术前禁食，必要时术前夜应用镇静药。

5）遵医嘱术前30分钟肌内注射阿托品和苯巴比妥。

2.术后护理

1）局部麻醉者取半卧位或平卧侧头位。全身麻醉未清醒前取俯卧位，头部去枕并偏向一侧；清醒后同局部麻醉体位。

2）嘱患者勿吞咽咽部分泌物，密切观察吐出物的性状，并向医师报告。如有活动性出血，立即配合医师止血。

3）术后1天进冷流质（全麻患者清醒后6小时可进食），第2天半流质饮食，1周后进软食，10天后可正常饮食。

4）术后遵医嘱继续用抗生素及止血药物等，如患者因疼痛进食受限，可适当静脉补充营养物质。

5）术后6小时扁桃体窝内白膜开始形成，此时可用漱口液漱口，保证口腔清洁。

6）术后5 ~ 7天白膜开始脱落，此时要注意观察是否有出血现象，10天左右白膜基本完全脱落。

3.健康指导

鼓励患者积极锻炼身体，增加机体抵抗力，注意饮食。

【护理评价】

1.急性扁桃体炎患者护理评价

1）咽痛等症状是否减轻或消失，体温是否已经恢复正常。

2）有无并发症发生。

2.慢性扁桃体炎患者护理评价

1）患者对该病及其并发症的防治是否有正确的认识，能否配合医护人员采取有效措施进行治疗。

2）手术后创面愈合是否良好。

3）有无手术并发症发生。

二、腺样体肥大

【概述】

因炎症反复刺激而发生腺样体病理性增生，且引起相应症状者称为腺样体肥大。腺样体又称咽扁桃体或增殖体，6 ~ 7岁时最大，10岁后逐渐萎缩。腺样体肥大常与慢性扁桃体炎并存，多见于儿童。

【病因与发病机制】

鼻咽部及其临近部位或腺样体自身的炎症反复刺激，使腺样体病理性增生。

【护理评估】

1.健康史

多有慢性扁桃体炎病史。

2.身体状况

腺样体肥大可引起耳、鼻、咽、喉等多器官的病变，表现出相应的临床症状：并发分泌性中耳炎时出现耳鸣、听力下降，可并发鼻炎、鼻窦炎、咽炎、喉炎及气管炎的表现；另外腺样体肥大可影响呼吸，出现“腺样体面容”。“腺样体面容”是因为鼻咽部通气不畅，长期张口呼吸造成的特殊面容，主要表现为：上颌骨变长，硬腭高拱，上切牙突出，口唇厚和表情呆滞等。全身症状主要表现为营养不良、反应迟钝、注意力不集中和遗尿等。检查可见咽部充血，扁桃体肥大，鼻咽部有红色团块状物，外形似半个剥皮橘子，触之不易出血。

3.辅助检查

鼻咽部CT或MRI可清晰显示肥大的腺样体，有助于诊断。

4.心理-社会状况

长期呼吸不畅可影响智力发育，使学习成绩下降，导致自卑心理。

5.处理原则

先试行保守治疗，如无明显效果尽早行腺样体切除术。

【护理诊断与合作性问题】

1.感知改变

与中耳炎引起的耳鸣和听力下降有关。

2.清理呼吸道无效

与鼻、鼻咽部分泌物增多有关。

3.自我形象紊乱

与腺样体面容有关。

4.睡眠形态紊乱

睡眠障碍,与通气不畅有关。

【护理目标】

略

【护理计划与实施】

1.保守治疗的护理

1)嘱患者加强锻炼和营养,预防感冒。

2)使用1%麻黄碱溶液滴鼻,减轻鼻部症状。随年龄增长,腺样体逐渐萎缩,症状可逐渐缓解或消失。

2.手术治疗的护理

保守治疗无效者,应尽早行腺样体切除术。手术前术后的护理基本同扁桃体摘除术的护理

3.健康指导

注意营养,提高机体抵抗力,预防感冒,避免此病发生。

【护理评价】

1)手术后鼻腔通气情况是否改善,头痛等症状是否减轻或消失。

2)中耳炎引起的耳鸣和听力下降是否好转。

3)患者能否正确应对自我形象的改变。

4)手术后有无并发症发生。

三、鼻咽癌

【概述】

鼻咽癌在头颈部肿瘤中居首位。我国存在明显的地域差异:广东最高,其次为广西、湖南、福建等地。40岁以上者多发,发病率男性明显多于女性。

【病因与发病机制】

目前认为本病与遗传、病毒及环境因素有关。鼻咽癌有明显的家族性患病倾向;癌肿中有EB病毒的特异性基因表达产物,同时血清中可检测出EB病毒抗体;与饮食中多环烃类、亚硝胺类及微量元素镍等过高有关。

【护理评估】

1.健康史

既往有涕中带血、耳鸣、耳闷、偏头痛、视力下降、复视或颈淋巴结肿大等表现。

2.身体状况

(1)鼻部症状　本病早期即可出现回吸性血涕或鼻涕带血,时轻时重,时有时无。随肿瘤增大引起单侧鼻塞,继而发展为双侧鼻塞。

(2)耳部症状　肿瘤发生于咽隐窝或圆枕者,早期即可引起耳鸣、耳闷及听力下降。

(3)颈部淋巴结肿大　颈深淋巴结上群肿大可为首发症状,开始为单侧,继而发展为双侧。

(4)颅神经症状　肿瘤常累及第Ⅱ、Ⅲ、Ⅳ、Ⅴ、Ⅵ对脑神经,出现偏头痛、面部麻木、复视、视力下降等症状;肿大淋巴结压迫第Ⅸ、Ⅹ、Ⅺ、Ⅻ对脑神经,出现吞咽困难、声嘶等。

(5)远处转移　可转移到肺、肝、骨骼等处,出现相应器官的症状。

3.辅助检查

(1)鼻咽镜检查　早期见鼻咽部黏膜充血或单侧咽隐窝饱满,病情进展可见鼻咽部有结节状或溃疡性凸

起,表面不平,触之易出血。

(2)病理学检查　取局部活组织进行病理学检查,有助于确诊。

(3)血清学检查　血清中可有 EB 病毒抗体。

(4)影像学检查　颅底 X 线片、CT 和 MRI 检查可了解肿瘤的范围及颅底破坏情况,有助于诊断和治疗。

4.心理-社会状况

鼻咽癌发病部位隐蔽,表现复杂多变,因此早期一般不引起重视,易造成误诊、漏诊。到晚期时,病变的扩散可给患者造成极大的痛苦,加重心理和经济负担。患者往往产生恐惧心理,甚至失去治疗信心。

5.处理原则

首选放射治疗,中晚期者可配合化学治疗。各期均可同时配合中医药及免疫治疗。手术治疗仅适于以下患者:放射治疗后局部复发或有残存病灶者;对放射线不敏感的腺癌;放射治疗后颈部肿块未消失者。

【护理诊断与合作性问题】

1.出血倾向

与肿瘤溃烂或侵及血管有关。

2.疼痛

头痛,与肿瘤侵犯颅内有关。

3.不良情绪

恐惧、焦虑及轻生心理。

4.自我形象紊乱

与上睑下垂及颈部淋巴结肿大有关。

5.感知改变

与复视和听力下降等有关。

【护理目标】

略

【护理计划与实施】

1.一般护理

1)止血:大出血者立即进行局部填塞或血管结扎止血。根据失血量适当输血或补液,出血活动期需持续保持静脉通道。

2)耐心做好心理疏导工作,使患者消除不良情绪,树立战胜疾病的信心。

3)头痛能耐受者不予特殊处理,剧烈头痛者遵医嘱给予镇静剂或止痛剂。

2.放射治疗和化疗的护理

放射治疗和化疗引起的不良反应分别做相应处理,鼓励患者坚持治疗。

3.健康指导

避免接触和食用致癌物质,了解鼻咽癌的早期症状,达到防病或早发现、早治疗的目的。

【护理评价】

1.放射等治疗后鼻部、耳部及头痛等症状是否改善或消失。

2.患者能否正确应对放疗后可能出现的自我形象的改变。

3.患者是否已经充满战胜该病的信心。

四、阻塞性睡眠呼吸暂停低通气综合征

【概述】

阻塞性睡眠呼吸暂停低通气综合征(obstructive sleep apnea-hypopnea syndrome, OSAHS)一般指上气道塌陷或堵塞引起的呼吸暂停和低通气。具体诊断标准为:成人 7 小时的夜间睡眠时间内,至少有 30 次呼吸暂停,每次呼吸暂停时间大于 10 秒;睡眠过程中呼吸气流强度较基础水平降低 50%以上,动脉血氧饱和度下降≥4%;或呼吸暂停低通气指数>5。

【病因与发病机制】

呼吸时气流能否顺利进入下呼吸道,关键在喉以上的上呼吸道,引起 OSAHS 的部位主要在此范围。主

要有以下原因：

1.上呼吸道解剖因素

鼻和鼻咽、口咽和软腭、舌根部是上呼吸道中最易阻塞的部位。

2.肥胖

可能是肥胖导致舌体肥厚，腭垂、软腭和咽壁脂肪堆积引起。

3.上呼吸道狭窄或阻塞

鼻息肉、扁桃体肥大、鼻咽部肿瘤、舌体肥大等均可引起上呼吸道狭窄或阻塞。

4.脂类代谢紊乱

可能与脂代谢紊乱导致肥胖有关。

5.内分泌紊乱

甲状腺功能低下引起黏液性水肿、肢端肥大症引起的舌体肥大及女性绝经后均可导致或促进OSAHS发生。

6.年龄

老年人肌张力下降易发生 OSAHS。

【护理评估】

1.健康史

既往有打鼾、遗尿、注意力不集中、白天嗜睡等表现。

2.身体状况

打鼾和呼吸暂停是此病的典型特征，常在睡眠中"憋醒"，伴心慌、胸闷。白天嗜睡，长期发展可有记忆力减退、工作学习效率低下、行为怪异等表现。

3.辅助检查

纤维喉镜、纤维鼻咽镜及影像学检查可查明阻塞部位和原因。近年来多导睡眠描记仪对 OSAHS 患者进行整夜连续的睡眠监测，量化了一些指标，有极重要的诊断价值。

4.心理-社会状况

工作学习效率低，成绩差，引起上级或家长的不满，患者易形成暴躁、沮丧、多疑等性格特征。

5.处理原则

首要问题是明确和去除病因，部分患者试行保守治疗，无明显效果者需手术治疗。

【护理诊断与合作性问题】

1.睡眠形态紊乱

夜间多次"憋醒"，与通气不畅有关。

2.潜在并发症

缺氧导致心、脑疾病，易发生猝死。长期张口呼吸可致咽、喉部慢性炎症。

3.知识缺乏

缺乏疾病防治相关知识。

4.性格改变

暴躁、沮丧、多疑等。

【护理目标】

略

【护理措施】

1.保守治疗的护理

1)减肥。

2)禁烟酒。

3)鼻腔持续正压通气　睡眠时用面罩将正压空气送入气道。

4)药物治疗　睡前服用抗忧郁药。

通过保守治疗，部分患者症状可望得到改善或消失。

2.手术治疗的护理

(1)术前护理 ①单人房间居住;②辅助治疗:减肥、禁烟酒、调整睡眠姿势(侧卧位或半坐卧位)、应用舌保护器等;③密切观察夜间呼吸暂停情况,必要时将其叫醒;④简要介绍手术的过程和目的,消除术前紧张和恐惧心理;⑤术前1～2天遵医嘱应用抗生素;⑥行术前常规检查;⑦术前6～8小时禁食,必要时术前夜应用镇静药;⑧遵医嘱术前30分钟肌内注射阿托品和苯巴比妥。

(2)术后护理 因鼻息肉、鼻中隔偏曲、扁桃体肥大或鼻咽部肿瘤等引起者,手术后护理分别按其术后常规进行。因咽腔狭窄引起者行垂腭咽成形术(UPPC),术后护理如下:①进食时取坐位或半坐位;②术后冷流质(或半流质)饮食;③遵医嘱继续应用抗生素和止血药;④嘱患者将咽部分泌物吐出,勿咽下,并密切观察吐出物的性状;⑤用漱口液小心地漱口,保持口腔清洁;⑥出院时需强调减肥、禁烟酒等辅助治疗必须长期保持,否则疾病易复发。

(3)气管切开的护理 全身状况差不耐受UPPC术及有严重的心、脑或肺并发症者及手术治疗无效者可行气管切开术。术后护理按该手术常规进行。

3.健康指导

控制饮食,加强锻炼,防止肥胖;戒除烟酒;积极治疗全身性疾病,避免此病的发生。加深对并发症的认识,争取早治疗。

【护理评价】

1.打鼾症状是否减轻或消失,呼吸暂停次数是否明显减少,睡眠质量有无明显提高。

2.患者精神有无好转,工作、学习的效率是否明显提高,社交和生活是否已经恢复正常。

3.患者能否正确认识该病的原因和危害,能否主动控制不良生活习惯,控制体重情况是否良好。

4.手术后切口愈合是否良好。

5.手术后有无并发症发生。

6.患者是否已经掌握该病的有关保健知识,生活质量有无提高。

第三节　喉部疾病患者的护理

学习目标

知识目标 掌握急性会厌炎、小儿急性喉炎患者的身体评估、护理诊断、处理原则及小儿喉炎与成人喉炎的区别;喉梗阻患者的身体评估、处理原则。

能力目标 会对急性会厌炎、小儿急性喉炎的患者进行护理;会对喉梗阻患者进行护理;对气管切开患者术后进行护理。

素质目标 尊重老师、同事,营造和谐的工作环境。

一、急性会厌炎

案例引入

患者,男性,25岁,因咽喉疼痛、发热1天就诊。T39.1℃。检查见会厌黏膜充血肿胀,中央隆起,表面见脓点。

该患者患有何病?需要做哪些处理和护理?

【概述】

急性会厌炎是以会厌为主的急性炎症,可引起喉阻塞而窒息死亡。各年龄均可发病,但儿童发病具有急、快、险的特点,有别于成人的发病特点。

1.病因与发病机制

感染是最常见的原因，致病菌有：乙型流感杆菌、葡萄球菌、链球菌和肺炎球菌等；变态反应对发病也起着一定的作用；异物、创伤、有害气体吸入、放射线损伤等也可引起此病。

2.分型

急性会厌炎分三型：

（1）急性卡他型　会厌黏膜充血、肿胀。

（2）急性水肿型　以水肿为主，会厌肿胀如气球。

（3）急性溃疡型　少见，炎症达黏膜下层及腺体，黏膜溃疡，可伴出血。

【护理评估】

1.健康史

既往有呼吸困难、喉部疼痛和发热表现。

2.身体状况

（1）全身症状　发热、精神委靡、面色苍白等。

（2）局部症状　咽喉部剧痛，吞咽困难，严重者有吸气性呼吸困难。

（3）体征　间接喉镜检查见会厌表面弥漫性充血、肿胀，甚至呈球状，表面可能有脓点。

3.辅助检查

不能配合间接喉镜检查的儿童可摄片，以显示会厌状况；咽拭子细菌培养及药敏试验可明确细菌种类，选用合适的抗生素。

4.心理-社会状况

患者一般不予重视，认为是普通咽喉部炎症，有严重缺氧症状时开始产生恐惧心理，求治心切。

5.处理原则

主要是抗生素和糖皮质激素的应用；有严重呼吸困难者急行气管切开术；会厌脓肿较大经保守治疗不能缩小者，行会厌脓肿切开引流术；儿童会厌脓肿切开引流时，体位采用仰卧垂头位，以防发生误吸。

【护理诊断与合作性问题】

1.体温过高

与感染有关。

2.疼痛

咽喉疼痛，与急性炎症有关。

3.吞咽障碍

与会厌肿胀和咽喉疼痛有关。

4.有窒息的危险

与喉阻塞有关。

5.知识缺乏

缺乏疾病防治相关知识。

【护理目标】

略

【护理计划与实施】

1.保守治疗的护理

病情较轻者保守治疗即可康复。

1）嘱患者多休息、多饮水、少讲话，根据情况给予半流质、清淡饮食。

2）抗生素及糖皮质激素的应用是治疗的关键，宜静脉给药，尤其是儿童患者。

3）发热者可物理降温，必要时药物降温。

4）用漱口液漱口，保持口腔清洁。

5）密切观察有无缺氧，必要时吸氧。

6）进食困难者静脉补充营养物质和电解质。

7）超声雾化吸入法可减轻局部症状。

2.手术治疗的护理

对于呼吸困难经保守治疗无改善者,可行气管切开术。会厌脓肿较大经保守治疗不能缩小者可行会厌脓肿切开引流术。

(1)术前护理

1)询问病史并进行体格检查,全面掌握病情。

2)嘱患者进行必要的术前检查,需急诊手术者可简化检查。

3)术前全身应用抗生素及糖皮质激素。

4)限期手术者术前禁食,必要时术前夜应用镇静药。

5)情况危急者需立即手术。

6)遵医嘱术前30分钟肌内注射阿托品和苯巴比妥。

(2)术后护理

1)术后禁食或流质饮食。

2)密切观察呼吸状况,必要时吸氧。

3)术后全身应用抗生素及糖皮质激素。

4)气管切开者行气管切开后常规护理。

5)会厌脓肿切开者,第2天检查引流情况,必要时撑开切口吸出脓液。

6)用漱口液漱口,保持口腔清洁。

7)随访1 ~ 2周,密切关注会厌情况。

3.健康指导

1)积极锻炼身体,预防上呼吸道感染。

2)本病可能引起呼吸困难,危及生命,应予重视。

【护理评价】

1)吞咽困难及喉部疼痛等症状是否减轻或消失。

2)呼吸形态是否正常。

3)体温是否已经恢复正常。

二、急性喉炎

案例引入

患者,女性,25岁,教师,2天前因受凉引发声嘶、喉痛来院就诊。检查见双侧声带闭合,可黏膜弥漫性充血。

该患者患有何病?需要做哪些处理和护理?

【概述】

急性喉炎是喉黏膜的急性卡他性炎症,为耳鼻咽喉科急症之一。好发于冬春季节,是一种常见的急性呼吸道感染性疾病。小儿急性喉炎好发于6个月至3岁的婴幼儿。由于儿童抵抗力弱,喉腔狭小,会厌舌面、杓状软骨及声门下等组织松弛,淋巴组织丰富,炎症时声门下区炎性水肿较显著,易发生喉阻塞;加之儿童神经系统不稳定,咳嗽反射功能差,不易将下呼吸道分泌物及时咳出,受刺激后易发生喉痉挛,更使呼吸困难加重,故病情远较成人为重。

【病因与发病机制】

可能与下列因素有关:

1.感染

急性喉炎多继发于受凉后的急性鼻炎、急性咽炎等上呼吸道感染。先为病毒感染,后继发细菌感染。小儿多继发于某些急性传染病,如流感、麻疹、百日咳等。

2.用声过度

用声过度可引发急性喉炎，如突然大声讲话、讲话过多、剧烈咳嗽等。

3.其他

吸入有害气体、粉尘或烟酒过度等。

【护理评估】

1.健康史

既往有呼吸困难、喉部疼痛和发热表现。

2.身体状况

(1)症状

1)发热：早期即可出现。儿童患者畏寒、发热等症状较成人患者为重。

2)声音嘶哑：急性喉炎的主要症状就是声音嘶哑。起初是声音粗糙低沉，然后变为沙哑，很快成为声音嘶哑，甚至完全失音，成人患者更为显著；而婴幼儿由于不能言语，常表现为哭声沙哑。

3)喉痛：成人患者表现为喉部不适或喉痛，但一般不明显；而婴幼儿则表现为拒食拒乳、哭闹不安。

4)咳嗽：小儿喉炎累及声门下区时，呈“空”、“空”样咳嗽，且夜间加重。这是小儿急性喉炎的重要特征之一。

5)吸气性呼吸困难：婴幼儿由于喉腔的特殊解剖生理特点，容易并发喉梗阻。所以在成人患者的表现基础上，还会出现吸气性呼吸困难，甚至会有胸骨上窝、锁骨上窝、肋间隙及上腹部软组织凹陷、吸气性喉鸣等临床特点，严重者会出现面色苍白、呼吸无力、甚至窒息死亡。

(2)体征　间接喉镜检查见声带和喉黏膜弥漫性急性充血、肿胀。

3.辅助检查

不能配合间接喉镜检查的儿童可选择使用喉内窥镜检查。

4.心理-社会状况

患者尤其是成人患者认为是普通炎症，一般不予重视。

5.处理原则

主要是禁声、抗生素和糖皮质激素抗炎治疗，同时配合局部雾化吸入治疗；若喉梗阻严重，经药物治疗未缓解者行气管切开术。

【护理诊断与合作性问题】

1.发热

体温过高，与感染有关。

2.疼痛

喉痛，与急性炎症有关。

3.呼吸困难

与声带充血肿胀有关。

4.有窒息的危险

与喉梗阻有关。

5.知识缺乏

缺乏疾病防治相关知识。

【护理目标】

略

【护理措施】

1.保守治疗的护理

病情较轻者保守治疗即可康复。

1)嘱患者多休息、多饮水、少讲话，根据情况给予半流质、清淡饮食。

2)抗生素及糖皮质激素的应用是治疗的关键，儿童患者宜静脉给药。

3)儿童患者高热时可物理降温，必要时药物降温。

4)超声雾化吸入法可减轻局部症状。

5)密切观察有无缺氧，必要时吸氧。

6)轻度呼吸困难者,静脉给予大剂量激素和抗生素。如病情无缓解,呼吸困难加重,应考虑行气管切开术。

2.手术治疗的护理

对于呼吸困难经保守治疗无改善者,行气管切开术,按气管切开术前后的护理进行护理。

3.健康指导

1)积极锻炼身体,预防上呼吸道感染。

2)本病可能并发喉阻塞,尤其是婴幼儿,容易引起呼吸困难,危及生命,应予重视。

【护理评价】

1)声音改变和喉部疼痛等症状是否减轻或消失。

2)呼吸形态是否正常。

3)体温是否已经恢复正常。

4)气管切开术后有无并发症发生。

三、喉阻塞

案例引入

患者,女性,3 周岁,拒食、哭闹、发热 1 天,伴呼吸困难收住入院,体温 39.1 ℃。肺部听诊呼吸音粗,吸气时可见明显的"三凹征",无窒息现象。

该患儿所患何病?需要做哪些处理和护理?

【概述】

喉或其邻近部位的病变使喉部发生阻塞,引起呼吸困难,为喉阻塞,又称喉梗阻。喉阻塞是耳鼻咽喉科的常见急症之一,可引起窒息死亡。它不是一独立疾病,而是一种症状。儿童抵抗力弱,喉腔狭小,会厌舌面、杓状软骨及声门下等黏膜下组织松弛,淋巴组织丰富,炎症时声门下区炎性水肿较显著,加之小儿喉软骨柔嫩、神经系统发育不完善,咳嗽反射功能差,不易将下呼吸道分泌物及时咳出,受刺激后易发生喉痉挛,故小儿发生喉阻塞的机会较成人多。

【病因与发病机制】

原因有以下几个方面:

1.炎症

如急性喉炎、急性会厌炎等。

2.外伤

喉挫伤、烧灼伤等。

3.水肿

药物过敏、肾脏疾病等引起的水肿。

4.异物

喉、气管异物可造成机械性损伤和喉痉挛。

5.肿瘤

喉癌、甲状腺肿瘤等。

6.畸形

先天性喉蹼、喉瘢痕狭窄等。

7.声带瘫痪

各种原因引起的声带外展障碍。

【护理评估】

1.健康史

有上呼吸道感染、外伤、药物过敏、肾脏疾病、异物、肿瘤、畸形或声带瘫痪等病史。

2.身体状况

(1)声音改变　病变在声带者可发生,主要表现为声音嘶哑。

(2)吸气性呼吸困难　是喉阻塞的主要症状。吸气运动加强,时间延长,吸气深、慢,但通气量不增加。

(3)吸气性喉喘鸣　吸气时有,呼气时无。是指吸气性呼吸困难时,吸入的气流通过狭窄的气道所发出的哮鸣音。

(4)吸气期软组织凹陷　由于吸气性呼吸困难,胸腔内负压增大,使胸骨上窝、锁骨上下窝、胸骨剑突下或上腹部、肋间隙在吸气期呈现凹陷,称吸气性"四凹征"。

(5)缺氧改变　主要表现为发绀,为呼吸困难缺氧所致。

(6)喉阻塞引起的呼吸困难分度

1)Ⅰ度:安静时无呼吸困难,活动或哭闹时有轻度呼吸困难、喉喘鸣、软组织凹陷。

2)Ⅱ度:安静时即有轻度呼吸困难,活动时加重,但不影响睡眠和饮食,无烦躁等缺氧表现。

3)Ⅲ度:呼吸困难明显,喉喘鸣声较响,软组织凹陷显著,缺氧症状明显(烦躁不安、不进食、脉搏快)。

4)Ⅳ度:呼吸极度困难,主要表现为:坐卧不安、手足乱动、出冷汗、面色苍白或发绀、心律不齐、血压下降、大小便失禁等。

3.辅助检查

查明阻塞的部位和原因。

(1)影像学检查　喉部X线片、CT或MRI可了解喉及其周围组织的病变情况,有助于诊治。

(2)内镜检查　纤维喉镜或直接喉镜在观察喉腔状况的同时也可做适当治疗。

4.心理-社会状况

早期多不重视,危及生命时开始恐惧和紧张。

5.处理原则

Ⅳ度呼吸困难,急行气管切开术;Ⅲ度呼吸困难可尝试糖皮质激素及抗生素等保守治疗,必要时手术治疗;Ⅰ度和Ⅱ度呼吸困难一般采取糖皮质激素及抗生素等保守治疗。同时积极治疗原发病。

【护理诊断与合作性问题】

1.有窒息的危险

与喉阻塞有关。

2.语言沟通障碍

与声嘶或(和)喉痛有关。

3.低效性呼吸

与吸气性呼吸困难有关。

4.知识缺乏

缺乏疾病防治相关知识。

5.意识紊乱

与缺氧有关。

【护理目标】

略

【护理措施】

1.常规护理

1)密切观察患者的呼吸、脉搏、血压、意识和皮肤色泽,及时报告医师。

2)绝对卧床休息,专人看护,限制探视,保持室内安静。

3)必要时吸氧。

4)备气管切开包及其他抢救药品,随时抢救。

5)炎症引起的Ⅰ度和Ⅱ度呼吸困难者,静脉滴注糖皮质激素和抗生素,症状可很快缓解,一般不需行气管切开术。

6)Ⅲ度呼吸困难者,药物治疗的同时积极完善必要的检查,做好气管切开术的准备。药物治疗效果不明显者,尽早行气管切开术。术前、术后护理按气管切开术常规护理进行。

7)Ⅳ度呼吸困难者,立即行气管切开术,病情危急者可先切开环甲膜或行气管插管术,再行气管切开术。

术后按气管切开术及环甲膜切开术护理常规进行。

8)病情缓解后积极治疗原发病。

2.健康指导

1)预防上呼吸道感染,避免呼吸道外伤和呼吸道异物,积极处理呼吸道畸形。

2)增强患者对喉阻塞危险性的认识。

3)教会患者简单易行的自救方法。

【护理评价】

1.喉阻塞是否已经解除,呼吸道通畅情况如何。

2.全身缺氧症状有无得到明显改善。

3.患者情绪是否稳定,能否配合医护人员进行积极治疗。

4.患者对预防喉阻塞的相关知识是否熟悉。

附:气管切开术

1.气管切开术的适应症

1)各种原因引起的喉阻塞。

2)下呼吸道分泌物潴留。

3)头颈部重大手术的预防性切开,如颌面部、口腔、咽喉部及颅内手术等。

4)某些特殊疾病,如昏迷、颅脑病变、多发性神经炎、呼吸道烧伤、重症肌无力、农药中毒等。

2.气管切开的方法

(1)常规切开法　患者虽有呼吸困难,但仍有自主呼吸,有足够的时间进行各项手术前准备时,可考虑采用常规切开术。

(2)紧急切开法　患者呼吸困难严重,没有足够的时间进行手术前准备时,或在发病现场,患者呼吸困难较重,又没有进行手术所需的各类器械时,可考虑采用紧急切开术。

(3)环甲膜切开法　患者呼吸困难极重,已经出现窒息等严重状态时,或在发病现场,患者窒息时间已经超过生理极限时,可考虑采用环甲膜切开术。

3.气管切开术术前准备

(1)环境准备　保持患者周围环境的空气新鲜性。如分散人群,尽量让患者有足够的氧气吸入。

(2)患者准备　让患者取头后仰位,颈部伸直,肩部垫枕。目的是保持气管处于居中位置。

(3)手术用物的准备　主要包括消毒物品的准备、麻醉物品的准备、气管切开包的准备,以及床边手术灯、手术衣帽、吸引器的准备等

4.气管切开术操作过程:

(1)切开皮肤　沿颈部正中,从环状软骨下缘开始,一直切至胸骨柄上1cm处。

(2)逐层分离皮下组织　遇到出血时要先行止血,直至暴露气管前筋膜。

(3)确认气管　用一粗针头从颈部正中刺进,以一棉花丝置于针头接口处,如发现棉花丝在不断飘动,说明下方是气管;如棉花丝不动,可能下方是软组织或食管;如有血回流,说明下方是血管,此时要让分离的软组织归位,重新进行气管前筋膜暴露和气管确认。

(4)切开气管　确认气管后,先以一尖刀片在气管环的第4环中央进行点切,再以一镰刀片从切开处向上挑开至气管环的第3环中央。

(5)置入气管外套管　用大弯血管钳撑开切开部位,置入气管外套管。

(6)固定气管外套管　在外套管的下方置入一“凹”字形的纱布以防分泌物污染外套管,然后在患者的颈后将外套管系紧,要求松紧适度。绳结为活死结。

(7)处理皮肤创面　置入内套管后,再将分开的皮肤回位,用间断缝合法进行皮肤的缝合。

5.气管切开术后的主要护理措施

1)等级护理:给予Ⅰ级护理、特别护理。

2)体位护理:取去枕平卧位。

3)饮食护理:给予流质或半流质饮食(如果是配合全麻手术的气管切开术,需在清醒后给予相应饮食)。

4)控制病室的温度在20℃,湿度在60%～80%。

5)与患者的沟通护理:用书写法或手势等进行沟通,尽量以后者进行沟通。

6)术后儿童患者、精神患者、昏迷患者要固定双手,以防发生意外。

7)保持呼吸道通畅,遵医嘱定时或按患者的需求进行吸痰。

8)定时进行气管内滴药,主要是抗生素、激素、稀释药等,以湿化气管,稀释局部分泌物。

9)定时进行内套管的清洁消毒,一般每天不少于3次。

10)及时处理并发症,如发现皮下气肿、滑管等,要及时报告管床医生,给予相应处理。

11)待患者病情稳定,呼吸系统的症状消失后,可考虑拔管。拔管前要试行堵管,可1次或多次堵管,每次堵管后观察病情的时间至少为1～2天。

12)拔管后用蝶形胶布拉紧创面皮肤,一般不需缝合。

13)患者如需长期戴管,要教会患者内套管清洁和外套管更换的正确方法。

四、喉癌

【概述】

喉癌是喉部最常见的恶性肿瘤,以鳞状细胞癌最多见,占93%～99%,腺癌和未分化癌少见。发病率有明显的地区和性别差异:东北地区最高,男女之比为(8.4～30):1。高发年龄为50～70岁。

【病因与发病机制】

不完全明确,可能因素有:

1.吸烟

烟草可使呼吸道纤毛运动障碍,上皮鳞状化生。

2.饮酒

吸烟与饮酒共存可起相加作用。

3.空气污染

长期吸入生产性粉尘或废气可致癌。

4.病毒感染

人乳头状瘤病毒(HPV)与喉癌的发生、发展有关。

5.癌前期病变

主要有喉白斑病、声带重度不典型增生、成人慢性肥厚型喉炎等。

6.性激素

喉癌发病可能与细胞的雌激素受体情况及血清睾酮水平有关。

【分型】

根据喉癌发生的部位不同,喉癌可分四型:

1.声门上型

原发于声带以上区域,占30%,分化较差,易转移,预后差。

2.声门型

癌肿局限于声带,以声带前、中1/3处较多,占60%,分化较好,转移少,预后较好。

3.声门下型

声带以下环状软骨下缘以上部位的癌肿,占6%,易发生淋巴结转移。

4.声门旁型

也称跨(贯)声门癌,指原发于喉室并沿声门上下纵向发展的癌肿。此型少见,主要特点是广泛侵犯声门旁间隙。

【护理评估】

1.健康史

有烟酒嗜好,既往可有慢性喉炎、喉白斑、声带重度不典型增生或喉乳头状瘤等病史。

2.身体状况

(1)声门上型　早期仅有喉部不适或异物感,发展至组织溃烂时,可有咽喉疼痛、痰中带血;向下侵及声带时有声嘶、呼吸困难。

(2)声门型　声嘶是主要症状,早期即出现,逐渐加重。晚期可有血痰和喉阻塞。

(3)声门下型　早期可无症状,随发展可出现咳嗽、血痰、呼吸困难等。

(4)声门旁型　早期可无症状,侵犯声带时可有声嘶。

3.辅助检查

(1)影像学检查　喉部X线、CT或MRI有助于了解喉外侵犯程度和范围,对手术方案的制定有帮助。

(2)病理学检查　活组织检查可明确肿物的性质,有确诊价值,同时对治疗方案的制定也有极大帮助。

4.心理-社会状况

早期症状较轻,常被看作普通喉炎而不予重视,出现痰中带血、喉阻塞、淋巴结转移时,开始恐惧和重视;对术后能否正常饮食和进行语言交流有极大顾虑,有自杀倾向。

5.处理原则

综合治疗:以手术治疗为主,根据病情可配合放射治疗、化学治疗和免疫治疗。手术原则是:彻底切除癌肿,尽可能保留或重建喉功能,以提高生存质量。

【护理诊断与合作性问题】

1.语言沟通障碍

与癌肿侵犯声带及术后声嘶或完全丧失发音功能有关。

2.不良情绪

有恐惧心理,同时担忧预后情况。

3.有窒息的危险

与癌肿体积增大或喉部并发感染、喉水肿或出血有关。

4.进食自理缺陷

术后短期内需鼻饲进食。

5.自我形象紊乱

与部分喉癌术后需长期带气管套管有关,而全喉切除后颈部留有小孔。

【护理目标】

略

【护理措施】

1.特殊治疗前的护理

1)喉癌并发喉返神经麻痹者取坐位或半坐位,进食以软食为宜。

2)加强巡视,密切关注呼吸、意识和皮肤黏膜的色泽,及时报告医师,必要时吸氧。

3)术前保持口腔卫生。

4)术前并发喉部感染者,入院时早期应用抗生素。无感染者行活体组织检查后应用抗生素。

5)禁烟酒。

6)嘱患者行术前常规检查。

7)嘱患者进高蛋白和高热量饮食,以加强营养,有条件者或必要时静脉给予营养。

8)介绍目前先进的治疗手段,增加患者治愈疾病的信心,消除不良情绪。

9)需全喉切除者,说明切除全喉的目的在于挽救生命,术后发音可应用电子喉或人工喉等协助进行,不影响语言交流,使患者安心接受治疗。

2.放射治疗的护理

1)解释放射治疗对此病治疗的意义,使患者配合手术治疗,降低复发率,减少或避免淋巴结转移的机会。鼓励患者树立信心,克服放疗反应,并坚持全程治疗。

2)注意有无呼吸困难,必要时行气管切开术。喉癌手术后佩戴气管套管者,放射治疗时需更换非金属性套管。

3)放射治疗引起皮肤红肿、溃烂者,应清洁后局部涂布抗生素药膏。

3.全喉切除术的护理

（1）术前护理

1）剃须以备皮。

2）术前3天开始用漱口液漱口。

3）术前8小时禁食。

4）术前放置鼻饲管。

5）术前做好患者的心理工作，减轻患者的恐惧感。

6）遵医嘱术前夜用镇静剂。

7）术前30分钟肌内注射阿托品和苯巴比妥。

（2）术后护理

1）全身麻醉清醒前取去枕平卧位，头偏向一侧；清醒后取半坐位，头颈部轻度前倾，以减轻颈部皮肤切口缝合的张力。

2）术后2天内易发生出血，且分泌物多，应密切观察血压、呼吸、脉搏和体温；备好吸引器及急救药品，若有异常立即配合医师进行抢救。

3）术后24～48小时静脉营养，鼻饲管胃肠减压，之后经鼻饲管进食；用注射器推注流质营养汤，推注前先抽吸，判断鼻饲管是否在胃内；进食完毕，用氯化钠溶液冲洗鼻饲管以防堵塞。饮食原则：逐渐加量，少量多餐。

4）术后10天内勿做吞咽动作，分泌物可由舌送至唇边吸除；每天以氯化钠溶液棉签清洁口腔。

5）术后10天如无特殊情况可下床，由专人搀扶在室内活动，预防褥疮。

6）气管套管固定要牢靠，松紧适度。及时进行内套管的清洁消毒，清除管内分泌物。术后2～6个月后可考虑拔管。

7）帮助患者建立新的交流方式，出院后嘱患者尽快练习食管发音或学习用人工喉、电子喉发音。

8）出院后按时复查。

4.部分喉切除术的护理

（1）术前护理　同全喉切除术前护理。

（2）术后护理　基本同全喉切除术后护理，此外尚需注意以下几个方面：

1）气管切开术后护理：各型部分喉切除术均需行气管切开术。患者取平卧位、头稍低，室内保持适当温度和湿度。吸出气管内分泌物，每次均须更换吸引管，防止呼吸道感染。带气囊的套管适当充气，每隔4小时放气5分钟。

2）吞咽训练：患者取坐位，颈部稍后伸，嘱其深吸气后屏住呼吸，送入易吞咽的食物如布丁、香蕉等，吞咽后咯出声门残留食物。如此反复练习，直至不发生误吸。

5.颈廓清术后护理

与全喉切除术基本相同，尚需注意以下问题：颈廓清术后易引起出血、感染、乳糜瘘、咽瘘等并发症，须密切关注是否有发生以上并发症的先兆或早期症状，及时上报医师，并配合医师进行处理。

6.健康指导

加强卫生宣教，戒烟酒，不接触致癌物，积极治疗喉白斑、慢性喉炎、乳头状瘤等癌前期病变。

【护理评价】

1）焦虑和疼痛等症状是否已经减轻或消除。

2）手术切口愈合是否良好，有无出血和感染等发生。

3）患者生命体征是否已经稳定。

4）呼吸道及气管筒通畅情况如何。

5）患者能否利用替代方法进行沟通交流，能否主动参与自我护理。

6）患者是否能正视自己的喉部造篓口形象的改变，能否主动参与社交活动。

第四节　气管、支气管及食管异物患者的护理

学习目标

知识目标　掌握气管、支气管异物、食管异物患者的身体评估、护理诊断。

能力目标　会对气管、支气管异物、食管异物的患者进行护理。

素质目标　尊重老师、同事,营造和谐的工作环境。

一、气管、支气管异物

【概述】

气管、支气管异物包括内源性和外源性两种,支气管异物多见于右侧。内源性异物为呼吸道内的干痂、凝血块等;外源性异物为从外界吸入的物质,如食物、玩具等。气管、支气管异物一般指外源性异物,好发于5岁以下儿童,偶见于成人。外源性异物多种多样,分为植物性、动物性、金属性和化学性异物。

【病因与发病机制】

主要原因有:

1.幼儿嚼碎功能不完善,且喉反射功能不健全,哭闹、跌倒或嬉笑时食物易进入气管、支气管。

2.儿童口含玩具玩耍或嬉笑,成人口含物品(针、钉)作业,同时突然讲话、大笑,导致异物吸入气管、支气管。

3.全身麻醉或昏迷、吞咽功能不全者,易吸入异物。

4.鼻腔异物钳取不当,异物可进入气管、支气管。

【异物停留部位】

与其形状、性质有直接关系,所引起病情的轻重各异,同时对治疗也有不同的要求。尖锐不规则异物易停留在声门下区;大而滑的异物易停留在气管内;小异物易进入支气管(右侧较左侧常见)。植物性异物如花生可释放酸性物质,刺激黏膜引起弥漫性炎症。

【异物引起呼吸道阻塞情况】

异物的大小和形状及停留时间还影响气管、支气管的阻塞程度,可分为:

1)不完全性阻塞:小异物吸气时支气管扩张,空气易吸入,呼气时管腔变小,气体排除受限,故出现肺气肿。

2)完全性阻塞:异物大,停留时间长,吸气和呼气均受阻,致阻塞性肺不张,甚至并发支气管肺炎或肺脓肿。

【护理评估】

1.健康史

有异物误吸史。

2.身体状况

(1)气管异物　刚进入时有剧烈呛咳、憋气等。小异物贴于管壁时症状暂缓解;轻而小的异物随呼吸上下活动而出现阵发性咳嗽,冲击声门时有拍击音;不完全性阻塞时听诊可闻及哮鸣音。

(2)支气管异物　早期表现与气管异物相似,异物进入支气管后咳嗽减轻。单侧支气管异物一般无呼吸困难,双侧者可出现呼吸困难。植物性异物易致支气管炎,常有发热、咳嗽、多痰等表现。

(3)并发症　因缺氧引起肺源性心力衰竭;阻塞性肺气肿可并发气胸、皮下气肿等。肺部听诊为患侧呼吸音减弱或消失。

(4)气管、支气管异物临床分期

1)异物吸入期:主要表现为剧烈呛咳、咳嗽、面色潮红。如果异物较大,阻塞在气管某处,会引起呼吸困难状态,主要为面色苍白、紫绀、窒息,甚至死亡。

2)症状隐匿期:如果异物较小,进入到气管或支气管后,就进入临床第二期。此期的主要临床症状不明显,但有时会在颈部听到异物在气管内上下左右活动撞击气管壁和声门区的声音,即异物拍击音;异物进入支气管后,会出现患侧呼吸音减弱或消失。此时进行胸透检查可见到典型的纵隔摆动现象。

3)症状发作期:异物在气管或支气管内一段时间后,对管壁的刺激会引发气管、支气管炎,甚至肺炎。此时的临床特点为咳嗽、咳痰、胸痛,甚至有呼吸困难的表现。胸透检查可见到纵隔摆动现象和阻塞性肺气肿、肺不张等征象。

3.辅助检查

(1)X线检查　胸部透视可发现金属性异物;对透光异物,应根据纵隔摆动、肺气肿和肺不张的表现,推断有无异物及异物的位置。

(2)CT检查　不作首选,诊断困难者可选用,确定有无异物及其部位。

(3)支气管镜检查　是确诊的最可靠方法。对怀疑有异物而不能确诊时,可行此检查,同时可取出异物。

4.心理-社会状况

(1)病史不明(尤其是幼儿)者,家长不予重视,易延误治疗。

(2)本病发病急、进展快,如不及时治疗,易并发窒息和呼吸循环衰竭而死亡。

5.处理原则

尽早手术取出异物,同时对症治疗,防止窒息等并发症的发生。

【护理诊断与合作性问题】

1.清理呼吸道无效

与异物阻碍呼吸道有关。

2.有窒息的危险

与气道内存在异物有关。

3.有感染的危险

与异物刺激呼吸道黏膜及呼吸道引流不畅有关。

4.潜在并发症

缺氧可引起循环衰竭,气道阻塞可引起肺气肿,剧烈咳嗽可引起气胸、纵隔气肿或皮下气肿。

5.知识缺乏

缺乏预防此病的相关知识及对此病的严重性认识不够。

【护理目标】

略

【护理措施】

1.术前护理

1)密切观察患者的呼吸情况,及时汇报医师;备好气管切开包等急救物品。

2)急行必要的术前检查,并与手术室联系,做好术前准备,以备手术。

3)必要时吸氧。

4)术前向家属说明手术的基本过程、危险性及可能出现的并发症,术前医患双方签字。

5)如病情允许,禁食4 ~ 6小时;如情况危急需急行手术,取出异物。

6)遵医嘱术前30分钟肌内注射阿托品和苯巴比妥。

2.术后护理

1)局部麻醉者取仰卧位。全身麻醉未清醒前去枕、头低位并偏向一侧;清醒后同局部麻醉体位。及时吸出口腔内分泌物。

2)密切观察患者的呼吸、心率和皮肤色泽等。

3)遵医嘱应用抗生素及糖皮质激素控制(或预防)感染及气道水肿。

4)并发喉水肿者若应用糖皮质激素无效,喉阻塞在Ⅲ度以上,应行气管切开术。

5)如并发气胸应立即请外科医师会诊。

6)如无并发症,体温正常,无咳嗽等症状,观察2 ~ 3天胸透正常即可出院。

3.健康指导

1）教育儿童口内含物时忌跑跳、嬉笑或打闹。

2）成人戒除口内含物作业的习惯。

3）保护牙齿，及时治疗牙科疾病，防止牙齿活动或脱落。

4）教导患者或家属，一旦发生此病要立即就诊。

【护理评价】

1）咳嗽、咳痰等症状是否消失，呼吸道通畅情况怎样。

2）患者或家属情绪是否稳定。

3）患者或家属是否已经掌握预防气管、支气管异物的相关知识。

4）手术后有无并发症发生。

二、食管异物

【概述】

食管异物是耳鼻咽喉科的常见急症之一，多见于老人和儿童。

食管异物最常见的部位是食管入口处，其次是食管中段，下段少见。异物以鱼刺、鸡鸭骨常见。

【病因与发病机制】

进食匆忙或注意力不集中，咽下大块食物；老人及小儿咀嚼能力差，口内感觉不灵敏，故易发病；儿童口含小玩具易误咽入食管；精神病患者或自杀者吞咽异物企图自杀；食管狭窄进食大块食物时易发生食管异物。

【护理评估】

1.健康史

有异物误入食管或食管狭窄史。

2.身体状况

与异物的大小、性质、形状及停留部位和时间有关。

（1）吞咽困难　轻者可流质或半流质饮食，重者无法进食。

（2）吞咽疼痛　尖锐异物或并发感染时疼痛较重。异物圆钝者疼痛不明显，仅有梗阻感。

（3）呼吸道症状　异物压迫气管时可出现呼吸困难，甚至窒息。

（4）唾液增多　刺激迷走神经所致。

3.辅助检查

（1）间接喉镜检查　上段异物可见梨状窝积液。

（2）X线检查　颈、胸部正、侧位片可显示金属类异物；异物不显影者吞食钡剂后检查，以明确异物的部位。

（3）食管镜检查　X线不能确诊者，食管镜检查可确诊并取出异物。

4.心理－社会状况

症状轻者不予重视，往往自行处理，导致病情加重，并发出血或感染等。症状较重者能及时就诊。

5.处理原则

尽快取出异物；吸入异物超过24小时者或已有感染者，先给予支持疗法及抗感染治疗，而后再取异物；已有严重并发症者，先控制并发症再取异物。

【护理诊断与合作性问题】

1.疼痛

与异物嵌顿和（或）刺激食管壁，以及并发感染有关。

2.有窒息的危险

与较大异物压迫气管有关。

3.有感染的危险

与刺激食管黏膜发生感染有关。

4.营养缺乏

与长时间进食障碍有关。

5.食管穿孔或损伤性食管炎

异物直接损伤黏膜及食物潴留引起。

6.潜在并发症

1)细菌感染。

2)食管周围炎及颈间隙感染或纵隔炎:损伤性食管炎向周围扩散引起。

3)大血管破裂:食管中段尖锐异物可刺破主动脉弓或锁骨下动脉。

4)气管食管瘘:食管壁坏死如累及气管时可形成气管食管瘘。

【护理目标】

略

【护理计划与实施】

1.术前护理

1)密切观察呼吸情况,注意有无缺氧情况,必要时吸氧。

2)备好气管切开包,如有重度呼吸困难先切开气管再取异物。

3)询问有无食管腐蚀伤、严重食管静脉曲张、脊柱畸形等绝对禁忌症。

4)急行必要的术前检查,尽早手术。

5)静脉输液,补充营养。

6)如可能,术前 6 ~ 8 小时禁食。

7)遵医嘱术前 30 分钟肌内注射阿托品和苯巴比妥。

2.术后护理

1)饮食护理:钝性食物嵌顿不足 1 天,且无食管黏膜损伤者,术后 2 ~ 3 天流质饮食,3 天后普通饮食;尖锐异物或嵌顿超过 1 天者,禁食 1 ~ 2 天后流质饮食,如有疼痛仍需禁食;有大动脉破裂危险者,禁食至少 5 天;食管穿孔者禁食 8 ~ 10 天,愈合后可进流质饮食。

2)遵医嘱进食期间补充足够液体(每天 2500 ~ 3000ml),注意电解质及氨基酸的补充。

3)遵医嘱应用抗生素和止血药等。

4)应用氢氧化铝凝胶,保护食管黏膜。

5)有并发症者,积极治疗并发症。

3.健康指导

1)进食要慢。

2)义齿需及时修复,防止脱落。

3)小儿改掉口内含玩具的不良习惯。

4)如有此病发生及时求治。

【护理评价】

1.咽喉疼痛、吞咽困难等症状是否已经消失。

2.患者情绪是否稳定,能否掌握预防食管异物的相关知识。

3.手术后有无并发症发生。

(余凡)

第十二章　下呼吸道及肺部疾病患者的护理

第一节　急性气管-支气管炎患者的护理

案例引入

男性,40 岁,体温38.4℃,听诊双肺干性及不固定湿啰音,该患者可能诊断为什么疾病？该患者的主要护理问题是什么?

学习目标

知识目标　掌握急性气管-支气管炎患者的病因、临床特征、护理措施。

能力目标　会对急性气管-支气管炎患者进行护理。

素质目标　尊重老师、同事,营造和谐的工作环境。

【概述】

急性气管-支气管炎是由感染、物理、化学刺激或过敏等因素引起的气管-支气管黏膜的急性炎症。临床主要症状有咳嗽和咳痰,常见于寒冷季节或气候突变时,也可由急性上呼吸道感染蔓延而来。

一、病因及发病机制

1.微生物

可以由病毒、细菌直接感染,也可因急性上呼吸道感染的病毒或细菌蔓延引起本病。常见病毒为腺病毒、流感病毒(甲、乙)、冠状病毒、鼻病毒、单纯疱疹病毒、呼吸道合胞病毒和副流感病毒。常见细菌为流感嗜血杆菌、肺炎链球菌、卡他莫拉菌等,衣原体和支原体感染有所增加。也可在病毒感染的基础上继发细菌感染。

2.物理、化学因素

过冷空气、粉尘、刺激性气体或烟雾(如二氧化硫、二氧化氮、氨气、氯气等)的吸入,对气管-支气管黏膜急性刺激和损伤引起。

3.过敏反应

常见的吸入致敏原包括花粉、有机粉尘、真菌孢子等;或对细菌蛋白质过敏,引起气管-支气管炎症反应。受凉和过度疲劳可削弱上呼吸道的性防御机能,使感染有发展的机会,所以发病多见于寒冷季节。健康成年人多半由腺病毒或流感病毒引起,则以呼吸道合胞病毒或副流感病毒为多见。病毒感染抑制肺泡巨噬细胞的吞噬和纤毛细胞的活力,使呼吸道流感嗜血杆菌、肺炎球菌等细菌有入侵的机会。或扁桃体感染的分泌物吸入后也可引起本病。物理与化学性刺激如过冷空气、粉尘、某些刺激性气体等,均易引起本病。对细菌、蛋白质过敏也可发病。寄生虫如钩虫、蛔虫等幼虫在肺脏移行时,也可以引起支气管炎。儿童有反复急性气管-支气管炎发作者,应排除少见疾病如囊性纤维化肺病或低免疫球蛋白血症的可能性。

二、病理改变

气管、支气管黏膜充血、水肿,纤毛上皮细胞损伤脱落,黏液腺体肥大,分泌物增加,并有淋巴细胞和中性粒细胞浸润。炎症消退后,气管、支气管黏膜的结构和功能可恢复正常。

【护理评估】

1.健康史

了解患者的工作环境，有无刺激性气体或花粉接触史，有无气候骤然变冷的情况，有无上呼吸道感染病史等。

2.身体状况

起病往往先有上呼吸道感染的症状，如鼻塞、喷嚏、咽痛、声嘶等。全身症状轻微，仅有轻度畏寒、发热、头痛及全身酸痛等。咳嗽开始不重，呈刺激性，痰少。1 ~ 2 天后咳嗽加剧，痰由黏液转为黏液脓性。较重的病例往往在晨起、睡觉体位改变，吸入冷空气或体力活动后，有阵发性咳嗽。有时甚至终日咳嗽。咳剧时可伴恶心呕吐或胸腹肌痛。当伴发支气管痉挛，可有哮鸣和气急。急性气管-支气管炎一般呈自限性，发热和全身不适可在 3 ~ 5 天消退，咳嗽有时延至数周方愈。黏液分泌物在较大支气管时，可有粗的干性啰音，咳嗽后减轻或消失。水样分泌物积留在小支气管时，则在肺部听到湿性啰音。

3.实验室检查及辅助检查

(1)血常规　白细胞计数和分类多无明显改变。细菌性感染较重时白细胞计数可增高。

(2)痰涂片或培养可发现致病菌。

(3)X 线胸片检查大多数正常或肺纹理增粗。

4.心理-社会状况

急性气管-支气管炎预后良好，多数患者于一周内康复，仅少数患者迁延发展为慢性支气管炎。患者一般无明显心理负担，但症状严重者，如剧烈咳嗽、发热等会影响患者的休息、睡眠、工作或学习，患者可能会出现急于缓解症状的焦虑心理。

5.治疗原则

主要是控制感染和对症治疗。年幼体弱儿或有发热、痰多而黄，考虑为细菌感染则使用抗生素。常用口服祛痰剂止咳祛痰，口服氨茶碱止喘，也可行超声雾化吸入。

【护理诊断与合作性问题】

1.舒适的改变

与支气管炎症频繁咳嗽等有关。

2.体温过高

与细菌或病毒感染有关。

3.清理呼吸道无效

与痰液黏稠不易咳出致气道分泌物堆积有关。

4.睡眠形态紊乱

与剧烈咳嗽、咳痰影响休息有关。

【护理目标】

1)患者不适消退。

2)患者体温恢复正常。

3)患者呼吸道通畅。

4)患者睡眠良好，恢复正常工作或学习。

【护理措施】

1.休息与保暖

嘱患者减少活动，增加休息时间，卧床时头胸部稍提高，使呼吸通畅。保持室内空气新鲜，保持适宜的温湿度，发热期间要注意保暖。保持周围环境安静，指导患者运用促进睡眠的方式，如温水泡脚、听音乐等，必要时遵医嘱给予止咳、祛痰、镇静的药物。

2.保证充足的水分及营养

鼓励患者多饮水，必要时由静脉补充。补充足够的营养，给予易消化营养丰富的饮食，发热期间进食流质或半流质为宜。保持口腔清洁，由于患者发热、咳嗽、痰多且黏稠，咳嗽剧烈时可引起呕吐，故要保持口腔卫生，以增加舒适感，增进食欲。

3.发热护理

热度不高不需特殊处理,高热时物理降温或遵医嘱药物降温。

4.保持呼吸道通畅

观察呼吸道分泌物的性质及能否有效地咳出痰液,指导并鼓励患者有效咳嗽;若痰液黏稠可适当提高病室湿度,室内湿度宜维持在60%左右,以湿化空气,稀释分泌物,也可采用超声雾化吸入或蒸气吸入;对于咳嗽无力的患者,宜经常更换体位,拍背,使呼吸道分泌物易于排出,促进炎症消散;如果分泌物多,影响呼吸时,要用吸引器,及时清除痰液,保持呼吸道通畅,有咳喘症状者可给予氧气吸入。

5.健康教育

(1)增强体质　加强营养,适当开展户外活动,进行体格锻炼,增强机体对气温变化的适应能力。根据气温变化增减衣服,避免受凉或过热。在呼吸道疾病流行期间,不要到公共场所,以免交叉感染。

(2)避免刺激及接触过敏原　改善劳动及生活环境,减少空气污染,注意自我防护。

【护理评价】

通过治疗和护理,患者是否达到:①咳嗽、咳痰症状缓解;②呼吸道通畅;③体温恢复正常;④掌握急性气管、支气管炎的诱发因素,并能进行有效的预防。

第二节　肺炎患者的护理

案例引入

患者,男,40岁,昨日上午起突发寒战、高热,体温40℃,伴乏力、周身酸痛、食欲不振。今晨起又出现咳嗽、气急和右上胸痛,深吸气及咳嗽时加重,并咯出少量带血丝的痰液。前天天气突然转凉,患者穿衣单薄并曾淋过雨。体检:体温39.6℃,脉率118次/分,呼吸39次/分,血压110/70mmHg;急性病容,面色潮红,呼吸急迫,鼻翼扇动,口唇微发绀;右上胸呼吸运动减弱,语颤增强,叩诊音较浊,可闻及支气管呼吸音及细湿啰音,语音传导增强;心律齐,各瓣膜听诊区未闻及杂音。腹平软,肝、脾未触及。实验室检查:血白细胞12.7×10^9个/L,N>85%,并见中毒性颗粒。X线胸片:右上肺大片密度增高阴影。

分析:1.本病例应诊断什么疾病?

2.列出患者常见护理诊断。

3.制定患者主要护理措施。

患者入院后1天突发烦躁、出汗,四肢厥冷,食欲减少。再次查体:T39.5℃,P110次/分,R28次/分,BP75/45mmHg,急性热病容,模糊,烦躁,不能正确回答问题,皮肤黏膜未见出血点,巩膜无黄染,口唇发绀,右上肺浊音,语颤增强,可闻及支气管呼吸音,心界不大,心率110次/分,律齐,心脏各听诊区未闻及杂音,腹平软,无压痛,肝脾肋下未触及,双下肢不肿,肢端冰凉,发绀。辅助检查:胸片示右上肺大片状致密影。血WBC19×10^9个/L,N95%。

分析:该患者可能发生了什么并发症?

依据是什么?

应如何配合医生对患者进行抢救护理?

学习目标

知识目标　掌握肺炎护理评估要点。熟悉肺炎的病因和发病机制、治疗要点;了解肺炎的分类及特点、辅助检查。

能力目标　会对肺炎患者进行护理。

素质目标　尊重老师、同事，营造和谐工作环境。

【概述】

肺炎(Pneumonia)是指终末气道、肺泡和肺间质的炎症，可由多种病原体、理化因素、过敏因素等原因引起，是呼吸道的常见病，也是最常见的感染性疾病之一，尤其老年人和免疫功能低下者。近年来尽管应用强力的抗生素和有效疫苗，但肺炎总的死亡率不再下降，甚至有所上升。

【分类】

肺炎可按病因、解剖及患病环境加以分类。

1.病因分类

(1)细菌性肺炎　可分为肺炎链球菌、金黄色葡萄球菌、甲型溶血性链球菌、肺炎克雷白杆菌、流感嗜血杆菌、铜绿假单胞菌肺炎等。

(2)非典型病原体所致肺炎　如军团菌、支原体和衣原体等。

(3)病毒性肺炎　如冠状病毒、腺病毒、呼吸道合胞病毒、流感病毒、麻疹病毒、巨细胞病毒、单纯疱疹病毒等。

(4)真菌性肺炎　如白色念珠菌、曲霉、放线菌等。

(5)其他病原体所致肺炎　如立克次体(如Q热立克次体)、弓形虫(如鼠弓形虫)、原虫(如卡氏肺囊虫)、寄生虫(如肺包虫、肺吸虫、肺血吸虫)等。

(6)理化因系所致的肺炎　如放射性损伤引起的放射性肺炎，胃酸吸入引起的化学性肺炎，对吸入或内源性脂类物质产生炎症反应的类脂性肺炎等。

2.解剖分类

(1)大叶性肺炎　病原体先在肺泡引起炎症，经肺泡间孔向其他肺泡扩散，致使部分或整个肺段、肺叶发生炎症改变。典型者表现为肺实质炎症，通常并不累及支气管。此型主要致病菌是肺炎球菌。

(2)小叶性肺炎　此型更为常见，是病原体经支气管入侵，引起细支气管、终末细支气管及肺泡炎症，常继发于其他疾病，如支气管炎、支气管扩张、上呼吸道感染、长期卧床的危重患者等。

(3)间质性肺炎　以肺间质为主的炎症，病交主要累及支气管壁及周围组织和肺泡壁，可由细菌、支原体、病毒等引起。

3.患病环境分类

由于细菌学检查阳性率低，培养结果滞后，因此病因分类在临床上应用较为困难，按肺炎的获得环境分成两类，有利于指导经验治疗。

(1)社区获得性肺炎(community acquired pneumonia，CAP)　是指在医院外罹患的感染性肺实质炎症，包括具有明确潜伏期的病原体感染而在入院后平均潜伏期内发病的肺炎。常见病原体为肺炎链球菌、流感嗜血杆菌、卡他莫拉菌和非典型病原体。

(2)医院获得性肺炎(hospital acquired pneumonia，HAP)　亦称医院内肺炎(nosoco-mial pneumonia，NP)，是指患者入院时不存在、也不处于潜伏期，而于入院 48 小时后在医院(包括老年护理院、康复院)内发生的肺炎。无感染高危因素患者的常见病原体依次为肺炎链球菌、流感嗜血杆菌、金黄色葡萄球菌、大肠杆菌、肺炎克雷白杆菌等；有感染高危因素患者为金黄色葡萄球菌、铜绿假单孢菌、肠杆菌属、肺炎克雷白杆菌等。

【病因和发病机制】

1.病原体侵入

途径有吸入口及咽部的分泌物；直接吸入空气中的细菌，如军团菌肺炎；血行播散；邻近感染直接蔓延。正常人咽部有大量致病菌，吸入微量的分泌物就可引起肺炎，病毒寄生较少。

2.机体防御系统功能降低

肺炎在健康人群中较少发生，其发生取决于病原体和宿主因素。如果病原体散量多、毒力强和(或)宿主呼吸道局部和全身免疫防御系统损害，即可发生肺炎。使机体防御功能低下的原因通常称肺炎的易感因素，包括吸烟、酗酒、过度劳累、淋雨、老年体弱、长期卧床、意识不清、吞咽咳嗽反射障碍、慢性或危重患者、长期应用糖皮质激素、免疫抑制剂或抗肿瘤药、接受机械通气者。病原体抵达下呼吸道，大量生长繁殖，引起肺泡毛细血管充血、水肿，肺泡内纤维蛋白渗出及细胞浸润。除金黄色葡萄球菌、绿脓杆菌和肺炎克雷白杆菌等引起肺组织坏死性病变易形成空洞外，肺炎愈合后多不遗留疤痕，肺的结构与功能均可恢复。

【护理评估】

1.健康史

肺炎的发生与微生物的侵入和机体防御能力的下降有关。吸入口咽部的分泌物或空气中的细菌、周围组织感染的直接蔓延、菌血症等均可成为微生物入侵的途径。吸烟、酗酒、受凉、淋雨、疲劳、年老体弱、长期卧床、意识不清、吞咽和反射有障碍、慢性或重症患者、长期使用糖皮质激素或免疫抑制剂、接受机械通气及大手术者均可由于机体的防御机制降低而继发肺炎。

2.身体状况

(1)症状 发病前常有受凉、淋雨、疲劳、醉酒、病毒感染史,多有上呼吸道感染的前驱症状。起病急骤、高热、寒战、全身肌肉酸痛,体温常在数小时内升至39 ~ 40℃,呈稽留热,脉率随之增快。患侧胸痛,咳嗽或深呼吸时加剧。咳嗽、痰少,胃纳锐减,偶有恶心、呕吐、腹痛、腹泻,可被误诊为急腹症。

(2)体征 体检患者呈急性病容,面颊绯红,皮肤灼热、干燥,呼吸浅速,鼻翼煽动,常有不同程度的紫绀和心动过速。早期胸部体征可无异常发现或仅有少量湿啰音。随疾病的发展,渐出现典型体征。可有患侧呼吸运动减弱、触觉语颤增强、叩诊音浊、呼吸音降低、胸膜摩擦音,消散期可闻及湿性啰音。少数可出现休克(在24小时内血压骤降至10.6/6.7kPa以下甚至测不出,伴烦躁、面色苍白、四肢厥冷、少尿、心动过速和心音减弱等),多见于老年。本病自然病程1 ~ 2周,发病5 ~ 10天,体温可自行骤降或逐渐减退,使用有效的抗菌药物后可使体温在1 ~ 3天内恢复正常,其他的症状和体征亦随之逐渐消失。

(3)并发症 肺炎链球菌肺炎的并发症近来已经少见。严重败血症或毒血症患者可并发感染性休克,尤其是老年人,表现为血压下降、四肢厥冷、多汗、口唇青紫、心动过速、心律失常等,而高热、咳嗽、胸痛等症状并不突出。并发心肌炎时心动过速出现心律紊乱,如早搏、阵发性心动过速或心房纤颤。并发胸膜炎时,胸液为浆液纤维蛋白性渗出液;还可并发脓胸、脑膜炎、关节炎等。

3.实验室检查及辅助检查

(1)血常规检查 白细胞总数超过10×10^9个/L,中性粒细胞百分比超过80%,并有核左移,细胞内可见中毒颗粒。老年、酗酒、免疫力低下者白细胞总数可不增高,但中性粒细胞的总数仍高。

(2)痰液检查 痰培养24 ~ 48小时可确定病原体。痰标本送检应注意器皿洁净无菌,在抗生素应用之前漱口后采集,应取深部咳出的脓性或铁锈色痰液。重症感染者应做血培养。

(3)X线检查 早期仅见肺纹理增粗或受累的肺段、肺叶稍模糊。随着病情的进展,肺泡内充满炎性渗出物,表现为大片炎症浸润阴影或实变阴影,在实变阴影中可见支气管充气征,肋膈角可有少量胸腔积液。在消散期,X线显示炎性浸润逐渐吸收,可有片状区域吸收较快,呈现"假空洞"征,多数病例在起病3 ~ 4周后才完全消散。老年患者病灶消散较慢,容易出现吸收不完全而成为机化性肺炎。

4.心理-社会状况

肺炎起病多急骤,短期内病情严重,加之高热和全身中毒症状明显,患者及家属常深感不安,当出现较严重的并发症时,患者会表现出忧虑和恐惧。

5.治疗原则

(1)抗菌药物治疗 一经诊断,立即给予抗生素治疗,不必等待细菌培养结果。肺炎链球菌肺炎首选青霉素G,用药途径及剂量视病情轻重及有无并发症而定。对青霉素过敏或耐药菌株者,可用喹诺酮类药物。抗菌药物标准疗程通常为14天,或在退热后3天停药,或由静脉改为口服,维持数日。

温馨提示:肺炎链球菌、猩红热、梅毒、破伤风等均首选青霉素治疗。

(2)支持疗法 患者卧床休息,补充足够量蛋白质、热量及维生素。密切监测病情变化,防止休克。剧烈胸痛者,可酌情用少量镇痛药如可待因。不用阿司匹林或其他解热药,以免过度出汗、脱水及干扰真实热型,导致临床判断错误。鼓励每日饮水1 ~ 2L,轻者不需常规静脉补液,确有失水者可补液。必要时吸氧。若有肠麻痹、胃扩张等,应暂禁食、禁饮和胃肠减压,直至肠蠕动恢复。烦躁不安、谵妄、失眠者酌情用地西泮5mg或水合氯醛1.0 ~ 1.5mg,禁用抑制呼吸的镇静剂。

【护理与合作性问题诊断】

1.气体交换受损

与气道内分泌物黏稠、肺部炎症等使呼吸面积减少有关。

2.体温过高

与肺部感染有关。

3.潜在并发症

感染性休克。

4.疼痛

与肺部炎症累及胸膜有关。

5.清理呼吸道无效

与肺部炎症、大量脓痰、咳嗽无力有关。

6.知识缺乏

缺乏对疾病过程及病情变化的了解。

【护理目标】

1)患者气促、紫绀症状消失,呼吸平稳。

2)患着能顺利有效地咳出痰液,保持气道通畅。

3)体温及其他生命体征恢复正常,胸痛缓解。

4)患者住院期间没有发生并发症。

【护理措施】

1.一般护理

(1)休息和环境　急性期要强调卧床休息的重要性,尤其对于体温尚未恢复的患者,卧床休息可以减少组织耗氧量,利于机体组织的修复。协助患者取半卧位,增强肺通气量,减轻呼吸困难。尽量将治疗、检查与护理操作集中进行,避开患者的睡眠和进餐时间,确保患者得到充分的休息。室内阳光充足、空气新鲜,室内通风2次/日,15 ~ 30分钟/次,避免患者受凉;室温保持在18 ~ 20℃,湿度在55%~ 60%为宜,防止因空气过于干燥,降低气管纤毛运动的功能,而导致排痰不畅。病房环境保持整齐、清洁、安静和舒适并适当限制探视。

(2)监测患者　神志、脉搏、血压等,尤其观察体温的变化并做好记录;注意患者呼吸频率、节律、深度和形态的改变;观察皮肤黏膜的色泽和意识状态;监测白细胞计数和分类、动脉血气分析结果,必要时,监测每小时尿量和尿比重,准确记录24小时出入量。

(3)营养与饮食　高热时,消化吸收能力减低,机体分解代谢增加,给予高热量、高蛋白、维生素丰富、易消化的流质或半流质饮食;鼓励患者多饮水,水量在2000ml/天以上;高热、暂不能进食者则需静脉补液,注意控制滴速,以免引起肺水肿。

2.保持气道通畅,合理给氧

观察并记录患者呼吸频率、节律、深度,有无呼吸困难、紫绀及意识状态的改变。痰多者要指导患者有效咳嗽,以协助排痰,如拍背、雾化吸入、应用祛痰药,以增加肺泡通气量,必要时机械吸痰,保持气道通畅。环境保持安静、舒适、空气新鲜,温度18 ~ 20℃,相对湿度55%~ 60%为宜,以防痰液黏稠不易咳出。对痰量较多且不易咳出者,遵医嘱应用祛痰剂。协助患者取半卧位或端坐位,以增强肺通气量,减轻呼吸困难。气急发绀者,用鼻导管或鼻塞法给氧,流量为2 ~ 4L/min,迅速提高血氧饱和度,纠正组织缺氧,改善呼吸困难,使患者呼吸渐趋平稳,发绀减轻或消失。监测白细胞总数和分类计数、动脉血气分析值有无异常改变。遵医嘱用抗生素迅速控制感染,减轻全身中毒症状,减少呼吸道分泌物的产生,尽快恢复肺组织的功能。注意观察药物的疗效和,发现皮疹、胃肠道症状等异常及时报告医生。

3.维持正常体温

监测患者体温、脉搏、呼吸、血压、神志、尿量并做好记录。卧床休息,以减少机体耗氧量及不适,增加机体抵抗力。要注意加强营养和补充水分,高热时机体分解代谢增加,消化道功能降低,给予高热量、高蛋白、高维生素及易消化的流质、半流质饮食。鼓励患者多饮水或选择喜欢的饮料,每日摄入量应在3000ml以上。高热、进食减少或暂不能进食者,应静脉补充,静脉滴速不宜过快,以防引起肺水肿。患者寒战时应注意保暖,高热时物理降温,或给予小量退热药。大量出汗时,帮助患者擦汗,应及时更换内衣和被褥,并及时补充液体以防虚脱。保持口腔清洁,高热时唾液分泌减少,口腔黏膜干燥,同时机体抵抗力低,易发生口唇干裂、口唇疮疹、口腔溃疡、口腔感染,应定时进行口腔护理,保持口腔湿润、舒适,并可增加患者食欲。遵医嘱,早期、足量使用有效的抗生素,观察疗效及不良反应。

4.感染性休克的防治

(1)监测休克征象　密切观察生命体征和病情变化。若发现患者神志模糊、烦躁不安、紫绀、面色苍白、四肢湿冷、尿量减少(<30ml/h)、脉搏细弱、呼吸浅快、脉压减小等休克征象,应立即回报医师。

(2)环境与体位　立即置患者于监护室专人护理,取抬高头胸20º,抬高下肢约30º,仰卧中凹位,以利呼吸和静脉血回流,增加心输出量。尽量少搬动患者,适应保暖,忌用热水袋。

(3)高流量吸氧　以改善组织脏器缺氧状态。

(4)补充血容量　应迅速建立两条静脉通路,一条在监测心功能状态下快速滴注,扩充血容量,常加入糖皮质激素和足量的抗生素;另一条先滴注碳酸氢钠溶液,后再加平衡液及血管活性药。

(5)抗休克药物的应用及护理

1)扩充血容量:扩容是抗休克最基本的措施,常先输低分子右旋糖酐,迅速扩充血容量,降低血液黏度,疏通微循环,防止DIC;继输5%葡萄糖盐水、复方氯化钠溶液、葡萄糖溶液等。输液速度应先快后慢,输液量宜先多后少，可在中心静脉压监测下决定输液量和速度。扩容治疗要求达到收缩压＞ 90mmHg，脉压＞ 30mmHg,尿量＞ 30ml/h,脉率＜ 120次/分。

2)纠正酸中毒:纠正酸中毒可增强心肌收缩力,改善微循环。常用5%碳酸氢钠溶液静脉滴注,碱性药物因配伍禁忌较多,可集中先行输入,后给其他药物。

3)血管活性药物:常在补充血容量和纠正酸中毒后,末梢循环仍未改善时,应用血管活性药,多选用多巴胺、酚妥拉明等。血管活性药物应由单独一路静脉输入,以便随时根据血压的变化调整滴速,如滴入量不足,血压不能回升;若滴入速度太快或浓度太高,血压迅速上升,可使患者出现剧烈头痛、头晕、恶心呕吐及烦躁不安。应注意用药后的不良反应,同时防止药物外漏,以免局部组织缺血坏死。

4)糖皮质激素:大剂量糖皮质激素能解除血管痉挛,改善微循环,从而达到抗休克的作用。常用氢化可的松、地塞米松加入葡萄糖液中静脉滴注。

5)抗感染治疗:及时使用有效的抗生素,是控制感染件休克的重要措施。抗生素应早期、足量、联合、静脉给药,并注意疗效及毒副作用。

(6)随时监测、评估患者意识、血压、脉搏、呼吸、体温、皮肤黏膜的变化,判断病情转归。如患者神志逐渐转清、表情安静、皮肤转红、脉搏变慢而有力、呼吸平稳规则、血压回升、尿量增多、肢体变暖,预示病情已好转。

5.保健指导

1)向患者宣传肺炎的基本知识,避免引起肺炎的易感因素。

2)根据患者的实际情况,协助患者制订和实施锻炼计划,提高机体的抵抗力和耐寒能力。

3)增加营养的摄入,保证充足的体息时间,以增加机体对感染的抵抗能力。

4)老年人及慢性患者尤其应该注意避免肺炎易感染因素,并可注射流感疫苗,使之产生抵抗力,预防呼吸道感染。积极治疗、控制原发病。

5)做好患者出院后的用药指导。

【护理评价】

患者气促缺氧的症状体征是否逐渐改善或消失;呼吸道是否保持通畅,能否有效地咳出痰液;体温及其他生命体征是否逐渐恢复正常;能否防止并发症的发生。

一、肺炎球菌肺炎

肺炎球菌肺炎是由肺炎球菌引起的肺实质的炎症，约占院外感染肺炎中的半数以上。发病多在冬季和初春,以健康的青壮年、老人和婴幼儿多见。肺炎球菌为革兰阳性球菌,多成双(肺炎双球菌)或短链排列(肺炎链球菌),有荚膜,其毒性大小与荚膜中的多糖体及含量有关。肺炎球菌为健康人上呼吸道正常菌群,当健康人受到上呼吸道感染或淋雨、疲劳过度、醉酒、饥饿、精神刺激等机体抵抗力下降,呼吸道防御能力下降时,少量含有细菌的分泌物由上呼吸道吸入,在肺泡内繁殖,其高分子多糖体荚膜对组织的侵袭作用,引起肺泡壁充血水肿,红细胞、白细胞外渗,含菌的渗出液经肺泡间孔(Cohn孔)蔓延至几个肺段或整个肺叶。其病理改变有充血期、红色肝变期、灰色肝变期、消散期。因病变开始于肺的外周,易累及胸膜,引起渗出性胸膜炎。因肺炎球菌不产生毒素,故不引起原发性组织坏死和空洞形成,病变消散后肺组织多无结构破坏,不留纤维疤痕。极个别肺泡内纤维蛋白吸收不完全,形成机化性肺炎。多数患者在受凉、淋雨、过度疲劳或有上呼吸道感染后，急骤起病，寒战、高热，体温通常在数小时内升至 39 ～ 40℃，呈稽留热。患侧胸痛，咳嗽或深呼吸时加剧，咳特征性铁锈色痰、脓痰。如病变广泛，可有气急、紫绀、呼吸困难。部分患者伴有恶心、呕吐、腹痛、腹泻等消化道症状。严重感染者可出现以微循环严重功能障碍为主要表现的重症肺炎，又称体克性(中毒性)肺炎，表现为血压下降、脉搏细速、四肢湿冷、多汗、紫绀、烦躁、意识模糊、少尿或无尿等。此时患者高热、咳嗽、胸痛等症状多不突出。

患者呈急性病容，面颊绯红，呼吸急促，嘴角和鼻周可出现单纯性疱疹。有败血症者皮肤黏膜可有出血点、巩膜黄染、心率增快或心律不齐。早期肺部体征无明显异常，肺实变时有典型实变体征：患侧呼吸运动减弱，语颤增强，叩诊浊音，听诊闻及支气管呼吸音及湿性啰音。病变累及胸膜可有胸膜摩擦音或胸腔积液征。

实验室检查提示白细胞总数明显增高，中性粒细胞多在 80%以上，核左移，细胞内可见中毒颗粒。年老体弱、酗酒、免疫功能低下者可无白细胞总数升高，但中性粒细胞百分比增高。痰涂片培养可找到肺炎球菌，而确诊病原体。X 线检查可见肺叶或肺段密度均匀的高密度阴影，累及胸膜时，可见胸腔积液征。

【治疗要点】

经确诊立即给予抗生素治疗，首选青霉素 G。用药途径和剂量视病情轻重而定。对青霉素过敏者用红霉素、喹诺酮类(左氧氟沙星、加替沙星)或头孢菌素类抗菌药。抗生素一般用 5 ～ 7 天或体温恢复正常后 72 小时停药，用抗生素过程中密切观察病情变化和药物不良反应。同时给予支持疗法和对症处理：如卧床休息，补充足够的蛋白质、热量及维生素，鼓励患者多饮水，维持水、电解质平衡。剧烈胸痛者可酌情用小量镇痛药如可卡因，发热者进行物理降温，慎用退热药。有紫绀、呼吸困难应吸氧，有明显腹胀、鼓肠可用腹部热敷和肛管排气，咳嗽、咳痰者可用溴己新、氯化铵。烦躁不安者可用小量镇静剂如地西泮或水合氯醛，禁用抑制呼吸的镇静剂。有感染性休克时按感染性休克治疗方法处理。本病预后良好，若病变严重，老人、儿童或原有慢性病者预后较差。

二、革兰阴性杆菌肺炎

院内获得性肺炎多为革兰阴性杆菌引起，常见于老年体弱、营养不良或有基础疾病，接受抗生素、激素、细胞毒性药物或气管切开、气管插管、应用机械通气等治疗，损及呼吸道防御功能而发生革兰阴性杆菌感染引起的肺炎。常见的细菌有肺炎杆菌、绿脓杆菌、流感嗜血杆菌、大肠杆菌等。

多数患者起病隐袭，发热、精神委靡，呼吸道症状主要为咳嗽、咳痰。咳红棕色胶冻样痰见于肺炎杆菌肺炎，咳绿色脓痰见于绿脓杆菌肺炎。肺部体检可有肺实变体征，两肺下部及背部闻及湿性啰音。全身中毒症状重，早期可出现休克、肺脓肿及全身衰竭。X 线检查可见大叶或小叶实变，阴影密度较深，易组织坏死形成单发或多发性脓肿。实验室检查白细胞升高或不升高，但中性粒细胞常升高，有核左移。痰培养两次以上阳性，结合临床表现可确诊。

【治疗要点】

用抗生素以前应做细菌培养及药敏试验，以便选用有效的药物。在培养结果明确以前可选用氨基糖苷类抗生素加半合成青霉素或头孢菌素。对严重感染者可选用第三代头孢菌素或喹诺酮类抗菌药。在治疗革兰阴性杆菌肺炎时，量宜大，疗程长，3 ～ 4 周或更长，联合用药，静脉为主。使用氨基糖苷类抗生素时要注意观察药物对肝、肾的损害，及药物产生的耳毒性，如耳鸣、眩晕、听觉障碍。同时加强支持疗法及对症处理：增加营养，补充水分，保证痰液引流通畅。本组肺炎可早期出现并发症，且患者多有各种严重基础疾病及不同程度的脏器衰竭，加之长期用抗生素，使之病原菌复杂，且多耐药，临床治疗困难，患者体质差，死亡率高。

三、肺炎支原体肺炎

肺炎支原体肺炎是由肺炎支原体引起的呼吸道和肺组织的急性炎症。支原体经口、鼻的分泌物在空气中传染，引起散发性呼吸道感染或小流行。本病占非细菌性肺炎的 1/3 以上，各年龄组均可发病，儿童和青年人居多，婴儿间质性肺炎亦应考虑本病。

本病潜伏期 2 ～ 3 周，起病缓慢，约 1/3 病例无症状。以支管-支气管炎、肺炎、耳鼓膜炎等形式出现，而以肺炎最重。发病初有乏力、头痛、咽痛、发冷、发热、肌肉酸痛、食欲减退、恶心、呕吐等，头痛显著。发热高低不一，可高达 39℃。2 ～ 3 天后出现明显的呼吸道症状，如阵发性刺激性咳嗽，咳少量黏痰或黏液脓性痰，有时痰中带血。发热可持续 2 ～ 3 周。热度恢复正常后尚可遗有咳嗽，伴胸骨下疼痛，但无胸痛。发热 3 天至2周,咳嗽可延长至6周左右。听诊可有少量干湿性啰音。病情一般较轻,有时可重,但很少死亡。X线见肺部多种形态的浸润,呈节段状分布,以肺下野多见。病变常经3～4周后自行消失。实验室检查白细胞总数:正常或稍增高,以中性粒细胞为主。血清学检查是确诊本病最常用的方法,另外直接检测标本中肺炎支原体抗原,可用于早期快速诊断。

【治疗要点】

本身有自限性,多数病例不经治疗可自愈。早期使用抗生素可减轻症状,缩短病程。抗生素首选红霉素,也可选用四环素类、喹诺酮类抗菌药。青霉素类或头孢菌素类无效。口服红霉素因食物会影响其吸收,故应在进餐后一段时间给药,避免同时饮用酸性饮料(如橘子汁等),以免降低疗效,静脉滴注速度不宜过快,浓度不宜过高,以免引起疼痛及静脉炎和胃肠道反应。对剧烈呛咳者应给予镇咳药。

四、军团菌肺炎

军团菌肺炎是由革兰染色曲性嗜肺军团菌引起的一种以肺炎为主的全身性疾病。该菌存在水和土壤中,通过饮水、空调和雾化吸入而引起呼吸道感染。多发生在夏、秋季节,可呈小暴发流行,患者以年老体弱、患有慢性疾病或免疫受损者多见。未经治疗军团菌肺炎死亡率为15%～20%。

军团菌肺炎的潜伏期为2～10天,有前驱症状,如乏力、嗜睡、发热,1～2天后症状加重,出现高热、寒战、头痛、胸痛、干咳,可伴少量血性痰,重者可有呼吸困难。明显的肺外症状是本病的特征性表现,本病早期消化道症状明显,约半数有腹痛,多为水样便,神经症状亦较常见,如焦虑、神经迟钝、谵妄。随着肺部病变进展,重者可发生呼吸衰竭、休克、肾功能损害。X线显示片状肺泡浸润,继而肺实变,尤其多数见于下叶,单侧或双侧。免疫功能低下的严重患者可出现空洞或肺脓肿。肺部病变的吸收常较一般肺炎为慢,做临床治疗有效时,其X线表现病变仍呈进展状况,为其X线特征之一。20%患者至2周后病变开始明显吸收,1～2个月阴影才完全消散,少数患者可延迟至数月。病变进展迅速,还可伴有胸腔积液。支气管抽吸物、胸液、支气管肺泡灌洗液Giemsa染色可以查见细胞内的军团杆菌。间接免疫荧光抗体检测、血清实管沉集试验及血清微量凝集试验时,前后两次抗体滴度呈4倍增加,分别达1∶128、1∶160或更高者,均可诊断。尿液ELISA法检测细菌可溶性抗原,亦具有较强特异性。

【治疗要点】

治疗首选红霉素,每日1～2g,分4次口服,重症以静脉给药,用药2～3周。可以加用利福平,每日10mg/kg一次口服;多西环素每日200mg,一次口服,疗程3周以上,否则易复发。服用利福平应在餐前1小时或餐后2小时以利吸收,服药后患者的分泌物均为橘红色,并定期查肝、肾功能。氨基甙类和青霉素、头孢菌类抗生素对本病无效。密切观察病情变化,并详细记录出入液量,如发现患者少尿、无尿、心衰、休克、呼吸衰竭及精神委靡等症状,立即报告医生,酌情处理。加强供水系统、空调和雾化吸入器的卫生管理,减少军团菌脑炎的发生。

五、病毒性肺炎

病毒性肺炎是由上呼吸道病毒感染,向下蔓延侵犯肺实质所致肺部炎症。多发生在冬、春季节,可散发或暴发流行。婴幼儿、老年人、免疫力差或有慢性心肺疾病者易发病。常见病毒有流感病毒、腺病毒、麻疹病毒等。通过飞沫与接触传播,本病临床表现一般较轻,与支原体肺炎的症状相似。起病缓慢,有头痛、乏力、发热、咳嗽、并咳少量黏痰。体征往往缺如。X线检查肺部炎症呈斑点状、片状或均匀的阴影。白细胞总数可正常、减少或略增加。病程一般为1～2周。免疫缺损的患者,病毒性肺炎往往比较严重,有持续性高热、心悸、气急、紫绀、极度衰竭,可伴休克、心力衰竭和氮质血症。由于肺泡间质和肺泡内水肿,严重者可发生呼吸窘迫综合征。体检可有湿啰音。胸部X线显示多为小片状或广泛浸润,病情严重者显示双肺下2/3肺野弥漫性结节状浸润。

【治疗要点】

以对症治疗为主;应卧床休息,保持空气流通,注意消毒隔离,防交叉感染。给予足量维生素及流质饮食,多饮水。加强护理,保持呼吸道通畅,保持水、电解质、酸碱平衡。目前尚无特效抗病毒药,已证实较有效的抗病毒药有利巴韦林(病毒唑)、阿昔洛韦、更昔洛韦、阿糖腺苷、金刚烷胺。原则上不宜应用抗生素,以预防继发细菌感染,但一旦明确已合并细菌感染,应及时选用敏感的抗生素。

六、真菌性肺炎

健康人对真菌有较强的抵抗力,但在一定条件下可发生肺部真菌感染,严重者可经血液循环至全身。肺部真菌感染是最常见的深部真菌病。真菌感染的发生,取决于真菌的致病性、机体的免疫力及环境条件对机体与真菌之间关系的影响。真菌多在土壤中生长,孢子飞扬于空气中,如诺卡菌、曲霉、英膜组织脑浆菌等孢子通过吸入可引起感染(外源性)。有些口腔寄生菌(念珠菌、放线菌),当机体免疫力下降时可引起肺部感染。近年由于糖皮质激素、细胞毒性药物及免疫抑制剂广泛应用,以及人体免疫缺陷病毒感染、长期留置导管、插管、静脉营养等诱因,肺部真菌感染日趋增多。真菌性肺炎临床症状、体征及X线检查均无特征性改变,诊断主要依靠培养结果的真菌形态学辨认。常继发于婴幼儿肺炎、肺结核、糖尿病、血液病等;应用抗菌素和激素等是主要诱因。具有支气管肺炎的各种症状和体征,但起病缓慢,多在应用抗生素治疗中肺炎出现或加剧,可有发热,咳嗽剧烈,痰为无色胶冻样,偶带血丝。肺部听诊可有中小水泡音。若误诊而盲目加大抗生素治疗,往往使病情更加严重,但停用抗生素后常可自愈。X线胸片显示大片状阴影,多见肺底和中部,个别为粟粒状阴影,但在短期内可有变化。血常规:白细胞减少。痰涂片可查到念珠菌发芽的酵母细胞和菌丝。临床症状轻而肺部X线征象严重;使用抗生素,病势恶化;用抗真菌药物治疗显效。

附:传染性非典型肺炎

传染性非典型肺炎是由冠状病毒引起的一种具有明显传染性,可累及多个脏器系统的特殊肺炎,世界卫生组织(WHO)将其命名为严重急性呼吸综合征(Severe acute respiratory syndromes),简称SARS。其主要临床特征为急性起病、发热、干咳、呼吸困难、白细胞不升或降低,肺部阴影及抗菌药物治疗无效。人群普遍易感,呈家庭和医院聚集性发病,多见青壮年,儿童感染性较低。

WHO把从SARS患者分离出来的病原体命名为SARS冠状病毒,简称SARS病毒。其在环境中较其他已知的冠状病毒稳定,室温下病毒在尿液里至少可存活10天,在痰液中和腹泻患者的粪便中能存活5天以上,在血液中可存活15天,但病毒暴露在常用的消毒剂和固定剂中即可失去感染力,56℃以上90分钟可杀死病毒。SARS病毒通过近距离飞沫,气溶胶或接触污染的物品传播。其发病机制可能通过其表面蛋白与肺泡上皮等细胞上的相应受体结合导致肺失的发生。病理改变主要为弥漫性肺泡损伤和炎症细胞浸润。早期的特征为肺水肿、纤维素渗出、透明膜形成、脱屑性肺泡炎及间质性肺出血等病变。部分病例出现明显的纤维组织增生,导致肺纤维化甚至硬化。

病毒感染经2～10天潜伏期,急性起病,多以发热为首发症状,体温常高于38℃,可有寒战、咳嗽、少痰、偶有血丝痰、心悸气促甚至呼吸窘迫。可伴有肌肉痛、头痛、关节痛、乏力和腹泻。患者多无上呼吸道卡他症状。肺部体征不明显,部分患者可闻及少许湿啰音,或有肺实变体征。胸部X线早期无异常,一般一周内逐渐出现肺纹理粗乱的间质性改变、斑片状或片状渗出物,典型的改变为肺实变影,可在2～3天内涉及一侧肺野或两肺,约半数波及双肺。病灶多在中下肺叶并呈外周分布。病变后期部分患者肺部有纤维化改变。根据有与SARS患者密切接触或传染给他人的病史,起病急、高热、有呼吸道和全身症状,血白细胞正常或降低,有胸部影像学变化,配合病原学检测阳性,排除其他类似表现疾病,可作出SARS的诊断。

【治疗要点】

一般治疗和抗病毒治疗参阅病毒性肺炎。病情严重者酌情用糖皮质激素,具体量及疗程根据病情而定。密切观察糖皮质激素的不良反应及SARS的并发症。对出现低氧血症者,应使用无创机械通气,应持续使用至病情缓解,如效果不佳或出现ARDS,应及时进行有创机械通气。

【预防】

1)公共场所、学校和托幼机构应首选自然通风,尽可能打开门窗通风换气。应保证空调系统的供风安全,保证充足的新风输入。所有排风要直接排到室外。

2)未使用空调时应关闭回风通道。对地面、墙壁、电梯等表面定期消毒。消毒时应按照先上后下、先左后右的方法,依次进行喷雾消毒。

3)对经常使用或触摸的物品、食饮具定期消毒。对人体接触较多的柜台、桌椅、门把手、水龙头等可用0.2%～0.5%过氧乙酸溶液或有效氯为1000～2000mg/L的含氯消毒剂进行喷洒或擦拭消毒作用15～30分钟。

4）食饮具可用流通蒸汽消毒20分钟（温度为100℃）；煮沸消毒15 ~ 30分钟；使用远红外线消毒碗柜，温度达到125℃，维持15分钟，消毒后温度应降至40℃以下方可使用。

5）对不具备热力消毒的单位或不能使用热力消毒的食饮具可采用化学消毒法。如，用有效氯含量为250mg/L ~ 500mg/L的含氯消毒液、有效溴为250 ~ 500mg/L的二溴海因溶液、200mg/L二氧化氯的溶液、0.5%过氧乙酸溶液浸泡30分钟。消毒后清水冲洗、空干保存备用。

6）勤洗、勤晒衣服和被褥等，亦可用除菌消毒洗衣粉和洗涤剂清洗衣物。卫生间、厨房和居住的房间要经常打扫，卫生洁具可用含氯消毒剂浸泡、擦拭作用30分钟。

第三节　支气管扩张患者的护理

案例引入

患者，男，22岁，慢性咳嗽、咳大量脓痰、反复咯血5年。近1周因受凉后出现发热，咳嗽加剧，痰液增多，恶臭味。检查：T39.5℃，P102次/分，R32次/分，BP100/70mmHg。WBC：12×10^9个/L，N85%。结合上述病例请思考：

1. 该患者有何典型临床特点？
2. 需要进行哪些检查以明确诊断？

进一步检查：X线检查示左下肺粗乱肺纹理中有多个不规则的环状透明阴影，可见小液平面。诊断为支气管扩张症，结合上述病例请思考：

1. 诊断依据是什么？
2. 发生支气管扩张的常见原因是什么？

患者入院后突发大咯血，咯血量约600ml，该患者目前最大的危险是什么？如何防治？

学习目标

知识目标　掌握护理评估要点、治疗要点；了解支气管扩张的病因和发病机制。

能力目标　会对支气管扩张症患者进行护理。

素质目标　尊重老师、同事，营造和谐的工作环境。

【概述】

支气管扩张（Bronchiectasis）是指直径大于2mm的支气管由于管壁组织破坏造成的慢性不可逆性扩张。它是呼吸系统常见的化脓性炎症。主要致病因素为支气管的感染阻塞和牵拉，部分有先天遗传因素。患者多有童年麻疹、百日咳或支气管肺炎等病史。随着人民生活的改善，麻疹、百日咳疫苗的预防接种，以及抗生素的应用等，本病已明显减少。

【病因和发病机制】

支气管扩张的主要发病因素为支气管-肺组织的感染和支气管阻塞感染引起管腔黏膜的充血、水肿，使管腔狭小，分泌物易阻塞管腔，导致引流不畅而加重感染；支气管阻塞引流不畅会诱发肺部感染。故两者互相影响促使支气管扩张的发生和发展。多数患者在童年有麻疹、百日咳或支气管肺炎迁延不愈的病史，以后常有呼吸道反复发作的感染。先天性发育缺损及遗传因素引起的支气管扩张较少见。气管和主支气管扩张较少见，因为较大的支气管有完整的软骨环，呼吸道清除功能较好，且管径较大，肌层及弹力纤维也较厚，故不容易发生阻塞及支气管壁的严重破坏。肺段和亚段以下的小支气管管壁支架组织薄弱，管径小，容易发生痰液潴留和阻塞，而导致支气管扩张。

【病理生理】

本病在支气管组织解剖结构上呈现不可复原性的扩张和变形。支气管扩张肉眼检查可见支气管壁明显增厚，伴有不同程度的变形，管腔可呈囊、柱状或梭状扩张。柱状的病理改变较轻，囊状的较重，肉眼就可以见到囊腔与支气管相邻，壁薄，由纤维或肉芽构成，囊性支气管扩张的囊中充满脓液，这些说明有活动性感染。如无感染，只有少量黏液分泌物，即为"干性支气管扩张"，因慢性感染持续有大量黏液分泌物的为"湿性支气管扩张"。一般炎症性支气管扩张多见于下叶。由于左侧总支气管较细长，与气管的交叉角度近于直角，因此痰液排出比右侧困难，特别是舌叶和下叶基底段更是易于引流不畅，导致继发感染，故左下叶支气管扩张较右下叶为多见。舌叶支气管易受下叶的感染，故左下叶与舌叶的支气管扩张常同时存在。支气管扩张在上叶尖支或后支者多数为结核性所致。伴随支气管行走的肺动脉可有血栓形成，有的已重新沟通。支气管动脉也可肥厚、扩张。支气管动脉及肺动脉间的吻合支明显增多。病变进展严重时，肺泡毛细血管广泛破坏，肺循环阻力增加，最后可并发肺源性心脏病、甚至心力衰竭。

【护理评估】

1.健康史

评估患者是否有先天性的支气管发育缺损以及肺囊性纤维化的家族史；以前有关支气管扩张的记录，包括发病的程度和近期治疗的情况；受损器官的病史或损伤史；有无支气管部分阻塞的因素如痰液、脓液、异物的吸入、支气管受阻断、支气管肿瘤等；评估患者有无呼吸系统疾病如慢性鼻窦炎、过敏、肺气肿、肺间质纤维化、百日咳、肺炎、肺结核、肺脓肿等；是否有与支气管扩张有关的其他危险因素如吸烟以及职业的性质；患者是否有与支气管扩张有关的环境因素如空气污染、尘埃或排放工业废气等。

2.身体状况

(1)症状 支气管扩张的症状由于病变轻重，静止或恶化类型及治疗反应等的不同有很大差异。轻的可能毫无症状，在健康体检时才发现。重的则持续咳嗽，有大量黏液脓痰、臭痰，患者长期呼吸困难、乏力。由于抗生素的广泛应用，持续有严重症状的患者已不多，不少患者可保持一定程度的健康及劳动力。但也时有肺部感染(常在同部位反复发生)，常感胸部不适，有咳嗽、少量脓痰，患者生活质量不高、劳动耐受力差。

支气管扩张其典型症状为慢性咳嗽伴大量脓痰和反复咳血。痰量与体位改变有关，如晨起或入夜卧床时咳嗽痰量增多，呼吸道感染急性发作时，一日可达数百毫升。收集痰液于玻璃瓶中分离为三层：上层为泡沫，下层为脓性成分，中层为混浊脓性黏液，底层为坏死组织沉淀物。咯血可反复发生，程度不等，咯血量与病情严重程度有时不一致，有些患者反复咯血但平时无咳嗽咳痰等症状，临床上称为"干性支气管扩张"。若反复继发感染，支气管引流不畅，痰也不易咳出，可感到胸闷不适。炎症扩展到病变周围的肺组织，出现高热、纳差、盗汗、消瘦、贫血等症状。一旦咳痰通畅，患者症状改善。

(2)体征　早期及轻症支气管扩张没有阳性体征，一般患者在支气管扩张局部有持久存在的湿啰音，咳嗽排痰后仅暂消失，如双侧有广泛的干性啰音，则说明合并支气管炎。部分慢性患者伴有杵状指。有其他并发症时有相应的体征。

3.实验室检查及辅助检查

(1)胸部X-线及CT　早期轻症患者胸片示一侧或两侧肺纹理局部增多及增粗现象；典型的X线表现为粗乱肺纹理中有多个不规则的环状透明阴影或沿支气管的卷发状阴影，感染时阴影出现液平。胸部高分辨CT(HRCT)检查示管壁增厚的柱状扩张，或成串成簇的囊性改变。正常支气管逐渐变细的结构消失，气道连接处不规则和扩张的支气管内可见液平面。

(2)痰液检查及培养　痰液的性质、量、颜色、黏稠度、气味等可协助诊断。痰培养及敏感试验，可找出感染的菌种，以及提供有效的抗生素。

(3)支气管造影　可明确诊断，了解扩张的形态，确定支气管扩张的部位性质和范围以及病变的严重程度，可发现囊状、柱状或囊柱状改变，但有被HRCT取代的趋势，目前仅在外科手术前采用。

(4)纤维支气管镜检查　可明确出血、扩张或阻塞的部位，还可进行局部灌洗。

(5)动脉血气分析及肺功能检查　反映支气管及肺组织受损的程度。肺功能的损害决定于受破坏组织的多少，轻度支气管扩张检查多无异常发现，病变范围大时，可表现为轻度阻塞性通气障碍，病变严重而广泛且累及胸膜时，则表现为以阻塞性为主的混合型通气功能障碍。肺功能检查在诊断上意义不大，但在手术治疗时要考虑。

4.心理-社会状况

患者因反复大量咳嗽咳痰,加之常会出现不同程度的咯血,严重者有呼吸困难及喘鸣,因此给患者生活带来一定的影响。心理压抑、焦虑、恐惧也会使病情加重。

5.治疗原则

治疗原则是保持呼吸道通畅、促进痰液排出,体位引流和抗生素治疗同样重要。内科治疗是基础,即使有明确的手术适应症也要先经过一段时间内科治疗,不能手术的病例,则需要长期内科治疗。支气管扩张的治疗包括几部分:①保持呼吸道通畅:可以使用祛痰药、支气管舒张剂、体位引流、吸痰法等;②抗生素治疗感染;③必要时手术治疗;④呼吸训练及理疗,以改善生活质量及劳动能力。临床医师常易忽略这点;⑤特殊原因,如免疫缺陷、先天性遗传病所致支气管扩张,如原来病因无法纠正,只有用胸内科治疗。

【护理诊断与合作性问题】

1.有窒息的危险

与大量咯血及痰液黏稠有关。

2.清理呼吸道无效

与痰量多而黏稠、咳嗽无效有关。

3.低效性呼吸形态

与肺换气障碍有关。

4.营养失调

低于机体需要量与反复慢性感染消耗及咯血有关。

5.焦虑

与反复咳血有关。

6.活动无耐力

与心肺功能障碍、害怕咯血、卧床、疾病致体力下降有关。

【护理目标】

1)维持呼吸道的通畅。

2)学会有效的咳嗽、咳痰技巧,掌握体位引流的姿势。

3)陈述及实施呼吸锻炼的正确方法。

4)患者获得足够的营养支持。

5)患者能叙述焦虑的原因、心理感受以及自我调节的方法,保持稳定的情绪状态。

6)患者活动耐力提高。

【护理措施】

1.防治窒息的发生

(1)预防窒息的发生

1)休息与饮食:小量咯血者静卧休息,大量咯血者需要绝对卧床休息,避免说话,协助患者取平卧位头,偏向一侧,或取患侧卧位,以减少肺的活动,有利于止血,又可避免血液流入健侧,导致窒息;避免搬动、翻身咳嗽。为避免咯血窒息的发生,对肺结核、支气管扩张、肺癌等肺部疾病患者,要向患者及家属说明这类疾病有咯血的可能性。大量咯血者禁食,小量咯血者给予少量温凉流质食物,多饮水,多食用高纤维食物以保持排便通畅。

2)遵医嘱给药:对极度紧张、剧烈咳嗽者,必要时遵医嘱给予镇静、镇咳药物,但年老体弱、肺功能不全者要慎用强镇咳药以免引起呼吸和咳嗽的抑制,导致窒息的发生。

3)保持呼吸道通畅:给予化痰药物以稀释痰液,协助患者将气管内残留的血块咯出,以防窒息及其他并发症的发生,医护人员应在旁守护,解除其思想顾虑和紧张,使患者有安全感,指导患者将血轻口咳出,切不可屏气,以免喉头痉挛,血流不畅甚至窒息。

4)密切观察有无窒息的发生:窒息前患者常有胸闷、气憋、唇甲发绀、面色苍白、冷汗淋漓、烦躁不安等。

(2)窒息的处理　患者疑为咯血窒息,应立即就地进行体位引流,保持呼吸道通畅,维持有效通气:迅速使患者头低足高位,必要时用肩部将患者抬起,健肺在上,迅速去除口腔内血块,可轻拍其背部,通过引流与振动,促使气管内淤血排出;鼓励清醒患者将血块吐出,神志不清者用开口器将牙齿撬开,用舌钳将舌头拉出,以免舌后坠阻塞呼吸道。必要时用吸痰管进行机械吸引，并做好气管插管或气管切开的准备与配合工作。大量咯血不止者，做好准备并配合经纤维支气管镜注射凝血酶或行气囊压迫止血。同时建立静脉通道，及时给予止血药物，如垂体后叶素，注意冠心病、高血压、孕妇忌用，静滴速度不宜过快以免引起恶心、心悸、便意等。及时为患者漱口，保持口腔清洁、舒适，擦净血迹。咯血量大者，配血备用，酌情适量输血，但滴速不宜过快，以免肺循环压力增高再次引起血管破裂而咯血。注意防治阻塞性肺不张、肺部感染及休克等并发症。

2.保持呼吸道的通畅

胸部物理疗法

1)叩击和震荡：是配合体位引流进行排痰的一种有效的方法，也是一种蕴含轻敲与震动的技巧，当在存有分泌物的肺节段处叩击时，可将分泌物黏液引流至细支气管中。方法：①将手掌弓成杯形，以手腕力量，在患病的背廓区域处叩击，叩击时发出一种空而深的拍击音则表明手法正确；②叩击必须在患病处有节律的自下而上、由外而内进行。避免直接叩击胸骨、肝脾、肾、胃等，叩击时患者主诉疼痛应停止操作，有出血倾向禁用。叩击一般持续 20 ~ 30 秒，之后行震荡法。患者取平卧或侧卧位，治疗者以双手交叉位于肺底部，随患者呼气做自下而上的按摩振颤动作。通过手的快速震动，使胸壁间断地压缩，利于小气道分泌物的排出。这种治疗手法用于体位引流中比拍背效果更好，将手放置引流区域震颤即可。

2)体位引流：体位引流是利用重力作用，通过叩击法将肺部分泌物有效排出。对支气管扩张的主要治疗措施就是体位引流，以清除支气管内的分泌物，防止肺不张，减少病原菌生长的机会。其方法：①向患者讲解体位引流的重要性以取得合作，引流前 15 分钟遵医嘱给予支气管扩张剂，备好排痰用的一次性容器或纸巾；②体位引流时间安排：早餐前施行，清除夜间积聚肺中的分泌物；饭后 2 小时内不宜引流，避免呕吐；睡前施行易于入睡；③了解患者病变的部位，指导协助患者确定体位引流的姿势。如图 12-1，尽可能将病变部位置于高位，使引流的支气管方向向下，依重力和定向外力双重作用促使痰液排出；体位引流一旦摆定正确姿势后要保持该姿势 15 ~ 30 分钟；④在体位引流过程中，鼓励并指导患者做深呼吸，然后摒住呼吸数秒，在呼气时咳嗽，使患者做到有效地咳嗽，尽量将痰液咳出；⑤引流过程中应观察患者有无出汗、脉搏细弱、头晕、疲劳、面色苍白等症状，若在引流中患者无法忍受或产生发绀、呼吸困难等现象时，应立即停止或改变体位；⑥观察患者咳痰的情况，如性质、量、颜色并记录；⑦引流结束后听诊肺部啰音及呼吸音的改变。

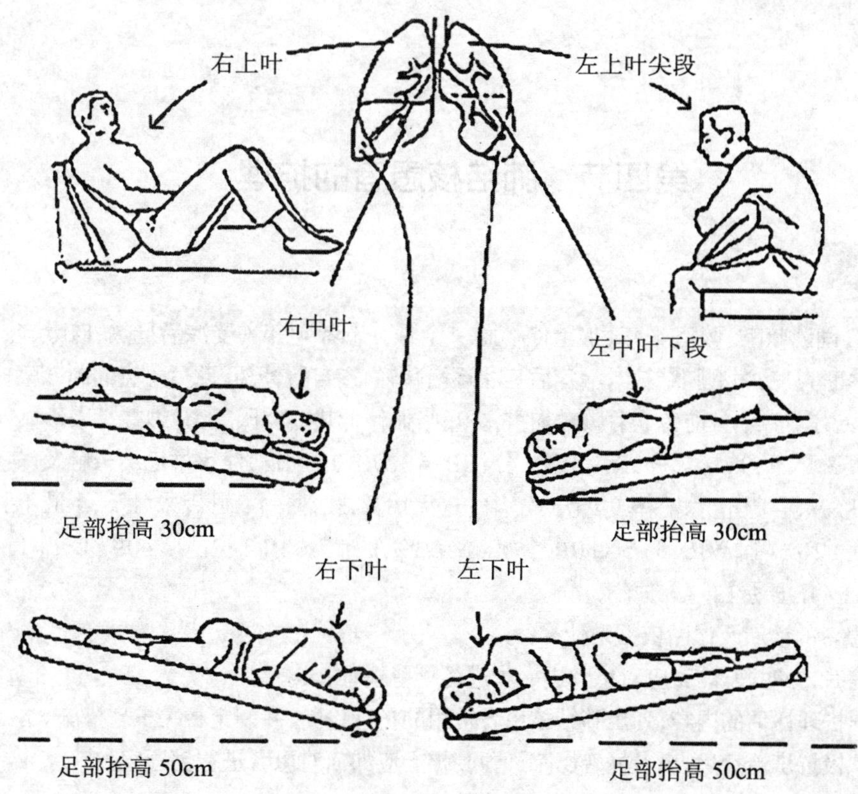

图 12-1　体位引流

3.营养支持

因为有大量的痰液产生，故应在饭前饭后清洁口腔，经常保持口腔清洁，咳痰后用清水或漱口液漱口。鼓励患者多饮水，补充营养增强体力，进食高蛋白、高维生素、高热量的食物，少量多餐，避免进食生冷食物。

4.休息

提供安静舒适的环境以促进休息。病情严重者应卧床休息，室内空气流通及保持温湿度，除去刺激及诱发咳嗽的因素。注意保暖，鼓励患者居住在温暖的房间，避免着凉。

5.外科治疗与护理

对于反复呼吸道感染或大咳血者，其病变范围不超过二叶，尤以局限性病变反复咯血，经药物治疗不易控制，年龄小于40岁，全身情况良好，可根据病变范围做肺段或肺叶切除术。临床上可根据患者的年龄，病变的范围、程度、以及用药的反应，过敏史等选择用药。治疗时应密切观察药物在治疗中所引起的各种不良反应。护士应做好手术治疗的准备。手术患者的护理措施同肺癌手术患者的护理。

6.健康宣教

（1）避免上呼吸道刺激　教导患者不要吸烟或处在尘烟多的环境。

（2）补充营养增强体力　给予患者高蛋白、高热量、高维生素的饮食，鼓励患者多饮水，少量多餐，避免过冷的食物，以免刺激咳嗽。

（3）避免上呼吸道感染　告诉患者减少与患流感的人接触，一旦症状出现应积极治疗。教会患者有效咳嗽、雾化吸入、体位引流方法，药物治疗的作用、不良反应等。

（4）告诉患者早期治疗的重要性　识别支气管扩张的典型表现，防止病情恶化或产生并发症。

【护理评价】

1）患者了解引起窒息的因素以及预防的措施。

2）患者能执行有效的咳嗽，将痰液咳出，保持呼吸道的通畅。

3）患者的呼吸形态正常，呼吸时不感憋气和劳累。

4）患者焦虑解除，获得精神支持，树立信心并能积极配合治疗。

5）患者能得到足够的营养水分的摄入和休息睡眠，并能独立完成自理活动，活动范围增加时，且不出现呼吸困难。

第四节　肺结核患者的护理

案例引入

女性，49岁，间断咳嗽、咳痰4年，加重伴咯血1个月。患者4年前受凉后低热、咳嗽、咳白色黏痰，体重逐渐下降，诊断为“浸润型肺结核”，治疗后症状逐渐减轻，遂自行停药。此后一直间断咳嗽，少量白痰，未再复查胸片及治疗。1个月前劳累后咳嗽加重，少量咯血伴低热、盗汗、乏力、纳差又来诊。

查体：T：37.3℃，P：97次/分，R：24次/分，BP：135/80mmHg，浅表淋巴结未触及，气管居中，两上肺闻及少量湿啰音，心叩不大，心率97次/分，律齐，无杂音，腹部平软，肝脾未触及，下肢不肿。

化验：血Hb：120g/L，WBC：5.5X109个/L，N：63%，L：40%，PLT：230X109/L，ESR：35mm/h，空腹血5.6mmol/L，尿蛋白（-），尿糖（-）。

分析：1.该患者的诊断及诊断依据是什么？

2.入院后，为明确诊断，应对患者进一步进行哪些检查？

3.根据护理评估的内容，列出肺结核患者常用的护理诊断，并制定相关护理措施。

4.经积极抗痨治疗后，患者好转出院，请问：护士应如何对患者进行健康宣教？

教学目标：

知识目标　掌握肺结核患者的护理评估、健康指导；掌握结核菌素试验的方法及判断标准；熟悉肺结核的临床类型；了解肺结核的病因及发病机理。

能力目标　会对肺结核的患者进行护理。

素质目标　尊重老师、同事，营造和谐的工作环境。

【概述】

结核病是由结核杆菌(Tubercle bacillus)引起的慢性传染病，可累及全身多个器官，但以肺结核最为常见。肺结核是由结核杆菌引起的慢性肺部感染，咳嗽、胸痛、咯血、潮热、盗汗、消瘦、血沉增速为其主要临床特征。

【流行病学】

1.全球结核病现状

据世界卫生组织报道，目前全球有近1/3的人已感染结核杆菌，也就是20亿人口感染了结核菌。全球有活动性肺结核患者约2000万，每年新发结核患者800万～1000万，每年约有300万人死于结核病。结核病已成为全世界成人因传染病而死亡的主要疾病之一。20世纪90年代，全球结核病疫情回升的主要原因为：(1)对结核病的忽视；(2)移民和难民增加；(3)人类免疫缺陷病毒(HIV)感染和艾滋病(AIDS)的流行；(4)多耐药结核病例增加。

2.我国疫情

我国是全球22个结核病高负担国家之一，活动性肺结核患者数居世界第二位。20世纪50年代以来，我国结核病的流行趋势虽有下降，但各地区疫情的控制尚不平衡仍是当前一个突出的公共卫生问题，是全国十大死亡病因之一。流行病学抽样调查结果显示，我国结核病患病率下降缓慢，农村疫情高于城市；全程督导短程化疗方案(DOTS)项目地区高于非DOTS项目地区。据2000年全国结核病流行病学抽样调查结果显示，我国结核病疫情现状为：

(1)结核病感染率高　目前全年龄组结核菌感染率为44.5%，全国约5.5亿人受到了结核菌感染，结核菌感染率高于全球人口感染率为1/3的水平。

(2)结核病患病率高　全国活动性肺结核患病率为367/10万，涂阳肺结核患病率为122/10万，菌阳肺结核患病率为160人/10万人；估算全国现有活动性肺结核患者数450万人，其中涂阳肺结核患者150万人，菌阳肺结核患者200万人。

(3)结核病耐药率高　肺结核患者结核菌初始耐药率为18.6/10万，继发耐药率为46.5/10万。按照全国菌阳肺结核患者200万人计算，全国有耐药患者55.5万人。

(4)结核病死亡率高　全国结核病死亡率为9.8/10万，每年因结核病死亡13万人，为各种其他传染病和寄生虫病死亡总和的2倍。

【病因和发病机理】

1.结核分枝杆菌

结核杆菌属放线菌目、分枝杆菌科的分枝杆菌属，其中引起人类结核病的主要为人型结核菌，牛型感染少见。结核菌为需氧菌，具有抗酸染色的特性，可抵抗盐酸乙醇的脱色作用，故称为抗酸杆菌；镜检呈细长、略弯的杆菌。结核分枝杆菌的生物学特性如下：

(1)成分　结核菌菌壁为含有高分子量的酸、脂质、蛋白质及多糖类组成的复合成分，与其致病力、免疫反应有关。在人体内，脂质能引起单核细胞、上皮样细胞及淋巴细胞浸润而形成结核；蛋白质可引起过敏反应，中性粒细胞及单核细胞浸润；多糖类则参与某些免疫反应。

(2)抵抗力及消毒特点　对外界抵抗力较强，在阴湿处能生存5个月以上；但在阳光暴晒2小时，5%～12%甲酚皂(来苏)溶液接触2～12小时，70%酒精接触2分钟，或煮沸1分钟，即可被杀灭。最简便的灭菌方法是直接焚毁带有病菌的痰纸。

2.传染源

结核病的传染源主要是继发性肺结核的患者。由于结核分支杆菌主要是随着痰排出体外而播散,因此痰里面查出结核分枝杆菌的患者才是传染源。

3.结核病的感染途径

呼吸道感染是肺结核的主要感染途径,飞沫感染为最常见的方式。传染源主要是排菌的肺结核患者(尤其是痰涂片阳性未经治疗者)的痰液。健康人吸入患者咳嗽、打喷嚏时喷出的飞沫而受感染小于10μg的痰滴可进入肺泡腔,或因其重量轻而飘浮于空气中较长时间,在室内通风不良环境中的带菌飞沫,亦可被吸入引起感染。感染的次要途径是经消化道进入体内。少量、毒力弱的结核菌多能被人体免疫防御机制所杀灭。仅当受大量毒力强的结核菌侵袭而机体免疫力不足时,感染后才能发病。其他感染途径,如经皮肤、泌尿生殖系统等,均很少见。

4.人体的反应性

(1)免疫与变态反应　人体对结核菌的自然免疫力(先天免疫力)是非特异性的。接种卡介菌或经过结核菌感染后所获得的免疫力(后天性免疫力)则具有特异性,能将入侵的结核菌杀死或严密包围,制止其扩散,使病灶愈合。获得性免疫显著强于自然免疫,但二者对防止结核病的保护作用是相对的。结核病的免疫主要是细胞免疫,表现为淋巴细胞的致敏与功能的增强。结核菌侵入人体后4～8周,身体组织对结核菌及其代谢产物所发生的敏感反应称为变态反应,与另一亚群T淋巴细胞释放的炎性介质、皮肤反应因子及淋巴细胞毒素等有关。局部出现炎性渗出,甚至干酪坏死,常伴有乏力及食欲减退等全身症状。此时如用结核菌素做皮肤试验(详见下述),可呈阳性反应。注射局部组织充血,并有大量致敏的T淋巴细胞浸润。人体对结核菌及其代谢产物的此种细胞免疫反应,属于第Ⅳ型(迟发型)变态反应。感染结核菌后,尚可发生皮肤结节性、多发性关节炎或疱疹性结合膜炎等,均为结核病变态反应的表现,常发生于原发结核感染患者。

结核菌体的多肽、多糖复合物与免疫反应有关,而其蜡质及结核蛋白则与变态反应有关。引起两者的抗原成分不同但免疫与变态反应则常同时存在。例如接种卡介苗后可产生免疫力,同时结核菌素反应(变态反应)亦转为阳性。两者的出现亦可能与机体不同T淋巴细胞亚群所产生的淋巴因子有关。免疫对人体起保护作用,而变态反应则通常伴有组织破坏,对细菌亦不利。严重疾病、营养不良或使用免疫抑制药物,均可削弱免疫力,变态反应也同时受到抑制,表现为对结核菌试验的无反应,当全身情况改善或停用抑制免疫反应的药物后,随着免疫与变态反应的恢复,结核菌素反应亦变为阳性。免疫与变态反应有时亦不尽平行,与人体复杂的内外环境、药物的影响,以及感染菌量及毒力等因素有关。总之,入侵结核菌的数量、毒力及人体免疫力、变态反应的高低,决定感染后结核病的发生、发展与转归。人体抵抗力处于劣势时,结核病常易于发展;反之,感染后不易发病,即使发病亦比较轻,且易治愈。

(2)初感染与再感染　给豚鼠初次接种一定量的结核菌,最初几天可无明显反应,10～14天之后,注射局部发生红肿,逐渐形成,经久不愈,结核菌大量繁殖,到达局部淋巴结,并沿淋巴结及循环向全身播散,豚鼠易于死亡,表明豚鼠对结核菌无免疫力。如将同量结核菌注入4～6周前已受少量结核菌感染的豚鼠体内,则所发生的反应显然与上述不同。注射后,豚鼠高热,2～3天之后,注射局部出现组织红肿、溃疡、坏死等剧烈之反应,但不久即可愈合、结痂,局部淋巴结并不肿大,不发生全身性结核播散,亦不致死亡。这种由于再感染引起的局部剧烈变态反应,通常易愈合,亦无全身播散,均为豚鼠对结核菌已具有免疫力的结果。机体对结核菌再感染与初感染所表现出不同反应的现象,称为科赫(Koch)现象。

【病理】

结核菌侵入人体后引起炎症反应,细菌与人体抵抗力之间的较量互有消长,病变过程复杂,但其基本病变主要有渗出、增生、变质。

【护理评估】

1.健康史

(1)易感人群　婴幼儿、老年人、HIV感染者、糖尿病、麻疹、长期使用糖皮质激素和免疫抑制剂或者长期卧床的慢性病患者等,以及生活贫困、居住条件差、营养不良者均为结核病的易感人群。此外,来自偏远地区进城的农民,由于其获得的自然免疫力低,也成为结核病的易感人群。

(2)疫苗接种史　是否按规定接种了卡介苗。

2.身体状况

典型肺结核起病缓渐，病程经过较长，有低热、乏力、食欲不振、咳嗽和少量咯血。但多数患者病灶轻微，常无明显症状，经X线健康检查始被发现，有些患者突然咯血被发现，但在病程中常可追溯到轻微的毒性症状。

(1)症状

1)全身症状：全身毒性症状表现为午后低热、乏力、食欲减退、体重减轻、盗汗等。当肺部病灶急剧进展播散时，可有高热，妇女可有月经失调或闭经。

2)呼吸系统局部症状：一般有干咳或只有少量黏液。伴继发感染时，痰呈黏液性或脓性。约1/3患者有不同程度的咯血。当炎症波及壁层胸膜时，相应胸壁有刺痛，一般并不剧烈，随呼吸和咳嗽而加重。慢性重症肺结核呼吸功能减慢，出现呼吸困难。

(2)体征

1)早期病灶小或位于肺组织深部，多无异常体征。若病变范围较大，患侧肺部呼吸运动减弱，叩诊呈浊音，听诊时呼吸音减低，或为支气管肺泡呼吸音。

2)渗出性病变范围较大时：可有肺实变体征，如触觉语颤增强，叩诊浊音，听诊可闻及支气管呼吸音和湿啰音。

3)较大的空洞病变者：可闻及支气管呼吸音。

4)纤维条索形成时：肺部病变发生广泛纤维化或胸膜粘连增厚时，患侧胸廓常呈下陷、肋间隙变窄、气管移位与叩诊浊音，对侧可有代偿性征。

5)结核性胸膜炎时，有胸腔积液体征：视诊患侧胸廓饱满，触诊语颤减弱，叩诊实音，听诊呼吸音减弱或消失。

(3)结核病分类　1999年我国制定了新的肺结核分类标准。

1)原发型肺结核：原发性肺结核为结核菌初次侵入人体后发生的原发感染。是小儿肺结核的主要类型。包括原发综合征(Primary complex)和胸内管淋巴结结核。症状多短而轻微，类似感冒，如咳嗽、低热、食欲减退、体重下降等，数周好转。肺部的原发病灶、引流淋巴管炎及局部肿大的淋巴结炎，统称为原发综合征，X线检查在原发综合征可见肺内有典型的哑铃状双极阴影。一般病灶可自行吸收好转，但也有转化成继发性肺结核的可能。

2)血行播散型肺结核：包括急性血行播散型肺结核(急性粟粒型肺结核)及亚急性、慢性血行播散型肺结核。血行播散型肺结核由原发型肺结核发展而来，也可由其他结核干酪样灶破溃到血源引起。急性粟粒型肺结核是急性全身血行播散型结核病的一部分，起病急，有全身中毒症状，常伴发结核性脑膜炎。X线显示肺内病灶呈粟粒状，均匀散布于两肺，但透视下多不明显。结核菌少量分批进入肺内时，形成亚急性或慢性播散型肺结核，X线显粟粒影大小不均，新旧不等，对称分布在两肺上中部，其病情发展缓慢，通常无显著中毒症状，患者可无自觉症状，偶于X线检查时才被发现。此时病灶较稳定或已硬结愈合。常在体检时发现肺内稳定、硬结病灶。

3)继发型肺结核：继发型肺结核由于初染后体内潜伏病灶中的结核菌重新活动和释放而发病，极少数可以为外源性再感染。本型是成人肺结核的最常见类型，常呈慢性起病和经过，但也有呈急性发病和急性临床过程者。由于免疫和过敏反应的相互关系及治疗措施等因素影响，继发型肺结核在病理和X线形态上又有渗出浸润性肺结核、空洞性肺结核、结核球、干酪惦肺炎、慢性纤维空洞性肺结核等。

①浸润性肺结核：多见外源性继发型肺结核，即反复结核菌感染后所引起。少数是体内潜伏的结核菌，在机体抵抗力下降时进行繁殖。此型多见于成年人，病变部位炎症渗出、细胞浸润，甚至干酪样坏死，病灶多在肺尖和锁骨下，呈片状或絮状，边界模糊，病灶可呈干酪样坏死灶，引发较重的毒性症状，而成干酪性(结核性)肺炎，坏死灶被纤维包裹后形成结核球。经过适当治疗的病灶，炎症吸收消散，遗留小干酪灶，钙化后残留小结节病灶，呈现纤维硬结病灶或临床痊愈。有空洞者也可经治疗吸收缩小或闭合。

②空洞性肺结核：多由于干酪渗出病变溶解形成洞壁不明显的、多个空腔的虫蚀样空洞，形态不一。临床症状起伏，表现为发热、咳嗽、咳痰和咯血，痰中常有结核分枝杆菌，为结核病的重要传染源。X线胸片可见肺一侧或两侧有单个或多个后壁空洞，多伴有支气管播散病灶和明显的胸膜肥厚。应用有效化疗后，出现空洞不闭合，但长期多次查痰阴性，空洞壁由纤维组织或上皮细胞覆盖，称“净化空洞”。如空洞仍残留一些干酪组织，长期多次查痰阴性，为“开放菌阴综合征”，此类患者仍需随访。

③结核球：为纤维组织包绕干酪样结核病变或阻塞性空洞被干酪物质充填而形成的球形病灶，呈圆形、椭圆形或分叶状，多数为单发，少数可多发。多见于锁骨下区，其直径为2～3cm，一般表现为球形块状影，

轮廓清楚,密度不均可含有钙化灶或透光区,周围可有散在的纤维增殖性病灶,常称为“卫星灶”,此点对结核球的诊断或与肺癌的鉴别很有价值。

④干酪性肺炎:发生于免疫力低下、体质衰弱、大量结核杆菌经支气管播散引起。按病变范围可分为大叶性和小叶性干酪样肺炎。前者起病多较急,有高热和严重中毒症状;后者可较缓,有长期低热和慢性中毒症状。多有咳嗽、吐痰甚至咯血。肺部可听到支气管呼吸音或管状呼吸音,及大量响亮中、小水泡音。X线摄片在大叶性干酪性肺炎可见大片浓密阴影,内有透亮区;在小叶性干酪性肺炎可见两肺散在密度不均之团块状阴影,内有蜂窝状透亮区或大小不等之无壁空洞受累肺叶肿大、实变、干燥,切面淡黄色、干酪样,有时干酪样坏死液化,可形成多数边缘不整齐之急性空洞,并进而引起肺内播散。临床有高热、咳嗽、呼吸困难等严重全身中毒症状。本型病程严重,预后不佳。但如能及时积极进行抗结核药物治疗,多数病例可吸收好转后广泛钙化而治愈;部分可转变为慢性纤维空洞性肺结核;少数就诊过晚可很快死亡。

⑤纤维空洞性肺结核:慢性纤维空洞性是浸润性肺结核发展的结果,结核未及时发现或治疗不当,使空洞长期不愈,组织破坏广泛而严重,同时因为人体的抵抗力也相当强大,出现空洞壁增厚和广泛纤维化,故组织纤维修复也很广泛。它具有下列特点:空洞的壁膜有较厚的纤维组织包裹;空洞周围的肺组织有进行性的播散病灶且纤维修复同时存在;并发肺组织的代偿性气肿和胸膜增厚。在X线上,可见一侧或两侧有单个或多个纤维厚壁空洞,多伴有支气管播散病灶和明显的胸膜肥厚。由于肺组织广泛纤维增生,造成肺门抬高,肺纹理下垂状,纵隔移向患侧,健侧呈代偿性肺气肿。这类患者的一般情况往往较好,在不发病时常能保持一定的劳动力。有慢性咳嗽和咳痰,突出的症状是肺功能损害引起的气急。常发生的症状为一定量的咯血,随即发生病灶的支气管播散和病灶加重,所以经常出现病灶的恶化、好转相间。

4)结核性胸膜炎:临床上已排除其他原因引起的胸膜炎。包括结核性干性胸膜炎、结核性渗出性胸膜炎、结核性脓胸。

5)菌阴肺结核:菌阴肺结核为3次痰涂片及1次培养阴性的肺结核。

6)其他肺外结核:按部位及脏器命名,如骨关节结核、结核性脑膜炎、肾结核、肠结核等。

3.实验室检查及辅助检查

(1)结核菌检查　是确诊最特异性的方法。痰中找到结核菌是确诊肺结核的主要依据,也是制定化疗方案和考核治疗效果的主要依据,可疑症状或肺部有异常阴影的患者都必须查痰。

1)痰标本的收集:肺结核患者排菌具有间断性及不均匀性,所以要多次查痰以免假阴性结果。痰盒推荐使用螺旋盖、可密封、广口的塑料盒收集痰标本。医务人员在容器上应注明患者姓名、编号(门诊序号或登记号)、检查项目、痰标本序号1、2、3(1=当日即时痰,2=夜间痰,3=次日晨痰),然后交给患者。根据痰标本采集的时间,可将标本分为三类:即时痰:就诊时深呼吸后咳出的痰液;晨痰:患者晨起立即用清水漱口后,咳出的第2口、第3口痰液;夜间痰:送痰前一日,患者晚间咳出的痰液。合格的痰标本一般为干酪痰、褐色血痰或含少量新鲜血液的血痰、黏液痰。痰标本不合格时,应进一步指导并要求患者重新送检。进行细菌学检查时应在登记本和检验报告单上注明标本性状,以供分析结果时参考。

2)痰液检查方法:①涂片及集菌法:痰涂片抗酸染色镜检快速简便,在我国非典型分枝杆菌尚属少见,故抗酸杆菌阳性,肺结核诊断基本即可成立。直接厚涂片阳性率优于薄涂片,为目前普遍采用。荧光显微镜检查适合于大量标本快速检查。无痰或儿童不会咳嗽,可采用清晨的胃洗液找结核菌,成人亦可通过纤支镜检查,或从其涮洗液中查找结核菌。痰菌阳性表明其病灶是开放性的,具有传染性。若排菌量多(每毫升10万个以上),直接涂片易呈阳性,为社会传染源。痰菌量较少(每毫升1万个以下),可用集菌法。②培养法及药敏试验:培养法更为精确,常作为金标准,除能了解结核菌有无生长繁殖能力外,且可做药物敏感试验与菌型鉴定。培养虽较费时,但精确可靠,特异性高,若涂片阴性或诊断有疑问时,培养尤其重要,培养菌株进一步做药物敏感性测定,可为治疗特别是复治时提供参考。③其他:将标本在体外用聚合酶链反应(PCR)法,使所含微量结核菌DNA得到扩增,用电泳法检出。该法不必体外预培养,特异性强,2天即可出报告,快速、简便,并可鉴定菌型,不足之处是可能出现假阳性或假阴性。还有核酸探针检测特异性DNA片段、色谱技术检测结核硬脂酸、免疫学方法等,目前仍在研究阶段。

(2)影像学检查　胸部X线检查可以发现肺内病变的部位、范围、有无空洞或空洞大小、洞壁厚薄等。X线对各类结核病变的透过度不同,通过X线检查大致能估计结核病灶的病理性质,并能早期发现肺结核,以及判断病情发展及治疗效果,有助于决定治疗方案。必须指出,不同病因引起的肺内病变,可能呈现相似的X线影像,故亦不能仅凭X线检查轻易确定肺结核的诊断。对于发现微小或隐蔽性病变,了解病变范围及肺病变鉴别等方面均有帮助。

(3)结核菌素(简称结素)试验　结素试验是诊断结核感染的参考指标,用于检出结核分枝杆菌的感染而非检出结核病。目前世界卫生组织和国际防痨和肺病联合会推荐使用的是结核菌素的纯蛋白衍化物(purified protein derivative,PPD),由旧结素滤液中提取结核蛋白精制而成为纯结素不产生非特异性反应,国际上常用的PPD-RT23已经取代旧结素,我国从人型结核菌制成的PPD(PPD-C)及从卡介苗制成BCG-PPD纯度均较好,已广泛用于临床诊断,取0.1ml(5IU)在左侧前臂屈侧中上1/3处做皮内注射,注射后能产生凸起的皮丘,边界清楚。试验后48 ~ 72小时观察和记录硬结大小,硬结为特异性变态反应,红晕为非特异性反应。若硬结直径≤4mm为阴性,5 ~ 9mm为弱阳性反应,10 ~ 19mm为阳反应,≥20mm或虽<20mm但局部出现水泡和淋巴管炎为强阳性反应。结素试验除引起局部皮肤反应,外偶可引起全身反应,临床诊断通常使用5IU,如无反应可在一周后再用5IU(产生结素增强效应),如仍为阴性大致可除外结核感染。

结素试验仍是结核病综合诊断中常用的手段之一,有助于判断有无结核菌感染。若呈强阳性反应,常表示为活动性结核病。结素试验阳性反应仅表示曾有结核感染,并不一定现有患病。结素试验婴幼儿的诊断价值较成人为大,因年龄越小,自然感染率越低;3岁以下强阳性反应者,应视为有新近感染的活动性结核病,有必要进行治疗。如果2年内结素反应从<10mm增加至10mm以上,并增加6mm以上时,可认为有新感染。

结素试验阴性反应除表示没有结核菌感染外,尚应考虑以下情况:结核菌感染后需4 ~ 8周才建立充分变态反应,在该变态反应产生之前,结素试验可呈阴性。应用糖皮质激素等免疫抑制药物,或、、等患者,结素反应亦可暂时消失。严重结核病及各种重危患者对结素无反应或仅出现弱阳性,与人体免疫力及变态反应暂时受抑有关,待病情好转,可转为阳性反应。其他如淋巴细胞免疫系统缺陷(如等)患者或年老体衰者的结素反应亦常为阴性。

(4)其他检查　结核病患者血象通常无改变,严重病例常有继发性,血沉增快常见于活动性肺结核,但并无特异性诊断价值。患者无痰或痰菌阴性而需与其他疾病鉴别时,用酶联免疫吸附试验(ELISA法)检出患者血清中特异性抗体,可能对肺外结核的诊断提供参考。纤支镜检查对于发现支气管内膜结核、了解有无肿瘤、解除阻塞或作病原菌及以及取活组织作病理检查等,均有重要诊断价值。近年来,应用分子生物学及基因工程技术以非培养方法来检出与鉴定临床标本中的结核菌展示其敏感快速及特异性高等优点,如核酸探针、核酸指纹术等。

4.心理-社会状况

患者担心肺结核可传染给他人,而产生自卑和压抑的心理;并且害怕会发生不良的后果,而产生焦虑和恐慌;又因肺结核病治愈时间长,加之病情反复,致使患者丧失信心,久治不愈更使患者疲惫不堪,意志消沉。

5.治疗原则

(1)主要是化学治疗　化疗的主要作用在于缩短传染期、降低死亡率、感染率及患病率。对于每个具体患者,则为达到临床及生物学治愈的主要措施。合理化疗是指对活动性结核病坚持早期、联用、适量、规律和全程使用敏感药物的原则。

(2)对症治疗　结核病的毒性症状在有效抗结核治疗后多可消失,通常不必特殊处理。干酪样、急性粟粒性肺结核、结核性脑膜炎有高热等严重结核毒性症状,或结核性胸膜炎伴大量者,均应卧床休息及尽早使用抗结核药物。亦可在使用有效抗结核药物的同时,加用糖皮质激素。咯血治疗见支气管扩张患者的护理。

(3)手术治疗　外科手术已较少应用于肺结核治疗。对大于3cm的结核球与难以鉴别时,复治的单侧纤维厚壁空洞、长期内科治疗未能使痰菌阴转者,或单侧的毁损肺伴、已丧失功能并有反复咯血或继发感染者,可做肺叶或全肺切除。和(或)支气管胸膜瘘经内科治疗无效且伴同侧活动性肺结核时,宜做肺叶-胸膜切除术。手术治疗禁忌症有:支气管黏膜活动性结核病变,而又不在切除范围之内者,全身情况差或有明显心、肺、肝、肾功能不全者。

【护理诊断与合作性问题】

1.执行治疗方案无效

与缺乏对疾病及治疗原则的认识及长期化疗的不良反应有关。

2.活动无耐力

与活动性肺结核有关。

3.体温过高

与急性血行播散型肺结核、干酪型肺炎等有关。

4.低效性呼吸形态

与结核性胸膜炎有关。

5.有窒息的危险

与大咯血有关。

6.营养失调

低于机体需要量与疲乏无力、慢性低热、食欲不振有关。

7.有传染的危险

与开放性肺结核有关。

8.社交孤立

与医疗隔离有关。

【护理目标】

1)患者对结核病的疾病过程、预防措施和促进康复的方法有所了解,能按医嘱正确服药,不间断治疗,各种症状得到改善。

2)患者体温恢复正常,乏力等不适减轻,呼吸困难缓解,不发生窒息。

3)营养合理,机体抵抗力和组织修复能力增强。

4)患者在传染期隔离治疗,未传染给他人。

【护理措施】

1.药物治疗与护理

化学药物治疗对控制结核起决定性作用,是现代结核最主要的基础治疗,是控制传染的唯一有效措施,凡是活动性肺结核均需进行抗痨治疗。

(1)化疗原则

1)早期:已经确诊的排菌肺结核,应及早进行治疗,这样除有利于病变修复,更重要的是可减轻对亲属和周围健康人群的传染。

2)联合:选择两种以上抗结核药物组成化疗方案,联合治疗可保证治疗效果,并延缓和防止结核菌产生耐药而导致化疗失败。

3)适量:药物剂量过小不能杀灭细菌且易产生耐药性,但剂量过大则易发生毒副作用而中断治疗。因此,必须遵照医嘱坚持服用规定剂量的药物才能完成预定疗程,确保疗效。

4)规律:患者必须严格按照化疗方案规定的用药方法,有规律地坚持治疗,不可随意更改方案或无故随意停药,亦不可随意间断用药。

5)全程:全程乃指患者必须按照方案所定的疗程坚持治满疗程,短程化疗通常为6~9个月。一般而言,初治患者按照上述原则规范治疗,疗效高达98%,复发率低于2%。

(2)常用抗结核药物　理想的抗结核药物具有杀菌、灭菌或较强的抑菌作用,毒性低,不良反应减少,价廉,使用方便,药源充足;经口服或注射后药物能在血液中达到有效浓度,并能渗入吞噬细胞、腹膜腔或脑脊液内,疗效迅速而持久。

1)异烟肼(isoniazid,H):具有杀菌力强、可以口服、不良反应少、价廉等优点。其作用主要是抑制结核菌脱氧核糖核酸(DNA)的合成,并阻碍细菌细胞壁的合成。口服后,吸收快,渗入组织,通过血脑屏障,杀灭细胞内外的代谢活跃或静止的结核菌。胸水、干酪样病灶及脑脊液中的药物浓度亦相当高。常用剂量为成人每日300mg(或每日4~8mg/kg)一次口服;小儿每日5~10mg/kg(每日不超过300mg)。结核性及急性粟粒型结核时剂量可适当增加(加大剂量时有可能并发周围神经炎,可用每日300mg预防;但大剂量维生素B_6亦可影响异烟肼的疗效,故使用一般剂量异烟肼时,无必要加用维生素B_6),待急性毒性症状缓解后可恢复常规剂量。本药常规剂量很少发生不良反应,偶见周围神经炎、中枢神经系统中毒(兴奋或抑制)、肝脏损害(血清丙氨酸氨基转移酶升高)等。单用异烟肼3个月,痰菌耐药率可达70%。

2)利福平(rifampin,R):为利福霉素的半合成衍生物,是广谱抗生素。其杀灭结核菌的机制在于抑制菌体的RNA聚合酶,阻碍其mRNA合成。利福平对细胞内、外代谢旺盛及偶尔繁殖的结核菌(ABC菌群)均有作用,常与异烟肼联合应用。成人每日1次,空腹口服450~600mg。本药不良反应轻微,除消化道不适、流感症候群外,偶有短暂性肝功能损害。长效利福霉素类衍生物如利福喷丁(rifapentine,DL473)在人体内半衰期长,每周口服1次,疗效与每日服用利福平相仿。螺旋哌啶利福霉素(ansamycin,LM427,利福布丁)对某些已对其他抗结核药物失效的菌株(如鸟复合分枝杆菌)的作用较利福平强。

3)链霉素(streptomycin,S):为广谱氨基糖苷类抗生素,对结核菌有杀菌作用,能干扰结核菌的酶活性,阻碍蛋白合成。对细胞内的结核菌作用较少。剂量:成人每日肌内注射1g(50岁以上或肾功能减退者可用0.5 ~ 0.75g)。间歇疗法为每周2次,每次肌注射1g。妊娠妇女慎用。链霉素的主要不良反应为第8对颅神经损害,表现为眩晕、耳聋,严重者应及时停药,肾功能严重减损者不宜使用。其他过敏反应有皮疹、剥脱性皮炎、药物热等,过敏性较少见。单独用药易产生耐药性。

4)吡嗪酰胺(pyrazinamide,Z):能杀灭吞噬细胞内酸性环境中的结核菌。剂量:每日1.5g,分3次口服,偶见高尿酸血症、关节痛、胃肠不适及肝损害等不良反应。

5)乙胺丁醇(ethambutol,E):对结核菌有抑菌作用,与其他抗结核药物联用时,可延缓细菌对其他药物产生耐药性。剂量:25mg/kg,每日1次口服,8周后改为15mg/kg,不良反应甚少为其优点,偶有胃肠不适。剂量过大时可引起视力减退、视野缩小、中心盲目点等,一旦停药多能恢复。

6)对氨基水杨酸(sodium para-aminosalicylate.P):为抑菌药,与链霉素、异烟肼或其他抗结核药联用,可延缓对其他药物发生耐药性。剂量:成人每日8 ~ 12g,每日2 ~ 3次口服。不良反应有食欲减退、恶心、呕吐等。本药饭后服用可减轻胃肠道反应,亦可每日12g加于5% ~ 10%葡萄糖液500ml中避光静脉滴注,1个月后仍改为口服。

(3)化疗方法

1)"标准"化疗与短程化疗:过去常规采用12 ~ 18个月疗法,称"标准"化疗,但因疗程过长,许多患者不能完成,疗效受到限制。自利福平问世后,与其他药物联用,发现6 ~ 9个月疗法(短程化疗)与标准化疗效果相同,故目前广泛采用短程化疗。但该方案中要求必须包括两种杀菌药物,异烟肼及利福平具有较强杀菌(对A菌群)及灭菌(对BC菌群)效果。

2)间歇用药、两阶段用药:实验表明,结核菌与药物接触数小时后,常延缓数天生长。因此,有规律地每周用药3次(间歇用药),能达到与每天用药同样的效果。在开始化疗的1 ~ 3个月内,每天用药(强化阶段)以后每周3次间歇用药(巩固阶段),其效果与每日用药基本相同,有利于监督用药,保证完成全程化疗。使用每周3次用药的间歇疗法时,仍应联合用药,每次异烟肼、利福平、乙胺丁醇等剂量可适当加大;但链霉素、对氨基水杨酸钠、乙硫异烟胺等不良反应较多,每次用药剂量不宜增加。

(4)化疗方案　视病情轻重、有无痰菌和细菌耐药情况以及经济状况、药源供应等,选择化疗方案。无论选择何种,必须符合前述化疗原则方能奏效。

1)初治菌阳肺结核:①每日用药:前2个月强化期用异烟肼、利福平、吡嗪酰胺、乙胺丁醇,每日1次;后4个月继续用异烟肼及利福平,每日1次,以2HRZE/4HR表示。②间歇用药:强化期:异烟肼、利福平、吡嗪酰胺、乙胺丁醇,隔天1次或每周3次,2个月;巩固期:异烟肼和利福平,隔天1次或每周3次,4个月,简写为:2H3R3Z3E3/4H3R3。如果第2个月末痰菌仍阳性,则延长1个月强化期,相应缩短1个月巩固。

2)初治菌阴肺结核(除外有空洞、粟粒型肺结核):①每日用药:2HRZ/4HR。②间歇用药:$2H_3R_3Z_3/4H_3R_3$。

3)复治菌阳肺结核:①每日用药:2HRZSE/4-6HRE。②间歇用药:$2H_3R_3Z_3S_3E_3/6H_3R_3E_3$。

(5)督导用药　抗结核用药至少半年,偶需长达一年半,患者常难以坚持,医护人员按时督促用药,加强访视,取得患者合作尤为必要。强化阶段每日次,用药即可形成高峰血药浓度较每日分次用药疗效尤佳,且方便患者,提高患者坚持用药率及完成全程,在不住院条件下要取得化学疗法的成功,关键在于对肺结核患者实施有效治疗管理,即目前推行的在医务人员直接面视下督导化疗(directly observed treatment short-course, DOTS),确保肺结核患者在全疗程中规律、联合、足量和不间断地实施规范化疗,减少耐药性的产生,最终获得治愈。20世纪70年代前后,DOTS治疗在亚、非及一些欧洲国家和地区在较大人群中实施获得成功,这是肺结核病化学疗法应用上的一次飞跃性进展。1994年WHO将DOTS扩展为全球结核病控制策略,即DOTS策略,并确定了DOTS策略的5项要素:①政府对国家控制结核规划的政治承诺;②通过痰涂片检查发现传染性肺结核是发现患者的主要手段;③在直接观察督导下,给予患者免费、标准短程化疗方案的治疗;④定期不间断地供应抗结核药品;⑤建立和维持一个结核病规划的监测系统。

2.休息与活动

轻症及恢复期患者,不必限制活动;有高热等明显中毒症状及咯血者应卧床休息。恢复期适当增加户外活动,但要从实际出发,量力而行,适可而止。活动的方式、时间、速度和活动量,要根据自己的体力、病情以及兴趣爱好来确定,一般以身体无不适的感觉为度,切勿过劳。可选择绘画、书法、散步、打太极拳、练气功、做广播操等锻炼方式。轻症患者在坚持化学治疗的同时,可进行正常工作,但应避免过多劳累及重体力活动,保证充足的睡眠。痰涂阴性及经有效抗结核治疗4周以上的患者,没有传染性的,鼓励患者进行正常的家庭和社会生活,以减轻隔离引起的焦虑情绪。

3.对症护理

(1)发热护理

1)应卧床休息,多饮水。

2)监测体温变化,必要时遵医嘱给予物理降温或给予小剂量镇静药。

3)保持室内适宜的温湿度,空气清新,定时开窗通风,但注意勿使患者着凉。

(2)咳嗽、咳痰的护理

1)观察咳嗽的性质、时间、有无痰液产生。

2)指导患者有效的咳嗽、咳痰。

3)遵医嘱给予相应的止咳祛痰药。

4)可用局部蒸汽湿化,痰多时采取体位引流。

(3)咯血护理　见支气管扩张患者的护理。

4.饮食与营养

制订全面的营养计划,指导患者增加营养,进食高热量、高蛋白、高维生素食物。多食用富含动物蛋白的鸡、鱼、瘦肉、蛋、奶及豆制品和新鲜蔬菜、水果,优质的动物蛋白食品占进食蛋白量的50%。丰富的维生素C和维生素B可以促进渗出病灶的吸收,调节神经系统,促进食欲。合理的饮食既能保证肺结核患者康复的需要,又可避免因营养物质的过量摄入,增加肝脏负担。对因抗结核药物不良反应致药物性肝病患者,指导其应避免进食过高热量的食品,如煎、炸食物,巧克力等,以防肝脏脂肪变性,妨碍肝细胞的修复。进食量少的患者则给予静脉补充适量所需营养素。肺结核患者往往食欲低下,应采用患者喜欢的烹调方式及食物品种,提供良好的进食环境等以促进食欲。每周监测体重一次并记录,以评价患者营养状况是否改善。

5.防止传播

肺结核是一个流行较广的慢性传染病,处理必须以预防为主。预防结核病的传播必须抓好三个环节。

(1)控制传染源　结核病的主要传染源是结核患者,尤其是痰结核菌阳性患者,早期接受合理化疗,痰中结核菌在短期内减少,以至消失,几乎100%可获治愈,因此早期发现患者,尤其是菌阳性者,并及时给予合理的化疗是现代防痨工作的中心环节。早期发现患者的方法是对以下人群及时进行X线胸片和菌细菌学检查:①慢性咳嗽,咯血经抗生素治疗无效者;②开放性肺结核患者周围的接触者;③结素试验强阳性儿童的家庭成员;④厂矿工人尤其是矽肺患者;⑤定期对结核病较流行地区的人群进行胸部X线检查,可早期发现一些无症状患者。

(2)切断传染途径　结核菌主要通过呼吸道传染。因此禁止随地吐痰,痰液应吐在纸巾或泡有消毒液的有盖广口瓶内,痰液必须经过灭菌处理,如用5%~12%的甲酚皂溶液浸泡2小时以上再弃去,最好将痰吐在纸上烧掉。不可面对他人打喷嚏或咳嗽,在咳嗽或打喷嚏时用双层纸巾掩住口鼻,然后放入污物袋中焚烧。室内可用紫外线照射消毒每日或隔日1次,每次2小时。最好给患者一间空气流通、阳光充足的房间。如无条件者,患者可单独睡一床,经常注意开窗通风,患者应有一套单独的用物,并定期进行消毒。患者用过的食具应煮沸消毒10~15分钟,被褥在列日下暴晒4~6小时,痰盒便器可用5%~10%来苏浸泡2小时。教会患者在接触痰液或其他污染物后要用流水洗净双手。治疗开始后,每2~4周进行一次痰液检查,以观察疗效及判断患者是否有传染性。

(3)接种卡介苗　卡介苗是一种无致病力的活菌苗,接种于人体后可使未受结核菌感染者获得对结核病的特异性免疫力,保护率约为80%。可维持5~10年,因而隔数年后对结素试验转阴者还需复种。接种对象是未被结核菌感染,结素试验阴性者,年龄越小越好,一般在出生后3个月内注射,主要为新生儿和婴幼儿,中小学生和新进入城市的少数民族地区公民,结素试验阴性者进行接种与复种,接种方法有皮内注射和皮上划痕两种,以皮内注射为佳。卡介苗接种效果肯定,尤其是儿童包括急性粟粒型肺结核和结核性脑膜炎的发病率明显减少,但种卡介苗所产生的免疫力也是相对的,应重视其他预防措施。

6.心理护理

1)新患病的患者,对疾病不够重视,结核病知识十分缺乏,多数对结核病知识了解甚少,不能进行必要的自护和及时的治疗。因此,对新患者要及时进行结核病的健康教育,向患者介绍有关结核病知识,包括结核病的病因、发病机制、体征,使患者尽快了解掌握该病的发生发展过程和治疗方面的知识,增强患者的自我防护意识，使患者能够积极主动地配合医生进行治疗。

2）新入院的患者，有一个共同的心理，希望迅速把病治好。刚刚住院的患者对肺结核往往缺乏正确的认识，都有不同程度的紧张、恐惧。初发患者对肺结核会感到害怕、不知所措，复发患者则因担心不能治愈而悲观，甚至急躁。所以医护人员要主动向他们做入院宣教，介绍医院的环境等，使患者尽快熟悉住院环境，以消除患者紧张不安的心理。另外护士应主动接近患者，灵活运用积极暗示性语言，以不同患者的知识阶层、病情阶段为出发点，发出良性的语言刺激信号，鼓励和安慰患者，疏导患者的不良情绪，增强其战胜疾病的信心。

3）长期反复住院患者的心理特征及其护理：肺结核是一种具有传染性的慢性消耗性疾病，因此，肺结核的患者住院时间相对较长，有的反复住院。住院时间长，使患者忧虑重重，思念亲人，考虑今后的生活和工作等，情绪消积伴有孤独感。此时，护理人员要根据患者的心理特点，主动与患者进行交流和沟通，激发他们对人生的热爱和信心，给患者以科学的解释及必要的精神安慰，启发患者与疾病作斗争的主动性和积极性，帮助患者改变和调节自身心理状态，促进积极配合治疗的最佳心理状态形成，消除不良的情绪，使患者有效地配合治疗，以收到满意的效果。

4）出院患者的心理特征及其护理：患者担心出院后因失去良好的治疗护理条件而致疾病复发，再者担心出院后将结核病传染给孩子及家人而顾虑重重。因此，护理人员必须在出院前1～2日向将要出院的患者做好思想工作，了解并打消其各种思想顾虑，同时向患者作必要的出院指导，进行相关的教育。

7.健康宣教

（1）心理　保持乐观的心态，做好坚持服药的心理准备，增强战胜疾病的信心。

（2）饮食　因肺结核是一种慢性消耗性疾病，丰富的营养对疾病的恢复起很重要的作用。要鼓励患者进高热量、高蛋白质、高维生素饮食，如牛奶、豆浆、蛋类、鱼类、肉类、蔬菜、水果等。吸烟者劝其戒烟，不饮酒。

（3）休息、活动　有低热、乏力、食欲减退、盗汗时应卧床休息，无症状期可进行适宜户外活动，如散步、太极拳等。室内保持清洁安静、空气新鲜、阳光充足，经常开门、开窗通风，勤晒被子、床垫等。

（4）隔离　为防止结核菌传播，要注意个人卫生，不随地吐痰。开放性肺结核患者应入传染病院治疗，痰及分泌物进行焚烧或严格消毒，用具、食具要单独使用并定期消毒，出入公共场所要戴口罩，待痰菌转阴后可在家里接受治疗。

（5）用药　要坚持早期、联用、适量、规律、全程使用药物，不可随意间断或减量、减药。由于抗结核药用药时间较长，应同时服用护肝药，并定期检查肝功能、肾功能等。

（6）随访　定期进行检查，在医生指导下接受痰检、胸部X线检查，以了解疗效和身体恢复情况。

【护理评价】

通过积极的治疗，患者能否达到：①配合治疗和随访；②摄取足够的营养，维持体重；③病灶消退，肺功能正常，无并发症发生；④停止治疗前恢复正常活动；⑤有良好的心理状态；⑥高危人群得到良好保护。

第五节　慢性阻塞性肺疾病

案例引入

患者，男，50岁，慢性咳嗽、咳痰10年，近两年来劳动时出现轻度活动就出现气短，近2日感冒后病情加重，咳浓痰且不易咳出，查体：体温37.1℃，神智清楚，桶状胸，口唇轻度发绀，双肺叩诊过清音，肺动脉区第二心音亢进，分析：

该患者可能是什么病？

列出该患者目前最重要的护理诊断及护理措施是什么？

该患者目前主要的治疗措施是什么？

教学目的

知识目标 掌握慢性阻塞性肺疾病的病因、护理评估及护理措施;掌握腹式、缩唇式呼吸训练的要求;熟悉慢性支气管炎的诊断标准及治疗要点;了解慢性阻塞性肺疾病的病因发病机制、辅助检查、治疗要点。

能力目标 会对慢性阻塞性肺疾病的患者进行护理。

素质目标 尊重老师、同事,营造和谐的工作环境。

【概述】

一、概念

慢性阻塞性肺疾病(chronic obstructive pulmonary disease,COPD)是以气流受限且不完全可逆为特征的疾病,气流受限通常是进行性发展,并伴有肺对有害颗粒或气体的异常炎症反应。患者可有气促、咳嗽、咳痰等症状。多于中年时起病,病情缓慢进展,随着病情的加重,患者的呼吸功能遭到破坏,逐渐发展为肺源性心脏病,甚至发生呼吸功能衰竭,最后还可能累及全身各系统,给个人、家庭和社会都带来许多不良影响。

慢性阻塞性肺疾病(COPD)由于其患患者数多,死亡率高,社会经济负担重,已成为一个重要的公共卫生问题。COPD目前居全球死亡原因的第4位,世界银行/世界卫生组织公布,至2020年COPD将位居世界疾病经济负担的第5位。在我国,COPD同样是严重危害人民身体健康的重要慢性呼吸系统疾病。近期对我国7个地区20245位成年人群进行调查,COPD患病率占40岁以上人群的8.2%,其患病率之高十分惊人。

COPD与慢性支气管炎和肺气肿密切相关(图12-2)。慢性支气管炎是指支气管壁的慢性、非特异性炎症,通常指在除外慢性咳嗽的其他已知原因后,患者每年咳嗽、咳痰3个月以上,并连续2年或更长者。肺气肿则指肺部终末细支气管远端气腔出现异常持久的扩张,并伴有肺泡壁和细支气管的破坏而无明显的肺纤维化。“破坏”是指呼吸性气腔扩大且形态不均匀一致,肺泡及其组成部分的正常形态被破坏或丧失。当慢性支气管炎、肺气肿患者肺功能检查出现气流受限并且不完全可逆时,则诊断为COPD。如患者只有慢性支气管炎和(或)肺气肿,而无气流受限,则不能诊断为COPD,可将具有咳嗽、咳痰症状的慢性支气管炎视为COPD的高危期。

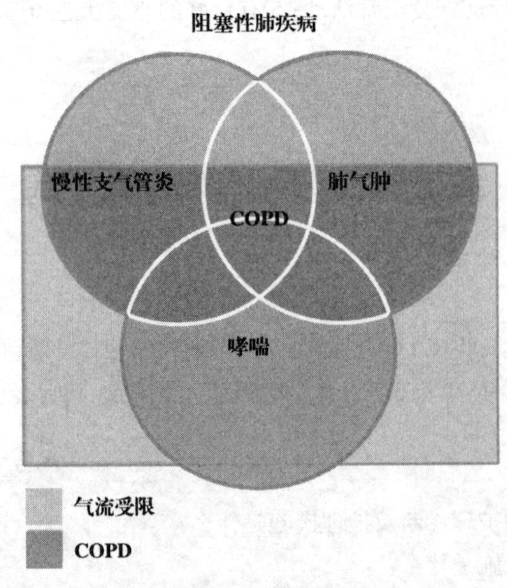

图12-2 COPD

支气管哮喘也具有气流受限,支气管哮喘是一种特殊的气道炎症性疾病,其气流受限具有可逆性,故不属于COPD。某些患者在患病过程中，可能慢性支气管炎合并哮喘或支气管哮喘合并慢性支气管炎，在这种情况下，表现为气流受限不完全可逆，从而使两种疾病难以区分。此外，一些已知病因或者具有特征性病理表现的气流受限疾病，如肺囊性纤维化及闭塞性细支气管炎等均不属于COPD。

二、病因

确切的病因不清楚，引起COPD的危险因素包括遗传因素和环境因素两个方面，二者互相影响。

1.遗传因素

某些遗传因素可增加COPD发病的危险性。已知的遗传因素为α_1-抗胰蛋白酶缺乏。重度α_1-抗胰蛋白酶缺乏与非吸烟者的肺气肿形成有关。支气管哮喘和气道高反应性是COPD的危险因素，气道高反应性可能与机体某些基因和环境因素有关。

2.环境因素

（1）吸烟　吸烟为COPD的重要发病因素，吸烟能使支气管上皮纤毛变短，不规则，纤毛运动障碍，降低局部抵抗力，消弱肺泡吞噬细胞的吞噬、灭菌功能，又能引起支气管痉挛，增加气道阻力。吸烟者肺功能的异常率较高，FEV1的下降率较快，吸烟者死于COPD的人数较非吸烟者为多。被动吸烟也可能会影响胎儿肺脏的生长及在子宫内的发育，并对胎儿的免疫系统有一定影响。

（2）职业性粉尘和化学物质　当职业性粉尘和化学物质（烟雾、过敏原、工业废气及室内空气污染等）的浓度过大或者接触时间过久时，均可导致与吸烟无关的COPD发生。接触某些特殊的物质、刺激性有机粉尘及过敏原可以增加气道的反应性。

（3）空气污染　大气中的有害气体如氯、二氧化氮、二氧化硫等，对支气管黏膜有刺激和细胞毒性作用，使气道清除功能遭受侵害，为细菌入侵创造条件。烹调时产生的大量油烟和生物燃料产生的烟尘与COPD发病有关，生物燃料所产生的室内空气污染可能与吸烟具有协同作用。

（4）感染　感染是COPD发生和加剧的另一个重要因素，肺炎链球菌和流感嗜血杆菌可能是COPD急性发作的主要病原菌。病毒对COPD的发生和发展起重要作用。

（5）其他　机体抵抗力降低，呼吸系统防御功能受损则是发病的内在因素，营养、气温突变等也可能参与了COPD的发病。

三、发病机制

COPD的发病机制尚未完全明了。目前普遍认为COPD以气道、肺实质和肺血管的慢性炎症为特征，在肺的不同部位有肺泡巨噬细胞、T淋巴细胞（尤其是CD+8）和中性粒细胞增加，部分患者有嗜酸性粒细胞增多。激活的炎症细胞释放多种介质，包括白三烯B4（LTB4）、白细胞介素8（1L-8）、肿瘤坏死因子α（TNF-α）和其他介质。这些介质能破坏肺的结构和（或）促进中性粒细胞炎症反应。除炎症外，肺部的蛋白酶和抗蛋白酶失衡、氧化与抗氧化失衡以及自主神经系统功能紊乱（如胆碱能神经受体分布异常）等也在COPD发病中起重要作用。吸入有害颗粒或气体可导致肺部炎症；吸烟能诱导炎症并直接损害肺脏；COPD的各种危险因素都可产生类似的炎症过程，从而导致COPD的发生。

四、病理改变

COPD特征性的病理学改变存在于中央气道、外周气道、肺实质和肺的血管系统。在中央气道（气管、支气管以及内径>2～4mm的细支气管）内，炎症细胞浸润表层上皮，黏液分泌腺增大和杯状细胞增多使黏液分泌增加。在外周气道（内径<2mm的小支气管和细支气管）内，慢性炎症导致气道壁损伤和修复过程反复循环发生。修复过程导致气道壁结构重塑，胶原含量增加及瘢痕组织形成，这些病理改变造成气腔狭窄，引起固定性气道阻塞。

COPD患者典型的肺实质破坏表现为小叶中央型肺气肿，涉及呼吸性细支气管的扩张和破坏。病情较轻时这些破坏常发生于肺的上部区域，但随着病情发展，可弥漫分布于全肺，并有肺毛细血管床的破坏。由于遗传因素或炎症细胞和介质的作用，肺内源性蛋白酶和抗蛋白酶失衡，为肺气肿性肺破坏的主要机制，氧化作用和其他炎症后果也起作用。COPD肺血管的改变以血管壁的增厚为特征，这种增厚始于疾病的早期。内膜增厚是最早的结构改变，接着出现平滑肌增加和血管壁炎症细胞浸润。COPD加重时平滑肌、蛋白多糖和胶原的增多进一步使血管壁增厚。COPD晚期继发肺心病时，部分患者可见多发性肺细小动脉原位血栓形成。按照累及肺小叶的部位,可以将阻塞性肺气肿分为三类:小叶中央型、全小叶型和混合型(图 12-3)。

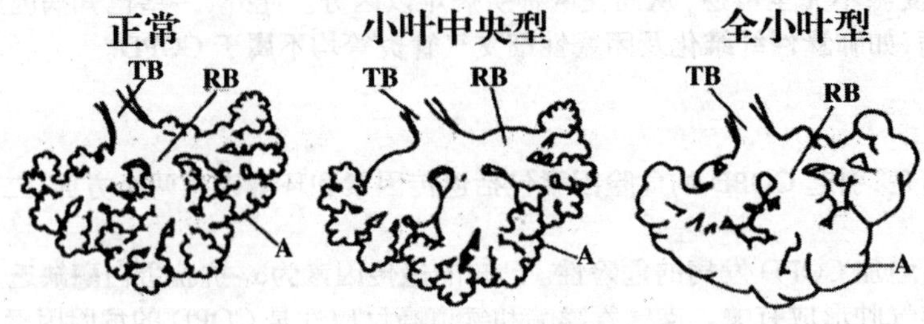

图 12-3　阻塞性肺气肿分类

五、病理生理

在 COPD 肺部病理学改变的基础上出现相应 COPD 特征性病理生理学改变,包括黏液高分泌、纤毛功能失调、气流受限、肺过度充气、气体交换异常、肺动脉高压和肺心病以及全身的不良效应。黏液高分泌和纤毛功能失调导致慢性咳嗽及多痰,这些症状可出现在其他症状和病理生理异常发生之前。小气道炎症、纤维化及管腔的渗出与 FEV_1、FEV_1/FVC 下降有关。肺泡附着的破坏、使小气道维持开放的能力受损亦有作用,但这在气流受限中所起的作用较小。

随着 COPD 的进展,外周气道阻塞、肺实质破坏及肺血管的异常等减少了肺气体交换能力,产生低氧血症,以后可出现高碳酸血症。长期慢性缺氧可导致肺血管广泛收缩和肺动脉高压,常伴有血管内膜增生,某些血管发生纤维化和闭塞,造成肺循环的结构重组。COPD 晚期出现的肺动脉高压是其重要的心血管并发症,并进而产生慢性肺原性心脏病及右心衰竭,提示预后不良。

【护理评估】

1.健康史

(1)年龄　以中老年人多见,且随年龄增长而增加,50 岁以上者发病率可高达 15%。

(2)吸烟　吸烟者慢性支气管炎的患病率比不吸烟者高 2 ~ 8 倍。吸烟时间愈长、吸烟量愈多,患病率愈高。

(3)季节与气候　慢性支气管炎发病与急性加重常见于冬季寒冷季节,尤其是气候变化剧烈时。

2.身体状况

(1)症状

1)慢性咳嗽:通常为首发症状。初起咳嗽呈间歇性,早晨较重,以后早晚或整日均有咳嗽,但夜间咳嗽并不显著。少数病例不伴咳痰,也有少数病例虽有明显气流受限但无咳嗽症状。

2)咳痰:咳嗽后通常咳少量黏液性痰,部分患者在清晨较多,一般为白色黏液或浆液性泡沫性痰,偶可带血丝;合并感染时痰量增多,常有脓性痰。

3)气促或呼吸困难:是COPD的标志性症状,是使患者焦虑不安的主要原因,早期仅于劳力时出现,后逐渐加重,以至日常活动甚至休息时也感气短。

4)喘息和胸闷:不是 COPD 的特异性症状。部分患者特别是重度患者有喘息;胸部紧闷感通常于劳力后发生,与呼吸费力、肋间肌收缩有关。

5)其他症状:在疾病的临床过程中,特别在较重患者,可能会发生全身性症状,如体重下降、食欲减退、外周肌肉萎缩和功能障碍、精神抑郁和(或)焦虑等。合并感染时可咳血痰或咯血。

(2)体征　COPD 早期体征可不明显。随疾病进展,常有以下体征:

1)视诊及触诊:胸廓形态异常,包括胸部过度膨胀、前后径增大、剑突下胸骨下角(腹上角)增宽呈桶状胸;常见呼吸浅,频率增快,辅助呼吸肌如斜方肌及胸锁乳突肌参加呼吸运动,重症可见胸腹矛盾运动;患者不时采用缩唇呼吸以增加呼出气量;呼吸困难加重时常采取前倾坐位;低氧血症者可出现黏膜及皮肤紫绀;触觉语颤减弱。

2)叩诊:由于肺过度充气使心浊音界缩小,肺肝界降低,肺叩诊可呈过清音。

3)听诊:两肺呼吸音可减低,呼气相延长,平静呼吸时可闻干性啰音,两肺底或其他肺野可闻湿啰音,心音遥远，剑突部心音较清晰响亮。

3.实验室检查及辅助检查

（1）肺功能检查　肺功能检查是判断气流受限的客观指标，其重复性好，对COPD的诊断、严重程度评价、疾病进展、预后及治疗反应等均有重要意义。第一秒用力呼气容积占用力肺活量的百分比（FEV_1/FVC）是评价气流受限的一项敏感指标。第一秒用力呼气容积占预计值的百分比（FEV_1%预计值），是评估COPD严重程度的良好指标，其变异性小，易于操作。吸入支气管舒张药后$FEV_1/FVC<70\%$及$FEV_1<80\%$预计值者，可确定为不能完全可逆的气流受限。同时该项检查还可以评价COPD的严重程度，慢阻肺是进行性加重的疾病，患者应定期监测肺功能，监测疾病的进展，及时调整用药及其他治疗方案，以长期维持最佳的肺功能和改善生命质量。肺总量（TLC）、功能残气量（FRC）和残气量（RV）增高，肺活量（VC）减低，表明肺过度充气，有参考价值。由于TLC增加不及RV增高程度大，故RV/TLC增高。从一氧化碳弥散量（DLCO）及DLCO与肺泡通气量（V_A）比值（$DLCO/V_A$）下降，该项指标供诊断参考。

（2）胸部X线检查　主要X线征为肺过度充气：肺容积增大，胸腔前后径增长，肋骨走向变平，肺野透明度增高，横膈位置低平，心脏悬垂狭长，肺门血管纹理呈残根状，肺野外周血管纹理纤细稀少等，有时可见肺大泡形成。

（3）胸部CT检查　CT检查不应作为COPD的常规检查，高分辨CT对有疑问病例的鉴别诊断有一定意义。

（4）血气检查　当FEV1<40%预计值时或具有呼吸衰竭或右心衰竭的COPD患者均应做血气检查。呼吸衰竭的血气诊断标准为静息状态下海平面吸空气时动脉血氧分压（PaO_2）<60mmHg，伴或不伴动脉血二氧化碳分压（$PaCO_2$）增高>50mmHg。

（5）其他实验室检查　并发感染时痰涂片可见大量中性粒细胞，痰培养可检出各种病原菌，常见者为肺炎链球菌、流感嗜血杆菌、卡他莫拉菌、肺炎克雷伯杆菌等。

4.分期及严重程度分级

（1）分期　COPD急性加重次数可作为COPD严重程度的一项监测指标。COPD病程可分为急性加重期与稳定期，急性加重期是指患者出现超越日常状况的持续恶化，并需改变基础COPD的常规用药者。通常在疾病过程中，患者短期内咳嗽、咳痰、气短和（或）喘息加重，痰量增多，呈脓性或黏脓性，可伴发热等炎症明显加重的表现。稳定期则指患者咳嗽、咳痰、气短等症状稳定或症状轻微。

（2）严重程度分级　COPD严重程度评估需根据患者的症状、肺功能异常、是否存在合并症（呼吸衰竭、心力衰竭）等确定，其中反映气流受限程度的FEV_1下降有重要参考意义。根据肺功能有COPD严重性分为4级（表12-1）。

表12-1　慢性阻塞性肺疾病临床严重程度的肺功能分级

（吸入支气管舒张剂后）

级　别	特　征
Ⅰ级（轻度）	FEV_1 / $FVC<70\%$，FEV_1占预计值百分比≥80％
Ⅱ级（中度）	FEV_1 / $FVC<70\%$，50％≤FEV_1占预计值百分比<80％
Ⅲ级（重度）	FEV_1 / $FVC<70\%$，30％≤FEV_1占预计值百分比<50％
Ⅳ级（极重度）	FEV_1 / $FVC<70\%$，FEV_1占预计值百分比<30％或FEV_1占预计值百分比<50％，或伴有慢性呼吸衰竭

1）Ⅰ级（轻度COPD）：其特征为轻度气流受限（$FEV_1/FVC<70\%$，但$FEV_1≥80\%$预计值），通常可伴有或不伴有咳嗽、咳痰。此时患者本人可能还没认识到自己的肺功能是异常的。

2）Ⅱ级（中度COPD）：其特征为气流受限进一步恶化（$50\%≤FEV_1<80\%$预计值），并有症状进展和气短，运动后气短更为明显。此时，由于呼吸困难或疾病的加重，患者常去医院就诊。

3）Ⅲ级（重度COPD）：其特征为气流受限进一步恶化（$30\%≤FEV_1<50\%$预计值），气短加剧，并且反复出

现急性加重,影响患者的生活质量。

4)Ⅳ级(极重度COPD):为严重的气流受限(FEV_1<30%预计值)或者合并有慢性呼吸衰竭。此时,患者的生活质量明显下降,如果出现急性加重则可能有生命危险。

虽然FEV占预计什1%对反映COPD严重程度、健康状况及病死率有用,但FEV_1并不能完全反映COPD复杂的严重情况,除FEV_1以外,已证明体重指数(BMI)和呼吸困难分级在预测COPD生存率等方面有意义。

5.心理-社会状况

由于慢性阻塞性肺气肿病情多易反复,患者容易产生失望、焦虑、愤怒、悲观等不良情绪。

6.处理原则

治疗目标:防治病因、缓解症状、减慢肺功能衰退、减少急性发作和就诊、改善生活质量。突出稳定期的药物治疗,尤其是舒张剂的应用。

(1)稳定期的治疗　以提高机体抗病能力为主。

1)预防性用药:支气管舒张药,包括短期按需使用和长期规则使用。

2)长期家庭氧疗:可提高生活质量和生存率。

3)免疫治疗。

4)慢性阻塞性肺疾病的腹式呼吸锻炼。

5)戒烟,避免发病的高危因素。

(2)急性加重期的治疗

1)确定急性加重期的病因及病情严重程度。

2)根据病情严重程度决定门诊或住院治疗。

3)支气管舒张剂。

4)氧疗:低流量吸氧。

5)抗生素:治疗的关键。

6)并发症的处理。

【护理诊断与合作性问题】

1.气体交换受损

与气道阻塞、通气不足、呼吸肌疲劳、分泌物过多和肺泡呼吸面积减少有关。

2.清理呼吸道无效或低效

与无效咳嗽、痰液黏稠有关。

3.活动无耐力

与呼吸困难缺氧疲劳有关。

4.体温过高

与慢性支气管炎并发感染有关。

5.焦虑

与呼吸困难,病情严重有关。

6.潜在并发症

气胸、慢性呼吸衰竭、肺源性心脏病。

【护理措施】

1.一般护理

(1)环境　保持室内空气新鲜和适宜的温度、湿度。交代患者冬天要注意保暖,避免直接吸入冷空气。平时避免到人多和空气污浊的地方。注意防治感冒等呼吸道感染,避免各种可使病情加重的因素,如吸烟、其他刺激性气体或烟雾的吸入。

(2)体位　协助患者取舒适的体位,如抬高床头或半坐卧位,晚期取身体前倾位使辅助呼吸肌共同参与呼吸。

(3)运动　积极进行适当有氧运动,以不引起过度疲劳为宜。运动宜选在空气清新、安静的环境下进行慢跑、气功、体操等有氧运动,避免在潮湿、大风、严寒气候时在室外活动。病情较重者进行床边活动,注意做好防护工作。绝对卧床者定时翻身、拍背,进行床上肢体功能锻炼,以防深静脉血栓形成。

(4)病情观察　按医嘱给予抗感染、平喘等药物,并注意观察药物疗效和不良反应。注意观察咳嗽、咳痰、呼吸困难进行性加重等病情变化，并报告医生以便及时处理。注意观察有无发生肺性脑病等并发症，并及时报告医生处理。

(5)教会患者自我监测病情方法　若出现胸闷、气促、咳嗽、咳痰等症状应及时就诊。

2.保持气道通畅

指导患者进行有效咳嗽、咳痰。对无力排痰者辅以胸部叩击与胸壁震荡，使黏稠痰液脱离支气管壁，以协助痰液排出，但若患者有未经引流的气胸、肋骨骨折、有病理性骨折史、咯血及低血压、肺水肿等患者禁胸部叩击与胸壁震荡。若痰液黏稠时多饮水，定时雾化吸入，必要时吸痰。

3.促进有效气体交换

COPD患者长期存在CO_2潴留，其呼吸主要通过CO_2刺激呼吸中枢进行呼吸，故吸氧时应为持续低流量、低浓度吸氧(氧流量1 ~ 2L/min，氧浓度25 ~ 29%)，每日10 ~ 15小时，维持PaO_2在60mmHg以上。禁止高流量吸氧，以免解除缺氧后失去CO_2对呼吸中枢的刺激而出现呼吸抑制。患者出院后有条件者可进行家庭氧疗，交代患者吸氧的注意事项、用氧安全等相关知识。

4.营养支持

在饮食上COPD患者应摄入充足的热能、蛋白质及富含维生素的食物，以增强免疫力和减少感染的机会，具体要求做到以下几点:

1)蛋白质每日摄入量为1.2～1.5g/kg，以优质蛋白为主。由于奶制品易使痰液变稠而不利于排痰，会加重感染，应避免，但奶制品是钙的主要来源，应每日补钙。

2)每日进食维生素C100mg、维生素A5000国际单位，以增强支气管黏膜上皮的防御能力，维持正常的支气管黏液分泌和纤毛活动，改善呼吸道感染症状，促进支气管黏膜修复。

3)避免食用过冷、过热、生硬食物，因其可刺激气管引起阵发性咳嗽。

4)茶碱类药物易引起胃肠道，应注意避免饮用咖啡、茶和可口可乐等饮料。

5.心理护理

COPD患者由于长期受疾病折磨，病情反复发作，迁延不愈，进行性加重，常常对治疗失去信心，表现为失望、抑郁或焦虑、烦躁。心理社会支持能减轻患者的焦虑和抑郁，改善患者的应对策略、自主性及社会参与。COPD患者的经济支持、精神支持主要来源于家庭，占前2位的依次为配偶及家人，动员和加强社会支持应着眼于预防和干预两个方面：预防是教育人们积蓄和争取必须的社会支持资源来维持健康并能顺利度过各种影响生命质量的生活应激事件，培训医护人员能发现高危人员，估计社会成员的社会网络的特点和缺陷，通过早期指导帮助他们，使之获得能够应付环境变化的、必需的社会支持；干预包括直接动员和组织患者日常支持系统(家庭、朋友、同事等)，吸收患者和病友带着共同的问题参加共同的组织，以提高社会支持的水平。

6.并发症护理

肺心病、气胸、慢性呼吸衰竭的护理，具体见各相关疾病。

7.健康宣教

(1)纠正不良的生活习惯　如:吸烟、大量饮酒等。吸烟(包括主动吸烟和被动吸烟)是引起COPD的主要危险因素，吸烟时间愈长，量愈多，患病率也愈高。戒烟是减少COPD发生并阻碍其发展的最有效、最经济的独立干预措施。综合的控烟政策和计划包括:公众教育、大众媒体宣传、防止年轻人接近烟草、创造无烟环境以及提供戒烟技巧。

(2)呼吸功能的锻炼　腹式呼吸训练和缩唇呼吸训练。

1)腹式呼吸训练:指导患者取立位(体弱者可取半卧位或坐位)，左右手分别放在腹部和胸前，全身肌肉放松，静息呼吸。吸气时用鼻吸入，尽力挺腹，胸部不动；呼气时用口呼出，同时收缩腹部，胸廓保持最小活动幅度，缓呼深吸，以增进肺泡通气量。呼吸频率7 ~ 8次/min。反复训练，10 ~ 20分钟/次，熟练后逐步增加次数和时间，使之成为不自觉的呼吸习惯。

2)缩唇呼吸训练:取坐位或卧位，用鼻吸气，用口呼气，呼气时口唇缩拢似吹口哨状，持续慢慢呼气，同时收缩腹部。呼与吸比为2：1或3：1，每分钟7 ~ 8次，每次10 ~ 20分钟。

(3)加强防寒耐寒的锻炼　可在每年5 ~ 9月的缓解期进行，先用冷水擦头面部，逐渐扩展至四肢。每次洗脸之前，先用冷水刺激两侧鼻翼，然后洗面部。冷水磨擦可增强皮肤对寒冷的适应力，提高机体的耐寒能力，减少冬季发病次数。

(4)适当进行体育锻炼　指导患者在缓解期根据心肺功能决定运动量进行锻炼。首先要求患者做床上运动，然后逐渐在床边活动，以后锻炼的形式应结合日常生活活动，如:行走、慢跑、上楼梯、家务劳动等。

(5)自我监测与并发症防止　慢性阻塞性肺疾病如果控制不当,可引起肺心病、心衰、呼衰等并发症。因此,要教会所有患者都学会自我监测病情,如出现流涕、咳嗽、咳痰、气促等上呼吸道感染症状,应及时就医用药,防止感染向下蔓延,减少急性发作。

第六节　慢性肺源性心脏病

案例引入

患者,男性,70岁。15年来反复发作咳嗽,咯白色泡沫样痰,时而咯黄痰,并出现气短,尤以过劳、受凉后症状明显。近1周来出现少尿伴双下肢水肿入院。

体格检查:T38.2℃,P118次/min,R26次/min,BP120/75mmHg。神志清楚,端坐位,呼吸急促,口唇紫绀,颈静脉怒张,桶状胸,肺部叩诊过清音,双肺下野可闻及干湿性啰音。剑突下可见心脏搏动,心浊音界不易叩出,心音遥远,肺动脉瓣区第二心音亢进,心率118次/min,律齐。腹软,肝脏于右锁骨中线肋缘下4.0cm,剑突下5.0cm,双下肢凹陷性水肿。思考:

1.应做哪些检查以进一步明确诊断?

2.入院后检查示:心电图:窦性心律,肺型P波,电轴右偏,重度顺钟向转位;胸片:两肺纹理增粗、紊乱,右下肺动脉干扩张,其横径≥15mm;肺动脉段明显突出,其高度≥7mm;右心室增大征。思考:该患者诊断及诊断依据是什么?

学习目标

知识目标　掌握慢性肺源性心脏病患者的护理评估、治疗要点;熟悉慢性肺源性心脏病的健康教育;了解慢性肺源性心脏病的病因及发病机理。

能力目标　会对慢性肺源性心脏病患者进行护理。

素质目标　尊重老师、同事,营造和谐的工作环境。

【概述】

一、概念

慢性肺源性心脏病(Chronic pulmonary heart disease)简称慢性肺心病(Chronic cor pulmonale),是由肺组织肺血管或胸廓的慢性病变引起肺组织结构和功能异常,产生肺血管阻力增加,肺动脉压力增高使右心扩张、肥大,伴或不伴右心衰竭的心脏病。据流行病学调查,在我国肺心病的发病率较高,人群中的平均患病率为0.48%,尤以东北和华北地区较多,在各种器质性心脏病中,肺心病所占的百分比分别为18%~37%和12%~34%。

二、病因

1.支气管肺疾病

以慢性支气管炎并发阻塞性肺气肿引起的慢性阻塞性肺疾病(COPD)最为常见占80%~90%,由此可见COPD是老年肺心病最主要的病因,其次为支气管哮喘、重症肺结核、尘肺、慢性弥漫性肺间质纤维化(包括特发性肺间质纤维化和继发性肺间质纤维化)、肺部放射治疗、结节病、过敏性肺泡炎、嗜酸性肉芽肿、隐源性弥漫性间质性肺炎、铍中毒、进行性系统性硬化症、播散性红斑狼疮、皮肌炎、肺泡硬石症等。

2.胸廓运动障碍性疾病

严重的脊椎后、侧凸、脊椎结核、类风湿性关节炎、胸膜广泛粘连及胸廓形成术后造成的严重胸廓或脊椎畸形，以及神经肌肉疾患如脊髓灰质炎。

3.肺血管疾病

累及肺动脉的过敏性肉芽肿病，广泛或反复发生的多发性肺小动脉栓塞及肺小动脉炎，以及原因不明的原发性肺动脉高压症。

4.其他

肺部感染不仅加重了低氧和二氧化碳潴留，使肺小动脉痉挛，肺循环阻力进一步增加、肺动脉压更加增高，加重右心室负荷甚至失代偿。反复肺部感染、低氧血症和毒血症可能造成心肌损害和心律失常，甚至发生心力衰竭；原发性肺泡通气不足、睡眠呼吸暂停综合征等亦可导致肺源性心脏病；其他尚可见于肺切除术后和高原性缺氧等。这些疾病均可产生低氧血症，使肺血管收缩反应性增高，导致肺动脉高压，发展成肺心病。

三、发病机制

慢性肺胸疾患的肺毛细血管床破坏使血管床面积减少，气流阻塞引起的缺氧和呼吸性酸中毒可致肺小动脉痉挛，慢性缺氧所致的继发性红细胞增多和血黏稠度增加等因素，均可导致肺循环阻力增加、肺动脉高压、右心负荷增加，发生右心室肥厚扩大，发展为肺心病。

1.肺动脉高压

肺动脉高压（pulmonary hypertension，PAH）是慢性肺心病的一个重要的病理生理阶段。肺动脉高压早期，如果能及时去除病因，或适当地进行对症治疗，有可能逆转病变或阻断病变的进一步发展；肺动脉高压晚期病变处于不可逆阶段，治疗困难。

（1）肺血管器质性改变　反复发生支气管周围炎、间质炎症，由此波及邻近的肺小动脉分支，造成动脉壁增厚、狭窄或纤维化，使肺毛细血管床面积大大减少，肺循环阻力增大。长期肺循环阻力增加，可使小动脉中层增生肥厚，加重肺循环阻力，造成恶性循环。在影响肺动脉高压的因素中，肺血管床面积的减少虽有一定作用，但如程度较轻，范围较小，则肺动脉压力的升高不明显。只有当肺毛细血管床面积减少超过 70%时，肺动脉压力才明显升高。严重 COPD 出现明显肺气肿时，肺泡过度充气，使多数肺泡的间隔破裂融合形成肺大疱，也导致肺泡壁毛细血管床减少。肺气肿的肺泡内残气增加，肺泡内压也增高，压迫肺泡间壁的毛细血管使之狭窄。另外，阻塞性肺气肿，患者的呼气相明显延长，可达吸气相的 5 倍。呼气时肺泡内的压力更明显升高，压迫肺间壁血管和心脏，使肺动脉的不能顺利地灌流，也可影响肺动脉压。此外，肺血管性疾病，诸如原发性肺动脉高压、反复发作的肺血管栓塞、肺间质纤维化、尘肺等，均可引起肺血管狭窄、闭塞、导致肺血管阻力增加，发展为肺动脉高压。

（2）肺血管功能性改变　缺氧性肺血管收缩，这是目前研究最为广泛而深入的机制，主要可概括为以下几个方面。

1）体液因素：肺部炎症可激活炎症细胞包括肥大细胞、嗜酸性粒细胞、嗜碱性粒细胞和巨噬细胞，释放一系列炎症介质，如组胺 5-羟胺（5-HT）、血管紧张素 11（AT-II）、以及花生四烯酸（AA）代谢产物，包括白三烯、血栓素（TXA_2）、前列腺素 F_2（PGF_2）/前列环素（PGl_2）及前列腺素 E_1（PGE_1）等。除 PGl_2 和 PGE_1 引起肺血管舒张外，上述其余介质均引起肺血管收缩。然而，肺血管对低氧的收缩反应在很大程度上取决于局部缩血管介质和扩血管介质的比例，如缩血管介质增多，比例增大，则可导致肺血管收缩。

2）组织因素：缺氧可直接使肺血管平滑肌膜对 Ca^{2+}的通透性增高，使 Ca^{2+}内流增加，肌肉兴奋-收缩偶联效应增强，引起肺血管收缩。肺泡气 CO_2 分压（$PACO_2$）上升可引起局部肺血管收缩和支气管舒张，以利于调整通气、血流比例，并保证肺静脉血的氧合作用。缺氧后存在肺血管肾上腺素能受体失衡，使肺血管的收缩占优势。

3）神经因素：缺氧和高碳酸血症可刺激颈动脉窦和主动脉体化学感受器，反射性地通过交感神经兴奋，儿茶酚胺分泌增加，使肺动脉收缩。

（3）肺血管重建：缺氧性肺动脉高压的肺血管改变主要表现在＜ 60μm 的无肌层肺小动脉，出现明显的肌层，＞ 60μm 的肺小动脉中层增厚，内膜纤维增生，内膜下出现纵行肌束，以及弹力纤维和胶原纤维性基质增多，使血管变硬，阻力增加，这些肺血管的结构改变称为血管重建（Remodeling）。其机制可能系在缺氧等刺激因子作用下，肺脏内外产生多种生长因子，由此而产生的一系列变化。

（4）血容增多和血液黏稠度增加　COPD 严重者可出现长期慢性缺氧，促红细胞生长素分泌增加，导致继发性红细胞生成增多，使肺血管阻力增高。COPD患者还存在肺毛细血管床面积减少和肺血管顺应性下降等因素,血管容积的代偿性扩大明显受限,因而肺血流量增加时,可引起肺动脉高压

2.右心功能的改变

慢性肺疾患影响右心功能的因素主要为肺动脉高压引起右心后负荷增加。右室后负荷增加后，常因心室壁张力增加,心肌耗氧量增加;冠状动脉阻力增加,血流减少;以及肺血管输入阻抗增加,顺应性下降而损害右心功能。此外,低氧血症对心肌尚有直接损害。右室在慢性压力负荷过重的情况下,右室壁发生肥厚,以克服增加的后负荷,从而维持正常的泵功能。

当呼吸道发生感染,缺氧加重或其他原因使肺动脉压进一步增高而超过右心室所能负担时,右心室排出血量就不完全,收缩末期存留的残余血液过多,使右室舒张末期压增高,右心室扩张加重,最后导致心力衰竭。

【护理评估】

1.健康史

(1)基础疾病　本病多由慢性呼吸道疾病的基础上发展而来,患者均有10 ~ 20年以上的慢性呼吸道病史。常因急性呼吸道感染、吸烟、寒冷刺激而加重,尤其是反复发生的急性呼吸道感染。

(2)发病年龄与季节　患病年龄多在40岁以上,发病率随着年龄的增长而增高。急性发作以冬、春季多见。

2.身体状况

肺心病从基础病到肺心病形成,乃至出现右心衰一般需十几年,甚至更长。由于病程漫长,基础病变不同,病情轻重不一,又往往伴有多种疾病,使其症状不典型,常被掩盖或与其他疾病混淆,易造成误诊或漏诊。本病发展缓慢,临床上除原有肺、胸疾病的各种症状和体征外,主要是逐步出现肺、心功能衰竭以及其他器官损害的征象。按其功能的代偿期与失代偿期进行分述。

(1)肺心功能代偿期(包括缓解期)　本阶段仅有肺动脉高压和右心室肥厚,而无右心衰竭,临床表现主要是基础病的一些症状和体征。最常见的症状有咳嗽、咳痰、胸闷、气短、喘息、心悸。由于老年人肺退行性变,肺功能减退,上述症状更显著,更容易合并下呼吸道感染。合并感染时多不明显,主要表现为咳嗽加剧,痰增加,痰变脓性,胸闷,气短,喘息,心悸加重。体征有:肺气肿征,听诊多有呼吸音减弱,偶有干湿性或哮鸣音;心浊音界缩小或消失(常因肺气肿不易叩出);心音遥远,肺动脉瓣区可有第2心音亢进,提示有肺动脉高压;三尖瓣区出现收缩期杂音或剑突下示心脏搏动,多提示肺动脉高压;颈静脉充盈,因肺气肿使胸腔内压升高,阻碍腔静脉回流;因膈肌下降,肝上界及下缘明显下移,应与右心衰竭的肝淤血相区别。

(2)肺心功能失代偿期(包括急性加重期)　本期临床表现以呼吸衰竭为主。

1)呼吸衰竭:急性呼吸道感染为常见诱因,支气管黏膜纤毛萎缩、脱落,纤毛运动减弱,合成分泌性免疫球蛋白(SIgA)减少,小气道变窄、塌陷,黏液分泌增多并潴留,加上基础病变的缘故,肺心病患者易发生呼吸道感染;老年人易患反流性食道炎,或因患脑血管疾病误吸或呛食发生吸入性感染;老年肺心病患者常伴发多种疾病如肺结核和糖尿病,免疫功能降低易继发感染。呼吸道感染后易发生呼吸衰竭,老年人肺泡数量减少,下降,胸廓弹性降低,膈肌萎缩变薄易疲劳,再加上基础疾病,老年肺心病患者呼吸衰竭发生率增加。不恰当地使用镇静药、镇咳药及氧疗将可能诱发呼吸衰竭。老年肺心病失代偿期以呼吸衰竭最多见,呼吸衰竭多为Ⅱ型。基础疾病系间质纤维化者则多为Ⅰ型。临床表现除基础疾病的症状和体征加重及感染征象外,主要是低氧和(或)高碳酸血症的全身反应。可有肺性脑病,表现为兴奋不安、烦躁、失眠、头疼、淡漠、意识模糊、嗜睡、谵妄、抽搐、扑翼样震颤、昏迷等。

2)心力衰竭:以右心衰竭为主,也可出现心律失常。此时表现为气急、心慌、尿少、腹胀、发绀、颈静脉怒张、肺动脉瓣区第2心音亢进分裂、三尖瓣区可闻及收缩期吹风样杂音、肝大、肝颈静脉反流征阳性、下肢凹陷性水肿等。

(3)并发症

1)肺部感染:是慢性肺心病患者的常见并发症之一,四季均可发生,以冬、春季节最多。是慢性肺心病急性加重和致死的常见原因之一。其中链球菌、流感杆菌感染是慢性肺心病急性发作的主要病原体。

2)肺性脑病:是呼吸衰竭发展到严重阶段,发生严重二氧化碳潴留和缺氧所引起的以中枢神经系统功能障碍为主要表现的一种临床综合征。包括高碳酸血症和低氧血症及过度通气所致的脑部症状等。在慢性肺心病呼吸衰竭患者中肺性脑病发生率为20%,病死率高达46%。

3)心律失常:慢性肺心病患者合并心律失常较常见,其发生率为17.2% ~ 36.8%。可有房性期前收缩、室

性期前收缩、窦性心动过速、心房颤动、房室传导阻滞等。

4)休克:肺心病发生休克者不多,但一旦发生预后凶险,预后不良。

5)弥散性血管内凝血(DIC):常在酸中毒、低氧血症及并发细菌性感染时细菌毒素的作用,引起毛细血管内皮受损和组织损伤。

6)上消化道出血:略。

7)多器官功能障碍综合征:在肺心病的急性发作期,由于肺部感染等因素,导致呼吸功能不全或心功能不全,可同时或相继发生脑、肾、肝、胃肠等多器官功能不全,易产生多器官功能衰竭。在肺心病患者中多器官功能衰竭的发病率为30%～50%,此时病情多危重,变化快,其病死率约达50%以上,是慢性肺心病的主要死亡原因。

3.实验室检查及辅助检查

(1)血液检查　红细胞计数和血红蛋白常增高,红细胞压积正常或偏高,全血黏度、血浆黏度和血小板聚集率常增高,红细胞电泳时间延长,血沉一般偏快;动脉血氧饱和度常低于正常,二氧化碳分压高于正常,呼吸衰竭时更为显著。合并呼吸道感染时,可有白细胞计数增高。在呼吸衰竭不同阶段可出现高钾、低钠、低钾或低氯、低钙、低镁等变化。

(2)痰细菌培养　以甲型链球菌、流感杆菌、肺炎球菌、葡萄球菌、奈瑟球菌,草绿色链球菌等多见,近年来革兰阴性杆菌增多,如绿脓杆菌、大肠杆菌等。

(3)X线检查

1)肺部变化:随病因而异,肺气肿最常见。

2)肺动脉高压表现:肺动脉总干弧突出,肺门部肺动脉扩大延长及肺动脉第一分支。一般认为右肺动脉第一下分支横径≥15mm,或右下肺动脉横径与气管横径比值≥0.17,或动态观察较原右肺下动脉干增宽2mm以上,可认为有该支扩张。肺动脉高压显著时,中心肺动脉扩张,搏动增强而外周动脉骤然变细,呈截断或鼠尾状。

3)心脏变化:心脏呈垂直位,故早期心脏都不见增大。右心室流出道增大时,表现为肺动脉圆锥部显著凸出。此后右心室流入道也肥厚增大,心尖上翘。有时还可见右心房扩大。心力衰竭时可有全心扩大,但在心力衰竭控制后,心脏可恢复到原来大小。左心一般不大,偶见左心室增大。

(4)心电图检查　右心室肥大是肺心病心电图的特征性改变。

(5)超声心动图检查　肺心病的早期病理改变是肺动脉扩张,右室流出道增大,临床症状不明显,心电图也不易显示,超声心动图能直接探测右室流出道和右心室内径及右肺动脉内径,可诊断慢性肺心病。

4.心理-社会状况

患者长期受呼吸道疾病的煎熬,逐渐丧失工作能力和生活自理能力,身心备受折磨。当肺、心功能进一步减退后,久治无效,患者心情沉重,情绪低落,对治疗缺乏信心,甚至产生绝望、厌世心理。

5.治疗原则

本病的治疗原则是积极控制感染,改善呼吸功能,纠正缺氧和二氧化碳潴留,预防和纠正心力衰竭,防止并发症。

(1)急性加重期的治疗

1)控制感染:略。

2)维持呼吸道通畅:纠正缺氧和二氧化碳潴留,解除支气管痉挛,排痰和合理用氧,改善通气功能。

3)控制心力衰竭:肺心病患者的心衰多在控制感染和改善呼吸功能后可缓解,如未能缓解者,应采取以下措施。①强心剂:选用作用快、排泄快的药物,如毒毛花苷K、毛花苷丙等,剂量宜小,一般为常规量的1/2或2/3;②利尿剂:宜选择作用轻、剂量小、短疗程,间歇和交替用药;③血管活性药物:扩张血管剂,可降低肺动脉压,减低心脏前、后负荷,使心肌耗氧量降低,可用于顽固性心衰患者,但此类药物同时又有可使体循环血压降低,反射性引起心率增快,血氧分压降低,二氧化碳分压升高等不良反应,应慎用;④控制心律失常:一般情况下,经抗感染纠正缺氧治疗后心律失常可消失,如仍有心律失常,可慎用抗心律失常药物。

(2)缓解期治疗　主要运用中西医结合综合治疗措施,积极治疗原发病,控制急性发作,增强体质,改善呼吸功能,延缓病情发展。

【护理诊断与合作性问题】

1.低效性呼吸形态

与肺通气和换气功能障碍、心力衰竭有关。

2.活动无耐力

与原发肺部疾病及肺、心功能下降引起的机体缺氧有关。

3.气体交换受损

与肺泡通气面积、肺血管床减小,导致气体弥散面积减小,通气与血流比例失调有关。

4.清理呼吸道无效

与呼吸道感染、痰液黏稠等有关。

5.心输出量减少

与心力衰竭有关。

6.营养失调

低于机体需要量其与呼吸困难影响进食有关。

7.组织灌注量改变

与右心衰竭引起的静脉淤血有关。

8.有皮肤完整性受损的危险

与水肿、长期卧床有关。

9.潜在并发症

肺性脑病、心律失常、休克、消化道出血。

【护理目标】

1)患者能将痰咳出,保持呼吸道通畅,呼吸趋平稳,发绀减轻。

2)患者体温恢复正常,缺氧缓解,最大限度地恢复活动耐力。

3)不发生并发症或能及时发现并治疗并发症。

【护理措施】

1.一般护理

(1)休息 评估患者日常生活自理能力,气促程度和活动时耐受水平,活动后有无不良反应,如头晕、出汗及呼吸困难加重情况。向患者说明活动与身体康复的关系及意义,鼓励患者积极参与日常活动,克服依赖心理,并与患者共同制订活动计划,调动患者主动参与的积极性,增加生活情趣。活动方式应多样化,如散步、太极拳、保健操、上下楼等。运动量可据患者情况及锻炼后的反应调整,循序渐进、不断增加。卧床患者指导其进行床上锻炼,如肢体肌肉舒缩运动,呼吸功能训练,改变和调整体位。

(2)饮食 限制钠盐摄入,给予维生素丰富、纤维素含量多且易消化的食物,热量每天在30kcal/kg以上,少量多餐,注意预防便秘。

2.保持呼吸道通畅,合理给氧

(1)保持呼吸道通畅 神志清醒者鼓励咳嗽、咳痰,痰液黏稠不易咳出时,可湿化呼吸道,使分泌物充分引流。协助患者定时更换体位,叩击背部使痰液易于咳出。神志不清者,可进行机械吸痰,注意无菌操作,抽吸压力得当,动作轻柔,每次抽吸时间不超过15秒,以免加重缺氧。

(2)观察病情 观察呼吸频率、节律、幅度及其变化特点,如由深慢变为浅快的呼吸,并伴有点头、提肩呼吸动作,提示有呼吸衰竭的可能。定期监测血气分析,注意患者精神、神志变化及皮肤黏膜发绀的程度。注意休息,减少机体耗氧量,从而减轻心脏负担和呼吸困难,有利于心肺功能的改善。

(3)根据缺氧和二氧化碳潴留的程度合理用氧 多采用持续、低流量、低浓度吸氧。

1)氧疗效果评价:吸氧后如呼吸困难缓解,呼吸频率减慢,节律正常,心律减慢,心跳有力,血压回升,发绀减轻,皮肤转暖,尿量增加,神态转清,提示氧疗有效。如呼吸过缓、意识障碍加深,须考虑二氧化碳潴留加重,应考虑增加通气量。

2)氧疗期间注意事项:①始终保持气道通畅、达到有效吸入;②监测并维持恒定的吸入氧的浓度、流量;③密切观察氧疗效果;④吸氧装置专人使用,定期消毒,防止交叉感染;⑤注意防火和安全,避免事故发生。

3.用药护理

(1)利尿剂 以缓慢、小剂量、间歇用药为原则,因利尿过猛会导致:①低钾、低氯性碱中毒,抑制呼吸中枢,降低通气量,增加耗氧量,加重神经精神症状;②脱水使痰液黏稠,不易咳出,加重呼吸道阻塞和呼吸困难;③血液浓缩可增加循环阻力,且易发生弥漫性血管内凝血。用药后需密切观察精神神经症状、痰液黏稠度,有无腹胀、四肢乏力、抽搐等。准确记录出入液量、体重,监测血电解质。

(2)强心剂　使用要谨慎,由于长期缺氧,患者对洋地黄类药物耐受性降低,故疗效差,易中毒,宜选择速效、排泄快的制剂,剂量宜小,用药后需密切观察疗效及有无不良反应。

(3)呼吸兴奋剂　在保持呼吸道通畅的前提下使用,不宜长期、大量使用,严重呼吸衰竭时,因脑缺氧和脑水肿未得到纠正而出现频繁抽搐者,应慎用呼吸兴奋剂。用药中如出现恶心、呕吐或肢体抽搐,提示药物过量,应及时与医师联系。

4.防治并发症

(1)加强病情观察　注意体温、脉搏、呼吸、血压、心率、瞳孔、神志的变化,并做记录,如有异常及时通知医生,并协助处理。如发现患者注意力不集中、好言多动、烦躁不安、昼睡夜醒、寻衣摸床、神志恍惚、表情淡漠、嗜睡等为肺性脑病的先兆,应及时汇报医生,并协助抢救。

(2)吸氧　低流量、低浓度、持续吸氧,氧流量保持在 1 ~ 2L/min,氧浓度为 25% ~ 29%,避免吸入高流量、高浓度氧气,以防一时的血氧浓度升高和高碳酸血症的缓解而反射性抑制呼吸中枢,加重呼吸衰竭,加重肺性脑病症状。

(3)用药护理　遵医嘱使用呼吸兴奋剂,并加强用药后观察。呼吸兴奋剂在改善通气的同时会增加氧耗且和二氧化碳生成,不宜长时间大量应用。在使用此类药物时应注意保持气道通畅,适当增加吸入氧的浓度。用药过量会引起心悸、恶心、呕吐、震颤,甚至惊厥,应及时通知医生,给予对症处理。

(4)对昏迷患者应注意口腔和皮肤的护理　以防牙疮和口腔炎的发生。

【保健指导】

1)向患者和家属解释,让患者了解疾病发生、发展的过程和防治原发病的重要性。

2)对吸烟者说明吸烟的危害和与本病之间的关系,劝导患者戒烟。

3)病情缓解期应加强护理和呼吸功能训练,并积极开展“冬病夏治”,采用中西医结合的综合措施,控制病情发展。

4)积极防治呼吸道感染,避免各种诱发因素。

5)病情加重或出现其他并发症时,应及时就医诊治。

第七节　呼吸衰竭

案例引入

患者,男性,70 岁。因咳嗽、咳痰、气急 20 余年,近 10 天咳嗽加剧、咳痰不畅伴意识障碍 2 天入院入。院时查体:T:37.8℃,P:120 次/分,R:35 次/分,BP:100/70mmHg。意识模糊,唇绀,皮肤潮红多汗,球结膜充血,颈静脉怒张。桶状胸,两肺散在干湿啰音。心率 120 次/分,律齐,未闻及病理性杂音。腹软,肝肋下 3cm,质软,肝颈静脉返流征(+),脾未触及,两下肢轻度凹陷性水肿。化验检查:WBC13.2×10^9个/L,中性 0.83。血气分析:$PaO_2$50mmHg,$PaCO_2$65mmHg。请问:

1.该患者发生了什么情况?依据是什么?

2.患者入院后即刻给予氧疗以缓解缺氧和二氧化碳潴留,请问:

(1)护士应如何给患者进行合理氧疗?

(2)依据是什么?

学习目标

知识目标　掌握慢性呼吸衰竭的病因、发病机制、护理评估及护理措施;了解慢性呼吸衰竭的病理生理、治疗要点。

能力目标 会对呼吸衰竭的患者进行护理,

素质目标 尊重老师、同事,营造和谐的工作环境。

【概述】

呼吸衰竭(Respiratory failure)是各种原因引起的肺通气和(或)换气功能严重障碍,以致不能进行有效的气体交换,导致缺O_2伴(或不伴CO_2潴留,从而引起一系列生理功能和代谢紊乱的临床综合征。在海平大气压下,于静息条件下呼吸室内空气,并排除心内解剖分流和原发于心排血量降低等情况后,动脉血氧分压(PaO_2)低于8kPa(60mmHg),或伴有CO_2分压($PaCO_2$)高于6.65kPa(50mmHg),即为呼吸衰竭(简称呼衰)。它是一种功能障碍状态,而不是一种疾病,可因肺部疾病引起,也可能是各种疾病的并发症。

一、病因

损害呼吸功能的各种因素都会导致呼衰。临床上常见的病因有如下几方面。

1.呼吸道病变

支气管炎症痉挛、上呼吸道肿瘤、异物等阻塞气道,引起通气不足,气体分布不匀导致通气/血流比例失调,发生缺O_2和CO_2潴留。

2.肺组织病变

肺炎、重度肺结核、肺气肿、弥散性肺纤维化、肺水肿、人呼吸窘迫综合征(ARDS)、矽肺等,可引起肺容量、通气量、有效弥散面积减少,通气/血流比例失调导致肺动脉样分流,引起缺O_2和(或)CO_2潴留。

3.肺血管疾病

肺血管栓塞、肺梗死、肺毛细血管瘤,使部分静脉血流入肺静脉,发生缺O_2。

4.胸廓病变

如胸廓外伤、畸形、手术创伤、气胸和胸腔积液等,影响胸廓活动和肺脏扩张,导致通气减少吸入气体不匀影响换气功能。

5.神经中枢及其传导系统呼吸肌疾患

脑血管病变、脑炎、脑外伤、电击、药物中毒等直接或间接抑制呼吸中枢;脊髓灰质炎以及多发性神经炎所致的肌肉神经接头阻滞影响传导功能;重症肌无力和等损害呼吸动力引起通气不足。

二、分类

临床上,呼吸衰竭有几种分类方法:

1.按动脉血气分

(1)Ⅰ型呼吸衰竭 缺O_2无CO_2潴留,或伴CO_2降低,见于换气功能障碍(通气/血流比例失调、弥散功能损害和肺动-静脉样分流)的病例。氧疗是其指征。

(2)Ⅱ型呼吸衰竭 缺O_2伴CO_2潴留,系肺泡通气不足所致的缺O_2和CO_2潴留,单纯通气不足,缺O_2和CO_2的潴留的程度是平行的,若伴换气功能损害,则缺O_2更为严重。只有增加肺泡通气量,必要时加氧疗来解决。

2.按病变部位分

按病变部位可分为中枢性和周围性呼衰。

3.按病程分

按病程可分为急性和慢性。急性呼衰是指呼吸功能原来正常,由于前述五类病因的突发原因,引起通气或换气功能严重损害,突然发生呼衰的临床表现,如脑血管意外、药物中毒抑制呼吸中枢、呼吸肌麻痹、肺梗塞、ARDS等,因机体不能很快代偿,如不及时抢救,会危及患者生命。慢性呼衰多见于慢性呼吸系疾病,如慢性阻塞性肺病、重度肺结核等,其呼吸功能损害逐渐加重,虽有缺O_2,或伴CO_2潴留,但通过机体代偿适应,仍能从事个人生活活动,称为代偿性慢性呼衰。一旦并发呼吸道感染,或因其他原因增加呼吸生理负担所致代偿失调,出现严重缺O_2、CO_2潴留和酸中毒的临床表现,称为失代偿性慢性呼衰,本章将予重点阐述。

4.按病因分 近年来也有学者提出呼吸衰竭分类根据病因可分成:

(1)泵衰竭 即由于呼吸驱动力不足(呼吸运动中枢)或呼吸运动受限(周围神经麻痹、呼吸肌疲劳、胸廓畸形)引起呼吸衰竭称泵衰竭。

(2)肺衰竭 由于气道阻塞、肺组织病变和肺血管病变所致的呼吸衰竭称为肺衰竭。

三、发病机制

1.缺 O_2 和 CO_2 潴留发生机制

(1)肺泡通气不足 在静息呼吸空气时,总肺泡通气量约为4L/min才能维持正常的肺泡 O_2 和 CO_2 分压。肺泡通气量减少,肺泡 O_2 分压下降,CO_2 分压上升。呼吸空气条件下(吸入氧浓度为20.93%,二氧化碳接近零),肺泡 O_2 和 CO_2 分压与肺泡通气量的关系如图12-4。

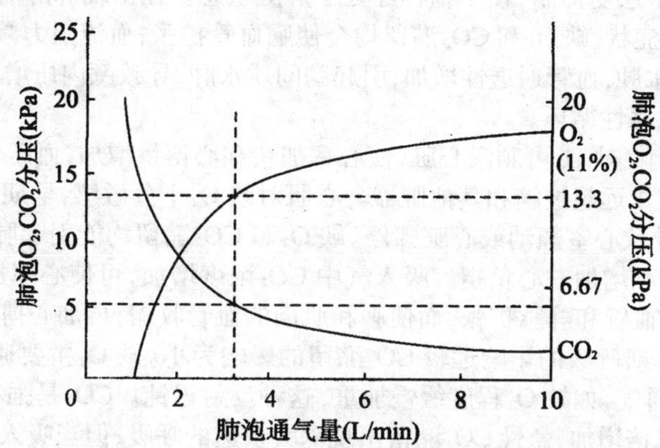

图12-4 肺泡 O_2 和 CO_2 分压与肺泡通气量的关系

(2)通气、血流比例失调 肺泡的通气与灌注周围毛细血管血流的比例必须协调,才能保证有效的气体交换。正常每分钟肺泡通气量(V_A)4L,肺毛细血管血流量(Q)5L,两者之比为0.8。如肺泡通气量在比率上大于血流量(>0.8),则形成生理死腔增加,即为无效腔效应;肺泡通气量在比率上小于血流量(<0.8),使肺动脉的混合静脉血未经充分氧合进入肺静脉,则形成动静脉样分流(图12-5)。通气/血流比例失调,产生缺 O_2,而无 CO_2 潴留。此因混合静脉血与动脉血的氧分压差要比 CO_2 分压差大得多,前者为7.98kPa,而后者仅0.79kPa,相差10倍,故可借健全的肺泡过度通气,排出较多的 CO_2,以代偿通气不足肺泡潴留的 CO_2,甚至可排出更多的 CO_2,发生呼吸性碱中毒。由于血红蛋白氧离解曲线的特性,正常肺泡毛细血管血氧饱和度已处于平坦段,即使增加通气量,吸空气时,肺泡氧分压虽有所增加,但血氧饱和度上升甚少,因此借健全的通气过度的肺泡不能代偿通气不足的肺泡所致的摄氧不足,因而发生缺 O_2。

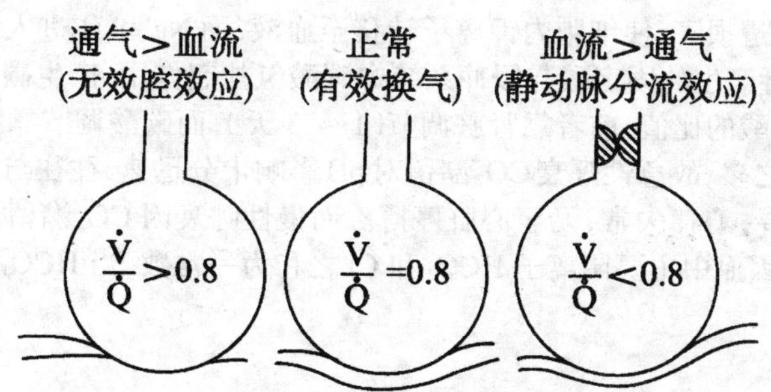

图12-5 通气/血流比例对气体交换的影响

(3)肺动-静脉样分流 由于肺部病变如肺泡萎陷、肺不张、肺水肿和肺炎实变均可引起肺动脉样分流增加,使静脉血没有接触肺泡气进行气体交换的机会。因此,提高吸 O_2 浓度并不能提高动脉血氧分压。分流量越大,吸 O_2 后提高动脉血的氧分压效果越差,如分流量超过30%以上,吸 O_2 对氧分压的影响有限。

(4)弥散障碍 O_2 弥散能力仅为 CO_2 的1/20,故在弥散障碍时,产生单纯缺 O_2。

(5)氧耗量 O_2 耗量增加是加重缺 O_2 的原因之一,发热、寒战、呼吸困难和抽搐均将增加 O_2 耗量。寒战耗 O_2 量可达500ml/min,严重哮喘,随着呼吸功的增加,O_2 耗量可为正常的十几倍。O_2 耗量增加,肺泡氧分压下降,正常人借助增加通气量以防止缺O_2。

2.缺O_2、CO_2潴留对机体的影响

(1)对中枢神经的影响　脑组织耗O_2量约占全身耗量的1/5 ~ 1/4。中枢皮质神经原细胞对缺O_2最为敏感,缺O_2的程度和发生的急缓对中枢神经系统产生不同的影响。如突然中断供O_2,改吸纯$N_2$20秒钟,可出现深昏迷和全身抽搐。逐渐降低吸O_2的浓度,症状出现缓慢。轻度缺O_2可引起注意力不集中、智力减退、定向障碍;随缺O_2加重,动脉血氧分压(PaO_2)低于6.66kPa可致烦躁不安、神志恍惚、谵妄;低于3.99kPa时,会使神志丧失,乃至昏迷;低于2.66kPa,则会发生不可逆转的脑细胞损伤。CO_2潴留使脑脊液氢离子浓度增加,影响脑细胞代谢,降低脑细胞兴奋性,抑制皮质活动;随着CO_2的增加,对皮质下层刺激加强,引起皮质兴奋;若CO_2继续升高,皮质下层受抑制,使中枢神经处于麻醉状态。在出现麻醉前的患者,往往有失眠、精神兴奋、烦躁不安的先兆兴奋症状。缺O_2和CO_2潴留均会使脑血管扩张,血流阻力减小,血流量增加以代偿之。严重缺O_2会发生脑细胞内水肿,血管通透性增加,引起脑间质水肿,导致颅内压增高,挤压脑组织,压迫血管,进而加重脑组织缺O_2,形成恶性循环。

(2)对心脏、循环的影响　缺O_2可刺激心脏,使心率加快和心搏量增加,血压上升。冠状动脉血流量在缺O_2时明显增加,心脏的血流量远超过脑和其他脏器。心肌对缺O_2十分敏感,早期轻度缺O_2即在心电图上显示出现,急性严重缺O_2可导致心室颤动或心脏骤停。缺O_2和CO_2潴留均能引起肺动脉小血管收缩而增加肺循环阻力,导致肺动脉高压和增加右心负担。吸入气中CO_2浓度增加,可使心率加快,心搏量增加,使脑、冠状血管舒张,皮下浅表毛细血管和静脉扩张,而使脾和肌肉的血管收缩,再加心搏量增加,故血压仍升高。

(3)对呼吸影响　缺O_2对呼吸的影响远较CO_2潴留的影响为小。缺O_2主要通过颈动脉窦和主动脉体化学感受器的反射作用刺激通气,如缺O_2程度缓慢加重,这种反射迟钝。CO_2是强有力的呼吸中枢兴奋剂,吸入CO2浓度增加,通气量成倍增加,急性CO_2潴留出现深大快速的呼吸;但当吸入超过12%CO_2浓度时,通气量不再增加,呼吸中枢处于被抑制状态。而慢性高碳酸血症,并无通气量相应增加,反而有所下降,这与呼吸中枢反应性迟钝、通过肾脏对碳酸氢盐再吸收和H+排出,使血pH无明显下降,还与患者气阻力增加、肺组织损害严重,胸廓运动的通气功能减退有关。

(4)对肝、肾和造血系统的影响　缺O_2可直接或间接损害肝,使谷丙转氨酶上升,但随着缺O_2的纠正,肝功能逐渐恢复正常。动脉血氧降低时,肾血流量、肾小球滤过量、尿排出量和钠的排出量均有增加;但当PaO_2<5.3kPa时,肾血流量减少,肾功能受到抑制。组织低氧分压可增加红细胞生成素,促使红细胞增生。肾脏和肝脏产生一种酶,将血液中非活性红细胞生成素的前身物质激活成生成素,刺激骨髓引起继发性红细胞增多,有利于增加血液携氧量,但亦增加血液黏稠度,加重肺循环和右心负担。轻度CO_2潴留会扩张肾血管,增加肾血流量,尿量增加;当$PaCO_2$超过8.64kPa时,血pH明显下降,则肾血管痉挛,血流减少,HCO_3^-和Na^+再吸收增加,尿量减少。

(5)对酸碱平衡和电解质的影响　严重缺O_2可抑制细胞能量代谢的中间过程,如三羧酸循环、氧化磷酸化作用和有关酶的活动。这不但降低产生能量效率,还因产生乳酸和无机磷引起代谢性酸中毒。由于能量不足,体内离子转运的钠泵遭损害,使细胞内钾离子转移至血液,而Na^+和H^+进入细胞内,造成细胞内酸中毒和高钾血症。代谢性酸中毒产生的固定酸与缓冲系统中碳酸氢盐起作用,产生碳酸,使组织CO_2分压增高。PH值取决于碳酸氢盐与碳酸的比值,前者靠肾脏调节(1 ~ 3天),而碳酸调节靠肺(数小时)。健康人每天由肺排出碳酸达15000mmol之多,故急性呼衰CO_2潴留对pH影响十分迅速,往往与代谢性酸中毒同时存在时,因严重酸中毒引起血压下降,心律失常,乃至心脏停搏。而慢性呼衰因CO_2潴留发展缓慢,肾减少碳酸氢排出,不致使pH明显降低。因血中主要阴离子HCO_3^-和Cl^-之和为一常数,当HCO_3^-增加,则Cl^-相应降低,产生低氯血症。

【护理评估】

1.健康史

(1)基础疾病　除慢性支气管-肺疾病,如COPD,严重肺结核等。

(2)诱因　感染、尤其是呼吸道感染、高浓度吸氧、手术、创伤、使用麻醉药等。

2.身体状况

(1)症状

1)呼吸困难:最早、最突出的症状。表现在频率、节律和幅度的改变。如中枢性呼衰呈潮式、间歇或抽泣样呼吸;慢阻肺是由慢而较深的呼吸转为浅快呼吸,辅助呼吸肌活动加强,呈点头或提肩呼吸。中枢神经药

物中毒表现为呼吸匀缓、昏睡；严重肺心病并发呼衰 CO_2 麻醉时，则出现浅慢呼吸。

2)紫绀：是缺 O_2 的典型症状。当动脉血氧饱和度低于 85%时，可在血流量较大的口唇指甲出现紫绀；另应注意红细胞增多者紫绀更明显，贫血者则紫绀不明显或不出现；严重休克、末梢循环差的患者，即使动脉血氧分压尚正常，也可出现紫绀。紫绀还受皮肤色素及心功能的影响。

3)精神神经症状：急性呼衰的精神症状较慢性为明显，急性缺 O_2 可出现精神错乱、狂躁、昏迷、抽搐等症状。慢性缺 O_2 多有智力或定向功能障碍。CO_2 潴留出现中枢抑制之前的兴奋症状，如失眠、烦躁、躁动，但此时切忌用镇静或安眠药，以免加重 CO_2 潴留，发生表现为神志淡漠、肌肉震颤、间歇抽搐、昏睡、甚至昏迷等。pH 代偿，尚能进行日常个人生活活动，急性 CO_2 潴留，pH<7.3 时，会出现精神症状。严重 CO_2 潴留可出现腱反射减弱或消失，锥体束征阳性等。

4)血液循环系统症状：严重缺 O_2 和 CO_2 潴留引起肺动脉高压，可发生右心衰竭，伴有体循环淤血体征。CO_2 潴留使外周体表静脉充盈、皮肤红润、湿暖多汗、血压升高、心搏量增多而致脉搏洪大；因脑血管扩张，产生搏动性头痛。晚期由于严重缺 O_2、酸中毒引起心肌损害，出现周围循环衰竭、血压下降、心律失常、心跳停搏。

5)消化和泌尿系统症状：严重呼衰对肝、肾功能都有影响，如谷丙转氨酶与非蛋白氮升高、蛋白尿、尿中出现红细胞和管型。常因胃肠道黏膜充血水肿、糜烂渗血，或应激性溃疡引起上消化道出血。以上这些症状均可随缺 O_2 和 CO_2 潴留的纠正而消失。

(2)体征　除原发病的体征外，主要是缺 O_2 和 CO_2 潴留的表现，如浅表静脉充盈，皮肤温暖、红润多汗等。

3.实验室和辅助检查

(1)血气分析　临床上常以动脉血气分析结果作为诊断呼吸衰竭的重要依据。PaO_2 正常参考值为 8.0 ~ 13.3kPa(80 ~ 100mmHg)，$PaCO_2$ 正常参考值为 4.67 ~ 6.0kPa(35 ~ 45mmHg)，动脉血氧饱和度(SaO_2)在 97%以上。呼吸衰竭时，PaO_2 < 8.0kPa(60mmHg)，$PaCO_2$ > 6.7kPa(50mmHg)，SaO_2 < 75%。pH 值为血液中氢离子浓度的负对数值。正常范围为 7.35 ~ 7.45，平均 7.40，低于 7.35 为失代偿性酸中毒，高于 7.45 为失代偿性碱中毒，但不能说明是何种性质的酸碱中毒。临床症状与 pH 的偏移有密切相关。碱过剩(BE)是人体代谢性酸碱失衡的定量指标，加酸量为 BE 正值，系代谢性碱中毒；加碱量 EB 为负值，系代谢性酸中毒。正常范围为 0 ± 2.3mmol/L。在纠正代谢性酸碱失衡时，它可作为估计用抗酸或抗碱药物剂量的参考。CO_2 结合力(CO_2CP)正常值为 22 ~ 29mmol/L，反映体内的主要碱储备。代谢性酸中毒或呼吸性碱中毒时，CO_2CP 降低；代谢性碱中毒或呼吸性酸中毒时，CO_2CP 则升高。但呼吸性酸中毒伴代谢性酸中毒时，CO_2CP 不一定升高，因呼吸性酸中毒，肾以 NH_4^+ 或 H^+ 形式排出 H^+，回吸收 HCO_3^- 进行代偿，碱储备增加，故 CO_2CP 的增高在一定程度上反映呼吸性酸中毒的严重程度，但不能及时反映血液中 CO_2 的急剧变化，还受到代谢性碱或酸中毒的影响，故 CO_2CP 有其片面性，必须结合临床和电解质作全面考虑。

(2)电解质检查　呼吸性酸中毒合并代谢性酸中毒时，常伴有高钾血症，呼吸性酸中毒伴代谢性碱中毒时，常有低钾和低氯血症。

(3)痰液检查　痰涂片及细菌培养的结果有利于指导用药。

(4)肺功能检查　FEV_1、FVC 降低。

(5)其他　尿常规可见红细胞、蛋白尿、管型。血清中 BUN、Scr、ALT、AST 可有不同程度升高。

4.心理-社会状况

当脑细胞缺氧时，患者的意识状态可以改变，对外界环境及自我的认识能力逐渐减弱或消失，出现记忆、思维、定向力、性格、行为改变等一系列精神紊乱，生活自理能力减低或完全丧失，必须依赖医护人员提供帮助和照顾。特别是当由于通气障碍而导致“CO_2 麻醉”时，大脑皮质完全处于麻醉状态，患者情绪低落、神志淡漠、精神错乱、嗜睡、昏睡、甚至昏迷，对外界环境全无反应。

5.治疗原则

1)病情较轻者可在门诊治疗，严重者宜住院治疗。首先积极治疗原发病，有感染时应使用抗生素，去除诱发因素。

2)保持呼吸道通畅和有效通气量，可给于解除支气管痉挛、祛痰药物如沙丁胺醇(舒喘灵)、硫酸特布他林(博利康尼)、乙酰半胱氨酸(痰易净)、盐酸溴己新(必嗽平)等药物，必要时可用尼可刹米、肾上腺皮质激素静脉滴注。

3)纠正低氧血症，可用鼻导管或面罩吸氧，严重缺 O_2 和伴有 CO_2 潴留 PaO_2<7.32Kpa(55mmHg)，$PaCO_2$ 明显增高或有严重意识障碍，出现肺性脑病时应使用机械通气，以改善低氧血症。

4)治疗酸碱失衡、心律紊乱、心力衰竭等并发症。

【护理诊断与任合作性问题】

1.气体交换受损

与呼吸衰竭有关。

2.急性意识障碍

与缺 O2、CO2 潴留有关。

3.生活自理能力缺陷

与意识障碍有关。

4.潜在并发症

水、电解质紊乱,上消化道出血。

【护理措施】

1.一般护理

(1)休息　协助患者取半卧位,注意室内空气清新、温暖,定时消毒,防止交叉感染。

(2)饮食　鼓励神志清醒的患者自行进食,给予高热量、高蛋白、维生素丰富、易消化、少产气的食物,避免摄入辛辣、刺激性食物。昏迷患者给予鼻饲,鼻饲期间观察有无腹胀、腹泻或便秘不适等。必要时遵医嘱通过静脉补充营养。

2.保持呼吸道通畅,合理给氧

1)及时清除痰液,清醒患者鼓励用力咳痰,对于痰液黏稠患者,要加强雾化,稀释痰液。咳嗽无力者定时协助翻身、拍背,促进排痰,对昏迷患者可机械吸痰,保持呼吸道通畅。按医嘱应用支气管扩张剂,如氨茶碱等。对病情重或昏迷患者行气管插管或气管切开,使用人工机械呼吸器。

2)对Ⅱ型呼吸衰竭患者应给予低浓度(25%～29%)、低流量(1～2L/min)鼻导管持续吸氧,以免缺O_2纠正过快引起呼吸中枢抑制。慢性呼吸衰竭失代偿者缺O_2伴CO_2潴留是通气不足的后果,由于高碳酸血症的慢性呼衰患者,其呼吸中枢化学感受器对CO_2反应性差,呼吸的维持主要靠低O_2血症对颈动脉窦、主动脉体的化学感受器的驱动作用,若吸入高浓度O_2,PaO_2迅速上升,使外周化学感受器失去低O_2血症的刺激,患者的呼吸变慢而浅,$PaCO_2$随之上升,严重时可陷入CO_2麻醉状态,如配合使用呼吸机和呼吸中枢兴奋剂,可稍提高给氧浓度。给O_2过程中若呼吸困难缓解、心率减慢、发绀减轻,表示氧疗有效;若呼吸过缓或意识障碍加深,须警惕CO_2潴留。

3.用药护理

1)按医嘱选择使用有效的抗生素,控制呼吸道感染。

2)按医嘱使用呼吸兴奋剂(如尼可刹米、洛贝林等),必须保持呼吸道通畅。注意观察用药后的反应,防止药物过量;对烦躁不安、夜间失眠患者,慎用镇静剂,以防引起呼吸抑制。

第八节　支气管哮喘

案例分析

患者,男性,19 岁,昨天凌晨突然出现发作性的呼气性呼吸困难,伴胸闷、咳嗽,即自用喘乐宁气雾剂吸入,口服氨茶碱等治疗,未见明显好转而于上午 9 时来院治疗。

体检:T:38.8℃,P:110 次/分、R:34 次/分、BP:130/85mmHg。神清,情绪紧张,端坐呼吸,唇色发绀,大汗淋漓,胸廓饱满,叩诊呈过清音,听诊双肺可闻及以呼气相为主的哮鸣音,呼气时延长。心率 110 次/分,律齐,无病理性杂音。腹软,肝肋下 1cm,质软。胸部 X 线提示双肺透亮度增高。考虑:

1.该患者发生了什么情况?

2.进一步予以患者糖皮质激素等治疗,症状缓解。思考:哮喘患者主要护理措施有哪些?

3.经治疗后患者出院,出院前,护士应如何进行健康宣教?

学习目标

知识目标 掌握支气管哮喘的健康史、实验室及其他检查及治疗要点；了解支气管哮喘的病因、发病机制、病理生理。

能力目标 会对支气管哮喘的患者进行护理。

素质目标 尊重老师、同事，营造和谐的工作环境。

一、概述

哮喘是由多种细胞包括气道的炎性细胞、结构细胞（如嗜酸粒细胞、肥大细胞、T淋巴细胞、中性粒细胞、平滑肌细胞、气道上皮细胞等）和细胞组分参与的气道慢性炎症性疾病。这种慢性炎症导致气道高反应性，通常出现广泛多变的可逆性气流受限，并引起反复发作性的喘息、气急、胸闷或咳嗽等症状，常在夜间和（或）清晨发作、加剧，多数患者可自行缓解或经治疗缓解。哮喘发病的危险因素包括宿主因素（遗传因素）和环境因素两个方面。近年来哮喘发病率和死亡率均有上升趋势，我国患病率为1%～4%。可在任何年龄，半数在12岁以前发病，儿童发病高于成人，城市高于农村。约40%的患者有家族史。

二、病因

尚不十分清楚，患者个体变应性体质与环境因素的影响是哮喘发病的危险因素。一般认为哮喘是多基因遗传病，受遗传和环境因素双重影响。研究表明，哮喘患者具有与气道反应性、IgE调节和特异性反应相关的基因。这种基因在哮喘发作中起重要作用。环境因素中可引起哮喘的常见诱因有：

1.吸入过敏原

如花粉、尘螨、真菌孢子、动物毛屑、二氧化硫、吸烟、烹调香味等。

2.感染

细菌、病毒、寄生虫等感染，特别是反复呼吸道感染（尤其是病毒感染）。

3.饮食

最常见的食物有鱼类、虾、蟹、蛋类、奶类等。刺激性强的饮食也可引起哮喘。

4.药物

常见有阿司匹林、β受体阻滞剂（如普萘洛尔）、抗生素（如青霉素、磺胺类）等。碘造影剂、各种蛋白制剂或血清制剂也可诱发哮喘。

5.气候改变

当气温、湿度、气压和空气中离子等改变时可诱发哮喘，在寒冷季节吸入过冷空气或气候突然转变也可诱发哮喘发作。

6.精神因素

情绪激动、紧张不安等可促使哮喘发作，精神因素影响哮喘发作的机制可能与自主神经失调有关。强烈情绪变化可诱发或抵制发作。

7.运动

70%～80%的哮喘患者在剧烈运动后可诱发或加重哮喘，某些人可单因运动而诱发哮喘。

8.职业

工作中接触刺激性气体、化学物质、工业有机尘等职业致敏原可诱发哮喘发作，脱离环境后症状减轻或消失。

三、发病机制

哮喘的发病机制不完全清楚。多数人认为，变态反应、气道慢性炎症、气道反应性增高及植物神经功能障碍等因素相互作用，共同参与哮喘的发病过程。

1.变态反应

当变应原进入具有过敏体质的机体后，通过巨噬细胞和T淋巴细胞的传递，可刺激机体的B淋巴细胞合成特异性 IgE,并结合于肥大细胞和嗜碱性粒细胞表面的高亲和性的 IgE 受体。若过敏原再次进入体内,可与肥大细胞和嗜碱性粒细胞表面的 IgE 交联,从而促发细胞内一系列的反应,使该细胞合成并释放多种活性介质导致平滑肌收缩、黏液分泌增加、血管通透性增高和炎症细胞浸润等。炎症细胞在介质的作用下又可分泌多种介质,使气道病变加重,炎症浸润增加,产生哮喘的临床症状。

根据过敏原吸入后哮喘发生的时间,可分为速发型哮喘反应(IAR)、迟发型哮喘反应(LAR)和双相型哮喘反应(OAR)。IAR 几乎在吸入过敏原的同时立即发生反应,15 ~ 30 分钟达高峰,2 小时后逐渐恢复正常。LAR 约 6 小时发病,持续时间长,可达数天。而且临床症状重,常呈持续性哮喘表现,肺功能损害严重而持久。LAR 的发病机制较复杂,不仅与 IgE 介导的肥大细胞脱颗粒有关,主要是气道炎症反应所致。现在认为哮喘是一种涉及多种炎症细胞相互作用、许多介质和细胞因子参与的一种慢性气道炎症疾病。LAR 主要与气道炎症反应有关。

2.气道炎症

气道慢性炎症被认为是哮喘的基本的病理改变和反复发作的主要病理生理机制。不管哪一种类型的哮喘,哪一期的哮喘,都表现为以肥大细胞、嗜酸性粒细胞和 T 淋巴细胞为主的多种炎症细胞在气道的浸润和聚集。这些细胞相互作用可以分泌出数十种炎症介质和细胞因子。这些介质、细胞因子与炎症细胞互相作用构成复杂的网络,相互作用和影响,使气道炎症持续存在。当机体遇到诱发因素时,这些炎症细胞能够释放多种炎症介质和细胞因子,引起气道平滑肌收缩,黏液分泌增加,血浆渗出和黏膜水肿。已知多种细胞,包括肥大细胞、嗜酸性粒细胞、嗜中性粒细胞、上皮细胞、巨噬细胞和内皮细胞都可产生炎症介质。主要的介质有:组胺、前列腺素(PG)、白三烯(LT)、血小板活化因子(PAF)、嗜酸性粒细胞趋化因子(ECF-A)、嗜中性粒细胞趋化因子(NCF-A)、主要碱基蛋白(MBP)、嗜酸性粒细胞阳离子蛋白(ECP)、内皮素-1(ET-1)、黏附因子(AMs)等。总之,哮喘的气道慢性炎症是由多种炎症细胞、炎症介质和细胞因子参与的,相互作用形成恶性循环,使气道炎症持续存在。其相互关系十分复杂,有待进一步研究。

3.气道高反应性(AHR)

表现为气道对各种刺激因子出现过强或过早的收缩反应,是哮喘患者发生发展的另一个重要因素。目前普遍认为气道炎症是导致气道高反应性的重要机制之一。气道上皮损伤和上皮内神经的调控等因素亦参与了 AHR 的发病过程。当气道受到变应原或其他刺激后,由于多种炎症细胞释放炎症介质和细胞因子、副交感神经兴奋性增加、神经肽的释放等,均与 AHR 的发病过程有关。AHR 为支气管道哮喘患者的共同病理生理特征,然而出现 AHR 者并非都是支气管哮喘,如长期吸烟、接触臭氧、病毒性上呼吸道感染、慢性阻塞性肺疾病(COPD)等也可出现 AHR。从临床的角度来讲,极轻度的 AHR 需结合临床表现来诊断。但中度以上的 AHR 几乎可以肯定是哮喘。

4.神经机制

神经因素也认为是哮喘发病的重要环节。支气管受复杂的植物神经支配。除胆碱能神经、肾上腺素能神经外,还有非肾上腺素能、非胆碱能(NANC)神经系统。支气管哮喘与β-肾上腺素能受体功能低下和迷走神经张力亢进有关,并可能存在有α-肾上腺素能神经的反应性增加。NANC 能释放舒张支气管平滑肌的神经介质,如血管肠激肽(VIP)、一氧化氮(NO),以及收缩支气管平滑肌的介质,如 P 物质、神经激肽等。两者平衡失调,则可引起支气管平滑肌收缩。

四、病理改变

疾病早期,因病理的可逆性,肉眼观解剖学上很少器质性改变。随疾病发展病理学变化逐渐明显,肉眼可见肺过度充气及肺气肿,肺柔软疏松,可合并有肺大泡。支气管及细支气管内含有黏稠痰液及黏液栓。支气管壁增厚、黏膜肿胀充血形成皱襞,黏液栓塞局部可发现肺不张。显微镜下的改变比较明显,既使是轻症的哮喘患者,也可见气道上皮下有肥大细胞、肺泡巨噬细胞、嗜酸性粒细胞、淋巴细胞与嗜中性粒细胞浸润。哮喘发作期,气道黏膜下组织水肿,微血管通透性增加,支气管内分泌物潴留,支气道平滑肌痉挛,纤毛上皮剥离,基底膜露出,杯状细胞增殖及支气管分泌物增加等病理改变。若哮喘长期反复发作,表现为支气管平滑肌的肌层肥厚,气道上皮细胞下的纤维化等致气道重构和周围肺组织对气道的支持作用消失。

【护理评估】

1.健康史

(1)年龄　本病初次发作可在任何年龄,半数以上在 12 岁以前发病,且无性别差异。

(2)过敏原　主要包括尘螨、花粉、动物毛屑等。

(3)家族史　大约40%患者有家族史。

(4)用药史　普萘洛尔、阿司匹林等药物可致哮喘发作。

(5)诱发因素　气候变化、剧烈运动、妊娠、吸烟、情绪激动、精神紧张等。

2.身体状况

发作性伴哮鸣音的呼气性呼吸困难是其特征性临床表现。

(1)症状　发作性呼气性呼吸困难伴或不伴哮鸣音，或发作性胸闷、咳嗽，严重时端坐呼吸、干咳或咳大量白色泡沫痰，其至紫绀。如为咳嗽变异型哮喘，可仅表现为咳嗽。发作常有诱因，多在数分钟内发作，持续数小时或数天，用支气管舒张药或自行缓解。

(2)体征　发作时胸廓饱满呈过充气状，辅助呼吸肌参与，呼吸运动增强，叩诊呈过清音，听诊可闻及广泛的哮鸣音，呼气音延长，但轻度哮喘或非常严重的哮喘发作可无哮鸣音，后者称为寂静胸。严重哮喘者心率加快、奇脉、颈静脉怒张、胸廓反常运动和紫绀。缓解期可无异常。

(3)分期　根据临床表现哮喘可分为：急性发作期、慢性持续期和临床缓解期。慢性持续期是指每周均不同频度和(或)不同程度地出现症状(喘息、气急、胸闷、咳嗽等)；临床缓解期系指经过治疗或未经治疗症状、体征消失，肺功能恢复到急性发作前水平，并维持3个月以上。

3.哮喘严重程度分级

(1)病情严重程度的分级　主要用于治疗前或初始治疗时严重程度的判断，在临床研究中更有其应用价值(见表12-2)。

表12-2　哮喘病情严重程度分级

分级	临床特点
间歇状态（第1级）	症状<每周1次 短暂出现 夜间哮喘症状≤每月2次 FEV1占预计值≥80%或PEF≥80%个人最佳值，PEF或FEV1变异率<20%
轻度持续（第2级）	症状≥每周1次，但<每日1次 可能影响活动和睡眠 夜间哮喘症状>每月2次，但<每周1次 FEV1占预计值≥80%或PEF≥80%个人最佳值，PEF或FEV1变异率20%～30%
中度持续（第3级）	每日有症状 影响活动和睡眠 夜间哮喘症状≥每周1次 FEV1占预计值60%～79%或PEF 60%～79%个人最佳值，PEF或FEV1变异率>30%
重度持续（第4级）	每日有症状 频繁出现 经常出现夜间哮喘症状 体力活动受限 FEV1占预计值<60%或PEF<60%个人最佳值，PEF或FEV1变异率>30%

(2)控制水平的分级(表12-3)　这种分级方法更容易被临床医师掌握，有助于指导临床治疗，以取得更好的哮喘控制。

表 12-3 哮喘控制水平分级

	完全控制（满足以下所有条件）	部分控制（在任何1周内出现以下1～2项特征）	未控制（在任何1周内）
白天症状	无（或≤2次/周）	2次/周	出现≥3项部分控制特征
活动受限	无	有	
夜间症状/憋醒	无	有	
需要使用缓解药的次数	无（或≤2次/周）	2次/周	
肺功能（PEF或FEV1）	正常或≥正常预计值/本人最佳值的80%	<正常预计值（或本人最佳值）的80%	
急性发作	无	≥每年1次	在任何1周内出现1次

（3）哮喘急性发作时的分级（表 12-4） 哮喘急性发作是指喘息、气促、咳嗽、胸闷等症状突然发生，或原有症状急剧加重，常有呼吸困难，以呼气流量降低为其特征，常因接触变应原、刺激物或呼吸道感染诱发。其程度轻重不一，病情加重，可在数小时或数天内出现，偶尔可在数分钟内即危及生命，故应对病情作出正确评估，以便给予及时有效的紧急治疗。

表 12-4 哮喘急性发作时病情严重程度的分级

临床特点	轻度	中度	重度	危重
气短	步行、上楼时	稍事活动	休息时	
体位	可平卧	喜坐位	端坐呼吸	
讲话方式	连续成句	单词	单字	不能讲话
精神状态	可有焦虑，尚安静	时有焦虑或烦躁	常有焦虑、烦躁	嗜睡或意识模糊
出汗	无	有	大汗淋漓	
呼吸频率	轻度增加	增加	常＞30次/min	
辅助呼吸肌活动及三凹征	常无	可有	常有	胸腹矛盾运动
哮鸣音	散在，呼吸末期	响亮、弥漫	响亮、弥漫	减弱、乃至无
脉率（次/min）	＜100	100～120	＞120	脉率变慢或不规则
奇脉	无，＜10 mm Hg	可有，10～25 mmHg	常有，＞25 mm Hg（成人）	无，提示呼吸肌疲劳
最初支气管扩张剂治疗后PEF占预计值或个人最佳值（%）	＞80%	60%～80%	＜60%或＜100 L/min或作用持续时间＜2 h	
PaO_2（吸空气，mm Hg）	正常	≥60	＜60	＜60
$PaCO_2$（mm Hg）	＜45	≤45	＞45	＞45
SaO_2（吸空气，%）	＞95	91～95	≤90	≤90
pH				降低

注：只要符合某一严重程度的某些指标，而不需满足全部指标，即可提示为该级别的急性发作；1mmHg=0.098 kPa。

4.实验室检查及辅助检查

（1）血液常规检查 发作时可有嗜酸性粒细胞增高，但多数不明显，如并发感染可有白细胞数增高，分类嗜中性粒细胞比例增高。

（2）痰液检查 涂片在显微镜下可见较多嗜酸性粒细胞，可见嗜酸性粒细胞退化形成的尖棱结晶，黏液栓和透明的哮喘珠。如合并呼吸道细菌感染，痰涂片革兰染色、细胞培养及药物敏感试验有助于病原菌诊断及指导治疗。

（3）肺功能检查 缓解期肺通气功能多数在正常范围。在哮喘发作时，由于呼气流速受限，表现为第一秒用力呼气量（FEV_1），一秒率（$FEV_1/FVC\%$）、最大呼气中期流速（MMER）、呼出50%与75%肺活量时的最大呼气流量（MEF50%与MEF75%）以及呼气峰值流量（PEFR）均减少。可有用力肺活量减少、残气量增加、功能残气量和肺总量增加，残气占肺总量百分比增高。经过治疗后可逐渐恢复。

（4）血气分析 哮喘严重发作时可有缺氧，PaO_2和SaO_2降低，由于过度通气可使$PaCO_2$下降，pH值上升，表现呼吸性碱中毒。如重症哮喘，病情进一步发展，气道阻塞严重，可有缺O_2及CO_2潴留，$PaCO_2$上升，表现呼吸性酸中毒。如缺O_2明显，可合并代谢性酸中毒。

（5）胸部X线检查 早期在哮喘发作时可见两肺透亮度增加，呈过度充气状态；在缓解期多无明显异常。如并发呼吸道感染，可见肺纹理增加及炎症性浸润阴影。同时要注意肺不张、气胸或纵隔气肿等并发症的存在。

（6）特异性过敏原的检测 可用放射性过敏原吸附试验（RAST）测定特异性IgE，过敏性哮喘患者血清IgE可较正常人高2～6倍。在缓解期可做皮肤过敏试验判断相关的过敏原，但应防止发生过敏反应。

5.心理-社会状况

哮喘发作时出现呼吸困难，造成患者焦虑、烦躁不安；若哮喘连续发作，则患者易对家人、医护人员、平喘药物产生依赖心理。若出现重症哮喘，患者会产生濒死感，恐惧感。哮喘缓解后，患者担心哮喘复发，不能痊愈而影响工作和生活。反复发作会使患者对治疗失去信心。

6.治疗原则

治疗原则是去除病因和诱因，采用综合治疗措施，控制急性发作，防止复发。

（1）消除病因和诱因 避免或消除引起哮喘发作的各种刺激因素。部分患者能找到引起哮喘发作的过敏原或其他非特异性刺激因素，立即脱离过敏原，是治疗哮喘最有效的方法。

（2）药物治疗 尽快缓解哮喘症状，改善肺功能，纠正低氧血症，治疗哮喘药物均有平喘作用，又称为平喘药。哮喘是一种对患者及其家庭和社会都有明显影响的慢性疾病。气道炎症是所有类型哮喘的共同特征，也是临床症状和气道高反应性的基础。气道炎症存在于哮喘的所有时段。虽然哮喘目前尚不能根治，但以抑制炎症为主的规范治疗能够控制哮喘临床症状。治疗哮喘的药物可以分为控制药物和缓解药物。①控制药物：是指需要长期每天使用的药物。这些药物主要通过抗炎作用使哮喘维持临床控制，其中包括吸入糖皮质激素（简称激素）全身用激素、白三烯调节剂、长效β2-受体激动剂（LABA，须与吸入激素联合应用）、缓释茶碱、色苷酸钠、抗IgE抗体及其他有助于减少全身激素剂量的药物等；②缓解药物：是指按需使用的药物。这些药物通过迅速解除支气管痉挛从而缓解哮喘症状，其中包括速效吸入β2-受体激动剂、全身用激素、吸入性抗胆碱能药物、短效茶碱及短效口服β2-受体激动剂等。

【护理诊断与合作性问题】

1. 低效性呼吸形态

与支气管痉挛，平滑肌水肿等有关。

2. 清理呼吸道无效

其与气道平滑肌痉挛、痰液增多黏稠、咳嗽无效、疲乏无力有关。

3. 体液不足

与呼吸急促或大量出汗使体液丢失、疲乏、焦虑、意识障碍、液体摄入量减少有关。

4. 恐惧

与呼吸困难、哮喘反复发作有关。

5. 知识缺乏

缺乏正确使用雾化吸入器的有关知识。

6.潜在并发症

自发性气胸、呼吸衰竭、肺心病。

【护理措施】

1.一般护理

(1)休息与环境　提供安静、舒适、冷暖适宜的环境。保持空气流通,室内温度维持在 18 ~ 22℃,湿度维持在 50% ~ 70%最适宜。室内不宜放花草、羽毛枕.避免尘埃飞扬或吸入刺激性气体。根据病情提供舒适体位,如端坐体位者提供床旁桌以做支撑。有明确过敏原,尽快脱离过敏原。

(2)饮食　提供清淡、易消化、高热量、高维生素的流质、半流质饮食,保持患者营养充足。不宜食鱼、虾、蟹、蛋类、牛奶等易过敏食物。多饮水,防止痰液黏稠,重症患者尤其要注意体液的补充,可经静脉补液,每日补液量 2500 ~ 3000ml,滴速 40 ~ 50 滴/分为宜,避免诱发急性肺水肿。

2.保持呼吸道通畅,维持有效的呼吸形态

1)加强观察,了解病情变化:观察患者呼吸形态,有无高碳酸血症或低氧血症的症状、体征,定时听诊肺部呼吸音,估计哮鸣音变化情况。重症哮喘者应专人护理,每隔 10 ~ 20 分钟测量血压、脉搏和呼吸一次。检测动脉血气分析结果、肺功能指标等。

2)氧疗:遵医嘱给予吸氧 2 ~ 4L/min,伴高碳酸血症者应低流量吸氧。注意呼吸道湿化、通畅;避免干燥、寒冷气流的刺激,必要时机械通气。

3)教会、鼓励患者缓慢深呼吸或缩唇呼吸,以改善通气,缓解症状。

4)协助排痰:清除呼吸道分泌物是改善通气的重要环节。评估患者痰的色、质、量及黏稠度,患者体力状况,咳嗽的能力及方法,听诊肺部呼吸音,尤其是啰音部位。评估患者进出水量,有无脱水的表现。教会患者掌握深呼吸和有效的咳嗽、咳痰技巧,协助翻身拍背,促进痰液引流。加强营养,补充消耗,防止患者衰竭而无力排痰。鼓励患者每天饮水 2 ~ 3L,重症哮喘应静脉补液,以纠正脱水,稀释痰液。遵医嘱给痰液稀释剂、支气管舒张剂、糖皮质激素以缓解气道炎症和水肿,促使排痰。痰液黏稠不易咳出者用蒸馏水或生理盐水加抗生素雾化吸入,以湿化呼吸道,同时,辅助以拍背,促进痰液咳出。不宜使用超声雾化吸入,防止异物刺激支气管,导致气道痉挛,哮喘症状加重。必要时经鼻腔或口腔吸痰或气管插管、气管切开,建立人工气道以清除痰栓,减少死腔。

3.药物治疗与护理

治疗哮喘的药物可分为缓解哮喘发作的药物和控制哮喘发作的药物两类。

(1)缓解哮喘发作　主要是舒张支气管的药物称为支气管舒张剂。

1)β_2-受体激动剂:通过对气道平滑肌和肥大细胞等细胞膜表面的β_2-受体的作用,舒张气道平滑肌、减少肥大细胞和嗜碱粒细胞脱颗粒和介质的释放、降低微血管的通透性、增加气道上皮纤毛的摆动等,缓解哮喘症状。此类药物较多,可分为短效(作用维持 4 ~ 6 小时)和长效(维持 12 小时)β_2-受体激动剂。后者又可分为速效(数分钟起效)和缓慢起效(30 分钟起效)2 种。①短效β_2-受体激动剂(简称 SABA):常用的药物如沙丁胺醇(Salbutamol)、特布他林(Terbutalin)和非诺特罗(Fenoterol)等。β_2-受体激动剂以吸入方式给药效果最好而不良反应最小。可供吸入的短效β_2-受体激动剂包括气雾剂、干粉剂和溶液等。这类药物松弛气道平滑肌作用强,通常在数分钟内起效,疗效可维持数小时,是缓解轻至中度急性哮喘症状的首选药物,也可用于运动性哮喘。这类药物应按需间歇使用,不宜长期、单一使用,也不宜过量应用,否则可引起骨骼肌震颤、低血钾、心律紊乱等不良反应。目前常用的吸入药物的方式包括定量气雾剂(metered-doseinhaler,MDI)吸入、干粉吸入、维持雾化吸入多种;②LABA:这类β_2-受体激动剂的分子结构中具有较长的侧链,舒张支气管平滑肌的作用可维持 12 小时以上。目前在我国临床使用的吸入型 LABA 有沙美特罗(Salmeterol)和福莫特罗(Formoterol)2 种。吸入 LABA 适用于哮喘(尤其是夜间哮喘和运动诱发哮喘)的预防和治疗。福莫特罗因起效迅速,可按需用于哮喘急性发作时的治疗。近年来推荐联合吸入激素和 LABA 治疗哮喘。这两者具有协同的抗炎和平喘作用,可获得相当于(或优于)应用加倍剂量吸入激素时的疗效,并可增加患者的依从性,减少较大剂量吸入激素引起的不良反应,尤其适合于中至重度持续哮喘患者的长期治疗。不推荐长期单独使用 LABA,应该在医生指导下与吸入激素联合使用。

2)茶碱:具有舒张支气管平滑肌作用,并具有强心、利尿、扩张冠状动脉、兴奋呼吸中枢和呼吸肌等作用。可经口服或静脉给药,不能以气雾方式吸入。①口服给药:包括氨茶碱和控(缓)释型茶碱。用于轻至中度哮喘发作和维持治疗。一般剂量为每天 6 ～ 10mg/kg。口服控(缓)释型茶碱后昼夜血药浓度平稳，平喘作用可维持 12 ～ 24 小时，尤适用于夜间哮喘症状的控制。联合应用茶碱、激素和抗胆碱药物具有协同作用。但本品与β_2-受体激动剂联合应用时，易出现心率增快和心律失常，应慎用并适当减少剂量。②静脉给药：氨茶碱加入葡萄糖溶液中，缓慢静脉注射(注射速度不宜超过 0.25mg/kg/min)或静脉滴注，适用于哮喘急性发作且近 24 小时内未用过茶碱类药物的患者。负荷剂量为 4 ～ 6mg/kg，维持剂量为 0.6 ～ 0.8mg/kg/h。由于茶碱的"治疗窗"窄，以及茶碱代谢存在较大的个体差异，可引起心律失常、血压下降、甚至死亡，在有条件的情况下应监测其血药浓度，及时调整浓度和滴速。发热、妊娠、小儿、老人、有心肝肾功能障碍者、甲状腺功能亢进者须慎用。

3)抗胆碱药物：吸入抗胆碱药物如溴化异丙托品、溴化氧托品和溴化泰乌托品(Tiotropiumbromide)等，可阻断节后迷走神经传出支，通过降低迷走神经张力而舒张支气管。其舒张支气管的作用比β_2-受体激动剂弱，起效也较慢，但长期应用不易产生耐药，对老年人的疗效不低于年轻人。

(2)控制哮喘发作　此类药物主要治疗哮喘气道炎症，称抗炎药。

1)激素：激素是最有效的控制气道炎症的药物。给药途径包括吸入、口服和静脉应用等，吸入为首选途径，吸入激素是长期治疗哮喘的首选药物。①吸入给药：吸入激素的局部抗炎作用强，通过吸气过程给药，药物直接作用于呼吸道，所需剂量较小。通过消化道和呼吸道进入血液药物的大部分被肝脏灭活，因此全身性不良反应较少。临床上常用的吸入激素包括二丙酸倍氯米松、布地奈德、丙酸氟替卡松等，吸入激素在口咽部局部的不良反应包括声音嘶哑、咽部不适和念珠菌感染。吸药后及时用清水含漱口咽部，选用干粉吸入剂或加用储雾器可减少上述不良反应。已上市的吸入激素中丙酸氟替卡松和布地奈德的全身不良反应较少。目前有证据表明成人哮喘患者每天吸入低至中剂量激素，不会出现明显的全身不良反应。长期高剂量吸入激素后可能出现的全身不良反应包括皮肤淤斑、肾上腺功能抑制和骨密度降低等。一般而言，使用干粉吸入装置比普通定量气雾剂方便，吸入下呼吸道的药物量较多；②口服给药：适用于中度哮喘发作、慢性持续哮喘吸入大剂量吸入激素联合治疗无效的患者和作为静脉应用激素治疗后的序贯治疗。一般使用半衰期较短的激素(如泼尼松、泼尼松龙或甲泼尼龙等)。长期口服激素可以引起骨质疏松症、高血压、糖尿病、下丘脑-垂体-肾上腺轴的抑制、肥胖症、白内障、青光眼、皮肤菲薄导致皮纹和淤瘢、肌无力。对于伴有结核病、寄生虫感染、骨质疏松、青光眼、糖尿病、严重忧郁或消化性溃疡的哮喘患者，全身给予激素治疗时应慎重并应密切随访；③静脉给药：严重急性哮喘发作时，应经静脉及时给予琥珀酸氢化可的松(400 ～ 1000mg/天)或甲泼尼龙(80 ～ 160mg/天)。无激素依赖倾向者，可在短期(3 ～ 5 天)内停药；有激素依赖倾向者应延长给药时间，控制哮喘症状后改为口服给药，并逐步减少激素用量。

2)色甘酸钠及尼多酸钠：非糖皮质激素类抗炎药，可部分抑制 IgE 介导的肥大细胞释放介质，并可选择性抑制其他炎症细胞释放介质。可用于预防变应原、运动、干燥引起的气道收缩。一般采用吸入疗法，最常用干粉吸入。色甘酸钠吸入时有一定异味感，偶可诱发咽喉部刺激感、口干和恶心等不良反应。

3)白三烯调节剂：包括半胱氨酰白三烯受体拮抗剂和 5-脂氧化酶抑制剂。除吸入激素外，是唯一可单独应用的长效控制药，可作为轻度哮喘的替代治疗药物和中重度哮喘的联合治疗用药。目前在国内应用主要是半胱氨酰白三烯受体拮抗剂，通过对气道平滑肌和其他细胞表面白三烯受体的拮抗抑制肥大细胞和嗜酸粒细胞释放出的半胱氨酰白三烯的致喘和致炎作用，产生轻度支气管舒张和减轻变应原、运动和二氧化硫(SO_2)诱发的支气管痉挛等作用，并具有一定程度的抗炎作用。本品可减轻哮喘症状、改善肺功能、减少哮喘的恶化。但其作用不如吸入激素，也不能取代激素。作为联合治疗中的一种药物，本品可减少中至重度哮喘患者每天吸入激素的剂量，并可提高吸入激素治疗的临床疗效。

4)抗组胺药物：口服抗组胺药物(H1 受体拮抗剂)，如酮替芬、氯雷他定、阿司咪唑等具有抗变态反应作用。

4.维持体液及电解质平衡

哮喘发作时交感神经兴奋，用力呼吸，大量出汗；另外，患者过度通气呼出大量水分以及患者虚弱无力饮水，可导致患者脱水及体内钠量不足。应记录每日出入液量，成人每日水分摄入量应为 3000ml，监测电解质浓度，观察水电失衡的表现。大量出汗者每天温水擦浴，勤换衣服和床单，保持皮肤清洁、干燥与舒适。

5.心理护理

哮喘发作时患者会产生紧张、焦虑、恐惧的心理，而精神紧张、激动等负性不良情绪常会诱发或加重哮喘发作，从而形成恶性循环。医护人员应富有同情心，尽量守护在患者床旁，体贴安慰患者，使其产生信任和安全感。通过暗示、诱导方法分散患者的注意力，使患者身心放松，情绪稳定，有利于症状缓解。

6.健康指导(哮喘管理)

尽管哮喘尚不能根治,但通过有效的哮喘管理和患者的健康宣教,通常可以实现哮喘控制。成功的哮喘管理目标是:①达到并维持症状的控制;②维持正常活动,包括运动能力;③维持肺功能水平尽量接近正常;④预防哮喘急性加重;⑤避免因哮喘药物治疗导致的不良反应;⑥预防哮喘导致的死亡。根据教育的对象和条件的不同,可采用不同的教育方式。教育内容包括:

(1)通过长期规范治疗能够有效控制哮喘　略。

(2)避免触发、诱发因素方法　识别和避免已知的诱发因素,如避免过敏原,避免摄入引起哮喘发作的食物;室内不种花草,不养宠物;保持室内情洁;打扫或喷洒杀虫剂时,患者应离开现场;避免刺激性气体的吸入;戒烟,避免被动吸烟;避免剧烈运动;避免冷空气吸入;避免运用阿司匹林等NSAID类药物,慎用β受体阻滞剂等以免诱发哮喘;预防和积极治疗呼吸道感染,病毒流行时,避免去公共场所,避免淋雨、受凉、过度疲劳等刺激。尽量减少、控制哮喘发作。

(3)哮喘的本质、发病机制、哮喘长期治疗方法　略。

(4)药物吸入装置及使用方法　正确使用定量雾化器。吸入疗法治疗哮喘效果良好,但有些患者在使用吸入装置时有些困难,护士应教会患者正确的使用方法以确保疗效。正确的使用方法是:①移去盖帽,使用前轻摇贮药罐使之混匀;②头略后仰并缓慢地呼气,尽可能呼出肺内空气;③将吸入器吸口或储雾器口器紧紧含在口中,并屏住呼吸,以食指和拇指紧按吸入器,使药物释出,并同时做与喷药同步的缓慢深吸气,最好大于5秒钟;④屏气10秒钟,使药物充分分布到下气道;⑤缓慢而平稳地用鼻呼气,如需多次吸入者,休息1分钟后重复操作;⑥清水漱口。气雾剂药物遇热和受撞击有可能发生爆炸,储存时应注意避光、避热、避冷冻、避摔碰,即使药品已用完的小罐也不可弄破、刺穿或燃烧。

(5)自我监测　如何测定、记录、解释哮喘日记内容:症状评分、应用药物、PEF,哮喘控制测试(ACT)变化。应用峰流速仪主要是测量呼气峰流速(PEF),也就是用力呼气时,气流通过气道的最快速率,它的正确测量依赖于患者的配合和掌握正确的使用方法。目前峰流速仪(图12-6)的种类很多,但使用的技术大致相同:① 站立或者坐直;②确定标尺在仪器的最下端;③深吸气后将口器放入口中,用嘴唇包紧口器。确定你的舌头不要堵住口器;④用力并尽快呼出气体;⑤移开仪器;⑥ 读取数值,并重复1～6步骤2次;⑦在哮喘日记中,记录3次测定中的最大值。这就是你的PEF值。为确保测定的PEF值具有可比性,应该确定你每次测定时采用同样的方法。由于哮喘患者的病情常有变动,其峰流速(PEF)及用药情况最好有一个实际记载,能每天写哮喘日记,这对掌握患者发病规律,指导用药,预防复发都有较大意义。

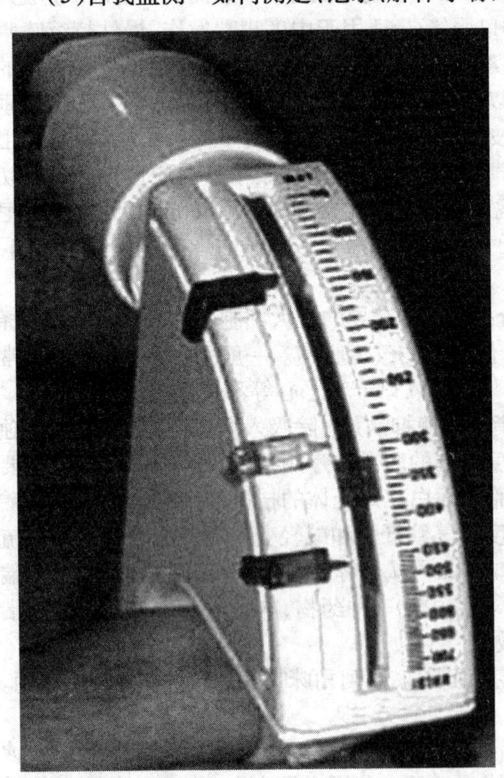

图12-6　呼气峰流速仪

(6)哮喘先兆、哮喘发作征象和自我处理方法,如何、何时就医。　略。

(7) 哮喘防治药物知识　帮助患者学会在急性发作时简单、及时的处理,掌握正确的吸入技术。讲解常用药的用法、剂量、疗效及不良反应,与患者共同制订定期管理、防止复发的计划。

(8)如何根据自我监测结果判定控制水平,选择治疗　略。

(9) 认识心理因素在哮喘发病中的作用　提高患者对疾病的正确认识,增强战胜疾病的信心。帮助患者及家人获得哮喘的有关知识,如哮喘的概念、诱因,怎样控制发作及治疗,以控制哮喘、维持患者正常工作和学习,使患者建立战胜疾病的信心。保持生活规律和乐观情绪,特别向患者说明发病与精神紧张、生活压力有关。积极参加体育锻炼,尽可能改善肺功能,预防发展为不可逆性气道阻塞。

第九节　脓胸患者的护理

脓胸是指脓性渗出液积聚于胸膜腔内的化脓性感染。

一、分类

根据感染波及的范围，脓胸可分为局限性脓胸和全脓胸；按引起感染的致病菌可分为化脓性脓胸、结核性脓胸和特异病原性脓胸；按病程可分为急性脓胸和慢性脓胸。

二、病因

1.急性感染

多为继发性感染，主要致病菌为金黄色葡萄球菌，其次是肺炎球菌、链球菌、大肠杆菌、真菌等。致病菌侵入胸膜腔并引起感染的途径有：

1)直接由化脓病灶侵入胸膜腔，或因外伤、手术污染胸膜腔。

2)经淋巴途径，如膈下脓肿、肝脓肿等，通过淋巴管侵犯胸膜腔。

3)血源性播散：在全身败血症或脓毒血症时，致病菌可经血液循环进入胸膜腔。

2.慢性感染

主要原因有：

1)急性脓胸未及时治疗。

2)急性脓胸处理不当：如引流太迟、引流管过早拔除、引流管过细、引流位置不当等致排脓不畅。

3)脓腔内有异物存在导致感染难以控制。

4)合并支气管炎或食管瘘而未及时处理。

5)与胸膜腔邻近的慢性病灶，如膈下脓肿、肝脓肿等感染的反复传入。

6)有特殊病原菌存在，如结核菌等慢性炎症导致纤维层增厚、肺膨胀不全，使脓腔长期不愈合。

三、病理

在临床的急性期，胸膜腔内有大量浓液渗出（渗出期）。早期脓液稀薄，含有白细胞和纤维蛋白，呈浆液性，胸腔积液压迫肺，纵隔移向健侧。随着病情进一步发展，脓细胞和纤维蛋白增多形成脓液，沉积于脏、壁层胸膜表面。以后随着纤维层的不断增厚（纤维素期），韧性增强而易于粘连，并有使脓液局限化的倾向，使肺膨胀受到限制。在临床的慢性期，在壁、脏层胸膜上纤维蛋白沉着机化，形成韧厚致密的纤维板，构成脓腔壁（机化期）。纤维板固定紧束肺组织，牵拉胸廓向内凹陷，纵隔向患侧移位，并限制胸廓的活动，从而减低呼吸功能。

【护理评估】

1.健康史

应详细询问患者的胸部外伤史或手术史，身体其他部位的感染病史，以便了解胸膜腔细菌感染的来源和途径。

2.身体状况

(1)急性脓胸　患者常有高热、胸痛、咳嗽、咯痰（合并支气管胸膜瘘者咯脓痰）、呼吸急促，食欲不振、全身乏力，严重者可出现呼吸困难、发绀，甚至休克等。查体可见患侧肋间饱满，呼吸运动减弱，气管和纵隔移位，叩诊浊音，呼吸音减弱或消失。

(2)慢性脓胸　患者常有低热、慢性咳嗽、脓痰、胸闷不适、消瘦、贫血、低蛋白血症等，查体可见患者胸壁塌陷，呼吸活动受限制，叩诊浊音，听诊呼吸音减弱或消失，气管向患侧移位，可有杵状指（趾）。

3.辅助检查

(1)实验室检查　急性期患者血白细胞计数和中性粒细胞升高；慢性期患者红细胞、血细胞比容和血清蛋白水平降低。

(2)胸膜腔穿刺　可抽得脓液。

(3)胸部X线检查　急性期可显示胸腔积液;慢性期示胸壁及肺表面均有增厚阴影或钙化,也可见气液平面或气管移向患侧。

4.心理-社会状况

脓胸一般病程较长,患者常常出现情绪抑郁状态,表现为悲观、失望、急躁、焦虑等。

【护理诊断与合作性问题】

1.体温过高

与感染有关。

2.气体交换受损

与脓肿压迫肺组织,通气换气量不足有关。

3.清理呼吸道无效

与脓液引流不畅有关。

4.营养不足低于机体需要量

与长期感染发热、摄入营养不足有关。

5.疼痛

与炎症刺激有关。

【护理目标】

1.患者体温恢复正常。

2.患者呼吸功能改善,无气促、发绀等缺氧征象。

3.患者营养状况改善,血红蛋白、总蛋白在正常范围。

4.患者疼痛明显改善

【护理措施】

1.改善呼吸功能

(1)体位　取半坐卧位,以利呼吸和引流,有支气管胸膜瘘者取患侧卧位,以免脓液流向健侧或发生窒息。

(2)保持呼吸道通畅　痰液较多者协助排痰或体位引流,遵医嘱应用抗生素。

(3)酌情给氧

(4)协助医师进行治疗

1)急性脓胸:尽早行胸腔穿刺抽脓。可每日或隔日1次。抽脓后,胸腔内注射抗生素。脓液多时,应分次抽吸,每次抽脓量不超过1000ml。穿刺过程中及穿刺后应注意观察患者有无不良反应。脓液黏稠、抽吸困难或伴有支气管胸膜瘘者应行胸腔闭式引流。

2)慢性脓胸:①行胸部成形术后应采取术侧向下卧位,用厚棉垫、胸带加压包扎,并根据肋骨切除范围,在胸廓下垫一硬枕或加沙袋1～3kg压迫,以控制反常呼吸。包扎松紧适宜,随时调整;②行胸膜纤维板剥脱术,术后易发生大量渗血,应严密观察生命体征及引流液的性状和量。若血压下降、脉搏增快、尿量减少、烦躁不安且呈贫血貌,或胸腔闭式引流术后3～5小时内每小时引流量大于150～200ml且呈鲜红色,应立即快速输血,酌情给予止血药,必要时准备再次开胸止血。

(5)呼吸功能训练　鼓励患者有效地咳嗽、排痰、吹气球,做呼吸功能训练,促使肺充分膨胀,增加通气容量。

(6)保持胸腔引流管通畅,维持有效引流　急性脓胸患者如能及时彻底排除脓液,使肺逐渐膨胀,脓腔闭合,一般可治愈。对慢性脓胸患者应注意引流管不能过细。引流位置适当,勿插入太深,以免影响脓液排出。若脓腔明显缩小,脓液不多,纵隔已固定,可将闭式引流改为开放式引流。开放式引流应保持局部清洁,按时更换敷料,妥善固定引流管,防止滑脱。引流口皮肤涂氧化锌软膏,防止发生皮炎。

2.减轻疼痛

指导患者作腹式深呼吸,减少胸廓运动,减轻疼痛,必要时行镇静、镇痛处理。

3.降温

高热者给予冷敷、酒精擦浴等物理降温措施,鼓励患者多饮水,必要时应用药物降温。

4.加强营养

鼓励患者多进食高蛋白、高热量和富含维生素的食物。根据患者口味合理调配饮食,保证营养素的供给。

必要时给予少量多次输血或肠内、外营养支持，以纠正贫血、低蛋白血症和营养不良。

5.保持皮肤清洁

协助患者定时翻身和肢体活动，按时擦洗身体，按摩背部及骶尾部皮肤，以改善局部血液循环、增加机体抵抗力。及时更换汗湿的衣被，保持床单平整干净，减少摩擦，避免汗液、尿液对皮肤的不良刺激，预防压疮的发生。

6.心理

护士应经常与患者交谈，关心体贴患者，帮助解决生活上的困难，坦诚回答患者有关疼痛、不适及治疗方面的问题，鼓励患者树立战胜疾病的信心，使之能积极配合治疗，早日康复。

7.健康教育

（1）积极有效地治疗急性脓胸

（2）康复训练　胸廓成形术后和患者，由于手术所需切断某些肌群，特别是肋间肌，使之功能受损，易引起脊柱侧弯和术侧肩关节的运动障碍，故患者需采取正确姿势，坚持练习头部前后左右回转运动，练习上半身的前屈运动及左右弯曲运动。自手术后第一天起即开始上肢运动，如：上肢屈伸、抬高上举、旋转等，使之尽可能恢复到健康时的活动水平。

第十节　肺癌患者的护理

肺癌多数起源于黏膜上皮，亦称支气管肺癌。近50多年来，世界各国特别是工业发达国家，肺癌的发病率和病死率均迅速上升，肺癌目前是全世界癌症死因的第一名。1995年全世界有60万人死于肺癌，而且每年人数都在上升，2003年世界卫生组织（WHO）公布的死亡率是110万/年，发病率是120万/年，而女性患肺癌的发生率尤其有上升的趋势。本病多在40岁以上发病，发病年龄高峰在60 ～ 79岁。男女患病率为2.3 : 1。

【概述】

一、病因与发病机制

肺癌的病因至今尚不完全明确，大量医学资料表明肺癌的危险因子包含吸烟（包括二手烟）、石棉、氡、砷、电离辐射、卤素烯类、多环性芳香化合物、镍等。具体如下：

1.吸烟

目前吸烟被公认为是肺癌的重要危险因素，吸烟者肺癌死亡率比不吸烟者高10-30倍。长期吸烟可导致支气管黏膜上皮结构改变。肺癌的危险性与吸烟年龄、开始吸烟的年龄、每日吸烟量、吸入深度、香烟中焦油和尼古丁的含量有关。

2.空气污染

空气污染包括室内小环境和室外大环境污染。室内小环境污染包括室内的被动吸烟、烹调过程的油烟和家庭装修材料可能产生的致癌物。工业发达国家肺癌的发病率高，城市比农村高，厂矿区比居住区高，主要原因是由与工业和交通发达地区，石油，煤和内燃机等燃烧后和沥青公路尘埃产生的致癌物质污染大气有关。

3.职业因素

长期接触放射性物质及其衍化物均可诱发肺癌，主要是鳞癌和未分化小细胞癌。约15%的美国男性肺癌和5%女性肺癌与职业因素有关。

4.肺部慢性疾病

肺结核、肺纤维化、矽肺、尘肺等可与肺癌并存，这些病例中癌肿的发病率高于正常人。

5.人体内在因素

家族遗传、免疫机能降低、代谢活动内分泌功能失调及饮食不合理等因素都可增加肺癌的发生几率。

二、病理和分类

肺癌起源于支气管黏膜上皮，可向支气管腔内或邻近组织生长，并可通过血液、淋巴或支气管转移扩散。肺癌的分布以右肺多于左肺，上叶多于下叶。起源于主支气管、肺叶支气管的肿瘤，位置靠近肺门者称为中心型肺癌。起源于肺段支气管以下的肿瘤,位置在肺的周围者称周围型肺癌。

1.分类

按细胞类型将肺癌分为以下四种类型:

(1)鳞状细胞癌(鳞癌) 在肺癌中约占50%。50岁以上的男性占大多数。鳞癌大多起源于较大的支气管,常为中心型;生长速度缓慢,病程较长,对放射和化学药物治疗较敏感,通常先经淋巴转移,血行转移发生较晚。

(2)小细胞癌(未分化小细胞癌) 发病率比鳞癌低,发病年龄较轻,多见于男性。一般起源于较大支气管,多为中心型;恶性程度高,生长快,较早出现淋巴和血行转移,对放射和化学药物治疗虽较敏感,但在各型肺癌中预后最差。

(3)腺癌 发病率年龄较小,女性相对多见。多数起源于较小的支气管上皮,多为周围型,少数起源于大支气管。一般生长较慢,但少数在早期即发生血行转移,淋巴转移则较晚发生。

(4)大细胞癌 较少见,多为中心型;癌细胞分化程度低,常在发生脑转移后才被发现,预后差。

2.转移途径

(1)直接转移 癌肿沿支气管壁并向支气管内生长,可以造成支气管腔部分或全部阻塞。癌肿亦可直接侵入邻近肺组织,并穿越肺叶间裂侵入相邻的其他肺叶。还可侵犯胸内其他组织和器官。

(2)淋巴转移 是常见的扩散途径。癌细胞经支气管和肺血管周围的淋巴管,先侵入邻近的肺段或肺叶支气管周围的淋巴结,然后到达肺门或气管隆凸下淋巴结,或侵入纵隔和气管旁淋巴结,最后累及锁骨上前斜肌淋巴结和颈部淋巴结。纵隔和气管旁以及颈部淋巴结转移一般发生在肺癌同侧,但也可以在对侧。肺癌侵入胸壁或膈肌后,可自腋下或主动脉旁淋巴结转移。

(3)血行转移 多发生在肺癌晚期,通常癌细胞直接侵入肺静脉,然后经左心随大循环血流转移到其他器官和组织,常见有肝、骨骼、脑等。

三、临床分期

肺癌的临床分期对治疗方案的选择具有指导意义。(表12-5)

表12-5 1997年UICC修订的肺癌TNM分期

原发肿瘤(T)
T_0:无原发肿瘤的证据。
Tis:示原位癌。
T_1*:肿瘤直径≤3cm;在叶支气管或以远;无局部侵犯,被肺、脏胸膜包绕。
T_2:肿瘤直径>3cm;在主支气管(距隆凸≥2cm);或有肺不张或阻塞性肺炎影响肺门,但未累及一侧全肺;侵及脏胸膜。
T_3:肿瘤可以任何大小;位于主支气管(距隆凸<2cm);或伴有累及全肺的肺不张或阻塞性肺炎;侵及胸壁(包括肺上沟癌)、膈肌、纵隔胸膜或壁心包。
T_4:肿瘤可以任何大小;同侧原发肿瘤所在肺叶内出现散在肿瘤结节;侵及纵隔、心脏、大血管、气管、食管、椎体、隆凸或有恶性胸腔积液或心包积液。

淋巴结(N)
N_x:不能确定局部淋巴结受累。
N_0:无局部淋巴结转移。
N_1:转移到同侧支气管旁和(或)同侧肺门(包括直接侵入肺内的淋巴结)淋巴结。
N_2:转移到同侧纵隔和(或)隆凸下淋巴结。
N_3:转移到对侧纵隔、对侧肺门、同侧或对侧斜角肌、或锁骨上淋巴结。

远处转移(M)
M_x:不能确定有远处转移。
M_0:无远处转移。
M_1:有远处转移(包括同侧非原发肿瘤所在肺叶内出现肺叶结节)。

TNM 分期
0 期($T_{is}N_0M_0$)
I_A 期($T_1N_0M_0$)
I_B 期($T_2N_0M_0$)
$Ⅱ_A$ 期($T_1N_1M_0$)
$Ⅱ_B$ 期($T_2N_1M_0$,$T_3N_0M_0$)
$Ⅲ_A$ 期($T_3N_1M_0$,T_1-$3N_2M_0$)
$Ⅲ_B$ 期(T_4 任何 NM_0,任何 TN_3M_0)
Ⅳ期(任何 T 任何 NM_1)

*为不多见的表浅癌肿,不论其大小,局限于支气管壁,即使在主支气管仍属于 T_1。

【护理评估】

1.健康史

重点询问患者有无导致肺癌发生的危险因素,包括患者的吸烟史,应包括吸烟时间、吸烟量及有无戒烟;环境中是否存在职业性危险因素;患者是否患有肺结核 COPD 等肺部疾病。护士应该注意肺癌的一些相关表现,如呼吸形态的改变,持续咳嗽或咳嗽性质的变化,有无痰中带血、胸痛或胸部发紫、体重下降等情况。

2.身体状况

肺癌的临床表现与肿瘤的部位、大小、是否压迫和侵犯邻近器官以及有无转移等密切相关。

(1)早期　多数患者无典型症状。癌肿增大后,常出现刺激性咳嗽,痰中带血丝、血点或持续地少量咯血;大量咯血则很少见。少数患者由于肿瘤造成较大的支气管不同程度的阻塞,可出现胸闷、哮鸣、气促、发热和胸痛等症状。

(2)晚期　除食欲减退、体重减轻、倦怠及乏力等全身症状外,可出现癌肿压迫、侵犯邻近器官、组织或发生远处转移时的征象。

1)压迫或侵犯膈神经:同侧膈肌麻痹。

2)压迫或侵犯喉返神经:声带麻痹、声音嘶哑。

3)压迫上腔静脉:肿瘤压迫或侵犯上腔静脉,静脉回流受阻,产生头面、颈、上肢水肿,上腔静脉压升高。

4)侵犯胸膜:胸膜腔积液,常为血性;大量积液可引起气促。

5)癌肿侵犯胸膜及胸壁:有时可引起持续性剧烈胸痛。

6)侵犯纵隔,压迫食管,引起吞咽困难。

7)上叶顶部肺癌:亦称 Pancoast 肿瘤。可侵入纵隔和压迫位于胸廓上口的器官或组织,如第 1 肋间、锁骨下动静脉、臂丛神经、颈交感神经等而产生剧烈胸肩痛、上肢水肿、臂痛、上腔静脉怒张和运动障碍,同侧上眼睑下垂、瞳孔缩小、眼球内陷、面部无汗等颈交感神经综合征(Horner 征)等。肺癌血行转移后,侵入不同的器官而产生不同症状。

少数患者可出现非转移性的全身症状:如骨关节病综合征(杵状指、骨关节痛、骨膜增生等)、Cushing 综合征、重症肌无力、男性乳腺增大、多发性肌肉神经痛等。

3.辅助检查

(1)胸部 X 线检查和 CT 检查　在肺部可见块状阴影,边缘不清或呈分叶状,周围有毛刺。若有支气管梗阻,可见肺不张;若肿瘤坏死液化可见空洞。

(2)痰细胞学检查　肺癌,尤其是较大支气管的中央型肺癌,表面脱落的癌细胞随痰咳出,故痰中找到癌细胞即可明确诊断。

(3)支气管镜检查　诊断中心型肺癌的阳性率较高,可直接观察到肿瘤大小、部位及范围,并可取穿刺组织做病理学检查,亦可经支气管取肿瘤表面组织或取支气管内分泌物进行细胞性检查。

(4)其他　有纵隔镜、反射性核素扫描、经胸壁穿刺活组织检查、转移病灶活组织检查、胸腔积液检查等。

4.心理-社会状况

评估患者和家属对疾病的认知程度,社会支持系统和常用的应对机制,对治疗有何顾虑,有何思想负担。评估家属对患者的关心程度、支持力度,家庭对手术的经济承受能力。由于疾病的症状会给患者带来恐惧、焦虑甚至是绝望,因此,护士在诊断和治疗期间应给予患者和家属心理上的支持与宽慰,疏解患者提高有限生命的生活质量。

【护理诊断与分作性问题】

1.气体交换受损

与癌组织病变、手术、麻醉等因素有关。

2.低效型呼吸形态

与肿瘤阻塞支气管、肺膨胀不全、呼吸道分泌物过多等有关。

3.营养失调

低于机体需要量与肿瘤导致代谢增加有关。

4.焦虑、恐惧

与担心手术、疾病的预后等因素有关。

5.疼痛

与肿瘤侵犯周围结构、手术所致组织损伤有关。

6.潜在并发症

出血、感染、肺不张、急性肺水肿、心律不齐、ARDS。

【护理目标】

1.患者恢复正常的气体交换功能。

2.患者维持正常的呼吸形态。

3.患者营养状况明显改善。

4.患者自述焦虑、恐惧减轻。

5.患者疼痛缓解。

6.患者的并发症得到及时发现、控制或无并发症发生。

【护理措施】

肺癌的治疗应根据患者的机体状况、肿瘤的病理类型、侵犯的范围和进展合理选用治疗方法。现阶段肺癌的治疗以手术治疗为主,结合放射、化学药物、中医中药以及免疫治疗等方法。

手术治疗的目的是彻底切除肺部原发癌肿和局部及纵隔淋巴结。手术的方法取决于病变的部位和肿瘤的大小,以及患者的肺功能和一般状况。常见的手术方式有肺叶切除术,即只切除一个肺叶而保留一定数量的肺组织。如果肿瘤位于肺脏外周,且没有胸壁或远端转移,可以行肺段切除术,即切除一个肺叶中独立的支气管血管段。全肺切除术即切除整个肺脏,只有当肿瘤广泛转移到整个肺脏,包括主气管或侵入肺门时才选择全肺切除,该种手术必须考虑患者健侧肺脏功能和术前健康状况。

1.手术前护理

(1)减轻患者焦虑　患者往往在手术前会担心手术是否成功,担心并发症的产生及预后,护士此时要发动家属对患者做好充足的心理准备,给予患者情绪支持,关心、同情、体贴患者,最大限度地减轻患者焦虑不安的不良心理反应。

(2)改善呼吸功能、预防术后感染

1)戒烟:劝解患者戒烟,告诉患者吸烟的危害性,吸烟会刺激肺、气管及支气管分泌物增加,妨碍纤毛的活动和清洁功能,导致肺部感染。

2)保持呼吸道通畅:若有大量支气管分泌物者应先行体位引流。若痰液黏稠不易咳出时,可行超声雾化。同时,注意观察痰液的量、颜色、黏稠度及气味;遵医嘱给予支气管扩张剂、祛痰剂等药物改善呼吸状况。注意口腔卫生,若有龋齿或上呼吸道感染应先治疗,以免术后并发肺部感染等并发症。

（3）给予营养支持 肺癌患者往往存在不同程度的营养不良，导致患者对于手术及麻醉的耐受性下降，术后发生并发症的几率增加，影响手术切口的愈合及机体的恢复。因此，要鼓励患者摄取足够的营养及水分，家属要为患者提供色、香、味俱全的均衡饮食，以促进患者的食欲。严重营养不良患者还需进行肠外营养支持。

（4）术前指导

1）指导患者练习腹式呼吸、有效咳嗽和翻身，可促使肺扩张。

2）指导患者练习使用深呼吸训练器，以配合术后康复。

3）指导患者在床上进行各种简单运动，预防各种并发症的发生。

4）绍术后引流管胸腔闭式引流设备、放置的目的及注意事项。

2.手术后护理

（1）维持呼吸道通畅

1）患者麻醉清醒后采取半坐卧位，有利于肺的扩张和通气。

2）鼓励患者深呼吸、有效咳嗽、咳痰，必要时进行吸痰。

3）观察患者呼吸频率、幅度、节律及双肺呼吸音；观察患者有无缺氧征象，若有异常及时报告医师予以处理。

4）吸氧：由于手术后患者肺通气量及气体交换面积的减少，患者会出现不同程度的缺氧。术后给患者吸氧并注意监测患者血氧饱和度的变化。

5）稀释痰液：若患者呼吸道分泌物黏稠，可使用药物进行超声雾化吸入，以达到稀释痰液、消炎、解痉、抗感染的目的。

（2）监测生命体征 术后 2 ~ 3 小时内，每 15 分钟监测生命体征一次，脉搏和血压平稳后改为 30 分钟至 1 小时一次；注意观察有无呼吸窘迫的现象；若血压有波动，需严密观察有无异常现象。

（3）予以合理体位 患者意识未恢复前取平卧位，头偏向一侧，以免呕吐物、分泌物吸入而致窒息或并发吸入性肺炎。血压稳定后，取半坐卧位。肺叶切除者，可采取平卧或侧卧位。肺节切除术者，应避免手术侧卧位，选则健侧卧位，以促进患侧肺组织扩张。全肺切除术者，应避免过度侧卧，宜采用 1/4 侧卧位，以防纵隔移位和压迫健侧肺而导致呼吸循环功能障碍。若有血痰或支气管瘘管，应采取患侧卧位并通知医师。避免采用垂头仰卧式，以防因横膈上升而妨碍通气。

（4）减轻疼痛，增进舒适 开胸手术创伤较大，以及留置胸腔闭式引流管等诸多原因，导致患者术后疼痛剧烈。术后疼痛会导致患者出现神经性低血压，并使患者无法进行咳嗽、深呼吸、翻身及下床活动等，因此术后必要的镇痛非常重要。护士应评估患者疼痛的原因及程度，从而采取正确的止痛方法，并教会患者尽量使用非药物止痛方法。使用止痛剂的患者，护士要观察药物治疗的效果，及时调整药物治疗方案。告诉家属在患者翻身、深呼吸、咳嗽时帮助保护伤口；妥善固定胸腔闭式引流管，防止因胸管移位造成的不适。

（5）鼓励患者早期活动 鼓励患者在术后尽早活动有助于预防肺不张，改善呼吸循环功能，促进食欲，有利于手术切口的愈合及机体的恢复。术后 24 小时内可协助患者在床上进行一些力所能及的被动运动；术后 1 ~ 2 天协助患者床旁站立或行走；术后 3 天可进行室内活动，逐渐增加运动量及运动时间。鼓励患者进行手臂和肩膀的运动，预防术侧肩关节强直及失用性萎缩。患者在运动过程中护士应密切观察患者有无不适，若出现心动过速、气急、出汗等症状应立即停止活动。告诫患者及家属在运动过程中要注意胸腔闭式引流管的护理，防止出现意外。

（6）胸腔闭式引流管的护理

1）按胸腔闭式引流常规进行护理。

2）密切观察引流液的量、色、性状，当引流出大量血性液体时，尤其每小时超过 100ml 时，应考虑有活动性出血，需立即通知医师。

3）对全肺切除术的患者，由于术后患侧胸膜腔成为空腔，纵隔可因两侧胸膜腔压力不等而移位。明显的纵隔移位会导致胸腔内大血管移位，心搏出量减少，影响肺的通气和换气功能，重者导致呼吸、循环衰竭。所以，全肺切除术后胸腔引流管一般呈钳闭状态，酌情放出适量的气体或引流液，以维持气管、纵隔处于中间位置。每次放液量不宜超过 100ml，速度宜慢，避免快速多量放液引起纵隔突然移位，导致心脏骤停。

（7）维持体液平衡和补充营养

1）严格控制输液的量和速度，防止前负荷过重而导致急性肺水肿的发生。全肺切除术后患者应控制钠盐摄入量，一般 24 小时补液量宜控制在 2000ml 内，速度以 20 ~ 40 滴/分为宜。

2)术后患者的饮食宜为高蛋白、高热量、高维生素、易消化饮食,以保证营养,提高机体抵抗力,促进伤口愈合。

(8)术后并发症的观察与护理

1)胸腔内活动性出血:多发生在术后24小时内,应注意观察患者术后生命体征和胸腔闭式引流的情况,如有异常及时通知医师。

2)肺部并发症:常见有肺不张、肺炎、呼吸衰竭等,表现为发热、气促、呼吸困难、呼吸道分泌物多且黏稠、发绀、脉速等。

3)支气管胸膜瘘:多出现在术后1～2周内,表现为持续高热,患侧胸痛,呼吸困难,刺激性咳嗽,咳脓血性痰。患侧呼吸音低,气管向健侧移位。胸腔穿刺可抽出脓液。如胸膜腔内注入美蓝,患者咳出的痰呈蓝染。一旦确诊支气管胸膜瘘,护士应协助患者患侧卧位,协助医师进行胸腔闭式引流。

(9)化疗患者的护理　小细胞癌对于化疗有高度的反应性,有多种化疗药物可以提高小细胞肺癌的缓解率,因此,化疗为小细胞肺癌的首选治疗方案。非小细胞癌对化疗的反应较差,故非小细胞肺癌的治疗应以手术治疗为主,化疗主要作为不能手术及术后复发患者的姑息性治疗或作为手术治疗及放疗的辅助治疗措施。护士应了解药物的作用及毒性反应,并对患者做详细的说明,做到安全用药,选择合适的静脉,注射过程中严防药物外渗;同时,应密切观察和发现化疗的毒副反应,并予以及时处理。

(10)放疗患者的护理　放疗也作为一种姑息治疗方法,用来抑制肿瘤的发展,延缓肿瘤的扩散及减少一些症状。放疗对小细胞肺癌效果最好,其次是鳞癌和腺癌。放疗虽能抑制肿瘤细胞,但在治疗过程中对一些正常细胞同样具有杀伤力。护士需要帮助患者应对由于放疗带来的不良反应,如骨髓造血功能抑制、放射性肺炎、肺纤维化、倦乏、胃纳减退、低热等,应给予相应处理。

(11)其他治疗方法的护理　近年来一些局部治疗方法在肺癌的治疗中得以应用和发展,如经支气管动脉或肋间动脉灌注加栓塞治疗等。此外,中医中药在肺癌的治疗中与西医治疗相互协同,可以减少患者对化疗和放疗的不良反应,以及一些免疫疗法的应用大大提高了机体抗病能力。护士在这些治疗中,应采取相应的护理措施。

【护理评价】

1.患者呼吸功能是否改善,有无缺氧征象。

2.患者是否维持正常的呼吸形态。

3.患者心理状态如何,能否正确对待病情并能有效地配合治疗。

4.患者的疼痛时候获得适当的处理,是否主述疼痛减轻。

5.患者有无发生并发症,如出血、感染、肺不张、急性肺水肿、心律不齐、ARDS等。

【健康教育】

1.早期诊断

40岁以上者应定期进行胸部X线检查,中年以上,久咳不愈或出现痰中带血时应高度警惕,并做进一步检查。

2.使患者了解吸烟的危害,建议戒烟

3.指导患者进行康复锻炼

1)练习腹式呼吸及有效咳嗽,可减轻切口疼痛,促进肺扩张。

2)练习使用深呼吸训练器,吹气球等促使肺膨胀。

3)进行一些力所能及的体育运动,增强抵抗力。

4.出院前指导

1)告诉患者出院返家后数星期内仍应坚持进行呼吸运动及有效咳嗽。

2)保持良好的口腔卫生,避免出入公共场所或与上呼吸道感染者接近,避免居住或工作于布满灰尘、烟雾及化学刺激物品的环境,戒烟。

3)保持良好的营养状况、充足的休息和活动。

4)若有伤口疼痛、剧烈咳嗽及咯血等症状,应返院复诊。

5)化疗患者在治疗过程中应注意血象的变化,定期复查血细胞和肝功能等。

第十一节　成人急性呼吸窘迫综合征患者的护理

急性呼吸窘迫综合征(acute respiratory distress syndrome,ARDS)是心源性以外的各种肺内外致病因素引起的以肺泡-毛细血管炎性损伤为主的急性呼吸衰竭,属于急性肺损伤(acutelung injury,ALI)的严重阶段。ARDS 的病因各异,但作为综合征和多种疾病的并发症,其病理解剖、病理生理和临床过程基本一致而并不依赖于特定病因。因其临床表现类似婴儿呼吸窘迫综合征(IRDS),故曾称"成人呼吸窘迫综合征(adult lung injury,ARDS)"以示区别,但其亦可发生于儿童及青少年,故近年改称急性呼吸窘迫综合征,缩写仍为ARDS。

ARDS 起病急骤,进展迅速,若诊治不及时,死亡率高达 50%以上。随着对严重创伤、感染和休克等疾病抢救水平的提高,很多患者不直接死于原发病,从而使 ARDS 的发病率增加。

一、病因及发病机制

与 ARDS 相关的疾病(危险因素)很多,根据导致 ALI 的形式,分为直接因素和间接因素(表 12-6)。

表 12-6　与 ARDS 相关的图表

直接肺损伤	间接肺损伤
胃内容物吸入	脓毒血症
胸部创伤/肺挫伤	休克
溺水损伤	急性胰腺炎
胸部放射性	多发性创伤
急性呼吸道阻塞后	大量输血
弥漫性肺炎	头颅损伤
吸入性(烟、毒气)肺损伤	颅内高压
呼吸机相关肺损伤	肿瘤溶解综合征

ARDS 肺损伤的机制迄今尚未完全阐明,但已确定它始于系统性炎症反应综合征(SIRS),与多种因素有关且错综复杂。机体多种细胞如嗜中性粒细胞、单核-巨噬细胞、毛细血管内皮细胞、肺泡上皮细胞等的活化,多种炎性介质和细胞因子如肿瘤坏死因子(TNF)、白细胞介素-1(IL-1)、IL-8、血小板激活因子(PAF)、脂多糖(LPS,即内毒素)等的释放,形成一复杂的网络,引发多器官功能障碍(MODS)。而肺是接受心脏全部排血的唯一器官,所以是首位受损且受损最为严重的器官,导致肺毛细血管内皮细胞和肺泡上皮细胞(Ⅱ型细胞)受损,继而肺间质和肺泡水肿,小气道和肺泡萎缩不张,从而发生 ARDS。

二、临床表现

除原发病的表现外,发生 ARDS 时主要表现为突发性进行性呼吸困难,表现为气促、发绀、呼吸深快,常伴烦躁、焦虑、出汗等。肺部体检早期可无异常,或仅有少量细湿啰音;后期多可闻及湿性啰音。

三、辅助检查

1. 影像学检查

胸部 X 线检早期可无异常或仅表现为边缘模糊的肺纹理增多,继之出现斑片状影,且扩大、融合成大片浸润阴影,其内可见支气管充气征。

2. 动脉血气分析

典型改变为 PaO_2 降低、$PaCO_2$ 降低、pH 值升高。临床常计算氧合指数作为建立诊断、病理评估和疗效评价的指标。氧合指数是动脉血氧分压(mmHg)与吸入 O_2 浓度(%)的比值,正常为 400 ~ 500mmHg,发生 ALI 时<300mmHg,发生 ARDS 时<200mmHg。

3. 床边肺功能监测

ARDS 时肺顺应性降低,死腔通气量比例增加,反映呼气流速的指标正常。

四、治疗要点

ARDS为急性危重症,宜在严密监护下治疗,主要针对肺水肿和肺泡萎缩两个主要问题处理。常规治疗措施包括氧疗、机械通气及合理的液体平衡等。

1. 氧疗

纠正缺O_2是ARDS刻不容缓的重要措施,也是抢救的中心环节。一般需高浓度(>50%)给O_2才能使PaO_2>60mmHg或SaO_2>90%,轻者可面罩给O_2,但大多需使用机械通气给O_2。

2. 机械通气

ARDS应尽早进行机械通气。早期轻症者可试用鼻(面)罩机械通气,但多数需气管插管或气管切开机械通气。机械通气采用呼气末正压(PEEP)或持续气道内正压(CPAP)的方式,使呼气末肺容量增加,闭陷的小气管和肺泡再开放;亦可减轻肺水肿的形成或恶化,改善肺顺应性,从而改善弥散功能和通气/血流比例,提高PaO_2和SaO_2。常用的PEEP压力为5 ~ 15cmH_2O。

3. 合理的液体平衡

为减轻或消除肺水肿,需维持适当的液体平衡。原则是在保证血压稳定的前提下,每日出入液体量轻度负平衡(-1000ml ~ -500ml)。为促进水肿液的消退,可使用呋塞米。ARDS早期不宜使用胶体液,因其可渗至肺间质加重肺水肿。

4. 其他治疗

基础疾病是ARDS发生和发展的最重要原因,必须及时治疗,尽快控制。ARDS常是MODS的一个受损器官,抢救ARDS同时要注意保护其他重要器官,及时发现和治疗其他重要器官的损伤。治疗过程中要随时纠正电解质紊乱和酸碱失衡。

(余凡　江桃桃)

第十三章　胸部损伤患者的护理

学习目标

知识目标　掌握胸部损伤患者的护理评估方法；了解多根多处肋骨骨折、开放性气胸、张力性气胸的病理生理改变特点。

能力目标　对肋骨骨折、气胸、血胸患者能实施急救和护理；对胸腔闭式引流的患者进行护理。

素质目标　尊重老师、同事，营造和谐的工作环境。

胸部由胸壁、胸膜及胸腔内脏器组成。胸壁由软组织和骨骼构成。软组织包括皮肤、皮下组织、筋膜及肌肉。骨性胸廓包括1块胸骨、12块胸椎、12对肋骨及肋软骨，保护胸内及部分腹内脏器。胸部的上口由胸骨上缘和第1肋组成，下口为膈所封闭，主动脉、胸导管、奇静脉、食管、迷走神经以及下腔静脉穿过各自裂孔进入腹腔。

腹腔分为三部分：右肺间隙、左肺间隙和纵隔。肺表面的胸膜为脏层胸膜，胸廓内侧面为壁层胸膜，两者围成的潜在间隙即胸膜腔，左右各一。两侧胸膜腔之间的纵隔内有心脏、大血管、气管、食管、胸导管、神经、淋巴及脂肪组织等。

胸膜腔为一密封潜在腔隙，其内有少量浆液起润滑作用。腔内保持-8 ~ -10cmH_2O的压力，吸气时负压增大，呼气时减小；稳定的负压对维持正常的呼吸至关重要，且能防止肺萎缩。

胸部是身体暴露较大的部分，易受外伤，约占全身创伤的四分之一，常伴复合性损伤。胸部损伤根据是否穿破壁层胸膜、胸膜腔是否与外界相通分为闭合性损伤和开放性损伤两类。胸部损伤同时合并腹部脏器损伤，称为胸腹联合伤。胸部损伤轻者仅有软组织挫伤、单纯性肋骨骨折；重者出现气胸、血胸，甚至心脏、大血管、气管、食管、胸导管等重要器官损伤及呼吸、循环功能衰竭。

胸部损伤无论在战时还是平时都极为常见，常见的胸部损伤包括肋骨骨折、气胸和血胸。

第一节　肋骨骨折

【概述】

肋骨骨折是最常见的胸部损伤类型，常因外来暴力所致。暴力直接作用于肋骨，使肋骨向内弯曲折断，前后挤压暴力使肋骨在腋中线附近向外过度弯曲而折断。其中以第4 ~ 7肋骨骨折最多见；第1 ~ 3肋骨较短，且有锁骨、肩胛骨和肌肉的保护，较少发生骨折；第8 ~ 10肋骨虽较长，但前端与胸骨连成肋弓，弹性较大，不易折断；第11 ~ 12肋骨前端游离、不固定，较少发生骨折。中老年人因骨质疏松，脆性较大，易发生骨折。肿瘤侵犯肋骨也可发生病理性骨折。

【护理评估】

1.健康史

患者有胸部受伤史。暴力或钝力直接作用于胸部可致胸壁、肋骨、胸膜及肺损伤，出现肋骨骨折、损伤性气胸及血胸。

2.身体状况

(1)单根或数根肋骨单处骨折　因骨折附近有完整的肋骨支撑胸廓，对呼吸影响不大。主要表现为骨折部位疼痛，在深呼吸、咳嗽或变换体位时加重；局部有肿胀、压痛、畸形，有时可触及骨擦感，患者呈被动体位，呼吸浅快，咳嗽无力。若骨折断端向内移位刺破壁胸膜和肺组织，可产生气胸、血胸、皮下气肿或引起血痰、咯血等;若刺破肋间血管,可引起出血。

(2)多根多处肋骨骨折　胸壁损伤区域因失去完整肋骨支撑而形成胸壁软化区,吸气时软化区胸壁内陷、呼气时向外鼓出,这种现象称为反常呼吸运动,可严重影响气体交换,造成机体缺氧和二氧化碳潴留。若软化区范围较大,呼吸时两侧胸膜腔压力不平衡,可形成纵隔左右摆动,将进一步影响肺通气和静脉血液回流,严重者可导致呼吸和循环衰竭。

3.心理-社会状况

损伤后患者的心理反应是复杂的,既可因呼吸和循环系统症状而表现为极度焦虑、恐惧,也可因担心预后而产生不良心理反应。

4.辅助检查

胸部X线检查可清晰显示肋骨骨折。动脉血气分析用来判断通气和换气受损的程度。

【护理诊断与合作性问题】

1.疼痛

与骨折有关。

2.低效型呼吸形态

与损伤及疼痛有关。

3.焦虑

与担心预后、环境陌生、意外创伤有关。

4.潜在并发症

肺不张、肺部感染、休克。

【护理目标】

1.患者疼痛减轻,舒适感增强。

2.患者的反常呼吸运动得到及时控制,呼吸改善。

3.患者情绪稳定,焦虑减轻。

4.患者未出现并发症。

【护理措施】

1.合理治疗

(1)保持呼吸道通畅　及时清除呼吸道内血液、呕吐物、异物,必要时做气管插管、气管切开。

(2)纠正缺氧　通过给氧提高动脉血氧分压和氧饱和度,增加动脉血氧含量,纠正缺氧状态。

(3)防治休克　迅速建立静脉输液通道,遵医嘱进行补液扩容,必要时输血,维持血容量和水、电解质、酸碱平衡。

(4)减轻疼痛　疼痛可影响肋骨骨折患者的肺部扩张及咳嗽,所以止痛是治疗和护理的关键步骤。闭合性单根单处肋骨骨折多可自行愈合,可采用宽胶布条、多带条胸布或弹性胸带固定胸廓,以减少肋骨断端的活动,减轻疼痛。闭合性多根多处肋骨骨折患者可采用肋间神经阻滞的方法止痛。同时给予安静环境,舒适体位,给予精神支持,以转移其对疼痛的注意力。

(5)控制反常呼吸运动　闭合性多根多处肋骨骨折的现场急救用坚硬的垫子或手掌施压于胸壁软化区域。病情危重者,要保持气道通畅,对咳嗽无力、不能有效排痰或呼吸衰竭者,需要行气管插管或气管切开,以利于吸痰、给氧和实施呼吸机辅助呼吸。应用包扎(小范围)、牵引(大范围)和内固定法(骨折错位较大)固定软化的胸壁。

(6)开放性肋骨骨折　骨折处彻底清创,分层缝合后包扎固定;胸膜穿破者,行胸腔闭式引流。

2.病情观察

密切观察患者的生命体征,注意神志、胸部、腹部和肢体活动等情况,疑有复合伤时应立即报告医生;注意呼吸频率、节律、幅度及缺氧症状;有无气管移位、皮下气肿等。

3.胸腔闭式引流

(1)胸腔闭式引流的目的和适应症

1)目的:①引流胸膜腔内渗液、血液及气体。②重建胸膜腔内负压,维持纵隔的正常位置。③促进肺的膨胀。

2)适应症:用于外伤性或自发性气胸、血胸、脓胸及心胸手术后的引流等。

(2)置管的位置　胸腔闭式引流的置入位置可依据体征和胸部X线检查结果确定。积液处于低位,一般在腋中线和腋后线之间第6～8肋间插管引流;积气多向上聚集,常选锁骨中线第2肋间;脓胸常选在脓液积聚最低位。

(3)胸膜腔引流装置　传统的胸腔闭式引流装置有三种:单瓶、双瓶、三瓶。目前已有各种一次性使用的塑料胸膜腔引流装置被临床广泛应用。

1)单瓶水封式系统:水封瓶橡胶瓶塞上有2个孔,分别插上长、短玻璃管。瓶内盛无菌氯化钠溶液约500ml,长管的下端插至水平面下3～4cm,短管下口则远离水平面,使瓶内空间与大气相通。使用时,将患者胸膜腔引流管连接于水封瓶的长玻璃管,接通后即见管内水柱上升,高出水平面8～10cm,并随呼吸上下移动。若水柱不动,提示引流管不通。

2)双瓶水封式系统:包括上述相同的水封瓶和集液瓶,在引流胸膜腔内液体时,水封下的密闭系统不会受到引流量的影响。

3)三瓶水封式系统:与双瓶式相似,只是增加了一个控制瓶,使其起到施加抽吸力的作用。抽吸力通常由通气管没入水面的深度决定。若没入水面15～20cm,相当于对该患者施加了1.5～2.0kPa的负压吸力。如果抽吸力超过没入水面管子的高度时,外界的空气即会被吸入此系统中,所以压力控制瓶中始终有水泡产生方表示具有功能。

(4)胸膜腔闭式引流管的护理措施

1)保持管道的封闭:①随时检查引流装置是否密闭及引流管有无脱落。②水封瓶长玻璃管没入水中3～4cm,并始终保持直立。③引流管周围用油纱布包盖严密。④搬动患者或更换引流瓶时,需双重关闭引流管,以防空气进入。⑤引流管连接处脱落或引流瓶损坏,应立即双钳夹闭胸壁引流导管,并更换引流装置。⑥若引流管从胸腔脱落,立即用手捏闭伤口处皮肤,消毒处理后,用凡士林纱布封闭伤口,并协助医师做进一步处理。

2)严格无菌操作,防止逆行感染:①引流装置应保持无菌。②保持胸壁引流口处敷料清洁干燥,一旦渗湿,即时更换。③引流瓶应低于胸壁引流口平面60～100cm,以防瓶内液体逆流入胸膜腔。④按规定时间更换引流瓶,更换时严格遵守无菌操作规程。

3)保持引流管通畅:闭式引流主要靠重力引流,有效的保持引流管通畅的方法有:①患者取半坐卧位;②定时挤压胸膜腔引流管,防止引流管阻塞、扭曲、受压;③鼓励患者作咳嗽、深呼吸运动及变换体位,以利胸腔内液体、气体排出,促进肺扩张。

4)观察和记录:①注意观察长玻璃管中的水柱波动。因为水柱波动的幅度反映死腔的大小和胸膜腔内的负压大小。一般情况下水柱上下波动4～6cm。若水柱波动过高,可能存在肺不张;若无波动,则提示引流管不畅或肺已完全扩张;但若患者出现胸闷、气急、气管向键侧偏移等肺受压的症状,应疑为引流管被血块堵住,需设法捏挤或使用负压间断抽吸引流瓶的短玻璃管,促使其通畅,并立即通知医生处理;②观察引流液体的量、性质、颜色,并准确记录。

5)拔管:一般置引流48～72小时后,临床观察无气体溢出,或引流量明显减少且颜色变浅,24小时引流液＜50ml,脓液＜10ml,X线胸片示肺膨胀良好无漏气,患者无呼吸困难,即可拔管。护士协助医生拔管,在拔管时嘱患者先深吸一口气,再呼气并迅速拔管,并立即用凡士林纱布和厚敷料封闭胸壁伤口,外加包扎固定。拔管后注意观察患者有无胸闷、呼吸困难、切口漏气、渗液、出血、皮下气肿等,如发现异常应及时通知医师处理。

4.一般护理

1)协助鼓励患者进行深呼吸和有效咳嗽,每1～2小时改变体位。

2)鼓励和协助患者翻身,早期下床活动,防止压疮及下肢深静脉血栓形成。

3)加强营养,增加机体的抗感染能力及组织修复能力。鼓励患者进食高热量、高蛋白质、高维生素、易消化饮食。

5.健康指导

1)指导患者止痛的方法及如何预防并发症;告诉患者深呼吸和有效咳嗽的重要性;指导患者若出现发热或寒战、咳嗽加重、呼吸困难、血痰、胸痛加重等症状时及时到医院就诊。

2)避免吸烟及环境对呼吸道的刺激。

3)对住院治疗的患者，护士应告知治疗的主要方法及目的，取得患者及家属的配合，并说明治疗时间一般不超过2～3周。

【护理评价】

经过有效的治疗和护理，患者的疼痛有效缓解，气体交换良好，没有并发症出现。

第二节 气 胸

案例引入

患者，张先生，50岁，驾车时发生车祸，钢棒刺伤其左腋下，出现烦躁不安、呼吸困难、口唇发绀，左腋下胸壁有伤口，呼吸时能听到空气出入伤口的"嘶嘶"响声，气管向健侧移位，患侧胸部叩诊呈鼓音。

1. 初步判断为气胸，依据是什么？该患者属于哪一类型的气胸？
2. 该患者目前最重要的护理诊断是什么，为什么？
3. 该患者首先应该进行哪项急救措施？
4. 患者入院后护士还应对其进行哪些护理措施？
5. 患者出院前应如何对其进行健康指导？

胸膜腔内积气称为气胸。在胸部损伤中，气胸的发生率仅次于肋骨骨折。气胸是因利器或肋骨断端刺破胸膜、肺及气管后，空气进入胸膜腔所致；或因胸壁伤口穿破胸膜，外界空气进入胸膜腔所致。气胸一般分为闭合性、开放性和张力性三类。

【临床类型】

1. 闭合性气胸

闭合性气胸多为肋骨骨折的并发症，因肋骨断端刺破肺表面，空气漏入胸膜腔所致。空气经肺或胸壁的伤口进入胸膜腔，伤道立即闭合，不再有气体进入胸膜腔，此类气胸抵消胸膜腔内负压，使伤侧肺萎缩及静脉回心血流受阻，导致呼吸、循环功能障碍。患侧胸膜腔负压增大可使纵隔向健侧移位。

2. 开放性气胸

开放性气胸是由刀刃锐器或弹片、火器造成胸部穿透伤，胸膜腔经胸壁伤口与外界大气相通，以致空气可随呼吸自由出入胸膜腔，伤侧胸膜腔负压消失，肺萎缩，两侧胸膜腔压力不等使纵隔移位，健侧肺受压。吸气时，健侧胸膜腔负压升高，与伤侧压力差增大，纵隔向健侧进一步移位；呼气时，两侧胸膜腔压力差减小，纵隔移向伤侧移动，导致纵隔位置随呼吸运动而左右摆动，称为纵隔扑动。纵隔扑动影响静脉回流，导致循环功能严重障碍；同时，含氧低的气体在两侧肺内重复交换造成严重缺氧。

3. 张力性气胸

张力性气胸又称高压性气胸，常见于较大肺泡破裂或较大较深的肺裂伤或支气管破裂，其裂口与胸膜腔相通，且形成活瓣，导致吸气时空气从裂口进入胸膜腔内，呼气时活瓣关闭，空气只能进入而不能排出，使胸膜腔内积气不断增多，压力不断升高。胸膜腔内的高压使伤侧肺逐渐萎缩，并将纵隔推向健侧，挤压健侧肺，导致呼吸和循环功能严重障碍；若积气被挤入纵隔并扩散至皮下组织，形成颈部、面部、胸部等处皮下气肿。

【护理评估】

1.健康史

详细询问患者有无胸部外伤情况，受伤的经过、暴力大小、受伤部位与时间；既往有无肺部疾病；对于无特殊病史的青年患者，可行CT、胸腔镜检查。

2.身体状况

(1)闭合性气胸　临床表现取决于胸膜腔内积气的量及肺萎陷的程度。肺萎陷30%以下者，多无明显症状。大量气胸者，可出现胸闷、胸痛和气促等，气管及纵隔向健侧移位，伤侧胸部叩诊呈鼓音，听诊呼吸音减弱或消失。

(2)开放性气胸　患者有明显的呼吸困难、休克等。胸部伤口处能听到空气出入胸膜腔的吹风声。胸部及颈部皮下可触及捻发音,伤侧胸部叩诊呈鼓音,听诊呼吸音减弱或消失,纵隔向健侧移位。

(3)张力性气胸　患者主要表现为极度呼吸困难、大汗淋漓、烦躁不安、昏迷、休克甚至窒息。伤侧胸部饱胀,肋间隙增宽,呼吸幅度减小,可见明显皮下气肿。叩诊呈高度鼓音,听诊呼吸音消失。

3.辅助检查

气胸一般不需要特别的实验室检查来判断,胸部X线检查是诊断气胸的简单有效的方法。胸片可显示胸膜腔内积气的量及肺萎陷的程度,并可见纵隔向健侧移位。

4.心理-社会状况

气胸患者可因突发持续剧烈的胸痛和呼吸困难,活动能力受到限制,担心疾病的迁延不愈及迫切希望得到及时诊断和治疗而感到恐惧或烦躁不安。

【护理诊断与合作性问题】

1.气体交换受损

与胸膜腔负压破坏及肺萎陷有关。

2.低效型呼吸形态

与通气不足、疼痛有关。

3.心排出量减少

与纵隔移位、心脏受压、静脉血回流减少有关。

【护理目标】

1)患者恢复正常的气体交换功能。

2)患者能维持正常的呼吸形态,缺氧症状明显改善。

3)患者能维持有效循环血量。

【护理措施】

1.合理治疗

(1)闭合性气胸　少量积气勿需特殊处理;大量气胸应行胸膜腔穿刺抽气,或行胸腔闭式引流术。

(2)开放性气胸　立即用无菌敷料如凡士林纱布加棉垫封闭胸壁伤口,变开放性气胸为闭合性气胸,随后行胸膜腔穿刺,减轻肺受压,暂时解除呼吸困难。送至医院后应给予补充血容量纠正休克,给氧、清创、缝合伤口,并进行胸腔闭式引流。

(3)张力性气胸　由于病情危急,必须紧急进行减压处理,以免发生窒息。在危急状况下可用一粗针头在伤侧(第2肋间锁骨中点连线处刺入胸膜腔排气,以降低胸膜腔内压力。为了有效地持续排气,一般需进行胸腔闭式引流。

温馨提示:胸部损伤患者的现场处理可记为:多根多处肋骨骨折——加压包扎;开放性气胸——封闭伤口;张力性气胸——穿刺放气。

2.病情观察

密切观察患者病情变化,如胸痛的程度、有无寒战高热、呼吸频率和节律、有无休克症状等。

3.一般护理

1)评估并记录患者的生命体征及呼吸状况;评估胸部运动情况、气管的位置,并采取措施维持循环和呼吸功能。

2)协助患者采取半坐卧位,该体位有利于肺部扩张。遵医嘱给氧,提高血氧水平。帮助患者及时更换体位及活动,有利于肺的扩张。

3)为患者提供心理支持,因呼吸困难和低氧血症可能导致患者出现严重的焦虑和不安,不能很好地配合治疗。

4)保证足够的休息,可以降低机体的耗氧量。

4.健康指导

气胸是一种良性疾病,大部分可以痊愈,但有小部分患者2～3年内可同侧复发,因此应教会患者及家属有关气胸的知识,让其了解气胸的发病情况,发生气胸时的症状及如何避免诱发因素,预防气胸的复发。建议气胸患者戒烟,避免参加不适当的体育运动。告诉患者应逐渐增加体育活动和运动的水平。

第三节 血 胸

胸部损伤引起胸膜腔内积血称为血胸。血胸可与气胸同时存在。胸膜腔积血来自:①肺组织裂伤出血;②肋间血管或胸廓内血管破裂出血;③心脏、大血管破裂出血。胸膜腔积血可使患侧肺萎缩,并将纵隔推向健侧,影响呼吸和循环功能。由于心、肺和膈肌的运动有去纤维蛋白的作用,故胸膜腔内的积血不易凝固。但若短时间内大量积血,去纤维蛋白作用不完善,即可凝固成血块。血块机化后形成纤维组织,束缚肺和胸廓,限制呼吸运动和影响呼吸功能。从伤口或肺破裂处进入的细菌,在积血中很快滋生繁殖,容易并发感染,形成脓胸。

【护理评估】

1.健康史

详细询问患者胸部受伤的性质、部位、时间及程度,受伤后呼吸频率、幅度的改变。

2.身体状况

根据出血速度、出血量和患者体质的不同,而有不同的临床表现。

1)小量血胸(成人0.5L以下) 可无明显症状。

2)中量(0.5～1.0L)和大量(1L以上)出血 尤其急性失血时,可出现气促、脉搏增快、血压下降、等低血容量性休克症状,同时可伴有胸腔积液征象,如肋间隙饱满,气管向健侧移位,伤侧胸部叩诊浊音,呼吸音减弱或消失。

胸腔穿刺抽得血液即可确诊。

【护理诊断与合作性问题】

1.气体交换受损

与胸膜腔负压消失、肺萎陷有关。

2.心排出量减少

与静脉回流减少有关。

3.体液不足的危险

与大量失血有关。

【护理目标】

1)患者恢复正常的气体交换功能。

2)患者能维持有效循环血量。

3)患者体液能维持平衡,生命体征平稳。

【护理措施】

1.合理治疗

(1)非进行性血胸 小量积血可自行吸收,不必穿刺抽吸。积血量较多者,早期即行胸膜腔穿刺,抽出积血,必要时置胸腔闭式引流,以促进肺膨胀,改善呼吸功能。

(2)进行性血胸 应立即剖胸止血,及时补充血容量,防治低血容量性休克。

(3)凝固性血胸 在出血停止后数日内剖胸清除积血和血块,以防感染和机化。

2.病情观察

如患者出血量较少,严密观察生命体征变化。对于出血量多的休克患者,应密切观察呼吸状况、血压、脉搏及缺氧症状,必要时吸氧。观察胸腔闭式引流并做好记录。若有进行性出血,应及时做好开胸止血的准备工作，及时补充血容量，纠正休克，维持体液平衡。

3.一般护理

提供安静的环境，保持室内空气新鲜及适宜的温度和湿度。做好心理护理，安慰患者，解除患者的烦躁不安。

4.健康指导

血胸为胸部损伤常见的并发症，中量血胸以上者病情危急，若延误治疗，往往导致死亡。故应让患者及家属了解疾病的危重性，能够了解血胸的病因及临床表现，同时向患者及家属讲解血胸主要的治疗方法及有关自我护理的知识。告知患者放置胸腔闭式引流管的作用和重要性。

（余凡　江桃桃）

第三篇

循环系统疾病患者的护理

第十四章　概　述

学习目标

知识目标　知道心脏及血管的解剖、生理特点。能说出循环系统疾病患者的常见症状及体征。

能力目标　会循环系统疾病患者的常见症状及体征的护理。会循环系统疾病常用诊疗技术的护理。

素质目标　培养良好的职业素质,关心、爱护、尊重患者,具有团队意识及协作精神。

第一节　循环系统结构与功能

循环系统包括心脏、血管及调节血液循环的神经体液装置。其主要功能是为全身组织器官运输血液,将氧、营养物质和激素等供给组织,并将组织代谢废物运走,以保证人体正常新陈代谢的进行,对维持机体的生命活动有重要作用。另外,循环系统也具有内分泌功能,如心肌细胞和血管内皮细胞能分泌心钠素和内皮素、内皮舒张因子等活性物质。随着我国人均寿命的不断延长,每年因心血管疾病死亡的人数逐渐增多,根据有关调查显示,目前我国每年约有300万人死于心血管病,该系统疾病已成为我国居民死亡的首要原因,因此掌握循环系统疾病的防治及护理措施有很重要的现实意义。

循环系统疾病包括心脏及血管疾病,合称心血管病。按病因、病理解剖和病理生理分为多种类型,其中冠状动脉粥样硬化性心脏病、原发性高血压及心脏瓣膜病等为我国循环系统疾病防治的重点。循环系统疾病特点有:①目前大部分心血管病尚无法或难于根治,有些则逐渐发生且持续存在,如高血压、慢性心力衰竭、慢性心房颤动等,需长期治疗;②部分心血管病起病急骤、病情变化快,死亡率较高,如急性心肌梗死;③心理因素及行为方式与疾病的发生、康复有密切关系。掌握心血管内科患者的护理方法,对患者实施优质护理可以使心血管疾病的预后明显改善。

一、心脏

1. 心脏腔室与瓣膜

心脏位于两肺之间的纵隔内,约1/3位于正中线的右侧,2/3位于正中线的左侧。左右侧均有一个心房和一个心室组成。右心房接收由上下腔静脉汇集的静脉血,然后进入右心室,再由右心室射出,经肺循环后变成含氧丰富的动脉血,进入左心房、左心室,进行体循环。心尖部位于心脏的左前下方,主要由左心室构成。

左心房和左心室之间的房室瓣称二尖瓣,右心房和右心室之间的房室瓣称三尖瓣,两侧的房室瓣均有腱索和心室乳头肌相连。左右心室与大血管之间亦有瓣膜相隔,位于左心室和主动脉之间的半月瓣称主动脉瓣,位于右心室和肺动脉之间的半月瓣称肺动脉瓣。心瓣膜保证血液从一个方向流经心脏,防止血流返流,这样形成了心脏内血液的定向循环,即:(静脉血)上、下腔静脉→右心房→右房室口(三尖瓣开放)→右心室→肺动脉口(肺动脉瓣开放)→肺动脉→肺(经肺泡壁周围的毛细血管进行气体交换)→(动脉血)肺静脉→左心房→左房室口(二尖瓣开放)→左心室→主动脉口(主动瓣开放)→主动脉(通过各级动脉分布至全身)。

炎症、退行性变等原因可引起瓣膜粘连、钙化、僵硬,导致狭窄和(或)关闭不全。

2. 心脏壁与心包

心脏是一个中空的肌性器官,自内向外分为心内膜、心肌层和心外膜三层。心内膜由内皮细胞和薄层结缔组织构成;中层为心肌层,心室肌较心房肌厚,以左心室壁最厚。心外膜即脏层心包膜,与外面的壁层心包膜间形成心包腔,内有少量液体,起润滑作用,减轻心脏收缩和舒张时表面的摩擦。

炎症累及心脏可引起心内膜炎、心肌炎、心包炎,当心包腔内积液增多达一定程度时可产生心脏压塞症状和体征。

3. 心脏血液供应

心脏的血液供应来自左右冠状动脉。左冠状动脉分为前降支和回旋支。左室前壁、右心室前壁一小部分及室间隔前2/3部位心肌主要由前降支提供营养，左心房、左心室侧壁、左心室前壁一小部分、左室后壁一小部分心肌主要由回旋支提供营养。右冠状动脉起自主动脉右冠窦，在心脏右侧缘转向隔面，然后延续为后降支，终止于后室间沟下2/3处。右心房、右心室前壁大部分、室间隔后1/3(包括房室结93%、窦房结60%)、右心室后壁及部分左心室后壁心肌由右冠状动脉提供营养。

当冠状动脉一支或多支发生狭窄甚至阻塞而侧支循环未建立时，则可造成相应供血区域的心肌发生缺血性改变或发生心肌坏死。

4.心脏传导系统

心脏的传导系统位于心壁内，由特殊分化的心肌细胞构成，其功能是产生并传导冲动，维持心脏的正常节律，使心房肌和心室肌的收缩互相协调。心脏的传导系统包括窦房结、房室结、房室束及其分支等。

窦房结位于上腔静脉与右心房交界处的心外膜深面，是心脏正常的起搏点，发出冲动传至心房肌，使心房肌收缩，同时向下经结间束传至房室结。房室结位于冠状静脉窦口右前上方，前端发出房室束进入心室，将窦房结传来的冲动传至心室。房室束(希氏束)从房室结发出，穿过室间隔膜部，在室间隔肌部上缘分为左束支和右束支，走行中再分出许多细小分支，形成浦氏纤维网，最后与一般心肌纤维相连。

在一些病理因素的作用下，心脏传导系统发生功能障碍，冲动传导受阻，可导致各种缓慢性的心律失常，如病态窦房结综合征、各种传导阻滞等。

二、血管

按血管的构造功能不同，可分为动脉、静脉和毛细血管。动脉的主要功能为输送血液到组织器官，其管壁含平滑肌和弹性纤维，能在各种活性物质的作用下收缩和舒张，影响局部血流量，改变血流阻力，故又称“阻力血管”。毛细血管是血液与组织液进行物质交换的场所，故又称“功能血管”。静脉的主要功能是汇集从毛细血管来的血液，送回心脏，其容量大，故又称“容量血管”。

血管在运输血液、分配和物质交换等方面有重要的作用。如果血管发生炎症、粥样硬化、血栓形成等，会导致所供养部分器官功能障碍而引起一系列临床综合征，如静脉炎、下肢静脉血栓形成、肺栓塞、脑栓塞等。

三、调节循环系统的神经体液

调节循环系统的神经包括交感神经和副交感神经。当交感神经兴奋时，通过肾上腺素能受体，使心率加快、心肌收缩力增强、外周血管收缩、血管阻力增加、血压升高。当副交感神经兴奋时，通过乙酰胆碱能受体，使心率减慢、心肌收缩力减弱、外周血管扩张、血管阻力减小、血压下降。

调节循环系统的体液包括肾素-血管紧张素-醛固酮系统(RAAS)、血管内皮因子、电解质、某些激素和代谢产物等。RAAS是调节钠钾平衡、血容量和血压的重要因素。血管内皮生成的内皮素(ET-1)、血管收缩因子(EDCF)等具有收缩血管作用；生成的前列环素(PGI2)、一氧化氮(NO)、内皮源性舒张因子(EDRF)等具有扩张血管作用。这两种物质的相对平衡对维持正常的循环功能起重要作用。

第二节　循环系统疾病患者常见症状和体征的护理

一、心源性呼吸困难

心源性呼吸困难(Cardiogenic dyspnea)是指由各种心血管疾病引起的呼吸困难，患者自觉胸闷、气急、呼吸费力，并伴有呼吸频率、节律与深度的异常。主要由于左心衰竭肺淤血或肺水肿使气体弥散功能降低、肺泡弹性降低等原因所致，是心血管病晚期常见的首发症状和就诊的主要原因。常见的病因是高血压性心脏病、冠状动脉粥样硬化性心脏病、心脏瓣膜病等引起的左心衰竭，也可见于各种原因引起的右心衰竭、心肌病、心包积液等。

【护理评估】

1.健康史

评估呼吸困难发生的急缓、时间、特点、程度、缓解的方式、伴随症状。评估既往有无高血压、冠心病、风湿热、心肌病、心包炎等病史,有无特殊的药物服用史、吸烟史等。

2.身体状况

心源性呼吸困难按病情轻重常表现为:

(1)劳力性呼吸困难　患者在体力活动时发生或加重,休息后缓解或消失,是左心衰竭患者最早出现的症状。由于活动增加了回心血量,加重了肺淤血。

(2)夜间阵发性呼吸困难　患者夜间入睡后突然胸闷、气急憋醒,被迫坐起后症状逐渐缓解,伴咳嗽、咳痰、惊恐不安。重者有咳嗽、气喘、发绀、咳白色或粉红色泡沫痰,两肺底有湿啰音、哮鸣音,又称"心源性哮喘"。主要由于平卧时静脉回心血量增加,肺血流量也增加,同时横膈高位,肺活量减少,再加上夜间迷走神经张力增高、小支气管收缩等所致。

(3)端坐呼吸　患者休息时感胸闷、气急,不能平卧,被迫采取半卧位或端坐位以减轻呼吸困难。

温馨提示:心源性呼吸困难分度:

劳力性呼吸困难——心衰最早的表现。

夜间阵发性呼吸困难——心衰最典型的症状。

端坐呼吸——心衰病情加重的表现,坐位越高,病情越重。

急性肺水肿——心衰最严重的表现。

3.心理-社会状况

评估呼吸困难对患者日常生活和活动耐力的影响,询问患者有无精神紧张、焦虑不安、悲观绝望。评估患者及家属对呼吸困难的了解程度及家属的理解支持程度。

4.辅助检查

评估动脉血气分析以判断缺氧的程度、酸碱平衡失调的状况;评估胸部X线检查,了解肺淤血或肺水肿的严重程度;评估超声心动图,以判断引起呼吸困难的致病因素,有无胸腔积液、心包积液等。

【护理诊断及合作性问题】

1.气体交换受损

与肺淤血、肺水肿或伴肺部感染有关。

2.活动无耐力

与能量消耗和机体缺氧有关。

【护理目标】

1)患者呼吸困难明显改善或消失。

2)患者主诉活动耐力逐渐增加,活动时心率、血压基本正常,无明显不适。

【护理措施】

1. 一般护理

(1)休息与体位　患者明显呼吸困难时给予卧床休息,以减少组织的耗氧量,减轻心脏负荷。保持病室空气新鲜,温度和湿度适宜。抬高床头或取半卧位、端坐位休息,用枕或软垫支托臂、肩、骶、膝部,以防受压,床尾用垂足板防止患者滑坡,用床上小桌让患者伏桌休息。卧床期间加强生活护理,进行床上被动和主动运动,防止长期卧床的并发症,如坠积性肺炎、下肢静脉血栓形成、压疮、便秘、关节僵硬、肌肉萎缩等。

(2)氧疗　按医嘱给氧以提高氧分压,保护心脏功能,改善组织缺氧,减轻呼吸困难。氧流量一般为2 ~ 4L/min;急性左心衰竭患者给予高流量(6 ~ 8L/min)鼻导管给氧或面罩加压吸氧,经20% ~ 30%乙醇湿化;慢性肺源性心脏病患者给予低流量(1 ~ 2L/min)持续吸氧。

2. 用药护理

按医嘱给予强心、利尿、扩血管、解痉、平喘等药物,以增强心肌收缩力、减轻心脏负荷、改善通气功能。控制输液的量及速度,滴速应控制在20 ~ 30滴/min,24小时输液量应控制在1500ml以内,防止诱发肺水肿。

同时观察药物疗效及不良反应并做好记录。

3. 病情监测

密切观察生命征、意识、咳嗽、咳痰、紫绀、肺部啰音等变化，监测血气分析结果，备齐急救设备，必要时配合抢救。

4. 心理护理

患者常因呼吸困难影响日常生活而烦躁、焦虑。护士应安慰、鼓励患者，做好患者家属的工作，与患者及家属共同制订护理计划，使患者情绪稳定、积极配合治疗及护理。

【护理评价】

1.患者呼吸困难、发绀是否减轻或消失，肺部有无啰音，血气分析是否恢复正常。

2.活动能否按计划进行，患者活动耐力是否逐渐提高，活动时心率、血压是否正常。

二、心源性水肿

心源性水肿(Cardiogenic edema)是指机体组织间隙有过多的液体积聚。最常见的病因是右心衰竭，也可见于渗出性或缩窄性心包炎。其发病机制主要是：①有效循环血量不足使肾血流量减少，肾小球滤过率降低、继发醛固酮增多引起钠水滞留；②静脉压增高使组织液回吸收减少所致。

【护理评估】

1.健康史

询问水肿出现的时间、部位、程度、发展速度、与饮食的关系、与活动及体位的关系；有无诱因或伴随症状，如腹胀、乏力、食欲不振、恶心、呕吐、腹泻、便秘、呼吸困难、发绀、尿少等；目前休息状况，用药情况；既往有无心脏疾病病史。

2.身体状况

心源性水肿的特点：水肿发展缓慢，首先从身体低垂部位开始，非卧床患者早期出现于足踝部、胫骨前，长期卧床患者出现于背部、腰骶部、会阴或阴囊部。严重者可延及全身，合并胸、腹腔积液。可伴有尿量减少、体重增加、颈静脉充盈、肝脏肿大等。水肿呈对称性、凹陷性。局部皮肤易破溃、发生压疮及感染。

3.心理–社会状况

评估水肿对患者日常生活和情绪的影响，有无因水肿致形象改变而引起焦虑、烦躁。评估患者对自身疾病的认识程度，以及患者家属的配合情况。

4.辅助检查

1)血液检查以了解有无低蛋白血症、电解质紊乱、心衰程度等。

2)超声心动图能准确提供心脏大小变化及心瓣膜结构情况，反映心脏收缩功能。

【护理诊断及合作性问题】

1.体液过多

与体循环淤血、水钠潴留及低蛋白血症有关。

2.有皮肤完整性受损的危险

与水肿所致组织营养不良、局部长期受压有关。

3.焦虑

与形象改变、担心疾病的预后有关。

【护理目标】

1.患者能执行护理计划，水肿减轻或消退。

2.皮肤保持完整，未发生压疮。

3.患者对医护人员信任，能够表达内心感受并主动配合治疗和护理。

【护理措施】

1. 一般护理

(1)休息与体位　轻度水肿者，限制活动，重度水肿者，应卧床休息。伴胸、腹腔积液者宜取半卧位或坐位，双腿下垂以减少静脉回流。

(2)饮食　给予低热量、低盐、易消化、少产气的食物,有低蛋白血症者补充蛋白质。告知患者及家属低盐饮食的重要性。轻度水肿的患者每天钠盐的摄入量控制在5g以内,严重水肿者每天应控制在2g以内。同时要限制水分的摄入,一般每天的进液量不超过1000ml,严重水肿时,每日进液量控制在前一日尿量加500ml左右。

2. 皮肤护理

保持床褥、衣服清洁、平整、干燥、柔软。骶、踝、足跟等处经常按摩,严重水肿者可用气垫床。定期变换体位,防止局部长期受压。翻身或使用便盆时勿强行推、拉,防止擦伤皮肤。水肿严重时禁忌肌内注射,如需肌内注射时应严格无菌操作并做深部注射,拔针后用无菌棉球按压以免药液外渗。保持会阴部清洁、干燥,男患者用托带支托阴囊部。

3. 用药护理

按医嘱正确给予利尿剂及正性肌力药,观察用药后的疗效及药物不良反应,如有无电解质紊乱及酸碱失衡,掌握洋地黄制剂用药的注意事项。

4. 病情观察

观察水肿的部位、范围、程度、消长情况。观察有无其他伴随症状及其严重程度。观察皮肤有无破损或压疮。记24小时出入量,特别是尿量。每天测体重、腹围1次。定期监测血清电解质。严格控制静脉点滴的速度,一般不超过20～30滴/min,必要时用静脉输液泵控制滴速,防止发生急性肺水肿。

5. 心理护理

患者往往因为水肿影响形象而焦虑、悲观,护士应告知心源性水肿随着积极的治疗和护理能够缓解,让患者树立治疗的信心和勇气,同时做家属的工作,使患者及家属能积极配合治疗和护理。

【护理评价】

患者能否配合治疗及护理,水肿是否减轻或消退;皮肤有无发生压疮、破损或感染。

三、心悸

心悸(Palpitation)是一种自觉心跳、心慌的不适感觉。最常见的病因是心律失常,如期前收缩、心动过速、心动过缓、心房颤动等;也可由心脏搏动增强引起,如器质性心脏病(如二尖瓣、主动脉瓣病变)或全身性疾病(如发热、贫血、甲亢等);或由心血管神经症所致。此外,生理因素也可致心悸,如健康人剧烈活动、精神紧张或情绪激动、过量吸烟、饮酒、饮咖啡或浓茶,或使用引起心率加快、心搏增强的药物如阿托品、肾上腺素类、茶碱类等。心悸是一种症状,其严重程度与病情不一定成正比。

【护理评估】

1.健康史

评估有无心律失常或其他心脏病史和用药史,有无黑矇、晕厥、抽搐等伴随症状。

2.身体状况

心悸的严重程度并不一定与病情成正比。初发、紧张、敏感者,注意力集中时、心功能代偿期心悸较明显;持续、慢性者、心功能失代偿期因逐渐适应或其他症状分散注意力而无明显心悸。心悸本身无危险性,但严重心律失常所致心悸可能发生晕厥或猝死。评估患者的脉搏、心率、心律、心音、血压的变化,有无紫绀、突眼、甲状腺肿大等体征。

3.心理-社会状况

初发心悸或长期症状不消失者可有紧张、焦虑或恐惧心理。评估患者及家属对心悸的发生发展情况的知晓程度。

4.辅助检查

心电图检查对有无心律失常有确诊价值;心肌酶谱、血红蛋白、血糖、血T_3、T_4测定和超声心动图、X线胸片等可协助鉴别诊断。

【护理诊断及合作性问题】

舒适的改变:心悸与心律失常、心脏搏动增强等有关。

【护理目标】

患者心悸感减轻或消失,情绪稳定。

【护理措施】

1. 一般护理

(1)休息与体位　严重心律失常患者应绝对卧床休息,可取半卧位,但应避免左侧卧位;保持环境安静、舒适,避免和减少不良刺激;睡眠障碍者按医嘱给予少量镇静剂。

(2)饮食　少量多餐,避免过饱,禁饮浓茶、酒和咖啡,戒烟,以免诱发心悸。

2. 药物治疗及护理

按医嘱应用抗心律失常药物,并观察疗效及不良反应;做好心脏起搏、电复律、射频消融术等的术前、术后护理。

3. 病情观察

密切观察心率、心律、血压的变化,必要时进行心电监护,发现严重心律失常的表现时,立即通知医生,配合抢救。

4. 心理护理

向患者解释心悸的原因,告知患者紧张、焦虑情绪可加重心悸,使患者保持情绪稳定。

【护理评价】

能否避免心悸的诱因,心悸症状是否减轻或消失。

四、心源性晕厥

心源性晕厥(Cardiogenic syncope)系由于心排血量骤减或中断,使脑组织一时性缺血、缺氧导致的短暂意识丧失。多因严重心律失常(如病态窦房结综合征、房室传导阻滞、阵发性室性心动过速等)引起,也可因肥厚型心肌病、主动脉瓣狭窄、左房黏液瘤等引起。多因活动或用力而诱发。一般认为,脑血流中断2 ~ 4秒可产生黑朦,中断5 ~ 10秒可出现意识丧失,中断10秒以上可出现抽搐。临床上常将由于心排血量突然下降所致的晕厥称心源性脑缺血综合征或阿-斯综合征(Adans-Stokes syndrome)。反复发作的晕厥常是病情严重和危险的征兆。

【护理评估】

1.健康史

询问有无心律失常、肥厚型心肌病等病因,有无活动等诱因及伴随症状。

2.身体状况

心源性晕厥多在用力活动、奔跑时发生短暂的意识丧失或伴抽搐,一般在1 ~ 2分钟内恢复,发作前多有心悸、头昏、胸闷、黑朦等先兆,严重者可猝死。发作时应注意有无意识丧失、抽搐、瘫痪,检查患者的血压、心率、心律、心音有无异常。

3.心理-社会状况

患者清醒后常感到病情严重而惊恐、焦虑。

4.辅助检查

心电图、超声心动图等检查有助于病因诊断。

【护理诊断及合作性问题】

1. 有受伤的危险

与晕厥发作有关。

2. 潜在并发症

猝死。

【护理目标】

晕厥发作次数减少,发作时未受伤。

【护理措施】

1. 防止受伤

向患者及家属解释晕厥的原因,教会防止受伤的方法;嘱患者保持良好的心态,避免剧烈活动和情绪激动;反复晕厥者避免单独外出,外出时要有人陪伴,以免发生意外;频繁发作者应卧床休息,加强生活护理,病室应靠近护士站。

2. 应急处理

嘱患者有头昏、黑矇等晕厥先兆时,立即下蹲或平卧,以免摔伤。晕厥发作时,立即安置患者于平卧头低位,保持空气流通,松解患者的衣领以改善脑部供血,促使患者苏醒,有条件时吸氧。

3. 加强病情观察,配合抢救

密切观察患者的生命体征有无改变,有无猝死征象,及时报告医生并配合治疗。按医嘱给予抗心律失常药物;配合医生做好心脏起搏、电复律及消融术、左房黏液瘤、主动脉瓣狭窄等治疗的术前、术后护理。

【护理评价】

晕厥发作是否减少或不再发作,发作时有无受伤。

第三节　循环系统常用诊疗技术及护理

一、心脏电复律术

心脏电复律(Cardioversion)是在短时间内向心脏通以高压强电流,使心肌瞬间同时除极,消除异位性快速心律失常,使之转复为窦性心律的方法。心脏电复律分为非同步电复律(仅适用于心室颤动和扑动)和同步电复律(适用于心房颤动、扑动,室上性及室性心动过速等)。

【适应证】

1)心室颤动和扑动。

2)心房颤动和扑动伴血流动力学改变者。

3)药物及其他方法治疗无效,或有严重血流动力学障碍的阵发性室上性心动过速、室性心动过速、预激综合征伴快速性心律失常者。

【禁忌证】

1)病史已多年,心脏尤其是左心房明显增大及心房内有新鲜血栓形成或近3个月内有血栓栓塞史者。

2)伴高度或完全性房室传导阻滞的心房颤动或扑动。

3)伴病态窦房结综合征的异位性快速性心律失常。

4)伴洋地黄中毒、低钾血症者。

【术前准备】

1)向患者及家属介绍电复律术的必要性,解除思想顾虑,并签署知情同意书。

2)遵医嘱停用洋地黄类药物,给予改善心功能、纠正低钾血症和酸中毒的药物。

3)复律前1～2日口服奎尼丁,服药前须做心电图,观察QRS波时限及QT间期变化。

4)复律术当日晨禁食,排空膀胱。

5)建立静脉通道。

6)物品准备,包括电复律机、心电图机、示波器及心肺复苏抢救设备和药品。

【术中配合】

1)患者仰卧于木板上,松解衣扣与裤带,取下假牙,开放静脉通道。

2)面罩吸氧10～15分钟。

3)连接好心电图及示波器,术前做全导心电图,以便复律后进行对照。

4)检查除颤仪的同步性能。

5)清醒患者给以静脉注射地西泮0.3～0.5mg/kg,达到成人睫毛反射开始消失的深度。

6)电极板上涂导电糊,或包以生理盐水纱布,分别置于胸骨右缘第2～3肋间和心尖部。

7)选择适当的电能量,室上性心动过速可选用50～100J;心房扑动及室性心动过速可选用100～150J;心房颤动用150～250J;心室颤动用300～500J。

8)放电前嘱他人离开床边,按下按钮放电,当患者躯干和四肢抽动一下后,立即移取电板。

9)观察心电示波器,如仍未恢复窦性心律,间隔3 ~ 5分钟后再次重复。

【术后护理】

1)卧床休息1天,清醒后2小时内避免进食,以防止恶心、呕吐。

2)持续心电监护24小时:密切观察病情变化,如心率、心律变化,注意神志、瞳孔、呼吸、血压、皮肤及肢体活动情况,及时发现有无因电击而致的各种心律失常及栓塞、局部皮肤灼伤、肺水肿等并发症,并协助医师给予处理。

3)遵医嘱用药:继续服用奎尼丁、洋地黄或其他抗心律失常药物以维持窦性心律。

4)健康指导:电复律较药物治疗效果好而快,成功率高,但电复律本身并不能维持窦性心律,故应指导患者电复律后还必须坚持依靠药物来维持疗效。此外,复律术后复发率高,患者应有思想准备,以免影响情绪。

二、人工心脏起搏术

人工心脏起搏(annificial cardiac pacing)是心律失常介入治疗的重要方法之一。它是通过心脏起搏器发放脉冲电流,刺激心肌,使之兴奋和收缩,从而代替正常心脏起搏点,激动心脏按脉冲电流的频率有效地搏动,对于因心肌的兴奋和收缩功能丧失的心脏停搏,人工心脏起搏则不起作用。主要用于治疗缓慢性心律失常,也可用于治疗快速性心律失常。

人工心脏起搏器由脉冲发生器、电极及导线、电源三部分组成。脉冲发生器是起搏系统的主体,使用时埋置患者体内的称埋藏式起搏器,放在体外的称体外式起搏器。起搏器的种类根据起搏电极所在心脏的位置不同,可分为单腔起搏器(右心房或右心室)、双腔起搏器(右心房和心室)和三腔起搏器(双房和右室或右房和双室)。按起搏脉冲与患者自身心律的关系又可分为非同步起搏和按需型起搏(为目前常用的类型,可感知患者自身心脏搏动,证视需要发放电脉冲,故不发生竞争心律)。

【适应症】

1)二度Ⅱ型以上房室传导阻滞,心动过缓有症状者。

2)病态窦房结综合征。

3)反复发作的颈动脉窦性晕厥和心室停顿者。

4)异位性快速性心律失常药物治疗无效者。

5)手术前后的“保护性”应用。

6)心脏病的诊断,包括快速起搏负荷试验、协助进行心脏电生理检查等。

【术前准备】

1)向患者介绍其病情、安置起搏器的意义、手术基本过程及术中如何配合等,以消除紧张心理,并签署知情同意书。

2)术前1日手术部位常规备皮,一般临时起搏备皮范围是会阴部及两侧腹股沟,埋藏式起搏备皮范围是左上胸部,包括颈部和腋下。备皮时动作轻柔,勿损伤皮肤,注意保护患者隐私。备皮完毕协助患者清洗干净。

3)术前1日行青霉素和普卡因皮试。

4)择期手术者术前6小时禁食,紧急临时起搏者随时可以手术。

5)精神过度紧张者,术前30分钟给予苯巴比妥0.1g,肌内注射。

6)建立静脉通道,备齐一切抢救设备及药品。

【术中配合】

常用的起搏方法有两种(以VVI型起搏器为例)

(1)临时性起搏　用2%利多卡因局部麻醉,将双极电极导管经外周静脉穿刺(常用右股静脉,其次是贵要静脉、锁骨下静脉)送入右心室心尖部,将电极接触到心内膜,固定电极,进行起搏参数测定,将起搏器置于体外固定。该方法适于急需起搏救治或需“保护性”应用的患者,放置时间不宜过长(不超过1个月),以免发生感染。

(2)埋藏式起搏　用2%利多卡因局部麻醉,将单极电极导管从头静脉或锁骨下静脉、颈外静脉送至右心室心尖部,固定电极,进行起搏参数测定,将起搏器埋藏于前胸壁胸大肌皮下。该方法适用于需长时间起搏的患者。

【术后护理】

(1)心电监护　安置好患者,向手术医生了解术中情况及起搏频率,进行心电监护 48 ~ 72 小时,密切观察患者心率、心律变化。

(2)合适体位休息　告诉患者术后卧床休息的重要性,防止电极脱位。临时起搏绝对卧床休息。埋藏式起搏患者卧床 1 ~ 3 日,取平卧位或略向左侧卧位,术侧肢体不宜过度活动,勿用力咳嗽,肢体避免做大幅度活动。卧床期间协助生活护理,将常用物品及呼叫器放在患者健侧伸手可及之处,术后第一次起床动作宜缓慢,防止摔倒。

(3)伤口护理　伤口局部用小沙袋压迫 6 ~ 8 小时,确认无出血后及时移去,按无菌原则定期更换敷料,观察伤口有无渗血、红肿等,有异常及时通知医生。一般术后 7 日拆线。临时起搏者术后应每日换药。

(4)预防感染　术后遵医嘱给予抗生素 3 ~ 5 日,预防感染,注意观察体温变化。

(5)健康指导

1)告知患者起搏器的设置频率及使用年限。

2)教会患者自测脉搏,出现脉搏明显过快、过慢或有头晕、乏力、晕厥等不适症状应及时就医。

3)装有起搏器的一侧上肢应避免过度用力或做大幅度动作。

4)避开强磁场和高电压,但一般家用电器不会影响起搏器的工作,手机使用时应距离起搏器 30cm 以上。

5)嘱患者随身携带起搏器卡(注明起搏器类型、品牌、有关参数、安置日期等),便于出现意外时为诊治提供信息。

6)定期随访,测试起搏器功能。出院后最初半年每个月随访一次,情况稳定后每半年随访一次,电池消耗可使起搏脉冲减慢,此时应缩短随访间隔,在电池耗尽之前及时更换起搏器,以防意外。

三、心导管射频消融术

心导管射频消融术(radio frequency catheter ablation,RFCA)是一种非外科手术消除导致快速心律失常异常电通路的方法。它是指通过心导管将射频电流引入心脏内,以消融特定部位的心肌细胞,消除病灶,治疗快速心律失常的方法。射频电流是一种 300 ~ 1000kHz 的高频电磁波,导入心脏组织后,在局部产生阻抗热效应,导致组织产生不可逆凝固性坏死,去除异位致心律失常灶,达到治疗效果。优点为创伤小、并发症少,安全有效。

【适应证】

1)伴有房颤且心室率快的预激综合征。

2)发作频繁和(或)药物无效的房室折返性或房性心动过速。

3)持续性心房扑动。

4)药物治疗不能满意控制心室率的心房颤动,用于消融房室结后再植入起搏器或心房内迷宫消融术。

【禁忌证】

1)感染性疾病,如感染性心内膜炎、败血症、肺部感染等。

2)严重出血性疾病。

3)外周静脉血栓性静脉炎。

4)严重肝肾损害者。

5)电解质紊乱,洋地黄中毒。

6)造影剂过敏者。

【术前准备】

1)向患者及家属介绍心导管射频消融术的方法和意义、手术的必要性和可能的危险,并签署知情同意书。

2)完善各种必要的实验室检查,如出凝血时间、肝肾功能、X 线胸片、超声心动图等。

3)手术部位常规备皮(会阴部及两侧腹股沟或颈部及腋下)。

4)术前禁食禁饮 6 小时,停用所有抗心律失常药物至少 5 个半衰期。

5)常规行青霉素和碘过敏试验。

6)术前 30 分钟给予苯巴比妥 0.1g,肌内注射。

7)建立静脉通路,备齐各种器械及药品。

【术中配合】

1)一般采用 Seldinger 经皮穿刺法,自静脉(下肢股静脉、上肢贵要静脉或锁骨下静脉)(右心导管穿刺术消融右侧房室旁路)或动脉(股动脉)(左心导管穿刺消融左侧房室旁路)插入导管到达心腔相应部位。整个操作均在 X 线透视下进行,并做连续的心电生理监测。动脉穿刺成功后应注入肝素 3000U,随后操作每延长 1 小时追加肝素 1000U。

2)先行电生理检查,明确诊断所需消融的病灶所在部位;选用大头导管将其送至相应心腔内,引入射频电流;通过 X 线透视、心腔内心电图等判定导管顶端电极所在位置;确定电极到位后用 30W 放电 5 ~ 10 秒,成功后再放电 30 ~ 60 秒。

【术后护理】

(1)一般护理　静脉穿刺者术侧肢体制动 4 ~ 6 小时,动脉穿刺者立即以 2kg 沙袋加压局部伤口 4 ~ 6 小时,防止出血。患者需卧床休息 24 小时,手术侧肢体的关节不可任意屈曲,24 小时后如无出血才可屈曲。卧床期间做好生活护理,避免长期卧床发生下肢静脉血栓。

(2)病情观察　术后心电监护 24 小时。每日查心电图 1 次,连续 3 ~ 5 日。检查足背动脉搏动是否减弱或消失,观察肢体皮肤颜色、温度感觉与运动功能有无变化等。一旦手术侧肢体远端脉搏消失,表示伤口有栓塞形成,应立刻通知医生。

(3)按医嘱用药　术后继续口服抗血小板聚集药物,常规给予抗生素预防感染,一般用青霉素 640 万 U 静滴,连续 3 日。注意观察伤口是否有渗血、肿胀等情形。注意有无穿刺部位出血、血肿、血管栓塞及感染、心包填塞、心律失常的表现,协助医生给予压迫止血、溶栓、抗心律失常等处理。

四、冠状动脉造影术

选择性冠状动脉造影(SCA),是目前诊断冠心病最可靠的方法,它可提供冠状动脉病变的部位、性质、范围、侧支循环状况等准确资料,有助于选择最佳的治疗方案。

【适应证】

凡疑有冠状动脉病变者均为 SCA 的适应症。

1)不典型心绞痛,或原因不明胸痛未明确诊断者。

2)心肌梗死者准备做经皮冠状动脉腔内成形术(PTCA)或冠状动脉旁路移植术(也称作冠脉搭桥术,CABG),了解冠状动脉病变的情况。

3)中老年患者心脏增大、心力衰竭、心律失常、疑有冠心病而无创伤性检查未能确诊者。

【禁忌证】

除与心导管术相同外,还有以下几点:

1)严重心功能不全。

2)外周动脉血栓性脉管炎。

3)严重心动过缓者应在临时起搏保护下手术。

【术前准备】

除与心导管术基本相同外,还应注意以下几点:

1)术前需训练床上排尿及连续咳嗽动作。

2)术前 6 小时禁食、禁饮水,但可正常服药。

3)准备术中用药,如肝素、硝酸甘油及阿托品、肾上腺素等急救药品。

【术中配合】

将心导管经皮穿刺插入股动脉、肱动脉或桡动脉,推送至主动脉根部,使导管顶端进入左、右冠状动脉开口,注入造影剂使其显影。常用造影剂有 76%泛影葡胺及其他非离子型碘造影剂如优维显等。

【术后护理】

同心导管术,还应注意以下几点:

1）术后动脉穿刺部位按压15～20分钟以彻底止血，加压包扎，沙袋压迫6小时，术侧肢体制动12小时，注意观察穿刺部位有无出血、血肿及足背动脉搏动情况。

2）监测生命体征、心率、血压及心电图变化。

3）观察术后并发症，如心绞痛、心肌梗死、猝死等。

五、经皮冠状动脉腔内成形术及冠状动脉内支架置入术

经皮冠状动脉腔内成形术（percutaneous transluminal coronary angioplasty，PTCA）是经皮穿刺股动脉或肱动脉，在X线透视下将球囊导管送到病变血管后，通过球囊导管扩张冠状动脉，解除其狭窄，使相应心肌供血增加，缓解症状，是改善心功能的一种非外科手术方法，是冠状动脉介入治疗最基本的手段。

单纯PTCA术后血管再闭塞及狭窄率达30%以上，冠状动脉内支架置入术是在PTCA基础上发展而来的，目的是防止和减少PTCA后急性冠状动脉闭塞和再狭窄。它是运用导管技术将其一定形状和可扩展的金属支架送到血管病变处，保持血管腔内的血流通畅。

【适应证】

1. PTCA的适应证

1）冠状动脉不完全性狭窄，狭窄程度在75%以上。

2）冠状动脉单支或多支病变（狭窄程度大于70%），病变长度小于15mm的无钙化伴向心性狭窄。

3）有临床症状的PTCA术后再狭窄。

4）新近发生的单支冠状动脉完全阻塞。

5）冠状动脉旁路移植血管再狭窄或阻塞。

2. 冠状动脉内支架置入术的适应症

1）冠状动脉支起始或近端病变。

2）由PTCA治疗引起的冠状动脉急性闭塞、血管内膜撕裂和弹性回缩病变。

3）血管内径≥3.0mm。

【禁忌证】

1. PTCA的禁忌症

1）冠状动脉僵硬或钙化性、偏心性狭窄。

2）慢性完全阻塞性伴严重钙化的病变。

3）多支广泛性弥漫性病变。

4）冠状动脉病变程度小于等于50%或仅有痉挛者。

5）左主干病变，尤其是无侧支循环保护者。

6）存在尚未控制的感染或活动性出血者。

2. 冠状动脉内支架置入术的禁忌证

无绝对禁忌症，但有出血倾向，血管直径≤2.0mm，主要分支血管的分叉部、血管严重迂曲的病变不宜选用。

【术前准备】

1）向患者及家属介绍手术的目的、方法及术中配合，以解除紧张、恐惧心理，并与患者及家属填手术同意书。

2）术前3日开始遵医嘱口服抗血小板聚集药物，如阿司匹林或噻氯匹啶，每日一次；停用抗凝剂，如低分子肝素。

3）其余同冠状动脉造影。

【术中配合】

1）建立静脉通路，给予氧气吸入。备齐各种器械及药品。

2）先做冠状动脉造影，再用指引导管将带球囊导管置入，通过细丝引到狭窄部位，以1：1稀释的造影剂注入球囊，加压，使之扩张膨胀，待血管已经扩张后逐渐减压，回抽造影剂，将球囊抽负压状态撤出。支架置入术即在PTCA术后将金属支架置入病变的冠状动脉内，支撑其管壁。支架的大小依血管直径来选择，以1：1为宜。

3)术中密切观察,如患者出现恶心、呕吐、灼热感、皮肤瘙痒、心慌等症状时,应立即报告医生,按医嘱给予抗过敏药物。

【术后护理】

(1)持续心电监护24小时 严密观察体温、心率、心律、血压等生命体征及有无心律失常、心肌缺血、心肌梗死等并发症,观察动脉穿刺侧肢体血液供应情况。

(2)防止出血、血栓形成 拔除动脉鞘管后,按压穿刺部位15 ~ 20分钟以彻底止血,以弹力绷带加压包扎,沙袋压迫6小时,穿刺侧下肢制动24小时,定期观察穿刺部位有无渗血。遵医嘱给予肝素、阿司匹林,防止血栓形成。检查足背动脉搏动是否良好,防止下肢动脉血栓形成。

(3)一般护理 术后进清淡、易消化饮食,避免过饱,鼓励患者多饮水。加强生活护理,24小时后可拆除弹力绷带,嘱患者逐渐增加活动量,起床、下蹲时动作应缓慢。术后一周避免重体力活动。

(4)预防感染 常规使用抗生素3 ~ 5天,预防感染。

(梁丽丽 张勉)

第十五章 心力衰竭患者的护理

案例引入

王芳，56 岁，因“活动后气短 5 年，加重 1 月”收入我院心内科。患者五年前因过度劳累自觉气短，休息后缓解。此后，上楼梯劳累后出现胸闷、气促，且逐渐加重。一月前，因淋雨出现咳嗽、气短，偶有夜间憋醒，坐起后缓解，在当地医院治疗，给予地高辛 0.25mg，每天 1 次口服，自觉症状无明显好转，夜不能眠。一天前出现呕吐、腹泻、食欲下降前来就诊。

查体：T37.8℃，P93 次/分，R22 次/分，BP120/70mmHg。神清，呼吸急促，二尖瓣面容，口唇发绀，颈静脉怒张。两肺底闻温馨及湿啰音，无哮鸣音。心率 93 次/min，律齐，心尖部可闻及舒张期隆隆样杂音，不传导。腹软，肝脏在右锁骨中线肋缘下 3cm，质韧，伴压痛，肝颈静脉回流征阳性，脾未及。双下肢轻度陷性水肿。

学习任务：1. 您作为管床护士请做好入院、住院和出院护理。

2. 请做一次完整的护理查房。

学习目标

知识目标 能说出急、慢性心力衰竭发病的影响因素，并正确为患者进行护理评估。

能力目标 能够提出正确的护理诊断，并能够为患者提供合适的护理措施。

素质目标 学习过程中体现对患者的关心。

心力衰竭（Heart failure）是指在正常静脉回流的情况下，由于心肌收缩力下降，心排血量减少，不能满足机体代谢需要的一种综合征，临床上以肺循环和（或）体循环瘀血以及组织血液灌注不足为主要特征，故又称为充血性心力衰竭（Congestive heart failure）。随着心血管疾病发病率的增高及人口老龄化趋势，心力衰竭的发病率逐渐上升，是临床常见的危重病症。

心力衰竭按发展速度可分为急性心力衰竭和慢性心力衰竭，以慢性居多；按发生的部位可分为左心衰竭、右心衰竭和全心衰竭；按射血分数是否正常分为射血分数降低和射血分数正常两类。

第一节 慢性心力衰竭患者的护理

慢性心力衰竭（Chronic heart failure）是大多数心血管疾病的最终归宿，也是最主要的死亡原因。在发达国家，引起心力衰竭的基础疾病为高血压、冠心病；我国过去以心瓣膜病为主，近年来冠心病、高血压的比例呈明显上升趋势，成为心衰最常见病因。

【概述】

（一）基本病因

1. *原发性心肌损害*

包括缺血性心肌损害，如冠心病心肌缺血和心肌梗死，是引起心力衰竭的最常见的原因之一；各类心肌炎及心肌病；心肌代谢障碍性疾病，以糖尿病心肌病最为常见，其他如维生素 B_1 缺乏、心肌淀粉样变性等均属罕见。

2. *心脏负荷过重*

1）后负荷（压力负荷）过重：见于高血压、主动脉瓣或肺动脉瓣狭窄、肺动脉高压等。

2）前负荷（容量负荷）过重：见于心瓣膜反流性疾病（如二尖瓣、主动脉瓣关闭不全）；左、右心或动静脉分流性先天性心脏病（如房间隔或室间隔缺损、动脉导管未闭）；全身血容量增多性疾病（如甲状腺功能亢进、慢性贫血）。

温馨提示：容量负荷过重见于瓣膜关闭不全引起的反流或心房、心室间的异常通道（即血液来的方向负荷加重）；压力负荷主要见于瓣膜狭窄导致心脏射血受阻（即血液去的方向压力增大）。

（二）诱因

有基础心脏病的患者，心力衰竭症状的出现或加重常可由以下因素诱发：

1）感染，以呼吸道感染最常见，其次为感染性心内膜炎。

2）心律失常，特别是心房颤动等快速性心律失常多见。

3）血容量增加，如静脉输液过多、过快，钠盐摄入过多等。

4）过度体力劳动。

5）其他，如情绪激动、精神过于紧张、妊娠和分娩、治疗不当（如不恰当停用洋地黄等药物）、气候急剧变化、出现甲亢或贫血等并发症。

（三）发病机理及病理生理

心力衰竭的发病机理及病理生理过程非常复杂。心脏病变及心脏功能障碍发生时，机体启动多种代偿调节机制使心功能在一定时间内维持在相对正常的水平，但其负性作用长期维持最终可发生失代偿，而引起心力衰竭。

1. 血流动力学代偿机制

心力衰竭早期，心率代偿性加快，使心排血量增加使其达到或接近正常水平，然而，心率加快也增加了心肌耗氧量，且冠状动脉供血和心室充盈时间缩短，而使每搏血量下降心排血量反而降低。

各种病因促使心脏泵血功能减退，心排血量降低，心室舒张末压增高，早期根据 Frank-Starling 定律随着心室充盈压增高与舒张末心肌纤维长度增加使心排血量增加。当心室舒张末压达到 18 mmHg 以上时，心室代偿机制消失，心排血量下降，出现心房压、静脉压增高，临床出现肺瘀血的症状和体征。

2. 神经体液代偿机制

1）交感神经兴奋兴奋性增强：心力衰竭患者的去甲肾上腺素水平升高，增强心肌收缩力并提高心率，以增加心排血量。但外周血管收缩可使心脏后负荷增加，心率增快可增加心肌耗氧量。

2）肾素-血管紧张素系统（RAS）激活：当心脏排血量不足，肾血流量也随之减少，RAS 激活，这一过程可使心肌收缩力增强，外周血管收缩以维持血压，调节血液的再分配，保证重要脏器的血液供应。但是同时地促进了醛固酮分泌，使水、钠潴留，增加了心脏的前负荷，并且这一过程也加重了心肌的损害和心室的重塑。

3）其他体液因子的作用：心力衰竭时，血浆中的一些体液因子如心钠肽（ANP）、精氨酸加压素（AVP）、内皮素（Endothelin）等水平均升高，它们具有增加水、钠潴留，促进血管收缩等功能，在心力衰竭早期均有一定的代偿作用。但后期都具有增加心脏负荷，或参与 心脏重塑的负效应。

3. 心肌损害和心室重塑

原发性心肌损害和心脏负荷过重使心脏功能受损，导致心脏扩大或心肌肥厚等各种代偿性变化。在心脏扩大、心肌肥厚的过程中，心肌细胞、胞外基质、胶原纤维等均发生相应变化，即心室重塑。大量研究表明，心室重塑在心力衰竭发生发展过程中起重要作用。早期心肌肥厚使心肌收缩力增强，心排血量在相当长时间内维持正常。但是肥厚心肌在长期负荷过重的情况下处于能量供应不足状态，导致心肌缺血、环死，继而纤维化，使心室顺应性下降，心室重塑更趋明显，最终导致不可逆转的心肌收缩力下降。

【护理评估】

（一）健康史

详细询问患者有无冠心病、高血压、风湿性心瓣膜病、心肌炎、心肌病等心脏病病史。询问有无感染、劳累、心律失常、情绪激动等诱因，有无夜间憋醒、不能平卧、活动后心慌、气短、咳嗽、咳痰、食欲不振、下肢水肿等表现。评估患者的心功能，了解辅助检查、用药情况，以及患者和家属对疾病的认识及对护理的需求。

(二)身体评估

1. *左心衰竭* 以肺瘀血及心排血量减低为主要表现。

(1)症状

1)呼吸困难:是左心衰竭最主要的症状。早期表现为劳力性呼吸困难,休息后可缓解;随肺瘀血加重,出现夜间阵发性呼吸困难,为左心衰竭的典型表现;严重患者可出现端坐呼吸。

2)咳嗽、咳痰、咯血:咳嗽常在夜间平卧时发生,坐位时减轻或消失,痰常呈白色浆液性泡沫状,有时可痰中带血丝或咳粉红色泡沫状痰。慢性肺瘀血、肺静脉压力增高,导致肺循环和支气管血液循环之间形成侧支,支气管粘膜下静脉扩张破裂可引起大咯血。

3)疲倦、乏力、头晕、烦躁、心悸、尿少等 由于心排血量不足导致心、脑、肾、骨骼肌等器官、组织灌注不足所致。

(2)体征:两肺底可闻及较多湿啰音,有时伴有哮鸣音。心脏体征,除原有心脏病体征外,可表现为心率加快,心尖部可闻及舒张早期奔马律。

2. *右心衰竭* 以体循环静脉瘀血为主要表现。

(1)症状 体循环瘀血可引起腹胀、食欲不振、恶心、呕吐、尿少、夜尿增多、蛋白尿和肾功能减退,同时可伴有呼吸困难。

(2)体征:

1)水肿:是右心衰竭晚期的主要体征。其特征为水肿首先出现于身体下垂部位,为对称性、压陷性水肿,能活动的患者水肿从足踝部开始,长期卧床患者从腰骶部开始,严重者遍及全身,并伴胸腔积液和腹腔积液。

2)颈静脉怒张:是右心衰竭的重要体征。为肝颈静脉反流征阳性,更具特征性。

3)肝肿大:肝瘀血肿大伴有上腹饱胀不适及压痛,常发生在下肢水肿之前。长期肝瘀血可导致心源性肝硬化,晚期可出现黄疸及腹水。

4)心脏体征:除原有心脏病的体征外,常因右心室增大或全心增大导致心浊音界向两侧扩大,三尖瓣区可有收缩期吹风样杂音。

3. *全心衰竭*

常继发于左心衰竭出现右心衰竭而形成全心衰竭,此时因右心排血量减少,可使左心衰竭的呼吸困难等肺瘀血症状减轻,但紫绀加重。

4. *心功能分级*

将心脏病患者按心功能状况给予分级,对于判断病情轻重、指导治疗及护理、评定劳动能力等有实用价值。目前心功能状况根据患者自觉的活动能力划分为4级:

1)Ⅰ级:体力活动不受限制。日常活动不出现心悸、呼吸困难、乏力或心绞痛等症状。

2)Ⅱ级:体力活动轻度受限。休息时无症状,一般日常活动即可出现心悸、呼吸困难、乏力、心绞痛等症状,休息后很快缓解。

3)Ⅲ级:体力活动明显受限。休息时无症状,低于日常的活动量即可出现明显的心悸、气短、呼吸困难、乏力、心绞痛等,休息较长时间后症状可缓解。

4)Ⅳ级:不能从事任何体力活动。休息时即可出现心悸、气短、呼吸困难、心绞痛等症状,稍活动后症状明显加重。

温馨提示:护生应能根据病例中提供的信息判断患者心功能的级别。心功能Ⅰ级(不受限制),心功能Ⅳ级(完全受限)是两个极端,不需要记忆,护生只需要区别心功能Ⅱ级、Ⅲ级。前者是日常活动引起心悸、气急(如爬楼梯等),后者是稍微活动引起心悸、气急(如吃饭、穿衣等)

(三)心理—社会评估

心力衰竭是一个慢性过程,在长期病程中,患者常因体力活动明显受限,生活工作受挫和家属的淡漠而处于绝望、悲观的状态。

(四)辅助检查

1. X线检查

心影大小及外形为病因诊断提供依据。肺瘀血主要表现为肺门阴影增大，肺纹理增加等；右心衰竭常见右心室增大，有时伴胸腔积液表现。

2. 超声心动图

更准确地反映心腔大小及心瓣膜结构功能。也可测量出左心室射血分数（LVEF%）、心排出量（CO）和心脏指数（CI）等，能较好地反映左心室的收缩及舒张功能。

3. 放射性核素检查

核素心室造影可准确测定心室腔大小，计算 LVEF 及室壁运动，反映心脏收缩及舒张功能。核素心肌灌注显影可诊断心肌缺血和梗死。

4. 创伤性血流动力学检查

漂浮导管检查是经静脉插管至肺小动脉的创伤性检查方法，用以测定心脏指数（CI）及肺小动脉楔压（PCWP），正常时 CI>2.5 L/min · m^2，PCWP 正常范围 6~12 mmHg。当 PCWP> 18 mmHg 时即出现肺瘀血，提示左心功能不全。

（五）治疗原则

治疗原则和目的包括：病因治疗；阻止或延缓心室重塑，防止心肌进一步损害；减轻心脏负荷，增加心排血量；提高运动耐量，改善生活质量；减低死亡率。

1.病因治疗

（1）基本病因的防治　通过非药物及药物治疗控制高血压，应用药物、介入及手术治疗改善冠状动脉供血，手术治疗心脏瓣膜病及先天性心脏病。

（2）消除诱因　选用有效抗生素控制感染；纠正心律失常，特别是心室率很快的心房颤动；纠正电解质及酸碱平衡失调；积极治疗甲亢、贫血等全身疾病；避免劳累和情绪激动；加强休息和控制钠盐摄入；控制静脉输液速度。

2.药物治疗

（1）利尿剂　主要通过利尿排钠排水减轻心脏的容量负荷，缓解瘀血、减轻水肿。常用利尿剂：①排钾利尿剂：常用氢氯噻嗪 25 mg 每周 2 次或隔日 1 次；较重患者每日 75~100 mg，分 2~3 次服用。②袢利尿剂，用呋塞米口服或静脉注射。③保钾利尿剂：螺内酯，每次 20mg 口服，每日 3 次；或用氨苯喋啶、阿米洛利口服。

用药原则：①从小剂量开始；②间歇用药；③排钾和保钾利尿剂联合应用；④观察药物不良反应：主要观察血钾变化，噻嗪类利尿剂可引起血尿酸及血糖升高，禁用于痛风患者，慎用于糖尿病患者。

（2）血管紧张素转换酶抑制剂（ACEI）　除了发挥扩血管作用改善血流动力学、减轻瘀血症状外，更重要的是可以通过抑制 RAS、抑制缓激肽的降解等多种机制，降低代偿性神经体液的不利影响，限制心血管的重塑，达到维护心肌功能、降低远期死亡率作用。常用制剂有：卡拉普利（12.5~25mg，每日 2 次）最早用于临床，最常见的不良反应是引起咳嗽，许多患者不能耐受。目前常用贝那普利、依那普利（5~10mg，每日 1 次）、培哚普利（2~4mg，每日 1 次）等长效制剂，以提高用药的依从性。宜从小剂量开始，逐渐递增；遵守个体化的用药原则。

（3）正性肌力药物　是治疗心力衰竭的主要药物。

1）洋地黄类正性肌力药物：

适应证：适用于各种心脏病所致的心力衰竭患者，特别是心力衰竭伴快速心室率的心房颤动患者是其最好的指征。

禁忌证：肥厚性心肌病、二度或三度房室传导阻滞、预激综合征等禁用；肺源性心脏病伴低氧血症者慎用，急性心肌梗死伴心力衰竭患者，发病最初 24 小时一般不用洋地黄治疗。

常用的洋地黄制剂有：①地高辛，适用于中度心力衰竭的维持治疗，常用维持量法，即 0.125mg 或 0.25 mg，每日 1 次，连续口服相同剂量 7 天后，血浆浓度可达有效稳态。②毛花甙丙（西地兰），适用于急性心力衰竭或慢性心力衰竭加重时，特别适用于心力衰竭伴快速性心房颤动者。常用方法，0.2~0.4 mg，稀释后缓慢静脉注射。毒毛药苷 K，适用于急性心力衰竭。常用方法，0.25 mg，稀释后静脉注射。用药时严密观察心率及心律变化。

2）非洋地黄类正性肌力药物：

可选用多巴胺、多巴酚丁胺，磷酸二酯酶抑制剂如米力农。

（4）β受体阻滞剂　可拮抗心力衰竭代偿机制中交感神经的兴奋性增强效应，阻断心室重塑的恶性循环，可防止、延缓和逆转心室重塑,从而提高运动耐力,降低心力衰竭患者的远期死亡率。常用制剂有β1受体阻滞剂如美托洛尔、比索洛尔和非选择性β受体阻滞剂卡维地洛等。

用药注意事项:①不能作为单一药物治疗心衰;②从小剂量开始,逐渐加量,适量长期维持;③减量过程应缓慢,避免突然停药;④药物剂量应遵循个体化原则,并观察血压、心率、心律的变化,严重心力衰竭、哮喘、心动过缓和房室传导阻滞患者禁用。

(5)血管扩张剂 对于不能耐受ACEI的患者可用小静脉扩张剂硝酸甘油、硝酸异山梨酯,小动脉扩张剂α1受体阻滞剂肼苯达嗪,钙通道阻滞剂等,也可以选择血管紧张素受体阻滞剂(ARB),如缬沙坦、氯沙坦等。

【护理诊断及医护合作性问题】

1.活动无耐力

与心排血量下降有关。

2. 气体交换受损

与左心衰竭致肺瘀血有关。

3. 体液过多

与右心衰竭致体循环静脉瘀血、钠水潴留有关。

4.潜在并发症

洋地黄中毒,电解质紊乱,呼吸道感染等。

【护理目标】

患者能按计划进行活动,活动耐力逐渐增强,活动时无不适感;呼吸困难减轻,血气分析逐步改善;水肿或浆膜积液减轻或消失,无潜在并发症发生。

【护理措施】

一、一般护理

1. 休息与活动

休息可减少组织对氧的消耗,减轻心脏负荷。心功能Ⅰ级患者应避免剧烈运动和重体力劳动;心功能Ⅱ级患者应充分休息,增加午睡及睡眠时间;心功能Ⅲ级患者,以卧床休息为主,可下床大小便;心功能Ⅳ级患者,绝对卧床休息,宜取坐位或半卧位,以缓解呼吸困难,日常生活由他人照顾。对于长期卧床的患者,鼓励其经常变换体位、深呼吸及进行下肢活动,以防止长期卧床的并发症,如压疮、肺部感染、下肢静脉血栓形成及肌肉萎缩等。病情好转后可逐渐增加活动量,活动时间和活动量应根据病情而定,以不出现症状为限。

2. 饮食护理

给予低热量、低钠、低脂、高蛋白、高维生素、易消化饮食,少量多餐,避免产气食物及刺激性食物如浓茶、咖啡、辛辣食品,戒烟酒。限制钠水摄入,严重水肿患者,每日钠盐摄入量<2 g,并限制含钠高的食品如发酵的面食、腌制品、味精等;水份每日摄入量<1000 ml。

3. 保持大便通畅,防止便秘

由于长期卧床、胃肠道瘀血、进食减少、排便方式改变等因素使肠蠕动减慢,心力衰竭患者常发生便秘。指导患者饮食中增加粗纤维的摄入,如粗粮、蔬菜、水果等;养成良好的排便习惯,切忌过度用力排便;长期卧床患者,应经常变换体位,每日数次进行腹部按摩或收缩腹肌;必要时用缓泻剂。

4. 氧疗

通过氧疗可缓解呼吸困难症状。一般氧流量2~4 L/min,肺源性心脏病所致心力衰竭氧流量1~2 L/min。同时观察氧疗是否有效,如患者口唇、血管末梢发绀是否缓解,及时调整氧流量。做好用氧安全管理。

二、用药护理

1. 利尿剂

按医嘱正确使用利尿剂。①观察治疗效果:注意用药后水肿、气急、尿量、体重、腹围的改变,记录出入液量。②观察不良反应:如噻嗪类利尿剂应用后观察有无恶心、呕吐、腹胀、肌无力等低血钾的表现,以及有无高尿酸血症及高血糖,注意监测血电解质、血尿酸和血糖;袢利尿剂应用后观察有无体液不足、低钾血症表现、听力障碍等,补充含钾高的食物;潴钾利尿剂应用后有无胃肠道反应、嗜睡、乏力、皮疹等,不宜同服钾盐及含钾高的食物。

2. 洋地黄制剂

(1)了解患者用药史，向患者讲解应用洋地黄类药物的必要性、剂型、用法及中毒的表现，说明治疗量与中毒量很接近，应严格按医嘱用药，注意剂量的个体差异。用药前应计数心率，若心率低于60次/min，不能用药。静脉注射速度要缓慢，给药时间一般控制在10~15分钟。

2）观察洋地黄疗效及毒性反应　洋地黄中毒的主要表现为心脏损害、胃肠道反应及神经精神症状。其中心脏损害最重要的反应是各类心律失常，以室性期前收缩二联律最常见，也可有室性或室上性心动过速、房性期前收缩、心房颤动、房室传导阻滞等；胃肠道反应如恶心、呕吐、腹泻、食欲下降等；神经精神症状如头痛、疲乏、烦躁、易激动、视力模糊、黄(绿)视、倦怠等。

用药过程中应观察患者有无恶心、呕吐、乏力、黄视等，检查心率、心律情况，若心率低于60次/min，或节律发生改变，心电图有异常改变，应暂停给药，通知医生并相应处理。

3)洋地黄毒性反应的处理：①立即停药，是治疗洋地黄中毒的首要措施，同时停用排钾利尿剂；②按医嘱补充钾盐及镁盐；③控制心律失常，快速性心律失常如室性期前收缩二联律或室性心动过速，使用利多卡因或苯妥英钠静脉注射，一般禁用电复律；缓慢性心律失常者可用阿托品皮下或静脉注射，完全性房室传导阻滞出现晕厥时，宜安装临时心脏起搏器；④地高辛中毒可用抗地高辛抗体治疗。

3. ACEI

不良反应为低血压、干咳、高血钾，注意监测血压、血钾和肾功能情况，对无尿性肾衰竭、妊娠、哺乳期妇女、过敏者禁用。

4. β受体阻滞剂

有抑制心肌收缩力、减慢心率和抑制房室传导、诱发支气管痉挛、低血糖、血脂升高等不良反应，应监测心率、心律、心音、血糖、血脂和心电图。

5. 血管扩张剂

易引起血压骤降，应用时需监测血压及心率。初用者应从小剂量开始，用药过程中改变体位宜缓慢，防止体位性低血压发生；硝普钠静脉滴注时应避光，现用现配，严格控制输液速度，连续使用不宜超过24小时。

6. 控制输液速度和量

患者应控制输液速度，一般20~30滴/min，每日补液量不超过1000 ml，或每天尿量加500 ml。

三、病情观察

观察呼吸困难、发绀、水肿、肺部啰音、体重、腹围等有无好转，准确记录出入液量，发现病情加重时，及时告知医生处理，并配合抢救。

四、心理护理

心力衰竭病程长，症状明显，患者多缺乏治疗的信心，护理人员应鼓励患者，建立良好的信赖关系，多与患者及家属进行沟通交流，指导患者进行自我心理调整，放松心情，减轻心脏耗氧量，积极配合治疗和护理。

五、健康指导

1. 疾病知识指导

预防病因及诱因。指导患者积极治疗原发病，如高血压、高血脂应积极控制，心脏瓣膜病有手术适应证者尽早择期手术。避免各种诱因，如注意保暖，防止呼吸道感染；避免输液过多、过快；保持乐观情绪，避免精神紧张和应激；控制心律失常；育龄期妇女应积极避孕，若心功能Ⅰ级或Ⅱ级则可以在医生指导下妊娠，但需做好孕期监护。

2. 饮食与活动指导

低热量、低钠、低脂、高蛋白、高维生素、易消化食物，避免过饱、产气及刺激性食物，多食水果蔬菜。合理休息，按心功能情况指导活动，保证充足的睡眠。

3. 用药指导

教育患者及家属，积极配合药物治疗。告诉患者所用强心剂、利尿剂等药物的名称、用法、剂量、不良反应及注意事项，强调不得随意增减或撤换药物。

4. 自我监护

教会患者及家属自测脉搏、心率，观察有无水肿、体重增加、气急、夜尿增多、厌食饱胀感等症状，一旦发生应及时就医。定期随访，防止发展。

【护理评价】

活动耐力是否逐渐增强，活动时有无不适感；呼吸困难是否减轻，血气分析结果有无改善；水肿或浆膜腔积液是否减轻或消失。

第二节　急性心力衰患者的护理

案例引入

患者，王芳，出院后两个月因呼吸道感染在社区门诊输液过程中，突然出现严重呼吸困难、端坐呼吸、极度烦躁、咳嗽、咳粉红色泡沫痰前来就诊。

学习任务：1．你作为社区护士判断该患者病情发生了怎样变化？

2．你作为社区护士如何配合护理？

急性心力衰竭（Acute heart failure）是指由于急性心脏病变引起的心排血量显著、急骤降低，导致组织器官灌注不足和急性淤血的综合征。临床上以急性左心衰竭（Acute left-sided heart failure）较为常见，主要表现为急性肺水肿，严重者伴心源性休克。

【概述】

1. 急性弥漫性心肌损害

常见于急性广泛性心肌梗死、急性心肌炎等，左心室排血量急剧下降，肺循环压力升高。

2. 心脏负荷急剧增加

（1）急性后负荷过重　如高血压急症、严重二尖瓣狭窄或主动脉瓣狭窄者突然过度体力活动等。心室舒张期缩短，左心房的血液不能充分地流入左心室，左心房淤血扩张，因而引起肺静脉压升高。

（2）急性前负荷过重　如急性心肌梗死、感染性心内膜炎引起的乳头肌断裂、腱索断裂等导致的急性瓣膜返流，以及输液过多过快等，引起急性肺静脉高压。

3. 严重心律失常

如原有心脏病基础上出现快速性（心率>180 次/分）或缓慢性（心率<35 次/分）心律失常等。左心室充盈及排血量减低，导致左心房及肺静脉压升高。

上述病因引起的肺静脉和肺毛细血管压力突然明显增高，当肺毛细血管渗透压超过 36mmHg时，则有大量浆液由毛细血管渗出至肺间质和肺泡内，形成急性肺水肿，严重者左心室排血量急剧下降，同时出现心源性休克。

【护理评估】

1．症状

急性左心衰竭发病急骤，主要表现为急性肺水肿。患者突然出现严重的呼吸困难，端坐呼吸，呼吸频率 30 ~ 40 次/分，面色灰白或发绀，大汗淋漓，皮肤湿冷，烦躁不安，频繁咳嗽，咳粉白色或红色泡沫样痰。因病情突然加重，极度呼吸困难，产生濒死、恐惧感。

2. 体征

血压一过性升高后持续下降直至休克。脉搏增快，可呈交替脉。听诊两肺满布湿啰音和哮鸣音，心率增快，心尖部闻及舒张早期奔马律，肺动脉瓣区第二心音亢进。

3.辅助检查

胸部 X 线检查有肺水肿征象；肺小动脉楔压增高。

【护理诊断及合作性问题】

1.气体交换受损

与急性肺水肿影响气体交换有关。

2.恐惧

与突发极度呼吸困难有关。

3.潜在并发症

心源性休克。

【护理目标】

1)呼吸困难明显减轻,呼吸频率逐渐下降,血气分析结果明显好转。

2)表情自然,情绪稳定。

【护理措施】

急性肺水肿是最常见的急危重症之一,应积极采取措施,迅速抢救。

1. 休息与体位

立即协助患者取坐位,双腿下垂,以减少静脉回心血量,减轻心脏容量负荷。

2. 氧疗

在保证呼吸道通畅的前提下,立即高流量鼻导管吸氧 6 ~ 8L/min,应用 30% ~ 50%乙醇湿化,降低肺泡内泡沫的表面张力,改善通气,严重时用面罩呼吸机呼气末正压通气(PEEP),以增高肺泡内压力,减少浆液渗出。

3. 迅速建立静脉通路,遵医嘱用药

(1)吗啡　可扩张小血管减轻心脏负荷,又可减轻患者的烦躁不安,减慢心率。吗啡 5 ~ 10mg 皮下注射或静脉注射,注意用药后有无呼吸抑制、心动过缓、血压下降等不良反应。

(2)利尿剂　可迅速利尿,同时扩张静脉,能降低心脏前负荷。呋塞米 20 ~ 40mg 静脉注射,注意准确记录尿量,监测电解质及血压变化。

(3)血管扩张剂　可减轻心脏负荷。选用硝普纳、硝酸甘油或酚妥拉明静脉滴注。注意控制滴速,收缩压控制在 100mmHg 左右。

(4)洋地黄制剂　可增强心脏收缩力。可用毛花甙丙(西地兰)0.2 ~ 0.4mg 稀释后缓慢静脉注射,注意静注速度要缓慢,并观察心率、心律的变化。

(5)氨茶碱　可解除支气管痉挛,减轻呼吸困难,并有利尿、降低肺动脉压的作用。0.25g 加入 5%葡萄糖 20 ~ 40ml 内缓慢静脉注射。注意观察有无恶心、呕吐、心律失常、血压下降、惊厥等不良反应。

(6)其他疗法　糖皮质激素的应用,可降低外周血管阻力和解除支气管痉挛;四肢轮流结扎、静脉放血适用于大量输血输液所致的急性肺水肿。

4. 病情监测

安置患者于监护病房,监测心电图、呼吸、血压、脉搏、心率、心律,观察意识、皮肤温度、颜色、尿量、肺部啰音等变化,对安置漂浮导管者应监测血流动力学指标的变化。

5. 心理护理

鼓励患者说出内心感受,尽量守护患者。抢救时应保持镇静、忙而不乱,增强患者的信心。

6. 健康指导

向患者及家属介绍急性左心衰竭的诱因,鼓励积极治疗原发病,避免诱因,定期复诊。告知患者因病需静脉输液时应主动告诉护士自己的病情,复发时立即采取端坐位,两腿下垂,由他人护送就诊。

【护理评价】

呼吸困难等症状是否明显改善;活动耐力是否逐渐增强;患者情绪是否平稳。

温馨提示:急性左心衰记忆口诀:

左心衰,呼吸快;泡沫痰,粉红色;

听诊肺,湿啰音;端坐位,腿下垂;

立给氧,高流量;酒湿化,泡沫没。

(梁丽丽　向宇)

第十六章　心律失常患者的护理

案例引入

患者,女50岁。因"发作性心悸20余年,再发2小时入院"。患者20年前开始出现发作性心悸,伴胸闷,呈突发突止,持续10分钟至数小时不等,可自行终止。近一年上述症状发作频繁,持续时间延长,有时需要用药物转复律。

学习任务:1. 该患者入院首先应做何特殊检查?

2. 该患者心电图有何表现?

3. 你作为管床护士如何护理该患者?

学习目标

知识目标　知道心律失常的分类及病因。能说出常见心律失常的临床特点及诊断要点。

能力目标　会心律失常患者的护理及健康指导。

素质目标　尊重患者、护理时关心患者。

【概述】

心律失常(Cardiac arrhythmia)是指心脏冲动起源、频率、节律、传导速度和传导次序的异常。

1.分类

(1)按心律失常发病机制分以下两类

1)冲动形成异常:包括窦性心律失常(窦性心动过速、窦性心动过缓、窦性心律不齐、窦性停搏)、主动性异位心律(期前收缩、阵发性心动过速、心房扑动、心房颤动、心室扑动、心室颤动)、被动性异位心律(逸搏、逸搏心律)。

2)冲动传导异常:包括各种传导阻滞(如窦房传导阻滞、房内传导阻滞、房室传导阻滞、室内传导阻滞)、预激综合征等。

(2)按心律失常发作时心率的快慢分二类　快速性心律失常(包括期前收缩、心动过速、扑动和颤动)和缓慢性心律失常(包括窦性缓慢性心律失常、各种传导阻滞等)。

2.病因及发病机制

(1)生理因素　健康人可发生心律失常,特别是窦性心律失常和期前收缩等。情绪激动、精神紧张、疲劳、吸烟、饮酒、喝浓茶或咖啡等常为诱因。

(2)器质性心脏病　是引发心律失常的最常见原因,多见于冠状动脉粥样硬化性心脏病、心肌病、心肌炎、心瓣膜病、高血压性心脏病、先天性心血管病、肺心病、心脏手术或心导管检查等。

(3)非心源性病因　急性脑血管病、甲状腺功能亢进、慢性阻塞性肺病等也可引发心律失常。

(4)其他　电解质紊乱(低钾血症、低钙血症、高钾血症等)、药物(洋地黄、肾上腺素、阿霉素等)、中暑、电击伤等也可引发心律失常。

心律失常的发病机制是由于多种原因引起心肌细胞的自律性、兴奋性、传导性改变,导致心脏冲动形成的异常、冲动传导的异常或两者兼而有之。

【护理评估】

1.健康史

注意询问是否存在冠心病、高血压、心肌病等病因,有无情绪激动或紧张、疲劳、吸烟、饮酒等诱因,既往发作史、服药史、疗效及不良反应等。

2.身体状况

患者的表现取决于心律失常的类型、心室率的快慢、发作持续时间及基础疾病。通常表现为心悸、胸闷、乏力、呼吸困难，心跳停顿感甚至短暂晕厥。重者可诱发心绞痛、心力衰竭、阿-斯综合征或猝死。体检时可有脉搏、心率、心律和心音的变化。不同类型心律失常的主要临床特点如下。

(1)窦性心动过速　可无症状或有心悸感。听诊心率超过 100 次/min，大多在 100 ～ 150 次/min。

(2)窦性心动过缓　心率过慢时可有头晕、乏力、胸闷、胸痛等，听诊心率低于 60 次/min。窦性心动过缓伴窦性心律不齐时，多无症状，听诊心率快慢稍不规则，吸气时心率快、呼气时心率慢。

(3)期前收缩　可有心悸、心跳暂停感，频发者因心排血量降低可有乏力、头晕、胸闷、心绞痛。听诊心律不规则，提前出现增强的第一心音，第二心音减弱，其后有一长间歇，可有脉搏短绌。

(4)室上性阵发性心动过速　突然发作、突然终止，持续数秒、数小时甚至数日，可表现为心悸、胸闷、乏力、黑朦、晕厥、心绞痛、心力衰竭或休克。听诊心律规则、心尖部第一心音强弱一致。

(5)室性心动过速　发作时间短于 30 秒者通常无症状或仅有心悸；持续性发作者可有晕厥、呼吸困难、低血压，甚至抽搐、心绞痛、休克或急性肺水肿等。听诊心律可略不规则、第一心音强弱不一致。

(6)心房颤动　心室率快的房颤者可有心悸、胸闷、乏力，重者可有心力衰竭、休克、晕厥及心绞痛，可诱发脑栓塞。听诊特征为心音强弱不等、心律绝对不规则、脉搏短绌。

(7)心室颤动　迅速出现意识丧失、心音消失、大动脉搏动消失、血压测不到，继之呼吸停止、瞳孔散大、发绀。

(8)房室传导阻滞　一度房室传导阻滞者常无症状，听诊第一心音减弱；二度房室传导阻滞者可有心脏停顿感或心悸、疲乏、活动后气急、短暂晕厥症状，听诊有心律不齐、第一心音逐渐减弱；三度房室传导阻滞，是一种严重的心律失常，症状包括，心力衰竭和疲乏、头晕、心绞痛等，严重者出现阿-斯综合征，甚至猝死，听诊心率慢而规则、第一心音强弱不等，有时听到响亮而清晰的第一心音(大炮音)。

3.心理-社会状况

询问有无心理刺激及社会生活事件。心律失常患者常因躯体不适及反复发作而紧张、焦虑有恐惧感；行人工心脏起搏、心脏电复律术或心血管介入治疗时，出现紧张恐惧或信心不足等。

4.辅助检查

确定心律失常的类型主要依靠心电图，有时需做心电生理检查。

(1)常规心电图　是确诊心律失常的主要依据。应记录多导联心电图，并记录能清楚显示 P 波导联的心电图以备分析，通常选择较长Ⅱ导联或 V1 导联。

1)窦性心律失常：有窦性 P 波的心电图特征：①P 波在Ⅰ、Ⅱ、aVF 导联直立，aVR 导联倒置；②P-P 或 R-R 间期＞ 1.0s 为窦性心动过缓（图 16-1）。P-P 间期 0.12 ～ 0.20s。P-P 或 R-R 间期＜ 0.60s 为窦性心动过速(图 16-2)。P-P 或 R-R 间期之差＞ 0.12s 为窦性心律不齐(图 16-3)。

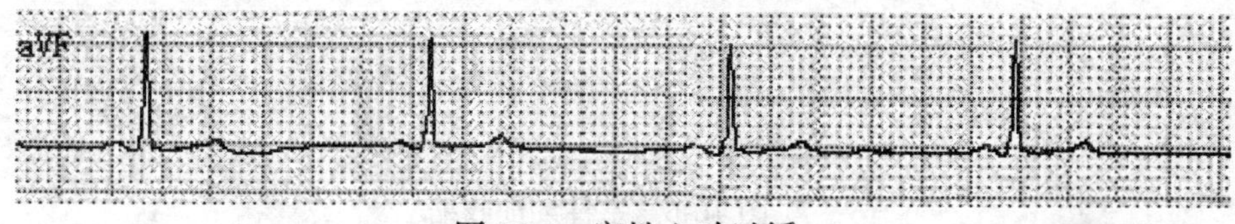

图 16-1　窦性心动过缓

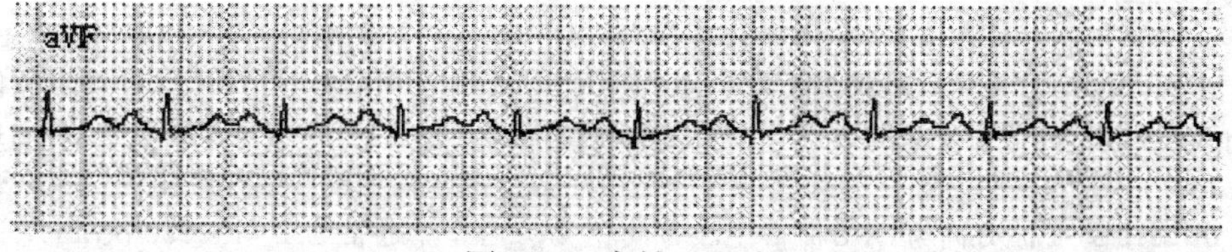

图 16-2　窦性心过速

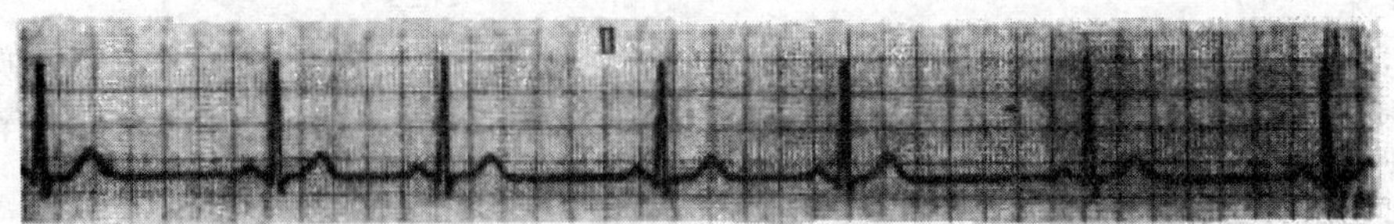

图 16-3　窦性心律不齐

2)期前收缩:①房性期前收缩:a.提前出现的异位 P′ 波,其形态略异于同导联窦性 P 波; b.P′-R 间期> 0.12s; c.P′ 波后的 QRS 波群有 3 种可能:与窦性心律的 QRS 波群相同;因室内差异性传导出现宽大畸形的 QRS 波群;提前出现的 P′ 波后无 QRS 波群,称为未下传的房性期前收缩;d.多数为不完全性代偿间歇,即期前收缩前后窦性 P 波之间的时限常短于 2 个窦性 P-P 间期(图 16-4)。②房室交界性期前收缩:a.提前出现的 QRS 波群,其形态与同导联窦性心律 QRS 波群相同,或因室内差异性而变形;b.逆行 P′ 波(Ⅰ、Ⅱ、aVF 导联倒置,aVR 导联直立)位于 QRS 波群之前,P′-R 间期< 0.12s;P′ 波位于 QRS 波群之后,R-P′ 间期< 0.20s;P′ 波埋于 QRS 波群中,QRS 波群之前后看不见 P′ 波;c.多数为完全性代偿间歇,即期前收缩前后窦性 P 波之间的时限等于 2 个窦性 P-P 间期(图 16-5)。③室性期前收缩:a.提前出现的 QRS 波群宽大畸形,时限> 0.12s;b.QRS 波群前无相关的 P 波;c.T 波方向与 QRS 波群主波方向相反;d.多数为完全性代偿间歇,即包括期前收缩在内的前后相连 2 个 P 波间的时限等于 2 个 P-P 间期(图 16-6)。

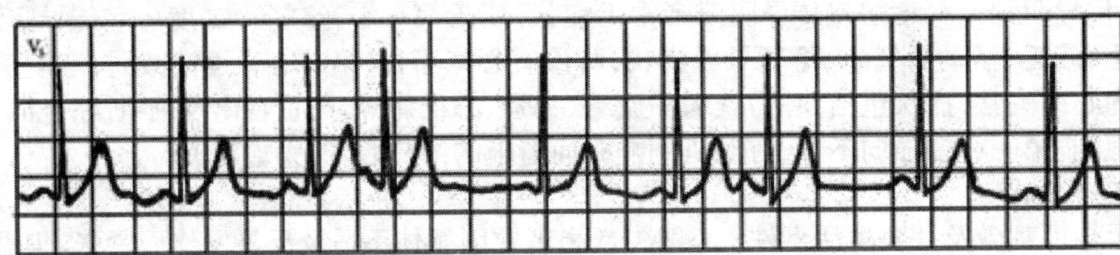

图 16-4　房性期前收缩

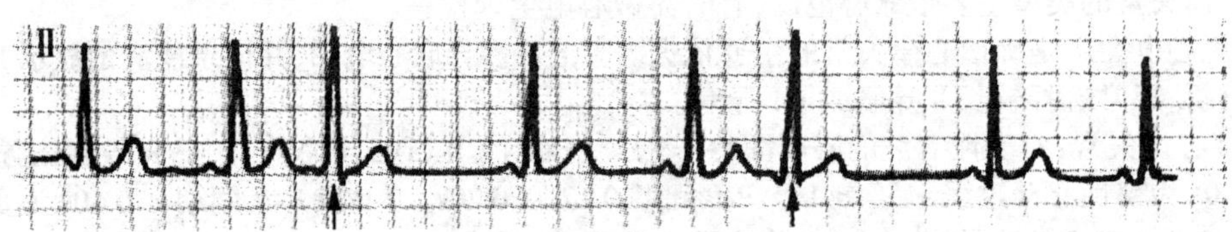

图 16-5　房室交界性期前收缩

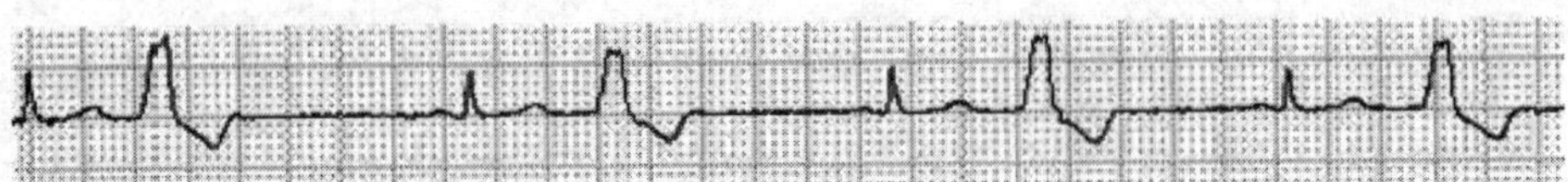

图 16-6　室性期前收缩

3)阵发性心动过速:

①阵发性室上性心动过速:a.3 个或 3 个以上的房性或房室交界性期前收缩连续出现,心率 150 ~ 250 次/分,节律规律;b.QRS 波群形态与时限和窦性心律 QRS 波群相同;c.有房性 P′波,P′-R 间期> 0.12s,或逆行 P 波常埋藏于 QRS 波群内或位于其终末部分,与 QRS 波群保持恒定关系,往往不易辨认;d.可出现继发性 ST-T 改变(图 16-7)。②阵发性室性心动过速:a. 3 个或 3 个以上的室性期前收缩连续出现;b. QRS 波群宽大畸形,时限> 0.12s;c.ST-T 波方向与 QRS 波群主波方向相反;d.心室率通常为 100 ~ 250 次/min,心律规则或略不规则;e.P 波与 QRS 波群无固定关系,形成房室分离,偶尔或所有心室激动逆传夺获心房,出现逆行 P 波;f.心室夺获与室性融合波(图 16-8)。

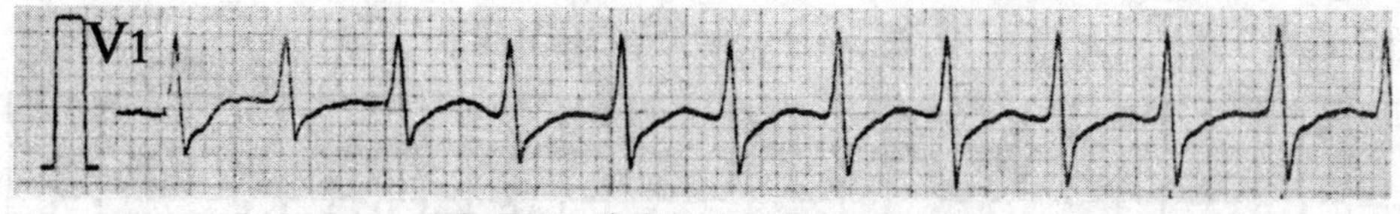

图 16-7　阵发性室上性心动过速

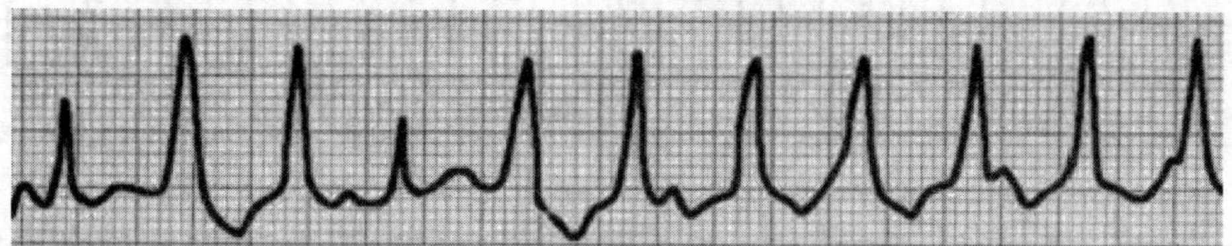

图 16-8　阵发性室性心动过速

4)心房扑动:①P 波消失后,代之以 250 ~ 350 次/min,间隔均匀,形状相似的锯齿状心房扑动波(F 波);②F 波与 QRS 波群成某种固定的比例为 2∶1 房室传导,有时比例关系不固定,则引起心室率不规则;③QRS 波群形态一般正常,伴有室内差异性传导者 QRS 波群可增宽、变形。

5)心房颤动:①P 波消失,代之以大小不等、形态不一、间期不等的心房颤动波(f 波),频率为 350 ~ 600 次/min;②R-R 间期绝对不等;③QRS 波群形态通常正常,当心室率过快,发生室内差异性传导时,QRS 波群增宽、变形(图 16-9)。

6)心室扑动:P-QRS-T 波群消失,代之以 150 ~ 300 次/min、波幅大而较规则的正弦波(室扑波)图形。

7)心室颤动:P-QRS-T 波群消失,代之以形态、振幅与间期绝对不规则的颤动波(室颤波),频率为 150 ~ 500 次/min(图 16-10)。

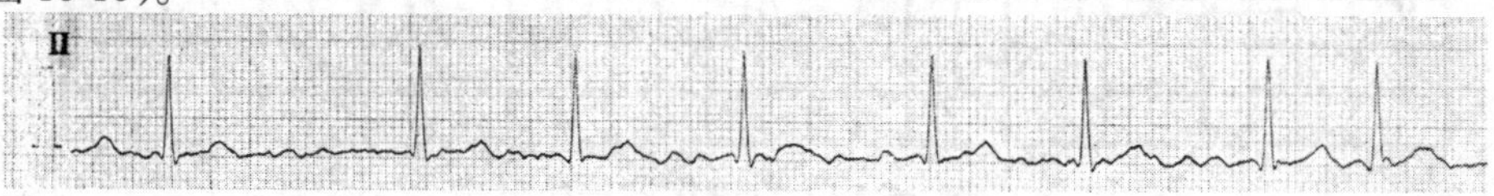

图 16-9　心房颤动

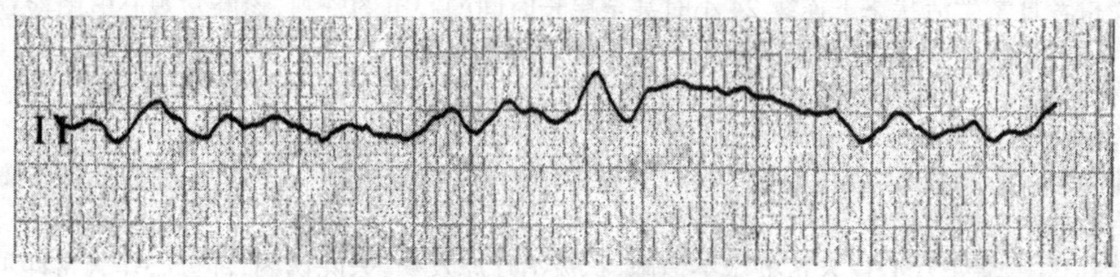

图 16-10　心室颤动

8)房室传导阻滞:①一度房室传导阻滞:P-R 间期延长>0.20s;每个 P 波后均有 QRS 波群(图 16-11)。②二度房室传导阻滞:a. Ⅰ型文氏现象:P-R 间期在相继的心搏中逐渐延长,直至发生心室波脱漏,脱漏后的第一个 P-R 间期缩短,如此周而复始;相邻的 R-R 间期进行性缩短,直至 P 波后 QRS 波群脱漏(图 16-12)。b. Ⅱ型黄氏现象:P-R 间期固定不变;数个 P 波之后有一个 QRS 波群脱漏,形成 2∶1、3∶1、3∶2 等不同比例的房室传导阻滞;QRS 波群形态一般正常,亦可有异常(图 16-13)。③三度房室传导阻滞:P 波与 QRS 波群各有自己的规律,互不相关,呈完全性房室分离;心房率>心室率(P-P 间期<R-R 间期);QRS 波群形态和时限可正常或延长。如阻滞位于希氏束及其附近,心室率 40 ~ 60 次/min,QRS 波群正常,如阻滞部位在希氏束分叉以下,心室率可在 40 次/min 以下,QRS 波群宽大畸形(图 16-14)。

二度Ⅱ型房室传导阻滞下传比例≥3∶1 时及三度房室传导阻滞,称为高度房室传导阻滞。

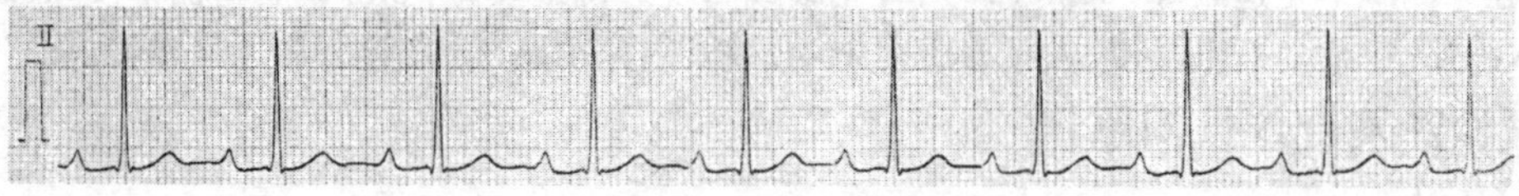

图 16-11 一度房室传导阻滞

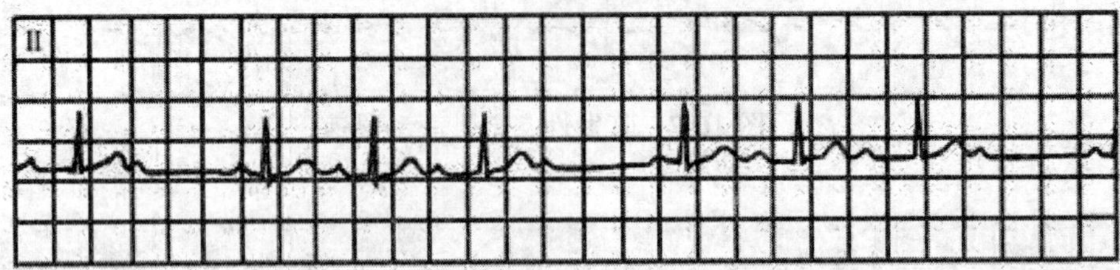

图 16-12 二度Ⅰ型房室传导阻滞

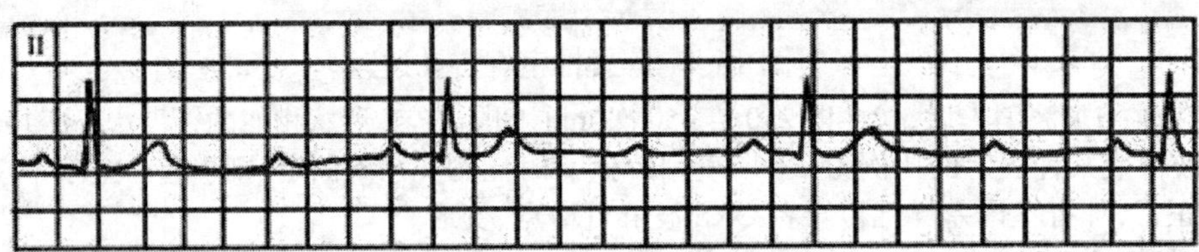

图 16-13 二度Ⅱ型房室传导阻滞

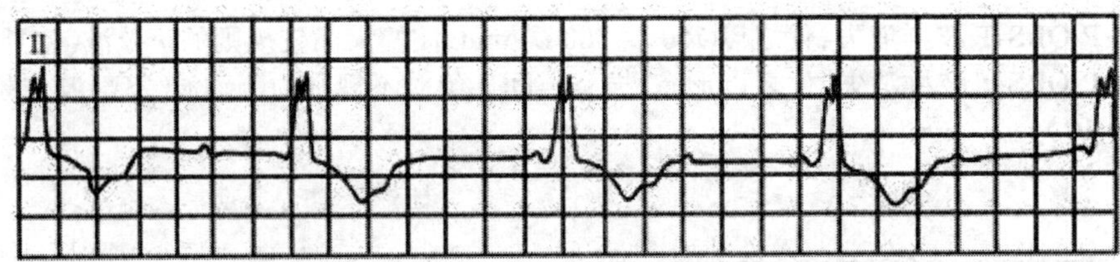

图 16-14 三度房室传导阻滞

（2）动态心电图（dynamic electrocardiogram，DCG） 亦称为 Holter 心电图，是诊断心律失常的重要手段。可以获得受检者日常生活状态下连续 24 小时甚至更长时间的心电图资料，诊断常规心电图检查不易发现的心律失常。还可了解症状、活动状态及服药与心电图之间的关系。

（3）其他器械检查 运动试验、食管导联心电图、心电生理检查有助于鉴别心律失常。

5.治疗要点

对血流动力学影响较小，无危险性的心律失常无须治疗；症状明显，有严重的血流动力学障碍的心律失常应采取有效的治疗措施。

（1）病因治疗 是治疗心律失常的根本措施，积极治疗原发病，去除诱因，部分心律失常即可纠正。

（2）抗心律失常治疗方法

1）抗心律失常药物：目的是控制发作，恢复窦性心律，改善血流动力学。①快速性心律失常药物，根据 Vaughan Williams 分类法，按药物对心肌细胞动作电位的作用分为 4 类：Ⅰ类，称膜抑制剂，能阻滞钠通道，抑制 0 相去极化速率，并延缓复极过程。依据其动作电位时间的影响分为ⅠA、ⅠB、ⅠC 三个亚类。包括奎尼丁、普鲁卡因胺、利多卡因、普罗帕酮等；Ⅱ类β受体阻滞剂，如普萘洛尔、阿替洛尔等；Ⅲ类具有延长动作电位间期和有效不应期的作用，如胺碘酮、索他洛尔等；Ⅳ类钙通道阻滞剂，如维拉帕米、地尔硫卓等。②缓慢性心律失常药物，一般选用拟交感神经药，如异丙肾上腺素；迷走神经抑制剂，如阿托品。

2）刺激迷走神经：对阵发性室上性心动过速患者，可用刺激迷走神经的方法终止发作：①用压舌板刺激咽部，诱发恶心；②Valsalva 动作：深吸气时后屏气，再用力做呼气动作；③按摩颈动脉窦：患者取仰卧位，先按摩右侧颈动脉 5 ～ 10 秒，如无效再按压左侧，不可两侧同时进行；④压迫眼球：患者取平卧位，闭眼并眼球向下，用拇指在一侧眶下压迫眼球，每次 10 秒，青光眼或高度近视眼禁忌；⑤屏气后将面部浸入冰水中。

3）介入治疗：包括心脏电复律、人工心脏起搏、心导管射频消融术、食管心房调搏术等。

【护理诊断及合作性问题】

1.活动无耐力

与心律失常导致心排血量减少有关。

2.焦虑

与心律失常致心悸感及反复发作治疗效果不佳有关。

3.潜在并发症

猝死,药物中毒。

【护理目标】

患者的活动耐力有所恢复,情绪稳定。

【护理措施】

1.一般护理

(1)休息与体位

1)良性心律失常患者应鼓励其正常工作和生活,注意劳逸结合。

2)对症状明显如胸闷、心悸、头晕的患者,尤其出现频发性室性期前收缩、阵发性室性心动过速、二度Ⅱ型及三度房室传导阻滞发作时,应绝对卧床,保持情绪稳定,以减轻心肌耗氧量和对交感神经的刺激。可取高枕卧位、半卧位或其他舒适体位,尽量避免左侧卧位。避免用力排便等屏气动作,以免因兴奋迷走神经而加重心动过缓。

(2)饮食护理　摄入低热量、低脂、清淡易消化、富含维生素C的饮食,少食多餐;戒烟酒、咖啡或浓茶,保持大便通畅。

(3)氧疗　给予鼻导管吸氧,改善因心律率失常造成的血液动力学改变而引起的机体缺氧。

2.用药护理

当发生严重心律失常时,应立即建立静脉通道,准备好抗心律失常药物及其他抢救物品,严格遵医嘱应用抗心律失常药物。静脉注射抗心律失常药物时,速度应缓慢,严密监测脉率,心率,心律及心电图的变化,观察疗效和药物不良反应。

(1)利多卡因　有中枢神经抑制作用和心血管系统不良反应,剂量过大可引起震颤、抽搐,甚至呼吸抑制和心脏停搏等,应注意给药的剂量和速度。对心力衰竭、肝肾功能不全、酸中毒和老年人应减少剂量,一般首剂静脉推注 50 ~ 100mg,有效后再以 2 ~ 4mg/min 静滴。

(2)普萘洛尔　可引起低血压、心动过缓、心力衰竭等,并可加重哮喘与慢性阻塞性肺部疾病。在给药前应测量患者的心率,当心率低于 50 次/min 时应及时停药。

(3)普罗帕酮　可引起恶心、呕吐、晕眩、视力模糊,房室传导阻滞,诱发和加重心力衰竭等,餐时或餐后服用可减少胃肠道刺激。

(4)胺碘酮　可致胃肠道反应、肝功能损害、心动过缓、房室传导阻滞,久服可影响甲状腺功能和引起角膜碘沉着,少数患者可出现肺纤维化,是最严重的不良反应。

(5)腺苷　可有面部潮红、胸闷、呼吸困难,通常持续短于 1 分钟。

(6)奎尼丁　心脏毒性反应较重,可致心力衰竭,Q-T 间期延长,房室传导阻滞,诱发室性心动过速甚至心室颤动,故给药前要测量血压、心率、心律,如有血压低于 90/60mmHg,心率慢于 60 次/min,或心律不齐时需要告知医生。因毒性反应较重,故一般白天给药,避免夜间给药。

3.特殊治疗的护理

需进行心脏电复律、人工心脏起搏、导管射频消融手术,外科手术患者应做好相应的护理,参见本篇第 14 章循环系统常用诊疗技术护理。

4.加强监护

(1)病情观察　注意有无心悸、乏力、胸闷、头晕等心律失常的症状,观察其程度、持续时间及给日常生活带来的影响。定时测量脉率、心率、心律,判断有无心律失常的发生,对于心房颤动患者应同时测量心率和脉率 1 分钟,观察脉搏短绌的变化。注意询问有无晕厥,其诱因,发作时间及过程。

(2)心电监护　加强心电监护,严密观察心律、心率变化,并做好记录。发现有猝死危险的心律失常,如频发、多源性、成联律出现的室性期前收缩或 RonT 现象(室性期前收缩在前一个心搏的 T 波上),阵发性室上性心动过速,二度Ⅱ型或三度房室传导阻滞,心室颤动,应立即报告医生,并配合紧急处理。

5.心理护理

解释精神紧张或情绪激动可导致自主神经功能紊乱, 诱发或加重心律失常。告知患者心律失常的可治性，加强巡视，观察并了解患者有无焦虑、恐惧及原因。提供安静舒适的环境，指导患者采用放松技术，如全身肌肉放松、缓慢深呼吸、读书、看报、听音乐等分散注意力。必要时按照医嘱给予镇静，抗焦虑药。

6.健康指导

向患者家属讲解心律失常的防治知识，使患者和家属配合治疗和护理。

(1)合理安排活动与休息　注意劳逸结合，剧烈运动有诱发心率失常的危险，建议进行轻微的运动，或最好在有家人陪同时运动。心动过缓者应避免屏气用力的动作，以免兴奋迷走神经而加重心动过缓。

(2)改变生活习惯　饮食应低脂，易消化，少食多餐，避免饱餐，戒烟酒，避免喝咖啡、浓茶等，保持大便通畅。调整心态，避免紧张激动，保持乐观情绪，分散注意力。

(3)预防意外　避免重体力活动，有晕厥史的患者避免从事驾驶、高空作业等危险的工作，头晕、黑矇时立即采取平卧位休息，以免发作时摔伤。

(4)遵医嘱用药　让患者及家属认识服药的重要性，按医嘱服用抗心律失常药物，不可自行减量或撤换药物。教会患者观察药物疗效和不良反应，如有异常及时就医。

(5)人工起搏器安装后安全指导　安装起搏器的患者应避免右侧卧位，避免肢体局部受压或做幅度过大的动作，避免接触高电压、高磁场的环境，学会自测脉搏，定期到医院进行起搏器的性能测试。

(6)病情监测　教会患者及家属测量脉搏的方法，每天至少测量1次，每次应在1分钟以上，并做好记录。及时发现严重心律失常，并观察药物不良反应。定期随访，复查心电图。

【护理评价】

不舒适感是否减轻或消失，活动耐力是否有所改善，焦虑是否减轻。

温馨提示：心律失常记忆口诀：

房早撇（前有异常P波即P、）：室早阔（QRS 波群宽大畸形，代偿完全），

窦缓二十五（P-R间期大于25 小格），窦速十五格（P-R间期小于15 小格），房扑很规整，房颤不抡个。

（梁丽丽）

第十七章　原发性高血压患者的护理

案例引入

患者,男,48 岁,因"反复头晕 8 年加重伴心悸半年"入院。7 年前因情绪激动后感头晕,在当地医院测血压 150/ 100mmHg,之后经常反复发作。未做特殊检查及治疗。一年前头晕加重,伴心悸、虚汗,测血压收缩压最高达 200mmHg,自服开富特、尔定等药物,血压控制在 160/ 100mmHg 左右。既往有吸烟史 20 年,每天 2 包,母亲患高血压、糖尿病。入院查体:BP210/ 130mg,神志清,精神好,两肺呼吸音清,心率 85 次/ mi n,律齐,无杂音。辅助检查:心电图示左心室肥大,心肌缺血。经 B 超、CT、颈部血管超声等检查排除继发性高血压。

学习任务:1.该患者高血压属于几级?

2.请做一次准确的健康宣教。

学习目标

知识目标　知道高血压的病因、分类及并发症。

能力目标　会高血压患者的护理及实施健康教育。

素质目标　学会关心、爱护、尊重患者。

高血压(Hypertension)是以体循环动脉压增高为主要表现的临床综合征,是最常见的心血管疾病。长期高血压可影响心、脑、肾等器官的功能,最终导致这些器官功能衰竭。2006 年,卫生部调查资料显示,我国 15 岁以上人群中高血压患病率达 18.8%,约有患者 1.6 亿。与 1991 年的调查结果相比,患者的知晓率、治疗率、控制率(30.2%、24.7%、6.1%)都有所提高,但仍远远低于发达国家水平。

高血压可分为原发性及继发性两大类。高血压的病因不明,称之为原发性高血压,占 95%以上;血压升高有明确而独立的病因,称为继发性高血压,不足 5%。近年来,尽管人们对高血压的研究或认知已有很大提高,相应的诊断或治疗方法也不断进步,但它迄今仍是心血管疾病死亡的主要原因之一。

目前我国采用国际统一的高血压诊断标准,即非服用药物状态下 2 次或 2 次以上非同日多次重复血压测定所得的平均值达到收缩压≥140mmHg 和(或)舒张压≥90mmHg。排除其他疾病导致的继发性高血压,如嗜铬细胞瘤、肾小球肾炎等。

根据血压升高水平,进一步分为高血压 1、2、3 级(表 17-1)。当收缩压和舒张压属于不同分级时,以较高的级别为标准。

表 17-1　血压的定义和高血压分级(WHO/ISH,1999 年)

类别	收缩压(mmHg)	舒张压(mmHg)
正常血压	< 120	< 80
正常高值	120 ~ 139	80 ~ 90
高血压	≥140	≥90
1 级高血压(轻度)	140 ~ 159	90 ~ 99
2 级高血压(中度)	160 ~ 179	100 ~ 109
3 级高血压(重度)	≥180	≥110
单纯收缩期高血压	≥140	< 90

温馨提示：高血压的分级遵循一定的规律：收缩压增加20mmHg，舒张压增加10mmHg，记住Ⅰ级高血压后，Ⅱ、Ⅲ级就很容易推导出来了。

【概述】

1.病因

（1）遗传因素　双亲均有高血压的，患病率是无高血压家族史者的2～3倍。高血压可能存在基因显性遗传和多基因遗传两种方式。

（2）肥胖或超重　肥胖是高血压的独立危险因素。一般用体重指数（BMI）来衡量肥胖程度，BMI=体重（kg）/身高（cm）^{2}（正常为20～24）。血压与BMI呈正相关。

（3）饮食　高钠、低钾、低钙、低镁饮食与高血压发生密切相关。特别是食盐摄量与血压水平呈正相关。另外，过多摄入动物脂肪、大量饮用白酒也与高血压发生有关。

（4）吸烟　烟草中的尼古丁可收缩血管，促使血压升高。

（5）精神因素　长期精神紧张、压力过大、噪声刺激等也可导致血压升高。

2.发病机理

血压的影响因素众多，主要决定于心排血量及体循环的周围血管阻力。平均动脉血压（BP）=心排血量（CO）×总外周阻力（PR）。血压的急性调节主要通过压力感受器及交感神经活动来实现，而慢性调节则主要通过肾素-血管紧张素-醛固酮系统（RAAS）及肾脏对体液容量的调节来完成。

（1）精神神经学说　人在长期精神紧张、压力、焦虑或长期环境噪音、视觉刺激下可引起高血压，这可能与大脑皮层的兴奋、抑制平衡失调，以致交感神经系统增强/儿茶酚胺类介质的释放使小动脉收缩并引起血管平滑肌增殖肥大有关，而交感神经的兴奋其可促使肾素释放增多，这些均促使高血压形成并使高血压状态维持。交感神经活动增强是高血压发病机制中的重要环节。

（2）肾素-血管紧张素-醛固酮系统（RAAS）激活　肾小球入球动脉的球旁细胞可分泌肾素，其作用于肝合成的血管紧张素原而生成血管紧张素Ⅰ，然后经血管紧张素转换酶（ACE）的作用转变为血管紧张素Ⅱ。后者可使小动脉平滑肌收缩，外周血管阻力增加；此外，它还可以使去甲肾上腺素分泌增加。以上作用均可使血压升高，参与高血压发病并使之维持。近年来发现，很多组织，如血管壁、心脏、中枢神经、肾脏及肾上腺等均有RAAS各成分的mRNA表达。因此，组织中RAAS自成系统，在高血压形成中可能具有更大作用。

引起RAAS激活的因素有：肾血流量降低、肾小球内液钠浓度减少、低钾血症、利尿剂及精神紧张，寒冷、直立运动等。

（3）血管内皮功能异常　血管内皮通过代谢、生成、激活和释放各种血管活性物质而在血液循环、心血管功能的调节中起着极为重要的作用。内皮细胞生成血管舒张及收缩物质，前者包括前列环素（PGI2）、内皮源性舒张因子（EDRF，主要成分为NO）等；后者包括内皮素（ET-1）、血管收缩因子（EDCF）、血管紧张素Ⅱ等。

高血压时，NO生成减少，而ET-1增加，血管平滑肌细胞对舒张因子的反应减弱而对收缩因子的反应增强。

（4）胰岛素抵抗　据观察，大多数高血压患者空腹水平增高，而糖耐量有不同程度降低，提示有胰岛素抵抗现象。胰岛素抵抗在高血压发病机制中的具体意义尚不清楚，但胰岛素的以下作用可能与血压升高有关：①使肾小管对钠的重吸收增加；②增强交感神经活动；③使细胞内钠、钙浓度增加；④刺激血管壁增生肥厚。

【护理评估】

1.健康史

询问有无高血压家族史；有无高血脂、肾脏病、心脏病、糖尿病、长期服用避孕药等病史；有无高盐、高脂、高糖、低钾、低钙饮食习惯；评估有无头痛、头晕、乏力、呼吸困难、夜尿、水肿、视物模糊等病史。

2.身体状况

（1）一般表现　原发性高血压通常起病缓慢，早期常无症状，可以多年自觉良好而偶于体格检查时发现血压升高，少数患者则在发生心、脑、肾等并发症后才被发现。高血压患者可有头痛、眩晕、气急、疲劳、心悸、耳鸣等症状，但严重程度可与血压水平不一致。体检时可听到主动脉瓣区第二心音亢进。

高血压病初期只是在精神紧张、情绪波动后血压暂时升高，随后可恢复正常，以后血压升高逐渐趋于明显而持久，但一天之内白昼与夜间血压仍有明显的差异。高血压病后期的临床表现常与心、脑、肾功能不全或器官并发症有关。

(2)并发症　血压持久升高可有心、脑、肾、血管、视网膜等靶器官损害而引起相应临床表现。

1)心：长期动脉血压增高，使左心室后负荷增加，可致左心室肥厚、扩大，最终导致充血性心力衰竭。高血压促使粥样硬化的形成及发展并使心肌氧耗量增加，可出现心绞痛、甚至猝死。

2)脑：长期高血压可形成小动脉的微动脉瘤，血压骤然升高可引起破裂而致脑出血。高血压也促进脑动脉粥样硬化发生，可引起短暂性脑缺血发作及脑动脉血栓形成。

3)肾：长期持久血压升高可致进行性肾动脉硬化，并加速肾动脉粥样硬化的发生，可出现蛋白尿、肾功能损害等。

4)血管：除心、脑、肾、血管病变外，严重高血压可促使形成主动脉夹层并破裂，常可致命。

5)视网膜：视网膜小动脉早期发生痉挛，随着病程进展出现硬化改变。血压急剧升高可引起视网膜渗出和出血。

(3)高血压急症

1)高血压危象(Hypertensive crisis)：多由于紧张、劳累、寒冷、突然停用降压药物等因素引起血压急剧升高，周围小动脉发生暂时性强烈痉挛，血压明显升高，可达260/120mmHg，出现一系列症状，如头痛、烦躁不安、恶心呕吐、心悸、抽搐、视力模糊等。

2)高血压脑病(Hypertensive encephalopathy)：血压短期内剧烈升高可导致急性脑循环障碍，引起脑水肿和颅内压增高，表现为严重头痛、恶心呕吐、烦躁不安、抽搐及不同程度的意识障碍，如经治疗血压降低即可逆转。

3)恶性高血压(Accelerated malignant hypertension)：起病急骤，见于少数中青年患者。由于血压显著升高，舒张压持续在130mmHg以上，伴有头痛、视力模糊、眼底出血、渗出和视乳头水肿。肾功能损害表现突出，出现持续蛋白尿、血尿与管型尿，病情进展迅速，如不及时恰当治疗，易导致肾功能衰竭、脑卒中或心力衰竭。

(4)老年人高血压特点

1)一半以上以收缩压升高为主，脉压增大。

2)血压波动性较大。

3)体位性低血压的发生率较高，这与老年人压力感受器敏感性减退，对血压调节功能降低有关。

4)由于病程较长，多有心、脑、肾、眼底的并发症，以心力衰竭为多见。

3.心理-社会状况

详细了解患者的工作环境、家庭环境、人际关系，询问工作和生活中有无压力源，分析血压控制欠佳的原因，评估患者及家属对疾病的认识态度等。

4.辅助检查

(1)尿液与肾功能检查　原发性高血压晚期可出现蛋白尿和血压、尿比重降低或相对固定，肾功能可减退。

(2)胸部X线检查　可见主动脉弓迂曲延长、左室增大。

(3)心电图　可见左心室肥大、扩张。

(4)眼底检查　有助于了解高血压严重程度。眼底分级标准：Ⅰ级，视网膜动脉变细、反光增强；Ⅱ级，视网膜动脉狭窄、动静脉交叉压迫；Ⅲ级，在上述血管病变基础上有眼底出血、絮状渗出；Ⅳ级，在上述基础上出现视神经乳头水肿。

(5)动态血压监测(ambulatory blood pressure monitoring，ABPM)　由小型便携式血压记录仪自动定时测量血压，连续24小时或更长，可测定白昼与夜间各个时间段血压的平均值和离散度，能客观地反映实际血压水平和昼夜节律，有助于诊断和指导治疗。

(6)高血压危险分层　高血压是脑卒中和冠心病的独立危险因素，其预后与高血压水平、其他心血管危险因素以及靶器官损害程度有关。为指导治疗和判断预后，根据影响预后的因素(血压升高水平、其他心血管危险因素、糖尿病、靶器官损害及并发症情况)，对高血压患者做出危险性分层，详见表17-2。

17-2　高血压患者心、脑血管危险性分层标准

其他危险因素及病史	血压(mmHg)		
	1级 SBP 140～159 或 DBP 90～99	2级 SBP 160～179 或 DBP 100～109	3级 SBP≥180 或 DBP≥110
无其他危险因素		中危	高危
1～2个危险因素	低危	中危	极高危
≥3个危险因素或靶	中危	高危	极高危
器官损害或糖尿病	高危		
有并发症		极高危	极高危

低危、中危、高危、极高危分别表示10年内将发生心、脑血管病事件的概率为<15%、15%～20%、20%～30%和>30%。

1)用于危险性分层的心血管危险因素包括:①收缩压和舒张压的水平(1～3级);②年龄:男性>55岁,女性>65岁;③吸烟;④总胆固醇>5.72mmol/L(220mg/dl);⑤糖尿病;⑥心血管疾病家族史。

2)靶器官损害的临床情况包括:①左心室肥厚(心电图、超声心动图或X线);②蛋白尿和(或)血肌酐水平轻度升高;③超声或X线证实有动脉粥样硬化斑块;④视网膜普遍狭窄。

【治疗要点】

治疗目的:降低血压并维持血压在正常范围内,预防和延缓靶器官的损害,避免脑卒中、冠心病等并发症的发生。治疗方法主要有以下几种:

1.非药物治疗

适用于各级高血压患者。第1级高血压如无糖尿病、靶器官损害即以此为主要治疗。非药物方法可通过干预高血压发病机制中的不同环节使血压有一定程度的降低并对减少心血管并发症有利。

(1)合理膳食

1)限制钠盐摄入,首先要减少烹调用盐,一般人群每人每日食盐摄入不超过6g。

2)减少膳食脂肪,补充适量蛋白质,多吃素菜和水果,摄入足量的钾、镁、钙。

3)限制饮酒酒精摄入量与血压水平及高血压患病率呈线性相关,高血压患者应戒酒或严格限制。

(2)减轻体重　体重增高与高血压密切相关,高血压患者体重降低对改善胰岛素抵抗、糖尿病、高脂血症和左心室肥厚均有益。可通过降低每日热量及盐的摄入、加强体育活动等方法达到。

(3)运动　运动不仅可使收缩压和舒张压下降(6～7mmHg),且对减轻体重、增强体力、降低胰岛素抵抗有利。可根据年龄及身体状况选择慢跑、快步走、太极拳等不同方式。运动频度一般每周3～5次,每次持续20～60分钟。

(4)其他　保持健康的心理状态、减少精神压力和抑郁、戒烟等对高血压患者均十分重要。

2.药物治疗

(1)治疗原则　一旦确诊,患者需长期或终身治疗(包括非药物治疗)。对低中危患者先进行一段时间的非药物治疗,血压控制不理想再选择药物治疗;高危以上的患者一经诊断即给予药物治疗,同时配合非药物治疗。

在降压治疗过程中应遵循4项原则:①开始治疗时,使用小剂量药物以减少不良反应;②合理的药物联合,以达到最大的降压效果;③尽可能使用长效降压药,以提高治疗依从性和减轻血压波动;④要求白天及夜间稳定降压,动态监测血压。

(2)降压目标　由于血压水平与心、脑、肾并发症发生率呈线性关系,凡有效的治疗必须使血压降至正常范围,即在140/90mmHg以下,对中青年患者(<60岁),若合并糖尿病或肾脏病变,应降至130/85mmHg以下。

(3)目前常用6大类降压药物

1)利尿剂:①排钾利尿剂,如氢氯噻嗪12.5～25.0mg,每日1～2次;②保钾利尿剂,如氨苯蝶啶50mg,

每日 1 ~ 3 次。

2)β受体阻滞剂：可选用美多心安 50 ~ 100mg，每日 1 ~ 2 次。

3)血管紧张素转换酶抑制剂(ACEI)：可选用卡托普利 12.5 ~ 25.0mg 每日 3 次；依那普利 2.5 ~ 5.0mg，每日 2 次；贝那普利 10 ~ 20mg，每日 1 次。

4)钙拮抗剂：可用里卡地平 20 ~ 30mg，每日 3 次；尼群地平 10mg，每日 2 次；硝苯地平控释片 30mg，每日 1 次。

5)血管紧张素Ⅱ拮抗剂：如氯沙坦每日 50 ~ 100mg；缬沙坦 80mg，每日 1 次。

6)α-受体阻滞剂：哌唑嗪，1 ~ 2mg，每日 2 次。因易致体位性低血压，目前临床少用。

(4)高血压急症的治疗

1)迅速降压：常选用：①硝普钠 50mg 加入 500ml 液体静脉滴注；②硝酸甘油 5 ~ 10mg 加入 500ml 液体静脉滴注。

2)降低颅内压，减轻脑水肿：宜选用 20%甘露醇或山梨醇 250ml 快速静滴，每 4 ~ 6 小时一次。或用呋塞米 20 ~ 40mg 静脉注射。

3)制止抽搐：可选用地西泮、巴比妥钠肌注，或 10%水合氯醛灌肠。

【护理诊断及医护合作性问题】

1.舒适的改变

与血压升高所致的头痛、头晕有关。

2.焦虑

与缺乏高血压防治知识有关。

3.睡眠形态紊乱

与头痛、头晕和焦虑有关。

4.有受伤的危险

与头晕、体位性低血压、视力模糊、意识不清有关。

5.潜在并发症

高血压危象，脑血管意外。

【护理目标】

1.血压控制在合适的范围，不舒适感减轻。

2.情绪稳定，睡眠质量得到改善。

3.配合治疗，病程中未发生意外及并发症。

【护理措施】

1.一般护理

(1)休息与运动　保持环境安静舒适，指导患者劳逸结合，保持生活规律，保证充分的休息和睡眠，血压不稳定、症状加重时必须卧床休息。根据年龄及病情选择慢跑、快走、太极拳、气功等运动，避免竞技性和力量型运动，如球类比赛、举重等。运动中出现心悸、气急等症状时就地休息。

(2)饮食　坚持低热量、低盐、低脂肪、低胆固醇饮食，少食多餐，每日摄盐量应控制在 6g 以下，限制动物脂肪、内脏、鱼子、软体动物等，多吃新鲜蔬菜、水果，保持大便通畅，防止便秘，戒烟限酒。肥胖者应控制体重，BMI 控制在 24 以内。

2.用药护理

(1)指导患者合理用药　降压药物尽可能口服，逐步降压，以防血压骤降而产生心、脑、肾的供血不足。教育患者必须遵医嘱服药，不可随意减量或突然撤换降压药。

(2)观察降压药物的不良反应　利尿剂长期用药易致电解质紊乱，噻嗪类利尿剂主要引起低镁、低钾血症；氨苯喋啶易致高钾血症，不宜长期使用，也不能与 ACEI 联合使用。β受体阻滞剂主要不良反应为抑制心脏收缩功能和传导功能，引起支气管平滑机痉挛，因此禁用于房室传导阻滞、支气管哮喘患者。钙拮抗剂的不良反应是搏动性头痛、面色潮红。ACEI 常见的不良反应是咳嗽、低血压和高血钾。α受体阻滞剂易致体位性低血压，首次用药的患者症状严重时要及时汇报医生处理。预防体位性低血压：①避免洗热水澡、大量饮酒、剧烈运动后引起的血管扩张所致的血压下降；②变换姿势宜缓慢，服用降压药后应平卧 15 ~ 20 分钟；③

避免站立太久;④预防便秘;⑤下床活动时应穿上弹性袜,促进下肢静脉回流,减少腿部的血液淤积。发生体位性低血压时应立即采取平卧位,下肢抬高,增加脑血流量。

3.加强病情观察

定期监测血压,如发现血压急剧升高、剧烈头痛、呕吐、大汗、视力模糊、面色及神志改变等症状,立即通知医师。观察有无心力衰竭、冠心病及肾功能衰竭的临床表现,以便早期发现、早期治疗。

4.加强安全护理,避免意外发生

1)患者血压不稳定时外出要有人陪伴。

2)洗澡时不要锁门,水温不宜过冷或过热,时间不宜过长。

3)用药期间,应避免突然改变体位,有黑矇时应立即平卧,以免血压突然降低引起晕厥而发生意外。

5.高血压急症的护理

1)严密观察高血压急症的临床表现,如患者血压明显升高,出现剧烈头痛、烦躁不安、恶心、呕吐、心悸、气急、视力模糊、肢体运动障碍等症状,应立即通知医生。

2)绝对卧床休息,避免屏气、用力、减少刺激因素,防止情绪激动或紧张。

3)持续高流量吸氧。

4)迅速建立静脉通道,遵医嘱给以速效降压药、镇静药及脱水剂等。硝普钠应现配现用、注意避光,根据血压值调节滴速,甘露醇需快速滴入,并防止渗漏致局部组织坏死。

5)密切观察瞳孔及意识,监测生命体征 5 ~ 10 分钟测血压一次。

6.心理护理

消除或减轻紧张情绪,鼓励患者保持乐观、平和的心态。

7.健康指导

(1)疾病知识的指导　向患者和家属详细进行原发性高血压防治知识的指导,使其引起足够的重视。

(2)建立健康的生活方式　如合理膳食、适量运动、戒烟限酒、心理平衡。

(3)指导药物治疗　强调遵医嘱用药的重要性,告诉患者有关降压药的名称、剂量、用法、不良反应及处理方法。提高患者接受治疗的依从性,鼓励家属积极主动参与。

(4)指导病情监测　教会患者和家属测血压的方法,定期监测血压、体重并记录,指导高血压急症的自救方法。

(5)定期门诊复查

【护理评价】

患者血压是否维持在正常水平,不适感是否减轻;情绪是否稳定,睡眠是否改善;是否了解高血压的防治知识并遵医嘱用药,有无并发症及意外发生。

(梁丽丽)

第十八章　冠状动脉粥样硬化性心脏病患者的护理

案例引入

患者,男70岁,因“咳嗽,咳痰3天伴发热,胸闷,胸痛1天”入院。3天前受凉后出现咳嗽,在家自服阿奇霉素治疗,效果欠佳。近一天来感乏力、胸闷,伴发热、纳差而入院。查体:体温:38.5℃,血压:80/50mmHg。心电图示:窦性心律,前壁心肌梗死,并于就诊过程中心电监护示:阵发性室上性心动过速,给以可达龙150mg静脉推注转为窦性心律。

学习任务:1.您作为管床护士请做好入院、住院和出院护理。

2.请做一次完整的护理查房。

学习目标

知识目标　知道冠心病的分类及病因。能说出冠心病的临床特点及诊断要点。

能力目标　会冠心病患者的护理及健康指导。

素质目标　尊重患者、护理时关心患者。

冠状动脉粥样硬化性心脏病(coronary atherosclerotic heart disease,CAHD)是指冠状动脉粥样硬化使血管腔狭窄或阻塞和(或)因冠状动脉功能性改变(痉挛)导致心肌缺血、缺氧或坏死而引起的心脏病,统称冠状动脉性心脏病(coronary heart diease,CHD),简称冠心病,亦称缺血性心脏病(ischemic heart disease,IHD)。冠心病是严重危害人民健康的常见病。

【概述】

病因不明,目前认为是以下危险因素与冠心病的发生有一定相关性:

(1)血脂异常　是动脉粥样硬化最重要的危险因素,包括总胆固醇(TC)、三酰甘油(TG)、低密度脂蛋白(LDL)或极低密度脂蛋白(VLDL)、载脂蛋白B增高,高密度脂蛋白(HDL)、载脂蛋白A降低时,动脉粥样硬化发生率增高。

(2)高血压　原发性高血压患者本病发生率较血压正常者高3～4倍。

(3)年龄与性别　40岁以上多见,男性多见,女性在更年期后发病率增高。

(4)吸烟　造成动脉壁氧含量不足,促进动脉粥样硬化的形成。吸烟者本病的发病率和病死率比不吸烟者高2～6倍。

(5)糖尿病和糖耐量异常

(6)肥胖

(7)其他　如遗传、体力活动过少、A型性格(如性情急躁、竞争性过强)、饮食(如高热量、动物性脂肪)、胰岛素抵抗及微量元素(如锰、锌)摄入不足等。

上述因素损伤动脉内膜,促进血小板黏附聚集和血栓形成,血浆中脂质侵入动脉壁,平滑肌细胞增生并吞噬脂质,最终引起动脉粥样硬化,在动脉粥样斑块的基础上,血管内皮依赖性舒张活性减弱,血管发生异常收缩或痉挛而加重管腔狭窄,进一步促使粥样硬化斑块破裂和血栓形成。

1979年世界卫生组织(WHO)将冠心病分为5种类型:

(1)无症状型心肌缺血　患者无症状,心电图有ST段压低、T波低平、倒置等心肌缺血改变。

(2)心绞痛　有发作性胸骨后疼痛,为一过性心肌供血不足引起。

(3)心肌梗死　症状严重,由冠状动脉闭塞导致心肌急性缺血性坏死所致。

(4)缺血性心肌病　表现为心脏增大、心力衰竭、心律失常,由于长期心肌缺血或坏死引起的心肌纤维化所致。

(5)猝死　因原发性心脏骤停而猝死,多为缺血心肌发生电生理紊乱引起严重的室性心律失常所致。本章讨论心绞痛和心肌梗死患者的护理。

近年来还提出急性冠状动脉综合征(ACS)的概念,包括不稳定型心绞痛、非ST段抬高心肌梗死及ST段抬高心肌梗死。

第一节　心绞痛患者的护理

心绞痛(Angina pectoris)是冠状动脉供血不足,心肌急剧、暂时性缺血缺氧所引起的临床综合症,以阵发性胸骨后压榨性疼痛为主要表现。劳累、情绪激动、饱食、寒冷等为常见诱因。

【概述】

基本病因是冠状动脉粥样硬化。在生理情况下,冠状循环血流量有很大的储备力量,在剧烈活动、情绪激动对氧的需求增加时,冠状动脉适当扩张,血流量增加,达到供求平衡。当冠状动脉粥样硬化使管腔显著狭窄或部分阻塞时,其扩张减弱,导致冠状动脉的供血减少,在心肌耗氧量增加时不能满足心肌代谢的需求,引起心肌急剧和暂时的缺血和缺氧,即可引起心绞痛。

目前将心绞痛分为两种类型:

(1)稳定型心绞痛(Stable angina pectoris)　又称劳力性心绞痛,为最常见的类型。只在冠状动脉狭窄的基础上,由于体力劳累、情绪激动的因素使心肌负荷增加诱发的心绞痛,休息或含服硝酸甘油后迅速缓解,在1～3个月内发作时的表现、持续时间和发作频率无明显变化。

(2)不稳定型心绞痛(unstable angina,UA)　是指除劳力型心绞痛之外的缺血性胸痛,此类心绞痛临床上不稳定,有进展至心肌梗死的危险。其包括初发到一个月的心绞痛,近一个月发作频繁、持续时间延长、硝酸甘油不能缓解的心绞痛,休息状态下发生的心绞痛,发作时心电图ST段抬高的心绞痛(称变异型心绞痛)等。

【护理评估】

1.健康史

询问有无高血压、高血脂、吸烟、糖尿病、肥胖等危险因素,有无家族史,有无心脏病史,有无劳累、情绪激动、寒冷等诱因,饮食习惯、烟酒嗜好、生活方式、工作性质、服药史等。

2.身体状况

(1)症状　以发作性胸痛为主要临床表现,特点:

1)部位:位于胸骨体中、上段之后或心前区,常放射至左肩、左臂内侧达无名指和小指,或至颈、咽、下颌部。

2)性质:为压迫紧缩感、发闷或烧灼感,但无锐痛或刺痛,偶伴濒死感,常不自觉地停止原来的活动,直至症状缓解。

3)持续时间与缓解方式:轻者持续3～5分钟,经休息或舌下含化硝酸甘油1～3分钟内缓解,重者可达10～15分钟,很少超过30分钟但可反复发作,可数日、数周发作一次,或一日发作多次。

4)诱因:常见体力劳动、情绪激动而诱发,也可由饱餐、寒冷、阴雨天气、吸烟、心动过速、休克等诱发,疼痛发生在体力劳动或激动的当时。

(2)体征　心绞痛发作时有面色苍白、冷汗、血压升高、心率加快,部分患者心尖部出现第四心音或第三心音奔马律,暂时性心尖部收缩期杂音。

3.心理-社会状况

患者多为急躁、易激动、争强好胜的A型性格。心绞痛发作时的疼痛、濒死感,以及反复发作、猝死的威胁常使患者产生紧张、焦虑、恐惧或抑郁心理。

4.辅助检查

(1)心电图检查　约半数患者心电图在正常范围。心绞痛发作时,以R波为主的导联出现暂时性心肌缺血性ST段压低(≥0.1mV),有时T波倒置,发作后数分钟内恢复原状。变异性心绞痛发作时可出现ST段抬高。心电图负荷试验显示运动中出现典型心绞痛,心电图ST段水平或下斜型压低≥0.1mV,持续2分钟为运动试验阳性。24小时动态心电图监测，出现ST-T波缺血性改变及各种心律失常，有助于心绞痛的诊断。

（2）冠状动脉造影　是公认的诊断冠心病的金标准，有确诊价值，可明确冠状动脉及其分支狭窄的部位及程度，管腔直径减少70%～75%以上时严重影响供血，对选择治疗方案及判断预后极为重要。

（3）放射性核素　^{201}Tl（铊）心肌显像对诊断心肌缺血极有价值，可显示心肌缺血区的部位和范围。但临床开展不普遍。

（4）超声心动图　可探测缺血区心室壁的运动异常，冠状动脉内超声显像可显示血管壁的粥样硬化。

5.治疗要点

（1）发作时的治疗

1）立即停止活动：就地休息，取适合的体位，有条件者给予持续鼻导管吸氧2～4L/min。

2）药物控制发作：选择作用较快的硝酸酯制剂，一方面扩张冠状动脉增加血流量，另一方面扩张外周血管，减轻心脏负荷，以缓解心绞痛。①硝酸甘油0.3～0.6mg舌下含化，1～2分钟内显效，30分钟后作用消失；②硝酸异山梨酯5～10mg，舌下含化，2～5分钟显效，作用维持2～3小时。

（2）缓解期的治疗

1）避免诱发因素：控制血压、调整血脂，减轻体重，保持情绪稳定。

2）应用防止心绞痛发作的药物：可选用：①硝酸酯制剂，如长效硝酸甘油、硝酸异山梨酯口服；②β受体阻滞剂，可减慢心率、降低血压、减低心肌收缩力和耗氧量，常选用普萘洛尔、美托洛尔、阿替洛尔口服。停用时应逐渐减量，支气管哮喘、严重心力衰竭、心动过缓者禁用；③钙通道阻滞剂，扩张冠状动脉，对治疗变异性心绞痛较好。常用维拉帕米、硝苯地平。长期用药者宜用缓释长效制剂；④抗血小板聚集药，可防止血栓形成、改善微循环，常用双嘧达莫、阿司匹林口服，或右旋糖酐静滴；⑤中药，可活血化瘀，芳香开窍，理气止痛，常用复方丹参、苏冰滴丸、麝香保心丸等。

3）氧疗：可增加全身氧的供应，改善心绞痛。

4）适当运动：有助于侧支循环的发展，减轻体重，提高活动耐受性，改善症状。应根据患者病情选择运动方式及运动量。

5）介入治疗：经皮腔内冠状动脉成形术（PTCA）、冠脉内支架植入术、主动脉-冠状动脉旁路移植手术（CABG）等，可改善心肌供血，缓解症状。

【护理诊断及合作性问题】

1.疼痛：胸痛

与心肌缺血、缺氧有关。

2.焦虑

与心前区疼痛反复发作、对预后的忧虑等有关。

3.活动无耐力

与心肌缺血有关。

4.潜在并发症

急性心肌梗死。

【护理目标】

能有效地配合治疗及护理，了解疾病的知识，危险因素控制得当；采取有效措施，疼痛得以缓解；焦虑减轻。

【护理措施】

1.急性发作时护理

1）嘱患者立即停止活动，安置患者于舒适的体位，坐位或半卧位休息，并通知医生。

2）用药护理：硝酸酯类药物置舌下含化，不要急于下咽。观察用药效果，若5分钟后疼痛未缓解，嘱患者换用另一种硝酸酯类药物，并通知医生，协助寻找原因。观察药物的不良反应，告诉患者用药后可有头痛、头晕、面红、心悸等症状，不影响治疗，消除其顾虑。静脉滴注硝酸甘油时应调整滴速，防止体位性低血压。用药后不要迅速站立，首次用药时应平卧15～20分钟。

3）持续鼻导管吸氧2～4L/min，以缓解疼痛。

4）监测生命体征和心电图。

2.缓解期的护理

(1)休息与活动　稳定型心绞痛患者一般不需卧床休息,鼓励患者参加适当的体力劳动和锻炼,以不出现心绞痛为度。不稳定型心绞痛患者应遵医嘱卧床休息一段时间,并严密观察病情变化。为患者制订活动计划。步行为最广泛使用的活动方式,避免重体力劳动、竞技性运动和屏气动作,如搬抬重物、负重登楼等。必要时在体力劳动前含服硝酸甘油预防心绞痛发作,注意饭后两小时内不宜进行体力活动。冬季外出时应保暖。洗澡不宜在饱餐或饥饿时进行,水温适当,时间不宜过长,浴室门不要上锁。

(2)饮食护理　给予低热量、低盐、低脂肪、低胆固醇、富含优质蛋白的清淡饮食,多摄入新鲜的蔬菜和水果,少食多餐,避免饱餐,多吃粗纤维食物,防止便秘,避免刺激性食物或饮料,戒烟酒。

(3)病情观察　注意观察心绞痛发作的特征,一旦发作频繁、程度加重、持续时间延长、硝酸甘油疗效差,伴有心率减慢、血压波动、呼吸急促、烦躁不安等表现时,应警惕心肌梗死,立刻卧床休息,送医院就诊。

(4)心理护理　向患者解释情绪激动、焦虑可加重心脏负荷和心肌缺血。要保持乐观、平和的心态,避免情绪波动。

(5)健康指导

1)疾病知识指导:告知患者及家属心绞痛防治的知识,积极控制危险因素,定期检测血压、心电图、血糖和血脂。

2)改变生活方式:生活方式的改变是预防冠心病的基础。WHO 提出健康的生活方式:合理饮食、适量运动、戒烟限酒、心理平衡。做到这十六字,冠心病可以减少 75%。

3)用药指导:遵医嘱服用抗心绞痛的药物,不随意停药、换药、增减药量。硝酸甘油应放在容易拿取的地方,用后及时放回原处,家人应知道药物存放位置。外出时随身携带以备急用。硝酸甘油遇光易分解,应存放在棕色瓶内密封保存,开封后 6 个月更换一次,以免失效。

【护理评价】

1)患者懂得疾病的知识,控制危险因素,避免诱因。

2)运用有效的方法缓解疼痛,发作次数减少,焦虑减轻。

第二节　急性心肌梗死患者的护理

案例引入

患者,入院后,急查心肌酶谱:CK-MB137U/L,AST307U/L,LDH1105U/L,CK1228U/L。神志清,精神委靡,两肺呼吸音粗,心率 66 次/min,律齐,无杂音,超声心动图示:左室舒张功能减退,胸片示:左侧肺炎,痰培养阴性。

给予“特治星抗感染,阿司匹林抗血小板,波利维(氯吡格雷)抗凝,立普妥稳定斑块”治疗。

学习任务:请说出急性心肌梗死的确诊依据是什么?

急性心肌梗死(acute myocardial infarction,AMI)是指在冠状动脉病变的基础上发生冠状动脉血供急剧减少或中断,使相应的心肌严重而持久的缺血导致心肌坏死。临床表现为持久的胸骨后剧烈疼痛、心电图进行性改变及心肌酶增高,可发生心律失常、心源性休克、心力衰竭等。在心血管疾病中,一半以上患者死于急性心肌梗死。

【概述】

急性心肌梗死的基本病因是冠状动脉粥样硬化。冠状动脉粥样硬化造成一支或多支血管管腔狭窄和心肌供血不足,而此时侧支循环未充分建立。一旦血供急剧减少或中断,使心肌严重而持久的急性缺血达 1 小时以上即可发生心肌梗死。

急性心肌梗死可无诱因或有休克、脱水、出血、手术、严重心律失常、饱餐、重体力活动、情绪激动、用力排便或血压突然升高等诱因，使心肌耗氧量增加，冠状动脉供血不足。

本病的预后与梗死面积大小、侧支血环的建立及治疗是否及时、恰当有关。由于监护水平和救治手段的提高，目前本病的病死率已降至10%以下。患者死亡多发生在病程第一周，尤其发病后的短时间内，伴严重心律失常、休克或心力衰竭者病死率高。

【护理评估】

1.健康史

应询问患者有无家族史，有无高血脂、高血压、糖尿病、吸烟、肥胖等危险因素，注意患者的年龄、性别、职业、工作环境、个性特征、家庭情况；有无休克、严重心律失常、体力活动或激动脂肪餐、用力排便等诱因；有无心绞痛病史；此次胸痛发作的特征，与以往发作有无不同等。

2.身体状况

(1)先兆　多数患者发病前数日可有乏力、胸部不适、活动时心悸、气急、烦躁等前区症状，尤以新发心绞痛或原有心绞痛加重为最突出。及时处理先兆症状可避免发生心肌梗死。

(2)症状

1)疼痛：为最早最突出的症状，多发生于清晨，疼痛部位和性质与心绞痛相同，但多无明显诱因，且常发生于安静时，程度剧烈，可持续数小时或数日，休息和含服硝酸甘油不能缓解。部分患者疼痛可向上腹部放射而易被误诊为急腹症，少数患者可无疼痛，一开始即表现出休克或急性心力衰竭症状。

2)全身症状：一般在疼痛发生后24 ~ 48小时出现，表现为发热、心动过速、白细胞增高和血沉增快等。体温升高达38℃左右，由坏死物质吸收所引起，很少超过39℃，持续约一周。剧烈疼痛时常伴有恶心、呕吐、上腹胀痛等，与迷走神经受刺激和心排血量降低组织灌注不足等有关。

3)心律失常：见于绝大部分患者，多发于起病后1 ~ 2周内，尤其以24小时内最常见。发病后48小时内是最危急的时期，心室颤动和心源性休克是患者突然死亡的最常见原因。心律失常最常见的为室性心律失常尤其是室性期前收缩，如频发、多源室性期前收缩，成对或短暂室性心动过速，室性期前收缩RonT现象，常为心室颤动的先兆。前壁心肌梗死易发生室性心律失常，下壁心肌梗死易发生房室传导阻滞。

4)心源性休克：多于起病后数小时至1周内发生。疼痛期间的血压下降不一定是休克，如果疼痛已缓解而收缩压仍低于80mmHg，并出现面色苍白、大汗淋漓、皮肤湿冷、脉搏细速、烦躁不安、尿量减少、反应迟钝甚至晕厥，则为休克。主要是由于心肌广泛坏死，心排出量急剧下降所致的心源性休克。

5)心力衰竭：主要为急性左心衰竭，可在最初几天发生，或在疼痛、休克好转时发生，为梗死后心脏收缩力显著减弱或不协调所致，表现为严重呼吸困难、咳嗽、发绀、烦躁不安等，严重者出现肺水肿、右心衰竭的表现。

(3)体征　心浊音界正常或增大，心率增快或减慢，心尖区第一心音减弱，可闻及舒张期奔马律，部分患者可在心前区闻及收缩期杂音。几乎所有患者都有血压下降。

(4)并发症

1)乳头肌功能失调或断裂：二尖瓣乳头肌缺血、坏死，造成二尖瓣脱垂及关闭不全，轻者可以恢复，重者可出现心力衰竭，甚至死亡。

2)心脏破裂：少见，常发生于起病1周内，多为心室游离壁破裂，可致猝死。

3)心室壁瘤：主要见于左心室，可导致心脏扩大。

4)心肌梗死后综合征：于心肌梗死后数周至数月内出现，为机体对坏死物质的过敏反应，可表现为心包炎、胸膜炎或肺炎，有发热、胸痛等症状。

3.心理-社会状况

胸痛发作时患者常有恐惧感，或因活动耐力下降、生活自理能力下降产生焦虑。评估患者的性格特点、家庭和工作单位对患者的关心、支持程度。

4.辅助检查

(1)心电图　可对心肌梗死进行定性诊断、定位诊断及病变发生的时期，并可估计有无心律失常。

1)特征性心电图改变：①宽而深的Q波，在面向透壁心肌坏死区的导联上出现；②ST段抬高呈弓背向上型，在面向坏死区周围心肌损伤区的导联出现；③T波倒置，在面向损伤区周围心肌缺血区的导联出现(图18-1)。

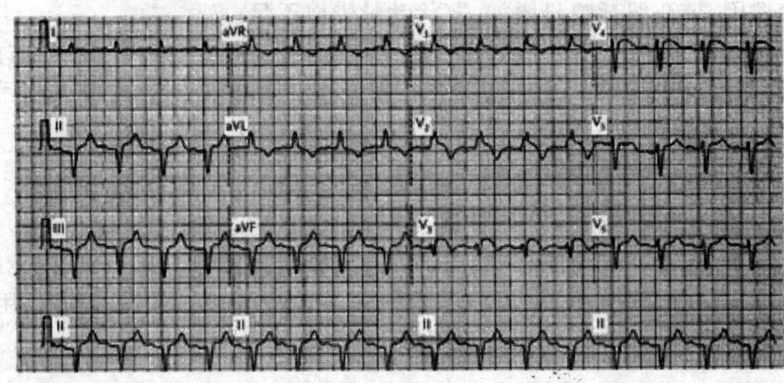

图 18-1　急性心肌梗死特征性心电图改变

2)动态性改变:起病初数小时可有异常高大的两肢不对称的 T 波;数小时后 ST 段明显抬高,弓背向上,与直立的 T 波连接,形成单相曲线;数小时至 2 日内出现病理性 Q 波,同时 R 波降低,为急性期改变,大多数患者永久存在;ST 段抬高持续数日至 2 周左右逐渐回到基线水平,T 波变平或倒置,为亚急性期改变;数周或数月后,T 波呈 V 形倒置,波谷尖锐,为慢性期改变,可永久存在,也可在数月至数年内逐渐恢复。

3)心电图定位诊断:特征性的心电图改变出现于 V1-V5 导联,为广泛前壁心肌梗死(图 18-2);出现于 V1-V3 导联,为前间壁心肌梗死;出现于 V3-V5 导联,为局限前壁心肌梗死;出现于Ⅱ、Ⅲ、aVF 导联,为下壁心肌梗死(图 19-3)。

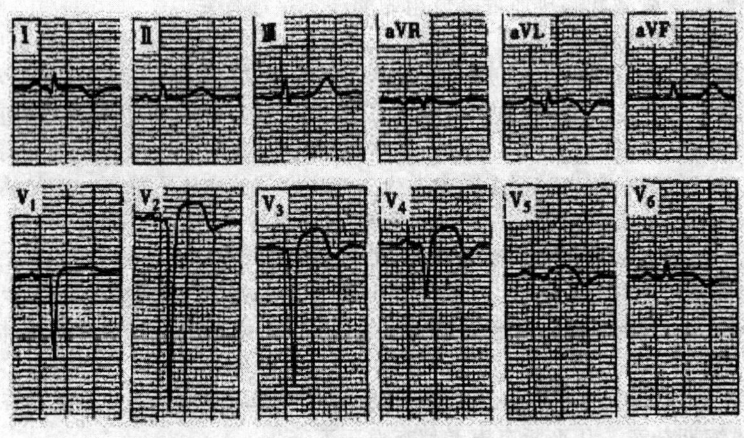

图 18-2　急性广泛前壁心肌梗死

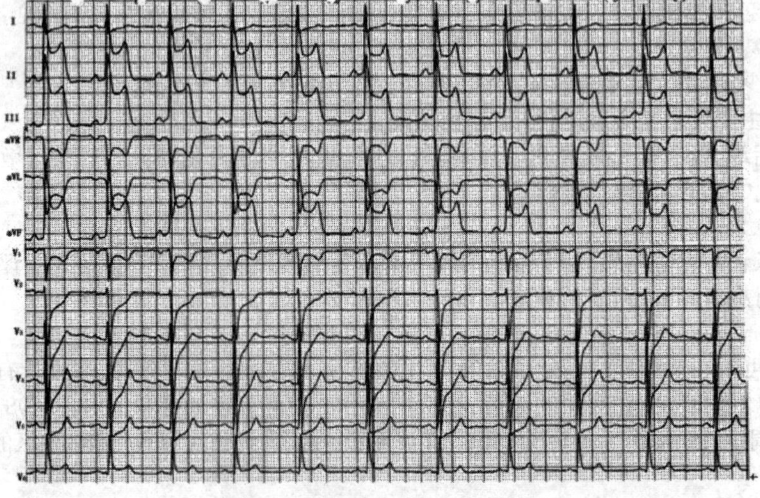

图 18-3　急性下壁心肌梗死

(2)血清心肌坏死标记物　有定性诊断价值。①肌酸激酶(CK)在起病后6小时内升高,24小时达高峰,3～4天恢复正常;肌酸激酶同工酶(CK-MB)在起病后4小时内升高,16～24小时达高峰,3～4日后恢复正常;②天门冬酸氨基转移酶(AST)在起病后6～12小时开始升高、24～48小时达高峰,3～4日后降至正常;③乳酸脱氢酶(LDH)在起病8～10小时后升高,2～6日达高峰,持续1～2周恢复正常。其中CK的同工酶CK-MB及LDH的同工酶LDH1诊断特异性最高;④肌红蛋白(起病后的2小时内升高)、肌钙蛋白(起病3～4小时后升高)是反映急性心肌梗死更具敏感性和特异性的生化指标。

(3)其他　心肌放射性核素心肌显象(SPECT、PET)、超声心动图可定位诊断,并了解心功能及有无并发症。

【治疗要点】

治疗原则为挽救濒死的心肌,防止濒死的心肌扩大,维护心脏功能,及时处理并发症,防止猝死。

1. 一般治疗

绝对卧床休息、加强心电监护、给予氧气吸入。

2. 解除疼痛

对于心肌梗死的胸痛有效的止痛方法是静脉内注射止痛剂,常用吗啡5～10mg皮下或静脉注射,或用哌替啶50～100mg肌内注射,必要时1～2小时后再注射1次,以后每4～6小时重复应用,不仅可解除疼痛,还可减轻焦虑、减轻心脏的负荷。

3. 再灌注心肌

起病3～6小时(最多12小时)内使闭塞的冠状动脉再通,心肌得到再灌注,濒临坏死的心肌可能得以存活或使坏死范围缩小,可及时有效地解除疼痛,改善预后。

(1)经皮冠状动脉介入治疗(PCI)　有条件时可直接行经皮穿刺腔内冠状动脉成形术(PTCA)及支架置入术,可获得较好治疗效果。

(2)溶栓治疗　急性心肌梗死早期使用溶栓药物可溶解冠状动脉内的血栓,使梗死区心肌得到再灌注,从而减轻梗死性损害,减少并发症。对于无条件行介入疗法的急性心肌梗死患者,应立即(3～6小时内,最好是30分钟内)经静脉或冠脉内滴注纤溶酶激活剂如尿激酶(UK)、链激酶(SK)或重组组织型纤维蛋白溶酶原激活剂(rt-PA)。既往发生过脑血管意外,近期发生过内脏出血、外科大手术,严重高血压患者,可疑主动脉夹层瘤,有出血性疾病、严重肝肾功能损害、恶性肿瘤患者禁忌进行溶栓治疗。

(3)抗凝治疗　多用于溶栓后辅助治疗。给予肝素静脉滴注或低分子肝素皮下注射,阿司匹林嚼碎后服用。

(4)紧急主动脉-冠状动脉旁路移植术(CABG)　介入治疗或溶栓疗法无效者,争取6～8小时内进行CABG手术。

4. 消除心律失常

1)出现心室颤动及持续多形性室性心动过速,或室性心动过速药物疗法不好时,尽快行非同步或同步直流电复律。

2)室性期前收缩或室性心动过速时,立即用利多卡因50～100mg静脉注射,必要时每5～10分钟重复一次,直至期前收缩消失或总量已达300mg,继以1～3mg/min的速度静脉滴注。

3)缓慢型心律失常时,给予阿托品0.5～1.0mg肌内或静脉注射。

4)高度房室传导阻滞时,宜安装临时人工心脏起搏器。

5)室上型快速型心律失常时,用维拉帕米等治疗,效果不佳时,可考虑同步直流电复律。

5. 控制休克

可给予补充血容量、应用血管活性药、糖皮质激素、纠正酸中毒等,无效时用主动脉内气囊反搏术、主动脉-冠状动脉旁路移植手术。

6. 治疗心力衰竭

以吗啡和利尿剂为主,也可选用血管扩张剂减轻左心室前后负荷,梗死后24小时内应尽量避免使用洋地黄类药物,右心室梗死时应慎用利尿剂。

7. 其他治疗

可早期应用β受体阻滞剂、钙通道阻滞剂、血管紧张素转换酶抑制剂、血管紧张素受体阻滞剂,以防止梗死范围扩大,改善预后。极化液疗法(氯化钾1.5g、普通胰岛素10U加入10%葡萄糖液500ml中静脉滴注)可稳定心肌细胞膜,减少心律失常发生,每天一次,7～14天为一疗程。右旋糖酐可降低血黏滞度,改善微循环。

温馨提示:护生在学习护理冠心病时,应将心绞痛与心肌梗死的临床表现进行对比:心肌梗死疼痛性质与心绞痛相似,只不过是疼痛更加剧烈;心肌梗死疼痛持续时间比心绞痛长;心肌梗死含服硝酸甘油无效,而心绞痛含服硝酸甘油几分钟内缓解;心肌梗死一般无诱因,而心绞痛常有诱发因素。

【护理诊断及合作性问题】

1.疼痛

心前区疼痛 与心肌供血、供氧减少及酸性产物刺激有关。

2.组织灌注不足

与心肌受损,心输出量不足有关。

3.活动无耐力

与心输出量减少引起全身供氧不足及卧床时间过久有关。

4.恐惧

与预感到死亡的威胁、剧烈疼痛、生活方式改变、监护室环境及创伤性抢救有关。

5.有便秘的危险

与适应卧床排便、饮食少等有关。

6.潜在并发症

心律失常、心源性休克、心力衰竭、深静脉血栓形成等。

【护理目标】

患者胸痛减轻;卧床期间基本生活需要得到满足,自理能力逐步恢复;活动耐力提高;情绪稳定;大便通畅。

【护理措施】

1.一般护理

(1)休息与活动 向患者说明急性期卧床休息可减轻心脏负荷、减少心肌耗氧量、缓解疼痛,病情稳定后渐增活动量可促进心脏侧支循环的形成,提高活动耐力,防止失用性肌肉萎缩、关节僵硬、深静脉血栓形成、便秘、肺部感染等并发症。发病后1~3天内绝对卧床休息,日常生活由护理人员协助完成,可进行关节被动运动,病室保持安静限制探视,减少对患者的干扰;第4天起可在床上进行关节主动运动,床上坐起,床边使用坐便器;第2周逐渐过渡到坐在床边或椅子上,室内走动,室外走廊散步,做医疗体操;第3周在家属的帮助下洗澡、上厕所,试着上下楼梯;第4周若病情稳定,可考虑出院。开始进行活动时应密切观察患者活动后的反应,如运动时心率比静息状态下增加20次/分、收缩压降低超过15mmHg,心电图上出现心律失常或ST段下移≥0.1mV或上升≥0.2mV,则应退回到前一运动水平,若仍不能纠正应停止活动。

(2)饮食 最初2~3天以流质主食为主,病情好转后第2周逐渐改为半流质,第3周可以吃软饭,1个月后恢复低钠、低脂、易消化的普通饮食,少量多餐,避免过饱,禁烟酒。

(3)排便护理 评估患者排便状况。解释床上排便对控制病情的重要意义,便秘产生的原因、不良后果及预防措施。指导患者在床上使用便盆或在床边使用便椅排便,给予屏风遮挡;进食富含纤维素的蔬菜和水果,每日清晨给予蜂蜜20ml加适量开水饮服;适当腹部按摩,每日循肠蠕动方向(顺时针方向)按摩腹部数次,增加肠蠕动;遵医嘱给予麻仁丸、果导等缓泻剂。嘱患者切勿用力排便,病情允许时尽量使用床边排便器。必要时在排便前含服硝酸甘油,便秘时使用开塞露、低压灌肠。

温馨提示:心力衰竭、心肌梗死、颅内压升高、直肠肛管疾病术后、孕妇等禁忌高压灌肠。

(4)吸氧 给予中等流量(2~4L/min)的氧气经鼻导管持续吸入,以提高血氧分压,改善心肌缺氧,缓解疼痛。

2.病情观察

(1)心电监护 安置患者于监护病房(CCU),连续监测心电图、血压、呼吸、心率、心律5~7日,准备好除颤器、起搏器和急救药品随时准备抢救。及时发现各种心律失常，一旦发现室性期前收缩如濒发、多源性、成对出现或 RonT 现象及高度房室传导阻滞，立即通知医生，并积极配合抢救。

(2)病情观察　密切观察生命体征、意识状态、尿量、皮肤黏膜等改变，及时发现心输出量减少、外周血管灌注不足或休克的征象。严密观察患者有无咳嗽、咳痰、气急、肺部湿啰音和哮鸣音等心力衰竭的征象。一旦发生心力衰竭要避免任何加重心脏负荷的因素，严格控制输液速度和输液量。遵医嘱监测血电解质和酸碱平衡状况，配合医生进行抢救和处理。

3.用药护理

(1)溶栓的护理　溶栓前询问患者有无脑血管疾病病史、活动性出血、消化性溃疡、近期大手术或外伤史等禁忌症；检查血常规、血小板计数、出凝血时间和血型，配血备用；观察用药后有无寒战、发热、皮疹等过敏反应，有无皮肤黏膜及内脏出血等不良反应，严重时立即终止治疗，并紧急处理；用药后定时描记心电图及复查心肌酶，询问患者胸痛有无缓解。溶栓治疗成功的指征：胸痛 2 小时内基本消失；ST 段于 2 小时内回降>50%；CK 峰值前移(14 小时内)；2 小时内出现再灌注心律失常等。

(2)药物使用　遵医嘱给予吗啡或哌替啶止痛时，密切监测用药后有无呼吸抑制、脉搏加快、血压下降等不良反应；给予硝酸甘油持续静脉滴注，或硝酸异山梨酯口服，防止体位性低血压的发生。遵医嘱使用抗心律失常、抗休克、纠正心力衰竭、改善心肌代谢的药物时，注意观察药物疗效及不良反应。血容量不足时可酌情增加输液量，老人和心功能不全的患者应严格控制输液量和速度，滴速 20 ~ 30 滴/min。

4.术前和术后护理

对需行主动脉内气囊反搏术、经皮穿刺腔内冠状动脉成形术、冠状动脉内支架安置术或主动脉-冠状动脉旁路移植手术的患者，做好术前和术后的护理。

5.心理护理

向患者介绍监护环境及监护仪，讲解进行监护的重要性和必要性，协助患者放松心情，与患者建立良好的信赖关系，帮助患者树立战胜疾病的信心。医护人员抢救时应沉着、冷静、有条不紊。患者胸痛时尽量陪伴，鼓励患者表达痛苦、恐惧的感受。分散患者的注意力，指导放松技术。必要时遵医嘱应用镇静剂。

6.健康指导

(1)指导合理的生活方式　参考本章第一节。

(2)控制病因，预防复发　控制动脉粥样硬化的危险因素，如高血压、高血脂、糖尿病、肥胖等，遵医嘱服降压药、降血脂药、抗血小板聚集药物，控制体重，定期复查。

(3)康复指导　鼓励患者出院后坚持进行康复训练。适当运动可以提高生活质量、放松心情，有利于患者的康复。运动时间和运动量应根据患者的年龄、病前的活动水平而定，以不出现症状为度。根据患者的爱好选择运动方式，以有氧运动为佳，如步行。运动前先做 5 ~ 10 分钟的热身运动，每周运动 3 ~ 4 天，开始每次 10 ~ 15 分钟，逐步延长到 30 分钟。避免剧烈运动和竞技性运动。

(4)用药指导　指导患者及家属按医嘱用药，并告之药物的不良反应。指导患者随身携带医疗卡及硝酸甘油，并教会患者监测心率和脉搏。

(5)急救知识宣教　教会患者及家属识别心肌梗死的症状，有危急征兆时立即静卧，并及时护送至医院就诊。必要时教会患者及家属心肺复苏技术等急救技术。

(梁丽丽)

第十九章　风湿性心瓣膜病患者的护理

案例引入

患者,女,35 岁,患风湿性心脏瓣膜病 10 多年,目前稍一劳累即感心慌气短,夜间常常不能平卧,检查有颈动脉怒张,心率 98 次/ min,心律绝对不齐,心尖部闻及舒张期隆隆样杂音,双下肢凹陷性水肿。

学习任务:1.您作为管床护士请做好入院、住院和出院护理。

2.请做一次完整的护理查房。

学习目标

知识目标　知道心脏瓣膜病的病因及血流动力学改变特点。能说出主要心脏瓣膜病的临床特点及诊断要点。

能力目标　会心脏瓣膜病患者的护理及健康指导。能配合医生做同步电复率。

素质目标　尊重患者、护理时关心患者。

心脏瓣膜病(Valvular heart disease)是指由于炎症、黏液样变、退行性变、先天性畸形、缺血性坏死、创伤等原因造成单个或多个心脏瓣膜结构或功能异常,使瓣膜产生狭窄和(或)关闭不全,导致血流动力学发生改变的一组疾病。

本章主要介绍风湿性心瓣膜病(rheumatic valvular heart disease,RHD),简称风心病,是我国常见的心脏病之一,主要累计 40 岁以下人群,女性多见。如伴有风湿炎症的反复发作,称风湿活动。

【概述】

风心病最常见的病因是风湿热。二尖瓣最常受累,其次是主动脉瓣、三尖瓣,肺动脉瓣受累罕见。2 个或 2 个以上瓣膜受损的心瓣膜称多瓣膜病。最常见的是二尖瓣狭窄合并主动脉关闭不全。

1. 二尖瓣狭窄(mitral valve insufficiency,MS)

是最常见的类型。正常二尖瓣面积为 4 ~ 6cm²。由于炎症导致瓣叶游离缘、腱索、瓣膜交界处粘连,二尖瓣开放受限,瓣口面积减少。根据狭窄程度和代偿状态可分为 3 期:①左房代偿期:因二尖瓣口狭窄,面积减少至 2cm² 以下,致左房压力升高,左房代偿性扩大、肥厚,此时多无症状;②左房衰竭期:二尖瓣狭窄加重,面积减少至 1.5cm² 以下时,左房压力持续升高,肺循环淤血、急性肺水肿,出现劳力性呼吸困难症状;③右心室受累期:肺小动脉发生反射性痉挛,肺动脉压力增高,使右心室肥大、右心衰竭。

2. 二尖瓣关闭不全(mitral valve insufficiency,MI)

由于炎症引起瓣叶僵硬、变性,连接融合,腱索融合缩短,使瓣叶不能闭合。二尖瓣关闭不全时,收缩期一部分血液由左心室返流入左心房,引起左心房代偿性扩张和肥厚;心室舒张时过多的血液流入左心室,使其舒张期容量负荷增加,超过代偿能力,导致左心室扩张、肥厚,继之发生左心衰竭、肺淤血,以致肺动脉高压,出现右心衰竭。

3. 主动脉瓣狭窄(aortic valve stenosis,AS)

正常成人主动脉瓣口面积超过 3cm²,当瓣口面积减少至 1cm² 以下时,引起左心室在收缩期射血受阻,后负荷增加,出现左心室代偿性肥厚和扩张。晚期因室壁顺应性下降、心肌缺血和纤维化等导致左心衰竭。重度主动脉瓣狭窄时,可因冠状动脉灌注量减少、左心室肥厚致心肌供血不足、心肌耗氧量增加而产生心绞痛,脑动脉供血不足时可产生晕厥。

4. 主动脉瓣关闭不全(aortic valve insufficiency,AI)

主动脉瓣关闭不全时,主动脉内血液在舒张期返流入左心室,左心室同时接纳左心房回流血液,以致左心室舒张末压增高，引起左心室代偿性扩张和肥厚，直至引起左心衰竭。主动脉舒张压降低，引起冠状动脉灌注减少和心肌缺血。

【护理评估】

1.健康史

了解有无慢性咽炎、扁桃体炎、关节痛等病史，近期有无风湿活动、心律失常、过度劳累等诱因。

2.身体评估

（1）二尖瓣狭窄

1）症状：①劳力性呼吸困难为最早最常见的症状，随着肺淤血的加重，可有夜间阵发性呼吸困难、端坐呼吸，甚至发生急性肺水肿；②咳嗽，常为干咳或咳白色泡沫痰；③咯血，多为痰中带血，急性肺水肿时可咳粉红色泡沫痰；④声音嘶哑，较少见，由于扩大的左心房压迫左喉返神经所致。

2）体征：①“二尖瓣面容”；②心尖部可触及舒张期震颤；③叩诊呈“梨形”心影；④心尖部闻及低调、舒张期隆隆样杂音，局限，不传导，是二尖瓣狭窄特征性的体征；⑤心尖部第一心音亢进和二尖瓣开放拍击音，提示瓣膜弹性及活动度尚好；⑥肺动脉瓣区第二心音亢进和分裂；⑦右心功能不全的体征。

3）并发症：①心房颤动，是二尖瓣狭窄最常见的心律失常；②心力衰竭，为患者晚期常见的并发症和死亡的主要原因；③栓塞，以脑栓塞最多见，其次可见于四肢、脾、肾、肠动脉栓塞，有心房颤动者更易发生；④急性肺水肿，是二尖瓣狭窄最严重的并发症，多见于重度二尖瓣狭窄；⑤感染性心内膜炎，较少见，可见于合并二尖瓣或主动脉瓣关闭不全者；⑥肺部感染，较常见，可诱发和加重心力衰竭。

（2）二尖瓣关闭不全

1）症状：轻度二尖瓣关闭不全可终身无症状，但一旦出现症状，则病情进展迅速，严重返流时有心排血量减少，有疲倦、乏力；其次有心悸、劳力性呼吸困难等。急性肺水肿较二尖瓣狭窄少见。

2）体征：①心尖搏动向左下移位，心浊音界向左下扩大；②心尖部粗糙、响亮的全收缩期吹风样杂音是二尖瓣关闭不全的主要体征，强度在Ⅲ级以上，向左腋下、右肩胛下区传导；③心尖部第一心音减弱；④肺动脉瓣区第二心音亢进。

3）并发症：与二尖瓣狭窄相似。但感染性心内膜炎发生率较二尖瓣狭窄高，栓塞较之低。

（3）主动脉瓣狭窄

1）症状：轻度狭窄者可无症状，中重度狭窄者可出现呼吸困难、心绞痛和晕厥三联征。①劳力性呼吸困难，为晚期肺淤血引起，见于90%的有症状患者，进而发生夜间阵发性呼吸困难、端坐呼吸和急性肺水肿；②心绞痛，见于60%的有症状患者，可因运动诱发，休息后缓解；③晕厥，见于1/3的有症状患者，常在直立、运动时发生。

2）体征：①左心室增大可致心尖搏动向左下移位，呈抬举性；②胸骨右缘第二肋间闻及粗糙响亮吹风样收缩期杂音，向颈部传导，常伴有收缩期震颤，是主动脉瓣狭窄的最主要体征。第二心音减弱或消失。脉压下降。

3）并发症：①心律失常，可发生心房颤动、房室传导阻滞或室性心律失常；②心脏性猝死；③感染性心内膜炎，较少见；④心力衰竭。

（4）主动脉瓣关闭不全

1）症状：可多年无症状，舒张压过低时，可有头晕、心悸、心前区不适等；脉压差过大时，可有头部动脉搏动感。晚期出现呼吸困难等左心衰竭的表现。心绞痛较主动脉瓣狭窄时少见，晕厥罕见。

2）体征：面色苍白，心尖搏动向左下移位，呈抬举性。胸骨左缘第三、四肋间闻及叹气样舒张期杂音，向心尖部传导，是主动脉瓣关闭不全特征性体征。重度返流者，常在心尖区听到舒张中晚期隆隆样杂音（Austin-Flint杂音）。周围血管征，包括水冲脉、毛细血管搏动征、枪击音等。

温馨提示：水冲脉常见于主动脉关闭不全、甲亢、严重贫血、动脉导管未必等疾病。见于脉压差增大。

3）并发症：①心力衰竭；②感染性心内膜炎，较常见；③室性心律失常。

3.心理－社会状况

风心病是一种慢性病，迁延不愈，后期易出现各种并发症。手术治疗也给患者及家属带来较大的心理及经济压力,评估患者有无焦虑、恐惧、抑郁,甚至绝望心理及其程度。

4.辅助检查

(1)胸部X线

1)二尖瓣狭窄:轻度狭窄时,心影正常;中、重度狭窄时,左房增大,肺动脉段突出,呈梨形。

2)二尖瓣关闭不全左心房、左心室增大,左心衰竭时可见肺淤血征。

3)主动脉瓣狭窄:左室肥厚,升主动脉有狭窄后扩张,主动脉瓣常有钙化,晚期有肺淤血征。

4)主动脉瓣关闭不全:左室增大,主动脉弓突出,呈靴型心影。

(2)超声心动图　是确诊最可靠的方法。

1)二尖瓣狭窄:二尖瓣增厚,瓣口狭窄。

2)二尖瓣关闭不全:可显示腱索断裂、瓣膜穿孔或脱垂等形态特征。

3)主动脉瓣狭窄:主动脉瓣增厚,左心室壁增厚,多普勒超声可诊断狭窄程度。

4)主动脉瓣关闭不全:左心室肥厚,主动脉瓣活动异常,彩色多普勒血流显像为最敏感的确定主动脉瓣返流方法。

(3)心电图检查

1)二尖瓣狭窄:重度狭窄可出现"二尖瓣型P波",可伴心律失常,以心房颤动最常见。

2)二尖瓣关闭不全:重度时可见左室肥厚及继发性ST-T改变,心房颤动多见。

3)主动脉瓣狭窄:左室肥厚及继发性ST-T改变。

4)主动脉瓣关闭不全:左室肥厚及继发性ST-T改变。

(4)其他检查　心导管检查、放射性核素造影、主动脉造影等对明确诊断有重要意义。

5.治疗要点

防治链球菌感染和风湿活动,改善心脏功能,预防并发症。有手术指征者及时进行手术。

(1)非手术治疗

1)预防与治疗风湿活动:可肌内注射长效青霉素,如苄星青霉素,120万单位每月1次;口服抗风湿药物,如阿司匹林0.1g每日3次。

2)并发症治疗:感染性心内膜炎的治疗首选青霉素;心房颤动患者应控制心室率和抗凝治疗,预防心力衰竭及栓塞。心力衰竭治疗见第十五章。

(2)手术治疗　可显著提高患者的生活质量和存活率。单纯二尖瓣狭窄可行经皮球囊二尖瓣成形术;人工瓣膜置换术是治疗重度瓣膜病的根本方法。

【护理诊断及合作性问题】

1. 活动无耐力

与心排出量降低、组织缺养有关。

2. 气体交换受损

与肺淤血、肺水肿有关。

3. 焦虑

与担心预后、工作、经济压力等有关。

4. 潜在并发症

感染、感染性心内膜炎、心律失常、心力衰竭、栓塞等。

【护理目标】

患者心功能改善,活动耐力提高;气体交换功能基本维持正常。

【护理措施】

1. 一般护理

1)根据心功能情况,合理安排休息与活动。心功能代偿期避免重体力劳动,注意劳逸结合;心功能失代偿期或伴有风湿活动期则需限制活动或卧床休息,协助生活自理,待病情好转逐渐增加活动。左房内有巨大附壁血栓者应绝对卧床休息,以防血栓脱落造成其他部位栓塞。在病情允许情况下鼓励患者翻身、进行下肢活动,避免长期卧床的并发症。

2)给予低热量、高蛋白、高维生素、易消化饮食,少食多餐,心力衰竭时限制钠盐和水分,戒除烟酒,预防便秘。

3）防治上呼吸道感染，纠正心律失常，避免劳累和情绪激动等诱因。

2. 病情观察

密切观察病情变化，加强生命体征、神志监测，观察有无风湿活动，如发热、关节肿痛、皮肤环行红斑和皮下结节等表现，观察有无心律失常、感染性心内膜炎、心力衰竭、栓塞等并发症。

3. 用药护理

遵医嘱应用抗生素、抗风湿药物、洋地黄、利尿剂、扩血管药物、硝酸酯类药等，密切观察疗效和不良反应。

4.心理护理

与患者及家属建立良好的信赖关系，加强与患者的沟通、交流，消除其紧张、焦虑情绪，鼓励积极配合治疗及护理。向患者介绍经治疗病情好转的病例，建立信心。

5.健康指导

（1）疾病相关知识指导　介绍本病的发生、发展过程，说明防治重点是防止风湿活动和并发症。

（2）指导患者合理休息及活动　对心功能代偿期患者应鼓励做适当运动；心功能失代偿期患者不宜参加运动，应增加卧床休息的时间。

（3）预防风湿活动　嘱患者在拔牙、分娩、人工流产、内窥镜检查、导尿术等手术或器械检查前，将风心病史告诉医生，预防性应用抗菌药物。出现上呼吸道感染或风湿活动时应遵医嘱积极治疗，扁桃体炎反复发作者考虑尽早行摘除术，但应在风湿活动控制后2～4个月方可进行手术摘除术。改善居住环境，避免拥挤、潮湿、寒冷、阴暗等不良条件，居室应通风、温暖、干燥，加强体育锻炼，预防上呼吸道感染。

（4）避孕指导　育龄女患者病情较轻者应在严密监护下妊娠、分娩；病情较重者不宜妊娠，或劝其终止妊娠。

（5）用药指导　告诉患者及家属坚持服药的重要性，并学会观察药物的疗效及不良反应。

（6）定期复诊

【护理评价】

1）功能状态是否改善，活动耐力是否提高。

2）气体交换功能能否基本维持正常。

3）情绪是否稳定。

（梁丽丽）

第二十章　感染性心内膜炎患者的护理

学习目标

知识目标　知道感染性心内膜炎的病因,能说出心内膜炎的发病机制。

能力目标　能运用护理程序对感染性心内膜炎患者进行整体护理及健康指导。

素质目标　护理工作中严谨、诚实、慎独,尊重患者、关心患者。

感染性心内膜炎(infective endocarditis,IE)是微生物感染所致的心内膜和邻近的大动脉内膜炎症,其特征是心瓣膜上形成赘生物和微生物经血行播散至全身器官和组织。致病微生物以细菌、真菌多见。临床特点为发热、心脏杂音、脾大、淤点、周围血管栓塞和血培养阳性等。瓣膜为最常受累部位,但感染也可发生在间隔缺损部位、腱索或心壁内膜。根据病程分为急性和亚急性。感染性心内膜炎又可分为自体瓣膜、人工瓣膜和静脉药瘾者的心内膜炎。

【概述】

1.病因

链球菌和葡萄球菌分别占自体瓣膜心内膜炎(Native valve endocarditis)病原微生物的65%和25%。急性者,主要由金黄色葡萄球菌引起,少数由肺炎球菌、淋球菌、A族链球菌和流感杆菌等所致。亚急性者,草绿色链球菌最常见,其次为D族链球菌(牛链球菌和肠球菌),表皮葡萄球菌,其他细菌较少见。真菌、立克次体和衣原体为自体瓣膜心内膜炎的少见致病微生物。

2.发病机制

(1)亚急性　至少占据2/3的病例,相关因素有:①血流动力学因素:亚急性者主要发生于器质性心脏病,首先为心脏瓣膜病,尤其是二尖瓣和主动脉瓣;其次为先天性心血管病。心脏内膜表面微生物感染形成的赘生物常位于血流从高压腔经病变瓣口或先天缺损至低压腔产生高速射流和湍流的下游,致使压力下降和内膜灌注减少,有利于微生物沉积和生长有关。高速射流冲击心脏或大血管内膜处可致局部损伤,因而容易感染;②非细菌性血栓性心内膜病变:当内膜的内皮受损,血小板在此聚集,形成血小板微血栓和纤维蛋白沉着,成为结节样无菌性赘生物,称非细菌性血栓性心内膜病变,是细菌定居瓣膜表面的重要因素;③短暂性菌血症:循环中的细菌如定居在无菌性赘生物上,感染性心内膜炎即可发生;④细菌感染无菌性赘生物:取决于发生菌血症的频率、细菌的数量及细菌黏附于无菌性赘生物的能力。草绿色链球菌从口腔进入血流的机会频繁,黏附性强,因而成为亚急性感染性心内膜炎的最常见致病菌。

(2)急性　发病机制尚不清楚,主要累及正常心瓣膜。以主动脉瓣受累常见。

【护理评估】

1.健康史

了解近期有无慢性咽炎、扁桃体炎等病史,有无过度劳累等诱因。

2.身体状况

从短暂性菌血症的发生至出现症状之间的时间间隔长短不一,多在2周以内。

(1)发热　是感染性心内膜炎最常见的症状。亚急性者起病隐匿,可有全身不适、乏力、食欲不振和体重减轻等非特异性症状。可有弛张性低热,一般<39℃,午后和晚上高。头痛、背痛和肌肉关节痛常见。急性者呈暴发性败血症过程,有高热、寒战。突发心力衰竭者较为常见。

(2)心脏杂音　80%~85%的患者可闻及心脏杂音,可有基础心脏病和(或)心内膜炎导致瓣膜损害所致。急性者要比亚急性者更易出现杂音强度和性质的变化,或出现新的杂音,瓣膜损害所致的新的或增强的杂音主要为关闭不全的杂音,尤以主动脉关闭不全多见。

(3)周围体征　多为非特异性,近已不多见。包括:①瘀点,可出现于任何部位,以锁骨以上皮肤、口腔黏膜和睑结膜常见,病程长者较多见;②指和趾甲下线状出血;③Roth斑,为视网膜的卵圆形出血斑,其中心呈白色，多见于亚急性感染；④Osler结节，为指和趾垫出现的为豌豆大的红或紫色痛性结节，较常见于亚急性者；⑤Janeway损害，为手掌和足底处直径1～4mm无痛性出血红斑，主要见于急性患者。引起这些周围体征的原因可能是微血管炎或微栓塞。

(4)动脉栓塞　赘生物引起动脉栓塞占20%～40%，栓塞可发生在机体的任何部位。脑、心脏、脾、肾、肠系膜和四肢为临床所见的体循环动脉栓塞部位。脑栓塞的发生率为15%～20%。在有左向右分流的先天性心血管病或右心内膜炎时，肺循环栓塞常见。

(5)感染的非特异性症状　脾大见于15%～50%、病程大于6周的患者，急性者少见；贫血，较常见，多为轻、中度，晚期患者可有重度贫血；部分患者可出现杵状指(趾)。

(6)并发症　心力衰竭为最常见并发症，主要由瓣膜关闭不全所致，主动脉瓣受损者最常发生(75%)，其次是二尖瓣(50%)和三尖瓣(19%)；细菌性动脉瘤占3%～5%，多见于亚急性者，受累动脉依次为近端主动脉、脑、内脏和四肢，一般见于病程晚期，多无症状；迁移性脓肿多见于急性患者，亚急性者少见，多发生于肝、脾、骨髓和神经系统；约1/3的患者有神经系统受累的表现，表现为脑栓塞、脑细菌性动脉瘤、脑出血、中毒性脑病、脑脓肿、化脓性脑膜炎；大多数患者有肾损害，包括肾动脉栓塞和肾梗死、免疫复合物所致局灶性和弥漫性肾小球肾炎、肾脓肿。

3.心理-社会状况

应评估患者的心理问题，评估家属对患者的关注程度、患者和家属对疾病的认知程度、对住院治疗的态度，是否积极有效的配合治疗。

4.辅助检查

(1)常规检查　①尿液检查：常有显微镜下血尿和轻度蛋白尿。肉眼血尿提示肾梗死，红细胞管型和大量蛋白尿提示弥漫性肾小球肾炎；②血液检查：亚急性者正常色素型正常细胞性贫血常见，白细胞计数正常或轻度升高。急性者常有血白细胞计数增高和明显核左移，红细胞沉降率增快。

(2)血培养　是诊断感染性心内膜炎的最重要的方法。在近期未接受过抗生素治疗的患者血培养阳性率可高达95%以上，其中90%以上患者的阳性结果获自入院后第一日采取的标本。

(3)超声心动图　经胸壁超声检查可检出50%～75%的赘生物；经食管超声可检出<5mm的赘生物，敏感性高达95%以上。赘生物≥10mm时，易发生动脉栓塞。

5.治疗要点

(1)抗微生物药物治疗　为最重要的治疗措施。用药原则：早期应用，在连续送3～5次血培养后即可开始治疗；充分用药，选用杀菌性抗微生物药物，大剂量和长疗程，旨在完全消灭藏在赘生物内的致病菌；静脉用药为主，保持高而稳定的血药浓度；病原微生物不明时，急性者选用针对金黄色葡萄球菌、链球菌和革兰氏阴性杆菌均有效的广谱抗生素，亚急性者首选针对大多数链球菌的抗生素；已分离出的病原微生物时，应根据致病微生物对药物的敏感程度选择抗微生物药物。

1)经验治疗：急性者采用萘呋西林2g，，静脉注射或滴注，加氨苄西林2g，4小时/1次，静脉注射或加庆大霉素，每天160～240mg静脉注射。亚急性者按常见的致病菌链球菌的用药方案以青霉素为主或加庆大霉素，青霉素320万～400万U静滴，每4～6小时1次；庆大霉素剂量同上。

2)已知致病微生物时的治疗：①对青霉素敏感的细菌：首选青霉素1200万～1800万U/d，每4小时1次静脉点滴；青霉素联合庆大霉素1mg/kg静脉或肌肉注射，每8小时1次；青霉素过敏时选用头孢曲松钠2mg/d，静脉注射或万古霉素30mg/(kg·d)，分2次静脉点滴(24小时最大量不超过2g)。所有病例均至少用药4周。②对青霉素耐药的链球菌和肠球菌：青霉素加庆大霉素静脉点滴4～6周。

(2)外科治疗　一般情况下，感染性心内膜炎应先行内科治疗。有些严重心内并发症或抗生素无效的应考虑手术治疗。其适应症为：严重瓣膜反流致心力衰竭；真菌性心内膜炎；虽充分使用抗微生物药物，血培养持续阳性或反复复发；虽充分抗微生物药物治疗，仍反复发作大动脉栓塞，超声检查证实的赘生物≥10mm；主动脉瓣受累致房室传导阻滞、心肌或瓣环脓肿需手术引流。

【常见护理诊断及合作性问题】

1.体温过高

与感染有关。

2.营养失调

低于机体需要量与感染所致的机体代谢率增高和食欲下降有关。

3.潜在并发症

栓塞、心力衰竭。

4.知识缺乏

与病情变化大,得不到及时指导及知识水平有限,缺乏相关信息有关。

【护理目标】

1.患者呼吸困难减轻。

2.生活所需得到满足。

3.活动耐力和自理能力得到提高。

4.情绪稳定。

【护理措施】

1.一般护理

采取高枕卧位或半卧位减轻心脏前负荷,在急性期限制患者活动,降低氧耗。保持病房温度适宜,温度20 ~ 22℃,湿度50%~ 60%,房内空气清新,利于呼吸,同时要注意保暖。鼓励患者进食,饮食上给予高蛋白、高热量、高维生素、低胆固醇、易消化的流质或软食,加强营养,注意变换烹调风味。严格控制患者摄钠量以减少钠潴留。补充水分,鼓励患者多喝温热饮料。做好口腔护理,以增进食欲。

2.病情观察

观察患者的生命体征、精神状态、面色、皮肤有无淤点、指和趾甲床有无出血、osler结和Janeways结及发作先兆表现。观察有无栓塞症状,如有意识改变、肢端疼痛、尿量减少等症状时及时报告医师并协助处理。每4小时监测体温1次,准确绘制体温表。记录出入水量。

3.对症护理

(1)发热的护理　高热患者应卧床休息,遵医嘱准确、按时给予抗生素。给以物理降温,如冰敷或温水擦浴,必要时使用退热剂,及时记录降温后体温的变化。出汗多时可在衣服与皮肤之间衬以柔软毛巾,便于潮湿及时更换,增加舒适感,并防止患者因频繁更衣而受凉。

(2)正确采集血培养标本　采血应在抗菌药物应用前,如已用者应在停用抗菌药3天后采血;采血时间应选在寒战或体温正在升高时;一般在24 ~ 48小时内采血3 ~ 5次,每次采血10ml左右。

4.用药护理

遵医嘱给予扩血管、强心、利尿、抗凝药物及抗生素治疗,观察用药效果。需早期、充分、静脉应用抗生素治疗,严格遵医嘱按时用药,以确保维持有效的血药浓度。注意药物可能产生的不良反应和毒性反应,并及时报告医师。注意保护静脉,可使用静脉留置针,避免多次穿刺增加患者痛苦。

5.心理护理

为患者提供疾病的阅读资料并讲解,尤其是心脏瓣膜的解剖生理知识以及菌血症的病因和防治。与患者讨论长期用药的必要性和方法。宣传如何预防感染,如保暖、口腔卫生、进行口腔科治疗或外科治疗前后预防性应用抗生素等。如需外科瓣膜置换术,做好知识宣教。由于发热、感染不易控制、疗程长,甚至出现并发症,患者常出现情绪低落、恐惧心理,应加强与患者沟通,耐心解释,安慰鼓励患者,使其积极配合治疗。

【健康教育】

告诉患者及家属有关疾病的病因与发病机制,坚持足够疗程抗生素治疗的重要意义。告诉患者就医时应说明自己有心内膜炎病史,在施行口腔手术如拔牙、扁桃体摘除术或侵入性检查及其他外科手术治疗前应预防性使用抗生素。嘱患者平时注意保暖防寒、保持口腔和皮肤清洁,减少病原体入侵的机会。教会患者学会自我监测体温变化、有无栓塞表现,定期门诊随访。教育家属应在生活上照顾患者,精神上支持患者,经济上尽最大努力给患者治疗。

【护理评价】

1)患者呼吸困难是否减轻。

2)生活所需是否得到满足。

3)活动耐力和自理能力是否提高。

4)情绪是否稳定。

(梁丽丽)

第二十一章　心肌疾病患者的护理

案例引入

患者,男,18 岁,因感冒后出现胸闷,活动时气短、呼吸困难,来医院诊治。患者面色苍白,精神不振,自述全身无力,气短、多汗、头晕。查体患者手足发凉,末梢循环较差,血压正常,查心电图,室性早搏,心肌缺血。

学习任务:1.请诊断该患者为何种疾病? 诊断依据?

2.请正确护理该患者。

学习目标

知识目标　知道心肌病的分类及病因。能说出常见心肌病的临床特点及诊断要点。

能力目标　会心肌病患者的护理及健康指导。

素质目标　尊重患者、护理时关心患者。

第一节　病毒性心肌炎患者的护理

病毒性心肌炎(Viral myocarditis)是由多种病毒感染引起的心肌炎症性病变。可发生于任何年龄,年轻人易发病。男性多于女性。

【概述】

1.病因

病毒感染:以柯萨奇 B 病毒感染最常见,约占 30%,其他如柯萨奇 A 病毒、埃可(ECHO)病毒、巨细胞病毒、骨髓灰质炎病毒、肝炎病毒、流感病毒、腮腺炎病毒、水痘病毒、风疹和麻疹病毒等也可致病。

2.发病机制

当机体由于继发细菌感染、发热、缺氧、营养不良、糖皮质激素或放射治疗等导致抵抗力低下时,可诱发本病。病毒感染心肌细胞产生溶细胞物质,使细胞溶解,直接侵犯心肌,同时病毒可通过免疫机制产生心肌损害。

【护理评估】

1.健康史

了解患者在发病前 1 ~ 3 周有无上呼吸道或消化道病毒感染史。近期工作是否劳累,是否感觉身体疲劳。有无长期使用激素或免疫抑制剂。

2.身体状况

(1)症状　约半数以上患者发病前 1 ~ 3 周有呼吸道或消化道病毒感染史。轻者可无症状,较重者出现胸闷、心悸、乏力、恶心、头晕、气促、心前区不适等。重症者可出现严重心律失常、心力衰竭、心源性休克,甚至猝死。

(2)体征　可见与体温不相称的心动过速。大多数患者以心律失常为主要表现,以室性期前收缩最常见,其次为房室传导阻滞、心房颤动、病态窦房结综合征等。心尖区第一心音可减低,可闻及舒张期奔马律。

3.心理-社会状况

评估患者的年龄、工作性质、家庭状况、性格特征等,了解患者患病后的心理反应。本疾病多见于年轻人,由于害怕影响工作和学习易产生急燥、焦虑心理。又由于原来身体状况较好,易对疾病的严重性缺乏认识,轻视疾病,影响预后。

4.辅助检查

(1)实验室检查　白细胞计数可升高,血清心肌肌酸激酶(CK)、肌钙蛋白可升高,血沉可增快。

(2)X线检查　心影正常或不同程度的增大。若反复迁延不愈、合并心力衰竭,心影可明显扩大,出现肺淤血征象。

(3)心电图　主要变化为ST-T改变,R波降低,病理性Q波,以及各种心律失常如室性期前收缩、房室传导阻滞等。

(4)超声心动图　可呈弥漫性和区域性左心室舒张功能减退、室壁运动异常。

(5)病毒学检查　血清特异性病毒抗体检测可见滴度增高。

5.治疗要点

无特异性治疗。主要加强休息,补充营养。促进心肌代谢,给予黄芪、辅酶Q10、维生素C等。治疗并发症,如心力衰竭可使用利尿剂、血管扩张剂;心律失常者用抗心律失常药,完全性房室传导阻滞时可考虑安装临时起搏器。目前不主张早期使用糖皮质激素,仅用于严重心肌炎伴心力衰竭和严重心律失常。

【护理诊断及医护合作性问题】

1.体温过高

与心肌炎症、受损有关。

2.活动无耐力

与心肌损伤导致的胸闷、气急、心悸有关。

3.焦虑

与疾病产生威胁、影响工作学习、增加家庭负担有关。

4.潜在并发症

心力衰竭,心源性休克,猝死。

【护理措施】

1.一般护理

(1)休息与活动　合理休息是病毒性心肌炎治疗的关键。卧床休息可减少心肌耗氧,减轻心脏负荷,有利于心功能恢复,防止病情恶化或迁延至慢性。急性期应卧床休息1个月,重症或伴有心律失常、心力衰竭者需卧床休息到症状和心电图恢复正常后方可起床轻微活动。下床活动时要循序渐进,逐渐增加活动量。活动量以不出现症状为标准。恢复期仍应适当限制活动3～6个月。

(2)饮食　指导患者摄入高蛋白质、丰富维生素和纤维素、清淡易消化的食物,少量多餐。禁浓茶、咖啡、烟酒等。

2.用药护理

遵医嘱正确使用抗心力衰竭药,特别是洋地黄类药物,注意有无毒性反应。静脉注射抗心律失常药物时,速度应缓慢,及时发现药物的不良反应。

3.病情观察

急性期进行心电监护,床边备齐急救物品。密切观察生命征变化,注意有无心悸、乏力、头晕、胸闷、黑矇等症状,严密监测脉率、心率、心律及心电图的变化,及时发现严重心律失常的表现;注意有无急性左心衰竭的表现,及时报告医师并配合抢救。

4.心理护理

向患者及家属介绍本病的发生、发展及预后,告诉患者配合治疗及护理的重要性。告诉患者本病经及时有效的治疗可获痊愈,如未及时治疗者可留有后遗症,若症状反复发生可发展为扩张性心肌病、心力衰竭。告诉患者不良的情绪会加重心肌负荷,注意加强与患者及家属的交流,解除紧张、焦虑心理。

5.健康指导

(1)合理休息及活动　出院后需继续休息,避免劳累,3～6个月后方可部分或全部恢复轻体力工作或学习。避免情绪激动或体力劳动。恢复期可适当锻炼,提高机体抵抗力。

(2)饮食指导　宜高蛋白、高热量、高维生素饮食,戒烟戒酒。

(3)预防感染　预防呼吸道和肠道感染。注意防寒保暖,避免去人群拥挤的公共场所。防止心力衰竭和心律失常。

(4)用药指导与病情监测　嘱患者严格遵医嘱用药,观察药物疗效和不良反应。教会患者及家属自我监测病情，特别是学会自测脉搏。如有胸闷、心悸等不适，应及时就诊。

【护理评价】

患者不舒适感是否减轻或消失，活动耐力是否增加，焦虑程度是否减轻。

第二节　原发性心肌病患者的护理

原发性心肌病（Primary cardio myopathy）是一组原因不明、伴有心肌功能障碍的心肌疾病。1995 年世界卫生组织和国际心脏病学会（WHO/ISFC）将心肌病分为 4 型：扩张型心肌病、肥厚性心肌病、限制型心肌病、致心律失常型右室心肌病。其中以扩张型心肌病最常见，其次为肥厚型心肌病。

近年来心肌病发病率有明显增高趋势，成年人最常受累，男性多于女性。

一、扩张型心肌病

扩张型心肌病（dilated cardiomyopathy，DCM）是以一侧或双侧心室扩大及收缩功能受损为特征的原发性心肌病。病情呈进行性加重，预后不良，死亡原因多为心力衰竭和严重心律失常。男性多于女性，比例为 2.5：1。

【概述】

病因尚未阐明，特发性、家族遗传因素与发病有关，约 20%扩张型心肌病的患者其一级亲属也有扩张型心肌病的表现；持续病毒感染是重要原因，病毒除引起心肌损伤外，还可通过免疫反应如细胞因子、抗体等损伤心肌细胞；乙醇中毒、围生期、抗癌药物、劳累等可以诱发。

【护理评估】

1.健康史

询问有无心肌病的家族史；有无病毒感染或心肌炎病史，约 15%的心肌炎患者可进展为扩张型心肌病；有无劳累、酗酒、应用有损心肌的药物等诱因。

2.身体状况

（1）症状　有些患者数月或数年没有症状。多数以左心衰竭为最突出症状，如心悸、活动后气促、胸闷、疲劳、夜间阵发性呼吸困难等，常不能耐受运动。约 1/3 的患者有心肌缺血性的气胸，充血性肝肿大引起的腹痛。

（2）体征　心浊音界向两侧扩大，多数患者出现左、右心衰竭的体征，如交替脉，舒张期奔马律、颈静脉怒张、肝肿大、下肢水肿等。

3.心理-社会状况

因病情呈进行性加重，体力活动受限，预后不良，患者常表现出情绪紧张、恐惧等不良心理反应。应评估家属对患者的关注程度，患者和家属对疾病的认识程度、对住院治疗的态度，是否积极配合。

4.辅助检查

（1）胸部 X 线检查　心脏扩大，心胸比值增大、肺部淤血。

（2）心电图　各种心律失常、左束支传导阻滞、病理性 Q 波、ST-T 改变等。

（3）超声心动图　心腔扩大、室壁变薄、收缩功能明显减弱。

（4）其他　放射性核素心室造影、心导管术和心血管造影术检查可助诊断。

5.治疗要点

因病因不明尚无特异性治疗，主要是对症治疗，以休息、饮食以及药物控制心力衰竭为主，洋地黄用量宜小，以利尿剂、血管扩张剂、血管紧张素转换酶抑制剂（ACEI）以及β肾上腺素能受体阻滞剂减轻心脏前后负荷，控制心律失常，改善心肌代谢，晚期可行心脏移植。

二、肥厚性心肌病

肥厚性心肌病（hypertrophic cardio myopathy，HCM）以非对称性的心肌肥厚、左心室腔变小、舒张功能不全导致心室充盈受损为特征的心肌病。患者年龄较轻、症状较严重，常为青年猝死的原因。

【概述】

本病约1/3有明显家族史,目前认为家族性肥厚型心肌病是一种常染色体显性遗传性疾病,肌节收缩蛋白基因突变是主要的致病因素。心肌钙动力学异常即钙流量异常引起的细胞内钙浓度升高导致心肌肥厚及细胞排列紊乱,高血压、高强度运动等是促进因素。最具有特征性的病理特征是舒张功能不全。根据左心室流出道有无梗阻,分为梗阻性和非梗阻性肥厚性心肌病。

【护理评估】

1.健康史

询问有无猝死和心脏扩大的家族史,有无反复发作的先兆晕厥和晕厥史,发病前有无剧烈运动,有无疲惫感,评估患者的年龄。评估有无猝死的危险因素,年轻、有猝死家族史、反复发作晕厥、持续性室性或室上性快速心律失常者易发生猝死。

2.身体状况

(1)症状　部分患者无症状,因猝死或体检被发现。梗阻型肥厚型心肌病患者可有劳力性呼吸困难,心悸、乏力、头晕及反复发作性晕厥,甚至猝死。突然站立、运动、劳力、用硝酸酯类药物均可使外周血管阻力降低,加重左室流出道梗阻而加重症状,即时躺下则可缓解。部分患者因肥厚心肌需氧增多易出现心绞痛。

(2)体征　心脏轻度增大,心尖搏动呈抬举样,部分患者在胸骨左缘或心尖部听到收缩期粗糙吹风样杂音,屏气、剧烈运动、含服硝酸甘油时可增强,心尖部闻及第四心音。存在左心室流出道压力阶差的患者心尖搏动常向外侧移动。

3.心理-社会状况

劳力性呼吸困难会影响患者的正常生活,不能从事剧烈的运动等,可引发患者的焦虑感。评估患者和家属对疾病的认识程度及住院的态度,患者的精神状态,有无恐惧感等心理反应,家属对患者的态度。

4.辅助检查

(1)胸部X线检查　心影可从正常到明显增大。

(2)心电图　最常见为左心室肥大、ST-T改变,可有病理性Q波、室性及室上性心律失常等。

(3)超声心动图　为本病的主要诊断依据,可示室间隔非对称性肥厚,舒张期室间隔厚度与左心室后壁之比大于等于1.3∶1.0,左心室流出道狭窄。

(4)其他　心脏导管检查、放射性核素扫描、心血管造影检查可助诊断。

【治疗要点】

1. 治疗原则

治疗心力衰竭及心律失常,缓解症状,防止并发症和减少死亡危险等。

2. 主要治疗措施

以β肾上腺素能受体阻滞剂及钙通道阻滞剂最常用,以减慢心率、抑制心肌收缩力,减轻流出道肥厚心肌的收缩,缓解流出道梗阻,增加心搏出量,可有效改善心绞痛、呼吸困难及先兆晕厥等症状,并可治疗心律失常,常用美托洛尔和维拉帕米。缓慢性心律失常可用起搏器治疗。梗阻和二尖瓣反流得到缓解,症状和运动能力可获得长期的改善。对重度梗阻型肥厚型心肌病可用无水乙醇化学消融术或左心室流出道心肌切开术。

【护理诊断及合作性问题】

1. 气体交换受损

与心力衰竭有关。

2.活动无耐力

与心力衰竭、心律失常引起心输出量减少有关。

3.疼痛

胸痛、腹痛与心肌缺血、肺栓塞、肝肿大有关。

4.焦虑

与疾病反复发作,药物治疗效果不佳有关。

5.潜在并发症

血栓脱落、晕厥、猝死。

【护理目标】

患者呼吸困难减轻;生活所需得到满足;活动耐力和自理能力得到提高;胸痛缓解;情绪稳定。

【护理措施】

参见本篇第十四章第三节呼吸困难、心源性水肿、心前区疼痛、晕厥的护理,及第十五章心力衰竭患者的护理。此外,注意以下几方面措施。

1.一般护理

(1)合理休息　症状明显者卧床休息,逐渐增加活动量,症状轻者可参加轻工作,避免劳累。向患者介绍疾病的知识,鼓励患者说出内心感受,消除其紧张情绪。

(2)饮食护理　给予高蛋白、富纤维素、清淡饮食,以促进心肌代谢。心力衰竭时低盐饮食,每周测体重1次。

2.用药护理

解释遵医嘱用药对改善病情的重要性,给予强心、利尿、扩血管等药物控制心力衰竭,扩张型心肌病对洋地黄耐受性差,应密切观察疗效及不良反应,警惕发生中毒,及时报告医生处理。严格控制输液量及滴速。

3.胸痛护理

嘱患者避免劳累、突然屏气、突然站立、提取重物、剧烈运动、饱餐、寒冷刺激等,戒烟酒,以免诱发心绞痛。肥厚型心肌病胸痛发作时立即停止活动,卧床休息,安慰患者,解除紧张情绪;遵医嘱使用β受体阻滞剂或钙通道阻滞剂,注意有无心动过缓等不良反应,避免使用硝酸酯类药物;持续吸氧,每分钟2 ~ 4L。

4.病情观察

注意有无咳嗽、气促、下肢水肿等心力衰竭征兆及心输出量降低的早期表现,监测生命体征,必要时遵医嘱心电监护,监测血流动力学参数变化;密切观察有无全身栓塞、晕厥、猝死的征象,及时报告医生配合抢救。

5.健康指导

1)加强营养,提高机体抵抗力。心力衰竭时低盐饮食。

2)避免诱因,防止意外发生。强调扩张型心肌病患者应避免劳累,宜长期休息,保持情绪平稳,避免病毒感染、酒精中毒及其他因素对心肌的损害,防止诱发心力衰竭。肥厚性心肌病患者须避免剧烈运动、情绪激动和突然用力,以减少心绞痛、晕厥和猝死发生。有晕厥史者避免独自外出活动。

3)强调药物治疗的重要性,坚持服用抗心力衰竭、心律失常、控制心绞痛等药物,以提高存活年限。介绍药物名称、剂量、用法,教会患者观察疗效及不良反应,并定期复查,以随时调整药物剂量。指导患者缓解胸痛、晕厥的措施。

4)严密注意病情变化,症状加重时立即就医。

5)教会患者家属心肺复苏的基本知识,危急时可提高患者生存机会。

【护理评价】

呼吸困难是否减轻;活动耐力和自理能力是否有所提高;能否运用有效方法缓解胸痛;情绪是否稳定。

（梁丽丽）

第二十二章　心包炎患者的护理

案例引入

女,69 岁。反复胸闷、气短、浮肿 1 年,加重 10 天于 2010 年 6 月 17 日入院。

主要表现为 1 年来逐渐出现上楼、上坡时胸闷、气短,间断出现下肢浮肿。间断夜间不能平卧。CT:双侧胸腔积液,以右侧为著,右侧中叶炎性病变并右下肺局限性膨胀不全。心影增大,心包钙化。

学习任务:1.您作为管床护士请做好入院、住院和出院护理。

2.请做一次完整的护理查房。

学习目标

知识目标　知道心包炎的概念、解剖生理。能说出心包炎的护理评估要点。

能力目标　会心包炎患者的整体护理。

素质目标　尊重患者、护理时关心患者。

心包疾病除原发感染性心包炎症外,尚有肿瘤、代谢性疾病、自身免疫性疾病、尿毒症等所致非感染性心包炎。按病情进展,可分为急性心包炎(伴或不伴心包积液)、慢性心包积液、粘连性心包炎、亚急性渗出性缩窄性心包炎、慢性缩窄性心包炎等。临床上以急性心包炎和慢性缩窄性心包炎为最常见。

一、急性心包炎

急性心包炎(Acute pericarditis)为心包脏层和壁层的急性炎症,可由细菌、病毒、自身免疫、物理、化学等因素引起。心包炎常是某种疾病表现的一部分或为其并发症,故常被原发疾病所掩盖,但也可以单独存在。根据病理变化,急性心包炎可以分为纤维蛋白性(干性)和渗出性(湿性)两种。

【概述】

1.感染

由病毒、细菌、真菌、寄生虫、立克次体等感染引起。

2.非感染性

常见的有自身免疫性(如风湿热及其他结缔组织疾病)、肿瘤性(包括原发性和继发性)、内分泌及代谢性(如尿毒症、痛风)心包炎,外伤、放射性心包炎及邻近器官疾病(如急性心肌梗死、胸膜炎、主动脉夹层等)引起的心包炎。

在急性期,心包壁层和脏层上有纤维蛋白、白细胞及少许内皮细胞的渗出。此外尚无明显液体积聚,为纤维蛋白性心包炎;随后如液体增加,则转变为渗出性心包炎。积液一般在数周至数月内吸收,但也可伴随发生壁层与脏层的粘连、增厚及缩窄。液体也可在较短时间内大量积聚引起心脏压塞。

急性纤维蛋白性心包炎或少量积液不致引起心包内压力升高,故不影响血流动力学。但如液体迅速增多,心包无法伸展以适应其容量的变化,使心包内压力积聚上升,即可引起心脏受压,导致心室舒张期充盈受阻,并使周围静脉压升高,最终使心排血量降低,血压下降,构成急性心脏压塞的临床表现。

【护理评估】

1.健康史

询问有感染史,家族史,发病前有无剧烈运动,有无疲惫感,评估患者的年龄。评估有无猝死的危险因素,年轻、有猝死家族史。

2.身体状况

（1）症状

1）心前区疼痛：为主要症状，多见于急性非特异性心包炎和感染性心包炎，结核性或肿瘤性心包炎疼痛可不明显。可表现为胸闷或呈压榨性痛，部位在心前区或胸骨后，可能与呼吸运动有关，常因咳嗽、深呼吸或变换体位而加重。

2）呼吸困难：是心包积液时最突出的症状。严重时有端坐呼吸、身体前倾、呼吸浅速、面色苍白、发绀等。可能与肺、支气管受压或肺淤血有关。

3）其他：因压迫气管、食管而产生干咳、声音嘶哑、吞咽困难等。此外可有发热、出汗、乏力、烦躁等。

（2）体征

1）纤维蛋白性心包炎：心包摩擦音是其典型体征，多位于心前区，以胸骨左缘第3、4肋间最为明显，坐位使身体前倾、深吸气或将听诊器胸件加压可更容易听到。

2）渗出性心包炎：心脏叩诊音界向两侧增大，皆为相对浊音区；心尖搏动弱，位于心浊音界左缘的内侧或不能扪及；心音低而遥远；大量心包积液可使收缩压下降，而舒张压变化不大，故脉压减少；可累及静脉回流，出现颈静脉怒张、肝大、水肿及腹水等。

3）急性心脏压塞：表现为急性循环衰竭、休克等。如积液聚集较慢可出现亚急性或慢性心脏压塞，表现体循环静脉淤血、奇脉等。

3.辅助检查

（1）实验室检查　取决于原发病，感染性者常有白细胞计数增加、血沉增快等炎性反应。

（2）心电图　主要表现为：ST段抬高，见于除aVR导联以外的所有常规导联中，呈弓背向下型，aVR导联中ST段压低；T波低平或倒置；心包积液时有QRS低电压，大量渗液时可见电交替；无病理性Q波；常有窦性心动过速。

（3）影像学检查

1）X线检查：当心包内积液量超过300ml时，可见心脏阴影普遍性向两侧增大，呈烧瓶样，心脏搏动减弱或消失。

2）超声心动图：对诊断心包积液简单易行，迅速可靠。M型或二维超声心动图中均可见液性暗区以确定诊断。

（4）心包穿刺　主要适用于心脏压塞和未能明确病因的渗出性心包炎。

4.治疗要点

急性心包炎的治疗与预后取决于病因，也与是否早期诊断及正确治疗有关。病因治疗如抗结核、抗生素、化疗药物。各种心包炎如出现压塞综合征，均应行心包穿刺排液以缓解症状。结核性心包炎如不积极治疗常可演变为慢性缩窄性心包炎。顽固性复发性心包炎伴严重胸痛患者可考虑外科心包切除术治疗。

二、慢性心包炎

慢性心包炎常见的是缩窄性心包炎。缩窄性心包炎是指心脏被致密厚实的纤维化或钙化心包所包围，使心室舒张期充盈受限而产生一系列循环障碍的病症。

【概述】

慢性心包炎继发于急性心包炎，其病因在我国仍以结核性为最常见，其次为化脓性或创伤性心包炎演变而来。少数与非特异性心包炎、肿瘤性心包炎等有关。

急性心包炎后，随着渗液逐渐吸收可有纤维组织增生、心包增厚粘连、壁层与脏层融合钙化，使心脏及大血管根部受限。心包增厚可为全面的，也可仅限于心包的局部。长期缩窄，心肌可萎缩。心包缩窄使心室舒张期扩张受阻，心室舒张期充盈减少，使心搏量下降，从而产生血液循环障碍。为维持心排血量，心率必然增快；同时上、下腔静脉回流也因心包缩窄而受阻，出现静脉压升高、颈静脉怒张、肝大、腹水、下肢水肿等。

【护理评估】

1.身体状况

起病缓慢，多见于急性心包炎后1年内形成，少数可长达数年。常见症状为呼吸困难、疲乏、食欲不振、上腹胀满或疼痛；呼吸困难为劳力性，主要与心搏量降低有关。

体征有颈静脉怒张、肝大、腹水、下肢水肿、心率增快,可见 Kussmaul 征,可触及奇脉。心尖搏动不明显,心浊音界不增大,心音减低,通常无杂音,约半数患者可在胸骨左缘第 3、4 肋间听到心包叩击音。

2.辅助检查

(1)心电图检查　QRS 波群低电压、T 波低平或倒置。

(2)影像学检查

1)X 线检查:可示心影偏小、正常或轻度增大,上腔静脉常扩张,有时可见心包钙化。

2)超声心动图:可见心包增厚、室壁活动减弱、室间隔矛盾运动等,诊断价值较心包积液低。

3.治疗要点

早期施行心包切除术以避免发展到心源性恶液质、严重肝功能不全、心肌萎缩等。通常在心包感染被控制、结核活动已静止即应手术,并在术后继续用药 1 年。

【护理诊断及合作性问题】

1.疼痛

胸痛与心包炎症有关。

2.体温过高

与心包炎症有关。

3.活动无耐力

与心排血量减少有关。

【护理目标】

患者呼吸困难减轻;生活所需得到满足;活动耐力和自理能力得到提高;胸痛缓解;情绪稳定。

【护理措施】

1.一般护理

(1)休息与活动　根据病情帮助患者采取半卧位或前倾坐位,减轻呼吸困难,提供床上小桌依靠,并保持舒适。疼痛时卧床休息,减少活动,保持情绪稳定,勿用力咳嗽、深呼吸或突然改变体位,以免使疼痛加重。

(2)饮食　给予高热量、高蛋白、高维生素、易消化的半流质或软食,保证合理营养,适当限制钠盐的摄入量。

(3)输液管理　严格控制输液速度,防止加重心脏负担。

(4)吸氧　根据缺氧程度调节氧流量,并观察用氧效果。

2.病情观察

观察患者生命体征、意识状况、胸痛的性质及部位、呼吸困难的程度,有无心包摩檫音和心脏压塞的症状。

3.用药护理

遵医嘱给予解热镇痛剂,注意有无胃肠道反应、出血等不良反应。若疼痛严重,可适量使用吗啡类药物。遵医嘱给予糖皮质激素及抗菌、抗结核、抗肿瘤等药物治疗并注意观察药物的疗效与不良反应。

4.心包穿刺术的配和与护理

见第章十四节相关内容。

【健康教育】

心包炎患者机体抵抗力下降,应注意充分休息,加强营养。给予高热量、高蛋白、高维生素的易消化饮食,限制钠盐摄入。注意防寒保暖,防止呼吸道感染。患者必须按医嘱坚持用药,勿擅自停药。抗结核治疗时应定期检查肝肾功能。注意药物的疗效及不良反应,定期随访。部分急性心包炎患者可演变成慢性缩窄性心包炎,嘱患者早期行心包剥离术,并向其讲解手术的重要性,解除思想顾虑,便于尽早接受手术治疗。

【护理评价】

患者呼吸困难是否减轻;生活所需是否得到满足;活动耐力和自理能力是否得到提高;胸痛是否缓解;情绪是否稳定。

(梁丽丽)

第二十三章　周围血管疾病患者的护理

第一节　下肢静脉曲张患者的护理

案例引入

患者，男，35岁。交警。近来发现双下肢小腿部浅静脉似蚯蚓状曲张隆起。站立时间过久后感下肢沉重发胀、酸痛而入院就诊。

学习任务：1. 请思考该患者为何疾病？

2. 请告诉患者引起该疾病发生的原因是什么？

学习目标

知识目标　知道下肢静脉曲张的概念、解剖生理。能说出下肢静脉曲张的护理评估要点。

能力目标　会下肢静脉曲张的治疗方法及护理。

素质目标　尊重患者、护理时关心患者。

【概述】

下肢静脉曲张(Varicosity of lower extremity)是指下肢表浅静脉，因血液回流障碍而引起的以静脉扩张、迂曲为主要表现的一种疾病，晚期常并发小腿溃疡，是外科的一种常见病。本病占周围血管疾病的90%以上，多见于从事长久站立的职业及体力劳动者。

大隐静脉起源于足背静脉网内侧，经内踝前方、下肢内侧上行，穿过卵园窝，汇入股静脉。在入股静脉之前有5个分支，分别为腹壁浅静脉、旋髂浅静脉、阴部外静脉、股外侧静脉和股内侧静脉。小隐静脉起自足背静脉网的外侧，经外踝后沿小腿后外侧上行，在腘窝穿过深筋膜汇入腘静脉。深、浅静脉以及大、小隐静脉之间，有交通支。下肢静脉内，都有瓣膜存在且呈单向开放。

1.病因及发病机制

下肢静脉曲张的基本原因是：瓣膜功能不全、静脉壁薄弱和静脉内压持久增高。在大隐静脉注入股静脉和小隐静脉注入腘静脉处都有坚韧的瓣膜，对阻止股静脉和腘静脉内的血液返流起重要作用。当下肢静脉内压力升高时，静脉腔扩大，以致静脉瓣关闭不全，静脉血就会由下而上、由深向浅倒流，最终致浅静脉淤血、扩张迂曲，形成下肢静脉曲张。

下肢静脉曲张，按其发病原因，分为原发性和继发性。

(1)原发性下肢静脉曲张(单纯性)　是指下肢浅静脉迂曲、伸长和扩张。较多见。因浅静脉本身的病变或解剖因素所致，如先天性静脉壁薄弱、瓣膜发育不良、长期站立引起的静脉压力升高及从事负重工作因腹内压增高而使下肢静脉回流受阻等。

(2)继发性下肢静脉曲张(代偿性)　是因深静脉病变，如下肢深静脉因炎症、血栓形成而阻塞，先天性深静脉瓣膜缺如综合征等，或继发于深静脉以外的病变，如盆腔肿瘤或妊娠子宫压迫髂静脉均可引起下肢静脉曲张。

2.病理生理

下肢静脉曲张的主要血流动力学改变是主干静脉和皮肤毛细血管压力升高。主干静脉高压导致浅静脉扩张；皮肤毛细血管压力升高造成皮肤微循环障碍、毛细血管通透性增加，血液中的大分子物质渗入组织间隙并积聚、沉积在毛细血管周围，形成阻碍皮肤和皮下组织细胞摄取氧气和营养的屏障，导致皮肤色素沉着纤维化、皮下脂肪硬化和皮肤萎缩,最后形成溃疡。

当大隐静脉瓣膜功能不良而关闭时,即可影响远侧和交通支瓣膜和小隐静脉。静脉壁和瓣膜离心脏愈远,强度愈差,承受的压力却愈高。因此,曲张的静脉在小腿部较大腿明显。

【护理评估】

1.健康史

了解患者家族成员中是否有相同疾病的存在,有无长期站立工作、重体力劳动、慢性咳嗽、习惯性便秘、妊娠等使浅静脉压力持久升高的因素。

2.身体状况

以大隐静脉曲张多见,单独的小隐静脉曲张比较少见。左下肢多见,但双下肢可先后发病。主要表现为下肢浅静脉曲张、蜿蜒扩张、迂曲。

(1)早期　仅在长时间站立后患肢小腿感觉沉重、酸胀、乏力和疼痛。

(2)后期　深静脉和交通静脉瓣膜功能破坏后,曲张静脉明显隆起,蜿蜒成团,并可出现足踝轻度肿胀和足靴区皮肤营养不良,包括皮肤萎缩、脱屑、色素沉着、皮肤和皮下组织硬结及并发症。如血栓性浅静脉炎。

3.辅助检查

(1)特殊检查

1)大隐静脉瓣膜功能试验(Trendelenburg试验):患者平卧,抬高患肢,使曲张静脉血液排空,在大腿根部扎止血带,阻止大隐静脉血液倒流。然后让患者站立,10秒钟内放开止血带,若大隐静脉立即自上而下充盈,提示大隐静脉瓣膜功能不全。未放开止血带前30秒内,大隐静脉已有充盈曲张,说明交通支瓣膜功能不全。在松解止血带前,大隐静脉已部分充盈曲张,松解止血带后,充盈曲张更为明显,说明大隐静脉瓣膜及交通支瓣膜均功能不全。

2)深静脉通畅试验(Perthes试验):患者站立,在大腿上1/3处扎止血带,阻断大隐静脉向心回流,然后嘱患者伸屈膝关节10 ~ 20次,若曲张的静脉明显减轻或消失,表示深静脉通畅;若曲张静脉加重,说明深静脉阻塞(见图23-1)。

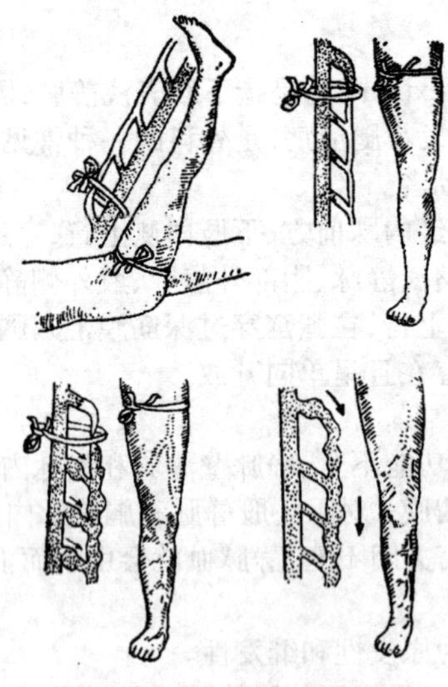

图23-1　深静脉回流试验

3)交通静脉瓣膜功能试验(Pratt试验):患者仰卧,患肢抬高,在大腿根部扎止血带。先从足趾向上至腘窝缠第一根弹力绷带,再自止血带处向下缠第二根弹力绷带。嘱患者站直,一边向下解开第一根弹力绷带,一边向下缠第二根弹力绷带,如在两根弹力绷带间出现曲张静脉,即意味着该处有功能不全的交通静脉。

(2)影像学检查

1)下肢静脉造影:可观察到下肢静脉是否通畅,瓣膜功能情况以及病变程度,在深静脉逆行造影时,若见到造影剂向远端逆流,提示深静脉瓣膜功能不全,而非原发性下肢静脉曲张。

2)超声多普勒Duplex(彩超):能观察静脉返流的部位、程度及瓣膜关闭活动和有无逆向血流。

4.心理–社会状况

肢体的不适感影响患者的正常工作和生活;患肢的不良外观常影响患者肢体美观,尤其是夏季时的女性患者,从而影响其情绪。慢性溃疡、创面经久不愈更加重了患者的紧张不安和焦虑。

5.处理原则

(1)非手术治疗

1)支持疗法:主要是穿弹力袜或用弹力绷带包扎。同时注意休息,抬高患肢避免久站。适应于症状轻,妊娠期间、年老体弱或重要器官功能不良不能耐受手术者。

2)硬化剂注射压迫疗法:将硬化剂注入曲张静脉内,产生化学性炎症反应,进而使曲张静脉闭塞。常用的硬化剂有5%鱼肝油酸钠、3%14-羟基硫酸钠等。适应于曲张静脉局限、深浅静脉瓣膜功能良好者;手术残留曲张静脉或术后复发者。

(2)手术疗法　适用于深静脉通畅者,无手术禁忌症者,是治疗下肢静脉曲张的根本方法。常用的手术方法有:浅静脉高位结扎加曲张静脉分段剥脱术。对合并小腿慢性溃疡者,应在控制局部感染后及时手术。

【护理诊断及合作性问题】

1. 活动无耐力

与下肢静脉曲张血液淤滞有关。

2. 皮肤完整性受损

与皮肤营养障碍、慢性溃疡有关。

3.潜在并发症

小腿慢性溃疡、湿疹、血栓性静脉炎、出血、感染。

4.知识缺乏

下肢静脉曲张的预防知识。

【护理目标】

1)患者的活动耐量逐渐增加。

2)创面无继发感染,逐渐愈合。

3)并发症能被及时发现和处理。

4)能掌握下肢静脉曲张的防治知识。

【护理措施】

1.非手术治疗护理

(1)促进下肢静脉回流,改善活动能力。

1)指导患者活动时缚扎弹性绷带或穿弹力袜,促进静脉回流。穿弹力袜时应抬高患肢,排空曲张静脉内的血液后再穿。弹力绷带应自下而上包扎。

2)保持良好的坐姿,坐时双膝勿交叉过久,以免压迫腘窝、影响静脉血液回流;休息或卧床时抬高患肢30°～40°,以利静脉回流。

3)避免腹内压和静脉压增高的因素:保持大便通畅,避免长时间站立,肥胖者应有计划减肥。

(2)并发症护理

1)小腿慢性溃疡和湿疹:平卧抬高患肢,保持创面清洁,可用等渗盐水或1∶5000呋喃西林液湿敷,全身使用抗生素。

2)血栓性静脉炎:穿弹力袜,局部热敷、理疗,抗凝治疗及应用抗生素。禁止局部按摩。

3)出血:立即抬高患肢、加压包扎,必要时缝扎止血。

2.手术治疗患者的护理

(1)术前护理

1)一般护理:患肢水肿者,术前数日抬高患肢,减轻水肿,利于术后切口愈合。并发小腿慢性溃疡者,加强换药,术前2～3天用70%乙醇擦拭周围皮肤,每日1～2次。

2)皮肤准备:清洗肛门、会阴部。常规术前备皮,范围宜广,避免切口感染。

(2)术后护理

1)一般护理:卧床休息,抬高患肢30°,并指导患者足背伸屈活动,以促进静脉血液回流。如无异常,术后

24 小时,应鼓励患者下床活动。

2)术后继续使用弹力绷带或弹力袜 2 周后方可拆除,注意保持其松紧度。

3)观察切口有无渗血及感染征象:如有应及时报告医生并协助处理。有小腿慢性溃疡继续换药。

3.患者心理的护理

多与患者沟通,了解患者的真实感受。同时根据患者掌握知识的程度,有针对性地介绍与疾病和手术相关的知识,使患者配合治疗和护理,促进疾病的康复。

4.健康指导

1)指导患者进行适当的体育锻炼,增强血管壁弹性。

2)非手术治疗患者应坚持长期使用弹力袜或弹力绷带,术后宜继续使用 1 ~ 3 个月。

3)平时保持良好的坐姿,避免久站;坐时避免双膝交叉过久,休息时可抬高患肢。

4)去除影响下肢静脉回流的因素,避免用过紧的腰带或紧身衣物。

5)保持大便通畅,控制体重。

【护理评价】

1)患者的活动耐量是否逐渐增加,增加活动量后有无不适感。

2)患者是否发生小腿溃疡或溃疡是否得到有效处理并愈合。

3)并发症是否得到有效预防、及时发现和处理。

4)患者能否掌握下肢静脉曲张的防治知识。

第二节 血栓闭塞性脉管炎

案例引入

患者,男,35 岁,自小生活在东北,有吸烟史 10 余年。4 个月前出现右下肢酸痛,肢端发凉,怕冷,足趾麻木感,尤其在行走一段时间后出现小腿肌肉酸痛,休息后可缓解。查体:右下肢足背动脉搏动减弱。

学习任务:1.请考虑该患者为何疾病?判断依据有哪些?

2.请思,考为进一步确诊还需做哪些辅助检查?

学习目标

知识目标 知道血栓闭塞性脉管炎的病因、病理。能说出血栓闭塞性脉管炎的概念、处理原则。

能力目标 会血栓闭塞性脉管炎患者的身体状况评估和护理措施。

素质目标 尊重患者、护理时关心患者。

【概述】

血栓闭塞性脉管炎(thrombo angitis obliterans,TAO)是一种累及四肢中、小动静脉的慢性、进行性、非化脓性炎症和闭塞性病变。多发生在下肢血管,北方多见。好发于吸烟的男性青壮年。1908 年,Leo Buerger 发现病变血管有炎性反应和血栓形成的特点,故命名为血栓闭塞性脉管炎,又称为 Buerger 病。

1.病因及发病机制

病因尚不清楚,一般认为与以下因素有关:长期吸烟,主动或被动吸烟是本病发生和发展的重要因素;寒冷与潮湿,可使血管收缩;外伤和感染,可导致血管内膜损伤及机体抵抗力下降;性激素失调,可引起血管舒缩失常及遗传、免疫等因素。

2.病理生理

多见于下肢中小型动脉，伴行静脉也常受累。由远向近发展，病变呈节段性。

早期：以血管痉挛为主，继而血管壁内膜增厚，管腔内血栓形成。后期：血管壁和血管周围广泛纤维化并有侧支循环形成，以代偿血液供应。当动脉完全闭塞时，侧支循环失代偿时，最终可造成肢体远端坏疽或溃疡。

【护理评估】

1.健康史

询问患者有无长期吸烟史；生活环境是否寒冷与潮湿；有无肢体外伤和感染史、神经内分泌失调、自身免疫功能异常等相关病史。

2.身体状况

起病隐匿，进展缓慢，常呈周期性发作。根据病程可分为三期：

(1)局部缺血期　此期主要为血管痉挛，表现为功能性变化。患肢有麻木、发凉、酸胀，出现间歇性跛行，即在行走一段距离后患肢疼痛，被迫停下来，休息几分钟后疼痛可缓解，但再行走后又出现疼痛。足背动脉或胫后动脉搏动减弱。少数患者可伴有游走性静脉炎。

(2)营养障碍期　此期以血管闭塞为主，表现为器质性变化。患肢疼痛加剧，夜间更甚，迫使患者屈膝护足而坐，或辗转不安，或借助于肢体下垂以求减轻疼痛，此种现象称为静息痛。足背动脉或胫后动脉搏动消失。患肢皮温降低，皮色苍白，出现紫斑、潮红，皮肤干燥，汗毛脱落，趾(指)甲增厚变形，小腿肌肉萎缩等营养性障碍。

(3)坏疽期　此期患肢动脉完全闭塞，肢体自远端逐渐向上发生干性坏疽。患肢趾(指)端发黑、干瘪、溃疡、剧痛。若继发感染则干性坏疽转变为湿性坏疽，重者可出现脓毒症而危及生命。

3.辅助检查

(1)一般检查

1)测定皮肤温度：如患肢皮温较健侧低2℃以上，提示皮温降低侧动脉血流减少。

2)测定跛行距离和跛行时间。

3)肢体抬高试验(Buerger氏试验)：患者平卧，患肢抬高45°，3分钟后，观察足部感觉、肤色变化；然后让患者坐起，下肢下垂于床边，观察肤色变化。若抬高后足趾和足底皮肤呈苍白或蜡黄色，下垂后足部皮肤为潮红或出现斑块状紫绀时，为阳性。

(4)解张试验：椎管内阻滞，对比阻滞前后下肢温度。如升高为动脉痉挛，无改变为动脉闭塞。

(2)特殊检查

1)肢体血流图：电阻抗和光电血流检测显示峰值降低、降支下降速度减慢。前者提示血流量减少，后者说明流出阻力增加，其改变与病变程度成正比。

2)多普勒超声(Duplex)：可了解动脉形态、管径和血流速度。

3)动脉造影：显示病变部位、程度和范围，以及侧支循环(闭塞处有扩张、扭曲的动脉影像为诊断特征)。但造影可致血管痉挛，只在血管重建术前考虑。

4.心理-社会状况

本病呈长期慢性反复经过，患肢反复出现的疼痛，病情发展出现的肢端坏死与感染，让患者常有焦虑、悲观、痛苦，若家庭成员缺乏足够的支持会让患者对治疗和生活失去信心。

5.处理原则

促进侧支循环，重建血流，改进肢体血供，减轻或消除疼痛，促进溃疡愈合及防止感染，保存肢体。

(1)非手术疗法

1)一般疗法：严禁吸烟，休息。防止受冷、受潮和外伤。保暖，但不宜热敷。患肢做Buerger氏运动，可促使侧支循环建立。疼痛严重者，可使用止痛剂及镇痛剂。

2)药物疗法：适用于早、中期患者。西药主要有血管扩张剂、低分子右旋糖酐、广谱抗生素等。中药主要有活血化淤、消炎止痛类药物。

3)高压氧疗法：提高氧含量，促进肢体的血氧弥散，改善组织的缺氧程度。

4)创面处理：对干性坏疽创面，应在消毒后包扎创面，预防继续感染。感染创面湿敷和换药。

(2)手术疗法　目的是增加肢体血液供应和重建动脉血流通路，手术方法可根据病情选用：腰交感神经节切断术，动脉重建术，分期动、静脉转流术，截肢(趾)术等。

【护理诊断及医护合作性问题】

1.疼痛

与患肢缺血、组织坏死有关。

2.焦虑

与患肢剧烈疼痛、久治不愈有关。

3.活动无耐力

与患肢远端供血不足有关。

4.皮肤完整性受损

与患肢远端供血不足有关。

5.潜在并发症

溃疡与感染。

6.知识缺乏

缺乏锻炼的方法及预防知识。

【护理目标】

1.患者疼痛减轻。

2.焦虑减轻。

3.患者的活动耐力逐渐增加。

4.皮肤完整,无破损。

5.并发症能被及时发现和处理。

6.能掌握血栓闭塞性脉管炎的防治知识。

【护理措施】

1.非手术疗法的护理

(1)一般护理　绝对戒烟。肢体保暖,避免加温。头高脚低位卧位,坐时避免跷腿。保持足部清洁、干燥,每天用热水泡洗,但水温不宜过高,40 ~ 45℃即可,有足癣要及时治疗。保护皮肤,用止痒药膏止痒,避免用手抓痒。已发生坏疽的部位,应保持干燥,每天用70%酒精消毒包扎,同时应用抗生素防治感染。

(2)疼痛护理　早期遵医嘱使用血管扩张剂、中医药等。中、晚期使用麻醉镇痛或持续硬膜外阻滞止痛。

2.手术疗法的护理

(1)术前护理　做好手术前的皮肤准备,如需植皮,注意供皮区的皮肤准备。

(2)术后护理

1)体位:静脉血管重建术后,抬高患肢30°,并卧床制动1周。动脉血管重建术后,平置患肢,并卧床制动2周。对卧床制动者,应鼓励患者做足背伸屈活动,以利静脉血液回流。

2)病情观察:密切观察血压、脉搏、肢体温度、切口渗血等情况。血管重建术后观察患肢远端皮温、色泽、感觉和脉搏强度。若常温下患肢皮温一般较健侧低2°以上,应定时用半导体测温计测量皮肤温度,两侧对照,做好记录,以观察疗效。提示皮温降低侧动脉血流减少。

3)防止感染:密切观察患者体温变化和伤口情况,如有感染,及时应用抗生素。

3.心理护理

关心体贴患者,鼓励患者说出内心的痛苦和焦虑。帮助患者消除悲观情绪,树立信心,促进身心健康,密切配合治疗和护理。

4.健康指导

1)绝对戒烟,以消除烟碱对血管的毒性作用。

2)指导患者做Buerger运动,促进侧支循环建立:平卧位,患肢抬高45°,维持2 ~ 3分钟。然后改为坐位,双足下垂,足跟踏地。作足背屈、跖屈和左右摆动;足趾上翘并伸开,再往下收拢,每组动作3分钟。再平卧保暖休息5分钟,完成动作。如此反复运动5 ~ 6次,每日重复3 ~ 4次。

【护理评价】

1)患者疼痛是否减轻。

2)焦虑是否减轻,能否配合治疗及护理。

3)患者的活动耐力是否逐渐增加。

4)皮肤是否完整,有无破损。

5)并发症能否得到及时发现和处理。

6)是否掌握血栓闭塞性脉管炎的防治知识,是否学会正确的患肢锻炼方法。

(梁丽丽)

第四篇

血液及造血系统疾病患者的护理

第二十四章　概　论

学习目标

知识目标　知道缺铁性贫血、再生障碍性贫血、特发性血小板减少性紫癜、白血病患者的临床表现、治疗要点、护理问题及护理要点。

能力目标　会血液病常见症状体征的护理措施。会血液系统常见疾病的健康教育。

素质目标　培养良好的职业素质,关心、爱护、尊重患者,具有团队意识及协作精神。

血液系统由血液和造血器官组成。血液系统疾病系指原发(如白血病)或主要累及(如缺铁性贫血)血液和造血器官的疾病,亦称血液病。血液病的病种较多,大致分为红细胞疾病、白细胞疾病、出血性疾病以及其他,其共同特点多表现为骨髓、肝、脾、淋巴结等器官的病理损害,外周血细胞成分质和量的改变以及出凝血机制的障碍。

第一节　血液系统的结构、功能及与疾病的关系

血液系统由血液和造血器官组成。血液由血浆和血细胞组成,血细胞成分有红细胞、白细胞和血小板。造血器官包括骨髓、肝、脾、胸腺、淋巴结以及分布在全身各处的淋巴组织和单核-吞噬细胞系统等,其主要功能是生成血细胞。

一、造血组织及血细胞的生成

胚胎发育至第3周初,卵黄囊中的血岛,成为最早的造血部位。随后,肝、脾逐渐出现造血功能,并成为24周前的主要造血器官。骨髓在胚胎发育到第4个月开始造血。骨髓位于骨髓腔内,约占体重的4.5%,分为红骨髓(造血组织)和黄骨髓(脂肪组织)。5～7岁以前,红骨髓充满在全身骨髓腔中。随着年龄的增长,除四肢长骨的骨骺端及躯干骨(如颅骨、肋骨、胸骨、脊柱)的骨髓腔还存在具有造血功能的红骨髓,其他部位的红骨髓逐渐被黄骨髓取代。在机体需要大量血细胞时(如大出血),黄骨髓也可转变为红骨髓恢复造血功能。出生后肝、脾造血功能停止,在机体需要而骨髓造血不能完全代偿时,肝脾可恢复部分造血功能,成为所谓的髓外造血(Extramedullary metaplasta)。

造血干细胞(hemapoietic stem cell,HSC)是各种血细胞与免疫细胞的起始细胞,又称多能造血干细胞,可分化产生髓系造血干细胞和淋巴系造血干细胞。造血干细胞最早起源于卵黄囊中的血岛,后经血流迁移到胚胎的肝、脾和骨髓。胚胎期,红骨髓和外周血中都含有造血干细胞,脐带血和胎盘血内也含有较多的造血干细胞。造血干细胞赖以生长发育的造血微环境由基质细胞(包括网状细胞、成纤维细胞、血窦内皮细胞、巨噬细胞、脂肪细胞)、基质细胞分泌的细胞因子以及细胞外基质构成,其中某些细胞因子可调节造血细胞自我更新、增殖和分化。造血干细胞在分裂为两个细胞时,其中一个保持了干细胞原有的特性,另一个则具有了相对成熟的特性,并能向各系细胞分化增殖。造血干细胞受细胞因子的调控,在自我更新与多向分化之间保持平衡,维持其数量的稳定。造血干细胞在一定微环境和某些因素调节下可增殖分化为各类血细胞的祖细胞,称造血祖细胞。造血祖细胞已失去多向分化能力,只能向一个或几个血细胞系定向增殖分化,又称定向造血干细胞。

髓系造血干细胞可分化为红细胞系、粒细胞-巨噬细胞系、巨核细胞系造血祖细胞。造血祖细胞在不同的集落刺激因子作用下,继续增殖分化为各系(即红系、白系、巨核系)母细胞。造血母细胞进一步发育成熟,最终形成具有细胞功能的各类成熟的血细胞,即红细胞、白细胞和血小板(简称三系细胞)。

淋巴系统由中枢淋巴器官和周围淋巴器官组成。胸腺、胚肝及出生后的骨髓构成中枢淋巴器官。周围淋巴器官指淋巴结、脾及分布于呼吸道、消化道的淋巴组织。淋巴器官和淋巴组织是淋巴细胞增殖、分化、发

育的场所。骨髓中的淋巴系造血干细胞经血流进入胸腺，分化成熟为T淋巴细胞，成熟的T细胞经血流分布至外周免疫器官的胸腺依赖区定居，并可经淋巴管、外周血和组织液等进行再循环，发挥细胞免疫及免疫调节等功能。在骨髓内分化成熟的B淋巴细胞主要定居于淋巴结和脾脏内，B细胞在抗原刺激下可分化为浆细胞，合成和分泌免疫球蛋白，主要执行机体的体液免疫（Humoralimmunity），为体液免疫的重要组成部分。

二、血液的组成及血细胞的生理功能

血液由血浆和3种有形细胞成分组成。血浆成分复杂，含有多种蛋白质、凝血和抗凝血因子、补体、抗体、酶、多种激素、电解质及营养物质等；有形细胞成分包括：红细胞、白细胞和血小板。红细胞是数量最多的血细胞，主要成分为血红蛋白，主要作用为结合和运输O_2和CO_2，红细胞计数或血红蛋白含量减少，可因携氧能力下降而出现组织器官缺氧。网织红细胞是一种存在于外周血液中的尚未完全成熟的红细胞，网织红细胞计数是反映骨髓造血功能的重要指标。外周血中含有种类不同，形态、功能各异的白细胞，包括粒细胞（中性、嗜酸和嗜碱性粒细胞）、淋巴细胞和单核细胞三大类。中性粒细胞的含量最多，其主要功能为吞噬异物，尤其是细菌，是机体抵御入侵细菌的第一道防线；嗜酸粒细胞有抗过敏、抗寄生虫作用；嗜碱粒细胞可释放组胺和肝素，与变态反应有关；淋巴细胞为免疫细胞，其中T淋巴细胞参与细胞免疫，B淋巴细胞与体液免疫有关；单核细胞也是一种吞噬细胞，游走至组织即成为巨噬细胞，可吞噬、清除微生物及其产物，以及衰老死亡的细胞和肿瘤细胞，是机体抵御入侵细菌的第二道防线。血小板能保持毛细血管内皮的完整性，并参与机体的止血与凝血过程。

三、血液病的分类

1.红细胞疾病

包括各类贫血，如缺铁性贫血、营养性巨幼红细胞性贫血、失血性贫血；各类溶血，如葡萄糖6-磷酸脱氢酶缺乏性溶血、自身免疫性溶血、阵发性睡眠性血红蛋白尿、地中海贫血、红细胞增多症等。

2.粒细胞疾病

白细胞减少症、粒细胞性白血病、嗜酸细胞增多症等。

3.单核细胞和吞噬细胞疾病

传染性单核细胞增多症、恶性组织细胞病等。

4.淋巴细胞和浆细胞疾病

恶性淋巴瘤、淋巴细胞性白血病、传染性淋巴细胞增多症、多发性骨髓瘤、浆细胞病等。

5.造血干细胞疾病

再生障碍性贫血、骨髓纤维化、骨髓增生异常综合症等。

6.脾功能亢进

脾功能亢进症等。

7.出血性及血栓性疾病

过敏性紫癜、原发性血小板减少性紫癜、原发性血小板增多症、血友病、遗传性血小板无力症、弥散性血管内凝血等。

第二节　血液系统疾病常见症状和体征的护理

一、贫血

贫血（Anemia）是指外周血液中单位容积内血红蛋白浓度（Hb）、红细胞计数（RBC）和（或）血细胞比容（HCT）低于相同成年人年龄、性别和地区的正常标准。一般认为在平原地区，成年男性 Hb<120g/L、RBC<4.5×10^{12}/L及（或）HCT<0.42，女性Hb<110g/L、RBC<4.0×10^{12}/L及（或）HCT<0.37就可诊断为贫血。贫血是不同原因或疾病引起的一种症状或病理状态，而不是一种独立的疾病。基于不同的临床特点，贫血有不同的分类。如按贫血进展速度分急、慢性贫血；按红细胞形态分大细胞性贫血、正常细胞性贫血和小细胞低色

素性贫血(表 24-1);按血红蛋白浓度分轻度、中度、重度和极重度贫血(表 24-2);按贫血的病因和发病机制分为红细胞生成减少、红细胞破坏过多、失血(表 24-3)。但依据病因或(和)发病机制的分类更能反映贫血的病理本质。

表 24-1 贫血的细胞学分类

类型	MCV(fl)	MCHC (%)	常见疾病
大细胞性贫血	>100	32 ~ 35	巨幼细胞贫血、伴网织红细胞大量增生的溶血性贫血、骨髓增生异常综合征、肝疾病
正常细胞性贫血	80 ~ 100	32 ~ 35	再生障碍性贫血、纯红细胞再生障碍的溶血性贫血、骨髓病性贫血、急性失血性贫血
小细胞低色素性贫血	<80	<32	缺铁性贫血 铁粒幼细胞性贫血 珠蛋白生成障碍性贫血

表 24-2 贫血的严重度划分标准

血红蛋白浓度	<30g/L	30 ~ 59 g/L	60 ~ 90 g/L	>90 g/L
贫血严重程度	极重度	重度	中度	轻度

表 24-3 贫血的病因及发病机制分类

类别	病因及发病机制	常见疾病
红细胞生成减少	1. 造血干细胞增生合分化异常	再生障碍性贫血、骨髓增生异常综合征、甲状腺功能减退症及肾衰竭时的贫血
	2. 骨髓被异常组织浸润	白血病、骨髓瘤、转移癌等 骨髓纤维化
	3. 细胞成熟障碍	DNA 合成障碍:巨幼细胞贫血 Hb 合成障碍:缺铁性贫血 铁粒幼细胞贫血
红细胞破坏过多	1. 红细胞内在缺陷 2. 红细胞外在因素	遗传性球型细胞增多症 阵发性睡眠性血红蛋白尿 免疫性溶血性贫血
失血	急性失血 慢性失血	急性失血性贫血 慢性失血性贫血

【临床表现】

贫血患者由于血液携氧能力降低,可造成全身组织缺氧。贫血症状的有无或轻重,取决于贫血的程度、贫血发生的速度、循环血量有无改变、患者的年龄以及心血管系统的代偿能力等。贫血发生缓慢,机体能逐渐适应,即使贫血较重,尚可维持生理功能;反之,如短期内发生贫血,即使贫血程度不重,也可出现明显症状。

年老体弱或心、肺功能减退者,症状较明显。

贫血的一般症状、体征如下:

1. 软弱无力

贫血患者易出现疲乏、困倦,因肌肉缺氧所致。为最常见和最早出现的症状。

2. 皮肤、黏膜苍白

皮肤、黏膜苍白是贫血共同和突出的体征。皮肤、黏膜、结膜以及皮肤的颜色受其毛细血管的分布和舒缩状态等因素的影响。一般认为睑结合膜、手掌大小鱼际及甲床的颜色比较可靠。

3. 心血管系统

心悸为最突出的症状之一。心动过速且在心尖或肺动脉瓣区可听到柔和的收缩期杂音，称为贫血性杂音(Hemic murmur)。严重贫血可听到舒张期杂音,可引起心绞痛、心脏扩大、心力衰竭。

4. 呼吸系统

可出现气急或呼吸困难,大都是由于呼吸中枢低氧或高碳酸血症所致。

5. 中枢神经系统

头晕、头痛、耳鸣、眼花、注意力不集中、嗜睡等均为常见症状。晕厥甚至神志模糊可出现于贫血严重或发生急骤者,特别是老年患者。

6. 消化系统

食欲减退、腹部胀气、恶心、便秘等为最多见的症状。

7. 生殖系统

女性患者中常有月经失调,如闭经或月经过多。在男、女两性中性欲减退均多见。

8. 泌尿系统

贫血严重者可有轻度蛋白尿及尿浓缩功能减低。

9. 其他

贫血严重时由于体表循环不良而致皮肤散热能力减退,可有低热。

【护理评估】

1.健康史

了解贫血的病因、贫血发生的速度和时间、贫血的程度。询问患者有无消化系统疾病,家庭有无血液病遗传史,患者既往身体状况。女性患者应特别询问月经情况。

2.身体状况

观察皮肤黏膜有无苍白,一般以观察甲床、口唇、口腔黏膜、睑结膜及舌质较为可靠。注意观察呼吸的频率节律以及呼吸变化与体力活动的关系,重度贫血患者平静时即可出现气短,甚至端坐呼吸。观察心率、心律有无改变,心尖区或肺动脉瓣区有无吹风样收缩期杂音,是否有心功能不全的体征。

3.实验室及其他检查

血常规检查,尤其是血红蛋白测定是确定贫血的可靠指标;血涂片检查可对贫血的性质、类型提供诊断线索;网织红细胞计数可作为判断贫血疗效的早期指标;任何不明原因的贫血都应做骨髓穿刺检查,必要时做骨髓活检。同时,大便隐血及寄生虫卵、血液尿素氮、血肌酐以及肺部X线检查等均不容忽视。

4.心理–社会状况

贫血患者易出现活动无耐力,使学习、工作、社交活动均受到影响,因而常感不安并易激动、烦躁。有些难治性贫血病程长,不易根治,耗资多,会给患者带来沉重的心理负担,患者易产生抑郁、悲观情绪。

【护理诊断及合作性问题】

活动无耐力:与贫血致组织缺氧有关。

【护理目标】

患者活动耐力增强。

【护理措施】

1.一般护理

(1)休息与活动　应根据患者贫血的程度及发生速度制订合理的休息与活动计划。活动量以不感到疲劳、不加重症状为度,待病情好转逐渐增加活动量。教会患者在活动期间和活动中自测脉搏,当脉搏≥100次/

分,应停止活动。重度贫血者应卧床休息,同时抬高床头。保持房间温暖,需要时增加盖被,以防因寒冷引起血管收缩,加重缺氧。协助做好生活护理,协助重度贫血患者完成沐浴、翻身、进食及其他日常活动。告知患者起床和如厕时改变体位宜缓慢,要扶墙起立,避免登高,防止晕倒摔伤。

(2)饮食护理　贫血患者应给予高蛋白、高热量、高维生素、易消化饮食。针对贫血原理的不同,指导患者合理膳食,如缺铁性贫血患者应食富含铁质的食物,如动物肝、瘦肉、蛋黄、鱼、豆类、紫菜、海带及香菇、木耳等;巨幼细胞性贫血,应补充叶酸及维生素 B_{12},新鲜绿色蔬菜、水果、瓜、豆类、肉类、动物肝肾中均含有丰富的叶酸。肉类、肝、肾、心等内脏和禽蛋、乳等含有丰富的维生素 B_{12}。有些溶血性贫血患者忌食某些酸性食物和药物,如维生素 C、阿司匹林、苯巴比妥、磺胺等,以防止血红蛋白尿的发生。血液系统肿瘤患者化疗后食欲极度下降,宜给予流质、低脂、易消化的饮食,并多饮水。

2.病情观察

对急性贫血以及重度贫血患者要密切观察心率、脉搏、血压及呼吸改变。重度贫血患者常并发贫血性心脏病,在输液过程中注意控制输液的速度和量,以免发生左心功能不全。对于老年患者更应谨慎。在输液、输血时应加强巡视,并告诫患者,一旦出现不适应立即报告。

3.心理护理

针对贫血的不同原因、临床特点、疗效、预后做好必要的疏导和解释工作。及时发现患者的需要,热情主动地介绍病室环境及医务人员,讲明各种诊疗目的、意义、方法,药物治疗的作用、用法,介绍新的治疗方法与技术,鼓励患者正视疾病,以减轻患者的负担,使患者乐于配合治疗及护理。

【护理评价】

1. 患者活动耐力增加,疲乏无力及头晕减轻或消失。
2. 患者不出现呼吸困难等现象。
3. 血红蛋白逐渐升高直至正常。

二、出血倾向

出血倾向是指机体自发性多部位出血和(或)血管损伤后出血不止。出血部位可遍及全身,以皮肤、鼻腔、齿龈和眼底出血多见,此外,关节腔、内脏出血如便血、呕血、血尿、阴道出血等也较常见。严重者可发生颅内出血而危及生命。引起出血的常见病因及发病机制有:①血管壁异常:如遗传性出血性毛细血管扩张症、过敏性紫癜及某些感染性疾病等;②血小板异常:如特发性血小板减少性紫癜、再生障碍性贫血、白血病、脾功能亢进症、血小板无力症等;③凝血异常:如血友病、肝病致凝血因子缺乏、尿毒症性凝血异常、弥散性血管内凝血(DIC)等。

【护理评估】

1.健康史

询问和观察出血发生的时间、部位、范围。注意有无原因或诱因,如皮肤、黏膜及关节出血者,应询问患者有无局部受压、擦伤、跌伤、抓伤、划伤、刀割伤等。注意内脏出血患者出血的形式、出血量的大小、出血是否停止,有无伴随症状如头晕、眼花、全身乏力、出冷汗等低血容量表现,有无头痛、呕吐、视力模糊等颅内出血表现,询问近亲家族成员有无类似疾病或出血病史。

2.身体状况

观察患者的意识状态,注意患者是清醒还是嗜睡、昏睡或昏迷。观察患者的生命体征有无改变,注意末梢循环状况;观察出血的体征,如出血的范围、部位;注意有无血肿等深部出血、伤口渗血等情况,注意观察有无相关疾病的体征,如贫血,肝、淋巴结肿大,黄疸,蜘蛛痣,腹水,水肿等。

3.心理-社会状况

有出血倾向的患者,常因反复出血尤其是大出血时影响学习、工作、社交活动;有关节腔出血者,有可能导致关节挛缩、强直、畸形和功能丧失,使患者出现紧张、恐惧等情绪变化。

4.辅助检查

注意血小板计数、凝血因子、出血时间、凝血时间、凝血酶原时间、束臂试验等有无异常。

【护理诊断及合作性问题】

1. 有损伤的危险

出血与血管壁异常、血小板减少、凝血因子缺乏有关。

2. 恐惧

与反复出血或出血量大有关。

【护理目标】

1. 患者不发生出血或出血时能被及时发现并得到处理。

2. 患者自诉恐惧感减轻或消失。

【护理措施】

1.一般护理

(1)休息与活动　轻度出血者可适当活动,但应避免剧烈的或易致损伤的活动及工作,防止外伤,以减少出血的危险。血小板低于 $50\times10^9/L$ 时应减少活动,急性出血应卧床休息,大出血及血小板低于 $20\times10^9/L$ 的患者应绝对卧床休息。

(2)饮食　提供营养丰富、易消化、富含维生素 C 及维生素 D 的食物,鼓励患者多食水果、蔬菜,禁酒,忌食生硬、粗糙、刺激性食物。过敏性紫癜者应避免可能发生过敏的食物,如鸡蛋、牛奶、鱼、虾、蟹及其他海产品等。

2.病情观察

严密观察出血部位、出血量及出血范围,特别应注意有无内脏出血及颅内出血的征象,如呕血、便血、咯血、血尿、血压下降、脉搏增快、头痛、头晕、视力模糊、神志不清、口腔黏膜血疱等表现。监测心率、血压、意识状态等。

3.对症护理

(1)皮肤出血的护理　保持皮肤清洁,床单平整,衣着宽松。定期检查出血部位,定时擦洗,擦洗时需用刺激性小的肥皂,擦洗动作要轻柔,以防皮肤出血。勤剪指甲,避免搔抓皮肤。避免皮肤受摩擦挤压及外伤。尽量减少注射用药,必须用时,尽可能选用小针头,注射后用消毒棉球压迫止血 3 ~ 5 分钟,在静脉穿刺时,扎止血带要松紧适宜,防止结扎过紧导致皮下出血。

(2)鼻出血的护理　少量鼻腔出血者,可用干棉球或 1∶1000 肾上腺素棉球填塞鼻腔压迫止血或局部冷敷。如出血不止,尤其是后鼻腔出血可用凡士林油纱条做后鼻孔填塞术,术后定时用无菌液体石蜡滴入,以保持黏膜湿润,术后 3 天可轻轻取出油纱条,若仍有出血,需要更换油纱条再填塞。嘱患者不要用手挖鼻腔或剥去鼻腔内的血痂,可用液体石蜡滴鼻,防止黏膜干裂出血。

(3)口腔、牙龈出血的护理　保持口腔卫生,定时用洗必泰、苏打液或生理盐水漱口。牙龈渗血时,可用肾上腺素棉球或明胶海绵片敷牙龈,也可局部涂搽三七粉、云南白药。口腔内有陈旧血块,易引起口臭,可用棉签蘸水擦洗漱口去除,用 1%过氧化氢液体去除血块效果更佳,鼓励患者进餐前后用该液体漱口。不要用牙签剔牙,要求患者用软毛牙刷刷牙,并可用棉签蘸漱口液擦洗牙齿。

(4) 颅内出血的护理　颅内出血是血液病患者死亡的主要原因之一。要严密观察并记录患者的意识状态,瞳孔和生命体征的变化。嘱患者卧床休息,保持大便通畅,防止排便用力过猛而诱发颅内出血。

(5)眼底出血的护理　一旦发现眼底出血,患者会突然诉说视物模糊,并出现情绪急躁紧张,此时应让患者卧床休息,嘱患者不要揉眼睛,并向患者解释此症状是眼底出血的结果,过几天会逐渐好转。

4.用药护理

熟悉常用止血药物的剂型剂量、使用注意事项及不良反应。避免使用扩张血管及抑制血小板聚集的药物,以免加重出血。输血及血液制品时要认真核对,输注后观察有无输血反应、过敏反应。

5.心理护理

鼓励患者表达自己的感受,对患者的恐惧表示理解;尽快清除血迹及血腥味,保持病室清洁、整齐、安静,消除不良刺激,增加舒适感,减轻恐惧感。护理大出血患者时,护理人员应守护在床旁,安慰患者,耐心细致地解答患者提出的各种问题,且谈话速度要慢,语调要平静,态度要和蔼。进行各项护理操作时,要沉着冷静、敏捷准确,以增加患者的安全感和信任感,同时向患者说明休息和安静有利于止血。

【护理评价】

患者无出血或出血逐渐得到控制;无紧张、恐惧等不良情绪。

三、继发感染

血液病患者由于各种原因导致正常白细胞数量减少和质量异常,包括营养不良、贫血、化疗等因素的影响,使机体免疫力降低而易继发感染。引起继发感染的常见病因有:①各种原因引起的粒细胞减少或缺乏;②粒细胞成熟障碍如各类白血病;③血液患者食欲差、摄入少,引起营养不良导致机体抵抗力下降。感染部位多见于口腔黏膜、咽及扁桃体、肺部、泌尿道以及肛周皮肤,严重时可发生败血症。发热是继发感染最常见的症状。继发感染是血液病患者最常见的死亡原因之一。

【护理评估】

1.健康史

询问患者有无感染的诱因存在,如受凉、进食不洁饮食、感染性疾病接触史(如呼吸道感染或其他传染病)、皮肤黏膜破损、组织受伤等。询问有无感染的表现,如发热、寒颤、咽痛、咳嗽、腹痛、腹泻、膀胱刺激征、肛周疼痛等。

2.身体状况

观察患者的生命体征有无异常,尤其是体温的变化;注意有无口腔黏膜溃疡、有无咽和扁桃体充血、肿大;注意肺部有无啰音,下腹部、输尿管区有无压痛,肾区有无叩痛等。

3.心理-社会状况

患者因反复感染常有忧郁、无助感,或对治疗失去信心。尤其是粒细胞缺乏症、急性白血病和急性再生障碍性贫血的患者,病情危重、症状复杂,加上治疗效果不佳和较重的经济负担,给患者带来沉重的心理压力,常出现焦虑、悲观、沮丧、甚至绝望,家人常因经济压力大,照顾能力有限而心情沉重。

4.辅助检查

注意血常规、尿常规及X线检查有无异常,注意感染部位分泌物、渗出物或排泄物的细菌涂片或培养试验等的结果。

【护理诊断及合作性问题】

1. 体温过高

与继发感染有关。

2. 知识缺乏

缺乏有关预防感染的知识。

【护理目标】

患者无感染发生或感染能被及时发现和处理;患者体温恢复正常;患者能描述引起感染的各种危险因素,并能有效预防感染。

【护理措施】

1.一般护理

(1)饮食　给予高蛋白、高热量、高维生素、易消化的饮食,以补充机体的热量消耗,维持患者最佳的健康状况,提高机体的抵抗力。注意饮食卫生,忌食生冷及不洁食物。

(2)环境　保持病室清洁和空气新鲜,定期除尘,定时开窗通风,用紫外线每周消毒2~3次,限制探视,防止交叉感染。对粒细胞数低于0.5×10^9/L者,应予以保持性隔离。

2.病情观察

监测体温变化及热型,注意发热前有无寒战;观察咽峡、扁桃体周围、呼吸道、皮肤、泌尿道、肛门周围有无感染灶;对长期使用抗生素的患者应注意口腔黏膜有无溃疡、有无白斑,以早期发现真菌感染;经常了解化验结果中的粒细胞变化。同时注意心率、呼吸、脉搏、血压的变化。

3.对症护理

护士主动向患者及家属讲解血液病患者易发生感染的原因,指导预防感染的方法。教会患者自测体温、脉搏,并让其了解体温正常值、异常值及其意义。向患者讲明限制陪伴探视的目的,告诫患者避免到人多拥挤、空气流通较差的地方,避免与患有感染性疾病的人接触,强调个人卫生的重要性,并指导患者实施。

(1)预防皮肤感染　保持皮肤清洁卫生,定期洗澡更衣。肌内、静脉注射时,局部要严格消毒。年老体弱久卧床者,应注意预防压疮。

(2)预防口腔感染　进餐前后、睡前晨起用生理盐水或朵贝尔溶液漱口,每日口腔护理4次,每次含漱30秒钟,以保证使口腔各部位得到机械性冲洗,每次呕吐或吐痰后均按以上要求漱口。口腔黏膜有溃疡时,可增加漱口次数,并于饭后、睡前涂搽冰硼散或锡类散。合并真菌感染时,用2.5%制霉菌素液含漱或局部用克霉唑甘油（克霉唑研成粉与甘油调匀）涂搽。不可用牙签剔牙。若出现口腔黏膜改变时，增加漱口及口腔护理次数。

(3)预防肛周和肠道感染　睡前、便后用1：5000高锰酸钾溶液坐浴，每次15分钟以上，以防肛周皮肤感染；保持大便通畅，便后洗净肛门周围皮肤；女性患者尤其应注意会阴部清洁，每天清洁会阴部2次，经期应增加清洗次数。有痔疮、肛裂或肛周感染者，给予局部湿热药敷，发现肛周脓肿应通知医师及时处理。指导患者餐前、便后洗手，注意饮食卫生，禁食生、冷食物，以预防肠道感染。

4.用药护理

遵医嘱及时、准确使用抗生素。抗生素要现配现用，以保持药物有效浓度和疗效。对长期使用抗生素的患者，应注意观察有无二重感染征象。进行各项治疗及护理操作时，严格执行无菌操作原则，避免各种导管及注射途径的感染。

5.心理护理

鼓励患者表达自己的感受，对患者的担忧表示理解，安慰患者，耐心细致地解答患者提出的各种问题。

【护理评价】

患者呼吸道、口腔、皮肤、泌尿道等部位是否无感染或感染被及时发现并处理，体温是否恢复正常并保持稳定。患者是否能叙述易导致感染的有关因素和感染发生的常见部位，主动配合采取有效的预防措施。

第三节　血液及造血系统常用诊疗技术及护理

一、骨髓穿刺术患者的护理

骨髓穿刺术（bone marrow puncture，BMP）是采取骨髓液的一种常用的诊断技术，其检查内容包括细胞学、原虫和细菌学等几个方面。可协助诊断血液病、传染病和寄生虫等；并能了解骨髓造血功能，作为化疗和应用免疫抑制剂的参考；采集供者骨髓，还可用于骨髓移植。

【适应证】

1）各类血液病的诊断及分型，如白血病、再生障碍性贫血、血小板减少性紫癜、多发性骨髓瘤等。

2）某些寄生虫病，如疟疾、黑热病等可检测寄生虫。

3）原因不明的发热，肝、脾、淋巴结肿大可行骨髓穿刺检查，以明确诊断。

4）恶性肿瘤疑为骨髓转移者。

5）观察化疗药物和免疫抑制剂的疗效及骨髓抑制状况。

【禁忌证】

1）有出血倾向（如血友病）的患者。

2）穿刺部位有感染或皮肤病。

【术前准备】

1.患者准备

1）向患者说明穿刺目的、操作过程、术中可能的不适及注意事项；告之患者所抽骨髓量很少，对患者健康没有任何损伤，消除患者顾虑，取得患者配合。

2）按医嘱给患者做出血时间及凝血时间测定。

3）做普鲁卡因皮试。

2. 物品准备

1）常规消毒治疗盘1套。

2）无菌骨髓穿刺包1个，内有骨髓穿刺针1枚、无菌注射器（10ml和20ml各1副）、7号针头1个、洞巾1条、纱布2块等。

3）其他用物：棉签盒、2%利多卡因或1%普鲁卡因、无菌手套2副、清洁干燥玻片，推玻片若干、培养基、酒精灯、火柴、胶布等。

【术中配合】

根据穿刺部位安置患者于适宜体位。如髂前上棘穿刺时,安置患者仰卧位;胸骨穿刺时,使患者仰卧、背部垫枕头,以使胸部突出;取髂后上棘穿刺者应取侧卧位或俯卧位;腰椎棘突穿刺者宜反向坐于椅子上,两臂置于椅背,尽量弯腰,背部后凸,使棘突充分暴露。穿刺部位常规消毒皮肤,打开无菌包,协助做好局部麻醉,并配合医生做好骨髓涂片及培养,将标本及时送检。拔针后消毒穿刺部位,覆盖无菌纱布,局部按压1 ~ 2分钟,血小板减少的患者至少按压3 ~ 5分钟,之后用胶布将纱布固定。

【术后护理】

术后平卧休息4小时,24小时内观察穿刺部位有无血肿、出血及感染征象。保持穿刺局部干燥,若纱布被血液或汗液浸湿,要及时更换。如局部出现发红、触痛,可能为感染所致,应及时处理。穿刺后3日内禁止沐浴,以免污染创口。

二、造血干细胞移植术患者的护理

造血干细胞移植(hemopoitic stem cells transplantation,HSCT)是将各种来源的正常造血干细胞在患者接受超剂量化(放)疗后,通过静脉输注移植入受者体内,以替代原有的病理性造血干细胞,从而使患者正常的造血及免疫功能得以重建。按造血干细胞的来源部位可分为骨髓移植、外周血干细胞移植和脐血干细胞移植。按造血干细胞来自患者自身与否可分为自体移植、同基因移植和异基因移植。其中同基因移植是指患者与移植供体为同卵孪生兄弟或姐妹。对急性白血病无供体者,在治疗完全缓解后,采取其自身造血干细胞用于移植,称为"自体造血干细胞移植"。因为缓解期骨髓或外周中恶性细胞极少,可视为"正常"细胞,但一般复发率较高,因而疗效比异体移植稍差。造血干细胞移植是目前治疗白血病最为有效的方法。此外,许多恶性肿瘤和遗传性疾病以及再生障碍性贫血等也可通过此方法获得治愈。

【适应证】

1.恶性血液病

急性淋巴细胞白血病、急性非淋巴细胞白血病、慢性粒细胞白血病、淋巴瘤、多发性骨髓瘤等。

2.非恶性难治性血液病

重型再生障碍性贫血、重型海洋性贫血、阵发性睡眠性血红蛋白尿、骨髓纤维化等。

3.实体瘤

乳腺癌、神经母细胞癌、卵巢癌、小细胞肺癌等。

4.免疫性疾病

重症免疫缺陷病、自身免疫性疾病如系统性红斑狼疮、类风湿性关节炎等。

【禁忌证】

1.高度过敏体质或者有严重过敏史者。

2.休克或全身衰竭生命体征不正常及不配合检查者。

3.晚期恶性肿瘤。

4.全身感染或局部严重感染需抗感染康复后。

5.合并心、肺、肝、肾等重要脏器的功能障碍。

6.凝血功能障碍如血友病。

7.血清学检查阳性者如艾滋病、乙肝、梅毒等。

8.染色体或基因缺陷,免疫功能缺陷。

【移植前准备】

1.供者的准备

移植前应对供者和受者做组织配型,供者应有和受者相匹配的人类白细胞抗原(HLA)系统。首选HLA配型相合的同胞,最好的供者是患者的兄弟姊妹,每个兄弟姊妹与患者完全相合的几率是1/4。此外少数父母或其他亲属也可能有相合的机会。次选HLA配型相合无血缘供体,与患者完全无血缘关系的人群当中,HLA完全相合的概率是万分之一至十万分之一。配型相合者需检查心、肝、肾等功能,以确定供体健康状况完全符合移植要求,确保捐献者不会因捐造血干细胞影响健康,同时也保证受者不会因接受造血干细胞而增加新的不利因素，重要的是捐献者必须无可经血液传播的传染病：如乙型肝炎、丙乙型肝炎等。移植前2周对供者进行循环采血，预先保存自身血，保证移植时有足够的新鲜血液提供给供者，以避免发生失血性休克。自体造血干细胞移植患者在诱导缓解后进行，即体内没有发现肿瘤细胞，尤其是骨髓未受浸润、骨髓造血功能良好者。

采集前一周左右，应用粒细胞集落刺激因子（G-CSF），以便尽可能更多地采集造血干细胞。嘱供着进食高蛋白、高热量、高维生素饮食，术前晚餐及术日早餐进食低脂肪饮食。术日沐浴，清洁皮肤；指导供者术前排空二便。采集过程中要严格遵循无菌操作原则，术中严密观察生命体征，并做好记录。

2.患者的准备

（1）心理准备　向患者及家属说明造血干细胞移植的重要性、移植方法及利弊，以取得患者的配合。请患者参观层流室内的生活环境，交代进入层流病房后饮食、用物和生活环境的无菌要求，消除患者对移植及层流室内的生活环境所产生的恐惧、担忧和不安心理。主动与患者及家属进行交谈，了解患者的性格、生活习惯、爱好，了解患者的经济状况等。

（2）进行全面体格检查　注意患者有无咽部疼痛、红肿，咳嗽、咳痰，肺部有无啰音等感染灶，并进行痰、尿、粪便、皮肤、耳、鼻、咽拭子细菌、真菌培养，发现感染或带菌情况应积极治疗，彻底清除慢性和潜在的感染病灶；遵医嘱进行骨髓象、血象、心、肝、肾等重要脏器功能、免疫功能检查及内分泌功能检查。

（3）预防感染　移植前需大剂量化疗和放疗，导致受者白细胞急剧下降，因此，对患者的消毒隔离尤为重要，一切侵入性操作都要严格执行无菌技术。移植前受者应注意以下事宜：①患者入层流室前10～15天需做好个人卫生，如修剪指（趾）甲、理光头发、备皮（剃除腋毛阴毛、彻底洗涤尤其是肚脐、腋下、腹股沟、会阴等皮肤皱褶多的部位）及肠道准备（口服泻药和肠道抗生素，如新霉素，以抑制肠道内的细菌繁殖）；用复方硼酸液或1∶2000氯己定（洗必泰）漱口，眼、耳、鼻滴相应抗生素液，便后用高锰酸钾稀释液或氯己定溶液坐浴，坐浴后在肛周涂抗生素软膏；②入层流室当日清洁灌肠，用1∶2000氯己定（洗必泰）药浴30分钟后，用无菌毛巾擦干，穿无菌衣裤，戴无菌口罩、帽子，穿消毒拖鞋进入层流室。告诉患者所有置入室内的物品，包括被服、药物（经紫外线照射30分钟）、衣服、食具、便器、书报等，均需消毒处理，以预防外源性感染；③进入层流室后患者除继续服用肠道清洁药品外，还应增强对其皮肤、口腔、眼、鼻、耳、肛门等处的护理，详见

（4）对患者预处理　在造血干细胞移植之前，患者需常规接受一个疗程超剂量化疗和放疗，称为“预处理”。其目的是：杀灭肿瘤或白血病细胞，抑制并摧毁受者体内的免疫细胞，使移植的造血干细胞得以成活。预处理主要采用全身照射、细胞毒药物和免疫抑制剂。患者常有恶心、呕吐、发热、腹泻、面色潮红、腮腺肿胀等反应，应密切观察。告知患者照射前易进食清淡、易消化的流食或半流食，且进食不可过饱，并鼓励患者多饮水，每天4000ml以上，以稀释尿中药物和尿酸，防止出血性膀胱炎和尿酸性肾病。照射前半小时可给予镇静或止吐药物，嘱患者排空二便，口边放消毒的污物袋以便取用，如呕吐严重可暂停放疗给予处理。协助患者舒适卧位，告知患者照射过程中体位不可随意变动以免影响照射效果。有事可通过呼叫器向医务人员说明。化疗时要保持静脉液路的通畅，确保针头在血管内方可给药，给药过程中密切观察局部反应，如有疼痛、肿胀立即停止输注，重新更换穿刺部位。要注意保护静脉血管。多次治疗时要从远端静脉开始，不宜选择小静脉，以防止药物刺激引起静脉炎。

3.无菌层流室的准备

无菌层流室是通过特殊的过滤装置给患者提供一个无菌层流的环境，室内不同空间采样，经空气细菌学监测合格后患者方可进住，目的是对患者进行保护性隔离。凡进入层流室的一切物品都需严格消毒、灭菌处理；医务人员在进入无菌层流室前也需严格洗手，穿隔离衣。

4.移植前一日行颈外静脉或锁骨下静脉置管术备用

【干细胞采集与输注方法】

1.造血干细胞的采集

（1）外周血造血干细胞采集　现在临床提倡用外周血来采集造血干细胞，这样的方法供者没有什么痛苦。采集过程，供者只需躺在床上约4个小时，整个过程只需一个星期。外周血造血干细胞采集前先给供者肌内注射3～4天的G-CSF，将骨髓中的造血干细胞动员入血，然后用采血的方法从捐献者手臂静脉处采集全血，通过血细胞分离机提取造血干细胞，只需采集分离50～200ml外周血即可得到足够数量的造血干细胞。采集足够数量的造血干细胞后，血液可回输到捐献者体内。

（2）脐血造血干细胞采集　是在健康产妇分娩时，待胎儿娩出、剪断脐带并结扎后，将胎盘一侧的脐带残

端消毒,用采血针插入脐带的血管收集残留于脐带和胎盘内的血液。

(3)骨髓采集　需在手术室严格无菌操作下进行。待供者麻醉(硬膜外麻醉或全麻)后,术者用采髓针在供者的髂前或髂后上棘多点穿刺抽取骨髓血,一般采集目标值为(2 ~ 4)×10^8/kg体重,或根据患者需要采取 500 ~ 800ml 骨髓血。将获取的骨髓分离、过滤(通过 17、18 号针头 2 次过滤或通过不锈钢网过滤)后装入血袋,并加肝素抗凝。当采集到 400ml 时,应开始回输事先采集的自身血,以防休克。采髓过程中不断监测血压、呼吸、心率,采髓过程不宜过快,每采 500ml 的时间应不少于 30 分钟。此种方法因供者痛苦较大,已较少使用。

2.造血干细胞的输注

造血干细胞输注应在无菌层流室内进行,异体移植在采集后的几小时内将造血干细胞通过中心静脉插管快速输送到患者的体内,输注时间不宜超过 3 小时。输注前给患者糖皮质激素、止吐剂、抗组胺药物以及利尿剂,以防过敏、溶血、肾功能损害等不良反应的产生。造血干细胞输入血液循环后,会自动在受者骨髓中定居,植入成功后则开始分化增殖。因骨髓中的脂肪颗粒可以引起肺栓塞,所以新鲜骨髓血由静脉输入时,应先经过 0.2mm 的筛孔过滤,或将装有骨髓血的采集瓶倒置 30 分钟,使骨髓血中的脂肪浮于上层,输注即将结束时,弃去浮在上层的脂肪滴(最后 5 ~ 10ml),以防脂肪栓塞;外周血干细胞解冻后不需滤过即可输入。

【移植后护理】

1.一般护理

1)协助患者日常活动及生活护理,注意患者安全,必要时加床栏。

2)鼓励患者进食,增加营养,增强体质。以高蛋白、高维生素、清淡易消化、少渣饮食为宜。食物必须经蒸煮或微波炉消毒后才可食用,水果洗净后用 1∶5000 高锰酸钾液浸泡 30 分钟,用无菌刀削皮后食用。

2.维持水、电解质平衡

保证热量、各种维生素、微量元素、复方氨基酸等营养成分的供给。一切药物、液体均经大静脉通道进入,输液时要注意调节滴速,合理安排各组液体。输乳化脂肪时,禁止和其他药物混输,滴速控制在每分钟 40 ~ 50 滴,输入 500ml 不得少于 3 小时。当输入抗生素、人血丙种球蛋白和碱性药物时,要分开单独输注。

3.加强大静脉插管的护理

大静脉插管是保证治疗和维持正常营养的有效途径,对经过大剂量的化疗和致死性全身照射的患者来说,维持大静脉输液畅通,保证液体营养成分及药物准确及时的输入是必不可少的重要环节。采用经皮锁骨下静脉穿刺插管的患者,每日局部消毒换药,检查导管有无裂隙进气或接头滑脱,同时向患者说明维持中心静脉插管的重要性,告诉患者切忌用手触摸伤口表面,防止感染和空气栓塞。导管一般在迁出无菌室前 3 ~ 5 日拔出。

4.心理护理

患者长时间留在移植层流房内会感到寂寞、孤单,会想念家人,加上沉重的经济负担而出现情绪低落、孤立无助的感觉。护士应多与患者交谈,调节患者的情绪,调动患者的积极性。

5.并发症的预防与护理

造血干细胞移植患者易发生的并发症有:感染、肝静脉闭塞病、间质性肺炎、移植物抗宿主病。移植后应注意监测患者的生命体征、神志、瞳孔,每日测血常规、尿常规、生化检查等,注意观察各种药物反应。

(1)感染　是造血干细胞移植最常见的并发症,也是移植成败的关键。感染易发生在移植早期。感染的原因可为多次的放疗、化疗以及预处理影响了患者的免疫功能,强烈的抗排异药物更加抑制了患者的免疫功能。常见革兰阴性杆菌感染,并可导致一些机会感染,如巨细胞病毒、肺卡氏囊虫感染及全身霉菌感染等。感染源可来自患者的口腔、肠胃、皮肤或上呼吸道,也有可能来自医护人员和家属以及所接触的物品。为预防感染,护理移植后患者时应做到:①严格保持无菌环境,患者必须居住在空气层流洁净的病房,室内每日用紫外线照射消毒,严格执行洁净室清洁、消毒制度,保持无菌环境,各室应备有专用抹布,每日用 0.25%消毒剂清洗或 0.5%过氧乙酸擦洗所有室内用具、物品及地面,定期做空气培养;②严格执行工作人员入室制度,入室前双手清洗、浸泡消毒,更换衣裤、鞋帽,戴口罩、手套,控制无菌室的入室人数。凡带入无菌室的所有物品均需消毒灭菌处理。一切治疗和护理操作均需严格无菌,配制药液须在超净台中进行,物品传递严格无菌技术;③患者每日用抗生素滴鼻、外耳道 4 次;1∶2000 的氯己定对口、咽、鼻及外耳道喷雾 4 次;用 1∶2000 氯己定液沐浴。每次便后、睡前用 1∶5000 高锰酸钾或 1∶2000 氯己定坐浴,保持肛周及外阴部清洁,用氯己定栓剂 1 枚塞入肛门,以防肛周感染;女性患者月经期间尤其注意增加冲洗次数。加强口腔护理,根据口腔 pH 酌情选用漱口液，如呋喃西林液、3%硼酸、3%碳酸氢钠，进餐前、后正确漱口，每次含漱30秒钟，以保证口腔各部位得到机械性冲洗。患者日常用物如水杯、毛巾、衣裤以及治疗用品均每日高压消毒1次。

(2)出血　严密观察患者有无剧烈头痛、视力模糊、喷射性呕吐等颅内出血征象。注意观察患者皮肤、黏膜有无出血点及淤斑。观察尿液、粪便颜色及量，有无消化道及泌尿道等脏器出血，必要时留标本送检。皮下、肌内注射拔针时按压时间要长，出血严重的患者可输注血小板悬液止血。

(3)移植物抗宿主病(graft-host disease，GVHD)　植入的供者免疫活性T细胞与患者的白细胞或组织细胞发生免疫反应，引起受者组织损伤、破坏，称为移植物抗宿主病，是异基因造血干细胞移植成功后最严重的并发症。临床表现有急性和慢性两种。急性一般在移植后100天以内发生，表现为皮肤红疹、斑丘疹，甚至剥脱性皮炎、黄疸、肝功能异常以及腹痛、腹泻。慢性移植物抗宿主病在移植后100天以后发生，表现为局限性或全身性硬皮病，眼和口腔的分泌液减少，关节挛缩。在移植早期加强免疫抑制可以减少急性移植物抗宿主病的发生。环胞素和甲氨蝶呤是预防急性移植物抗宿主病的主要药物。环胞素有肝、肾毒性，部分患者有高血压、高血糖、多毛、牙龈增生、恶心、呕吐、头痛、癫痫等症状，使用前应告之患者可能出现的不良反应，以便及早发现病情，并能更好地配合治疗。应用环胞素治疗应注意观察血压、尿量，定期检查肝、肾功能。甲氨蝶呤可致口腔及胃肠黏膜溃疡、肝功能损害等，使用时应加强口腔、肛周护理，注意饮食卫生，便具严格消毒。慢性移植物抗宿主病的治疗药物为泼尼松和环胞素，分别单用或联合使用，2种药物隔日交替使用可减少不良反应。

(4)肝静脉闭塞病　主要原因为移植前超大剂量的化疗或放疗，使肝细胞或肝静脉的内皮细胞受损。移植后，一些凝血因子发生改变也促成了肝静脉闭塞的发生。常表现为肝肿大，肝区疼痛，体重增加，腹水和黄疸。常在移植后2周出现，多数在2～3周后自行康复，情况严重者会有生命危险。移植后密切观察患者，有无肝损害表现，并定期检查肝功能。

(5)移植排斥　指患者本身的免疫系统会排斥外来的细胞，所以移植前的预处理(化疗、放疗及应用一些免疫抑制药物)都是为了清除患者造血细胞、抑制免疫系统的功能，以减少移植排斥的发生。

(江震)

第二十五章　贫血患者的护理

学习目标

知识目标　知道缺铁性贫血，再生障碍性贫血的病因及发病机制，掌握缺铁性贫血和再生障碍性贫血的护理措施。

能力目标　会缺铁性贫血和再生障碍性贫血的护理。

素质目标　关心、爱护患者，有团队协作意识。

第一节　概　述

贫血单位容积外周血液中血红蛋白量(Hb)、红细胞计数(RBC)和(或)红细胞比容(HCT)低于参考值低限。是一种全身循环血液中红细胞总量减少到正常值以下的病理状态。由于全其中血红蛋白量最为精确可靠，且可重复性好，常作为临床诊断有无贫血及判断贫血程度的依据。我国血液病学家认为，在我国海平面地区，成年男性血红蛋白量低于120g/L、红细胞计数低于4.0×10^{12}/L、红细胞比容低于0.40；成年女性血红蛋白量低于110g/L、红细胞计数低于3.5×10^{12}/L、红细胞比容低于0.40；孕妇血红蛋白量低于100g/L，可诊断为贫血。高海拔地区的标准要高一些。同时应注意：妊娠、低蛋白血症、充血性心力衰竭及巨球蛋白血症时，因血浆容量增加，血液被稀释，血红蛋白浓度降低，易被误诊为贫血；在脱水或失血等循环血容量减少时，由于血液浓缩、血红蛋白浓度增高，即使贫血也不易表现出来，容易漏诊。

【分类】

从不同视角出发，贫血可有多种分类方法，不同分类方法各有优缺点。综合了解和运用贫血的各种分类方法既有助于对贫血病因的判断、估计预后，也有助于贫血的预防、治疗与护理。

1.按贫血病因或(和)发病机制分类

(1)红细胞生成减少　红细胞生成取决于3大因素：造血干细胞、造血调节与造血原料。以上任一因素异常都可能影响红细胞生成，发生贫血。造血干细胞异常所致贫血，如再生障碍性贫血、白血病、骨髓增生异常综合征等；造血调节异常所致的贫血，如白血病、淋巴瘤、骨髓纤维化、慢性肾病等；造血原料不足或利用障碍所致贫血，如缺铁性贫血，缺少叶酸和维生素B所致的巨幼红细胞性贫血。

(2)红细胞破坏增多　常见于各种溶血性贫血，包括红细胞自身缺陷导致的溶血，如葡萄糖6-磷酸脱氢酶缺乏症、地中海贫血；外在因素导致的溶血，如自身免疫性溶血性、人工瓣膜术后、脾功能亢进症等。

(3)红细胞丢失过多　常见于各种原因引起的急、慢性失血，根据失血原因可分为：出、凝血性疾病，如特发性血小板减少性紫癜等；非出、凝血性疾病，如消化道大出血、消化性溃疡、痔出血、月经过多、钩虫病等疾病。

2.按血红蛋白浓度分类

可将贫血分为轻度(Hb>90g/L)、中度(Hb60 ~ 90g/L)、重度(Hb30 ~ 59g/L)和极重度(Hb<30g/L)贫血(表25-2)。

3.按红细胞形态特点分类

根据红细胞平均体积(MCV)和红细胞平均血红蛋白浓度(MCHC)可分为大细胞性贫血、正常细胞性贫血和小细胞低色素性贫血(表25-1)。

4.按骨髓红系增生情况分类

可将贫血分为两类：增生性贫血(除再生障碍性贫血以外的贫血)和增生不良性贫血(再生障碍性贫血)。

5.按贫血发生的速度分类

可分为急性和慢性贫血。

表 25-1　贫血的细胞形态学分类

类型	MCV(fl)	MCHC(%)	常见疾病
大细胞性贫血	＞100	32 ~ 35	巨幼细胞贫血
正常细胞性贫血	80 ~ 100	32 ~ 36	再生障碍性贫血,急性失血性贫血,溶血性贫血
小细胞低色素性贫血	＜80	＜32	缺铁性贫血,铁粒幼细胞性贫血,珠蛋白生成障碍性贫血

【护理评估】

1.健康史

(1)患病情况及诊疗过程　了解贫血发生的时间、进展速度及贫血程度;了解患者以往诊治情况,是否按医嘱用药,有无滥用药物或自行用药等。

(2)既往病史、家族史及个人史　了解患者既往有无胃肠道疾病、腹泻、胃肠手术史等;有无外伤或内脏出血等急性失血史;有无消化性溃疡、钩虫病、痔疮出血等慢性失血史;了解女性患者月经史和妊娠、分娩史,有助于诊断缺铁性贫血。了解发病前后体重、营养状况、食欲、睡眠、大小便等有无改变,如白血病会有营养状况和体重的变化;了解有无输异型血、换人工心脏瓣膜、DIC、慢性肾病等病史;了解患者的饮食习惯及进食量,有无偏食、挑食、长期素食和(或)饮食结构不合理的情况存在,食物中是否缺少铁、叶酸、维生素 B_{12} 等造血原料,有无过度烹煮食物的习惯,造血原料缺乏所致贫血与饮食关系密切;还应了解患者的职业、居住环境,是否有理化毒物接触史。

2.身体状况

(1)症状　贫血患者因为血红蛋白量减少、血液携氧能力降低,引起各组织器官缺氧。贫血发生的急缓、贫血程度、机体对缺氧的代偿能力(发病年龄、有无肺部及心脑血管疾病等)、既往健康情况等与患者的临床表现密切相关:如快速发生的严重贫血,因机体来不及代偿,红细胞携氧能力骤然大幅度下降,导致全身严重缺氧而出现明显的各系统症状,甚至因循环衰竭而死亡;同样是严重贫血,如发展缓慢,机体则可以通过代偿机制逐渐适应低氧状况,患者自觉症状可相对较轻。

轻度贫血患者多无明显症状;中度以上患者常出现头晕、耳鸣、疲乏无力、活动后心悸、气短等;重度贫血患者休息时也可有头晕、心悸、呼吸困难,甚至出现心力衰竭、神志改变等。

1)一般表现:疲乏、困倦、软弱无力是贫血患者最早、最常见的症状。

2)神经肌肉系统症状:神经系统对缺氧最敏感,常出现头晕、耳鸣、头痛、记忆力减退、注意力不集中的表现。肌肉组织缺氧可有易疲劳、肌肉无力等。

3)呼吸系统症状:中度以上贫血患者可出现呼吸加快及不同程度的呼吸困难,若发展为心力衰竭,呼吸困难情况可加剧。

4)循环系统症状:常表现为活动后心悸、气短,严重贫血可导致贫血性心脏病,表现为心绞痛、心律失常、甚至全心衰竭。

5)消化系统症状:由于胃肠道缺血缺氧,消化液分泌减少及胃肠蠕动功能紊乱,多表现为食欲减退、恶心、呕吐、腹胀、腹泻或便秘。

6)肾脏、生殖系统症状:肾脏因缺血缺氧,可出现多尿、低比重尿、蛋白尿;生殖系统因缺血缺氧可致性功能异常,女性常伴有月经不调或原发性闭经,男性可出现性功能减退等。溶血性贫血患者可呈现浓茶色尿或酱油色尿。

(2)伴随症状　溶血性贫血患者可伴有寒战、高热、头痛、呕吐、四肢及腰背痛、血红蛋白尿、黄疸等;再生障碍性贫血患者常伴出血、感染;缺铁性贫血患者可伴口角炎、舌炎、异食癖等。

(3)体征

1)皮肤黏膜:皮肤黏膜苍白是贫血最突出的体征,环境温度、皮肤色素及水肿等因素会影响皮肤颜色,一般以观察甲床、口唇、睑结膜及舌质较为可靠。

2)面容与营养:如贫血面容、地中海贫血面容(头大、眉距增宽、鼻梁低平、颧骨突出);严重贫血患者可体重减轻。

3)其他体征:根据贫血程度不同患者体征亦有差异,中度以上贫血患者可因缺氧引起呼吸、心率、脉搏加快,还可有心律改变、心尖区或肺动脉瓣区吹风样收缩期杂音等心功能不全体征。造血系统恶性肿瘤所致的贫血还可能同时存在胸骨中下段压痛及叩击痛;肝、脾、淋巴结肿大,慢性粒细胞白血病患者脾大明显,可达盆腔。

3.辅助检查

(1)血液检查

1)红细胞计数和血红蛋白量测定:红细胞计数和血红蛋白量可诊断是否贫血,尤其血红蛋白量测定是确定有无贫血及判断贫血程度的可靠指标。红细胞和血红蛋白减少见于各种原因引起的贫血,如缺铁性贫血、再生障碍性贫血、溶血性贫血、失血性贫血等;增多见于真性红细胞增多症,严重的慢性心肺疾病、慢性肾脏疾病等非造血系统疾病也可以引起继发性红细胞增多。

2)血涂片检查:可从细胞学角度对贫血的性质、类型提供诊断线索。重点观察红细胞、白细胞及血小板的形态,有无异常细胞及疟原虫等。对贫血病因的诊断有提示意义。

3)网织红细胞计数:能较好地反映骨髓造血功能,常作为判断贫血疗效的早期指标。成人网织红细胞在外周血中占0.5%~1.5%,绝对值为$(24 \sim 84) \times 10^9/L$。网织红细胞增多表示骨髓红细胞增生旺盛,见于溶血性贫血、急性失血性贫血或缺铁性贫血有效治疗后;网织红细胞减少,表示骨髓造血功能低下,见于再生障碍性贫血。

(2)骨髓检查　贫血原因不明时应做骨髓穿刺检查,必要时做骨髓活检。骨髓细胞化学染色是以细胞形态学为基础,根据生化反应原理将骨髓涂片按一定程序染色,再测定血细胞中各种生化成分和代谢产物的检验方法。如过氧化物酶染色(POX)、中性粒细胞碱性磷酸酶染色(NAP)、苏丹黑B(SB)染色和特异性酯酶染色(SPE)等对白血病和类白血病的鉴别诊断有重要意义。

4.心理-社会状况

贫血患者由于缺血缺氧引起不适和活动耐力下降,使学习、工作、社交活动均受到影响,常感烦躁、焦虑或易激动。患者因担心某些检查(如骨髓穿刺)对身体有影响,或因担心输血可能传播疾病(如乙肝)而忧虑。原发于骨髓造血功能障碍所致的贫血,如再生障碍性贫血等慢性病,由于治疗难度大、耗资多,给患者及家属带来沉重的心理负担和经济困难,或因长期使用糖皮质激素治疗引起外貌变化,而感到焦虑、悲观、烦恼或自卑。

【护理诊断及合作性问题】

1.活动无耐力

与贫血致组织缺氧有关。

2.知积缺乏

与缺乏贫血发生的原因、治疗方法和预后等方面知识有关。

3.有受伤的危险

与贫血引起头晕有关。

4.焦虑

与贫血久治不愈有关。

【护理目标】

患者活动耐力增强,感觉舒适,食量增多,体重增加。患者对贫血的发生与治疗知识有所了解,情绪稳定,能主动配合治疗与护理。没有因头晕受伤。

【护理措施】

1.合理治疗

(1)病因治疗　查找并去除病因是治疗贫血的关键。贫血治疗的有效性,主要取决于贫血病因的性质及其是否可以去除。只有彻底消除或纠正原发致病因子,贫血才有可能纠正并治愈。如果贫血的原因已查明,但原发病难以治愈,则贫血亦难根除,只能采取对症治疗。如缺铁性贫血,其缺铁原因若是痔疮慢性失血所致,只要将痔疮治愈,并补充足够的铁原素,贫血即可纠正并治愈;若缺铁是由慢性萎缩性胃炎因胃酸缺乏导致铁吸收障碍引起，则因萎缩性胃炎难以治愈，使贫血也难以纠正与治愈。还有一些贫血由于病因不明或发病机制不清，临床治疗效果也不能令人满意，如再生障碍性贫血。

(2)药物治疗　根据贫血病因及发病机制选择合适的药物。铁剂只对缺铁性贫血有效；因缺乏维生素 B_{12} 或叶酸引起的巨幼细胞性贫血，补充维生素 B_{12} 及叶酸有效；肾上腺皮质激素适用于自体免疫溶血性贫血；雄激素对红细胞生成有刺激作用，常用来治疗再生障碍性贫血。

(3)支持治疗　输血能迅速改善贫血症状，是治疗贫血的有效措施，但长期多次输血会产生较多不良反应和并发症，应严格掌握适应证，根据情况采用成分输血或输全血，通常认为血红蛋白低于60g/L，且患者对贫血耐受较差时，可输血或浓缩红细胞。一般对慢性、严重贫血患者、老年贫血患者或合并心肺功能不全的贫血患者输浓缩红细胞；急性大量失血致贫血患者应及时输全血。

(4)其他治疗　造血干细胞移植在治疗重型再生障碍性贫血、骨髓增生异常综合征、地中海贫血等疾病时可获较好疗效。有些类型贫血，如遗传性球形细胞增多症、脾功能亢进及自身免疫性溶血性贫血，在药物治疗无效时可考虑行脾切除术。

2.病情观察

急性大量失血引起的贫血容易并发虚脱、晕厥或休克等，重度贫血患者常并发贫血性心脏病，因此，对急、重症患者要密切观察生命体征，如有异常改变应及时报告医师，并协助进行紧急处理。

3.一般护理

(1)工作、活动与休息　适当的休息可减少氧的消耗，患者的休息与活动计划应根据贫血的程度及发生速度合理制订。轻度贫血无须限制活动，重度贫血伴缺氧症状者应注意：

1)多卧床休息，以减轻心脏负荷：卧床时可将患者床头抬高，以利于呼吸、改善症状；在患者可耐受的情况下鼓励每天适当下床活动，活动量以不感到疲劳、不加重症状为度，病情好转后可逐渐增加活动量。教会患者在活动时自测脉搏，脉搏>100 次/min，应停止活动。

2)注意保暖：以防因寒冷引起血管收缩，加重缺氧。

3)协助做好生活护理：应协助其完成沐浴、翻身、进食及其他日常活动，以减少氧的消耗。

4)注意安全：患者起床或入厕时宜缓慢改变体位，要扶墙起立，避免登高，防止头晕摔伤。

(2)饮食护理

1)饮食原则　贫血患者胃肠道消化功能减退，应给予高热量、高蛋白、高维生素、富含营养易消化饮食，食物必须多样化，食谱要广，不应偏食。饮食应有规律、有节制，严禁暴饮暴食，忌食辛辣、生冷不易消化的食物。

2)缺铁性贫血患者应食富含铁质的食物，如动物肝、瘦肉、蛋黄、鱼、豆类、紫菜、海带及香菇、黑木耳、黑芝麻等，适当补充富含维生素 C 的食物有利于铁剂的吸收，如酸枣、杏、橘子、山楂、西红柿、苦瓜、青柿椒、生菜等。注意：谷类和大多数蔬菜、水果中含铁较低，乳类含铁量极低，补铁的功效较差。

3)巨幼红细胞性贫血时补充叶酸及维生素 B_{12} 十分重要，新鲜绿色蔬菜、水果、瓜、豆类、肉类、动物肝肾中均含有丰富的叶酸。肉类、肝、肾、心等动物内脏和禽蛋、乳类等含有丰富的维生素 B_{12}。饮茶能补充叶酸，维生素 B_{12}，有利于巨细胞性贫血的治疗。但缺铁性贫血则不宜饮茶，因为饮茶不利于人体对铁剂的吸收。另外，食物中叶酸经烹饪后会丧失 50% ~ 90%，维生素 B_{12} 将丧失 10% ~ 30%，故应避免过度烹饪。

4)有些溶血性贫血患者忌食某些酸性食物，以减少溶血的发生。

5)恶性血液系统肿瘤患者化疗后食欲极度下降，增进患者食欲显得格外重要，应根据患者口味经常变换食物种类，少量多餐，给予流质或半流、低脂、易消化、营养丰富的饮食。如有口腔溃疡应避免进食过热或刺激性食品，进食前后做好口腔护理，必要时餐前给予 2%利多卡因含漱。

(3)吸氧护理　重症贫血应给予吸氧，以增加各组织器官的供氧量，有利于缓解症状。

(4)用药护理　按医嘱合理使用抗贫血药物，注意观察药物的疗效及不良反应。重度贫血患者在输液过程中稍有不慎即可发生急性左心衰，对这类患者输液、输血时，输注速度必须控制在每小时 1ml/kg 以内，并加强巡视，对于老年患者更应谨慎。输血、输液前应告诫患者，一旦出现不适应立即报告。有些溶血性贫血患者忌用某些药物，如维生素 C、阿司匹林、苯巴比妥、磺胺等，应予以注意。

4.心理护理

针对贫血的原因、临床特点、疗效、预后等方面做好必要的疏导和解释工作，鼓励患者正视疾病，减轻患者焦虑、恐惧等情绪。讲明各种诊疗措施的目的、意义、方法，药物治疗的作用、用法，介绍新的治疗方法与技术，帮助患者和家属树立战胜疾病的信心，主动配合治疗和护理。

5.健康指导

（1）加强卫生宣教，提高对环境污染危害的认识，增强自我保健意识，避免长期接触有损骨髓造血的物质，如工作原因需要接触，须遵守规章制度及劳动防护，定期检查血象。

（2）避免滥用药物，特别是氯霉素、磺胺药、保泰松、阿司匹林、安乃近等，以减少对骨髓的损害，如需使用要在医生的指导下使用。

（3）积极治疗慢性失血、慢性腹泻等原发病，防止贫血反复。

（4）告诉患者加强营养对恢复疾病的重要性，给予高热量、高蛋白、高维生素等营养丰富食物，食物不要长时间烹煮。教育青少年，纠正偏食等不良生活习惯，妊娠、哺乳期妇女应多进食含铁丰富食物。

（5）患者出院后要坚持治疗，适当休息、避免劳累，预防出血、感染，定期门诊复查。

【护理评价】

患者活动后是否有疲乏、无力及头晕、受伤、呼吸困难、脉搏增快等。患者能否很好地配合医护工作，有无偏食情况发生。

第二节　缺铁性贫血患者的护理

案例引入

患者，女，52 岁。周期性上腹痛 8 年，腹痛多在餐后 1 ~ 2 小时内发生，曾到医院就诊，诊断为“胃溃疡”。患者未予以重视，未正规治疗，胃痛时自服一些“胃药”缓解。近一个月来，患者常感头晕、耳鸣、疲乏无力、活动后心悸、食欲下降等。体检：慢性病容，面色苍白，皮肤干燥、无光泽。上腹剑突下有轻度压痛，无反跳痛、无腹肌紧张，腹部未触及包块。心率 95 次/ min，呼吸 22 次/ min，血压 125/ 84mmHg。经实验室检查诊断为：胃溃疡，缺铁性贫血。

学习任务：1. 诊断缺铁性贫血可做哪些实验室检查？

2. 缺铁性贫血的主要病因是什么？该患者发生缺铁性贫血的主要原因是什么？

3. 对该患者应如何处理？

缺铁性贫血（iron deficiency anemia，IDA）指体内贮存铁不足，导致血红蛋白合成减少所引起的一种小细胞低色素性贫血。缺铁性贫血是贫血中最常见的类型，可见于各年龄组，尤以生长快速的婴幼儿、儿童、青少年和育龄期妇女（尤以妊娠期或哺乳期）多见。据世界卫生组织 2007 年公布的资料，全球 30%的人口存在贫血，且绝大部分为缺铁性贫血。另据 2004 年一项全国性铁缺乏症流行病学调查显示，我国儿童（7 个月至 7 岁）、青少年、孕妇、育龄妇女缺铁性贫血患病率分别为 35.1%、30%、20%左右、15%左右，其中儿童缺铁性贫血患病率明显高于发达国家，且年龄越低，患病率越高。

【铁代谢】

1.铁在人体内的分布

铁在体内广泛分布于各组织，人体内铁分两部分：①功能状态铁，如血红蛋白（占体内铁 67%），肌红蛋白，含铁的酶和辅酶，②贮存铁（占体内铁 29%），包括铁蛋白和含铁血黄素。正常成人体内含铁总量男性为 50 ~ 55mg/kg，女性为 35 ~ 40mg/kg；贮存铁含量男性为 1000mg，女性为 300 ~ 400mg。

2.铁的来源和吸收

人体需要的铁主要来自于食物，正常成人每日从食物中获取 1 ~ 1.5mg 的铁既可维持体内铁的平衡，孕、乳妇对铁的需求相对增多，每日为 2 ~ 4mg。食物中的铁有两种形式：非血红素铁和血红素铁。非血红素铁主要存在于植物中，较难吸收，其吸收率多<10%，动物食品则多含血红素铁，铁吸收率较高，如鱼类为 11%，动物肌肉和肝脏可高达 22%。

铁的主要吸收部位在十二指肠及空肠上段。影响吸收的因素有食物铁状态、胃肠功能、体内铁贮存量、骨髓造血状态及某些药物等。大部分食物中的铁都是难以吸收的高铁离子(Fe^{3+}),经胃酸或维生素C将之还原成亚铁离子(Fe^{2+})才能吸收。存在于鸡蛋、牛奶中的磷酸盐类,菠菜中的草酸盐,蔬菜和粮食中的植酸盐,茶叶中的鞣酸均可与铁结合,并使之沉淀,从而减少铁的吸收。肠黏膜能根据体内贮存铁的情况,调节其吸收。当体内贮存铁丰富,铁蛋白处于饱和状态时,铁的吸收减少,相反则增多。

3.铁的转运与利用

吸收入血的二价铁大部分被氧化为三价铁,三价铁与血浆转铁蛋白结合成为运铁蛋白复合体即血清铁,并将铁运送到需要铁的组织和骨髓中。骨髓中的铁被幼红细胞吸收后,再与转铁蛋白分离并还原成二价铁,在线粒体内,铁与原卟啉结合形成血红素,血红素再与珠蛋白结合生成血红蛋白。

4.铁的贮存和排泄

体内未被利用的铁主要以铁蛋白和含铁血黄素形式贮存在肝、脾、骨髓中的单核-巨噬细胞内及肠黏膜中,当体内铁的损失超过食物补充的铁,或需铁量增加时可动用贮存铁。正常人每日排泄铁量不超过1mg,主要由胃、肠黏膜细胞脱落、胆汁经粪便排泄,少数可经汗液、尿液排出,育龄妇女还可因月经、妊娠、哺乳而损耗。

【病因及发病机制】

1.病因

(1)需铁量增加而摄入不足　生长快速的婴幼儿、儿童、青少年和妊娠、哺乳期的妇女需铁量较一般成人为多,如果没有在饮食中增加铁的补充则易引起缺铁性贫血。乳类和谷类中铁含量都很低,如8个月以上的婴儿未及时添加含铁量较多的辅食可发生缺铁,青少年偏食也是缺铁的重要原因。

(2)铁吸收不良　因铁吸收障碍而发生缺铁性贫血者比较少见。胃酸缺乏(如慢性萎缩性胃炎、胃癌、胃大部切除、长期服用抗酸药物等)和胃肠道功能紊乱(如胃空肠吻合术后、小肠黏膜病变、长期严重腹泻)是导致铁吸收不良的主要原因。

(3)铁丢失过多　慢性失血是成人缺铁性贫血最多见、最重要的原因。引起慢性失血的原因很多,如消化道溃疡出血、肠息肉、肠道恶性肿瘤、月经过多、钩虫病、痔出血等,反复多次小量失血可使体内贮存铁逐渐耗竭而发生缺铁。

2.发病机制

缺铁性贫血的发生是在较长时间内逐渐形成的,当体内贮存铁减少致红细胞内缺铁时,血红素合成障碍,血红蛋白生成减少,红细胞胞浆变少,体积变小,发生小细胞低色素性贫血。组织细胞缺铁时,细胞中的含铁酶和铁依赖酶的活性降低,进而影响患者的精神、行为、体力、免疫功能及患儿的生长发育和智力。

温馨提示:成人缺铁性贫血的最主要病因为慢性失血,小儿缺铁性贫血的最主要病因为铁的摄入不足。

【护理评估】

1.健康史

应重点询问患者既往有无慢性失血史,如痔疮,女性患者应注意询问月经史,了解有无月经量过多;有无胃肠疾病和手术史如胃十二指肠切除术等可致铁吸收不良的病情;了解患者的年龄、饮食习惯,有无偏食使铁摄入不足等情况。

2.身体状况

(1)贫血的一般表现　参看本章第一节。

(2)缺铁性贫血的特殊表现

1)组织缺铁表现:由于含铁酶和铁依赖酶的活性降低,上皮组织受到损害,出现:①皮肤干燥、无光泽,毛发干枯易脱落,指(趾)甲变薄易裂,甚至反甲;②口角炎、舌炎:10%～70%患者有口角炎、舌乳头萎缩与舌面光滑,尤其老年人明显。食道蹼:我国少见,表现为吞咽困难(Plummer-Vinson综合征),特点为吞咽时感觉有咽塞感。萎缩性胃炎与胃酸缺乏。

2)神经系统方面症状:15%～30%的患者表现神经痛(以头痛为主),感觉异常,5%～50%患者有精神、行为方面的异常,表现为兴奋、易怒,注意力不集中和精神迟滞,尤其在儿童中多见。少数患者可有异食癖,表现为喜吃泥土、石屑、煤屑、生米等。

3.体征

(1)贫血的体征　参看本章第一节。

(2)组织缺铁的体征　皮肤干燥、无光泽,毛发干枯,反甲;口角炎、舌面光滑等。

4.辅助检查

(1)外周血检查　缺铁性贫血时红细胞与血红蛋白的减少不成比例,血红蛋白比红细胞减少更为明显,其典型血象为小细胞低色素性贫血:红细胞体积较正常小,形态不一,并且大小不等,中心淡染区扩大。平均红细胞容积(MCV)和平均红细胞血红蛋白浓度(MCHC)值均降低。网织红细胞正常或轻度增高。白细胞和血小板计数可正常或减低。

(2)骨髓检查　红系增生活跃,以中晚幼红细胞为主,体积变小、核染色质致密、胞浆少,边缘不整齐,有血红蛋白形成不良的表现。粒系和巨核系无明显异常,导致粒红比例降低。骨髓涂片染色示骨髓中含铁血黄素消失(正常为:+-++),铁粒幼细胞计数少于15%(正常值为:19%～44%,常为1～5个颗粒),此项检查可作为诊断缺铁的金标准。

(3)铁代谢的生化检查　血清铁蛋白测定可准确反映体内贮存铁的情况,该指标准确性高,敏感性强,但易受炎症、肿瘤等多种因素的影响。当血清铁蛋白<12μg/L时,可作为早期诊断缺铁的重要依据。血清铁<8.95μmol/L,血清总铁结合力>64.44μmol/L,转铁蛋白饱和度<15%均为缺铁的表现。

(4)其他　红细胞游离原卟啉(FEP)>0.9μmol/L也是诊断缺铁的一项初筛指标。

5.心理-社会状况

患者可因治疗效果不佳,症状引起的不适影响正常学习、工作与生活而焦虑;还可因神经系统的表现造成人际关系紧张等,少数患者的异食癖行为也会增加患者的心理压力。

【护理诊断及合作性问题】

1.活动无耐力

与贫血引起的组织缺氧有关。

2.营养失调

低于机体需要量者与铁需要增加而摄入不足、吸收不良或丢失过多有关。

3.焦虑

与贫血导致记忆力减退,学习、工作能力下降有关。

【护理目标】

患者活动耐力增强,缺铁状况纠正,营养状况改善。患者能说出焦虑原因,情绪稳定。

【护理措施】

1.合理治疗

治疗原则:积极寻找并治疗病因,补充铁剂,纠正贫血、补足体内正常的铁贮存量。

(1)病因治疗　病因治疗是治疗缺铁性贫血、防止复发的关键,因此要积极寻找缺铁原因并积极治疗。

(2)铁剂治疗　铁剂能有效改善缺铁性贫血患者症状,并能增加体内铁贮备。临床上补充铁剂的方法的口服补铁和注射补铁。

1)口服铁剂:口服铁剂因疗效好,服用方便、价格便宜常作为首选给药方式,常用药物有硫酸亚铁、富马酸亚铁、琥珀酸亚铁和枸橼酸铁铵等。

2)注射铁剂:当胃肠道疾病影响铁的吸收或口服铁剂时胃肠道反应严重、不能耐受以及病情需要迅速纠正缺铁者,应使用注射铁剂。最常用的注射铁剂为右旋糖酐铁。计算合式为:总需求量(mg)=需要达到的血红蛋白的深度-患者的血红蛋白的深度×0.33A患者。

铁剂治疗有效者于用药后1周左右网织红细胞开始上升,10天左右达到高峰;治疗后2周左右血红蛋白逐渐升高,8～10周血红蛋白恢复正常。血红蛋白恢复正常后患者仍需继续服用铁剂3～6个月,以补充体内贮存铁,防止贫血复发。

3)用药护理:

①口服铁剂时注意事项:a.口服铁剂主要不良反应是胃肠道刺激症状,表现为恶心、呕吐及胃肠不适等,应在饭后或餐中服药以减轻反应,对不能耐受者可从小剂量开始;b.口服铁时要注意食物与药物对铁吸收的影响,铁剂应避免与牛奶、浓茶、咖啡、菜汤、米汤等同时服,以免发生沉淀影响铁吸收。抗酸剂因能降低胃酸

度，也应避免同时使用。可同时服用一些维生素C，以促进铁吸收；c.口服液体铁剂时可使牙齿染黑并损伤牙釉质，故须使用吸管将药液吸至舌根部咽下，再用温开水漱口，以避免牙齿损害；d.服药期间，由于未吸收的铁与肠内硫化氢作用而生成黑色的硫化铁，使大便变成黑色，应服药前向患者解释，不要误认为是上消化道出血。应向患者说明：铁剂治疗后，自觉症状很快好转，但仍需继续服用铁剂3 ~ 6个月，目的是补充体内贮存铁，防止贫血复发。告诉家长药物要放在幼儿拿不到在地方，以防误服中毒。

温馨提示：铁剂的服用时间应该在饭后或两餐之间。在护士执业资格考试时，对于铁剂的服用时间为：成人为饭后服用，小儿为两餐之间，都是为了减轻胃肠道反应。

②注射铁剂的护理措施：a.铁的刺激性比较强，应采用深部肌内注射，减轻疼痛，并经常更换注射部位，必要时局部热敷，避免形成硬结，以促进吸收；b.为避免药液溢出染黑皮肤，不要在皮肤暴露部位注射，抽取药液后，要更换针头注射并采用"Z"型注射法或空气注射法；c.首次注射铁剂需用0.5ml作为试验剂量行深部肌内注射，同时备好肾上腺素以备急救。1小时后患者无过敏反应如面部潮红、恶心、呕吐、肌肉及关节痛、荨麻疹等，可按医嘱用量给药。

2.一般护理

参见本章第一节"贫血的护理措施"。此外，对缺铁性贫血患者护理应注意饮食护理：

1)增加铁的摄入：给予高热量、高蛋白、高维生素、含铁丰富易消化的食品是预防和治疗缺铁性贫血的有效措施。含铁丰富的食品包括：动物血、肝、瘦肉、蛋黄、豆类、海带、紫菜、木耳、绿叶蔬菜等，其中，动物性食品主要含血红素铁，较植物中铁易吸收。乳类包括人乳、牛乳、羊乳含铁量均较低，因此，婴幼儿生长期应及时添加含铁丰富且铁吸收率较高的食品，合理搭配膳食，增加铁的摄入。

2)纠正不良饮食习惯：偏食是造成青少年缺铁性贫血的主要原因。血红蛋白的合成需要铁和氨基酸，富含维生素(特别是维生素C)的食品有助于铁的吸收，蛋白质合成则需要糖类及脂肪提供热量。因此，饮食要多样化，在补铁的同时需要给予高蛋白和高热量食物。为减少维生素破坏，应避免过度烹煮食物。

3)采取多种措施增进患者食欲：食欲差者应经常变换口味，保证食物的色、香、味；舌炎或口腔炎者避免进食过热或过辣的刺激性食物，进食前后做好口腔护理；贫血患者由于胃肠黏膜缺氧，消化液分泌减少而易出现消化不良，应少量多餐，并进行适当的活动，以利于食物的消化。

3.心理护理

多与患者交谈，倾听患者的诉说。向患者及家属介绍本病的有关知识，解释缺铁性贫血在病因去除后是可以根治的，且痊愈后对身体无不良影响。讲明缺铁性贫血出现的烦躁、记忆力减退等一些神经精神系统症状是暂时的，这些症状在纠正缺铁后也会很快消失，以解除患者的心理障碍，保持患者情绪稳定。

4.健康指导

1)重视在易患人群中进行防治缺铁性贫血的卫生知识教育，提高患者和家属对缺铁性贫血的病因、临床表现及对机体的危害性、治疗过程与护理要求等方面的认识，了解治疗原发病(如消化性溃疡、痔出血、月经过多等)的重要性。

2)对生长发育的青少年及妊娠、哺乳期妇女应注意改善饮食结构，选择含铁丰富的食物，注意合理搭配膳食，可用铁锅炒菜和煮饭；对生长期婴幼儿应及时添加含铁丰富且铁吸收率高的辅食，以防治缺铁性贫血。对高危人群，如以奶为主食的婴幼儿、妊娠后期、哺乳期妇女、早产儿2个月左右，也可在食品中可加入小剂量铁剂预防缺铁。

3)合理安排休息，告诉患者活动以不感到疲劳、不加重症状为度。教会患者在活动期间和活动中自测脉搏，脉搏>100次/分，应停止活动。注意防寒保暖，以减少氧耗。

4)强调按医嘱用药，告诉患者贫血症状纠正后仍需治疗的重要性。说明口服铁剂的不良反应及用药注意事项；如铁剂治疗中出现脉搏增快、呼吸困难、胸闷、皮疹等应立即停用铁剂，及时送医院诊治。

【护理评价】

1)患者活动耐力是否增强。

2)患者饮食结构是否合理，缺铁状况有无纠正，体重是否增加。

3)患者能否说出焦虑原因，情绪是否稳定。

第三节　再生障碍性贫血患者的护理

案例引入

患者,男,17 岁。咽痛、咳嗽、发热 7 天,自服“消炎药”未能缓解,今晨刷牙时牙龈出血不止,来院就诊。查体:T:39.8℃,P:120 次/分,HR:120 次/分、律齐,R:20 次/分,血压 120/80mmHg,神清,面色苍白,巩膜无黄染,咽部红肿、充血,扁桃体Ⅱ度肿大,表面有少量脓性分泌物。肝脾、淋巴结未及。血常规:白细胞 $1.2\times10^9/L$,血红蛋白 60g/L,血小板 $17\times10^9/L$,网织红细胞绝对值 $13\times10^9/L$。

学习任务:1. 该患者可能发生了什么问题?该患者的诊断是什么?请说明依据。

2. 该患者主要的护理问题有哪些?

再生障碍性贫血(aplastic anemia, AA,)简称再障,是由于多种原因导致骨髓造血功能障碍,造血干细胞数量减少和(或)功能受损,导致外周血全血细胞减少引起的一类贫血,是一种骨髓造血功能衰竭症。据国内 21 省(市)自治区的调查,年发病率为 0.74/10 万人口。本病可发生在各年龄阶段,但以青壮年多见,老年人发病率有增高趋势,男性发病率略高于女性。临床主要表现为骨髓造血功能低下、全血细胞减少、贫血、出血和感染综合征,一般无淋巴结、肝、脾大。根据起病急缓和临床症状的严重程度,我国学者曾将再生障碍性贫血分为急性型和慢性型,现将急性型称为重型再生障碍性贫血Ⅰ型(SAA-Ⅰ),将慢性型进展成的急性型称为重型再生障碍性贫血Ⅱ型(SAA-Ⅱ);如血象未达到诊断 SAA 的标准则为 NSAA。SAA 和 NSAA 的主要区别可见表 25-2。

表 25-2　重型再障与非重型再障的主要区别

	重型再障(SAA)	非重型再障(NSAA)
起病与进展	起病急、进展快	起病缓、进展慢
首发症状	出血、感染	贫血为主,偶有出血
出血严重程度及可控性	严重,不易控制	较轻,容易控制
出血部位	广泛,皮肤、黏膜及内脏	限于皮肤、黏膜
颅内出血	多发生,主要死因之一	偶发
感染严重程度及可控性	重,不易控制	较轻,容易控制
感染部位	呼吸道、消化道、泌尿生殖道、皮肤、黏膜	上呼吸道、牙龈
持续高热	多有	少有
败血症	多发生,主要死因之一	偶发
贫血表现	明显,进行性加重	较轻
外周血象		
血红蛋白量	$< 60g/L$	$> 60g/L$
中性粒细胞	$< 0.5\times10^9/L$	$> 0.5\times10^9/L$
血小板计数	$< 20\times10^9/L$	$> 20\times10^9/L$
网织红细胞绝对值	$< 15\times10^9/L$	$> 15\times10^9/L$
骨髓象	多部位增生减低或重度减低	增生不良或有局灶性增生
病程与预后	病程短、预后差,多在 1 年内死亡	病程长、预后较好,较少死亡

【分类】

再生障碍性贫血分类方法较多，临床常用的有：

1.根据病因分类

(1)先天性　遗传性再障(如Fanconi贫血)。

(2)获得性　获得性又可根据病因明确与否分为原发性和继发性。

2.根据临床表现及预后分类

(1)重型再障(SAA)

(2)非重型再障(NSAA)

【病因及发病机制】

1.病因

临床上以原发性再生障碍性贫血较为多见，约50%以上患者找不到明确病因，多见于青壮年。继发性再生障碍性贫血多与以下因素有关：

(1)化学因素　主要为药物和化学物质。

1)药物：药物是最常见的发病因素。药物性再障有两种类型：①和剂量有关，系药物毒性作用，达到一定剂量就会引起骨髓抑制，一般是可逆的，如各种抗肿瘤药、苯妥英钠、吩噻嗪、硫脲嘧啶及氯霉素等；②和剂量关系不大，仅个别用药者发生造血障碍，多系药物的过敏反应，不可逆。这类药物种类繁多，常见的有氯(合)霉素、有机砷、保泰松、氨基比林、吡罗昔康(炎痛喜康)、磺胺类、卡比马唑(甲亢平)、甲巯咪唑(他巴唑)等。药物性再障中最常见原因是氯霉素，该药现已限制使用。

2)化学物质：目前化学物质苯及其衍生物引起的再障较为常见，应予以重视。苯存在于油漆、塑料、染料、杀虫剂、皮革中；有机磷农药、砷等化学物质也可抑制骨髓造血机能。

(2)电离辐射　长期超允许量放射线(如X射线、γ射线及各种放射性核素)的照射可损害骨髓组织，使造血干细胞和造血微环境受到损伤。

(3)病毒感染　病毒性肝炎和再障的关系已较肯定，称为病毒性肝炎相关性再障，以丙型肝炎多见，是病毒性肝炎最严重的并发症之一。发生率<1.0%，占再障患者的3.2%。其他病毒如风疹病毒、EB病毒、流感病毒等也可引起再生障碍性贫血。

(4)免疫因素　再障可继发于胸腺瘤、系统性红斑狼疮和类风湿性关节炎等，患者血清中可找到抑制造血干细胞的抗体。部分原因不明的再障可能也存在免疫因素。

(5)其他　阵发性睡眠性血红蛋白尿(PNH)和再障关系相当密切，20%～30%PNH可伴有再障，15%再障可发生显性PNH，两者都是造血干细胞的疾病。极少再障病例在妊娠期发病，分娩或人工流产后缓解，第二次妊娠时再发，多数学者认为可能是巧合。此外，再障尚可继发于慢性肾功能衰竭、严重的甲状腺或前(腺)脑垂体功能减退症等。

2.发病机制

(1)造血干细胞缺陷("种子"学说)　大量实验研究证实造，血干细胞缺乏或有缺陷是再障的主要发病机制。至少有50%以上的再障系造血干细胞缺乏所致，上述各种因素均可减弱造血干细胞复制和分化的能力，导致骨髓各系造血细胞生成减少，造成外周血全血细胞减少。

(2)造血微环境缺陷("土壤"学说)　造血微环境的概念包括造血组织中支持造血的结构成分，也包括造血的调节因素。造血结构成分或调节因素的异常，均可影响造血干细胞的生长和发育。再障患者骨髓活检发现骨髓有"脂肪化"、静脉窦壁水肿、出血、毛细血管坏死等表现；还有研究表明，再生障碍性贫血患者骨髓基质细胞分泌的造血因子紊乱，造血负调控因子分泌明显增多，使造血干细胞调节机制发生异常。骨髓基质细胞受损的再障患者行造血干细胞移植不易成功。

(3)免疫异常("虫子"学说)　免疫异常是再生障碍性贫血发病的重要机制。有研究发现，再障患者骨髓或外周血液的淋巴细胞比例较高，T细胞亚群失衡，部分患者用免疫抑制剂治疗有效。临床研究表明：部分原发性再障患者的T淋巴细胞可抑制正常造血干/祖细胞的生长。继发于系统性红斑狼疮和类风湿性关节炎的再障患者血清中存在着造血干细胞的自身抗体，也导致造血干细胞的损伤。

【护理评估】

1.健康史

了解患者所在居住区和工作环境是否接触有害物质,如苯及其衍生物、放射线等;询问患者发病前用药情况,有无服用可致再障的药物,如氯霉素、磺胺药、抗肿瘤药、保泰松、阿司匹林等;患者有无病毒感染史,尤其是病毒性肝炎。对育龄期妇女,尚需注意询问妊娠、生育情况。了解患者起病的急缓及首发症状;了解患者病后是否经过治疗及所用药物、用药时间、治疗效果、用药后有无不良反应等。

2.身体状况

(1)重型再生障碍性贫血(SAA)起病急,进展快,病情重。常以出血、发热为首发症状和主要表现。如仅采用一般性治疗多数患者在一年内死亡。颅内出血和败血症为主要死亡原因。

1)发热:多数患者有高热,主要因感染所致。呼吸道感染最常见,消化道、泌尿生殖道及皮肤、黏膜感染也较常见,感染容易发生且难以控制,严重者可因口咽部和肛门周围发生坏死性溃疡,而导致败血症。

2)出血:患者均有不同程度的出血,一般出血广泛、严重,且不易控制。常见皮肤瘀点、牙龈出血、鼻出血,60%以上患者有内脏出血,表现为消化道出血、血尿和眼底出血(常伴有视力障碍)等,女性月经过多也较常见,严重者可出现颅内出血。

3)贫血:病初贫血常不明显,随病情进展表现日益加重。皮肤、黏膜苍白、乏力、头昏等贫血表现呈进行性加重。

2.非重型再生障碍性贫血(NSAA) 较多见,起病和进展缓慢,病情较轻。主要表现为贫血,呈慢性过程,常见皮肤、黏膜苍白、乏力、头昏、心悸。出血和感染症状较轻,感染以上呼吸道感染常见,容易控制。肺炎、败血症等重症感染少见;出血以皮肤、黏膜为主,多不严重,内脏出血少见。出血和感染经适当治疗可控制病情,获得长期缓解以至痊愈;也有部分患者多年迁延不愈,甚至病程长达数十年,少数在疾病后期出现急性再障的临床表现,称为慢性再障急变型(SAA-Ⅱ)。久治无效者也可发生颅内出血。

3.辅助检查

注意患者血象、骨髓象等检查结果。

(1)血象 呈全血细胞减少,但三系细胞减少程度可不一致。淋巴细胞比例明显增高。贫血一般为正细胞正色素性贫血,网织红细胞绝对值低于正常。

(2)骨髓象 是确诊再障的主要依据。骨髓涂片示骨髓增生不良,有核细胞显著减少是最主要的特点。SAA多部位骨髓增生低下或极度低下,粒、红两系及巨核细胞明显减少,但细胞形态大致正常;非造血细胞(淋巴细胞、浆细胞、组织嗜碱细胞及网状细胞)增多,尤以淋巴细胞增多最为显著。NSAA不同部位穿刺所得骨髓象很不一致,可从增生不良到增生象,但至少要有一个部位增生不良。骨髓穿刺可见骨髓液中有较多的脂肪滴,造血组织均匀减少。

4.心理-社会状况

了解患者的心理状态,再障患者常因反复和严重的贫血、出血及感染,治疗效果差而感到生命受到威胁,常出现恐惧、紧张、情绪低落,对治疗失去信心。因患者病情重、治疗费用高且疗效不确定等,使患者及其家庭成员心理及经济负担沉重,应了解家庭成员对患者所患疾病的认识,对患者的态度及家庭经济状况等。

【护理诊断及合作性问题】

1.活动无耐力

与再生障碍性贫血有关。

2.有感染的危险

与粒细胞减少有关。

3.组织完整性受损

出血与血小板减少有关。

4.潜在并发症

颅内出血。

5.恐惧

与急性型严重出血、高热等危及生命,慢性型迁延不愈有关。

6.自我形象紊乱

与使用雄激素引起的不良反应有关。

【护理目标】

1)患者能耐受一般活动,生活能自理。

2)患者能采取有效措施,减少或避免感染发生。

3)患者能配合治疗和护理,采取有效的预防措施,避免或减轻出血,无颅内出血等并发症发生。

4)患者能说出恐惧的原因,情绪保持稳定。

5)患者能正确理解身体外形的变化,坚持遵医嘱用丙酸睾酮。

入院第二天,患者突感剧烈头痛,伴喷射状呕吐,视物不清,渐意识模糊。

问题:1.该患者最可能发生了什么情况?

2.护士首先应采取什么措施?

3.此时护士密切观察的内容有哪些?目的是什么?

【护理措施】

出血、继发感染的护理措施见第四十章第二节,贫血护理措施见本章第一节相关内容。

1.合理治疗

治疗原则:对症、支持治疗,去除病因,采取各种措施促进骨髓造血功能。

(1)对症治疗　(参看第四十章第二节及本章第一节内容)。

(2)病因治疗　凡有可能引起骨髓损害的物质均应设法去除,禁用一切对骨髓有抑制作用和抑制血小板功能的药物。针对不同发病机制常采用以下治疗方法:

1)促进造血治疗:通过不同途径刺激骨髓造血,常用的有:①雄激素:是治疗非重型再生障碍性贫血的首选药物。该药通过刺激肾脏产生红细胞生成素,并直接作用于骨髓刺激红细胞生成。通常药物治疗1个月左右网织红细胞开始上升,接着血红蛋白升高,经3个月后红细胞开始上升,而血小板上升需要较长时间。长期应用还可以促进粒细胞系统和巨噬细胞系统细胞的增生。常用的有司坦隆醇(康力龙)、十一酸睾酮(安雄)、达那唑和丙酸睾酮。雄激素治疗的疗程不小于4个月,病情缓解后应该维持治疗,防止复发。部分患者对雄激素有依赖性,停药后复发率达25%~50%。复发后再用药,仍可有效;②造血生长因子:单用无效,多作为一种辅助性治疗用于SAA。常用的有粒一单系集落刺激因子(rhGM-CSF)或粒系集落刺激因子(rhG-CSF);红细胞生成素(EPO)。一般在免疫抑制剂治疗SAA后使用,疗程3个月以上为宜;③造血干细胞移植:包括造血干细胞移植、脐带血输注和胎肝细胞输注等,是治疗干细胞缺陷所致再障的最佳方法,且能达到根治的目的,移植后长期无病存活率可达60%~80%。对40岁以下、未接受输血、无感染及其他并发症、有合适供体的SAA患者,可考虑造血干细胞移植。

2)免疫抑制治疗:适用于年龄大于40岁或无合适供髓者的SAA。其机理可能是去除T淋巴细胞对骨髓造血的抑制。①抗淋巴/胸腺细胞球蛋白(ALG/ATG)、是常用的免疫抑制剂,主要用于SAA。;②环孢菌素A(CSA)也是治疗SAA的常用药物,由于应用方便、安全,因此比ALG/ATG更常用,多数病例需要长期维持治疗;③其他:大剂量甲基泼尼松龙或丙种球蛋白也可在临床上使用,但由于其疗效有限且毒副作用较多,目前不主张单用,可与ALG或ATG合用。

2.病情观察

注意患者生命体征的变化,有无体温升高、脉搏增快、呼吸频率和节律改变、血压下降以及视力变化等。对主诉头痛、视力模糊的患者应注意检查瞳孔变化。注意皮肤、黏膜出血点、淤点、淤斑的变化,凡迅速发展的紫癜、严重口腔或视网膜出血、血尿或血小板低于$20 \times 10^9/L$,应注意合并颅内出血的危险。

3.用药护理

(1)免疫抑制剂

1)抗胸腺细胞球蛋白(ATG)或抗淋巴细胞球蛋白(ALG)是异种蛋白,不良反应有过敏反应、血小板减少和血清病(如发热、关节痛和猩红热样皮疹)。使用时,用生理盐水稀释后,先皮试,然后缓慢从大静脉内滴注,如无反应,则给予全量,同时静滴氢化可的松,预防血清病。静脉滴注ATG不宜过快,每日剂量应维持点滴12~16小时。治疗过程中应密切观察,做好保护性隔离,防止出血和感染。

2)用环孢素时应定期检查肝、肾功能,观察有无牙龈增生及消化道反应。

3)应用糖皮质激素时可有医源性肾上腺皮质功能亢进、机体抵抗力下降等,应密切观察有无诱发或加重感染,有无上腹痛及黑便等。长期大剂量用药时应给予低盐、低糖、高蛋白饮食,同时注意补充钾和钙,防止高血压、高血糖及高血脂的发生。

(2)雄激素　本类药物常见不良反应有:

1)男性化作用:如痤疮、毛发增多,女患者停经或男性化等,用药前应向女性患者说明:待病情缓解逐渐减药后,不良反应即会减轻,以消除患者顾虑。可指导患者经常用温热水洗脸,不要用手抓痤疮,防止感染。

2)肝脏损害:长期应用雄激素易引起肝脏损害和药物性肝内胆汁淤积,治疗过程中应注意有无黄疸,并定期检查肝功能。

3)局部反应:丙酸睾酮为油剂,不易吸收,注射部位常可形成硬块,甚至发生无菌性坏死。故需深部缓慢分层肌内注射,并注意轮换注射部位,经常检查局部有无硬结,发现硬结时可通过热敷或理疗等方法促进吸收。

(3)造血生长因子　本类药物用药前应做过敏试验,用药期间宜定期检查血象。

1)G-CSF:皮下注射,患者偶有皮疹、低热、氨基转移酶升高、消化道不适、骨痛等不良反应,一般在停药后消失。

2)GM-CSF:用药后注意观察有无发热、骨痛、血压下降、皮肤过敏反应,脾肿大、腹泻、乏力、癫痫发作等。

3)EPO:可静脉注射或皮下注射。用药期间应监测血压,若发现血压升高及时报告医师处理。偶可诱发脑血管意外或癫痫发作,应密切观察。

4.造血干细胞移植的护理

详见第二十五章第三节。

5.心理护理

了解患者的想法,鼓励患者说出内心的感受和关心的问题。帮助患者认识不良心理状态对身体康复不利;同时鼓励患者与亲人、病友多交谈,正确对待疾病,保持乐观情绪;争取家庭、亲友等社会支持系统的帮助,给患者以足够的关心、鼓励和照顾,帮助其克服焦虑、悲哀、恐惧情绪。向患者及家属讲解疾病和有关药物方面的知识,介绍不同药物的治疗特点,使患者能够积极配合治疗。在病情允许的情况下,鼓励患者进行自我护理,增强其康复的信心。

6.健康指导

1)向患者及家属说明药物是导致再生障碍性贫血的常见因素,日常生活不可随便用药,尽可能避免使用对造血系统有害的药物,如氯霉素、磺胺、阿司匹林、保泰松、安乃近等。如需应用这些药物时应观察血象变化,出现异常及时停药。对因职业关系长期接触有害物质如X线、放射性物质、农药、苯及其衍生物等工作人员,应该使其了解工作环境的危害,严格遵守操作程序,加强防护。

2)向患者解释再障的治疗方案,使患者认识到再障治疗的长期性、艰苦性和坚持用药的重要性。要求患者坚持按医嘱用药,定期门诊复查血象,以便了解病情变化。正确理解雄激素及糖皮质激素治疗对身体外形的影响,坚持按医嘱用药,注意休息,保持情绪愉快。

3)指导患者进食高热量、高蛋白、高维生素、清淡易消化食物,保持大便通畅;注意个人卫生,注意保暖,尽量少去公共场所,防止呼吸道及其他部位感染。加强体育锻炼,增强机体抗病能力,同时应避免外伤;教会患者防治出血的简单方法,以备不测。

【护理评价】

1)贫血有无纠正,患者活动后心悸、气短等症状有无减轻或消失,生活能否自理。

2)能说出预防感染的重要性,积极配合治疗和护理,采取有效措施,减少或避免感染发生。

3)能描述引起或加重出血的危险因素,并能采取正确、有效的预防措施,避免引起或加重出血;有出血情况发生能及时发现并妥善处理,无并发症发生。

4)情绪稳定,恐惧感消除。

5)能正确理解身体外形变化的原因,坚持遵医嘱用药。

(江震)

第二十六章　白血病患者的护理

学习目标

知识目标　了解白血病的病因及发病机制，知道白血病的护理要点。

能力目标　掌握白血病的症状、体征，评估要点和处理要点。

素质目标　护理过程中体现对患者的关心。

第一节　概　述

白血病(Leukemia)是一类造血干细胞的恶性克隆性疾病。其克隆中白血病细胞增殖失控、分化障碍、凋亡受阻，而停留在细胞发育的不同阶段。在骨髓和其他造血组织中白血病细胞大量增生积累，并浸润其他器官和组织，使正常造血受到抑制。临床上以贫血、出血倾向、继发感染和肝、脾、淋巴结大为主要表现。

我国白血病发病率约为2.76/10万人口，接近于其他亚洲国家，但低于欧美国家，急性白血病明显多于慢性。在恶性肿瘤所致的死亡率中，白血病居儿童及35岁以下成人的第1位。

【分类】

1.根据白血病细胞的成熟程度和自然病程分类

(1)急性白血病(AL)　细胞分化停滞在较早阶段，多为原始细胞及早幼细胞，病情发展迅速，自然病程仅数月。

(2)慢性白血病(CL)　细胞分化停滞在较晚阶段，多为成熟和较成熟的细胞，病情发展缓慢，自然病程可为数年。

2.根据主要受累的细胞系列分类

急性白血病分为急性淋巴细胞白血病(ALL，简称急淋)与急性非淋巴细胞白血病(ANLL，简称急非淋)两大类，这两类再分成多种亚型。慢性白血病分为慢性粒细胞白血病(CML，简称慢粒)和慢性淋巴细胞白血病(CLL，简称慢淋)及少见的毛细胞白血病、幼淋巴细胞白血病等。

【病因及发病机制】

白血病的病因尚不完全清楚，下述因素被认为和白血病的发病有关。其中病毒可能是主要的致病因子。此外，尚有电离辐射、化学物质、遗传因素等。

1.病毒

目前已证实：成人T淋巴细胞白血病(ATL)/淋巴瘤是由人类T淋巴细胞病毒1型(HTLV-)引起。该病毒属于C型RNA病毒，可通过哺乳、性生活和输血传播。EB病毒、HIV病毒与淋巴系统恶性肿瘤的关系也已被认识。

2.电离辐射

X射线、γ射线、电离辐射等有致白血病的作用。其作用与放射剂量的大小有关。全身或部分躯体受到中等或大剂量辐射后均可诱发白血病。日本广岛和长崎原子弹袭击事件受害人员，以及其他接触大剂量放射线的人员，白血病患病率较未接触放射线的人群高数倍或数十倍。

3.化学因素

多种化学物质或药物可诱发白血病，苯及其衍生物可致白血病的作用已经肯定，烷化剂和细胞毒药物可致白血病也较肯定，亚硝胺类物质，保泰松及其衍生物、氯霉素等诱发白血病的报告也可见到，但还缺乏统计资料。

4.遗传因素

遗传因素和某些白血病发病有关。白血病患者中有白血病家族史者占8.1%，而对照组仅0.5%。一个家族中偶有多个白血病患者，单卵孪生子如果其中一人发生白血病，另一人的发病率达1/5，比双卵孪生子高12倍。某些染色体有畸变、断裂的遗传性疾患常伴有较高的白血病发病率，如Down（唐氏综合征）、Bloom综合征（先天性血管扩张红斑症）、Fanconi综合征（先天性再生障碍性贫血）等。

5.其他血液病

某些血液病最终可能发展成急性白血病，如骨髓增生异常综合征（MDS）、淋巴瘤、多发性骨髓瘤等。

第二节 急性白血病患者的护理

案例引入

患者，男，50岁。7个月前因面色苍白，头昏、乏力，伴双下肢皮肤淤斑就诊，经骨髓检查确诊为ANLL-M2。化疗后获完全缓解，以后未再正规治疗。

问题：1. 急性白血病典型临床表现有哪些？

2. 完全缓解的含义是什么？

3. 完全缓解后还需要治疗吗？

急性白血病（Acuteleukemia）发病急、进展迅速，因骨髓中异常的原始细胞（白血病细胞）大量增殖，并浸润各器官、组织，导致正常造血受抑制，临床上出现发热、贫血和出血倾向，以及器官和组织浸润等表现。

【分类】

目前通用FAB分类法（即法、美、英白血病协作组，简称FAB），根据细胞形态学和细胞化学分类，将急性白血病分为急性淋巴细胞白血病和急性非淋巴细胞白血病。

1.急性淋巴细胞白血病（ALL）

可分为3种亚型：L1型，原始和幼淋巴细胞以小细胞（直径<12μm）为主，胞质较少，大小较一致；L2型，原始和幼淋巴细胞以大细胞（直径>12μm）为主，大小不一致；L3型，原始和幼淋巴细胞以大细胞为主，大小较一致，细胞内有明显空泡，胞质嗜碱性。

2.急性非淋巴细胞白血病（ANLL）

又分为8种亚型：急性髓细胞白血病微分化型（M0），急性粒细胞白血病未分化型（M1），急性粒细胞白血病部分分化型（M2），急性早幼粒细胞白血病（M3），急性粒-单核细胞白血病（M4），急性单核细胞白血病（M5），急性红白血病（M6），急性巨核细胞白血病（M7）。

近年来，对急性白血病的分型提出了MICM分型，该分类方法是在细胞形态学（Morphology）的基础上，运用免疫学（Immunology）、遗传学（Cytogenetics）和分子生物学（分子特征Molecular）手段进行综合分析后分型，提高了诊断的准确性，更有利于白血病的个体化治疗，是目前急性白血病医疗诊断的新趋势。

【护理评估】

1.健康史

评估患者时应注意发病情况，注意了解患者的年龄，职业及居住环境是否有长期接触放射性物质或化学毒物史，如X线、苯及其衍生物、氯乙烯等；是否用过氯霉素、保泰松及细胞毒药物；有无病毒感染史、淋巴瘤、多发性骨髓瘤等病史；家族中是否有类似疾病的患者等。对再入院者，应了解患者以前的化疗方案。

2.身体状况

1.症状　起病急缓不一。急者可以是突然高热，或有明显出血倾向，或全身衰竭。缓慢起病者常为脸色苍白、疲乏或轻度出血。少数患者因皮肤紫癜、月经过多或轻微损伤后出血不止就医时被发现。主要表现为贫血、发热、出血倾向以及白血病细胞浸润。

重点了解患者就诊的原因及主要症状，注意有无发热、寒战、咳嗽、咳痰、咽喉疼痛、尿路刺激征以及肛周疼痛等；了解患者进食情况及活动量的耐受程度，有无疲乏无力、头晕、活动后心悸、气短等；了解患者有无呕血、便血、月经过多等；了解患者有无头痛、恶心、呕吐，患者神志有无改变等。

1）发热：发热为急性白血病最常见症状，50%以上的患者以发热为首发症状。白血病本身可以因核蛋白代谢亢进出现低热，高热则多由继发感染引起。继发感染时体温可高达39 ~ 40℃以上，常伴畏寒、出汗。继发感染的主要原因是由于成熟粒细胞缺乏，其次是机体总免疫力降低，其次是放化疗对患者免疫系统的抑制或损害。继发感染最常见的致病菌为革兰阴性杆菌，如肺炎克雷白杆菌、铜绿假单胞菌、大肠杆菌、产气杆菌等；疾病后期因长期化疗、应用糖皮质激素及广谱抗菌药物常伴有真菌感染；部分患者也可出现病毒感染，如单纯疱疹、带状疱疹等。感染部位以口腔炎、牙龈炎、咽峡炎最常见，肺部感染、肛周炎、肛周脓肿亦多见，严重时可致菌血症或败血症。严重感染是急性白血病患者死亡的主要原因之一。

2）出血：几乎所有急性白血病患者均有不同程度的出血。出血的主要原因是具有正常功能的血小板明显减少、凝血因子减少、白血病细胞的浸润、感染及细菌毒素对血管的损伤。出血可发生在全身各部位，以皮肤出血、鼻出血、牙龈出血等最为常见，也可发生呕血、咯血、眼底出血等，女性患者多伴有月经过多，严重者可出现颅内出血；急性早幼粒白血病易并发 DIC 而出现全身广泛出血。严重出血也是导致白血病患者死亡的主要原因。

3）贫血：也常为首发症状，呈进行性发展，表现为面色苍白、疲乏、困倦和软弱无力，临床表现与贫血严重程度相关。半数患者就诊时有重度贫血，部分患者因病程短，可无明显贫血表现。贫血原因与正常红细胞生成减少有关，无效性红细胞生成、溶血、出血等因素对贫血发生也产生一定影响。

4）器官和组织浸润的表现：①肝、脾、淋巴结肿大：白血病细胞常浸润肝、脾、淋巴结，表现肝、脾、淋巴结轻到中度肿大，无压痛，多见于急性淋巴细胞白血病。除慢性粒细胞白血病急变外，巨脾罕见；②骨骼和关节疼痛：骨、关节疼痛是急性白血病的常见症状，儿童多见，是由于白血病细胞浸润关节、骨膜或在骨髓腔内过度增殖，使骨髓腔压力过高所致，急淋较急非淋常见且显著。以胸骨下段局部压痛最显著，骨髓坏死时可出现骨骼剧痛；③中枢神经系统白血病（CNSL）：随着白血病缓解率提高和生存期延长，CNSL 成为较突出的问题。CNSL 是由于化学药物难以通过血-脑屏障，使隐藏在中枢神经系统的白血病细胞不能有效地被杀灭所致，是白血病髓外复发的最主要根源。CNSL 可发生在疾病的各个时期，但多数患者症状出现较晚，常发生在白血病缓解期，急淋较急非淋常见，急性早幼粒细胞白血病也较多见。可无症状，或表现为头痛、头晕、烦躁，严重时出现呕吐、颈项强直、视神经乳头水肿和脑神经、脊髓瘫痪等；④皮肤及黏膜浸润：可有两种表现形式，一种是特异的，可呈丘疹、结节或肿块，也可是剥脱性皮炎；皮肤的颜色可呈黄色、棕褐色、红色、紫色或蓝色；皮损部位遍布体表，口唇、齿龈亦多有发生，发生在颜面的皮损多有破溃。另一种是非特异的，常见的有荨麻疹、大疱性皮疹、多形性红斑，也可见到丘疹坏死性皮疹、湿疹样皮疹或带状疱疹，甚至弥漫性红皮症、出血性皮损与溃疡。非特异性皮损的瘙痒症状十分常见，尤其是淋巴细胞性白血病；⑤绿色瘤（Chloroma）：是急性粒细胞白血病的一种特殊类型，白血病细胞浸润眼眶骨、颅骨、胸骨、肋骨或肝、肾、淋巴结等部位，在局部呈块状隆起而形成瘤状，此瘤切面呈绿色，故称绿色瘤，以眼眶和副鼻窦最常见，突出表现为眼球突出，还可出现复视或失明。伴有耳前及颌下淋巴结常有肿大。肿块皮肤表面也有绿色的色素沉着。病程后期累及全部重要脏器及四肢骨骼；晚期常因贫血感染衰竭而死亡。偶由急性单核细胞白血病局部浸润形成；⑥睾丸：白血病细胞浸润睾丸，多发生在化疗缓解后的男性幼儿和青年，是仅次于 CNSL 的白血病髓外复发的根源。睾丸受浸润时表现为一侧睾丸无痛性肿大，急淋多于急非淋；⑦其他：白血病细胞还可浸润心脏、呼吸道、消化道，但临床表现不多。胸腔积液多见于急淋。肾脏浸润常见，可发生蛋白尿、血尿。

（2）体征　应注意全身状况，定期监测生命体征，观察有无牙龈增生肿胀及口腔溃疡，咽部有无充血及扁桃体肿大，有无肛周脓肿等；皮肤、黏膜有无出血点或淤点、淤斑；面色、口唇、甲床是否苍白，患者的心率有无增快、心界是否扩大、两肺有无啰音；肝、脾大小、质地、表面是否光滑、有无压痛；浅表淋巴结有无肿大，肿大淋巴结的部位、数量、有无压痛等，胸骨、肋骨、躯干骨及四肢关节有无压痛等。

3.辅助检查

了解患者血象、骨髓象、血液生化检查等结果有无异常。

（1）血象　白细胞数可减少、正常或增多。多数患者白细胞计数在（10 ~ 50）× 10^9/L，少数可<5 × 10^9/L，称为白细胞不增多性白血病，或明显增高，>100 × 10^9/L，称为高白细胞性白血病，白细胞过高或过低者提示预后较差。分类检查可见相当数量的原始和（或）早幼细胞。患者有不同程度的正细胞性贫血，约半数患者血小板低于 60 × 10^9/L，晚期血小板常极度减少。

（2）骨髓象　骨髓检查是确诊白血病及分型的重要依据。骨髓象显示有核细胞增生明显活跃或极度活跃，增生以有关系列的原始细胞为主，而较成熟的中间阶段细胞缺如，并残留少量成熟粒细胞，形成所谓“裂孔现象”，当原始细胞占 30%以上时即可诊断白血病。正常幼红细胞和巨核细胞均减少。约 10%急非淋白血病骨髓增生低下，称为低增生性急性白血病。胞质中出现红色杆状小体，称奥尔小体（Auer），仅见于急非淋白血病，有独立诊断意义。

(3)细胞化学染色　常见白血病(急淋、急粒及急单白血病)的原始细胞形态相似,因此用组织化学染色有助于区分,可用于鉴别急淋、急粒及急单白血病。常用的方法有过氧化物酶染色、苏丹黑脂质染色、中性粒细胞碱性磷酸酶染色、糖原染色等。

(4)免疫学检查　通过针对白血病细胞所表达的特异性抗原的检测,可对白血病分型和各亚型鉴别。

(5)染色体和基因检查　急性白血病常伴有特异性染色体和基因的异常改变,并与疾病的发生发展、诊断、治疗及预后有密切关系。染色体和基因检查不仅对白血病的确诊、分型和各亚型鉴别提供依据,同时对临床制定白血病个体化治疗方案具有指导意义。

(6)血生化检查　化疗期间由于大量白血病细胞被破坏,血液及尿液中尿酸浓度均增高,甚至可形成尿酸结晶而影响肾功能。

(7)其他　急性单核细胞白血病患者血清和尿溶菌酶活性增高;中枢神经系统白血病时,脑脊液压力增高,脑脊液检查白细胞计数增多,蛋白质增多,糖定量减少,脑脊液涂片可发现大量白血病细胞。

4.心理–社会状况

白血病是恶性疾病,一旦确诊,患者会产生严重的心理反应,如恐惧、紧张、焦虑、悲观、抑郁、甚至绝望等。应了解患者对自己所患疾病的知晓程度,对疾病的心理承受能力如何。患者治疗过程中的并发症及经济负担日趋加重,常引起患者及家属的负性情绪,加之化疗药物及放射治疗使患者产生恶心、呕吐、脱发等毒副作用,增加了患者的痛苦,甚至使患者拒绝治疗。应了解家庭成员及亲友对疾病的认识,对患者的态度,家庭经济情况,有无医疗保障等家庭应对能力状况,了解患者及家庭能否正确处理突来应激。

【护理诊断及合作性问题】

1.活动无耐力

与大量、长期持续化疗的不良反应、白血病引起高代谢及贫血有关。

2.有感染的危险

与白血病细胞致成熟粒细胞减少、化疗使机体免疫力低下有关。

3.预感性悲哀

与患白血病和感受到死亡威胁有关。

4.潜在并发症

颅内出血、中枢神经系统白血病、化疗药物的不良反应、尿酸性肾病。

【护理目标】

1.患者能认识到饮食营养的重要性,体重维持在正常范围内,体力恢复,活动耐力增加,生活能自理,日常活动无不适。

2.患者能说出预防感染的重要性,减少或避免感染的发生。

3.患者能正确对待疾病,配合治疗和护理,悲观情绪减轻或消除,情绪稳定。

4.患者能采取正确、有效的预防措施,减少或避免出血;能说出化疗可能出现的不良反应,并能积极配合治疗,不发生并发症。

【护理措施】

1.合理治疗

治疗原则:消灭白血病癌症细胞群体和控制白血病细胞的大量增生,解除因癌症细胞浸润而引起的各种临床表现。目前国内外白血病的治疗主要以对症支持治疗、多药联合化学治疗为主。化疗获得完全缓解后或慢性期可及早进行异基因造血干细胞移植(HSCT)。近年来,免疫治疗也显示了一定的疗效和优越性。

(1)对症支持治疗　可改善患者体质,缓解症状,减少并发症发生,病情较重的患者须卧床休息,最好将患者安置在单间病房进行治疗。

1)感染的防治:严重感染是白血病患者的主要死亡原因,因此防治感染甚为重要。患者在化疗、放疗后,常伴有正常成熟粒细胞减少,此期间患者宜住进层流病房或消毒隔离病房,对患者实行保护性隔离,还可用粒细胞集落刺激因子(G-CSF)或粒—单细胞集落刺激因子(GM-CSF)提升白细胞,减少感染的发生。对已存在感染的患者,可先经验性使用广谱抗生素如头孢菌素类、氨基糖苷类药物治疗,同时作细菌培养及药敏试验,待致病菌和药敏结果出来后再行调整治疗方案。感染病灶未明者,应查找原发病灶,常做胸部X线摄片、咽拭子、血培养或分泌物及排泄物的细菌培养及药敏试验。调整抗菌素后若体温仍未下降,应考虑真菌感染的可能，可试用两性霉素B、制霉菌素、克霉唑、咪康唑等。病毒感染如带状疱疹可用阿昔洛韦口服、阿糖胞苷(Ara-c)、病毒唑等治疗。粒细胞减少引起感染时可给予白细胞悬液静脉输注以对症治疗。

2)纠正贫血：严重贫血者可酌情输注浓缩红细胞或新鲜全血。

3)控制出血：对白血病采取化疗是纠正出血最有效的方法。但化疗缓解出血前因血小板计数过低而出血时，输注浓缩血小板悬液是最有效的止血方法。发生DIC者要迅速用肝素治疗，同时可给予抗纤维蛋白溶解药(如对羧基苄胺、止血芳酸等)，必要时可输注新鲜全血或血浆。

4)高尿酸血症的防治：对白细胞计数很高的患者在进行化疗时，可因大量白细胞被破坏、分解，使血、尿尿酸明显增高，有时因尿酸结晶沉积在肾小管，引起少尿甚至急性肾衰。所以要特别注意化疗患者尿量变化，并查尿沉渣和测定血、尿尿酸浓度。在化疗期间除鼓励患者多饮水外，应给予别嘌呤醇，需要时大量输液和碱化尿液，以减少结晶析出。

5)紧急处理高白细胞血症：当循环血液中白细胞计数>100 × 10^9/L时，为高白细胞血症。高白细胞血症不仅增加患者早期的死亡率，也增加髓外白血病的发病率和复发率。当白细胞计数>200 × 10^9/L时，患者可产生“白细胞瘀滞症”。表现为呼吸困难，甚至呼吸窘迫、低氧血症、反应迟钝、言语不清、颅内出血、阴茎异常勃起等。因此，当白细胞>100 × 10^9/L时应紧急使用血细胞分离机，单采清除过高的白细胞，同时给以化疗药物和水化，并预防高尿酸血症、酸中毒、电解质紊乱、凝血异常等并发症。

6)输血支持：根据病情可成分输血(如浓缩红细胞、浓缩血小板悬液、白细胞悬液和血浆)或输新鲜全血，以改善症状。

(2)化学药物治疗　联合化疗是目前治疗急性白血病的主要手段，原则为早期、联合、充分、间歇。治疗急性白血病常用的化疗药物见表26-1。

急性白血病的化疗过程分为两个阶段，即诱导缓解和缓解后治疗，其间可增加强化治疗、巩固治疗和中枢神经系统白血病预防治疗等。每疗程化疗结束后间歇2 ~ 3周再进入下一疗程。适当的间歇一方面有利于骨髓恢复正常造血，另一方面可使残存的白血病细胞进入增殖循环，以便在下一化疗周期中被更大程度地消灭。

1)诱导缓解：是指从化疗开始到完全缓解(complete remission，CR)阶段。常采用多种药物大剂量联用的强烈化疗方案，以求迅速大量杀伤白血病细胞，控制病情，达到完全缓解，为以后的治疗打好基础。所谓完全缓解状态，即白血病症状和体征消失，骨髓和血象检查结果基本正常，骨髓原始细胞<5%。理想的CR状态，白血病在免疫学、细胞遗传学、分子生物学的异常标志均应消失。常用的诱导缓解化疗方案如下：①急淋：VP(长春新碱加泼尼松)方案是目前急淋主要采用的化疗基本方案。在VP方案基础上可加门冬酰胺酶(VLP方案)、或柔红霉素(VDP方案)、或4种药物同时应用(VLDP方案)，VLDP方案常为成人急淋首选方案，儿童急淋则首选VP方案；②急非淋：国内外治疗急非淋普遍采用的“标准”诱导缓解方案为DA方案(柔红霉素加阿糖胞苷)，也可用HOAP方案(三尖杉酯碱、长春新碱、阿糖胞苷、泼尼松)或HA方案(三尖杉酯碱加阿糖胞苷)。急性早幼粒细胞性白血病可采用全反式维甲酸(ATRA)口服直至缓解。

2)缓解后治疗：采用一系列小剂量、较缓和的治疗方案进行较长时间的延续治疗，目的是继续消灭体内残存的白血病细胞，防止复发，延长缓解和生存时间，争取治愈。

3)巩固治疗和强化治疗：急性白血病患者未治疗前体内白血病细胞有 10^{10} ~ 10^{13}，化疗达到完全缓解后体内仍有白血病细胞 10^6 ~ 10^8，缓解后应巩固和强化治疗，以在最大限度上消灭体内白血病细胞。巩固治疗是在缓解后治疗以后进行。缓解后治疗以前，在患者病情许可的情况下，可再重复缓解诱导方案。强化治疗是在缓解后治疗的几个疗程中间再重复原缓解诱导的方案。

4)中枢神经系统白血病(central nervous system leukemia，CNSL)的防治：随着急性白血病缓解率提高和存活期延长，CNSL的发生率也明显增多。防治CNSL是治疗急性白血病、减少复发的关键，尤其是急淋白血病。CNSL多数预后不佳，因此要强调CNSL的预防治疗，预防治疗常在第一次完全缓解后进行，首选甲氨蝶呤(MTX)做鞘内注射，同时加用地塞米松，以减轻药物刺激引起的蛛网膜炎。亦可用阿糖胞苷鞘内注射。可同时做头颅和脊髓放射性治疗。

总之，白血病化疗应根据患者血象、骨髓象、身体状况、年龄、对药物的反应和毒性反应的不同选用有效且患者能够耐受的化疗方案，并根据疗效和不良反应及时调整药物剂量。

(3)放射治疗　中枢神经系统白血病和硬膜外浸润压迫脊髓时，均可做头颅和脊髓放射治疗。对髓外局部病灶也可局部照射，如药物对睾丸白血病疗效不佳时，可对睾丸局部放射治疗；对淋巴结肿大伴有局部压迫症状者或伴有胀痛的巨脾且不能手术者,也可采取局部放射治疗以缓解症状。

表 26-1　急性白血病常用药物

药物类别	药物	缩写	药理作用	给药途径	主要不良反应
抗代谢药	甲氨喋呤	MTX	干扰核酸生物合成	口服 静脉注射 鞘内注射	口腔及胃肠道黏膜溃疡,骨髓抑制、肝肾损害、脱发
	巯嘌呤	6-MP		口服	骨髓抑制、胃肠道反应、肝损害
	阿糖胞苷	Ara-C		静脉滴注 皮下注射 鞘内注射	口腔溃疡、消化道反应、肝功能异常、骨髓抑制、脱发、巨幼样变、局部刺激
	环胞苷	Cy		口服 静脉注射 鞘内注射	同上,较轻
	羟基脲	HU		口服	口腔溃疡、消化道反应、骨髓抑制、巨幼样变
烷化剂	环磷酰胺	CTX	直接破坏DNA并阻止其复制	口服 静脉注射	骨髓抑制、胃肠道反应、脱发、出血性膀胱炎
	苯丁酸氮芥	CLB		口服	骨髓抑制、胃肠道反应
	白消安	BUS		口服	骨髓抑制,胃肠道反应,皮肤色素沉着
生物碱类	长春新碱	VCR	影响蛋白质合成	静脉注射	骨髓抑制、胃肠道反应、神经毒性、局部刺激
	高三尖杉酯碱	HHT		静脉滴注	骨髓抑制、胃肠道反应、心脏毒性
酶类	L-门冬酰胺酶	L-ASP		静脉滴注	过敏反应、肝损害、胰腺炎、低蛋白血症、高尿酸血症、高血糖等
抗生素类	柔红霉素	DNR	干扰转录过程,阻止RNA合成	静脉注射	骨髓抑制、心脏反应、胃肠道反应、局部刺激
	去甲氧柔红霉素	IDA		口服 静脉注射	胃肠道反应、脱发、心律失常、心电图异常、慢性心肌病及骨髓抑制等
激素类	肾上腺皮质激素	P	影响激素水平	口服	类库欣综合征、高血压、糖尿病等
肿瘤细胞诱导分化剂	全反式维甲酸	ATRA	使白血病细胞分化为具有正常表型功能的血细胞	口服	口唇、皮肤干燥伴脱屑、消化道反应、头痛、头晕、关节酸痛

（4）免疫治疗 也称为生物疗法。急性白血病虽经长时间的巩固强化治疗，但体内仍会残留一定数量的白血病细胞，用化疗不能达到将其彻底消灭的目的，依靠人体的免疫功能则可能消灭这些残留的白血病细胞。近年来，免疫治疗已逐渐被临床应用，常用的方法有卡介苗（BCG）疗法、转移因子（TF）疗法、干扰素（IFN）疗法和免疫核糖核酸（iRNA）疗法等。

（5）细胞因子治疗 重组人粒细胞集落刺激因子（rhG-CSF）重组人粒-单细胞集落刺激因子（rhGM-CSF）、和重组人促红细胞生长素（rh-EPO）具有促进造血细胞增殖的作用，近年已在临床用于白血病化疗及骨髓移植后引起的中性粒细胞减少症、白细胞减少症及严重红细胞减少性贫血。细胞因子治疗可与化疗药物同时应用，也可在化疗后使用。

（6）造血干细胞移植（HSCT） HSCT治疗白血病的疗效高于普通化疗，是目前最有希望治愈急性白血病的方法。目前主张除儿童急淋白血病外，所有年龄在50岁以下的急性白血病患者应在第一次完全缓解时进行HSCT，自体、异体移植均可采用。移植成功者一般可获得长期生存或治愈，5年生存率在40%～70%。但由于HSCT费用昂贵、人类白细胞抗原（HLA）相同的供体不足，在我国推广使用受到一定限制。

2.病情观察

密切观察患者生命体征的变化，经常询问患者有无咽部痒、痛，咳嗽、咳痰、尿频、尿急等不适。应密切注意患者有无出血征兆，尤其要注意有无内脏出血和颅内出血。检查患者全身皮肤有无皮下出血，大小便有无出血迹象。血小板数低于 $50 \times 10^9/L$ 时，患者应卧床休息；低于 $20 \times 10^9/L$ 时，应绝对卧床，头部尽量制动，同时告诉患者如有头痛、视力改变应立即报告。对慢粒患者应每日测量患者脾脏大小、质地，检查有无压痛，并作好记录。密切监测血象和骨髓象的变化。

3.一般护理

白血病患者继发感染和出血倾向的护理参见第四十章第二节，贫血的护理参见第四十一章第一节相关内容。需要注意的是：严重感染是患者死亡的主要原因，尤其化疗、放疗导致粒细胞长期缺乏，故防治感染极为重要。外周血中性粒细胞 $\leqslant 0.5 \times 10^9/L$ 时，发生感染的可能性更大，应给予患者保护性隔离。置患者于单人病房或无菌层流室，保证室内空气新鲜，定时空气和地面消毒，谢绝探视等以避免交叉感染。向患者和家属说明预防感染的重要性，讲述预防感染的方法，指导患者加强口腔、皮肤、肛周及会阴部清洁卫生。一旦出现感染征象，应协助医生做血液、咽部、尿液等感染病灶细菌培养，遵医嘱用强效的抗生素，常用头孢类第三代药物，如头孢哌酮（先锋必）、头孢曲松及头孢他啶（复达欣）等。视病情输注新鲜血液或浓缩血小板悬液抢救危重出血患者，并做好相应的护理。

（1）休息与活动 根据病情安排患者休息与活动，白血病患者因白细胞大量过度增生，其代谢率升高，同时也因贫血出现缺氧的症状，故应根据患者体力，与患者共同制订日常活动计划，生活起居要规律，劳逸结合，做到有计划地适量活动。加强生活方面的护理，将常用物品置于易取处，避免因体力消耗而加重心悸、气短症状。患者在高热、严重贫血、有明显出血及化疗期间，应绝对卧床休息。脾大者嘱患者取左侧卧位，以减轻不适感，尽量避免弯腰和碰撞腹部，以免发生脾破裂。

（2）饮食护理 白血病是严重消耗性疾病，应给予患者高热量、高蛋白、高维生素、清淡易消化饮食。饮食搭配要合理，摄入蛋白质及维生素含量高的食物，如禽蛋、乳类、鱼虾、瘦肉、豆腐、新鲜水果和蔬菜等，同时保证每日充足的饮水量，忌烟酒。向患者、家属解释化疗期间患者消耗大、食欲差，更应注意调整饮食，保证足够的营养摄入，补充机体的热量消耗，提高患者对化疗的耐受性，减少并发症发生。食欲差者宜少量多餐，注意改善烹调方法以适合患者的口味，增进食欲。若咽喉不适，可食少量营养丰富的冷食或冰冻食品。

4.化疗护理

化疗是目前治疗白血病最主要的手段，但大多数抗恶性肿瘤药安全范围小，选择性差，在化疗期间除杀伤白血病细胞外，对增殖旺盛的正常机体组织细胞也引起不同程度的损害，产生一些严重不良反应。白血病化疗常用药物的不良反应可见表26-1，为减轻化疗不良反应的影响，化疗期间应做好以下护理：

（1）保护静脉 某些化疗药物，如柔红霉素、阿糖胞苷、长春新碱等对组织刺激性大，多次静脉给药常引起静脉及周围组织炎症，表现为局部皮肤硬结、输药血管出现条索状红斑，若静脉给药时药液渗漏，会引起局部肿胀、疼痛、组织坏死。故化疗时应注意：

1）合理使用静脉：为减少患者反复穿刺的痛苦，同时保证化疗药物的顺利输入，建议留置深静脉导管。如需使用浅表血管，选择静脉应遵循先远端、后近端，左右静脉交替使用的原则。若药物刺激性强、剂量大时，宜选用有弹性且直的大血管。要求护士静脉穿刺技术熟练，避免穿透血管。穿刺时扎止血带时间不宜过长，不拍打静脉，不挤压皮肤，以免皮下出血。

2)防止化疗药物渗漏:①静脉穿刺前应先用生理盐水 10 ~ 20ml 推注,确保针头在血管内再接已稀释的化疗药液进行推注或滴注。静脉推注中要反复试抽回血,严密观察静脉输液是否通畅;②药物输完后再用生理盐水冲洗静脉后拔针,以减轻药物对局部组织的刺激。拔针后轻压血管数分钟,以防药液外渗或发生血肿。

3)化疗药液外渗的处理:静脉给药时,如疑有或已发生药液外渗应立即停止输注,但不要拔针,由原部位抽取 3 ~ 5ml 血液以除去一部分药液,随即局部滴入生理盐水以稀释药液,或滴入相应解药如硫代硫酸钠或8.4%碳酸氢钠后拔针。局部冷敷后再用 25%$MgSO_4$ 湿敷,亦可用 0.5%普普卡因局部封闭。告诉患者和家属药物外渗时切忌热敷,以免加重疼痛和组织损伤。伴有全身发热或条索状红线迅速蔓延时,可采用治疗紫外线灯照射,每日一次,每次 30 分钟。发生静脉炎症时处理同药液外渗。

目前临床上静脉套管针、置入式输液港(Port)等静脉输液工具的使用减少了静脉炎及药物外渗发生,减轻了白血病化疗患者的痛苦。

(2)预防和护理骨髓抑制　大多数化疗药物在杀伤白血病细胞的同时均可引起程度不等的骨髓抑制,骨髓抑制作用与药物剂量成正相关。严重的骨髓抑制可加重患者继发感染、出血倾向和贫血的症状。大部分化疗药抑制骨髓作用最强的时间为化疗后第 7 ~ 14 日,恢复时间为之后的 5 ~ 10 日。为防止骨髓抑制及其所带来的后果,无论肌注、口服或静脉的化疗药物都必须反复核对剂量;必须定期遵医嘱查血象,每疗程结束后要检查骨髓象,以便观察疗效及骨髓受抑制情况;从化疗开始至停止化疗 2 周内应加强预防感染和出血的措施(具体措施参看第二十五章第三节)。护理人员在操作时最好戴清洁的橡皮手套,以免不慎将药液沾染皮肤而影响自身健康。

(3)减轻消化道反应　良好的营养状况是保障化疗顺利进行的基础,由于许多化疗药物都可引起恶心、呕吐、食欲不振等消化道反应,所以化疗期间为患者提供一个安静、舒适、通风良好、没有异味的进餐环境非常必要。化疗期间饮食要清淡、可口,宜少量多餐,以半流食物为主,避免产气、辛辣和高脂食物,进食前后可休息一段时间,以减少体力消耗。当患者恶心、呕吐时暂停进食,并及时清除呕吐物,清洁口腔,避免不良刺激。化疗前后 1 小时内避免进食。必要时化疗前遵医嘱给予止吐药物减轻恶心、呕吐反应。

(4)预防肝肾功能损害

1)防止肝脏损害:使用对肝脏有损害作用的药物(如 6-巯基嘌呤、甲氨蝶呤、门冬酰胺酶)时,应观察患者有无黄疸,并定期监测肝功能情况。

2)防止出血性膀胱炎:环磷酰胺可引起出血性膀胱炎,用药期间应鼓励患者多饮水,每天>2000ml,同时观察尿量和颜色。一旦发生血尿,应停止使用该类药物,同时检查肾功能。

3)预防尿酸性肾病:注意患者尿量及尿沉渣检查结果,鼓励患者多饮水,每天 2000 ~ 3000ml。注射药液后,最好每半小时排尿一次,持续 5 小时,就寝时排尿一次,每次小便后检查是否有血尿。可口服碳酸氢钠碱化尿液,同时遵医嘱给予别嘌呤醇抑制尿酸合成,预防尿酸性肾病。

(5)做好口腔护理　甲氨蝶呤、阿糖胞苷、羟基脲、阿霉素等可引起口腔溃疡,口腔溃疡除可能继发感染外,局部疼痛还可影响患者进食和休息。

1)口腔护理原则:减少溃疡面感染,促进其愈合。

2)选择合适的漱口液:①指导患者睡前及餐后用生理盐水、朵贝液等交替漱口;②若疑口腔真菌感染可选 1% ~ 4%碳酸氢钠等漱口液,厌氧菌感染可用 1% ~ 3%过氧化氢溶液漱口,每次含漱时间为 15 ~ 20 分钟,每天至少 3 次;③溃疡疼痛严重者可在漱口液中加 2%利多卡因或 0.5% ~ 1%普鲁卡因液饭前含漱。

3)避免食物对口腔黏膜的损害:嘱患者不食用对口腔黏膜有刺激或可能引起创伤的食物,如过热、辛辣、带刺、有碎骨头、粗糙、坚硬的食物。

4)促进口腔溃疡愈合:可在溃疡局部涂擦止痛、消炎、促进愈合的药物。如冰硼散、锡类散、青黛散、养阴生肌散、黄连散等。此外,鱼肝油糊剂、强的松糊剂、复方倍他米松散、溃疡膏等亦有同样作用。上述药物可在餐后或睡前用漱口液含漱后涂于溃疡面,涂药后 2 ~ 3 小时后方可进食进水,以保证疗效。

(6)脱发的护理

1)化疗前护理:脱发会影响患者的自尊,因此化疗前应把这一可能发生的问题告知患者,使其有心理准备,并告知患者化疗结束后,头发还会重新长出,而且会更浓密,减轻患者的顾虑。

2)脱发后护理:评估患者对脱发的感受和认识,协助患者修饰,如戴帽子或假发,减轻脱发对患者造成的心理压力,介绍有类似经验的患者与其交友,相互交流体验,鼓励患者参与正常的社交活动。

(7)其他护理

1)神经损害:长春新碱能引起末梢神经炎、手足麻木感,停药后或服维生素 B_1 可减轻症状。

2)心脏损害:柔红霉素、阿霉素、三尖杉碱类药物可引起心肌及心脏传导损害,用药前后要监测患者心率、心律及血压,用药时要缓慢静滴,滴速<40 滴/min。定期查心电图,如出现胸闷、心悸等要及时通知医生。

3)鞘内注射护理:鞘内注射化疗药物推注时宜慢,用药后去枕平卧 4 ~ 6 小时,以免头痛。因为甲氨喋呤鞘内注射可引起急性化学性蛛网膜炎,应注意观察有无头痛、发热、颅内压增高等反应。

5.心理护理

(1)建立良好的生活环境　与患者建立良好的护患关系,帮助患者适应病区生活,鼓励其表达自己的感受,使患者保持良好的情绪状态,为患者创造一个安全、安静、舒适和宽松愉悦的环境,以利于身体的康复。

(2)给予患者疾病知识教育　对患者的恐惧表示理解并给予正面的指导。让患者了解白血病发病诱因,解释血液系统的变化,告诉患者一般的治疗方法,解释化疗可能发生的并发症,同时告知患者怎样预防和应对这些情况,教会并协助实施一些行之有效的应付方法。

(3)加强沟通,减轻患者心理负担　在护理中注意语言沟通技巧,多与患者进行沟通、交流,不要让其独自消极地发泄,鼓励患者与他人共同分担问题;向患者介绍同类病患者的治愈情况,请经化疗缓解的患者现身讲解,使病友之间能互相交流,互相鼓励,以提高患者的安全感和信赖感,增强患者治病信心。

(4)建立社会支持网　家属亲友要给患者物质和精神的支持与鼓励,同时要争取社区和工作单位的支持,多关心患者,多为患者解决身心需要,减轻患者的经济负担,使患者获得精神上的安慰与寄托,保持乐观向上的心态,能安心休养治疗。

6.健康指导

(1)生活指导　保持良好的生活方式,保持乐观情绪,生活要有规律,饮食应富含营养、清淡、少刺激,保证充足的休息和营养。适当进行健身活动,如散步、体操、慢跑、游泳、太极拳等,以提高抗病能力,减少复发。学会自我防护、自我观察的知识,学会自测体温。指导患者注意个人卫生,保持皮肤、口腔黏膜清洁,勤洗澡、勤换内衣,少去人群拥挤的地方,经常检查口腔、咽部有无感染,除早晚用软毛牙刷刷牙外,饭后应用生理盐水漱口。要预防和避免各种创伤,勿用牙签剔牙等。

(2)疾病知识指导　指导患者正确认识疾病,树立坚持长期治疗、战胜疾病的信心,充分调动自身的抗病潜能。出院后家属应继续给予支持和配合,为患者创造良好的休养环境。

(3)用药指导　指导患者坚持化疗,说明坚持巩固强化治疗可延长白血病的缓解期,有利于延长生存期,诱导缓解后遵医嘱巩固治疗,定期门诊复查血象,如发现出血、发热及骨、关节疼痛要及时去医院检查。

(4)个人防护　避免接触有害物质,不要使用对骨髓造血系统有损害的药物和含苯的染发剂等。长期接触放射性核素或苯类化学物质的工作人员,必须严格遵守劳动保护制度。

【护理评价】

1.患者能否说出预防感染的方法,并采取有效措施减少或避免感染的发生。

2.患者活动能力是否增加,生活能否自理,日常活动有无不适。

3.患者是否能积极配合治疗和护理,情绪是否稳定,悲观情绪是否减轻或消除。

第三节　慢性白血病患者的护理

【分类】

慢性白血病按细胞类型分为慢性粒细胞白血病(简称慢粒白血病)、慢性淋巴细胞白血病(简称慢淋白血病)和慢性单核细胞白血病(简称慢单白血病)。我国慢粒白血病约占各类白血病的20%,占慢性白血病的95%。

一、慢性粒细胞白血病患者的护理

慢性粒细胞白血病(chronic myeloid leukemia,CML)是起源于早期多能干细胞的恶性骨髓增生性疾病(获得性造血干细胞恶性克隆性增生疾病)。临床以脾肿大、粒细胞显著增多、外周血及骨髓中出现大量中幼、晚幼粒细胞为主要特征,90%以上患者骨髓细胞中存在特征性的费城染色体(Ph染色体)和(或)Bcr/Abl融合基因。各种年龄均可发病,但 10 岁以下者少见,患者年龄中位数为 45 岁,男性多于女性。CML 起病隐匿,病程进展慢,中位生存期3～4年。患者早期常无自觉症状,可因健康检查或其他疾病就医时才发现血象异常或脾大而被确诊。CML的整个病程可分为三期:慢性期(chronic phase,CP)、加速期(accelerated phase,AP)、急性变期(blastic phase,BP或blast crisis,BC)。

1.慢性期(CP)

患者出现乏力、低热、多汗或盗汗、体重减轻等代谢亢进的症状,由于脾大而自觉左上腹沉重不适、坠胀感。常以脾大为最显著的体征,往往就医时脾已达脐或脐以下,质地坚实、平滑,无压痛。少数患者可因发生脾梗死而出现显著腹痛及局部压痛和摩擦音。当治疗后病情缓解时,脾往往缩小,但随病情发展会再度增大。肝明显肿大者较少见,浅表淋巴结多不肿大。部分患者有胸骨中下段压痛。当白细胞显著增高时,可有眼底充血及出血。白细胞极度增高时,可发生白细胞淤滞症。CP一般持续1～4年。

2.加速期(AP)

一般在起病后1～4年后进入加速期,患者常有原因不明的发热、虚弱、进行性体重下降、骨骼和关节疼痛,逐渐出现贫血和出血;脾持续或进行性肿大;对原来治疗有效的药物产生耐药。AP可维持几个月到数年。

3.急性变(BP/BC)

为CML的终末期,临床表现与AL类似。多数为急粒变,少数为急淋样变,偶有巨核细胞及红细胞等类型的急性变。急性变预后极差,往往在数月内死亡。

【护理评估】

1.健康史

询问患者是否接触苯及衍生物,是否长期接受化疗,是否大剂量或长期接受电离辐射,家族中是否有类似疾病的患者。

2.身体状况

(1)症状　了解患者有无乏力、发热、多汗或盗汗、体重减轻等代谢亢进表现;有无骨和关节疼痛;有无皮肤、齿龈出血,女性月经过多情况;有无头晕、心悸等贫血表现。

(2)体征　有无肝脾肿大、脾肿大的程度,有无浅表淋巴结肿大及胸骨下部压痛;有无皮肤、黏膜出血点或瘀斑、紫癜等。

3.辅助检查

了解患者血象、骨髓象、染色体检查等结果有无异常。

(1)血象　白细胞数明显增高,主要为中性粒细胞,以中幼粒、晚幼粒和杆状核细胞为主。原粒细胞不超过10%。晚期红细胞及血小板可明显减少。

(2)骨髓象　骨髓象是确诊慢粒的主要依据。有核细胞增生明显至极度活跃,以粒系增生为主。各期粒细胞均有,分类与外周血中相似,晚幼粒和杆状核粒细胞增多,原粒和早幼粒细胞一般不超过5%～10%,嗜碱或嗜酸粒细胞增多。幼红细胞和巨核细胞早期增生活跃,幼红细胞和巨核细胞在早期可呈增生活跃象,但在晚期则生成受抑制。

(3)细胞遗传学检测　90%以上慢粒患者有Ph染色体(此染色体异常是后天获得的)。Ph染色体被认为是慢粒的标记染色体。

4.心理–社会状况

了解患者及家属对疾病的关注程度和认知程度,了解患者有无因疾病发展出现强烈情绪反应,如焦虑、恐惧等。

【护理诊断及合作性问题】

1.疼痛

脾区疼痛与脾大、脾梗死有关。

2.潜在并发症

化疗药物的不良反应。

【护理目标】

脾区疼痛减轻或消失,无严重药物不良反应发生。

【护理措施】

参见急性白血病的护理,另需注意以下护理。

1.合理治疗

(1)化学治疗

1)羟基脲:是一种周期特异性抑制DNA合成的药物,起效快,能迅速控制疾病发展,但维持时间短,停服后白细胞数回升较快,故必须维持治疗。适用于慢性期、加速期及准备做骨髓移植的患者。由于本药作用时间短,几乎无迟发毒性反应,为目前治疗慢粒白血病的首选药物。常用剂量为每日3g,分2次服用,待白细胞降至$20\times10^9/L$左右时剂量减半,减至$10\times10^9/L$时改用维持剂量,每日0.5~1.0g。

2)白消安(马利兰):是一种烷化剂,对慢粒疗效显著,能选择性抑制较成熟的幼粒细胞,对原、早幼粒细胞及淋巴细胞无作用。

3)其他:6-巯嘌呤、苯丁酸氮芥、环磷酰胺、靛玉红及异靛甲等,其中靛玉红是我国从中药青黛中提取的治疗慢粒药物,异靛甲为其衍生物。这些药虽都能使慢粒达到一定程度的血液学缓解,但疗效尚不及羟基脲及白消安,可作为二线药物。

(2)干扰素-a　干扰素-a的疗效与慢粒的临床分期及剂量有关,要争取早期治疗,使用剂量要大,停药后易复发,且不能防止急性变。与羟基脲或小剂量阿糖胞苷联合应用可提高疗效。

(3)伊马替尼(imatinib,格列卫)　近年临床应用较多,为2-苯胺嘧啶衍生物,可在分子水平上抑制Bcr-Abl酪氨酸激酶,使酪氨酸残基不能磷酸化,从而抑制Bcr-Abl融合基因阳性细胞、Ph染色体阳性的慢性粒细胞白血病患者细胞的增殖并诱导其凋亡。对于初治的CML,血液学完全缓解率(HCR)为98%。主要分子生物学反应率(MCR)为83%和细胞遗传学完全缓解率(CCR)为68%。

(4)造血干细胞移植　是目前被普遍认可的根治性标准治疗。骨髓移植应在CML慢性期血象及体征控制后尽早进行,常规移植患者的年龄在45岁以下为宜。HLA相合同胞间移植后患者3~5年无病存活率为60%~80%。

(5)其他　白细胞淤滞症可采用白细胞分离机除去大量白细胞,减少白细胞数量。脾区放射可用于巨脾患者缓解症状。

2.病情观察

每日检查脾大小、质地、压痛情况,做好记录。观察有无脾破裂表现,如突然脾区剧烈疼痛、面色苍白、出冷汗、脉搏细弱、血压下降、尿量减少等出血性休克征象;有无慢粒急变表现,如发热、体重下降、脾进行肿大、骨和关节疼痛、贫血和出血加重等,如有异常情况及时报告医生并配合处理。

3.一般护理

(1)休息与活动　安置患者于安静、舒适的环境卧床休息,取左侧卧位以减轻腹部不适。尽量避免弯腰和碰撞腹部,以免脾破裂。

(2)饮食　给予患者高热量、高蛋白、高维生素易消化的饮食,以补充代谢亢进消耗的能量。指导患者少量多次进食、进水以减轻腹胀。

(3)用药护理　参看AL化疗护理。

4.健康指导

向患者和家属讲解慢粒白血病的有关知识,病情的发展演变过程,亲属应给予患者精神和经济的支持,使其能够积极主动配合治疗,按医嘱用药,延缓急性变。指导合理患者饮食,给予患者高热量、高蛋白、高维生素、清淡容易消化的食物。适当身体锻炼,不可过劳。保持良好的卫生习惯,注意预防感染。如出现高热、脾进行性肿大、骨和关节疼痛、贫血和出血加重等情况应及时就诊。告诉患者要定期检查血象和骨髓象,以评价疗效并监测化疗不良反应。

【护理评价】

脾区疼痛是否减轻或消失,是否发生严重药物不良反应。

二、慢性淋巴细胞白血病患者的护理

慢性淋巴细胞白血病(chronic lymphocytic leukemia,CLL)是异常的B淋巴细胞克隆性增殖的恶性疾病(T淋巴细胞少见),这类细胞形态上类似成熟淋巴细胞,但在免疫学上是不成熟的、功能不全的细胞,其对抗原刺激反应低下,且形成不适当的抗体,这些抗体对机体的免疫功能具有抑制作用。慢淋主要浸润骨髓、血液、淋巴结等器官。起病缓慢,患者多无自觉症状。主要表现是全身淋巴结肿大、贫血及外周血淋巴细胞异常增多。本病多发于中老年人,约90%的患者年龄超过50岁,平均年龄为65岁,男性稍多于女性,本病在我国少见,仅占白血病的3.4%,欧美白种人中较常见占25% ~ 30%。CLL的病程长短悬殊,短者1 ~ 2年,长者10年以上,平均4 ~ 6年,感染为主要死亡原因,尤以肺炎多见。

【临床分期】

慢淋分期的目的是为了指导临床治疗和估计预后。目前通用的国际临床分期标准如下:

A期:血液中淋巴细胞≥15×10⁹/L,骨髓中淋巴细胞≥40%,无贫血或血小板减少,淋巴结肿大小于3个区域(颈、腋下、腹腔的淋巴结不论一侧或两侧,肝、脾各为一个区域)。

B期:血液和骨髓同上,淋巴结肿大累及3个或更多区域。

C期:血液和骨髓中淋巴细胞同上,但有贫血(血红蛋白,男性<110g/L,女性<100g/L)或血小板减少(<100×10⁹/L),淋巴结累及范围不计。

【护理评估】

1.健康史

了解患者的年龄、职业,询问患者是否大剂量或长期接触低频电磁场,家族中是否有类似疾病的患者。

2.身体状况

(1)症状　了解患者起病情况,注意是否有疲倦乏力、食欲减退、消瘦、低热、盗汗、易感染等症状,有无肝脾、淋巴结肿大等表现。

1)淋巴结大:浅表淋巴结特别是颈部淋巴结肿大,首先引起患者的注意,常为就诊的首发症状,淋巴结肿大可累及颈部、腋部、腹股沟等部位。晚期成串成堆,直径可达2 ~ 3cm,无压痛、质硬、可移动。偶因腹膜后、肠系膜淋巴结肿大而出现相应的压迫症状。

2)肝脾肿大:半数以上患者有脾轻度或中度肿大,但不如慢粒显著,肝亦可肿大。

3)全身表现:早期可有疲倦乏力,体力活动时气促;后期出现食欲减退、消瘦、低热、盗汗及贫血、出血和感染等症状。

(2)体征　注意检查肿大淋巴结的部位、个数、大小、质地、有无粘连及压痛情况等,检查有无肝脾肿大及程度,有无胸骨压痛,有无出血、倾血及贫血表现。

3.辅助检查

了解患者血象、骨髓象、免疫学及细胞学检查结果有无异常。

(1)血象　白细胞增多是本病的特点,最突出的发现是小淋巴细胞增多,白细胞总数>10 × 10⁹/L,小淋巴细胞持续性增多,占50%以上,晚期可达90%~ 98%,中性粒细胞和其他正常白细胞均显著减少。晚期血红蛋白和血小板减少。

(2)骨髓象　早期骨髓象可无明显改变;晚期骨髓增生明显活跃至极度活跃,以成熟淋巴细胞增生明显,成熟淋巴细胞可≥40%,原始淋巴细胞和幼稚淋巴细胞仅占5%~ 10%。红系、粒系及巨核系细胞均减少。

(3)免疫学检查　血清免疫球蛋白减少,50%的病例丙种球蛋白减少;10%~ 20%的患者有自身抗体。

(4)细胞遗传学检查　50%~ 80%的患者出现染色体异常,部分患者可有基因突变或缺失。

4.心理-社会状况

了解患者及家属对疾病认识程度,了解患者生活自理状况,有无焦虑、抑郁、悲观失望等情绪。

【护理诊断及合作性问题】

1.有感染的危险

与低免疫球蛋白血症、成熟粒细胞缺少有关。

2.活动无耐力

与贫血及化疗不良反应造成机体消耗增加有关。

【护理目标】

1)患者能说出感染的危险因素,采取有效措施预防或使感染减轻。

2)患者日常活动无不适,活动耐力增加。

【护理措施】

1.合理治疗

A期患者不需要治疗,但应定期观察病情是否有进展。B期和C期患者均需治疗。

(1)化学治疗

1)苯丁酸氮芥:是最常用的药物,每日 6 ~ 10mg 口服,1 ~ 2 周后减至每日 2 ~ 6mg,疗程 2 ~ 4 个月,疗效明显,一般维持 6 个月可停药,复发再用药。环磷酸胺疗效与苯丁酸氮芥相似。

2)氟达拉滨:是现在应用最为广泛、作用最好的嘌呤类似物,治疗有效率明显高于烷化剂,最常见的不良反应包括骨髓抑制(白细胞减少、血小板减少和贫血)、发热、寒战和包括肺炎的感染。氟达拉滨只能用于静脉注射,每日 25mg,每 28 天连续静脉用药 5 天,一直用到取得最佳治疗效果(完全或部分缓解,通常需 6 个疗程)后,方可停用。

(2)其他治疗　反复感染的慢淋患者,可静脉注射丙种球蛋白;并发自身免疫性贫血或血小板减少者,可采用糖皮质激素治疗;经脾区放疗无效时可考虑脾切除术。

2.其他

其他护理措施参见急性白血病的护理。

【护理评价】

1)能否说出感染的危险因素,采取有效措施预防或使感染减轻。

2)日常活动量是否增加,活动时有无心悸、头晕、出汗等不适。

(江震)

第二十七章 出血性疾病患者的护理

学习目标

知识目标 知道正常止血、凝血、抗凝与纤维蛋白溶解机制;知道出血性疾病的分类;知道特发性血小板减少性紫癜、血友病、弥散性血管内凝血的病因及发病机制。能说出特发性血小板减少性紫癜、血友病、弥散性血管内凝血的症状和体征。

能力目标 会特发性血小板减少性紫癜、血友病、弥散性血管内凝血的患者的护理。

素质目标 学习过程中体现对患者的关心。

第一节 概 述

出血性疾病(Hemorrhagic disease)是由于正常的止血功能障碍,引起皮肤、黏膜和内脏的自发出血或轻微损伤后出血不止的一组疾病。

一、正常止血、凝血、抗凝与纤维蛋白溶解机制

1.止血机制

生理性止血机制主要包括血管收缩、血小板血栓形成及血凝块形成与维持三个时相。

当血管破损时,局部血管立即发生反射性收缩,血小板(PL)迅速黏附和聚集在血管破损处,并释放5-羟色胺(5-HT)与血栓素(TXA_2),血管内皮细胞释放内皮素(ET),5-HT、TXA_2和ET均可引起血管收缩,使局部血流减少,实现初步止血。黏附在血管内皮下已暴露胶原纤维上的血小板,还可释放出二磷酸腺苷(ADP)等,ADP和TXA2能促使更多的血小板在局部聚集,形成白色血栓,促进局部止血,几乎在同时,血小板、组织损伤后分别释放出血小板第3因子(PF_3)、组织因子(TF、FⅢ)、血浆中凝血因子与破损血管部位的胶原纤维接触,内、外源性凝血系统被启动,最终在白色血栓周围形成纤维蛋白网,将血液中红细胞、白细胞滞留其中,构成牢固的血凝块堵住血管损伤部位达到生理止血效果。

2.凝血机制

血液凝固是指血液由流动的液体状态变成不能流动的凝胶状态的过程。凝血过程是一系列无活性酶原被有序地激活,使血浆中可溶性纤维蛋白原转变为不可溶性纤维蛋白的过程。目前已知的凝血因子有14种,除FⅢ外,其他13种凝血因子均存在于新鲜血浆中,且多数在肝脏内合成。除钙离子外,其余均为蛋白质。在正常情况下,所有的凝血因子均处于无活性状态,必须被激活后才具有凝血功能。凝血过程包括内源性凝血途径和外源性凝血途径,大体上分为以下3个阶段。

(1)为凝血酶原复合物形成 ①外源性凝血途径:血管壁或组织损伤后释放出组织因子(FⅢ),组织因子与FⅦ形成复合物,并激活FⅦ,在钙离子和PL存在的条件下,激活FⅩ。②内源性凝血途径:血管损伤时,内皮完整性破坏,内皮下胶原组织暴露。FⅪ与胶原接触,被激活成有活性的FⅫa,FⅫa激活FⅪ,在钙离子存在的条件下,FⅪa激活FⅨ。FⅨa、FⅧa及PL在钙离子的存在的条件下形成复合物,激活FⅩ。两种途径分别激活FⅩ,形成FⅩa。在钙离子存在的条件下,形成FⅩa-FⅤa-Ca^{2+}-PL复合物,即凝血酶原复合物。

(2)凝血酶形成 在凝血酶原复合物和钙的作用下,无活性的凝血酶原激活为凝血酶。凝血酶是一种多功能凝血因子,它除参与第3阶段凝血反应外,还有如下作用:①激活因子ⅩⅢ,加速稳定性纤维蛋白形成;②反馈性加速凝血酶原向凝血酶的转变;③诱导血小板的不可逆性聚集,加速其活化。

(3)为纤维蛋白生成 在凝血酶作用下,纤维蛋白原依次裂解,释出A肽和B肽,形成纤维蛋白单体(可溶性),单体自动聚合,形成不稳定性纤维蛋白聚合体(不可溶性),再经ⅩⅢa的作用形成稳定性交联纤维蛋白。

二、抗凝与纤维蛋白溶解机制

人体除凝血系统外，还存在完善的抗凝及纤溶系统。体内凝血与抗凝、纤维蛋白形成与纤维蛋白溶解维持着动态平衡，以保持血流的通畅。

1.抗凝系统的组成及作用

(1)抗凝血酶Ⅲ(AT-Ⅲ)　AT是人体内最重要的抗凝物质，约占血浆生理性抗凝活性的75%。AT生成于肝及血管内皮细胞，主要功能是灭活FⅩa及凝血酶，对其他丝氨酸蛋白酶如FⅨa、Ⅺa、FⅫa等亦有一定灭活作用，其抗凝活性与肝素密切相关。

(2)蛋白C系统　蛋白C系统由蛋白C(PC)、蛋白S(PS)和血栓调节素(TM)等组成。PC、PS为维生素K依赖性因子，在肝内合成。TM则主要存在于血管内皮细胞表面，是内皮细胞表面的凝血酶受体。凝血酶与TM以1∶1形成复合物，裂解PC，形成活化的PC(APC)，APC以PS为辅助因子，通过灭活FⅤ及FⅧ而发挥抗凝作用。

(3)组织因子途径抑制物(TFPI)　为一种对热稳定的糖蛋白，内皮细胞可能是其主要生成部位。TFPI的抗凝机制为：①直接对抗FⅩa；②在Ca^{2+}存在的条件下，有抗TF/FⅦa复合物的作用。

(4)肝素　为硫酸黏多糖类物质，主要由肺或肠黏膜肥大细胞合成，抗凝作用主要表现为抗FⅩa及凝血酶。作用与AT-Ⅲ密切相关：肝素与AT-Ⅲ结合，致AT-Ⅲ构型变化，活性中心暴露，变构的AT-Ⅲ与因子Ⅹa或凝血酶以1∶1结合成复合物，致上述两种丝氨酸蛋白酶灭活。近年研究发现，低分子肝素的抗FⅩa作用明显强于肝素钠。此外，肝素还有促进内皮细胞释放组织型纤溶酶原活化剂(t-PA)、增强纤溶活性等作用。

2.纤维蛋白溶解系统的组成、激活与作用

(1)组成　纤溶系统主要由纤溶酶原(PLG)及其激活剂、纤溶酶激活剂抑制物等组成。

(2)纤溶系统激活

1)内源性途径：这一激活途径与内源凝血过程密切相关。当FⅫ被激活时，前激肽释放酶在FⅫa作用下转化为激肽释放酶，后者使纤溶酶原(PLG)转变为纤溶酶，致纤溶过程启动。

2)外源性途径：血管内皮及组织受损伤时，组织型纤溶酶原活化剂(t-PA)或尿激酶型纤溶酶原激活剂(u-PA)释入血流，裂解纤溶酶原，使之转变为纤溶酶，导致纤溶系统激活。

(3)纤溶酶作用于纤维蛋白和纤维蛋白原：使之降解为小分子多肽A、B、C及一系列碎片，称之为纤维蛋白降解产物(FDP)，FDP通常不再发生凝固。

【出血性疾病分类】

出血性疾病可表现为血管壁异常、血小板异常和凝血异常。

1.血管壁异常

(1)先天性或遗传性　如遗传性出血性毛细血管扩张症、家族性单纯性紫癜、先天性结缔组织病。

(2)获得性　①感染：如细菌、病毒感染；②免疫因素：如过敏性紫癜；③化学物质及药物：如药物性血管性紫癜(磺胺，青、链霉素等)；④营养不良：如坏血病等；⑤代谢及内分泌障碍：如糖尿病紫癜、类固醇紫癜、老年紫癜等；⑥机械因素：反应性紫癜；⑦原因不明：单纯紫癜、特发色素性紫癜等。

2.血小板异常

(1)血小板数量减少　①血小板生成减少：如再生障碍性贫血、白血病、放疗及化疗后的骨髓抑制；②血小板破坏过多：如特发性血小板减少性紫癜；③血小板消耗过度：如弥散性血管内凝血。

(2)血小板数量增多　①原发性：原发性出血性血小板增多症；②继发性：如脾切除术后。

(3)血小板功能异常　①遗传性：血小板无力症，巨大血小板综合征，血小板病；②获得性：可由抗血小板药物、感染、尿毒症、异常球蛋白血症等引起。

3.凝血异常

(1)先天性或遗传性　各型血友病、遗传性凝血酶原缺乏症、遗传性纤维蛋白原缺乏症等。

(2)获得性　严重肝病、尿毒症等。

4.纤维蛋白溶解过度所致出血性疾病

1)原发性纤维蛋白溶解。

2)继发性纤维蛋白溶解。

5.循环抗凝物质所致出血性疾病

大多为获得性,如抗凝血因子Ⅷ、Ⅸ,肝素样抗凝物质,见于肝病、SLE等;狼疮抗凝物质,见于SLE。

【护理评估】

1.健康史

参见第二十四章第二节“出血倾向”相关内容。

2.身体状况

出血性疾病共同特点为皮肤/黏膜、关节腔、内脏等多个部位自发性出血,或受损伤后出血不止。不同类型的出血性疾病其出血特点不同,参见表27-1。

表27-1 不同类型出血性疾病临床特征比较

	血管性疾病	血小板性疾病	凝血性疾病
性别	女性较多	女性较多	男性较多
阳性家族史	少见	罕见	多见
出血诱因	多为自发性出血	多为自发性出血	多为外伤后出血
出血部位	多为皮肤、黏膜,偶有内脏出血	多为皮肤、黏膜,重症常有内脏出血	多为关节腔、肌肉和内脏出血
出血表现	皮肤瘀点、紫癜	牙龈出血、皮肤瘀点、紫癜、眼底出血、月经过多、呕血、黑便、血尿	常有关节腔出血、肌肉血肿和内脏出血,外伤后出血不止亦常见
迟发出血	少见	少见	多见
病程	短暂	迁延	常为终身性
预后	较好	一般	不定

3.辅助检查

(1)筛选试验　包括毛细血管脆性试验、出血时间、血小板计数、凝血时间、激活的部分凝血活酶时间、凝血酶时间等。根据筛选试验结果,结合临床特点,可将出血性疾病大致分为血小板、血管性异常及凝血功能障碍三类。

(2)确诊试验　血小板及血管性异常,可进一步做骨髓检查、血小板形态、血小板黏附及聚集试验。凝血功能障碍可再做凝血活酶时间纠正试验及凝血酶原纠正试验,有条件可测定凝血因子及活性。

4.心理-社会状况

参见第二十四章第二节“出血倾向”相关内容。

【护理目标】

参见第二十四章第二节“出血倾向”相关内容。

【护理措施】

参见第二十四章第二节“出血倾向”相关内容。

【常见护理诊断及合作性问题】

1.合理治疗

(1)病因防治　主要适用于获得性出血性疾病,患者应避免使用可加重出血的药物,如阿司匹林、保泰松、吲哚美辛、双嘧达莫;血友病患者应慎用抗凝药,如华法令、肝素等;过敏性紫癜患者应避免再次接触致敏物质;防止外伤,尽可能避免手术和肌内注射。指导患者预防出血措施,并学会发生急性出血的处理方法。遗传性出血性疾病目前无根治办法,预防措施在于对患者进行婚配、生育的遗传咨询服务,如对可疑血友病基因携带的孕妇行必要的产前诊断,如发现胎儿为血友病应该及时终止妊娠。

(2)止血治疗

1)补充血小板及相应的凝血因子,如纤维蛋白原、凝血酶原复合物等。

2)血管异常的患者可给予维生素C、安络血、糖皮质激素、曲克芦丁、垂体后叶素等改善毛细血管通透性;血小板减少性紫癜可用糖皮质激素;肝病可用维生素K;纤溶亢进所致出血可用氨基己酸、氨甲苯酸、氨甲环酸等。

3)肌肉、关节腔出血,可用弹性绷带或纱布压迫止血,必要时把关节固定以限制活动。

其他护理措施参见第二十四章第二节“出血倾向”相关内容。

第二节　特发性血小板减少性紫癜

案例引入

患者,女,36 岁。3 天前无明显诱因出现牙龈出血,量不多,反复出血。无头昏、头痛,无视物模糊,无心慌、胸闷,无血尿、便血,未予重视。昨晚无意中发现全身多处出血点,且当月月经较前延长 4 天,遂至医院就诊。门诊查血常规:Hb96g/L,WBC6.9×10^9/L,BPC2×10^9/L。初步诊断为特发性血小板紫癜,收住院做进一步诊治。

问题:1.诊断的主要依据有哪些?

2.目前主要的护理诊断有哪些?

特发性血小板减少性紫癜(idiopathic thrombocytopenic purpura,ITP)是一种因免疫机制导致血小板破坏过多的临床综合征,又称为免疫性血小板减少性紫癜(Immune thrombocytopenic purpura)。

ITP 是血小板减少性紫癜中最常见的一种,其年发病率小儿约为 46/100 万口,成人为 38/100 万口左右。临床特征为广泛皮肤、黏膜及内脏出血、血小板计数减少、骨髓巨核细胞发育成熟障碍、血小板生存时间缩短及抗血小板自身抗体出现。可分为急性型和慢性型。急性型多为 10 岁以下儿童,成人少见;两性无差异,多在冬、春季节发病。起病急骤,80%以上患者起病前 1 ~ 2 周有呼吸道感染史,尤其是病毒感染,以上呼吸道感染、风疹、麻疹、水痘居多,也可在疫苗接种后出现。病程短,有自愈趋势,约 80%患者可以缓解。50%患者可在 6 周内恢复,其余的在半年内完全恢复,6% ~ 20%可转为慢性,病死率为 1%,死亡多在发病 1 ~ 2 周时。成人起病常与药物有关,病情比小儿严重。慢性型占 ITP 的 80%,多见于 40 岁以下女性,男女之比约为 1∶4。起病隐袭、缓慢,一般无前驱症状,多数病程较长,发作与缓解交替,有的呈周期性发作,10% ~ 20%可以自愈。个别严重患者,血小板极度减少,有颅内出血危险,后者为本病的致死原因。

【病因及发病机制】

病因未明,可能与下列因素有关:

1.感染

约 80%病儿在发病前 1 ~ 2 周左右有病毒感染史,多为上呼吸道感染,还有约 20%患者的先驱病是风疹、麻疹、水痘、腮腺炎、传染性单核细胞增多症、肝炎等疾病。

2.免疫因素

感染不能直接导致 ITP 发病,免疫因素的参与可能是 ITP 发病的重要原因。多数患者的血清中可检测出血小板相关性自身抗体(PAlg),与自身抗体结合的血小板易被单核—巨噬细胞吞噬破坏。在一些难治性 ITP,抗血小板抗体可抑制巨核细胞的分化,从而影响血小板的生成。

3.肝、脾的作用

体外培养证实,脾能产生 PAIg,并破坏与抗体结合的血小板,肝对血小板的破坏作用与脾类似,发病期间血小板寿命明显缩短,为 1 ~ 3 日(正常血小板平均寿命 7 ~ 11 日)。

4.其他因素

慢性型多见于女性,尤其是育龄女性,可能与雌激素抑制血小板生成及促进单核—巨噬细胞破坏与抗体结合的血小板有关。

【护理评估】

1.健康史

了解患者起病情况及发病前1～2周有无病毒感染史,了解患者既往用药情况,了解患者既往有无过敏史,了解患者最早发病年龄,了解患者有无肝、肾疾病等。

2.身体状况

(1)症状

1)出血:①急性型鼻、牙龈及口腔黏膜出血较重,且先于四肢出现,当血小板低于 20×10^9/L时可发生内脏出血,常有消化道、泌尿道出血,眼结合膜下出血,少数可出现视网膜出血;出血严重者可出现口腔、舌黏膜血泡,可因脊髓或颅内出血引起下肢麻痹或颅内高压表现,颅内出血是本病致死的主要原因;②慢性型出血症状相对较轻而局限,但常反复发作,每次发作可持续数周、数月、甚至数年。出血以四肢远端皮肤淤点、淤斑多见,女性患者可有月经过多,偶有内脏出血,如消化道或泌尿道出血,严重内脏出血较少见。部分患者可因感染等导致病情骤然加重,出现严重的内脏出血。

2)全身表现:急性型常有畏寒、寒战、发热等。

3)其他:出血量过大、范围过于广泛者,可出现程度不等的贫血、血压降低甚至失血性休克。长期月经过多者,可出现缺铁性贫血。反复发作者常有轻度脾大。

(2)体征

1)出血:皮肤可见大小不等、分布不均的瘀点,尤以下肢为多,鼻腔、牙龈可见血痂,严重出血者口腔、舌黏膜可有血泡。如有内脏出血,可有眼结合膜下出血、黑便、血尿等表现。

2)生命体征:急性失血性休克可致患者血压下降、脉搏细速、呼吸加快、尿量减少、皮肤湿冷、意识障碍等;颅内出血时可出现颅内高压表现及神经压迫症状,如意识障碍,呼吸、脉搏、血压异常,瘫痪等。

3.辅助检查

(1)血象　急性型发作期血小板常低于 20×10^9/L,慢性型常为$(30\sim80)\times10^9$/L;出血严重时可伴贫血,白细胞可增高,偶有嗜酸性粒细胞增多。

(2)骨髓象　急性型骨髓巨核细胞轻度增加或正常,慢性型骨髓中巨核细胞显著增加。巨核细胞多为幼稚型,表现为巨核细胞体积变小,胞浆内颗粒减少,有血小板形成的巨核细胞显著减少(<30%);红系及粒、单核系正常。

3.免疫学检查　80%以上的ITP患者血小板相关抗体(PAIg)阳性,缓解期可降至正常值。

4.其他　出血时间延长,束臂试验阳性,血块收缩不佳,血小板黏附、聚集功能减弱且寿命缩短。

4.心理-社会状况

反复发生出血的患者常有注意力不集中,坐卧不安,甚至恐惧。随着病情的迁延,患者脾气变得粗暴、固执,易迁怒于他人,出现与家人、医护人员沟通障碍等。

【护理诊断及合作性问题】

1.组织完整性受损

出血与血小板减少、血小板寿命缩短及体内存在抗血小板抗体有关。

2.有感染的危险

与糖皮质激素治疗有关。

3.潜在并发症

颅内出血。

【护理目标】

详见第二十四章第二节"出血倾向"相关内容。

【护理措施】

详见第二十四章第二节"出血倾向"相关内容。

1.合理治疗

治疗原则:控制出血,减少血小板的破坏和提高血小板的数量。

(1)肾上腺糖皮质激素　肾上腺糖皮质激素为首选药物,其作用机制是:①减少PAIg产生,减轻抗原抗体反应;②抑制单核巨噬细胞系统的吞噬作用,从而使抗体被覆的血小板的寿命延长;③刺激骨髓造血及血小板向外周释放；④降低毛细血管脆性，减轻出血症状。常用泼尼松30～60mg/d，分次或顿服，待血小板数量接近正常，可逐渐减量（每周减5mg），最后小剂量（5～10mg/d）维持3～6个月，症状重者可静滴地塞米松。

（2）脾切除　可减少血小板抗体产生及消除血小板的破坏，是ITP的有效疗法之一。适应症为：①正规使用皮质激素治疗3～6个月无效且出血明显者；②糖皮质激素疗效差，维持量大于30mg/d；③有应用皮质激素或免疫抑制禁忌者；④^{51}Cr扫描示：血小板主要阻留在脾区者。脾切除治疗的有效率为70%～90%，近年也有学者以脾动脉栓塞代替脾切除，效果较好。

（3）免疫抑制剂　一般不作首选，用于以上疗法无效或疗效差者，可与糖皮质激素合用。常用的免疫抑制剂有：①长春新碱：最为常用，静脉注射给药，每周1次，4～6周为一疗程；②环磷酸胺：口服或静脉注射，3～6周为一疗程；③硫唑嘌呤：口服，3～6周为一疗程；④环胞素：口服，3～6周为一疗程，可维持半年以上，主要用于难治性ITP。

（4）免疫球蛋白　疗效60%左右，能快速升高血小板，但不能持久。主要适应于：①并发严重出血的急性重症ITP；②慢性ITP患者手术前准备；③难治性ITP。

（5）达那唑　是一种合成雄激素，有免疫调节和抗雌激素作用。其作用可能是与恢复抑制性T细胞功能使抗体减少有关。孕妇禁用，用药期间定期查肝功能。

（6）输血及血小板悬液输注　仅用于危重出血或脾切除术前准备。输新鲜血或浓缩血小板悬液可使血小板升高，如先输注免疫球蛋白再输注血小板，可使血小板寿命延长。但反复多次输注血小板易使受者产生同种抗体，引起血小板破坏加速。

（7）血浆置换　适用于急性重症患者，可在短时间内除去部分抗血小板抗体。适用于出血严重、手术前准备的急症患者，对慢性ITP一般无效。

（8）急症的处理　患者血小板低于20×10^9/L，出血严重、广泛，已有或已发生颅内出血，或近期将实施手术或分娩，可采用以下措施：①输血及血小板悬液；②大剂量丙种球蛋白；③血浆置换；④大剂量甲泼尼龙。

2.一般护理

本病在冬、春之际多发，因此在此期间要注意避免受凉、感冒，以免诱发发作。急性发作期，应卧床休息，减少活动。加强必要的防护，尤其在患者发热、寒战、神志不清时更应注意防护，避免创伤而引起出血。衣服应柔软、宽松，以免加重皮肤紫癜。避免剧烈运动及外伤，平时活动要避免关节受伤，一旦受伤应固定并局部冷敷。血小板低于20×10^9/L时要绝对卧床休息，避免便秘和剧烈咳嗽。给予高维生素、高蛋白、高热量、少渣饮食。根据病情选用流质、半流质或普食，牙龈出血时，食物的温度不宜太高。多吃蔬菜、水果，禁吃坚硬、多刺、辛辣食物，以免诱发出血。

3.用药护理

指导患者和家属注意观察药物的疗效及不良反应，发现可疑药物不良反应，应及时报告医护人员，并积极配合处理。

（1）糖皮质激素　应向患者解释长期服用糖皮质激素可引起医源性库欣综合征，如出现向心性肥胖、痤疮、多毛、钠水潴留、血糖升高等，并易诱发或加重感染。用药期间应注意饮食和个人的卫生，保持居室、床褥清洁；低盐饮食，每周测体重，防止水钠储留；定期检查血压、血糖、白细胞分类计数等。

（2）免疫抑制剂　长春新碱可以引起骨髓造血功能抑制、末梢神经炎，应定期检查血象。环磷酰胺可致出血性膀胱炎等，应指导患者用药期间多饮水。

4.心理护理

对患者和家属提出的有关疾病方面的问题，给予耐心解释，消除顾虑。鼓励患者表达自己的感受，对患者的烦躁、焦虑甚至恐惧等不良情绪表示理解，与家属沟通共同安慰患者，并给予患者心理支持。一旦患者出现严重的出血，应沉着应对，护理操作熟练、敏捷、准确，增加患者的安全感和信任感，减轻或消除不良的情绪。

5.健康指导

（1）疾病知识指导　向患者讲述本病的有关知识，使其对疾病有正确认识，保持情绪稳定。指导患者及家属识别出血征象，如瘀点、黑便，一旦发现出血应及时就医。

（2）指导自我保护方法　如注意休息和加强营养，增强机体抵抗力。不与呼吸道感染患者接触，去公共场所需戴口罩，衣着适度，尽可能避免感染，以免引起病情加重或复发。慢性患者适当活动，如散步、打太极拳、下象棋等，血小板在50×10^9/L以下时，避免强体力活动，预防各种损伤，如不使用硬质牙刷、不挖鼻孔、不接触锐利的玩具和工具，不做易发生外伤的运动。

(3)用药指导　指导患者不要滥用药物,特别是对血小板有损伤作用的药物,如阿司匹林、双嘧达莫、吲哚美辛等。长期服用糖皮质激素者,不可自行减量或突然停药,否则会出现反跳现象。解释按医嘱正规服药对疾病痊愈或长期缓解、防止复发的重要意义。

(4)定期门诊复查血小板

【护理评价】

1)是否发生损伤和出血。

2)有无体温升高等感染的征象。

第三节　血友病

案例引入

患者,男,14 岁,因右膝关节血肿伴疼痛 2 天入院。两天前患者在活动后出现左膝关节疼痛,未做任何处理,很快患者左膝出现血肿并逐渐增大,随后来院求诊。患者自幼即有轻微碰撞或轻微损伤后肌肉、关节等部位出血不止病史。家族中两个舅舅均有类似病史。查体:T37.1℃、P76 次/分,BP110/68mmHg;神志清楚,口鼻黏膜未见出血,浅表淋巴结未触及;心肺未见异常;腹部检查无异常;左膝关节表面青紫,可见约 4cm×8cm 血肿关节活动受限,双踝关节有畸形,但无红肿及压痛。实验室检查:红细胞 3.9×10^{12}/L,血红蛋白 10g/L,PLT110×10^{9}/L,APTT 延长,PCT 不良。

学习任务:1. 该患者可能患何病?

2. 说出患病依据。

血友病(Hemophilia)是一组最常见的由于血液中某些缺乏而导致患者产生严重凝血障碍的遗传性,男女均可发病,但绝大部分患者为男性。包括血友病 A(甲)、血友病 B(乙)和因子 XI 缺乏症(曾称血友病 C)。前两者为性连锁隐性遗传,后者为常不完全。三者的比较发病率为 16∶3∶1,血友病在先天性出血性疾病中最为常见,约占遗传性出血性疾病的 85%,出血是其共同的主要临床表现。

【病因及发病机制】

血友病 A、B 是性联隐性,其遗传位于 X 染色体上,男性发病,女性传递。70%的血友病 A 有阳性家族史。30%的病例是由于基因突变,血友病 B 有明显家族史者少。男性患者与正常女子结婚其子正常,其女 100%是血友病的传递者。传递者女子与正常男子结婚,其子半数为血友病患者,其女半数为传递者。男性患者与传递者女子结婚,所生男孩半数为血友病患者,其女半数为血友病患者,半数为传递者。

血友病 A(Hemophilia A)又名抗血友病球蛋白(antihemophilic globulin,AHG)缺乏症或第Ⅷ因子缺乏症。血友病 B(Hemophilia B)又名血浆凝血活酶成分(PTC)缺乏症或第Ⅸ因子缺乏症。两者均由于 X 染色体上基因缺陷,前者不能产生正常的Ⅷ因子,后者不能产生正常的Ⅸ因子,从而影响内源性凝血活酶的形成,使血液不能正常凝固。血友病 C(Hemophilia C)又名血浆凝血活酶前质(PTA)缺乏症(Plasma thromboplastic antecedent deficiency)或第Ⅺ因子缺乏症,也称为遗传性 FⅪ缺乏症。此型症状较甲、乙型轻,种族倾向明显,多见于南部犹太人后裔,遗传方式属染色体隐性遗传,男女均会出现症状,由于Ⅺ因子缺乏而影响正常血液凝固。

【护理评估】

1.健康史

评估患者的性别特征,有无遗传性家族性出血病史,最早发病的年龄及出血特点。

2.身体状况

(1)症状

1)出血:出血是血友病的主要表现,出血轻重与血友病类型及相关因子缺乏程度有关。血友病 A 出血最重,血友病 B 次之,血友病 C 最轻。出血轻重与相关因子缺乏程度呈正相关。其出血特点为:①出生即有,伴随终身;②多发生于轻微创伤(如碰撞、切割、注射等)或小手术(如拔牙)之后顽固的、缓慢而持久的渗血;③出血部位广泛,反复发生,常表现为软组织或深部肌肉血肿;④关节出血是血友病的特殊症状,多发生在血友病A,各关节均可累及,负重关节(如膝、踝、髋关节等)反复出血尤为突出。出血关节先表现为疼痛继而肿胀,反复出血可因关节腔积血吸收不完全发生机化或刺激滑膜增生,最终导致关节强直、僵硬、畸形。关节变形伴骨质疏松、关节骨化及肌肉萎缩又称为血友病关节;⑤内脏出血较为少见,多发生在重型患者,可出现咯血、呕血和血尿等,颅内出血是患者死亡的主要原因。

2)血肿压迫表现:出血后血肿压迫周围神经出现局部肿痛、麻木和肌肉萎缩。颈部、咽喉部软组织出血形成的血肿可压迫或阻塞气道,引起呼吸困难甚至窒息。

(2)体征

1)出血:皮肤淤斑,肌肉、关节血肿,关节僵硬、畸形,鼻腔可见血痂。如有内脏出血,可有咯血、黑便、血尿等表现。

2)生命体征:严重内脏出血可有生命体征异常,如意识障碍,呼吸、脉搏、血压异常,瘫痪等。

3.辅助检查

(1)血象　红细胞、白细胞、血小板计数基本正常,出血时间、血块回缩试验正常。

(2)筛查试验　①凝血时间(CT)延长;②激活部分凝血酶原时间(APTT)延长;③凝血酶原消耗(PCT)不良;④简易凝血活酶生成试验(STGT)异常。

(3)确诊试验　凝血活酶生成试验(TGT)结合纠正试验可用于血友病的诊断及分型。

(4)因子(FⅧ:C及FⅨ)活性检测　FⅧ:C是凝血因子Ⅷ的凝血活性部分,是血友病A的发病基础,其活性水平与出血程度呈正相关。该项检查主要用于血友病A和B严重程度的判断。

4.心理-社会状况

反复出血的患者常有注意力不集中,焦虑不安,甚至恐惧等。

【常见护理诊断及医护合作性问题】

1.组织完整性受损

出血与凝血因子缺少有关。

2.疼痛

肌肉、关节疼痛与深部组织血肿及/或关节腔积血有关。

3.有废用综合征的危险

与关节僵硬、畸形,肌肉萎缩有关。

4.焦虑

与终身出血倾向,丧失劳动能力有关。

5.潜在并发症

颅内出血。

【护理目标】

详见第二十四章第二节“出血倾向”相关内容。

【护理措施】

1.合理治疗

治疗原则:血友病目前尚无根治方法,需终生治疗,最有效的方法是补充凝血因子的替代治疗,同时加强预防损伤性出血,及时处理局部出血。

(1)局部出血治疗　浅表组织、鼻黏膜出血可采用局部压迫,冰袋冷敷,局部用止血粉、止血海绵敷贴或堵塞的方法止血;局部深层组织出血和关节腔出血早期应制动,抬高患肢,局部冷敷并加压包扎止血。

(2)替代疗法　仍是目前防治血友病出血最有效的措施,常用制剂有:

1)血浆:新鲜血浆和新鲜冰冻血浆制品内含有全部凝血因子,可用于血友病的补充治疗。

2)冷沉淀物:又称为冻干人抗血友病球蛋白,所含因子Ⅷ较新鲜血浆高5～10倍。

3)中纯度因子Ⅷ制剂:因子Ⅷ活性可提高25倍,已广泛用于临床。

4)凝血酶原复合物浓缩剂:含因子Ⅸ、Ⅹ、Ⅶ、Ⅱ。

由于FⅧ:C不稳定,半衰期为8～12小时,一般患者需12～24小时输注一次,重症患者8～12小时一次。FⅨ的半衰期为 18 ～ 30 小时,可一天输注一次。输注量和维持时间因病情而异。

(3)药物治疗

1)去氨加压素(DDAVP):静脉或皮下给予去氨加压素 0.3ug/kg,可使中凝血因子Ⅷ(FⅧ:C)的活力增加 2 ～ 3 倍,但对严重血友病无效,常用于轻型血友病 A。DDAVP0.3 ～ 0.5ug/kg,以 30ml 生理盐水稀释后在 20 分钟内滴注完毕,12 小时后重复一次,每疗程 2 ～ 5 次。不良反应有心率加快、颜面潮红、抗利尿作用。

2)糖皮质激素:可改善毛细血管通透性并减少抗FⅧ:C抗体产生,对控制血尿、加速急性关节积血的吸收及反复接受 FⅧ:C 治疗而效果差者有一定疗效。

3)抑制纤维蛋白溶解药:可保护已形成的血凝块不被溶解,与替代疗法合用可减少输血或 FⅧ的用量。常用药物有 6-氨基己酸和氨甲环酸。

(4)其他治疗　近年来,血友病 B 的基因治疗已在临床试用;对于关节强直、畸形的患者,可在补充足量相应凝血因子的基础上行关节成型术或置换术。

2.出血的预防与护理

详见第二十四章第二节“出血倾向”相关内容。

3.关节功能锻炼

关节肿痛缓解后鼓励患者循序渐进地进行主动或被动关节功能训练，向患者及家属说明功能训练可防止关节挛缩变形、肌肉萎缩和功能丧失。

4.心理护理

加强心理护理,向患者及家属说明本病的发生、发展和预后,鼓励患者树立战胜疾病的信心;定期随访,嘱患者避免日常生活的不必要损伤。

5.健康指导

(1)疾病知识指导　向患者讲述本病的有关知识,使其对疾病有正确认识,保持情绪稳定,积极配合治疗。说明本病的遗传特点,需要终身治疗。指导患者及家属识别出血征象,如瘀斑、鼻衄、黑便等,一旦发生出血应及时就医。

(2)指导自我保护方法　避免过度负重或剧烈的接触性运动(拳击、打篮球、排球等),不穿硬底鞋或赤脚走路,如不使用硬质牙刷、不挖鼻孔、不接触锐利的玩具和工具,预防各种损伤。

(3)用药指导　指导根据出血严重程度及时补充凝血因子,以治疗和防止出血。患者不要滥用药物,特别是具有抑制血液凝固作用的药物,如阿司匹林、双嘧达莫、吲哚美辛等。

(4)出血的应急措施　教会患者常见出血部位的紧急止血方法,有条件者可教会患者及家属注射凝血因子的方法;要求患者随身携带血友病病历卡,以备发生意外时可得到及时的处理。

(5)疾病预防指导　重视遗传咨询、婚前检查和产前诊断是降低血友病发病率的重要措施。有血友病家族史的人群应重视婚前血友病遗传咨询,男性血友病患者与女性携带者不宜婚配,否则应避免生育;婚前检查不仅可以发现血友病患者,更重要的是发现血友病基因携带者;为了减少血友病患儿的出生,女性携带者均应进行产前诊断,一般于妊娠第 13 ～ 16 周进行羊水穿刺,确定胎儿性别及基因表型,以明确胎儿是否为血友病,决定是否终止妊娠。

【护理评价】

1)是否反复发生损伤和出血。

2)有无关节肿痛、肢体功能受限的表现。

3)能否积极配合治疗,有无较大情绪变化。

第四节　弥散性血管内凝血

案例引入

患者,男性,52 岁。14 小时前在外吃晚饭后不久即出现里急后重,呕吐 2 次,为胃内容物,量不多,无咖啡色物,无腹泻、腹痛,自感畏寒、发热,无咳嗽、呼吸困难,无头痛、流清鼻涕及咽痛。8 小时前(凌晨 4 时)出现腹泻及脓血便。口服"消炎药"(药名不详)后症状未能缓解,于 2 小时前,患者情况恶化,家人将其送入医院。体格检查:T40.1℃,P126 次/分,BP44/20mmHg,R30 次/分。意识模糊、双侧瞳孔对光反射迟钝,肢端湿冷,皮肤弹性好,发绀。心肺检查无异常,腹平坦,无压痛,肝脾未触及,腹部移动性浊音阴性,肠鸣音 14 次/分,肛门少许脓血稀便附着。经实验室检查后诊断为"中毒性痢疾"。护士按医嘱立即给予抗感染和抗休克治疗。1 小时后发现患者采血部位和输液部位渗血不止,且躯干、四肢有多处紫癜,BP40/20mmHg。

学习任务:1. 病情变化提示什么?

2. 需要做哪些检查确诊?

弥散性血管内凝血(disseminated intravascular coagulation,DIC)不是一个独立的疾病,是由多种致病因素激活机体凝血系统,在毛细血管、小动脉、小静脉内广泛血小板聚集和纤维蛋白沉积,形成广泛的微血栓,消耗大量凝血因子,继发性纤维蛋白溶解,导致微循环功能障碍、全身出血、栓塞、溶血和其他内脏功能损害的临床综合征。微循环血栓形成是 DIC 基本的和特异性的病理变化。本病多起病急、发生部位广泛、进展迅速、死亡率高,是临床急重症之一。

【病因及发病机制】

1.病因

导致 DIC 的原因很多,其中以感染、恶性肿瘤、病理产科、组织损伤为最常见原因。在我国以感染最常见,恶性肿瘤(包括急性白血病)次之,两者占病因的 2/3。国外报告则以恶性肿瘤,尤其是有转移病变的占首位。

(1)感染性疾病　感染约占 DIC 发病总数的 31%~43%,各种严重的细菌感染(如金黄色葡萄球菌、革兰氏阴性杆菌、中毒性菌痢、伤寒)、病毒感染(如流行性出血热、重症乙型脑炎等)、恶性疟疾、钩端螺旋体病、立克次体病及立克次体感染均可引起 DIC。

(2)恶性肿瘤　占 DIC 发病总数的 24%~34%,常见的有急性白血病(尤其是急性早幼粒细胞白血病)、淋巴瘤、前列腺癌、支气管癌、胰腺癌、胃癌、肝癌、绒毛膜上皮癌、肾癌及脑肿瘤等(尤其是癌肿广泛转移并发生组织坏死时)。

(3)病理产科　常见于产科意外,如羊水栓塞、胎盘早期剥离、滞留等病例。

(4)组织损伤　如严重烧伤、广泛性外科手术(如脑、前列腺、胰腺、子宫及胎盘等)、挤压综合征、毒蛇咬伤等。

(5)心、肺、肾、肝等内脏疾病　如肺心病、恶性高血压、ARDS、出血坏死性胰腺炎、肝硬化、急性或亚急性肝死、急进性肾小球肾炎、溶血性贫血、糖尿病酮症酸中毒、系统性红斑狼疮等。

(6)其他　各种原因引起的休克、异型输血、巨大血管瘤、中暑、药物反应及中毒等。

2.发病机制及病理改变

(1)微血栓形成　上述原因均可损伤组织及血管内皮细胞,启动外源性或内源性凝血系统,导致弥漫性微血栓形成,造成微循环障碍、红细胞机械性损伤及溶血,导致肺、肾、肝、脑、心等器官的功能衰竭。

(2)凝血功能异常　当微循环内发生凝血时,大量血小板和凝血因子被消耗,纤溶系统亦被激活,从而使血液从高凝状态转变为低凝状态,引发广泛性出血。

(3)微循环障碍　微循环内的血栓可引起微循环阻塞,大量出血致使有效循环血量不足,心肌受损致收缩力减弱,心排出量减少,扩血管物质增多使血管过度扩张,最终导致微循环障碍。

【临床类型】

根据起病急缓、病情轻重分为急性型、亚急性型和慢性型三种，其中急性占大多数，慢性者少见；按DIC发展情况分为高凝期、消耗性低凝期和继发性纤溶亢进期。临床上各期都有可能交叉或重叠，特别是消耗性低凝期和继发性纤溶亢进期。

【护理评估】

1.健康史

评估患者有无严重感染、恶性肿瘤、病理产科、组织损伤等病史，起病急缓及病情轻重情况，诊疗情况等。

2.身体状况

（1）症状

1）出血：约84%～95%的患者以程度不同的出血为初发症状，是DIC最常见的症状之一。出血为自发性、多发性，可遍及全身，如紫癜、血泡、皮下血肿、采血部位出血、手术创面出血、外伤性出血和内脏出血等，严重者可发生颅内出血。

2）多组织、脏器功能障碍：发生率为40%～70%。由于弥漫性微血栓形成，受累组织、脏器出现程度不同的微循环阻塞，继而发生程度不同的组织、脏器代谢与功能障碍或缺血性坏死，严重者可导致组织、脏器功能不全甚至衰竭。临床上常同时或相继出现两种或两种以上组织、脏器功能障碍的不同症状，常见的有：①浅层栓塞：表现为皮肤发绀，进而坏死、脱落，多见于眼睑、四肢、胸背及会阴部，黏膜损伤易发生于口腔、消化道、肛门等部位，呈局灶性或斑块状坏死或形成溃疡；②深部器官栓塞：多见于肾（腰痛、少尿、无尿、氮质血症等）、肺（呼吸困难、发绀、咯血、急性呼吸衰竭）、胃肠道（恶心、呕吐、腹部或背部疼痛）、脑（烦躁、嗜睡、昏迷、惊厥、颅神经麻痹及肢体瘫痪）等脏器。DIC引起的多器官功能衰竭（MSOF）常是DIC死亡的重要原因。

3）低血压及休克：发生率为30%～80%。由多种因素综合作用导致微循环障碍或衰竭时，可出现一过性或持续性血压下降，DIC早期即可出现单个或多个重要器官（如肾、肺、脑）功能不全，表现为肢体湿冷、少尿或无尿、呼吸困难及不同程度的意识障碍。

4）溶血与贫血：DIC早期溶血较轻，不易察觉，后期易在外周血发现各种具特殊形态的畸形红细胞。DIC时微血管管腔变窄，当红细胞通过腔内的纤维蛋白条索时，可引起机械性损伤和碎裂，发生溶血，称为微血管病性溶血。大量溶血时可出现巩膜、皮肤黄染。慢性DIC及有些亚急性DIC往往因为溶血表现为进行性贫血，贫血程度与出血量不成比例，被称为微血管病性溶血性贫血。

（2）体征　观察患者皮肤、黏膜有无发绀、黄染、坏死、脱落，有无紫癜、血泡、皮下血肿；了解四肢温、湿度情况；注意口腔、消化道、肛门等部位的黏膜有无坏死或形成溃疡；有无少尿、无尿、呼吸困难、血压下降，意识障碍等情况发生。

3.辅助检查

（1）血小板计数（PLT）　$<100\times10^9$/L有诊断价值，特别是进行性降低。

（2）凝血酶原时间（PT）　PT延长，超过正常对照3秒以上有意义。

（3）部分凝血活酶时间（APTT）　APTT在DIC高凝期缩短，消耗性低凝期延长；同时测得PT及APTT均延长，对诊断DIC有更大意义。

（4）纤维蛋白原量（Fg）　正常值为2～4g/L，<1.5g/L有诊断价值，如发现其进行性减少则更有意义。

（5）凝血酶时间（TT）　正常1～18秒，比正常对照延长3秒以上有诊断价值。

（6）其他　D-二聚体定量增高或定性阳性、血浆鱼精蛋白副凝试验（3P试验）阳性均对DIC有诊断价值。

4.心理–社会状况

评估患者的心理和精神状态，家属对病情的认知和关注程度，了解患者的经济状况和社会关系状况。

【护理诊断及合作性问题】

1.组织灌注量改变

与弥散性血管内凝血有关。

2.潜在并发症

出血、休克、多器官功能衰竭。

【护理目标】

患者没有发生严重出血；无休克或多脏器功能衰竭情况发生。

【护理措施】

1.合理治疗

DIC的病情严重，病势凶险，发展迅速，必须积极抢救，否则病情即可发展为不可逆性。由于原发病与DIC两者互为因果，治疗中必须同时兼顾，并严密观察临床表现及实验室化验结果的变化。

(1)治疗基础病，去除诱因　是有效救治DIC的前提和基础。包括积极治疗和控制感染性疾病、病理产科和外伤的处理、治疗肿瘤、防治休克及治疗相关心、肺、肾、肝等内脏疾病。

(2)抗凝疗法　是终止DIC、减轻脏器功能损伤、重建凝血-抗凝血功能平衡的重要措施。

1)肝素：是DIC首选的抗凝药物。常用制剂肝素钠每日给予80 ~ 240mg(每100mg=12500u)，每6小时的用量不超过60mg，静脉滴注(每小时滴10mg左右)，根据病情连用3 ~ 5日。目前，临床趋向使用低分子肝素，与肝素钠相比，前者较少引起血小板减少及出血，半衰期也较长，用法为：首次静滴25mg，以后每4 ~ 6小时给予6mg，使用3 ~ 5日。一旦病因消除，DIC被控制，应及早停止肝素治疗。

2)抑制血小板聚集药：适用于轻型DIC或高度怀疑DIC而未能肯定诊断者。常用制剂有：①潘生丁，400 ~ 600mg/d，分3次口服；②低分子右旋糖酐，降低血液黏滞度，抑制血小板聚集，一般用量为500 ~ 1000ml静脉滴注。

(3)补充凝血因子和血小板　当凝血因子和血小板过少、出血严重或以继发纤溶为主时，应适当补充所减少的成分。输新鲜全血、新鲜血浆、冷沉淀物可补充凝血因子，对血小板或纤维蛋白原显著降低者，可分别补充血小板悬液或纤维蛋白原浓缩剂。

(4)抗纤溶治疗　DIC后期继发性纤溶成为出血的主要矛盾时，则可适当应用抗纤溶药物。这类药物应在已进行有效原发病治疗、已使用足量肝素治疗的前提下应用。常用的药物包括6-氨基已酸(6-EACA)2~6g/d，静脉滴注，抗纤溶芳酸(对羧基苄胺，简称PAMBA)200 ~ 400mg/d，或止血环酸(AMCHA)200 ~ 500mg/d，用葡萄糖液稀释后缓慢静脉滴注或注射。

(5)支持疗法　包括吸氧、补充血容量、升高血压、纠正水电解质紊乱酸碱失衡等。

2.抢救配合与护理

1)体位：休克的患者取中凹位；严重呼吸困难者可取半坐卧位；颅内出血时可平卧，头偏向一侧。

2)保持呼吸道通畅，给予高浓度吸氧。

3)严密观察血压、脉搏、呼吸、尿量及出血表现，每小时1次。

4)立即开通两条静脉以备抢救时用药及输液时用。

5)正确、及时采集和送检各类标本，密切监测各项实验室指标，如血小板计数、凝血酶原时间、血浆纤维蛋白含量、3P试验等，这是救治DIC的重要环节，可对DIC的诊断、病情分析、指导治疗和判断预后提供重要依据。

6)密切观察出血症状及高凝和栓塞症状：①密切观察出血症状　有无广泛自发性出血、皮肤黏膜瘀斑、伤口及注射部位渗血、内脏出血(如呕血、便血、泌尿道出血)、颅内出血(意识障碍、瘫痪)等症状。②观察有无微循环障碍症状　如皮肤、黏膜、紫绀，少尿、无尿，血压下降，呼吸循环衰竭等症状。③观察有无高凝和栓塞症状　如静脉采血血液迅速凝固时应警惕高凝状态，内脏栓塞可引起相关症状，如肾栓塞引起腰痛、血尿、少尿；肺栓塞引起呼吸困难、紫绀；引起头痛等。④观察有无黄疸、溶血症状。

7)观察原发性疾病的病情。

3.用药护理

使用肝素时应密切观察出血减轻或加重的情况，定期测凝血时间以指导用药，如凝血时间>30分钟，提示肝素过量，应停用；如出血加重，可静脉注射鱼精蛋白中和肝素，1mg鱼精蛋白可中和1mg肝素。输血治疗时需按要求输注新鲜全血、新鲜血浆、血小板悬液及冷沉淀物等补充凝血因子，输注时需密切观察有无输血反应。

4.一般护理

保持病室环境安静清洁；根据病情要求患者多卧床休息并取合适的体位；保持呼吸道通畅，给予持续吸氧；注意保暖，防止受凉；加强皮肤护理，防止压疮；遵医嘱进食高营养、易消化流质或半流饮食，并根据原发疾病调整食品的营养成分和品种，必要时禁食；保持排便通畅。

【护理评价】

患者是否发生严重的浅表及内脏出血;是否发生重要脏器功能损害或功能衰竭情况;是否出现肝素应用过量等用药不当的情况。

(江震)

第五篇

内分泌代谢系统疾病患者的护理

第二十八章　概　论

第一节　内分泌系统的结构和功能

学习目标

知识目标　知道内分泌及代谢疾病的病因、发病机理与辅助检查，能说出内分泌及代谢疾病的临床表现。

能力目标　会内分泌及代谢疾病的常见症状体征的护理。

素质目标　学习过程中体现对患者的关心。

内分泌系统是由神经内分泌组织、内分泌腺及存在于某些脏器中的内分泌组织和细胞所组成的一个体液调节系统。其主要功能是合成、分泌各种激素，与神经系统共同调节人体的物质代谢、脏器功能、生长发育、生殖衰老等生命活动，维持人体内环境的相对稳定。内分泌疾病的发生，是由于内分泌腺及组织发生病理改变所致。许多疾病通过代谢紊乱也可影响内分泌系统的结构和功能。

一、内分泌系统结构和功能

内分泌系统由神经内分泌组织、内分泌腺及存在于脏器中的内分泌组织和细胞构成。神经内分泌组织为下丘脑，重要的内分泌腺有垂体、甲状腺、甲状旁腺、肾上腺、胰岛和性腺等，含有内分泌组织和细胞的脏器有心、肺、肝、胃肠、肾和脑等(图 28-1)。

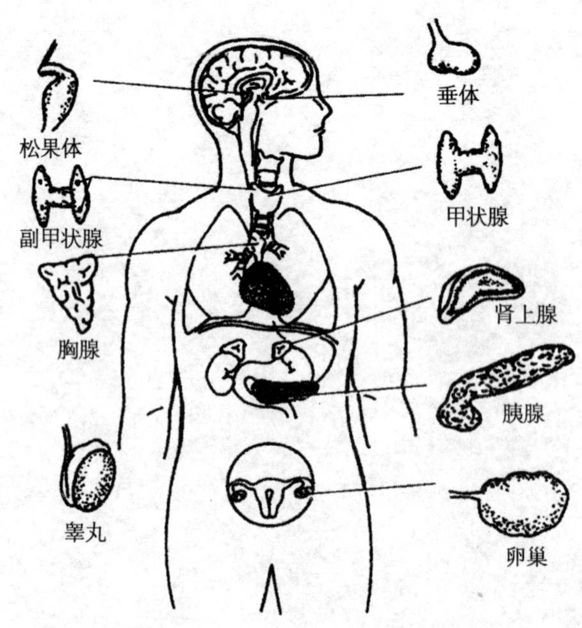

图 28-1　人体内分泌腺图

1.下丘脑

下丘脑位于间脑的最下部分，下方与垂体柄相连，既是中枢神经系统的一部分，也是重要的内分泌器官，分泌各种垂体激素的释放激素和释放抑制激素。释放激素有：促甲状腺激素释放激素（TRH）；促性腺激素释放激素（GnRH），包括黄体生成激素释放激素和卵泡刺激素释放激素；促肾上腺皮质激素释放激素（CRH）；生长激素释放激素（GHRH）；泌乳素释放因子（PRF）；黑色素细胞刺激素释放因子（MRF）等。释放抑制激素有：生长激素释放抑制激素（GHRIH）；泌乳素释放抑制因子（PIF）；黑色素细胞刺激素释放抑制因子（MIF）。下丘脑主要作用是促进或抑制腺垂体分泌促激素。

2.垂体

垂体位于颅底蝶鞍内，分前、后两叶。前叶称腺垂体，后叶称神经垂体。腺垂体分泌的激素有两类：①对靶腺起调节作用的激素：促甲状腺激素（TSH）；促肾上腺皮质激素（ACTH）；黄体生成激素（LH）和卵泡刺激素（FSH），两者合称为促性腺激素。②对靶组织直接起调节作用的激素：生长激素（GH），起促进物质代谢和生长发育的作用；泌乳素（PRL），起促进乳腺组织发育并刺激其泌乳的作用；黑色素细胞刺激素（MSH），作用于皮肤基底细胞层的黑色素细胞促进黑色素沉着。神经垂体无分泌功能，负责贮存、释放抗利尿激素（ADH）和催产素（OXT）。抗利尿激素（ADH）的作用为促进肾远曲小管及集合管对水分的重吸收；催产素（OXT）主要在分娩时刺激子宫收缩，分娩后促进泌乳，还有轻度抗利尿作用。

3.甲状腺

甲状腺位于颈部、甲状软骨的下方，左/右各一叶。甲状腺滤泡细胞分泌甲状腺素（T_4）和三碘甲腺原氨酸（T_3），T_4、T_3合称为甲状腺素，起促进能量、物质代谢和生长发育的作用。甲状腺滤泡旁C细胞分泌降钙素（CT），能抑制骨钙的重吸收，降低血钙。

4.甲状旁腺

甲状旁腺多附于甲状腺侧叶后面的纤维囊上，有时也可埋于甲状腺组织内。一般有上下2对，共4个腺体，呈扁椭圆形，棕黄色，似黄豆大小。腺体内含颗粒的主细胞分泌甲状旁腺激素（PTH），PTH具有升高血钙和降低血磷的作用，与降钙素及1,25-二羟维生素D_3共同调节体内钙磷代谢。

5.肾上腺

肾上腺位于肾脏上方，形似鸡冠，左右各一，分皮质和髓质两部分。

肾上腺皮质分泌糖皮质激素（以皮质醇为主）、盐皮质激素（以醛固酮为主）和性激素（小量雄激素和微量雌激素）。皮质醇参与物质代谢，抑制蛋白质合成，促进蛋白质分解，使脂肪重新分布，并有抑制免疫、抗炎、抗过敏、抗病毒和抗休克作用；醛固酮可促进肾远曲小管和集合管重吸收钠、水和排出钾；性激素具有促进蛋白质合成和骨骺愈合的作用。

肾上腺髓质分泌肾上腺素和去甲肾上腺素。肾上腺素作用于α和β受体，使皮肤、黏膜、肾血管收缩（因α受体占优势），使骨骼肌动脉和冠状动脉扩张（因β受体占优势）；去甲肾上腺素主要作用于α受体，有强烈的收缩血管作用，使血压升高。

6.胰岛

胰岛为大小不等、形状不定的细胞群，散在分布于胰腺腺泡之间，有100～120万个。胰岛细胞有若干种类，其中A细胞又称α细胞，主要分泌胰高血糖素，B细胞又称β细胞，分泌胰岛素。胰高血糖素可以促进肝糖元分解和糖异生，促进脂肪和蛋白质分解，使血糖升高；胰岛素能促进葡萄糖的利用和肝糖原合成，抑制糖异生，促进脂肪和蛋白质合成，抑制脂肪和蛋白质分解，使血糖降低。

7.性腺

男性性腺为睾丸，位于阴囊内，左/右各一，其功能除产生精子外，主要分泌雄性激素；女性性腺为卵巢，位于盆腔内，子宫两侧，除产生卵子外，主要分泌雌激素和孕激素。雄激素的作用是促进男性生殖器官发育和男性第二性征的出现，并维持其正常状态，促进蛋白质的合成、骨骼生长和红细胞生成等；雌激素的主要作用是促进女性生殖器官的发育和第二性征的出现及维持其正常状态。孕激素主要为孕酮，作用于子宫内膜，使其在增生期基础上进入分泌期，维持正常妊娠。

8.其他

胃肠道分泌促胃泌素、胰泌素、肠抑素等，其主要生理作用为刺激胃肠道平滑肌收缩及调节黏膜腺体分泌功能。肾脏分泌的激素有前列腺素、促红细胞生成素、肾素，具有调节血压和刺激骨髓红胞生成的作用。

二、内分泌系统的调节

内分泌系统直接由下丘脑调控，下丘脑是重要的神经内分泌器官，是联系神经系统与内分泌系统的枢纽。在中枢神经系统的调控下，下丘脑分泌各种垂体激素的释放激素和释放抑制激素，作用于腺垂体；腺垂体又通过自身分泌的各种促激素作用于相关靶腺,调节各靶腺激素的合成和分泌;靶腺激素又对垂体、下丘脑具有反馈调节作用;此外,免疫细胞具有分泌细胞样的功能,可产生免疫因子和一般激素,同时亦有反向调节作用。如此形成一个保持着动态平衡的神经-内分泌-免疫系统调节网络。

第二节 内分泌及代谢疾病患者常见症状体征的护理

一、肥胖

肥胖(Obesity)是指体内脂肪堆积过多和(或)分布异常,体重指数(BMI)>24或体重超过理想体重的20%。肥胖与遗传、疾病、饮食和生活方式有关。根据病因不同,分为单纯性肥胖和继发性肥胖。单纯性肥胖是指临床上无明显内分泌及代谢性疾病所致的肥胖,主要与进食过多和活动过少有关;继发性肥胖是指继发于其他疾病(如下丘脑和垂体的炎症、肿瘤、创伤,库欣综合征,性功能减退症等)引起的肥胖。

【护理评估】

1.健康史

应询问发生肥胖的时间、肥胖的部位、有无伴随症状。询问有无下丘脑和垂体的炎症、肿瘤、创伤,库欣综合征,性功能减退症、甲状腺功能减退症、高胰岛素血症等病史。是否服某些药物,如抗精神病药、糖皮质激素等。家族中有无肥胖患者,平时饮食和行为习惯,是否采取过减肥措施及效果。

2.身体状况

(1)单纯性肥胖 一种为体质性肥胖,脂肪分布均匀。幼年期发病者,脂肪细胞数量增多,常引起终身性肥胖,有时可有外生殖器发育迟缓。第二种是获得性肥胖,为成年时发病,脂肪细胞数不变,但细胞体积肥大,治疗效果较前者为佳。

(2)继发性肥胖 脂肪分布有显著特征性。如肾上腺皮质功能亢进症表现为向心性肥胖,以面部、肩背部、腰部最显著;病变所致的肥胖性生殖无能综合征,表现为大量脂肪积聚在面部、腹部、臀部及大腿,而性器官及第二性征发育不全(图28-2)。

(3)伴随症状 肥胖患者因体重增加,骨骼系统负荷加重,可引起下腰痛、关节痛、膝踝骨关节炎。极度肥胖使肺泡换气不足、心脏负担加重,稍事活动即感明显气喘。皮肤皱褶易发生皮炎、破损,易合并化脓性或真菌感染。

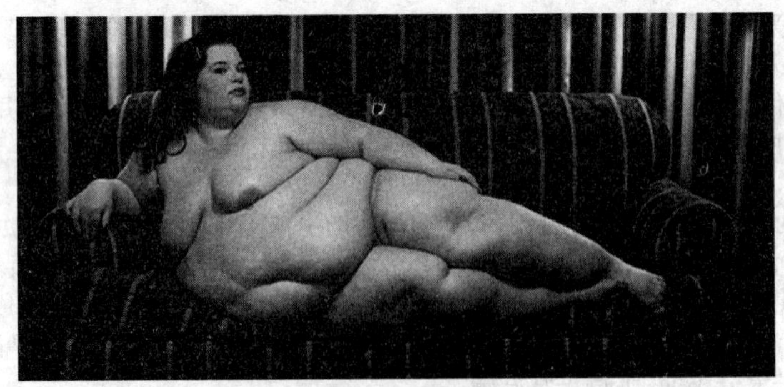

图28-2 肥胖

3.辅助检查

(1)内分泌功能检查 有助于继发性肥胖的病因诊断。

(2)体重指数(BMI) BMI=体重(kg)/身高(m)^2。该指标考虑了体重和身高两个因素,主要反映全身性超重和肥胖,简单且易测量,不受性别的影响,但对特殊人群如运动员难以准确反映超重和肥胖程度。2000年国际肥胖特别工作组提出了亚洲成年人 BMI 正常范围为18.5 ~ 22.9;<18.5为体重过低;≥23.0为超重;

23.0 ~ 24.9 为肥胖前期;25.0 ~ 29.9 为Ⅰ度肥胖;≥30.0 为Ⅱ度肥胖。鉴于我国人群的情况不同于西方,2003 年 4 月卫生部疾病控制司公布了"中国成人超重和肥胖症预防控制指南(试用)"以 BMI 值 24.0 为中国成人超重的界限,BMI 值 28.0 为肥胖的界限。但应注意若体重增加仅仅是肌肉发达则不认为是肥胖。

(3)腰围(WC)　是反映脂肪总量和脂肪分布结构的综合指标。世界卫生组织(WHO)推荐的测量方法是:被测者站立位,两脚分开 25 ~ 30cm,体重均匀分配,测量位置在水平位髂前上棘和第 12 肋下缘连线的中点,测量者坐在被测者一旁,将软尺紧贴软组织,但不能压迫,测量值精确到 0.1cm。WHO 建议男性 WC>94cm,女性 WC>80cm 为肥胖。中国肥胖问题工作组建议对中国成人来说,男性 WC≥85cm,女性 WC≥80cm 为腹部脂肪蓄积的诊断界值。

(4)腰臀比(WHR)　腰臀比是腰围和臀围的比值。臀围是环绕臀部最突出点测出的身体水平周径。正常成人 WHR 男性< 0.9,女性< 0.85,超过此值为中央性肥胖。

(5)理想体重　理想体重(kg)=身高(cm)-105;或男子理想体重=[身高(cm)-100]×0.9,女子理想体重=[身高(cm)-100]×0.85。超过理想体重的 10%又不到 20%者为超重。

4.心理-社会状况

肥胖患者由于外表臃肿、动作迟缓,机体代谢功能紊乱,参加社交活动的能力降低,学习、就业、工作能力受到影响,常有焦虑、自卑、抑郁等心理变化。

【护理诊断及合作性问题】

营养失调:高于机体需要量与体内激素调节紊乱、饮食习惯不良、活动量少等有关。

【护理目标】

建立合理的膳食习惯,坚持适量运动,体重增加得到有效控制或减至正常范围。

【护理措施】

1.心理护理

根据不同年龄、性别、肥胖程度和情绪状态,与患者进行个别交谈,给予恰当的分析、解释和指导,使患者明白肥胖的危害性。与患者及家属共同制订减肥计划，指导家属帮助患者正确实施。与患者共同探讨利用服饰修饰外表的技巧,提高自信心。

2.饮食调整

改变饮食结构,避免高热量饮食。重度肥胖者以低糖、低脂、低盐、高纤维素、适量蛋白质量为宜。养成良好的饮食习惯,定量进食,细嚼慢咽;定时进食,不吃零食;使用小容量餐具,餐前饮水等。应根据患者的代谢率,算出 24 小时所需热量,每日再扣除 25kJ,以每周体重下降 0.5 ~ 1kg 为宜。饮食中供给的蛋白质为每日每千克体重 1g,并有足够的维生素和其他营养素。有剧烈饥饿感时可给低热量的蔬菜,如芹菜、冬瓜、黄瓜、南瓜、卷心菜等,以增加饱腹感。避免油煎食品、方便食品、快餐、巧克力等食物。注意观察有无因热量过低引起衰弱、抑郁、脱发,甚至心律失常的发生。

3.运动疗法

治疗肥胖较有效的方法是少食多动,指导患者在饮食治疗的基础上积极参加体力活动,增加热量的消耗。选择适合患者的有氧运动方式,如快走、慢跑、骑车、游泳、舞蹈等。运动量要逐渐增加,注意循序渐进、长期坚持,通常 2 个月后才能奏效。若停止运动则体重重新上升。

4.遵医嘱使用减肥药

经饮食调整、运动锻炼未能奏效时,指导患者遵医嘱短期应用减肥药或针灸治疗。

【健康教育】

对单纯性肥胖患者宣传肥胖的危害性,明确减肥不等于减体重,减肥是建立在正确方法基础上的、持之以恒的过程,减的是脂肪。减肥不求速效,要因人而异、量力而行;要合理安排饮食,防止中国饮食西方化。要寻找适合自身的体育活动项目,长期坚持。

对继发性肥胖者,主要应针对病因治疗,辅以饮食及运动疗法。指导患者正确用药并学会观察药物疗效和不良反应。

【护理评价】

能否建立合理的膳食习惯和坚持适量运动;体重是否得到有效控制。

二、消瘦

消瘦(Emaciation)是指由于营养摄入不足、吸收减少或消耗过多,不能满足机体的需要,表现为体重减轻,低于理想体重的10%以上,严重消瘦者呈恶病质状态。根据病因不同,分为单纯性消瘦和症状性消瘦。单纯性消瘦与遗传、摄入的热量不足、运动量过大等因素有关;症状性消瘦与内分泌疾病(如下丘脑疾患、甲状腺功能亢进症、糖尿病)、神经性厌食、消化系统疾病和消耗性疾病等有关(图28-3)。

【护理评估】

1.健康史

应详细询问患者的摄食量、饮食结构、消化吸收情况、活动量的大小,有无导致消瘦的疾病如内分泌疾病和慢性消耗性疾病等,有无家族史,是否采取过有针对性的措施,效果如何。

2.身体状况

根据患者身高、体重计算实际体重与理想体重的差值,以及臀部、背部、胸腹部、乳房等部位皮下脂肪的分布情况,可判断有无消瘦。消瘦患者除体重减轻、皮下脂肪减少、皮肤弹性差、皮下静脉显露、肩胛骨和髂骨突出外,根据消瘦程度不同,还可出现下列相应的临床症状。

(1)轻度消瘦　精神委靡,疲乏无力,食欲不振,贫血,记忆力下降,工作效率低等。

(2)重度消瘦　表情淡漠,反应迟钝,皮肤干燥,皮下脂肪消失,内脏下垂,劳动能力丧失,抵抗力下降而易感染,周围循环不良易发生冻疮,可有直立性晕厥。女性患者尚可有月经紊乱、闭经、不育等。

(3)其他　单纯性消瘦:患者除消瘦以外无其他器官疾病的伴随症状。消瘦始于婴儿期者,多属于营养不良性消瘦,生长发育常受到影响;神经性厌食:多见于青年女性,社会适应能力差;症状性消瘦患者还有原发病相应的表现。

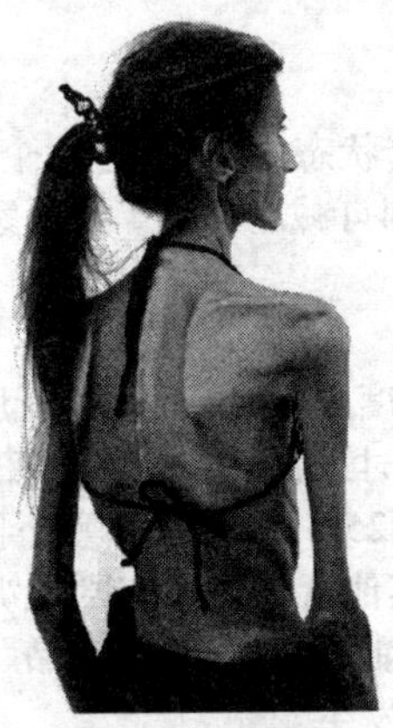

图28-3　消瘦

3.辅助检查

内分泌功能检查、肝肾功能检查、胃肠钡餐检查、胸部X线检查等,有助于消瘦的病因诊断。

4.心理-社会状况

由于机体能量来源发生障碍,患者反应迟钝、记忆力下降,对周围事物缺乏兴趣,沉默寡言。神经性厌食患者多数是青年女性,性格内向,不能很好地适应环境,往往家庭关系紧张,脱离社会。

【护理诊断及医护合作性问题】

营养失调:低于机体需要量与营养摄入不足或消耗过多有关。

【护理目标】

食欲改善,能摄入足够的营养素;体重增加,体力、精力充沛。

【护理措施】

1.心理护理

评估患者对消瘦的认知情况,解释消瘦的原因和对健康的影响,纠正患者对消瘦的错误认识。对神经性厌食、过度节食的患者帮助解除精神、心理上的障碍，建立正确的进食行为。

2.饮食护理

给予高热量、高蛋白、易消化的饮食，同时增加新鲜水果、蔬菜的摄入，以增加维生素的来源。开始时宜少量多餐，以后逐渐增加进食量并减少进食次数，最终过渡到正常饮食。提高烹调技巧，使食物色、香、味俱佳，并适合患者的口味。对于不能由口进食者采用管饲饮食，对于消化功能差的患者采用要素饮食，对于极度消瘦者可遵医嘱静脉补充营养，如脂肪乳剂、氨基酸等，但不能长期靠要素饮食、输液来改善营养状况和增加体重。

3.皮肤护理

对极度消瘦者应注意皮肤护理，避免骨骼突出部位碰伤或引起压疮。

4.原发病治疗和护理

遵医嘱做好有关原发疾病的检查和治疗配合及相应的护理。

【健康教育】

向患者解释消瘦对机体的危害性，保持正常体重对维持健康的重要意义。告知单纯性消瘦患者，应建立正确的饮食习惯，摄取足够的营养物质，以增强机体的抗病能力。教会患者自我护理，保护骨骼突出的部位，防止发生压疮。对症状性消瘦患者，应指导其积极治疗原发疾病，有计划地合理膳食、补充营养。

【护理评价】

是否了解消瘦的原因和对健康的影响，能否建立正常的进食行为和摄入所需的营养物质，体重有无增加，原发病有无得到有效的控制。

三、身体外形的改变

身体外形的改变（Specil appearance）是指包括面容、体形和身高、体态、毛发、皮肤黏膜色素等的异常变化。这些改变多与内分泌疾病和代谢性疾病有关，是一组影响患者生理和心理状态的临床征象。

【护理评估】

1.健康史

评估引起身体外形改变的原因，发生的时间及进展的速度，有无伴随症状，家族中有无类似的患者，平时饮食情况，有无内分泌及代谢疾病病史，有无慢性肝病、结核病、糖尿病、恶性肿瘤等病史，治疗和用药情况，效果如何。

2.身体状况

包括体形的变化、毛发分布、皮肤黏膜有无色素沉着、脂肪分布状态、有无特殊面容等。

（1）面貌异常　如肢端肥大症患者可表现为脸部增长、下颌增大、颧骨凸出、嘴唇增厚、耳鼻长大等粗陋容貌；甲状腺功能减退症患者呈黏液性水肿面容，面颊及眼睑水肿、表情淡漠似“假面具样”；甲状腺功能亢进症患者眼裂增宽、眼球突出、表情惊愕呈“甲亢面容”；Cushing 综合征患者呈满月脸等。

（2）体型和身高异常　是指身高与常人相比，身材过高或过矮。当男性身高超过 200cm、女性超过 185cm 时为过高，称巨人症，见于发育成熟前腺垂体功能亢进；而成人男性身高低于 145cm、女性低于 135cm 时为过矮，见于垂体性侏儒症及小儿甲状腺功能减退症时出现的呆小症。Cushing 综合征患者，可呈现向心性肥胖、水牛背、腹大似球形、四肢相对瘦的特殊体态（图 28-4 ～图 28-6）。

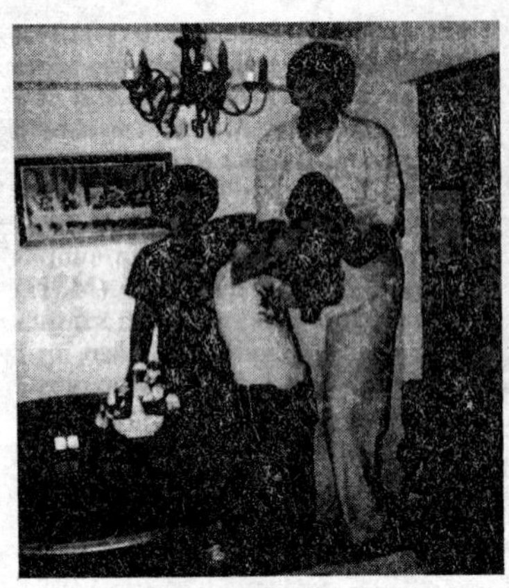

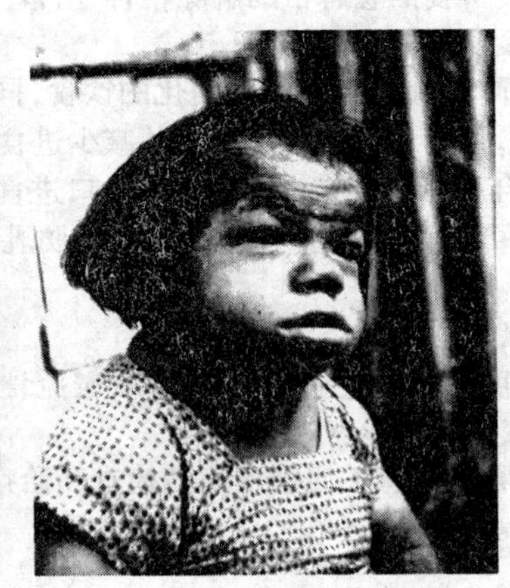

图 28-4 巨人症　　图 28-5 侏儒症　　图 28-6 呆小症

(3)毛发和皮肤黏膜的改变　艾迪生病(慢性肾上腺皮质功能减退症)的患者可表现为皮肤黏膜色素沉着(图 28-7),尤以摩擦处、掌纹、乳晕、瘢痕处明显,毛发稀疏和脱落、发质干燥变细;甲状腺功能减退症的患者可出现头发干燥稀疏、脆弱、睫毛和眉毛脱落(尤以眉梢为甚),男性胡须生长缓慢;Cushing 综合征的患者由于雄激素分泌增多,可有多毛、面红、痤疮等表现。

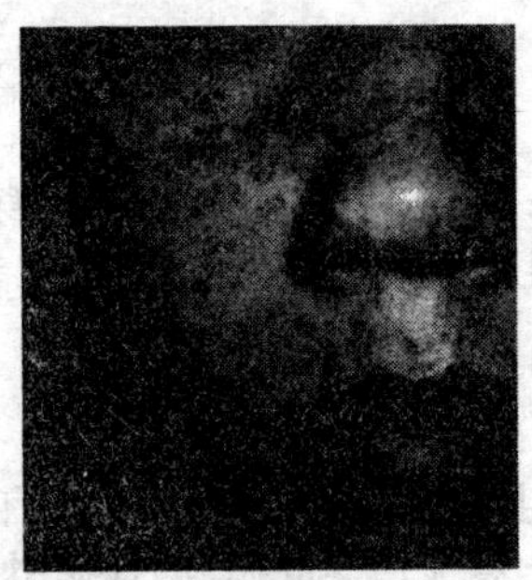

图 28-7　面部色素沉着

3.辅助检查

检测垂体、甲状腺、甲状旁腺和肾上腺皮质等功能,有助于特殊外形的病因诊断。

4.心理-社会状况

身体外形改变常可导致患者发生心理障碍,出现焦虑、自卑、抑郁、自我形象紊乱等心理异常。

【护理诊断及合作性问题】

自我形象紊乱:与疾病引起身体外形改变等因素有关。

【护理目标】

患者能正确对待身体外形的改变,学会修饰自身形象的方法,情绪稳定,积极配合治疗和护理,外形异常有所改善。

【护理措施】

1.心理护理

关心、理解、同情患者,与患者交谈时应语气温和,耐心倾听,给予真挚的心理支持。尊重患者对其身体外形改变的感觉及认知,认同患者对身体外观改变的心理调适过程,鼓励患者自我表达。向患者讲解疾病知识,提供相同疾病患者治疗成功的资料,如甲状能亢进症患者治疗后,突眼症状可好转,颈部增粗的外观可改善。使其明确治疗效果及病情转归,树立治疗的信心。

2.指导修饰技巧

指导患者采取适当的方法改善自身形象，合适的衣着、恰当的修饰可增加患者心理的舒适度和美感，提升自信心。如甲亢突眼的患者外出戴有色眼镜、颈部增粗者在颈部系上丝巾、肥胖患者选择合体的衣着等。

3.促进社交活动

鼓励患者参加社区的团体活动，帮助患者接受身体外观改变的现实，教育家属和周围人群勿歧视患者，使患者得到良好的社会支持。

【健康教育】

向患者及家属介绍疾病知识，使其了解体态、外貌变化的原因，以利自我适应。说明积极治疗可获得良好的效果，告知用药过程中应注意观察药物不良反应。加强心理调适，注意自我修饰，积极参与社交活动。

【护理评价】

是否能接受身体外形改变的事实、积极配合治疗；情绪是否稳定；是否学会修饰身体外形的方法，能否以正常心态参与社会活动。

（江震）

第二十九章　甲状腺疾病患者的护理

学习目标

知识目标　知道单纯性甲状腺肿患者的病因、临床特征、护理诊断及护理措施。掌握单纯性甲状腺肿的治疗原则和健康指导。

能力目标　能够提出正确的护理诊断，并能够为患者提供合适的护理措施。

素质目标　学习过程中体现对患者的关心。

第一节　单纯性甲状腺肿患者的护理

案例引入

患者，某女，16 岁，生长在内地，因颈部增粗而就诊。无心慌、怕热多汗等表现。体检见甲状腺Ⅱ度肿大。

学习任务：1. 明确患者的诊断依据。

2. 完成对患者的健康教育。

单纯性甲状腺肿(Simple goiter)是指由于多种原因引起的非炎症性或非肿瘤性甲状腺肿大，一般不伴有甲状腺功能异常表现。本病呈地方性分布，称为地方性甲状腺肿；也可呈散发性分布，称散发性甲状腺肿。女性发病率高，约为男性的 3 ~ 5 倍。

【病因及发病机制】

1.碘缺乏

是地方性甲状腺肿的主要原因，故又称碘缺乏性甲状腺肿(图 29-1)，见于山区和远离海洋的地区。碘是合成甲状腺激素(TH)的重要原料，如果饮食、饮水中碘含量缺乏，不能满足机体对碘的需要，则可导致甲状腺激素的合成不足。

2.甲状腺激素合成或分泌障碍

是散发性甲状腺肿的发病原因，有外源性因素和内源性因素，较为复杂。外源性因素包括致甲状腺肿物质、药物和摄碘过多。内源性因素有先天性甲状腺激素合成障碍。

3.甲状腺激素需要量增加

在青春发育期、妊娠期和哺乳期，因机体对甲状腺激素的需要量增加，可致机体相对性缺碘而出现生理性甲状腺肿大。

【护理评估】

1.健康史

重点了解患者是否来自地方性甲状腺肿的流行地区，有无致甲状腺肿大的食物或药物摄入史，有无对甲状腺激素需要量增加的情况，如妊娠、哺乳和青春期等。

2.身体状况

(1)甲状腺肿大　甲状腺呈轻度或中度肿大，表面平滑，质软，无压痛，多无其他症状。但病程长者，甲状腺内结节可自主性分泌甲状腺激素，而表现出甲状腺功能亢进的症状。

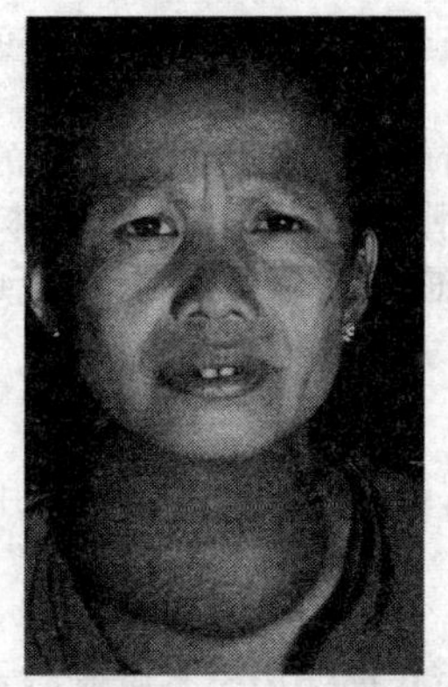

图 29-1　碘缺乏性甲状腺肿

(2)压迫症状　甲状腺重度肿大时可压迫临近器官而产生相应症状,如:压迫气管可引起咳嗽、呼吸困难;压迫食管可引起吞咽困难;压迫喉返神经可引起声音嘶哑;胸骨后甲状腺肿压迫上腔静脉可出现面部青紫、浮肿、颈部与胸部浅静脉扩张。

3.辅助检查

(1)血液检查　血清甲状腺素(T_4)、三碘甲腺原氨酸(T_3)正常或偏低,TSH 正常或偏高。

(2)甲状腺摄 ^{131}I 率及 T_3 抑制试验摄 ^{131}I 率增高但无高峰前移　口服一定量 T_3 后再做摄 ^{131}I 率测定,摄 ^{131}I 率可被 T_3 所抑制,即 T_3 抑制试验阳性。

(3)甲状腺扫描　可见弥漫性甲状腺肿,呈均匀分布。

4.心理-社会状况

患者可因颈部增粗而出现自卑心理,有些患者怀疑自己患了肿瘤或担心疾病癌变,而产生焦虑甚至恐惧心理。在流行地区,由于患病者多,患者也可因习以为常而缺乏治疗意识。

5.处理要点

根据病因不同,治疗措施也各异。

(1)补充碘剂　由于缺乏碘所致者,应补充碘剂,WHO 推荐的成年人每日碘摄入量为 150μg。在地方性甲状腺肿流行地区可采用碘化食盐防治。成年人,特别是结节性甲状腺肿患者,应避免大剂量碘治疗,以免诱发碘甲亢。

(2)甲状腺激素治疗　甲状腺肿大明显的患者,可采用左甲状腺素(L-T_4)或干甲状腺片口服。

(3)手术治疗　有压迫症状、药物治疗无改善或疑有甲状腺内结节癌变时,应手术治疗。术后需要长期使用甲状腺激素替代治疗。

【护理诊断及合作性问题】

1.自我形象紊乱

与甲状腺肿大致颈部外形改变有关。

2.知识缺乏

缺乏防治单纯性甲状腺肿的相关知识。

【护理目标】

患者能学会修饰方法,保持良好形象;患者能掌握有关单纯性甲状腺肿的相关防治知识,配合治疗和护理。

【护理措施】

1.一般护理

嘱患者注意劳逸结合,适当休息。指导患者多食海带、紫菜等海产品及含碘丰富的食物,避免过多食用花生、萝卜等抑制甲状腺激素合成的食物。

2.病情观察

观察患者甲状腺肿大的程度、质地,有无结节及压痛,颈部增粗的进展情况及有无局部压迫表现。

3.用药护理

指导患者遵医嘱准确服药,不可随意增多或减少。观察甲状腺素治疗的效果和不良反应,患者出现心动过速、怕热多汗、多食易饥、腹泻等甲状腺功能亢进症表现时,应及时通知医师并进行相应的处理。碘剂补充应适量,尤其是对结节性甲状腺肿患者,应避免大剂量碘治疗,以免引发不良后果。

4.心理护理

护士应鼓励患者诉说自身感受,向患者解释单纯性甲状腺肿的病因和防治知识,使患者认识到经补碘等治疗后,或停用致甲状腺肿物质后,甲状腺肿可逐渐缩小或消失,树立患者治愈疾病的信心;帮助患者进行恰当的修饰打扮,改善其自我形象,消除自卑感;积极与患者家属沟通,使家属能给予患者良好的心理支持。

【健康教育】

1.饮食指导

指导患者多进食含碘丰富的食物,如海带、紫菜等,并适当使用碘盐;避免大量食用可阻碍甲状腺激素合成的食物,如卷心菜、花生、菠菜、萝卜等。

2.用药指导

指导患者遵医嘱服药,定期复诊。对需长期使用甲状腺制激素剂的患者,应告知其要坚持长期服药,停药可致复发。指导患者观察药物疗效及不良反应,告知患者甲状腺功能亢进症的表现有哪些,一旦出现,及早就诊。避免摄入阻碍甲状腺激素合成的药物,如硫氰酸盐、保泰松、碳酸锂等。

3. 预防指导

我国是碘缺乏病较严重的国家,在地方性甲状腺肿流行地区,要开展宣传教育工作,指导人群补充碘盐,这是预防缺碘性地方性甲状腺肿最有效的措施。对处于青春发育期、妊娠期、哺乳期人群,应适当增加碘的摄入量。

【护理评价】

患者是否能保持良好的形象,能否掌握单纯性甲状腺肿的相关防治知识,配合治疗和护理。

第二节　甲状腺功能亢进症患者的护理

案例引入

患者,女性,25 岁。双侧甲状腺肿大 1 年半,易疲劳,失眠,食欲亢进,消瘦,心悸,怕热,性情急躁。查:双侧甲状腺弥漫性Ⅱ0 肿大,质软,有震颤及杂音,双手震颤,心率 120 次/ mi n,血压 135/ 80mmHg 。初步诊断为 Gr aves 病。

学习任务:1. 明确该患者的诊断及诊断依据。

2. 该患者还需做哪些检查。

学习目标

知识目标　能说出甲状腺功能亢进症患者的临床特征、护理诊断及护理措施,并正确为患者进行护理评估。

能力目标　能够提出正确的护理诊断,并能够为患者提供合适的护理措施。

素质目标　学习过程中体现对患者的关心。

甲状腺功能亢进症(Hyperthyroidism)简称甲亢,是指由多种原因导致甲状腺激素(TH)分泌过多而引起的临床综合征。甲亢的分类有甲状腺性、垂体性、伴瘤性、卵巢性、医源性和暂时性等。其中以 Graves(简称 GD)病最常见,占甲亢患者的 80% ~ 85%,下面予以重点阐述。

Graves 病(GD),又称毒性弥漫性甲状腺肿,是一种伴甲状腺激素(TH)分泌过多的器官特异性自身免疫病。普通人群的患病率约 1%,女性显著高发,男女比例为 1 : 4 ~ 6。各年龄组均可发病,以 20 ~ 40 岁为多。临床特征性表现主要为甲状腺毒症、弥漫性甲状腺肿和(或)突眼。

【病因及发病机制】

目前公认本病的发生与自身免疫有关，属器官特异性自身免疫病。

1.免疫因素

GD的发病与甲状腺自身抗体关系密切。患者体内T、B淋巴细胞功能异常，可合成多种针对甲状腺自身组织的抗体。其中最明显的体液免疫特征是患者血清中存在针对甲状腺细胞膜上促甲状腺激素（TSH）受体的特异性抗体，即TSH受体抗体（TRAb）。TRAb可与TSH受体结合，产生类似TSH的生物学效应，如甲状腺细胞增生、甲状腺激素合成及分泌增加等。此外，T淋巴细胞的功能异常，可能与浸润性突眼的发病有关。

2.遗传因素

Graves病有明显的遗传倾向，并与一定的人类白细胞抗原（HLA）类型有关，患者家族中发生自身免疫性疾病者常多见。

3.环境因素

精神刺激、细菌感染、性激素、应激和锂剂等因素可能对本病的发生发展产生重要影响。

【护理评估】

1.健康史

询问患者患病的起始时间，主要症状及其特点，诊疗经过，用药情况。有无家族发病史和其他自身免疫性疾病患病史，有无本病的应激因素存在，如精神刺激、感染、创伤等。

2.身体状况

多数患者起病缓慢，少数在精神创伤或感染等应激因素刺激后急性起病。主要临床表现是甲状腺毒症、甲状腺肿大和突眼征。

（1）甲状腺毒症（TH过多综合征）

1）高代谢综合征：由于T_3、T_4分泌过多，导致交感神经兴奋性增高和新陈代谢加速，患者怕热多汗、皮肤温暖湿润。由于蛋白分解增加致体重明显下降。

2）精神、神经系统：神经过敏、多言好动、焦躁易怒、失眠不安、注意力不集中、记忆力减退。伸舌和双手向前平伸时有细震颤、腱反射亢进。

3）心血管系统：心悸气短、心动过速，在静息或睡眠时心率仍增快是本病心血管系统的特征性表现。心尖部第一心音亢进。收缩压增高，舒张压降低致脉压差增大，可出现周围血管征。合并甲亢性心脏病时可出现心律失常、心脏增大，甚至心力衰竭。最常见的心律失常是心房颤动，偶见房室传导阻滞。甲亢性心脏病是甲亢最严重的并发症。

4）消化系统：多食易饥、稀便、排便次数增加，重者可有肝大及肝功能异常，偶有黄疸。

5）肌肉骨骼系统：主要是甲亢性周期性瘫痪，多见于青年男性，主要累及下肢。部分患者有肌无力、肌萎缩，行动困难，称慢性甲亢性肌病。亦可致骨质疏松、增生性骨膜下骨炎，后者肢端膨大似杵状指样，称Graves肢端病。

6）其他：女性患者常有月经减少或闭经，男性患者常有阳痿。外周血淋巴细胞比例增加，单核细胞增加，白细胞总数减低。可伴发血小板减少性紫癜、轻度贫血。

（2）甲状腺肿大　多数患者有程度不等的弥漫性、对称性甲状腺肿大，质地不等、无压痛，肿大的甲状腺随吞咽动作上下移动；甲状腺上下极可触及震颤和闻及血管杂音（图29-2）。

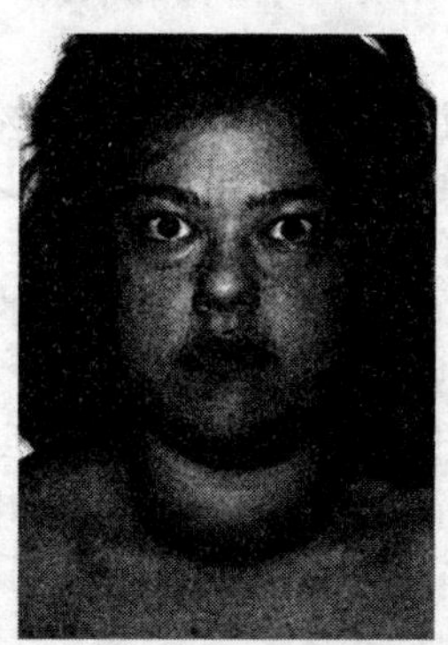

图29-2　Graves病甲状腺肿大

（3）眼征　部分患者有眼征，其中以突眼较为特异。按病变程度可分为单纯性突眼和浸润性突眼。

1）单纯性突眼：主要因交感神经活动亢进，上眼睑肌张力增高所致。以眼睑和眼外部改变为主，球后组织无明显改变。表现为：突眼度一般不超过 18cm；瞬目减少、炯炯发光；上眼睑挛缩、睑裂增宽；双眼向下看时，上眼睑不能随眼球下落，眼向上看时，前额皮肤不能皱起；眼球辐辏不良（图 29-3）。

2）浸润性突眼：又称恶性突眼，与球后组织的自身免疫炎症有关。除单纯性突眼征外，常伴有眼睑肿胀肥厚，结膜充血水肿，眶内组织肿胀、增生，眼球突出明显，突眼度大于 18mm。严重者眼球固定、产生角膜溃疡或全眼球炎，甚至失明。患者常诉眼内异物感，眼部胀痛，有畏光、流泪、复视、斜视等（图 29-4）。

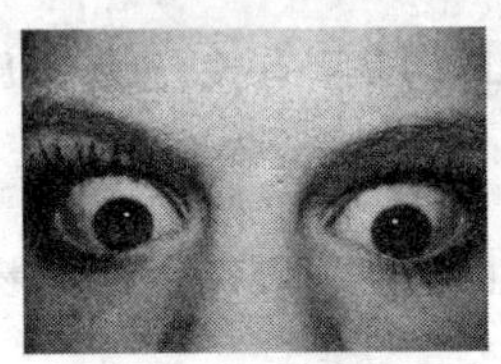

图 29-4　浸润性突眼图

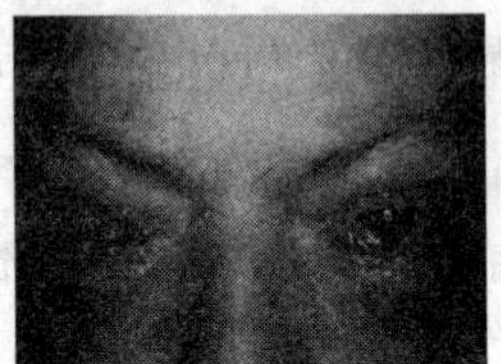

29-4　浸润性突眼

（4）特殊临床表现及类型

1）甲状腺危象：是甲亢病情恶化的严重症群，可危及生命病死率高达 20%。系交感神经兴奋，大量 T_3、T_4 释放入血所致。起始表现为原有甲亢症状加重，继而有高热（体温>39℃），心率加快（140 ~ 240 次/min），常有心房颤动或扑动。烦躁不安、大汗淋漓、呼吸急促、厌食、恶心、呕吐、腹泻等，进而导致虚脱、休克、嗜睡、谵妄甚至昏迷。主要诱因有感染、甲状腺手术或 ^{131}I 治疗早期、严重精神创伤、过量服用 TH 制剂、严重躯体疾病等。

2）淡漠型甲亢：多见于老年人，也称老年性甲亢。起病隐袭，高代谢综合征、眼征及甲状腺肿均不明显。主要表现为突发性消瘦、表情淡漠、反应迟钝，乏力嗜睡，有时仅有厌食、腹泻等消化道表现，常发生误诊。

3）其他特殊类型：有甲亢性心脏病、亚临床甲状腺功能亢进症、妊娠期甲状腺功能亢进症、三碘甲状腺原氨酸（T_3）型和甲状腺素（T_4）型甲状腺功能亢进症、胫前黏液性水肿（图 29-5）以及甲状腺功能"正常"的 Graves 眼病等。

图 29-5　胫前黏液性水肿

3.辅助检查

（1）基础代谢率（BMR）测定　基础代谢率正常参考值为-10% ~ +15%。用基础代谢率测定器测定较为可靠，但临床则更多使用简易测量法：在禁食 12 小时、睡眠 8 小时以上，清晨患者醒来后，不做任何活动，在安静、空腹时测定脉率和血压，按公式"基础代谢率（%）=脉率+脉压-111"计算。轻度甲亢为+20% ~ +30%，中度为+30% ~ +60%，重度在+60%以上。该方法不适用于心律失常的患者。由于基础代谢率测定结果受多种因素影响，因此部分医院已不把它作为常规测定项目。

（2）血清甲状腺激素测定　患者血清中 T_3、T_4 浓度均升高，但两者可以不同步。测定项目有：血清总甲状腺素（TT_4）和总三碘甲腺原氨酸（TT_3）、血清游离甲状腺素（FT_4）和游离三碘甲腺原氨酸（FT_3）。由于 FT_3、FT_4 不受血甲状腺激素结合球蛋白（TBG）的影响，能直接反映甲状腺功能状态，因此是血清中具有生物活性的甲状腺激素，为临床诊断甲亢的首选指标。

（3）促甲状腺激素（TSH）测定　是反映甲状腺功能的最敏感指标，甲亢时 T_3、T_4 增高，反馈抑制 TSH 分泌，致 TSH 明显降低。

（4）促甲状腺激素释放激素（TRH）兴奋试验 GD 时血 T_3、T_4 增高，反馈抑制 TSH，TSH 不被 TRH 兴奋。当静注 TRH 后，TSH 不增高，则支持甲亢的诊断。

（5）甲状腺摄 ^{131}I 率及 T_3 抑制试验 甲亢时摄 ^{131}I 率增高且高峰前移，T_3 抑制试验阴性。甲亢者不受抑制，T_3 抑制试验可用于甲亢与单纯性甲状腺肿的鉴别。

（6）甲状腺自身抗体测定 患者血清中 TSH 受体抗体（TRAb）阳性，有早期诊断意义。

（7）甲状腺的影像学检查 超声、放射性核素扫描、CT、MRI 等有助于诊断，可根据需要选用。

4.心理–社会状况

患病可导致患者日常生活受影响。由于注意力不集中、记忆力减退，使患者工作质量下降；由于心悸气短、焦虑失眠，使患者生活质量下降；由于敏感多疑、急躁易怒，易与家人或同事争执，使患者人际关系受到不良影响；由于甲状腺肿大、突眼征等，导致患者自我形象紊乱，加之工作、生活、人际及家庭经济情况等诸多因素的影响，给患者带来严重的心理负担。

5.处理要点

Graves 病的治疗包括抗甲状腺药物治疗、放射性 131I 治疗及手术治疗三种，其中抗甲状腺药物治疗是甲亢的基础治疗。

（1）抗甲状腺药物治疗 常用药物有硫脲类和咪唑类。其中硫脲类包括丙硫氧嘧啶（PTU）和甲硫氧嘧啶（MTU）；咪唑类包括甲巯咪唑（MMI，他巴唑）和卡比马唑（CMZ，甲亢平）。作用机制是抑制甲状腺过氧化酶，阻断甲状腺激素的合成。丙硫氧嘧啶和甲巯咪唑较为常用。丙硫氧嘧啶还可抑制 T_4 转化为 T_3。

1）适应证：症状轻、甲状腺较小；年龄<20 岁、孕妇（以丙硫氧嘧啶为宜）、年迈体弱等不宜手术者；术前准备、放射性 ^{131}I 治疗前后及术后复发的辅助治疗。

2）剂量与疗程：药物治疗分初治期、减量期和维持期。初治剂量硫脲类 300mg/d，咪唑类 30mg/d。至症状缓解或 T_3、T_4 恢复正常后减量，每 2 ～ 4 周减量 1 次，最后减为维持量，维持时间 1.5 ～ 2 年。

3）不良反应：主要是粒细胞减少、肝损害和药疹。

（2）其他药物治疗

1）复方碘口服溶液：可抑制已合成的甲状腺激素释放入血。仅用于术前准备和甲状腺危象时。

2）β受体阻滞剂：可阻断β受体和减少活性激素 T_3 的生成，能起到改善心悸、紧张和震颤等症状的作用。用于处治期治疗。

3）甲状腺素片：作用是稳定下丘脑-垂体-甲状腺轴的功能，避免 T_3、T_4 减少后对 TSH 的反馈抑制减弱。用于治疗过程中甲状腺毒症缓解，而突眼加重或甲状腺肿变大时。用甲状腺素片时，抗甲状腺药物需酌情减量。

（3）放射性 ^{131}I 治疗 机制是 ^{131}I 被甲状腺摄取后释放出β射线，破坏甲状腺腺泡上皮，减少甲状腺激素的合成与释放。妊娠哺乳妇女、肝肾功能差或活动性肺结核等患者禁用。应注意放射性 ^{131}I 治疗可致永久性甲状腺功能减退、放射性甲状腺炎、甲状腺危象或浸润性突眼加重等并发症。

（4）手术治疗 见外科有关内容。

（5）甲状腺危象的治疗

1）积极去除诱因。

2）抑制甲状腺激素合成：首选丙硫氧嘧啶，首次剂量 600mg，口服或胃管注入。

3）抑制甲状腺激素释放：服丙硫氧嘧啶 1 小时后用复方碘口服溶液 5 滴，每 8 小时一次或碘化钠静滴。

4）抑制外周组织 T_3 转换为 T_4：丙硫氧嘧啶、碘剂、β受体阻滞剂和糖皮质激素均可抑制外周组织 T_4 转换为 T_3，可根据病情使用。

5）降低血浆甲状腺激素浓度：上述治疗效果不满意时，可选用血液透析、腹膜透析或血浆置换等措施降低血浆 TH 浓度。

6）对症处理：降温，高热可作药物或物理降温，必要时使用异丙嗪进行人工冬眠。禁用阿司匹林，因该药可与甲状腺球蛋白结合而释放游离甲状腺激素，使病情加重。补充足量液体。持续低流量给氧。积极治疗感染、肺水肿等并发症。

【护理诊断及医护合作性问题】

1.焦虑

与本病容易引起患者情绪激动及病程长等改变有关。

2.营养失调

低于机体需要量、与代谢率增高、消化吸收障碍有关。

3.活动无耐力

与蛋白质分解增加、甲亢性心脏病、甲亢性肌病等因素有关。

4.自我形象紊乱

与突眼和甲状腺肿大致身体外形改变有关。

5.有组织完整性受损的危险

与浸润性突眼有关。

6.潜在并发症

甲状腺危象。

【护理目标】

患者能正确认识疾病,主动有效地控制焦虑紧张情绪;能摄取足够的营养,满足机体需要,体重增加;活动量逐步增加,活动时无明显不适感;能学会修饰的方法,保持良好的形象;能采用正确的保护眼睛的方法,不发生角膜损伤;能有效地控制诱因,不发生甲状腺危象。

【护理措施】

1.一般护理

(1)环境和休息　患者应安置于安静、凉爽的环境中,室温20℃左右,避免强光和噪声的刺激。轻症患者可照常工作和学习,但不宜紧张和劳累;病情重者应严格卧床休息。

(2)饮食护理　①营养丰富:为满足机体代谢亢进的需要,给予高热量、高蛋白、高维生素及丰富矿物质的饮食,增加奶类、蛋类、瘦肉类等优质蛋白以纠正体内的负氮平衡;②多饮水:每日饮水2000 ~ 3000ml,以补充出汗、腹泻、呼吸加快等所丢失的水分,但心脏病患者例外,以防水肿和心衰;③避免刺激性食物:避免进食辛辣食物,戒烟戒酒,禁饮对中枢神经系统有兴奋作用的浓茶、咖啡等刺激性饮料;④避免进食高纤维食物:减少食物中纤维素的含量,以免导致肠蠕动加快加重腹泻;⑤避免含碘丰富食物:注意少吃海带、紫菜等含碘丰富食物,以免甲状腺激素合成增多而加重病情。

2.病情观察

(1)生命体征　尤其是脉率和脉压变化。准确测量基础代谢率,动态观察甲亢的治疗效果和病情变化。

(2)甲状腺危象　注意有无甲状腺危象的迹象,如原有症状加重、体温升高、心率加快、大汗淋漓、腹泻、严重乏力等,应立即与医师联系并协助处理。

3.眼部护理

由于高度突眼,球结膜暴露,易受外界刺激引起充血、水肿,继而感染,因而必须采取保护措施。

(1)戴眼镜　佩戴有色眼镜,以防光线刺激和灰尘、异物的侵害;复视者戴单侧眼罩。

(2)保持湿润　经常用眼药水湿润眼睛,避免过度干燥;睡前涂抗生素眼膏,用无菌生理盐水纱布覆盖双眼。

(3)减轻球后组织水肿　睡觉或休息时抬高头部,遵医嘱使用利尿剂,限制钠盐摄入,以减轻球后组织水肿。

(4)避免加重损害　指导患者在眼睛有异物感、刺痛或流泪时,勿用手直接揉搓眼睛。

4.用药护理

(1)抗甲状腺药物　①抗甲状腺药物起效慢,一般在用药4周左右后才开始显效,且对已合成的甲状腺激素无作用,因此应对患者作好解释,以免患者因见效慢而心生疑虑,加重心理负担;②告知患者不能随便中断治疗或自行变更药物剂量。总疗程需在1.5 ~ 2年以上;③粒细胞减少主要发生在治疗开始的2 ~ 3个月内,故开始时需每周检查血白细胞计数和分类1次,以后每2 ~ 4周检查1次。服药过程中,如患者出现发热、咽痛、皮疹等,应警惕粒细胞减少。如白细胞低于$3\times10^9/L$或中性粒细胞低于$1.5\times10^9/L$,为停药指征,应与医师联系处理。用药过程中检测肝功能,如出现严重肝损害,则要停药。药疹比较常见,可用抗组胺药控制,一般不必停药。

(2)辅助用药的护理　①普萘洛尔:用药过程中须注意观察心率,以防心动过缓。有哮喘病史的患者禁用;②甲状腺片:用药从小剂量开始,尤其对冠心病患者应控制好剂量,防止剂量过大引起心绞痛。用药后注意观察患者的心率有无明显增快。

（3）放射性^{131}I治疗护理　①告知患者在治疗前、后各1个月内避免服用含碘的药物和食物，以免影响甲状腺组织对^{131}I的摄取；②应空腹服药，服药后2小时内不吃固体食物，以免引起呕吐；服药后24小时内避免咳嗽咳痰，防止造成^{131}I的丢失；③服药后的2～3日，饮水量应达到2000～3000ml/d，以加速甲状腺组织以外的^{131}I的排出；④服药后第1周避免用手按压甲状腺；⑤患者的排泄物、衣服、被褥、用具等须单独存放，待放射作用消失后再做清洁处理，以免污染环境；在处理患者的物品及排泄物时须戴手套，以免造成自身伤害；⑥加强病情观察，如有发热、心动过速、大量出汗、神经过度兴奋等需考虑有诱发甲状腺危象的可能，要及时与医师联系，并做好抢救准备。

5.甲状腺危象的抢救配合

（1）休息与卧位　安置患者于安静、室温偏低的病室中，绝对卧床休息，避免一切不良刺激。烦躁不安者，遵医嘱使用镇静剂。

（2）给氧　呼吸困难时取半卧位，立即给中流量吸氧。

（3）营养支持　给予高热量、高蛋白、高维生素饮食，对严重呕吐、腹泻和大量出汗患者应通过口服或静脉及时补充足量的液体，以维持体液平衡。

（4）病情监测　密切观察患者的生命体征、意识状态、心肾功能的变化并记录，准确记录24小时出入量。

（5）对症护理　躁动不安者使用床栏保护患者安全；昏迷者加强皮肤和口腔护理，定时翻身叩背，防止压疮和肺炎的发生。体温过高者迅速采取降温措施，避免使用乙酰水杨酸类药物。

（6）正确给药　遵医嘱及时准确使用丙硫氧嘧啶、碘剂、氢化可的松和普萘洛尔等药。注意碘剂过敏反应和其他药物的不良反应。

6.心理护理

（1）正确评估　观察患者的精神情绪状态，有无激动易怒、敏感多疑现象。

（2）共情患者　能体验到患者的内心世界，关心理解患者。与患者交流时态度和蔼，避免刺激性语言。鼓励患者表达出内心的感受，减少其情绪不安。告诉患者突眼、甲状腺肿大等身体外形变化，在疾病得到控制后会改善；与患者共同探讨修饰的方法，保持良好的形象，以减轻患者焦虑，树立治疗信心。

（3）有效支持　了解患者的家庭与工作环境，人际关系状况等，向患者的家属、同事和同室病友做好解释沟通，使他们理解患者紧张易怒的行为是疾病所致，会因有效治疗而改善，不必与患者计较。控制各种可能对患者造成不良刺激的信息，帮助患者建立愉快的生活氛围。设计简单的团体活动，鼓励患者参与，以免社交障碍而产生焦虑。指导和帮助患者正确处理生活突发事件；患者焦虑严重时，可遵医嘱适当给予镇静药物如地西泮等。

【健康教育】

1.生活指导

指导患者合理地安排工作和休息，保持身心愉快，避免过度劳累和精神刺激。鼓励家属与患者建立良好的家庭关系，使患者得到良好的心理支持。

2.疾病宣教

告知患者有关甲亢的疾病知识、眼睛的保护方法和饮食的选择，使患者学会自我护理。上衣领宜宽松，避免压迫甲状腺，严禁用手挤压甲状腺，以免甲状腺激素分泌过多，加重病情。

3.用药指导

嘱患者应坚持长期服药，并按时按量，不可随意减量和停药，定期复诊。服用抗甲状药物者每周查血常规一次，每1～2个月做甲状腺功能测定一次。每日清晨卧床时自测脉搏，定期测量体重，脉搏减慢、体重增加是治疗有效的标志。若出现高热、恶心、呕吐、腹泻、突眼加重等，要警惕甲状腺危象发生的可能，应及时就诊。对妊娠期甲亢妇女，告知患者应遵医嘱服用抗甲状腺药，力争在对母亲及胎儿无影响的条件下，使甲状腺功能恢复正常，禁用^{131}I治疗，慎用普萘洛尔。产后如需继续服药，则不宜哺乳。

【护理评价】

患者能否正确认识疾病、保持良好情绪；能否合理饮食、高代谢状态得到缓解，体重恢复至正常范围；活动耐力有无增加，活动时有无不适感；能否保持良好形象，进行正常的人际交往；能否主动保护好眼睛，无角膜损伤发生；病情是否被有效控制，未发生甲状腺危象。

第三节　甲状腺功能减退症患者的护理

学习目标

知识目标　能说出甲状腺功能减退症患者的临床特征、护理诊断及护理措施，并正确为患者进行护理评估。

能力目标　能够提出正确的护理诊断，并能够为患者提供合适的护理措施。

素质目标　学习过程中体现对患者的关心。

甲状腺功能减退症(Hypothyroidism)简称甲减，是由多种原因引起的甲状腺激素合成、分泌或生物效应不足所致的全身性低代谢综合征，其病理特征为黏液性水肿。按起病年龄可分为三型。起病于胎儿或新生儿者，称克汀病(又称呆小病)；起病于儿童者，称幼年型甲减；起病于成年者，称成年型甲减。根据发病原因，分为原发性、继发性和其他类型。以下主要介绍成人原发性甲减。

【病因及发病机制】

成人原发性甲减占成人甲减的90%～95%，病因包括炎症：自身免疫损伤引起自身免疫性甲状腺炎；手术：甲状腺大部或全部切除术后；放疗：放射性131I治疗引起甲状腺破坏；缺碘或摄碘过量：均可引起甲状腺功能减退症；其他：如锂盐、硫脲类抗甲状腺药物所致的甲减等。

【护理评估】

1.健康史

询问女性患者有无产后大出血、休克、昏迷、产后无乳、长期闭经不育病史；评估男性患者有无长期使用糖皮质激素史、头颅部手术史、放射治疗史。

2.身体状况

本病多见于中年女性。起病隐袭，发展缓慢，有时10余年后始有典型表现。

(1)一般表现　畏寒、少汗、体温偏低，食欲减退而体重无明显减轻，表情淡漠、动作缓慢。体检可见面色苍白，眼睑和颜面浮肿，皮肤干燥发凉、肿胀增厚、粗糙脱屑，毛发稀疏，眉毛外1/3脱落。手足掌面呈姜黄色。

(2)各系统表现　①精神神经系统：记忆力减退、智力低下、反应迟钝、嗜睡、精神抑郁，有时出现猜疑型精神分裂症症状；②肌肉与关节：肌肉软弱乏力，可有暂时性肌强直、痉挛、疼痛等，部分肌肉可出现进行性肌萎缩。黏液性水肿者可伴有关节病变，偶有关节腔积液；③心血管系统：表现为心动过缓、心排血量下降，易并发冠心病等；④消化系统：患者有厌食、腹胀、便秘等，严重者可出现麻痹性肠梗阻或黏液水肿性巨结肠；⑤血液系统：可因甲状腺激素缺乏引起血红蛋白合成障碍，或铁、叶酸、维生素B_{12}吸收障碍导致贫血；⑥内分泌系统：女性常月经过多或闭经，部分患者有溢乳。

(3)黏液性水肿昏迷　见于病情严重者。诱发因素有寒冷、感染、手术、严重躯体疾病，中断甲状腺激素替代治疗和使用麻醉镇静剂等。临床表现为嗜睡，低体温(体温<35℃)，呼吸减慢，心动过缓，血压下降，四肢肌肉松弛，反射减弱或消失，甚至昏迷、休克，心肾功能不全而及患者生命。

3.辅助检查

(1)一般检查　血常规检查有轻、中度贫血；血生化检查常有胆固醇、甘油三酯增高。

(2)甲状腺功能检查　血清TSH升高，为原发性甲减的最早表现；FT_4降低是诊断本病的必备条件；血清TT_4降低，TT_3、FT_3常正常；甲状腺摄^{131}I率降低。

(3)TRH兴奋试验　用于病变部位鉴定。静脉注射TRH后血清TSH不增高，提示垂体性甲减；延迟升高者提示下丘脑性甲减；TSH在增高的基值上进一步增高，提示原发性甲减。

4.心理-社会状况

患者对皮肤干燥粗糙、肢体软弱无力等多种身体不适常迷惑不解，郁郁寡欢，为疾病的预后担忧。疾病可导致记忆力减退、智力低下、嗜睡、精神抑郁，甚至发展为猜疑型精神分裂症，影响患者的工作和生活。

5.处理要点

本病一般不能治愈，需终生用甲状腺激素替代治疗。

（1）替代治疗　首选左甲状腺素（L-T_4）口服。从小剂量开始，逐渐增加至最佳效果。

（2）黏液性水肿昏迷的治疗　①立即补充甲状腺激素。首选L-T_3静脉注射，至患者症状改善、神志清醒后改为口服；②保温，给氧，保持呼吸道通畅，必要时行气管插管或气管切开；③氢化可的松持续静滴，待患者清醒及血压稳定后逐渐减量；④根据需要补液，但量不宜过大。控制感染，抢救休克和昏迷。

【护理诊断及合作性问题】

1.排便异常

便秘与肠蠕动减慢有关。

2.体温过低

与机体基础代谢率降低有关。

3.有皮肤完整性受损的危险

与黏多糖在皮下堆积致黏液性水肿有关。

4.社交障碍

与精神情绪改变造成反应迟钝、冷漠有关。

5.潜在并发症

黏液性水肿昏迷。

【护理目标】

患者能积极配合治疗，通过饮食调节、适当活动等，保持大便通畅；能注意保暖，保持正常体温；能保护皮肤不受损、不感染；能对自身疾病有正确认识，进行正常的社会活动；住院期间无并发症发生。

【护理措施】

1.一般护理

1.环境　调节室温在22～23℃，加强保暖。冬天外出时，戴手套、穿棉鞋，以免手脚冻伤。用热水袋保暖时防止烫伤。

（2）饮食　给予高蛋白、高维生素、低钠、低脂肪饮食，细嚼慢咽、少量多餐，食物注重色、香、味，以增加患者食欲。桥本甲状腺炎所致甲状腺功能减退症者应避免摄取含碘食物和药物，以免诱发严重黏液性水肿。

（3）排便　保持大便通畅。指导患者每日进行适度的运动，如散步、慢跑等。每日定时排便、按摩腹部，养成规律排便的习惯。多进粗纤维食物，如蔬菜、水果或全麦制品。必要时根据医嘱给予轻泻剂。为卧床患者创造良好的排便环境。

（4）皮肤　加强皮肤护理，皮肤干燥、粗糙时，可局部涂抹乳液和润肤油以保护皮肤。洗澡时避免使用肥皂。协助患者按摩受压部位，经常翻身或下床活动，避免血液循环不良而造成压疮。

2.病情观察

1）观察神志、体温、脉搏、呼吸、血压的变化，每日记录患者体重。若患者出现体温低于35℃、呼吸浅慢、心动过缓、血压降低、嗜睡等表现，或出现口唇发绀、呼吸深长、喉头水肿等症状，应迅速建立静脉通路，立即通知医师并配合抢救。

2）注意黏液性水肿变化，每日观察皮肤弹性与水肿情况，服药后症状改善情况。观察皮肤有无发红、发绀、起水疱或破损等。

3）观察大便的次数、性质、量的改变，观察有无腹胀、腹痛等麻痹性肠梗阻的表现。

3.用药护理

（1）准确服用　指导患者遵照医嘱按时按量服用药物，不可随意增减剂量，尤其是心脏病、高血压、肾炎患者。剂量过大可诱发和加重冠心病、引起骨质疏松。

（2）疗效观察　注意用药后疗效和不良反应的观察，如患者出现多食消瘦、脉搏>100次/min、发热、大汗、情绪激动等，提示药物过量，应及时报告医师。同时服用利尿剂者，需记录液体出入量。

（3）激素测定　替代治疗最佳的效果为TSH恒定在正常范围内。长期替代者应每6～12个月检测一次。

4.心理护理

（1）心理评估　评估患者对疾病的心理反应，有无焦虑、抑郁等；患者参与社交活动的能力，家人对患者的理解及接受程度。

(2)心理支持　提供安静及安全的环境,建立良好的护患关系,以真挚、诚恳的态度与患者沟通,鼓励患者诉说自己的思想,表达因外观和性格改变带来的感受,给予共情和鼓励,使患者获得自尊,保持乐观的情绪。鼓励患者家属、亲友与患者沟通,建立良好的社会支持系统,使患者感受到温暖和关怀,增强战胜疾病的信心。

(3)活动安排　制订活动计划,由简单活动开始,逐渐增加活动量及活动的复杂性。鼓励患者从事简单的家务劳动,给予较多的时间学习自我照顾的技巧。鼓励患者多参与社交活动,介绍患有相同疾病且病情已改善的病友与其交流,以降低社交障碍的危机。

【健康教育】

1.生活知识

告知患者注意个人卫生,冬季要保暖,避免出入公共场所,以预防感染和创伤。

2.用药指导

对需终生替代治疗者,向其解释终生服药的重要性和必要性,不可随意停药或变更剂量。慎用镇静、安眠、止痛、麻醉等药物,否则可能导致心血管疾病,如心肌缺血、梗死或充血性心力衰竭。告知患者甲状腺激素服用过量的症状,指导其自我监测。

3. 疾病监测

给患者讲解甲减发生的原因、表现及黏液性水肿发生的原因,使患者学会自我观察。若出现血压降低、心动过缓、体温过低等,应立即就医。

【护理评价】

患者是否饮食得当、活动适宜、大便通畅;是否注意保暖、体温正常;皮肤有无受损和感染;是否对疾病有正确认识,能否正常进行社会活动;住院期间有无并发症发生。

(江震)

第三十章　糖尿病患者的护理

案例引入

患者,男,52 岁,身高 180cm,体重 60kg,3 个月来口渴多饮,多尿,易饿多食,消瘦乏力,来医院就诊,家族史:其父患糖尿病,查空腹血糖 10.2mmol/L(185mg/dl),空腹尿糖+++,医生确诊 2 型糖尿病,并给予制订饮食计划,医嘱口服 D8600.5g 每日 3 次。

学习任务:1. 明确该病的诊断依据。

2. 使用胰岛素的注意事项。

学习目标

知识目标　能说出糖尿病患者的临床特征、护理诊断及护理措施,了解糖尿病的发病机制和护理评价。

能力目标　会糖尿病患者的治疗原则和健康指导。能够提出正确的护理诊断，并能够为患者提供合适的护理措施。

素质目标　学习过程中体现对患者的关心。

【概述】

糖尿病(diabetes mellitus,DM)是由于多种病因引起的胰岛素分泌绝对或相对不足以及靶细胞对胰岛素敏感性降低,致使体内糖、蛋白质和脂肪代谢异常,以慢性高血糖为突出表现的内分泌代谢性疾病。典型表现为多尿、多饮、多食、消瘦(三多一少),久病可引起多系统损害,重症可发生酮症酸中毒、高渗性昏迷等急性代谢紊乱。

糖尿病是常见病、多发病。随着人们生活水平的提高、生活方式的改变和人口老龄化,糖尿病的患病率在迅速增加,估计我国现有糖尿病患者 3000,居世界第 2 位。糖尿病已成为继心血管疾病和肿瘤之后的第三大非传染性疾病,给社会和家庭带来沉重的经济负担,严重威胁着人类的健康。

【分型】

目前将糖尿病分为四大类型。

1.1 型糖尿病(曾称做胰岛素依耐型糖尿病)

主要见于年轻人。发病较急，症状明显，易发生酮症酸中毒。因胰岛病毒性炎症或自身免疫破坏，导致胰岛素分泌绝对不足。需用胰岛素治疗。

2. 2 型糖尿病(曾称做非胰岛素依耐型糖尿病)

占本病群体的 95%,多见于成人,尤其是 40 岁以上肥胖者。起病缓慢,症状不明显,往往因并发症或体检时被发现。主要与遗传有关,常对胰岛素发生抵抗,很少自发性发生酮症酸中毒。多数患者不需依赖胰岛素治疗。

3.其他特殊类型糖尿病

是指目前病因已明确的各种继发性糖尿病。

4.妊娠期糖尿病

是指在妊娠过程中初次发现的糖耐量异常。一般在妊娠后期发生,分娩后大部分可恢复正常。

【病因及发病机制】

糖尿病病因和发病机制复杂,至今未完全明了。目前认为本病是遗传因素、自身免疫和环境因素共同参与的结果。

1.遗传因素

不论1型或2型糖尿病,目前认为均与遗传因素有关,有家族性。1型糖尿病与某些特殊的人类组织相容性抗原(HLA)有关。2型糖尿病具有更强的遗传倾向,是多基因疾病。

2.环境因素

病毒感染是最重要的环境因素之一,可直接损伤胰岛组织,也可在损伤胰岛组织后诱发自身免疫反应,与1型糖尿病发病有关。相关的病毒有柯萨奇病毒、腮腺炎病毒、风疹病毒、巨细胞病毒等。而都市化生活、高热量饮食、缺乏体育锻炼等不良的生活方式,则可使组织细胞发生胰岛素抵抗和胰岛素分泌缺陷,是2型糖尿病发病的两个要素。

3.自身免疫

自身免疫因素在1型糖尿病发病中起重要作用。病毒感染启动胰岛B细胞的自身免疫反应,产生以胰岛细胞自身抗体为主的一组自身抗体,使胰岛素分泌绝对减少。

【护理评估】

1.健康史

应详细询问患者患病的起始时间,主要症状及其特点,有无并发症出现;患病后检查、治疗及用药情况;患者的生活方式、饮食习惯、体力活动情况;有无糖尿病家族史,体重,妊娠次数,有无反复病毒感染史;每日液体摄入量,排泄情况,舒适和休息状况等。

2.身体状况

(1)典型症状　代谢紊乱引起的“三多一少”症状群,多见于1型糖尿病。

1)多尿、多饮:由于血糖升高引起渗透性利尿作用,患者排尿次数及量均明显增多,每日尿量常在2 ~ 3L以上;由于多尿失水,使患者繁渴多饮。

2)多食:由于尿中丢失糖,糖未能充分利用,机体能量缺乏,使患者多食易饥。

3)体重减少:由于机体不能利用葡萄糖,使蛋白质和脂肪消耗增加,引起体重减轻、疲乏无力。

4)其他:有四肢酸痛、麻木,腰痛,性欲减退,阳痿不育,月经失调,女性外阴瘙痒等。

(2)急性并发症

1)糖尿病酮症酸中毒(diabetic ketoacidosis,DKA):是指由于胰岛素严重不足或不能发挥作用,产生以高血糖、高血酮和代谢性酸中毒为主要表现的临床综合征。1型糖尿病患者有自发酮症酸中毒倾向,发生率高;2型糖尿病患者在一定诱因作用下也可发生酮症酸中毒,但发生率低。①常见诱因:感染、胰岛素治疗中断或不适当减量、饮食不当、创伤、手术、妊娠和分娩,有时亦可无明显诱因;②机制:糖尿病代谢紊乱加重时,脂肪动员,分解加速,产生大量分解产物乙酰乙酸、β-羟丁酸和丙酮,三者合称为酮体。酮体积聚超过正常水平时出现酮血症和酮尿,临床上统称为酮症。乙酰乙酸和β-羟丁酸均为较强的有机酸,大量消耗体内储备碱,若代谢紊乱进一步加剧,血酮继续升高,超过机体的处理能力时即发生代谢性酸中毒;③临床表现:早期酮症阶段仅有烦渴多饮、多尿、疲乏等糖尿病症状加重表现,继之出现食欲减退、恶心、呕吐,常伴头痛、烦躁、嗜睡、呼吸深大(Kussmaul 呼吸)、呼气中有烂苹果味(丙酮所致)。后期患者严重失水、尿少、皮肤干燥、血压下降、休克、昏迷乃至死亡。实验室检查:尿糖、尿酮体呈强阳性,血糖多在16.7 ~ 33.3mmol/L、血酮体多在4.8mmol/L以上,CO_2结合力降低。

2)高渗性非酮症糖尿病昏迷(hyperosmolar nonketotic diabetic coma,HNC):简称高渗性昏迷,是因高血糖引起的以血浆渗透压增高、严重脱水和进行性意识障碍为主要表现的临床综合征。多见于50 ~ 70岁的老人,约2/3患者无糖尿病病史。①常见诱因:感染、创伤、手术、脑卒中、脱水、摄入高糖以及应用某些药物如糖皮质激素、噻嗪类利尿剂等;②临床表现:起病缓慢,症状逐渐加重。常先有多尿、多饮,随着脱水逐渐加重,出现神经精神症状,如嗜睡、幻觉、定向障碍、一过性偏瘫、癫痫样抽搐等;③实验室检查:尿糖强阳性,但尿酮体阴性或弱阳性。血糖常在33.3mmol/L以上,血钠升高可在155mmol/L以上,血浆渗透压显著增高,常在350mmol/L以上。

(3)慢性并发症

1)大血管病变:糖尿病患者易伴发动脉粥样硬化,与糖和脂质代谢异常有关。发病年龄轻,进展快。主要侵犯主动脉、冠状动脉、脑动脉、肾动脉和肢体动脉,引起冠心病、脑血管病、肾动脉和肢体动脉硬化等。心脑血管疾病是目前糖尿病的主要死亡原因之一。

2)微血管病变:微血管病变是糖尿病的特征性病变。包括:①糖尿病肾病:病史多在10年以上。是1型糖尿病患者的主要死亡原因。临床表现为蛋白尿、水肿、高血压、肾功能逐渐减退以至衰竭;②糖尿病性眼病:病史多在 10 ~ 15 年以上,是失明的主要原因。半数以上为视网膜病变(图 30-1),还可引起黄斑病、白内障、青光眼、屈光改变等;③其他:有糖尿病性心肌病等。

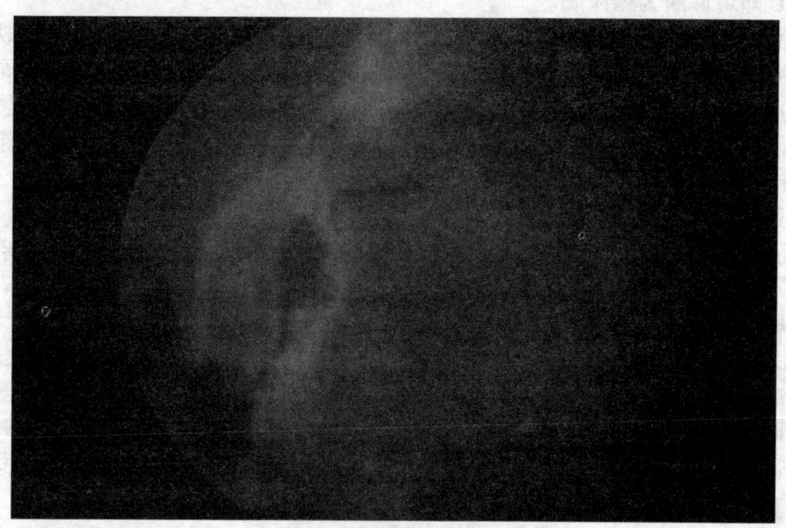

图 30-1　糖尿病视网膜病变

3)神经病变:以周围神经最为常见,通常为对称性,下肢较上肢严重。患者常先出现肢端感觉异常,有麻木、烧灼、针刺、蚁走感、痛觉过敏等,呈袜子或手套状分布。随后有肢体疼痛,后期累及运动神经,出现肌力减退以至肌萎缩和瘫痪。自主神经病变也较常见,表现为瞳孔改变,排汗异常,体位性低血压、心动过速、便秘、腹泻以及尿潴留、尿失禁、阳痿等。

4)糖尿病足:由于末梢神经病变、下肢动脉供血不足、感染等因素,引起足部感染、溃疡和深部组织破坏,是致残的主要原因(图 30-2)。

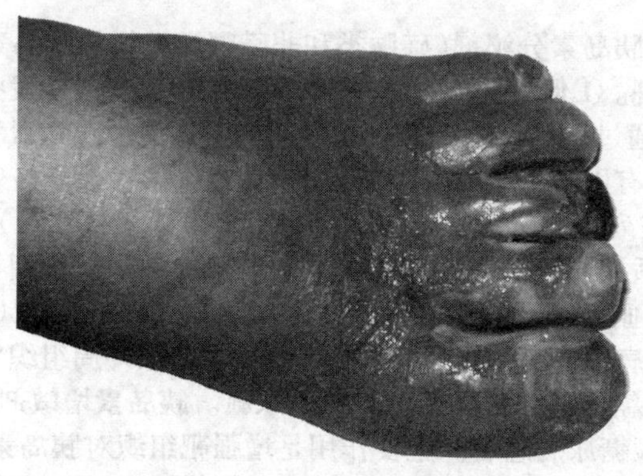

图 30-2　糖尿病足

(4)感染　糖尿病患者常反复发生疖、痈等皮肤化脓性感染,有时可引起败血症或脓毒血症。足癣、体癣等皮肤真菌感染也较常见,女性患者常合并真菌性阴道炎、肾盂肾炎和膀胱炎。肺结核患病率高,进展快。

3.辅助检查

(1)血糖测定　血糖升高是诊断糖尿病的主要依据,也是监测糖尿病病情变化和治疗效果的主要指标。如空腹血糖≥7.0mmol/L,或餐后 2 小时血糖≥11.1mmol/L,即可诊断为糖尿病。

(2)尿糖测定　尿糖阳性为诊断糖尿病的重要线索,但受肾糖阈的影响,不能准确反应血糖的变化情况,目前多为微量血糖监测所取代。在监测血糖条件不足的情况下,每日 4 次尿糖定性试验(三餐前或睡前),以及 24 小时尿糖定量,可作为判断疗效指标和调整降糖药物剂量的参考。

（3）口服葡萄糖耐量试验（OGTT） 适用于血糖高于正常范围而未达到诊断标准者。方法：在清晨进行，WHO建议成人用量为75g葡萄糖，将之溶于250 ～ 300ml水中，5分钟内服下，服前和服后30分钟、60分钟、120分钟、180分钟分钟分别采血测血糖。2小时血糖<7.7mmol/L为正常糖耐量；7.8 ～ 11.0mmol/L为糖耐量减低；≥11.1mmol/L即可诊断为糖尿病。

（4）糖化血红蛋白A1（GHB A1）和糖化血浆白蛋白（FA）的测定 GHb A1测定可反映取血前8 ～ 12周血糖的总水平，为糖尿病控制情况的监测指标之一；FA测定可反映糖尿病患者近2 ～ 3周内血糖总的水平，为近期病情监测的指标。

（5）血浆胰岛素和C-肽测定 有助于了解胰岛B细胞功能（包括储备功能）。C-肽清除率慢，且不受外源性胰岛素影响，固比血浆胰岛素更能准确反映胰岛B细胞功能。

（6）自身抗体测定 测定胰岛细胞自身抗体等，有助于区别糖尿病类型。

（7）其他 病情未控制的糖尿病患者，可有高甘油三酯血症、高胆固醇血症，高密度脂蛋白胆固醇（HDL-C）常降低。

4.心理－社会状况

糖尿病是慢性病，严重危害人类健康，需终生治疗并严格控制饮食，患者很容易产生悲观情绪。尤其是当治疗效果不佳，或出现并发症，造成躯体痛苦及残疾时，更会感到疾病的威胁，加重心理负担，表现出孤独无助、沮丧恐惧。而在疾病早期，由于无症状或症状很轻，许多患者往往持无所谓态度，一旦病情加重，又极易不知所措，甚至丧失信心。儿童和青少年患者，由于身体外形过胖或过瘦，体力及智力发育异常，容易产生自卑和抑郁心理。

5.处理要点

糖尿病治疗强调早期、长期、综合及个体化的原则。国际糖尿病联盟提出糖尿病现代治疗5个要点，即饮食控制、运动治疗、血糖监测、药物治疗和糖尿病教育。具体治疗措施以适当的运动锻炼和饮食治疗为基础，根据病情选用药物辅助。

（1）饮食治疗 饮食治疗是糖尿病最基本的治疗措施，必须严格执行并长期坚持。对1型糖尿病患者有利于控制高血糖，防止低血糖，保证未成年人的正常生长发育。对2型糖尿病患者有利于减轻体重，改善高血糖、高血压和高血脂，延缓并发症的发生和发展，降低降糖药的使用剂量。

（2）运动治疗 适当的运动有利于减轻体重，可提高胰岛素敏感性，改善血糖和血脂代谢紊乱，还可减轻患者的压力和紧张情绪，使患者心情舒畅。运动治疗的原则是适度、经常性和个体化。

（3）药物治疗

1）口服降糖药：主要包括促进胰岛素分泌剂（磺脲类和非磺脲类）、增加胰岛素敏感性药物（双胍类和胰岛素增敏剂）和α葡萄糖苷酶抑制剂。①促进胰岛素分泌剂：只适用于无急性并发症的2型糖尿病，包括磺脲类和非磺脲类。磺脲类：此类药物通过作用于胰岛B细胞表面的受体促进胰岛素释放，同时能提高机体对胰岛素的敏感性。常用药物：第一代有甲苯磺丁脲（D-860）、氯磺丙脲；第二代有格列本脲（优降糖）、格列吡嗪（美吡达）、格列齐特（达美康）和格列喹酮（糖适平）等。其中甲苯磺丁脲（D-860）作用较弱，格列本脲（优降糖）作用最强，格列喹酮（糖适平）适用于肾功能不全及老年患者。非磺脲类：作用机制与磺脲类相似，但降糖作用快而短，主要用于控制餐后高血糖，药物有瑞格列奈（诺和龙）和那格列奈。②增加胰岛素敏感性药物：双胍类：是肥胖或超重的2型糖尿病患者第一线药物。此类药物可增加外周组织对葡萄糖的摄取和利用、抑制糖原异生及糖原分解、加速无氧糖酵解。常用药物有二甲双胍。胰岛素增敏剂：噻唑烷二酮类，也称格列酮类。用于胰岛素抵抗明显的2型糖尿病患者。主要作用是增强靶组织对胰岛素的敏感性，减轻胰岛素抵抗。此类药物有罗格列酮、吡格列酮等。③α葡萄糖苷酶抑制剂：适用于餐后血糖明显升高的2型糖尿病患者。此类药物通过抑制小肠黏膜上的α葡萄糖苷酶活性而延缓葡萄糖、果糖的吸收，降低餐后高血糖。常用药物有阿卡波糖（拜糖平）、优格列波糖（倍欣）。

2）胰岛素治疗：①适应症：1型糖尿病；2型糖尿病急性并发症：酮症酸中毒、高渗性非酮症昏迷和乳酸性酸中毒伴高血糖时；2型糖尿病经口服降糖药治疗未获得良好控制者；糖尿病合并应激及其他情况，如严重感染、手术、妊娠、分娩、心脑血管急症、肝肾疾患等。②剂型：按作用快慢和维持时间，胰岛素制剂可分为速效（普通）、中效和长效三类。几种制剂的特点见表30-1。此外，尚有胰岛素“笔”型注射器，笔芯中预先装满胰岛素，使用时不必抽吸和混合，一次性针头为专门设计，超细超短，疼痛感很轻。胰岛素笔外形酷似钢笔，携带方便。③使用原则和剂量调节：胰岛素个体剂量差异很大，需严格个体化。一般初始先用速效制剂，小剂量开始，逐渐加量。开始可按0.2 ～ 1.0U/kg计算1日总量，三餐前或加上睡前分次皮下注射，根据血糖测定结果每3～4天调整1次剂量，每次可增减2～4U，直至空腹血糖控制在5.0～6.7mmol/L，餐后2小时血糖≤8.73mmol/L为宜，老年人治疗标准可适当放宽。血糖达稳定水平后，可继续用速效制剂维持，也可改为中、长效制剂。

表30-1 常用胰岛素制剂

名称	种类	皮下注射作用时间(h)			注射时间
		起效	最强	持续	
普通(正规)胰岛素	速效	1/2～1	2～4	6～8	餐前半小时,tid
中性鱼精蛋白锌胰岛素	中效	1～3	6～12	18～26	早晚餐前1小时,bid
鱼精蛋白锌胰岛素	长效	3～8	14～24	28～36	早餐前1小时,qd

(4)糖尿病酮症酸中毒(DKA)的治疗

1)输液：输液是抢救DKA首要的、极其关键的措施。开始使用生理盐水，当血糖降至13.9mmol/L左右时改输5%葡萄糖液（每3～4g糖加1U胰岛素）。补液量根据脱水程度及心功能情况决定，一般为体重的10%，先快后慢，前4小时给总量的1/3，前8小时加至总量的1/2，其余1/2在24小时内输完。严重失水者输液量可达6000～8000ml。

2)胰岛素治疗：通常采用小剂量（速效）胰岛素加入生理盐水中持续静滴治疗方案（每小时每千克体重0.1U）。尿酮体消失后，根据患者尿糖、血糖及进食情况调节胰岛素剂量或改为每4～6小时皮下注射普通胰岛素1次。然后恢复平时的治疗。

3)纠正电解质及酸碱平衡失调：轻、中度酸中毒经充分静脉补液及胰岛素治疗后即可纠正，无须补碱，pH<7.1的严重酸中毒者给予碳酸氢钠静脉滴注。注意监测血钾水平，结合心电图及尿量决定补钾时机、量及速度。

4)去除诱因和防治并发症：包括救治休克、严重感染、心力衰竭、心律失常、肾衰竭、脑水肿等。

(5)高渗性非酮症糖尿病昏迷的治疗　治疗上大致与酮症酸中毒相近。患者有严重失水，应积极补液。无休克者目前多主张先用等渗溶液，如治疗前已有休克，宜先输生理盐水和胶体溶液尽快纠正休克。输液的同时给予小剂量胰岛素治疗，以每小时每千克体重0.1U的速度静滴。当血糖降至16.7mmol/L时，改用5%葡萄糖溶液并加入普通胰岛素，根据尿量补钾。积极消除诱因和治疗各种并发症。

【护理诊断及合作性问题】

1.营养失调

低于机体需要量或高于机体需要量与糖、蛋白质、脂肪代谢紊乱有关关。

2.有感染的危险

与血糖增高、营养不良、微循环障碍等因素有关。

3.知识缺乏

缺乏糖尿病的防治和自我护理知识。

4.潜在并发症

低血糖反应、酮症酸中毒、高渗性昏迷。

【护理目标】

患者能接受糖尿病饮食，说出糖尿病饮食的基本要求，参与制订并自觉执行饮食计划，体重、血糖恢复到正常范围。能采取适当措施预防和控制各种感染，皮肤黏膜未发生破溃、出血及感染。患者对疾病有足够的认识，能正确对待当前的健康状态，能掌握药物的使用方法。不发生严重并发症。

【护理措施】

1.饮食护理

护理人员需向患者介绍饮食治疗的目的，与患者和家属共同制订饮食计划，并指导患者实施。

(1)制订每日总热量　计算理想体重:根据患者性别、年龄和身高,通过查表或用简易公式:[理想体重(kg)=身高(cm)-105],算出理想体重。计算每日所需总热量:根据理想体重和体力劳动强度来计算,成年人休息状态下每日每千克理想体重给予热量105 ~ 125.5kJ(25 ~ 30kcal),轻体力劳动125.5 ~ 146kJ(30 ~ 35kcal),中体力劳动146 ~ 167kJ(35 ~ 40kcal),重体力劳动167kJ(40kcal)以上。儿童、孕妇、乳母、营养不良和消瘦、伴有消耗性疾病者应酌情增加10% ~ 20%,肥胖者酌情减少10% ~ 20%,使体重逐渐恢复至理想体重的±5%。

(2)碳水化合物、蛋白质和脂肪的分配　碳水化合物约占饮食总热量的50% ~ 60%,提倡食用粗质米、面和杂粮;蛋白质含量一般不超过总热量的15%,成人每日每千克理想体重0.8 ~ 1.2g,儿童、孕妇、乳母、营养不良或伴有消耗性疾病者宜增至1.5 ~ 2.0g。脂肪约占总热量的30%。按照每克糖、每克蛋白质产热16.7kJ(4kcal),每克脂肪产热37.7kJ(9kcal),计算出碳水化合物、蛋白质和脂肪三类食物的重量。

(3)每餐热量分配　可按每日三餐分配为:1/5、2/5、2/5或1/3、1/3、1/3;也可按四餐分配为:1/7、2/7、2/7、2/7,但要基本固定,以防血糖波动过大。

(4)饮食治疗中注意事项　①按时进食:对于使用降糖药物及胰岛素的患者尤应注意;②定量进食:饮食中的主副食数量每餐基本固定。要严格按照医护人员制定的食谱,避免随意增减。在保持总热量不变的原则下,增加一种食物应同时减去另一种食物,保证饮食平衡。如果为防止低血糖于两餐中加餐,应计算在总热量中。当患者因饮食控制而饥饿难耐时,可用含糖小于5%的蔬菜来充饥,如青菜、黄豆芽、菠菜、芹菜、大白菜、卷心菜、韭菜、西红柿、冬瓜、黄瓜、茄子、茭白、丝瓜等;③禁止甜食:包括各种食糖、糖果、甜点心、饼干、冷饮及含糖分高的水果等。避免油腻:体重过高者要忌吃油炸、油煎食物。炒菜宜用植物油,忌食动物油。少食动物内脏、蟹黄、虾子、鱼子等含胆固醇高的食物。增加膳食纤维:每日饮食中食用膳食纤维的含量以不少于40g为宜,膳食纤维可延缓食物吸收,降低餐后血糖高峰。提倡食用绿叶蔬菜、豆类、粗谷物、含糖成分低的水果等。

2.运动指导

根据年龄、性别、体力、病情及有无并发症、胰岛素治疗及饮食治疗等情况决定运动的方式和强度。

(1)运动方式　以有氧运动为宜,如步行、慢跑、骑自行车、做广播操、打太极拳、游泳、跳交谊舞、打乒乓球等,其中步行安全性好,容易坚持,为老年人首选的锻炼方式。

(2)运动强度　提倡中等强度以下,常采用运动中心率作为评定运动强度的指标。达到运动效果的心率称为靶心率,靶心率=170-年龄。从低强度开始,逐渐增加,以不感到疲劳为度。

(3)运动时间　通常选择餐后1 ~ 3小时内运动。每次运动的时间可自10分钟开始,逐渐延长至30 ~ 40分钟,一般不超过1小时。注意与饮食、药物等治疗相互协调,避开药物作用的高峰时间。

(4)运动的注意事项　应尽量避免恶劣天气,不在炎热的阳光下或凛冽的寒风中运动。为避免运动意外,运动前要做准备活动,运动后要有放松活动。运动中出病情变化时应及时停止并适当处理,如低血糖时休息进食,胸闷、胸痛、视力模糊时,立即就诊。随身携带糖尿病卡和糖果,以备急用。卡上写有患者姓名、家庭住址、电话号码、病情和需要帮助的内容等。为保证运动效果,要在严格控制饮食的基础上进行,并做好运动日记。

3.病情观察

(1)指标监测　定期监测患者血糖、血压、血脂、糖化血红蛋白、眼底、体重等,将病情控制在理想状态。临床上常用血糖值作为简单判断2型糖尿病病情的指标。见表30-2。

表30-2　糖尿病血糖控制目标

		理想	尚可	差
血浆葡萄糖	空腹	4.4 ~ 6.1	≤7.0	＞7.0
(mmol / L)	非空腹	4.4 ~ 8.0	≤10.0	＞10.0

(2)并发症观察　①酮症酸中毒:患者在原有糖尿病的基础上出现显著软弱无力、极度口渴、尿量增多、食欲下降、呕吐等,应警惕酮症酸中毒的发生;②高渗性昏迷:如原来糖尿病较轻,由于失水或摄糖过多,使患

者出现嗜睡、幻觉、定向障碍、偏盲、偏瘫甚至昏迷时，应考虑为高渗性昏迷；③感染：观察体温及有关症状，及时发现泌尿生殖道、皮肤、口腔、肺部等部位感染情况；④低血糖反应：当患者出现饥饿感、心慌、出冷汗、面色苍白、头晕、四肢无力或颤抖，或睡眠中突然觉醒，皮肤潮湿多汗等表现，提示发生了低血糖，应立即采取治疗措施；⑤糖尿病足：每日检查双足一次，观察足部皮肤颜色、温度、感觉有无异常，注意检查有无甲沟炎、甲癣、鸡眼、红肿、水泡、溃疡等，及时发现糖尿病足，做好相应处理。

4.用药护理

（1）口服降糖药

1）遵医嘱按时按量服药：应了解各类降糖药物的作用、剂量、用法，指导患者正确服用。①磺脲类：甲苯磺丁脲常于三餐饭前服用；而第二代药物常于早餐前半小时1次口服，或早、晚餐前2次服用；②非磺脲类：瑞格列奈从小剂量开始，于餐前或进餐时口服；那格列奈一般餐前口服；③双胍类：餐中或餐后服用以减轻胃肠道不良反应；④α葡萄糖苷酶抑制剂：应在进食第一口食物时服用。

2）密切观察药物的不良反应：①磺脲类药物不良反应主要是低血糖反应、胃肠道反应、皮肤瘙痒、肝功能损害、血细胞减少等；②双胍类不良反应有胃肠道反应，如口苦、金属味、恶心、呕吐、腹泻等；③α葡萄糖苷酶抑制剂不良反应为胃肠道反应，如腹胀、腹泻或排气增多，溃疡病、胃肠炎者忌用；④胰岛素增敏剂噻唑烷二酮类不良反应轻微，主要是水肿、肝功能损害，有心力衰竭或肝病者慎用或禁用。

（2）胰岛素

1）给药方法：普通胰岛素于饭前半小时皮下注射，中效或长效胰岛素常在早餐前1小时皮下注射。紧急情况下，仅普通胰岛素可静脉给药。

2）药物抽取：注射胰岛素必须使用1ml注射器，或胰岛素专用注射器，或笔型胰岛素注射器。抽吸剂量必须准确，我国常用的胰岛素制剂有每毫升含40U和80U两种规格，要注意分辨。抽吸时可轻轻摇匀药物，但避免剧烈振荡。长、短效胰岛素混合使用时，应先抽吸短效胰岛素，再抽吸长效胰岛素，然后混匀，切不可逆行操作，以免将长效胰岛素混入短效内，影响其速效性。

3）注射部位：胰岛素采用皮下注射法，宜选择皮肤疏松部位，如上臂外侧、臀部、大腿外侧、腹部等，注意避开脐部及膀胱区。注射部位应交替使用，以免形成硬结和脂肪萎缩。

4）不良反应及处理：①低血糖反应：是胰岛素最主要的不良反应，也是糖尿病致死原因之一，与剂量过大或（和）饮食失调有关。表现为头晕、心悸、多汗、面色苍白、强烈的饥饿感甚至昏迷。应及时检测血糖，根据病情进食糖果、含糖饮料或静注50%葡萄糖液20～40ml；②胰岛素过敏。表现为注射部位瘙痒、荨麻疹，严重过敏反应罕见。应立即更换胰岛素种类并抗过敏治疗。③注射部位皮下脂肪萎缩或增生。停止该部位注射后可缓慢自然恢复。

5）药物保存：胰岛素需置于冰箱内冷藏（5～15℃）保存，避免受热、光照和冻结。如超过有效期或药液出现颗粒时不可使用。

5.并发症的护理

（1）感染的预防和护理　糖尿病患者抵抗力差，易并发各种感染，且一旦发生不易控制，可使病情加重。应指导患者注意个人卫生，保持全身和局部清洁，尤其要加强口腔、皮肤和会阴部的清洁，做到勤洗澡和勤换衣。注射胰岛素时皮肤应严格消毒，以防感染。当发生皮肤感染时，伤口应做细菌培养及药敏试验，选用敏感的抗生素，局部不可任意用药，尤其是刺激性药物。

（2）足部护理

1）促进足部循环　①经常按摩足部，按摩方向由足端往上，避免直接按摩静脉曲张处；②每日进行适度的运动，以促进血液循环，避免同姿势站立过久。坐位时，避免两足交叉；③冬天注意足部的保暖，避免长期暴露于寒冷或潮湿环境，使用热水袋时应避免烫伤皮肤而引起感染；④积极戒烟。

2）避免足部受伤　①患者应选择轻巧柔软、头部宽大的鞋子、袜子以弹性好、透气及散热性好的棉毛质地为佳；②指导患者不要赤脚走路，以防刺伤；外出时不可穿拖鞋，以免踢伤；③冬天使用电热毯或烤灯时谨防烫伤，慎用热水袋。

3）保持足部清洁　①勤换鞋袜，每日睡前用温水泡脚，保持趾间清洁、干燥；②趾甲不可过长，修剪趾甲时注意剪平，但不要修剪过短以免伤及甲沟；③局部出现红、肿、热、痛，或有鸡眼、脚癣等应及时治疗。

（3）酮症酸中毒、高渗性昏迷的护理

1）迅速建立静脉通路：立即开放两条静脉通路，先以生理盐水开通静脉，用于快速补液的通路应选用较大的针头、选择较粗直的血管，另一通路为滴注胰岛素用。准确执行医嘱，确保液体和胰岛素的输入。

2)一般护理:患者绝对卧床休息,专人护理。给予保暖,吸氧。

3)病情监测:严密观察和记录患者生命体征、神志、瞳孔的变化以及液体出入量;监测并记录血糖、尿糖、血酮、尿酮水平以及动脉血气分析和电解质变化。

4)昏迷者按昏迷常规护理。

6.心理护理

(1)建立良好的护患关系　关心和理解患者,鼓励患者诉说心理感受,耐心倾听,多与患者及家属交流沟通。介绍治疗效果好的病例,说明情绪与机体的抗病能力密切相关,给患者提供尽可能多的心理支持,使患者有良好的心态对待疾病。

(2)正确认识疾病　将糖尿病的基本知识和预后告知患者和家属,使他们明白糖尿病虽不能根治,但可通过饮食控制、适当运动、规律生活和药物治疗,而将身体控制在良好的状态,不发生并发症,从而能像正常人一样生活和长寿;与患者及家属共同商讨制订饮食、运动计划,提高配合治疗的积极性。

(3)发挥支持系统的作用　鼓励亲属和朋友多给予患者亲情和温暖,使其获得感情上的支持;鼓励患者参加各种糖尿病病友团体活动,获得病友支持,增加战胜疾病的信心。

【健康教育】

健康教育是糖尿病5个治疗要点之一,良好的健康教育可充分调动患者的主观能动性,养成良好的遵医行为,积极配合治疗,有利于控制疾病、防止各种并发症的发生发展。

1.糖尿病知识指导

通过集体讲座、发放科普资料和个别辅导等方法,对患者和家属进行全面有效的指导,使其认识到糖尿病是一种需终身治疗的疾病,必须坚持治疗。介绍治疗方法的种类和作用,使患者树立遵医观念。

2.饮食指导

讲解饮食治疗的具体要求,教会患者计算热量、合理配餐、定时进食、选择食物等。指导患者通过观察住院期间餐饮的供给量和主要食物的搭配方法,掌握饮食控制的基本做法。为患者准备一份常用食物营养素含量和替换表,使之学会自我饮食调节,以便出院后长期坚持。

3.运动指导

使患者充分认识运动在治疗中的意义,帮助患者制订运动计划,如运动方式、运动时间、运动强度、运动频率等。告诉患者运动时的注意事项,如随身携带甜食和病情卡片以应备急需,运动中如感到头晕、无力、心悸等应立即停止运动等。

4.用药指导

使患者了解口服降糖药的种类,掌握服用方法和不良反应的观察;学会胰岛素的注射方法,掌握注射时间、不良反应的观察和低血糖反应的处理。

5.疾病监测

指导患者学习和掌握监测血糖、血压、体重指数的方法,如便携式血糖测定仪的使用、体重指数的计算等。让患者了解糖尿病的控制目标。

6.并发症预防

规律生活,戒烟、酒。注意个人卫生,养成良好的卫生习惯。保持全身皮肤,尤其是口腔、足部和外阴的清洁,如有破损或感染应立即就医。告知患者避免引起酮症酸中毒及高渗性昏迷等并发症的诱发因素。

7.定期复查

指导患者出院后定期复查与糖尿病相关的各项指标,一般每2～3个月复查糖化血红蛋白1次。有血脂异常者,每1～2月监测血脂1次,无异常者,每6～12个月监测血脂1次。每年对眼底、心血管和肾功能等进行全面检查,以便早期发现慢性并发症,并及时治疗。

【护理评价】

患者病情能否得到良好控制,使血糖维持在正常水平、体重恢复或接近正常;能否说出糖尿病饮食的基本要求,自觉参与制订并执行饮食计划,无营养失调表现;有无皮肤黏膜的破溃、出血及感染;患者能否说出疾病的相关知识,能否正确进行自测血糖或尿糖,能否正确操作自我注射胰岛素,能否讲述降糖药物的不良反应及处理方法、皮肤和足部护理的要点;有无严重并发症的发生,或并发症减轻。

（江震）

第三十一章　库欣综合征患者的护理

案例引入

患者,女,20岁,不明原因体重剧增。面部红润,腹大如球,站立困难,肌肉无力。

学习任务:1. 为了帮助诊断,须做哪些辅助检查?

2. 主要的护理措施有哪些?

学习目标

知识目标　能说出库欣综合征患者的临床特征、护理诊断及护理措施并正确为患者进行护理评估。熟悉库欣综合征的治疗原则和健康指导。

能力目标　能够提出正确的护理诊断,并能够为患者提供合适的护理措施。

素质目标　学习过程中体现对患者的关心。

【概述】

库欣综合征(Cushing syndrome)又称皮质醇增多症,是多种病因引起肾上腺皮质分泌过量的糖皮质激素(主要是皮质醇)所致病症的总称。按病因可分为依赖ACTH和不依赖ACTH两大类。主要表现有满月脸、多血质面貌、向心性肥胖、皮肤紫纹、痤疮、糖尿病倾向、高血压和骨质疏松等。本症多见于女性,男女之比为1∶2～1∶3,发病年龄多在20～40岁。

【病因及发病机制】

1.依赖ACTH的库欣综合征

(1)库欣病(Cushing病)　最常见,约占Cushing综合征的70%,系垂体ACTH分泌过多,伴肾上腺皮质增生,多为垂体微腺瘤所致。

(2)异位　ACTH综合征:为垂体以外的恶性肿瘤产生大量ACTH,刺激肾上腺皮质增生,分泌过量的皮质类固醇所致。致病的多种恶性肿瘤中,以小细胞肺癌最常见,其次有胸腺癌、胰腺癌等。

2.不依赖ACTH的皮质醇增多症

包括肾上腺皮质腺瘤、肾上腺皮质癌、不依赖ACTH的双侧性肾上腺小结节性增生、不依赖ACTH的双侧肾上腺大结节性增生等。

【护理评估】

1.健康史

主要询问患者面貌、体态改变等从何时开始,进展情况,治疗过程,有无糖皮质激素治疗史。

2.身体状况

本病的临床表现主要与皮质醇分泌过多,引起代谢紊乱、多器官功能障碍及免疫力降低有关。

(1)代谢紊乱表现

1)脂代谢障碍:以满月脸和向心性肥胖为特征(图31-1)。皮质醇促进脂肪的动员和合成,而不同部位的脂肪组织对皮质醇有不同的敏感性,因此脂肪重新分布,堆积于面、颈、胸及腹部等处,出现红润多脂的满月脸,颈背部脂肪堆积的水牛背,腹大如球形、四肢相对细瘦的特征性“向心性肥胖”体态(图31-2)。

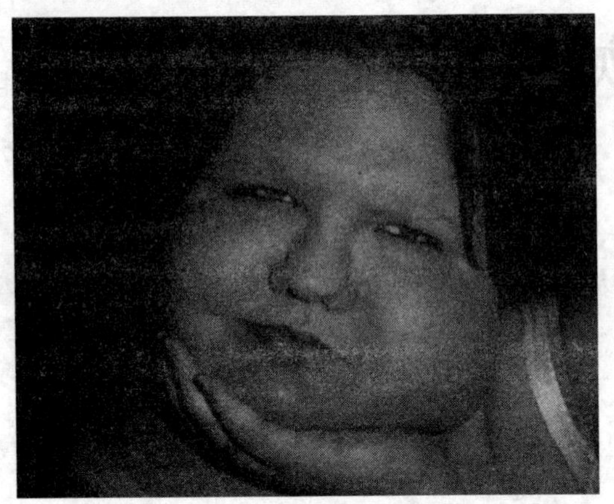

图 31-1　满月脸

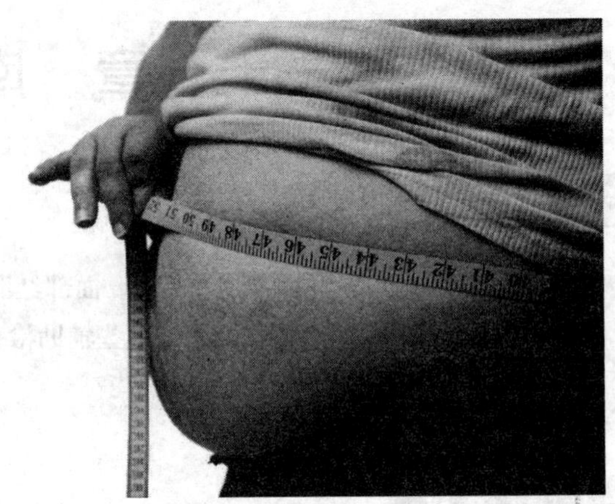

图 31-2　向心性肥胖

2)蛋白质代谢障碍:大量皮质醇促进蛋白质分解,抑制蛋白质的合成,使机体处于负氮平衡状态,出现蛋白质过度消耗的表现。患者皮肤菲薄形成紫纹,以臀部外侧、下腹部、大腿内外侧等处多见,呈对称性分布。肌肉萎缩无力,腰酸背痛,严重时站立困难,行动不便。

3)糖代谢障碍:皮质醇有拮抗胰岛素的作用,能抑制糖利用,促进肝糖原异生,促使血糖升高,部分患者出现糖尿病症状,称类固醇性糖尿病。

4)电解质紊乱:皮质醇有潴钠、排钾的作用,引起低血钾,可加重乏力,部分患者因钠潴留而有轻度水肿。由于皮质醇有排钙作用,加之肌无力的影响,可出现骨质疏松、脊柱变性,易发生自发性骨折。儿童患者生长发育受到抑制。

(2)多器官功能障碍

1)血管病变:以高血压为常见,与皮质醇、脱氧皮质酮等增多有关。患者血浆肾素浓度增高,从而产生较多的血管张素Ⅱ,引起高血压。长期高血压可并发左心室肥大、心力衰竭、脑血管意外等。

2)异常:女性患者由于皮质醇对垂体促性腺激素的抑制及肾上腺雄激素分泌增多,出现月经稀少、经期不规则、闭经、不孕、痤疮等,但明显男性化少见;男性患者则由于皮质醇对垂体促性腺激素的抑制,出现性欲减退、阴茎缩小、睾丸变软等。

3)精神症状:情绪不稳定、烦躁、失眠,严重者精神失常,表现为偏执狂。

4)色素沉着:异位 ACTH 综合征患者及重症垂体性 Cushing 病患者可出现皮肤色素明显加深。

(3)感染　皮质醇增多使免疫功能减弱,致抵抗力下降而易发生各种感染。但患者感染后炎症反应往往不明显,易于掩盖病情造成严重后果。

3.辅助检查

(1)皮质醇测定　血浆皮质醇水平增高且昼夜节律消失,表现为早晨略高于正常,晚上下降不明显。24 小时尿 17-羟皮质类固醇、尿游离皮质醇升高。

(2)地塞米松抑制试验　血浆皮质醇不明显地受地塞米松的抑制,不低于对照值的 50%。

(3)ACTH 试验　垂体性 Cushing 病和异位 ACTH 综合征者有反应,原发性肾上腺皮质肿瘤者多数无反应。

(4)影像学检查　包括肾上腺超声检查、蝶鞍区断层摄片、CT、MRI 等,可协助病变部位的诊断。

4.心理-社会状况

因体貌改变和肢体软弱无力等,患者常迷惑不解、抑郁寡欢,为以后生活担忧。加之疾病导致的情绪不稳定、烦躁、失眠,患者可有精神失常的表现。

5.处理要点

根据不同病因做相应治疗。但在做病因治疗前,对病情严重的患者,最好先对症治疗以改善并发症。

(1)Cushing 病　本病治疗可归纳为手术、放射、药物三种方法。经蝶窦切除垂体微腺瘤为治疗本病的首选方法。

(2)肾上腺肿瘤　肾上腺皮质腺瘤经检查明确腺瘤部位后,手术切除可根治。肾上腺皮质癌的治疗多不满意,但也应尽可能早期手术治疗。

(3)不依赖ACTH小结节性或大结节性双侧肾上腺增生　做双侧肾上腺切除术,术后用激素替代治疗。

(4)异位ACTH综合征　应治疗原发性恶性肿瘤,根据具体病情做手术、放疗或化疗。

各类Cushing综合征患者,当其他治疗疗效不明显时,可使用米托坦、美替拉酮等肾上腺皮质激素合成阻滞药。

【护理诊断及合作性问题】

1. 自我形象紊乱

与Cushing综合征引起身体外观改变有关。

2. 有感染的危险

与皮质醇增多致机体免疫力降低有关。

3. 有受伤的危险

与骨质疏松有关。

【护理目标】

患者能正确认识自我形象的改变,注意修饰,正常进行人际交往;能积极采取防治感染的措施,不发生感染;能进行良好的自我防护,不发生意外损伤。

【护理措施】

1.一般护理

(1)休息　合理的休息可避免水肿加重。尽量取平卧位,抬高双下肢,有利于静脉回流。久病骨质疏松、关节腰背疼痛者适当限制运动,做好安全防护,防止骨折。

(2)饮食　给予高蛋白、低热量、低钠、高钾的食物,避免刺激性食物,禁烟酒。鼓励患者食用柑橘类、枇杷、香蕉、南瓜等含钾高的水果。注意补充钙及维生素D,以预防骨质疏松。有糖尿病症状时应按糖尿病计算饮食热卡。

2.病情观察

(1)心血管病变　注意观察血压、心律、心率变化,一旦发现有左心衰竭的表现,立即给予半卧位,氧气吸入,按医嘱进行抗心衰处理。

(2)感染　观察体温变化,定期检查血常规,尽早发现扁桃体感染、皮肤疖痈、口腔念珠菌感染及泌尿系统感染等感染征象。

(3)低钾血症　观察有无低钾血症的表现,如出现乏力、恶心、呕吐、腹胀、心律失常等表现,应及时测血钾和描记心电图,并与医师联系,配合处理。

(4)糖尿病　注意观察患者进食量、有无糖尿病表现,必要时测空腹血糖或做糖耐量试验,以早期诊断。

(5)水肿　观察患者水肿情况,每日测量体重,记录24小时液体出入量,监测电解质和心电图变化。

3.感染的预防和护理

患者抗感染的能力下降,易发生各种感染,护理时应注意:①保持病室环境及床单位整洁,室内温度、湿度适宜,减少感染机会;②严格执行无菌操作技术,避免交叉感染。尽量减少侵入性治疗措施;③加强皮肤和口腔护理。对患者及家属进行预防感染的指导,如保持皮肤、外阴、衣着、用具等清洁卫生,避免去公共场所,减少感染机会。一旦发生感染应及早治疗。

4.外伤的预防和护理

患者肌肉萎缩无力、骨质疏松,易发生损伤,护理时应注意:①减少安全隐患,对有广泛骨质疏松和骨痛的患者,应嘱注意避免剧烈运动,减少损伤机会;②移去环境中不必要的家具或摆设,浴室应铺上防滑脚垫,防止因碰撞或跌倒引起外伤或骨折;③护理操作时动作应轻稳,为患者变换体位时,禁忌拖、拉、拽等动作,以防造成患者骨折。

5.用药护理

应用肾上腺皮质激素合成阻滞药治疗时,应注意观察疗效和不良反应。此类药物的主要不良反应是食欲不振、恶心、呕吐、嗜睡、乏力等。部分药物对肝损害较大,应定期做肝功能检查。

6.心理护理

与患者探讨改善自身形象的方法,帮助患者接受自身外观改变的事实,并鼓励家属给予心理支持,避免歧视和伤害患者。对有明显精神症状者给予多关注,避免刺激,如发现患者抑郁严重时,应加强看护,做好保护措施。

7.手术相关护理

对手术患者应做好术前、术后的护理。

【健康教育】

1. 疾病知识指导

介绍疾病的基本知识和治疗方法，指导患者正确用药并学会观察药物疗效和不良反应。对手术后需皮质激素替代治疗者,应详细介绍用法和注意事项。

2. 身心调适

教会患者自我护理,适当修饰,规律生活,心情愉快;指导患者和家属有计划地安排力所能及的活动,让患者生活自理,增强其自信心和自尊感。

3. 加强预防

指导患者注意感染的预防,避免去公共场所,注意个人卫生。合理饮食,适当活动,预防损伤。

【护理评价】

是否接受自身体貌改变的事实,能否运用有效的修饰技巧改善自身形象,能否以乐观的心态进行正常人际交往;能否采取有效的防护措施,不发生感染和损伤。

(江震)

第三十二章　痛风患者的护理

案例引入

患者,55岁,干部。者无诱因于5年前出现手指、足趾关节肿痛,以夜间痛为甚,右手指关节僵硬破溃已2年。患者于5年前经常出差。频频饮酒,褒进膏粱厚味,兼之旅途劳顿,感受风寒,时感手指、足趾肿痛,因工作较忙,未曾介意。以后每于饮酒或劳累、受寒之后,即疼痛增剧,右手指关节及左足拇指内侧肿痛尤甚,以夜间痛为剧,即去医院就诊,以类风湿关节炎处理,曾复炎痛喜康、布洛芬等,疼痛有所缓解,时轻时重,未根治。2年前右手指近端破溃,流出白色脂膏,血尿酸高达918μmol/L,确诊为"痛风"。即服用别嘌呤醇、丙硫酸等,病情有所好转,但因胃痛不适而停服。因之肿痛有增剧,乃继续服用,迄今未愈。查体:右手食指中指肿痛破溃。左足大趾内侧亦肿痛较甚。夜间痛较甚。血尿酸714μmol/L,口苦,苔黄腻,脉弦数,右二有痛风石结节。

学习任务:1. 明确该患者的诊断。

2. 该患者的护理。

学习目标

知识目标　能说出痛风的病因、发病机制、临床表现及治疗原则,并正确为患者进行护理评估。

能力目标　能够提出正确的护理诊断,并能够为患者提供合适的护理措施。

素质目标　学习过程中体现对患者的关心。

痛风(Gout)是机体长期嘌呤代谢障碍、血尿酸增高引起组织损伤的一组异质性疾病。临床特点是高尿酸血症、特征性关节炎反复发作,在关节滑液的白细胞内可找到尿酸钠结晶、痛风石形成,严重时关节活动障碍和畸形、肾尿酸结石和(或)痛风性肾病。

【病因及发病机制】

根据病因可分为原发性和继发性两大类。原发性者属遗传性疾病,且与肥胖、原发性高血压、血脂异常、糖尿病、胰岛素抵抗关系密切。继发性者可由肾病、血液病、药物及高嘌呤食物等多种原因引起。原发性痛风发病有关因素主要与高尿酸血症有关。

1. 尿酸排泄减少

是引起高尿酸血症的重要因素,包括肾小球尿酸滤过减少、肾小管重吸收增多、肾小管尿酸分泌减少以及尿酸盐结晶在泌尿系统沉积。大多数原发性痛风患者有阳性家族史,属多基因遗传缺陷,但确切的发病机制未明。

2.尿酸生成增多

若限制嘌呤饮食5天后,如每日尿酸排出超过3.57mmol/L,可认为是尿酸生成过多。酶的缺陷是导致尿酸生成增多的原因。

【护理评估】

1.健康史

1)患病情况及诊疗过程。

2)既往病史、家族史及个人史。

2.身体状况

本病多见于中、老年人,大多在40岁以上发病,男性占95%以上,女性多见于更年期后发病,5%~25%患者常有家族遗传史。近年来,痛风的发病率逐年递增。

(1)急性关节炎　为首发症状。是尿酸盐结晶、沉积所致。①常午夜起病,因疼痛而惊醒,突发下肢端单一关节红、肿、热、痛和功能障碍,最常见为拇趾及第一跖趾关节,其余依次为踝、膝、腕、指、肘等关节;②发热,血白细胞增高,血沉增快,给予秋水仙碱治疗后,关节炎症可以迅速缓解,有特殊的治疗效果;③初次发作常呈自限性,一般经 1 ~ 2 天或几周后自行缓解,此时,受累关节局部皮肤出现脱屑和瘙痒,为本病特有的症状;④伴高尿酸血症;⑤关节液白细胞内有尿酸盐结晶,或痛风石针吸活检有尿酸盐结晶,是确诊本病的依据。急性期缓解之后,患者全无症状,称为间歇期。受寒、劳累、饮酒、高蛋白、高嘌呤饮食或穿紧鞋、外伤、手术、感染等为常见诱因。

(2)痛风石及慢性关节炎　痛风石是痛风的一种特征性损害,可以存在于任何关节、肌腱和关节周围软组织。通常是多关节受累,且多见于关节远端,受累关节可表现为以骨质缺损为中心的关节肿胀、僵硬及畸形,无一定形状且不对称。严重时痛风石处皮肤发亮、菲薄、容易向皮肤表面破溃,并有豆渣样的白色物质排出,瘘管周围组织呈慢性肉芽肿不易愈合,但很少继发感染。一般以耳轮、跖趾、指间和掌指等处多见。

(3)痛风肾病　是痛风特征性的病理变化之一。临床上早期表现为间歇性蛋白尿。一般病程进展较为缓慢,随着病情的发展,蛋白尿转变为持续性,肾浓缩功能受损,出现夜尿增多、等渗尿。晚期可发生肾功能不全,最终可因肾衰竭或合并心血管病而死亡。

(4)尿酸性尿路结石　泥沙样结石常无症状,较大者有肾绞痛、血尿。当结石反复引起梗阻和局部损伤时,容易合并感染,如肾盂肾炎或肾周围炎,可加速结石的增长和肾实质的损害。

(5)高尿酸血症与代谢综合征　高尿酸血症者常伴有肥胖、冠心病、血脂异常、高脂血症、糖耐量减低(IGT)及 2 型糖尿病,统称代谢综合征。目前认为,原发性痛风可显著加重动脉粥样硬化的发展,使痛风者心肌梗死、脑卒中发生率显著增高。

3.辅助检查

(1)血、尿尿酸测定　一般男性>420μmol/L、女性>350μmol/L 可确定为高尿酸血症。限制嘌呤饮食 5 天后,每日尿酸排出量仍超过 3.57mmol/L,可认为尿酸生成增多。

(2)滑囊液或痛风石内容物检查　行关节腔穿刺或结节自行破溃物及穿刺结节内容物,在炫光显微镜下,见白细胞内有双折光现象的针形尿酸盐结晶。

(3)其他检查　X 线摄片,急性关节炎期可见非特征性软组织肿胀。慢性期或反复发作后,可见软骨缘破坏,关节面不规则;典型者由于尿酸盐侵蚀骨质,使之呈圆形或不整齐的穿凿样、凿孔样、虫蚀样或弧形、圆形骨质透亮缺损,为痛风的 X 线特征。

4.心理-社会状况

痛风患者由于运动功能障碍,会造成自理能力的下降。由于治疗难度大、耗资多,给患者及家属带来沉重的心理负担和经济困难,或因长期使用糖皮质激素治疗引起外貌变化,而感到焦虑、悲观、烦恼或自卑。

【护理诊断及合作性问题】

1.关节疼痛

与尿酸盐结晶、沉积在关节引起炎症反应有关。

2.生活自理能力下降

与关节受累、疼痛有关。

【护理目标】

患者疼痛能够缓解,甚至消失;自理能力提高。

【护理措施】

1.合理治疗

原发性痛风目前不能根治,本病防治目的为:①控制高尿酸血症,预防尿酸沉积;②迅速终止急性关节炎的发作;③防止原酸结石形成和肾功能损害。根据疾病阶段不同采取不同的治疗。

(1)一般治疗　调节饮食,控制总热量摄入,限制高嘌呤食物(如心、肝、肾、脑、鱼虾类、海蟹等海味、肉类、豆制品、酵母等),严禁饮酒(包括含有大量嘌呤的啤酒);适当运动可减轻胰岛素抵抗、防止超重和肥胖;增加尿酸的排泄,多饮水,每天在 2000ml 以上;不使用制尿酸排泄的药物,如噻嗪类利尿药等;避免诱发因素和积极治疗相关疾病等。

(2)急性痛风性关节炎期的治疗　绝对卧床休息,抬高患肢,避免受累关节负重。迅速给秋水仙碱,越早用药疗效越好,如延迟用药,疗效可随时间的推移而下降。

1)秋水仙碱:是治疗急性痛风性关节炎的特效药物,其作用机制可能是抑制局部组织的中性粒细胞、单核细胞释放炎症因子,抑制炎症细胞的变形和趋化,缓解炎症反应。

2)非甾体抗炎药(NSAID):作用机制为抑制花生四烯酸代谢中的环氧化酶活性,进而抑制前列腺素的合成而达到消炎镇痛的作用。最广泛应用的药物有吲哚美辛,其他如双氯芬酸、布洛芬等。

3)糖皮质激素:上述药物常规治疗无效或因严重不良反应不能使用该药物时,可考虑使用糖皮质激素或ACTH短程治疗。该类药物的特点是起效快、缓解率高,但容易出现症状的"反跳"现象。

(3)发作间歇期和慢性期的处理 治疗目的是使血尿酸维持正常水平。

1)排尿酸药:适合肾功能尚好的患者,主要是抑制近端肾小管对尿酸盐的重吸收,增加尿酸的排泄,从而降低尿酸水平。用药期间应多饮水,服碳酸氢钠每日3 ~ 6g等碱性药物。剂量应从小剂量开始逐步递增。常用药物有苯溴马隆、丙磺舒、磺吡酮。

2)抑制尿酸生成药物:主要有别嘌醇,抑制黄嘌呤氧化酶,使尿酸的生成减少,适用于尿酸生成过多者或不适合使用排尿酸药物者。与排尿酸药合用效果更好。

3)其他:关节活动障碍者可进行理疗和体疗。痛风石较大者,可用手术剔除。

(4)处理伴发疾病 痛风常与代谢综合征伴发,积极降压、降脂、减肥,提高胰岛素的敏感性,处理肾功能衰竭。

2.病情观察

观察疼痛的部位、性质和程度;注意受累的关节有无红、肿、热和功能障碍;监测血、尿尿酸水平变化,评估病情。

3.一般护理

(1)饮食护理 避免受寒、劳累、感染、创伤等诱因。低嘌呤饮食,少吃动物内脏、浓肉汤、鱼子、虾子等,减少外源性尿酸生成,促进体内尿酸的排出:控制嘌呤的进食量,每日限制在100 ~ 150mg以内。蛋白质摄入为1g/(kg · d),以蛋类、奶类等单细胞食物为佳。糖占总热量的50% ~ 60%,肥胖者较正常者应低10%左右。脂肪每日<50g。戒酒。多饮水,每天达2000 ~ 3000ml。少盐,丰富的维生素饮食。

(2)对症护理 急性发作时绝对卧床休息至疼痛缓解后72小时,鼓励患者生活自理。卧床期间协助患者使用便盆。外出时有专人护送(用轮椅)。指导患者使用减轻负重的方法,如拐杖等。信号灯放在患者床边,随时满足患者的需要。抬高患肢,避免负重,可在病床上安放支架支托盖被,减少患部受压,缓解疼痛。注意皮肤的护理,避免感染发生。缓解期可选择针灸止痛。

4.用药护理

指导患者正确用药,观察药物疗效,及时处理不良反应。①按医嘱给秋水仙碱止痛,口服给药若消化道反应较重,可考虑静脉用药。注射速度要慢,一般不少于5分钟。避免药液外漏,以免引起疼痛和局部坏死。不良反应有恶心、呕吐、厌食、腹胀和水样腹泻,还可以有白细胞减少、血小板减少等骨髓抑制表现以及脱发;②应用NSAID时注意活动性消化性溃疡、消化道出血等禁忌症;③促进尿酸排泄药应注意胃肠道反应,过敏性皮炎、发热。使用期间,嘱患者多饮水,口服碳酸氢钠等碱性药;④别嘌醇不良反应有胃肠道刺激、发热、肝损害、骨髓抑制等。肾功能不全者应减半量使用。

5.心理护理

患者由于疼痛影响进食和睡眠,加之关节畸形、肾功能损害,常思想负担重,表现为焦虑,护士应多与患者交流,给予精神上的安慰和鼓励。

6.健康教育

1)指导患者保持心情愉快,避免情绪紧张,生活要有规律,肥胖者应减轻体重。

2)介绍疾病的发展过程,教导患者严格控制饮食,避免进食高嘌呤的食物,戒酒,每天多饮水。及时防治高血压、冠心病、糖尿病等疾病。

3)鼓励患者定期适度地运动,学会保护关节的技巧。教导患者学会自我检查,如平时用手触摸耳轮及手足关节处是否产生痛风石。

4)定期复查尿的pH、尿酸排出量,保持血尿酸在正常范围。家族人员应及早普查,因痛风有家族史。

（江震）

第六篇

传染病患者的护理

第三十三章　总　论

学习目标

知识目标　了解传染病的病原学、流行病学等知识。了解传染病的病理生理等特点。了解传染病的预防措施。熟悉传染病的基本特征和临床特点以及常见传染病症状的护理。

能力目标　会传染病、传染病护理学、隔离、消毒等基本概念,掌握常见传染病的临床特征、治疗要点及护理措施。

素质目标　培养良好的职业素质,关心、爱护、尊重患者,具有团队意识及协作精神。

第一节　传染病的概述

传染病(Communicable diseases)是一组由病原微生物和寄生虫感染人体后产生的具有传染性的疾病。传染病是常见病、多发病。常见的病原微生物包括病毒、细菌、立克次体、螺旋体、支原体、衣原体等。由原虫和蠕虫感染引起的疾病又称为寄生虫病。历史上,鼠疫、天花、霍乱、疟疾等传染病曾严重地威胁过人类的生存和发展,也给我国人民带来了重大的灾难。今天,人类在与传染病的斗争中已取得显著的成就,许多传染病被消灭或得到控制,然而,仍有许多传染病,如病毒性肝炎、感染性腹泻、流行性出血热等广泛存在;一些已被消灭的传染病有死灰复燃的可能;新的传染病不断出现,传染病对人类健康和生命以及社会发展亦然构成严重威胁。近年来,突发重大的传染病疫情引起了我国政府的高度重视,同时也促进了我国公共卫生体系的进一步发展和完善。

传染病护理是传染病防治工作中的重要组成部分,它不仅关系到患者能否早日康复,而且对终止传染病在人群中的流行也具有十分重要的意义。一方面,由于传染病具有起病急、病情危重、变化快、并发症多等特点;另一方面,由于传染病院(科)是传染患者集中的场所,这就要求护理人员不但要掌握常见传染患者护理的理论知识和技术操作方法,工作中具有高度责任感和同情心,做到严密、细致地观察病情,及时发现病情变化、迅速、准确配合抢救工作;还要实施严格消毒隔离制度和管理方法,履行疫情报告职责;同时要开展健康教育和做好自身防护等,以防止传染病的扩散和交叉感染,最终实现消灭传染病的目的。

一、感染与免疫

【感染的概念】

感染(Infection)是病原体侵入机体后,与人体之间相互作用,相互斗争的过程。感染与传染(Commanication)的含义并非完全相同,传染性疾病属于感染性疾病的范畴,而感染不一定有传染性。由于病原体与宿主之间适应程度不同,双方斗争的结果也各异,因而产生了感染过程的不同表现。

【传染病感染过程的表现】

病原体(Pathogens)通过各种途径进入机体后即开始了传染病感染过程,由于病原体的致病力和机体免疫功能的不同,感染后可出现以下五种表现:

1. 病原体被清除

指病原体进入人体后,人体通过非特异性免疫或特异性免疫将病原体消灭或排除,不产生病理变化,也不引起任何临床症状。

2. 隐性感染

又称亚临床感染或不显性感染,指病原体侵入人体后,仅引起机体发生特异性免疫应答,不发生或只发生轻微组织损伤而临床无任何症状、体征,只有通过免疫学检查才能发现。大多数传染病以隐性感染最常见。隐性感染后可获得对该传染病的特异性免疫力,病原体被清除。少数转变为病原携带状态,成为病原携带者。

3. 显性感染

又称临床感染。是病原体进入人体后，不但引起机体发生免疫应答，而且通过病原体的作用或机体的变态反应，导致机体出现病理改变和临床表现。大多数传染病只有一部分受感染者表现为显性感染；少数传染病以显性感染为多；显性感染后机体可获得特异的免疫力；但有些传染病感染后免疫力不持久，可再感染；还有少数成为恢复期病原携带者。

4. 病原携带状态

系指病原体侵入人体后，在人体内生长繁殖并不断排出体外，成为重要的传染源，而人体不出现任何疾病状态的整个时期。按病原体种类的不同，可分为带病毒者、带菌者和带虫者；按发生的时期不同，分为潜伏期携带者、恢复期携带者、健康携带者；按携带病原体持续时间长短不同，分为急性病原携带者（持续时间在3个月以下），慢性病原携带者（持续时间在3个月以上）。

5. 潜伏性感染

病原体侵入人体后，寄生在机体某个部位，而机体的免疫力只能使病原体局限，却不能将其清除。病原体便可长期潜伏在体内。在潜伏性感染期间，因无病原体排出，故无传染性。一旦免疫力下降，便引起显性感染，如结核病、疟疾等。

上述五种感染的表现形式可在一定条件下相互转化。在不同的传染病中各有侧重。五种表现中以隐性感染最为常见，病原携带者次之，显性感染比例最少，然而一旦出现，容易识别。

二、传染病的流行过程及影响因素

传染病的流行过程是指传染病在人群中发生、发展和转归的过程。构成流行过程的三个基本条件是传染源、传播途径和易感人群。

【流行过程的基本条件】

1.传染源

指病原体已在体内生长繁殖并能将其排出体外的人和动物。

（1）患者　是重要的传染源，急性患者借其排泄物或呕吐物而促进病原体的布散。其中轻型患者因数量多且症状轻，不易被发现，慢性患者可长期污染环境。

（2）隐性感染者　由于无任何症状和体征而不易被发现。在某些传染病中，隐性感染者是重要的传染源，如流行性脑脊髓膜炎、脊髓膜炎等。

（3）病原携带者　由于病原携带者（尤其是慢性病原携带者）不出现症状而不易被识别，排出病原体成为传染源，具有重要的流行病等意义。

（4）受感染的动物　某些传染病，可由动物体内排出病原体导致人类发病，如鼠疫、狂犬病等，称动物源性传染病。

2.传播途径

指病原体离开传染源后，到达另一个易感者所经过的途径。

（1）空气、飞沫、尘埃　主要见于以呼吸道为进入门户的传染病，如流行性脑脊髓膜炎、麻疹、传染性非典型肺炎等呼吸道传染病。

（2）水、食物　主要见于消化道为进入门户的传染病，易感者因进食被病原体污染的水源、食物而感染，如伤寒、细菌性痢疾、霍乱等消化道传染病。

（3）手、用具、玩具　又称日常生活接触传播，可传播消化道传染病（如痢疾）、呼吸道传染病（如白喉）。传染源的分泌物或排泄物通过污染日常生活用具（如餐具、洗漱用具）、玩具等传播疾病。

（4）媒介昆虫　指通过节肢动物为媒介而造成的传播。可分为吸血传播和机械传播，前者通过吸血昆虫（蚊子、跳蚤、白蛉等）叮咬，如疟疾、乙脑、鼠疫、斑疹伤寒等；后者通过苍蝇和蟑螂等机械携带病原体再传给易感者。

（5）血液、体液、血制品　病原体存在于患者和病原携带者的血液和体液中，通过输血，使用血制品、分娩或性交等途径感染人体，如乙型肝炎、丙型肝炎、艾滋病等。

（6）土壤　当病原体的芽孢（如破伤风、炭疽）或幼虫（如钩虫）、虫卵（如蛔虫）污染土壤时，土壤成为这些传染病的传播途径。

3.人群易感性

人群对某种传染病容易感染的程度称为人群易感性，对某种传染病缺乏特异性免疫力的人称为易感者。

易感者在某一特定人群中的比例决定该人群的人易感性，易感者越多，人群易感性越高，一旦有传染源进入，并有合适的传播途径，就可引起传染病的流行。普遍推广人工自动免疫，可把人群易感性降到最低，使流行不再发生。

【影响流行过程的因素】

1. 自然因素

主要包括地理、气候和生态环境，通过流行过程的三个环节对传染病的发生、发展起重要作用。寄生虫病和虫媒传染病对自然条件的依赖性尤为明显，传染病的地区性和季节性与自然因素密切相关，如长江流域某些湖沼地区适宜钉螺生存，因而形成血吸虫病的地方流行区；而乙型脑炎及疟疾等传染病的季节性特点，则与其传播媒介蚊虫的活动习性有关。

2. 社会因素

包括社会制度、经济、文化水平、生产、生活条件、风俗习惯，宗教信仰等，对传染病的流行过程有重要影响。其中，社会制度起主导作用。新中国成立后，在党和政府的领导下，贯彻以预防为主的方针，全面开展卫生防疫工作，大搞爱国卫生运动，大力推行计划免疫等，使许多传染病得到控制（如霍乱、血吸虫病等）或消灭（如天花）。

近年来，随着全球气候的变暖、生态环境的改变，都市化效应，人类不良的行为和旅游业的迅速发展等因素，可能已经导致了某些传染病的发病率有上升趋势，新老传染病此起彼伏，故仍需引起警惕。

三、传染病的特征

【基本特征】

传染病与其他疾病的主要区别，在于有下列四个基本特征：

1.病原体

每一种传染病都是由特异性病原体所引起的，如伤寒的病原体是伤寒杆菌，疟疾的病原体是疟原虫。临床上以细菌和病毒最为常见。临床上检查病原体对诊断有重要意义。

2.传染性

是传染病与其他感染性疾病的主要区别。传染性是指病原体能通过某一种途径感染他人的特性，传染病患者具有传染性的时期称为传染期。每一种传染病都有其相对固定的传染期，传染期的长短是确定患者隔离期的重要依据。

3.流行病学特征

传染病的流行过程在自然因素和社会因素的影响下，表现出下列特征：

（1）流行性　在一定条件下，传染病能在人群中广泛传播蔓延的特性称为流行性。根据流行强度可分为：①散发：是指某传染病在某地常年一般发病水平；②流行：指某种传染病在某地区的发病率显著超过历年同期的发病水平；③大流行：指某传染病在一定时间内迅速蔓延，波及范围广泛，超出国界或洲界者；④爆发：指某一地区，短时间内突然发生大批同类传染病病例。

（2）季节性　指某些传染病每年在一定季节内呈现发病率升高的现象，如冬季呼吸道传染病发病率高；而夏季消化道传染病发病率高；虫媒传染病与媒介节肢动物活跃的季节相一致。

（3）地方性　是指在某些特定的自然或社会条件下，在某些地区中持续发生的传染病，如血吸虫病，这种传染病称为地方性传染病。自然疫源性传染病或者是人兽共患的传染病（Zoonosis）是指人和脊椎动物共同罹患的传染病，如鼠疫、狂犬病、血吸虫病等，存在这种疾病的地区称自然疫源地，人进入自然疫源地就有感染的可能。

4.感染后免疫（Postinfection immunity）

人体感染病原体后，无论是显性或隐性感染，都能产生针对病原体及其产物（如毒素）的特异性免疫。感染后的免疫属于主动免疫，通过抗体转移而获得的免疫属于被动免疫。由于病原体的种类不同，感染后所获得的免疫持续时间和强度各异，一般而言，病毒性传染病的感染后免疫时间较长，甚至可保持终身，但少数例外（如流行性感冒）；细菌、螺旋体、原虫性传染病感染后免疫时间通常较短，仅为数月至数年，但也有例外（如伤寒）。蠕虫感染后一般不产生保护性免疫，因而常可重复感染。

【临床特点】

1.病程发展的阶段性

传染病的病程从发生、发展到恢复具有一定的阶段性,一般分为四期,尤以急性传染病最明显。

(1)潜伏期(Incubation period) 从病原体侵入人体到开始出现临床症状前的时期。有些传染病患者在潜伏期即可排出病原体,具有传染性。各种传染病的潜伏期长短不一,但每种传染病的潜伏期都有一个范围(最短、最长)。了解潜伏期有助于传染病的诊断、确定检疫期限和流行病调查等。

(2)前驱期(Prodromal period) 从起病至症状明显开始为止的时期。此期临床表现多无特异性,可有发热、头痛、乏力、食欲不振、肌肉酸痛等症状,一般持续 1 ~ 3 日。起病急骤者也可无此期表现。

(3)症状明显期(Period of apparent manifestion) 某些传染病在经过前驱期,进入发展阶段,病情逐渐加重,而达到顶峰,出现某种传染病特有症状和体征,如典型的热型、特征性的皮疹、黄疸、肝脾大和脑膜刺激征等。此期具有较强的传染性,且易产生各种并发症。

(4)恢复期(Convalescent period) 机体免疫力增长到一定程度,体内病理生理过程基本终止,症状和体征基本消失,临床上称为恢复期。在此期间,患者的食欲和体力逐渐恢复,血清中的特异性抗体效价逐渐上升至最高水平,但此时患者体内还可能有残余病理改变(如伤寒)或生化改变(如病毒性肝炎),病原体尚未被完全清除,许多患者的传染性还会持续一段时间。

(5)后遗症(Sequela) 在恢复期结束后,机体功能仍长期不能恢复正常称为后遗症,多见于中枢神经系统传染病,如脊髓灰质炎、乙脑等。

(6)复发(Relapse)与再燃(Recrudescence) 有些传染病在恢复期后,体温恢复正常一段时间,由于潜伏于体内的病原体再度繁殖到一定程度,使初发病症状再现称为复发,如伤寒、疟疾等。当进入恢复期,体温已开始下降,当尚未降至正常,而再度出现发热等病初症状时则称为再燃。

2.临床类型

根据传染病临床过程的长短可分为急性、亚急性、慢性;根据病情轻重可分为轻型、中型(或普通型)、重型、爆发型;根据临床特征可分为典型及非典型等。临床分型对治疗、隔离、护理等具有重要指导意义。

四、传染病的预防

做好传染病的预防工作,对减少传染病的发生及流行,最终达到控制和消灭传染病有重要意义。预防工作应针对传染病流行过程的三个环节进行,不同传染病可针对不同环节与重点采取相应措施。

【管理传染源】

1.对患者的管理

应做到“五早”,即早发现、早诊断、早报告、早隔离、早治疗。

(1)疫情监测 设定传染病监测制度,提高监测预警能力。开展健康教育,提高群众对传染病的识别能力,有计划地进行健康体检对早发现、早诊断有重要意义。

(2)传染病疫情报告 严格执行传染病报告制度是早期发现传染病的重要措施,所有医务人员均为法定报告人。无论确诊或疑似传染病患者以及病原携带者,一旦发现必须在规定时限内向有关部门报告疫情。2004 年 12 月 1 日起实施的《中华人民共和国传染病防治法》将传染病分为甲、乙、丙 3 类,共 37 种。

表 33-1 为我国法定传染病的分类

分类	种类	疾病名称
甲类	2	鼠疫、霍乱
乙类	25	传染病性非典型肺炎、艾滋病、病毒性肝炎、脊髓灰质炎、人感染高致病性禽流感、麻疹、流行性出血热、狂犬病、流行性乙型脑炎、登革热、炭疽、细菌性和阿米巴痢疾、肺结核、伤寒和副伤寒、流行性脑脊髓膜炎、百日咳、白喉、新生儿破伤风、猩红热、布氏菌病、淋病、梅毒、沟端螺旋体病、血吸虫病、疟疾
丙类	10	流行性感冒、流行性腮腺炎、风疹、急性出血性结膜炎、麻风病、流行性和地方性斑疹伤寒、黑热病、包虫病、丝虫,以及除霍乱、细菌性和阿米巴痢疾、伤寒和副伤寒以外的感染性腹泻病

甲类传染病属于强制管理的传染病，要求城镇发现后 2 小时内上报，向发病当地的卫生防疫机构报告；乙类传染病为严格管理的传染病，要求发现后 6 小时内上报，但对传染性非典型肺炎、炭疽中的肺炭疽和人感染高致病性禽流感 3 种乙类传染病，因传染性强、危害大，应直接按甲类传染病的要求时间内报告，并采取相应的预防控制措施；丙类传染病为监测管理的传染病，可在发现后 24 小时内向当地疾病控制中心报告疫情。

（3）隔离与治疗　一旦发现传染病患者或疑似患者，立即将其安置在一定的场所予以隔离治疗，以防止传染病的蔓延。隔离方式应因地、因时、因病而定，隔离期限依据该传染病的传染期或化验结果而定。

2.对病原携带者的管理

对病原携带者须做好登记，加强管理和随访观察，并督促教育其养成良好的卫生习惯，必要时调离工作岗位或隔离治疗等。对传染病的接触者、曾患过传染病者、流行区居民、某些职业（如托幼机构、饮食、饮水服务行业）的从业人员应进行定期普查，以早期发现病原携带者。

3.对接触者的管理

接触者是指曾经和传染源发生过接触的人，可能受到感染而处于疾病的潜伏期，也就是说，有可能是传染源。对接触者采取的措施叫检疫。可根据具体情况对接触者分别采取医学观察、留验或卫生处理，也可给予免疫接种或药物预防。

4.对动物传染源的管理

根据动物所患的病种及其经济价值，予以隔离、治疗、杀灭或焚毁处理。在流行地区可通过对动物如家禽、家畜进行预防接种以降低发病率。

【切断传播途径】

应根据传染病的不同传播途径，采取相应的措施，如消化道传染病重点应加强饮食卫生、个人卫生和粪便管理、保护水源、消灭苍蝇等措施；呼吸道传染病则要加强通风、空气消毒、提倡外出戴口罩及流行期间少去公共场所等；虫媒传染病以爱国卫生运动和防虫、杀虫、驱虫措施为主；加强血源和血制品的管理，防止医源性传播是预防血源性传染病的有效手段。

消毒是切断传播途径的重要措施之一（参阅本节隔离与消毒）。

【保护易感人群】

1.增强非特异性免疫力

非特异性免疫力是产生特异性免疫力的基础。提高人体非特异性免疫力的措施包括：锻炼身体、合理膳食、养成良好的卫生习惯、生活规律、改善居住条件、保持愉快心情、良好的人际关系等。

2.增强特异性免疫力

人体可通过隐性感染、显性感染或预防接种获得对该种传染病的特异性免疫力，其中免疫预防接种对人群特异性免疫力的提高起着关键的作用。

（1）人工主动免疫　将减毒或灭活的病原体、纯化的抗原和类毒素制成菌（疫）苗接种到人体内，使人体于接种后 1 ~ 4 周产生免疫力，可保持数月至数年。

（2）人工被动免疫　将制备好的含抗体的血清或抗毒素注入易感者体内，使机体迅速获得免疫力的方法，免疫持续时间仅 2 ~ 3 周，主要用于治疗或对接触者的紧急预防。常用制剂有抗毒血清、人血丙种球蛋白、胎盘球蛋白和特异性高价免疫球蛋白等。

3.药物预防

对某些传染病可通过服药进行预防，如口服乙胺嘧啶预防疟疾、口服磺胺药预防流行性脑脊髓膜炎等。

五、隔离与消毒

【传染病的隔离】

1.隔离的意义

将传染病患者或病原携带者安置在指定的地方，与健康人和非传染患者分开，便于集中治疗和护理，防止传染和扩散。

2.隔离的种类及措施要求

目前，隔离分为两大系统：A 系统是以类别为特点的隔离，将许多不同疾病归纳在 7 个类目中，每个类目的隔离措施相同。其优点是相对简单、易掌握；缺点是针对性不强，对某些疾病可能会有一些不必要的措施，而有的则可能措施不够。B系统是以疾病分类的隔离方法，即针对每个疾病指定隔离措施，避免措施不全或缺乏针对性，但要求医护人员经过严格训练才能实施。我国大多数医院实行A系统隔离法，现介绍如下：

(1)呼吸道隔离(蓝色标志)　适用于呼吸道传染病，如麻疹、流行性脑脊髓膜炎、流行性腮腺炎等。隔离要求：①相同病种可同住一室，床间隔至少2m，必要时隔屏风；患者一般不能外出，如必须外出，应戴口罩；②接近患者时应戴口罩、穿隔离衣、戴手套；③患者的呼吸道分泌物应先消毒后弃去，痰具每日消毒。病室每日通风至少3次；紫外线空气消毒，每日2次；保持适宜的室温、湿度。

(2)消化道隔离(棕色标志)　适用于消化道传染病，如伤寒、细菌性痢疾、阿米巴痢疾、霍乱、传染病腹泻、甲型肝炎、戊型肝炎等。隔离要求：①同病种患者可住在一室，若条件不允许，不同病种患者也可同住一室，但患者之间必须实施床边隔离；②接触患者时穿隔离衣，护理不同病种患者要更换隔离衣，接触患者或污染物品后、护理下一个患者前应严格消毒双手；③患者的生活用具专用，用后要消毒。患者的呕吐物及排泄物随时消毒，然后弃去；④室内保持无蝇、无蟑螂。

(3)严密隔离(黄色标志)　用于有高度传染性及致死性的传染病，防止空气和接触传播。如白喉、肺鼠疫、水痘、免疫缺陷患者的播散性带状疱疹及病毒性出血热。隔离要求：①患者住单人房间，无条件时，感染相同病原体者可同住一室，门口挂上"严密隔离"标记。室内物品专用。禁止随意开放门窗。传染期间，患者不得离开病室，禁止探视、陪住；②凡入室者必须戴帽子、口罩、穿隔离衣及隔离鞋、戴手套。接触患者及污染敷料后，护理下一患者前洗手；③污染敷料装袋、贴标签，然后消毒处理。患者的分泌物、排泄物及其污染品应及时严格消毒处理。病室每日消毒，患者出院或死亡后，进行终末消毒。

(4)接触隔离(橙色标志)　适用于预防高度传染性及有重要流行病学意义的感染，如婴幼儿急性呼吸道感染、新生儿感染、大面积烧伤等。着重要求接触患者时戴口罩、穿隔离衣、戴手套；接触患者或污染物品后，以及护理下一个患者前要洗手；污染物品弃去时装袋、贴标签、送消毒处理。

(5)血液/体液隔离(红色标志)　防止直接或间接接触感染的血液及体液而导致传染，如乙型肝炎、丙型肝炎、艾滋病、梅毒、疟疾、钩端螺旋体病、回归热、登革热等。隔离要求：①接触患者或其血液/体液时要戴手套、穿隔离衣；若皮肤接触了血液/体液要立即清洗；②工作中注意避免损伤皮肤，使用一次性注射液器械，用过的针头、注射器浸消毒液后送中心消毒室做毁形处理；③污染物品装袋、标记并送销毁或消毒；④血液污染室内物品表面时，立即用次氯酸钠溶液清洗消毒。

(6)脓液/分泌物隔离(绿色标志)　防止因直接或间接接触感染部位的脓液或分泌物而引起感染。适用于轻型皮肤和伤口感染、溃疡、脓肿和小面积烧伤感染等。要求给患者换药时戴口罩、穿隔离衣、戴手套；接触患者、污染物后及护理下一个患者前洗手；污染物弃去时装袋、贴标签，然后送消毒处理。

(7)结核菌隔离(AFB隔离)(灰色标志)　用于肺结核患者痰涂片结核菌阳性者，或阴性者但X线检查证实为活动性结核的患者。隔离要求：①隔离室有特别通风设备，门窗关闭，同疗程者可住一室；②医护人员接触患者及患者咳嗽时应戴口罩，必要时穿隔离衣；接触患者或污染物后，护理下一患者前应洗手，可不戴手套；③污染物品应彻底清洗、消毒或弃去。

另外，临床常用的保护性隔离，其目的是防止院内一些对感染高度易感的患者受到来自其他患者、医护人员、探视者以及病区环境中各种条件致病微生物的感染。适用于白血病、淋巴瘤、再生障碍性贫血、粒细胞缺乏症、免疫缺陷综合征、器官或组织移植术后、大面积烧伤、接受全身化疗、放疗或免疫抑制剂治疗时期的患者。隔离要求根据具体疾病而定。

【传染病的消毒】

1.消毒的定义

是指用化学、物理等方法消除或杀灭环境中的病原体，是切断传播途径的重要手段。

2.消毒的种类

(1)预防性消毒　指未发现传染源，对可能受病原体污染的场所、物品和人体所进行的消毒措施，其目的是预防传染病的发生。如日常卫生消毒、饮水消毒、餐具消毒、粪便垃圾无害化处理、手术室等医护人员手的消毒。

(2)疫源地消毒　指对目前存在或曾经存在传染源的地区进行消毒，其目的是杀灭由传染源排到外界环境中的病原体。疫源地消毒又可分为：①终末消毒：当患者痊愈或死亡后，对其原居住地进行的最后一次彻底的消毒；②随时消毒：指对传染源的排泄物、分泌物及其所污染的物品及时进行消毒，如患者住院时的卫生处理(沐浴、更衣等)，呕吐物、痰液、尿液、粪便及污染敷料的消毒，病室空气、地面、家具的消毒，接触患者或其污染物品后用消毒水洗手等。

(3)消毒方法　参见护理学基础的传染病污染物品的消毒方法。

【医护人员的个人防护】

医护人员每日与患者、患者的污染物、病菌接触,增加了职业的危险性,若一旦出现院内感染,不仅威胁到医护人员自身的健康,而且在院内还可成为新的传染源,造成医护人员之间、医患之间的相互交叉感染。因此,在消除传染源或污染源、切断传播途径的同时,医护人员的个人防护对预防院内感染十分重要。

1.分级防护

(1)一级防护　①适用门(急)诊医护人员;②应穿工作服、隔离衣,戴工作帽和12层以上棉纱口罩;③每次接触患者后应立即洗手和消毒。手的消毒用0.3%~0.5%碘伏消毒液或其他快速消毒剂(氯己定、苯扎溴胺、75%乙醇等)揉搓1~3分钟。

(2)二级防护　①适用于进入隔离病区或留观室的医务人员,还包括接触患者、采集标本、处理其分泌物、排泄物、使用物品和死亡患者尸体的工作人员、转运患者的医务人员和司机等;②进入隔离病区和留观室时,必须戴12层以上棉纱口罩(或N95口罩),每4小时更换1次或潮湿时更换,并戴手套、帽子、鞋套、穿隔离衣;③每次接触患者后,应立即进行洗手和消毒,手的消毒方法同一级防护;④对患者实施近距离操作时要戴防护眼镜。

(3)三级防护　①主要针对与患者密切接触或对患者实施特殊治疗的医护人员,如为患者实施吸痰、气管切开和气管插管的医护人员;②除采取二级防护外,还应戴全面型呼吸防护器。

2.个人防护

(1)洗手　与患者或污染物接触后应即彻底清洗双手,以防止传递病原体,这是预防感染最简单而有效的方法。为了保护患者,同时也保护自己,必须坚持认真洗手制度:①接触患者前后,接触患者分泌物、排泄物后;②进出隔离病房,穿戴防护用品或脱去后;③在同一患者身上由污染操作转为清洁操作;④操作时戴手套与脱手套的前、后均应进行洗手;⑤如果身体的其他部位被患者的血液、体液或人体组织污染,亦应立即清洗(手的消毒参见附录2)。

(2)戴手套　是预防经"手"感染的另一个有效方法。对一些可能会接触患者血液、体液、分泌物、排泄物或污染物的操作,必须戴手套,以减少皮肤直接接触的机会。需注意:①医务人员手上有伤口时必须戴手套;②操作中,手套破损后应立即更换,脱手套后仍须立即彻底洗手;③在抽血、静脉穿刺、伤口换药、处理被血液污染的器械和持血液标本时均须戴手套;④对一些特殊患者有时需戴双层手套,如对艾滋病患者进行手术和有关检查时;⑤根据手套使用目的分为3种情况:情节保护手套,用于检查患者及治疗时;消毒过的外科手套,用于外科手术及比较精细的触诊时;橡胶手套,用于清洗器械、擦洗操作台及处理化学物品时;⑥如果患者治疗时间较长,手套最好每小时更换1次,用过的手套应放在指定的污物袋内。

(3)穿隔离衣　①在可能接触有传染性的分泌物、渗出物时或进入隔离室的所有人员都必须穿隔离衣;②隔离衣潮湿后,病原体可透过,应立即更换,最好使用一次性防水隔离衣。隔离衣脱掉时应将污染面向里,然后放在污衣袋内,做上隔离标记,运送到洗衣房消毒、清洁处理;③穿脱清洁隔离衣的正确步骤(参见基础护理学)。

(4)口罩、护目镜和面罩的应用　为了避免吸入气溶胶和防止患者的体液、血液等传染性物质溅入医护人员眼睛、口腔及鼻腔内,医护人员可戴口罩、面罩及护目镜。口罩应以盖住口鼻部为原则,且必须每次更换,如被污染或潮湿后应立即更换;护目镜每次用后应及时清洗消毒。

(5)污染物品、标本和废物的处理

1)锐物处理:对锐利器械和物品的处理要特别小心,如用过的针头或其他锐器应及时放入专门的容器中,操作后要亲自处置,以免他人在清理器械或物品时被刺伤。不要徒手处理破碎的玻璃,以免被刺伤。

2)血标本处理:手持化验标本时应戴手套。化验标本应放在带盖的试管内,再放到密封的容器内送检,在送检过程中应防止标本溢出。

3)血渍清理:地面、墙壁、家具上有血渍时应先用1:10的漂白水浸润在血渍上15~30分钟后,再戴手套用抹布擦拭,擦后立即彻底洗手。

4)医疗废物的处理:所有废弃的医疗用品,包括各种废弃的标本、污染敷料、手术切除的组织器官及一次性的锐利器械等都应放在有生物危害标记的专门容器内,送往规定地点进行焚烧处理。

(6)针刺伤的防护　安全处理使用过的针头,严格遵守临床废弃垃圾管理规定。若发生意外针刺伤时,应立即挤出少量血液，以流动水冲洗，再用碘酒、乙醇消毒后包扎伤口，并及时进行相关病毒血清检查，确定是否存在隐性感染；若已确定被感染患者血污染的针头刺伤时，应立即采取有关的治疗措施，并随访观察，必要时注射疫苗和(或)特异性的免疫球蛋白。

(7)疫苗接种　有些传染病可通过暴露前的疫苗接种来预防，如预防HBV感染最有效的措施是接种乙肝疫苗，凡乙型肝炎表面抗原阴性的医务人员均可接种乙肝疫苗。方法为上臂三角肌内注射，每次5μg(基因工程疫苗)，共注射3次，时间为0、1、6个月，完成注射后半年抽血检测有无产生保护性抗体。

第二节　传染科患者的一般护理常规

【入院护理】

1)患者入院后按疾病传播途径不同对其进行隔离。对于传染性强或传播途径不明的突发疾病应采取严密隔离措施。如非典型肺炎、鼠疫、霍乱等传染病。

2)做好入院各种登记。

3)为患者测量体温、脉搏、呼吸，并绘制在体温单上。及时通知医师检查患者，待医师开出医嘱后，按医嘱进行治疗和护理；与营养室联系，为患者准备膳食。

4)向患者详细介绍隔离病房工作制度、消毒隔离制度、作息制度。协助患者熟悉病区环境和生活设施。

5)严密隔离的患者住单人病室并不得随意离开病室。

6)积极配合医师做紧急处理，并做好抢救记录。

7)根据病情进行级别护理。

【住院患者的护理】

1.休息

所有患者都应限制活动；急性期、高热、伴有合并症及重症患者应绝对卧床休息；极度乏力的患者所有生活护理应由护理人员完成，各项治疗护理工作应尽量集中完成，以减少打扰患者次数。

2.病情监测

1)监测生命体征及神志变化，做好详细的护理记录，包括体温、脉搏、呼吸及出入量。发现有异常变化，及时报告医生。每1～2小时一次，必要时随时监测。

2)观察有无危重并发症表现。护士对危重患者实行24小时严密监测，对可能出现的情况，做出充分的准备。

3.用药护理

告知患者治疗用药物的名称、用法、疗程及其不良反应。在护理过程中注意观察药物的不良反应及其不良反应，及时发现，及时采取措施。如使用大剂量激素治疗的患者，可能出现急性胃肠黏膜病变合并上消化道出血及皮质醇增多症的表现。

4.心理护理

患者被确诊为患传染性疾病后，不仅自己要蒙受疾病折磨之苦，更痛苦的是自己成了对周围人造成威胁的传染源。为了避免疾病的传染和蔓延，患传染性疾病的人都要实行隔离治疗，使患者的心理必产生强烈的变化。

由于传染病的特殊性，传染病患者开始都产生一种自卑孤独心理和愤懑情绪，许多患者不敢理直气壮地说出自己所患病种，害怕别人鄙视和厌恶。与此同时，不少人还产生一种愤懑情绪，悔恨自己疏忽大意，埋怨别人传染给自己，甚至怨天尤人。有这种愤懑情绪的人，有时还迁怒于人和事，易激怒、爱发脾气，所以人们要给予关爱，不要歧视他们。

护士作为患者住院期间最亲密的人，应了解患者心理活动特点及其情绪变化，给予理解和同情，耐心讲解有关传染病的知识，让他们了解传染病并不可怕，只要积极配合治疗，传染病是可以治愈的，消除患者的自卑和孤独，安心地住院治疗。

那些病情发生突然、病情进展迅速、危重并发症多、死亡率高、治疗效果不佳的传染病患者，在治疗期间易产生急躁情绪、悲观情绪和敏感猜疑等心理。往往因病情不能迅速好转、病情反复而烦躁。因为治病心切，广泛搜集与疾病有关的信息，对医护人员的谈话非常敏感，格外关心自己身体的生理变化，十分重视各项化验检查的结果,使用药物的机制和效果。护理人员应根据患者的心理活动特点,做操作前向患者讲清楚目的和意义,消除患者的顾虑和猜疑。

【出院护理】

1)由医师根据患者病情决定出院日期并解除隔离。预先通知患者及家属,以便做好出院准备。

2)根据病情及患者的康复程度,进行出院指导,包括出院后注意事项、休息、饮食、功能锻炼、复查等。

3)协助患者整理用物,洗澡、更换清洁衣服,护送患者自清洁通道离开隔离病房。

4)终末消毒,彻底清理床单,按消毒隔离要求进行。处理毕,铺好备用床。死亡患者先进行尸体料理,特别是传播途径不确定的传染病患者尸体,要全身喷洒消毒液,用消毒液浸透的棉球或纱布填塞口、鼻、耳、肛门等孔道,并用消毒液浸透的双层大单包裹全身,放入防水的尸体袋中,立即送去火化,病室进行终末消毒。

第三节　传染病患者常见症状体征的护理

不同的传染病虽然临床表现各异,但在病原体及其各种代谢产物的作用下,可出现一些共同症状和体征,其中发热和发疹是传染病最常见的临床表现。

一、发热与热型

发热是许多传染病共有的最常见的症状。传染病的发热过程可分为三个阶段:①体温上升期:体温骤然上升至39℃以上,常伴有寒战,见于伤寒、副伤寒、疟疾、登革热等;②极期:体温上升到一定高度,持续数天至数周;③体温下降期:体温可缓慢下降,几天后降到正常,如伤寒、副伤寒;亦可在一天之内降至正常,如间日疟、败血症,此时多伴有大量出汗。

根据每日定时记录的体温曲线,临床上可见热型。热型是传染病的重要特征之一,某些传染病常有独特的热型,具有鉴别诊断的意义。常见热型有:①稽留热,24小时体温波动范围在1℃以内,见于伤寒、斑疹伤寒;②弛张热,24小时体温相差超过1℃,但最低点未达正常,见于伤寒缓解期、流行性出血热等;③间歇热,24小时内体温波动于高温和常温之下,见于疟疾、败血症;④回归热,骤起高热,持续数日,间歇体温正常数日,高热重复出现,见于回归热、布氏杆菌病等。

【护理评估】

1.健康史

注意出现发热的时间、热型、体温的变化、原因或诱因,发热持续时间的长短;有无伴随症状,如乏力、纳差、恶心、呕吐、头痛、肌肉酸痛甚至谵妄抽搐等中枢神经症状;热退后患者的精神状态是否好转,有无伴大汗;是否最近暴露于传染性疾病等。

2.身体状况

患者的生命体征:目前的体温、脉搏、呼吸与血压;神志;有无合并惊厥;皮肤颜色、弹性,有无皮肤干燥、口唇干裂、颜面潮红、出汗;全身皮肤是否完整,有无皮疹、伤口;心、肺、腹部体查是否有异常征象。

3.实验室及其他检查

检查血常规、尿常规、粪便常规、血液生化,注意有无异常。

【护理诊断及合作性问题】

体温过高:与病原体感染后翻译放各种内、外源性致热原,或体温中枢功能紊乱有关。

【护理目标】

1)患者及其家属了解发热的相关知识,能配合处理发热。

2)体温得到控制。

【护理措施】

1.一般护理

(1)环境与休息　安置患者,卧床休息,保持病室环境整洁、空气新鲜,维持室温于20 ~ 24℃,湿度在

55%～60%；穿柔软的棉质内衣，避免衣被过厚而阻碍散热，寒战时应注意保暖。

（2）饮食　鼓励患者摄取足够的液体与营养，进食高热量、高维生素、营养丰富的流质或半流质饮食；无禁忌症者每日至少摄入2000ml水分，以补充体内丢失的液体，且有利于降温和毒素的排出，必要时按医嘱给予静脉输液，维持水和电解质平衡。

2.病情观察

注意发热的程度、热型、持续时间、伴随症状及微循环状态等，监测并记录体温变化。因传染病起病急骤、病情危重、变化快、并发症多，尤其是年龄幼小者，护理人员应经常深入病房，加强巡视，密切观察生命体征，及时发现病情变化，配合医师采取积极的抢救措施，以挽救患者的生命。

3.对症护理

高热护理时常用物理降温，如冷敷头部或大动脉处，用32～36℃温水或25%～50%乙醇擦浴、冷（温）盐水灌肠等，但应避免长时间同一部位的冰敷，以防局部冻伤；有脉搏细数、面色苍白、四肢厥冷者，禁用冷敷和乙醇擦浴；全身发疹者禁用乙醇擦浴；患者退热大汗时及时温水擦浴，更换内衣，保持皮肤清洁、干燥，使患者有舒适感；高热患者易发生口腔炎，应于饭后、睡前用生理盐水漱口，病重者协助口腔护理，防止感染。

4.用药护理

按医嘱使用退热药物时应注意剂量及出汗情况，避免大汗导致虚脱；高热惊厥者可遵循医嘱采用冬眠疗法或亚冬眠疗法，用药之前应注意先补足血容量，用药期间避免搬动患者，密切观察生命体征，保持呼吸道通畅；按医嘱进行病因治疗，如使用抗生素等，严格按规定用药，了解药物的作用、用法、剂量及间隔时间，并注意观察药物疗效及不良反应。

5.健康指导

1）讲解发热的相关知识，指导患者适当休息、合理饮食。

2）介绍发热的处理方法、注意事项、体温计的使用、冰袋冷敷的部位、温水擦浴的时间、温度及方法等。

3）鼓励患者参与自我护理，如发热期间要多饮水、注意口腔卫生，退热时要注意保暖。

4）疾病恢复后，指导患者要遵医嘱合理地休息与活动，养成良好的卫生习惯，平时要加强体育锻炼。

5）在传染病流行期间尽量不去公共场所，防止感染。

6）出现发热症状应去医院就诊，不要自行使用退热药，以免延误病情。

【护理评价】

患者体温恢复正常。

二、发疹

许多传染病在发热同时可伴有皮疹，包括皮疹（又称外疹）和黏膜疹（又称内疹）两大类。疹子出现时间、分布部位、出疹先后顺序、形态等对传染病的诊断有重要参考价值。如水痘、风疹多发生于病后第1日，猩红热于第2日，天花于第3日，麻疹于第4日，斑疹伤寒于第5日，伤寒于第6日，但都有例外。水痘的疹子多集中于躯干，呈向心性分布，天花的皮疹多见于面部及四肢，呈离心性分布；麻疹有黏膜斑（Koplik斑），皮疹自耳后，颈部开始，渐及前额、颊部，自上而下渐及全身，最后到手心、脚底。疹子的形态可分为四大类：①斑丘疹，多见于麻疹、风疹、柯萨奇病毒及埃可病毒感染、EB病毒感染等病毒性传染病和伤寒、猩红热等；②出血疹，如瘀点、瘀斑，多见于流行性出血热、登革出血热、恙虫病、流行性脑脊髓膜炎、败血症等；③疱疹或脓疱疹，多见于水痘、天花、单纯疱疹、带状疱疹等病毒性传染病等；④荨麻疹，多见于血清病、病毒性肝炎等。

【护理评估】

1.健康史

皮疹出现的原因、诱因。皮疹出现的时间、形态、种类，出疹的顺序、分布部分、持续时间，局部皮疹有无疼痛、瘙痒感，有无伴随发热、乏力、恶心、呕吐等不适；出现疹后患者自觉症状是否加重。是否有同类患者接触史。

2.身体状况

患者的全身情况、神志，全身皮肤黏膜有无红肿。心肺、腹部体查是否有异常。目前皮疹的形态、大小、分布部位。局部疹退后是否遗留色素沉着。局部是否有溃破、合并感染等征象。

3.实验室及其他检查

应注意白细胞分类改变，必要时局部穿刺进行病原学检查以协助诊断。

【护理诊断及合作性问题】

组织完整性受损：与病原体和（或）代谢产物引起皮肤（黏膜）发疹有关。

【护理目标】

1.患者了解导致皮疹的相关因素。

2.受损的组织渐恢复正常。

【护理措施】

1.一般护理

向患者及家属讲解导致皮疹和黏膜疹的相关知识，介绍配合治疗、护理的方法，提高防病治病的意识，消除患者顾虑，使其保持良好的心理状态。注意饮食护理，避免辛辣刺激性食物，多饮水。

2.病情观察

了解患者发疹的时间，仔细观察皮疹（黏膜疹）的大小、分布、形态、出疹的顺序及消长等情况；退疹时是否伴有脱屑、脱皮、结痂、色素沉着等变化；以及发疹与全身症状的关系。

3.对症护理

（1）皮肤护理　保持皮肤清洁干燥，每日温水洗浴（禁用肥皂水、乙醇），剪短患者的指甲、避免直接用手搔抓皮损处，瘙痒难以忍受时可局部涂以炉甘石洗剂或按医嘱给予抗组胺类药物等。皮疹消退、脱皮时，用消毒剪刀修剪。患者出现皮肤大面积淤斑、坏死时，局部用海绵垫、气垫保护，注意防止大、小便浸渍，尽量避免发生溃破。若发生溃破或合并继发感染时，按医嘱局部涂用消炎软膏等。

（2）口腔护理　有口腔黏膜疹的患者，应每日常规应用温水或朵贝液漱口 2 ~ 3 次，每次进食后用温水清洁口腔。合并溃疡时，鼓励用吸管进食，局部用 3%过氧化氢溶液清洗后涂以冰硼散。

（3）眼部护理　对眼结膜充血、水肿的患者应注意保持眼部清洁，防止继发感染，可用 4%硼酸水或生理盐水清洁分泌物和眼痂，滴 0.25%氯霉素眼药水或抗生素眼膏，每日 2 ~ 4 次。

4.健康指导

指导患者保持皮肤清洁，保持受损的皮肤和黏膜。告知患者皮肤瘙痒时不能用手搔抓，更不能用热水洗烫，可用手背后手掌轻擦或轻拍痒处，或遵医嘱用药物止痒（如外用炉甘石洗剂）；皮疹消退出现脱屑、脱皮时，勿自行撕扯、剥脱，以防导致出血或继发感染。

【护理评价】

患者受损的组织是否恢复正常。

（张勉）

第三十四章　病毒性传染病患者的护理

第一节　人感染高致病性禽流感患者的护理

案例引入

患者,男,22岁,2006年1月16日,患者出现发热、咳嗽伴少量黄色黏液痰,头痛,在家卧床休息;1月21日,病情加重,由本村村医为其测体温(38.5℃),并肌内注射2针退热药,病情无好转;1月22日11:00,由其家人护送至当地卫生院就诊,以“发热待查”收住入院时体温为38.8℃,查血WBC11.3×10^9/L,N/75%,L24%。入院后使用头孢呋新、氨苄吡林、双黄连等进行抗感染治疗,但患者体温一直持续在38～39℃,病情继续加重,并出现情绪烦躁、口唇发绀。经卫生院建议,于1月23日凌晨转至上一级县人民医院救治,该院以“急性支气管炎”收入院。

患者入住县人民医院后,于24日17:05出现病情进行性加重,继而出现休克,经抢救无效于17:40死亡。省CDC对病例呼吸道标本进行检测,除鼻拭子外,咽拭子、痰液和胸水标本禽流感流毒(H5N1)核酸均为阳性。

学习任务:1. 您作为管床护士如何做好自身的预防?

2. 请开展一次人高致病性禽流感的健康宣教。

学习目标

知识目标　能说出人高致病性禽流感的流行病学和临床表现,并正确为患者进行护理评估。

能力目标　能够提出正确的护理诊断和进行正确的健康指导,并能够为患者提供合适的护理措施。

素质目标　学习过程中注重与患者的沟通交流。

人感染高致病性禽流感(Avian influenza)简称人禽流感,是由甲型禽流感病毒引起的一种人、禽、畜共患的急性传染病。临床表现以呼吸系统症状为主,严重者可引起全身严重的毒血症状。本病具有潜伏期短、传染性强、传播迅速等特点。

【病原学及发病机制】

流感病毒分为甲、乙、丙3型,根据其外膜的抗原结构植物血凝素(hemagglutinin,H)和神经氨酸酶(neuraminidase,N)的不同,又有15种H亚型(H1～15)和9种N亚型(N1～9)。一般情况下,感染人和禽类的流感病毒分别属于不同亚型,有严格的宿主种族屏障,禽流感病毒属甲型流感病毒H5、N1亚型,即A(H5、N1),对禽类有高度致病性。

禽流感病毒存在于病禽的组织、体液、分泌物和排泄物中,对热敏感,65℃加热30分钟或煮沸2分钟以上可灭活;对干燥、紫外线及常用消毒剂都较敏感,但在粪便中可存活1周,低温下可长期保存。

【流行病学】

1. 传染源

主要是病禽或带病毒的禽类,尤其是鸡、鸭、鹅等禽类。根据流行病学调查资料显示,人的禽流感病毒感染与鸡的禽流感流行地区一致。迄今尚无人与人之间传播的直接证据。

2. 传播途径

主要传播途径有:

1)经过呼吸道飞沫与空气传播:病禽咳嗽和鸣叫时喷射出带有H5N1病毒的飞沫和病禽排出的粪便在空气中飘浮,人吸入呼吸道被感染发生禽流感。

2)经过消化道感染:进食病禽的肉及其制品、禽蛋,病禽污染的水、食物,用病禽污染的食具、饮具,或用被污染的手拿东西吃,受到传染而发病。

3)经过损伤的皮肤和眼结膜容易感染H5N1病毒而发病。

3. 人群易感性

人群普遍易感,以12岁以下儿童发病率较高,通常呈散发性,以冬春季多见。在流行期间,从事家禽业或发病前1周内去过家禽饲养场,与可疑禽流感家禽或不明原因死禽的密切接触者为本病的高危人群。

4.流行特征

一般情况下,禽流感只在禽间发生传播和流行,但在1997年香港报道首起H5N1型禽流感病毒引起的人间疫情后。根据世界卫生组织记录,自2003年12月26日至2005年10月24日,已有34个国家和地区发生禽流感的爆发流行,亚洲地区是高发地区。禽流感一般在1、2月份是一个高峰,夏天就很少发生了。从全世界来看,在温带和寒带地区,流行通常发生在冬春季,而热带和亚热带地区,则更多是在夏季流行。大流行时季节不明显。禽流感发病在男女之间没有差异,任何年龄均可患病。

【临床表现】

潜伏期为1~3日,一般在7日以内。起病急,早期症状与流感非常相似,主要表现为发热,常在39℃以上,持续2~3日。伴有流涕、咳嗽、咽痛、全身疼痛等症状。部分患者可有腹痛、腹泻等消化道症状。大多数患者预后良好,病程恢复快,但少数患者,特别是年龄较大、治疗过迟的患者,病情会迅速发展成进行性肺炎、急性呼吸窘迫综合征、肺出血、胸腔积液、全身多脏器功能衰竭、败血症休克而死亡。

【辅助检查】

1. 血常规检查

周围血中白细胞可升高或正常,淋巴细胞比例降低。

2. 病原学检查

(1)病毒分离　从呼吸道分泌物中分离到甲流感病毒H5N1亚型是最常用和最可靠的诊断方法。

(2)血清学检查　可采用禽流感病毒H5特异性单克隆抗体进行检测。

3. 其他检查

肝功能显示丙氨酸氨基转移酶(ALT)升高。骨髓呈增生活跃,严重病例可出现全血细胞减少。

4. X线检查

显示单侧或双侧肺炎及胸腔积液。

【治疗要点】

基本与流行感冒相同。一般治疗包括卧床休息,多饮水,注意营养,给予退热、镇咳、祛痰等对症治疗;对重症患者要注意保护心、肝、肾等功能,以提高存活率;抗病毒治疗可选为金刚烷胺,早期应用(在发病2日内使用更好)可缩短病程、减轻症状、改善预后。金刚烷胺的成人剂量为100mg,口服2次/日,疗程5日。

【护理诊断及合作性问题】

1.体温过高

与病毒感染致病的血症有关。

2.潜在并发症

肺出血、败血症。

【护理措施】

1.一般护理

(1)隔离　按呼吸道传染病进行隔离,护理人员在接触患者分泌物后应立即洗手。及时报告疫情。

(2)休息　保持室内空气流通,患者尽早卧床休息。

(3)饮食　给予患者足够的维生素和热量,鼓励多饮水,保持水、电解质平衡。

2.病情观察

注意病情监测，重点监测生命体征及神志的变化；对危重患者实行24小时严密监测，及时发现和协助处理各种并发症。

3.对症护理

发热护理见本章第三节。

4.用药护理

对服用金刚烷胺者应注意不良反应：常见有中枢神经系统和消化系统症状的不良反应，如注意力不集中、眩晕、嗜睡等，严重者可出现抽搐、惊厥、谵妄、运动失调等或有恶心、呕吐、腹痛、食欲减退等表现。老年人及肾功能不全者应减量应用，有癫痫史者应禁用。

5.心理护理

由于本病的突然袭击和部分患者病情凶险，故患者及其家属易产生焦虑、恐惧的情绪反应，在治疗护理过程中，及时、正确的信息沟通和交流非常重要，包括与家属的沟通，尤其是医护人员要注意了解患者的想法，进行有效的疏导，满足患者的生活所需，并及时向家属解释患者的病情，以取得他们的理解和配合。

【健康指导】

1. 预防措施

主要是加强对禽类疾病的监测，一旦发生疫情时应按禽流感的预警方案实施，早发现、发报告、早控制、早隔离。对疫源地进行严格封锁(实施检疫21日)，疫点周围3千米内的禽类予以捕杀、5千米内所有易感禽类进行紧急免疫接种。发现病禽应及时就地销毁(深埋、焚烧)，并做好对周围环境的彻底消毒，尽量减少与禽类的接触，养殖和处理的相关人员应做好个人防护。与禽类有密切接触史者可口服金刚烷胺预防。如果针对A(H5、N1)的疫苗研制成功，则对预防该病有很重要的作用。

2. 生活指导

搞好环境卫生，养成良好的卫生习惯，勤洗手，加强体育锻炼，保证睡眠，避免过度疲劳，进食易消化、丰富营养的食品，禁烟、酒，食用鸡、鸭肉时应彻底煮熟，一旦发现可疑患者应及时住院隔离，以防止病情恶化和传播扩散，在转运中应注意戴口罩。

温馨提示：我国《传染病法》规定，人感染高致病性禽流感是乙类传染病，可采取甲类传染病的预防、控制措施，即按照甲类传染病进行管理。医护人员是责任报告人，发现患者或疑似患者后需及时上报当地所属区县疾病预防控制机构。

第二节　病毒性肝炎患者的护理

案例引入

患者，男性，15岁，因发热、食欲减退、恶心2周，皮肤黄染1周来诊。患者2周前无明显诱因发热达38℃，无发冷和寒战，不咳嗽，但感全身不适、乏力、食欲减退、恶心、右上腹部不适，偶尔呕吐，曾按上感和胃病治疗无好转，1周前皮肤出现黄染，尿色较黄，无皮肤瘙痒，大便正常，睡眠稍差，体重无明显变化。既往体健，无肝炎和胆石症史，无药物过敏史，无输血史，无疫区接触史。

查体：T37.5℃，P80次/分，R20次/分，BP120/75mmHg。皮肤略黄，无出血点，浅表淋巴结未触及，巩膜黄染，咽(-)，心肺(-)，腹平软，肝肋下2cm，质软，轻压痛和叩击痛，脾侧位刚及，腹水征(-)，下肢不肿。

学习任务：1. 您作为管床护士请做好入院、住院和出院护理。

2. 请做一次完整的护理查房。

学习目标

知识目标 能说出病毒性肝炎的概念、临床表现、病原学及流行病学，并正确为患者进行护理评估。

能力目标 能够提出正确的护理诊断，并能够为患者提供合适的护理措施。

素质目标 学习过程中体现对患者的关心。

病毒性肝炎(Viral hepatitis)简称肝炎，是由多种肝炎病毒引起的以肝脏损害为主的一组传染病。目前已确定的有甲型肝炎(Hepatitis A)、乙型肝炎(Hepatitis B)、丙型肝炎(Hepatitis C)、丁型肝炎(Hepatitis D)和戊型肝炎(hepatitis E)。上述病毒性肝炎的病原学有所不同，但临床表现基本相似。临床上以乏力、食欲减退、肝大、肝功能异常为主要表现，部分病例出现黄疸。

甲型及戊型肝炎主要表现为急性肝炎。而乙型、丙型及丁型肝炎主要表现为慢性肝炎并可发展为肝硬化，且与肝癌的发生有密切关系。

【病原学及发病机制】

1.病原学

(1)甲型肝炎病毒(HAV) 属于小RNA病毒科的嗜肝病毒属。感染后在肝细胞内复制，随胆汁经肠道排出。HAV对外界抵抗力较强，耐酸碱、耐低温，在贝壳类动物、污水、淡水、海水、泥土中能存活数月，但对热和紫外线敏感，如紫外线照射1小时或煮沸5分钟可灭活；此外，余氯(1.5 ~ 2.0mg/L)30分钟或3%甲醛5分钟也可使之灭活。

(2)乙型肝炎病毒(HBV) 属嗜肝DNA病毒科，电子显微镜下可见3种颗粒。①Dane颗粒，又称大球形颗粒，属于完整的病毒颗粒，由包膜与核心两部分组成，包膜含有乙肝表面抗原(HBSAG)，糖蛋白与细胞脂肪。核心部分含环状双股DNA、DNA聚合酶(DNA-p)和核心抗原(HBcAg)是病毒复制的主体；②小球形颗粒；③管状颗粒。HBV抵抗力很强，对热、低温、干燥、紫外线及一般浓度的消毒剂均能耐受，但煮沸19分钟或高压蒸汽消毒可使之灭活；此外，戊二醛、过氧乙酸等也有较好的消毒效果。

(3)丙型肝炎(HCV) 属黄病毒科，为RNA病毒，HCV易变异，不易被机体清除，但对有机溶剂敏感，加热100℃5分钟，氯仿(10% ~ 20%)，甲醛(1：1000)6小时、高压蒸汽和紫外线照射等均可使之灭活。

(4)丁型肝炎(HDV) 是一种缺陷的RNA病毒，定位于细胞核内，以HBsAg作为病毒外壳，故它必须与HBV共存才能复制、增殖，大多数情况下是在HBV感染的基础上引起重叠感染，但也可与HBV同时感染人体(协同感染)。

(5)戊型肝炎(HEV) 属萼状病毒科，为无包膜球形RNA病毒，主要在肝细胞内复制，经胆道随粪便排出，发病早期HEV可在感染者的粪便和血液中存在，HEV在碱性环境下较稳定，对热、氯仿敏感。

2.发病机制

HAV经口感染进入人体内后，经肠道入血，引起短暂的病毒血症，1周后肝细胞内复制，2周后随胆汁从肠道排出体外。HAV在肝细胞内增殖并不直接损伤肝细胞，其损害作用可能是免疫介导所致。

乙型肝炎的发病机制较复杂，目前认为肝细胞病变主要取决于机体的免疫状况，即机体在清除HBV的过程中(免疫应答)可造成肝细胞损伤，由于个体免疫反应的不同，导致感染HBV后的临床表现和转归也各有差异，如当机体免疫功能正常时，表现为急性感染过程，大多数情况下能彻底清除病毒而获痊愈；但当机体免疫功能低下或免疫耐受，以及病毒发生变异时，则难以彻底清除病毒，可导致肝炎慢性化；慢性无症状HBsAg携带者的发病机制与年龄、遗传等因素有关，初次感染年龄越小，慢性携带率越高，可能是因其免疫系统发育未成熟，机体处于免疫耐受状态，不发生免疫应答所致。

HCV引起肝细胞损伤的机制可能与病毒直接致病作用及免疫损伤有关，感染后易转为慢性，可能与病毒在血中水平低、抗原性弱、泛嗜性和高度变异性等特点有关；戊型肝炎的发病机制可能与甲型肝炎相似。

【流行病学】

1.传染源

(1)甲型和戊型肝炎的传染源 为急性期患者和亚临床感染者；在发病前2周至起病后1周从粪便排出

HAV量最多，故传染性最强；由于亚临床感染者数量较多，且不易识别，因而成为重要的传染源。

（2）乙型、丙型和丁型肝炎的传染源　除急、慢性患者和亚临床感染者外，还有病毒携带者。其中慢性患者和病毒携带者是主要的传染源，而且传染性可贯穿于整个病程，传染性的强弱则与病毒复制指标（HBcAg、HBV-DNA、HCV-RNA、HDV-RNA）有关。

2.传播途径

（1）粪-口传播　是甲型和戊型肝炎的主要传播途径。其方式有：①日常生活接触传播：为最常见的传播方式，主要通过污染的手、用具、玩具等污染食物或直接与口接触而传播；②水传播：水源污染可引起爆发流行，此为戊型肝炎爆发流行的主要传播方式；③食物传播：如毛蚶、生蚝等贝壳类食物等受粪便污染，主要引起甲型肝炎爆发流行；④媒介传播：苍蝇和蟑螂造成的食物污染。

（2）体液和血液传播　是乙型、丁型、丙型肝炎的主要传播途径。①注射传播：是重要的传播方式，如输注含肝炎病毒的血液和血制品、疫苗接种、药物注射和针刺等。HDV传播与HBV相似。HCV感染主要通过输血，占输血后肝炎的90%；②生活接触传播：生活上的密切接触是次要的传播方式，主要与各种体液和分泌物的接触有关，如唾液、精液和阴道分泌物等。

（3）母-婴传播　由母亲传给婴儿，亦是HBV感染的一种重要传播途径，主要经胎盘、产道分娩、哺乳和喂养等方式传播。

（4）其他　牙科器械、血液透析或医疗物品污染等传播。

3.人群易感性与免疫力

（1）甲型肝炎　初次接触HAV的儿童最为易感，故以学龄前儿童发病率最高，其次为青年人。成人甲型肝炎病毒抗体阳性率达90%，病后免疫力可持续终身。

（2）乙型肝炎　新生儿普遍易感，发病多见于婴幼儿及青少年，我国30岁以上的成人抗-HBs阳性率达半数。

（3）丙型肝炎　各个年龄组均普遍易感。

（4）丁型肝炎　普遍易感。目前仍未发现对HDV的保护性抗体。

（5）戊型肝炎　普遍易感，尤以孕妇易感性较高。各年龄均可发病。病后免疫力不持久。

流行特征：

甲型肝炎的发病有明显的季节性，秋、冬季为发病高峰，主要流行于发展中国家，与人群生活条件、经济状况、卫生水平、饮食习惯等有关；戊型肝炎以亚洲和非洲多见，多发生于雨季或洪水后，呈地方性流行。

乙型、丙型和丁型肝炎均以散发为主，HBV感染有家庭聚集现象，无明显季节性。我国是乙型肝炎高发区，全球HBsAg阳性携带者有3.5亿，其中我国约有1.2亿，总感染率达10%～15%。近年来随着乙肝疫苗的广泛接种，乙型肝炎的发病率将有所下降。

【临床表现】

潜伏期：甲型肝炎5～45天，平均30天；乙型肝炎30～180天，平均70天；丙型肝炎15～150天，平均50天；丁型肝炎10～70天，平均40天。

1.急性肝炎

急性肝炎分为急性黄疸型肝炎和急性无黄疸型肝炎两型：

（1）急性黄疸型肝炎　典型的临床表现有阶段性，分三期：

1）黄疸前期：平均5～7天。表现为：①病毒血症：畏寒、发热、疲乏及全身不适等。甲型肝炎起病较急，发热多在38℃以上。乙型肝炎起病较缓慢，多无发热或发热不明显；②消化系统症状：食欲减退、厌油、恶心、呕吐、腹胀、腹痛和腹泻等；③其他症状：部分乙型肝炎病例可出现荨麻疹、斑丘疹、血管神经性水肿和关节痛等。本期末出现尿黄。

2）黄疸期：可持续2～6周。尿色加深如浓茶样，巩膜和皮肤黄染，而黄疸前期的症状好转。黄疸可逐渐加深，约2周达到高峰。部分患者可有大便颜色变浅、皮肤瘙痒、心动过缓等肝内阻塞性黄疸的表现。体检常见肝大，质地软，有压痛及叩击痛。部分患者有轻度脾大。

3）恢复期：本期平均持续4周。黄疸逐渐消退，症状减轻，肝脾回缩，肝功能逐渐恢复正常。

（2）急性无黄疸型肝炎　较黄疸型肝炎多见。主要表现为消化道症状，多较黄疸型肝炎轻。因不易被发现而成为重要的传染源。

2.慢性肝炎

见于乙、丙、丁型肝炎。病程超过半年者，称为慢性。根据病情轻重可分为三度：

（1）轻度　反复出现疲乏、消化道症状、肝区不适、肝大，也可有轻度脾大，肝功能检查反复或持续出现血清转氨酶升高。

（2）中度　症状、体征、实验室检查介于轻度和重度之间。

（3）重度　有明显或持续的乏力、食欲减退、腹胀，慢性肝病体征更为明显：面色灰暗、蜘蛛痣、肝掌或肝脾大。实验室检查血清丙氨酸氨基转移酶（ALT）反复或持续升高，血清蛋白（A）降低，球蛋白（G）增高，A/G比值异常；血清胆红素高于85.5μmol/L，凝血酶原活动度（PTA）为40%～60%。

3.重型肝炎

是一种最为严重的临床类型，占全部病例的0.2%～0.5%，病死率可高达80%～90%。随着治疗水平的不断提高，病死率有所下降。各型肝炎病毒均可引起重型肝炎。主要表现为：①黄疸迅速加深，血清胆红素高于171μmol/L；②肝脏进行性缩小、肝臭；③出血倾向，PTA低于40%；④迅速出现腹水、中毒性鼓肠；⑤精神-神经系统症状（肝性脑病）：有定时、定向障碍，计算能力下降，精神异常，烦躁不安，嗜睡等。早期肝性脑病可出现扑翼样震颤；⑥肝肾综合征：出现少尿甚至无尿，血尿素氮升高等。临床可分为三型：

（1）急性重型肝炎　指起病较急，早期即出现上述重型肝炎的主要临床表现。尤其是病后10天内出现Ⅱ度以上肝性脑病、肝明显缩小、肝臭等。

（2）亚急性重型肝炎　指急性黄疸型肝炎起病10天以上出现上述重型肝炎的主要临床表现。肝性脑病多出现在疾病的后期，腹水往往较明显。此型病程可长达数月，易发展成为坏死后性肝硬化。

（3）慢性重型肝炎　指在慢性肝炎或肝炎后肝硬化基础上发生的重型肝炎。此型主要以同时具有慢性肝病的症状、体征和实验室检查的改变及重型肝炎的临床表现为特点。

促成重型肝炎发生的常见诱因有：①病后未适当休息；②合并各种感染，常见胆系感染、原发性腹膜炎等；③长期大量嗜酒或在病后嗜酒；④服用对肝脏有损害的药物，如异烟肼、利福平等；⑤合并妊娠。

温馨提示：轻型肝炎与重型肝炎的主要区别是，轻型肝炎主要是消化系统的症状，而重型肝炎除了有消化系统的症状以外，还出现肝性脑病及精神神经系统症状。

4.淤胆型肝炎

病程持续时间较长，可长达2～4个月或更长时间，主要表现为：①黄疸具有“三分离”的特征：黄疸深，但消化道症状轻；ALT升高不明显；PTA下降不明显；②黄疸具有“梗阻性”特征：在黄疸加深的同时，伴全身皮肤瘙痒，大便颜色变浅或灰白色；血清碱性磷酸酶（ALP）、谷氨酰转肽酶（γ-GT）和胆固醇显著升高、尿胆红素增加，尿胆原明显减少或消失。本型应注意与肝外阻塞性黄疸相鉴别。

5.肝炎肝硬化

在排除外其他原因后，凡具有门静脉高压表现的慢性肝炎患者，如有食管、腹壁静脉曲张、腹水或影像学检查发现肝缩小、脾大、门静脉和脾静脉明显增宽等表现的均属此型。根据病情又可分为活动性和禁止型两型。①活动性肝硬化：有慢性肝炎活动表现，如明显的消化系统症状、黄疸、肝功能异常和清蛋白下降等，预后不良；②静止性肝硬化：虽有上述体征，但无慢性肝炎活动的表现，临床症状轻或无特异性，可较长时间维持生命。

甲、戊型肝炎除极少数发展成重症肝炎外，主要表现为急性肝炎，不转为慢性肝炎，故大多预后良好；乙型、丙型和丁型肝炎可以是急性、慢性，也可以成为慢性病原携带者，部分可发展成肝硬化或肝癌。各种肝炎病毒之间也可因重叠感染或协同感染而使病情加重和趋于复杂化。

【辅助检查】

1.肝功能检查

（1）血清酶的检测　以ALT在肝功能检测中最为常用，是判定肝细胞损害的重要指标。急性黄疸型肝炎常明显升高；慢性肝炎可持续或反复升高；重型肝炎时因大量肝细胞坏死，ALT随黄疸迅速加深反而下降，出现胆-酶分离现象。ALT升高时，天门冬氨酸氨基转移酶（AST）也升高。其他血清酶类，如ALP、γ-GT在肝炎时亦可升高。

(2)血清蛋白的检测　清蛋白(A)只在肝脏合成,球蛋白(G)则由浆细胞和单核-巨噬细胞系统合成。当肝功能损害并持续较长时间时,因肝脏合成功能不足及解毒功能下降,清蛋白合成减少,较多抗原性物质易进入血流刺激免疫系统,产生大量的免疫球蛋白,所以通过清、球蛋白定量分析,可见清蛋白下降、球蛋白升高、A/G比值下降。

(3)血和尿胆红素检测　黄疸型肝炎尿胆原和尿胆红素明显增加;但淤胆型肝炎时尿胆红素增加,而尿胆原减少或阴性。血清胆红素检查包括总胆红素、直接胆红素和间接胆红素检查。黄疸型肝炎时,直接和间接胆红素均升高。但淤胆型肝炎则以直接胆红素升高为主。

(4)凝血酶原活动度(PTA)检测　对重型肝炎临床诊断及预后判断有重要意义。重型肝炎时如PTA小于40%,提示肝功能损害严重。PTA越低,预后越差。

2.病原学检查

(1)血清标志物检查　即检查各种肝炎病毒的特异性抗原及抗体:

1)甲型肝炎:血清抗-HAV IgM阳性,提示近期有HAV感染,是早期诊断甲型肝炎可靠的血清学标志;血清抗-HAV IgM是保护性抗体,阳性提示对HAV已产生了免疫力,见于甲肝疫苗接种后或既往感染者。

2)乙型肝炎:乙型肝炎病毒血清标志物检查及意义见表34-1。

表34-1　乙型肝炎病毒血清标志物的临床意义

血清标志物	临床意义
乙型肝炎表面抗原(HBsAg)	阳性表示体内存在HBV,有无传染性必须结合其他指标而定;如无任何临床表现,肝功能正常而HBsAg持续6个月以上阳性者为慢性乙肝病毒携带者
乙型肝炎表面抗体(抗-HBs)	为保护性抗体,阳性表示对HBV有免疫力,见于乙型肝炎恢复期、乙肝疫苗接种后或既往感染者
乙型肝炎e抗原(HBeAg)	阳性提示HBV复制活跃,传染性强,持续阳性则易转为慢性
乙型肝炎e抗体(抗-HBe)	阳性表示HBV复制减少和传染性减低,但少数也可因HBV发生某种变异而不表达
乙型肝炎核心抗原(HBcAg)	一般方法不易检出,但阳性表示病毒呈复制状态,有传染性
乙型肝炎核心抗体(抗-HBc)	抗-HBc IgG阳性提示过去感染或近期低水平感染;高滴度抗-HBc IgM阳性则提示HBV有活动性复制

3)丙型肝炎:抗-HCV为非保护性抗体,其阳性是HCV感染的标志;抗-HCV IgM阳性见于急性期和慢性HCV感染病毒活动复制期。高滴度抗-HCV IgG也提示病毒复制活跃;低滴度则提示病毒处于静止状态。

4)丁型肝炎:HDV-Ag阳性是HDV感染的直接证据;抗-HDV IgG阳性是现症感染的标志。

5)戊型肝炎:抗-HEV IgG和抗-HEV TgG阳性可作为近期HEV感染的指标。

(2)病毒基因检查　从患者血液或肝组织中检查出病毒基因是诊断相应病毒性肝炎最直接的证据。临床多用PCR法检查HBV-DNA、HCV-RNA,亦可检查HDV-RNA。

【治疗要点】

目前无特效治疗方法,各型肝炎仍以适当休息和合理营养为主,辅以药物治疗,避免饮酒、过劳和使用对肝脏有损害的药物。

1.急性肝炎

以一般治疗和对症治疗为主,强调早期卧床休息,急性期应隔离,恢复期可逐步增加活动量,避免过度劳累,待症状消失、肝功能正常后继续休息1～3个月;给予患者清淡易消化食物,注意合理营养,适当补充维生素和选用保肝药物;对进食少、胃肠道症状明显者可静脉补充葡萄糖及维生素C等;除急性丙型肝炎早期可使用干扰素或长效干扰素(疗程24周),或加用利巴韦林治疗外,一般急性期不主张抗病毒治疗。

2.慢性肝炎

强调整体治疗(适当休息、合理营养和心理平衡),根据患者具体情况采用以抗病毒为主、保护肝细胞、减轻肝炎症状、防止肝纤维化和癌变等综合治疗为辅的措施。

(1)抗病毒药物治疗　抗病毒治疗可抑制病毒复制,减少传染性;减轻肝组织损害,改善肝功能;提高生活质量,延缓或减少肝硬化和肝癌的发生。主要用于慢性乙肝患者(处于活动期,ALT升高者),目前临床上以干扰素α和拉米呋啶为核心药物,前者通过诱导宿主产生细胞因子起作用,在多环节上抗病毒,成人每次3M～5MU,每周3次,皮下或肌内注射,疗程4～6个月,根据病情可延长至1年;后者为一种逆转录酶抑制剂,具有较强的抑制HBV复制的作用,可使HBV-DNA水平下降或阴转、ALT恢复正常、改善肝组织病变,但不能使HBsAg阴转,因其无法彻底清除病毒,部分患者停药后又可启动病毒复制循环。

(2)非特异性护肝药物　改善和恢复肝功能的药物包括维生素类药物(B族、C、E、K等);促进解毒功能的药物(葡醛内酯、维丙胺等);促进能量代谢药物(三磷腺苷、肌苷、辅酶A等);促进蛋白质合成药物(马洛替脂、肝安、水解蛋白等);降酶药如五味子类(联苯双脂等),山豆根类(苦参碱等),垂盆草,齐墩果酸;改善微循环药物如丹参、低分子右旋糖酐等。

(3)其他药物　调节免疫药物,如胸腺素、转移因子、左旋咪唑涂布剂等;促肝细胞生长素对促进肝细胞的再生和减轻纤维化有一定作用;某些中药如猪苓多糖、丹参、冬虫夏草、核仁提取物等亦有一定疗效。

3.重型肝炎

以支持、对症治疗为基础的综合性治疗,促进肝细胞再生,预防和治疗并发症。有条件者可采用人工肝支持系统,争取肝移植。

(1)一般支持疗法　绝对卧床休息,实施重病监护;补充维生素,保证热量;输注新鲜血浆、清蛋白或免疫球蛋白;注意维持水、电解质及酸碱平衡;有肝性脑病先兆者应限制食物中蛋白质的摄入。

(2)促进肝细胞再生　选用促肝细胞生长因子(HGF)或胰高血糖素-胰岛素疗法(G-I),即胰高血糖1mg和胰岛素10u加入10%葡萄糖500ml,缓慢静脉滴注,每日1次,疗程14日。

(3)并发症治疗　防治出血、肝性脑病、继发感染及肾衰竭等并发症。

(4)人工肝支持系统(ALSS)和肝移植　主要通过ALSS替代已丧失的肝功能,清除患者血中毒性及补充生活活性物质,以延长患者生命。此外,肝移植在晚期肝硬化和肝衰竭患者的治疗中已取得一定进展。

4.淤胆型肝炎

同急性肝炎,在护肝的基础上,可试用糖皮质激素治疗,也可用中医中药治疗。

5.肝炎肝硬化

参照慢性肝炎和肝硬化的治疗。

【护理诊断及合作性问题】

1. 体温过高

与毒血症有关。

2. 气体交换受损

与肺部广泛炎症有关。

3. 焦虑

与知识缺乏、隔离治疗、担心预后有关。

4. 潜在并发症

继发细菌感染、心肌炎、脑炎等。

【护理措施】

1.一般护理

(1)隔离　甲型、戊型肝炎自发病之日起进行消化道隔离3周;急性乙型肝炎进行血液(体液)隔离至HBsAg转阴;慢性乙型和丙型肝炎患者应分别按病毒携带者管理。

(2)休息与活动　急性肝炎、重型肝炎、慢性活动期、ALT升高者应卧床休息,休息可减少患者能量消耗,降低机体代谢率,减轻肝脏代谢的负担;增加肝脏血流量,促进肝细胞的修复和再生,有利于炎症的恢复;可改善腹水和水肿;充足的睡眠还可增加糖原和蛋白质的合成。根据疾病的不同时期而指导患者休息:①急性肝炎:在发病1个月内,除进食、洗漱、排便外,患者应安静卧床休息,待症状好转、肝功能改善后,可指导其逐渐增加活动;②慢性肝炎:宜根据病情和肝功能状况指导患者合理安排休息,活动期应静养,稳定期指导患者逐渐增加活动量,以不感疲劳为度;③重型肝炎患者应绝对卧床休息,做好口腔和皮肤的护理。

(3)饮食　合理的饮食可改善患者的营养状况,促进肝细胞再生和修复,有利于肝功能恢复。对各型肝炎患者均应戒烟和禁酒，因乙醇中的杂醇油和亚硝胺可使脂肪变性、解毒功能降低和致癌，即使少量饮酒亦可加重肝损害；烟草中因含有多种有害物质，能损害肝功能，抑制肝细胞生成和修复。

1）急性期患者：宜进食清淡、易消化、含多量维生素的可口饮食，如米粥、菜汤、清肉汤、豆浆、蛋羹等，并多吃水果和新鲜蔬菜、豆类、猪肝、牛奶、胡萝卜等；保证足够热量，给予碳水化合物250 ~ 400g/d，患者食欲差时，可输入10%葡萄糖溶液加维生素C静脉；给予适量蛋白质1.0 ~ 1.5g/(kg · d)，以营养价值高的动物蛋白为主，如鸡蛋、瘦肉、鱼类等；应适当限制脂肪的摄入，避免诱发脂肪肝；伴腹胀时还应注意减少牛奶、豆制品等产气食品的摄入；病情好转、食欲改善后应少食多餐，避免暴饮暴食，防止营养过剩。

2）慢性肝炎患者：饮食宜适当的高蛋白、高热量、高维生素且易消化的食物，摄入蛋白质1.5 ~ 2.0g/(kg · d)，以优质蛋白为主，如牛奶、鸡蛋、瘦肉、鱼等。避免高糖、过高热量和饮酒，以防止发生糖尿病和脂肪肝。

3）重症肝炎患者：给予低脂、低盐、高热量、高维生素、易消化的流质或半流质，有肝性脑病先兆表现者，限制或禁止蛋白质摄入[小于0.5g/(kg · d)]，以减轻肝脏负担，避免诱发肝性脑病；合并腹水、少尿者，应给予低盐或无盐饮食，钠限制在500mg/d(氯化纳1.2 ~ 2.0g)，进水量不超过1000ml/d，以减少体内水、钠潴留。

2.病情观察

注意发热、消化道症状和黄疸的程度；有无心悸、呼吸苦难等症状；了解腹水消长的情况。注意皮肤黏膜有无瘀点、瘀斑、牙龈出血、鼻出血、呕血、便血等，以及穿刺后局部是否出血难止，监测血小板计数、凝血酶原时间及凝血酶原活动度等指标。密切观察生命体征、神志和瞳孔；注意有无并发症，如观察口腔、呼吸道等是否存在感染的危险因素；有无肝性脑病的早期表现；有无厌食、恶心、呕吐等早期肾功能不全等表现。一旦发现病情变化，及时报告医师，积极配合抢救。对重型肝炎和肝衰竭患者还应严格记录24小时尿量，监测尿常规、尿比重、血尿素氮、血肌酐及血清钾、纳等情况。

3.用药护理

因大部分药物都在肝脏代谢，为减轻肝脏负担，禁用损害肝脏的药物。按医嘱使用抗病毒药物时，应注意剂量和疗程，观察其疗效和不良反应，并向患者解释使用干扰素治疗的目的和注意事项。①注射干扰素2 ~ 4小时后可出现发热、头痛、面色潮红、全身乏力、酸痛等“流感样综合征”，体温常随剂量增大而增高，反应随治疗次数增加而逐渐减轻，此时应向患者做好解释，鼓励患者多饮水，卧床休息，必要时按医嘱对症处理；②因干扰素有骨髓抑制作用，应定时进行肝功能和血常规检查，出现粒细胞或血小板减少应及时报告医师；③用药过程中部分患者可能出现恶心、呕吐、食欲减退、ALT升高，甚至黄疸、脱发、甲状腺功能减退等，一般不需停药，治疗终止后可逐渐好转；④应用大剂量皮下注射时，少数患者会出现局部触痛性红斑，一般2 ~ 3日可自行消失；⑤用药时可适当增加溶媒的量，并缓慢推注，以减轻或避免上述反应的发生。此外，当用拉米呋啶等药物治疗时，应注意有无停药反跳及骨髓抑制等现象。

4.心理护理

急性期的患者由于对疾病知识的缺乏、被隔离和限制活动，以及担心对工作或学业影响而出现不同程度的紧张、焦虑或忧愁等，但也有个别患者对疾病抱“无所谓”的态度，不注意休息，不愿“受限制”。长期或反复住院的患者因病情反复、久治不愈而失去信心，以致悲观、消极、甚至怨恨愤怒，部分患者猜疑或缺乏根据地揣测自己病情和预后而产生焦虑、抑郁等心理，表现为情绪低落、兴趣减退，少言寡语，自责沮丧或自卑孤独，睡眠障碍；在治疗护理中出现不配合或过分依赖医护人员的情况，由于隔离治疗，限制了社交的需要，患者迫切希望亲友常来看望和陪伴自己。病情严重者可因疾病进展、癌变，面临死亡而感恐惧，甚至出现绝望的心理反应。故护理人员应注意：

(1)对缺乏疾病知识的患者　应根据其所患病毒性肝炎的类型及临床特点，介绍疾病相关知识、预后、隔离意义及主要治疗护理措施，指导患者看一些有关肝病的科普文章，多和病友交谈也是了解肝病的重要渠道。

(2)对有抑郁感的患者　应增加与患者交谈时间，随时了解患者的心理活动，以热情、友好、诚恳的态度鼓励患者说出所关心的问题并耐心解答，给予精神上的安慰和支持。

(3)对有消极悲观情绪的患者　要理解患者的处境，多与患者沟通，进行疏导和劝解，告诉患者保持良好的心态是战胜疾病之本。此外，还需与其家属取得联系，配合安排让亲友探视的时间，让其家属了解肝病患者易生气、易急躁的特点，宽容理解患者，使其保持生活和心理上的愉快。

总之，通过心理护理使疑虑的患者产生信任感，使紧张的患者得以松弛，使孤独感的患者得到温暖，使焦虑、恐惧的患者获得安全感，从而能安心养病。

【健康教育】

1.疾病预防

(1)管理传染源　急性期应隔离治疗;慢性患者和病毒携带者应定期检测各项传染性指标,禁止献血,不能从事饮食行业和托幼保育员等工作。

(2)切断传播途径　防止甲型和戊型肝炎的流行,必须采取以切断消化道传播途径为主的综合预防措施,做好粪管、水管、饮食管理,消灭苍蝇,防止"病从口入"。防御乙型、丙型、丁型肝炎的重点是防止通过血液和体液的传播,如加强血制品管理,减少输血机会;各种医疗器械及用具实行一用一消毒制,推广应用一次性注射用具;对带血和体液的污染物应严格消毒,严防血液透析、介入性诊疗和脏器移植时传播肝炎病毒,造成医源性传播。此外,避免共用牙刷和剃刀,理发、洗浴、美容等用具亦应按规定进行消毒处理。

(3)保护易感人群

1)甲型肝炎:对幼儿、学龄前儿童和其他高危人群可通过接种甲型肝炎疫苗以获得主动免疫;对近期与甲型肝炎患者有密切接触的易感儿童于接触后 10 日内应用人丙种球蛋白肌内注射,可减少或防止发病。

2)乙型肝炎:①乙肝疫苗:适用于未受HBV感染的对象,凡HBsAg和抗-HBs阴性的高危人群(如HBsAg阳性的配偶、医护人员、血液透析者)均可接种。目前我国对新生儿进行乙肝疫苗的普种对阻断母婴传播,降低乙型肝炎发病率具有十分重要的意义;②乙肝免疫球蛋白(HBIG):主要用于母婴传播的阻断,也使用于HBV 意外暴露者。如母亲为 HBsAg 和 HBeAg 阳性的新生儿,应在 12 小时内先肌内注射 HBIG,然后在 2 周内接种乙肝疫苗,联合使用可提高预防效果;对意外暴露者,被 HBsAg 阳性污血的针头刺伤皮肤或溅于眼、鼻、口等黏膜时,若已知自己是HBsAg阳性或抗-HBV阳性可不予特殊处理;如不清楚者,最重要的是尽早肌内注射 HBIG,并抽血查 HBsAg 及抗-HBs,如 HBsAg 及抗-HBs 均为阴性,2 周后再接种乙肝疫苗。

2.疾病知识宣传

使患者及家属了解本病的病因、传播途径、临床表现和转归等;向患者解释各项检查和治疗的目的意义;强调急性肝炎彻底治愈的重要性,以及早期隔离的必要性,保持空气流通,减少陪护和探视,以避免交叉感染。

3.心理指导

创造整洁、舒适的休养环境;正确对待疾病,消除不良情绪;指导患者保持豁达、乐观的心情,说明调节和稳定情绪有助于病情的康复或缓解。

4.作息与饮食指导

1)说明休息对肝炎患者的重要性,患者应按要求适当休息,注意劳逸结合,规律的生活有利于疾病的康复。

2)向患者和家属述说合理饮食的意义和原则,切实遵循饮食计划,避免长期高热量、高脂肪饮食。

3)应尽量避免劳累、营养不良、吸烟、饮酒、暴饮暴食、不合理用药、感染、情绪不稳定等因素,以免肝炎复发和病情加重。

5.观察病情指导

使家属在给予患者关心和照顾的同时,能及早识别病情变化,如注意患者有无性格、行为改变和出血倾向等;配合观察生命体征、神志、24 小时尿量变化;慢性肝炎患者和无症状病毒携带者应定期检测各项传染性指标,如有出血倾向或精神症状应及时就医。

6.行为指导

指导患者及家属进行家庭护理和自我保健:

1)学会采取适当的家庭隔离措施,避免肝炎病毒重叠感染或传染给他人。如采取家庭分餐制,患者有专用的日常生活用具并定时消毒,患者的分泌物、排泄物可用 3%漂白粉消毒后弃去,照顾或接触患者之后要用肥皂和流动水洗手。

2)按要求指导患者和家属做好皮肤护理,如皮肤瘙痒时,应及时修剪指甲,应防止皮肤破损;当有出血倾向时,应注意避免碰撞、损伤,不用手挖鼻、用牙签剔牙,不用硬牙刷刷牙,以免诱发出血等。

3)对家中密切接触者如 HBsAg 和抗-HBs 阴性时,鼓励其尽早进行预防接种。

4)对慢性无症状乙肝病毒携带者应做好健康指导,如正确对待疾病,坚持正常的学习和工作,提高机体免疫力禁饮酒,定期随访;养成良好的卫生习惯,防止血液、唾液、分泌物及排泄物等污染环境;适当隔离,禁止献血和从事饮食、水管、托幼工作。

7.用药指导

1)按医嘱用药时,向患者详细介绍药物的目的、名称、剂量、给药时间和方法,教会其观察疗效和不良反应；避免滥用药物或使用苯巴比妥类、磺胺类、抗结核等药物，以免加重肝脏负担和肝功能损害。

2)抗病毒药物必须在医师的指导下、监督下才能应用，患者不得擅自加量或停药；对应用干扰素者，鼓励多饮水，向患者说明药物的作用，以及可能出现的不良反应，解释定期检查肝功能和血常规的目的与要求；在用拉米呋啶治疗期间，也需定期检测肝功能、HBV-DNA 定量、HBeAg 和抗-HBe，停药后随访半年以上，以防HBV-DNA 反弹。

3)对于转胺酶正常、无症状的慢性乙肝病毒携带者，无论有无病毒复制指导，一般不主张抗病毒治疗或擅自购药服用。

第三节　艾滋病患者的护理

案例引入

张先生在体检时发现 HI V-1 抗体阳性(后经确认试验证实)，但他并无任何症状与体征。张先生知道该结果后，情绪低落，沉默寡言，而他的同事知道后也表现异常紧张，回避张先生。

学习任务：1. HI V-1 抗体阳性有何临床意义？

2. 若与张先生一起工作有无被感染的危险？该病主要通过哪些途径传播？

3. 张先生是否需要马上隔离治疗？他目前处于疾病的哪个阶段？

4. 针对张先生及其同事，应提供哪些方面的健康指导？

学习目标

知识目标　能说出艾滋病的概念、传染源、传播途径、高危人群、临床表现，并正确为患者进行护理评估。

能力目标　能够提出正确的护理诊断，并能够为患者提供合适的护理措施及健康指导。

素质目标　学习过程中体现对患者的关心。

艾滋病即获得性免疫缺陷综合征(acquired immune deficiency syndrome，AIDS)，是由人类免疫缺陷病毒(human immunodeficiency virus，HIV)引起的一种严重的慢性致命性的传染病。本病主要通过性接触和体液传播，病死率高，目前无法根本治愈。

自 1981 年美国报道首例艾滋病患者以来，目前艾滋病已在全球 150 个以上国家被发现。截至 2002 年，全球约 7000 万人感染 HIV，死亡约 2000 万人。我国自 1985 年发现首例患者以来，疫情已覆盖全国 31 个省、自治区和直辖市。据《中国艾滋病防治联合评估报告(2007 年)》，截至 2007 年底，我国现存艾滋病病毒感染者和患者约 70 万，其中艾滋病患者 8.5 万人。目前我国的艾滋病疫情正由高危人群向普通人群扩散，部分地区将面临艾滋病发病和死亡的高峰期，因此，本病的防治形势十分严峻。

【病原学及发病机制】

人类免疫缺陷病毒(HIV)属于逆转录病毒科，为单链 RNA 逆转录病毒。目前已知有两个型，即 HIV-1 和 HIV-2，两者均可引起艾滋病。前者为世界流行毒株，致病性较强，后者主要见于西非，呈地方性流行。成熟的 HIV 为球形，直径为 90 ～ 140nm。HIV 既有嗜淋巴细胞性，又有嗜神经性，CD4+T 淋巴细胞是其最主要的靶细胞。人体在感染 HIV 数周至 6 个月内产生抗-HIV 抗体，但中和抗体很少，病毒和抗体同时存在，故仍有传染性。

HIV 对外界的抵抗力较弱，不耐酸，对热和常用消毒剂较敏感，如加热 56℃30 分钟、70%乙醇、0.2%次氯酸钠、2%戊二醛和 10%漂白粉等均可使其灭活，但对 0.1%甲醛、紫外线和γ-射线不敏感。

HIV 侵入人体后，主要感染 CD4+T 淋巴细胞和巨噬细胞。HIV 在细胞内大量复制，最终使细胞溶解与破坏,并释放 HIV 感染其他 CD4+细胞。由于 HIV 主要侵犯并破坏辅助性 T 淋巴细胞(CD4+T 淋巴细胞)及单核-巨噬细胞,最终导致整个免疫系统崩溃,并发各种严重的机会性感染和恶性肿瘤。

【流行病学】

1.传染源

HIV 患者和无症状病毒携带者是本病的传染源,后者尤为重要。HIV 病毒主要存在于感染者的血液、精液、子宫和阴道分泌物中,其他体液如唾液、眼泪和乳汁亦含有病毒,均具有传染性。

2.传播途径

主要通过以下 4 种途径传播:

(1)性接触传播　同性、异性之间性接触均可传播。

(2)注射及血源途径　药瘾者通过共用HIV污染的注射器与针头而被感染,或输注含病毒的血液及血制品被感染。

(3)母-婴传播　感染 HIV 的孕妇可通过胎盘、产程中血性分泌物及产后哺乳等途径把 HIV 传播给胎儿或婴儿。

(4)其他途径　应用HIV感染者的器官或组织(如器官移植、人工授精)、医疗器械消毒不严、被污染的针头意外刺伤或破损皮肤意外被污染等。

温馨提示:性接触传染是艾滋病的主要传播途径。

3.高危人群

HIV 的感染与人类的行为密切相关; 50 岁以下青壮年发病率较高。高危人群包括男同性恋者、性乱交者、静脉药瘾者、职业献血者和使用血制品者、感染者配偶、HIV 感染母亲所产婴儿等。

4.流行特征

在流行病学方面,最常见的妇女感染 HIV 的危险因素是异性间传播,其次是静脉吸毒者。妇女比男人更容易感染 HIV,男性向女性传播 HIV 的几率是女性向男性传播几率的 2 ~ 4 倍。母婴传播是目前儿童感染 HIV 的主要传播途径,全球儿童感染者中通过母婴传播的占 90%以上。除此外,还有不少儿童从污染的血液制品、异性接触、静脉吸毒等途径感染,青春期少女感染HIV的可能性远远高于少男,女童生理上的易感性以及在两性关系中的社会和身体的脆弱性,使她们处于 HIV 感染的高风险中。

【病程经过与临床表现】

本病潜伏期长,一般经 2 ~ 10 年发展为艾滋病。临床表现十分复杂,多与机会性感染或恶性肿瘤有关。感染早期可有急性感染的表现,此后,在相当长的时间内可无任何症状,或仅有全身淋巴结肿大,此期可长达 10 年。

1.病程经过

(1)急性感染期(Ⅰ期)　原发 HIV 感染后 2 ~ 4 周,早期一般无症状,少数患者可出现发热、全身不适、咽痛、皮疹、厌食、肌痛、关节痛和淋巴结肿大等类似血清病的症状,持续 1 ~ 2 周后自然消失。

(2)无症状感染期(Ⅱ期)　由原发感染或急性感染症状消失后延伸而来,临床上无任何症状和体征,但有传染性,血清中可检出 HIV 及抗-HIV 抗体。此期多持续 8 ~ 10 年(约占 80%),另有快速进展者(占 10%左右),此期 3 ~ 5 年;缓慢进展者(占 10%左右,多为 HIV-Ⅱ感染者)此期 15 ~ 20 年。

(3)持续性全身性淋巴结肿大综合征期(Ⅲ期)　又称艾滋病前期,本期最主要的特点是除腹股沟部位以外,全身两处或两处以上的淋巴结肿大。其特点是淋巴结肿大直径在 1cm 以上,质地柔韧,无压痛,无粘连,能自由活动,一般持续肿大 3 个月以上。可伴有持续或间歇性发热、疲乏、盗汗、体重下降、慢性咳嗽和腹泻等。

(4)艾滋病期(Ⅳ期)　此期是感染 HIV 的终末阶段,因免疫功能严重缺陷,易发生各种机会性感染及恶性肿瘤,可累及全身各个系统,且常有多种感染和肿瘤并存,临床表现复杂。

2.艾滋病常见的各系统主要表现

(1)全身性表现　本病缺乏特异性表现,早期可反复出现疲乏、发热、盗汗、畏食、体重进行性下降等消耗性症状,晚期出现恶病质。

(2)皮肤黏膜

1)肿瘤性病变:以卡氏肉瘤(Kaposis sarcoma)最为常见,常侵犯下肢皮肤和口腔黏膜,表现为深蓝色或紫红色浸润或结节,可融合成片,表面可出现溃疡并向四周扩散。卡氏肉瘤恶性程度高,能向淋巴结和内脏转移。

2)机会性感染:常见的有白色念珠菌引起的口腔感染、EB病毒所致的口腔毛状白斑,反复带状疱疹或慢性散在性单纯疱疹感染。此外,外阴疱疹病毒感染、尖锐湿疣等均常见。

(3)呼吸系统　以孢子虫肺炎最为多见,是本病因机会性感染死亡的主要原因,表现为间质性肺炎,起病较缓,但症状呈进行性加重,表现为慢性咳嗽、短期发热、渐进性呼吸困难、发绀,肺部偶尔可闻及啰音等。此外,结核杆菌、念珠菌、疱疹病毒和巨细胞病毒、卡氏肉瘤也常侵犯肺部,引起相应的症状和体征。

(4)消化系统　以口腔和食管的念珠菌、疱疹病毒和巨细胞病毒感染较为常见,主要表现为吞咽困难和胸骨后烧灼感;累及胃肠黏膜者可出现慢性腹泻、体重减轻;肝脏受累时可出现肝大及肝功能异常。

(5)神经系统

1)机会性感染:如脑弓形虫病、隐球菌脑膜炎、巨细胞病毒脑炎等。

2)机会性肿瘤:如原发性脑淋巴瘤或转移性淋巴瘤。

3)HIV 直接感染中枢神经系统　引起艾滋病痴呆综合征、无菌性脑炎。临床可表现为头痛、头晕、癫痫、进行性痴呆、脑神经炎等。

(6)其他表现　常见的艾滋病眼部病变有巨细胞病毒性视网膜炎、弓形虫视网膜炎脉络膜炎和眼部卡氏肉瘤等。肾脏也可受损,可引起 HIV 相关性肾病或免疫复合物性肾炎,表现为蛋白尿、氮质血症、尿毒症等。艾滋病还可伴有各种心血管病变,以心肌炎较为多见。

【辅助检查】

1. 血常规

不同程度的贫血,血小板减少,白细胞总数及淋巴细胞减少。

2. 病原学检查

(1)血清学检查　HIV 抗体或 HIV 抗原阳性有助于本病的诊断。HIV 抗体检测是目前确定有无 HIV 感染的最简单而有效的方法。临床常用 Elisa 法做初筛检查,阳性者为可疑患者,免疫印迹法做确认诊断。但从 HIV 侵入到抗体产生需数周至 3 个月,少数可延至 6 个月,这段时期为"窗口期",此期因抗体检测呈阴性极易漏检,故在流行学上有重要意义。

(2)HIV　RNA 定量检测:既为一确诊检查,亦为一判断抗病毒治疗效果的指标。

3. CD4+T 淋巴细胞计数和 CD4+/CD8+AIDS 患者

CD4+T 淋巴细胞计数明显下降,CD4+/CD8+常<1,并与病情密切相关,是评价病情、判断治疗效果的重要指标。

4. 其他

如胸部 X 线检查可显示间质性肺炎或肺脓肿等;脑脊液检查及 CT 有助于神经系统病变的诊断。

【治疗要点】

艾滋病至今尚无特效疗法,目前认为早期抗病毒治疗是关键,它既能缓解病情,减少机会性感染,又能预防或延缓艾滋病相关疾病的发生。对艾滋病晚期患者主要是针对病原学及发病机制和各种并发症的防治,可采取支持疗法、免疫调节和心理治疗等综合治疗措施。

1. 抗病毒治疗

根据抗病毒药物作用环节的不同,主要分为三大类。

(1)核苷类逆转录酶抑制剂　此类药物主要是抑制 HIV 逆转录酶,阻断病毒复制。包括齐多夫定、双脱氧胞苷、拉米夫定等。

(2)非核苷类逆转录酶抑制剂　主要作用是使 HIV 逆转录酶失去活性,从而抑制 HIV 的复制,降低 HIV-DNA 水平。主要制剂有奈非雷平。

(3)蛋白酶抑制剂　主要通过抑制蛋白酶,阻断装配成完整病毒颗粒,主要药物有沙奎那韦等。

由于单一抗病毒药易诱发 HIV 突变,产生耐药性,故目前主张以上三类抗病毒药物联合治疗,即高效抗逆转录酶病毒疗法(简称 HAART 疗法),又称鸡尾酒疗法。联合治疗能使 HIV 减少,CD4+T 淋巴细胞计数增加,延缓病情进展,提高生活质量和延长患者生命,但目前所用抗病毒药均只能抑制病毒复制,尚无法彻底清除病毒,故需终身治疗,使症状持续缓解。

2. 免疫疗法

运用免疫调节剂,如干扰素、基因重组 IL-2、胸腺肽等,可改善免疫功能,提高机体免疫力。

3. 并发症治疗

可根据机会性感染的病原和肿瘤的不同类型选择相应的治疗,如肺孢子虫肺炎可用戊烷脒;卡氏肉瘤应用齐多夫定与干扰素联合应用,也可用博来酶素、长春新碱等治疗;隐孢子虫感染与弓形虫病可用螺旋霉素等治疗。

4. 中医中药治疗

如香菇多糖、黄芪、丹参等可增强机体的免疫功能,改善患者的症状。

【护理诊断及合作性问题】

1. 营养失调

低于机体需要量与艾滋病期并发各种机会性感染和肿瘤有关。

2. 有感染的危险

与艾滋病期免疫缺陷有关。

3. 恐惧与绝望

与艾滋病预后不良、缺乏社会支持、疾病折磨、担心受到歧视等有关。

4. 活动无耐力

与长期发热、消耗过多、体质虚弱等有关。

【护理措施】

1. 消毒隔离

采取严格的血液、体液隔离措施。

1)将患者安置在安静、舒适的隔离病室内。

2)在执行血液、体液隔离的同时,注意实施保护性隔离,以减少机会性感染。

3)遵医嘱予以预防性治疗,以防止机会性感染的发生。

4)防止医源性感染,护理艾滋病患者时要戴口罩、手套、护目镜并穿隔离衣;患者的血液、体液、排泄物及其他用物要严格消毒;患者的日常生活用品应单独使用,定期消毒;皮肤有破损者应避免接触患者的血液和体液。

2. 一般护理

1)急性感染期和艾滋病期应绝对卧床休息,协助患者做好生活护理,症状减轻后可逐步起床活动,适当进行一些力所能及的活动,提高活动耐力。

2)给予高热量、高蛋白、高维生素、清淡易消化饮食,少量多餐;鼓励患者进食,以保证营养供给,增强机体的抗病能力;不能进食者则给予鼻饲或按医嘱给予静脉高营养。定期评估患者营养状况和监测体重。

3)保持皮肤清洁干燥,避免皮肤受压,尽量避免发生破溃。如有皮肤黏膜破溃或继发感染时,按医嘱局部使用消炎软膏。

3. 病情观察

1)注意有无肺部、胃肠道、皮肤黏膜等感染表现。

2)注意生命体征、营养状况的改变。

3)观察皮肤黏膜有无卡氏肉瘤,有无口腔、食管炎症或溃疡,有无腹部压痛及肝脾情况。

4)注意有无癫痫发作、瘫痪、进行性痴呆等神经系统受累表现。

4. 对症护理

1)腹泻者按医嘱给予抗生素、止泻剂,必要时静脉输液以维持水电解质平衡,做好肛周皮肤护理(便后用肥皂清洗局部,软布吸干,并涂以凡士林软膏),防止肛周皮肤糜乱。

2)发热者应多饮水,予物理降温,必要时遵医嘱应用抗菌素和退热药,出汗后及时更换汗湿的衣服,防止受凉。

3)呼吸困难者应协助安置舒适的体位以利呼吸,给氧,合理使用抗生素。

4)其他护理　呕吐者餐前给予止吐药;口腔、泌尿道等有真菌感染者遵医嘱应用抗真菌药物并做好相应的护理。

5. 用药护理

注意观察抗肿瘤药物的疗效和不良反应,如有无头痛、恶心呕吐等;因抗病毒药物如 AZT 等可引起骨髓抑制，应严格遵医嘱给药，定期复查血象，做好输血准备；当中性粒细胞＜ 0.5×10^9/L时，应及时报告医师处理；此外长期用药还应注意是否出现耐药性，停药或换药后有无反跳现象。

6. 心理护理

由于艾滋病目前尚缺乏特效治疗、预后不良，加上病情折磨等，患者易产生抑郁、焦虑、恐惧心理，部分患者可出现报复、自杀等行为；也可能因担心把疾病传给家人或怕家人的遗弃而产生自卑和犯罪感，其家庭成员往往因社会对艾滋病患者的歧视而背上沉重的精神负担。护士要尊重和理解患者，关心患者，多巡视病房，了解患者的心理状态。在严格执行血液和体液隔离的前提下，满足其合理要求。与患者进行有效沟通，加强心理疏导，以解除患者的孤独感、恐惧感，使其积极配合治疗；帮助患者建立自尊和自信，为患者提供与亲友沟通的机会。尊重患者的人格，理解、同情和鼓励患者，帮助患者获得更多的社会支持。同时，要注意保护患者的隐私，维护感染者和患者的尊严和权利，尽可能帮助患者重返社会。

【健康教育】

1. 预防措施

广泛开展宣传教育和综合治理，使群众了解艾滋病的病因、感染途径，采取自我防护措施进行预防，加强法律和道德教育，摒弃危险行为。

建立健全艾滋病监测网络，加强高危人群监测及入境检疫。由于目前尚无有效的疫苗供人类使用，因此切断 HIV 的传播途径是预防 AIDS 的最重要措施。要严格血源管理，合理、安全使用血液制品，控制 HIV 的血源传播。防止医源性感染，注射、手术、拔牙等均应严格无菌操作，严格实行“一人一针一管”注射，严格筛查供组织器官及精液者。强化对 HIV 感染者的管理，定期对其进行访视，尊重艾滋病患者的隐私，关心和帮助艾滋病患者，指导患者家属和社区采取合理措施，既要减少 HIV 的传播，又要保证患者的权利。

2. 生活指导

合理安排休息，避免过度劳累。无症状者可从事正常工作和学习，鼓励适当锻炼，提高机体的抵抗力。症状明显的患者应卧床休息，注意个人卫生，避免过度疲劳。鼓励患者摄入高蛋白、高热量、清淡易消化食物，尤其注意增加优质蛋白的摄入，多吃新鲜水果和蔬菜，提高机体的免疫功能、促进药物疗效。向患者及家人介绍预防和减少感染的措施、感染时的症状和体征，鼓励患者养成良好的个人卫生习惯，在保证其正常工作、学习、生活的前提下，适当限制活动范围，以防止继发感染。

3. 行为指导

指导人群摒弃危险行为，做好防范工作，以阻断疾病传播。HIV 感染的育龄妇女应避免妊娠，正确喂养婴儿，减少母婴传播机会。告知消毒隔离的重要性及其方法，患者的日常生活用品应单独使用、定期消毒，家属接触被患者血液、体液污染的物品时，要戴手套、穿隔离衣、戴口罩，处理污物或护理患者后一定要用肥皂仔细洗手。对感染者和患者家属要进行医学检查和 HIV 检测，并为他们提供健康教育咨询。

5. 心理指导

HIV 感染者和患者应正确对待疾病，采取积极的生活态度，改变不良行为，积极配合治疗。为 HIV 感染者提供友善和宽松的生活环境，尽量让其回归正常生活，并得到家人和社会的支持，以利于病情的恢复，提高患者的生活质量。咨询和检测应遵循保密原则，以保护当事人的隐私。

6. 出院指导

向患者及家属说明艾滋病的治疗方法，药物的使用方法、剂量和不良反应，并告知患者出院后要预防感染，定期复查，坚持治疗以控制病情发展。对无症状 HIV 携带者，每隔 3 ～ 6 个月做 1 次临床及免疫学检查，如出现症状应及时隔离治疗。

第四节　流行性乙型脑炎患者的护理

案例引入

患者,男,8岁,两周前曾被蚊子叮咬。近3天来乏力、全身不适,发热、头痛一天,伴意识障碍2小时收住院。查体T40℃,R34次/分,P128次/分,面部潮红,双侧瞳孔等大等圆,对光反射存在,颈部轻微抵抗,双肺呼吸音粗,心率128次/分,律齐,各瓣膜区未闻及杂音;腹部无异常。轻压眶上神经有痛苦表情,巴彬斯基征(+)。

学习任务:1.请你考虑患者患了哪种疾病?依据是什么?

2.请制定出有关护理措施。

3.如何做好预防及健康教育。

学习目标

知识目标　能说出流行性乙型脑炎患者的护理评估内容及护理目标。

能力目标　能够提出正确的护理诊断和医护合作性问题,以及正确的护理措施。

素质目标　学习过程中体现对患者的关心,及时解除患者紧张、焦虑的情绪。

流行性乙型脑炎(Epidemic encephalitis B)简称乙脑,是由乙型脑炎病毒引起的、以脑实质炎症为主要病变的急性传染病。本病主要分布在亚洲,经蚊虫传播,夏、秋季节流行。临床上以高热、意识障碍、抽搐、病理反射及呼吸衰竭为特征,病死率高达20%~50%,可有不同程度的后遗症。

【病原学及发病机制】

乙型脑炎病毒(Encephalitis B virus),简称乙脑病毒,属黄病毒科,黄病毒属,为RNA病毒,其抗原性较稳定,人与动物感染乙型病毒后,体内可产生补体结合抗体、中和抗体及凝血抑制抗体,这些特异性抗体的检测有助于临床诊断和流行病学调查。病毒对外界的抵抗力不强,不耐热,对乙醚和酸敏感,可被常规消毒剂杀灭,加热100℃2分钟或56℃30分钟即可灭活,但对低温和干燥耐受力较强。

乙脑病毒感染人体后,首先在单核-巨噬细胞内繁殖,入血后形成短暂的病毒血症,多数情况下乙脑病毒并不侵入中枢神经系统而呈现隐性感染或轻型感染,仅在少数情况下(机体免疫力低下、病毒量多、毒力强),病毒才通过血-脑屏障进入中枢神经系统,引起脑实质广泛性炎症损害。其中以大脑皮质、间脑和中脑病变最为严重。

【流行病学】

1.传染源

乙脑是人兽共患的动物源性疾病,多种动物(如猪、牛、羊、马、鸡、鸭等)均可感染乙脑病毒,动物感染乙脑病毒后并不发病,但可发生病毒血症,成为传染源。在流行区,家畜、家禽感染率较高,其中由于猪的饲养面广、易感性强、病毒血症期长、与传播媒介的关系密切,是最主要传染源。人感染乙脑病毒后,血中病毒数量少,病毒血症期短暂,故患者不是主要的传染源。

2.传播途径

蚊子是乙脑的主要传播媒介,国内传播乙脑病毒的蚊种有库蚊、伊蚊和按蚊,其中三带喙库蚊是主要的传播媒介。此外,蚊虫尚可携带病毒越冬,并可经卵传代,成为乙脑病毒长期的储存宿主。

3.人群易感性

人对乙脑病毒普遍易感,大多数人为隐性感染,感染后可获得持久免疫力,仅少数人感染后发病,乙脑患者与隐性感染之比为1:(1000～2000),患者以10岁以下儿童居多。近年来由于儿童和青少年广泛接种乙脑疫苗,儿童发病率有所下降,成人和老年人发病比例相对增高,但乙脑总的发病率有较大幅度的下降。

4.流行特征

乙脑主要分布于亚洲,广泛流行于亚洲东部热带、亚热带及温带地区,与气温、雨量和蚊虫滋生密度高峰有关。本病具有严格的季节性,80%～90%的病例集中于7、8、9三个月。本病呈高度散发性,家庭成员中很少有多人同时发病。

【临床表现】

潜伏期为4～21日,一般为10～14日。

1.临床表现

典型乙脑的临床表现,可分为四期:

(1)初期　起病急,体温在1～2日内升高,可达39～40℃,伴头痛、恶心、呕吐,精神倦怠或嗜睡,可有高热惊厥。此期持续1～3天。

(2)极期　病程的第4～10日,初期症状加重,此期以脑实质受损症状为主,主要表现有:

1)发热:为乙脑必有的症状,一般持续7～10日。发热与病情轻重相关,体温越高,持续时间越长,病情越严重。

2)意识障碍:意识障碍程度不等,可有嗜睡、谵妄、昏迷、定向力障碍等。神志不清多见于病程第3～8日,常持续1周左右,重者可长达4周。昏迷发生越早、程度越深、持续时间越长,则病情越重,预后越差。

3)惊厥或抽搐:与高热、脑实质炎症及脑水肿等有关,多见于病程第2～5日,轻者仅面部、手、足局部抽搐,重者肢体阵挛性抽搐,甚至全身抽搐、强直性痉挛,持续数分钟至数十分钟,均伴有意识障碍。频繁抽搐可加重低氧和脑实质受损,导致呼吸衰竭的发生。

4)呼吸衰竭:是乙脑最严重的表现。主要为中枢性呼吸衰竭,多见于重症患者,由于脑实质炎症、脑水肿、颅内高压、脑疝等所致,其中脑实质病变为主要原因。表现为呼吸节律不规则及幅度不均,如呼吸浅慢、双吸气、叹息样呼吸、潮式呼吸、抽泣样呼吸等,最后呼吸停止。也可因脊髓受侵犯或并发呼吸道感染,出现周围性呼吸衰竭,表现为呼吸先快后慢、胸式或腹式呼吸减弱、发绀等,但呼吸节律整齐。

5)颅内高压征:由于脑水肿和颅内压增高,患者可有剧烈头痛、喷射性呕吐、血压升高、脉搏减慢、抽搐,婴幼儿常有前囟隆起。重者可发展为脑疝,可导致呼吸突然停止。

6)神经系统症状和体征:多在病程10日内出现,表现为:浅反射减弱或消失,深反射如膝、跟腱反射等先亢进后消失,病理反射阳性,脑膜刺激征阳性。患者肢体瘫痪、精神异常、大小便失禁或尿潴留。

高热、抽搐和呼吸衰竭是乙脑极期的严重症状,三者互相影响,其中呼吸衰竭为乙脑患者死亡的最常见原因,循环衰竭比较少见。

(3)恢复期　极期过后,体温逐渐下降,不再出现颅内高压征,即进入恢复期,一般于2周左右可完全恢复。在恢复期,仍可有神经精神症状,如迟钝、痴呆、失语、多汗、吞咽困难、面瘫、四肢强直性痉挛等,谓之后遗症状,经积极治疗后多于6个月内恢复。

(4)后遗症期　患病6个月后如仍遗留有精神神经症状者,多不能恢复,称后遗症。5%～20%的重症患者可有后遗症。主要有意识障碍、癫痫、失语、痴呆、吞咽困难、肢体瘫痪和精神失常等。

2.并发症

发生率约10%,以支气管肺炎最常见,多因昏迷患者呼吸道分泌物不易咳出或应用人工呼吸器后引起。此外,肺不张、尿路感染、压疮、急性胃肠黏膜病变等也可发生。

【辅助检查】

1. 血常规

白细胞总数多在(10～20)×10^9/L,疾病初期中性粒细胞增高可达80%以上,随后淋巴细胞增多。

2. 脑脊液

呈非化脓性改变,脑脊液压力增高,外观无色透明或微混,白细胞计数常在(50～500)×10^6/L,早期中性粒细胞增多,氯化物正常,糖正常或偏低。

3. 血清学检查

1)特异性IgM抗体测定:此抗体多在发病后3～4日出现,2周达高峰,有助于早期诊断。

2)补体结合试验、血凝抑制试验和中和试验:此抗体出现时间较晚,主要用于乙脑的回顾性诊断或流行病学调查。

3)乙脑病毒抗原检测:采用基因技术检测血清中乙脑病毒抗原,其特异性和敏感性较高,是目前较理想的快速诊断方法。

【治疗要点】

目前无特效抗病毒药,主要采取对症支持治疗,重点处理好高热、惊厥和呼吸衰竭等危重症状,同时要积极预防并发症。

1.对症治疗

(1)高热　以物理降温为主,降低室温,使肛温控制在38℃左右。物理降温的方法有冰敷额、枕部和体表大血管部位,酒精搽浴,冷盐水灌肠等。必要时应用药物降温,婴幼儿和年老体弱者可用50%安乃近滴鼻,要防止退热药物过量导致大量出汗引起虚脱。高热伴抽搐者可用亚冬眠疗法,同时配合物理降温。

(2)惊厥或抽搐　及时去除病因,镇静止痉。

1)高热所致者以降温为主。

2)因呼吸道分泌物堵塞致脑低氧者,应及时吸痰、吸氧,保持呼吸道通畅,必要时行气管插管或气管切开。

3)脑水肿者以脱水治疗为主,常选用20%甘露醇快速静脉点滴,还可合用肾上腺糖皮质激素、呋塞米等以减轻脑水肿,降低颅内压。

4)因脑实质病变引起的抽搐,应及时镇静解痉,宜选用多种药理作用不同的镇静解痉药交替使用。首选地西泮,成人每次10 ~ 20mg,小儿每次0.1 ~ 0.3mg/kg(每次不超过10mg),肌内注射或缓慢静脉注射;水合氯醛1.5 ~ 2.0g保留灌肠,儿童酌减。必要时可用苯巴比妥钠预防抽搐。

(3)呼吸衰竭　应根据不同的原因给予相应的治疗。脑水肿所致者应用脱水剂进行治疗,配合头部物理降温以减轻脑水肿;呼吸道分泌物梗阻所致者,应及时吸痰、雾化吸入、适当应用抗生素等,防止呼吸道感染,保持呼吸道通畅;中枢性呼吸衰竭者,在保持呼吸道通畅的前提下,及时应用呼吸兴奋剂如洛贝林、尼可刹米等。常规鼻导管吸氧,必要时应用人工呼吸辅助呼吸,可维持患者的有效呼吸,降低死亡率,减少并发症的产生。

2.中医中药治疗

选用白虎汤加减、安宫牛黄丸等。

3.恢复期及后遗症处理

可采用理疗、针灸、体疗、高压氧治疗等进行治疗,要积极进行功能训练,包括吞咽、语言及肢体功能锻炼,提高患者生活自理能力。

【常见护理诊断及医护合作性问题】

1. 体温过高

与病毒血症及脑部炎症有关。

2. 气体交换功能受损

与呼吸衰竭有关。

3. 急性意识障碍

与中枢神经系统损害有关。

4. 有窒息的危险

与惊厥发作有关。

5. 潜在并发症

呼吸衰竭、继发感染。

【护理措施】

1. 消毒隔离

患者应住院隔离,病室要有防蚊和降温设备,室温应控制在30℃以下,病室应安静、光线柔和,防止声音和强光刺激,体温正常后方可解除隔离。

2. 一般护理

1)患者应卧床休息,意识障碍者应专人看护,昏迷抽搐者应设床栏以防坠床、舌咬伤等意外发生;注意保持口腔清洁,定时翻身、拍背、吸痰以防继发呼吸道感染;加强皮肤护理,防止压疮形成;注意保护角膜。有计划地集中安排各种检查、治疗及护理操作，减少对患者的刺激，以免诱发惊厥或抽搐。

2）鼓励患者进食。早期以清淡流质饮食为宜，吞咽困难或昏迷者给予鼻饲，需少量多次、缓慢注入，防止呕吐，必要时静脉补充足够水分和营养。恢复期患者要注意增加营养，提高患者的抵抗力，防止继发感染。

3. 病情观察

1）严密观察意识、瞳孔和生命体征，尤其要注意呼吸的变化，密切观察呼吸的频率、节律、深度，以及时发现呼吸衰竭。

2）注意有无颅内压增高，如剧烈头痛、血压升高、喷射性呕吐等；若患者昏迷加重、烦躁不安、抽搐频繁、瞳孔忽大忽小或两侧不等大、对光反应消失，则提示可能发生脑疝，应及时报告医师，配合抢救。

3）注意观察有无烦躁不安、口角抽动、指（趾）抽动、两眼呆视、肌张力增高等惊厥发作的先兆表现。

4）准确记录24小时出入量，维持水、电解质及酸碱平衡。

5）注意观察有无其他并发症，如尿路感染、压疮、消化道出血等。

4. 对症护理

（1）高热　物理降温为主，药物降温为辅，尽快将体温控制在38℃左右。可行温水搽浴、酒精擦浴、戴冰帽、冰袋冷敷、冷盐水灌肠等，同时要采取多种措施降低室温，如地面洒水、电扇吹风、空调降温等，必要时使用退热药物。注意观察疗效及不良反应，定时监测并记录体温，直至体温恢复正常。

（2）惊厥或抽搐　一旦出现惊厥和抽搐，应立即将患者置于仰卧位，头偏向一侧，松解衣领，清除口咽分泌物，保持呼吸道通畅；吸氧，氧流量4 ~ 5L/min；用缠有纱布的压舌板或开口器置于患者上下臼齿之间，防止咬伤舌头，必要时用舌钳拉出舌头，以防舌后坠；注意患者安全，防止坠床，必要时用床档或约束带约束；遵医嘱使用止惊药物，如地西泮、苯巴比妥钠等，要注意有无呼吸抑制。

5. 用药护理

遵医嘱正确使用各种药物，注意观察药物的疗效和不良反应。静脉输液时注意控制输入液体的张力和速度，以免输液不当加重颅内高压；大剂量使用呼吸兴奋剂可能诱发惊厥；东莨菪碱类药物可有口干、腹胀、尿潴留、心动过速等不良反应；20%甘露醇为高渗脱水剂，使用时必须在30分钟内快速静脉注入，且需严密观察患者心、肾功能情况，防止发生心功能不全和急性肾衰竭；镇静解痉药物必须严格掌握药物剂量，任何一种镇静解痉药物都不允许超过极量。注意观察患者呼吸情况，防止发生呼吸抑制。

6. 心理护理

加强与患者的有效沟通，解除焦虑、紧张情绪。保持环境安静，避免不良刺激。对后遗症状或后遗症者，鼓励患者积极配合治疗，早期进行功能锻炼和语言训练，同时引导其家属和亲友给予患者心理支持和帮助，以使患者尽快康复。

【健康教育】

1. 预防乙脑

大力开展防蚊、灭蚊工作，流行季节使用驱蚊油、蚊帐等，防止蚊虫叮咬。广泛开展疫苗接种，提高机体特异性免疫力。疫苗接种应在流行季节前1 ~ 2月进行，是预防乙脑的最主要措施。加强对家畜的管理，在流行季节前对猪进行疫苗接种，可明显降低乙脑的发病率。

2. 及时发现和治疗患者

做好疾病知识宣教，如乙脑的流行病学特点、主要症状等，在流行季节如发现高热、头痛、意识障碍者，应立即送往医院，以早发现、早治疗、早隔离患者。

3. 生活指导

帮助患者和家属正确认识疾病，强调休息与隔离的重要性；保证患者足够的营养摄入和休息。

4. 积极防治后遗症

如患者出院时仍有瘫痪、失语、痴呆等精神神经症状者，应向患者和家属阐明积极防治后遗症的意义，尽可能在6个月内恢复，以免造成不可逆的后遗症。鼓励患者坚持用药，定期复诊，坚持康复训练和治疗，并教会家属切实可行的护理措施及康复疗法，如针灸、鼻饲、按摩、肢体功能锻炼及语言训练等，帮助患者尽快恢复健康。

第五节　流行性出血热患者的护理

案例引入

患者,男,25 岁,发热全身酸痛 3 天,加重 2 天,于 xx 年 x 月 x 日就诊,患者因受凉感冒在家服用药物,但症状无明显好转,且发热更严重,体温达 39 ℃以上,出现面红耳痛明显,尿量减少,但无畏寒偶有呕吐。

查体:T39.5℃,P124 次/分,R22 次/分,BP100/70mmHg。急性痛苦面容,面部潮红,左腋下有点状出血,结膜咽部充血,双肺呼吸音增粗,未闻及干湿性啰音,心律齐,心率 124 次/分,未闻及杂音,腹部平软,肝脾肋下未及,全腹无压痛,无反跳痛,无肌紧张,肾区叩痛,神经系统无异常,双下肢无水肿。血常规 WBC14×10^9/L,中性粒细胞 0.8,可见异型淋巴细胞,尿常规 RBC3 ~ 5 个/NP,蛋白(+++)。

学习任务:1. 患者存在的主要护理诊断和护理措施。

2. 流行性出血热的健康教育。

学习目标

知识目标　能说出流行性出血热的流行病学和病程分期以及临床表现，并正确为患者进行护理评估。

能力目标　能够提出正确的护理诊断,并能够为患者提供合适的护理措施。

素质目标　学习过程中体现对患者的关心。

流行性出血热(epidemic hemorrhagic fever,EHF)又称肾综合征出血热(hemorrhagic fever with renal syndromes,HFRS),是由汉坦病毒引起的自然疫源性传染病。主要表现病情轻重不一,复杂多变,典型临床表现为发热、出血、肾损害三大表现和依次经过发热期、低血压休克期、少尿期、多尿期和恢复期五期经过。鼠是主要的传染源。

【病原学及发病机制】

流行性出血热病毒(EHFV)又名汉坦病毒(Hantan virus),属汉坦病毒属,为单链 RNA 病毒,呈球形或卵圆形,根据血清学检查,汉坦病毒至少可分为 11 个血清型。我国流行的主要是Ⅰ型和Ⅱ型。

EHFV 不耐热、不耐酸,加热 56℃30 分钟、100℃1 分钟和 pH5.0 以下易灭活,对紫外线和一般消毒剂均敏感。

本病的发病机制至今仍未完全清楚。多数研究认为,EHF 是病毒直接作用与病毒感染诱发免疫损伤共同作用的结果。①病毒的直接作用:由于血管内皮细胞广泛受损,导致血管壁通透性和脆性增加,血管舒张功能和微循环障碍;②免疫损伤:病毒侵入人体后引起机体一系列免疫应答,机体在清除病原的同时引起了组织损伤(变态反应),其中Ⅲ型变态反应被认为是引起本病血管和肾损害的主要原因,此外,Ⅰ、Ⅱ、Ⅳ型变态反应及各种细胞因子、炎症介质等,也可能参与本病的发病。

本病最基本的病理改变是全身小血管和毛细血管的广泛损伤。血管内皮细胞发生肿胀、变性、坏死,管腔内微血栓形成,引起心、肾、脑等重要脏器的损害,其中以肾脏病变最明显,可发生休克、出血和急性肾衰竭。

【流行病学】

1. 传染源

EHFV 有广泛的动物宿主,据不完全统计,有 66 种脊椎动物可自然感染 EHFV,鼠类为本病最主要的传染源。不同地区主要宿主和传染源不同,我国城市疫区以褐家鼠为主,农村疫区以黑线姬鼠为主,林区则以大林姬鼠为主。早期患者的血和尿中也可能存在病毒,但人不是主要传染源。

2. 传播途径

(1)呼吸道传播　鼠类携带病毒的排泄物如尿、粪、唾液等污染尘埃后形成气溶胶，通过呼吸道吸入而感染人体。

(2)消化道传播　进食被携带病毒的鼠类排泄物污染的食物，经口腔及胃肠道黏膜而感染。

(3)接触传播　被携带病毒的鼠咬伤或伤口接触其血液及排泄物，也可引起感染。

(4)母-婴传播　孕妇感染本病后，病毒可经胎盘感染胎儿。

(5)虫媒传染　曾有报告寄生于鼠类的革螨或恙螨具有传播本病的作用。

3. 人群易感性

人群普遍易感，以显性感染为主，病后可获持久的免疫力。

4.流行特征

本病广泛流行于亚欧大陆许多国家和地区。我国为 EHF 的重流行区，病例占全球的 90%左右，国内 31 个省市自治区均有发病，总的趋势是老疫区发病率在下降，新疫区不断扩大。本病全年均可发病，但有明显的季节性，黑线姬鼠传播者以 11 月至次年 1 月为发病高峰，褐家鼠传播者以 3 ～ 5 月为流行高峰。本病发病率有一定的周期性，一般相隔数年有一次较大流行。发病者以男性青壮年农民和工人为多，不同人群的发病率与接触感染源的机会多少有关。

【病程经过与临床表现】

潜伏期 4 ～ 46 日，一般为 1 ～ 2 周。典型患者经过五期：

1.发热期

(1)发热　起病急骤，畏寒、发热，体温达 39 ～ 40℃，以稽留热和张弛热多见，持续 3 ～ 7 日。体温越高，持续时间越长，病情越重。

(2)全身中毒症状

1)头痛、腰痛、眼眶痛(“三痛”)，关节肌肉酸痛也较突出，并有明显的肾区叩击痛。疼痛原因与相应部位充血、水肿有关。

2)多数患者有食欲减退、恶心、呕吐、腹痛、腹泻等消化道症状，腹痛剧烈时腹部有压痛、反跳痛，易误诊为急腹诊。

3)重症患者可出现嗜睡、烦躁不安、谵妄、抽搐等精神神经症状。

(3)毛细血管损伤表现

1)充血性征：多有颜面、颈、胸部潮红(“三红”)，呈酒醉貌；眼结膜、软腭与咽部充血(黏膜“三红”)。

2)出血：皮肤出血多在腋下和胸背部，呈点状、搔抓样条索状淤点；黏膜出血可见于眼结膜和软腭黏膜，尤以软腭出血更具有特征；少数患者内脏可出血，表现为呕血、咯血、黑便等。

3)渗出与水肿：主要表现为球结膜水肿，斜视时在内(外)眦部出现“漪涟波”。

2.低血压休克期

主要表现为低血压和休克，多在体温下降的同时出现血压下降，即体温下降后病情反而加重。多发生于病程的第 4 ～ 6 日，一般持续 1 ～ 3 日，血压下降初期患者颜面仍潮红，四肢温暖；随休克加剧则出现脸色苍白、四肢厥冷、脉搏细弱、尿量减少(系功能性少尿)；重症患者出现 DIC、脑水肿、急性呼吸道窘迫综合征(ARDS)。

3.少尿期

以器质性少尿为进入本期的标志，是本病具有特征性的一期，也为本病的极期，多发生于起病后的第 5 ～ 8 日，一般持续 2 ～ 5 日，持续时间长短与病情成正比。临床以尿量＜ 400ml 为进入本期的标志，表现为：①少尿或无尿；②氮质血症：主要表现为中枢神经症状(如头痛、头昏、嗜睡、烦躁、抽搐、昏迷)和消化道症状(如恶心、呕吐、呕血等)；③代谢性酸中毒：呼吸深大、潮式呼吸等；④水-电解质平衡失调：高钾血症、低钠血症、高镁血症；⑤严重者可发生高血容量综合征(如全身高度水肿、体表静脉充盈、脉搏洪大、血压增高、心率增快等)，可并发肺水肿、脑水肿、腔道或内脏出血等。

4.多尿期

多发生于病程的第 9 ～ 14 日，一般持续 7 ～ 14 日。多尿期分为三个阶段：①多尿早期(亦称移行期)：尿量每天 500 ～ 2000ml，此期血 BUN、血肌酐仍可上升，实为少尿期的继续；②多尿期：尿量每天超过 2000ml，多为 3000 ～ 5000ml，个别患者可达 10000ml，随着尿量增加，症状逐日减轻，氮质血症逐渐好转。此期由于尿量过多，易引起水-电解质紊乱，如低钠、低钾等；③多尿后期：尿量由高峰回复至正常，主要表现基本消失。

5.恢复期

多尿期后，尿量逐渐回复至正常，一般情况也逐渐好转，但需 1 ～ 3 个月或更长时间才能完全恢复。临床可分为轻型、中型、重型及危重型四各类型。轻型病例多有越期现象；重型患者发热、休克和少尿期可互相重叠，重叠形式有 1+2 期重叠、2+3 期重叠、1+2+3 期重叠。

【辅助检查】

1. 常规检查

（1）血常规检查　发热期和低血压休克期呈血液浓缩的表现，即红细胞和血红蛋白增高，并与病情相关；少尿期红细胞和血红蛋白下降。白细胞总数增多，一般（15-30）$\times 10^9$/L，甚至可达 100×10^9/L，分类淋巴细胞显著增高，并有较多异型淋巴细胞（>12%），有重要诊断意义。血小板病程早期即减少，并随病情加重而下降。

（2）尿液检查　蛋白尿为本病的主要特征之一，是肾脏受损的客观依据。发病第 2 天即可出现，但早期呈间歇性蛋白尿（即每次尿中蛋白含量不一），故要“见尿必查”。其他可有血尿和管型尿。少数患者尿中可出现膜状物，为本病的特征。

2. 病原学检查

血清学方法检测有助于患者早期诊断，对临床不典型的患者尤有助于诊断。

（1）免疫学检查　①特异性抗原检测：从患者血液或尿中检出病毒抗原可确诊；②特异性抗体检测：用免疫荧光法、ELISA 检测血中特异性抗体 IgM、IgG，IgM 阳性或 IgG 抗体滴度递增 4 倍以上，均有确诊价值。

（2）病毒基因检查　应用 PCR 技术可检出 EHFV 的 RNA，敏感性高。

3. 血液生化检查

血 BUN、血清肌酐在低血压休克期开始升高，少尿期最明显；休克期和少尿期可出现代谢性酸中毒。少尿期血钾增高，多尿期血钾降低。

【治疗要点】

本病尚无特效治疗，“三早一就”为本病的治疗总原则，即早发现、早休息、早治疗和就近治疗。积极防治休克、出血和肾衰竭是治疗的关键。

1. 发热期

治疗原则为：减轻毒血症状，维持有效循环血量。

（1）一般治疗　卧床休息，就地治疗。给高热量、高维生素半流质饮食，静脉输液以补充血容量，以等渗和盐液为主，常用平衡盐液、葡萄糖盐水等，适当补充胶体溶液。补液量宜以血红蛋白和红细胞恢复正常、血压稳定为目标。

（2）对症治疗　高热者物理降温，禁用退热剂。必要时使用糖皮质激素，其具有抗炎和保护血管壁的作用，并能降低体温中枢对内源性致热原的敏感性，对降温、减轻中毒症状均有一定效果。可使用大剂量维生素 C，有降低血管通透性、减少血浆外渗的作用。适当使用丹参和低分子右旋糖酐能防止红细胞聚集，降低血液黏滞度，改善微循环障碍；亦常用止血敏等止血药。

（3）抗病毒药物治疗　早期使用利巴韦林被证明能减轻病情，降低病死率。

2. 低血压休克期的治疗

补充血容量，纠正胶体渗透压和酸碱平衡，调整血管舒缩功能，消除红细胞、血小板聚集，防止 DIC 形成和微循环淤滞，维护重要脏器功能等。

3. 少尿期的治疗

治疗原则为：稳、促、导、透。

（1）稳　稳定机体内环境。包括稳定水平衡：量出为入，严格限制入液量：每日补液量为前 1 日尿量和呕吐量加 500 ～ 700ml。维持水-电解质和酸碱平衡：纠正酸中毒和高钾、低钾血症。控制氮质血症：供给充足热量，减少蛋白质分解。

（2）促　促进利尿。常用大剂量呋塞米（速尿）利尿。

（3）导　导泻疗法。适于严重高血量综合征而利尿无效者。可用甘露醇、硫酸镁等口服导泻。

（4）透　透析疗法。对持续无尿或少尿 3 日、有明显的氮质血症、高血钾或高血容量综合征者，进行血液透析或腹膜透析。

4. 多尿期

移行期的治疗原则和措施同少尿期。

多尿期和多尿后期治疗原则为稳定机体内环境平衡。及时补充水-电解质以防发生水-电解质紊乱。

5. 恢复期

休息 1 ～ 3 个月，注意补充营养，逐步恢复活动与工作。

治疗过程中，尚需加强对症处理，积极防治各种并发症，如消化道出血、急性心力衰竭、ARDS、DIC 等。

【护理诊断及合作性问题】

1. 体温过高

与病毒血症有关。

2. 组织灌注量改变

与广泛小血管损伤、DIC、出血等有关。

3. 体液过多

与病变损害肾脏有关。

4. 潜在并发症

出血、急性肾衰竭、肺水肿等。

【护理措施】

1. 消毒隔离

患者用过、接触过的物品进行消毒；严格探视制度，减少交叉感染。

2. 一般护理

1)患者要绝对卧床休息，忌随意搬动患者，以免加重组织脏器的出血；协助其保持舒适体位，恢复期可逐渐增加活动量，但不可过早下床活动。

2)给予清淡易消化、高热量、高维生素的流质或半流质饮食。发热时应注意适当增加饮水量；少尿期严格限制水、钠和蛋白质的摄入，以免加重钠水潴留和氮质血症；患者口渴时可漱口或用湿棉签擦拭口唇；多尿期应注意补充水-电解质，增加蛋白质和维生素的摄入，宜高蛋白、高糖、富维生素饮食，尤其应注意摄取含钾多的食物。

3)避免情绪波动，保持大便畅通，勿用力过度。

3. 病情观察

严密观察病情，以早期发现和防治休克、肾衰竭和出血等。

(1)早期发现休克征象　密切观察生命体征和意识，注意有无体温骤降、烦躁不安、脉搏增快、脉压缩小等休克早期征象；一旦出现脉搏细弱、口唇发绀、四肢冰冷、尿量减少、血压下降等应立即配合抢救。

(2)观察皮肤黏膜和内脏有无出血　观察皮肤的温湿度、色泽变化及皮肤淤斑情况等，休克期、少尿期和多尿期早期要注意有无内出血，当患者出现咯血、呕血、剧烈头痛、视力模糊等表现时，应及时报告医师，并给予相应的护理；若血小板进行性下降，凝血酶原时间延长，提示患者可能发生 DIC。

(3)早期发现氮质血症　注意患者有无厌食、恶心、呕吐，血尿素、肌酐是否进行性增高，观察尿量、颜色、性状及尿蛋白的变化，严格记录 24 小时出入量。当尿量减少甚至无尿时，患者出现体表静脉充盈、脉搏洪大、脉压增大、心率增快等则提示有高血容量综合征可能。

4. 对症护理

(1)高热　以物理降温为主，如头部冰帽、大血管处放置冰袋，禁用乙醇擦浴，以免加重皮肤的充血、出血损害。必要时可配合药物降温，忌用退热药，以防大量出汗诱发低血压，促使患者提前进入休克期。

(2)皮肤黏膜护理　保持床铺清洁干燥，及时更换汗湿衣物，衣裤要宽松柔软，减少对皮肤的刺激；加强皮肤护理，预防压疮；做好口腔护理，保持口腔清洁、湿润；防止皮肤出血及继发感染。

(3)低血压休克　保证输液通畅，快速补充血容量，尽快稳定血压，警惕发生输液反应。遵医嘱正确使用血管活性药物，注意根据血压变化调整用药速度。

(4)少尿期　应注意控制补液量和速度，遵循“量出为入，宁少勿多”的原则。出现高血容量综合征时，应减慢输液速度或停止输液，必要给时予利尿、导泻。发生急性肾衰竭时给予相应的护理，做好透析准备。

5. 用药护理

遵医嘱准确使用各种药物，注意药物不良反应。

6. 心理护理

由于发病突然、病情进展快，患者及家属易产生紧张、恐惧心理，护士应耐心向患者解释本病的特点和临床经过，设法稳定患者及其家属的情绪，鼓励患者积极配合治疗和护理，提高机体的抵抗力。

【健康教育】

1. 预防措施

防鼠灭鼠是预防本病的关键措施，搞好环境卫生，建立家庭防鼠设施。注意个人防护，尽量不用手接触鼠类及其排泄物，防止鼠排泄物污染食物或食具，防止被鼠咬伤，对重点人群进行流行性出血热灭活疫苗预防接种。

2. 疾病知识宣教

加强疾病知识宣教及疫情监测，患者要早发现、早休息、早治疗和就近治疗。向患者及家属讲解本病的特点和临床经过的规律，以及并发症的表现。帮助患者及家属建立良好的心理状态。

3. 生活指导

指导患者合理安排活动与休息，发病期间应卧床休息，保证足够的营养摄入，注意心理护理，鼓励患者积极配合治疗和护理。

4. 用药指导

向患者介绍所用药物的名称、剂量、方法及不良反应等，并要求患者严格按医嘱用药，禁用对肾有损害的药物。

5. 出院指导

向患者和家属说明由于肾功能完全恢复需较长时间，患者出院后，虽然临床症状已经消失，但仍需继续休息 1 ~ 3 个月，休息期间要做到生活有规律，保证足够的睡眠，参与力所能及的活动（如散步、太极拳等），避免劳累，加强营养，定期复查血压及肾功能，若有异常，应及时就诊。

（张勉）

第三十五章 细菌感染患者的护理

第一节 细菌性痢疾患者的护理

案例引入

患者,男性,10 岁,突起畏寒发热、神志改变 8 小时入院。病前曾在外就餐。

查体:T40℃,P121 次/分,R30 次/分,BP60/40mmHg。神志不清,检查不合作,压眶有反应,瞳孔等大,对光反射存在;巩膜不黄,结膜无充血、水肿。全身皮肤未见皮疹;颈软,心肺无异常;腹平软,无压痛及反跳痛,肝脾肋下未及,克布氏征(-)。血常规:Hb120g/L,WBC24×10^9/L,N90%,L10%。

学习任务:1. 您作为管床护士请做好入院、住院和出院护理。

2. 请向患者及家属进行健康指导。

学习目标

知识目标 能说出细菌性痢疾的病原学,临床表现及类型,能为患者进行护理评估。

能力目标 能够提出正确的护理诊断,并能够为患者提供合适的护理措施。

素质目标 学习过程中体现对患者的关心。

细菌性痢疾(Bacillary dysentery)简称菌痢,是由志贺菌属细菌(又称痢疾杆菌)引起的肠道传染病,亦称志贺菌病。以腹痛、腹泻、里急后重和黏液脓血便为主要临床表现,可伴发热及全身毒血症状,严重者可有感染性休克和中毒性脑病,预后较为凶险。部分患者可转为慢性,病情迁延反复。

【病原学及发病机制】

痢疾杆菌属肠杆菌科志贺菌属,革兰染色阴性,需氧,菌体短小无鞭毛,无芽胞,不活动。根据抗原性质和生化反应不同,分为 A、B、C、D4 群 47 个血清型,我国流行的菌群以 B 群(福氏痢疾杆菌)为主,其次为 D 群(宋内氏痢疾杆菌)和 A 群(志贺氏痢疾杆菌)。各型志贺菌均可产生内毒素,是引起全身毒血症的主要因素。该菌存在于患者及带菌者的粪便中,在自然环境下生存能力较强,在蔬菜、水果及污染物上能存活 1 ~ 2 周。但对理化因素的抵抗力较弱,阳光直接照射 30 分钟、加热 56 ~ 60℃10 分钟、煮沸 2 分钟即被杀死。对各种化学消毒剂均敏感。

痢疾杆菌进入人体后是否发病,取决于细菌数量、致病力以及人体抵抗力。如细菌致病力强或人体的抵抗力低下时,少量细菌即可引起发病。痢疾杆菌进入消化道后,大部分被胃酸杀死,少量未被杀死的细菌侵入乙状结肠与直肠黏膜上皮细胞和固有层中繁殖,引起肠黏膜的炎症反应和固有层小血管循环障碍,从而引起上皮细胞的变性、坏死,坏死的上皮细胞脱落形成表浅溃疡,分泌黏液和脓性分泌物。由于病变部位有大量吞噬细胞,痢疾杆菌易被吞噬细胞消灭,且细菌很少侵入黏膜下层,故本病很少发生菌血症或败血症。

痢疾杆菌可产生内毒素,A 群痢疾杆菌尚可产生外毒素,内毒素不但可引起高热和全身毒血症,而且可导致血管活性物质增加,引起急性微循环障碍,血栓形成,严重时发生 DIC,引起重要脏器功能衰竭,临床出现感染性休克、脑水肿、脑疝、呼吸衰竭等;外毒素则可导致肠黏膜坏死,可能与水样腹泻及神经系统症状有关。

病变以结肠为主,乙状结肠和直肠最为显著。急性期引起弥漫性纤维蛋白渗出性炎症,并有多个不规则浅表溃疡。慢性期可见黏膜水肿、肠壁增厚、肠管狭窄。中毒性菌痢肠道病变不显著,但全身多数脏器微循环障碍,可出现水肿、坏死、点状出血等病变。

【流行病学】

1. 传染源

患者或带菌者是传染源。急性菌痢者排菌量大、传染性强;慢性患者、非典型患者及带菌者易被忽略,在流行病学上意义更大。

2. 传播途径

主要通过消化道传播。细菌污染饮水、食物、生活用品或手,经口使人感染,也可通过苍蝇污染食物而传播。

3. 易感人群

人群普遍易感,以学龄前儿童和青壮年居多。病后免疫力短暂,因不同菌群和血清型间无交叉免疫,故易重复感染。

4.流行特征

本病全年均可发生,夏、秋季多发,与气候、机体抵抗力、饮食习惯及苍蝇密度等因素有关,多见于卫生条件较差的地区。

【临床表现与类型】

潜伏期为1～2日(数小时至7日),不同菌群的临床表现、轻重有所不同。A群感染的临床表现较重,但预后良好;D群感染后症状较轻,但非典型病例多;B群介于两者之间,易转为慢性。根据临床表现分为急性菌痢、中毒性菌痢和慢性菌痢。

1.急性菌痢

(1)普通型(典型) 起病急,高热伴寒战、乏力、头痛,体温可达39℃,早期有恶心、呕吐,继之腹痛、腹泻和里急后重,大便每日十几次至数十次,量少,初为稀便,以后迅速转为黏液脓血便,并可出现左下腹压痛及肠鸣音亢进。一般于1周内恢复,部分患者可出现水、电解质及酸碱平衡紊乱。腹泻常持续1～2周后缓解。少数患者可转为慢性。

(2)轻型(非典型) 全身毒血症状和肠道症状均较轻,不发热或仅有低热,腹痛轻,腹泻次数少,大便糊状或稀便,无里急后重。病程短,3～7日可痊愈,少数患者亦可转为慢性。

2.中毒型

多见于2～7岁体质较好的儿童。起病急,病势凶险,病初常无腹泻,发病24小时后出现腹泻和痢疾样大便。根据主要临床表现分为三型:

(1)休克型(周围循环衰竭型) 较多见,主要表现为感染性休克,可出现面色苍白、四肢厥冷、心率增快、血压下降、脉搏细速、皮肤花斑、发绀、尿量减少,晚期可出现心、肾功能不全。

(2)脑型(呼吸衰竭型) 多数患者无肠道症状而突然发病,血压先升高后下降,早期嗜睡、烦躁、呼吸加快,晚期出现惊厥、昏迷、瞳孔大小不等、对光反射迟钝或消失,呼吸节律不齐、深浅不匀,严重者出现呼吸停止。此型病死率高。

(3)混合型 最凶险,具有以上两型表现,常先出现高热、惊厥,如未能及时抢救则迅速发展为呼吸衰竭和循环衰竭。

3.慢性菌痢

病情迁延不愈或反复发作超过2个月以上即为慢性菌痢。其发生可能与以下因素有关:①急性期治疗不当;②患者营养不良或机体免疫力低下;③与感染的细菌菌型有关,如福氏志贺菌感染或耐药菌株感染。慢性菌痢也可分为3型。

(1)急性发作型 有慢性菌痢病史,常因进食生冷食物、受凉或过度劳累等因素诱发,出现腹痛、腹泻、脓血便,但发热常不明显。

(2)慢性迁延型 急性菌痢发作后,迁延不愈,常有腹痛、长期腹泻或腹泻与便秘交替出现,黏液脓血便。体检见左下腹压痛,可触及增粗的乙状结肠,大便间歇排菌。长期腹泻可导致营养不良、贫血、乏力等。

(3)慢性隐匿型 1年内有痢疾史,无明显临床症状,大便培养可检出志贺菌,乙状结肠镜检查有异常发现。

【辅助检查】

1. 血常规

急性期白细胞总数升高，多在(10 ～ 20)×10^9/L，中性粒细胞亦升高。慢性病例可有轻度贫血。

2. 粪便常规

外观为黏液脓血便，常无粪质。镜检可见大量脓细胞、红细胞，发现巨噬细胞更有助于诊断。

3. 病原学

确诊依据为粪便培养出痢疾杆菌；免疫学检测细菌或抗原具有早期、快速的特点，但易出现假阳性，目前尚未推广。

【治疗要点】

1. 一般治疗

执行消化道隔离，注意休息，加强营养。

2. 病原治疗

用药时注意参考当前菌株药物敏感情况，选择易被肠道吸收的口服药，必要时静脉用药。喹诺酮类有强大的杀菌作用，是目前治疗细菌性痢疾的首选药物，可选用环丙沙星、左氧氟沙星等。复方磺胺、庆大霉素、头孢菌素等也根据药敏结果选用，必要时联合用药，原则上疗程不短于5日。慢性菌痢应根据药物敏感试验结果，选用不同类型的抗菌药物联合用药，延长疗程至10四肢厥冷14日并重复1四肢厥冷3个疗程。亦可用药物保留灌肠或用中医中药辨证施治，如选用葛根岑连汤、白头翁汤等方剂加减，可收到一定疗效。

3. 对症治疗

腹痛剧烈者可用颠茄合剂或阿托品；急性菌痢毒血症状严重者予小量糖皮质激素；肠道菌群失调者可用微生物制剂，如服用乳酸杆菌或双歧杆菌进行纠正；高热、惊厥者要及时处理。

【常见护理诊断及医护合作性问题】

1. 疼痛：腹痛

与痢疾杆菌引起的肠蠕动增快、肠痉挛有关。

2. 体温过高

与痢疾杆菌感染释放内毒素有关。

3. 有体液不足的危险

与高热、腹泻、摄入减少有关。

4. 营养失调

低于机体需要量与长时间腹泻、肠道吸收减少，摄入不足，消耗增多有关。

5. 潜在并发症

惊厥、脑疝。

【护理措施】

1. 消毒隔离

实施消化道隔离，直至症状消失1周或连续2次粪便培养阴性。患者的粪便、呕吐物及污染物必须进行严格消毒。

2. 一般护理

急性期患者卧床休息，中毒性菌痢者应绝对卧床休息，专人护理，安置患者平卧或休克体位，注意保暖。给予易消化、高蛋白、高维生素、清淡流质或半流质饮食，忌生冷、多渣、油腻及刺激性食物，少食多餐，多饮淡盐水。严重腹泻伴有呕吐者暂禁食，静脉补充所需营养，待病情缓解后调整饮食。

3. 病情观察

密切观察大便的次数、量、性状及伴随症状；注意有无脱水征象，准确记录24小时出入量；重点监测患者的生命体征、神志状态、尿量变化、瞳孔反射等。如发现四肢湿冷、脉细速、烦躁等休克现象时，立即报告医师，配合抢救。

4. 用药护理

注意观察抗菌药物的疗效及不良反应。使用山莨菪碱时，注意用药速度和剂量，防止出现口干、视力模糊等不良反应。多巴胺静脉滴注时,注意根据血压变化调整滴速,防止滴注过快、剂量过大引起呼吸困难、心率失常及肾功能减退。

5.心理护理

急性菌痢起病急,肠道症状和全身毒血症状明显,中毒型痢疾来势凶险等,患者及家属易紧张、恐惧;慢性菌痢迁延不愈,可影响患者的学习与工作,患者多情绪低落甚至焦虑。护士对患者及其家属首先进行细菌性痢疾相关知识的教育,多与患者交谈,安慰和帮助患者,消除紧张情绪;指导患者家人关心、支持患者,使患者保持开朗心情,积极配合治疗和护理。加强对中毒型痢疾病属及家人的心理护理,以降低其恐惧感。

6.健康指导

(1)预防措施

1)对患者实行消化道隔离,直至症状消失1周或连续2次粪便培养阴性。对接触者观察1周,对从事饮食、保育、供水系统等重点行业人群应定期进行粪便检查,发现带菌者及时调换工种并彻底治疗。

2)加强对饮食、饮水、粪便的管理,搞好个人及环境卫生,消灭苍蝇。

3)在本病流行期间口服多价痢疾减毒活菌苗有一定的预防作用,免疫力可维持6个月。

(2)疾病知识指导　进行细菌性痢疾相关知识的指导,指导患者和家属细心观察、及早识别病情变化,帮助患者和家属学会观察大便的次数、量、性状及伴随症状,发现异常及时就诊。

(3)生活指导　指导患者养成良好的卫生习惯,注意休息和饮食。指导慢性患者避免劳累、暴饮暴食、情绪变化等诱因,忌生冷食物,以防菌痢再次发作。加强体育锻炼,保持生活规律,提高机体抵抗力。

(4)用药指导　告知患者要遵医嘱服药,教会其观察药物的疗效和不良反应。

第二节　伤寒患者的护理

案例引入

患者,男,20岁,持续高热和腹泻8天,大便每天5 ~ 6次,偶尔有黏液,右下腹隐痛,伴食欲差、恶心、呕吐。4年前曾患血吸虫病,接受锑剂治疗,后未恢复,此后无血吸虫疫水接触。

体检:肝脏右肋下2cm,脾脏左肋下1cm,躯干背侧隐约可见3颗比米粒小、压之褪色的淡红色皮疹。

血液检查:白细胞未见升高,中性粒细胞占0.7,淋巴细胞占0.3,肥达反应1∶160。

大便检查:见少许白细胞及脓细胞,培养无致病菌。

学习任务:1.该患者的医疗诊断是什么?

2.该患者的护理诊断及医护合作性问题有哪些?

学习目标

知识目标　能说出伤害的流行病学及临床表现,并正确为患者进行护理评估。

能力目标　能够提出正确的护理诊断,并能够为患者提供合适的护理措施。

素质目标　学习过程中体现对患者的关心。

伤寒(Typhoid fever)是由伤寒杆菌引起的经消化道传播的急性传染病。临床特征为持续发热、全身中毒症状、相对缓脉、肝脾肿大、玫瑰疹及白细胞减少等。主要并发症为肠出血、肠穿孔。

【病原学及发病机制】

伤寒杆菌属于沙门氏菌属中的D族。革兰氏染色阴性。此菌在菌体裂解时释放的内毒素对本病的发生发展起着较重要的作用。伤寒杆菌的菌体(O)抗原，鞭毛(H)抗原和表面(Vi)抗原在体内均能诱生相应的抗体。伤寒杆菌在自然界中生活力强，在水中可存活2～3周，在粪便中可维持1～2个月，在牛奶中能生存繁殖；耐低温，在冰冻环境中可持续数月，但对光、热、干燥及消毒剂的抵抗力较弱。加热60℃15分钟或煮沸后立即死亡。对一般消毒剂敏感，在5%石炭酸中5分钟内死亡，消毒饮用水余氯达0.2～0.4mg/L时迅速被杀灭。

伤寒杆菌经口进入消化道后，未被胃酸杀灭的细菌进入小肠，侵入肠黏膜，部分病菌被巨噬细胞吞噬并在其胞浆内繁殖；部分经淋巴管进入回肠集合淋巴结，孤立淋巴滤泡及肠系膜淋巴结中繁殖，然后由胸导管进入血流引起短暂的菌血症。此阶段相当于临床上的潜伏期。伤寒杆菌随血流进入肝、脾和其他网状内皮系统继续大量繁殖，再次进入血流，引起第二次严重菌血症，并释放强烈的内毒素，引起临床发病。病程的第1～2周，血培养常为阳性，骨髓属网状内皮系统，细菌繁殖多，持续时间长，培养阳性率最高。病程第2～3周，经胆管进入肠道的伤寒杆菌，部分再度侵入肠壁淋巴组织，在原已致敏的肠壁淋巴组织中产生严重的炎症反应，引起肿胀、坏死、溃疡。若病变波及血管则可引起出血，若溃疡深达浆膜则致肠穿孔。病程第4～5周，人体免疫力增强，伤寒杆菌从体内逐渐清除，组织修复而痊愈，约2%可成为慢性带菌者少数患者由于免疫功能不足等原因引起复发。伤寒的主要病理特点是全身网状内皮系统的增生性反应，以回肠末端集合淋巴结和孤立淋巴结最为显著。

【流行病学】

1. *传染源*

为患者及带菌者。全病程均有传染性，以病程第2～4周传染性最强。少数患者可成为长期或终身带菌者，是我国近年来伤寒持续散发的主要原因，有重要的流行病学意义。

2. *传播途径*

病菌随患者或带菌者的粪便排出，通过污染水或食物、日常生活接触、苍蝇与蟑螂等媒介经消化道传播。日常生活接触是散发病例的主要传播方式，水源或食物污染是爆发流行的主要原因。

3. *人群易感性*

人对伤寒普遍易感，病后可获得持久性免疫力，仅有约2%的患者再次患病。

> 流行特点：伤寒遍布于世界各地，以热带及亚热带地区为多，在卫生状况不良的地区可引起流行。本病终年可见，但以夏秋季最多。一般以儿童及青壮年居多，无明显性别差异。

【临床表现】

潜伏期7～23天，平均10～14天。

1. *典型伤寒*

典型患者临床表现可分为4期：

(1)初期　相当于病程第1周。病多缓起，体温呈阶梯状上升，于5～7日达39℃以上，伴有全身不适、食欲不振、咳嗽等。部分患者出现便秘或腹泻。

(2)极期　相当于病程第2～3周，其主要表现如下：

1)高热：以稽留热为主，一般持续约半月，但免疫功能低下者可长达1～2月。近年来，由于早期不规律使用抗生素或激素，使得弛张热及不规则热型增多。

2)神经系统症状：患者表情淡漠、反应迟钝、耳鸣、听力减退。重者可有谵妄、抓空、昏迷。合并中毒性脑膜炎时，可出现脑膜刺激症等。

3)皮疹：约半数患者在病程第一周末于前胸、腹部出现淡红色皮疹(玫瑰疹)，稍隆起于皮肤，直径2～4mm，压之褪色，数量不超过12个，2～4日内消退。

4)循环系统症状:20%~73%的患者体温高而脉率相对缓慢(相对缓脉)或重脉,并发中毒性心肌炎时,相对缓脉不明显。重症患者脉细速、血压下降、循环衰竭。

5)肝脾肿大:半数以上患者于起病1周前后脾脏肿大,质软可有压痛;部分患者肝脏肿大,个别患者出现黄疸。

6)消化系统症状:食欲减退、腹胀、腹部不适、右下腹压痛、便秘或腹泻等。

(3)缓解期　相当于病程第3~4周。体温开始波动下降,各种症状逐渐减轻,脾脏开始回缩。但本期内有发生肠出血及肠穿孔的危险,需特别提高警惕。

(4)恢复期　相当于病程第4周末开始。体温恢复正常,食欲常亢进,但体质虚弱,一般约需1个月方全康复。

2.复发与再燃

少数患者热退后1~3周,临床表现再现,血培养再度阳性,称为复发。见于抗菌治疗不彻底、机体抵抗力低下的患者。部分患者在病后2~3周体温开始下降,但未恢复正常时,体温又再次上升,持续5~7天后再逐渐下降直至恢复正常,称再燃,可能与菌血症仍未被完全控制有关。

3.并发症

(1)肠出血　多见于病程第2~4周,可有大便潜血阳性至大量血便。少量出血可无症状或仅有轻度头晕、脉快;大量出血时体温骤降,脉搏细数,体温与脉搏呈现交叉现象,并有头晕、面色苍白、烦躁、出冷汗、血压下降等失血性休克的表现。

(2)肠穿孔　为最严重的并发症,多见于病程第2~4周。表现为突然右下腹剧痛,伴有恶心、呕吐、出冷汗、脉搏细数、体温暂时下降等,但不久体温又迅速上升并出现腹膜炎征象,肝浊音界减少或消失,X线检查膈下有游离气体,白细胞计数升高。

(3)其他　尚可并发中毒性心肌炎、中毒性肝炎、肺部感染、溶血-尿毒综合征、胆囊炎等。

【辅助检查】

1.常规检查

(1)血常规检查　白细胞计数偏低或正常;中性粒细胞可减少;嗜酸粒细胞减少或消失,其消长情况可作为判断病情与疗效的指征之一。

(2)尿常规检查　常出现轻度蛋白尿、偶见少量管型。

(3)粪便检查　在肠出血时有血便或潜血试验阳性。少数患者可有黏液便甚至脓血便。

2.病原学检查

(1)细菌培养　细菌培养是确诊伤寒最可靠的依据,标本可采自血、骨髓和大便。

1)血培养:最常用。发病第1~2周采血阳性率可达80%以上,以后阳性率下降,复发时可再度阳性。对已用氯霉素的患者,可取血凝块做培养,以除去血清中所含的氯霉素及其他杀菌因子。

2)骨髓培养:全病程均可获较高的阳性率,对已用抗生素治疗、血培养阴性的患者尤为适用。

3)大便培养:在第3~4周时阳性率较高,但在判断结果时,要注意排除慢性带菌者。

(2)肥达反应(Widal reaction)　系伤寒血清凝集试验。所查抗体为抗O抗原的抗体(抗O)和抗H抗原的抗体(抗H)。一般病程第2周即可为阳性,病程中效价逐渐增高,至第4周阳性率可达90%,病愈后可持续数月之久。

(3)其他免疫学检查　乳胶凝集试验或SPA凝集试验,检测尿中伤寒抗原或血中IgM型特异性抗体,作为伤寒早期的诊断,近年正逐渐为临床采用。

【治疗要点】

1.病原学治疗

(1)喹诺酮类抗菌剂　其抗菌谱广,杀菌作用强,是目前治疗伤寒的首选药物,常用的有诺氟沙星(氟哌酸)、氧氟沙星(氟嗪酸)、环丙沙星(环丙氟派酸)等。

(2)氯霉素　对氯霉素敏感的非多重耐药伤寒杆菌所致的伤寒散发病例,仍为有效药物。由于氯霉素对骨髓的毒性作用、耐药菌株的出现等原因,已不作为首选。

(3)β-内酰胺类　第2、3代头孢菌素疗效较好,如头孢哌酮,头孢三嗪、头孢噻肟等。一般不作首选药物。

2.对症治疗

（1）高热　适当应用物理降温，慎用发汗退热药，以免虚脱。

（2）便秘　用开塞露或用生理盐水低压灌肠，禁用泻剂。

（3）腹泻　可用收剑药，忌用鸦片制剂。

（4）腹胀　可用松节油腹部热敷及肛管排气，禁用新斯的明类药物。

【护理诊断及合作性问题】

1. 体温过高

与伤寒杆菌感染释放大量内源性致热原有关。

2. 营养失调

低于机体需要量与高热、纳差、腹胀、腹泻有关。

3. 潜在并发症

肠出血、肠穿孔。

【护理措施】

1.消毒隔离

患者应按肠道传染病隔离，临床症状消失后连续两次粪便培养阴性方可解除隔离。

2.一般护理

（1）休息　发热期患者必须卧床休息，做好皮肤、口腔及生活护理，防止压疮和肺部感染的发生等。

（2）饮食护理　伤寒患者既需补充营养，又应防止肠出血、肠穿孔的发生，因此饮食监护极为重要。饮食宜给易消化、低纤维素、高热量、富有营养的流质或半流质食物。发热期间应给予营养丰富、清淡的流质饮食，如米汤、牛奶、蛋汤、青菜汤、鲜果汁等，少量多餐。极期由于高热、肠道吸收差，量不宜过多。必要时禁食，静脉补充营养。腹胀者，禁食牛奶、糖等产气食物。退热期患者，应给予高热量、少渣、少纤维素、产气少的半流质饮食，如软面条、米粥、馒头、瘦肉末等。观察进食后的反应。恢复期食欲好转，但肠道病变未愈，切忌饮食不节制及食用生、冷、硬和粗糙不易消化的食物，并注意补充钾盐，以防发生肠出血和肠穿孔。

3.病情观察

密切观察生命体征，注意面色及意识状态的变化；密切观察大便颜色及性状，注意大便隐血以及腹胀、便秘、腹泻和腹部体征等；注意观察玫瑰疹出现的部位、数量等。

4.对症护理

做好高热患者的护理。肠出血的患者应绝对卧床休息，保持室内安静，并密切观察患者面色、脉搏和血压的变化，记录粪便性状和量，留标本送检。对轻度肠出血患者应暂停饮食24小时，以后根据病情可给少量流质，以免饥饿引起肠蠕动增强促使出血加重。因出血部位多在小肠末端，故口服药物强继续应用。有休克征象时则应禁食并停服药物，行抗休克处理。肠出血患者严禁灌肠，也不宜腹部放置冰袋。遵照医嘱应用镇静剂及止血剂，输液，必要时输血。对肠穿孔患者禁食，行鼻胃管减压，静脉输液，遵照医嘱加用对肠道细菌敏感的抗生素，并做好手术前的准备。

5.用药护理

嘱患者遵医嘱用药，注意观察喹诺酮类药物的胃肠道反应、失眠、头痛、头晕、皮疹、可逆性白细胞减少等不良反应；氯霉素有引起骨髓抑制、再生障碍性贫血的危险，用药期间应定期监测血常规，同时也应注意灰婴综合征、周围神经炎、视力障碍等不良反应的发生。服用复方磺胺类药物应注意皮肤反应，嘱患者多饮水，同时也应注意胃肠道反应。第三代头孢菌素要注意过敏反应及肾脏毒性。一旦出现上述不良反应应及时通知医师做出处理。

6.心理护理

帮助患者及其家属理解熟悉本病的有关知识，以消除患者的不良心理反应。增加与患者交谈的时间，鼓励患者说出内心的感受和忧虑，与患者及其家属一起讨论可能面对的问题，指导患者家属在情感上关心支持患者，进而减轻患者的心理压力。此外，可通过观看相关内容的电视、录像等方法来充分利用来自他人的情感支持。

【健康教育】

1. 预防措施

应深入开展群众性爱国卫生运动,做好卫生宣传工作,搞好“三管一灭”(粪便管理、水源管理、饮食卫生管理和消灭苍蝇),养成良好卫生与饮食习惯,坚持饭前、便后洗手,不饮生水、不吃不洁食物等。目前国内应用的伤寒、副伤寒甲、乙三联菌苗是用伤寒、副伤寒甲、乙三种杆菌培养后经过加酚处理的死菌苗,进行接种可提高人群免疫力。

2. 帮助患者和家属掌握本病的有关知识和自我护理方法

指导患者养成良好的个人卫生习惯;患者出院后,仍应休息 1 ~ 2 周,逐渐增加活动量和工作量;恢复期应避免粗纤维、多渣饮食;指导患者及家属细心观察病情变化,并定期复查,如有发热等不适应及时就诊,以防止复发;嘱患者遵医嘱用药,并教会其观察药物疗效及不良反应。

(张勉)

第三十六章　寄生虫感染患者的护理

第一节　疟疾患者的护理

案例引入

患者，男，26 岁，于 12 月突然发病，表现为发冷、寒战、高热、大汗后而缓解，隔日发作一次，已 10 天。
查体：脾肋下 1cm，余未见异常。
末梢血化验：WBC5.0×10^9/L，Hb100g/L，血培养(—)。
患者同年 8 月曾去海南旅游半个月。
学习任务：1. 该患者发热最可能的原因是什么？
2. 请为患者制定相应的护理措施。

学习目标

知识目标　能说出疟疾患者的病原学及临床表现，并正确为患者进行护理评估。

能力目标　能够提出正确的护理诊断，并能够为患者提供合适的护理措施。

素质目标　学习过程中体现对患者的关心。

疟疾(Malaria)是由按蚊叮咬传播疟原虫的寄生虫病。临床上以周期性发作的寒战、高热、出汗退热为特征，反复发作者可有贫血和脾肿大。因原虫株、感染程度、免疫状况和机体反应性等差异，临床症状和发作规律表现不一。

【病原学及发病机制】

疟疾的病原体为疟原虫。感染人类的疟原虫共有 4 种：即间日疟原虫、三日疟原虫、恶性疟原虫、卵型疟原虫。4 种疟原虫的生活史相似，可分为人体内的无性生殖阶段和雌按蚊体内的有性生殖阶段。人是中间宿主，蚊为终末宿主。疟原虫的生活史见图 36-1。

当感染疟原虫的雌按蚊叮咬人时，其唾液内的子孢子进入人体血液中，随即侵入肝细胞。速发型子孢子在肝细胞内发育成成熟的裂殖体；迟发型子孢子(又称休眠子)在肝细胞内经过一定时期的静止期，然后被激活发育成成熟的裂殖体。成熟裂殖体内的裂殖子在肝细胞破裂时被大量释出，一部分裂殖子侵入红细胞内即开始红细胞内期的发育。裂殖子侵入红细胞后，在红细胞内经小滋养体、大滋养体繁殖发育成成熟裂殖体，同时分解血红蛋白成疟色素。红细胞破裂后，释出疟色素、疟原虫的各种代谢产物等致疟疾发作；同时释出的裂殖子再侵入其他红细胞发育，如此反复。不同的疟原虫在红细胞内的发育周期是不同的，间日疟和卵圆疟为 48 小时；三日疟为 72 小时；恶性疟不规则，为 36 ~ 48 小时。速发型子孢子引起疟疾发作；迟发型孢子引起疟疾复发。因恶性疟、三日疟无迟发型子孢子，故无复发。

疟原虫在人体内增殖引起强烈的吞噬反应，以致全身单核-吞噬细胞系统显著增生，肝脾大，周围血单核细胞增多。恶性疟原虫能侵犯任何年龄的红细胞，使大量受染红细胞体积增大成为球形，彼此粘连成团，极易引起微血管局部病理反应，导致微血管堵塞，此种病变可发生于脑、肺、肾等重要脏器，引起相应的严重临床表现，如脑型疟疾的发作。

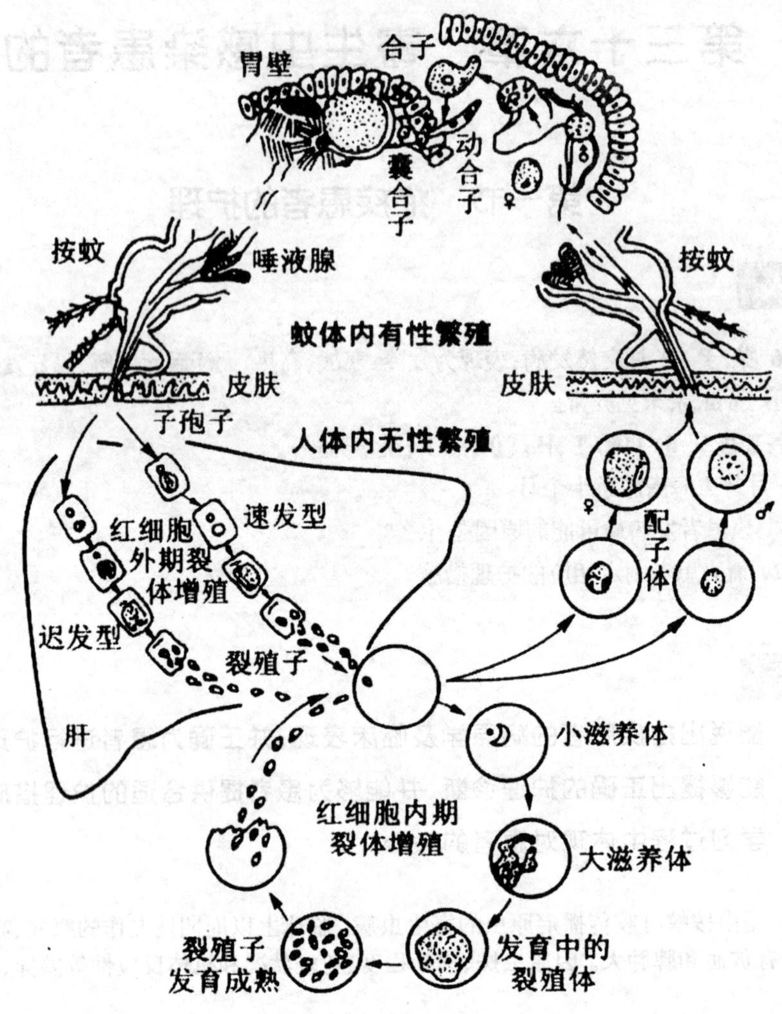

图 36-1 疟原虫生活史

（该图取自倪国华、汪婉南主编《成人护理》下第 331 页）

【流行病学】

1. 传染源

疟疾患者及无症状带虫者是疟疾的传染源。

2. 传播途径

疟疾的自然传播媒介是按蚊，蚊虫叮咬是主要的传播途径。极少数病例可因输入带疟原虫的血液而感染。

3. 人群易感性

人对疟疾普遍易感，感染后有一定的免疫力，但维持时间不长，可反复感染。各型之间无交叉免疫。非流行区外来人口容易感染且症状较重。

流行特点：疟疾主要流行在热带和亚热带，其次是温带。这主要因为本病流行与生态环境及媒介因素关系密切。我国主要以间日疟流行为主。发病以夏、秋季为多，在热带或亚热带则不受季节限制。流行区以间日疟最广，恶性疟主要流行于热带。

【临床表现及临床类型】

人感染疟原虫后的潜伏期为：间日疟和卵型疟 13 ～ 15 天，长者 6 个月以上；三日疟 24 ～ 30 天；恶性疟 7 ～ 12 天。临床上，疟疾主要有典型发作和凶险发作两种类型。

1.典型发作

疟疾的典型发作表现为间歇热，即发作期和间歇期交替。间歇期无症状，不同的疟原虫感染间歇期时间长短不同，由疟原虫在红细胞内的发育周期所决定。

发作期可分为前驱期、寒战期、高热期和出汗期。

（1）前驱期　仅部分患者有前驱症状，如疲倦、乏力、头痛、肌肉酸痛、食欲减退等。

（2）寒战期　多数患者突起发病，骤感畏寒，先为四肢末端及背部发凉，迅速波及全身，出现寒战、面色苍白、唇指发绀，伴头痛、恶心、呕吐等，持续 10 分钟至 2 小时。

（3）高热期　体温迅速上升至 40℃以上，全身灼热、面色潮红、结膜充血、脉搏有力，伴头痛、全身肌肉关节酸痛、乏力、恶心、口渴、烦躁不安，严重者甚至谵妄，本期持续 2 ～ 6 小时。

（4）大汗期　高热后期先是颜面和双手微汗，渐至全身大汗淋漓，体温骤降至正常，自觉症状明显缓解，但可有乏力，本期持续 1 ～ 2 小时后进入间歇期。

疟疾开始发病时热型多不典型，常表现为不规则热，可能的原因为感染多批疟原虫。典型发作 5 ～ 7 次后可因产生一定的免疫力而自停，但部分机体免疫力低者红细胞内仍有疟原虫存在，可在 2 ～ 3 个月后再次发作，称再燃。

疟疾的主要体征包括①脾大：起病后 3 ～ 4 天开始肿大，质软。反复多次发作后可明显肿大，质硬；②肝大：多发生脾大之后，多为轻度肿大；③贫血：多次发作后常有贫血，以恶性疟疾较为显著，三日疟较轻。

2.凶险发作

疟疾的凶险发作主要见于恶性疟原虫感染，有以下几型：

（1）脑型　最为严重，病死率高，多急起高热，体温 39 ～ 40℃或 41℃以上的超高热，继而烦躁、抽搐与昏迷，大多有脑膜刺激征和阳性病理反射。部分可因严重脑水肿、呼吸衰竭而死亡。血涂片中易找到疟原虫。脑脊液压力增高，白细胞数大多正常或轻度增加，蛋白质增高，糖与氯化物正常。脑型疟疾病情凶险，病死率高。

（2）过高热型　急起持续高热，达 41℃以上并持续不退。皮肤绯红、干燥，呼吸急促，谵妄、抽搐、昏迷，可在数小时内死亡。

（3）胃肠型　除有寒战、高热等疟疾的典型症状外，患者常有腹泻，大便先为黏液水便，每日数十次，后可有血便、柏油样便，伴下腹痛或全腹痛，无明显腹部压痛。重者死于休克和肾衰竭。

（4）厥冷型　患者的肛温在 38 ～ 39℃以上，表情苦闷、软弱无力、皮肤苍白或轻度发绀、体表湿冷而黏，常有频繁呕吐或水泻、继而血压下降、脉搏细弱，多死于循环衰竭。

3.特殊类型疟疾

（1）输血疟疾　常发生于输入含疟原虫血液后 7 ～ 10 天，长者 1 个月左右。症状与蚊传者相似。但无肝内繁殖阶段，故治疗后一般无复发。

（2）婴幼儿疟疾　发热多不规则，少有寒战、大汗等现象。可为弛张热或持续高热。常有呕吐、腹泻，以至感染性休克或惊厥等。脾大显著，贫血出现早而严重，血片中可查见大量疟原虫。易发展为凶险型，病死率高。

4.复发

疟疾可于初病半年后再次发作，系迟发型子孢子所致。恶性疟、三日疟、输血疟感染一般无复发。

5.并发症

（1）黑尿热　为疟疾患者突然发生的急性血管内溶血，多见于恶性疟原虫感染。表现为急性寒战、高热与腰痛、恶心、呕吐、肝脾迅速增大、进行性贫血、黄疸、尿量骤减、排酱油色尿，导致急性肾衰竭。其发生可能由于：红细胞中葡萄糖-6-磷酸脱氢酶或其他红细胞酶缺陷，或抗疟药特别是奎宁与伯氨喹、疟原虫释放出的毒素；人体过敏反应等因素引起。

（2）肾炎　①急性肾小球肾炎：见于重症恶性疟疾和间日疟患者。表现有水肿、少尿、血压升高，尿中有蛋白质、红细胞及管型。抗疟治疗有效;②肾病综合征:多见于三日疟长期反复发作者,也见于恶性疟。表现为进行性蛋白尿、贫血和水肿。抗疟药治疗无效。

【辅助检查】

1.血象

红细胞和血红蛋白在多次发作后下降,恶性疟尤重;白细胞总数初发时可稍增,后正常或稍低,白细胞分类单核细胞常增多,并见吞噬有疟色素颗粒。

2.病原学检查

(1)疟原虫检查　血中查出疟原虫是确诊的最可靠依据。临床多用厚涂片法,在开始发作起6小时内,血内疟原虫较多,易于查出。骨髓涂片染色后直接镜检,查及疟原虫亦可确诊。后者阳性率高。

(2)血清学检查　抗疟原虫抗体在感染后2 ~ 3周便可出现,4 ~ 8周达高峰,以后渐下降,主要用于流行病学调查。

3.其他检查

B超可探及肝脾大小、质地。脑型疟疾发作时,脑脊液压力增高,细胞数及蛋白均偏高。

【治疗要点】

1.病原治疗

(1)控制发作的药物　首选氯喹,是目前临床上最常用和有效的控制临床发作的药物。常用氯喹1g(基质0.6g)口服。6 ~ 8小时后再服0.5g(基质0.3g)。第2、3日各服0.5g。3日总量2.5g。如不敏感或出现耐药性,应改用其他抗疟药,如甲氟喹、青蒿素、奎宁等。

(2)防止复发和传播的药物　伯氨喹:用法为39.6mg(基质22.5mg),每日一次,连服8日。主要用于间日疟或卵型疟控制复发,对恶性疟疾起到杀灭配子体防止传播的作用。

(3)主要用于预防的药物　乙胺嘧啶、伯氨喹、环氯胍可用于疟疾的预防,临床多用乙胺嘧啶。

2.对症治疗

高热者以物理降温为主,体温过高者可加用糖皮质激素等。20%甘露醇静脉注射可起到减轻脑水肿的作用,昏迷患者应及早应用抗生素预防感染。伴有严重贫血时应输新鲜血液。黑尿热诊断一旦成立,应立即停用可能诱发溶血的抗疟药,同时控制溶血反应,出现急性肾衰竭时,进行相应治疗。

【护理诊断及合作性问题】

1. 体温过高

与疟原虫感染、大量致热原释放入血有关。

2. 活动无耐力

与红细胞大量破坏导致贫血有关。

3. 潜在并发症

惊厥、脑疝、黑尿热。

【护理措施】

1. 消毒隔离

按虫媒传染病做好隔离。病室内应彻底灭蚊,安装防蚊设施。

2. 一般护理

急性发作期及退热后24小时应卧床休息,协助患者洗漱、进食、如厕等,满足日常生活需要。注意补充水分,对食欲低下者给予流质或半流质饮食,鼓励患者多饮水或果汁。发热控制后给予高热量、高蛋白、高维生素饮食,严重呕吐腹泻不能进食者,则适当补液。有贫血征象时给予含铁丰富的饮食。

3. 病情观察

监测患者生命体征变化;注意观察有无贫血征象;对疟疾凶险发作患者,尤其要关注神志的改变、意识障碍的程度、瞳孔变化、头痛、呕吐、抽搐等情况;观察有无腰痛、进行性贫血和黄疸、尿量骤减、排酱油样尿等表现。发现异常情况及时报告医师。

4. 用药护理

遵医嘱使用抗疟药，观察药物疗效及不良反应。口服氯喹可引起头晕、食欲不振、恶心、呕吐、腹泻、皮肤瘙痒等，少数患者可有心律失常，要注意观察，指导患者饭后服用，减少对胃肠道刺激。联合应用伯氨喹可防止复发，但应注意有否头晕、恶心、呕吐、发绀等不良反应，特异质者可引起急性血管内溶血。一旦出现严重毒性反应，应立即报告医师停药，嘱咐患者多饮水，促进药物排泄。并注意记录24小时尿量。控制疟疾凶险发作，常用静脉滴注氯喹，应注意此药注射可引起血压下降及心脏传导阻滞，严重者可出现心脏骤停。故用药过程中需控制滴速，每分钟40～50滴，不可静推，并严密观察血压、心率、心律等。如有异常，及时报告医生并停止滴注。

5. 对症护理

寒战时要注意保暖，加盖棉被，给予热水袋，服热饮料，伴抽搐时注意安全。发热期出汗后应及时用干毛巾或温湿毛巾擦干，并随时更换内衣裤及床单，以免受凉。如有躁动、谵妄时可给予镇静剂，并注意安全，加床栏保护。有脑水肿者应用脱水药。有高热、抽搐、昏迷者给予相应护理。

6. 心理护理

疟疾初次发作时，因起病急，病情反复，患者易产生紧张心理；反复发作出现贫血，易导致患者疲乏无力，产生焦虑情绪；恶性疟病情较重，易产生恐惧心理。护理人员在早期应安慰患者，主动与患者交谈，鼓励患者说出其不良的感觉与体会，给以积极引导。解释到位，尽量减轻患者的负性心理情绪。

【健康教育】

1. 预防措施

预防疟疾应以防蚊、灭蚊为主，加强防护，如穿长袖衣裤，在暴露的皮肤上涂驱蚊剂；挂蚊帐睡觉等。对疟疾高发区健康人群及外来人群，进行预防性服药，以防止发生疟疾。曾到疟疾流行区旅游的人，在3年内不可输血给其他人。

2. 加强治疗知识教育

对患者进行疾病知识教育，让患者了解疟疾的传染过程、主要症状、治疗方法、药物不良反应、复发原因等，指导患者坚持服药，以求彻底治愈。定期随访，有反复发作时，应速到医院复查，对1～2年内有疟疾发作史及血中查到疟原虫者，在流行季节前1个月，给予抗复发治疗，常用乙氨嘧啶、伯氨喹联合治疗，以根治带虫者。以后每3个月随访1次，直至2年内无复发为止。

第二节　血吸虫病患者的护理

案例引入

患者,男性,22 岁,于 2 年前无明显诱因出现排便次数增多,为黄色稀便,未见黏液脓便,平均每天 5 ~ 6 次,伴有反酸。近 2 月来患者排便次数再次增多,并有纳差、消瘦、乏力、腹痛、腹胀等症状,偶有呕吐,无发热。

行肠镜检查示结肠黏膜增生性病变性质待查。行肠镜病理切片示:回盲部、升结肠、结肠脾区血吸虫卵,部分急性期,"直肠"炎性息肉伴糜烂。

实验室检查:血吸虫抗体阳性,粪便集卵法查见血吸虫卵,毛蚴孵化阳性。

学习任务:1. 请提出该患者的护理诊断及护理措施。

2. 请对该患者进行健康指导。

学习目标

知识目标　能说出血吸虫病的病原学、临床表现及类型,并正确为患者进行护理评估。

能力目标　能够提出正确的护理诊断,并能够为患者提供合适的护理措施。

素质目标　学习过程中体现对患者的关心。

血吸虫病(Kchistosomiasis)是由血吸虫寄生在门静脉系统所引起的疾病,我国流行的血吸虫病为日本血吸虫。病变主要由虫卵引起,以肝脏和结肠的病变最为显著。急性期有发热、肝肿大与压痛、腹痛、腹泻、便血等,血嗜酸粒细胞显著增多;慢性期以肝脾肿大或慢性腹泻为主要表现;晚期出现门静脉高压、巨脾和腹水等。

【病原学及发病机制】

寄生于人体的血吸虫主要有日本血吸虫、埃及血吸虫、慢索血吸虫、湄公血吸虫 4 种。在我国流行的主要为日本血吸虫。血吸虫成虫雌雄异体，常雌雄合抱寄生于人体门静脉系统。雌虫在肠壁黏膜下层末梢静脉产卵,虫卵破坏肠黏膜而进入肠腔,随粪便排入水中,在一定的条件下孵出毛幼,毛幼浮游于水中,遇中间宿主钉螺时,即钻入其体内,发育产生许多尾蚴,尾蚴不断从钉螺体内逸出,当人畜接触疫水时,尾蚴很快从其皮肤或黏膜钻入体内。血吸虫生活史见图 36-2。

经童虫移行发育为成虫，主要寄生于门静脉系统的肠系膜下静脉内。成虫成熟后在肠黏膜下层静脉末梢中交配产卵,虫卵沉积于肠道和沿血流沉积于肝内门静脉分支,通过多种细胞(如 T 淋巴细胞、巨噬细胞等)、多种细胞因子(如IL-2、IL-4、IL-5、IL-10、TNF等)的作用导致虫卵肉芽肿的形成,故病变以肝脏和肠道最为显著。

肠道的病变主要在直肠、乙状结肠与降结肠,其次为右侧结肠与阑尾。急性期为黏膜充血、水肿、黏膜下层有黄褐色的虫卵结节,部分破溃后可形成溃疡。慢性期由于纤维组织增生,肠壁增厚,可引起息肉增生和结肠狭窄。此外在息肉的基础上有时可并发结肠癌。

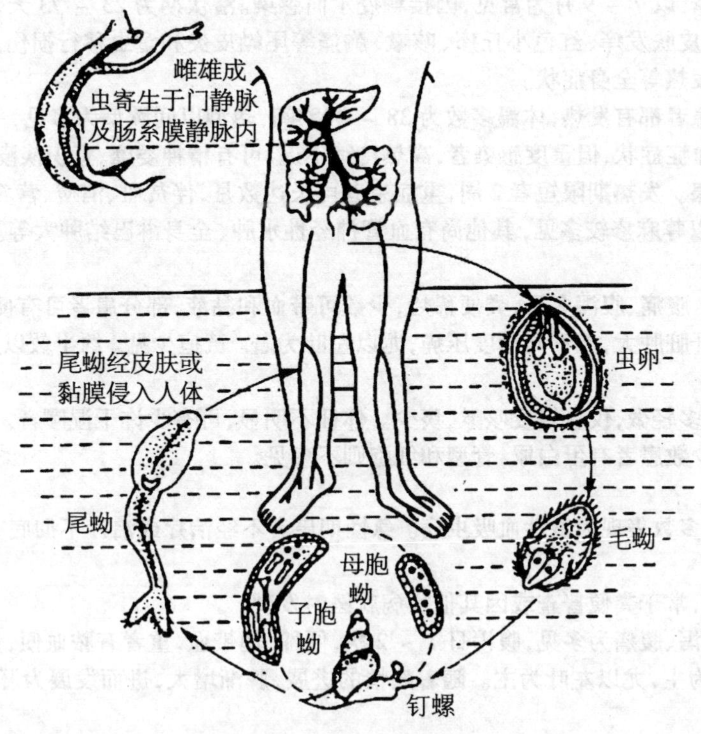

图 36-2　日本血吸虫生活史

肝脏的病变早期表现为肝肿大，表面上可见粟粒状黄色虫卵结节。晚期由于门脉干支的纤维化，形成血吸虫性肝硬化。由于门静脉阻塞发生在肝窦前而引起窦前性门静脉高压，门静脉侧支循环的建立使食管下端及胃底静脉曲张；脾脏因门静脉高压而淤血肿大，并伴脾功能亢进。重度感染时，大量虫卵泛滥逃出门静脉系统以外，迷走和沉积于其他组织、脏器引起病变。以肺部及脑部多见。另外，尾蚴侵入皮肤，局部皮肤可出现尾蚴皮炎；童虫在移行过程中可造成肺部及其他组织的一过性炎症（系变态反应性炎症）；成虫寄生部位可出现血管损害（如静脉炎）。

【流行病学】

1. 传染源

本病的传染源主要是受感染的人及动物如牛、羊、猪，在山丘地区，野生动物如鼠类也可作为传染源。

2. 传播途径

由皮肤或黏膜接触含尾蚴的疫水而受感染。饮用含尾蚴生的水可自口腔黏膜侵入。

3. 易感人群

人对血吸虫普遍易感。患者以农民、渔民为多。男多于女。5 岁以下儿童感染率低，感染率随年龄的增长而增高，但以 15 ～ 30 岁青壮年感染率最高。夏、秋季感染者最多。感染后可有部分免疫力。

4. 流行特点

血吸虫病的流行有严格的地区性。造成传播必须具备三个条件：带虫卵的粪便入水、钉螺的存在和易感染人群接触疫水。其地理分布和钉螺的地理分布相一致。在我国主要分布于长江流域及其以南 13 个省、市、自治区。

【临床表现及临床类型】

按其病程和主要临床表现，临床上可分为急性血吸虫病、慢性血吸虫病和晚期血吸虫病以及异位血吸虫病。

1.急性血吸虫病

多发生于夏、秋季,以7～9月为常见,因接触疫水而感染。潜伏期为23～73天,平均为1个月左右,其间可出现疫水接触处皮肤发痒、红色小丘疹、咳嗽、胸痛等尾蚴皮炎和童虫移行损伤。持续1～2周可自行消退。起病较急,有发热等全身症状。

(1)发热　急性患者都有发热,体温多数为38～40℃间,热型以间歇型为多见,午后升高,伴畏寒,午夜汗出热退,无明显毒血症症状,但重度感染者,高热持续不退,可有精神委靡、意识淡漠、重听、腹胀等,可有相对缓脉,易误诊为伤寒。发热期限短者2周,重症患者可长达数月,伴贫血、消瘦、营养不良性水肿等。

(2)变态反应　以荨麻疹较多见,其他尚有血管神经性水肿、全身淋巴结肿大等。血中嗜酸粒细胞常显著增多。

(3)消化道症状　腹痛、腹泻多见,粪便稀烂,少数可带血和黏液,部分患者可有便秘。

(4)腹部体征　肝脏肿大,伴不同程度压痛,尤以左叶为著。黄疸少见。约半数以上患者有轻度脾肿大。重者可有腹水形成。

5)肺部表现　大多轻微,仅有轻度咳嗽、痰少。体征不明显,可有少许干湿啰音。

(6)肾脏损害　少数患者有蛋白尿,管型和细胞则不多见。

2.慢性血吸虫病

小量多次感后大多数表现为慢性血吸虫病。急性期患者不经治疗或治疗不彻底亦可演变为慢性甚或发展为晚期血吸虫病。

1)大多数无症状,常于粪便普查或因其他疾病就医时发现。

2)有症状者以腹泻、腹痛为多见,腹泻日1～2次,便稀、偶带血,重者有脓血便,伴里急后重。常有肝脾肿大,早期以肝肿大为主,尤以左叶为主。随着病情的进展,脾渐增大,进而发展为肝纤维化。常有乏力、消瘦、劳动力减退等。

3.晚期血吸虫病

为慢性血吸虫的继续和发展。可分为巨脾型、腹水型、结肠增殖型和侏儒型。各种类型可单独或合并存在。

(1)巨脾型　脾脏明显肿大,可达脐下甚至盆腔,质硬,表面光滑,常有食管静脉曲张。亦可有贫血、白细胞减少与血小板减少等脾功能亢进表现。此型最常见。

(2)腹水型　腹水的形成与门脉高压症、低蛋白血症、肝淋巴循环障碍以及继发性醛固增多引起水钠潴留有关。是肝功能失代偿的表现。患者感腹胀、乏力,可见腹部膨隆、腹壁静脉曲张、脐疝。常伴有贫血、消瘦、下肢浮肿等表现。易并发出血、感染、肝性脑病而死亡。

(3)侏儒型　现已少见。常见幼年时期反复感染血吸虫后,使脑垂体功能减退,生长发育障碍。患者身材矮小,面容衰老,男性睾丸细小,女性无月经,缺乏第二性征,俗称"小老人",但智力发育未受影响。

4.异位血吸虫病

(1)肺型血吸虫病　多见于急性患者。轻者仅有咳嗽,重者有气急、哮喘、胸闷或咳血痰,肺内有少量干湿啰音,痰中有嗜酸性粒细胞。X线检查,可见弥漫云雾状、雪花状及粟粒样浸润阴影,以中下肺野为多,肋膈角模糊不清。

(2)脑型血吸虫病　多见于病程早期,以青壮年为多。急性期似急性脑膜炎。表现为嗜睡、意识和精神障碍,脑膜刺激征及锥体束征阳性,脑脊液细胞数和蛋白偏高。慢性型以癫痫发作为主,脑脊液检查一般无明显变化。

【辅助检查】

1.血常规

急性期嗜酸粒细胞显著增多,可达20%～40%,高者可达90%,但重症患者反可减少、甚至消失,而中性粒细胞增多,为病情凶险之兆;慢性患者嗜酸粒细胞常在20%之内;晚期患者因有脾功能亢进,白细胞及血小板减少,并有不同程度的贫血,嗜酸粒细胞增多不明显。

2.病原学检查

(1)病原体检查　粪便中查到虫卵或孵出毛蚴是确诊依据,也可进行直肠黏膜活检查找病原体。

(2)免疫学检查　血清免疫学试验,如皮内试验、环卵沉淀试验等,对诊断有参考价值。

3.其他检查

肝功能试验：急性患者血清ALT可轻度升高，γ-球蛋白可中度增高；慢性患者肝功能大多正常；晚期患者血清蛋白降低，并常有清/球蛋白比例倒置现象。

B超检查：有助于判断肝脾大小及肝纤维化。

【治疗要点】

1. 病原治疗

首选吡喹酮，本药具有高效、低毒、可口服、疗程短等优点，可用于各型各期血吸虫患者，急性血吸虫病：成人总剂量为120mg/kg（儿童为140mg/kg），6日分次服，其中50%必须在两日内服完，体重超过60kg者按60kg计；慢性血吸虫病：总剂量60mg/kg、体重以60kg为限，分2天4～6次餐间服；晚期血吸虫病：一般可按总剂量40mg/kg，2日分次服完，每日2～3次。

2. 对症治疗

急性血吸虫者应积极住院治疗，卧床休息，采取降温措施，重症患者应加强营养，注意水-电解质平衡。对晚期者应按肝硬化采取综合治疗措施。巨脾型患者，可采取手术方法，以降低门静脉压力，缓解脾功能亢进；腹水型患者应限制水分摄入，给予低盐、高蛋白饮食，选择适宜的利尿剂，逐渐消除腹水；上消化道出血者药物止血、气囊压迫止血、补充血容量、纠正循环衰竭，必要时给予输血或冷冻血浆；有侏儒症时，可短期、间歇、小量给以性激素和甲状腺素制剂。

【护理诊断及合作性问题】

1. 体温过高

与血吸虫急性感染后虫卵和毒素的作用有关。

2. 腹泻

与虫卵沉积于结肠，导致结肠黏膜充血、水肿、溃疡形成有关。

3. 营养失调

低于机体需要量与血吸虫病引起的结肠、肝病变有关。

【护理措施】

1. 一般护理

急性血吸虫病及晚期发生肝硬化等并发症时，均应卧床休息；慢性期患者应注意安排规律的生活，但须避免劳累。对腹泻患者，应注意局部保暖，给予营养丰富、易消化食物，少量多餐，避免进食粗糙、油炸、油腻、过凉或过热、多纤维、刺激性等食物，减少脂肪摄入，禁烟酒。中毒症状重者，要保证足够的水分摄入，保持水电解质平衡。晚期有腹水者应给予低盐饮食，发生肝昏迷者暂停蛋白质饮食。保持皮肤清洁，有反应性皮疹致皮肤搔痒时，遵医嘱给予抗组胺药或局部涂止痒剂，防止抓破皮肤引起感染。做好体温过高时的护理。

2. 病情观察

注意观察体温变化，观察大便次数、性状和颜色以及有无腹痛，并做好记录。定时测量体重和腹围，观察下肢水肿、肝脾大小、肝功能变化，注意有无呕血、黑便、意识障碍等上消化道出血、肝性脑病的早期表现，如有出血，应记录出血的时间、量、性质、色泽，观察患者是否伴有意识改变、面色苍白、血压下降、尿量减少等出血性休克的表现，发现异常立即报告医师。

3. 用药护理

应用吡喹酮进行治疗时，应指导患者按时、按量坚持服药，并观察服药后的反应。不良反应主要有头晕、头痛、乏力、恶心、腹痛，在服药后0.5～1.0小时出现，一般不需要处理，多数可在数小时内自行消失，如出现心律失常，应立即停药，及时报告医师。

4. 对症护理

血吸虫病常见症状腹泻、腹腔积液的护理与细菌性痢疾腹泻、肝硬化腹腔积液的护理措施相同；如出现并发症上消化道出血，则护理与上消化道出血类似。

5. 心理护理

急性发病期，患者因症状严重，担心预后，可出现恐惧心理；侏儒型或者晚期出现腹水、脾大者，可有自我形象紊乱，患者出现自卑、孤独无助，甚至自觉来日不多，出现消极情绪、自杀倾向等。护理人员应主动向患者介绍血吸虫病的发病特点，对出现的症状给予及时的解释，做好心理疏导。

【健康教育】

1. 预防措施

开展预防血吸虫病的宣传工作,因时、因地制宜地进行防治。以查灭钉螺与治疗患者、病畜为重点,防止人粪与畜粪污染水源,提倡用开水、自来水,加强个人防护的综合性措施。在重流行区采用人畜同步化疗,如每年冬季对重点人群用吡喹酮 40mg/kg 一剂疗法,每年春秋对耕牛各治 1 次,剂量 30mg/kg,1 次灌服。加强灭螺,加强个人防护,尽量避免与疫水接触,必须接触时涂擦防护剂,或穿长筒胶鞋、防护裤、戴手套。必要时,可预防性服药。

2. 开展血吸虫病的知识宣传

如血吸虫的传播途径、临床表现、治疗、常见并发症及其表现等。急性期患者应及早就医,争取急性期彻底治愈。慢性期患者应注意安排规律生活,保证充分的睡眠,防止并发感染,增加饮食营养,限制吸烟、饮酒,以免加重肝损害。定时复查,一旦发生并发症,如阑尾炎、血吸虫肉芽肿所致的肠梗阻等,应及时就医。

(张勉)

供护理学专业用

成人护理

下册

主　编　梁丽丽　向　宇　江桃桃　赵远方
副主编　卢东英　余　凡　周　涛　刘　静

科学技术文献出版社
SCIENTIFIC AND TECHNICAL DOCUMENTATION PRESS
·北京·

图书在版编目（CIP）数据

成人护理：全2册 / 梁丽丽等主编. – 北京：科学技术文献出版社，2013.8

ISBN 978-7-5023-8097-7

Ⅰ.①成. Ⅱ.①梁. Ⅲ.①护理学–高等学校–教材 Ⅳ.①R47

中国版本图书馆 CIP 数据核字(2013)第146604号

成人护理

策划编辑：田文正　　责任编辑：孙江莉　　责任校对：张吲哚　　责任出版：张志平

出 版 者　科学技术文献出版社
地　　址　北京市海淀区复兴路15号　　邮政编码 100038
编 务 部　(010)58882938,58882087(传真)
发 行 部　(010)58882868,58882874(传真)
邮 购 部　(010)58882873
官方网址　www.stdp.com.cn
发 行 者　科学技术文献出版社发行　全国各地新华书店经销
印　　刷　湖北省公安印刷厂
版　　次　2013年8月第1版　2013年8月第1次印刷
开　　本　787×1092　1/16
字　　数　2 000千字
印　　张　66
书　　号　ISBN 978-7-5023-8097-7
定　　价　158.00元(全2册)

编者名单

主　编　梁丽丽　向　宇　江桃桃　赵远方

副主编　卢东英　余　凡　周　涛　刘　静

编　委　（按编写章节顺序）

江桃桃　向　宇　赵远方

卢东英　余　凡　梁丽丽

江　震　张　勉　吴良红

周　涛　胡　恒　周　艳

常菊群　胡　丹　肖　静

苏　静　刘　静

前言

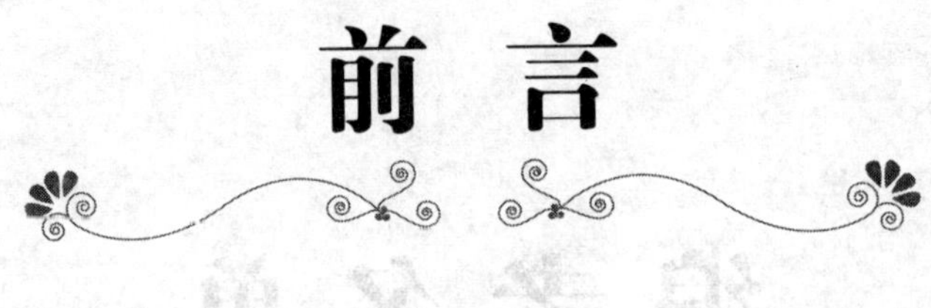

为适应二十一世纪高等护理人才培养的需要，全国护理教育也相应进行了一些列的改革，不断引进国外先进护理理念，同时以护理程序科学的工作方法指导实践。而为了满足我国高等护理院校课程改革及对相应教材的需求，本教材在注重基础理论、基础知识和基本技能的基础上，按护理评估、护理诊断、护理目标、护理措施、护理评价进行编写，引进典型病案，同时充分与护士执照考试大纲保持一致，采用了以人的生命周期为主线，以护士执照考试大纲为蓝本的一套创新型护理教材。在编写过程中，坚持以岗位需求为导向，培养其综合职业能力，保证教材的科学性、思想性、实用性、可读性和创新性。力求做到适应社会经济发展和人群健康需求变化，适应科技发展，适应医学模式变化与发展，体现“以人的健康为中心，以整体护理观为指导，以护理程序为主线”，突出护理专业特色和发展与改革需要。

本教材适用于护理专科学生，也可作为临床护士学习指导。其主要内容是从18岁至60岁患者的主要健康问题的护理。全书分为上、下两册，包括传统的内科护理(含传染科)、外科护理、妇科护理、五官护理的主要内容。本教材在编写中注重体现整体护理的理念，应用护理程序组织各章节内容，突出护理专业学生应掌握的基本知识、基本理论和基本技能，充分结合案例讲解疾病，有利于学生建立系统的护理专业知识，以及形成科学的思维和学习方法。

由于编者水平有限，编写时间仓促，本教材难免有诸多不当之处，恳请广大师生在使用过程中不吝赐教，提出宝贵意见和建议。

梁丽丽
2013.6

目录

目录

目录

目录

目录

目录

第七篇

消化系统疾病患者的护理

第三十七章 概 论

消化系统疾病主要包括食管、胃、肠、肝、胆、胰以及腹膜、肠系膜、网膜等脏器的疾病,是临床常见病。在我国,消化性溃疡、肝炎后肝硬化是常见的消化系统疾病,胃癌、肝癌的病死率在恶性肿瘤病死率排名中分别位于第二、第三位。随着社会的发展,我国消化系统疾病谱也在发生变化,胃食管反流病、功能性胃肠病、炎症性肠病、酒精性肝病、非酒精性脂肪性肝病近年来在我国渐见增多。

消化系统疾病的诊断技术尤其是内镜和影像学检查20世纪50年代以来一直发展迅速,常在诊断中起关键作用。消化系统疾病的治疗也有大的进展,近年来消化内镜下治疗技术发展很快,如食管狭窄扩张术及食管支架放置、消化道息肉切除术、食管胃底静脉曲张止血、早期胃癌及早期食管癌黏膜切除术、胆道碎石及取石术等,以及血管介入技术如肝动脉栓塞化疗(TAE)治疗肝癌、经颈静脉肝内门体静脉分流术(TIPS)治疗门脉高压等亦得到广泛应用,替代了某些外科手术或与外科手术相配合,大大开拓了消化系统疾病治疗的领域。由于诊疗技术的进步,相应的护理措施、操作技术也随之发展,同时,消化系统疾病的发生发展与人们的饮食、行为习惯和心理状态密切相关。因此,护理人员要掌握消化系统疾病护理的基本理论和技能,贯彻护理程序,引导患者摒弃不良的生活方式,帮助人们促进健康。

第一节 消化系统的解剖生理特点

消化和吸收是人体获得能源、维持生命的重要功能。营养物质在胃肠道内经过一系列复杂的消化分解过程,成为小分子物质被肠道吸收,经肝脏加工处理变为人体必需物质,供全身组织利用,其余未被吸收和无营养价值的残渣构成粪便被排出体外。

一、食管

全长约25cm,自门齿到贲门的距离为40cm。食管的功能是把食物和唾液等分泌物送到胃内。食管有3个生理性狭窄部,是食管癌好发的部位。食管壁由黏膜、黏膜下层与肌层组成,缺乏浆膜层,因此食管病变容易扩散延及纵隔。食管和胃之间存在一个生理高压区,起到类似括约肌的作用,称食管下括约肌,其功能失调可导致胃食管反流病。

二、胃

胃是消化管中最膨大的部分,分为贲门部、胃底、胃体与幽门部4部分。食物入胃后,受到胃液的化学性消化和胃壁肌肉运动的机械性消化。胃黏膜含有三种外分泌和多种内分泌细胞。外分泌腺有贲门腺、泌酸腺、幽门腺,由3种细胞组成:①壁细胞:分泌盐酸和内因子。盐酸可杀灭随食物进入胃内的细菌,并激活胃蛋白酶原,使之转变为有活性的胃蛋白酶,同时为其提供必要的酸性环境;内因子与维生素B_{12}结合,促进其在回肠末端吸收;②主细胞:分泌胃蛋白酶原,被盐酸激活后参与蛋白质的消化;③黏液细胞:分泌碱性黏液,与碳酸氢盐联合形成黏液-碳酸氢盐屏障,保护胃黏膜。胃黏膜内至少含有6种内分泌细胞,如分泌促胃液素的G细胞、分泌生长抑素的D细胞和分泌组胺的肥大细胞等。

三、小肠

小肠上起幽门,下接盲肠,成人全长5 ~ 7m,分十二指肠、空肠与回肠三部。小肠的起始部为十二指肠,长25cm,呈"C"形包绕胰头,可分为上部、降部、水平部、升部。上部近幽门一段肠管,黏膜光滑,称十二指肠球,是十二指肠溃疡的好发部位。降部后内侧壁有一圆形隆起,称十二指肠大乳头,是胆总管和胰管的共同开口。升部与空肠连接,连接处为屈氏(Treitz)韧带所固定,是上、下消化道的分界标志。空回肠之间无明显分界,含有由小肠腺和十二指肠腺。小肠液主要由小肠腺分泌,可稀释消化产物,利于吸收的进行。小肠是消化和吸收食物的主要场所,含有胰液消化酶、肠液消化酶、胆汁的小肠液将糖、脂肪、蛋白质完全消化吸收,残余物进入大肠。

四、大肠

大肠分为盲肠(含阑尾)、结肠及直肠,长约1.5m。回肠末端向盲肠突处形成上、下两片唇状瓣即回盲瓣,不仅能防止结肠内容物逆流入小肠,也有控制食糜间歇地进入结肠的作用。结肠分为升结肠、横结肠、降结肠及乙状结肠,似"M"形将小肠包围。大肠的主要功能是吸收水、电解质、葡萄糖、部分药物及形成排出粪便。

五、肝胆系统

肝脏是人体内的最大腺体，由镰状韧带分为左、右2叶。肝脏血液供应有1/4来自肝动脉，为含氧丰富的血液，供给营养；3/4来自门静脉，为携带胃肠道及脾脏的营养物质及有害物质的血液，需肝脏进行代谢及解毒。肝脏的主要功能：①分泌胆汁：促进脂肪消化；②进行糖、蛋白质、脂肪代谢；③解毒功能：肝脏借助丰富的酶破坏各种有害物质。

胆管系统起始于肝内毛细胆管，逐渐汇合成小叶间胆管、左右肝管、肝总管，最后与胆囊管合成胆总管，开口于十二指肠乳头。胆囊的作用的是储存和浓缩胆汁，并调节胆汁进入十二指肠。

六、胰腺

为狭长型腺体，分头、体、尾3部分，由外分泌和内分泌2部分结构组成。胰腺是人体的重要消化腺，胰液（外分泌）含有多种消化酶，有分解消化蛋白质、糖类和脂肪的作用。内分泌结构即胰岛，散在于胰实质内（胰尾较多），胰岛有A细胞和B细胞，分别分泌胰高血糖素和胰岛素，参与糖代谢。

第二节　消化系统疾病患者的护理评估

一、健康史

1.患病起始及经过

患病的起始情况，有无诱因，如上消化道出血者，有无服用非甾体类消炎药（NSAID）史，有无进食粗糙、坚硬、刺激性食物史；主要症状如何，如有无恶心、呕吐、腹痛、腹泻、黄疸、呕血、黑粪等；主要症状的特点，如腹痛的部位、性质、持续时间和缓解方式，呕血、黑粪的量、次数及颜色，有无伴随症状及并发症。症状在询问时应注意轻重缓急，如上消化道大量出血患者，应重点询问患者呕血、黑粪的量、颜色及伴随症状，如有无心悸、口渴、出汗、晕厥等。

2.诊治经过

询问既往及发病以来检查、治疗经过；目前用药情况，包括药物名称、用法、疗效及不良反应；有无特殊饮食要求，是否遵从。

3.既往健康史

有无病毒性肝炎史、输血史、肝炎患者接触史，有无慢性胃炎、慢性肠炎史，有无胆囊炎、胆结石史；有无心力衰竭、血吸虫病、高血压、糖尿病史。

4.个人生活史

了解患者个人史，包括职业、经济状况、居住环境，有无疫水接触史；患者的生活方式，包括日常生活是否有规律，生活或工作中承受的压力，睡眠质量，排便习惯等；患者的饮食方式，包括饮食习惯、爱好、每日餐次、食欲、进食量，有无食物过敏，有无烟酒嗜好等。

二、体格检查

评估患者的神志、体重、皮下脂肪厚度、皮肤弹性、毛发的光泽度；皮肤黏膜有无出血点、黄染、蜘蛛痣、肝掌；腹部有无膨隆，腹壁静脉有无曲张，腹壁紧张度有无增加，腹部有无压痛、反跳痛，有无肝脾肿大，有无移动性浊音，肠鸣音是否正常。

三、心理-社会评估

评估患者对疾病的认识程度；患者的性格、精神状态、心理反应；患者的家庭情况，对患者关怀支持的程度；工作单位所提供的支持；社区卫生保健设施等。

四、常用辅助检查

1.实验室检查

（1）粪便检查　粪便的量、颜色、性质、气味是评估的重要内容。粪便的显微镜、细菌学、寄生虫检查、隐血试验对肠道感染、寄生虫病和消化道出血有重要诊断价值。

（2）血液尿液检查　肝功能试验有助于肝脏疾病的诊断；血、尿淀粉酶测定可用于胰腺炎的诊断。

2.影像学检查

X 线钡餐可用于食管、胃、小肠疾病或胰腺癌的诊断,X 线钡剂灌肠可诊断结肠病变,X 线胆囊造影可显示胆囊、胆管结石。B 超对于肝脏、胆囊、胰腺、脾脏疾病有较高应用价值。CT 和 MRI 检查敏感度及分辨率较高,对腹腔疾病的诊断有重要意义。磁共振血管造影(MRA)可显示门静脉、腹腔内动脉病变,分辨率高,有广阔的应用前景。正电子发射体层显像(PET)及 PET-CT 在肿瘤早期诊断及判断疗效有重要价值,已在国内部分地区开展。

3.纤维内镜检查

包括胃镜、十二指肠镜、胆管镜、小肠镜、结肠镜、腹腔镜、胰管镜等,可直视消化道病变,并可取活组织做病理检查。内镜中以胃镜和结肠镜应用最为广泛,可准确检出胃肠道器质性疾病,十二指肠镜可行逆行胰胆管造影(ERCP),是诊断胆、胰管疾病的重要方法;近年来应用的胶囊内镜被受检者吞服后,可诊断不易检出的小肠病变,如小肠肿瘤,炎症性肠病。

4.活组织及脱落细胞学检查

可采用经皮穿刺、内镜直视下以活检针或活检钳取组织、外科手术等方法取活组织进行病理检查。也可在内镜直视下冲洗、擦刷消化道黏膜,取脱落细胞做病理检查。多用于消化系统癌前病变及肿瘤的检查。

第三节　消化系统疾病患者常见症状和体征的护理

一、恶心和呕吐

两者可单独发生,但多数患者先有恶心(Nausa),继而呕吐(Vomiting)。引起恶心与呕吐的常见疾病有:①腹部疾病:胃癌、胃炎、消化性溃疡并发幽门梗阻,肝、胆囊、胆管、胰腺、腹膜的急性炎症或胃肠道功能紊乱引起的心理性呕吐;②引起颅内压升高的疾病:脑水肿、颅内占位病变、脑炎、脑膜炎等,均可引起颅内压升高而发生呕吐,呕吐呈喷射性而且可相当严重,多不伴有恶心;③前庭功能障碍:梅尼埃病、迷路炎、晕车、晕船等,多伴有眩晕,呕吐较重,亦可为喷射性;④其他:全身性疾病如糖尿病酮症酸中毒、代谢性酸中毒、尿毒症、甲状腺危象、肾上腺皮质危象,药物使用及中毒,精神因素等。

【护理评估】

1.病史

恶心与呕吐发生的时间、频率、原因、诱因,与进食的关系;呕吐的特点及呕吐物的性质、量;呕吐伴随的症状,如是否伴有腹痛、腹泻、发热、头痛、眩晕等。患者的精神状态,有无疲乏无力,有无焦虑、抑郁及其程度,呕吐是否与精神因素有关。

恶心与呕吐出现的时间、频度、呕吐物的量与性状因病种而异。上消化道出血时呕吐物呈咖啡色甚至鲜红色;消化性溃疡并发幽门梗阻时呕吐常在餐后发生,呕吐量大,呕吐物含酸性发酵宿食;低位肠梗阻时呕吐物带粪臭味;急性胰腺炎可出现频繁剧烈的呕吐,吐出胃内容物甚至胆汁。呕吐频繁且量大者可引起水电解质紊乱、代谢性碱中毒。长期呕吐伴畏食者可致营养不良。

2.身体评估

(1)全身情况　生命体征、神志、营养状况,有无失水表现.

(2)腹部检查　有无腹胀、腹肌紧张,有无反跳痛、压痛及其部位、程度,肠鸣音是否正常。

3.实验室及其他检查

必要时做呕吐物毒物分析或细菌培养等检查,呕吐量大者注意有无水、电解质紊乱、酸碱平衡失调。

【护理诊断及医护合作性问题】

1.有体液不足的危险

与大量呕吐导致失水有关。

2.活动无耐力

与频繁呕吐导致失水、电解质丢失有关。

3.焦虑

与频繁呕吐、不能进食有关。

【护理目标】

患者生命体征在正常范围内,无失水、电解质紊乱和酸碱失衡;呕吐减轻或停止,逐步恢复进食;能保证机体所需热量、水分、电解质的摄入;活动耐力恢复或有所改善;焦虑程度减轻。

【护理计划与实施】

1.有体液不足的危险

(1)监测生命体征　定时测量和记录生命体征直至稳定。血容量不足时可发生心动过速、呼吸急促、血压降低,特别是体位性低血压。持续性呕吐致大量胃液丢失而发生代谢性碱中毒时,患者呼吸可浅、慢。

(2)观察失水征象　准确测量和记录每日的出入量、尿比重、体重。动态观察实验室检查结果,例如血清电解质、酸碱平衡状态。观察患者有无失水征象,依失水程度不同,患者可出现软弱无力、口渴、皮肤黏膜干燥、弹性减低,尿量减少、尿比重增高,并可有烦躁、神志不清乃至昏迷等表现。

(3)观察呕吐情况　观察患者呕吐的特点,记录呕吐的次数,呕吐物的性质和量、颜色、气味。

(4)积极补充水分和电解质　剧烈呕吐不能进食或严重水、电解质失衡时,主要通过静脉输液予以纠正。口服补液时,应少量多次饮用,以免引起恶心呕吐。如口服补液未能达到所需补液量时,仍需静脉输液以恢复和保持机体的液体平衡状态。

2.活动无耐力

(1)生活护理　协助患者进行日常生活活动。患者呕吐时应帮助其坐起或侧卧,头偏向一侧,以免误吸。吐毕给予漱口,更换污染衣物被褥,开窗通风以去除异味。按医嘱应用止吐药及其他治疗,促使患者逐步恢复正常饮食和体力。

(2)安全　告知患者突然起身可能出现头晕、心悸等不适。故坐起时应动作缓慢,以免发生体位性低血压。

3.焦虑

(1)评估心理状态　关心患者,通过观察和与患者及家属交谈,了解其心理状态。

(2)心理疏导　耐心解答患者及家属提出的问题,向患者解释精神紧张不利于呕吐的缓解,特别是部分呕吐与精神因素有关,紧张、焦虑还会影响食欲和消化功能,而治病的信心及情绪稳定有利于症状的缓解。

(3)应用放松技术　常用深呼吸、转移注意力等放松技术,减少呕吐的发生。①深呼吸法:用鼻吸气,然后张口缓慢呼气,反复进行;②转移注意力:通过与他人交谈,或倾听轻快的音乐,或阅读喜爱的文章等方法转移患者的注意力。

【护理评价】

患者生命体征稳定在正常范围,无口渴、尿少、皮肤干燥、弹性减退等失水表现,血生化指标正常;呕吐及其引起的不适减轻或消失,逐步耐受及增加进食量,摄入足够的热量、水分、电解质和各种营养素,营养状态改善;活动耐量增加,活动后无头晕、心悸、气促或体位性低血压出现;能认识自己的焦虑状态并运用适当的应对技术。

二、腹痛

临床上一般将腹痛(Abdominal pain)按起病急缓、病程长短分为急性与慢性腹痛。急性腹痛多由腹腔脏器的急性炎症、扭转或破裂,空腔脏器梗阻或扩张、腹腔内血管阻塞等引起;慢性腹痛的原因常为腹腔脏器的慢性炎症、腹腔脏器包膜的张力增加、消化性溃疡、胃肠神经功能紊乱、肿瘤压迫及浸润等。此外,某些全身性疾病、泌尿生殖系统疾病、腹外脏器疾病如急性心肌梗死和下叶肺炎等亦可引起腹痛。

【护理评估】

1.病史

腹痛发生的原因、诱因,起病急骤或缓慢、持续时间,腹痛的部位、性质和程度;腹痛与进食、活动、体位等因素的关系;腹痛发生时的伴随症状,如有无恶心、呕吐、腹泻、呕血、便血、血尿、发热等;有无缓解疼痛的方法;有无精神紧张、焦虑不安等心理反应。

腹痛可表现为隐痛、钝痛、灼痛、胀痛、刀割样痛、钻痛或绞痛等,可为持续性或阵发性疼痛,其部位、性质和程度常与疾病有关。如胃、十二指肠疾病引起的腹痛多为中上腹部隐痛、灼痛或不适感,伴厌食、恶心、呕吐、嗳气、反酸等。小肠疾病多呈脐周疼痛,并有腹泻、腹胀等表现。大肠病变所致的腹痛为下腹部一侧或双侧疼痛。急性胰腺炎常出现上腹部剧烈疼痛,为持续性钝痛、钻痛或绞痛,并向腰背部呈带状放射。急性腹膜炎时疼痛弥漫全腹,腹肌紧张,有压痛、反跳痛。

2.身体评估

(1)全身情况　生命体征、神志、神态、体位、营养状况,以及有关疾病的相应体征,如腹痛伴黄疸者提示与胰腺、胆系疾病有关,腹痛伴休克者可能与腹腔脏器破裂、急性胃肠穿孔、急性出血性坏死性胰腺炎、急性心肌梗死、肺炎等有关;

(2)腹部检查　有无腹胀、腹肌紧张、反跳痛、压痛及其部位、程度,肠鸣音是否正常。

3.实验室及其他检查

根据不同病种进行相应的实验室检查,必要时需做X线检查、消化道内镜检查等。

【护理诊断及医护合作性问题】

疼痛、腹痛　与腹腔脏器或腹外脏器的炎症、缺血,梗阻、溃疡、肿瘤或功能性疾病等有关。

【护理目标】

患者的疼痛逐渐减轻或消失。

【护理计划与实施】

1.疼痛监测

(1)观察并记录患者腹痛的部位、性质及程度,发作的时间、频率,持续时间,以及相关疾病的临床表现。如果疼痛性质突然发生改变,且经一般对症处理疼痛不仅不能减轻,反而加重,需警惕某些并发症的出现,如消化性溃疡穿孔引起弥漫性腹膜炎等。

(2)观察非药物性和(或)药物止痛治疗的效果。

2.非药物性缓解疼痛的方法

是对疼痛,特别是慢性疼痛的主要处理方法,能减轻患者的焦虑、紧张,提高其疼痛阈值和对疼痛的控制感。具体方法如:①指导式想象:利用一个人对某特定事物的想象而达到特定正向效果,如回忆一些有趣的往事可转移对疼痛的注意;②分散注意力:例如数数、谈话、深呼吸等;③行为疗法:例如放松技术、冥想、音乐疗法、生物反馈等;④局部热疗法:除急腹症外,对疼痛局部可应用热水袋进行热敷,从而解除肌肉痉挛而达到止痛效果;⑤针灸止痛:根据不同疾病和疼痛部位选择针疗穴位。

3.药物止痛

镇痛药物种类甚多,应根据病情、疼痛性质和程度选择性给药。癌性疼痛应遵循按需给药的原则,有效控制患者的疼痛。疼痛缓解或消失后及时停药,以防止药物不良反应,减少药物耐受性和药物依赖的发生。观察药物不良反应,如口干、恶心、呕吐、便秘和用药后的镇静状态。急性剧烈腹痛诊断未明时,不可随意使用镇痛药物,以免掩盖症状,延误病情。

【护理评价】

患者叙述疼痛减轻或消失。

三、腹泻

正常人的排便习惯多为每日1次,有的人每日2～3次或每2～3日1次,只要粪便的性状正常,均属正常范围。腹泻(diarrhea)是指排便次数多于平日习惯的频率,粪质稀薄。腹泻多由于肠道疾病引起,其他原因有药物、全身性疾病、过敏和心理因素等。发生机制为肠蠕动亢进、肠分泌增多或吸收障碍。

【护理评估】

1.病史

腹泻发生的时间、起病原因、诱因、病程长短;粪便的性状、次数和量、气味和颜色;有无腹痛及疼痛的部位,有无里急后重、恶心呕吐、发热等伴随症状;有无口渴、疲乏无力等失水表现;有无精神紧张、焦虑不安等心理因素。

小肠病变引起的腹泻粪便呈糊状或水样,可含有未完全消化的食物成分,大量水泻易导致脱水和电解质丢失,部分慢性腹泻患者可发生营养不良。大肠病变引起的腹泻粪便可含脓、血、黏液,病变累及直肠时可出现里急后重。

2.身体评估

(1)全身情况　急性严重腹泻时,应观察患者的生命体征、神志、尿量、皮肤弹性等,注意有无水电解质紊乱、酸碱失衡、血容量减少。慢性腹泻时应注意患者的营养状况,有无消瘦、贫血的体征。

(2)腹部检查　有无腹胀、腹部包块、压痛,肠鸣音是否正常。

(3)肛周皮肤　有无因排便频繁及粪便刺激,引起肛周皮肤糜烂。

3.实验室及其他检查

正确采集新鲜粪便标本做显微镜检查,必要时做细菌学检查。急性腹泻者注意监测血清电解质、酸碱平衡状况。

【护理诊断及医护合作性问题】

1.腹泻

与肠道疾病或全身性疾病有关。

2.有体液不足的危险

与大量腹泻引起失水有关。

【护理目标】

患者的腹泻及其引起的不适减轻或消失；能保证机体所需水分、电解质、营养素的摄入；生命体征、尿量、血生化指标在正常范围。

【护理计划与实施】

1.腹泻

(1)病情监测　包括排便情况、伴随症状、全身情况及血生化指标的监测。

(2)饮食选择　饮食以少渣、易消化食物为主，避免生冷、多纤维、味道浓烈的刺激性食物。急性腹泻应根据病情和医嘱，给予禁食、流质、半流质或软食。

(3)活动与休息　急性起病、全身症状明显的患者应卧床休息；注意腹部保暖。可用热水袋热敷腹部，以减弱肠道运动，减少排便次数，并有利于腹痛等症状的减轻。

(4)用药护理　腹泻的治疗以病因治疗为主。应用止泻药时注意观察患者排便情况，腹泻得到控制后及时停药。应用解痉止痛剂如阿托品时，注意药物不良反应如口干、视力模糊、心动过速等。

(5)肛周皮肤护理　排便频繁时，因粪便的刺激，可使肛周皮肤损伤，引起糜烂及感染。排便后应用温水清洗肛周，保持清洁干燥，涂无菌凡士林或抗生素软膏以保护肛周皮肤，促进损伤处愈合。

(6)心理护理　慢性腹泻治疗效果不明显时，患者往往对预后感到担忧，纤维结肠内镜等检查有一定痛苦，某些腹泻如肠易激综合征与精神因素有关，故应注意患者心理状况的评估和护理，通过解释、鼓励来提高患者对配合检查和治疗的认识，稳定患者情绪。

2.有体液不足的危险

(1)动态观察液体平衡状态　急性严重腹泻时丢失大量水分和电解质，可引起脱水及电解质紊乱，严重时导致休克。故应严密监测患者生命体征、神志、尿量的变化；有无口渴、口唇干燥、皮肤弹性下降、尿量减少、神志淡漠等脱水表现；有无肌肉无力、腹胀、肠鸣音减弱、心律失常等低钾血症的表现；监测血生化指标的变化。

(2)补充水分和电解质　及时遵医嘱给予液体、电解质、营养物质，以满足患者的生理需要量，补充额外丢失量，恢复和维持血容量。一般可经口服补液，严重腹泻、伴恶心与呕吐、禁食或全身症状显著者经静脉补充水分和电解质。注意输液速度的调节。老年患者尤其应及时补液并注意输液速度，因老年人易因腹泻发生脱水，也易因输液速度过快引起循环衰竭。

【护理评价】

患者的腹泻及其伴随症状减轻或消失；机体获得足够的热量、水、电解质和各种营养物质，营养状态改善；生命体征正常，无失水、电解质紊乱的表现。

第四节　消化系统常见诊疗技术及护理

一、腹腔穿刺术

腹腔穿刺术是指对有腹腔积液的患者，为了诊断和治疗疾病进行腹腔穿刺，抽取积液进行检验的操作过程。

【适应症】

1.抽取腹腔积液进行各种实验室检验，协助诊断。

2.放出适量的腹水，减轻腹腔的压力，缓解压迫症状。

3.腹腔内注入药物，达到直接治疗和提高治疗效果的作用。

【禁忌症】

肝性脑病先兆，包虫病，卵巢肿瘤，明显出血倾向，妊娠中后期患者等。

【操作前准备】

1.环境准备

遮挡患者,室温不低于 20℃。

2.用物准备

消毒治疗盘 1 套,无菌腹腔穿刺包 1 个,无菌手套,注射器,局部麻药,培养瓶,试管,量杯,水桶,酒精灯,火柴,皮尺,多头腹带,清洁不透水中单。

3.患者准备

(1)向患者解释腹穿的目的、意义、过程及注意事项。

(2)如局麻药使用 1%普鲁卡因,应行皮肤试验。

(3)协助患者排尿,防止穿刺时损伤膀胱。

【操作过程】

1.核对患者床号、姓名、局麻药皮试结果。

2.根据病情,安排适当的体位,如坐位或半卧位。

3.如需大量放腹水,穿刺前测量腹围、血压、脉搏。背部铺好中单、腹带。盛腹水的容器置于适当位置。

4.协助患者解开上衣,松开腰带,暴露腹部。

5.穿刺部位:一般取脐与左髂前上棘连线的中外 1/3 交界处,也可取脐与耻骨联合连线中点上方 1.0cm,偏左或偏右 1.5cm 处,或侧卧位取脐水平线与腋前线或腋中线的交点。少量或包裹性积液,须在 B 超引导下穿刺。

6.协助穿刺:常规消毒,铺无菌洞巾,抽取局麻药行穿刺点局部麻醉。术者左手固定穿刺部位皮肤,右手持针自局麻点刺入腹壁,当针尖抵抗感突然消失时,提示针尖已穿过壁层腹膜,即可抽取腹水做常规检查及培养。需大量放液时,在针栓部接上已消毒的橡皮管,引腹水入容器中。

7.腹腔穿刺放液中,应密切观察病情,如患者出现面色苍白、出汗、心悸、头晕、恶心等症状,应立即停止放液,卧床休息,并予以输液等紧急措施。一次放腹水不宜超过 3000ml,随着腹水的流出,将腹带逐渐束紧,以防腹内压骤降而发生虚脱或休克。如需注射药物时,将药液注入腹腔内。

8.穿刺完毕,拔针后消毒局部,以无菌纱布按压 5 ~ 10 分钟,再以胶布固定。大量放液者测量腹围,束紧腹带,协助患者平卧。整理用物,详细记录腹水量、性质、颜色,及时送检。

【操作后护理】

1.大量放液患者卧床休息 8 ~ 12 小时,穿刺点位于高位。

2.注意观察血压、脉搏、神志、尿量及电解质紊乱的表现。

3.观察穿刺处是否有腹水外漏,如出现应及时更换敷料。

4.腹带不宜过紧,以免造成呼吸困难。

二、消化系统常用的内窥镜检查及护理

(一)上消化道内镜检查术

上消化道内镜检查包括食管、胃、十二指肠的检查,亦称胃镜检查,是上消化道疾病的一种主要检查手段。通过此检查可直接观察食管、胃、十二指肠炎症、溃疡或肿瘤等的性质、大小、部位及范围,并可行组织学或细胞学的病理检查。

【适应症】

1.有明显消化道症状,但不明原因者。

2.上消化道出血需查明原因者。

3.疑有上消化道肿瘤,但 X 线钡餐检查不能确诊者。

4.需要随访观察的病变,如溃疡、萎缩性胃炎、胃手术后及药物治疗前后对比观察等。

5.需做内镜治疗者,如摘取异物、局部止血、食管静脉曲张的硬化剂注射与结扎、食管狭窄的扩张治疗等。

【禁忌症】

1.严重心、肺疾病,如心力衰竭、严重呼吸衰竭等。

2.各种原因所致休克、昏迷等危重状态。

3.急性食管、胃、十二指肠穿孔,腐蚀性食管炎的急性期。

4.神志不清、精神失常不能配合检查者。

5.严重咽喉部疾病、主动脉瘤及严重的颈胸段脊柱畸形者。

6.急性传染性肝炎或胃肠道传染病暂缓检查。慢性乙、丙型肝炎或抗原携带者、艾滋病患者应有特殊的消毒措施。

【操作前准备】

1.用物准备

纤维胃、十二指肠镜检查仪器及其附属装置1套，消毒治疗盘1套，无菌手套，喉头喷雾器，牙垫，弯盘，注射器，针头，甲醛固定液标本瓶，阿托品0.5mg，麻醉剂，润滑剂，备蒸馏水、急救药品和器材等。

2.患者准备

(1)询问病史，进行体格检查，排除检查禁忌症。

(2)向患者介绍检查的目的、方法、操作过程及配合方法，使患者消除紧张心理，配合检查。

(3)检查前禁食8小时，估计有胃排空延迟者需禁食更长时间，有幽门梗阻者应洗胃再检查，接受胃肠钡餐检查者3日内不宜行胃镜检查。

(4)检查前取出义齿，排空大小便。

(5)如患者过分紧张，检查前30分钟可遵医嘱肌注或静脉注射地西泮5～10mg。

(6)检查前5～10分钟用2%利多卡因喷雾咽部2～3次，或吞服10ml地卡因。

【操作过程】

1.帮助患者取左侧卧位，头略后仰，与肩同高，松开领口和裤带，嘱患者咬住牙垫，口边放置弯盘。

2.胃镜插入可由单人操作，也可由双人操作，插入手法要轻柔，当镜前端到达环状软骨水平时，嘱患者做吞咽动作，即可顺势插入食管。当胃镜进入胃腔后，可适量注入空气，使胃张开至视野清晰为止，切忌充气过度。当镜面被血迹、食物遮住时，可注水清洗。

3.插镜过程中，护理人员应保持患者头部位置固定，口腔有唾液时让唾液流入弯盘。严密观察患者反应，如出现恶心不适，应嘱其深呼吸，肌肉放松；面色、脉搏、呼吸等出现异常时应立即停止检查，及时做相应处理。

4.胃镜进入十二指肠后，退镜时应逐段仔细观察胃肠腔面，对可疑病变部位摄像、活检、刷取细胞涂片及抽取胃液检查。

5.检查完毕，在退出胃镜时，应尽量抽气，防止腹胀，并用纱布擦净镜身。

【操作后护理】

1.术后因咽部麻醉作用尚未消退，嘱患者勿吞咽唾液，以免呛咳，2小时后可让患者先饮水，如无呛咳，再进流质或半流质，行活检的患者应进温凉的饮食。

2.检查后患者如出现咽部疼痛、异物感，嘱患者勿用力咳嗽，以免损伤咽喉部黏膜，可让患者含温水，以减轻疼痛。

3.检查后如出现腹胀、腹痛，可嘱患者坐起哈气，亦可进行腹部按摩，促进排气。

4.检查后数日内，应仔细观察患者有无消化道穿孔、出血、感染等并发症，一旦出现相应症状、体征应及时报告医生并协助处理。

5.术后应彻底清洗，戊二醛消毒内镜及相关器械，妥善保管，避免交叉感染。

(二)纤维结肠镜检查术及护理

纤维结肠镜检查主要用以诊断炎症性肠病及大肠的肿瘤、出血、息肉等，并可行切除息肉、钳取异物等。

【适应症】

1.原因不明的慢性腹泻、便血、下腹部疼痛，疑有结肠、直肠、末端回肠病变者。

2.钡剂灌肠有可疑病变需进一步明确诊断者。

3.炎症性肠病的诊断与随访。

4.结肠癌术前诊断、术后随访，息肉摘除术后随访观察。

5.需做止血及结肠息肉摘除等治疗者。

6.大肠肿瘤普查。

【禁忌症】

1.严重心肺功能不全、休克及精神病患者。

2.急性弥漫性腹膜炎、腹腔脏器穿孔、多次腹腔手术、腹内广泛粘连及大量腹水者。

3.肛门、直肠严重狭窄者。

4.急性重度结肠炎，如急性细菌性痢疾、急性重度溃疡性结肠炎及憩室炎等。

5.妊娠妇女。

【操作前准备】

1.用物准备

纤维结肠镜及配套设备(冷光源、活检钳、细胞刷),电动吸引器、标本容器、弯盘、纱布、无菌手套、甲基硅油、注射器、生理盐水、急救药品和器材等。

2.患者准备

(1)询问病史,进行体格检查,排除存在禁忌症者。

(2)向患者介绍检查的目的、方法、操作过程及配合方法,使患者消除紧张心理,配合检查。

(3)检查前2 ~ 3天开始少渣饮食,检查前1天进流质,检查当天空腹。检查前需清洁肠道。

(4)检查前遵医嘱肌内注射或静脉注射地西泮5 ~ 10mg、哌替啶50mg,但其可降低患者对肠穿孔的反应,应特别警惕术前5 ~ 10分钟肌内注射阿托品0.5mg。

【操作过程】

1.患者一般取左侧卧位,双腿屈曲,腹部放松,协助患者检查中保持身体不晃动。

2.术前先行直肠指检,了解有无肛裂、痔疮、狭窄等。

3.镜前端涂抹硅油润滑剂(不可用液体石蜡),嘱患者张口呼吸,放松肛门括约肌,用右手示指按物镜头,使镜头滑进肛门,此后按术者指令缓慢循腔进境。插镜应按照少量注气、适当钩拉、去弯取直、防襻、解襻等原则进行。

4.检查过程中,护理人员应密切观察患者的面色、呼吸、脉搏等情况,如有异常应随时停止检查,同时快速建立静脉通路以备抢救。如患者出现腹胀不适,可嘱其缓慢深呼吸。

5.根据观察到的结肠情况可摄像、活检,标本应及时用固定液固定,并及时送检。

6.检查结束退镜时,应尽量抽气以减轻腹胀。

【操作后护理】

1.检查结束后,嘱患者休息15 ~ 30分钟后再离去,并嘱其做好肛门清洁护理,注意休息。术后进少渣饮食3天,行息肉摘除、止血治疗者应予抗生素治疗。

2.术后仔细观察患者腹胀、腹痛及排便情况。腹胀明显时,可予内镜下排气;腹痛明显或排血便者应留院观察;观察粪便颜色,必要时连续3次粪便隐血试验,了解有无活动性出血;如发现患者剧烈腹痛、腹胀、面色苍白、脉率及心率增快、血压下降、大便次数增多并呈黑色等提示肠出血、肠穿孔,应及时处理。

3.彻底清洗和消毒内镜及有关器械,妥善保管,避免交叉感染。

三、胃肠减压及护理

【原理与目的】

胃肠减压是利用负压吸引原理,将胃肠道积聚的气体和液体吸出,以降低胃肠道内压力,解除腹胀的一种治疗方法。其目的在于改善胃肠壁血液循环,有利于炎症的局限,促进伤口愈合和胃肠功能恢复。

【适应症与禁忌症】

胃肠减压在腹部外科中用途广泛,如肠梗阻、胃肠穿孔、食管、胃肠道手术后及胆囊、胆道手术后的患者均为适应证。

食管狭窄;严重的食管静脉曲张;严重的心肺功能不全、支气管哮喘;食管和胃腐蚀性损伤为禁忌症。

【操作后护理】

1.胃肠减压期间应禁食、禁饮,一般应停止口服药物。如需胃内注药,则注药后应夹管并暂停减压1 ~ 2小时。适当补液,加强营养,维持水、电解质的平衡。

2.妥善固定:胃管固定要牢固,防止移位或脱出,尤其是外科手术后胃肠减压,胃管一般置于胃肠吻合的远端,一旦胃管脱出应及时报告医生,切勿再次置管。因置管时可能损伤吻合口而引起吻合口瘘。

3.维持有效负压,保持胃管通畅:应用电动胃肠减压器时,以30 ~ 40mmHg压力持续吸引,否则引起消化道黏膜充血或胃管头孔的堵塞。儿童应适当降低负压值。一次性负压吸引器排空气囊后气压是50mmHg。每隔2 ~ 4小时用生理盐水20 ~ 30ml冲洗胃管一次,以保持管腔通畅。

4.观察引流物颜色、性质和量,并记录24小时引流液总量。观察胃液颜色,有助于判断胃内有无出血情况,一般胃肠手术后24小时内,胃液多呈暗红色,2 ~ 3天后逐渐减少。若有鲜红色液体吸出,说明术后有出血,应停止胃肠减压,并通知医生。引流装置每日应更换一次。

5.加强口腔护理:预防口腔感染和呼吸道感染,必要时给予雾化吸入,以保持口腔和呼吸道的湿润及通畅。

6.观察胃肠减压后的肠功能恢复情况，并于术后12小时即鼓励患者在床上翻身，有利于胃肠功能恢复。

7.胃管通常在术后48 ~ 72小时，肠鸣音恢复，肛门排气后可拔除胃管。拔胃管时，先将吸引装置与胃管分离，捏紧胃管末端，嘱患者吸气并屏气，迅速拔出，以减少刺激，防止患者误吸。擦净鼻孔及面部胶布痕迹，妥善处理胃肠减压装置。

（吴良红）

第三十八章　上消化道疾病患者的护理

第一节　食管癌患者的护理

案例导入

患者,男,65岁。半年前发现进食后有哽噎感,随后症状逐渐加重,近2周只能进流质饮食,期间体重减轻10kg。查体:T36.8℃,P80次/分,R14次/分,BP120/80mmHg。消瘦,颈、锁骨上淋巴结未触及。食管钡透见中段食管有6cm长狭窄,管壁僵硬,黏膜破坏。

1.首先考虑该患者为何种疾病?

2.为确诊,应进一步做何检查?

3.该患者目前主要存在的护理问题有哪些?若需手术治疗,应如何做好术前准备工作?

4.该患者在全麻下施行了"食管癌根治术",术后肛门排气后拔除胃管,进流质饮食。第五天患者诉呼吸困难,胸痛,查体:T39.5℃,P120次/分,胸透发现手术侧胸腔积液。①考虑发生了何种术后并发症?②应立即采取何种护理措施?

学习目标

知识目标　能说出食管癌患者的身心状况、治疗原则并正确为患者进行护理评估。

能力目标　能够提出正确的护理诊断,并能够为患者提供合适的护理措施。

素质目标　学习过程中体现对患者的关心。

【概述】

食管癌(Esophageal carcinoma)是常见的一种消化道癌肿。我国是世界上食管癌高发地区之一,男多于女,发病年龄多在40岁以上。以太行山地区、秦岭东部地区、大别山地区、四川北部地区、苏北地区等为高发区,其中以河南林县食管癌的发病率最高。

食管为一肌性管道,成人食管长25～28cm,分为颈、胸、腹三段,胸段又分为上、中、下三段。食管由黏膜、黏膜下层、肌层和外膜构成,无浆膜层。食管有三处生理性狭窄:第一处在环状软骨下缘平面;第二处在主动脉弓水平位;第三处在食管下端;常为肿瘤、憩室、瘢痕性狭窄等病变所在的区域。

(一)病因

引起食管癌的病因至今尚未明确,与其发生发展相关的因素有:①化学物质:如长期进食含亚硝胺量较高的食物;②生物因素:如某些真菌能促使亚硝胺及其前体形成;③缺乏某些微量元素:如钼、铁、锌、氟、硒等;④缺乏维生素:如维生素A、维生素B_2、维生素C;⑤烟、酒、热食热饮、口腔不洁和慢性炎症等因素;⑥遗传易感因素等。

(二)病理和分型

以胸中段食管癌较多见,下段次之,上段较少;大多为鳞癌。

1.分型

按病理形态,食管癌可分为4型:

(1)髓质型　食管壁明显增厚并向腔内外扩展,癌瘤的上下缘呈坡状隆起,多数累及食管周径的全部或大部分,恶性程度高。

(2)蕈伞型　瘤体呈卵圆形扁平肿块状,向腔内呈蘑菇样突起。

(3)溃疡型　瘤体的黏膜面呈溃疡深陷入肌层，而边缘清楚。

(4)缩窄型(硬化型)　瘤体部位形成明显的环状狭窄，累及食管全周，较早出现梗阻症状。

2.转移途径

主要通过淋巴转移，血行转移发生较晚。

(1)直接扩散　癌肿先向黏膜下层扩散，继而向上、下及全层浸润，很易穿过疏松的外膜侵入邻近器官。

(2)淋巴转移　癌细胞经黏膜下淋巴管通过肌层到达与肿瘤部位相应的区域淋巴结。

(3)血行转移　通过血液循环向远处转移。

【护理评估】

1.健康史

了解患者生活地区及饮水、烟、酒嗜好，有无喜食过热、过硬食物的习惯，有无慢性刺激、龋齿、口腔不洁等病史，是否存在癌前期病变，如食管炎、食管息肉、瘢痕性食管狭窄等。家族中有无肿瘤患者。

2.身体状况

(1)症状

1)早期：常无明显症状，仅在吞咽粗硬食物时有不同程度的不适感觉，包括哽噎感，胸骨后烧灼样、针刺样或牵拉摩擦样疼痛。

2)中晚期：进行性吞咽困难为其典型症状，先是难咽干硬食物，继而只能进半流质、流质，最后滴水难进。患者逐渐消瘦、贫血、无力、明显脱水症状及营养不良。癌肿侵犯喉返神经，可发生声音嘶哑；侵入主动脉，溃烂破裂，可引起大量呕血；侵入气管，可形成食管气管瘘；食管梗阻时可致食物反流入呼吸道，引起进食时呛咳及肺部感染。持续胸背痛为晚期症状；最后出现恶病质。

温馨提示：食管癌早期的症状是哽噎感，典型症状是进行性吞咽困难。

(2)体征　中晚期病例可有锁骨上淋巴结肿大，肝转移者可触及肝肿块，恶病质者有腹水症。

3.辅助检查

(1)影像学检查

1)食管吞钡X线双重对比造影：可见食管黏膜皱襞紊乱、粗糙或有中断现象；局限性管壁僵硬；充盈缺损、龛影；食管不规则狭窄，狭窄以上食管有不同程度的扩张。

2)CT、超声内镜检查(EUS)：可用于判断食管癌的浸润层次、向外扩展程度以及有无纵隔、淋巴结或腹内脏器转移等。

(2)脱落细胞学检查　我国首创的用带网气囊食管细胞采集器做食管拉网检查脱落细胞，早期病变阳性率可达90%～95%。是一种简便易行的普查筛选诊断方法。

(3)纤维食管镜检查　可直视肿块部位、大小及钳取活组织做病理组织学检查。

4.心理－社会状况

食管癌患者往往因进行性加重的进食困难、日渐减轻的体重而焦虑不安；对所患疾病有部分或较全面的认识，迫切希望能早日手术，恢复进食。但又担心麻醉和手术意外、能否彻底切除病灶、可能出现的术后并发症等及今后的生活质量等而表现出日益紧张、恐惧、失眠、食欲下降，甚至情绪低落。

5.处理原则

以手术治疗为主，辅以放射、化学药物等综合治疗。

(1)手术治疗　早、中期食管癌首选。手术原则是切除癌肿和上下5cm范围内的食管及所属区域的淋巴结，然后将胃体提升至胸腔或颈部与食管近端吻合，或用一段结肠或空肠与食管吻合。对晚期不能切除癌肿的患者，可采取开腹胃造瘘或食管内放置钛合金支架。术中确定肿瘤不能切除者，可采用胃、空肠或结肠与肿瘤上方的食管吻合。

(2)非手术治疗

1)放射疗法：适用于食管上段癌或晚期癌，以及术后辅助化疗。

2)化学药物治疗：采用化疗与手术治疗相结合或与放疗、中医中药相结合的综合治疗。

【护理诊断及医护合作性问题】

1.营养失调

低于机体需要量与进食量减少或不能进食、消耗增加等有关。

2.体液不足

与吞咽困难、水分摄入不足有关。

3.焦虑

与对癌症的恐惧和担心疾病预后等有关。

4.潜在并发症

出血、肺不张、肺部感染、吻合口瘘、乳糜胸等。

【护理目标】

1.患者营养状况改善。

2.患者的水、电解质维持平衡。

3.患者自述焦虑减轻,表现为情绪稳定。

4.患者未发生并发症或并发症得到及时发现和控制。

【护理计划与实施】

1.术前护理

(1)营养支持　术前应保证患者的营养摄入。能经口进食,指导患者合理进食高热量、高蛋白、含丰富维生素的流质或半流质饮食,以纠正低蛋白血症。对不能进流食且营养状况较差的患者,可根据医嘱补充液体、电解质或提供肠内、肠外营养。

(2)口腔护理　保持口腔清洁卫生:告知患者进食后漱口,积极治疗口腔疾病。以免口腔内细菌在梗阻或狭窄部位停留、繁殖,造成局部感染、影响吻合口愈合。

(3)术前准备

1)呼吸道准备:对吸烟者,术前2周应戒烟。指导并训练患者有效咳嗽、主动排痰和腹式深呼吸,以利增加肺部通气量、改善缺氧、预防术后肺炎和肺不张,减轻术后伤口疼痛。

2)胃肠道准备

①术前1周遵医嘱给予患者分次口服抗生素溶液可起到局部消炎抗感染作用。

②术前3日改流质饮食,术前1日禁食。

③对进食后有滞留或返流者,术前1日晚遵医嘱予以生理盐水100ml加抗生素经鼻胃管冲洗食管及胃,可减轻局部充血水肿、减少术中污染、防止吻合口瘘。

④结肠代食管手术患者,术前3～5日口服抗生素,如灭滴灵、庆大霉素或新霉素等;术前2日进食无渣流质,术前晚行清洁灌肠或全肠道灌洗后禁饮禁食。

⑤手术日晨常规置胃管,通过梗阻部位时不能强行进入,以免穿破食管。可置于梗阻部位上端,待手术中直视下再置于胃中。

2.术后护理

(1)监测并记录生命体征　密切观察生命体征,尤其呼吸状态、频率和节律,双肺呼吸音是否清晰,有无缺氧征兆。

(2)呼吸道护理　①拔除气管插管前,注意吸痰;保持气道通畅;②鼓励患者深呼吸、吹气球、吸深呼吸训练器,促使肺膨胀;③痰多、咳痰无力的患者若出现呼吸浅快、发绀、呼吸音减弱等痰阻塞现象时,应立即行鼻导管深部吸痰,必要时行纤维支气管镜吸痰或气管切开吸痰;④气管切开者,按气管切开常规护理。

(3)胸腔闭式引流的护理

1)观察引流液量、性状并记录:若术后3小时内胸腔闭式引流量为每小时100ml,呈鲜红色并有较多血凝块,患者出现烦躁不安、血压下降、脉搏增快、尿少等血容量不足的表现,应考虑有活动性出血;若引流液中有食物残渣,提示有食管吻合口瘘;若引流液量多,由清亮渐转浑浊,则提示有乳糜胸,应及时报告医师,协助处理。

2)拔除引流管后护理:待术后2～3日,胸腔闭式引流出的暗红色血性液逐渐变淡,量减少,24小时量<50ml时,可拔管。拔管后注意伤口有无渗出,有无胸闷、气促,是否有胸腔内较多残留积液的征象,若有异常及时报告医生。

(4)并发症的预防及护理

1)吻合口瘘:是食管癌术后最严重的并发症。多发生在术后5～10日。术后应做好如下护理:

①饮食护理:术后禁食,期间不可下咽唾液,以免感染造成食管吻合口瘘;一般需禁食4～6日以上,先进流质饮食,进食量逐日增加;术后8～10日起进半流饮食;2～3周后患者无不适可进普通饮食。避免进食生、冷、硬食物,以免导致后期吻合口瘘;食管、贲门癌切除术后,易发生胃液返流至食管,患者可有返酸、呕吐等症状,平卧时加重,应嘱患者饭后2小时内勿平卧,睡眠时将枕头垫高;食管胃吻合术后患者,可能有胸闷、进食后呼吸困难,应告知患者是由于胃已拉入胸腔,肺受压暂不能适应所致。建议患者少食多餐,经1～2个月后,此症状多可缓解。

②胃肠减压的护理：术后 3 ~ 4 日内持续胃肠减压，保持胃管通畅和妥善固定，防止脱出。观察引流量、性状、气味并准确记录。若胃管内引流出大量鲜血或血性液，患者出现烦躁、血压下降、脉搏增快、尿量减少等，应考虑吻合口出血，需立即通知医生并配合处理。

③用药护理：遵医嘱合理应用抗菌药或肠内、外营养支持。

④严密观察生命体征：若发现发热、畏寒，同时伴腹痛及腹膜刺激征时应疑及吻合口瘘的发生，应及时报告医生并积极协助处理。

2)乳糜胸：多发生在术后 2 ~ 10 日，少数病例可在 2 ~ 3 周后出现。多因伤及胸导管所致。表现为胸闷、气急、心悸，甚至血压下降。一经确诊，需行胸腔闭式引流及静脉营养支持；必要时行胸导管结扎术。

3.心理护理

护士应加强与患者和家属的沟通，了解患者及家属对疾病和手术的认知程度、心理状况。根据患者的具体情况，实施耐心的心理疏导。讲解和提供手术及各种治疗的相关知识、注意事项等，尽可能减轻其不良心理反应。为患者营造安静舒适的环境；必要时使用安眠、镇静、镇痛类药物，以保证患者充分休息。争取亲属在心理和经济方面的积极支持和配合，解除患者的后顾之忧。

4.健康教育

(1)饮食与体位　少量多餐，由稀到干，逐渐增加食量。避免刺激性食物和碳酸饮料，避免进食过快、过量及带骨刺或硬质食物，质硬的药片可碾碎后服用。食后取半卧位，以防止进食后返流、呕吐，利于肺膨胀。

(2)保持口腔卫生。

(3)活动与休息　活动时应注意掌握活动量，避免疲劳，保证充分睡眠。术后早期不宜下蹲大小便，以免引起体位性低血压或发生意外。

(4)定期复查，坚持后续治疗。

【护理评价】

1.患者的营养状况能否维持或改善。

2.患者的水电解质是否平衡，尿量是否正常，有无体液失衡的表现。

3.患者的心理问题是否得到解决，睡眠是否充足，能否配合治疗和护理。

4.患者有无并发症发生，若发生，是否得到及时处理和护理。

第二节　胃炎患者的护理

案例导入

患者，女，58 岁。因上腹痛、恶心、呕吐、腹泻 1 天入院。既往有高血压病，高黏血症，平时规律服药，3 个月前又加服阿司匹林 25mg/天。查体：急性病容，血压正常，心肺未见异常；腹平软，无肠型及蠕动波，未触及肝脾及包块，剑突下压痛明显，肠鸣音正常。

初步判断该患者为何种疾病，依据是什么？

学习目标

知识目标　能说出慢性胃炎的病因和发病机制、临床表现、辅助检查，并正确为患者进行护理评估。

能力目标　能够提出正确的护理诊断，并能够为胃炎患者提供合适的护理措施。

素质目标　学习过程中体现对患者的关心。

胃炎(Gastritis)是指不同病因所致的胃黏膜炎症，常伴有上皮损伤和细胞再生，是最常见的消化道疾病之一。按临床发病缓急和病程长短，一般将胃炎分为急性和慢性两大类型。

一、急性胃炎患者的护理

【概述】

急性胃炎(Acute gastritis)是指由多种病因引起的急性胃黏膜炎症。其主要病理改变为胃黏膜充血、水肿、糜烂和出血,病变可局限于胃窦、胃体或弥漫分布于全胃。急性胃炎主要包括:①幽门螺杆菌(Helicobacter pylori,Hp)感染引起的急性胃炎:健康志愿者吞服幽门螺杆菌后的临床表现、内镜所见及胃黏膜活检病理组织学均显示急性胃炎的特征,但由于一过性的上腹部症状多不为患者注意,临床很难诊断幽门螺杆菌感染引起的急性胃炎,如不予抗菌治疗,幽门螺杆菌可长期存在并发展为慢性胃炎;②除幽门螺杆菌之外的病原体急性感染引起的急性胃炎:由于胃酸的强力抑菌作用,除幽门螺杆菌外的细菌很难在胃内存活而感染胃黏膜,但在机体抵抗力下降时,可发生各种细菌、真菌、病毒所引起的急性感染性胃炎;③急性糜烂出血性胃炎:是由各种病因引起的、以胃黏膜多发性糜烂为特征的急性胃黏膜病变,常伴有胃黏膜出血,可伴有一过性浅表溃疡形成,临床最常见,本节予以重点讨论。

【病因与发病机制】

1.药物

最常引起胃黏膜炎症的药物是非甾体类抗炎药(non-steroidal anti-inflammatory drug,NSAID),如阿司匹林、吲哚美辛等,其机制可能是通过抑制胃黏膜生理性前列腺素的合成,削弱其对胃黏膜的保护作用。此外,某些抗肿瘤药、铁剂或氯化钾口服液等亦可引起胃黏膜上皮损伤。

2.急性应激

各种严重的脏器病变、严重创伤、大面积烧伤、大手术、颅脑病变和休克,甚至精神心理因素等均可引起胃黏膜糜烂、出血,严重者发生急性溃疡,并可导致大量出血,如烧伤所致者称Curling溃疡,中枢神经系统病变所致者称Cushing溃疡。虽然急性应激引起急性糜烂出血性胃炎的发病机制尚未完全明确,但多数认为在上述情况下,应激的生理性代偿功能不足以维持胃黏膜微循环正常运行,使胃黏膜缺血、缺氧、黏液分泌减少和局部前列腺素合成不足等,导致胃黏膜屏障破坏和H+反弥散进入黏膜,引起胃黏膜糜烂和出血。

3.乙醇

乙醇具有亲脂性和溶脂性能,可破坏黏膜屏障,引起上皮细胞损害、黏膜出血和糜烂。

【护理评估】

1.健康史

询问患者有无应激因素,如各种严重的脏器疾病、严重创伤、颅脑病变、心理性因素等;有无服用阿司匹林、糖皮质激素、抗肿瘤等药物史;有无幽门螺杆菌感染史或进食污染食物史,有无不良饮食习惯。

2.身心状况

患者大多无明显症状,或仅有上腹不适、腹胀、食欲减退等消化不良的表现,或症状被原发病掩盖。临床上急性糜烂出血性胃炎患者多表现为突发的呕血和(或)黑便而就诊,据统计,所有上消化道出血病例中由急性糜烂出血性胃炎引起者约占10%初步判断25%,是上消化道出血的常见病因之一。大量出血可引起晕厥或休克,伴贫血,体检可有上腹不同程度的压痛。

3.辅助检查

(1)粪便检查　粪便隐血试验阳性。

(2)胃镜检查　因病变(特别是NSAID或乙醇引起者)可在短期内消失,胃镜检查一般应大出血后24～48小时内进行,镜下可见胃黏膜多发性糜烂、出血灶和浅表溃疡,表面附有黏液和炎性渗出物。

4.处理要点

针对病因和原发疾病采取防治措施。处于急性应激状态者应积极治疗原发病,药物引起者须立即停用。及时使用抑制胃酸分泌或具有黏膜保护作用的药物,常用H_2受体拮抗剂、质子泵抑制剂抑制胃酸分泌,或硫糖铝和米索前列醇等保护胃黏膜。发生上消化道大出血时按“上消化道大量出血”进行治疗。

5.心理－社会状况

因呕血、黑便患者可有烦躁、焦虑、失眠。应了解家属对疾病的认识和支持程度。

【护理诊断及医护合作性问题】

1.营养失调

低于机体需要量与消化不良、少量持续出血有关。

2.焦虑

与消化道出血及病情反复有关。

【护理计划及实施】

1.知识缺乏

缺乏有关本病的病因及防治知识。

(1)评估患者对疾病的认识程度　了解患者对疾病病因、治疗及护理的认识，鼓励患者对本病病因及其治疗、护理计划提问，帮助患者寻找并及时去除发病因素，控制病情的进展。

(2)休息与活动　患者应注意休息，减少活动，对急性应激造成者应卧床休息。同时应做好患者的心理疏导，解除其精神紧张，保证身、心两方面得以充分的休息。

(3)饮食护理　进食应定时、有规律，不可暴饮暴食，避免辛辣刺激食物。一般进少渣、温凉半流质饮食。如有少量出血可给牛奶、米汤等流质以中和胃酸，有利于黏膜的修复。急性大出血或呕吐频繁时应禁食。

(4)用药护理　指导正确使用阿司匹林、吲哚美辛等对胃黏膜有刺激的药物，必要时应用制酸剂、胃黏膜保护剂预防疾病的发生。用药方法及护理参见本篇“消化性溃疡”。

2.潜在并发症

上消化道大量出血。严密观察呕血，便血情况，判断记录出血量；监测生命征变化，观察有无口胃、四肢发冷、尿少等循环血量不足的表现。患者宜取卧位、禁食，及时输血、输液、应用止血药物。必要时做好急诊手术的准备。

【健康教育】

向患者及家属介绍急性胃炎的有关知识、预防方法和自我护理措施。根据患者的病因、具体情况进行指导，如避免使用对胃黏膜有刺激的药物，必须使用时应同时服用制酸剂；进食要有规律，避免过冷、过热、辛辣等刺激性食物及浓茶、咖啡等饮料，嗜酒者应戒酒，防止乙醇损伤胃黏膜；注意饮食卫生，生活要有规律，保持轻松愉快的心情。

二、慢性胃炎患者的护理

案例导入

患者，女，36岁，农民。因上腹部反复疼痛6月余来院就诊。自诉半年前开始无明显诱因下出现上腹部隐痛，饥饿时痛甚，食后痛减。伴有胃胀、嗳气。曾在当地医院就诊，被诊断为慢性胃炎，予以吗叮林、利珠得乐、养胃舒等药口服，效果不明显，症状逐渐加重。查体：皮肤黏膜未见异常；心肺未见异常；腹平软，无肠型及蠕动波，未触及肝脾及包块，剑突下轻压痛，肠鸣音正常。

患者为明确诊断，还要做何种检查？

【概述】

慢性胃炎(Chronic gastritis)是由各种病因引起的胃黏膜慢性炎症。慢性胃炎的分类方法很多，我国目前采用国际上新悉尼系统(Update Sydney System)的分类方法，根据病理组织学改变和病变在胃的分布部位，结合可能的病因，将慢性胃炎分为浅表性(又称非萎缩性)、萎缩性和特殊类型三大类。慢性萎缩性胃炎又可再分为多灶萎缩性胃炎(Multifocal atrophic gastritis)和自身免疫性胃炎(Autoimmune gastritis)两大类。特殊类型胃炎种类很多，由不同病因所致，临床上较少见，如感染性胃炎、化学性胃炎等。

慢性胃炎是一种常见病，其发病率在各种胃病中居首位。男性稍多于女性。任何年龄均可发病，但随年龄增长发病率逐渐增高。自身免疫性胃炎在北欧多见，我国仅有少数个案报道。由幽门螺杆菌引起的慢性胃炎呈世界范围分布，其感染率在发展中国家高于发达国家，我国属于幽门螺杆菌高感染率国家，估计人群中幽门螺杆菌的感染率达40%～70%。幽门螺杆菌感染可几乎无例外地引起胃黏膜炎症，且感染后机体一般难以将其清除而变成慢性感染。

1.病因与发病机制

(1)幽门螺杆菌感染　目前认为幽门螺杆菌感染是慢性浅表性胃炎最主要的病因，其机制是：①幽门螺杆菌具有鞭毛结构，可在胃内黏液层中自由活动，并依靠其黏附素与胃黏膜上皮细胞紧密接触，直接侵袭胃黏膜；②幽门螺杆菌所分泌的尿素酶，能分解尿素产生NH_3，中和胃酸，既形成了有利于幽门螺杆菌定居和繁殖的中性环境，又损伤了上皮细胞膜；③幽门螺杆菌能产生细胞毒素使上皮细胞空泡变性，造成黏膜损害和炎症；④幽门螺旋菌的菌体胞壁还可作为抗原诱导自身免疫反应。

(2)饮食和环境因素　流行病学资料显示，饮食中高盐和缺乏新鲜蔬菜、水果与慢性胃炎的发生密切相关。

长期的幽门螺杆菌感染,在部分患者可发展为慢性多灶萎缩性胃炎,但幽门螺杆菌感染者慢性多灶萎缩性胃炎的发生率存在很大的地区差异,如印度、非洲、东南亚等地人群幽门螺杆菌感染率与日本、韩国、哥伦比亚等国相当甚至更高,但前者慢性多灶萎缩性胃炎的发生率却远低于后者。我国广东与甘肃比较也存在类似情况,这说明幽门螺杆菌感染本身可能不足以导致慢性浅表性胃炎发展为萎缩和肠化生,但却增加了胃黏膜对环境因素损害的易感性。

(3)自身免疫 自身免疫性胃炎以富含壁细胞的胃体黏膜萎缩为主。壁细胞损伤后能作为自身抗原刺激机体的免疫系统而产生相应的壁细胞抗体和内因子抗体,破坏壁细胞,使胃酸分泌减少乃至缺失,还可影响维生素 B_{12} 吸收,导致恶性贫血。

(4)物理及化学因素 长期饮浓茶、烈酒、咖啡,食用过热、过冷、过于粗糙的食物,可损伤胃黏膜;服用大量非甾体类抗炎药可破坏黏膜屏障;各种原因引起的十二指肠液反流,因其中的胆汁和胰液等会削弱胃黏膜的屏障功能,使其易受胃酸-胃蛋白酶的损害。

2.病理

慢性胃炎的实质是胃黏膜上皮遭受反复损害后,由于黏膜特异的再生能力,使黏膜发生改建,最终导致不可逆的固有胃腺体的萎缩、消失。在慢性胃炎的进展中,若炎性细胞(主要是浆细胞、淋巴细胞)浸润仅局限于胃小凹和黏膜固有层的表层,胃腺体则完整无损,称为慢性浅表性胃炎。若有中性粒细胞浸润,显示有活动性炎症,称为慢性活动性胃炎,多提示存在幽门螺杆菌感染。病变发展累及腺体,腺体萎缩、消失,胃黏膜变薄,并常伴肠化生,称为慢性萎缩性胃炎。慢性胃炎进一步发展,胃上皮或化生的肠上皮在再生过程中发育异常,可形成异型增生(Dysplasia,又称不典型增生),异型增生被认为是胃癌的癌前病变。

不同类型胃炎上述病理改变在胃内的分布不同。幽门螺杆菌引起的慢性胃炎,炎症弥漫性分布,但以胃窦为重;多灶萎缩性胃炎的萎缩和肠化生呈多灶性分布,多起始于胃角小弯,逐渐波及胃窦,继而胃体;自身免疫性胃炎,萎缩和肠化生主要局限在胃体。

【护理评估】

1.健康史

询问有无病因和诱因,如有无HP感染史,发病与天气变化、饮食、饮酒、吸烟、情绪等有无关系,有无胆汁反流、急性胃炎未治愈病史,有无长期服用非甾体类消炎药史。

2.身心状况

慢性胃炎进展缓慢,病程迁延,缺乏特异性症状。大多无明显症状,部分有上腹痛或不适、食欲不振、饱胀、嗳气、反酸、恶心与呕吐等消化不良的表现,症状常与进食或食物种类有关。少数可有少量上消化道出血。自身免疫性胃炎患者可出现明显畏食、贫血和体重减轻。体征多不明显,有时可有上腹轻压痛。

3.辅助检查

(1)胃镜及胃黏膜活组织检查 是最可靠的诊断方法。通过胃镜在直视下观察黏膜病损。慢性浅表性胃炎可见红斑(点、片状或条状)、黏膜粗糙不平、出血点/斑;慢性萎缩性胃炎可见黏膜呈颗粒状、黏膜血管显露、色泽灰暗、皱襞细小。两种胃炎皆可见伴糜烂、胆汁反流;在充分活组织检查基础上以病理组织学诊断明确病变类型,并可检测幽门螺旋杆菌。

温馨提示:胃镜是急慢性胃炎、胃十二指肠溃疡、胃癌、上消化道大出血等疾病确诊首选的检查方法。

(2)幽门螺杆菌检测 可通过侵入性(如快速尿素酶测定、组织学检查等)和非侵入性(如13C或14C尿素呼气试验等)方法检测幽门螺杆菌。

(3)血清学检查 自身免疫性胃炎时,抗壁细胞抗体和抗内因子抗体可呈阳性,血清促胃泌素水平明显升高。多灶萎缩性胃炎时,血清促胃液素水平正常或偏低。

(4)胃液分析 自身免疫性胃炎时,胃酸缺乏;多灶萎缩性胃炎时,胃酸分泌正常或偏低。

4.处理要点

(1)清除幽门螺杆菌 对幽门螺杆菌感染引起的慢性胃炎是否应常规根除幽门螺杆菌一直存在争论。根据2000年全国慢性胃炎共识意见,建议根除幽门螺杆菌治疗适用于下列酗门螺杆菌感染的慢性胃炎患者:①有明显异常的慢性胃炎,如胃黏膜有糜烂、中至重度萎缩及肠化生、异型增生;②有胃癌家族史;③伴糜烂性十二指肠炎;④消化不良症状经常规治疗效果差者。具体治疗参照"消化性溃疡患者的护理"。

(2)对症治疗 根据病因给予对症处理。如因非甾体类抗炎药引起,应停药并给予抗酸药;如因胆汁反流,可用氢氧化铝凝胶来吸附,或予以硫糖铝及胃动力药以中和胆盐、防止反流;自身免疫性胃炎目前尚无特异治疗,有恶性贫血可肌内注射维生素 B_{12};有胃动力学改变,可服用多潘立酮、西沙必利等;胃酸缺乏者,可予1%稀盐酸或胃蛋白酶酶合剂。

(3)胃黏膜异型增生的治疗　除给予上述积极治疗外，关键在于定期随访。对已经明确的重度异型增生患者可选择预防性内镜下胃黏膜切除术。

5.心理－社会状况

因病情迁延，患者可有烦躁、焦虑及恐惧，应了解患者及家庭对病情了解程度及支持力度。

【护理诊断及医护合作性问题】

1.焦虑

与病情反复、病程迁延有关。

2.活动无耐力

与自身免疫性胃炎致恶性贫血有关。

3.知识缺乏

缺乏对慢性胃炎病因和预防知识的了解。

【护理计划与实施】

1.疼痛

腹痛与胃黏膜炎性病变有关。

(1)休息与活动　指导患者急性发作时应卧床休息，并可用转移注意力、做深呼吸等方法来减轻焦虑，缓解疼痛。病情缓解时，进行适当的锻炼，以增强机体抗病力。

(2)针灸和热敷　可用针灸内关、合谷、足三里等穴位来缓解疼痛，也可用热水袋热敷胃部，以解除胃痉挛，减轻腹痛。

(3)用药护理　遵医嘱给患者以清除幽门螺杆菌感染治疗时，注意观察药物的疗效及不良反应，见本篇“消化性溃疡患者的护理”。

2.营养失调

低于机体需要量与慢食、消化吸收不良等有关。

(1)饮食原则　向患者说明摄取足够营养素的重要性，鼓励患者少量多餐进食，以高热量、高蛋白、高维生素、易消化的饮食为原则。避免摄入过咸、过甜、过辣的刺激性食物。

(2)食物选择　与患者共同制订饮食计划，指导患者及家属改进烹饪技巧，增加食物的色、香、味，刺激患者食欲。胃酸低者食物应完全煮熟后食用，以利于消化吸收，并可给刺激胃酸分泌的食物，如肉汤、鸡汤等，或给予酸性食物如食醋等；高胃酸者应避免进酸性、多脂肪食物。

(3)营养状况评估　观察并记录患者每天进餐次数、量、品种，以了解其摄入的营养素能否满足机体需要。定期测量体重，监测有关营养指标的变化，如血红蛋白浓度、血清清蛋白等。

【健康教育】

1.疾病知识指导

向患者及家属介绍本病的有关病因，指导患者避免诱发因素。教育患者保持良好的心理状态，平时生活要有规律，合理安排工作和休息时间，注意劳逸结合，积极配合治疗。

2.饮食指导

指导患者加强饮食卫生和饮食营养，养成有规律的饮食习惯；避免过冷、过热、辛辣等刺激性食物及浓茶、咖啡等饮料；嗜酒者应戒酒，防止乙醇损伤胃黏膜；注意饮食卫生。

3.用药指导

根据患者的病因、具体情况进行指导，如避免使用对胃黏膜有刺激的药物，必须使用时应同时服用制酸剂或胃黏膜保护剂；介绍药物的不良反应，如有异常及时复诊，定期门诊复查。

第三节　消化性溃疡患者的护理

案例导入

患者，男，41岁。上腹部烧灼痛反复发作，常发生于空腹或夜间，伴反酸、嗳气半年余。查体：面色稍黄，口唇无苍白及发绀，两肺无异常；心律齐，无病理性杂音。腹软，中上腹有轻度压痛，肝脾未及。实验室检查：胃液分析示胃酸分泌增高；细菌学检查示幽门螺杆菌阳性。

1.考虑该患者为何种疾病，依据是什么？

2.为明确诊断还要做什么检查？

3.该患者经保守治疗后，近2个月来出现上腹部胀痛，伴嗳气、恶心、呕吐，呕吐物为大量酸臭宿食，吐后自觉饱胀减轻。查体：患者消瘦，皮肤干燥、弹性消失，上腹部隆起，见肠型及蠕动波，可闻及振水声。

①该患者最可能的是何种消化性溃疡并发症？

②应采取何种措施解决此问题？

③如需手术，如何做好术前准备工作？

4.该患者择期在硬麻下行"毕Ⅱ式胃大部分切除术"后回到病房，

①护士应如何指导其术后饮食？

②患者术后第6天，进食后突然出现右上腹剧痛，伴全腹压痛，反跳痛，肌紧张，考虑发生了何种术后并发症？应立即采取何措施？

5.患者术后1个月，因常于进食10～20分钟后出现上腹饱胀、恶心、心悸伴头晕、乏力再次就诊，

①考虑发生了何种并发症？

②护士应如何对患者进行饮食指导？

学习目标

知识目标　能说出消化性溃疡的病因、临床表现、并发症。准确区别十二指肠溃疡和胃溃疡。

能力目标　能够提出正确的护理诊断，并能够为患者提供合适的护理措施。

素质目标　学习过程中体现对患者的关心。

【概述】

消化性溃疡(Peptic ulcer)主要指发生于胃和十二指肠的慢性溃疡，即胃溃疡(gastric ulcer，GU)和十二指肠溃疡(duodenal ulcer，DU)，因溃疡形成与胃酸/胃蛋白酶的消化作用有关而得名。消化性溃疡是全球常见病，我国近10年多来发病率开始呈下降趋势。DU好发于青壮年，GU的发病年龄一般较DU约迟10年。临床上DU较GU多见，两者之比为2～3∶1。

1.病因与发病机制

消化性溃疡是一种多因素疾病，其中幽门螺杆菌感染和服用非甾体类抗炎药(NSAID)是已知的主要病因。其发生是由于对胃十二指肠黏膜有损害作用的侵袭因素与黏膜自身防御-修复因素之间失去平衡的结果，胃酸在溃疡形成中起关键作用。侵袭因素过强，防御-修复因素减弱，或两者并存时，就会产生溃疡。DU的发生主要与侵袭因素增强有关，而GU的形成则主要由于黏膜自身防御-修复因素减弱所致。

对胃十二指肠黏膜有损伤的侵袭因素包括胃酸和胃蛋白酶的消化作用、幽门螺杆菌感染、NSAID，其他如胆盐、胰酶、乙醇等。黏膜的自身防御-修复因素包括黏液/碳酸氢盐屏障、黏膜屏障、黏膜血流量、细胞更新、前列腺素和表皮生长因子等。在正常情况下，胃十二指肠黏膜能够抵御胃酸/胃蛋白酶的侵袭，只有在某些因素(Hp感染、服用NSAID)损害这一机制，胃酸/胃蛋白酶才起侵袭黏膜导致溃疡形成。

（1）幽门螺杆菌感染　大量研究表明幽门螺杆菌感染是消化性溃疡的主要病因。主要证据为：①消化性溃疡患者Hp感染率高：在检测前排除患者NSAID服用史等因素，DU的Hp感染率为90%，GU为70%～80%；②根除Hp治疗可显著降低溃疡复发率：用常规抑酸治疗后愈合的溃疡年复发率为50%～70%，而根除Hp可使其年复发率降至5%以下，表明去除病因后消化性溃疡可获治愈。③Hp感染改变了黏膜侵袭因素和防御因素之间的平衡：在慢性胃炎的病因中已叙及，Hp凭借其毒力因子（包括使Hp能够在胃黏膜定植的因子和诱发组织损害的因子两大类）的作用，在胃黏膜定植，其分泌的尿素酶水解尿素产生的氨除对Hp本身有保护作用外，还可直接或间接损害黏膜屏障。Hp分泌的空泡毒素蛋白和细胞毒素相关基因蛋白可造成胃十二指肠黏膜的上皮细胞受损和强烈的炎症反应，损害了局部黏膜的防御-修复机制。加之Hp感染可引起高促胃液素血症，使胃酸分泌增加，从而增强了侵袭因素。两方面的协同作用使胃十二指肠黏膜损害和溃疡形成。

（2）非甾体抗炎药（non-steroidal anti-inflammatory drug，NSAID）　NSAID是引起消化性溃疡的另一个常见原因。长期服用NSAID可诱发消化性溃疡，阻碍溃疡的愈合，增加溃疡的复发率和出血、穿孔等并发症的发生。NSAID引起的溃疡NSAID除直接作用于胃十二指肠黏膜导致其损伤外，主要通过抑制前列腺素合成，削弱后者对胃十二指肠黏膜的保护作用。

（3）胃酸和胃蛋白酶　消化性溃疡的最终形成是由于胃酸/胃蛋白酶对黏膜自身消化导致，因胃蛋白酶的活性取决于胃液pH，当胃液pH上升到4以上时，胃蛋白酶就失去活性，因此探讨消化性溃疡的发病机制及治疗时主要考虑胃酸。

（4）其他因素　下列因素与消化性溃疡发病有不同程度的关系：①吸烟：吸烟者消化性溃疡的发生率比不吸烟者高，吸烟影响溃疡愈合和促进溃疡复发，其机制尚不明确，可能与吸烟增加胃酸分泌、减少十二指肠碳酸氢盐分泌、影响胃十二指肠协调运动等因素有关；②遗传：遗传因素曾一度被认为是消化性溃疡发病的重要因素，但随着对Hp在消化性溃疡发病中重要作用的认识，遗传因素的重要性受到了挑战，其作用有待进一步研究；③应激：急性应激可引起应激性溃疡，长期精神紧张可使溃疡发作或加重，可能通过神经内分泌途径影响胃十二指肠分泌、运动和黏膜血流的调节；④胃十二指肠运动异常：GU患者多有胃排空延缓，这可增加十二指肠液反流，加重胃黏膜损害；部分DU患者胃排空增快，这可增加十二指肠球部酸负荷。

2.病理

消化性溃疡大多是单个，也可多个，呈圆形或椭圆形。DU多发生在球部，前壁比较常见；GU多在胃角和胃窦小弯。DU直径多小于10mm，GU则稍大。溃疡浅者累及黏膜肌层，深者则可贯穿肌层，甚至浆膜层，穿破浆膜层时可致穿孔，血管破溃可引起出血。溃疡边缘常有增厚，基底光滑、清洁，表面覆有灰白或灰黄色纤维渗出物。

【护理评估】

1.健康史

询问患者有无Hp感染史，治疗过程和效果如何；家庭中有无溃疡病病史；饮食习惯、食欲情况；有无长期服用非甾体类消炎药和糖皮质激素及其他药物史；了解患者的生活压力、工作压力及个性特征。

2.身心状况

临床表现不一，少数患者可无症状，或以出血、穿孔等并发症作为首发症状。典型消化性溃疡有如下临床特点：①慢性过程，病史可达数年至数十年；②周期性发作，发作与自发缓解相交替。发作常有季节性，多在秋冬或冬春之交发病，可因情绪不良或过劳而诱发；③发作时上腹痛呈节律性，DU的疼痛常在两餐之间发生，持续不减直至进食或服制酸药后缓解，即疼痛-进餐-缓解，故又称空腹痛。约半数患者于午夜出现疼痛，称午夜痛。GU的疼痛多在餐后0.5～1小时出现，经1～2小时后逐渐缓解，至下次餐前自行消失，即进餐-疼痛-缓解。

（1）症状　上腹部疼痛是主要症状，性质多为灼痛，亦可为钝痛、胀痛甚至剧痛，或呈饥饿样不适感。多位于中上腹，可偏右或偏左。疼痛常有典型的节律性如上述。另可有反酸、嗳气、恶心、呕吐、食欲减退等消化不良症状。

温馨提示：胃溃疡疼痛的特点是餐后痛，即进食——疼痛——缓解；十二指肠溃疡的特点是饥饿痛，即疼痛——进食——缓解。

（2）体征　溃疡活动期可有上腹部局限性轻压痛，缓解期则无明显体征。

（3）并发症

1）出血：是消化性溃疡最常见的并发症，也是上消化道出血最常见的原因（约占所有病因的50%），DU比GU容易发生。出血引起的临床表现取决于出血的速度和量。轻者表现为黑便、呕血，重者出现周围循环衰竭，甚至低血容量性休克，应积极抢救。

2)穿孔:消化性溃疡穿孔临床上分为急性、亚急性和慢性三种类型,以急性穿孔最常见。急性穿孔时溃疡穿透浆膜层达腹腔致弥漫性腹膜炎,又称游离穿孔,表现突发的剧烈腹痛,多自上腹开始迅速蔓延至全腹,腹肌呈板样僵直,有明显压痛和反跳痛,肝浊音区消失,肠鸣音减弱或消失,部分患者出现休克。十二指肠或胃后壁的溃疡深至浆膜层时已与邻近的组织或器官发生粘连,称为慢性穿孔,又称为穿透性溃疡。这种穿透性溃疡腹痛规律发生改变,变得顽固而持久,疼痛常放射至背部。邻近后壁的穿孔或游离穿孔较小,只引起局限性腹膜炎时称亚急性穿孔,症状较急性穿孔轻而体征局限。

3)幽门梗阻:大多由DU或幽门管溃疡引起。急性梗阻多因炎症水肿和幽门部痉挛所致暂时性梗阻,随炎症好转而缓解;慢性梗阻主要由于溃疡愈合后瘢痕收缩而呈持久性。幽门梗阻的临床表现为:餐后上腹饱胀,上腹疼痛加重,伴呕吐,呕吐物含发酵酸性宿食,大量呕吐后症状可暂缓解。严重呕吐可致失水和低氯低钾性碱中毒,常继发营养不良。上腹饱胀和逆蠕动的胃型,以及空腹时检查胃内有振水音、抽出胃液量>200ml,是幽门梗阻的特征性表现。

4)癌变:少数GU可发生癌变,DU则否。对长期GU病史,年龄在45岁以上,经严格内科治疗4～6周症状无好转,大便隐血试验持续阳性者,应怀疑是否癌变,需进一步检查和定期随访。

3.辅助检查

(1)幽门螺杆菌检测　Hp感染的检测方法主要包括快速尿素酶试验、组织学检查、13C或14C尿素呼气试验和血清学试验等。其中13C或14C尿素呼气试验检测Hp感染的敏感性和特异性均较高,常作为根除治疗后复查的首选方法。

(2)大便隐血试验　隐血试验阳性提示溃疡有活动,如GU患者持续阳性,应怀疑癌变的可能。

(3)X线钡餐检查　溃疡的X线直接征象是龛影,对溃疡诊断有确诊价值。

(4)胃镜检查和黏膜活检　是确诊消化性溃疡首选的检查方法,可直接观察溃疡部位、病变大小、性质,并可在直视下取活组织做病理检查和Hp检测。其诊断的准确性高于X线钡餐检查。

4.处理要点

治疗的目的在于消除病因、控制症状、愈合溃疡、防止复发和防治并发症。近年消化性溃疡治疗的一大进展为根除幽门螺杆菌,有可能彻底治愈溃疡。

(1)治疗消化性溃疡的药物应用　可分为抑制胃酸的药物和保护胃黏膜的药物两大类,常与根除幽门螺杆菌治疗配合使用,主要起缓解症状和促进溃疡愈合的作用。这些药物的作用机制及临床应用简述如下:

表38-1　治疗消化性药物

药物种类	常用药物	常规治疗剂量
抑制胃酸药物		
碱性抗酸剂	氢氧化铝、铝碳酸镁等及其复方制剂	
H_2受体拮抗剂(H_2RA	西咪替丁	800mg qN 或 400mg bid
	雷尼替丁	300mg qN 或 150mg bid
	法莫替丁	40mg qN 或 20mg bid
	尼扎替丁	300mg qN 或 150mg bid
质子泵抑制剂(PPI)	奥美拉唑	20mg qd
	兰索拉唑	30mg qd
	泮托拉唑	40mg qd
	雷贝拉唑	10mg qd
	埃索美拉唑	20mg qd
保护胃黏膜药物	硫糖铝	1g qid
	米索前列醇	200mg qid

注:qN 为每晚 1 次;bid 为每日 2 次;qd 为每日 1 次;qid 为每日 4 次。

1)抑制胃酸药物:抗酸药具中和胃酸作用,可迅速缓解疼痛,但一般剂量难以促进溃疡愈合,目前多作为加强止痛的辅助治疗。H_2RA 主要通过选择性竞争结合 H_2 受体,使壁细胞分泌胃酸减少。这类药物价格较 PPI 便宜,临床上适用于根除幽门螺杆菌疗程完成后的后续治疗,以及预防溃疡复发的长程维持治疗。PPI 使壁细胞分泌胃酸的关键酶 H^+-K^+-ATP 酶不可逆失活,抑酸作用较 H_2RA 强而持久。对根除幽门螺杆菌治疗,PPI 与抗生素的协同作用较 H_2RA 好,因此是根除幽门螺杆菌的治疗方案中的最常用的基础药物。

2)保护胃黏膜治疗:硫糖铝和枸橼酸铋钾目前已少作治疗消化性溃疡的一线药物。枸橼酸铋钾(胶体次枸橼酸铋)因兼有较强的抑制幽门螺杆菌作用,可作为根除幽门螺杆菌联合治疗方案的组成部分。米索前列醇亦具有增加胃黏膜防御能力的作用,主要用于 NSAID 溃疡的预防。

(2)根除幽门螺杆菌治疗

1)根除幽门螺杆菌的治疗方案:对于 Hp 阳性的消化性溃疡患者,应首先给予根除 Hp 治疗。目前尚无单一药物可有效根除 Hp,必须采用抗生素(克拉霉素、阿莫西林、甲硝唑或替硝唑、四环素、呋喃唑酮、左氧氟沙星)和起协同作用的 PPI 或胶体铋剂联合应用的治疗方案,常采用三联疗法,简述见表 39-2。这些方案中,以 PPI 加克拉霉素再加阿莫西林或甲硝唑的方案根除率最高。治疗失败后的再治疗比较困难,可换用另外两种抗生素,或采用 PPI 和胶体铋合用再加四环素(500mg/d,每天 1 次)和甲硝唑的四联疗法。

2)根除幽门螺杆菌治疗结束后的抗溃疡治疗:在根除幽门螺杆菌疗程结束后,继续给以一个常规疗程的抗溃疡治疗(如 DU 患者予 PPI 常规剂量、疗程 2 ~ 4 周,或 H2RA 常规剂量、疗程 4 ~ 6 周;GU 患者予 PPI 常规剂量、疗程 4 ~ 6 周,或 H2RA 常规剂量、疗程 6 ~ 8 周)较理想。

3)根除幽门螺杆菌治疗后复查:在根除幽门螺杆菌治疗结束后至少 4 周后进行,且在检查前已停用 PPI 或铋剂 2 周。

(3)NSAID 溃疡的治疗　对服用 NSAID 后出现的溃疡,如情况允许应立即停用 NSAID,如不允许可换用黏膜损伤少的 NSAID,如特异性 COX-2 抑制剂(如塞来西布)。然后选用 PPI 治疗。

表 38-2　根除 Hp 的三联疗法方案

质子泵抑制剂或胶体铋	抗菌药物
PPI 常规剂量的倍量/日 (如奥美拉唑 40mg/d) 枸橼酸铋钾(胶体次枸橼酸铋)480mg/d (选择一种)	克拉霉素 1000mg/d 阿莫西林 200mg/d 甲硝唑 800mg/d (选择两种)
上述剂量分 2 次服,疗程 7 ~ 14 天	

(4)外科手术治疗　适应症:①胃十二指肠溃疡急性穿孔;②胃十二指肠溃疡急性大出血;③胃十二指肠溃疡瘢痕性幽门梗阻;④溃疡病恶变;内科治疗无效者。

手术治疗胃十二指肠溃疡的目的:治疗溃疡、消灭症状、防止复发。常用手术方式有:

1)胃大部切除术:适用于治疗胃十二指肠溃疡。

①切除范围:此法切除胃的远侧 2/3 ~ 3/4,包括胃体大部,整个胃窦部,幽门和十二指肠球部。

②治疗溃疡病的理论根据:切除了大部分胃体,使分泌胃酸和胃蛋白酶的腺体大为减少;切除了整个胃窦部黏膜,清除了由胃泌素引起的胃酸分泌;切除了十二指肠球部、胃小弯附近及胃窦部等溃疡好发部位。

③手术方式:见图 39-1。

毕罗(Billroth)氏Ⅰ式:是在胃大部切除后将胃的剩余部分与十二指肠切端吻合。优点是:操作简便,吻合后胃肠道接近于正常解剖生理状态,术后并发症少。多用于胃溃疡。

毕罗(Billroth)氏Ⅱ式:是在胃大部切除后,将十二指残端闭合,而将胃的剩余部分与空肠上段吻合。优点是:胃切除多少不因吻合的张力而受限制,胃体可以切除较多。溃疡复发的机会较少。临床上应用较广,适用于各种情况的胃十二指肠溃疡,特别用于十二指肠溃疡。缺点是:手术操作比较复杂,胃空肠吻合后解剖生理的改变较多,引起并发症的可能性较多。

2)迷走神经切断术:适用于十二指肠溃疡。

①原理:通过切断迷走神经,消除神经性胃酸分泌,达到治愈十二指肠溃疡的目的。

②手术术式

迷走神经干切断术:约在食管裂孔水平,将左、右2支迷走神经干分离并切除,再行胃空肠吻合或幽门成形术等。

选择性迷走神经切断术:将胃左迷走神经分出肝支及胃右迷走神经分出腹腔支以后,加以切断,须加行幽门成形术。

高选择性胃迷走神经切断术:仅切断胃近端支配胃体、胃底的壁细胞的迷走神经,而保留胃窦部的迷走神经,不需附加引流术。目前最常用。

5.心理-社会状况

因病情反复发作,患者有焦虑或担心癌变等恐惧心理,应评估患者及家属对疾病的认识程度,有无焦虑或恐惧等心理,了解患者家庭经济状况和社会支持情况。

【护理诊断及医护合作性问题】

1.腹痛

与胃酸刺激溃疡面引起化学性炎症反应有关。

2.焦虑

与疾病反复发作、病程迁延有关。

3.营养失调

低于机体需要量与疼痛致摄入量减少及消化吸收障碍有关。

4.知识缺乏

缺乏有关消化性溃疡病因及预防知识。

5.潜在并发症

穿孔、幽门梗阻、癌变、上消化道大量出血、感染、吻合口破裂或瘘、术后梗阻、倾倒综合征等。

【护理目标】

1.患者能应用缓解疼痛的方法和技巧,疼痛减轻或消失.

2.患者焦虑缓解或减轻。

3.患者的营养状况改善。

4.患者和家属掌握疾病及其康复知识,能主动配合护理。

5.并发症能得到预防或及时发现和处理。

【护理计划与实施】

1.非手术治疗护理

(1)一般护理　帮助患者认识和去除病因:向患者解释疼痛的原因,指导和帮助患者减少或去除加重和诱发疼痛的因素:①对服用非甾体类抗炎药者,应停药;②避免暴饮暴食和食用刺激性饮食;③对嗜烟酒者,劝其戒除。

(2)疼痛护理　注意观察及详细了解患者疼痛的规律和特点,并按其特点指导缓解疼痛的方法。如DU表现为空腹痛或午夜痛,患者可准备制酸性食物(苏打饼干等)在疼痛前进食,或服用制酸剂以防疼痛。也可采用局部热敷或针灸止痛等。在症状较重时,嘱患者卧床休息,可使疼痛等症状缓解。病情许可的患者则应鼓励适当活动,以分散注意力。

(3)饮食调理　指导患者建立合理的饮食习惯和结构,可有效避免疼痛的发作。

1)进餐方式:患者应定时进食,以维持正常消化活动的节律,在溃疡活动期,宜少食多餐,避免餐间零食和睡前进食,使胃酸分泌有规律。饮食不宜过饱,以免胃窦部过度扩张而增加促胃液素的分泌。一旦症状得到控制,应尽快恢复正常的饮食规律。进餐时注意细嚼慢咽,咀嚼可增加唾液分泌,后者具有稀释和中和胃酸的作用。

2)食物选择:选择营养丰富,易于消化的食物。症状较重的患者可以面食为主,因面食较柔软、易消化,且含碱,能有效中和胃酸,不习惯于面食则以软米饭或米粥代替。由于蛋白质类食物具有中和胃酸作用,可摄取适量脱脂牛奶,宜安排在两餐间饮用,但牛奶中的钙质反过来刺激胃酸分泌,故不宜多饮。脂肪到达十二指肠时虽能刺激小肠黏膜分泌肠抑胃液素,抑制胃酸分泌,但同时又可引起胃排空减慢,胃窦扩张,致胃酸分泌增多,故脂肪摄取也应适量。避免食用机械性刺激强的食物(生、冷、硬,粗纤维多的蔬菜、水果,如葱头、韭菜、芹菜等)和化学性刺激强的食物(如浓肉汤、咖啡、浓茶和辣椒、酸醋等调味品)。

(4)用药护理　遵医嘱给患者进行药物治疗,并注意观察药效及不良反应。

(1)抗酸药:如氢氧化铝凝胶,应在饭后1小时和睡前服用。服用片剂时应嚼服,乳剂给药前应充分摇匀。抗酸药应避免与奶制品同时服用,因两者相互作用形成络合物。酸性的食物及饮料不宜与抗酸药同服。氢氧化铝凝胶能阻碍磷的吸收,引起磷缺乏症,表现为食欲不振、软弱无力等症状,甚至可导致骨质疏松。长期服用还可引起严重便秘、代谢性碱中毒与钠潴留,甚至造成肾损害。服用镁制剂则易引起腹泻。

2)H_2受体拮抗剂:药物应在餐中或餐后即刻服用,也可把一日剂量在睡前服用。如需同时服用抗酸药,则两药应间隔1小时以上。如静脉给药时应注意控制速度,速度过快可引起低血压和心律失常。药物可从母乳排出,哺乳期应停止用药。西咪替丁对雄激素受体有亲和力,可产生男性乳腺发育、阳痿以及性功能紊乱。肾脏是其主要排泄器官,应用期间应注意患者肾功能。此外,少数患者还可出现头痛、头晕、疲倦、腹泻、皮疹及精神反应,如出现上述反应,需及时协助医生进行处理。其他药物不良反应少。

3)其他药物:奥美拉唑可引起头晕,特别是用药初期,应嘱患者用药期间避免开车或做其他必须高度集中注意力的工作。硫糖铝片宜在进餐前1小时服用,可有便秘、口干、皮疹、眩晕、嗜睡等不良反应。因其含糖量较高,糖尿病患者应慎用。不能与多酶片同服,以免降低两者的效价。枸橼酸铋钾在酸性环境中起作用,宜在餐前半小时服用,因其可使齿、舌变黑,应用吸管吸入,部分患者服药后出现便秘及大便黑色,停药后消失。胶体铋应避免长期使用,因会蓄积引起神经毒性。阿莫西林使用前应询问患者有无青霉素过敏史,服用过程中应注意有无皮疹等过敏变反应。甲硝唑可引起胃肠道反应。

温馨提示:抗酸药餐后1小时服用;促胃动力药餐前1小时服用;硫酸亚铁餐后服用,以减少胃肠道反应;柳氮磺吡啶餐后服用;硫脲类药物饭前半小时服用;双胍类药物餐后服用;阿卡波糖与第一口饭同服。

2.手术治疗的护理

(1)术前护理　除常规术前护理准备工作外,重点做好以下几点。

1)心理护理:对患者的担心表示理解和同情,宽慰患者,使之保持良好的心理状态。向患者及其家属解释手术方式、原理及有关注意事项,增加对手术的了解和信心,对胃溃疡的患者,注意保护性医疗制度。

2)饮食:根据患者情况,指导患者饮食应少量多餐,给予高蛋白、高热量、富含维生素、易消化、无刺激的食物。

3)对溃疡大出血患者的护理:严密观察呕血、便血情况,并判断记录出血量;监测生命体征变化,观察有无口渴、四肢发冷、尿少等循环血量不足的表现。患者应取平卧位,禁食,及时输血、输液,应用止血药物。若患者过于紧张,可给予镇静剂。做好急诊术前准备。

4)对溃疡病急性穿孔患者的护理:患者立即禁食禁饮,胃肠减压,减少肠道内容物继续流入腹腔;监测生命体征、腹痛、腹膜刺激征及肠鸣音等变化。若患者有休克症状,应平卧。根据医嘱及时补充液体和应用抗生素,维持水、电解质平衡和抗感染治疗。做好急诊术前准备。

5)幽门梗阻患者的护理:完全性梗阻患者禁食禁饮,不完全梗阻者,给予无渣半流质,以减少胃内容物潴留。遵医嘱输血补液,改善营养状况,纠正低氯、低钾性碱中毒。做好术前准备,术前3天每晚用300～500ml温生理盐水洗胃,以减轻胃壁水肿和炎症,以利于术后吻合口愈合。

6)对拟行迷走神经切除术患者的护理:术前测定患者的胃酸,包括夜间12小时分泌量、最大分泌量及胰岛素试验分泌量,以供选择手术方法参考。

(2)术后护理

1)一般护理

①体位与活动:患者术后取平卧位,血压平稳后取低半坐卧位。卧床期间,帮助患者翻身,病情允许,应鼓励患者早期下床活动,活动量因人而异。

②饮食:术后应禁食、胃肠减压,肛门排气后拔管。患者拔出胃管当日可少饮少量水或米汤;第二日进半量流质饮食,如患者无腹痛、腹胀等不适,第3天进全量流质,第4天可进半流质饮食,以稀饭为好,第10～14天可进软食。少进食牛奶、豆类等产气食物,忌生、冷、硬及刺激性食物。进食应少量多餐,循序渐进,每日5～6餐,逐渐减少进餐次数并增加每次进餐量,逐渐过渡到正常饮食。

③合理补液:禁食期间应维持水、电解质平衡;记录24小时出入量,以便保证合理补液。若患者营养状况差或贫血,应补充血浆或全血,以利于吻合口和切口愈合。

2)病情观察:监测生命体征,每30分钟一次,病情平稳后延长间隔时间。针对患者疼痛的性质,适当使用止痛药物。为预防感染,使用抗生素。

3)引流管护理:妥善固定胃肠减压管和各种引流管,保持通畅,尤其是胃管保持负压状态。观察并记录胃管和引流管引流液体的颜色、性质和量。

4)胃大部切除术后并发症及护理

①吻合口出血:观察生命体征及胃肠减压引出液的性状和量。手术后有少量暗红或咖啡色胃液引起,属正常现象,一般24小时内自行停止。若术后短期(24～48小时)内胃管引出大量鲜血,甚至呕血或黑便,应考虑吻合口出血。内科治疗无效者,则手术治疗。

②十二指肠残端破裂:是毕罗Ⅱ式胃切除术后早期最严重的并发症。多发生在手术后4～6日。表现为右上腹突发剧烈疼痛和局部或全腹明显压痛、反跳痛、腹肌紧张等腹膜炎症状;右上腹穿刺可抽出胆汁样液体。一

旦确诊,需立即手术治疗,行十二指肠残端造口引流术。另外,放置残端周围烟卷引流。术后做好营养支持及造口周围皮肤护理。

③胃肠吻合口破裂或瘘:少见,术后早期并发症。多发生在术后5～7日,大多由于缝合不良,吻合口处张力过大、低蛋白血症、组织水肿等原因所致。一旦发生常引起严重的腹膜炎,必须立即进行手术修补;若周围组织已发生粘连,则形成局部脓肿和外瘘,应给予脓肿外引流,并加强胃肠减压,加强营养和支持疗法,促进吻合口瘘自愈,必要时再次手术。

④术后梗阻:吻合口梗阻:分机械性梗阻和胃排空障碍两种。表现为进食后呕吐、呕吐物不含胆汁。经禁食、胃肠减压、补液等措施,多可缓解;胃吻合口排空障碍,切忌再次手术。

输入段肠襻梗阻:有急、慢性两种类型。急性完全性输入段肠襻梗阻为闭襻性肠梗阻,易发生肠绞窄,病情极重。表现为突发剧烈腹痛,呕吐频繁,量少,不含胆汁,上腹偏右有压痛及包块,随后可出现烦躁、脉速和血压下降,应及早手术治疗。慢性不完全性输入段肠襻梗阻表现为餐后半小时左右上腹胀痛或绞痛,伴大量呕吐,呕吐物主要为胆汁,几乎不含食物,呕吐后症状缓解消失。多数采用非手术疗法,如禁食、胃肠减压、营养支持等。少数需再次手术。

输出段肠襻梗阻:表现为上腹饱胀、呕吐食物和胆汁、不能进食,先行非手术治疗,无效时再手术治疗。经钡餐检查,可明确梗阻的部位。

⑤倾倒综合征与低血糖综合征:倾倒综合征:表现为进甜流质饮食后10～20分钟出现剑突下不适、心悸、乏力、出汗、头晕、恶心、呕吐甚至虚脱,常伴有腹部绞痛及腹泻,餐后平卧10多分钟,症状可缓解。原因:一是残胃缺乏固定,进食过量后,胃肠韧带或系膜受到牵拉,因而刺激腹腔神经丛引起症状,所谓机械因素;二是大量高渗食物进入空肠后,在短期内可以吸收大量的液体,致使血容量减少。处理方法:告知患者应少量多餐,避免过甜、过咸、过浓流质食物,进餐后平卧10～20分钟。多数半年至一年自愈。

低血糖综合征:多发生在进食后2～4小时,表现为心慌、乏力、眩晕、出汗、手颤、嗜睡,也可导致虚脱。原因:由于食物过快地进入空肠内,葡萄糖迅速被吸收,血糖过度增高,刺激胰腺产生过多胰岛素,而继发生低血糖现象。处理方法:告知患者出现症状时,进少量软食,尤其是糖类,即可缓解,少食多餐可减少发生。

5)迷走神经切断术后并发症及护理

①吞咽困难:常在手术后早期开始进固体食物时出现。告知患者大多于术后1～4个月自行缓解。

②胃潴留:多在术后3～4日,拔除胃管后出现症状。一般在术后10～14天之内逐渐自行消失。出现症状后,应禁食、持续胃肠减压、输液、温热高渗盐水洗胃,也可用新斯的明促进胃蠕动。

③胃小弯坏死穿孔:表现为急性腹膜炎症状,积极术前准备,立即手术修补。

④腹泻:应调节饮食或服用助消化药及收敛剂,告知患者多于术后数月内自愈。

3.健康教育

(1)向患者及家属讲解引起和加重溃疡病的相关因素。

(2)指患者者保持乐观的情绪、规律的生活,避免过度紧张与劳累。

(3)指导患者建立合理的饮食习惯和结构,戒除烟酒,避免摄入刺激性食物。

(4)嘱患者慎用或勿用致溃疡药物,如阿司匹林、咖啡因、泼尼松等。

(5)指导患者按医嘱正确服药,学会观察药效及不良反应,不随便停药,以减少复发。

(6)嘱患者定期复诊,若上腹疼痛节律发生变化并加剧,或者出现呕血、黑便时,应立即就医。

【护理评价】

1.患者的疼痛是否得到缓解或控制。

2.患者的情绪是否稳定。

3.患者的营养状况是否得到改善。

4.患者和家属是否掌握疾病及其康复知识,能否主动配合护理。

5.并发症能否得到预防或及时发现和处理。

第四节　胃癌患者的护理

案例导入

患者，男，42岁。出租车司机，有胃溃疡病史15年。近半年来自觉上腹部不适，进食后饱胀感。食欲较差，体重减轻6kg而入院就诊。

1.首先考虑该患者为何种疾病?

2.为明确诊断应考虑做哪些辅助检查?

3.该患者经胃镜检查确诊为胃癌，拟行根治术。但患者思想顾虑重重，不愿配合手术前准备工作，护士应如何做好其心理护理工作?

学习目标

知识目标　能说出胃癌的分期、转移途径、身心状况、诊治原则。

能力目标　能够提出正确的护理诊断，并能够为患者提供合适的护理措施。

素质目标　学习过程中体现对患者的关心。

【概述】

胃癌(Gastric cancer)是我国最常见的恶性肿瘤之一，全国平均年死亡率约为16 ~ 21/10万，居消化道肿瘤死亡原因的首位。其发病率在不同年龄、不同地区和种族间有较大差异。本病的高发年龄为40 ~ 60岁，男性居多，男女之比为2 ~ 3 : 1。日本、智利、俄罗斯和冰岛为高发地区，我国发病率亦较高。一般而言，有色人种比白种人易患本病。胃癌起病隐匿，临床表现缺乏特异性，早期诊断较为困难。

1.病因

胃癌的病因迄今尚未完全阐明，一般认为与以下因素有关:

(1)胃的慢性疾病　慢性胃溃疡的恶变率为5%，萎缩性胃炎患者胃黏膜常伴肠上皮化生，并可出现典型性增生，约10%最终并发胃癌。胃息肉的恶变率为10%，特别是直径超过2cm者。这些易恶变的疾病和状态，与残胃癌等均被视为“癌前病变”。

(2)环境、饮食与遗传因素　胃癌的发生因地区和人种等的不同出现相对高发区，表明生活方式、饮食习惯等对其发生有较大影响。流行病学研究结果表明，长期食用霉变粮食、霉制食品、咸菜、烟熏和腌制鱼肉以及高盐食品，可增加胃癌发生的危险性。另外有调查发现A型血者发生率高于其他血型，胃癌又常见于近亲中，说明遗传在胃癌发生中的作用。

(3)胃幽门螺旋杆菌　大量流行病学资料提示，Hp感染人群胃癌的发生率是Hp阴性者的3 ~ 6倍。

2.病理生理

胃癌好发于胃窦部，其次为贲门部，胃体部较少。绝大多数为腺癌，其他包括腺磷癌、磷癌、未分化癌和类癌。根据肿瘤侵犯胃壁的程度，可分为早期和进展期胃癌。

早期胃癌指病变仅侵犯黏膜及黏膜下，不论病灶大小及是否淋巴转移。其中局限于黏膜内者为原位癌。肉眼形态分为隆起型、浅表型和凹陷型以及混合型。进展期胃癌指病变超过黏膜下层，又称为中晚期胃癌。按国际传统的Borrmann分类法分为四型:①结节型:凸入胃腔的菜花状肿块，边界清楚;②溃疡局限型:边缘清楚、略隆或中央凹陷的溃疡;③浸润型:边缘不清的溃疡，癌组织向四周浸润;④弥漫浸润型:癌组织沿胃壁向四周浸润生长，使其变厚、僵硬，胃腔缩窄，如革袋状。此型恶性程度最高，转移最早，预后最差。

胃癌的转移途径有直接浸润、淋巴转移、血行转移和腹腔种植等。直接浸润是胃癌向纵深浸润发展，穿破浆膜后侵犯临近组织和器官;淋巴转移是胃癌的主要转移途径，发生较早，胃黏膜下有丰富的淋巴网，癌细胞可沿淋巴管转移至所属区域，甚至直接侵犯远处淋巴结;血行转移多发生于晚期，最常见的是肝转移，其他如肺、脑、肾、骨、皮下组织等;腹腔种植是癌细胞穿透浆膜层，脱落种植于腹膜、大网膜或其他脏器表面，广泛散播可形成血性腹水。根据胃癌的转移情况,采用国际抗癌联盟制定的PTNM标准进行分期,可分为Ⅰ~Ⅳ期,对治疗方法的选择具有重要意义。

【护理评估】

1.健康史

了解患者一般情况,包括患者的年龄、性别、性格特征、职业、饮食习惯,以及用药史(特别是皮质类固醇药物及非甾体类抗炎药等);同时了解患者家族中有无胃癌或其他肿瘤患者;对于既往有慢性胃病者应掌握疾病相关内容,特别是溃疡、慢性萎缩性胃炎、胃息肉及胃部手术史等可能诱发肿瘤的"癌前病变"。另外,应询问患者的饮食、烟酒嗜好等,了解患者是否喜好熏烤、腌制食品等。

2.身体状况

(1)症状　早期可无明显表现,最常见的初发症状是嗳气、返酸、食欲减退、上腹不适等,类似慢性胃炎或十二指肠溃疡的非特异性表现。进展期胃癌患者出现上腹部痛,可急可缓,无明显规律;有时为上腹饱胀不适,餐后加重,继而隐痛,偶呈节律性溃疡样痛,最后逐渐加重不能缓解。

因癌肿的部位不同,临床症状不尽相同。胃窦部癌肿导致幽门部分或全部梗阻时,可表现为恶心、餐后饱胀、呕吐等。贲门癌肿累及食道下端时可出现吞咽困难。胃壁受累时可有易饱感。溃疡性胃癌、癌肿破溃或侵犯血管时,可有出血;一般仅为粪便隐血试验阳性,出血量较多时可有黑便,少数患者出现呕血。

晚期患者因胃纳差、进食减少,以及癌肿导致的异常代谢和全身消耗,患者出现消瘦、乏力、贫血,最后表现为恶病质。如癌肿转移到身体其他脏器可出现相应症状;如转移到骨骼时,可有全身骨骼剧痛,如转移到胰腺可出现持续性上腹痛并放射至背部。

(2)体征　早期患者无明显体征,偶可查到上腹部深压痛。进展期胃癌可扪及上腹部肿块,多位于上腹部右侧,呈结节状,坚实有压痛。如出现肝脏等远处转移时,可有肝肿大、腹水、锁骨上淋巴结肿大;如直肠前凹种植转移时,直肠指诊可触到肿块。

3.辅助检查

(1)实验室检查　血常规检查多数患者有缺铁性贫血;大便隐血试验持续阳性;胃液分析在进展期胃癌患者表现为无酸或低胃酸分泌。

(2)X线钡餐检查　目前仍为诊断胃癌的常用方法。浸润性胃癌可见胃壁僵直,蠕动消失,呈狭窄的"革袋状胃"。

(3)纤维胃镜检查　是诊断早期胃癌的有效和可靠的方法,可在内镜直视下观察病变部位,并进行活检确定诊断。

4.心理-社会状况

了解患者的心理状况,包括对癌症的认识和接受程度,掌握患者的情绪反应,是否出现恐惧、愤怒、否认、消沉等不良情绪,观察患者对治疗的配合程度;同时了解疾病对经济、工作状况、家庭关系、社会关系的影响,以及家人及社会对患者的反应和支持。

5.处理原则

早期发现、早期诊断和早期治疗是提高胃癌疗效的关键,手术治疗仍是首选方法,对中晚期患者可辅以化疗、放疗及免疫治疗等。

(1)手术治疗　按肿块部位及转移的情况,可实施根治性或姑息性手术。

(2)内镜下治疗　原位癌可在胃镜下行胃黏膜病灶切除;早期胃癌可在内镜下用电灼、激光或微波做局部灼除;中晚期胃癌不能手术者,可在内镜下局部注射抗肿瘤药物、无水乙醇或免疫增强剂等。

(3)其他治疗　全身治疗有化疗、生物免疫治疗、中医中药治疗等,局部治疗有放疗、腹腔灌注疗法、动脉介入治疗等。化疗是最主要的一种辅助治疗方法。

【护理诊断及医护合作性问题】

1.恐惧、焦虑

与环境改变、手术治疗、恶性疾病诊断及预后不佳、死亡威胁等有关。

2.疼痛

与肿瘤侵蚀组织、手术创伤有关。

3.营养失调

低于机体需要量与胃肠消化功能减退、进食不足、术后禁食、机体代谢率增加等有关。

4.潜在并发症

上消化道出血、穿孔、梗阻、吻合口瘘、感染、伤口裂开等,与肿瘤侵蚀或手术创伤有关。

5.知识缺乏

与缺乏胃癌治疗和护理的知识有关。

【护理目标】

1.患者恐惧、焦虑减轻或得到控制，患者能够理解和讨论疾病及治疗的选择。

2.患者疼痛缓解或减轻，患者的疼痛控制在2～3分(采用1分制的疼痛评分表)。

3.保证足够的营养摄入以满足代谢需求，维持患者体重和水、电解质平衡。

4.患者并发症得到预防、及时发现与处理。

5.患者能配合护理，复述术后康复知识，与护理人员共同制订并执行康复计划。

【护理计划与实施】

1.一般护理

(1)疼痛护理　观察疼痛的性质、程度、持续时间、伴随症状等，并采取有效措施控制疼痛。如为晚期肿瘤引起的癌痛，应采取国际规定，采取循序渐进的方式，制订镇痛药使用的计划，有效缓解疼痛，提高患者的生活质量。对于术后疼痛，可采用非药物治疗结合药物治疗的方法，包括分散注意力、指导性想象、行为疗法、针灸等，使用药物因密切观察用药反应，按需给药，及时停药，减少药物依赖和不良反应。必要时还可采用自控镇痛泵，有效缓解疼痛。

(2)饮食和营养　术前患者有消化道不适症状，以及可能存在的出血、溃疡及梗阻情况影响食物的正常摄入，应采取有效措施缓解症状，并鼓励患者少量多餐，进食高蛋白、高热量、富含维生素、易消化、无刺激的饮食，为手术做好准备。术后应根据患者恢复情况，制订周密的饮食和营养计划，从禁食、流质，逐渐过渡到半流质，量由少到多，并密切观察各个阶段的反应。饮食应选择柔软、少渣、易消化食物，忌产气、生冷、刺激食物，每日少量、多餐，定时定量。必要时可采用完全胃肠外营养(TPN)，及时提供充分的营养支持。

2.术后并发症的护理

见本章胃大部切除术后患者护理。

3.心理护理

术前应向患者解释胃癌的相关知识，根据患者个体情况提供信息、帮助。分析有利条件和因素，帮助患者接受事实并增强对治疗和预后的信心。同时应向患者讲述手术相关的知识，包括手术环境、方法、相关人员和需要的配合等，并介绍成功的手术案例，克服对手术的恐惧。术后应向患者解释各种治疗、护理措施的方法和作用，包括引流管、用药等，取得患者配合，告知治疗的进程和可能出现的反应，减少因不了解造成的恐惧和担忧。

4.健康指导

(1)帮助患者树立战胜癌症的信心和决心，保持积极、良好的情绪。

(2)指导患者制订康复计划，尤其是饮食计划。

(3)指导患者戒除烟酒、劳逸结合，避免刺激胃肠道的食物，帮助患者养成良好的生活习惯。

(4)指导患者正确服药，缓解不适症状，教会患者预防和处理并发症的方法，提高生活质量。

(5)嘱患者定期门诊随访，若有不适及时就诊。

【护理评价】

1.患者心理状况是否正常，恐惧、焦虑减轻的程度，情绪是否稳定。

2.患者疼痛是否得到缓解，疼痛主诉是否减少。

3.患者营养状况有无改善，水、电解质是否维持平衡。

4.并发症是否得到预防、及时发现和处理。

5.患者和家属是否掌握疾病及其康复知识，能否主动配合护理。

（吴良红）

第三十九章　下消化道疾病患者的护理

第一节　肠梗阻患者的护理

案例导入

患者，男，55岁，昨晚暴饮暴食后出现脐周阵发性腹部绞痛伴呕吐，有轻度腹胀，肛门停止排气、排便。查体：腹部可见肠型和肠蠕动波，脐周有压痛，肠鸣音亢进。询问病史患者去年曾做过阑尾切除术。

1.结合患者的健康史、身体状况，初步考虑为何种类型肠梗阻？

2.为进一步明确诊断，患者还需配合做哪些辅助检查？

3.该患者入院后，护士应着重从哪些病例资料，提出其主要护理问题有哪些？如何与其他机械性肠梗阻进行鉴别比较？

4.若患者需进行非手术治疗，最重要的护理措施是什么？如何做好病情观察，哪些指征提示了绞窄性肠梗阻的存在，一旦发生，应如何处理？

5.若患者因绞窄性肠梗阻，在硬麻下行“肠切除吻合术”后第3天，患者主诉腹部胀痛，查体：T39.5℃，腹部切口明显红肿，WBC13×10^9/L，护士观察其腹腔引流管时见多量恶臭液体流出，应考虑出现了何种并发症？并采取何种处理措施？

学习目标

知识目标　能说出肠梗阻的身心状况、常见机械性肠梗阻的评估要点和护理措施。

能力目标　能够提出正确的护理诊断，并能够为患者提供合适的护理措施。

素质目标　学习过程中体现对患者的关心。

【概述】

小肠始于幽门，下接盲肠，正常成人的小肠全长5～7m。小肠包括十二指肠、空肠及回肠。小肠肠壁的组织结构由内向外分黏膜、黏膜下层、肌层、浆膜4层。小肠的血液供应来自腹主动脉的分支肠系膜上动脉。小肠的静脉与动脉类似，集合形成肠系膜上静脉，汇合脾静脉而成门静脉干。

肠梗阻（Intestinal Obstruction）是指肠内容物不能正常运行、顺利通过肠道，为常见急腹症，可因多种因素引起。

1.病因及分类

（1）按梗阻的原因可分为

1）机械性肠梗阻：在临床上最常见，由于机械因素造成肠腔狭窄或闭塞致使肠内容物不能通过。主要原因有：

①肠腔堵塞：如结石、粪块、寄生虫、异物等堵塞所致。

②肠管外受压：如肠粘连、肠扭转、嵌顿性疝或受肿瘤压迫。

③肠壁病变：如肠肿瘤、肠套叠、先天性肠道闭锁等。

2）动力性肠梗阻：无器质性肠腔狭窄，主要由于神经反射或毒素刺激所引起肠壁肌层功能紊乱，肠蠕动丧失或肠管痉挛而致使肠内容物不能运行。又可分为：

①麻痹性肠梗阻：亦称无动力性肠麻痹。常见于急性弥漫性腹膜炎、低钾血症及某些腹部手术后。

②痉挛性肠梗阻：比较少见，可继发于尿毒症、重金属中毒和肠功能紊乱。

3）血运性肠梗阻：肠管无机械性阻塞，由于肠管局部血液循环障碍致肠功能受损、肠内容物通过障碍。见于肠系膜血管血栓形成或栓塞，较少见。

（2）按肠壁血供有无障碍可分为

1）单纯性肠梗阻：仅有肠腔阻塞而无肠壁血供障碍。

2)绞窄性肠梗阻:肠梗阻时同时伴有肠壁血供障碍。

(3)按梗阻发生的部位分为　高位(如空肠上段)和低位(回肠末端和结肠)两种。

(4)按梗阻的程度可分为　完全性梗阻与不完全性(或部分性)梗阻。

(5)按起病的缓急可分为　急性肠梗阻与慢性肠梗阻。

肠梗阻在病情变化过程中,上述类型是可以相互转换的。

2.病理生理

肠梗阻病理生理的改变严重程度视梗阻部位的高低、梗阻时间的长短以及肠壁有无血液供应障碍而不同。

(1)肠管的局部变化

1)肠蠕动增强:单纯性机械性肠梗阻一旦发生,梗阻以上部位肠蠕动增强,以克服肠内物通过障碍。

2)肠腔积气、积液、扩张:液体主要来自于胃肠道分泌液;气体大部分是咽下的空气,部分是由血液弥散至肠腔内和肠道内容物经细菌分解或发酵产生。梗阻以上的肠腔因积液积气而扩张、膨胀。梗阻部位越低,时间越长,肠膨胀越明显。梗阻以下的肠管则瘪陷、空虚或仅存少量粪便。

3)肠壁充血水肿、血运障碍:肠管膨胀,肠壁变薄,肠腔内压力升高到一定程度时可使肠壁血运障碍。最初为静脉回流受阻,肠壁的毛细血管及小静脉瘀血,肠壁充血、水肿、增厚、呈暗红色。由于组织缺氧,毛细血管通透性增加,肠壁上有出血点,并有血性渗出液渗入肠腔和腹腔。继而出现动脉血运受阻,血栓形成,肠壁失去活力,肠管成紫黑色。腹腔内出现带有粪臭的渗出液。肠管最终缺血坏死而破溃、穿孔。

(2)全身性改变

1)体液和电解质的丢失:肠梗阻时肠膨胀可引起反射性呕吐。高位小肠梗阻时呕吐频繁,大量水分和电解质被排出体外。低位肠梗阻,呕吐虽远不如高位者少见,但因肠黏膜吸收功能降低而分泌液量增多,梗阻以上肠腔中积留大量液体,这些液体封闭在肠腔内不能进入血液,等于体液的丢失。此外,过度的肠膨胀影响静脉回流,导致肠壁水肿和血浆外渗。在绞窄性肠梗阻时,血和血浆的丢失尤其严重。此外,体液的丢失伴随着电解质的丢失,胆汁、胰液及肠液均为碱性;而组织灌注不良,酸性代谢产物增加,尿量减少,易引起严重代谢性酸中毒。大量钾的丢失可使肠壁肌活力减退,加重肠膨胀。

2)感染和毒血症:梗阻以上的肠腔内细菌繁殖并产生大量毒素以及肠壁血运障碍导致其通透性增加,易引起腹腔感染,并经腹膜吸收引起全身性感染或中毒。严重的腹膜炎和毒血症是导致肠梗阻患者死亡的主要原因。

3)呼吸和循环功能障碍:肠腔内大量积气、积液引起腹内压升高,膈肌上抬,影响肺的通气或换气功能;体液丧失、血液浓缩、细菌繁殖释放毒素等可导致微循环障碍,严重者可导致多系统功能障碍或衰竭。

【护理评估】

1.健康史

了解患者的年龄,有无饮食不当、驱蛔不当、饱餐后剧烈活动、过度疲劳等诱因,以往有无腹部手术、损伤或炎症病史。了解腹痛、腹胀出现的时间及动态变化,有无肛门排便排气;呕吐的次数及呕吐的量、颜色、性状。

2.身体状况

腹痛、呕吐、腹胀停止排便排气是肠梗阻的典型症状,但在各类肠梗阻中轻重并不一致。

(1)症状

1)腹痛:单纯性机械性肠梗阻患者表现为阵发性绞痛,是由梗阻部位以上的肠管强烈蠕动所引起,多位于腹中部持续性阵发性加剧的绞痛提示绞窄性肠梗阻或机械性肠梗阻伴有感染。麻痹性肠梗阻时表现为持续性胀痛,无绞痛。

2)呕吐:梗阻早期为反射性呕吐,吐出物多为胃内容物,呕吐因梗阻部位高低而不同,高位小肠梗阻呕吐早、频繁,吐出物为胆汁样物;低位小肠梗阻呕吐迟而少,可吐出粪臭样物结肠梗阻时,早期可无呕吐,以腹胀为主。绞窄性肠梗阻时呕吐物呈咖啡样或血性。

3)腹胀:较迟出现其程度与梗阻部位有关。高位小肠梗阻由于频繁呕吐多无明显腹胀;低位小肠梗阻及麻痹性梗阻常有显著的全腹膨胀。绞窄性肠梗阻常呈不对称的局部膨胀。

4)停止排便排气:见于急性完全性肠梗阻。但梗阻初期、高位梗阻、不全性梗阻可有肛门排便排气。血性便或果酱样见于绞窄性肠梗阻、肠套叠、肠系膜血管栓塞。

5)全身症状:单纯性肠梗阻患者一般无明显的全身症状,严重者可有脱水、低血钾等症状。绞窄性肠梗阻患者早期即有虚脱,很快出现休克伴有腹腔感染者腹痛持续并扩散至全腹,同时有畏寒发热、白细胞增多等感染和毒血症表现。

(2)体征

1)腹部:单纯性机械性肠梗阻可见腹胀、腹型和蠕动波,肠扭转时有不均匀腹胀。单纯性肠梗阻可有轻度压痛,绞窄性肠梗阻者有固定压痛和腹膜刺激征,可扪及痛性包块。绞窄性肠梗阻腹腔内有渗液,移动性浊音阳性。机械性肠梗阻时肠鸣音亢进,有气过水音或金属音;麻痹性肠梗阻或绞窄性肠梗阻后期并发腹膜炎时肠鸣音减弱或消失。

2)全身:单纯性肠梗阻早期无明显体征改变。梗阻晚期或绞窄性肠梗阻患者,可有口唇干燥、眼窝凹陷、皮肤弹性消失,少尿或无尿等明显缺水征;以及脉搏细速、血压下降、面色苍白、四肢冰凉等中毒、休克征象。

(三)辅助检查

(1)实验室检查　单纯性肠梗阻后期,血白细胞计数增加;血液浓缩后,发现患者的红细胞计数增加、血细胞比积增加、尿比重增高。绞窄性肠梗阻早期即有白细胞计数增加。水、电解质紊乱时可伴有K^+、Na^+、Cl^-等改变。

(2)影像学检查　一般在肠梗阻发生4～6小时,X线立位平片时可见胀气肠襻及多数"阶梯样"液平面;空肠胀气可见"鱼肋骨刺"状的环形黏膜纹。绞窄性肠梗阻,X线检查可见孤立、突出胀大的肠袢,不因时间而改变位置。

(3)指肠指检　若见指套染血,应考虑绞窄性肠梗阻;若触及肿块,可能为直肠肿瘤等。

4.心理－社会状况

患者可能对诊断过程中的检查产生紧张。肠梗阻引起的腹痛、腹胀、呕吐等症状会使患者出现烦躁、焦虑及恐惧。护士应帮助患者表达自己的情绪,并帮助患者了解检查结果和配合治疗。

5.几种常见机械性肠梗阻的临床特点

(1)粘连性肠梗阻　系肠粘连或肠管被腹膜腔粘连带压迫所致的肠梗阻(见图39-1),为最常见的机械性肠梗阻。常见于腹腔手术、炎症、创伤、出血、异物等引起。多为单纯性和不完全性肠梗阻,少数因粘连束带压迫,可引起绞窄性肠梗阻。

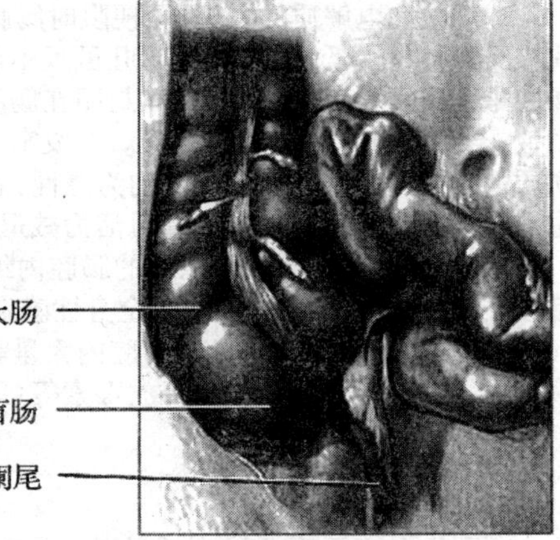

图39-1　阑尾解剖示意图

(2)肠扭转　指一段肠管沿其系膜长轴旋转而造成的闭袢性肠梗阻,因同时有肠系膜血管受压,故属绞窄性肠梗阻。最常发生于小肠,其次为乙状结肠。

1)小肠扭转:多见于男性青壮年,常在饱餐后立即进行剧烈活动而突然发病。表现为突发脐周剧烈腹部绞痛,常为持续性疼痛、阵发性加剧。腹痛常牵涉腰背部,呕吐频繁,腹胀不对称,患者早期即可发生休克。腹部检查可扪及压痛的扩张肠袢,X线可见空肠和回肠换位或"假瘤征"。

2)乙状结肠扭转:多见于老年人,既往有便秘史。表现为腹部绞痛,腹胀显著,呕吐不明显。低压生理盐水灌肠时,灌入量部位超过500ml。X线钡剂灌肠见钡剂在扭转部位受阻,尖端呈"鸟嘴"形。

(3)肠套叠　指一段肠管及其系膜套入相邻肠腔内而引起的肠梗阻。多见于2岁以内的儿童,以回结肠型(回肠末端套入结肠)最多见。常为突然发作剧烈的阵发性腹痛,伴有呕吐和果酱样血便,腹部可触及腊肠型肿块。X线空气或钡剂灌肠检查,可见"杯口状"阴影。

(4)蛔虫性肠梗阻　由于蛔虫聚集成团,并引起局部肠管痉挛而致肠腔堵塞,多为单纯性不完全性肠梗阻。多见于儿童,驱虫不当常为诱因。表现为脐周阵发性绞痛和呕吐,腹胀不明显,腹部可扪及变形、变位的条索状团块;B超与X线检查见肠腔内有虫团。

6.处理原则

肠梗阻的治疗原则是纠正因肠梗阻所引起的生理紊乱和解除梗阻,治疗方法的选择要根据肠梗阻的原因、性质、部位以及全身情况和病情严重程度而定。

(1)非手术治疗　适用于单纯性粘连性肠梗阻、动力性肠梗阻、蛔虫或粪块堵塞引起的肠梗阻,可通过基础疗法,使肠管得到休息,症状缓解,避免刺激肠管运动。

(2)手术治疗　适用于绞窄性肠梗阻、肿瘤、先天性肠道畸形引起的肠梗阻,以及经手术治疗无效的肠梗阻患者。原则是在最短时间内,以最简单的方法解除梗阻或恢复肠腔的通畅。方法包括粘连松解术、肠切开取出异物、肠切除吻合术、肠扭转复位术、短路手术和肠造口术等。

【护理诊断及医护合作性问题】

1.组织灌注量异常

与肠梗阻致体液丧失有关。

2.疼痛

与肠内容物不能正常运行或通过肠道障碍有关。

3.舒适的改变

腹胀、呕吐，与肠梗阻致肠腔积液积气有关。

4.体液不足

与呕吐、禁食、肠腔积液、胃肠减压有关。

5.潜在并发症

肠坏死、腹腔感染、休克有关。

【护理目标】

1.维持生命体征平稳。

2.患者自诉疼痛缓解。

3.缓解腹胀、呕吐不适。

4.维持水、电解质酸碱平衡。

5.预防或及时发现并发症。

【护理计划与实施】

1.非手术治疗的护理

(1)一般护理

1)体位：卧床休息，生命体征平稳后可取半卧位，使膈肌下降，有利于呼吸和循环系统功能的改善。

2)饮食：肠梗阻患者应禁食，如梗阻缓解，患者排气、排便、腹痛、腹胀消失12小时后，可进少量流质饮食，忌易产气的甜食和牛奶等。

3)心理护理：向患者解释肠梗阻发生的原因及有关治疗护理的知识，消除患者不良心理反应，增强对治疗和会理的信心。

(2)胃肠减压　是治疗肠梗阻的重要措施之一。通过持续胃肠减压，吸出胃肠道内的积气、积液，减轻腹胀、减少肠腔内的细菌和毒素，改善肠壁的血液循环，从而有利于改善局部和全身情况。胃肠减压期间注意观察和记录引流液的颜色、性状和量，如发现有血性液体，应考虑有绞窄性肠梗阻的可能。

(3)缓解疼痛　在确定无肠绞窄或肠麻痹后，可应用阿托品类抗胆碱药物，以解除胃肠道平滑肌痉挛，使患者腹痛得以缓解。但不可随意应用吗啡类止痛剂，以免影响观察病情。

(4)呕吐的护理　呕吐时应坐起或头侧向一边，及时清除口腔内呕吐物，以免误吸引起吸入性肺炎或窒息；观察记录呕吐物的颜色、性状和量。呕吐后给予漱口，保持口腔清洁。

(5)记录出入液量　准确记录输入的液体量，同时记录胃肠引流管的引流量、呕吐及排泄的量、尿量，并估计出汗及呼吸的排出量等，为临床治疗提供依据。

(6)缓解腹胀　除行胃肠减压外，热敷或按摩腹部，针灸双侧足三里穴；如无绞窄性肠梗阻，也可从胃管注入石蜡油，每次20 ~ 30ml，可促进肠蠕动。

(7)纠正水、电解质紊乱和酸碱失衡　是一项极为重要的措施。输液所需的种类和量根据呕吐情况、胃肠减压量、缺水体征、尿量，并结合血清钠、钾、虑和血气分析结果而定。

(8)防治感染和毒血症　应用抗生素可以防治细菌感染，减少毒素产生。

(9)严密观察病情变化　定时测量记录体温、脉搏、呼吸、血压，严密观察腹痛、腹胀、呕吐及腹部体征情况。如出现下列情况之一时，应考虑有肠绞窄的可能：腹痛发作急骤，起始即为持续性剧烈疼痛，或在阵发性加重之间仍有持续性剧烈疼痛，肠鸣音可不亢进，呕吐出现早、剧烈而频繁；病情发展迅速，早期出现休克，抗休克治疗后改善不显著；有明显腹膜刺激征，体温升高，脉率增快，白细胞计数增高；腹胀不对称，腹部有局部隆起或触及有压痛的肿块；呕吐物、胃肠减压抽出液、肛门排出物为血性，或腹腔穿刺抽出血性液体；经积极非手术治疗而症状体征无明显改善；腹部X线，符合绞窄性肠梗阻的特点。此类患者病情危重，多处于休克状态，一旦发生需紧急做好术前准备，为抢救患者争取时间。

2.手术治疗患者的护理

(1)手术前患者的护理　除常规术前准备外，酌情备血，术前留置鼻胃管。

(2)手术后患者的护理

1)体位与活动：根据麻醉要求，安置患者适当体位，麻醉苏醒、血压平稳后给予半卧位。鼓励患者早期下床活动，如病情稳定，术后24小时即可开始床上活动，3日后下床活动，促进肠蠕动以减少肠粘连的发生。

温馨提示：空腔脏器术后的患者，如阑尾炎、肠梗阻、疝气灯，宜早起下床活动，防止肠粘连；实质性脏器部分切除术后如肝癌术后、肾部分切除术等，宜卧床休息，防止断面出血。

2)饮食:术后禁食,禁食期间应给予补液。肠蠕动恢复并有排气后,可开始进少量流质,无不适,逐步过渡至半流质;肠吻合进食时间应适当推迟。

3)胃肠减压和腹腔引流管的护理:胃肠减压期间应妥善固定好胃管,保持胃肠通畅和减压装置有效。如有腹腔引流时,应观察记录引流液颜色、性质及量。

4)观察病情变化:术后定时观察生命体征变化,准确记录24小时出入液量。观察有无腹痛、腹胀、呕吐及排气等变化,发现异常及时报告。

5)术后并发症的观察与护理:术后尤其是绞窄性肠梗阻后,如出现腹部胀痛、持续发热、白细胞计数增高、腹部切口处红肿,以后流出较多带有恶臭味液体,应警惕腹腔内感染及肠瘘的可能,并积极处理。

3.心理护理

向患者解释肠梗阻发生的原因及有关治疗护理的知识,促使患者配合。消除其不良的心理反应,增强疾病康复的信心。

4.健康教育

告知患者注意饮食卫生,不吃不洁的食物,避免暴饮暴食。嘱患者出院后进易消化食物,少食刺激性食物;避免腹部受凉和饭后剧烈活动;保持大便通畅。老年便秘者应及时服用缓泻剂,以保持大便通畅。出院后若有腹痛、腹胀、停止排气排便等不适,及时就诊。

【护理评价】

1.生命体征是否平稳,组织灌注量是否恢复正常。

2.疼痛是否减轻。

3.患者是否舒适,腹痛、腹胀、呕吐是否得到缓解,肠蠕动是否恢复正常。

4.是否补充足够的液体,脱水或电解质酸碱失衡是否得到相应的处理。

5.并发症是否得到预防或及时发现。

第二节 急性阑尾炎患者的护理

案例导入

患者,女,28岁,已婚。6小时前出现脐周阵发性疼痛,2小时后腹痛转移至右下腹,为持续性。体格检查:T38℃,P80次/分,R18次/分,BP120/80mmHg。腹平,下腹部有压痛、反跳痛及肌紧张,以右下腹为甚。实验室检查:WBC11.3×10^9/L,N0.91。

1.初步考虑该患者为何种疾病?判断依据有哪些?

2.为明确诊断,应考虑与哪些疾病相鉴别?

3.患者入院后,护士对其身心状况进行评估后,可提出哪些主要护理问题?针对该患者应立即采取何种处理措施?如患者家属不愿配合治疗,应如何做好准备工作?

4.该患者在腰麻下行“阑尾切除术”后第3天,出现了寒战、发热,T39℃,切口胀痛,换药见切口红肿,有压痛,局部有波动感。

①考虑患者出现了何种术后并发症?

②应如何处理?

学习目标

知识目标 能说出急性阑尾炎患者的病因、身心状况及病理、治疗原则,正确为患者进行护理评估。

能力目标 能够提出正确的护理诊断,并能够为患者提供合适的护理措施。

素质目标 学习过程中体现对患者的关心。

【概述】

急性阑尾炎(Acute appendicitis)是外科常见病,是最多见的急腹症之一,多发生于青壮年,男性发病率高于女性。

阑尾位于右髂窝部,为一条细长的盲管,外形呈蚯蚓状(见图39-1)。长5～10cm,直径0.5～0.7cm。阑尾起自盲肠根部,其体表投影约在右髂前上棘与脐连线的中外1/3交界处,称为麦氏点(McBurney)。阑尾动脉来自于肠系膜上动脉,为终末动脉。阑尾静脉与动脉伴行,其血液经肠系膜上静脉回流至门静脉。阑尾儿童时期有一定的免疫功能,成人后免疫功能退化。

1.病因及发病机制

(1)阑尾管腔阻塞 是急性阑尾炎最常见的病因。引起阻塞的最常见原因:淋巴滤泡的明显增生,约占60%,多见于年轻人;粪石,约占35%;异物、炎性狭窄、食物残渣、蛔虫、肿瘤等,较少见;阑尾的解剖结构异常,如管腔细长、开口狭小等。

(2)细菌入侵 由于阑尾管腔阻塞,细菌繁殖,分泌内毒素和外毒素,使黏膜上皮受损并形成溃疡,细菌侵入壁内并沿黏膜下层扩散,引起和加重感染。致病菌多为肠道内的各种革兰阴性杆菌和厌氧菌。

2.病理生理

根据急性阑尾炎的临床过程和病理解生理变化,可分为4种类型。

(1)急性单纯性阑尾炎 为轻型阑尾炎或病变早期。病变多只限于黏膜和黏膜下层,阑尾外观轻度肿胀,浆膜充血并失去正常光泽,表面有少量纤维素性渗出物。临床症状和体征均较轻。

(2)急性化脓性阑尾炎 由单纯性阑尾炎发展而来。阑尾肿胀明显浆膜高度充血,表面覆以纤维素性(脓性)渗出物。阑尾周围的腹腔内有稀薄脓液,形成局限性腹膜炎。临床症状和体征较重。

(3)坏疽性及穿孔性阑尾炎 阑尾炎症进一步加剧,管腔严重阻塞,压力升高,管壁血运障碍,阑尾管壁坏死,呈暗紫色或黑色。严重者可发生穿孔,多在阑尾根部和尖端。如未被包裹,感染继续扩散,可引起急性弥漫性腹膜炎。

(4)阑尾周围脓肿 急性阑尾炎化脓、坏疽或穿孔时,大网膜可移至右下腹部,将阑尾包裹、粘连,形成炎性肿块或阑尾周围脓肿。

急性阑尾炎的转归有:①炎症消退;②炎症局限化;③炎症扩散。

【护理评估】

1.健康史

了解患者的年龄,既往病史,尤其注意有无急性阑尾炎发作史,了解有无与急性阑尾炎鉴别的其他器官病变如胃十二指肠溃疡穿孔、右侧输尿管结石、胆石症,及妇产科疾病等。了解患者发病前是否有剧烈活动、不洁饮食等诱因。

2.身体状况

(1)症状

1)腹痛:腹痛常始于上腹,逐渐移向脐部,数小时(6～8小时)后转移并局限于右下腹。70%～80%的患者具有这种典型的转移性右下腹痛的特点。部分病例发病开始即出现右下腹痛。腹痛特点因阑尾位置及不同病理类型而有差异:单纯性阑尾炎表现为轻度隐痛;化脓性阑尾炎呈阵发性胀痛和剧痛;坏疽性阑尾炎则表现为持续性剧烈腹痛;穿孔性阑尾炎因阑尾腔内压力骤减,腹痛可暂时减轻,但出现腹膜炎后,腹痛又会持续加剧。盆腔阑尾炎者的腹痛位于耻骨上区;肝下区阑尾炎者表现为右上腹痛;极少数内脏反位者呈左下腹痛。

2)胃肠道症状:发病早期可有厌食、恶心、呕吐,但程度较轻。部分患者可发生腹泻。弥漫性腹膜炎时可引起麻痹性肠梗阻。

3)全身表现:病变早期患者常乏力,低热。炎症加重时可出现全身中毒症状,如寒战、高热、脉速、烦躁不安等。若发生门静脉炎还可引起轻度黄疸。

(2)体征

1)右下腹固定压痛:是急性阑尾炎最常见的重要体征。压痛点常位于麦氏(McBurney)点,也可随阑尾位置的变异而有改变,但压痛点始终在一个固定位置上。

2)腹膜刺激征:压痛、反跳痛及腹肌紧张,这是壁层腹膜受炎症刺激出现的防御性反应,提示阑尾炎症加重,出现化脓、坏疽或穿孔等病理改变。

3)右下腹包块:如体检发现右下腹饱满,扪及一压痛性包块,边界不清,固定,应考虑有阑尾周围脓肿。

结肠充气试验、腰大肌试验、闭孔内肌试验及肛门直肠指检等可作为辅助诊断依据。

3.辅助检查

(1)实验室检查　大多数急性阑尾炎患者血常规检查有白细胞计数和中性粒细胞比例的增高。白细胞计数可高达(10 ~ 20)×10^9/L,可发生核左移现象。尿检查一般无阳性发现。

(2)影像学检查　腹部X线平片可见盲肠扩张和液气平面。B超有时可发现肿大的阑尾或脓肿。CT扫描可获得与B超相似的效果,尤其有助于阑尾周围脓肿的诊断。但这些特殊检查只在诊断不肯定时才选择应用。

4.心理－社会状况

急性阑尾炎发病急,需行急诊手术治疗,对家庭、工作或学习情况毫无安排可使患者感到焦虑。询问患者及家属对疾病、麻醉、手术的认知能力、心理承受能力及经济承受能力。妊娠期患者及家属对胎儿风险的认知及应对方式。

5.处理原则

绝大多数急性阑尾炎应及时手术治疗;部分成人急性单纯性阑尾炎可经非手术治疗而痊愈。

(1)非手术治疗　适用于诊断不甚明确、症状较轻者。措施包括禁食、补液、大剂量抗生素治疗及中药治疗等。

(2)手术治疗　急性阑尾炎一经确诊,应尽早期行阑尾切除术。阑尾周围脓肿者待肿块缩小局限、体温正常3个月后再行阑尾切除术。

【护理诊断及医护合作性问题】

1.疼痛

与阑尾炎炎症刺激、手术切口等有关。

2.体温过高

与急性阑尾炎有关。

3.焦虑

与突然发病、缺乏术前准备及术后康复等相关知识有关。

4.潜在并发症

出血、切口感染、粘连性肠梗阻、腹腔脓肿等。

【护理目标】

1.患者疼痛缓解。
2.患者体温降至正常。
3.患者焦虑得到缓解。
4.患者并发症得到及时的观察及处理。

【护理计划与实施】

1.术前护理

(1)病情观察　加强巡视、观察患者的精神状态,定时测量体温、脉搏、血压和呼吸;观察患者的腹部症状和体征,尤其注意腹痛的变化。患者体温一般低于38℃,高热则提示阑尾穿孔;若患者腹痛加剧,出现腹膜刺激征,应及时通知医师。

(2)对症护理　观察期间,患者须禁食;遵医嘱补液、维持水-电解质平衡,应用抗生素控制感染。为减轻疼痛,患者可取右侧屈曲被动体位。禁服泻药及灌肠,以免肠蠕动加快,增高肠内压力,导致阑尾穿孔或炎症扩散。在诊断未明确之前禁用镇静止痛剂,如吗啡等,以免掩盖病情。

(3)术前准备　做好血、尿、便常规、出凝血时间及肝、肾、心、肺功能等检查,清洁皮肤,遵医嘱行手术区备皮。做好药物过敏试验并记录。嘱患者术前禁食12小时,禁水4小时。按手术要求准备麻醉床、氧气及监护仪等用物。

2.术后护理

(1)一般护理

1)休息与活动:术后患者血压、脉搏平稳后可改为半卧位,利于呼吸和引流,避免形成腹腔脓肿。鼓励患者术后在床上翻身、活动肢体,术后24小时可起床活动,老年患者注意保暖,经常拍背帮助咳嗽,预防坠积性肺炎。

2)饮食护理:患者手术当天禁食,经静脉补液。术后第一天可进少量清流质,待肠蠕动恢复,逐步恢复经口饮食,正常情况下,若进食后无不适,第3 ~ 4天可进易消化的普食。少数病情重的坏疽、穿孔性阑尾炎,术后饮食恢复较缓慢。

(2)病情观察　密切监测生命体征及病情变化,若术后5 ~ 7天患者体温下降后又升高,且伴有腹痛、腹胀、腹肌紧张或腹部包块等,常提示腹腔感染或脓肿形成。

(3)切口和引流管的护理　保持切口敷料清洁、干燥,及时更换渗血、渗液污染的敷料;观察切口愈合情况,及时发现出血及切口感染的征象。对于腹腔引流的患者,应妥善固定引流管,防止扭曲、受压,保持通畅;经常从近端至远端方向挤压引流管，防止因血块或脓液而堵塞；观察并记录引流液的量、颜色、性状等。当引流液量逐渐减少、颜色逐渐变淡至浆液性，患者体温及血象正常时，可考虑拔管。

(4)用药护理　遵医嘱术后应用有效抗生素，控制感染，防止并发症发生。术后3～5天禁用强泻剂和刺激性强的肥皂水灌肠，以免增加肠蠕动，而使阑尾残端结扎线脱落或缝合伤口裂开，如术后便秘可口服轻泻剂。

(5)并发症的预防和护理

1)切口感染：是阑尾术后最常见的并发症。多见于化脓或穿孔性急性阑尾炎，表现为术后2～3天体温升高，切口胀痛或跳痛，局部红肿、压痛等，可先行试穿抽出脓液，或于波动处拆除缝线，排出脓液，放置引流，定期换药。手术中加强切口保护、彻底止血，消灭死腔等措施可预防切口感染。

2)粘连性肠梗阻：为较常见的并发症。病情重者须手术治疗。早期手术，早期离床活动可适当预防此并发症。

3.心理护理

在与患者和家属建立良好沟通的基础上，做好解释安慰工作，稳定患者的情绪，减轻其焦虑；向患者和家属介绍有关急性阑尾炎的知识，讲解手术的必要性和重要性，消除不必要的紧张和担忧，使之积极配合治疗和护理。

4.健康教育

(1)对于非手术治疗的患者，应向其解释禁食的目的和重要性，教会患者自我观察腹部症状和体征变化的方法。

(2)对于手术治疗的患者，指导患者术后饮食的种类及量，鼓励患者循序渐进，避免暴饮暴食；向患者介绍术后早期离床活动的意义，鼓励患者尽早下床活动，促进肠蠕动恢复，防止术后肠粘连。

(3)出院指导，若出现腹痛、腹胀等不适，应及时就诊。

【护理评价】

1.患者的疼痛程度是否减轻或消失，腹壁切口是否愈合。

2.体温是否恢复到正常范围。

3.焦虑程度是否缓解，情绪是否稳定。

4.术后并发症是否被及时发现并积极处理。

第三节　结、直肠癌患者的护理

案例导入

患者，男，47岁。3月前无明显诱因，出现了排便次数增多，4～6次/日，伴里急后重，大便细条状，间断出现暗红色黏液便。伴下腹部隐痛，无明显腹胀及恶心呕吐。亦无发热，进食尚可。近来感到明显乏力，体重下降约5kg。既往体健，家族中无类似疾病患者。查体：T37.2℃，P78次/分，R18次/分，BP120/80mmHg。一般状况稍差，心肺无异常。腹平软，无压痛，无肌紧张，肝脾未及。

1.初步考虑该患者为何种疾病?

2.为进一步明确诊断，可选择哪些辅助检查？最可靠的确诊方法为何?

3.患者入院后，护士应从哪些方面收集其病例资料？并提出其存在的主要护理问题有哪些?

4.经明确诊断后，拟对患者择日行Miles手术。护士应如何做好术前准备工作？术前肠道准备的目的及方法有哪些?

5.患者Miles手术后3天，首次开放结肠造口，护士应如何做好护理工作？为帮助患者适应造口，鼓励患者参加社交活动，护士应做好哪些健康宣教?

学习目标

知识目标 能说出结肠、直肠癌的身心状况、处理原则及术前肠道准备方法、术后护理措施、结肠造口护理要点。知道结肠、直肠癌的分期、转移途径。

能力目标 能够提出正确的护理诊断，并能够为患者提供合适的护理措施。

素质目标 学习过程中体现对患者的关心。

【概述】

大肠癌包括结肠癌（Carcinoma of colon）及直肠癌（Carcinoma of rectum）是最常见的消化道恶性肿瘤之一。好发于40～60岁。在我国的大肠癌发病中，以直肠癌为第一位，占56%～70%，男女发病比例为1～2：1。

结肠分为升结肠、横结肠、降结肠和乙状结肠4个部分，成人结肠长约1.5m。直肠是大肠的末端，结肠的延续，上接乙状结肠，下连肛门，长12～15cm。结肠的主要功能是吸收水分，储存和转运粪便，也能吸收葡萄糖、电解质和部分胆汁酸。直肠的主要生理功能是排便，直肠可吸收少量水、盐、葡萄糖和一部分药物，也能分泌黏液以利排便。

1.病因及发病机制

病因尚未明确，可能和下列因素有关。

（1）饮食因素 结肠、直肠癌的发病率与高脂肪、高蛋白和低纤维饮食有一定相关性。此外，微量元素缺乏、过多摄入腌制食品也与其发病有关。

（2）遗传因素 有20%～30%的大肠癌患者存在家族史，常见的有家族型多发性息肉病及家族无息肉结直肠综合征，此类人群发生大肠癌的机会远高于正常人。

（3）癌前病变 多数大肠癌来自腺瘤癌变，其中以绒毛状腺瘤及家族性肠息肉癌变率最高；而近年来大肠的某些慢性炎症改变，如溃疡性结肠炎、血吸虫性肉芽肿也已被列为癌前病变。

2.病理生理

（1）大体分型

1）肿块型：主要向腔内生长，呈球状或半球状，大的肿块表面有多数小溃疡，易出血。此型浸润性小，淋巴转移发生较迟，预后较好。

2）溃疡型：肿瘤向肠壁深层生长并向四周浸润；早期可有溃疡，边缘隆起，中央凹陷；表面糜烂、易出血、感染和穿孔；转移较早，恶性程度高，是结、直肠癌最常见的类型。

3）浸润型：癌组织主要沿肠壁浸润生长，有明显的纤维组织反应，引起肠管狭窄和肠梗阻，淋巴转移较早，预后较差。

（2）组织学分型 较常见的有腺癌、黏液癌及未分化癌。腺癌占结、直肠癌的大多数，黏液癌预后较腺癌差，未分化癌预后最差。

（3）扩散与转移方式

1）直接浸润：癌细胞向肠管四周及肠壁深部浸润，穿透肠壁后可侵蚀邻近器官，如膀胱、子宫、输尿管、前列腺等。

2）淋巴转移：是结、直肠癌的主要转移途径。

3）血行转移：多在侵犯小静脉后沿门静脉转移至肝内。其他脏器如骨、胸、肾、卵巢、皮肤均可发生转移。

4）种植播散：以盆腔底部、直肠前陷窝常见。

（4）临床分期 普遍采用Dukes改良分期。

A期：癌肿限于肠壁内，未突出浆膜层。可分为3个分期：A1：癌肿侵及黏膜及黏膜下层；A2：癌肿侵及肠壁浅肌层。A3：癌肿侵及肠壁深肌层。

B期：癌肿穿透肠壁或侵及肠壁外组织、器官，尚可整块切除，无淋巴结转移。

C期：癌肿侵及肠壁任何一层，但有淋巴结转移。

D期：已发生远处转移或有腹腔转移或广泛侵及邻近脏器。

【护理评估】

1.健康史

了解患者饮食习惯，既往有无结肠、直肠慢性炎性疾病，有无家族性结肠息肉病或肿瘤病史。

2.身体状况

（1）结肠癌

1)排便习惯和粪便性状改变:常为结肠癌最早出现的症状。多表现为排便次增多,腹泻或便秘,便前腹痛,稍后即可有黏液便或黏液脓性血便。

2)腹痛:也是早期症状之一,常为定位不确切的持续性隐痛,或仅为腹部不适或腹胀感。出现肠梗阻时则腹痛加重或为阵发性绞痛。

3)腹部肿块:多为瘤体本身,有时可能为梗阻近侧肠腔内的积粪。肿块大多坚硬,呈结节状。

4)肠梗阻表现:是结肠癌的晚期症状,多为不完全性低位肠梗阻症状,主要表现为腹胀和便秘,腹部胀痛或阵发性绞痛。当发生完全梗阻时,症状加剧。

5)全身症状:由于肿瘤溃烂失血和毒素吸收,常可导致患者出现贫血、低热、乏力、消瘦、浮肿等表现,其中尤以贫血、消瘦等全身症状为著。

由于结肠癌的部位不同,临床表现也有区别。右半结肠肠腔较宽大,粪便在此较稀,一般不易发生肠梗阻,因此右半结肠以全身症状如贫血、消瘦、全身乏力及腹部包块为主要表现。左半结肠肠腔相对狭小,粪便至此已黏稠成形,且该部多为浸润型癌,肠腔常为环状狭窄,因此左半结肠癌以肠梗阻、便秘、腹泻、便血等症状为显著。

(2)直肠癌　早期多无明显症状,易被忽视。随着病程的发展,肿瘤增大,发生溃疡或感染时,才出现明显症状。

1)直肠刺激症状:频繁便意,排便习惯改变;便前肛门下坠感、里急后重、排便不尽感;晚期有下腹痛。

2)肠腔狭窄症状:癌肿侵犯致肠腔狭窄,大便变形、便条变细。若肠管发生部分梗阻,可表现为腹胀、阵发性腹痛、肠鸣音亢进等不完全性肠梗阻症状。

3)癌肿破溃感染症状:大便带血及黏液,甚至脓血便。血便是直肠癌最常见的症状。

4)其他症状:癌肿侵犯骶丛神经,可发生骶尾部持续性剧烈疼痛。累及前列腺、膀胱可出现尿频、尿痛、尿急、尿血等症状。晚期出现肝转移时,可出现腹水、肝大、黄疸、贫血、消瘦、浮肿、恶病质等症状。

3.辅助检查

(1)大便潜血检查　可作为大规模或一定年龄组高危人群的初筛手段,阳性者再做进一步检查。

(2)直肠指诊　简单易行,是诊断直肠癌的最主要方法。直肠癌大多在直肠中下段,约70%的患者指检可扪及肿瘤。肿瘤较大时,指检可触及不规则溃疡、肿块或肠腔环形狭窄。

(3)内镜检查　直肠镜、乙状结肠镜检查可发现直肠、结肠病变的部位与程度,同时可在直视下取活组织做病理检查,是诊断结肠、直肠内病变最有效且可靠的检查方法,绝大多数早期病变可通过内镜检查发现。

(4)钡剂灌肠或气钡双重造影检查　可确定病变部位和范围,气钡双重造影可发现较小病灶。

(5)B超或CT　主要用于发现癌肿有无肝转移及肿瘤与邻近脏器的关系。

(6)血清癌胚抗原(CEA)　约半数结肠、直肠癌患者血清CEA升高。CEA还可作为结肠、直肠癌手术后的随访指标,如术后CEA降低后又升高,应考虑癌肿复发。

(7)其他　直肠下段癌肿较大时,女患者应做阴道双合诊,男患者需做膀胱镜检查,了解癌肿范围。

4.心理－社会状况

患者担心手术及预后,常存在恐惧、抑郁等心理反应。需要做永久性人造肛门的患者难以接受身体结构和功能的改变,或手术后缺乏自我护理的知识而影响其正常生活、工作和社交活动时,会出现自责、悲观等情绪。

5.处理原则

结肠、直肠癌的治疗以手术切除癌肿为首选,辅以化疗、放疗等综合治疗。

(1)结肠癌根治术　手术方法包括右半结肠切除术、左半结肠切除术、横结肠切除术、乙状结肠切肠切除术。

(2)直肠癌根治术　根据癌肿所在部位、大小、活动度等因素综合判断选择不同的手术方式。

1)局部切除术:适用于早期瘤体小、局限于黏膜或黏膜下层、分化程度高的直肠癌。

2)腹会阴联合直肠癌根治术(Miles手术):适用于腹膜返折以下的直肠癌。

3)经腹腔直肠癌切除术(Dixon手术):适用于癌肿距肛缘5 ~ 6cm以上的直肠癌。

4)经腹直肠癌切除、近端造口、远端封闭手术(Hartmann手术):适用于身体状况差,不能耐受Miles手术或因急性肠梗阻不宜行Dixon手术的患者。

(3)姑息性手术　癌肿发生转移或局部浸润无法根治但局部癌肿尚能切除者,可做癌肿肠段局部切除术;癌肿晚期局部癌肿不能切除或发生梗阻者,可做梗阻近端肠管与远端肠管端侧或侧侧吻合术,或梗阻近端做结肠造口术。

(4)非手术治疗

1)化疗:配合根治性手术,可提高结直肠癌5年生存率。给药途径包括区域动脉灌注、门静脉给药、静脉给药、术后腹腔留置管灌注给药等方法。

2)放疗:较晚期的结肠、直肠癌可先在手术前进行放疗,使一部分原不能手术的患者能因此而行根治性手术。

3)局部治疗:对于不能手术切除且发生肠管缩窄的结直肠癌患者,可局部放置金属支架扩张肠腔;对直肠癌患者亦可用电灼、液氮冷冻和激光烧灼等治疗。

4)其他治疗:中医药治疗、基因治疗、导向治疗和免疫治疗等。

【护理诊断及医护合作性问题】

1.焦虑

与对癌症、手术的恐惧及结肠造口的影响有关。

2.知识缺乏

与缺乏有关肠道手术的注意事项及结肠造口的护理知识有关。

3.自我形象紊乱

与人工结肠造口后排便方式改变有关。

4.自理能力缺陷综合症

与手术创伤、术后引流及结肠造口有关。

5.潜在并发症

出血、感染、吻合口瘘、造口缺血坏死或狭窄及造口周围皮炎等并发症。

【护理目标】

1.患者焦虑缓解或减轻。

2.患者了解疾病、手术及康复的相关知识。

3.患者能适应新的排便方式,并自我认可。

4.能自理或自理能力提高。

5.术后并发症能得到预防或及时发现和处理。

【护理计划与实施】

1.术前护理

(1)一般护理　患者术前应补充高蛋白、高热量、丰富维生素、易消化的少渣饮食。对于贫血、低蛋白血症的患者,应给予少量多次输血。对于脱水明显的患者,应注意纠正水、电解质及酸碱平衡的紊乱,以提高手术耐受力。

(2)肠道准备　目的是排空粪便,减少细菌数量,防止术中污染、术后腹胀和切口感染。

1)传统肠道准备法:①控制饮食:术前3日进少渣半流质,术前2日进流质;②清洁肠道:术前3日给番泻叶6g代茶饮或术前2日口服泻剂硫酸镁15g或蓖麻油30ml,每日上午服用。术前2日每晚用1%~2%肥皂水灌肠1次,术前1日晚清洁灌肠;③药物使用:口服肠道不吸收的抗生素,抑制肠道细菌。如卡那霉素1g,每日2次;甲硝唑0.4g,每日4次。因维生素K的合成及吸收减少,故患者术前应补充维生素K。

2)全肠道灌洗法:患者术前12~24小时开始服用37℃左右等渗平衡电解质液,造成容量性腹泻,以达到清洁肠道目的。一般3~4小时完成灌洗全过程,灌洗液量不少于6000ml。可根据情况,在灌洗液中加入抗菌药物。对于年老体弱,心、肾功能不全者禁用。

3)甘露醇法:术前1日午餐后在0.5~2小时内口服10%甘露醇1000~2000ml,可产生有效腹泻,清洁肠道作用较快,不需要服泻剂或灌肠。甘露醇在肠道内被细菌酵解,因此术中使用电刀,能产生引起爆炸的气体,此法对年老、体弱、心肾功能不全者禁用。

(3)术日晨放置胃管和留置导尿管　若患者有梗阻症状,应早期放置胃管,减轻腹胀。如癌肿已侵及女患者阴道后壁,患者术前3日每晚应行冲洗阴道。

2.术后护理

(1)一般护理

1)体位:病情平稳者取半卧位,以利于呼吸和腹腔引流。

2)饮食护理:术后应禁饮食、胃肠减压,给予静脉输液;待2~3日肛门排气或造口开放后即可拔出胃管,开始进流质,1周后改进高热量、高蛋白、高维生素、易消化的少渣饮食;避免摄入产气性食物及能引起腹泻或便秘的食物;2周左右可进普食。

(2)病情观察　定时监测生命体征;观察腹腔引流液的性状和量及腹部和会阴部伤口敷料有无渗血。若渗血较多,应做好记录,并通知医生及时处理。

(3)引流管护理　保持腹腔和骶前引流管通畅,避免引流管堵塞、弯曲、折叠。骶前引流管一般留置5~7天,引流液量减少、色变淡可考虑拔管。

(4)结肠造口的护理　结肠造口又称为人造肛门,是近端结肠固定于腹壁外而形成的粪便排出通道。

1)造口开放前,应外敷凡士林或生理盐水纱条,及时更换外层渗湿敷料,防止渗液浸渍皮肤及感染。观察有无肠段回缩、出血、坏死等现象。

2)造口一般于术后2～3天肠蠕动后开放。宜取左侧卧位，及时清除流出的粪液，防止造口流出物污染腹部切口敷料。用塑料薄膜隔开造口与腹壁切口，保护腹壁切口。

温馨提示：结肠造口通常在左下腹，患者去左侧卧位，可防止流出的粪便污染伤口。

3)造口开放初期，保持造口周围皮肤清洁、干燥，及时用中性皂液或0.5%氯已定溶液清洗造口周围皮肤，再涂抹氧化锌软膏。观察造口周围皮肤有无红、肿、破溃等现象。每次造口排便，以凡士林纱布覆盖外翻的肠黏膜，外盖厚敷料，起到保护作用。

4)正确使用人工肛门袋，选择合适的造口袋；造口袋内充满1/3排泄物，应更换造口袋；除使用一次性造口袋外，患者可备3～4个造口袋用于更换。

5)调节饮食结构，进易消化的食物。少食洋葱、大蒜、豆类、山芋等可产生刺激性气味或胀气的食物，以免频繁更换肛袋影响生活和工作。

6)造口并发症的观察及处理

①造口狭窄：造口处拆线愈合后，每日扩肛1次，指套涂石蜡油，沿肠腔方向逐渐深入，动作轻柔，避免暴力，以免损伤造口或肠管。

②肠梗阻：观察有无恶心、呕吐、腹痛、腹胀、停止排气排便等症状。

③便秘：进食后3～4日未排便或因粪块堵塞而发生便秘者，可经造口插入导尿管(深度不超过10cm)，用液体石蜡或肥皂水做低压灌肠；为防止便秘，鼓励患者多吃蔬菜、水果，适当增加运动量。

(5)并发症的预防及护理

1)切口感染：监测体温变化及局部切口情况，及时应用抗生素；保持切口周围清洁、干燥，尤其会阴部切口，术后4～7天用1：5000高锰酸钾温水坐浴，每日2次。

2)吻合口瘘：观察有无吻合口瘘发生，术后7～10天不能灌肠，以免影响吻合口的愈合。一旦发生吻合口瘘，应行盆腔持续滴注、吸引，同时禁食，胃肠减压，给予肠外营养支持。

3.心理护理

了解患者的心理状况，根据患者的具体情况做好安慰解释工作。向患者说明肠道准备的目的，解释肠道准备的方法，以取得患者的合作。介绍手术治疗的目的、手术方式及人工肛门成功的病例，增强患者战胜疾病的信心。

4.健康指导

(1)高危人群应定期行内窥镜检查，以早发现、早诊断、早治疗。

(2)对患者进行自我照顾教育：教给患者人工肛袋的佩戴及清洁消毒方法、造口周围皮肤的护理方法。指导患者调节饮食，目的是防止产气、腹泻及便秘。如摄入产气少、易消化、少渣食品；避免吞咽过快及饮用碳酸饮料；忌生冷、辛辣刺激性食物；饮食必须清洁卫生。教给患者处理腹泻和便秘的方法，腹泻时可使用收敛性药物，便秘时可自行扩肛或灌肠。告知患者和亲属从需要支持到自我照顾再到适应的排便方式，在适应新的排便方式后，可恢复日常生活、运动、旅行和社交活动。

(3)出院后定期门诊复查，继续化疗的患者要定期检查血常规，尤其是白细胞和血小板计数。

【护理评价】

1.患者焦虑是否缓解或减轻。

2.患者是否掌握与疾病、手术及康复的相关知识，能否主动配合治疗和护理工作。

3.患者能否正视造口，是否与他人正常交往，对今后的工作、生活有无信心，能否自我调节不良情绪。

4.患者能否自理或自理能力是否提高，能否正确护理造口。

5.患者术后并发症是否能得到预防，是否及时发现和处理并发症。

第四节　直肠肛管疾病患者的护理

学习目标

知识目标　能说出直肠肛管周围脓肿、肛瘘、肛裂、痔的概念和护理要点，并正确为患者进行护理评估。

能力目标　能够提出正确的护理诊断，并能够为患者提供合适的护理措施。

素质目标　学习过程中体现对患者的关心。

直肠肛管疾病是临床常见病、多发病，包括直肠肛管周围脓肿、肛瘘、肛裂、痔疮等。因其症状不严重，不易引起患者重视，部分患者因病变部位特殊，羞于就诊而延误治疗。

直肠肛管为大肠的下段。直肠位于盆腔的后部，上接乙状结肠，下连肛管，长 12 ~ 15cm。以腹膜返折为界，直肠分为上段直肠、下段直肠，下段直肠位于腹膜外。直肠外层分为纵肌，其下端与肛提肌和内外括约肌相连。内层为环肌，在直肠下端增厚而成为肛管内括约肌，属于不随意肌，受自主神经支配，有协助排便的功能，无括约肛门的功能。肛管外括约肌属随意肌，分为皮下部、浅部和深部。由肛管内括约肌、直肠纵肌的下部、肛管外括约肌的深部和部分肛提肌共同组成肛管直肠环，具有括约肛管的功能，若手术切断后，可引起肛门失禁。齿状线是直肠与肛管的交界线，是重要的解剖学标志，直肠与肛管在解剖上的区别有重要的临床意义（表 39-1）。肛管长约 3cm，上自齿状线，下至肛门缘。

表 39-1　齿状线上、下的解剖与临床

	齿状线以上（直肠）	齿状线以下（肛管
覆盖	黏膜	皮肤
动脉供应	直肠上、下动脉	肛门动脉
静脉回流	直肠上静脉丛，回流到门静脉，迂曲扩张形成内痔	直肠下静脉丛，回流至下腔静脉，迂曲扩张形成外痔
神经支配	受自主神经支配，无疼痛感，故内痔无痛，可行注射治疗	受脊神经支配，疼痛敏感，故外痔血栓形成时，疼痛难忍
淋巴回流	腹主动脉周围或髂内淋巴结，直肠癌时可有该组淋巴结转移	腹股沟淋巴结或髂外淋巴结，肛管癌时可有该组淋巴结转移

直肠与肛管周围有数个间隙，常见的有骨盆直肠间隙、坐骨肛管间隙和肛门周围间隙，其内充满脂肪结缔组织，是容易发生感染的部位。

直肠肛管的主要生理功能是排便，直肠可吸收少量水、盐、葡萄糖和一部分药物，也能分泌黏液以利排便。

一、直肠肛管周围脓肿患者的护理

案例导入

患者，男，23 岁。肛门周围肿痛 3 天，伴畏寒、发热，排便时疼痛加重，有里急后重感。查体：肛门周围皮肤发红、压痛明显，触之有波动感。

1.首先考虑该患者为何种疾病？

2.应立即采取何处理措施？

3.如何有效缓解疼痛？

【概述】

直肠肛管周围脓肿(Perianorectal abscess)是直肠下段或肛管周围软组织或其周围间隙发生的急性化脓性感染,并形成脓肿。多见于青壮年,是一种常见的直肠肛管疾病。

1.病因

多数由肛腺感染所引起,少数可由肛管周围皮肤、损伤、内痔、药物注射等引起。病原菌常为大肠杆菌,其次为化脓性葡萄球菌,链球菌和变形杆菌。少数为结核杆菌引起的感染。

2.病理生理

肛腺开口于肛窦,肛窦开口向上。腹泻、便秘时易引起肛窦炎,感染沿肛腺体的管状分支或联合纵肌纤维向上、下、外三处扩散到周围间隙引起感染。由于直肠肛管周围间隙为疏松的脂肪结缔组织,感染极易蔓延、扩散,形成不同部位的脓肿。若未能及时有效处理,还可穿破间隙而扩散或形成肛瘘。

【护理评估】

1.健康史

询问患者近期有无腹泻、便秘病史,是否出现肛周瘙痒、疼痛等肛窦炎、肛腺感染等表现;有无肛周皮肤感染、痔、肛裂等病史;是否合并糖尿病、肝病等慢性疾病。

2.身体状况

按其发生部位的深浅可分为肛门周围脓肿、坐骨肛管间隙脓肿及骨盆直肠间隙脓肿。

(1)肛门周围脓肿　最常见,脓肿多位于肛门周围皮下。表现为肛门周围持续性跳痛,随排便、咳嗽时加重,而全身感染中毒症状较轻。初起时肛周皮肤红肿、发硬,压痛明显;局限化脓后则有波动感,常自行破溃。

(2)坐骨肛管间隙脓肿(坐骨直肠窝脓肿)　位于肛提肌以下,坐骨与肛管间隙内,此间隙较大,形成的脓肿常较大而深。发病时患侧肛周持续性胀痛,逐渐加重,继之为持续性跳痛,排便、行走时疼痛,可有排尿困难和里急后重,全身感染中毒症状明显。早期局部症状不明显,后期出现患侧肛周红肿,双臀部不对称;局部触诊或肛门指诊患侧有深压痛,局限性隆起,脓肿形成后有波动感,并向下穿出形成肛瘘。

(3)骨盆直肠间隙脓肿(骨盆直肠窝脓肿)　较少见,多由肛腺感染或坐骨直肠窝脓肿向上穿破肛提肌引起;位置较深,间隙较大,引起全身感染症状较重,早期即有明显全身中毒症状;局部症状不明显,仅可有直肠坠胀感、便意不尽,排便不适,常伴有排尿困难。直肠指诊可在骨盆深处触及肿块、压痛和波动感。

3.辅助检查

(1)实验室检查　可出现白细胞计数和中性粒细胞比例增高。

(2)B超　肛管B超检查可早期发现深部脓肿。

(3)直肠指诊　对直肠肛管周围脓肿有重要意义。病变位置表浅时可触及压痛性包块,甚至波动感;深部脓肿可有患侧深压痛。

4.心理－社会状况

受病痛影响患者常坐立不安,影响工作、生活,形成心理压力。由于感染部位特殊,部分患者因性别不愿与医护人员交流,妨碍病情观察和治疗。

5.处理原则

(1)非手术治疗　包括:①抗感染治疗;②热水坐浴;③局部理疗;④口服缓泻剂以减轻患者排便时的疼痛。

(2)手术治疗　脓肿形成后应早期切开排脓,引流通畅,不留死腔。

【护理诊断及医护合作性问题】

1.疼痛

与感染有关。

2.便秘

与肛周疼痛惧怕解便有关。

3.体温过高

与全身感染有关。

4.潜在并发症

肛瘘形成。

【护理目标】

1.疼痛减轻或缓解。

2.保持排便通畅,养成按时排便的习惯。

3.感染能得到有效的控制,体温恢复正常。

4.预防并发症,及时发现并处理并发症。

【护理计划与实施】

1.非手术疗法的护理

(1)有效缓解疼痛

1)体位:指导患者采取舒适体位,避免局部受压加重疼痛。

2)热水坐浴:指导患者用1∶5000高锰酸钾溶液3000ml坐浴,温度为43～46℃,每日2～3次,每次20～30分钟。

(2)保持大便通畅　嘱患者多饮水,摄入有助于促进排便的食物,如香蕉、新鲜蔬菜等,鼓励患者排便。对于惧怕排便疼痛者,予以缓泻剂。

(3)控制感染　应用抗生素,并根据药物敏感试验结果选择和调整用药。

(4)对症处理　高热患者给予物理降温。

2.手术治疗的护理

对脓肿切开者,应密切观察引流液的颜色、量、性状并记录。定时冲洗脓腔,保持引流通畅。当脓液变稀、引流量小于50ml/d时,可考虑拔管。

3.心理护理

介绍直肠肛管周围脓肿防治的相关知识,使患者正确看待直肠肛管周围脓肿对身体的影响,协助患者做好热水坐浴及生活护理,消除患者焦虑、紧张等不良情绪。

4.健康指导

保持大便通畅,防止便秘;腹泻时及时应用抗生素控制感染。出现肛门不适、疼痛及时就诊。

【护理评价】

1.疼痛是否减轻或缓解。

2.能否保持排便通畅,是否养成按时排便的习惯。

3.感染能否得到有效的控制,体温是否恢复正常。

4.是否及时发现并处理并发症。

二、肛瘘患者的护理

案例导入

患者,男,30岁,肛门周围不断有少量脓性分泌物溢出,甚至有大便和气体排出1周,伴肛周皮肤瘙痒不适。经肛门检查见肛门周围皮肤有一乳头状隆起的开口,挤压时可见少量脓性分泌物。

1.该患者最可能是何种直肠肛管疾病?

2.引起该疾病发生的主要原因是什么?

3.该患者若采取挂线治疗,应如何做好其护理工作?为预防术后出现肛门狭窄,护士如何指导患者采取相应的措施?

【概述】

肛瘘(Anal fistula)是指直肠远端或肛管与肛周皮肤间形成的肉芽肿性管道,由内口、瘘管和外口组成。是常见的直肠肛管疾病之一,多见于男性青壮年。

1.病因

绝大部分肛瘘由肛门直肠脓肿破溃或切开排脓后形成。以化脓性感染多见,少数为特异性感染,如结核、溃疡性结肠炎等。其他如直肠肛管外伤继发感染、直肠肛管恶性肿瘤溃破感染所致,但较少见。

2.病理生理

瘘口的内口即原发感染灶,位于齿状线上的肛窦处;外口位于肛周皮肤,为脓肿破溃处或手术切开引流部位;由于致病菌不断由内口进入,且外口皮肤愈合较快,常致引流不畅发生假性愈合并再形成脓肿;脓肿可从原外口破溃,也可从另处穿出形成新的外口,反复发作,可发展为瘘管迂曲、少数存在分支、有多个瘘口的复杂性肛瘘。

3.分类

(1)根据瘘口与瘘道的数目分

1)单纯性肛瘘:只存在单一瘘管。

2)复杂性肛瘘:存在多个瘘口和瘘管,甚至有分支。

(2)根据瘘管所在的位置分

1)低位瘘:瘘管位于外括约肌深部以下。

2)高位瘘:瘘管位于外括约肌深部以上。

【护理评估】

1.健康史

询问患者发病前有无直肠肛管周围脓肿病史,发病治疗过程。是否有结核感染、溃疡性结肠炎等病史。

2.身体状况

(1)症状　主要为瘘管反复流出少量脓性、血性或黏液性分泌物。新生瘘管流脓较多,分泌物刺激皮肤而瘙痒不适。较大较高位的肛瘘,常有粪便或气体从外口排出。当外口阻塞或假性愈合而暂时封闭时,可再次形成脓肿,出现直肠肛管周围脓肿症状;脓肿破溃后脓液流出,则症状缓解。上述症状反复发作是肛瘘的特点。

(2)体征　肛周皮肤可见单个或多个乳头状突起的外口,挤压时可有少量脓液或血性分泌物排出,直肠指诊有时可扪及条索状瘘管。

3.辅助检查

(1)内镜检查　可发现肛瘘内口。

(2)直肠指诊　瘘管位置表浅时可触及硬结样内口及条索样瘘管,在内口处有轻压痛。

(3)特殊检查　若无法判断内口位置,可将白色纱布条填入肛管及直肠下端,并从外口注入美蓝溶液,根据染色部位确定内口。

(4)影像学检查　做碘油瘘管造影检查可明确瘘管分布。

4.心理－社会状况

由于肛瘘反复发作、经久不愈,部分瘘管内还有粪便或气体排出,有难闻气味从而影响了日常交往,患者常表现为烦躁不安、焦虑等心理反应。

5.处理原则

肛瘘不能自愈,只有手术切开或切除。其原则是切开瘘管,敞开创面,促进愈合。手术方式有:

(1)肛瘘切开术　将瘘管全部切开,开放创面。适用于低位肛瘘。

(2)肛瘘切除术　将瘘管壁及其周围部分健康组织一起切除,创面敞开。适用于低位单纯性肛瘘。

(3)挂线疗法　利用橡皮筋或有腐蚀性作用的药线的机械压迫使被结扎的肌肉组织缺血、坏死,从而缓慢切开肛瘘,可防止肛门失禁。适用于高位肛瘘。

【护理诊断及医护合作性问题】

1.疼痛

与感染有关。

2.便秘

与肛周疼痛惧怕解便有关。

3.潜在并发症

肛门失禁。

【护理目标】

1.疼痛减轻或缓解。

2.保持排便通畅,养成按时排便的习惯。

3.预防并发症,及时发现并处理并发症。

【护理计划与实施】

1.一般护理

(1)保持大便通畅

1)饮食:注意清淡,忌辛辣食物,多食新鲜蔬菜水果;多饮水。

2)养成良好的排便习惯:术后患者因惧怕疼痛,常拒绝排便,应做好解释工作,给予以缓泻剂,必要时使用止痛药物。

(2)加强肛周皮肤护理　保持肛周皮肤清洁、干燥,避免皮肤抓伤、感染。术后2日开始热水坐浴,用1∶5000

高锰酸钾溶液坐浴,浴后擦干局部,外涂抗生素软膏。

(3)挂线后护理　嘱患者每5~7日至门诊收紧药线,直到药线脱落。脱线后局部涂生肌散或抗生素软膏,以促进伤口愈合。

2.并发症预防及护理

定期直肠指诊,以及时观察伤口愈合情况。为防止肛门狭窄,术后5~10日内可用食指扩肛,每日一次。肛门括约肌松弛者,术后3日指导患者进行提肛运动。

3.心理护理

了解患者的心理特点,介绍肛瘘的相关知识,协助患者做好热水坐浴及生活护理,消除患者焦虑、紧张等不良情绪。

4.健康指导

保持会阴部清洁,经常更换内裤。术后观察排便有无变细、大便失禁,发现异常及时就诊。

【护理评价】

1.疼痛是否减轻或缓解。

2.能否保持排便通畅,是否养成按时排便r习惯。

3.是否及时发现并处理并发症。

三、肛裂患者的护理

案例导入

患者,男,62岁,患慢性支气管炎多年,经常便秘。2天前出现排便时及排便后肛门剧烈疼痛,粪便表面带少量鲜血入院就诊。

1.初步考虑该患者为何种疾病?

2.如需肛门检查,宜采取何种体位?

3.如何指导患者进行肛门热水坐浴?

【概述】

肛裂(Anal fissure)是齿状线以下皮肤全层裂伤后形成的小溃疡。多见于青中年人,好发于肛管后正中线。

1.病因

确切病因尚未清楚,与多种因素有关。直接原因大多是由于慢性感染、粪便干结引起的肛管及皮肤层的损伤。

2.病理生理

肛管外括约肌浅部在肛管后方形成的肛尾骶韧带较坚硬,伸缩性差,而排便时肛管后壁承受的压力最大,因此肛裂好发于后正中线。急性肛裂病程短,裂口新鲜,边缘齐整,底浅、色红,未形成瘢痕;而慢性肛裂则因反复损伤与感染,基底深且不整齐,呈灰白色,质硬,边缘纤维化增厚。裂口上端的肛瓣和肛乳头水肿,形成乳头肥大;下端皮肤因炎症水肿,形成袋状皮垂突出于肛门外,形似外痔,称为"前哨痔"。肛裂、"前哨痔"、肥大乳头常同时存在,称为肛裂"三联症"。

【护理评估】

1.健康史

询问患者有无习惯性便秘史,是否伴有排便时疼痛与出血。

2.身体状况

肛裂的主要症状为疼痛、便秘和出血。

(1)疼痛　为主要症状。排便时肛管裂伤或溃疡面被撑开、粪块刺激神经末梢,立刻感到肛管烧灼样或刀割样疼痛,便后数分钟后可缓解。随后因肛门括约肌痉挛再次出现剧痛,可持续半小时至数小时,直至括约肌疲劳、松弛后疼痛才缓解。

(2)便秘　患者因害怕疼痛而畏惧排便,常引起便秘,便秘又加重肛裂形成,导致恶性循环。

(3)出血　排便时,溃疡创面可有少量出血,可见粪便表面带有鲜血或滴血。

3.辅助检查

肛门检查：可发现后正中线有一单发的纵行的梭形裂口或溃疡。已确定为肛裂者，一般不宜行直肠指诊或肛镜检查，以免增加患者的痛苦。

4.心理－社会状况

因长期排便后剧烈疼痛、便秘、出血，给患者带来了沉重的心理和社会压力。

5.处理原则

新鲜肛裂，可通过非手术治疗如：局部温水坐浴，便后 1∶5000 高锰酸钾溶液坐浴，可促使肛门括约肌松弛，再辅以消炎、利便、止痛等。陈旧性肛裂可以采用手术将溃疡灶连同皮赘一并切除。

【护理诊断及医护合作性问题】

1.疼痛

与感染有关。

2.便秘

与肛周疼痛惧怕解便有关。

3.潜在并发症

感染。

【护理目标】

1.疼痛减轻或缓解。

2.保持排便通畅，养成按时排便的习惯。

3.预防并发症，及时发现并处理并发症。

【护理计划与实施】

1.非手术疗法的护理

(1)保持大便通畅　嘱患者多饮水，多食新鲜蔬菜、水果、粗纤维食物，养成良好排便习惯，防止便秘。便秘者予以缓泻剂。

(2)热水坐浴　每次排便后应坐浴，清洁溃疡面或创面，减少污染，促进创面愈合。

(3)疼痛护理　遵医嘱适当使用止痛剂，如肌内注射吗啡、消炎痛栓纳肛等。

2.手术治疗的护理

(1)肠道准备　术前 3 日少渣饮食，术前 1 日流质饮食，术前日晚灌肠，尽量避免术后 3 日内排便，有利于切口愈合。

(2)术后观察　有无出血、血肿、肛瘘、脓肿、痔脱垂和尿潴留并发症发生，如有及时报告医师并协助处理。

3.心理护理

结合患者的心理变化特点，解释肛裂疼痛的原因。指导患者饮食，帮助养成良好的排便习惯，并协助患者做好热水坐浴及疼痛护理，消除患者的焦虑、紧张等不良情绪。

4.健康指导

保持大便通畅，鼓励患者有便意时，尽量排便。为防止肛门狭窄或大便变细，可于术后 5 ～ 10 日内行扩肛疗法。肛门括约肌松弛者，手术后 3 日做肛门收缩舒张运动，大便失禁者需二次手术。出院后发现异常应及时就诊检查。

【护理评价】

1.疼痛是否减轻或缓解。

2.能否保持排便通畅，是否养成按时排便的习惯。

3.是否及时发现并处理并发症。

四、痔患者的护理

案例导入

患者,男,42岁,近来出现排便后肛门疼痛,昨日突然加剧,伴局部有肿物突出2小时而入院就诊。查体:T36.8℃,肛门缘见一2cm×1cm肿物,质较硬,呈暗紫色,有触痛,外表皮肤光滑,边界清楚。

1.最有可能的是何疾病?

2.为缓解疼痛症状,需采取何种措施?

3.患者痔手术后回到病房12小时,护士在观察病情时突然发现患者面色苍白、出冷汗,P112次/分,R21次/分,BP90/70mmHg,患者诉有肛门下坠胀痛,急迫排便感。

①考虑该患者出现了何种术后并发症?

②应立即采取何种措施?

【概述】

痔(Hemorrhoid)是直肠末端黏膜下和肛管皮肤下静脉丛瘀血、扩张和迂曲所形成的静脉团。在直肠肛管疾病中发生率最高,成年人常见。

1.病因

病因尚未完全明确,有以下两种学说:

(1)肛垫下移学说　肛垫是位于肛管黏膜下的组织垫,由平滑肌纤维、弹性组织、结缔组织及静脉丛构成,位于肛管的左侧、右前、右后三个区域,向肛管内突出,可协助肛管闭合,调节排便。正常情况下,肛垫在排便时被推挤下移,排便后可自行回缩到原位;若存在反复便秘、妊娠等引起腹内压增高的因素,则肛垫中的纤维间隔逐渐松弛,逐渐向远侧移位,并伴有静脉丛充血、扩张、融合,从而形成痔。

(2)静脉曲张学说　直肠静脉与肛管静脉为门静脉和下腔静脉吻合交通支;直肠上、下静脉无静脉瓣,静脉丛管壁薄、位置浅,末端直肠黏膜下组织疏松;长期站立、便秘、妊娠等腹内压增高因素可致直肠静脉回流受阻,瘀血、扩张而形成痔。

2.病理生理及分类

根据痔所在部位的不同分为内痔、外痔及混合痔。

(1)内痔　最多见,位于齿状线以上,是直肠上静脉丛扩张、迂曲所致,表面为直肠黏膜所覆盖。内痔可分四度:Ⅰ度:排便时出血,痔块不脱出肛门;Ⅱ度:常有便血,排便时痔块脱出,排便后可自行还纳;Ⅲ度:偶有便血,排便、久站等使痔块脱出,需用手辅助方可还纳;Ⅳ度:偶有便血,痔块脱出不能还纳或还纳后又脱出。

(2)外痔　位于齿状线以下,是直肠下静脉丛扩张、迂曲所致,表面为肛管皮肤覆盖。

(3)混合痔　位于齿状线上、下,由直肠上、下静脉丛相互吻合、扩张、迂曲形成,表面为直肠黏膜和肛管皮肤覆盖。

【护理评估】

1.健康史

询问患者有无长期站立或静坐的工作特点;有无便秘、腹泻,以及肛周感染病史;有无长期饮酒及辛辣饮食嗜好;有无肝硬化门脉高压病史。询问排便时出血情况,是否有痔块突出,突出后能否自行还纳。

2.身体状况

(1)便血　无痛性间歇性便血,是内痔或混合痔早期常见的症状;多因粪块擦破痔块表面黏膜引起。轻者大便带鲜血或便后滴血,出血量少;严重者呈喷射状出血,可自行停止。便秘、粪便干硬、饮酒及进食刺激性食物等是出血的诱因。长期出血可致贫血。

(2)痔块脱出　痔发展到一定程度即能脱出肛门外,痔块由小变大,由可以自行回复变为须用手推回肛门内。较大痔块不能还纳时可发生嵌顿,咳嗽、活动等腹内压增加时可引起脱出。

(3)疼痛　单纯性内痔无疼痛。当内痔、混合痔合并血栓形成、嵌顿、感染时可出现疼痛;外痔血栓形成时,疼痛剧烈。排便、咳嗽等使疼痛加重。

(4)瘙痒　外痔或内痔脱出时常有黏液分泌物溢出,刺激肛门周围皮肤引起瘙痒或湿疹。

3.辅助检查

肛门镜检查可见肛管齿状线附近突出的痔。

4.心理－社会状况

长期便血、痔块脱出、疼痛不适使患者焦虑不安。部分患者因症状不重，或害羞不能及时就诊，导致病情延误。

5.处理原则

非手术治疗效果良好，主要应用注射和胶圈套扎疗法，手术治疗只限于非手术治疗失败者。

(1)非手术治疗　包括保持排便通畅、热水坐浴和扩肛疗法。

(2)手术疗治疗　适用于经久不愈和保守治疗无效的肛裂。手术方式有：肛裂切除术；肛门内括约肌切断术；治愈率高，但有导致肛门失禁的可能。

【护理诊断及医护合作性问题】

1.疼痛

与感染有关。

2.便秘

与肛周疼痛惧怕解便有关。

3.潜在并发症

感染。

【护理目标】

1.疼痛减轻或缓解。

2.保持排便通畅，养成按时排便的习惯。

3.预防并发症，及时发现并处理并发症。

【护理计划与实施】

1.非手术疗法的护理

(1)保持大便通畅　嘱患者多饮水，多食新鲜蔬菜、水果、粗纤维食物，养成良好的排便习惯，防止便秘。便秘者予以缓泻剂。

(2)热水坐浴　每次排便后应坐浴，清洁溃疡面或创面，减少污染，促进创面愈合。

(3)疼痛护理　遵医嘱适当使用止痛剂，如肌内注射吗啡、消炎痛栓纳肛等。

2.手术治疗的护理

(1)肠道准备　术前3日少渣饮食，术前1日流质饮食，术前日晚灌肠，尽量避免术后3日内排便，有利于切口愈合。

(2)术后观察　有无出血、血肿、肛瘘、脓肿、痔脱垂和尿潴留并发症发生，如有及时报告医师并协助处理。

3.心理护理

结合患者的心理变化特点，解释肛裂疼痛的原因。指导患者饮食，帮助其养成良好的排便习惯，并协助患者做好热水坐浴及疼痛护理，消除患者焦虑、紧张等不良情绪。

4.健康指导

保持大便通畅，鼓励患者有便意时，尽量排便。为防止肛门狭窄或大便变细，可于术后5～10日内行扩肛疗法。肛门括约肌松弛者，手术后3日做肛门收缩舒张运动，大便失禁者需二次手术。出院后发现异常应及时就诊检查。

【护理评价】

1.疼痛是否减轻或缓解。

2.能否保持排便通畅，是否养成按时排便的习惯。

3.是否及时发现并处理并发症。

（吴良红）

第四十章 腹外疝患者的护理

案例引入

患者,男,63岁,发现右侧腹股沟可复性肿块3年。5小时前,用力排便时突感疝块明显增大,腹痛难忍,呕吐数次,伴发热、全身不适。入院时查体:右腹股沟及阴囊可扪及肿块,张力高,有明显触痛。全腹有压痛、反跳痛及腹肌紧张。WBC15×10^9/L,N82%。

1.首先考虑该患者为何种疾病?属于何种病理类型?

2.如何鉴别该患者是腹股沟斜疝还是直疝?

3.对该患者进行护理评估后,护士就目前该患者的身心状况,提出其最主要的护理诊断是什么?如何解决此护理问题?如需手术,如何做好术前的准备工作?

4.患者在腰麻下行"肠切除吻合术,疝囊高位结扎及修补术"后回到病房,护士应如何安置其术后体位?为预防术后疝复发,应采取哪些护理措施?患者使用丁字带的目的是什么?

学习目标

知识目标 能说出腹股沟斜疝的概念、身心状况、治疗原则、病因和临床分型,并正确为患者进行护理评估。

能力目标 能够提出正确的护理诊断,并能够为患者提供合适的护理措施。

素质目标 学习过程中体现对患者的关心。

【概述】

腹腔内脏器通过腹壁先天性或后天性缺损、薄弱区向体表突出,在局部形成一肿块者称为腹外疝(Abdominal external hernia)。腹外疝是腹部外科最常见的疾病之一,并以突出的解剖部位命名,其中以腹股沟疝发生率最高,占90%以上,股疝次之,占5%左右,较常见的腹外疝还有切口疝、脐疝等。腹股沟疝男性发病率明显高于女性,两者之比为15∶1。

1.病因及发病机制

腹壁强度降低和腹内压高是腹外疝发病的两个主要原因。

(1)腹壁强度降低 属于解剖结构原因,是疝发生的基础,有先天性结构缺陷和发育异常及后天性腹壁肌功能丧失和缺损。先天性原因,如精索或子宫圆韧带穿过腹股沟管,股动、静脉穿过股管区,脐血管穿过脐环以及腹白线发育不全。后天性原因包括手术切口愈合不良、外伤、炎症、感染和年老或肥胖所致肌萎缩等。

(2)腹内压增加 为腹外疝形成的重要诱因。常见的有慢性咳嗽、便秘、晚期妊娠、腹水、排尿困难(如前列腺增生症)、婴儿经常啼哭、举重、以及腹内肿瘤等。正常人虽有腹内压增高情况,但若腹壁强度正常,则不致发生疝。

2.病理生理

典型的腹外疝由疝环、疝囊、疝内容物和疝外被盖四部分组成。

(1)疝环 又称疝门,是疝突向体表的门户,亦是腹壁薄弱区或缺损所在。各类疝多依疝门部位而命名,如腹股沟疝、股疝、脐疝等。

(2)疝囊 是腹膜壁层经疝门而突出的囊袋结构,可分为囊颈、囊体、囊底三部。典型腹外疝的疝囊呈梨形、卵圆形或半球型,是一个完整的囊袋。

(3)疝内容物 即指从腹腔突出而进入疝囊的脏器和组织。以小肠最为多见,其次是大网膜,其他有盲肠、阑尾、乙状结肠、横结肠、膀胱、卵巢等,但较少见。

(4)疝被盖 指疝囊以外的腹壁各层组织,通常由筋膜、肌肉、皮下组织和皮肤组成。

3.临床分类

根据疝的能否回纳和有无血液循环障碍,腹外疝可分为下列类型:

(1)易复性疝　亦称单纯性疝,最为常见。疝内容物仅在患者站立、行走、奔跑、劳动以及咳嗽、排便等一时性腹内压骤然升高时疝出,而在平卧时自然地或用手轻推即可回纳入腹腔。

(2)难复性疝　疝内容物不能完全回纳入腹腔但并不引起严重症状的,称为难复性疝。常因疝内容物与疝囊发生粘连所致。如果疝内容物成为疝囊壁的一部分,称为滑动性疝,是难复性疝的特殊类型,常见的疝内容物有盲肠、乙状结肠、膀胱等。

(3)嵌顿性疝　当疝环狭小,而腹内压突然增高时,疝内容物强行扩张囊颈进入疝囊,而被囊颈卡住,使内容物不能回纳到腹腔,称为嵌顿性疝。如嵌顿的内容为小肠,则产生急性肠梗阻症状。嵌顿性疝的主要病理特征是肠腔受压梗阻,但其供应的动静脉血运尚未受阻。

(4)绞窄性疝　嵌顿性疝如不及时解除,致使疝内容物发生血循环障碍,血流完全阻断,称为绞窄性疝。绞窄性疝是嵌顿性疝病理过程的延伸,疝内容物因缺血而坏死,局部发生感染,延及腹膜则引起急性弥漫性腹膜炎。严重者可出现感染性休克。

【护理评估】

1.健康史

腹外疝的发病与腹内压力增高密切相关,询问患者有无慢性咳嗽、长期便秘、排尿困难、腹水等;有无腹壁薄弱或先天的缺损,腹部有无接受过手术、切口感染等病史;评估患者对腹外疝的了解程度,以及对患者心理和方式的影响。

2.身体状况

可复性疝患者,多无自觉,或仅有局部坠胀不适,常在无意中发现患处有隆起的肿块,尤其在提重物或用力、咳嗽时更明显,平卧休息、安静时消失。嵌顿性疝患者,胀痛稍重,疝块不能完全回纳,且有明显触痛,如不及时处理,将发展为绞窄性疝。绞窄性疝患者,若疝内容物为肠襻,则有类似肠梗阻的症状,局部疼痛明显,临床症状严重,甚至发生脓毒症。腹外疝由于发生部位不同,其临床表现也有所差异。

(1)腹股沟疝

1)腹股沟斜疝:疝囊经过腹壁下动脉外侧的腹股沟管深环(内环)突出,向内、向下、向前斜行经过腹股沟管,再穿出腹股沟管浅环(皮下环),并进入阴囊,称为腹股沟斜疝。腹股沟区可触及肿块,多呈带蒂柄的梨形,并降至阴囊或大阴唇;肿块向腹腔回纳后,手指通过阴囊皮肤伸入浅环,可感浅环扩大、腹壁软弱,此时嘱患者咳嗽,指尖有冲击感。

2)腹股沟直疝:疝囊经腹壁下动脉内侧的直疝三角区直接由后向前突出,不经过内环,也不进入阴囊,称为腹股沟直疝。当患者站立时,在腹股沟内侧端、耻骨结节上外方出现一半球形肿块,不伴有疼痛或其他症状;平卧后自行消失,一般不需用手推送复位。腹股沟斜疝与腹股沟直疝的鉴别见表40-1。

表40-1　腹股沟斜疝与直疝的鉴别

	斜疝	直疝
发病年龄	多见于儿童及青壮年	多见于老年人
突出途径	经腹股沟管突出,进入阴囊	由直疝三角突出,不进入阴囊
疝块形状	椭圆或梨形,上部呈蒂柄状	半球形,基底较宽
回纳疝块后压住深环	疝块不再突出	疝块仍可突出
精索与疝囊的关系	精索在疝囊后方	精索在疝囊前外方
疝囊颈与腹壁下动脉关系	疝囊颈在腹壁下动脉外侧	疝囊颈在腹壁下动脉内侧
嵌顿机会	较多	极少

(2)股疝　疝囊通过股环、经股管向卵圆窝突出的疝,称为股疝。多见于40岁以上。在患者的腹股沟韧带下方卵圆窝处可触及一半球形的肿块,平卧回纳内容物后疝块有时并不完全消失,这是因为疝囊外有很多脂肪堆积的缘故;由于囊颈较狭小,咳嗽冲击感也不明显。股疝易发生嵌顿,并迅速发展为绞窄性疝。

(3)切口疝　是发生于腹壁手术切口处的疝。患者腹壁切口处逐渐膨隆,有肿块出现,平卧时缩小或消失;较大的切口疝有腹部牵拉感,伴食欲减退、恶心、便秘、腹部隐痛等表现;疝环宽大,很少发生嵌顿。

(4)脐疝　疝囊通过脐环突出的疝称脐疝。脐疝多见,患儿啼哭时脐疝突出,安静时肿块消失;受到外伤后,脐疝覆盖组织穿破,故应引起重视。成人脐疝少见,多数是中年经产妇女,由于疝环狭小,发生嵌顿或绞窄者较多。

3.辅助检查

(1)实验室检查　腹外疝发生绞窄时,血白细胞、中性粒细胞增多。

(2)X线检查　嵌顿或绞窄性疝可见肠梗阻征象。

(3)透光试验　腹股沟斜疝做阴囊透光试验以排除睾丸鞘膜积液。

4.心理－社会状况

患者站立、行走、咳嗽或劳动时,腹外疝的肿块可反复突出,并有胀痛感,影响其正常工作和日常生活,从而感到焦急不安;婴幼儿腹外疝,患儿家长因不了解相关知识,而表现出紧张、惊慌、焦急等情绪。

5.处理原则

腹外疝均需手术,只有少数特别情况行非手术治疗,如婴幼儿腹外疝、年老体弱者。

(1)非手术治疗

1)腹股沟疝:婴幼儿腹肌随躯体生长逐渐强壮,腹股沟疝有自行消失的可能,故半岁以下婴幼儿暂不手术。采用棉线束带或绷带压住腹股沟管深环,防止疝块突出并给发育中的腹肌以加强腹壁的机会。年老体弱或伴有其他严重疾病而禁忌手术者,白天在回纳疝内容物后,使用疝带压迫疝环。

( )脐疝:小儿脐疝除了嵌顿或穿破等紧急情况外,在2岁之前采取非手术疗法,原则是回纳疝块后用大于脐环的、外包纱布的硬币或小木片抵住脐环,然后用胶布或绷带加以固定勿使移动。

(2)手术治疗

1)单纯疝囊高位结扎:显露疝囊颈,予以高位结扎或贯穿缝合,用于婴幼儿腹外疝及绞窄性疝患者。

2)疝修补术:在疝囊高位结扎后,加强或修补薄弱的腹壁缺损区,治疗较为彻底。常用手术方法如下:传统疝修补术:修补腹股沟管前壁以Ferguson法最常用,修补腹股沟管后壁常用的方法有Bassini法、Halsted法、McVay法、Shouldice法。无张力疝修补术:利用人工合成网片材料,在无张力的情况下进行疝修补术。此方法技术简单、快速、有效,患者痛苦小、下床早、恢复快。经腹腔镜疝修补术:属微创手术范畴,具有创伤小、痛苦少、恢复快、美观等长处,但因其对技术设备要求高,费用高。

(3)嵌顿性和绞窄性疝的治疗　嵌顿性疝发生时间在3～4小时以内,局部压痛不明显,也无腹部压痛或腹肌紧张等腹膜刺激征者,可试行手法复位,以后择期手术治疗。手法复位不成功或怀疑有绞窄者,需紧急手术治疗,如有疝内容物坏死者,行坏死器官或组织的切除术,如肠坏死施行肠切除吻合术。

【护理诊断及医护合作性问题】

1.疼痛

与腹外疝肿块突出、嵌顿或绞窄有关。

2.体液不足

与腹外疝发生嵌顿或绞窄引起机械性肠梗阻有关。

3.知识缺乏

缺乏预防腹内压升高的有关知识。

4.潜在并发症

术后阴囊水肿、切口感染等。

【护理目标】

1.患者疼痛缓解。

2.对嵌顿性疝和绞窄性疝者,保持水/电解质平衡。

3.对疝的发病因素,术后复发的危险因素及预防了解。

4.患者并发症得到及时的观察及处理。

【护理计划与实施】

1.一般护理

疝块较大的患者,嘱其卧床休息,减少活动,离床活动时使用医用疝带,将疝带一端的软压垫对着疝环顶住,避免腹腔内容物突出,防止疝嵌顿。婴幼儿腹股沟斜疝使用压迫治疗时,注重避免束带被粪尿污染,否则立刻更换,以免浸渍过久发生皮炎;经常检查束带的松紧度,过松达不到治疗,过紧导致患儿不适而哭闹。脐疝治疗时用硬币压迫,绷带固定后也应经常检查其松紧度,防止移位导致压迫失效。多饮水,多食富含粗纤维的食物,如蔬菜、水果等,保持大便通畅。

2.病情观察

定时监测生命体征,如疝块出现疼痛,密切观察腹外疝患者局部疼痛的性质及疝块的大小,患者若出现腹痛明显，呈持续性，且伴有疝块忽然增大、发硬、触痛明显、不能回纳腹腔，应高度警惕嵌顿性疝发生的可能，需紧急处理。嵌顿性疝患者若行手法复位后，严密观察腹部情况，如有腹膜炎或肠梗阻的表现，立刻通知医生，尽早手术探查。

3.手术前后护理

(1)术前护理

1)积极消除腹内压增高的因素：对咳嗽、便秘、排尿困难的患者必须积极治疗，症状控制后再行手术。吸烟者，术前2周开始戒烟；注意保暖、预防；术前按一般手术要求禁食、禁水。

2)备皮：严格备皮，避免因切口感染导致疝修补的失败。术前嘱患者沐浴，按规定范围备皮，对患者会阴部、阴囊皮肤做仔细准备，既要剃尽阴毛，又要防止剃破皮肤。手术日晨再检查一遍皮肤准备情况，如有皮肤破损或有继发化脓性感染，暂停手术。

3)排尿灌肠：手术前晚给患者灌肠，清洁肠道，防止术后腹胀和便秘。进手术室前，嘱患者排尿，以防术中误伤膀胱，必要时留置导尿管。

4)巨大疝患者术前护理：卧床休息2～3天，回纳疝内容物，使局部组织松弛，减轻充血与水肿，有利于术后切口愈合。

5)嵌顿性或绞窄性疝患者：特别是伴有肠梗阻的患者，按急症手术前护理常规，禁食、胃肠减压、输血、输液、使用抗生素等，在积极纠正水、电解质及酸碱平衡失调的同时，准备手术。

(2)术后护理

1)体位：麻醉清醒后，鼓励患者采取半坐卧位或平卧屈膝位，膝下垫一软枕，髋、膝关节略屈曲，以松弛腹股沟切口的张力，减小腹腔内压力。从而减轻患者切口疼痛感，并防止疝修补处组织裂开。

2)饮食：患者术后6～12小时若无恶心、呕吐等不适，进流质饮食，次日进软食或普食。行肠切除吻合术的患者，肠蠕动功能恢复后，进流质饮食，再逐渐过渡到半流质、普食。

3)活动：患者卧床时间长短，依据疝的部位、大小、腹壁缺损程度及手术方式而定，一般疝修补术后3～5日下床活动。采用无张力疝修补术的患者早期下床活动，但对年老体弱、复发性疝、绞窄性疝、巨大疝患者，卧床时间延长至术后10日，方可下床活动，以免疝复发。

4)防止腹内压增高：术后嘱患者尽量避免咳嗽及用力排便，否则会使腹内压增高，不利于切口愈合，且易导致术后疝复发。术后患者注意保暖，防止受凉而引起咳嗽；患者咳嗽时用手掌按压、保护切口处，防止切口张力增高。保持大、小便通畅，便秘者嘱避免用力排便，必要时给予药物通便。

5)预防阴囊水肿：在腹股沟手术区压迫沙袋(重0.5kg)24小时，减轻渗血，并用丁字带将阴囊托起，也可在阴囊上、下放冰袋冷敷，同时注意观察阴囊肿胀情况。

6)预防切口感染：切口感染是导致疝复发的重要原因，故术后要密切观察切口愈合情况。注意保持切口敷料干燥、清洁，避免大、小便污染，尤其是婴幼儿更应加强护理，发现敷料脱落或污染应及时更换；必要时在切口上覆盖塑料薄膜，以隔离保护伤口。注意观察患者体温和脉搏的变化，以及切口有无红肿、疼痛，一旦发现切口感染应尽早处理。

7)绞窄性疝行肠切除、肠吻合术：除按疝术后护理外，其他同肠梗阻术后护理。

4.心理护理

向患者及家属解释腹外疝的发病原因和诱发因素，使患者对疾病有所了解。介绍手术治疗的必要性及无张力疝修补术的好处等，从而减轻患者的紧张、焦虑情绪。

5.健康指导

(1)避免生活和工作中可引起腹内压增高的因素，及时治疗咳嗽、便秘、排尿困难等，保持大便通畅，养成定时排便的习惯，防止疝的复发。

(2)手术患者出院后注意休息，逐渐增加活动量，避免提重物，可做散步等较轻的活动及一般性工作，3个月内避免重体力活动。若疝有复发，及时就诊。

【护理评价】

1.疼痛是否解除。

2.水、电解质是否平衡。

3.患者是否了解腹外疝的有关知识。

4.并发症是否得到预防和及时发现。

（吴良红）

第四十一章　急性腹膜炎患者的护理

案例引入

患者,男,42岁,出租车司机。3小时前饱餐后突然出现上腹部刀割样剧痛,很快波及至全腹,但以上腹部为重。伴恶心、呕吐2次。呕吐物为胃内容物,以往有十二指肠溃疡病史,体检:T37.5℃,P98次/分,BP100/80mmHg,急性痛苦面容,心肺正常,腹平坦,腹式呼吸消失,全腹有压痛、反跳痛、肌紧张,以上腹部为甚,肝浊音界缩小,肠鸣音消失。X线膈下见游离气体。该患者初步诊断为急性腹膜炎。

1.确诊该患者为急性腹膜炎的主要依据是什么?

2.对该患者病例资料进行分析后,考虑:

①按病因来分,该例患者属于何种腹膜炎类型?

②引起该患者急性腹膜炎发生的原因最有可能的是什么?

3.该患者入院后,为进一步明确病因,还需做哪些辅助检查?护士在观察病情时,发现患者T39.0℃,P70次/分,说明病情有了何种变化?应采取何种处理措施?

4.护士在评估患者的身心状况后,提出其目前存在的主要医护合作性问题有哪些?若需急诊手术,应如何做好术前准备工作?

5.该患者急诊手术后第3天,体温仍高达39℃,伴大便次数增多,里急后重,黏液便,伤口不痛,无咳嗽,应考虑并发了何种并发症?应如何处理?

学习目标

知识目标　能说出急性化脓性腹膜炎的身心状况、治疗原则、病因、转归,并正确为患者进行护理评估。

能力目标　能够提出正确的护理诊断,并能够为患者提供合适的护理措施。

素质目标　学习过程中体现对患者的关心。

【概述】

急性腹膜炎(Acute peritonitis)多指继发性的化脓性腹膜炎,是急性化脓性腹膜炎中最常见的一种,占98%,也是一种常见的外科急腹症,由化脓性细菌包括需氧菌和厌氧菌或两者混合引起的腹膜的急性炎症。

腹膜是一层很薄的光滑的浆膜,分为互相连续的壁层和脏层两部分。腹腔是壁层和脏层之间的潜在间隙,是人体最大的浆膜腔。正常腹膜腔内只有少量液体,75 ~ 100ml的草黄色清亮液体,起着润滑作用。腹膜的动脉来自肋间动脉和腹主动脉的分支,静脉汇入到门静脉和下腔静脉。壁腹膜主要受体神经支配,对痛觉敏感,定位准确。脏腹膜的神经支配属于自主神经,痛觉定位差,但对牵拉、压迫、膨胀等刺激敏感,通常表现为腹部钝痛。腹膜的生理功能有滑润作用:腹膜是双相的半渗透性薄膜,可渗出少量液体以滑润腹腔;防御作用:当细菌和异物侵入腹腔时,腹腔渗出液中之大量吞噬细胞将其吞噬包围和吸收,大网膜的防御作用尤为显著,可将感染局限,防止感染扩散;吸收作用:腹膜可将腹腔内积液、血液、空气、毒素等很快吸收;渗出与修复作用:在腹膜炎时,腹膜可渗出大量液体以稀释毒素和减少对腹膜刺激的作用。

1.病因及发病机制

(1)继发性腹膜炎　是临床上最常见的,继发于腹腔内的脏器穿孔、脏器的损伤破裂、炎症和手术污染。主要致病菌为大肠埃希菌,其次为厌氧杆菌、链球菌、变形杆菌等,大多为混合感染。

(2)原发性腹膜炎　临床上较少见,是指腹腔内无原发病灶,病原菌是经由血液循环、淋巴途径或女性生殖系等而感染腹腔所引起的腹膜炎。多见于体质衰弱、严重肝病患者或在抗病能力低下的情况下,或肾病、猩红热、营养不良并发上呼吸道感染时均可致病,尤其是10岁以下的女孩多见。

2.病理生理

腹膜受到刺激后发生充血水肿，并失去固有光泽，随之产生大量浆液性渗出液。一方面可以稀释腹腔内毒素及消化液，以减轻对腹膜的刺激；另一方面也可以导致严重脱水，蛋白质丢失和电解质紊乱。渗出液中逐渐出现大量中性粒细胞、吞噬细胞，可吞噬细菌及微细颗粒。加以坏死组织、细菌和凝固的纤维蛋白，可使渗出液变为混浊，继而成为脓液。常见的以大肠杆菌为主的脓液呈黄绿色、稠厚，并有粪臭味。

腹膜炎的转归取决于患者全身和腹膜局部的防御能力及污染细菌的性质、数量和时间。转归：年轻体壮者，抗病能力强，可使细菌毒力下降，炎症局限形成局限性腹膜炎或脓肿；腹膜炎治愈后，腹腔内多有不同程度的粘连，可造成粘连性肠梗阻；趋于恶化，则感染可迅速扩散而形成弥漫性腹膜炎，腹膜严重充血水肿并渗出大量液体，引起脱水和电解质紊乱、血浆蛋白降低。肠管浸泡在脓液中，肠蠕动减弱或消失，形成麻痹性肠梗阻。肠管内大量积液，使血容量明显减少；细菌入血、毒性介质不被清除，腹膜吸收了大量毒素以致发生中毒性休克。膨胀的肠管可迫使膈肌升高，从而影响心肺功能，最后可导致多脏器衰竭甚至死亡。

3.分类

按发病机制可分为原发性腹膜炎与继发性腹膜炎；按病变范围分为局限性腹膜炎与弥漫性腹膜炎；按炎症性质分为细菌性腹膜炎与非细菌性腹膜炎。

【护理评估】

1.健康史

了解患者有无腹腔内脏炎症、穿孔病史，近期有无腹腔手术史或腹部损伤史；有无呼吸道感染、营养不良或抵抗力下降情况。

2.身体状况

随腹膜炎的不同阶段而有所不同，早期仅为腹膜炎表现，后期则因并发腹腔脓肿而有不同表现。

（1）急性腹膜炎

1）症状

①腹痛：是腹膜炎最主要的症状。疼痛的程度随炎症的程度而异。但一般都很剧烈，且呈持续性。深呼吸、咳嗽，转动身体时都可加剧疼痛。疼痛多自原发灶开始，炎症扩散后漫延及全腹，但仍以原发病变部位较为显著。

②恶心、呕吐：起初因腹膜受刺激引起反射性的恶心、呕吐，呕吐物为胃内容物。后期出现麻痹性肠梗阻时可发生持续性呕吐，呕吐物含有胆汁，甚至为棕褐色粪样肠内容物。由于呕吐频繁可呈现严重脱水和电解质紊乱。

③体温、脉搏的变化：突然发病的腹膜炎，开始时体温可以正常，之后逐渐升高。老年衰弱的患者，体温不一定随病情加重而升高。脉搏通常随体温的升高而加快。如果脉搏增快而体温反而下降，多为病情恶化的征象，必须及早采取有效措施。

④感染中毒症状：患者可相继出现高热、大汗、口干、脉快、呼吸浅促等全身中毒表现。随着病情的进展，可出现面色苍白、眼窝凹陷、口唇发绀、肢体冰冷、皮肤干燥、呼吸急促、脉搏细弱、血压下降等全身感染、中毒的表现。严重者可出现代谢性及感染性休克。

2）体征

①视诊：腹式呼吸减弱或消失，并伴有明显腹胀。腹胀加重常是判断病情发展的一个重要标志。

②触诊：压痛、反跳痛是腹膜炎的主要体征，以原发病灶部位最为显著。腹肌紧张程度则随病因和患者全身情况的不同而有轻重不一。胃十二指肠溃疡穿孔时可呈"板样腹"。而老年人、幼儿，或极度虚弱的患者，腹肌紧张可以很轻微而被忽视。

③叩诊：呈鼓音。胃肠道穿孔时肝浊音界缩小或消失。腹腔内积液多时，移动性浊音呈阳性。

③听诊：肠鸣音减弱或消失。

（2）盆腔脓肿

1）膈下脓肿：脓液积聚在膈肌下、横结肠及其系膜以上的间隙内者，统称膈下脓肿。膈下脓肿的临床特点是患者可出现明显的全身症状，而局部症状隐匿。患者有发热，初为弛张热，脓肿形成以后持续高热或中等发热，脉率增快，逐渐出现乏力、消瘦和厌食。可有肋缘下或剑突下持续钝痛，深呼吸时加重。亦有可颈肩部牵涉痛。脓肿刺激膈肌可引起呃逆。感染波及胸膜时可有胸腔积液、气促、咳嗽、胸痛等表现。

2）盆腔脓肿：盆腔处于腹腔最低位，腹内炎性渗出物或腹膜炎的脓液易积聚于此而形成脓肿。盆腔腹膜面积小，吸收毒素能力较低，全身中毒症状亦较轻。多见于急性腹膜炎后期、阑尾穿孔或结直肠手术后，出现体温下降后又升高、典型的直肠或膀胱刺激症状，如里急后重、大便频而量少、有黏液便、尿频、排尿困难等，但腹部检查多无阳性发现。直肠指诊时直肠前窝饱满及触痛，部分患者可触及波动感。

3.辅助检查

（1）血常规检查　白细胞计数增高，但病情严重或机体反应低下时，白细胞计数并不高，仅有中性粒细胞比例升高或毒性颗粒出现。

(2)腹部立位平片　可见肠腔普遍胀气并有多个小气液面等肠麻痹征象，胃肠穿孔时，多数可见膈下游离气体存在。

(3)B超　显示腹腔有不等量的液体。

(4)腹腔穿刺抽液或腹腔灌洗　根据抽出液性状、气味、混浊度，涂片、细菌培养以及淀粉酶等测定腹腔积液性质有助于判断。

4.心理－社会状况

急性腹膜炎一般病情较危急，患者及家属对生命健康担忧，可产生无助、焦虑等情绪。应了解患者患病后的心理反应，询问其对本病的认知程度和心理承受能力、家属的态度、经济承受能力等。

5.处理原则

(1)积极处理原发病灶，清理或引流腹腔，控制及消除炎症。

(2)病情较轻、全身情况良好时可采用非手术治疗，给予半卧位、禁食、持续胃肠减压、纠正水、电解质紊乱及使用抗生素等。腹膜内炎症较重或经非手术治疗 6 ~ 8 小时后，腹膜炎症状不缓解或加重者，应及时手术治疗。手术包括处理原发病灶、彻底清洗腹腔、充分引流等。术后继续半卧位、禁食、持续胃肠减压、补液、应用抗生素和保证引流通畅，防治并发症。

【护理诊断及医护合作性问题】

1.腹痛、腹胀

与腹膜炎症刺激、毒素吸收有关。

2.体温过高

与腹腔内感染、毒素吸收有关。

3.体液不足

与体液丢失过多或摄入不足有关(呕吐、腹腔积液、肠内积液、禁食)。

4.潜在并发症

感染中毒性休克、盆腔脓肿、膈下脓肿。

【护理目标】

1.患者腹痛、腹胀等不适程度减轻或缓解。

2.患者体温得以控制，逐渐降至正常体温。

3.患者水、电解质平衡得以维持，未发生酸碱失衡。

4.并发症得到预防或及时处理。

【护理计划与实施】

1.非手术治疗患者的护理

(1)体位　在无休克时，患者应取半卧位，有利于腹内之渗出液积聚在盆腔，减少吸收和减轻中毒症状，便于引流处理。休克患者应采取平卧位或中凹位。

(2)禁食、胃肠减压　胃肠道穿孔的患者须禁食、胃肠减压，可减少胃肠道内容物继续漏入腹腔，有利于控制感染的扩散；且吸出胃肠道积气、积液，可改善胃肠壁的血液循环。

(3)输液　遵医嘱补液，以纠正水、电解质和酸碱失调。安排好各类液体输注的顺序，并根据患者临床表现和补液的监测指标及时调整输液的成分和速度。记录液体的出入量，维持每小时尿量达 30 ~ 50ml，保持液体出入量平衡。

(4)抗生素的应用　急性腹膜炎病情危重且多为混合感染，早期即应选用大量广谱抗生素，之后再根据细菌培养结果加以调整。用药时注意配伍禁忌和不良反应。

(5)止痛　为减轻患者痛苦适当应用镇静止痛剂是必要的。对于诊断已经明确，可用哌替啶类止痛剂。对诊断未明或还须进行观察者，不宜用止痛剂以免掩盖病情。

(6)观察病情　定时观察生命体征和腹部症状、体征的变化，以判断病情发展和治疗效果。同时做好急腹症严格“四禁”。

(7)对症护理　高热患者给予物理降温。对长时间禁食的患者应及早考虑肠外营养支持，提高机体防御和修复能力。

2.手术治疗患者的护理

(1)术前护理　在采取上述护理措施的同时，积极做好术前准备工作。

(2)术后护理

1)卧位：患者回病室后，给予平卧位。硬脊膜外麻醉后 6 小时或全麻清醒后，若血压、脉搏平稳，改半坐卧位。

2)病情观察:密切监测生命体征变化,经常巡视患者,倾听主诉。观察腹部体征的变化,有无膈下脓肿或盆腔脓肿的表现,及时予以处理。对危重患者特别注意呼吸、循环、肾功能的监测和维护。

3)禁食、胃肠减压:一般术后需禁食及胃肠减压2～3日,给予静脉输液,以维持水、电解质平衡和营养;待肠蠕动恢复,肛门排气后,拔除胃管,开始进流质饮食,逐渐过渡到进食高蛋白、高热量、高维生素、易消化的普食。

4)补液和营养支持:合理补充水、电解质和维生素,必要时输新鲜血、血浆并给予肠内、外营养支持,以维持术后机体康复需要和提高防御能力,术后继续使用抗生素。

5)引流管护理:正确连接各引流装置,有多根腹腔引流管时,贴上标签标明各管位置。妥善固定引流管,经常挤捏引流管以防血块或脓痂堵塞,保持通畅,观察引流液的性状和量,按时换药,适时协助医生拔管。

3.心理护理

向患者及家属解释腹外疝的发病原因和诱发因素,使患者对疾病有准确的熟悉,介绍手术治疗的必要性及无张力疝修补术的好处等,从而减轻患者的紧张、焦虑情绪。

4.健康指导

(1)向患者说明非手术期间禁食、胃肠减压、半卧位的重要性。

(2)解释术后早期活动的重要性,鼓励患者尽早下床活动,以减轻腹胀,促进肠蠕动,防止肠粘连。

(3)术后定期门诊复查。一旦出现伤口红肿热痛、体温升高、腹痛、停止排便排气等及时就诊。

【护理评价】

1.患者腹痛、腹胀等不适程度是否减轻或缓解。

2.患者体温是否得以控制,是否逐渐降至正常体温。

3.患者水、电解质平衡是否得以维持,未发生酸碱失衡。

4.并发症是否被及时发现并积极处理。

（吴良红）

第四十二章　腹部损伤患者的护理

案例导入

患者,女,29岁,清晨骑摩托车时不慎被汽车撞伤。伤后诉上腹部疼痛,头昏,出冷汗而入院。体查:痛苦病容,面色苍白,T37.8℃,P120次/分,R18次/分,BP70/50mmHg,腹部稍膨隆,全腹有压痛,以左上腹部明显,轻度反跳痛,肌紧张不明显。移动性浊音(±),腹式呼吸减弱。

1.首先考虑该患者为何种外科急腹症?

2.为确诊,应进一步做哪些辅助检查?

3.患者入院后查RBC2.8×10^{12}/L,Hb90g/L,腹腔穿刺抽出5ml不凝血液,可进一步判断为何种脏器的损伤?其判断依据为何?应立即采取何种处理措施?

4.该例患者目前最重要的护理诊断是什么?如何解决该护理问题?若需紧急手术,应做好哪些术前护理工作?

5.患者术后2天,就何时进食问题咨询护士,护士应如何做好饮食问题宣教?

学习目标

知识目标　能说出腹部闭合性损伤的身心状况、处理原则及闭合性损伤常见病因,并正确为患者进行护理评估。

能力目标　能够配合医生进行腹部闭合性损伤的诊断检查并且能够为患者提供合适的护理措施。

素质目标　学习过程中体现对患者的关心。

【概述】

腹部损伤(Abdominal injury)是指各种原因所致的腹壁和(或)腹腔内器官损伤。在平时和战时都较多见,尤其是战时,发病率占各种损伤的50%。近年来,随着我国交通业的发展,事故增多,各种创伤有所增加,腹部损伤也逐渐增多。

1.病因及分类

闭合性损伤有的仅局限于腹壁,有的同时兼有内脏损伤。

(1)根据体表有无伤口分类

1)开放性腹部损伤:多由锐器或火器引起,如刀刺伤、枪弹伤等。受损内脏以肝脏最常见,其次为小肠、胃、结肠、大血管等。开放性损伤根据腹壁伤口是否穿破腹膜分为穿透伤和非穿透伤。

①穿透伤:多伴有腹腔内器官损伤。在穿透伤中,有入口和出口者称为贯通伤,有入口而无出口者称为盲管伤。

②非穿透伤:偶有腹腔内器官损伤。

2)闭合性腹部损伤:主要由钝性暴力所致,如碰撞伤、坠落伤、挤压伤、冲击伤等,该类损伤可能仅局限于腹壁,也可同时累及内脏损伤,但体表无伤口。

(2)根据损伤的腹内器官性质分类

1)实质性脏器损伤:肝、脾、肾和胰等位置比较固定,其组织结构脆弱,血供丰富,受到暴力打击后,比其他内脏器官更容易破裂。实质性腹内器官损伤的排序次序为:脾、肾、肝、胰。

2)空腔脏器损伤:上腹受到碰撞、挤压时,胃窦、十二指肠水平部易断裂;上段空肠、末端回肠位置较固定而易损伤,充盈的空腔脏器比排空时更易破裂。空腔脏器损伤的排序次序为:小肠、胃、结肠、膀胱等。

2.病理生理

(1)实质性脏器损伤

1)脾破裂:占各种腹部损伤的40%～50%。脾破裂按其部位和程度不同,可分为:中央型破裂、被膜下破裂、真性破裂。前两种类型因被膜完整,出血量受限制,形成的血肿可被吸收;绝大多数脾损伤为真性破裂,伤口穿过脾包膜达到脾实质,导致不易自行停止的腹腔内出血。

2)肝破裂:占各种腹部损伤的15%～20%。右肝破裂较左肝破裂多见。中央型肝破裂容易发展为继发性肝脓肿;肝破裂伴有较大的肝内或肝外胆管断裂时,引起严重出血和化学性腹膜炎,可迅速导致休克。张力较大的被膜下血肿,可突然转为真性破裂,引起迟发型急性内出血。

(2)空腔脏器损伤　空腔脏器破裂时,消化液、尿液、血液和消化道内的细菌等进入腹腔,刺激腹膜发生充血、水肿等反应,继之大量液体渗出,渗液中的中性粒细胞、巨噬细胞、坏死组织、细菌和纤维蛋白等使之浑浊形成脓液;细菌和毒素经腹膜吸收后,可导致脓毒症,甚至感染性休克。腹膜的广泛渗出也可导致低血容量性休克。随着腹膜炎的发展,逐渐因肠麻痹而出现腹胀。

【护理评估】

1.健康史

评估腹部损伤的原因、程度,有无合并伤。注意询问患者受伤的暴力强度、速度、着力部位、作用力方向,受伤时间、地点。患者受伤时空腔脏器的充盈情况。腹部闭合性损伤的严重程度,有无其他合并伤。

2.身体状况

随致伤原因、受伤器官、损伤部位和程度不同而异。实质性脏器损伤以失血性休克为主要表现;空腔脏器以弥漫性腹膜炎、感染性休克为主要表现。

(1)实质脏器损伤

1)症状:主要表现为腹腔内出血的症状。患者可出现面色苍白、脉搏增快、脉压差变小,甚至血压下降、休克。腹痛呈持续性,一般不剧烈,腹胀不明显;腹腔内积血较多时,可有明显腹胀;肝破裂伴大量胆汁漏出,或者胰腺损伤伴有胰液溢入腹腔时,可出现明显的腹痛。

2)体征:有腹膜刺激征,伴有明显腹胀,部分患者出现移动性浊音。肝、脾被膜下破裂伴血肿时可触及腹部包块。

(2)空腔脏器损伤

1)症状:主要表现是弥漫性腹膜炎,患者可出现持续性剧烈腹痛,伴有恶心、呕吐等胃肠道症状,稍后出现体温升高、脉快、呼吸急促等全身感染的表现。严重者可发生感染性休克。

2)体征:有明显的腹膜刺激征,甚至板状腹。其严重程度因进入腹腔的内容物不同而异。一般情况下,胃液、胆汁、胰液刺激最强,肠液次之,血液最轻。空腔脏器破裂时腹腔内可有游离气体,表现为肝浊音界缩小或消失。继而可因肠麻痹出现腹胀、肠鸣音减弱或消失。

3.辅助检查

(1)实验室检查　红细胞、血红蛋白、红细胞比容明显下降者提示实质脏器破裂大出血;外周血白细胞总数及中性粒细胞明显升高者可能为空腔脏器破裂。血或尿淀粉酶升高提示胰腺或十二指肠损伤。血尿则提示泌尿系统损伤。

(2)X线检查　腹部透视显示膈下新月形阴影(游离气体)提示胃十二指肠破裂。右膈肌升高及右下肋骨骨折,提示有肝破裂的可能。腹膜后积气常见于腹膜后十二指肠或结肠损伤。

(3)腹腔穿刺与腹腔灌洗术　穿刺点选在左或右髂前上棘与脐连线的中、外1/3交界处。抽得液体后进行肉眼观察或显微镜下检查,必要时涂片、培养或测定淀粉酶含量。如抽出不凝固的血液,提示腹内实质脏器破裂出血,必要时可重复穿刺或改行腹腔灌洗术。

(4)B超检查　主要用于诊断肝、脾、胰、肾的损伤,可了解腹腔内有无血肿和积液。

(5)CT检查　对确定实质性脏器损伤的部位、范围和程度有重要诊断价值。可显示肝、脾、胰、肾的包膜是否完整,大小及形态是否正常等。

(6)腹腔镜检查　可直接观察损伤脏器的确切部位及损伤程度,判断出血的来源,用于腹部损伤的早期诊断。

4.心理－社会状况

腹部损伤绝大多数在意外情况下突然发生,患者多表现为紧张、痛苦、悲哀、恐惧等心理变化。尤其腹壁有伤口、流血、内脏自伤口脱出或被紧急通知手术时,患者反应更为强烈。

5.处理原则

(1)单纯性腹壁损伤的治疗比较简单,同一般软组织损伤的治疗。

(2)闭合性腹腔内脏损伤时,应做好紧急手术前的准备,并力争尽早手术。对诊断尚未明确者,应严密观察病情变化,必要时可重复做诊断性腹腔穿刺术。观察期间有下列情况之一者应终止观察,及时进行剖腹探查术:①腹痛、腹胀及腹膜刺激征加重;②膈下有游离气体;③红细胞计数下降;④腹腔穿刺抽出气体、不凝血液或肠道内容物;⑤全身情况呈恶化趋势;⑥经抗休克治疗后病情无好转等。

（3）非手术观察期间患者应禁食、持续胃肠减压、补液、输血等纠正患者一般情况；应用广谱抗生素，以防治腹腔内感染；诊断不明确者禁用吗啡类止痛剂，以免掩盖病情，延误诊治；不随便搬动患者，预防与治疗休克，必要时测定中心静脉压。

（4）手术治疗包括全面探查、止血、修补、切除有关病灶及清除腹腔内残留液体。对于肝脏、胆道、胰腺、十二指肠及结肠损伤，伤处渗血渗液多，腹腔污染严重或感染明显者，应放置腹腔引流管。

【护理诊断及医护合作性问题】

1.恐惧、焦虑

与发病突然、病情严重、担心预后有关。

2.体液不足

与血液或体液的丢失、有效循环血容量减少有关。

3.疼痛

与腹部损伤、腹膜受刺激有关。

4.潜在并发症

腹腔感染、腹腔脓肿、休克等。

【护理目标】

1.患者恐惧、焦虑减轻，情绪稳定，能配合治疗和护理。

2.保证机体有效循环血量。

3.疼痛减轻或缓解。

4.将发生并发症的风险降为最低。

【护理计划与实施】

1.急救

腹部损伤可合并多发性损伤，在急救时应分清轻重缓急。首先处理危及生命的情况，如心跳骤停、窒息、大出血等。对已发生休克者应迅速建立静脉通路，及时输液、输血；对开放性腹部损伤者，妥善处理伤口、及时止血，若有肠管脱出，可用消毒碗覆盖保护，切勿强行还纳，但大量肠管脱出时，应尽量还纳，以免加重休克。

2.观察期间患者的一般护理

（1）心理护理　主动关心患者，解除其紧张、焦虑情绪，使患者能积极配合治疗。

（2）体位　患者应绝对卧床休息，不随便搬动患者，待病情稳定后可改为半卧位。

（3）禁食、胃肠减压　胃肠道穿孔或肠麻痹者应禁食、胃肠减压，以减轻腹胀和减少胃肠液外漏。禁食期间及时补充液体，注意防止水、电解质和酸碱平衡失调。待病情好转、肠蠕动功能恢复、肛门排气后，可停止胃肠减压管，进流质饮食。

（4）观察病情　每15～30分钟测定一次体温、脉搏、呼吸、血压；及时观察腹部体征的变化，了解腹膜刺激征的程度、范围，有无移动性浊音等。对疑有腹腔内出血的患者，定时测定红细胞、血红蛋白、红细胞压积、白细胞计数等，动态观察腹腔内有无继续出血及腹腔内感染等情况。

（5）应用抗生素　遵医嘱应用广谱抗生素，预防和治疗腹腔内感染。

（6）观察期间禁用吗啡类止痛剂，以免掩盖病情。怀疑胃肠破裂者禁止灌肠，以免加重病情。

3.术前护理

同观察期间的一般护理，并行腹部手术前准备。

4.术后护理

（1）体位　硬膜外麻醉术后平卧6小时及全麻清醒后血压、脉搏平稳，改为半卧位，以利腹腔引流，改善患者呼吸功能，减轻腹部肌肉张力，有利于切口愈合。鼓励患者早期活动，可减轻腹胀，促进肠蠕动恢复，防止术后肠粘连。

（2）补液及抗炎治疗　术后继续补液，纠正水、电解质及酸碱平衡紊乱；使用有效抗生素，防治腹腔感染。

（3）病情观察　严密观察生命体征、尿量和中心静脉压的变化，及时做好记录。发现异常情况，及时告知医生，并积极配合处理。

（4）饮食　术后2～3天肠功能恢复、拔除胃管后，可进流质饮食，并根据病情逐渐改为半流质及软食，注意高热量、高蛋白等营养素的补充。

（5）鼻腔、口腔及咽喉部的护理　①随时评估患者口腔黏膜的损伤及咽部不适的情况；②口腔护理每日2次；③定时清洁鼻腔；④长期使用胃管的患者，应每周更换胃管1次。

（6）呼吸道的护理　病室内保持适宜的温度、湿度，一般温度为18℃～20℃，湿度为50%～70%。

5.引流管的护理

(1)胃肠减压的护理

1)胃管插入长度要合适,一般成人插入深度为45 ~ 55cm。

2)妥善固定胃肠减压装置,保持胃管通畅,维持有效负压,以20 ~ 30cmH_2O为宜,每隔2 ~ 4小时用生理盐水10 ~ 20ml冲洗胃管1次。同时观察引流液的颜色、量和性质,记录24小时引流液总量。

3)胃肠减压期间一般禁饮水。观察胃肠减压后肠功能恢复情况,通常术后48 ~ 72小时肠蠕动逐渐恢复,肠鸣音恢复、肛门正常排气、排便后,可拔除胃管。

(2)腹腔引流的护理

1)妥善固定引流管和引流袋(或瓶),防止患者变换体位时引流管受压或脱出。保持引流通畅,及时检查管腔有无阻塞或引流管有无脱落。观察引流液颜色、量、气味、残渣等,准确记录24小时引流液总量。

2)观察引流管周围皮肤,有无红肿、破损,观察引流液是否外漏或渗出。

3)定期更换引流袋(或瓶)及敷料,更换引流袋时应先消毒引流管口后再连接,以免引起逆行性感染。

6.心理护理

主动关心患者,加强与患者的沟通,向其解释腹部损伤后可能出现的并发症及相关知识,使患者解除焦虑、恐惧心理,情绪稳定,积极配合治疗。

7.健康指导

(1)加强安全教育,避免发生意外损伤;普及急救知识,遭遇意外事件后能进行简单的救助或自救。

(2)术后鼓励患者食用易消化、营养丰富的食物,保持大便通畅,预防便秘、腹痛、腹胀。

(3)适当活动,预防术后肠粘连。

【护理评价】

1.患者恐惧、焦虑有无减轻,情绪是否稳定,能否配合治疗和护理。

2.有无水、电解质及酸碱平衡失调。

3.疼痛有无减轻。

4.能否及时发现和处理并发症。

(吴良红)

第四十三章 肝脏疾病患者的护理

第一节 肝硬化患者的护理

案例导入

患者,男,61岁,退休工人。突然呕血1小时入院。患者去年7月份在某医院诊断为"失代偿期",患者于1小时前进食晚餐后出现恶心,呕出鲜红色血液,量约300ml,无血凝块。伴头晕、心悸、口干。入院后又呕鲜血约500ml,头昏、乏力,次晨共解柏油样便2次,每次约150g。患者有病史多年,确诊"肝硬化"1年余。入院查体:T36.9℃,P80次/分钟,R次22/分钟,BP105/70mmHg,慢性病容,颈侧见2处蜘蛛痣,巩膜清,有肝掌,腹膨软,肝肋下未及,脾肋下3cm,腹部移动性浊音阳性。

1.初步判断该患者是什么疾病,依据是什么?

2.该患者入院后,为明确诊断还要做什么检查?患者目前存在哪些护理问题?如何处理?

学习目标

知识目标 能说出肝硬化的病因与发病机制、失代偿期临床表现、护理措施。

能力目标 能够提出正确的护理诊断,并能够为患者提供合适的护理措施。

素质目标 学习过程中体现对患者的关心。

【概述】

肝硬化(Cirrhosis of liver)是各种肝病发展的晚期阶段。病理特点为肝脏弥漫性纤维化、再生结节和假小叶形成。临床上起病隐匿,病程发展缓慢,晚期主要表现为肝功能损害和门静脉高压,常出现多种并发症。肝硬化是常见病,世界范围内的年发病率约为100/10万,发病高峰年龄在35 ~ 50岁,男性多见。

1.病因与发病机制

引起肝硬化的病因很多,我国以病毒性肝炎居多,欧美国家以慢性酒精中毒为主。

(1)病毒性肝炎 主要为乙型、丙型、丁型肝炎病毒感染,乙型和丙型或丁型肝炎病毒重叠感染可加速发展至肝硬化,甲型和戊型病毒性肝炎不发展为肝硬化。

(2)慢性酒精中毒 我国约占15%,近年来有上升趋势。长期大量饮酒者(一般为每日摄入酒精80g达10年以上),乙醇及其代谢产物(乙醛)引起酒精性肝炎,并发展为肝硬化。

(3)非酒精性脂肪性肝炎 随着世界范围内肥胖的流行,非酒精性脂肪性肝炎(NASH)的发病率持续升高。近期国外研究表明,约20%的非酒精性脂肪性肝炎可发展为肝硬化。

(4)肝静脉回流障碍 慢性充血性心力衰竭、缩窄性心包炎、肝静脉阻塞等使肝脏长期淤血缺氧。

(5)胆汁淤积 持续肝外胆管阻塞或肝内胆汁淤积时,高浓度胆汁酸和胆红素损害肝细胞,导致原发性或继发性胆汁性肝硬化。

(6)药物或化学毒物 长期服用双醋酚汀、甲基多巴、异烟肼等接触磷、砷、四氯化碳等可引起中毒性肝炎,最终演变为肝硬化。

(7)遗传代谢性疾病 先天性酶缺陷疾病时,某些物质或其代谢产物沉积于肝,如肝豆状核变性(铜沉积)、血色病(铁沉积)、a1-抗胰蛋白酶缺乏症等。

(8)其他 自身免疫性肝炎可演变为肝硬化。血吸虫病时,虫卵在肝脏汇管区刺激纤维组织增生,导致窦前性门脉高压,但再生结节不明显,故称为血吸虫病性肝纤维化。此外,部分病例发病原因难以确定,称为隐源性肝硬化。

各种因素导致肝细胞损伤,发生变性坏死,进而肝细胞形成再生结节,各种细胞因子促进纤维化产生,形成纤维间隔,包绕再生结节或将残存肝小叶重新分割,改造成假小叶,形成肝硬化。上述病理变化造成肝内血管扭曲、受压、闭塞而致血管床缩小，肝内门静脉、肝静脉和肝动脉小分支之间发生异常吻合。肝脏血循环紊乱是形成门静脉高压的病理基础，且加重肝细胞缺血缺氧，促使肝硬化病变进一步发展。

2.病理

大体形态上，肝脏早期增大，晚期明显缩小、质地变硬，表面满布棕黄色或灰褐色大小不等的结节，结节周围有灰白色的结缔组织包绕。组织学上，正常肝小叶结构被假小叶替代。根据结节形态，1994 年国际肝病信息小组将肝硬化分为 3 型：①小结节性肝硬化：结节大小相仿，直径小于 3mm；②大结节性肝硬化：结节大小不等，一般平均大于 3mm；③大小结节混合性肝硬化：同时存在大小结节两种病理形态。

门脉高压形成后，门体侧支循环开放，脾脏因淤血而肿大，胃黏膜因淤血而见充血、水肿、糜烂，若见马赛克或蛇皮样改变时称门脉高压性胃病。由于门体分流及血管活性物质增加，肺内血管扩张导致通气/血流比例失调、肺内动静脉分流，引起低氧血症，称肝肺综合征。

【护理评估】

1.健康史

询问患者有无与本病有关的病因，如有无肝炎病史或输血史；有无血吸虫病疫水解除史；是否长期酗酒，或长期接触某些化学毒物、长期服用某些损肝药物；有无慢性心力衰竭、慢性肠道感染、胆管疾病等病史。

2.身心状况

肝硬化起病隐匿，病程发展缓慢，可隐伏数年至 10 年以上。早期可无症状或症状轻微，当出现腹水或并发症时，临床上称为失代偿期肝硬化。

(1)代偿期肝硬化　早期症状轻无特异性，可见乏力、食欲减退、腹胀不适等。患者营养状况一般，肝轻度大，质偏硬，脾轻至中度大。肝功能多在正常范围内或轻度异常。

(2)失代偿期肝硬化　主要为肝功能减退和门静脉高压所致的全身多系统症状和体征。

1)肝功能减退的临床表现

①全身症状和体征：乏力为早期症状，其程度可自轻度疲倦至严重乏力。消瘦往往随病情进展而逐渐明显。少数患者有不规则低热，与肝细胞坏死有关。面色黝黑无光泽，呈肝病面容。黄疸提示肝功能已明显减退，黄疸进行性加深提示预后不良。

②消化道症状：食欲不振为常见症状，可有恶心、呕吐、腹胀亦常见，与胃肠积气、腹水和肝脾肿大有关。稍进油腻肉食即易引起腹泻。

③出血倾向和贫血：可有鼻腔、牙龈出血、皮肤紫癜和胃肠出血等，主要与肝脏合成凝血因子减少、脾功能亢进引起血小板减少有关。

④与内分泌紊乱有关的症状体征：肝功能减退时雌激素灭活减少，雌激素增多，雄激素减少，男性可有性功能减退、乳房发育，女性可有闭经、不孕等。皮肤可见蜘蛛痣、肝掌。肾上腺皮质功能减退，面部和其他暴露部位可有皮肤色素沉着。醛固酮和抗利尿激素的灭活减少，引起尿少、水肿，并促进腹水形成。

2)门静脉高压的临床表现：门静脉高压症的三大临床表现是脾大、侧支循环的建立和开放、腹水。

①脾大：脾因长期淤血而肿大，一般为轻、中度大，有时可为巨脾。晚期脾大常伴有周围血中白细胞、红细胞和血小板减少，称为脾功能亢进。

②侧支循环的建立和开放：门静脉高压形成后，来自消化器官和脾脏的回心血液流经肝脏受阻，使门腔静脉交通支开放。主要的侧支循环有：a.食管和胃底静脉曲张：为门静脉系的胃冠状静脉与腔静脉系的食管静脉形成侧支，使食管下端和胃底部黏膜下静脉曲张。门脉高压导致食管胃底静脉曲张和门脉高压性胃病，是肝硬化合并上消化道出血的重要原因；b.腹壁静脉曲张：为再通的脐静脉(肝圆韧带)与腹壁静脉形成侧支，可形成腹壁的静脉曲张；c.痔静脉曲张：为门静脉系的直肠上静脉与腔静脉系的直肠下静脉、肛门静脉吻合成侧支，明显扩张时形成痔核，破裂时引起便血。

温馨提示：在上述 3 个交通支中，其中最重要的是胃底-食管下段交通支，因为其可引起上消化道出血。

③腹水：是肝硬化失代偿期最突出的临床表现。大量腹水时腹部膨隆，可发生脐疝，膈肌抬高，出现呼吸困难、心悸。部分患者伴有胸水。腹水形成的因素有：a.门静脉压力升高：门静脉高压时肝窦压升高，肝脏淋巴液生成增加，当超过胸导管引流能力时，淋巴液自肝包膜直接漏入腹腔形成腹水。门脉高压时内脏血管床静水压增高，促使液体进入组织间隙，也是腹水成因；b.低清蛋白血症：肝功能减退使清蛋白合成减少，血浆胶体渗透压下降，血管内液外渗；c.抗利尿激素及继发性醛固酮增多，引起水钠重吸收增加；d.肾脏因素：有效循环血容量不足致肾血流量减少，肾小球滤过率降低，排钠和排尿量减少。

3)肝脏情况:早期肝脏肿大可触及,质硬而边缘钝;晚期缩小,肋下常触不到。

4)并发症

①食管胃底静脉曲张破裂出血:为最常见的并发症。多突然发生呕血和黑便,常为大量出血,引起出血性休克或诱发肝性脑病,死亡率高。部分肝硬化患者上消化道出血的可由其他原因如门脉高压性胃病或消化性溃疡引起,内镜检查可鉴别。

②感染:肝硬化患者免疫功能低下,常并发感染,如肺炎、胆道感染、败血症、自发性细菌性腹膜炎等。自发性细菌性腹膜炎指在无任何邻近组织感染的情况下发生的腹膜和(或)腹水的细菌性感染。致病菌多为来自肠道的革兰阴性杆菌。临床表现为发热、腹痛、腹胀、腹膜刺激征、腹水迅速增长,少数病例发生中毒性休克,可诱发肝性脑病。

③肝性脑病:是本病最严重的并发症,亦是最常见的死亡原因。详见本篇"肝性脑病"一章。

④原发性肝癌:当患者出现肝大、肝区疼痛、血性腹水、不明原因的发热时,应考虑并发原发性肝癌,血清甲胎蛋白升高及B超提示肝脏占位性病变时应高度怀疑,CT可确诊。必要时行肝动脉造影检查。

⑤肝肾综合征(hepatorenal syndrome,HRS):指发生在严重肝病基础上的肾衰竭,肾脏无器质性损害,故又称功能性肾衰竭。主要见于晚期肝硬化伴有腹水。主要由于肾血管收缩和肾内血液重新分布,导致肾皮质血流量和肾小球滤过率下降等因素引起。表现为少尿或无尿、氮质血症、稀释性低钠血症和低尿钠。

⑥肝肺综合征(hepatopulmonary syndrome,HPS):指严重肝病、肺血管扩张、低氧血症组成的三联征。临床表现为呼吸困难和低氧血症,内科治疗多无效。

⑦电解质和酸碱平衡紊乱:出现腹水和其他并发症后患者电解质紊乱趋于明显,常见的有:a.低钠血症:长期低钠饮食、长期利尿或大量放腹水致钠丢失、抗利尿激素增多使水潴留超过钠潴留而致稀释性低钠;b.低钾低氯血症与代谢性碱中毒:钾摄入不足、呕吐、腹泻、长期应用利尿剂或高渗葡萄糖液、继发性醛固酮增多等可引起低钾低氯,低钾低氯血症可致代谢性碱中毒,并诱发肝性脑病。

3.辅助检查

(1)血常规　代偿期多正常,失代偿期常有不同程度的贫血。脾功能亢进时白细胞和血小板计数亦减少。

(2)尿常规　一般正常,有黄疸时可有胆红素、尿胆原增加。

(3)肝功能试验　代偿期大多正常或仅有轻度酶学异常,失代偿期发生普遍异常。重症患者血清胆红素增高,胆固醇酯低于正常。转氨酶轻、中度增高,一般以ALT增高较显著,但肝细胞严重坏死时则AST常高于ALT。血清总蛋白正常、降低或增高,但清蛋白降低,球蛋白增高,清蛋白/球蛋白比例降低或倒置;在血清蛋白电泳中,清蛋白减少,r球蛋白显著增高。凝血酶原时间有不同程度延长。

(4)免疫功能检查　血清IgG显著增高,T淋巴细胞数常低于正常;可出现抗核抗体、抗平滑肌抗体等非特异性自身抗体;病因为病毒性肝炎者,乙型、丙型或乙型加丁型肝炎病毒标记可呈阳性反应。

(5)腹水检查　一般为漏出液,并发自发性腹膜炎、结核性腹膜炎或癌变时腹水性质发生相应变化。

(6)影像学检查　食管静脉曲张时食管吞钡X线检示虫蚀样或蚯蚓状充盈缺损,胃底静脉曲张时钡剂呈菊花瓣样充盈缺损。超声显像可显示肝大小和外形改变、脾大,门脉高压症时可见门静脉、脾静脉直径增宽,有腹水时可见液性暗区。CT和MRI检查对肝硬化的诊断价值和B超相似,但合并原发性肝癌时诊断价值高于B超。放射性核素检查可见肝摄取核素稀疏,脾核素浓集等。

(7)纤维内镜检查　可直视静脉曲张及其分布和程度。

(8)腹腔镜检查　可直接观察肝脾情况,并可在直视下取活组织检查,对诊断有困难者有价值。

4.处理要点

本病目前无特效治疗,应重视早期诊断,针对病因(如抗病毒治疗)给予相应处理,阻止肝硬化进一步发展,后期积极防治并发症,至终末期只能有赖于肝移植。肝硬化患者不宜滥用护肝药物,避免应用对肝有损害的药物。抗纤维化目前无肯定作用的药物,应谨慎使用。实际上,治疗原发病,防止起始病因引起的肝细胞坏死,即可一定程度上起到防止肝纤维化发展的作用。

失代偿期肝硬化主要对症治疗、改善肝功能和处理并发症。

(1)腹水治疗

1)限制水、钠的摄入:部分轻、中度腹水患者通过限制水、钠的摄入,可产生自发性利尿。

2)利尿剂:上述基础治疗无效或腹水量较大时应使用利尿剂。常用的利尿剂有螺内酯和呋塞米,单独使用需注意血钾。目前主张两药联用,既有协同作用,又可减少电解质紊乱。先用螺内酯40-80mg/d,数日后加用呋塞米20～40mg/d,以后视效果分别逐渐加大药量(最大剂量螺内酯400mg/d,呋塞米160mg/d)。

3)提高血浆胶体渗透压:定期输注血浆或清蛋白,不仅有助于促进腹水消退,也利于改善机体一般状况和肝功能。

4)难治性腹水的治疗:难治性腹水定义为使用最大剂量利尿剂而腹水无减退。对于利尿剂虽未达到最大剂量,但腹水无减退且反复诱发肝性脑病、低钠血症、高钾血症、高氮质血症者亦被视为难治性腹水。可选择下列方法：

①大量排放腹水加输注清蛋白：在 1 ~ 2 小时内放腹水 4 ~ 6L，同时输注清蛋白 8 ~ 10g/L 腹水，继续使用适量利尿剂。可重复进行。应注意不宜用于有严重凝血障碍、肝性脑病、上消化道出血等情况的患者。

②腹水浓缩回输：将抽出的腹水经超滤或透析浓缩后经静脉回输，可清除腹水，保留蛋白，增加有效血容量。不良反应有发热、感染、电解质紊乱等。感染性或癌性腹水不可回输。

③经颈静脉肝内门体分流术（TIPS）：是一种以血管介入的方法在肝内的门静脉分支与肝静脉分支之间建立分流通道。该法可用于治疗门静脉压明显增高的难治性腹水，但易诱发肝性脑病。

④肝移植：顽固性腹水是肝移植优先考虑的适应症。

（2）并发症治疗　自发性细菌性腹膜炎时，应早期、足量、联合使用肠道革兰阴性杆菌有效抗生素；对于肝肾综合征，应在积极防治感染、上消化道出血等诱发因素的前提下，应用血管活性药物（特利加压素）加输白蛋白，或使用 TIPS，可改善 HRS。并发上消化道出血及肝性脑病处理详见本篇相关章节。

（3）手术治疗　各种分流、断流术和脾切除术等，目的是切断或减少曲张静脉血液来源、降低门脉系统压力和消除脾功能亢进。肝移植术是治疗晚期肝硬化的最佳选择。

5.心理－社会状况

肝硬化是慢性病，病程长、见效慢、易反复，当患者处于代偿期时，常抱有侥幸心理，否认自己患病；进入失代偿期后，由于长期、反复被疾病折磨，承受着巨大的精神压力，情绪易变，可产生焦虑、愤怒、恐惧、悲观、抑郁等心理，随着病情进展，患者生活质量下降，长期治疗也给家庭带来沉重的经济负担，患者和家属可出现失望、无助、茫然等厌倦情绪。

【护理诊断及医护合作性问题】

1.营养失调

低于机体需要量与肝功能减退、门静脉高压引起食欲减退、消化和吸收障碍有关。

2.体液过多

与肝功能减退、门静脉高压引起钠水潴留有关。

3.活动无耐力

与肝功能减退、大量腹水有关。

4.有皮肤完整性受损的危险

与营养不良、水肿、皮肤干燥、瘙痒、长期卧床有关。

【护理目标】

患者能描述营养不良的原因，遵循饮食计划，保证各种营养物质的摄入；能叙述腹水和水肿的主要原因，腹水和水肿有所减轻，身体舒适感增加；能遵循休息和活动计划，活动耐力有所增加；无皮肤破损或感染，瘙痒等不适感减轻或消失。

【护理计划与实施】

1.营养失调：低于机体需要量

（1）饮食治疗的护理　既保证饮食营养又遵守必要的饮食限制是改善肝功能、延缓病情进展的基本措施。应向患者及家属说明导致营养状况下降的有关因素、饮食治疗的意义及原则，与患者共同制订符合治疗需要而又为其接受的饮食计划。饮食治疗原则：高热量、高蛋白质、高维生素、易消化饮食，并根据病情变化及时调整。

1）蛋白质：是肝细胞修复和维持血浆清蛋白正常水平的重要物质基础，应保证其摄入量。蛋白质来源以豆制品、鸡蛋、牛奶、鱼、鸡肉、瘦猪肉为主。血氨升高时应限制或禁食蛋白质，待病情好转后再逐渐增加摄入量，并应选择植物蛋白，例如豆制品，因其含蛋氨酸、芳香氨基酸和产氨氨基酸较少。

2）维生素：新鲜蔬菜和水果含有丰富的维生素，例如西红柿、柑橘等富含维生素 C，日常食用可保证维生素的摄取。

3）限制水钠：有腹水者应低盐或无盐饮食，钠限制在每日 500 ~ 800mg（氯化钠 1.2 ~ 2.0g），进水量限制在每日 1000ml 左右。应向患者介绍各种食物的成分，例如，高钠食物有咸肉、酱菜、酱油、罐头食品、含钠味精等，应尽量少食用；含钠较少的食物有粮谷类、瓜茄类、水果等；含钾多的食物有水果、硬壳果、马铃薯、干豆、肉类等。评估患者有无不恰当的饮食习惯而加重水钠潴留，切实控制钠和水的摄入量。限钠饮食常使患者感到食物淡而无味，可适量添加柠檬汁、食醋等，改善食品的调味，以增进食欲。

4）避免损伤曲张静脉：食管胃底静脉曲张者应食菜泥、肉末、软食，进餐时细嚼慢咽，咽下的食团宜小且外表光滑，切勿混入糠皮、硬屑、鱼刺、甲壳等，药物应磨成粉末，以防损伤曲张的静脉导致出血。

（2）营养支持　必要时遵医嘱给予静脉补充足够的营养，如高渗葡萄糖液、复方氨基酸、清蛋白或新鲜血。

（3）营养状况监测　经常评估患者的饮食和营养状况，包括每日的食品和进食量，体重和实验室检查有关指标的变化。

2.体液过多

(1)休息和体位　多卧床休息,卧床时尽量取平卧位,以增加肝、肾血流量,改善肝细胞的营养,提高肾小球滤过率。可抬高下肢,以减轻水肿。阴囊水肿者可用托带托起阴囊,以利水肿消退。大量腹水者卧床时可取半卧位,以使膈下降,有利于呼吸运动,减轻呼吸困难和心悸。

(2)避免腹内压骤增　大量腹水时,应避免使腹内压突然剧增的因素,例如剧烈咳嗽、打喷嚏、用力排便等。

(3)限制水钠摄入　措施见饮食护理。

(4)用药护理　使用利尿剂时应特别注意维持水、电解质和酸碱平衡。利尿速度不宜过快,以每日体重减轻不超过0.5kg为宜。

(5)病情监测　观察腹水和下肢水肿的消长,准确记录出入量,测量腹围、体重,并教会患者正确的测量和记录方法。进食量不足、呕吐、腹泻者,或遵医嘱应用利尿剂、放腹水后更应密切观察。监测血清电解质和酸碱度的变化,以及时发现并纠正水电解质、酸碱平衡紊乱,防止肝性脑病、功能性肾衰竭的发生。

(6)腹腔穿刺放腹水的护理　术前说明注意事项,测量体重、腹围、生命体征,排空膀胱以免误伤;术中及术后监测生命体征,观察有无不适反应;术毕用无菌敷料覆盖穿刺部位,如有溢液可用明胶海绵处置;术毕缚紧腹带,以免腹内压骤然下降;记录抽出腹水的量、性质和颜色,标本及时送检。

3.活动无耐力

肝硬化患者的精神、体力状况随病情进展而减退,疲倦乏力、精神不振逐渐加重,严重时衰弱而卧床不起。应根据病情适当安排休息和活动。代偿期患者无明显的精神、体力减退,可参加轻工作,避免过度疲劳;失代偿期患者以卧床休息为主,但过多的躺卧易引起消化不良、情绪不佳,故应视病情安排适量的活动,活动量以不感到疲劳、不加重症状为度。

4.有皮肤完整性受损的危险

肝硬化患者因常有皮肤干燥、浮肿、有黄疸时可有皮肤瘙痒、长期卧床等因素,易发生皮肤破损和继发感染。除常规的皮肤护理、预防压疮措施外,应注意沐浴时避免水温过高,或使用有刺激性的皂类和沐浴液,沐浴后可使用性质柔和的润肤品,以减轻皮肤干燥和瘙痒;皮肤瘙痒者给予止痒处理,嘱患者勿用手抓搔,以免皮肤破损。

【其他护理诊断】

1.潜在并发症

上消化道出血、肝性脑病。

2.焦虑

与担心疾病预后、经济负担等有关。

3.有感染的危险

与机体抵抗力低下有关。

【健康教育】

1.护士应帮助患者和家属掌握本病的有关知识和自我护理方法,分析和消除不利于个人和家庭应对的各种因素,树立治病信心,保持愉快心情,把治疗计划落实到日常生活中。

2.保证身心两方面的休息,应有足够的休息和睡眠,生活起居有规律。活动量以不加重疲劳感和其他症状为度。应十分注意情绪的调节和稳定。在安排好治疗、身体调理的同时,勿过多考虑病情,遇事豁达开朗。

3.注意保暖和个人卫生,预防感染。

4.切实遵循饮食治疗原则和计划,安排好营养食谱。

5.按医师处方用药,加用药物需征得医师同意,以免服药不当而加重肝脏负担和肝功能损害。应向患者详细介绍所用药物的名称、剂量、给药时间和方法,教会其观察药物疗效和不良反应。例如服用利尿剂者,如出现软弱无力、心悸等症状时,提示低钠、低钾血症,应及时就医。

6.家属应理解和关心患者,给予精神支持和生活照顾。细心观察、及早识别病情变化,例如当患者出现性格、行为改变等可能为肝性脑病的前驱症状时,或消化道出血等其他并发症时,应及时就诊。定期门诊随诊。

【护理评价】

患者能自己选择符合饮食治疗计划的食物,保证每日所需热量、蛋白质、维生素等营养成分的摄入;能否陈述减轻水钠潴留的有关措施,正确测量和记录出入量、腹围和体重,腹水和皮下水肿及其引起的身体不适是否有所减轻;能否按计划进行活动和休息,活动未致疲乏感加重,活动耐力增加;皮肤有无破损和感染,瘙痒感减有无轻或消失。

第二节　门脉高压症患者的护理

案例导入

患者，女，43岁。乙肝病史15年。1小时前因饮食不当突然呕吐大量鲜红色血液，解柏油样大便1次而就诊。查体：患者烦躁不安，面色苍白，四肢湿冷，P110次/分，R22次/分，BP80/60mmHg。Hb80g/L。

1.首先考虑该患者为何种疾病？

2.应立即对其采取何种处理措施？

3.该患者在紧急使用三腔管压迫止血后，护士应如何做好其护理工作？若使用三腔管压迫48小时后，胃管内仍有新鲜血液抽出，应做何处理？

4.对该患者进行全面评估后，提出其目前存在的主要护理问题有哪些？如需手术治疗，如何做好术前准备？

5.若该患者在硬麻下行"脾肾静脉分流术"后回到病房，为预防其术后血管吻合口破裂出血，应采取哪些护理措施？术后第5天，护士发现患者神志淡漠、嗜睡、谵妄，应考虑出现了何种术后并发症？应如何预防？

学习目标

知识目标　能说出门静脉高压症的病因病理、身心状况、辅助检查、治疗原则。知道门静脉系统与腔静脉系统之间的侧支循环。

能力目标　能够提出正确的护理诊断，并能够为患者提供合适的护理措施。

素质目标　学习过程中体现对患者的关心。

【概述】

门静脉高压症（Portal hypertension）是指门静脉血流受阻、血液淤滞、门静脉系统压力增高，继而引起脾大及脾功能亢进、食管和胃底黏膜下静脉曲张及破裂出血、腹水等一系列症状的临床病症。

门静脉由肠系膜上、下静脉和脾静脉汇合而成，为肝脏的主要供血来源。它与腔静脉有4个主要交通支：①胃底、食道下段交通支：门静脉血流经胃冠状静脉，胃短静脉通过食道静脉丛与奇静脉相吻合；流入上腔静脉；②直肠下端、肛管交通支：门静脉血流经肠系膜下静脉，直肠上、下静脉与肛管静脉丛吻合，流入下腔静脉；③腹壁交通支：门静脉左支的血流经脐旁静脉与腹壁上、下静脉吻合，流入上、下腔静脉；④腹膜后交通支：肠系膜上、下静脉分支与下腔静脉支吻合。正常门静脉压力：13 ~ 24cmH_2O（1.27 ~ 2.35kPa），门静脉高压症时压力可升高至30 ~ 50cmH_2O（2.94 ~ 4.90kPa）。

1.病因及发病机制

门静脉高压症约90%以上由肝硬变引起。南方地区，主要是血吸虫病性肝硬化，其他地区主要是肝炎后肝硬化。亦可见于肝外门静脉栓塞，如门静脉主干的先天性畸形、布卡综合征、海绵窦样变但较少见。

门脉系统没有控制血流方向的瓣膜，其压力通过流入的血量和流出阻力形成并维持。门静脉血流阻力增加，常是门静脉高压症的始动因素。根据门静脉血流受阻因素所在的部位，门静脉高压症可以分为肝前型、肝内型、肝后型三大类。肝内型又可以分为窦前、窦后和窦型。在我国，肝炎后肝硬化是引起肝窦和窦后阻塞性门静脉高压症的常见原因。肝内窦前型阻塞的病因主要是血吸虫性肝硬化。

2.病理生理

（1）脾肿大、脾功能亢进　这是首先出现的病理变化。门静脉高压症形成后，脾窦长期充血，脾内纤维组织增生、脾髓细胞增生，发生脾功能亢进，单核-吞噬细胞增生和脾脏破坏血细胞功能亢进，使外周血细胞减少。

（2）静脉交通支扩张　主要为胃底食管下端交通支曲张，使黏膜变薄，容易因腹内压增高而破裂出血。其他如出现脐旁及腹壁上下浅静脉怒张、直肠上下静脉丛扩张引起继发性痔。

（3）腹水　腹水的形成与下列因素有关：肝门静脉系毛细血管滤过压增加；低蛋白血症使血浆胶体渗透压降低及淋巴液生成增加；体内醛固酮和血管升压素增加致水、钠潴留等。

【护理评估】

1.健康史

询问患者有无与本病有关的病因,如有无肝炎病史或输血史;有无血吸虫病疫水接触史;是否长期酗酒,或长期接触某些化学物质、长期服用某些损肝药物;有无慢性心力衰竭、慢性肠道感染、胆管疾病病史。

2.身体状况

(1)症状

1)脾肿大、脾功能亢进:脾肿大的程度大小不一,大者可达脐下。一般年轻人较老年人肿大明显,大结节性肝硬变脾肿大较小结节性肝硬变明显,血吸虫性肝纤维化脾肿大较酒精性肝硬变更为突出。脾肿大均伴有不同程度的脾功能亢进症。患者可有白细胞减少、血小板降低、增生性贫血和出血倾向,如牙龈出血、鼻衄等。

2)呕血和黑便:曲张静脉破裂出血是门脉高压症最凶险的并发症,一次出血可达1000 ~ 2000ml。肝功损害凝血机制障碍,出血难以自止。大出血、休克和贫血使肝细胞严重缺氧坏死极易诱发肝性脑病。首次出血死亡率25%,2年内50%再出血。

3)腹水:是肝功能严重受损表现。常伴有低蛋白血症,出现下肢浮肿。大出血后,往往因缺氧而加重肝组织损伤,常引起或加剧腹水的形成。有些"顽固性腹水"甚难消退。由于腹水存在,加之肝硬变患者单核巨噬细胞系统功能减退,患者常发生细菌性腹膜炎甚至出现菌血症。

(2)体征　患者多显示营养不良,部分出现黄疸、贫血或面色灰暗,颈胸有蜘蛛痣;有肝掌,男性乳腺增生;重者腹部膨隆,腹壁静脉怒张,脾大,腹部叩诊可有移动性浊音;下肢因低蛋白血症有指压性水肿。

3.辅助检查

(1)血常规检查　脾功能亢进时,全血细胞计数减少,以血白细胞及血小板计数减少最为明显。

(2)肝功能检查　见血清白蛋白降低而球蛋白升高,白/球蛋白比例倒置;活动性肝病还可见凝血酶原时间延长,血清转氨酶及血清胆红素升高等。

(3)影像学检查

1)腹部B超检查:有助了解肝硬化程度、脾大情况、有无腹水以及门静脉扩张情况等。

2)食管吞钡X线检查和内镜检查:在食管为钡剂充盈时,可见食管黏膜呈虫蚀状改变;排空时,黏膜像则表现为蚯蚓状或串珠状负影。内镜可见黏膜下曲张静脉或血管团。

3)腹腔动脉造影或直接肝静脉造影:可确定门静脉受阻部位及侧支回流情况。

4.心理-社会状况

患者由于长期、反复被疾病折磨,承受着巨大的精神压力,情绪易变,可产生焦虑、愤怒、恐惧、抑郁以及感觉被别人歧视等心理,随着病情的进展,患者生活质量下降,长期治疗也给家庭带来沉重的经济负担,患者和家属均可出现失望、无助、茫然等厌倦情绪。

5.处理原则

门静脉高压症以非手术治疗为主。但食管胃底曲张静脉破裂发生大出血、严重的脾大或伴有明显的脾功能亢进、肝硬化引起的顽固性腹水,常须采取外科手术处理。

(1)食管胃底静脉曲张破裂出血治疗

1)非手术治疗

①常规处理:绝对卧床休息;立即建立有效的静脉通道,输液、输血扩充血容量;维持呼吸道通畅,防止呕吐引起的窒息或吸入性肺炎。

②药物止血:应用血管收缩剂,可使门静脉血流量减少,降低门静脉压力。常用药物有垂体后叶素、三甘氨酰酸加压素和生长素。

③内镜治疗:经纤维内镜将硬化剂直接注入曲张静脉内,使之闭塞及其黏膜下组织硬化,达到止血和预防再出血的目的。

④三腔管压迫止血:是首选的止血方法。利用充气的气囊分别压迫胃底和食管下段的曲张静脉,达到止血的目的,以争取时间做紧急手术。

⑤介入放射疗法:经颈静脉途径在肝静脉与门静脉的主要分支间建立通道,并置入支架,实现门体分流。即经颈静脉肝内门体分流术(TIPS),适用于肝功能失代偿、药物硬化剂治疗无效、不宜急症门体分流的患者。

2)手术疗法

①门体分流术:由于能有效地降低门静脉压力,是预防大出血较为理想的方法。常用术式有:门-腔静脉分流术、肠系膜上-下腔静脉分流术、脾-肾静脉分流术等。但分流术会使肝门静脉向肝的灌注量减少而加重肝功能损害,肠道内产生的氨被吸收后未经肝解毒而直接进入腔静脉和全身循环,导致肝性脑病的发生。

②断流术:目前比较常用。通过门-奇静脉间反常血流达到止血的目的。最有效的术式是:脾切除加贲门周围血管离断术。该手术切除脾脏并离断贲门周围血管,既能减轻食管静脉曲张,控制食管胃底静脉曲张破裂出

血，又不减少肝脏的血流。

（2）脾大、脾功能亢进的外科治疗　应做脾切除术，可减少门静脉系统来自脾静脉的血量 20% ~ 40%，尚可同时纠正脾功能亢进所致的症状。

（3）顽固性腹水的处理　可采用腹腔-颈静脉转流术，最有效的治疗方法是肝移植。

【护理诊断及医护合作性问题】

1.体液不足

与上消化道大量出血、手术出血有关。

2.体液过多（腹水）

与低蛋白血症、血浆胶体渗压降低、醛固酮分泌增加有关。

3.营养失调（低于需要量）

与肝功能损害、蛋白摄入不足、消化吸收障碍有关。

4.潜在并发症

上消化道大出血、术后出血、肝性脑病、静脉血栓形成。

5.焦虑或恐惧

与大出血、担心预后、惧怕死亡有关。

6.知识缺乏

缺乏预防上消化道出血、肝疾病的有关知识。

【护理目标】

1.患者的体液不足得到改善。

2.患者的腹水减少，体液平衡能得到维持。

3.患者摄入足够的营养。

4.患者未出现出血、感染、肝性脑病、静脉栓塞等并发症。

5.患者恐惧心理得以减轻或缓解，情绪稳定。

6.患者能正确叙述预防再出血的有关知识。

【护理计划与实施】

1.非手术治疗患者的护理

（1）一般护理　绝对卧床休息，增加肝血流。迅速将患者安置在有抢救设备、安静的病房，头偏向一侧以防误吸，给予吸氧。

（2）改善营养　门脉高压症患者大多给予低脂、低钠、低蛋白（肝昏迷患者除外）、高糖、高维生素饮食。营养不良、低蛋白血症者静脉支链氨基酸、白蛋白或血浆。贫血及凝血机制障碍者可输鲜血、肌肉或静脉注射维K。

（3）病情观察　观察患者有无出血倾向。避免腹内压增高。避免干硬、刺激性、过热饮食。口服药需研细冲服。

（4）预防肝性脑病　为减少肠道细菌数量，避免胃肠道残血被分解产生氨，诱发肝性脑病，可服用新霉素或链霉素等肠道不吸收抗生素，用缓泻剂或生理盐水灌肠刺激排泄。

（5）维持体液平衡　迅速建立静脉通道，输血、输液，恢复血容量。患者出血量较多输血有困难时，可给予白蛋白、血浆、代血浆，以提高胶体渗透压并维持循环血容量。

（6）止血

1）局部灌洗法：用冰盐水或加血管收缩剂，如肾上腺素，做胃内灌洗。

2）药物止血：遵医嘱使用止血药，并密切观察其疗效，注意药物不良反应。

（7）三腔管压迫止血法

1）准备：置胃管前线检查三腔管有无老化、漏气，向患者解释放置三腔管止血的目的、意义、方法和注意事项，以取得患者的配合；将食管气囊和胃气囊分别注气约 150ml 和 200ml，观察充盈后气囊是否膨胀均匀、弹性良好，有无漏气，然后抽空气囊，并分别做好标记备用。

2）插管方法：将充气囊置于水下，证实无漏气后，即抽空气囊，涂上石蜡油，从患者鼻孔缓慢地插入胃内；边插边让患者做吞咽动作，直至插入 50 ~ 60cm，抽得胃内容物为止。向胃气囊充气 150 ~ 200ml，钳夹管口，以免空气逸出。再将管向外拉提，感到有轻度弹力时，即利用滑车装置，在管端以约 0.5kg 的物品，做牵引压迫。观察止血效果，如出血，再向食管气囊注气 100 ~ 150ml。放置三腔管后，应抽除胃内容，并用生理盐水反复灌洗，观察胃内有无鲜血吸出。如无鲜血，同时血压、脉搏渐趋稳定，说明出血已基本控制。

3）置管后护理：患者半卧位或头偏向一侧以免发生吸入性肺炎，吸尽咽喉部分泌物。用液体石蜡滑润鼻腔，观察调整牵引绳松紧度，防止食管或胃底黏膜发生溃烂、坏死，每隔 12 小时应将气囊放空 10 ~ 20 分钟。严密观察记录胃肠减压,判断出血是否停止。若气囊压迫48小时后,胃管内仍有新鲜血液抽出,表明压迫止血无效,应紧急手术。床旁备剪刀,慎防气囊上滑,堵塞咽喉,引起窒息。一旦出现,应立即剪断三腔管。放置时间不宜持续超过3 ~ 5天,以免食管、胃底黏膜长时间受压而缺血、坏死。气囊压迫24小时如出血停止,可先排空食管气囊,后排空胃气囊,再观察12 ~ 24小时,如确已止血,吞服液体石蜡30 ~ 50ml才拔管。

2.手术治疗患者的护理

(1)术前准备　除常规护理措施外,分流术前2 ~ 3日口服肠道制菌剂,防止术后肝性脑病。术前1日晚清洁灌肠,避免术后肠胀气压迫血管吻合口。脾-肾分流者术前明确肾功能是否正常;术前1周应用VitK;纠正低蛋白血症。术前不置胃管。

(2)术后护理

1)一般护理

①体位与活动:为防止分流术后血管吻合口破裂出血,患者48小时内取平卧位或15°低半坐卧位;2 ~ 3日后改半卧位;翻身动作宜轻柔;术后卧床1周,不宜过早下床,以防血管吻合口破裂出血。

②饮食护理:肠蠕动恢复给流质,逐渐过渡到普通饮食;分流术后限制蛋白质饮食;忌粗糙、过热饮食;禁烟酒。

2)监测病情:观察神志、血压、脉搏以及胃肠减压、腹腔引流情况。注意各种并发症。

3)引流管护理:腹腔引流管、膈下引流管接负压吸引,保持通畅并观察记录。每日无菌操作换管。术后2-3日,引流量10ml以下可拔管。

4)保护肝脏:术后应予吸氧,继续采取保肝措施。禁用或慎用对肝有损害的药物,如吗啡、巴比妥类、盐酸氯丙嗪等。

5)并发症的观察与护理

①严防肝昏迷:术后神志淡漠、谵妄、肝性口臭,应立即报告并查血氨浓度,对症使用谷氨酸钾、钠降低血氨;限制蛋白摄入,如牛奶、鸡蛋、白蛋白、库存血;用缓泻剂灌肠,忌用肥皂水;口服乳果糖以排氨气;定期唤醒患者并观察意识。

②防止脾切除后脾静脉血栓:术后2周内定期或必要时隔天复查1次血小板计数,如超过600×10^9/L,应给抗凝处理,注意用药前后凝血时间的变化。脾切除后不再使用维生素K及其他止血药。

6)其他:预防感染使用抗生素至体温正常;做好口腔护理;保持皮肤清洁,有黄疸者止痒;必要时隔离,防交叉感染。

3.心理护理

做好解释、安慰工作,关心体贴患者,以减轻患者的焦虑,稳定其情绪。做好各种检查前的解释工作,使患者能够很好地配合治疗和护理。

4.健康指导

(1)保持乐观稳定的心理状态,避免过于紧张。合理休息与适当活动,避免过度劳累,一旦出现头晕、心慌和出汗等不适,立即卧床休息。

(2)禁烟酒,少喝咖啡和浓茶,避免进食粗糙、干硬、带刺、油炸及辛辣食物;饮食不宜过热,以免损伤食管黏膜而诱发上消化道出血。

(3)避免引起腹内压升高的因素,如剧烈咳嗽、打喷嚏、便秘、用力排便等,以免引起腹内压升高而诱发曲张静脉破裂出血。

(4)注意自我保护,观察有无黑便,皮肤、牙龈等出血征兆。嘱患者定期复查。

【护理评价】

1.患者是否摄入了足够的液体,生命体征是否平稳。
2.患者腹水引起的身体不适有无减轻,腹围是否缩小。
3.患者营养是否得到改善,体重有无变化。
4.患者有否出现出血、感染、肝性脑病、静脉栓塞等并发症,若发生,能否得到及时发现和处理。
5.患者的情绪是否平稳,能否积极配合治疗、检查及护理。
6.患者能否正确描述预防再出血的有关知识。

第三节　原发性肝癌患者的护理

案例导入

患者,男,44岁,工人。右上腹疼半年,加重伴上腹部包块1月。半年前无明显诱因出现右上腹钝痛,为持续性,有时向右肩背部放射,无恶心呕吐。1个月来,右上腹痛加重,自觉右上腹饱满,有包块,伴腹胀、纳差、恶心,在当地医院就诊,B超显示肝脏占位性病变。为进一步明确诊治,转我院。患者发病以来,无呕吐、腹泻,偶有发热(体温最高37.8℃),大小便正常,体重下降约5kg。既往有乙型肝炎病史多年,否认疫区接触史,无烟酒嗜好,无药物过敏史,家族史中无遗传性疾病及类似疾病史。查体:T36.7℃,P78次/分,R18次/分,BP110/70mmHg。发育正常,营养一般,神清,查体合作,全身皮肤无黄染,巩膜轻度黄染,双锁骨上窝未及肿大淋巴结,心肺(-)。腹平软,右上腹饱满,无腹壁静脉曲张,右上腹压痛,无肌紧张,肝脏肿大肋下5cm,边缘钝,质韧,有触痛,脾未及Mruphy征(-),腹叩鼓音,无移动性浊音,肝上界叩诊在第5肋间,肝区叩痛,听诊肠鸣音8次/分,肛门指诊未及异常。

1.考虑该患者何种疾病,依据是什么?

2.为明确诊断该患者还需做哪些检查?

3.患者目前存在哪些护理问题,如何处理?

4.该患者拟行持续硬膜外麻醉下“肝叶切除术”,护士应如何做好其术前准备工作。术后返回病房后,又如何安排其术后体位?

学习目标

知识目标　能说出原发性肝癌的病因与发病机制、临床表现、处理要点,并正确为患者进行护理评估。

能力目标　能够提出正确的护理诊断,并能够为患者提供合适的护理措施。

素质目标　学习过程中体现对患者的关心。

【概述】

原发性肝癌(Primary carcinoma of the liver)指原发于肝细胞或肝内胆管细胞的恶性肿瘤,为我国常见恶性肿瘤之一,其死亡率在消化系统恶性肿瘤中列第三位,仅次于胃癌和食管癌。其发病率有上升趋势。全世界每年平均有25万人死于肝癌,而我国占其中的45%。本病多见于中年男性,男女之比为2～5∶1。

1.病因与发病机制

原发性肝癌病因与发病机制尚未完全明确,可能与多种因素的综合作用有关。

(1)病毒性肝炎　在我国,慢性病毒性肝炎是原发性肝癌诸多致病因素中最主要的病因。流行病学调查发现约1/3的原发性肝癌患者有慢性肝炎史,肝癌患者HBsAg阳性率可达90%,提示乙型肝炎病毒与肝癌发病有关。有研究发现,肝细胞癌中5%～8%患者抗HCV阳性,提示丙型病毒性肝炎与肝癌的发病可能有关。

(2)肝硬化　原发性肝癌合并肝硬化者占50%～90%。我国原发性肝癌主要在病毒性肝炎后肝硬化基础上产生;在欧美国家,肝癌常在酒精性肝硬化的基础上发生。

(3)黄曲霉毒素　黄曲霉素的代谢产物黄曲霉毒素B1有强烈的致癌作用。流行病学调查发现在粮食受黄曲霉素污染严重的地区,肝癌发病率较高。

(4)其他因素　池塘中生长的蓝绿藻产生的藻类毒素可污染水源,造成饮用水污染而致肝癌。此外,遗传、酒精中毒、有机氯类农药、亚硝胺类化学物、寄生虫等,可能与肝癌发生有关。

2.病理

(1)分型　按形态分型可分为:①块状型:最多见,呈单个、多个或融合成块,直径≥5cm;②结节型:为大小和数目不等的癌结节,一般直径不超过5cm;③弥漫型:最少见,有米粒至黄豆大小的癌结节弥漫分布于整个肝脏,肝大不显著,甚至可缩小。按组织分型可分为:①肝细胞型:最为多见,约占原发性肝癌的90%,癌细胞由肝细胞发展而来;②胆管细胞癌:较少见,癌细胞由胆管上皮细胞发展而来;③混合型:最少见,具有肝细胞癌和胆管细胞癌两种结构,或呈过渡形态。

(2)转移途径 原发性肝癌可经血行转移、淋巴转移、种植转移造成癌细胞扩散。肝内血行转移发生最早、最常见,很容易侵犯门静脉分支形成肝内多发性转移灶,并可转移至肺、肾上腺、骨等形成肝外转移灶。

【护理评估】

1.健康史

详细询问患者有无肝炎、肝硬化、肿瘤等病史,尤其是乙肝后肝硬化。是否居住在肝癌高发区,是否进食含黄曲霉素的食品,有无亚硝胺类致癌物接触史,家族中有无肝癌或其他肿瘤患者。

2.身心状况

起病常隐匿,早期缺乏典型症状。经甲胎蛋白(AFP)普查检出的早期病例无任何症状和体征,称为亚临床肝癌。一旦出现症状而就诊者病程大多已进入中晚期,其主要特征如下:

(1)症状

1)肝区疼痛:是肝癌最常见的症状,半数以上患者有肝区疼痛,多呈持续性钝痛或胀痛,由癌肿迅速生长使肝包膜被牵拉所致。若肿瘤侵犯膈,疼痛可放射至右肩;如肿瘤生长缓慢,则无或仅有轻微钝痛。当肝表面的癌结节破裂,可使腹痛突然加剧,产生急腹症的表现,如出血量大时可引起休克。

温馨提示:随着癌肿的增大,肝包膜内容物增多,压力增大,患者表现为持续性胀痛。

2)恶性肿瘤的全身症状:有进行性消瘦、发热、营养不良、乏力和恶病质等。部分患者由于癌肿本身代谢异常或癌组织对机体影响而引起内分泌或代谢异常,可有自发性低血糖、红细胞增多、高血钙、高血脂等,称伴癌综合征。

3)转移灶症状:如转移至肺、骨、脑、淋巴结、胸腔等处,可有相应症状。有时患者以转移灶症状首发而就诊。

(2)体征

1)肝脏肿大:肝呈进行性肿大,质地坚硬,表面及边缘不规则,有大小不等的结节或巨块,常有不同程度的压痛。如癌肿突出于右肋弓下或剑突下,上腹可呈现局部隆起或饱满;如癌肿位于膈面,则主要表现为膈肌抬高而肝下缘可不下移。

2)黄疸:一般在晚期出现,多为阻塞性黄疸,少数为肝细胞性黄疸。前者常因癌肿压迫、侵犯胆管或肝门淋巴结肿大引起胆道梗阻所致;后者因肝细胞损害导致。

3)肝硬化征象:肝癌伴肝硬化门脉高压者可有脾大、静脉侧支循环形成及腹水等表现。腹水一般为漏出液,也有血性腹水出现。

(3)并发症

1)肝性脑病:常为原发性肝癌终末期的并发症,约1/3的患者因此死亡。

2)上消化道出血:约占肝癌死亡原因的15%。肝癌常因合并肝硬化或门静脉、肝静脉癌栓致门静脉高压,引起食管胃底静脉曲张破裂出血。也可因胃肠道黏膜糜烂、凝血功能障碍等而出血。

3)肝癌结节破裂出血:约10%的肝癌患者因癌结节破裂出血致死。肝癌组织坏死、液化可致自发破裂,或因外力作用而破裂。如限于包膜下,可形成压痛性包块,破入腹腔可引起急性腹痛和腹膜刺激征。

4)继发感染:患者因长期消耗或放射、化学治疗等,抵抗力减弱,容易并发各种感染,如肺炎、败血症、肠道感染、褥疮等。

3.辅助检查

(1)癌肿标志物的检测

1)甲胎蛋白(AFP):是诊断肝细胞癌最特异性的标志物,现已广泛用于肝癌的普查、诊断、判断治疗效果及预测复发。普查中阳性发现可早于症状出现8～11个月,肝癌AFP阳性率为70%～90%。AFP浓度通常与肝癌大小呈正相关。在排除妊娠和生殖腺胚胎瘤的基础上,AFP检查诊断肝细胞癌的标准为:①AFP大于500μg/L持续4周以上;②AFP由低浓度逐渐升高不降;③AFP在200μg/L以上的中等水平持续8周。

2)其他肝癌标志物:血清岩藻糖苷酶(Afu)、γ-谷氨酰转移酶同工酶Ⅲ(GGT2)、M异常凝血酶原(APT)、M2型丙酮酸激酶(M2-PyK)、同工铁蛋白(AIF)、α1-抗胰蛋白酶(AAT)、碱性磷酸酶同工酶(ALP-Ⅰ)等有助于AFP阴性的原发性肝癌的诊断和鉴别诊断,但不能取代AFP在原发性肝癌的诊断地位。

(2)影像学检查

1)超声显像:实时B型超声显像是目前肝癌筛查的首选检查方法。此方法具有方便易行、价格低廉、准确及无创等优点,分辨率高的仪器可检出直径大于1cm的病灶。彩色多普勒超声可了解占位性病变的血供情况,判断其性质。

2)电子计算机X线体层显像(CT):CT具有更高分辨率,是肝癌诊断的重要手段。如结合肝动脉造影,可进一步提高肝癌诊断的敏感性和特异性,是目前诊断小肝癌和微小肝癌的最佳方法。

3)肝血管造影:选择性肝动脉造影是肝癌诊断的重要补充手段,适用于非侵入性检查不能明确诊断或拟行肝动脉栓塞治疗、配合CT检查等。

4)磁共振显像(MRI):与CT比较,MRI能获得横断面、冠状面和矢状面3种图像,且无须增强即能显示门静脉及肝静脉分支。

(3)肝穿刺活检　在超声或CT引导下用细针穿刺癌结节,吸取癌组织检查,癌细胞阳性者即可诊断。

4.处理要点

早期肝癌应尽量手术切除,不能切除者可采取综合治疗模式。

(1)手术治疗　手术切除仍是目前根治原发性肝癌最好的方法,有手术指征者应积极争取手术切除。如剖腹探查发现肿瘤已不适于手术,术中可选择行肝动脉插管进行局部化学药物灌注治疗,或做肝血流阻断术,也可将两者结合,有时可使癌肿缩小,延长患者生命。还可采用液氮冷冻或激光治疗。

(2)局部治疗

1)肝动脉栓塞治疗(TACE):为原发性肝癌非手术治疗的首选方案,可明显提高患者的3年生存率。TACE的主要步骤是经皮穿刺股动脉,在X线引导下将导管插至肝固有动脉或其分支,注射抗肿瘤药或栓塞剂。常用栓塞剂有碘化油和明胶海绵碎片。目前多采用碘化油混合化疗药,注入肝动脉,发挥持久的抗肿瘤作用。一般TACE每4～6周重复1次,经2～5次治疗后,许多肝癌明显缩小,可再行手术切除。

2)其他:在B超引导下对较小的肝癌用经皮穿刺乙醇注射疗法(PEI),为化学性治疗,可能有根治效果。另有微波组织凝固、射频消融、激光、冷冻、直流电疗法等疗法,为通过物理方法使肿瘤细胞变性坏死。

(3)全身化疗　对肝癌较有效的药物以DDP为首选,其他常用的药物还有5-FU、阿霉素、丝裂霉素等,一般认为单药疗效较差。

(4)放射治疗　在CT或超声定位后用直线加速器或^{60}CO做局部外照射,如能耐受40Gy以上的放射剂量,疗效显著提高,如结合化学治疗、中药治疗和其他支持治疗,效果更好。

(5)生物和免疫治疗　目前单克隆抗体(Mabs)和酪氨酸激酶抑制剂(TKI)类的各种靶向治疗药物已被相继应用于临床,基因治疗和肿瘤疫苗技术近年来也在研究之中。

(6)中医治疗　配合手术、化疗和放疗使用,以改善症状,调动机体免疫功能,减少不良反应,从而提高疗效。

(7)并发症的治疗　肝癌结节破裂时,可行肝动脉结扎、大网膜包裹填塞、喷洒止血药等治疗。并发上消化道出血、肝性脑病、感染等,治疗参阅有关章节。

5.心理－社会状况

肝癌恶性程度高,一旦确诊患者将直接面对死亡的威胁,会出现逃避现实、愤怒、悲观、绝望等心理反应,甚至部分患者采取自杀行为。

【护理诊断及医护合作性问题】

(1)疼痛　肝区痛与肿瘤增长迅速、肝包膜被牵拉或肝动脉栓塞术后产生栓塞后综合征有关。

(2)营养失调　低于机体需要量与恶性肿瘤对机体的慢性消耗、化疗所致胃肠道反应有关。

(3)有感染的危险　与长期消耗及化疗、放疗而致白细胞减少、抵抗力下降有关。

(4)潜在并发症　上消化道出血、肝性脑病、癌结节破裂出血、术后出血、胆汁渗漏等。

【护理目标】

1.患者疼痛得到有效控制。

2.患者营养状况改善。

3.及早发现并处理感染征象。

4.并发症能被及时发现和处理。

【护理计划与实施】

1.非手术治疗护理

(1)疼痛护理

1)观察疼痛特点:注意经常评估患者疼痛的程度、性质、部位及伴随症状,及时发现和处理异常情况。

2)指导并协助患者减轻疼痛:具体措施参见本篇常见症状体征一章。可采用患者自控镇痛(PCA)法进行止痛。

3)化疗药物护理:根据医嘱给患者应用抗肿瘤的化学药物治疗,注意药物疗效及不良反应,护理措施参见“白血病”一章。鼓励患者保持积极心态,坚持完成化疗。

4)肝动脉栓塞化疗的护理:对实施肝动脉栓塞化疗的患者,应做好术前及术后护理。术前给患者及家属解释有关治疗的必要性、方法和效果,使其减轻对手术的疑虑,配合手术治疗。术后由于肝动脉血供突然减少,可产生栓塞后综合征,即出现腹痛、发热、恶心、呕吐、血清清蛋白降低、肝功能异常等改变,应做好相应护理:①术后禁食2～3天,逐渐过渡到流质饮食,并注意少量多餐,以减轻恶心、呕吐;②穿刺部位压迫止血15分钟再加压包扎,沙袋压迫6小时,保持穿刺侧肢体伸直24小时,并观察穿刺部位有无血肿及渗血;③密切观察病情变化,多数患者于术后4～8小时体温升高,持续1周左右,是机体对坏死肿瘤组织重吸收的反应。高热者应采取降温措施。注意有无肝性脑病前驱症状,一旦发现异常,及时配合医生进行处理;④鼓励患者深呼吸、有效排痰,必要时吸氧,以提高血氧分压,利于肝细胞的代谢;⑤栓塞术1周后,常因肝缺血影响肝糖原储存和蛋白质合成,应根据医嘱静脉输注清蛋白,适量补充葡萄糖液。准确记录出入量,以作为补液的依据。

(2)营养支持护理　向患者解释进食的意义,鼓励患者进食。安排良好的进食环境,保持患者口腔清洁,以增加患者的食欲。饮食以高蛋白、适当热量、高维生素为宜,避免摄入高脂、高热量和刺激性食物,使肝脏负担加重。如疼痛剧烈应暂停进食,待疼痛减轻再进食。有恶心、呕吐时,于服用止吐剂后进少量食物,增加餐次,尽量增加摄入量。如有肝性脑病倾向,应减少蛋白质摄入,以免诱发肝昏迷。对晚期肝癌患者,可根据医嘱静脉补充营养,维持机体代谢需要。应及时根据患者营养状况,调整饮食计划。

(3)防治感染

1)观察患者感染征象:密切观察患者体温、脉搏、呼吸及血象改变,询问患者有无咽痛、咳嗽、尿痛等不适,及时发现感染迹象并协助医生进行处理。

2)减少感染的机会:病房应减少探视,定期空气、衣物消毒,保持室内空气新鲜。严格遵循无菌原则进行各项操作,防止交叉感染。指导并协助患者做好皮肤、口腔护理,注意会阴部及肛门的清洁,减少感染的机会。

2.手术治疗的护理

(1)手术前护理

1)一般护理:选择富含蛋白、热量、维生素和纤维的饮食。鼓励患者依据自己的喜好,少量多餐。还可给予营养支持、输血等纠正低蛋白血症。

2)疼痛护理:遵医嘱给予止痛剂或采用镇痛治疗,以减轻患者的疼痛。

3)术前准备:采取必要的保肝措施,避免使用对肝脏有损害的药物,预防性使用抗生素2日,对欲行广泛肝切除、肝血管结扎或肝动脉栓塞者,应给予肠道准备。

(2)手术后护理

1)一般护理:禁饮食,行胃肠减压,肠蠕动恢复后拔除胃管开始饮食;为防止术后肝断面出血,肝切除术后宜平卧24小时,若病情许可,第2日取半坐卧位,但应限制剧烈咳嗽和早期起床活动;行半肝以上切除或肝血管血流阻断者,应间断给氧3～4日,给多种维生素和保肝药物等。

温馨提示:肝脏切面质脆,术后早期活动易导致切面出血,因此,肝癌患者术后应卧床休息。

2)病情观察:密切观察患者的生命体征及重要脏器功能。

3)维持体液平衡:对肝功能不良伴腹水者,积极保肝治疗,严格控制水和钠盐摄入量,准确记录24小时出入水量,每日观察、记录体重和腹围变化。

4)预防感染:术后继续使用抗生素。

5)引流管护理:肝叶和肝局部切除术后常放置双腔引流管。应妥善固定,避免受压、扭曲和折叠,保持引流通畅;严格无菌操作,每日更换引流瓶;准确记录引流液的量、色、质。若引流液为血性且持续性增加,应警惕腹腔内出血,应及时通知医师处理,必要时再次手术探查止血。若引流液含有胆汁,应考虑胆瘘。

6)肝性脑病的预防及护理:常发生于肝功能失代偿或濒临失代偿的原发性肝癌患者。术后若出现性格变化,如欣快感、表情淡漠等前驱症状,应立即通知医师处理。

3.健康指导

(1)指导患者保持乐观情绪,建立积极的生活方式,有条件者可参加社会性抗癌组织活动,增加精神支持,以提高机体抗癌功能。

(2)保持生活规律,注意劳逸结合,避免情绪剧烈波动和劳累,以减少肝糖原分解,减少乳酸和血氨的产生。

(3)指导患者合理进食,增强机体抵抗力。戒烟、酒,减轻对肝的损害。注意饮食和饮水卫生。

(4)指导患者和家属熟悉肝癌的有关知识及并发症的预防和识别,以便随时发现病情变化,及时就诊,调整治疗方案。

(5)按医嘱服药,忌服损肝药物。

【护理评价】

1.患者疼痛是否减轻。

2.患者的营养状况能否维持或改善。

3.感染是否及早发现并得到有效控制。

4.术后并发症是否能得到预防，是否及时发现和处理并发症。

第四节　肝性脑病

案例导入

患者，男，53 岁，肝硬化史 8 年。昨日出现头痛头晕，呕吐少量血液，送至医院后，使用速尿后出现嗜睡，反应力迟钝，握手 2 分钟有明显的指震颤。查体：T36.6℃，BP135/75mmHg，Babinski 征(+)。

患者出现了什么情况，如何处理？

学习目标

知识目标　能说出原肝性脑病的病因与发病机制、临床表现、辅助检查、处理要点，并正确为患者进行护理评估。

能力目标　能够提出正确的护理诊断，并能够为患者提供合适的护理措施。

素质目标　学习过程中体现对患者的关心。

【概述】

肝性脑病(Hepatic encephalopathy，HE)过去称肝性昏迷(Hepatic coma)，是由严重肝病引起的、以代谢紊乱为基础、中枢神经系统功能失调的综合征，其主要临床表现是意识障碍、行为失常和昏迷。若脑病的发生是由于门静脉高压、广泛门-腔静脉侧支循环形成所致，则称为门体分流性脑病(porto-systemic encephalopathy，PSE)。无明显肝性脑病的临床表现，仅能用精细的智力试验或电生理检测发现异常情况者，称为轻微肝性脑病，是肝性脑病发病过程中的一个阶段。

1.病因与发病机制

(1)病因　各型肝硬化，特别是肝炎后肝硬化是引起肝性脑病最常见的原因。小部分肝性脑病见于重症肝炎、暴发性肝功能衰竭、原发性肝癌、严重胆道感染等。肝性脑病常有明显的诱因，常见的有上消化道出血、高蛋白饮食、门体分流(手术或自然分流)、大量排钾利尿、放腹水、呕吐、腹泻、催眠镇静药和麻醉药、便秘、感染、尿毒症、低血糖、外科手术等。

(2)发病机制　关于肝性脑病发病机制的学说主要有：

1)氨中毒：氨主要来自消化道，肾脏和骨骼肌亦可产生少量氨。氨以非离子型氨(NH_3)和离子型氨(NH_4^+)两种形式存在，两者的相互转化受 pH 梯度的影响。氨在肠道的吸收主要以 NH_3 弥散入肠黏膜，当结肠内 pH>6 时，NH_3 大量弥散人血；pH<6 时，NH_4^+从血液转至肠腔，随粪排泄。正常情况下肝脏将门静脉带来的氨转变为尿素和谷氨酰胺，使之极少进入体循环。肝功能衰竭时，肝脏对氨的代谢能力明显下降；当有门体分流存在时，氨绕过肝脏直接进入体循环，血氨增高。前述的许多诱因导致氨的生成及吸收增加，使血氨进一步增高。

游离的 NH_3 有毒性，能通过血脑屏障。氨从多方面影响脑功能：①氨对大脑的毒性作用是干扰脑细胞的三羧酸循环，使脑细胞的能量供应不足；②氨增加了脑对中性氨基酸如酪氨酸、苯丙氨酸、色氨酸的摄取，这些物质对脑功能具有抑制作用；③氨在大脑的去毒过程中，需消耗大量的辅酶、三磷酸腺苷(ATP)、谷氨酸等，并产生大量的谷氨酰胺。谷氨酰胺是一种很强的细胞内渗透剂，可导致脑水肿；④氨还可直接干扰神经的电活动。

2)神经递质的变化

①假性神经递质：神经冲动的传导是通过递质来完成的。神经递质分兴奋和抑制两类，正常时二者保持生理平衡。兴奋性递质有儿茶酚胺中的多巴胺、去甲肾上腺素、乙酰胆碱、谷氨酸和门冬氨酸等。食物中的芳香

族氨基酸,如酪氨酸、苯丙氨酸等,经肠菌脱羟酶的作用分别转变为酪胺和苯乙胺。若肝脏对酪胺和苯乙胺清除发生障碍,此两种胺进入脑组织分别形成β羟酪胺和苯乙醇胺。后二者的化学结构与正常神经递质去甲肾上腺素相似,但不能传递神经冲动或作用很弱,故称为假性神经递质。当假性神经递质被脑细胞摄取而取代突触中的正常递质时,则神经传导发生障碍。

②γ-氨基丁酸/苯二氮䓬(GABA/BZ)神经递质:大脑神经元表面GABA受体与BZ受体及巴比妥受体共同组成GABA/BZ复合体,任何一个受体被激活均可使神经传导被抑制。近年大量实验表明,GABA/BZ这种脑抑制性神经递质在肝性脑病时并没有改变,但在氨的作用下,BZ受体表达上调。临床上肝衰竭患者对苯二氮䓬类及巴比妥类镇静催眠药极为敏感,而BZ拮抗剂如氟马西尼对部分肝性脑病患者具有苏醒作用,支持这一假说。

③色氨酸:正常情况下色氨酸与清蛋白结合不易透过血脑屏障,肝病时清蛋白合成减少,加之血浆中其他物质对清蛋白的竞争性结合造成游离色氨酸增多,游离色氨酸可通过血脑屏障,在大脑中生成5-羟色胺(5-HT)和5-羟吲哚乙酸(5-HITT),二者都是抑制性神经递质,参与肝性脑病的发生。

【护理评估】

1.健康史

询问患者病史,如有无肝硬化病史、门体分流手术史、长期服用损肝药物或嗜酒等。了解有无诱因,有无摄入高蛋白饮食,有无呕吐、腹泻或便秘,近期有无大量利尿、放腹水、上消化道出血、感染、应用麻醉药、含氮药物、大手术等。

2.身心状况

根据意识障碍程度、神经系统体征和脑电图改变,将肝性脑病的临床过程分为四期。

一期(前驱期):轻度精神异常,如欣快激动或淡漠少言、睡眠倒错、健忘等。可有扑翼样震颤,即嘱患者两臂平伸,肘关节固定,手掌向背侧伸展,手指分开,可见患者手向外侧偏斜,掌指关节、腕关节、甚至肘与肩关节有急促而不规则地扑翼样抖动。脑电图多数正常。此期症状不明显,易被忽视。

二期(昏迷前期):嗜睡、行为异常(如衣冠不整或随地大小便)、言语不清、书写障碍及定向力障碍。患者有明显的神经体征,如腱反射亢进、肌张力增高、踝阵挛及Babinski征阳性等,扑翼样震颤存在。脑电图有特异性异常。

三期(昏睡期):昏睡,但可唤醒。各种神经体征持续或加重,肌张力增高,腱反射亢进,锥体束征常阳性,扑翼样震颤仍可引出。脑电图有异常波形。

四期(昏迷期):昏迷,不能唤醒。浅昏迷时,腱反射和肌张力仍亢进;深昏迷时,各种反射消失,肌张力降低。由于患者不能合作,扑翼样震颤无法引出。脑电图明显异常。

轻微肝性脑病是指临床上患者虽无上述症状和体征,可从事日常生活和工作,但其反应力降低,不宜驾车及高空作业。

肝性脑病的临床表现因原有肝病的不同、肝功能损害程度不同及诱因不同而异。急性肝功能衰竭导致的肝性脑病诱因往往不明显,肝性脑病发生后很快进入昏迷至死亡。肝硬化病程中由明显诱因诱发的肝性脑病,临床表现的各个阶段比较分明,如能去除诱因及时治疗可以恢复。肝硬化终末期肝性脑病起病缓慢,反复发作,逐渐转入昏迷至死亡。

3.辅助检查

(1)血氨　慢性肝性脑病特别是门体分流性脑病患者多有血氨增高,急性肝衰竭所致脑病的血氨多正常。

(2)脑电图检查　脑电图是脑细胞活动时所发出的电活动。典型改变为节律变慢。二-三期患者表现为每秒4～7次δ波或三相波;昏迷时表现为每秒少于4次的高波幅δ波。

(3)心理智力测验　一般将木块图试验、数字连接试验、数字符号试验联合使用,适用于肝性脑病的诊断和轻微肝性脑病的筛选。缺点是受年龄、教育程度的影响。

4.处理要点

本病尚无特效疗法,常采用综合治疗措施。

(1)消除诱因,避免诱发和加重肝性脑病。

(2)减少肠内毒物的生成和吸收

1)饮食:开始数日内禁食蛋白质。神志清楚后,可逐渐增加蛋白质。

2)灌肠或导泻:清除肠内积食、积血或其他含氮物,可用生理盐水或弱酸性溶液(生理盐水1～2L加用食醋100ml)灌肠,或口服33%硫酸镁导泻。也可口服乳果糖或乳梨醇,乳果糖是一种合成的双糖,口服后在结肠被细菌分解为乳酸、乙酸而降低肠道的pH。肠道酸化后抑制产尿素酶的细菌,同时减少氨的吸收。乳果糖的剂量为30～60g/d,分3次口服,调整到至每日排便2～3次。乳梨醇疗效与乳果糖相似,剂量为30～40g/d,分3次口服。对急性门体分流性脑病昏迷患者以66.7%乳果糖500ml灌肠作为首选治疗。

3)抑制肠道细菌生长:口服新霉素2～8g/d或甲硝唑0.8g/d,分4次口服。也可选服巴龙霉素、利福昔明。

(3)促进体内氨的代谢

1)L-鸟氨酸-L-门冬氨酸(ornithine-aspartate,OA) 能促进体内的尿素循环(鸟氨酸循环)而降低血氨。静脉注射20g/d。

2)其他 鸟氨酸-α-酮戊二酸降氨机制和OA相同,但疗效不如OA。谷氨酸钾或钠、精氨酸等药物理论上有降氨作用,但至今尚无证据肯定其疗效,且这类药物对水-电解质、酸碱平衡有较大影响,近年临床少用。

(4)调节神经递质

1)GABA/BZ复合受体拮抗药 氟马西尼是BZ受体拮抗剂,通过抑制GABA/BZ受体发挥作用,用量为0.5~1.0mg静脉注射。

2)减少或拮抗假神经递质 支链氨基酸(BCAA)制剂为以BCAA为主的复合氨基酸,作用机制为竞争性抑制芳香族氨基酸进入大脑,减少假神经递质形成,其疗效尚有争议。

(5)人工肝 用活性炭、树脂等进行血液灌流可清除血氨,对于肝性脑病有一定疗效。

(6)对症治疗 对于重度肝性脑病特别是爆发性肝功能衰竭患者,常并发脑水肿和多器官功能衰竭。应纠正水、电解质和酸碱失衡。可用冰帽降低颅内温度,保护脑细胞功能。也可静滴高渗葡萄糖、甘露醇等脱水剂以防治脑水肿。注意保持呼吸道通畅,对深昏迷者,应做气管切开排痰、给氧。

(7)肝移植 是治疗各种终末期肝病的有效方法。

5.心理-社会状况

随着病情进展,患者的生活自理能力逐渐丧失,易对治疗失去信心,同时家庭也因长期反复的治疗导致经济负担过重,因此患者和家属均可出现焦虑、抑郁、失望甚至绝望。当患者发生昏迷时,患者家属由于缺乏照顾患者的知识和能力,感到无助、担忧、恐惧。

【护理诊断及医护合作性问题】

1.营养失调

低于机体需要量与肝功能减退、消化吸收障碍以及控制蛋白摄入有关。

2.活动无耐力

与肝功能减退、营养摄入不足有关。

3.有感染的危险

与长期卧床、营养失调、抵抗力低下有关。

4.知识缺乏

缺乏预防肝性脑病的有关知识。

【护理计划与实施】

1.意识模糊

与血氨增高,干扰脑细胞能量代谢和神经传导有关。

(1)严密观察病情变化 密切注意肝性脑病的早期征象。观察患者思维及认知的改变,采用给患者刺激。定期唤醒等方法判断其意识障碍的程度。监测并记录患者生命体征及瞳孔变化。定期复查血氨、肝肾功能、电解质。

(2)加强临床护理,提供情感支持 尽量安排专人护理,训练患者的定向力,利用电视、收音机、报纸、探视者等提供环境刺激。对烦躁患者应注意保护,可加床栏,必要时使用约束带,防止发生坠床及撞伤等意外。在患者清醒时向其讲解意识模糊的原因,安慰患者,尊重患者的人格,切忌嘲笑患者的异常行为。

(3)去除和避免诱发因素 应协助医生迅速去除本次发病的诱发因素,并注意避免其他诱发因素。①避免应用催眠镇静药、麻醉药等,因其可直接抑制大脑和呼吸中枢,造成缺氧。脑细胞缺氧又可降低脑对氨毒的耐受性;②避免快速利尿和大量放腹水,及时处理严重的呕吐和腹泻,以防止有效循环血容量减少导致肾前性氮质血症,使血氨增高;③防止感染,机体感染一方面加重肝脏负荷,另一方面使代谢提高而增加产氨和机体耗氧量。故发生感染时,应遵医嘱及时、准确地应用抗生素,有效控制感染;④禁止大量输液,过多液体可引起低血钾、稀释性低血钠、脑水肿等,从而加重肝性脑病;⑤保持大便通畅,防止便秘。便秘使肠内容物停留时间及与结肠黏膜接触时间都延长,使氨产生和吸收增加。可采用灌肠和导泻的方法清除肠内毒物。方法同前。灌肠忌用肥皂水,因其为碱性,可增加氨的吸收;⑥积极预防和控制上消化道出血,上消化道出血可使肠道产氨增多,从而使血氨增高而诱发本病,故出血停止后也应灌肠和导泻,以清除肠道内积血,减少氨的吸收;⑦禁食或限食者,避免发生低血糖。因葡萄糖是大脑产生能量的重要燃料,低血糖时能量减少,脑内去氨活动停滞,氨的毒性增加。

温馨提示:肝性脑病的患者禁忌肥皂水灌肠,以免加重肝性脑病的症状。

(4)合理饮食　因食物中的蛋白质可被肠菌的氨基酸氧化酶分解产生氨,故肝性脑病患者应限制蛋白质的摄入。在发病开始数日内禁食蛋白质,每日供给足够的热量和维生素,以碳水化合物为主要食物,可口服蜂蜜、葡萄糖、果汁、面条、稀饭等。昏迷患者以鼻饲25%葡萄糖液供给热量,以减少体内蛋白质的分解。糖类可促使氨转变为谷氨酰胺,有利于降低血氨。注意胃排空不良时应停止鼻饲,改用深静脉插管滴注25%葡萄糖溶液维持营养。患者神志清楚后,可逐步增加蛋白质饮食,每天20g,以后每3 ~ 5天增加10g,但短期内不能超过40 ~ 50g/d,以植物蛋白为好。因植物蛋白含支链氨基酸较多,而含蛋氨酸、芳香族氨基酸较少,且能增加粪氮排泄。此外,植物蛋白含非吸收性纤维,被肠菌酵解产酸有利于氨的排除,并有利于通便。脂肪可延缓胃的排空,应尽量少用。不宜用维生素B_6,因其可使多巴在周围神经处转为多巴胺,影响多巴进入脑组织,减少中枢神经系统的正常传导递质。

(5)用药护理　①乳果糖口感甜腻,少数患者不能耐受,乳梨醇甜度低,口感好。乳果糖在肠内产气较多,可引起腹胀、腹绞痛、恶心、呕吐等,应用时应从小剂量开始。乳梨醇不良反应较少;②长期服用新霉素的患者中少数可出现听力或肾功能损害,故服用新霉素不宜超过1个月,用药期间应做好听力和肾功能的监测;③应用谷氨酸钾和谷氨酸钠时,两者比例应根据血清钾、钠浓度和病情而定。患者尿少时少用钾剂,明显腹水和水肿时慎用钠剂;④应用精氨酸时,滴注速度不宜过快,否则可出现流涎、呕吐、面色潮红等反应。因精氨酸呈酸性,含氯离子,不宜与碱性溶液配伍使用;⑤大量输注葡萄糖的过程中,必须警惕低钾血症、心力衰竭和脑水肿。

(6)昏迷患者的护理　①患者取仰卧位,头略偏向一侧以防舌后坠阻塞呼吸道;②保持呼吸道通畅,深昏迷患者应做气管切开以排痰,保证氧气的供给;③做好口腔、眼部的护理,对眼睑闭合不全角膜外露的患者可用生理盐水纱布覆盖眼部。保持床褥干燥、平整,定时协助患者翻身,按摩受压部位,防止压疮;④尿潴留患者给予留置导尿,并详细记录尿量、颜色、气味;⑤给患者做肢体的被动运动,防止静脉血栓形成及肌肉萎缩。

2.照顾者角色困难

与患者意识障碍、照顾者缺乏有关照顾知识及经济负担过重有关。

(1)评估照顾者存在的困难和应对能力　与照顾者建立良好的关系,了解他们的基本情况,如年龄、教育程度、护理知识、经济实力、在家庭中的地位等,以及存在的具体困难,如时间上、体力上、经济上、照顾知识和能力上的困难,或是家庭成员间的关系等,以正确估计照顾者所具备的应对能力。

(2)给照顾者提供各种社会支持　对照顾者表示关心和信任,给予情感上的支持。对其照顾患者所起的重要作用给予积极肯定,使其确定自我价值。与照顾者讨论其他可能的资源和社会支持,如患者的工作单位、居委会等。告诉照顾者一些可以利用的条件,如社区服务设施、交通情况等。帮助解决经济上的困难或安排人力分担照顾任务。

(3)协助照顾者制订照顾计划　与照顾者一起讨论护理问题,让其了解本病的特点,做好充分地心理准备。帮助照顾者合理安排时间,制订一个切实可行的照顾计划,将各种需要照顾的内容和方法进行讲解和示范,帮助照顾者进入角色。

【健康教育】

1.向患者和家属介绍肝脏疾病和肝性脑病的有关知识,防止和减少肝性脑病的发生。

2.指导患者和家属认识肝性脑病的各种诱发因素,要求患者自觉避免诱发因素,如限制蛋白质的摄入,不滥用对肝有损害的药物,保持大便通畅,避免各种感染,戒烟酒等。

3.告诉患者家属肝性脑病发生时的早期征象,以便患者发病时能及时得到诊治。

4.使患者及家属认识疾病的严重性,嘱患者要加强自我保健意识,树立战胜疾病的信心。家属要给予患者精神支持和生活照顾。

5.指导患者按医嘱规定的剂量、用法服药,了解药物的主要不良反应,定期随访复诊。

【护理评价】

本病的诱发因素已去除,患者神志逐渐清醒、生命体征平稳,未发生受伤、误吸等危险事件;照顾者能明确自身的价值,主动参与制订和实施照顾计划,使患者得到切实有效的照顾。

(吴良红)

第四十四章　胆道疾病患者的护理

第一节　胆石病和胆道感染患者的护理

案例导入

患者，女，50岁，右上腹间歇性疼痛10余年，加重1周，伴畏寒、发热及呕吐，呕吐物为胃内容物。发病后经门诊用抗生素输液治疗无效，今日住院。查体：T39.5℃，P114次/分，R22次/分，BP80/60mmHg。患者烦躁不安，巩膜黄染，弹性差，腹平坦。右上腹部有明显的压痛、反跳痛，肌紧张，肝肋下2cm。辅查WBC23×10^9/L，N90%。B超示胆总管扩张。

1.首先考虑该患者为何种胆道疾病？其诊断依据是什么？

2.该患者此时治疗的关键是什么？

3.护士在对该患者全面评估后，提出其目前存在的主要护理诊断有哪些？如需手术，应做好哪些术前护理准备工作？

4.该患者在硬麻下行“胆总管切开取石+T管引流”术后第10天，体温恢复正常，无腹痛及黄疸。护士在观察T形管引流时，发现当日引流量为200ml，胆汁稀薄，色泽过淡，应考虑出现了何种病情变化？拔出T管的主要指征有哪些？

5.术后2周，该患者试夹T管后，再次出现腹痛、发热及黄疸，医生嘱其带T形管出院，护士应如何做好健康指导？

学习目标

知识目标　能说出胆石症和急性胆囊炎与胆管炎的身心状况、治疗原则，知道胆石症和胆道感染的病因和胆石症的分类。

能力目标　会胆道疾病常用的特殊检查方法。能够提出正确的护理诊断，并能够为患者提供合适的护理措施。

素质目标　学习过程中体现对患者的关心。

【概述】

胆石病(Cholelithiasis)和胆道感染是常见的胆道系统疾病。胆石病包括胆囊结石和肝内外胆管结石。胆石症与胆道感染互为因果，且常合并存在。我国胆石症约占胆道疾病的60%，女性较男性多2 ~ 3倍，近年来随着营养及卫生条件的不断改善，某些地区胆囊结石与胆管结石的发病率之比已高达7.35：1。胆固醇结石以城市高于农村，胆管结石则以农村高于城市。

胆道系统分肝内和肝外两大系统，包括肝内、肝外胆管、胆囊以及Oddi括约肌等。胆道系统起于肝内毛细胆管，开口于十二指肠乳头。胆囊呈梨形，分底、体、颈三部。底部为薄层平滑肌，为胆囊穿孔的好发部位；胆囊颈部呈囊状膨大，称Hartmann袋，胆囊结石易嵌顿于此，引起胆绞痛。左、右肝管在肝门稍下方汇合成肝总管，与胆囊管汇合成胆总管。胆总管与主胰管汇合成一略膨大的共同管道(Vater壶腹)，周围有Oddi括约肌包绕，开口于十二指肠乳头。胆道系统主要的生理功能是输送和调节肝分泌的胆汁进入十二指肠(分泌、储存、浓缩和输送胆汁的功能)。

1.病因及分类

(1)病因

1)胆道感染：大肠杆菌产生β-葡萄糖醛酸酶，将胆汁中结合胆红素水解成游离胆红素，后者再与钙离子结合成为不溶于水的胆红素钙,沉淀后即成为胆色素结石。

2)胆道异物:菌落、虫卵、成虫尸体成为结石的核心。

3)胆道梗阻:胆道梗阻引起胆汁滞留,滞留于胆汁中的胆色素在细菌作用下分解为非结合胆红素,形成胆色素结石。感染与梗阻互为因果,相互促进。

4)代谢因素:胆固醇与胆盐之比为1∶20 ~ 1∶30,如胆盐、卵磷脂减少,或胆固醇增多,当比例低于1∶13时,胆固醇便沉淀结晶形成胆固醇结石。

(2)分类　按结石组成成分不同分为三类:

1)混合性结石:约占结石总数的6%。其中60%的混合性结石位于胆囊内,40%的混合性结石位于胆管内,由胆固醇、胆色素和钙盐等混合而成。因含钙盐较多,X线常显影。

2)胆固醇结石:以胆固醇为主要成分,约占结石总数的50%,其中80%位于胆囊内,外观灰黄色、椭圆形、质硬,剖面呈放射状。X线不显影。

3)胆色素结石:约占结石总数的37%,其中75%位于胆管内,以胆红素为主。外观棕黑或棕红色,多为泥沙样,质软而脆,剖面呈层状。X线多不显影。

2.病理

结石刺激胆道黏膜,使其分泌大量的黏液糖蛋白。结石形成后引起胆囊收缩能力减低;胆道阻塞使胆汁淤滞;胆汁引流不畅又有利于结石形成。主要有:胆管梗阻;继发感染;胆管梗阻并发感染可引起肝细胞损害,甚至发生肝细胞坏死或胆源性肝脓肿;胆管炎反复发作可致胆汁性肝硬化;胆石嵌顿壶腹时引起急、慢性胰腺炎;胆道长期受结石、炎症及胆汁中致癌物质的刺激,可发生癌变。

【护理评估】

1.健康史

了解患者的年龄、性别,尤其是肥胖及多次妊娠的中年女性。既往有无类似发作,应注意询问发病前有无食油腻饮食或饱餐等诱因。既往发作时有无寒战、高热、黄疸及意识障碍等表现,是否有胆道蛔虫病史等。

2.身体状况

胆石病的患者因结石位置不同,所产生的症状和体征也有不同。

(1)胆囊结石及胆囊炎(Cholecystitis)　单纯胆囊结石约有20%患者终身无症状,故有“静止性结石”和“无症状胆囊结石”之称。当结石嵌顿于胆囊颈部时可出现:

1)症状

①胆绞痛:上腹或右上腹阵发性剧烈绞痛,疼痛可放射至右肩背部,老年患者有时胆绞痛发作可诱发心绞痛。

②消化道症状:常有恶心、呕吐、腹胀和食欲下降等,大多在短时间内缓解。

③发热:如胆囊积脓、坏死穿孔,常可有不同程度的发热。

④黄疸:约25%患者可出现不同程度的黄疸。

2)体征

①Murphy征阳性:检查者将左手平放于患者右肋部,拇指置于右腹直肌外缘与肋弓缘下胆囊区触诊时,嘱患者缓慢深吸气,至胆囊被触及时,患者因疼痛而停止呼吸。

②腹膜刺激征:右上腹局部有压痛、反跳痛和肌紧张,胆囊周围有炎性水肿或脓肿形成时,压痛范围增大,在右上腹可扪及肿大的胆囊与大网膜粘连而形成的炎性水肿。

(2)肝外胆管结石与胆管炎(cholangitis)　肝外胆管结石可原发于胆总管或继发于肝内胆管结石和胆囊结石。其临床表现取决于结石造成梗阻的程度和继发感染的轻重。

1)Charcot三联征:腹痛、寒战高热和黄疸。即右上腹和剑突下阵发性绞痛,多在进食油腻饮食或改变体位后出现,其常向右肩背部放射。在胆绞痛之后体温可高达40 ~ 41℃,呈弛张热热型。常于胆绞痛及高热之后出现不同程度的黄疸,并发胆道感染的患者,黄疸发展更快。当症状缓解后,黄疸一般逐渐消退。

2)中毒性休克:在典型的Charcot三联征的基础上又出现了休克和精神症状,称之为雷诺(Reynolds)五联征。病情已发展为急性梗阻性化脓性胆管炎(AOSC),也称急性重症胆管炎(ACST)。此症发展迅速,如不及时抢救,可在短时间内迅速死亡。

3.辅助检查

(1)B超　为首选,适用于胆道结石、肿瘤、黄疸的鉴别诊断。B超对胆囊结石的准确率为92% ~ 98%。

(2)放射学检查

1)口服法胆囊造影:通常使用口服造影剂,能显示胆囊的大小及形状,脂肪餐后可观察胆囊的收缩情况。此项检查结果易受多种因素的影响,现已基本被B超替代。

2)静脉胆道造影:由于此法显影率低,已很少使用。

3)经皮肝穿刺胆管造影(PTC):此为有创检查,是通过自上而下的胆管直接造影法,有助于黄疸的鉴别和胆道疾病的诊断。检查前准备：查出凝血时间、血小板、凝血酶原时间；有出血倾向者注射维生素K_1；碘过敏及普鲁卡因皮试；检查前3天使用抗生素，检查前晚使用缓泻剂，检查日晨禁食。PTC术后患者需平卧4～6小时，并观察有无胆漏、出血、胆道感染等并发症。

4)经皮肝穿刺胆道置管引流术(PTCD)：患者行PTC后，置管于肝胆管内引流减压，以防胆汁渗漏引起腹膜炎；对AOSC者，可缓解梗阻性黄疸，改善肝功能，为择期手术做好准备。

5)内窥镜逆行胰胆管造影(ERCP)：是通过纤维十二指肠镜观察十二指肠乳头区的病变，经乳头开口处插管至胆管或胰管内行逆行造影。检查前准备：常规注射安定、东莨菪碱。造影后2小时方可进食，造影后1～3小时及第2日晨测血淀粉酶；观察有无急性胰腺炎、胆道炎等并发症。

6)CT和MRI、MRCP(磁共振胰胆管造影)：尤其是MRCP能更好地显示肝内外胆管扩张及梗阻的情况，但由于费用较高，故不作为常规检查的手段。

4.心理－社会状况

胆囊结石、胆囊炎常反复发作，患者难以忍受剧烈的胆绞痛，严重影响了工作和生活。胆管结石、胆管炎病情较重，且缺乏有效的治疗手段，部分患者经多次手术仍不能恢复健康，从而对治疗失去信心，常悲观、失望。加之病情反复发作，部分患者因经济原因，不能得到有效和及时的治疗。

5.处理原则

急性发作期宜保守治疗，如病情严重、保守治疗无效，应及时手术。急性梗阻性化脓性胆管炎须紧急手术解除胆道梗阻，及时而有效地降低胆道压力。

(1)非手术疗法

1)一般疗法：卧床休息、禁饮食、输液，必要时输血，纠正水、电解质和酸碱平衡紊乱，腹胀者应予以胃肠减压，应用广谱抗生素，适时应用解痉止痛与镇静剂。

2)针刺、中医中药治疗。

3)对慢性病例的治疗可用利胆剂，同时注意饮食调节。

4)经皮肝穿刺胆道引流术及内镜下十二指肠乳头切开术。

5)体外震波碎石术：适用于胆囊石较小(1.5cm胆石不超过3枚或2cm胆石不超过1枚)、含钙少、胆囊收缩功能良好；胆囊管与胆总管下端均通畅的患者。

(2)手术治疗

1)手术时机：急性期患者如出现明显的全身中毒症状、腹膜刺激征、黄疸加深者应紧急手术。急性胆囊炎具备急症手术指征者，宜在发病48小时以内施行急症手术。慢性胆囊炎胆石症者，应择期施行手术。胆道结石与胆管炎者在非发作期间择期进行手术。

2)手术方法：胆囊切除术、胆囊造瘘术、胆总管探查引流术、胆肠内引流术、肝叶切除术等。

【护理诊断及医护合作性问题】

1.疼痛

与胆结石梗阻、Oddi括约肌痉挛、胆道感染等有关。

2.体温过高

与胆道感染、炎症反应有关。

3.体液不足

与T管引流、AOSC休克有关。

4.营养失调(低于机体需要量)

与摄入不足及消耗增加有关。

5.皮肤完整性受损

与皮肤瘙痒、引流口胆汁渗漏及创伤性检查有关。

6.焦虑或恐惧

与胆道疾病反复发作、复杂的检查、担心预后有关。

7.潜在并发症

休克、胆道出血、黄疸、胆瘘。

【护理目标】

1.疼痛得到缓解。

2.体温恢复正常。

3.维持水-电解质的酸碱平衡，预防休克。

4.摄入足够的营养。

5.保持皮肤清洁,瘙痒减轻,减少皮肤刺激。

6.稳定患者情绪,使之配合治疗及护理。

7.预防和及时发现并发症。

【护理计划与实施】

1.非手术治疗的护理

(1)一般护理

1)体位:结石梗阻和急性炎症期间应注意卧床休息,根据病情可采取舒适体位,并发腹膜炎者应采取半卧位,感染性休克者可采取中凹位。

2)饮食:给予低脂、富含维生素、易消化的饮食。肝硬化、肝功能受损者应限制蛋白质摄入。对于感染较重者,或伴有腹胀、呕吐者,应暂禁食,必要时胃肠减压。禁食期间应静脉补充热量及营养素,维持水、电解质和酸碱代谢平衡。

3)心理护理:针对患者的思想情况,作细致地解释和安慰。根据患者的不同文化层次和疾病情况,说明病情、手术的重要性及必要性。为患者创造舒适安静的环境,必要时夜间可适当给以镇静药物,促进睡眠。

(2)病情观察　观察患者生命体征、意识状态及腹痛等变化。注意腹痛部位性质、持续时间,是否并发腹膜刺激征。有无黄疸及出现的时间、程度,是否伴有皮肤瘙痒,有无粪便颜色变化。

(3)疼痛护理　先给予解痉剂扩张胆管,使胆汁得以引流减轻梗阻。对诊断明确的剧烈疼痛患者,可给予止痛剂。常用哌替啶 50mg、阿托品 0.5mg 肌内注射。禁止使用吗啡止痛,因吗啡会引起 Oddi 括约肌痉挛,妨碍胆汁排出。

(4)控制感染及抗休克　胆道感染主要致病菌为革兰阴性杆菌,以大肠埃希菌最常见,应遵医嘱使用抗生素控制感染。急性重症性胆管炎可并发感染性休克,应开放静脉通道,补充血容量。

(5)对症护理　对高热患者,采取物理降温或遵医嘱给予药物降温。伴有皮肤瘙痒者,嘱患者每日温水擦浴,选择棉质内衣,减少对皮肤刺激,瘙痒严重者可外用炉甘石洗剂或2.5%碳酸氢钠溶液止痒,必要时使用抗组胺药物。

2.手术治疗患者的护理

(1)手术前患者护理　除一般腹部外科术前准备外,需注意纠正凝血功能障碍,术前3日开始每日肌内注射维生素K以防术中出血。腹腔镜胆囊切除术术前应做好脐部清洁工作。根据手术需要做好备血、灌肠或口服导泻药、术前留置鼻胃管。

(2)手术后患者护理

1)体位与活动:麻醉苏醒、血压平稳后给予半卧位。术后嘱患者早期下床活动,尤其是腹腔镜胆囊切除术后易出现腹胀。术后第1日可适当坐起,第2日可扶着床沿下床适当活动。

2)饮食:术后禁食、持续胃肠减压,待肠蠕动恢复并有排气后,先给予清淡流质饮食,3 ~ 5日后给予低脂肪、高蛋白、高维生素易消化食物,禁油腻饮食及饱餐。

3)观察病情变化:术后定时观察生命体征、腹痛、黄疸、意识及饮食、排便等变化。准确记录各项指标,观察引流液的色、量、性质。发现异常及时报告医师,并积极配合医师进行治疗。

4)防治感染:观察患者体温变化,术后遵医嘱继续给予抗生素及其他药物,并做好药物疗效及不良反应的观察。

5)"T"管引流的护理:胆管切开后,常规放置"T"管。其作用有:降低胆管内的压力,促进切开的胆管愈合;避免胆汁外漏;支撑胆道,防止术后胆管狭窄及引流残余结石。

①妥善固定:"T"管经切口旁皮肤另戳口引出,除用缝线固定于腹壁外,还应用胶布将其固定于腹壁皮肤。但不可固定于床上,以防因翻身、活动、搬动时受到牵拉而脱出。对躁动不安的患者应有专人守护或适当加以约束,避免将"T"管拔出。

②保持引流通畅:平卧时引流袋应低于腋中线,站立或活动时应低于腹部切口,以防胆汁逆流引起感染。若引流袋的位置较低,可使胆汁流出过量,影响脂肪的消化和吸收。防止"T"管受压、折叠、扭曲,经常给予挤捏,保持引流通畅。若术后1周内发现阻塞,可用细硅胶管插入管内行负压吸引;1周后阻塞,可用生理盐水加庆大霉素8万U严格无菌下低压冲洗。

③观察并记录引流液的颜色、量和性状:术后24小时内引流量较少,常呈淡红色血性或褐色、深绿色。以后引流量逐渐增加,为黄色或黄绿色清亮液体。胆汁量每日约500ml,量过少可能因"T"管阻塞或肝功能衰竭所致;量过多表示胆总管下端不够通畅。如颜色过淡,过于稀薄、混浊或有泥沙细渣,分别表示肝功能不佳、感染和结石存在。

④预防感染:长期置管者,每周更换无菌引流袋1 ~ 2次。引流管周围皮肤每日用75%乙醇消毒,管周垫无菌纱布,防止胆汁浸润皮肤引起红肿、糜烂。行"T"管造影后,应立即接好引流袋进行引流,以减少造影对胆道

的刺激和继发胆道感染，造影后常规应用抗生素2～3天。

⑤拔管：术后2周以上；患者无腹痛，发热，黄疸已消退；血常规、血清黄疸指数正常；胆汁引流量减少至200ml，引流液呈黄色清亮无沉渣；胆道造影或经胆道镜证实胆管无狭窄、结石、异物、通畅良好；试夹管24～36小时以上无不适；符合以上情况可考虑拔管。拔管前引流管应开放2～3日，使造影剂完全排出。拔出后残留窦道用凡士林纱布填塞，1～2日内可自行闭合。

3.健康教育

(1)选择低脂、高糖、高蛋白、高维生素易消化饮食，避免暴饮暴食。养成良好的饮食和休息习惯。

(2)胆道结石复发率高，应定期体检，尽早发现结石，并采取措施。

(3)对带"T"管出院的患者告知出院后的注意事项，妥善固定引流管，按时更换引流袋，注意观察引流液的颜色、量和性质，发现异常及时就诊。

【护理评价】

1.患者疼痛是否得到有效控制，有无疼痛的症状和体征。
2.体温是否恢复正常，感染是否得到有效控制。
3.体液是否维持正常，休克是否被及时发现和纠正。
4.营养需求能否维持正常，体重有无减轻，饮食、消化吸收是否良好。
5.是否维护正常皮肤的完整性。
6.其家属焦虑是否减轻，情绪是否稳定，能否积极配合治疗和护理。
7.未发生并发症，或得到预防、被及时发现和处理。

第二节 胆道蛔虫病

案例导入

患者，女，8岁。3小时前突然出现阵发性剑突下钻顶样疼痛，伴有恶心，呕吐。疼痛可自行缓解，间歇期宛如常人。既往有类似的发病史，查体：T37.3℃，剑突下有轻度深压痛，无肌紧张。

1.首先考虑该患儿为何种疾病？

2.为确诊，首选何种辅助检查？

3.该患儿在等待检查结果中，又再次出现了剑突下钻顶样疼痛，应立即采取何种处理措施？

4.针对该疾病，护士如何对家长做好健康指导？

学习目标

知识目标 能说出胆道蛔虫病的病因及病理、身心状况、治疗原则，并正确为患者进行护理评估。

能力目标 能够提出正确的护理诊断，并能够为患者提供合适的护理措施。

素质目标 学习过程中体现对患者的关心。

【概述】

胆道蛔虫病(Biliary ascariasis)是指肠道蛔虫经十二指肠乳头上行钻入胆道，引起胆道阻塞、感染的一系列临床症状。是常见的外科急腹症之一。多见于儿童和青壮年。以往农村发病率明显高于城市，随着生活环境、卫生条件的改善和防治工作的开展，本病的发病率已明显下降。

1.病因及发病机制

寄生于小肠中下段的蛔虫，有钻孔的习性，喜碱性环境。当某些因素使寄生环境发生改变，如胃肠功能紊乱、饥饿、发热、驱蛔不当、妊娠、Oddi括约肌痉挛，肠道内的蛔虫即可上行钻入胆道。

2.病理生理

蛔虫钻入时的机械性刺激可引起Oddi括约肌强烈痉挛,出现上腹阵发性剧烈绞痛,亦可诱发急性胰腺炎。随之侵入的细菌造成胆道感染,严重时可引起胆源性肝脓肿或急性重症胆管炎,穿破胆道即造成胆汁性腹膜炎。蛔虫经胆囊管进入胆囊,可引起胆囊穿孔。还可引起胆道出血、败血症、中毒性休克等。蛔虫在胆道内死亡后,其虫体残骸、虫卵是原发性胆管结石的成因之一。

【护理评估】

1.健康史

了解患者的年龄、卫生习惯、生活环境等。有无类似发作史,有无粪便排出蛔虫史。发病前有无胃肠功能紊乱、饥饿、发热、驱蛔不当等诱因。

2.身体状况

(1)症状

1)腹痛:患者突发剑突下或上腹部阵发性钻顶样绞痛,可向右肩背部放射,坐卧不安,大汗淋漓;疼痛可反复发作,持续时间不长,可突然自行缓解,间歇一段时间后又突然再次发作,间歇期可无任何症状,宛若常人。

温馨提示:蛔虫进入胆道后,刺激Oddi 括约肌痉挛,引起"钻顶样"剧烈绞痛

2)消化道症状:绞痛时伴频繁恶心、呕吐,可呕蛔虫。

3)其他:初期全身症状轻微,后期有胆管炎及各种并发症表现。

(2)体征

1)腹壁柔软,或剑突下、右上腹压痛,无肌紧张。

2)腹痛间歇期可无任何体征。若继发感染或胆道梗阻时,可出现急性胆囊炎、胆管炎、胰腺炎、肝脓肿的相应体征。

初期腹痛剧烈而腹部体征轻微,是本病的典型特点。

3.辅助检查

(1)实验室检查　血常规可见白细胞计数、嗜酸性粒细胞比例增高。大便或十二指肠引流中查到蛔虫卵。

(2)影像学检查　B超检查是诊断本病的首选方法,可显现胆管内典型的蛔虫声像图。静脉胆道造影显示胆道内蛔虫条状影。ERCP亦可用于检查胆道下段的蛔虫,亦可在ERCP下取出虫体而作为治疗的手段。

4.心理-社会状况

胆道蛔虫病发病急,引起的剧烈绞痛会使患者出现烦躁、焦虑及恐惧。护士应帮助患者表达自己的情绪,并帮助患者了解检查结果和配合治疗。

5.处理原则

以非手术治疗为主,仅在非手术治疗无效或出现严重并发症时方考虑手术。

(1)非手术治疗

1)解痉止痛:发病初期可针刺治疗。常用穴位有上脘、太冲、足三里、肝俞等。药物可用丙胺太林、阿司匹林和食醋等。重者用阿托品0.5 ~ 1mg、山莨菪碱5 ~ 10mg,一次性肌内注射或静脉注射,必要时合用哌替啶、异丙嗪等。

2)利胆驱虫:发作时可服用利胆排蛔虫的中药如乌梅汤(丸)和33%硫酸镁。氧气驱虫对镇痛和驱虫均有效。驱虫最好在症状缓解期进行,选用左旋咪唑、驱虫净等。

3)控制感染:采用氨基糖甙类和甲硝唑等抗菌药物。

4)ERCP:通过ERCP观察,发现虫体时,可尝试用取石钳取出虫体。

(2)手术治疗　主要适用于经非手术治疗3 ~ 5日无效,且有恶化者;或有严重并发症者。手术方式通常采用胆总管切开、探查、取虫、"T"管引流术。胆囊炎多是继发的,一般无须手术切除。

【护理诊断及医护合作性问题】

1.疼痛

与蛔虫刺激导致Oddi括约肌痉挛有关。

2.知识缺乏

与缺乏饮食卫生、保健知识有关。

【护理目标】

1.患者疼痛缓解。

2.能掌握胆道蛔虫病的防治知识。

【护理计划与实施】

1.非手术治疗的护理

(1)减轻或控制疼痛　根据疼痛的程度,采取非药物或药物的方法止痛。

1)卧床休息:协助患者卧床休息和采取舒适体位,指导患者进行有节律的深呼吸,达到放松和减轻疼痛的目的。

2)解痉止痛:遵医嘱通过口服或注射的方式给予解痉或止痛药,以缓解疼痛。

(2)对症护理　患者呕吐时应做好呕吐的护理,大量出汗时应及时协助患者更衣。疼痛间歇期指导患者注意休息,合理饮食,保证足量水分摄入。必要时作做 ERCP 取虫的准备。

2.手术治疗的护理

对于手术治疗的护理,按胆总管探查及"T"管引流术后的护理措施进行护理(见本章第一节)。

3.健康教育

(1)养成良好的饮食及卫生习惯　不喝生水,蔬菜要洗净煮熟,水果应洗净或削皮后吃,饭前便后要洗手。

(2)正确服用驱虫药　应于清晨空腹或晚上临睡前服用,服药后注意观察大便中是否有蛔虫排出。

【护理评价】

1.患者的疼痛程度是否减轻或消失。

2.能否掌握胆道蛔虫病的防治知识。

（吴良红）

第四十五章 胰腺疾病患者的护理

第一节 急性胰腺炎

案例导入

患者,男,40岁,因上腹痛伴呕吐14小时入院。患者于昨天在外晚餐(进食红烧肉、饮酒)后突发上腹部疼痛,以上腹正中及左上腹明显,病初为阵发性绞痛,逐渐加重为持续性疼痛,并向后背部放射;伴恶心、呕吐,呕吐为胃内容物,无呕血及黑便,自觉无发热,有畏寒(体温未测),无腹泻,自服"吗丁啉",病情未缓解。门诊以"腹痛待查"收入院。起病以来,精神差,未进食、睡眠,大便未解,小便正常。既往体健。

入院后体检:T37.9℃,P88次/分钟,R20次/分钟,BP135/85mmHg。急性面容,痛苦貌,神志清楚,强迫体位,心肺无异常发现,腹部平坦,未见肠型及蠕动波,肝脾肋下未触及,上腹正中及左上腹压痛,左上腹反跳痛,莫非氏征阴性,未触及肿块,肝脏浊音界存在,移动性浊音阴性。

1.考虑患者为何种疾病,依据是什么?为明确诊断还要做什么检查?

2.患者目前存在哪些护理问题,如何处理?

3.患者经急诊术前准备后在硬麻下行"坏死胰腺清除术+腹腔灌洗术"后回到病房,护士应如何做好各种引流管护理?若引流液为血性,并伴有患者血压下降、脉搏细数,应考虑为何种术后并发症?

学习目标

知识目标 能说出急性胰腺炎的病因与发病机制、临床表现、辅助检查,并正确为患者进行护理评估。

能力目标 能够提出正确的护理诊断,并能够为患者提供合适的护理措施。

素质目标 学习过程中体现对患者的关心。

【概述】

急性胰腺炎(Acute pancreatitis)是指各种病因导致胰酶在胰腺内被激活后引起胰腺组织自身消化、水肿、出血甚至坏死的炎症反应。临床主要表现为急性上腹痛、发热、恶心、呕吐、血胰酶增高。病变程度轻重不等,轻者以胰腺水肿为主,临床多见,病情常呈自限性,预后良好,称轻症急性胰腺炎(mild acute pancreatitis,MAP)。少数重者的胰腺出血坏死,常继发感染、腹膜炎、休克等并发症,病死率高,称为重症急性胰腺炎(severe acute pancreatitis,SAP)。

1.病因与发病机制

引起急性胰腺炎的病因较多,常见的病因有胆道疾病、大量饮酒及暴饮暴食。

(1)胆道系统疾病 胆石症、胆道感染或胆道蛔虫等均可引起急性胰腺炎,其中胆石症最常见。引起胰腺炎的机制可归纳为:①梗阻:胆石、感染、蛔虫等因素致胰管与胆总管的共同开口即十二指肠壶腹部狭窄或(和)Oddi括约肌痉挛,使胆道内压力高于胰管内压力(正常胰管内压高于胆管内压),造成胆汁逆流入胰管,引起急性胰腺炎;②Oddi括约肌功能不全:胆石在移行过程中损伤胆总管、壶腹部或胆道炎症引起Oddi括约肌松弛,使富含肠激酶的十二指肠液反流入胰管,引起急性胰腺炎;③胆道感染时细菌毒素、游离胆酸、非结合胆红素等,可通过胆胰间淋巴管交通支扩散到胰腺,激活胰酶,引起急性胰腺炎。

温馨提示:胆总管与胰管共同开口于十二指肠壶腹,当胆道结石引起Oddi括约肌痉挛时,胆汁流入胰管引起胰腺的自身消化。

(2)酗酒和暴饮暴食　大量饮酒和暴饮暴食均可致胰液分泌增加，并刺激Oddi括约肌痉挛和十二指肠乳头水肿，使胰管内压增高，胰液排出受阻，引起急性胰腺炎。慢性嗜酒者常有胰液蛋白沉淀，形成蛋白栓堵塞胰管，致胰液排泄障碍。

(3)胰管阻塞　胰管结石、狭窄、肿瘤或蛔虫钻入胰管等均可引起胰管阻塞，胰管内压过高，使胰管小分支和胰腺泡破裂，胰液与消化酶外溢至间质引起急性胰腺炎。

(4)其他　①手术与创伤：腹腔手术，特别是胰、胆或胃手术，腹部钝挫伤等，可直接或间接损伤胰腺组织和胰腺的血液供应引起胰腺炎；②内分泌与代谢障碍：任何原因引起的高钙血症或高脂血症，可通过胰管钙化或胰液内脂质沉着等引发胰腺炎；③感染：某些急性传染病如流行性腮腺炎、传染性单核细胞增多症等，可增加胰液分泌引起急性胰腺炎，但症状多数较轻，随感染痊愈而自行消退；④药物：某些药物如噻嗪类利尿剂、糖皮质激素，四环素、磺胺类等，可直接损伤胰腺组织，使胰液分泌或黏稠度增加，引起急性胰腺炎；⑤特发性胰腺炎：尽管急性胰腺炎病因繁多，多数可找到致病因素，但仍有5%～25%的患者病因不明。

虽然急性胰腺炎可由多种病因引起，但都具有共同的发病过程，即胰腺自身消化的理论。正常胰腺分泌的消化酶有两种形式：一种是有生物活性的酶如淀粉酶、脂肪酶等；另一种是以酶原或前体形式存在的无活性酶，如胰蛋白酶原、激肽释放酶原、前磷脂酶、前弹性蛋白酶等。正常情况下胰腺防止自身被消化有生理性防御屏障，如大部分酶是无活性的酶原且与细胞质隔离、胰管内有胰蛋白酶抑制物质，当胰液进入十二指肠后，在肠激酶作用下，首先激活胰蛋白酶原，胰蛋白酶形成后各种酶原被激活，消化食物。如在各种病因作用下胰腺自身防御屏障被破坏，酶原被激活，使胰腺发生自身消化。近年的研究提示，胰腺组织损伤过程中，一系列炎性介质和血管活性物质，如氧自由基、血小板活化因子、前列腺素及一氧化氮、血栓素等还导致胰腺血液循环障碍，又可输送全身，引起多脏器损害，导致多种并发症甚至致死。

2.病理

急性胰腺炎的病理变化一般分为急性水肿型和急性坏死型两型。急性水肿型可见胰腺肿大、分叶模糊、间质水肿、充血和炎性细胞浸润等改变；急性坏死型可见明显出血，分叶结构消失，胰实质有较大范围的脂肪坏死，坏死灶周围有炎性细胞浸润，病程稍长者可并发脓肿、假性囊肿或瘘管形成。

【护理评估】

1.健康史

询问患者既往有无胆管疾病史，如胆石症、胆道感染、胆道蛔虫等；有无胰、十二指肠病史；有无腹部手术或创伤史；有无高血钙、高脂血症或应用噻嗪类利尿剂、糖皮质激素等药物；有无酗酒、暴饮暴食等诱发因素。

2.身心状况

急性胰腺炎常在饱食、脂肪餐或饮酒后发生。部分患者无明显诱因。其临床表现取决于病因、病理类型和诊治是否及时。

(1)症状

1)腹痛：为本病的主要表现和首发症状，常在暴饮暴食或酗酒后突然发生。疼痛剧烈而持续，呈钝痛、钻痛、绞痛或刀割样痛，可有阵发性加剧。腹痛常位于中上腹，向腰背呈带状放射，取弯腰抱膝位可减轻疼痛，一般胃肠解痉药无效。水肿型腹痛一般3～5天后缓解。坏死型腹部剧痛，持续较长，由于渗液扩散可引起全腹痛。极少数年老体弱患者腹痛极轻微或无腹痛。

2)恶心、呕吐及腹胀：起病后多出现恶心、呕吐，大多频繁而持久，吐出食物和胆汁，呕吐后腹痛并不减轻。常同时伴有腹胀，甚至出现麻痹性肠梗阻。

3)发热：多数患者有中度以上发热，一般持续3～5天。若持续发热1周以上并伴有白细胞升高，应考虑有胰腺脓肿或胆道感染。

4)水、电解质及酸碱平衡紊乱：多有轻重不等的脱水，呕吐频繁者可有代谢性碱中毒。重症者可有显著脱水和代谢性酸中毒，低钙血症，部分可有血糖增高，偶可发生糖尿病酮症酸中毒或高渗性昏迷。

5)低血压和休克：重症常发生，极少数患者可突然出现休克，甚至发生猝死。其主要原因为有效循环血容量不足、缓激肽类物质致周围血管扩张、并发感染和消化道出血等。

(2)体征

1)轻症急性胰腺炎：腹部体征较轻，可有上腹压痛，但无腹肌紧张和反跳痛，可有肠鸣音减弱。

2)重症急性胰腺炎：患者全腹或上腹明显压痛，并有腹肌紧张及反跳痛，伴麻痹性肠梗阻时有明显腹胀，肠鸣音减弱或消失。可出现移动性浊音，腹水多呈血性。少数患者因胰酶、坏死组织液、血液沿腹膜间隙与肌层渗入腹壁下，致两侧腰部皮肤呈暗灰蓝色，称Grey-Turner征，或出现脐周围皮肤青紫，称Cullen征。如有胰腺脓肿或假性囊肿形成，上腹部可扪及肿块。胰头炎性水肿压迫胆总管时，可出现黄疸。低血钙时有手足抽搐，提示预后不良。

(3) 并发症　主要见于重症急性胰腺炎。局部并发症有胰腺脓肿和假性囊肿。全身并发症常为不同程度的多器官功能衰竭(MOF),如急性肾衰竭、急性呼吸窘迫综合征、心力衰竭、消化道出血、胰性脑病、弥散性血管内凝血、肺炎、败血症、高血糖等,病死率极高。

3.辅助检查

(1)白细胞计数　多有白细胞增多及中性粒细胞核左移。

(2)淀粉酶测定　血清淀粉酶在起病后6～12小时开始升高,48小时后开始下降,持续3～5天。血清淀粉酶超过正常值3倍即可诊断本病,但淀粉酶的高低不一定反映病情轻重,出血坏死型胰腺炎血清淀粉酶值可正常或低于正常。尿淀粉酶升高较晚,常在发病后12～14小时开始升高,持续1～2周逐渐恢复正常,但尿淀粉酶受患者尿量的影响。

(3)血清脂肪酶测定　血清脂肪酶常在病后24～72小时开始上升,持续7～10天,对病后就诊较晚的患者有诊断价值,特异性有较高。

温馨提示:血清淀粉酶测定是急性胰腺炎最具意义的检查项目。

(4)C反应蛋白(CRP)　CRP是组织损伤和炎症的非特异性标志物,在胰腺坏死时明显升高。

(5)其他生化检查　可有血钙降低,低血钙程度与临床严重程度平行,若低于1.5mmol/L则预后不良。暂时性血糖升高较常见,持久空腹血糖高于10mmol/L反映胰腺坏死,预后不良。此外可有血清AST、LDH增加,血清蛋白降低。

(6)影像学检查　腹部X线平片可见“哨兵襻”和“结肠切割征”为胰腺炎的间接指征,并可发现肠麻痹或麻痹性肠梗阻征象;腹部B超与CT显像可见胰腺弥漫增大,其轮廓与周围边界模糊不清,坏死区呈低回声或低密度图像,对并发胰腺脓肿或假性囊肿的诊断有帮助。

4.处理要点

治疗原则为减轻腹痛、减少胰腺分泌、防治并发症。多数患者属于轻症急性胰腺炎,经3～5天积极治疗多可治愈。重症胰腺炎必须采取综合性治疗措施,积极抢救。

(1)轻症急性胰腺炎的治疗　①禁食及胃肠减压;②静脉输液,补充血容量,维持水、电解质和酸碱平衡;③腹痛剧烈者可给予哌替啶;④抗感染:因我国大多数急性胰腺炎与胆道疾病有关,故多应用抗生素;⑤抑酸治疗:常静脉给予H2受体拮抗剂或质子泵抑制剂。

(2)重症急性胰腺炎的治疗　除上述治疗措施外,还应:①抗休克及纠正水、电解质平衡紊乱:积极补充液体和电解质,维持有效循环血容量。重症患者应给予清蛋白、全血及血浆代用品,休克者在扩容的基础上用血管活性药,注意纠正酸碱失衡;②营养支持:早期一般采用全胃肠外营养(TPN),如无肠梗阻,应尽早过渡到肠内营养(EN),以增强肠道黏膜屏障;③抗感染:重症患者常规使用抗生素,以预防胰腺坏死并发感染,常用药物有氧氟沙星、环丙沙星、克林霉素、甲硝唑及头孢菌素类等;④减少胰液分泌:生长抑素具有抑制胰液分泌的作用,生长抑素剂量为250μg/小时;其类似物奥曲肽奥曲肽25～50μg/小时,持续静滴,疗程3～7天;⑤抑制胰酶活性:仅用于重症胰腺炎的早期,常用药物有抑肽酶20万～50万U/d,分2次溶于葡萄糖液静滴;加贝脂(FOX)100～300mg溶于葡萄糖液,以每小时2.5mg/kg速度静滴。

(3)其他治疗

1)并发症的处理:对急性坏死型胰腺炎伴腹腔内大量渗液者,或伴急性肾衰竭者,可采用腹膜透析治疗;急性呼吸窘迫综合征除药物治疗外,可做气管切开和应用呼吸机治疗;并发糖尿病者可使用胰岛素。

2)中医治疗:有一定疗效。主要有:柴胡、黄连、黄芩、积实、厚朴、木香、白芍、芒硝、大黄(后下)等,随症加减。

3)内镜下Oddi括约肌切开术(EST):可用于胆源性胰腺炎,适用于老年患者,不宜手术者。

4)腹腔灌洗,可清除腹腔内的细菌、内毒素、胰酶、炎性因子等。

5)手术治疗

①适应证:胰腺坏死继发感染;虽经非手术治疗无效,临床症状继续恶化;胆源性胰腺炎;重型胰腺炎经过短期非手术治疗、多器官功能障碍仍不能得到纠正;病程后期合并肠瘘或假性胰腺囊肿者等。

②手术方法:最常用的是坏死组织清除加引流术;其他如三造瘘术、灌洗引流术、胆管探查术等。

5.心理－社会状况

急骤发生的剧烈腹痛,常使患者感觉紧张、焦虑,如果病情严重,发生胰腺出血坏死则预后差,患者及家属均会产生恐惧、绝望的情绪。

【护理诊断及医护合作性问题】

1.疼痛

与胰腺及其周围组织炎症有关。

2.有体液不足的危险

与炎性渗出、出血、呕吐、禁食等有关。

3.营养失调(低于机体需要量)

与恶心、呕吐、禁食和应激消耗有关。

4.知识缺乏

缺乏相关疾病防治及康复的知识。

5.潜在并发症

休克、MODS、感染、出血、胰瘘或肠瘘。

【护理目标】

1.疼痛减轻或缓解。

2.保证机体有效循环血容量。

3.保证足够的营养摄入以满足代谢需求,维持患者体重。

4.患者能配合护理,复述术后康复知识,与护理人员共同制订并执行康复计划。

5.将发生并发症的风险降为最低。

【护理计划与实施】

1.非手术治疗护理

(1)疼痛护理

1)休息与体位:患者应绝对卧床休息,以降低机体代谢率,增加脏器血流量,促进组织修复和体力恢复。协助患者取弯腰、屈膝侧卧位,以减轻疼痛。因剧痛辗转不安者应防止坠床,周围不要有危险物品,以保证安全。

2)禁饮食和胃肠减压:多数患者需禁饮食 1 ~ 3 天,明显腹胀者需行胃肠减压,其目的在于减少胃酸分泌,进而减少胰液分泌,以减轻腹痛和腹胀。应向患者及家属解释禁饮食的意义,患者口渴时可含漱或湿润口唇,并做好口腔护理。

3)用药护理:腹痛剧烈者,可遵医嘱给予哌替啶等止痛药。禁用吗啡,以防引起 Oddi 括约肌痉挛,加重病情。注意监测用药前、后患者疼痛有无减轻,疼痛的性质和特点有无改变。若疼痛持续存在伴高热,则应考虑可能并发胰腺脓肿;如疼痛剧烈,腹肌紧张、压痛和反跳痛明显,提示并发腹膜炎,应报告医师及时处理。

(2)预防和纠正体液不足

1)病情观察:注意观察呕吐物的量及性质,行胃肠减压者,观察和记录引流量及性质。观察患者皮肤黏膜的色泽与弹性有无变化,判断失水程度。准确记录 24 小时出入量,作为补液的依据。定时留取标本,监测血、尿淀粉酶、血糖、血清电解质的变化,做好动脉血气分析的测定。重症胰腺炎患者如有条件应收住重症监护病房(ICU),严密监测患者生命体征,定时测定患者的体温、血压、脉搏、呼吸,注意有无多器官功能衰竭的表现,如尿量减少、呼吸急促、脉搏细速等。

2)维持水、电解质平衡:禁食患者每天的液体摄入量常需达到 3000ml 以上,故应迅速建立有效静脉通路输入液体及电解质,以维持有效循环血容量。注意根据患者脱水程度、年龄和心肺功能调节输液速度,及时补充因呕吐、发热和禁食所丢失的液体和电解质,纠正酸碱平衡失调。

3)防治低血容量性休克:特别注意患者血压、神志及尿量的变化,如出现神志改变、血压下降、尿量减少、皮肤黏膜苍白、冷汗等低血容量性休克的表现,应积极配合医生进行抢救:①迅速准备好抢救用物如静脉切开包、人工呼吸器、气管切开包等;②患者取平卧位,注意保暖,给予氧气吸入;③尽快建立静脉通路,必要时静脉切开,按医嘱输注液体、或全血,补充血容量。根据血压调整给药速度,必要时测定中心静脉压,以决定输液量和速度;④如循环衰竭持续存在,按医嘱给予升压药。

(3)营养支持的护理　病情较轻者,给予少量清淡流质或半流质饮食。病情严重者,早期严格禁食及胃肠减压,给予完全胃肠外营养(TPN),待 2 ~ 3 周后,病情稳定,血淀粉酶恢复正常,肠麻痹消失、肠功能恢复后,可在 TPN 的同时,通过空肠造瘘管给予肠内营养(EN),若无不良反应,可逐步过渡到全肠内营养和经口饮食。开始进食少量米汤或藕粉,再逐渐增加营养素量,但应限制高脂肪膳食。

(4)引流管护理　分清每根引流管放置部位及作用,保持引流通畅。腹腔双套管灌洗引流的患者,应持续腹腔灌洗,引流管负压吸引,有效控制腹腔感染。

(5)观察及处理并发症

1)呼吸衰竭:观察患者的呼吸频率及有无呼吸困难、发绀等,监测血气分析。必要时气管插管或气管切开,应用呼吸机辅助呼吸。

2)急性肾功衰竭:详细记录每小时尿量、尿比重及 24 小时出入量,遵医嘱用药或血液透析。

3)出血:观察患者的排泄物、呕吐物及胃肠减压引流液的色泽,若因胰腺坏死引起胃肠道糜烂、穿孔、出血,应及时清理血迹和倾倒胃肠引流液,避免不良刺激,并立即做好急诊手术准备。

4)感染:早期应用抗生素,预防和控制感染。

2.手术治疗的护理

(1)术前护理　按手术前常规护理。

(2)术后护理

1)一般护理　生命体征平稳后采用半卧位,绝对卧床休息。严格禁食、胃肠减压,待胃肠功能恢复后逐渐过渡到正常饮食。

2)病情观察　严密观察生命体征变化,定时抽血标本监测电解质,注意血钾变化。

3)引流管护理　引流管包括胃管、腹腔双套管、T形管、空肠造瘘管、胰引流管、导尿管等。种类较多,应分清每根导管的名称、放置部位及其作用,将导管贴上标签后与相应引流装置正确连接固定,防止滑脱。保持引流通畅,定时更换引流瓶、袋,注意无菌操作。观察记录各引流管液的色、质和量。

4)腹腔双套管灌洗引流的护理　在腹腔和盆腔分别置进水管和出水管,将含有大量胰酶和有害物质的腹腔渗液引流至体外。护理中应注意:持续腹腔灌洗,速度维持20～30滴/分钟为宜,冲洗液现配现用;保持套管通畅,维持一定的负压,但不宜过大。若管腔堵塞,可用20ml生理盐水缓慢冲洗;记录24小时引流液的颜色、量及性质:腹腔引流液2～3日后逐渐由暗红色混浊液体变淡、清亮。动态监测引流液的胰淀粉酶值并做细菌培养;⑤保护引流管周围皮肤:局部涂氧化锌软膏,防止胰液腐蚀;⑥拔管护理:患者体温正常并稳定10天左右,血细胞计数正常,腹腔引流液少于5ml/d,引流液的淀粉酶值正常后可考虑拔管。拔管后注意拔管处伤口有无渗漏,若有渗出应及时更换敷料。

5)并发症观察及护理

①胰瘘:从腹壁渗出或引流出无色透明的腹腔液,合并感染时引流液可呈脓性,除注意负压引流通畅外,还应保护创口周围皮肤干燥,涂氧化锌软膏,防止胰液对皮肤浸润和腐蚀。

②肠瘘:腹部出现明显的腹膜刺激征,有含粪便的内容物流出,即可明确诊断。应注意保持局部引流通畅,保持水、电解质平衡,加强营养支持。

③胆瘘:可见胆汁自腹腔引流管内或腹壁切口流出,而T形管引流突然减少。应考虑胆瘘发生。术后应保持T形管引流通畅,长期大量胆瘘者,应禁食、胃肠减压,必要时手术治疗。

④胰腺或腹腔脓肿:术后2周出现发热、腹部肿块,应检查确定有无胰腺脓肿或腹腔脓肿的发生,配合医生行手术引流。

3.心理护理

为患者提供安静舒适的环境,多与患者交流,耐心解答患者的问题,讲解有关疾病知识和必要的治疗、护理措施,帮助患者树立战胜疾病的信心。

4.健康指导

(1)若因胰腺内分泌功能不足而表现为糖尿病的患者,应遵医嘱服用降糖药物。

(2)有胰腺外分泌功能不足的患者,应戒酒戒烟,不要暴饮暴食,少进食脂肪,多进食蛋白质、糖类和蔬菜水果,少食多餐。必要时加用各种胰酶制剂。

(3)定期随访,防止并发症。如果患者发现腹部肿块不断增大,并出现腹痛、腹胀、呕血、呕吐等症状,则需及时就医。

【护理评价】

1.疼痛有无减轻。

2.有无水、电解质及酸碱平衡失调。

3.患者营养状况有无改善。

4.患者和家属是否掌握疾病及其康复知识,能否主动配合护理。

5.能否及时发现和处理并发症。

第二节 胰腺癌患者的护理

案例导入

患者,男,56岁。近2月来出现消瘦、乏力,上腹部不适,巩膜黄染。查体:一般情况良好,皮肤轻度黄染。辅助检查:胆红素升高,肝功能轻度异常,B超:胆管扩张、胰头占位;既往有糖尿病病史,有吸烟嗜好。

1.初步考虑该患者为何种疾病?

2.为进一步确诊,应采取哪些辅助检查?

3.护士评估其身心状况后,可提出目前存在的主要护理问题有哪些?如需手术,如何做好术前准备工作?

4.患者在硬麻下行"胰头十二指肠根治术"后第7天,突发剧烈腹痛、伴持续腹胀,T39℃,腹腔引流管有较多清亮液体流出。

①应考虑出现了何种术后并发症?

②需采取何种处理措施?

学习目标

知识目标 能说出胰腺癌的病因病理、身心状况,并正确为患者进行护理评估。

能力目标 能够提出正确的护理诊断,并能够为患者提供合适的护理措施。

素质目标 学习过程中体现对患者的关心。

【概述】

胰腺癌(Prancreatic carcinoma)是消化道常见的恶性肿瘤之一。我国胰腺癌的发病率有逐年升高趋势。男性多于女性,40岁以上好发。早期诊断困难,90%以上的患者在诊断1年内死亡,5年生存率仅1%~3%。胰腺癌中,胰头癌是最常见的一种,占胰腺癌的70%~80%。其次是胰腺体、尾部癌。壶腹部癌是指发生于胆总管末端、壶腹部及十二指肠乳头附近的恶性肿瘤。在临床上壶腹部癌与胰头癌有许多共同之处,故统称为壶腹周围癌。

1.病因

胰腺癌的发病原因尚不清楚。吸烟、高蛋白和高脂肪饮食、糖尿病、慢性胰腺炎、遗传因素可能与胰腺癌的发生有关。其中已确定的首要危险因素为吸烟。

2.病理

胰腺癌的组织类型以导管细胞癌多见,其次是黏液性囊腺癌和腺泡细胞癌等。胰头癌可经淋巴转移至胰头前后、幽门上下、肝十二指肠韧带、肝总动脉、肠系膜根部及腹主动脉旁淋巴结;晚期可转移至锁骨上淋巴结。胰头癌亦可直接浸润邻近脏器,如胆总管的胰内段、胃、十二指肠、腹腔神经丛。部分经血行转移至肝、肺、骨、脑等处。此外,还可经腹腔种植转移。

壶腹周围癌的组织类型以腺癌最多见,其次是乳头状癌、黏液癌等。淋巴转移比胰头癌出现晚;远处转移多至肝。

【护理评估】

1.健康史

了解患者的饮食习惯,是否长期高脂肪、高蛋白饮食;有无吸烟史,吸烟持续的时间及数量;是否长期大量饮酒。患者腹痛的性质、部位、程度、持续时间,有无放射痛,加重或缓解的因素,药物止痛效果如何;有无恶心、呕吐和腹胀。有无其他疾病,如糖尿病、慢性胰腺炎。家族中有无胰腺肿瘤或其他肿瘤患者。

2.身体状况

(1)症状

1）上腹疼痛、不适：最常见的首发症状。初期仅表现为上腹部闷胀及隐痛，随病情加重，疼痛逐渐剧烈，并可牵涉到背部。胰头癌疼痛多位于上腹居中或右上腹部疼痛。胰体尾部癌疼痛多在左上腹或左季肋部疼痛。晚期可向背部放射，少数患者以此为首发症状。当癌肿侵及腹膜后神经丛时，疼痛常剧烈难忍，尤以夜间为甚，以致患者常取端坐位。

2）黄疸：是胰头癌最主要的临床表现。黄疸一般是进行性加重，多数患者出现黄疸时已属中晚期。可伴有瘙痒症，久之可有出血倾向。小便深黄，大便呈陶土色。

温馨提示：胰头癌靠近十二指肠乳头，当出现胰头癌时，癌肿压迫十二指肠乳头，导致胆汁排除受阻，患者出现黄疸。

3）消化道症状：如食欲不振、腹胀、消化不良、腹泻或便秘。部分患者可有恶心、呕吐。晚期癌瘤侵及十二指肠或胃，可出现上消化道梗阻或出血。

4）乏力和消瘦：患病初期即有乏力、消瘦体重下降。是由于饮食减少、消化不良、休息、睡眠不足和癌瘤增加消耗等因素所致。晚期可出现恶病质。

5）其他：可有远处转移症状。

（2）体征　上腹部有压痛，可触及腹部肿块。体检可见巩膜及皮肤黄染，肝大，多数患者可触及肿大的胆囊。

3.辅助检查

（1）实验室检查

1）血清生化检查：胆道梗阻时血清总胆红素和直接胆红素、碱性磷酸酶升高。

2）免疫学检查：包括癌胚抗原（CEA）、胰胚抗原（POA）、胰腺癌特异抗原（PaA）、糖类抗原19-9（CA19-9）等。其中CA19-9是最长用的辅助诊断和随访项目。

（2）影像学检查

1）B超：为首选方法。若发现胰腺肿块同时伴有胰管扩张，肝内、外胆管扩张，胆囊肿大，即考虑胰头壶腹部肿瘤，胰体、尾部肿块确诊为胰体尾部癌的诊断率可达80%～90%。

2）内镜超声：能清晰显示胰腺各部的占位病变，其检出率为86%，并能对病变的手术切除可能性作出术前判断。

3）CT、MRI：呈现胰腺增大，胰胆管扩张，可显示直径1cm以上的肿瘤，亦可在CT引导下行经皮细针穿刺胰腺活检确诊胰腺癌。

4）内窥镜逆行胰胆管造影（ERCP）：可直接观察十二指肠乳头区，行活检，收集胰液行细胞学、生化和酶学检查。

5）腹腔镜检查：可直观胰腺病变情况，并直视下对可疑病变行细针穿刺抽吸细胞学检查。

4.心理－社会状况

了解患者及家属对疾病的认识，对胰腺肿瘤诊断、治疗及预后有无信心。是否有不良情绪反应。患者家庭经济承受能力。是否了解有关术前、术后护理配合的有关知识。患者的社会支持系统如何。

5.治疗原则

早期发现、早期诊断和早期手术治疗。手术切除是胰头癌治疗的有效方法。

（1）手术切除　除胰腺癌未有远处转移者，应争取手术切除。常用的手术方法有胰头十二指肠切除术。对不能切除的患者，应行内引流手术，即胆总管或胆囊与空肠或十二指肠吻合。

（2）辅助治疗　化学治疗、免疫疗法、放疗、维生素、中药等。

【护理诊断及医护合作性问题】

1.焦虑

与对癌症的诊断、治疗过程及预后的忧虑有关。

2.疼痛

与胰胆管梗阻、癌肿侵犯腹膜后神经丛及手术创伤有关。

3.营养失调（低于机体需要量）

与食欲下降、呕吐及癌肿消耗有关。

4.潜在并发症

出血、感染、胰瘘、胆瘘、血糖异常。

【护理目标】

1.患者焦虑减轻。

2.患者疼痛减轻或缓解。

3.患者营养状况得到改善。

4.并发症得到预防,及时发现和处理。

【护理计划与实施】

1.手术前护理

(1)疼痛护理　对于疼痛剧烈的胰腺癌患者,及时给予有效的镇痛剂止痛,并教会患者应用各种非药物止痛的方法。

(2)改善营养　通过提供高蛋白、高糖、低脂和丰富维生素的饮食,肠外营养或输注入血白蛋白等改善营养状态。有黄疸者,静脉补充维生素K。

温馨提示:肝硬化、新生儿颅内出血、胰腺癌患者均需注射维生素K。

(3)控制血糖　对合并高血糖者,应调节胰岛素用量。对胰岛素瘤患者,应注意患者的神态和血糖的变化。若有低血糖表现,适当补充葡萄糖。

(4)控制感染　有胆道梗阻继发感染者,遵医嘱给予抗生素控制感染。

(5)做好肠道准备　术前1天给流质并口服抗生素,如新霉素或庆大霉素;术前晚灌肠,以减少术后腹胀和并发症的发生。

2.术后护理

(1)预防休克　密切观察生命体征、伤口渗血及引流液,准确记录出入量。静脉补充水和电解质,必要时输血,同时补充维生素K和维生素C,应用止血药,防止出血倾向。

(2)控制血糖　监测血糖、尿糖和酮体水平。

(3)引流管护理　妥善固定各种引流管,保持引流通畅。观察并记录引流液的色、质和量。若呈血性,为内出血可能;若含有胃肠液、胆汁或胰液,要考虑吻合口瘘、胆瘘或胰瘘的可能;若为混浊或脓性液体,需考虑继发感染的可能,取液体做涂片检查和细菌培养。

(4)防治感染　术后合理使用抗生素,及时更换伤口敷料,注意无菌操作。

(5)营养支持　术后一般禁食2～3天,静脉补充营养。拔除胃管后给予流质,再逐步过渡到正常饮食。胰腺切除后,胰外分泌功能严重减退,应根据胰腺功能给予消化酶制剂或止泻剂。

(6)常见并发症的观察和护理

1)胰瘘:表现为腹痛、腹胀、发热、腹腔引流液淀粉酶增高。典型者可自伤口流出清亮液体,腐蚀周围皮肤,引起糜烂疼痛。应于早期持续吸引引流,周围皮肤涂以氧化锌软膏保护,多数胰瘘可以自愈。

2)胆瘘:多发生于术后5～10天,表现为发热、腹痛及胆汁性腹膜炎症状,T形管引流量突然减少,但可见沿腹腔引流管或腹壁伤口溢出胆汁样液体。术后应保持T形管引流通畅,每日做好观察和记录。

3)出血:术后早期1～2天内的出血可因凝血机制障碍、创面广泛渗血或结扎线脱落等引起;术后1～2周发生的出血可因胰液、胆汁腐蚀以及感染所致。表现为呕血、便血、腹痛,以及出汗、脉速、血压下降等。出血量少者可予止血药、输血等治疗,出血量大者应再次手术止血。

4)胆道感染:多为逆行感染,若胃肠吻合口离胆道吻合口较近,进食后平卧时则易发生。表现为腹痛、发热,严重者可出现败血症。故进食后宜坐15～30分钟,以利胃肠内容物引流。主要治疗为应用抗生素和利胆药物,防止便秘。

3.心理护理

应多与患者沟通,了解患者的真实感受,满足患者的精神需要。同时根据患者掌握知识的程度,有针对性地介绍与疾病和手术相关的知识,使患者配合治疗和护理,促进疾病的康复。

4.健康指导

(1)40岁以上,短期内出现持续性上腹部疼痛、闷胀、食欲明显减退、消瘦者,应注意对胰腺做进一步检查。

(2)饮食宜少量多餐,予以高蛋白、高糖、低脂肪饮食,补充脂溶性维生素。

(3)定期监测血糖、尿糖,发生糖尿病时给予药物治疗和饮食控制。

(4)定期化疗或放疗。放、化疗期间定期复查血常规。一出现骨髓移植现象,应暂停放、化疗。3～6个月复查一次,若出现进行性消瘦、贫血、乏力、发热等症状,应及时就诊。

【护理评价】

1.患者焦虑是否减轻,情绪是否稳定,能否配合治疗护理。

2.患者疼痛是否得到有效控制,能否采取有效应对方法减轻疼痛。

3.营养状况是否得到改善,体重是否得以维持,有无低蛋白血症发生。

4.并发症是否得到预防,及时发现和处理。

(吴良红)

第八篇

泌尿系统疾病患者的护理

第四十六章　概　论

学习目标

知识目标　能叙述泌尿系统的结构和功能,知道泌尿系统常用的诊疗技术,并正确为患者进行护理评估。

能力目标　能够提出正确的护理诊断,并能够为患者提供合适的护理措施。

素质目标　学会临床思维方法,提高运用基本知识分析、解决临床护理案例的能力。护理患者时体现以患者为中心的整体护理理念。

第一节　泌尿系统的结构和功能

泌尿系统由肾脏、输尿管、膀胱、尿道及有关的血管和神经组成,主要功能是生成和排泄尿液。其中肾脏是最重要的器官,它不仅是人体主要的排泄器官,也是一个重要的内分泌器官,对维持机体内环境的稳定起相当重要的作用。

一、肾脏结构

肾为成对的实质性器官,左右各一,形似蚕豆,位于腹膜后脊柱两侧的脂肪囊中,右肾位置略低于左肾。肾的内缘凹陷,其中央处称为肾门,为肾盂、血管、淋巴管和神经丛出入之处。从横断面看,可见肾实质分为皮质和髓质两部分。皮质位于肾实质的外层,富含血管,内有许多细小的红色点状颗粒,由肾小体和肾小管曲部构成。髓质位于肾实质的内层,由髓袢和集合管构成,它由多个圆锥形小体,即肾锥体组成,其基底在皮质和髓质连接处,锥体的尖端称肾乳头,伸入肾小盏中,尿液在每个肾锥体中生成后,通过肾乳头进入肾小盏内,相邻的肾小盏汇合成肾大盏。再汇成肾盂,下接输尿管。

二、肾脏的生理功能

肾的生理功能主要是排泄代谢产物及调节水、电解质和酸碱平衡,维持机体内环境稳定。肾单位是肾脏结构和功能的基本单位。每个肾约有100万个肾单位,每个肾单位由肾小体及与之相连的肾小管组成。

1.肾小球的滤过功能

当血液流经肾小球时,除了血细胞和大分子蛋白质外,几乎所有血浆成分均可通过肾小球滤过膜进入肾小囊而形成原尿,原尿的形成与滤过膜的通透性和滤过面积、有效滤过压及肾血流量有关。滤过膜为重要的结构,可分为三层:肾小球毛细血管的内皮细胞层、基底膜和伸出许多足突的上皮细胞层。滤过膜的屏障作用包括:

(1)机械屏障　即滤过膜仅允许一定大小的蛋白质分子通过。

(2)电荷屏障　滤过膜中富含带负电荷的涎酸蛋白和硫酸类肝素,可阻止带负电荷的血浆白蛋白从滤过膜通过。所以,肾小球滤过膜除具有大小选择性能抑制大分子物质通过外,还具有电荷选择性限制带负电荷物质滤过。

2.肾小管功能

(1)重吸收功能　肾小球每日滤过的原尿可达180L,但正常人每日排尿1500ml左右,其中99%以上的水和其他物质被肾小管重吸收,其中近曲小管的重吸收量最大。原尿滤液中绝大部分的葡萄糖、氨基酸、蛋白质、维生素、钾、钙、钠、水、无机磷等都在近曲小管重吸收。

(2)分泌和排泄功能　肾小管上皮细胞将本身产生的或血液内的物质分泌或排泄到尿中,如H^+、NH_3、肌酐等是由肾小管排泌生成的,借此调节人体电解质和酸碱平衡,排出代谢产物和进入人体的某些物质。

(3)浓缩和稀释功能　正常人在机体缺水时,组织渗透压升高,通过渗透压感受器促进抗利尿激素的分泌,使远端小管和集合管对水的重吸收增加,尿比重上升,尿液浓缩;反之,当体内水分过多时,抗利尿激素的分泌减少,肾小管和集合管对水的重吸收减少,从而使尿比重降低。

3.内分泌功能

(1)肾素　绝大部分由肾小球旁器的球旁细胞分泌,当全身有效循环血容量减少时,肾内灌注压下降,入球小动脉内压力下降，肾素分泌增加。肾素使肝脏产生的血管紧张素原转变为血管紧张素Ⅰ，再经血管紧张素转换酶的作用，生成血管紧张素Ⅱ及血管紧张素Ⅲ，它们均可通过收缩血管和增加血容量两种作用而使血压升高。

(2)前列腺素　肾脏的PG主要来源于肾髓质的间质细胞，主要有PGE_2、PGA_2及少量的PGF_2a，前两者能扩张肾血管，增加肾血流，促进水钠排出，使血压下降；后者则有收缩血管的作用。

(3)激肤释放酶　肾皮质内所含缓激肽释放酶促使激肽原生成激肽，对抗血管紧张素的作用，使小动脉扩张，增加肾血流量，促进水和钠的排泄，使血压降低。此外，激肤释放酶还可促使前列腺素的释放。

以上三组激素共同调节肾的血流动力学和水盐代谢。

(4)促红细胞生成激素　刺激骨髓红系增殖、分化，使红细胞数目增多和血红蛋白合成增多。

(5)1a烃化酶　使25-羟维生素D_3转化为有活性的1,25-二羟维生素D_3，从而调节钙、磷代谢。

此外，肾脏是肾外分泌的许多激素如甲状腺激素、抗利尿激素、降钙素等作用的重要靶器官，以及降解一些肾外激素如促胃液素、胰岛素、胰高血糖素等的主要场所。

第二节　泌尿系统疾病患者的评估

一、健康史

泌尿系统疾病一般病程较长，病因各异，起病方式可缓可急，应详细询问患者患病及治疗经过，有无明显的诱因或原因，曾做过哪些检查，既往治疗经过及效果如何，是否遵从医嘱治疗，目前的主要不适及病情变化。

二、身体状况

1.水肿

是指过多的液体积聚在人体的组织间隙使组织肿胀，是肾小球疾病最常见的临床表现。由肾小球疾病引起的水肿可分为两大类：

(1)肾炎性水肿　主要是由于肾小球滤过率下降，而肾小管的重吸收功能正常，从而导致“球-管失衡”，引起水、钠潴留，毛细血管静水压增高而出现水肿。

(2)肾病性水肿　主要是由于大量蛋白尿造成血浆蛋白丢失，血浆胶体渗透压降低，液体从血管内进入组织间隙而产生水肿。

另外，部分患者因有效循环血容量减少，激活了肾素-血管紧张素-醛固酮系统，抗利尿激素分泌增多，从而进一步加重水肿。肾炎性水肿组织间隙蛋白含量高，水肿多从眼睑、颜面部开始；而肾病性水肿组织间隙蛋白含量低，水肿多从下肢部位开始。

2.尿路刺激征

包括尿频、尿急、尿痛、排尿不尽感及下腹坠痛等。正常人白天排尿3～5次，夜间0～1次，每次尿量200ml～400ml。若排尿次数增多，而每次尿量不多，且每日尿量正常，称为尿频；若一有尿意即要排尿，并常伴有尿失禁则称为尿急；若排尿时膀胱区和尿道有疼痛或烧灼感称为尿痛。尿路刺激征常见于尿路感染、结石等。

3.高血压

是指动脉血压过高，可分为原发性高血压和继发性高血压。肾脏疾病几乎均可引起高血压，肾性高血压是继发性高血压的常见原因之一，按解剖可分为肾血管性高血压和肾实质性高血压两种。肾血管性高血压占5%～15%，主要由肾动脉狭窄或堵塞引起，高血压程度较重。肾实质性高血压是肾性高血压的常见原因，主要由急性或慢性肾小球肾炎、慢性肾盂肾炎、慢性肾衰竭等肾实质性疾病引起。按发生机制又可分为容量依赖型和肾素依赖型两类，容量依赖性占80%以上，仅10%为肾素依赖性。

4.尿异常

(1)尿量异常　正常人每日尿量超过2500ml，称为多尿；少于400ml，称为少尿；少于100ml，称为无尿。

(2)蛋白尿　当尿蛋白定量超过150mg或定性实验呈阳性反应，称为蛋白尿。①肾小球性蛋白尿：是指肾小球滤过膜通透性增高，使大量蛋白质滤过到肾小球滤液中，远远超过肾小管的重吸收能力，而造成蛋白尿。这种蛋白尿临床上最常见，多见于原发性或继发性肾小球疾病等，其特点通常是以白蛋白为主；②肾小管性蛋白尿：是指肾小管重吸收功能障碍，影响对肾小球滤液中蛋白质的重吸收而造成蛋白尿。常见于各种原因所致的肾小管间质疾病，如肾盂肾炎、重金属中毒、先天性多囊肾以及各种先天性肾小管疾病，其特点以小分子量蛋白为主。

(3)血尿　包括镜下血尿和肉眼血尿。前者指尿色正常，须经显微镜检查才能确定，通常离心沉淀后的尿液镜检每高倍视野有红细胞3个以上。后者指尿液呈洗肉水色或血色，肉眼即可见血尿。血尿可由泌尿系统疾病引起，如肾小球肾炎、泌尿系统结石、结核、肿瘤、血管病变、先天畸形等；也可由全身性疾病引起。另外，临床上常将血尿区分为肾小球源性血尿和非肾小球源性血尿。新鲜尿沉渣相差显微镜检查示:肾小球源性血尿尿中红细胞大小形态不一,出现畸形红细胞,常伴有红细胞管型、蛋白尿等。其产生的原因主要是肾小球基底膜断裂,红细胞通过该裂缝时受血管内压力挤出时受损,受损的红细胞其后通过肾小管各段又受不同渗透压和pH作用,而出现变形、容积变小,甚至破裂。非肾小球源性血尿系来自肾小球以外的病变,如尿路感染、结石、肿瘤、畸形等,红细胞大小形态均一。

(4)脓尿　当尿内含有大量的脓细胞、炎性渗出物或细菌时,新鲜尿液呈白色混浊或云雾状。加热或加酸均不能使混浊消失。脓尿和菌尿见于泌尿系统感染如肾盂肾炎、膀胱炎等。

(5)管型尿　尿中管型是由蛋白质、细胞或其碎片在肾小管内形成,可分为细胞管型、颗粒管型、透明管型、蜡样管型等。正常人尿中偶见透明及颗粒管型。若12小时尿沉渣计数管型超过5000个,或镜检出现其他类型管型时,称为管型尿。白细胞管型是诊断肾盂肾炎或间质性肾炎的重要依据,上皮细胞管型可见于急性肾小管坏死,红细胞管型提示急性肾小球肾炎。

5.疼痛

肾炎、肾盂肾炎、泌尿道结石、结核、肿瘤、肾下垂和肾积水等多种疾病可引起腰背痛。

三、辅助检查

1.尿液检查

检查内容包括一般性(尿量、颜色、透明度、气味、酸碱度、比重等)、尿中常见化学成分(蛋白质、葡萄糖等)、尿沉渣的镜下检查和定量计数(如细胞管型、结晶体)、尿液的细菌学检查等。

2.肾功能检查

反映肾功能的主要检查指标有内生肌酐清除率、血肌酐、血尿素氮、血红蛋白和红细胞数、尿比重、尿渗透压及尿酚红排泄试验等。内生肌酐清除率、血肌酐、血尿素氮主要反映肾小球的滤过功能;而尿比重、尿酚红排泄试验、尿渗透压是检查肾小管功能的主要指标,直接反映肾脏的浓缩功能。

3.影像学检查

可了解泌尿系统器官的形态、位置、功能及有无包块,以协助诊断。常用的检查有泌尿系统平片、静脉肾盂造影及逆行肾盂造影、肾动静脉造影、膀胱镜检查、B超、CT等。

四、心理-社会状况

泌尿系统疾病大多起病隐匿,有时迁延不愈,影响患者的工作学习和生活,甚至还会带来沉重的经济负担,患者往往会有焦虑悲观的情绪。评估患者的家庭情况、经济情况、社会支持系统等方面。

第三节　泌尿系统常见诊疗技术

一、肾活检

经皮肾穿刺活体组织检查,简称肾活检,是应用肾活检针经过皮肤刺入肾下极取出少量肾脏活组织进行病理学检查的一种方法。该方法是肾脏疾病检查中一项重要的检查方法,有助于疾病的诊断、治疗及估计预后、判断疗效。

【适应症】

凡肾脏有弥漫性损害而其病因、诊断、治疗或预后等问题尚未解决,且无禁忌症者皆为肾组织活检的指征。具体包括弥漫性肾小球病变,如肾小球肾炎、肾病综合征、肾硬化、肾淀粉样变等;病因不明的无症状性蛋白尿、血尿;累及肾脏的全身性疾病,如SLE、痛风性肾病、糖尿病性肾病、骨髓瘤性肾病、妊娠性肾病等;急性肾功能衰竭;肾移植患者发生排异反应后。

【禁忌症】

绝对禁忌症包括:不合作,不能屏气30秒以上者;孤立肾及一侧肾萎缩或丧失功能者;凝血机制严重障碍;肾周围脓肿、肾积水;肾动脉瘤;肾脏恶性肿瘤;充血性心力衰竭、全身衰竭。

相对禁忌症包括:肾脏非特异性感染,如肾盂肾炎、肾脓肿;肾结核;泌尿系统先天性畸形;高血压(>21.3/14.7kPa);高度水肿;严重贫血。

【操作前准备】

向患者解释目的、过程、注意事项,消除恐惧心理;家属签字同意;术前做普鲁卡因皮试;教会患者练习憋气及床上排尿。查出凝血时间、血红蛋白、血小板计数及凝血酶原时间，了解有无出血倾向及严重贫血；查血肌酐、血尿素氮了解肾功能的状况。查血型，备血；留取中段尿培养，有感染者及时控制感染；监测生命体征，血压控制在 150/90mmHg 以下。

【操作过程】

1.协助患者采取俯卧位，腹部垫以 8 ～ 10cm 厚的沙袋或枕头，将肾顶向背侧。

2.确定穿刺点，临床常用的方法是 B 超定位下选取穿刺点，一般为右肾下极。

3.消毒、铺巾、局部麻醉。

4.嘱患者深吸气后屏气，插入腰穿针，测量进针深度，连接装有 1%普鲁卡因的注射器，随针退出，同时行局部浸润麻醉。将穿刺针刺入，取肾脏组织(图 46-1)。

5.将肾组织分别送电镜、光镜及免疫荧光检查。

6.穿刺针拔出后，应立即局部压迫 5 分钟。然后置一小沙袋，再用腹带加压包扎，以利于压迫止血。

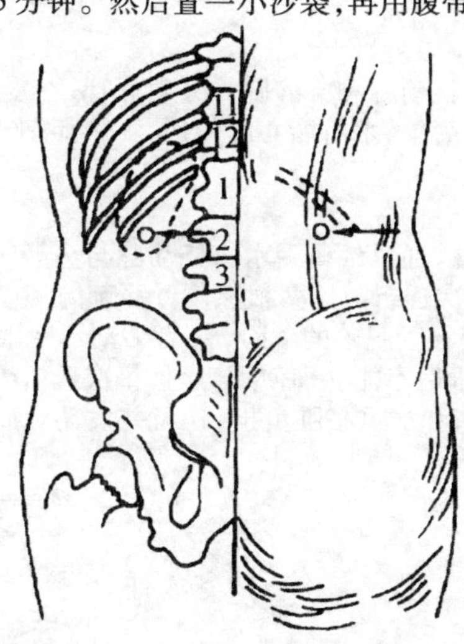

图 46-1　肾脏穿刺部位示意图

【操作后护理】

1.绝对卧床 24 小时，先取俯卧位 4 小时，6 小时后，若患者生命体征平稳，无持续性腰痛、腹痛，无肉眼血尿发生，则可解除沙袋，改为平卧位，严禁下地活动，尽量避免咳嗽、打喷嚏等剧烈动作，以避免伤口出血。

2.术后注意观察生命体征，注意有无腹痛、腰痛，观察尿液的颜色。

3.鼓励患者多饮水，以尽快排出肾血管中的凝血块，以免血凝块堵塞尿路。

4.术后连续应用抗生素 3 日及止血药物，以防止感染及出血。

5.术后 24 小时后若无肉眼血尿，即可解除腹带并协助患者下地活动。若患者出现肉眼血尿，应延长卧床时间直至肉眼血尿完全消失。

6.第 3 日复查 B 超，以了解手术局部有无血肿。

7.术后 7 ～ 10 日应避免较强体力活动。

【并发症】

1.血尿

一般都会发生镜下血尿，无须特殊处理，如有肉眼血尿，应延长卧床时间直至肉眼血尿完全消失，引起生命体征改变时，应立即输血，必要时手术处理。

2.肾周围血肿

几乎均有，大多数为小血肿，无须特殊处理。引起生命体征的改变时需输血治疗，必要时手术处理，甚至切除肾脏。此外，大的血肿易感染导致肾周围脓肿，所以应及时选用抗菌药物预防继发感染。

3.腰痛

轻度腰痛常发生，无须处理。严重腰痛者较少见，可能有肾周围血肿，应按前述方法处理，并给予止痛药物。

4.感染

较少，严重感染可造成肾脓肿及败血症等严重后果，术后若有发热、腰痛、尿频、尿急、尿痛等症状，要及时选用抗菌药物。

5.动静脉瘘

通常无症状,95%以上的患者可自然闭合,无须特殊处理。当出现高血压、大出血和心力衰竭等严重并发症时需手术结扎动脉部分或切除肾脏。

二、血液透析

血液透析简称血透,即"人工肾"透析,是最常用的血液净化方法之一。血透是将人的血液经动静脉通路引入透析装置的透析器内被净化,然后重新输入体内(图46-2)。其适应症为急、慢性肾衰竭及急性药物或毒物中毒患者。对于中毒患者的透析应争取在8 ~ 16小时内进行,如>36小时,则实际意义不大。血透一般无绝对禁忌症,相对禁忌症有严重心肌病变、心功能不全不能耐受透析者、严重感染、恶性肿瘤晚期、精神病患者及拒绝接受治疗的患者。

【方法】

1.暂时性血管通路

采用动静脉插管法。切开前臂的桡动脉和头静脉并分别插管,在皮肤外将两者用硅胶管连接成"U"字形,形成动静脉体外分流。其优点是手术简单,术后能立即使用,不需穿刺,血流大而稳定。缺点是导管易滑脱,出血,长期留置易导致感染和血栓形成。

2.永久性血管通路

动-静脉内瘘是目前最常用的一种。通过外科手术将桡动脉与头静脉做直接吻合,形成皮下动静脉内瘘,待内瘘成熟后(2 ~ 6周)才能使用。每次透析前用两根穿刺针穿刺内瘘血管,并将动脉血引入透析器,然后再从静脉端回流入体内。其优点是无外瘘导管脱落的危险,患者活动不受限制,感染和血栓的发生率也明显减少,如保护得当,可长期使用。缺点是手术后不能立即使用,而且每次透析需穿刺血管,且必须使用血泵,由于经常穿刺血管,易发生皮下血肿、血管栓塞和加重心脏负担,还可并发动脉瘤等,晚期可发生接管功能不全和闭塞,感染或瘘管远端肢体缺血。

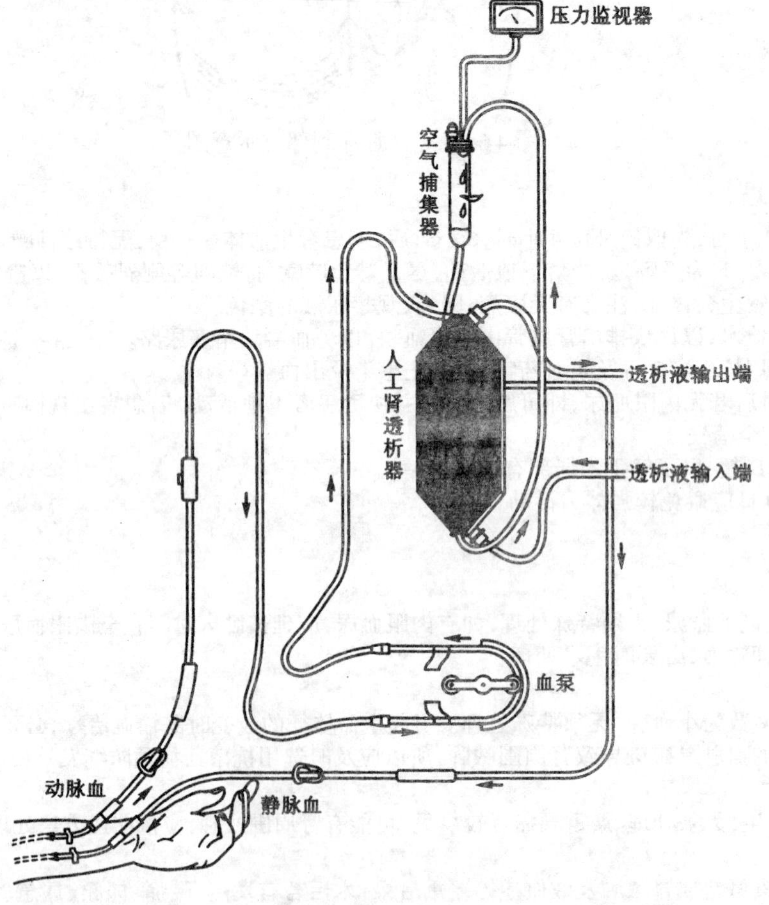

图46-2 血液透析示意图

【护理措施】

1.血液透析前准备

(1)向患者解释血透的目的、过程和可能出现的情况,取得密切配合,消除患者的恐惧和紧张心理。

(2)评估患者的生命体征,准确测量并记录体重、评估患者的一般状况以及患者瘘管的血流量。

(3)患者采取坐位或者平卧位。

(4)检查透析器,然后连接好透析器、管路及透析液。

(5)透析药品的准备:包括透析用药(生理盐水、肝素、5%的碳酸氢钠等)、高渗葡萄糖注射液、10%的葡萄糖酸钙、地塞米松、各种急救用药及透析液等。

(6)透析室内必须严格执行清洁与消毒制度。

2.透析中的护理

(1)消毒瘘管处,进行穿刺,穿刺针应距吻合口3cm以上,静脉针和动脉针应相距5cm以上。每次穿刺的地方要轮流更换,避免定点穿刺,以免形成假性动脉瘤及血栓。

(2)透析中为了防止凝血阻塞管道,影响血液透析的进行及效果,需要遵医嘱进行抗凝治疗。目前应用比较广泛的为小分子肝素,使用小分子肝素只在透析前从静脉注入,而在治疗中不需追加。在进行抗凝治疗时护士应注意观察患者有无出血症状,有条件时应注意监测患者的出凝血时间。

(3)透析过程中护士应每隔1小时记录监测数值(如动脉压、静脉压、跨膜压、血流速度等),并注意测量患者的血压及脉搏。

(4)并发症的观察与护理　透析过程中常见的并发症有:

1)低血压:主要原因为透析过程中超滤过多过快,因而导致血容量骤然减少。患者可表现为恶心、呕吐、出汗、面色苍白甚至一过性意识丧失。护理措施为立即减慢血流速度,协助患者平躺,抬高床尾,并给予吸氧,静脉输注10%的氯化钠10 ~ 20ml或50%的葡萄糖20 ~ 40ml。

2)失衡综合征:主要是由于血液透析后血液中的毒素迅速下降,血浆渗透压下降,而由于脑屏障的存在使得脑脊液中的毒素下降较慢,以致脑脊液的渗透压大于血液中的渗透压,水分由血液进入到脑脊液中形成脑水肿,患者可表现为头痛、恶心呕吐、视力模糊、烦躁不安、肌肉痉挛、血压升高,甚至惊厥、癫痫样发作等。轻者不必处理,重者可给予高渗糖、高渗钠、使用镇静剂等。

3)出血:尿毒症患者由于自身血小板数目及功能低下,再加上透析过程中全身肝素化均可导致出血。常见的有消化道出血、颅内出血等。因此护士在透析过程中应严密观察患者的表现,一旦明确有出血,应立即停止透析,通知医生。

4)痉挛:此并发症发生可能与超滤过多过快,以造成血容量不足有关。患者可主诉肌肉疼痛,尤其以下肢腓肠肌痉挛最为常见。轻者可不必处理,重者可用10%的氯化钠溶液10 ~ 30ml静脉注射。

3.透析后护理

(1)透析针拔除后指导患者充分按压彻底止血。

(2)透析结束要再次测量生命体征,称体重,并留取血标本做生化检查等。

(3)血透患者易发生金黄色葡萄球菌、肝炎病毒感染等,应注意观察其相应的表现。同时注意保持血管通路敷料的清洁和干燥,防止通路部位感染。

三、腹膜透析

腹膜透析是利用人体天然的半透膜(腹膜)作为透析膜。由于腹膜毛细血管的内皮和基膜的限制,过大的分子不能从腹膜透出,如血内的细胞成分和大分子的球蛋白等。腹透过程中,由于弥散和超滤作用,达到清除代谢废物和纠正水、电解质紊乱的治疗目的。其适应症同血透,尤其适用于有心血管合并症的患者、糖尿病患者、老人、儿童、做动静脉内瘘有困难者。其禁忌症主要是腹膜炎、广泛性肠粘连、腹部大手术后、腹腔内有弥散性恶性肿瘤、妊娠及严重的呼吸衰竭等。

【方法】

腹膜透析主要有间歇性腹膜透析(IPD)、持续性非卧床性腹膜透析(CAPD)、持续循环式腹膜透析等。其中,CAPD设备简单,易掌握操作,安全有效,且可在家中自行操作,同时可在休息时做,不会影响工作,故采用者逐年上升。CAPD是用一医用硅胶管永久地插入腹腔内,透析液通过硅胶管输入腹腔。

【护理措施】

1.向患者解释血透的目的、过程和可能出现的情况,取得密切配合,消除患者的恐惧和紧张心理。

2.透析前禁食,嘱患者排尿或导尿、灌肠、排便以减少腹胀和(或)膀胱直肠损伤的机会。同时测体重、脉搏、血压等。

3.患者取仰卧位或半卧位,注意保暖。

4.透析过程中应严密观察患者的生命体征、水-电解质的变化、有无腹痛、眩晕或恶心、呕吐及流出液的颜色等。如流出液有混浊,常提示腹膜炎的发生;一旦出现低钾血症的表现,均应及时与医生联系。

5.密切注意透析管是否通畅,透析管出口处皮肤有无渗血、漏液、红肿及导管接头有无滑脱等。

6.透析液灌注速度不宜过快,一般每次 1 ~ 2L,IPD 保留于腹腔 30 ~ 60 分钟,CAPD 保留 4 ~ 8 小时。IPD 每日透析总量为 8 ~ 12L,CAPD 每日透析总量约为 8L。如灌流量明显多于引流量,应停止透析并查找原因,如出现重度水肿且体重增加>1kg,应遵医嘱增加透析液的浓度;反之,则降低透析液的浓度,以免发生严重脱水。

7.并发症的护理

(1)腹膜炎　是腹膜透析的最主要并发症,患者可表现为恶心、呕吐、腹痛、反跳痛。透析液引流不畅、透析液混浊,有些患者可表现为发热。

护士及家属在腹膜透析中应:①严格执行消毒隔离和无菌操作技术,每次腹膜透析时均要戴带口罩及帽子,操作前应洗净双手;②观察患者的生命体征,特别是体温的变化,以及透析液的颜色、性状等。询问患者有无腹痛及其他不适;③一旦腹膜炎发生,应立即治疗。首先用腹透液连续进行灌洗,另外可在腹透液中加以抗生素,感染严重者应同时全身应用抗生素。如以上方法均不见效,拔除透析管道,停止透析。

(2)腹痛　应首先排除腹膜炎的可能性。在输入透析液时出现的腹痛,往往是与透析温度过低、透析液流入速度过快、腹腔内进入空气等因素有关。因此腹膜透析时应使透析液的温度接近于体温,减慢透析液流入速度,排出透析管道中的气体等,必要时可应用止痛药和镇静剂。

(3)蛋白质、氨基酸的丢失　腹膜透析患者均有不同程度的蛋白质及氨基酸的丢失。患者会出现低蛋白血症,临床上可表现为纳差、嗜睡、虚弱感、全身不适。因此进行腹膜透析的患者应注意加强营养的摄入,蛋白质应按 1.2-1.4g/(kg·d)供给,并宜食用优质蛋白,如鱼、瘦肉、牛奶、鸡蛋等含必需氨基酸丰富的动物蛋白。

四、膀胱尿道镜检查

膀胱尿道镜可直接查看尿道及膀胱内病变,用活检钳取活体组织做病理检查,是泌尿外科某些疾病诊断的重要手段。通过此镜向双侧输尿管口插入输尿管插管,做逆行肾盂造影或收集双侧肾盂尿进行特殊化验检查;通过膀胱尿道镜取异物、电灼、电切、扩张输尿管等治疗。

膀胱尿道镜用于膀胱、尿道及某些上尿路疾病的诊断和治疗。当出现下尿路急性炎症、尿道狭窄、膀胱容量<50ml 时,禁忌做此项检查,两次检查操作时间间隔不少于 1 周。

【护理措施】

1.心理准备。膀胱镜检查前应向患者及家属做好解释,使其了解检查的目的及重要性,简单讲解检查过程及可能有哪些不适及痛苦,使患者有较充分的心理准备。

2.检查体位。仰卧位,托起双腿,高度要适宜,使患者会阴部放松,覆盖消毒单露出外生殖器。

3.检查后嘱患者卧床休息,多饮水。观察是否有泌尿系感染的征象,遵医嘱给予抗生素预防感染。

4.检查后患者若有尿道口滴血,可于会阴部用纱布垫冷敷,24 小时后尿道黏膜出血停止。如有排尿不畅,应给予热敷。尿道疼痛明显者可口服止痛药。

5.检查前未考虑到膀胱容量明显缩小情况,检查时造成膀胱穿孔,如发现及时,可由尿道置管引流即可,如发生严重尿外渗,需手术引流,同时修补膀胱并行造瘘及伤口引流。

(周涛)

第四十七章　肾小球疾病患者的护理

第一节　概　述

学习目标

知识目标　能叙述肾小球疾病的概念和肾小球疾病病因发病机制。了解原发性肾小球疾病的临床分型及病理分型。

能力目标　能对肾小球疾病的患者实施基本的护理措施，并进行评价。

素质目标　学会临床思维方法，提高运用基本知识分析、解决临床护理案例的能力。护理患者时体现以患者为中心的整体护理理念。

肾小球疾病(Glomerulonephritis)是指一组有相似的临床表现(如水肿、血尿、蛋白尿、高血压)，但病因、发病机制、病理改变和预后不尽相同，病变主要累及双肾肾小球的疾病。可分为原发性、继发性和遗传性。原发性肾小球病病因不明，继发性肾小球疾病为继发于全身性疾病的肾小球疾病。遗传性肾小球病为遗传变异基因所致的肾小球病。本章重点介绍原发性肾小球疾病。

一、病因发病机制

近年来的研究对阐明原发性肾小球疾病的病因和发病机制取得了很大进展。大量实验和临床研究证明，肾小球疾病的大多数都是属于免疫介导性炎症疾病，在疾病进程中也可有非免疫非炎症因素参与，但免疫机制是肾小球疾病的始发机制。

1.体液免疫

体液免疫主要包括循环免疫复合物和原位免疫复合物，在肾炎发病机制中的作用已得到公认，细胞免疫在某些类型肾炎中的作用也得到公认。某些外源性或内源性抗原可刺激机体产生抗体，在循环中形成循环免疫复合物，循环免疫复合物沉积于肾小球，激活炎症介质后导致肾炎产生。或血液循环中游离抗体(或抗原)与肾小球固有抗原或种植于肾小球的外源性抗原(或抗体)结合，在肾脏局部形成原位免疫复合物，导致肾炎。

2.炎症反应

免疫反应导致炎症而致病，炎症反应有炎症细胞如中性粒细胞、单核细胞、血小板等多种炎症介质的共同参与，它们之间相互作用导致肾小球的损伤。

3.非免疫非炎症损伤

肾小球疾病慢性进展过程中，存在非免疫机制参与。如健存肾单位肾小球毛细血管网内高压、高灌注及高滤过，可促进肾小球硬化。另外，大量蛋白尿、高脂血症，也可加重肾小球损伤。

二、原发性肾小球疾病的分类

1.原发性肾小球疾病的临床分型

(1)急性肾小球肾炎

(2)急进性肾小球肾炎

(3)慢性肾小球肾炎

(4)隐匿性肾小球肾炎

(5)肾病综合征

2.原发性肾小球疾病的病理分型

依据世界卫生组织(WHO)1995年制定的肾小球疾病病理学分类标准:

(1)轻微性肾小球病变

(2)局灶性节段性病变，包括局灶性肾小球肾炎

(3)弥漫性肾小球肾炎

1)膜性肾病。

2) 增生性肾炎:①系膜增生性肾小球肾炎;②毛细血管内增生性肾小球肾炎;③系膜毛细血管性肾小球肾炎;④新月体和坏死性肾小球肾炎。

3)硬化性肾小球肾炎。

(4)未分类的肾小球肾炎

肾小球病的临床和病理类型之间有一定的联系,但两者之间又常难以有肯定的对应关系,同一病理类型可呈现多种不同的临床表现,而相同的一种临床表现可来自多种不同的病理类型。

第二节 急性肾小球肾炎

案例引入

患者,女,15 岁,中学生,因半个月来咽部不适,3 天来水肿、少尿来诊。于外院化验尿蛋白(++),尿 RBC 和 WBC 不详,血压增高。查体:T36.8℃,P78 次/分,R17 次/分,BP155/95mmHg。一般情况下,双肾区无叩击痛,双下肢轻度凹陷性水肿。

1.初步诊断为急性肾炎,依据是什么?

2.还需做哪些检查?

进一步检查:尿蛋白(++),24 小时尿蛋白定量 3.0g,WBC0-1/HP,RBC10-20/HP;血 IgG、IgA、IgM 均正常,$C_3$0.5g/L,ASO 效价大于 1∶400,该患者主要的护理措施有哪些?

学习目标

知识目标 能说出急性肾炎的概念、健康史、身体状况、护理诊断及医护合作性问题、护理措施。

能力目标 能够提出正确的护理诊断,并能够为患者提供合适的护理措施。

素质目标 学习过程中体现对患者的关心。

【概述】

急性肾小球肾炎(acute glomerulonephritis, AGN),简称急性肾炎,起病急,以血尿、蛋白尿、高血压、水肿为主要表现,并可有一过性氮质血症的一组临床综合征。多见于链球菌感染后所引起的免疫反应所致,少数患者是由其他细菌、病毒及寄生虫感染引起的。本节主要介绍链球菌感染后引起的急性肾炎。

1.病因发病机制

本病多由β-溶血性链球菌引起。常见于上呼吸道感染、猩红热、丹毒、化脓性皮肤病等链球菌感染后。感染的严重程度与急性肾炎的发生及其严重性之间并无一致性。链球菌感染后导致机体免疫反应异常，通过循环免疫复合物沉积于肾小球致病，或种植于肾小球的抗原与循环中的特异性抗体相结合形成原位免疫复合物而致病。肾小球内的免疫复合物激活补体导致肾小球内皮细胞及系膜细胞增生，并可吸引中性粒细胞及单核细胞浸润,导致肾脏病变。

2.病理

此病为毛细血管内增生性肾炎。光镜下通常为弥漫性肾小球病变，以内皮细胞及系膜细胞增生为主要表现;电镜下可见肾小球上皮下驼峰状大块电子致密物;免疫病理检查可见IgG及C_3呈粗颗粒状沉积于系膜区及毛细血管壁。

【护理评估】

1.健康史

询问患者近期有无感染史,特别是皮肤及上呼吸道感染,有无外出或旅游而暴露于病毒、细菌、真菌或寄生虫的情况。此外,近期的手术或侵入性检查也会造成感染的发生。

2.身体状况

多见于儿童，男性多于女性。前驱感染后多有 1～3 周（平均 10 天）的潜伏期。起病急，病情轻重不一，轻者仅有尿常规及血清 C3 异常，重者可出现急性肾衰的现象。大多预后良好，常在数月内临床自愈。典型者有以下表现：

（1）血尿　几乎均有血尿，可表现为肉眼血尿和镜下血尿，约 30%的患者出现肉眼血尿，且常为首发症状，尿液为洗肉水样或棕褐色酱油样。肉眼血尿一般数天内消失，也可在数周后转为镜下血尿。

（2）水肿　80%以上的患者出现水肿，常为起病的初发表现，典型表现为晨起眼睑水肿或伴有下肢轻度可凹性水肿，少数严重者可波及全身。

（3）高血压　约 80%的患者出现一过性轻、中度高血压，与水钠潴留有关，利尿后可恢复。少数可出现严重高血压，甚至高血压脑病。

（4）肾功能异常　大部分患者起病时尿量减少，少数为少尿，还可出现一过性氮质血症。多于 1～2 周后尿量增加，肾功能于利尿后恢复。

3.辅助检查

（1）尿液检查　均有镜下血尿，患者尿中 80%以上的红细胞是外形扭曲变形的多形性红细胞。尿沉渣中红细胞管型、颗粒管型等。尿蛋白定性多为+-++，定量通常为 1～2g/d，20%的患者较重，可有大量尿蛋白尿，定量>3.5g/d。

（2）血常规检查　常见轻度贫血，呈轻度正色素、正红细胞性贫血。白细胞计数大多正常，但当感染病灶未愈时，白细胞总数及中性粒细胞常增高。

（3）血生化检查　血清补体 C3 及总补体在起病时下降，8 周内逐渐恢复至正常，对本病诊断意义较大。血清抗链球菌溶血素“O”滴度可增高（>1：400），循环免疫复合物可呈阳性。

4.心理－社会状况

急性肾小球肾炎起病急，相关症状往往给患者带来焦虑和恐惧心理，耐心听取患者及家属的倾诉，评估患者对疾病的情感反应。

5.处理原则

本病以休息、对症治疗为主，积极预防并发症，当并发急性肾衰时，予以短期透析治疗。

【护理诊断及医护合作性问题】

1.体液过多

与肾小球率过滤下降、尿量减少、水钠潴留有关。

2.活动无耐力

与疾病处于急性发作期、水肿、高血压等有关。

3.营养失调

低于机体需要量与食欲不振，摄入量减少有关。

4.潜在并发症

急性充血性心力衰竭、高血压脑病、急性肾衰竭。

5.焦虑

与缺乏诊断及治疗的相关知识或对治疗及预后不可知有关。

【护理目标】

1.患者水肿减轻。

2.患者活动耐力增加。

3.患者能维持营养平衡。

4.患者并发症得到及时观察和处理。

5.患者焦虑情绪得到缓解。

【护理计划与实施】

1.一般护理

（1）休息与活动　急性期患者应绝对卧床休息，症状严重者，卧床休息 4～6 周，直至肉眼血尿消失、水肿消退及血压恢复正常，方可逐步增加活动，如下床在室内活动或到室外散步。3 个月内避免体力劳动。1～2 年后方可正常活动。

（2）饮食　饮食控制主要是根据水肿、高血压及肾功能损害程度而定。

1）蛋白质：肾功能正常者蛋白质应保持正常，但出现氮质血症及明显少尿阶段时应限制蛋白质的摄入，按每日每千克体重 0.5g 供给，并给予优质蛋白，即富含必需氨基酸的动物蛋白，如牛奶、鸡蛋、瘦肉等。

2)热量:每日每千克体重 25 ~ 30kcal。热能的主要来源是碳水化合物及脂肪,脂肪以植物性脂肪为主。

3)盐分:在水肿及高血压时,每日食盐以 1 ~ 2g 为宜。如果患者出现少尿或高钾血症,应限含钾的食物,如海带、紫菜、菠菜、山药、香蕉、枣、坚果等。

4)水分:每日摄水量等于前一天尿量再加 500 ~ 1000ml;如发生严重水肿、少尿或无尿者液体入量应低于 1000ml。

2.用药护理

(1)利尿剂　常用利尿剂为袢利尿剂、噻嗪类利尿剂及保钾利尿剂,注意药物的不良反应如低血钾、低氯性碱中毒、高尿酸血症、高血糖、高血脂等。(详见第四节肾病综合征)

(2)降压药物　积极控制高血压对于增加肾血流量,改善肾功能,预防心、脑并发症是很必要的。如果经过休息,控制水盐,利尿后血压控制仍不满意时,可服用降压药物。

(3)抗炎药物　对前驱感染如咽炎、扁桃体炎、中耳炎等积极抗生素治疗。

3.心理护理

儿童及青少年患者,限制他们的活动可使其产生焦虑、烦躁等心理反应,所以卧床休息期间,应尽量多关心、巡视患者,取得家属配合,使其充分理解卧床休息的重要性,减轻烦躁不安等情绪。

4.健康教育

(1)积极锻炼身体、增强体质,防止受凉、劳累。

(2)注意个人卫生,改善环境卫生,防止感染。在幼儿园、小学等儿童集中场所,特别注意预防呼吸道感染。

(3)患感冒、咽炎、扁桃体炎、皮肤感染时,及时治疗;对于某些慢性疾病,如慢性扁桃体炎、咽炎、鼻窦炎等应积极治疗。

(4)急性肾炎的恢复可能需 1 ~ 2 年,因此应加强随访。

【护理评价】

1.患者水肿是否减轻。

2.患者活动耐力是否改善。

3.患者是否能维持营养平衡。

4.患者有无并发症发生。

5.患者焦虑情绪是否得到缓解。

第三节　慢性肾小球肾炎

案例引入

患者，男，37岁，3年前无诱因出现面部水肿，以晨起明显，伴双下肢轻度水肿、尿少、乏力、食欲不振。曾到医院看过，有血压高(155/100mmHg)，化验尿蛋白(+)-(++)，病情时好时差。1周前着凉后咽痛，水肿加重；尿少，尿色较红。

1.初步诊断患者这何种疾病？

2.主要护理措施是什么？经过治疗护理后，该患者现病情稳定，出院前，护士应对患者做哪些方面的指导？

学习目标

知识目标　能说出慢性肾炎的概念、健康史、身体状况、护理诊断及医护合作性问题、护理措施。

能力目标　能够提出正确的护理诊断，并能够为患者提供合适的护理措施。

素质目标　护理患者时体现以患者为中心的整体护理理念。

【概述】

慢性肾小球肾炎(chronic glomerulonephritis, CGN)，简称慢性肾炎，是以血尿、蛋白尿和水肿、高血压为基本临床表现，起病方式各有不同，病情迁延，病情缓慢进展，可有不同程度的肾功能减退，最终将发展为慢性肾衰的一组肾小球疾病。本病多起病缓慢、隐匿，以青、中年男性居多，由于病理类型及病程阶段不同，疾病表现可呈多样化。

1.病因和发病机制

病因不明，多由原发性肾小球疾病发展而来，与急性肾炎无肯定关联。其病理类型不同，病因与发病机制也不尽相同。起始因素为免疫炎症损伤，其慢性化与非免疫、非炎症性因素有关。如肾小球内的“三高”现象(高压、高灌注、高滤过)等，另外，疾病发展过程中出现的高血脂、大量蛋白尿等会加重肾脏的损伤。

2.病理类型

慢性肾小球肾炎可由多种病理类型引起，常见的为系膜增生性肾炎、系膜毛细血管性肾炎、膜性肾病及局灶性节段性肾小球硬化等。病变进展至后期，所有上述不同类型病理变化均可转化为程度不等的肾小球硬化，相应肾单位的萎缩、肾间质纤维化。晚期肾体积缩小、肾皮质变薄，病理类型可转化为硬化性肾小球肾炎。

【护理评估】

1.健康史

详细询问患者有无急性肾小球肾炎及其他肾病史，是否就诊过，曾用过哪些治疗方法，家族中有无类似疾病者。

2.身体状况

慢性肾炎多发生于青壮年，起病隐匿，进展较缓慢，大多数慢性肾炎患者无明显的急性肾炎史，小部分则是由急性肾炎迁延不愈而进入慢性阶段。病理类型与病程阶段不同，表现也不同。

(1)蛋白尿　是本病必有的表现。多数患者由于蛋白尿因而排尿时泡沫明显增多且不易消失，尿蛋白含量不等，常在1～3g/d。长期蛋白尿导致低蛋白血症，易并发感染。

(2)血尿　多为镜下血尿，也可见肉眼血尿。

(3)水肿　多为眼睑和颜面部水肿，也可出现下肢轻、中度可凹性水肿，一般无体腔积液。水肿是由水钠潴留和低蛋白血症引起。

(4)高血压　肾衰竭时，90%以上的患者会出现高血压。主要与水钠潴留、血中肾素和血管紧张素的增加有关。持续高血压可使心肌肥厚，心脏增大，心律失常，甚至并发心力衰竭、高血压危象、高血压脑病。

(5)肾功能损害　肾功能损害呈慢性进行性损害,进展速度与病理类型有关。已有肾功能不全的患者,遇到下列应激因素会使肾功能急救恶化,如感染、劳累、血压增高、肾毒性药物的应用等。如能及时去除诱因,肾功能可在一定程度上恢复。

3.辅助检查

(1)尿液检查　尿蛋白定性为(+)~(+++),定量常在1-3g/d,尿中可见多形性红细胞、颗粒管型等。

(2)血液检查　病变早期尿素氮(BUN)和血肌肝(Scr)可在正常范围内,随着肾功能的减退,可有不同程度的增高。贫血患者可出现红细胞和血红蛋白下降。部分患者可有血脂增高,血清白蛋白下降。血清补体C3正常或持续降低8周以上不恢复正常。

(3)B超　可见肾脏缩小,肾脏表面不平,肾皮质变薄或肾内结构紊乱。

(4)肾活检病理检查　有助于确定临床病理类型及预后。

4.心理-社会状况

该病病程长,反复发作,患者多为青壮年,生活、工作或学习受到影响,易产生焦虑不安的情绪;后期发展成慢性肾功能衰竭,治疗费用昂贵,经济负担重,患者易悲观失望,家属易感到焦虑和恐惧。

5.处理原则

慢性肾小球肾炎的治疗应以防止或延缓肾功能进行性恶化、改善或缓解临床症状及防止严重合并症为主要目的,采取合理饮食、积极控制高血压、避免加重肾损害的因素等综合治疗措施。

【护理诊断及医护合作性问题】

1.体液过多

与水钠潴留有关。

2.营养失调

低于机体需要量与限制蛋白质饮食、低蛋白血症有关。

3.知识缺乏

缺乏慢性肾炎治疗、护理知识。

4.潜在并发症

慢性肾衰竭、心力衰竭、高血压脑病等。

5.焦虑

与疾病的反复发生、预后不良有关。

【护理目标】

1.水肿减轻或消退。

2.合理膳食,营养状况改善。

3.患者对慢性肾炎的治疗护理知识能有所了解。

4.无严重并发症发生。

5.患者情绪稳定,能积极配合治疗。

【护理措施】

1.一般护理

(1)休息　症状明显者应卧床休息,减轻肾脏负担;病情稳定后可起床活动,但活动量不宜过大。

(2)饮食　一般应该给予充足的热量、适量蛋白质、低盐、高维生素、易消化饮食。肾功能正常者,蛋白质的供给以lg/(kg · d)为宜;肾功能不全氮质血症时应限制蛋白摄入量,按日每千克体重0.5 ~ 0.8g供给,且需优质蛋白,如瘦肉、鸡蛋、牛奶等,并辅以α-酮酸或肾衰氨基酸(含8种必需氨基酸及组氨酸)治疗,以补充必需氨基酸的不足,防止负氮平衡。水肿、高血压及心力衰竭者每日食盐量以3 ~ 5g为宜;重度水肿者控制在1 ~ 2g/d,待水肿消退,盐量再逐渐增加。

2.用药护理

(1)利尿药　常用利尿剂为袢利尿剂、噻嗪类利尿剂及保钾利尿剂,注意药物的不良反应如低血钾、低氯性碱中毒、高尿酸血症、高血糖、高血脂等。

(2)降压药物　积极控制高血压是防止本病恶化的重要环节。常用降压药物有β-受体阻滞剂,临床上常用普奈洛尔;钙离子拮抗剂,常用药物为硝苯地平;血管紧张素转化酶抑制剂,该药延缓肾功能的疗效,并不完全依赖于它的降压作用,其能直接降低肾小球内高压,减轻高滤过,抑制系膜细胞增生和细胞外基质的堆积,以减轻肾小球硬化,延缓肾衰竭,常用的药物有卡托普利,应用时应注意防止高钾血症,当出现肾功能不全者应禁用此类药物。

(3)抗血小板解聚药　长期使用该药物,能延缓肾功能衰退。注意有无出血倾向,监测出、凝血时间等。

（4）糖皮质激素和免疫抑制剂　慢性肾小球肾炎一般不主张常规应用糖皮质激素及免疫抑制剂。如果患者是以明显蛋白尿为主要临床表现，则考虑使用该药，用药时应注意观察不良反应。

3.健康教育

（1）向患者及家属解释各种诱因均能导致慢性肾炎的急性发作及加重肾功能的恶化。应积极避免诱发因素，如感染、劳累、妊娠等。

（2）慎用或禁用肾毒性药物，如氨基糖苷类抗生素、先锋霉素、二性霉素、磺胺药、非类固醇类消炎药、顺铂、造影剂、抗结核药等，以免加重肾功能的损害。

（3）慢性肾炎患者若症状较轻，可以工作或学习，但不能从事重体力劳动。有明显水肿、血尿、持续性高血压或有肾功能进行性减退者，均应卧床休息。

（4）定期复查，嘱患者一旦出现水肿或是水肿加重、尿液泡沫增多、血压增高或是有急性感染时，应及时到医院就诊。

【护理评价】

1.水肿是否减轻或消退。
2.患者是否能合理膳食，改善营养状况。
3.患者是否能正视自己的疾病，主动配合治疗和护理。
4.有无严重并发症发生，是否积极处理。
5.焦虑情绪是否得到缓解。

第四节　肾病综合征（nephrotic syndrome，NS）

案例引入

患者，男，40岁，于1个半月前出现晨起眼睑、颜面部水肿，逐渐波及全身，尿液泡沫增多来院就诊。实验室检查：尿蛋白+++，定量6.5g，尿红细胞7～8个/HP，白细胞1～2个/HP，初步诊断肾病综合征收治入院。

1.患者入院后需做什么检查明确病理类型，指导治疗？

2.目前患者主要的护理问题有哪些？

该患者肾活检报告为膜性肾病，给予激素治疗。

1.激素使用时的注意事项有哪些？

2.患者住院期间，还应给患者哪些方面的指导？

学习目标

知识目标　能说出肾病综合征的概念、健康史、身体状况、护理诊断及医护合作性问题、护理措施。

能力目标　能够提出正确的护理诊断，并能够为患者提供合适的护理措施。

素质目标　学会临床思维方法，提高运用基本知识分析、解决临床护理案例的能力。

【概述】

肾病综合征（nephrotic syndrome，NS）系多种肾小球疾病引起的，以大量蛋白尿（尿蛋白>3.5g/d）、低蛋白血症（血浆清蛋白<30g/L）、明显水肿和高脂血症为特征的临床综合征。

1.病因及发病机制

肾病综合征的病因尚不明了，目前多认为本病可能与细胞免疫功能紊乱、生物化学缺陷及血液动力学因素有关。临床上分为原发性和继发性肾病综合征。原发性肾病综合征是指原发于肾小球本身的病变；继发性肾病综合征是继发于其他全身性疾病，如系统性红斑狼疮、过敏性紫癜、类风湿性关节炎、皮肌炎、多发性结节性动脉周围炎、糖尿病、肾淀粉样变性等。

2.病理

原发性肾病综合征的病理学分型分为微小病变性肾病、系膜增生性肾炎、系膜毛细血管性肾炎、膜性肾病、局灶性节段性肾小球硬化。各种类型的病因、发病机制、临床表现、对激素的治疗反应和预后不尽相同。

【护理评估】

1.健康史

了解患者是否有前驱感染史,如扁桃体炎、咽炎等;有无肾病史;有无其他疾病史,如系统性红斑狼疮、过敏性紫癜、结节性多动脉炎、糖尿病等;了解患者的用药史,如是否服用过青霉胺等药物;询问患者家族史,家族中有无类似疾病发生。

2.身体状况

原发性肾病综合征有前驱感染者起病较急,部分可隐匿起病。临床过程可自然或经治疗而缓解,但易反复发作加重。

(1)大量蛋白尿和低蛋白血症　肾小球滤过膜的屏障作用受损,对血浆蛋白(以白蛋白为主)的通透性增高,当原尿中蛋白含量超过肾小管的重吸收能力时,导致大量蛋白尿。大量蛋白丢失,导致低蛋白血症。另外,肝代偿合成血浆蛋白不足、胃黏膜水肿使蛋白吸收减少等因素也加重了低蛋白血症。

(2)水肿　是肾病综合征患者最早出现的体征。主要与低蛋白血症造成血浆胶体渗透压下降有关。开始多发生在眼睑及颜面部,然后波及全身,严重者还可出现胸腔、腹腔、心包积液。

(3)高脂血症　低白蛋白血症刺激肝脏合成脂蛋白代偿性增加,脂蛋白分解较少,使得血中胆固醇、甘油三酯含量升高,低及极低密度脂蛋白的浓度也增高。

蛋白尿→低蛋白血症→血浆胶体渗透压下降→水肿。同时低蛋白血症所致的胶体渗透压降低及(或)尿内丢失一种调节因子而引起肝脏对胆固醇、甘油三酯及脂蛋白的合成增加→高脂血症。

(4)并发症

1)继发感染:常发生于呼吸道、泌尿道、皮肤、腹腔等。与蛋白质营养不良、使用糖皮质激素及免疫抑制剂治疗有关。

2)血栓、栓塞:多数患者血液呈高凝状态,加之高脂血症、血液黏稠度增加、利尿剂的应用等因素,最常见为肾静脉血栓,另外下肢静脉血栓、肺动脉血栓、肺静脉血栓也较常见。

3)急性肾衰:因大量蛋白尿、低蛋白血症及高脂血症等,患者体内常处于低血容量及高凝状态,呕吐及使用大量利尿剂使肾脏血灌注骤然减少,进而导致急性肾衰。此外,大量蛋白尿时,蛋白浓缩成管型,堵塞肾小管,加重了肾小管缺血状态,也可诱发急性肾衰。

4)其他:如动脉硬化、冠心病等并发症。

3.辅助检查

(1)尿液检查　尿蛋白定性一般为(+++)~(++++),定量24小时超过3.5g,尿中有红细胞、管型等。

(2)血液　血浆白蛋白常<30g/L;总胆固醇、甘油三酯增高;血IgG可降低。

(3)肾活组织病理检查　可明确病理类型,估计预后,指导治疗。

(4)B超　双肾体积正常或缩小。

4.心理-社会状况

由于本病病程长,易反复发作,因而患者可能会出现各种不良的情绪反应,如焦虑、悲观等,应了解患者及家属的心理反应,评估患者及家属的应对能力,对患者的社会支持情况。

5.处理原则

卧床休息,合理饮食,利尿消肿、减少蛋白尿,使用激素或细胞毒药物等抑制免疫与炎症反应,积极防治并发症。

【护理诊断】

1.体液过多

与低蛋白血症至血浆胶体渗透压下降等有关。

2.营养失调

低于机体需要量与大量蛋白质丢失、胃肠黏膜水肿至蛋白质吸收障碍等因素有关。

3.有感染的危险

与皮肤水肿,大量蛋白尿致机体营养不良,激素、细胞毒药物的应用致机体抵抗力下降有关。

4.潜在并发症

血栓形成、急性肾衰竭、冠心病。

5.焦虑

与疾病反复发作,担心预后有关。

【护理目标】

1.患者水肿程度减轻或消失。

2.营养状况逐步改善。

3.未发生感染。

4.无并发症发生。

5.焦虑减轻。

【护理措施】

1.一般护理

(1)休息　全身严重水肿,合并胸水、腹水,出现呼吸困难者应绝对卧床休息,半卧位。为防止肢体血栓形成,应保持肢体的适度活动。病情缓解后,逐渐增加活动量,以利于减少并发症的发生。

(2)饮食　总原则为正常蛋白、充足热量、低盐饮食。

1)正常蛋白:由于高蛋白会加重肾脏负担,加速肾脏疾病的进展,因此提倡正常量的优质蛋白,即富含必需氨基酸的优质蛋白,如牛奶、蛋类、瘦肉等,每日每千克体重1.0g。

除肾病综合征应摄取优质生物蛋白以外,其他肾脏疾病均为低蛋白饮食。

2)充足热量:每日每千克体重不少于30 ~ 35kcal,防止蛋白质分解供能。

3)低盐饮食:水肿时应低盐饮食,应少于3g/d。

4)其他:为减轻高脂血症,应限制富含饱和脂肪酸食物的摄入,如动物油脂;注意膳食纤维、各种维生素及微量元素如铁、钙等的补充。

(3)病情观察　严密观察生命体征,尿量及尿液性状的变化,特别是有无并发症的发生,如剧烈的腰痛、血尿、肾功能急剧下降等。

2.对症护理

(1)水肿的护理　观察患者水肿的部位、程度及性质;每日应协助患者准确测量体重及腹围;指导患者严格记录出入量,当患者严重水肿时,应卧床休息,水肿减轻后患者可进行简单的室内活动,尿蛋白定量下降到2g/d以下时可恢复适量的室外活动;对于眼睑肿胀者,可用生理盐水棉球擦拭分泌物,并抬高头部减轻水肿;经常协助患者更换体位。

(2)预防感染　保持病室清洁、舒适,定时通风,定期做好病室的消毒,减少探视,对有上呼吸道感染者限制探视,同时指导患者避免去公共场所;做好生活护理,指导和协助患者进行皮肤及口腔的护理,保持水肿皮肤清洁、干燥,避免损伤。

3.用药的护理

(1)糖皮质激素　治疗肾病综合征的首选药物。该药治疗肾小球疾病的确切机制尚不清楚,可能是通过抑制免疫与炎症反应,抑制醛固酮和抗利尿激素分泌,影响肾小球基底膜通透性而起到治疗作用。常用的糖皮质激素有泼尼松、泼尼松龙、地塞米松、氢化可的松及甲泼尼龙,使用最普遍的是泼尼松。使用时应注意以下问题:

1)起始剂量要足:泼尼松始量为40 ~ 60mg/d或每日每千克体重lmg。

2)撤减药要慢:足量治疗后每1 ~ 2周减少原用量的10%,减药的过程是缓慢的,如突然停药或减量过快会使肾病综合征复发。当减至20mg/d时易反跳,应更加缓慢减量。

3)维持用药要久:以最小有效剂量(10 ~ 15mg/d)作为维持量,再服半年至1年或更久。

4)不良反应:长期服用糖皮质激素可造成许多不良反应,例如满月脸、水牛背、皮肤变薄、痤疮、多毛、高血压、低血钾等,停药后可自行消退,不必焦虑。还有的患者在长期服用药物后白细胞明显下降,应给予保护性隔离,避免发生院内感染。

肾病综合征是一种免疫性疾病,糖皮质激素是治疗的首选药物。

(2)免疫抑制剂　免疫抑制剂主要用于对糖皮质激素抵抗、依赖及经常复发的肾病综合征。常用药物有环磷酰胺、环胞菌素A、雷公藤等。

1)环磷桥酰胺(CTX):不良反应主要有骨髓抑制诱发感染,恶心、呕吐等胃肠道反应,出血性膀胱炎,膀胱肿瘤,脱发,肝功能损害等。此外,CTX对生殖系统也有影响,男性表现为精子过少、无精子等;女性为闭经、绝经综合征、卵巢纤维化、泌尿生殖系统肿瘤等,因此未婚青年最好不用此药。

2)环胞菌素A(Cs,A):可抑制白细胞介素及γ干扰素的产生及释放,抑制毒性T淋巴细胞功能,主要用于激素及细胞毒药物治疗无效的难治性肾病综合征,但价格昂贵,不良反应大,停药后易复发,广泛应用受到限制。

3)雷公藤:为中药,具有非特异性抗炎作用及免疫抑制作用,可与糖皮质激素合用。雷公藤的不良反应主要是骨髓抑制、胃肠道反应、对性腺功能的抑制等,停药后上述症状可恢复。

(3)利尿剂　常用的利尿剂有噻嗪类利尿剂、保钾利尿剂及袢利尿剂。噻嗪类利尿剂作用于远曲小管前段,通过抑制钠、氯和钾的重吸收而利尿,常用药物为氢氯噻嗪,长期使用应防止低钾、低钠血症;保钾利尿剂是作用于远曲小管后段,排钠,排氯、保钾,代表药物是氨苯蝶啶,长期服用,应防止高钾血症,肾功能不全者慎用;襻利尿剂主要作用于髓襻升支,对钠、氯和钾的重吸收具有强抑制作用,因此为强利尿剂,常用药物是速尿,使用时须防低钠血症及低钾、低氯血症性碱中毒。

(4)抗凝药物　肾病综合征患者血液常呈高凝状态,因此应进行正规的抗凝治疗。目前常用的抗凝、溶栓药物有肝素、华法林、小剂量阿司匹林及尿激酶。在使用抗凝药物时应注意观察患者有无出血的倾向。

4.健康指导

(1)应注意休息,避免受凉、感冒,避免劳累和剧烈体育运动;适度活动避免产生肢体血栓等并发症。

(2)饮食宜清淡,水肿时应限盐,同时注意勿摄入过多蛋白质,以优质蛋白为主,保重能量的供给。

(3)注意个人卫生,勤换内衣,勤剪指甲,保持会阴部清洁,防止感染。

(4)严格遵医嘱用药,不自行停药、减药,注意观察药物的不良反应。

(5)定期门诊随访。

【护理评价】

1.患者水肿程度是否减轻或消失。

2.患者是否能维持营养的平衡。

3.患者有无感染的发生。

4.患者有无并发症发生。

5.患者焦虑程度是否减轻。

(周涛)

第四十八章　肾衰竭患者的护理

第一节　急性肾功能衰竭

案例引入

患者，男，50岁，车祸外伤大出血收治入院，急诊手术，术后24小时尿量250ml，第2天常规补液，尿量也仅有150ml，且患者出现烦躁不安、恶心呕吐、全身水肿、呼吸急促，血压高达150/100mmHg，心率110次/分，两肺底可闻及少许湿性啰音。

1.该患者发生了什么情况?

2.需进一步做哪些检查?

血气分析示：血钾7.0mmol/L，现在应紧急采取哪些措施?

学习目标

知识目标　能说出急性肾衰竭的概念、健康史、身体状况、护理诊断及医护合作性问题、护理措施。

能力目标　能够提出正确的护理诊断，并能够为患者提供合适的护理措施。

素质目标　学习过程中体现对患者的关心。

【概述】

急性肾功能衰竭（acute failure，ARF）是由于各种原因引起的肾功能短期内（几小时至几天）内突然下降而出现的临床综合征。临床表现为肾小球滤过率明显降低所致的氮质血症，以及肾小管重吸收和排泌功能障碍引起的水、电解质和酸碱平衡失调。

1.病因

（1）肾前性　主要为有效循环血容量不足导致肾血流灌注不足、肾缺血，而肾脏本身无器质性病变。常见原因有：

1）血容量不足：主要为细胞外液的丢失，如胃肠道丢失（呕吐、腹泻等）、皮肤丢失（烧伤、出汗等）、肾脏丢失（应用利尿剂）、大出血或容量转移如腹膜炎时水渗漏到腹腔。

2）心输出量减少：严重的心肌病、心律失常、心肌梗死等致心排量不足。

（2）肾性病变

1）急性肾小管坏死：是最常见的急性肾衰类型，占75%～80%，原因主要有：①缺血性病变：为急性肾小管坏死最常见原因，各种肾前性因素如未能得到及时纠正，则可导致肾小管坏死；②内源性和外源性毒素：外源性包括生物毒素（蛇毒、蜂毒等）、细菌内毒素、化学毒素（砷、铅、汞、四氯化碳、甲醇、甲苯等）、抗生素（氨基糖苷类、四环素、头孢类、磺胺类等）、X线造影剂。内源性的有血红蛋白、肌红蛋白，前者主要见于血管内溶血如血型不合输血、输注低渗溶液、阵发性睡眠性血红蛋白尿等，后者主要见于横纹肌溶解和肌红蛋白尿如外伤、肌肉疾患、癫痫持续状态、剧烈运动等。

2）肾小球和肾小血管病变：如各种原因所致的急性肾炎、多发性小血管炎、急性肾盂肾炎等。

（3）肾后性因素　较少见，多为可逆性，常见有尿路结石、双侧肾盂积液、前列腺肥大和肿瘤所引起的尿路梗阻。

肾前性肾衰主要是因为肾脏血流量减少引起；肾性肾衰竭主要是因肾脏本身疾病引起，肾后性肾衰竭主要是因为梗阻因素引起。

2.发病机制

尚未明了,一般认为不同病因、不同病理损害类型有其不同的始动机制和持续发展因素。目前主要有以下4种学说:

(1)肾小管堵塞学说　毒物、毒素等损害肾小管上皮细胞,坏死的上皮细胞及脱落的微绒毛碎片或血红蛋白、肌红蛋白等堵塞肾小管,使得堵塞部位以上的肾小管内压增高,肾小囊压力也随之增高,当后者压力与肾小球毛细血管内胶体渗透压之和等于毛细血管内静水压时则使得肾小球滤过停止。

(2)肾血流动力学的改变　几乎所有的急性肾小管坏死均有肾血流量减少,肾内血液重新分布,表现为肾皮质血流量减少,导致肾小球滤过率下降。

(3)反漏学说　肾小管上皮细胞受损后坏死脱落,肾小管壁失去弹性,使得小管液返流至间质,引起间质水肿,压迫肾单位,加重缺血,肾小球滤过率进一步下降。

(4)弥漫性血管内凝血　多由败血症、流行性出血热、休克、产后出血等引起。

3.病理

病理改变随病情轻重有所不同,轻者为肾小管轻微病变,重者可有肾小管的广泛变性和坏死。光镜检查可见肾小管上皮变薄、肿胀、坏死,管腔内有脱落上皮、管型和炎性渗出物;肾间质有不同程度的炎症细胞浸润和水肿。

【护理评估】

1.健康史

应详细询问可能会导致急性肾衰的原因,如失血、失液等致血容量不足,心肌病变导致心排量减少;有无服用过肾毒性药物或接触过肾毒性物质;过去有无慢性肾脏疾病病史及家族中有无肾脏疾病病史等。

2.身体状况

典型的急性肾衰可以分为少尿期、多尿期、恢复期3个阶段。

(1)少尿期或无尿期　一般持续5～7天,有时可长达10～14天或更长。许多患者可出现少尿(<400ml/d),但也有些患者尿量在400ml以上,其病情大多较轻,预后较好。然而无论尿量是否减少,随着肾功能减退,临床上可出现一系列尿毒症表现。

1)急性肾衰的全身并发症

①消化系统:食欲减退、恶心、呕吐、腹胀、腹泻等,严重者发生消化道出血。

②呼吸系统;除感染的并发症外,还可出现呼吸困难、咳嗽、憋气、胸痛等。

③循环系统:多因尿少或为控制饮水,以致体液过多,出现高血压及心力衰竭、肺水肿;毒素潴留、电解质紊乱、贫血及酸中毒可引起心律失常及心肌病变。

④神经系统:出现意识障碍、躁动、谵妄、抽搐等症状。

⑤血液系统:出血倾向及轻度贫血现象。

2)水、电解质和酸碱平衡紊乱

①水肿:患者可表现为全身水肿,体重增加,严重时出现肺水肿、脑水肿等。

②高钾血症:主要与肾排钾减少、体内蛋白质分解增加、酸中毒、大量输入库血或摄入过多含钾丰富的食物等因素有关。

③低钠血症:主要由水潴留过多引起。

④代谢性酸中毒:主要因为肾排酸能力降低,同时又因急性肾衰常合并高分解代谢状态,使酸性产物明显增多。

⑤其他:低钙、高磷,远不如慢性肾衰时明显。

(2)多尿期　一般持续1～3周。进行性尿量增多是肾功能开始恢复的标志,每日尿量可达3000～5000ml,或者更多。此期仍可发生感染、心血管并发症和上消化道出血等。

(3)恢复期　尿量逐渐恢复正常,肾小球滤过功能、肾小管功能恢复或基本恢复。与肾小球滤过率相比,肾小管重吸收功能恢复相对延迟,部分病例可持续1年以上。

3.辅助检查

(1)血液检查　少尿期可有轻中度贫血;血尿素氮每日升高3.6～10.7mmol/L;血清肌酐每日升高44.2～88.4umol/L;血钾浓度可>5.5mmol/L,血钠浓度可正常或偏低,血钙可降低,血磷升高,血气分析示代谢性酸中毒。

(2)尿液检查　尿量改变,少尿期每日尿量一般少于400ml;尿蛋白多为(+)～(++),常以中小分子蛋白质为主;尿沉渣检查可见肾小管上皮细胞、颗粒管型、上皮细胞管型及少量红、白细胞等;尿比重多低于1.015,尿渗透浓度低于350mmolsm/L;尿与血渗透浓度之比值低于1.1,尿钠含量增高,多在40～60mmol/L;肾衰指数大于2,该指数为尿钠浓度与尿肌酐、血肌酐比值之比。

4.心理－社会状况

本病起病急,症状重,患者往往缺乏心理准备,产生恐惧、绝望的情绪,护士应协助患者表达对疾病的感受,了解患者对疾病的态度。在护理过程中,应向患者及其家属详细解释疾病发展过程以降低其焦虑及不安情绪。

5.处理原则

急性肾衰多为可逆性。应积极纠正水、电解质和酸碱平衡紊乱,维持营养平衡,治疗原发病,防治各种并发症。

【护理诊断及医护合作性问题】

1.体液过多

与肾功能损害、水钠潴留有关。

2.营养失调-低于机体需要量

与恶心、呕吐、食欲下降等有关。

3.有感染的危险

与免疫功能下降和透析有关。

4.潜在并发症

高钾血症、多脏器功能衰竭等。

5.恐惧

与肾功能急剧恶化、症状重,担心疾病预后有关。

【护理目标】

1.患者能维持出入量平衡。

2.患者能够保持足够的营养物质的摄入,维持营养平衡。

3.患者无感染发生。

4.患者并发症得到及时的观察与处理。

5.患者情绪稳定。

【护理计划与实施】

1.一般护理

(1)病情观察　少尿期绝对卧床休息,减轻肾脏负担,多尿期以安静卧床休息为主。监测患者的生命体征、神志、尿量、尿常规、肾功能,注意血电解质如血钠、血钾、血钙、血磷及血清 pH 等的变化,观察有无急性肺水肿等并发症的征象。

(2)维持营养平衡

1)热卡:供给量为 30kcal/kg · d,防止机体蛋白质进一步分解加重负氮平衡。

2)蛋白质:在少尿期起初 2 ~ 3 天应禁食蛋白质,待病情缓解后,可适当增加优质蛋白,如鸡蛋、鱼、瘦肉等,早期每日供给量不超过 0.5 ~ 0.8g/kg,并适量补充必需氨基酸。透析的患者适当加大蛋白质的摄入量。

3)严格限制液体摄入:少尿期严格记录 24 小时出入量,24 小时补液量为显性失水量和不显性失水量之和减去内生水量,但由于不显性失水量和内生水量估计常有困难,因此用每日进液量为前一日尿量加上 500ml 计算。

4)其他:尽可能减少钠、钾、氯的摄入量,不能口服的患者需静脉补充葡萄糖和必需氨基酸。

2.对症护理

(1)高血钾的防治　高钾血症是急性肾衰的主要死亡原因之一,应密切监测血钾浓度,超过 6.5mmol/L 时,应紧急采取以下措施:①10%葡萄糖酸钙 20ml,稀释后缓慢静脉推注;②5%碳酸氢钠 100mL 静脉推注;③50%葡萄糖 50 ~ 100mL 加上胰岛素 6 ~ 12μ静脉滴注,使 K^+向细胞内转移。以上为临时应急措施,最有效且最彻底的方法为透析。

(2)纠正代谢性酸中毒　酸中毒会加重高钾血症,应积极治疗,当 HCO_3^-低于 15mmol/L 时,可选用 5%碳酸氢钠静滴。严重酸中毒,立即给予透析。

(3)预防感染　感染是急性肾衰常见的并发症,也是死亡原因之一,常见有呼吸道、尿道、皮肤等部位的感染。保持病室的清洁卫生,定时消毒,限制探视,防止交叉感染;卧床患者定时翻身,做好口腔护理,防止压疮和坠积性肺炎的发生。

3.心理护理

以热情的态度,沉稳的举止,精湛的技术给患者以安全和信任感,向其耐心解释病情、各项检查监测情况及治疗方案,鼓励患者树立战胜疾病的信心。

4.健康教育

(1)恢复期加强营养,增强体质,劳逸结合,注意保暖,预防感染。

(2)积极治疗原发病,定期门诊随访,监测肾功能、尿量等。

（3）慎用肾毒性药物，尽量避免需大量造影剂的X线检查，避免接触重金属、工业毒物等，避免各种应激因素的发生。

【护理评价】

1.患者水肿是否减轻或消退。
2.患者能否维持营养平衡。
3.患者有无感染发生。
4.患者有无并发症发生。
5.患者能否保持稳定情绪，积极配合治疗。

第二节 慢性肾衰竭

案例引入

患者，女，40岁，10年前诊断为慢性肾炎，此次因头痛、乏力、水肿、食欲不佳入院，尿蛋白++-+++，血肌酐达507umol/L。查体：T30℃，HR75次/分，R16次/分，BP150/95mmHg。

1.该患者可能的临床诊断是什么？

2.目前主要的护理问题有哪些？

护士发现该患者喜食豆制品，住院期间每天早晨喝豆浆，因食欲下降，中午经常食用麻辣豆腐增进食欲。针对患者的情况，如何做好饮食指导？

学习目标

知识目标 能说出慢性肾衰竭的概念、分期、健康史、身体状况、护理诊断及医护合作性问题、护理措施要点。

能力目标 能够提出正确的护理诊断，并能够为患者提供合适的护理措施。

素质目标 护理患者时体现以患者为中心的整体护理理念。

【概述】

慢性肾衰竭（chronic renal failure，CRF）是以各种原因致肾脏慢性进行性损害，使其不能维持基本功能，临床以代谢产物和毒素潴留，水、电解质和酸碱平衡紊乱以及某些内分泌功能异常等表现为特征的一组综合征。为各种原发性和继发性肾脏疾病持续进展的共同转归，其终末期称为尿毒症（Uremia）。

1.病因

（1）原发性肾脏疾病 如慢性肾炎、急进性肾小球肾炎、慢性肾盂肾炎、多囊肾等。我国最常见为慢性肾炎。

（2）继发性肾脏疾病 如SLE、糖尿病肾病、高血压肾小动脉硬化症、痛风、各种药物和重金属所致等。国外最常见为糖尿病肾病。

（3）尿路梗阻性肾病 如尿路结石、前列腺肥大、神经源性膀胱等。

2.发病机制

发病机制复杂，尚未完全明了，目前有以下主要学说：

（1）健存肾单位学说 该学说认为当一部分肾单位病变时，另一部分健存的肾单位进行代偿。但随着肾实质破坏继续进行，健存的肾单位越来越少，当健存的肾单位少于一半以上而超过其代偿能力时，便会出现慢性肾衰的临床表现。

（2）矫枉失衡学说 该学说认为机体发生肾功能减退时，会出现某些紊乱或者失去平衡现象。为了纠正这种紊乱，机体作出某些调整，这些调整一方面改善了上述紊乱，但同时也带来了新的紊乱。如当肾小球率过滤下降时，尿磷排出减少，血磷增高，血钙降低，高磷低钙会引起继发性甲状旁腺功能亢进，血中甲状旁腺激素的增高，会带来许多不良作用。

(3)肾小球高滤过学说　该学说认为某些原因导致残余肾单位代偿性地发生肾小球血流量增加,入球动脉扩张,出球动脉收缩,使肾小球内出现"高灌注"、"高压"、"高滤过"现象。

(4)其他　脂质代谢紊乱、肾内凝血机制异常、细胞因子和多肽生长因子等与慢性肾衰发生有关。

3.分期

根据肾功能降低的进程及临床表现,可将慢性肾功能分为四期(见表48-1):

表48-1　慢性肾功能分期

分期	肾小球滤过率 GFR	血肌酐(umol/L)	临床表现
肾功能不全代偿期(肾储备功能减退期)	50	正常	患者无不适
肾功能不全失代偿期(氮质血症期)	25～50	<450	轻度贫血,多尿,夜尿增多
肾衰竭期	10～25	450～707	各系统症状
尿毒症期	<10	>707	显著表现

4.病理

两侧肾对称性萎缩变小,色苍白,表面高低不平,呈弥漫性细颗粒状,有时有散在的小囊肿形成。切片见肾皮质萎缩变薄,纹理模糊不清,皮髓质分界不明显,肾盂周围脂肪组织多,小动脉壁增厚、变硬。镜下可见大量肾小球纤维化及玻璃样变,有的形成无结构的玻璃样小团。这些肾小球所属的肾小管也萎缩、纤维化、消失。

【护理评估】

1.健康史

慢性肾衰患者一般有多年的原发性或继发性慢性肾病史,应详细询问患者是否有肾脏或泌尿系统疾病,是否患有高血压、糖尿病、系统性红斑狼疮等导致肾功能不全的疾病;许多药物有肾脏毒性,询问患者既往用药情况。

2.身体状况

症状复杂,可累及全身各个脏器和组织,并出现以下相应症状:

(1)水、电解质和酸碱平衡失调

1)水代谢障碍:常有多尿,夜尿增多,尿密度低,主要与肾脏的浓缩功能减退有关,加上恶心、呕吐等因素容易脱水;同时,由于肾脏排水能力差,当多饮水或输液过多时,又易导致水潴留,表现为水肿、高血压甚至脑水肿、心力衰竭。

2)钠代谢紊乱:水肿时常有低钠血症,是由于摄水过多(稀释性低钠血症)所致,肾衰时,较少发生高钠血症。

3)钾代谢紊乱:肾衰时残存肾单位排钾增加,肠道排钾也增加,固患者血钾多正常,直至尿毒症时才会发生高钾血症。低钾血症较少。

4)低钙高磷:肾单位进行性减少时,肾脏排磷减少,血磷增高。血磷与血钙结合使得血钙浓度降低;另外血磷增高使得骨化三醇生成减少,使得血钙浓度降低。

5)高镁血症:当GFR<20ml/min时,由于排镁减少,常有轻度高镁血症。

6)酸碱失衡:慢性肾衰时,肾脏排酸能力下降,当GFR低于正常人的20%时,患者开始有不同程度的代谢性酸中毒。早期症状轻,晚期会出现呼吸加深加快、嗜睡、神志不清甚至昏迷等。

(2)心血管系统:肾衰最常见死因

1)高血压和左心室肥大:导致高血压原因是水钠排泄障碍,以致体内水钠潴留。长期高血压会导致左心肥厚,心肌损害,心力衰竭和全身小动脉硬化,其结果又会加重肾损害。慢性肾衰伴有恶性高血压者预后较差。

2)充血性心力衰竭:常见死因之一,主要原因为钠水潴留、高血压、尿毒症性心肌病。

3)心包炎:可分为尿毒症性心包炎或透析相关性心包炎。前者已较少见,后者见于透析不充分者。

4)动脉粥样硬化:冠心病是主要死亡原因之一,主要由于高脂血症和高血压所致。

(3)呼吸系统　酸中毒时呼吸深而长。体液过多可引起肺水肿。尿毒症毒素可引起"尿毒症性肺炎"。

(4)血液系统

1)贫血:肾衰常有不同程度的贫血,为正细胞正色素性贫血。主要原因有:①肾产生促红细胞生成素减少;②毒素抑制红细胞成熟并损伤红细胞使其寿命缩短;③造血物质铁和叶酸缺乏。

肾脏除了排泄代谢废物以外,还分泌促红细胞生成素。当肾衰竭的时候,红细胞生成素减少,导致患者出现贫血。

2)出血倾向:表现为皮下淤血、淤斑、鼻出血、牙龈出血、月经量过多甚至内脏出血等。主要原因可能为毒素致出血时间延长,血小板第3因子活力下降,血小板聚集和黏附能力下降。

3)白细胞异常:白细胞趋化、吞噬和杀菌能力减弱,容易感染。

(5)神经肌肉系统

1)中枢神经系统表现:早期可出现疲乏、失眠、注意力不集中等,随着病情的加重,患者出现性格和行为改变,如情绪低落,定向力障碍,综合分析能力减弱,并可有幻觉等精神症状,晚期可出现扑翼样震颤、昏迷等。

2)周围神经病变:感觉神经较运动神经显著,尤以下肢远端为甚,患者可诉肢体麻木,有时为烧灼感或疼痛感、深反射迟钝或消失、感觉障碍,最常见的是肢端袜套样分布的感觉丧失。

3)肌无力:近端肌受累较常见。

(6)胃肠道　是尿毒症患者最早和最常见的症状。早期表现为食欲不振、口淡无味及食后腹胀,继而出现恶心呕吐、腹胀腹痛、便秘、腹泻、口腔炎、口腔溃疡、口中有尿味等。晚期可有溃疡和出血。

(7)皮肤症状　瘙痒是常见症状,有时难以忍受,可能与继发性甲旁亢有关。尿毒症患者面色深且萎黄,有轻度浮肿感,称为尿毒症面容,是由于贫血、尿色素沉着于皮肤、再加上面部有些浮肿而形成。

(8)肾性骨病　尿毒症时骨骼改变的总称。可引起骨痛、行走不便、自发性骨折。

(9)内分泌失调　常有骨化三醇、促红细胞生成素降低。肾是多种激素的降解场所,如胰岛素、胰高血糖素、甲状旁腺激素等,肾衰时其作用延长。此外,患者常有性功能障碍,男性精液及精子数目减少,活力差;女性可有闭经、不孕症等。

(10)易于并发感染　尿毒症患者易并发严重感染,以肺部感染常见。

(11)代谢失调及其他　体温过低(比正常人低1℃),高尿酸血症(尿酸在肾清除),糖、脂代谢异常。

3.辅助检查

(1)血常规　血红蛋白<80g/L、血小板数正常或减少,但功能降低。

(2)尿常规　尿量<1000ml/d或无尿(晚期)、等渗尿、蛋白尿、管型尿等。

(3)肾功能　血清肌酐值>133umol/L,内生肌酐清除率<80mol/min,则认为肾功能不全;血尿素氮>7.14～8.93mmol/L,也应考虑肾功能受损的可能性。

(4)血生化检查　总蛋白降低,其中白蛋白减少较明显;血钙偏低,血磷偏高,血钠、血钾随病情而定。

(5)B超　双肾缩小,皮质变薄,肾脏内结构紊乱。

4.心理－社会状况

慢性肾衰影响患者的生活、工作或学习,且治疗费用昂贵,尤其是需要透析或做肾移植手术时,患者及家属压力大,易产生悲观绝望的情绪。

5.处理原则

积极治疗原发病和使肾功能恶化的因素,延缓肾功能发展,防治并发症,晚期使用透析疗法或肾移植。

【护理诊断及医护合作性问题】

1.营养失调−低于机体需要量

与限制蛋白摄入及消化功能紊乱等有关。

2.体液过多

与水钠潴留有关。

3.活动无耐力

与贫血、水电解质和酸碱平衡紊乱有关。

4.有感染的危险

与免疫功能下降和透析有关。

5.潜在并发症

出血、心力衰竭、肾性骨病、尿毒症性肺炎。

6.绝望

与疾病预后不良,治疗费用昂贵有关。

【护理目标】

1.患者能够保持足够的营养物质的摄入,营养状况有所改善。

2.患者体液保持平衡,水肿减轻或消退。

3.患者活动耐力改善。

4.患者无感染等并发症。

5.患者情绪稳定。

【护理计划与实施】

1.一般护理

(1)休息　卧床休息,但应根据病情和活动耐力,进行适当活动。长期卧床者应指导其进行适当的床上活动。能起床患者鼓励进行适当活动,但应避免劳累。

(2)饮食护理　合理饮食不但能减少体内氮代谢产物的积聚及体内蛋白质的分解,还能维持营养,增强机体抵抗力。

1)热卡:充足热能减少体内蛋白质分解,供给量为30kcal/kg · d,碳水化合物为主要热能来源,最好为麦淀粉类食品。

2)蛋白质:根据GFR调节蛋白质的摄入,尽量选用富含必需氨基酸,如蛋、奶、肉类等动物性食品,而不用或少用含非必需氨基酸多的植物性食物。当GFR<50ml/min时,开始限制,以高生物效价优质蛋白质为宜;当GFR在20 ~ 50ml/min时,蛋白质摄入约为40g/d(0.7g/kg · d);当GFR10 ~ 20ml/min时,蛋白质摄入约为35g/d(0.6g/kg · d);当GFR5 ~ 10ml/min时,蛋白质摄入约为25g/d(0.4g/kg · d);当GFR<5ml/min时,蛋白质摄入约为20g/d(0.3g/kg · d)但此时需加必需氨基酸疗法。

3)磷:低磷饮食,≤600mg/d。

4)钾:尿量>1L时不需要限制饮食中的钾,如果有高钾,限制含钾高的食物,如白菜、萝卜、梨、桃、葡萄、西瓜等。

5)钠:随病情调整。因易发生稀释性低钠血症,饮食不宜过分限制,每天食盐4 ~ 6g;当水肿、高血压、少尿者应限制钠的摄入,≤3g/d。

6)水分:除尿量<1L/d或伴有心力衰竭,一般不必严格限制。

2.对症护理

(1)高钾血症处理　监测血钾浓度,预防高钾血症的发生。一旦发生,立即采取措施(详见"第一节急性肾衰")。

(2)改善钙、磷失衡　监测血钙、血磷。遵医嘱指导患者正确服用药物,主要有碳酸钙、活性维生素 D_3、氢氧化铝,氢氧化铝易发生铝中毒,不宜长期服用。

(3)纠正酸中毒　轻度酸中毒,可不予治疗。当 HCO_3^- 浓度低于15mmol/L时,口服碳酸氢钠。严重酸中毒立即给予静脉滴注,迅速纠正酸中毒。

(4)改善贫血状况　输血,应用重组红细胞生成素,注意不良反应。

(5)心血管系统　观察血压、心律、心率、心功能,心衰常规治疗不佳或心包炎时,予以透析治疗。

(6)皮肤护理　勤用温水擦洗,勤换衣裤被单,保持皮肤清洁,避免用肥皂或乙醇擦身,避免搔抓。

(7)预防感染　呼吸道和尿路感染最常见。应注意观察发热、咳嗽、咳痰、尿路刺激征等感染征象。避免受凉,防止感冒;保持清洁卫生,加强口腔及会阴部护理。

3.血液净化疗法

血液净化疗法包括血液透析和腹膜透析(见"泌尿系统常见诊疗技术的护理")。

4.心理护理

帮助患者分析病情,分析有利条件及可能的预后,使患者能够正确对待疾病,树立信心。同时不能忽视家属的紧张心理状态,告知只有他们心情放松,才能与患者共渡难关。

5.健康教育

(1)避免使用肾脏毒性药物。

(2)合理膳食,选用优质蛋白、低磷、充足热量、富含维生素的清淡易消化饮食。

(3)注意劳逸结合,避免过劳;注意保暖,注意个人卫生,防止感染;防止骨折、跌伤。

(4)教会患者及家属准确测量血压、体重,警惕腹水、高血钾发生。

(5)定期复查肾功能、血清电解质及门诊随访。

【护理评价】

1.患者能否维持营养平衡。
2.患者能否维持体液保持平衡,水肿是否减轻或消退。
3.患者活动耐力是否得到改善。
4.患者是否无感染等并发症发生。
5.患者情绪是否稳定。

(周涛)

第四十九章　泌尿系感染性疾病患者的护理

第一节　尿路感染

案例引入

患者,女,30岁,已婚。5天前畏寒、发热,继而出现腰痛,伴尿频,尿急,每日排尿近20次。

1.该患者可能的诊断是什么?

2.需做哪些检查?

患者确诊为急性肾盂肾炎后,采用抗菌药物治疗后,症状消失,拒绝继续服药。针对此种情况,如何做好患者用药的指导?

患者病情好转,准备出院,护士应对患者做好哪些方面的指导?

学习目标

知识目标　能说出尿路感染的概念、病因发病机制、健康史、身体状况、护理诊断及医护合作性问题、护理措施。

能力目标　能够提出正确的护理诊断,并能够为患者提供合适的护理措施。

素质目标　护理患者时体现以患者为中心的整体护理理念。

【概述】

尿路感染(urinary tract infection, NTI),可分为上尿路感染和下尿路感染。上尿路感染主要指肾盂肾炎,下尿路感染主要指膀胱炎。本病主要为由细菌引起,以女性多见,男性较少发生,年老后因前列腺肥大,尿感发生率可增加。

1.病因

最常见的致病菌为肠道革兰阴性杆菌。其中以大肠埃希菌最常见,占到70%以上,其他依次是变形杆菌、克雷伯杆菌、产气杆菌、沙雷杆菌、产碱杆菌、粪链球菌、铜绿假单胞菌和葡萄球菌。铜绿假单胞菌常发生于尿路器械检查后。变形杆菌、克雷伯杆菌常见于尿路结石患者。葡萄球菌感染多见于性生活活跃期妇女。

2.发病机制

(1)感染途径　上行感染为最常见的感染途径,当机体抵抗力下降时或入侵细菌的毒力增加或尿道黏膜损伤,使细菌沿着尿道抵达肾盂肾实质能力增强所致,如尿液浓缩、月经期、性生活后。女性尿道较男性短而宽,固易受感染。其次是血行感染、淋巴道感染、直接感染,但均少见。

(2)易感因素

1)尿流不畅和尿路梗阻:是主要的易感因素。如尿路结石、尿道异物、肿瘤、前列腺肥大、妊娠子宫压迫输尿管、膀胱-输尿管返流、肾下垂等。

2)尿路畸形或功能缺陷:如肾脏发育不全、多囊肾、马蹄肾等,膀胱输尿管反流等。

3)尿路器械的使用:不但会将细菌带入尿路,而且常使尿路黏膜损伤。如导尿、膀胱镜检查等。

4)尿道内或尿道口周围炎症病变:如妇科炎症、细菌性前列腺炎等均易引起尿感。

5)机体免疫功能低下:如长期卧床的严重慢性病、艾滋病、糖尿病和长期应用免疫抑制剂等。

3.病理生理

急性膀胱炎病理改变为黏膜充血、潮红,上皮细胞肿胀,黏膜下组织充血、水肿和白细胞浸润。较重者有点状或片状充血,并可出现溃疡。急性肾盂肾炎可侵犯单侧或双侧,肾盂肾盏黏膜充血、水肿,表面有脓性分泌物,黏膜下可有细小脓肿。慢性肾盂肾炎病理改变为肾盂、肾盏、肾乳头瘢痕形成、变形、狭窄等。

【护理评估】

1.健康史

了解患者是否有尿路梗阻和慢性全身性疾病病史,是否长期应用免疫抑制剂,是否接受过导尿或尿路器械检查。了解患者最近有否受凉、劳累,平时个人卫生习惯等。

2.身体状况

(1)急性膀胱炎　尿路刺激征症状重,表现为尿频、尿急、尿痛和排尿不尽感伴下腹部不适;但全身中毒症状轻,多无畏寒、发热、恶心、呕吐等中毒症状。

(2)急性肾盂肾炎　起病急骤,全身感染性症状重,表现为畏寒、发热(可达39℃以上)、头痛、全身酸痛及食欲不振、恶心、呕吐。常伴有尿频、尿急、尿痛等尿路刺激症状。腰痛多为钝痛或酸痛,体格检查有上输尿管或肋腰点压痛,肾区叩击痛阳性。

(3)慢性肾盂肾炎　指肾盂肾炎病程超过半年的。症状较肾盂肾炎轻,约半数有急性肾盂肾炎病史,其后有乏力、低热、腰酸、腰痛,并伴有尿频、尿急、尿痛等症状,有时可表现为无症状性菌尿。

3.辅助检查

(1)尿常规　尿蛋白常为阴性或微量,尿沉渣内白细胞多数显著增加,如发现白细胞管型有助于肾盂肾炎的诊断。

(2)尿白细胞　有症状的肾盂肾炎常有脓尿,即清洁尿标本尿沉渣的白细胞≥5个/高倍视野。

(3)尿细菌定量培养　新鲜清洁中段尿细菌培养≥10^5/ml或革兰阳性球菌≥10^3/ml为真性菌尿。有一些快速测定有意义的细菌尿的方法已问世,如光度对比法、生物发光法等能于2小时内测定尿内含菌量,与尿细菌定量培养比较,其敏感性约95%,特异性约99%。

(4)血常规　急性发作期白细胞和中性粒细胞增高。

(5)肾功能　急性期肾功能常无改变,慢性期常有肾小管功能损害。

(6)X线造影　可见肾盂肾展变形,明显不规则甚至缩小。

4.心理－社会状况

急性期因症状明显,患者常烦躁不安;慢性期因病情迁延不愈,需长期服药和反复尿液检查,患者易产生焦虑和消极情绪。

5.处理原则

尿路感染治疗目的为缓解症状、防止复发,防止肾功能损害。除休息、多饮水等一般治疗措施外,积极使用抗菌药物。

【护理诊断及医护合作性问题】

1.体温过高

与细菌感染有关。

2.排尿异常

与尿路感染有关。

3.潜在并发症

慢性肾衰竭。

4.焦虑

与缺乏诊断及治疗的相关知识,或对治疗及预后不可知有关。

【护理计划与实施】

1.一般护理

(1)休息　急性期应卧床休息,慢性期应避免劳累,保证充足睡眠。

(2)饮食　给予充足的热量、蛋白质、维生素,饮食清淡易消化。特别要多饮水,每日饮水量要达到2000ml以上,促进细菌及炎性渗出物排出,减轻尿路刺激征症状。

2.用药护理

(1)急性膀胱炎　单纯膀胱炎,提倡单次剂量或3日疗程,避免不必要的长期服药而产生耐药菌株和不良反应。

(2)急性肾盂肾炎　根据致病菌属及药敏试验结果选用抗菌药物,常用抗革兰氏阴性杆菌药物,如复方新诺明、头孢菌素、氟哌酸等,疗程通常为10～14天,停药后每周复查尿常规及尿细菌培养1次,共2～3周,至第6周再复查1次,如均为阴性为痊愈;如有1次阳性,应再用1个疗程的抗菌药物。

(3)慢性肾盂肾炎　抗菌药物种类和剂量与急性肾盂肾炎相同,但疗程稍长,通常治疗2～4周,常需联合用药。如疗效不佳,可采用小剂量长期抑菌疗法。用药过程中,还应注意各种抗菌药物的不良反应。

3.对症护理

(1)尿路刺激征　鼓励患者多饮水，可用1∶5000高锰酸钾坐浴，口服碳酸氢钠碱化尿液，应用解痉药物缓解排尿不适。

(2)高热　可采用物理降温或药物降温。

(3)肾区疼痛　屈曲位卧床休息，减轻对肾包膜的牵拉。

4.健康教育

(1)注意个人卫生，尤其是会阴部及肛周皮肤的清洁，特别是月经期、妊娠期，女婴应注意尿布卫生。

(2)不穿紧身裤，局部有炎症时，积极治疗。

(3)积极锻炼，避免劳累，增强机体抵抗力。

(4)多饮水，勤排尿，不憋尿。

(5)避免不必要的尿路器械的检查。

(6)如疾病反复发作与性生活有关，应注意性生活后立即排尿，并口服抗菌药物预防。

(7)定期随访。

【护理评价】

1.体温是否降至正常。

2.患者尿路刺激征等症状是否减轻或消除。

3.患者有无并发症发生，是否积极处理。

4.患者焦虑情绪是否缓解。

第二节　肾结核患者的护理

案例引入

郑某，男、8年前患有肺结核，近1个月来患者出现尿频、尿急、尿痛，伴有左侧腰部不适，每天排尿10余次，自服抗生素1周后症状缓解，2天前又出现上述症状及终末血尿，来医院就诊。检查：尿常规白细胞(++++)，红细胞满视野。B超显示右肾积水、左肾结构紊乱，泌尿系统平片(KUB)发现左侧肾有点状钙化影。

1.初步判断为肾结核，还需做哪些检查？

2.说出肾结核患者药物治疗的护理要点？

学习目标

知识目标　能说出肾结核的病因及病理变化、护理诊断及合作性问题、护理目标。

能力目标　能够提出正确的护理诊断，并能够为患者提供合适的护理措施。

素质目标　护理患者时体现以患者为中心的整体护理理念。

【概述】

肾结核为泌尿生殖系统结核最常见的一种疾病。系全身疾病的一部分，与身体其他各处的结核病菌有密切关系。

1.病因及发病机制

结核杆菌由原发病灶通过血液或淋巴途径，散播到泌尿生殖系统。最常见的原发病有肺结核、骨结核，源于肠结核者甚少。结核杆菌主要经血行感染肾脏，在双侧肾皮质、肾小球血管丛中形成多发性微小结核病灶。由于肾皮质血液循环丰富，抵抗力和修复能力较强，多能自行愈合，无临床症状，仅在尿中找到结核杆菌，称为病理肾结核。反之，当机体抵抗力低下时，结核杆菌从肾皮质侵入肾髓质，并在局部形成结核病灶，进而侵犯肾乳头，穿破肾乳头到达肾盂肾盏，形成结核性肾盂肾炎，出现临床症状及影像学改变，称为临床肾结核。

2.病理生理

根据临床资料肾结核约90%为单侧病变,10%为双侧病变。主要病理改变是结核结节、溃疡、干酪坏死、空洞、纤维化。含结核菌的脓液随尿流排出,可引起输尿管、膀胱、尿道及男性生殖系结核,出现黏膜充血水肿、溃疡、肉芽肿和广泛纤维化。纤维化的输尿管呈僵硬条索样,管腔节段性狭窄可导致肾积水,甚至成为结核性脓肾,肾功能完全丧失。

【护理评估】

1.健康史

了解患者有无患肺结核的病史;评估患者全身状况,如有无发热、贫血、消瘦等情况;还应了解患者肾外结核情况及抗结核药物治疗的效果等。

2.身心状况

(1)膀胱刺激症状　75%～85%的患者主诉有尿频、尿急、尿痛等膀胱刺激症状。最初因含有结核杆菌的脓尿刺激膀胱黏膜引起尿频,以后结核病变蔓延到膀胱,膀胱刺激症状加重,如果有膀胱挛缩,每日数十次排尿,或尿失禁。

(2)血尿　不少患者因血尿就诊,有时肉眼血尿为第一个症状。血尿主要来自膀胱,亦可来自肾脏。90%以上的病例有尿频和血尿。

(3)脓尿　肾结核患者都有轻重不同的脓尿,尿液呈洗米水样。

(4)肾区肿物和脓窦　巨大的结核性脓肾并不多见。脓肾或结核性肾周围脓肿向皮肤穿破形成脓窦者少见。也可能触及因肾积水而肿大的肾脏。

(5)全身症状　肾结核的全身症状不突出。有发热、消瘦时应注意有无肾外结核。50%～80%的病例可能合并附睾结核。晚期合并其他脏器结核时,可出现消瘦、发热、盗汗、乏力、贫血、食欲减退等结核中毒症状。

双肾结核或单侧肾结核,伴有对侧肾积水时,可出现慢性肾功能不全症状,如浮肿、贫血、恶心、呕吐、尿少或无尿等。

3.辅助检查

(1)尿液检查　24小时尿中培养出结核杆菌,阳性率可达90%,虽然培养时间较长(4～8周),但对诊断肾结核有决定意义。尿液性质呈酸性,尿蛋白阳性,有较多白细胞和红细胞。

(2)影像学检查

1)B超检查:简单易行,作为常规检查,可初步确定中晚期病例的病变部位。

2)泌尿系平片:可能见到病肾局灶或斑点状钙化影或全肾广泛钙化。

3)静脉尿路造影:主要依靠排泄性或逆行性肾盂造影,以了解肾功能,确定病变程度和范围。

(3)膀胱镜检查　可见黏膜充血水肿,浅黄色粟粒样结核结节,膀胱三角区和输尿管开口附近病变尤为明显,必要时取活组织检查明确诊断。

4.心理－社会状况

肾结核与患者的社会环境、营养状况、机体免疫能力及心理状态有着密切的关系。由于病程长,尤其是手术后也须继续较长时间的药物治疗才能彻底康复。患者常表现有急躁、焦虑、悲观等心理反应。应了解患者和家属对肾结核治疗方法、预后的认知程度,对手术治疗的心理和家庭经济承受能力。

5.处理原则

应根据患者全身和病肾情况,综合应用全身支持疗法、抗结核药物或手术治疗。抗结核药物治疗适用于早期肾结核。凡药物治疗6～9月无效,肾结核破坏严重者应在药物治疗配合下行手术治疗。常采用的手术有:肾切除术、部分肾切除术、肾病灶清除术。

【护理诊断及医护合作性问题】

1.排尿异常

与结核杆菌的脓尿刺激有关。

2.脓尿

与结核病灶形成脓肿有关。

3.营养失调

低于机体需要量与疾病消耗和患者不能摄入足够营养有关。

4.焦虑

与病程长、短期内难以治愈有关。

5.潜在并发症

肾衰竭与双肾严重损伤、肾切除术后并发健侧肾积水有关。

【护理目标】

1.患者症状缓解,排尿恢复正常。

2.患者维持足够的营养和液体。

3.患者焦虑情绪减轻,对治疗有信心。

4.患者并发症得到预防,或及时发现和处理。

【护理措施】

1.药物治疗与护理

适用于早期肾结核,在正确应用抗结核药物治疗后多可治愈,方法同肺结核的治疗。用药期间注意观察患者肝、肾功能及听神经损害情况,按照医嘱定期抽血复查肝、肾功能,经常询问患者有无听力下降、眩晕等感觉,如果出现应立即通知医生停药。

2.营养支持

提供高蛋白、高热量、高维生素饮食,摄取足够的水分,提高患者机体的抵抗能力。必要时遵医嘱给予清蛋白、血浆等静脉输入。

3.心理护理

患病时间长,患者对治疗缺乏信心而产生焦虑情绪。此外对手术安全性的担心,切除一侧肾脏后对未来生活质量的忧虑,都增加了患者的焦虑。护士应该向患者讲解手术治疗的必要性,说明一个肾脏是不会影响患者的正常生活,鼓励患者将心里的想法表达出来,对患者提出的问题及时予以答复,以增强患者治疗的信心。

4.手术患者的护理

(1)术前护理　肾手术前需用抗结核药物准备,若全肾切除用药不应少于2周,肾部分切除术需用药3 ~ 6个月。做好重要脏器功能检查,了解肾外有无结核,因患者抵抗力低下,可能有其他脏器的结核病灶,应对症治疗和护理,提高患者的身体素质,增加耐受手术的能力。

(2)术后护理

1)病情观察:肾部分切除手术后易并发出血,故必须卧床休息,严密观察血压、脉搏、伤口引流液,以及导尿管内尿液的量和性质。肾部分切除术后的患者,伤口内引流血性液24小时未减少,每小时超过100ml或术后7 ~ 14天因咳嗽、便秘等引起腹内压增高时,突然出现虚脱、血压下降、脉搏加快等症状时,均提示有内出血,应尽快通知医生并协助处理。

2)观察健侧肾功能:病肾切除后,观察健侧肾功能十分重要。要连续3天准确记录24小时尿量,特别要观察第一次排尿的时间、尿量、颜色。如手术后6小时仍没有排尿或24小时尿量减少,说明健侧肾功能可能不全,应及时通知医生处理。同时,保证留置导尿管引流通畅,以保护肾功能。

3)休息及运动:肾切除患者血压平稳后可取半卧位。全肾切除一般术后24小时即可离床活动,以促进胃肠蠕动,减轻腹胀。肾结核病灶清除或肾部分切除的患者,应卧床10 ~ 14天,减少活动,以防止继发性出血。

4)预防感染:术后3天内每日测4次体温,定期复查白细胞变化;正确使用抗生素;切口的敷料有浸湿,应及时更换;对有留置肾盂、输尿管引流的患者,应严格无菌操作,保持引流通畅,预防感染。

5.健康教育

(1)指导患者摄入足够的营养、保证充足的睡眠、良好的休息、进行适当的活动,以增强机体抵抗力。

(2)遵医嘱使用抗结核药物治疗,应严格遵守早期、联合、足量及保证时间的原则,不得随意减药及停药,以免复发和病灶扩散;术后继续使用抗结核药物治疗3 ~ 6个月。勿用或慎用对肾脏有害的药物,不能单纯根据症状好转判断药物治疗效果,在开始治疗的1年时间内,应每月检查尿常规及结核杆菌1次,每3 ~ 6月进行尿路造影1次。连续半年尿中无结核杆菌称稳定阴转。5年不复发可认为治愈。

【护理评价】

1.患者营养是否均衡。

2.患者脓尿是否好转或治愈。

3.患者是否掌握抗结核药物治疗的相关知识。

4.患者是否有手术并发症出现。

(周涛)

第五十章　泌尿系统损伤患者的护理

案例引入

患者，腰部被车撞伤后出现肉眼血尿，伴有腰部胀痛，未触及腰部肿块，B 超显示有被膜下血肿。请问：

1.还需做哪些检查？

2.首选的治疗方案是什么？如何护理？

学习目标

知识目标　能说出泌尿系统损伤的病理、病因及处理原则，并正确为患者进行护理评估。

能力目标　能够提出正确的护理诊断，并能够为患者提供合适的护理措施。

素质目标　护理患者时体现以患者为中心的整体护理理念。

由于解剖生理特点，泌尿系统损伤多伴有其他器官损伤，易被掩盖忽视。损伤后，常有出血、尿外渗和感染。如处理不当，可产生管腔狭窄和尿瘘。其中以尿道损伤为多见，肾和膀胱次之，最少见为输尿管损伤。

第一节　肾损伤患者的护理

【概述】

肾位置深，受到周围组织和器官较好的保护：肾深藏于肾窝，后面有肋骨、脊椎和背部的长肌肉，前面有腹壁和腹腔内容物，而其上面则被膈肌所罩住。正常肾脏有 1 ~ 2cm 的活动度，通常不易受到损伤。但肾是一个实质性器官，质地脆，包膜薄，加之周围有骨质结构，一旦受暴力打击也可以引起肾损伤，常是复合性损伤的一部分，多见于男性。

1.病因及发病机制

肾损伤按暴力方式和损伤程度分为两大类，即开放性损伤和闭合性损伤。开放性损伤常由锐器或火器损伤所致，常伴有胸、腹部损伤，伤情较严重。闭合性损伤常可由重物直接撞击或挤压肾区致伤，也可由间接暴力导致，如从高处跌下时发生的对冲伤、突然暴力扭转所致肾或肾蒂损伤。临床上以闭合性肾损伤最多见。

2.病理生理

根据肾损伤的程度可分为以下病理类型（图 50-1）：

（1）肾挫伤　是肾损伤中较轻的病理改变，损伤仅局限于肾实质，形成肾包膜下血肿，肾包膜及肾盂黏膜完整。一般症状轻微，多可自愈，若损伤累及集合系统可见少量血尿。大多数患者属此类损伤。

（2）肾部分裂伤　肾实质部分裂伤伴有肾包膜裂伤，可致肾周血肿；若肾盂肾盏黏膜破裂，则可有明显的血尿。通常不需手术治疗可自行愈合。

（3）肾全层裂伤　肾实质深度裂伤，外及肾包膜，内达肾盂肾盏黏膜，有广泛的肾周血肿、尿外渗和明显血尿，肾横断或碎裂时可导致部分肾组织缺血，需要紧急手术治疗。

（4）肾蒂损伤　较少见，肾蒂或肾段血管的部分或全部撕裂时可引起大出血、休克，常来不及诊治而死亡。

晚期病理改变包括持久尿外渗而形成的尿囊肿；血肿及尿外渗可引起组织纤维化，压迫肾盂输尿管交界部导致肾积水；肾实质缺血或肾蒂周围纤维化压迫肾动脉可引起肾血管性高血压。

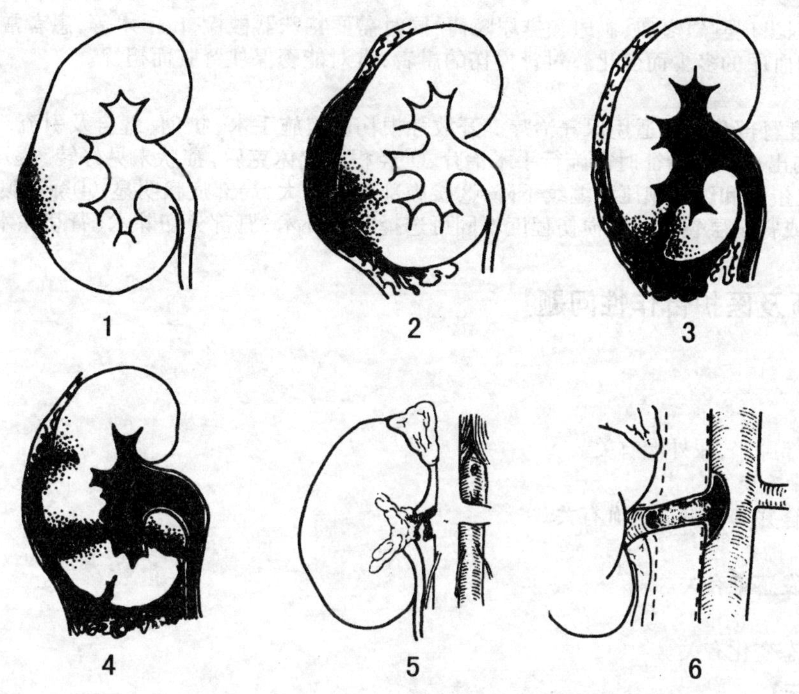

图50-1　肾损伤类型

1.肾淤斑及包膜下血肿　2.表浅肾皮质裂伤及肾周围血肿　3.肾实质全层裂伤、血肿及尿外渗
4.肾横断　5.肾蒂血管断裂　6.肾动脉内膜断裂及血栓形成

【护理评估】

1.健康史

重点询问患者受伤史，了解外力的大小、作用的部位、受伤时间、伤后排尿情况、有无血尿、有无昏迷及恶心呕吐等情况，以便全面估计患者的伤情。

2.身心状况

(1)休克　重度肾损伤，尤其是合并其他脏器损伤时，易出现休克，甚至危及生命。

(2)血尿　肾挫伤时血尿轻微，肾部分裂伤或肾全层裂伤出现肉眼血尿。血尿与损伤程度不一定成比例，肾蒂血管断裂、损伤性肾动脉血栓形成、肾盂广泛裂伤、输尿管断裂或被血块阻塞时，血尿可不明显甚至全无血尿。

(3)疼痛　肾包膜张力增加、肾周围软组织损伤引起患侧腰、腹部疼痛，血块通过输尿管时发生绞痛。尿液、血液渗入腹腔或伴有腹部器官损伤时，可出现全腹疼痛和腹膜刺激症状。

(4)腰部肿块　肾周围血肿和尿外渗使局部肿胀形成肿块，有明显的触痛和肌强直。

(5)发热　肾损伤后可出现吸收热。尿外渗继发感染形成肾周围脓肿和化脓性腹膜炎时，可并发全身中毒症状。

3.辅助检查

(1)实验室检查　可发现尿中含有大量红细胞，或肉眼观尿液为粉红色烟雾状或呈血色。红细胞、血红蛋白与血细胞比容持续降低提示有活动性出血，白细胞增高提示有感染。肾创伤后8小时血中碱性磷酸酶开始上升，16～24小时上升最明显，24小时后下降。应反复进行肾功能测定，防止肾衰竭。

(2)影像学检查

1)X线检查：X线腹部平片上，肾阴影增大暗示有肾被膜下血肿，肾区阴影扩大则暗示肾周围出血。腰大肌阴影消失提示肾周组织有大量血或尿外渗。

2)B超：能提示肾损伤的程度，包膜下和肾周血肿及尿外渗情况。

3)CT：可清晰显示肾皮质裂伤、尿外渗、肾周血肿范围等，还可了解肾周围脏器情况。

4)排泄性尿路造影：可评价肾损伤的范围、程度和健侧肾功能。

4.心理－社会状况

泌尿系损伤因出现剧烈疼痛、血尿和排尿障碍，同时需要特殊器械检查、手术等，患者常感焦虑和紧张。其焦虑、紧张程度随血尿的多少而变化。对肾损伤的患者，常对能否保住肾脏而担忧。

5.处理原则

肾挫伤或轻度肾部分裂伤适用保守治疗。开放性损伤应实施手术、扩创、缝合及引流，同时探查其他器官情况，闭合性损伤出现下列指征时需施行手术治疗：①经积极抗休克后，症状未见好转，提示活动性出血；②血尿继续加重，血红蛋白和红细胞压积继续下降；③腰腹部肿块增大，局部症状明显；④疑有腹腔内脏器官损伤。重度肾部分裂伤或肾全层裂伤根据损伤程度不同可选择肾修补术、肾部分切除术、肾切除术、选择性肾动脉栓塞术。

【护理诊断及医护合作性问题】

1.血尿

与肾损伤有关。

2.疼痛

与损伤后局部肿胀，尿外渗有关。

3.组织灌注量改变

与肾损伤或合并其他脏器出血有关。

4.发热

与肾损伤并发感染有关。

5.焦虑

与损伤后心态变化有关。

【护理目标】

1.患者生命体征平稳，预防和纠正休克。

2.控制疼痛。

3.患者血尿减轻或消失。

4.控制感染，维持正常体温。

5.减轻患者的焦虑，配合治疗。

【护理措施】

1.保守治疗的护理措施

（1）观察生命体征　注意休克发生。伤后2日内每隔1～2小时测量血压、脉搏、呼吸1次，并注意患者一般症状。如患者出现血压下降、脉搏增快、呼吸增快、面色苍白、精神不振、躁动等情况，提示有休克发生，应按休克处理。

（2）出血、血尿、渗血、渗尿情况的观察及护理

1）观察血尿：每4小时留1份血尿标本，按次序比色进行动态观察，如颜色逐渐加深，说明出血加重，反之则病情好转。记录24小时尿量，尿量减少时应立即通知医生。

2）观察腰腹部肿胀程度：每日在腰或腹壁上画出肿块范围，可以估计渗血、渗尿情况。

3）观察血红蛋白及红细胞压积的变化：以了解患者失血程度及病情是否好转。

4）观察腹膜刺激症状：腹膜刺激症状是肾挫伤渗血、渗尿刺激后腹膜所致，其加重与好转可反应病情的变化。

5）适当的输血补液：在病情允许的情况下经口摄入水分，可维持肾灌注、补充血容量、维持水、电解质平衡，预防或纠正休克。

6）应用止血剂：可减少或控制出血，防止休克。

7）绝对卧床2～4周，可减少再出血发生。

（3）疼痛观察与护理　观察患者疼痛的部位与性质，必要时可遵医嘱给予止痛和镇静剂。

（4）观察及预防感染的发生

1）早期应用抗生素，可预防或治疗感染，并可防止由于感染所致的继发性出血。

2）观测患者体温，超过38.5℃，采取降温措施。

3）留置尿管的患者严格无菌操作，并按照护理常规进行尿管护理。

2.手术患者的护理

（1）监测生命体征　闭合性肾损伤约40%合并休克，开放性肾损伤约85%合并休克，加之手术创伤失血，患者更容易发生休克，因此手术后应严密监测患者血压、脉搏、呼吸、神志的变化，如患者出现血压下降、脉搏增快、呼吸浅快、神志模糊，应立即通知医生采取有效措施，维持患者生命体征的平稳，遵医嘱给予输血、补液、维持水、

电解质平衡治疗。

(2)活动　肾修补术患者术后需绝对卧床2周。肾切除术后生命体征平稳可给予半卧位，术后第一天开始逐渐增加活动，引流管拔除后可指导患者离床活动，活动以循序渐进、患者能耐受为准，切忌突然增加活动量或不活动。

肾脏损伤的患者应该绝对卧床休息，防止出血。除此之外，肝癌术后、门静脉高压症分流术后的患者也应卧床休息。

(3)监测尿量　尿量是观察患者有无休克及判断肾功能是否受损的重要指标，应准确记录24小时尿量。必要时监测每小时尿量，若患者尿量减少应及时通知医生。

(4)引流管的护理　观察引流的量、色及性状，并有记录。保持引流通畅，每2小时挤压引流管1次，防止引流管打折、受压和堵塞。

(5)有效止痛　创伤及手术使患者手术后疼痛明显，遵医嘱应用止痛药或患者自控镇痛泵(PCA)。

(6)观察患者术后有无感染　注意观察患者体温的变化及引流液和尿液的情况，保持伤口敷料的清洁与干燥。

3.健康教育

注意休息，出院后2～3月避免重体力劳动或竞技运动。多饮水，保持尿路通畅。观察血尿、腰部肿块、腹部疼痛的变化，出现异常情况及时就诊。肾切除患者注意保护健侧肾脏功能。每年复查肾功能，及时发现并发症。

【护理评价】

1.患者是否及时、正确、有效地处理肾损伤及其他脏器合并伤。

2.患者是否及时预防和控制感染。

3.患者血尿是否减轻或消失。

4.患者疼痛是否得到控制。

5.患者是否知道出院后的注意事项。

第二节　膀胱损伤患者的护理

【概述】

膀胱空虚时位于骨盆深处，很少受到损伤。膀胱充盈时高出耻骨联合至下腹部，且膀胱壁较薄，在外力作用下容易受到损伤。

1.病因及发病机制

(1)开放性损伤　锐器贯通所致，常合并其他脏器损伤。

(2)闭合性损伤　膀胱充盈时遭到撞击、挤压等原因造成。

(3)医源性损伤　在膀胱镜检查或治疗时发生。

2.病理生理

(1)挫伤　膀胱黏膜或肌层损伤，可有血尿，无尿外渗。

(2)膀胱破裂　①腹膜外型：腹膜完整未破裂，尿液外渗到膀胱周围组织及耻骨后间隙，并达骨盆底部，向上沿输尿管周围组织可蔓延至肾区；②腹膜内型：膀胱壁破裂伴腹膜破裂，尿液进入腹腔引起腹膜炎(图50-2)。当膀胱本身有病变(如膀胱结核)过度膨胀发生破裂称为自发性膀胱破裂。

【护理评估】

1.健康史

询问患者受伤史，了解外力的大小、性质和作用的部位、受伤时间等情况。了解有无尿意、有无腹痛、尿液有无异常等情况，全面评估患者的伤情。

2.身心状况

(1)躯体表现　膀胱壁轻度挫伤的患者仅有下腹部疼痛及少量血尿，短期内可自行消失。膀胱全层破裂时症状明显,患者有尿意而不能排尿或仅排出少量血尿。腹膜内型破裂时,尿液流入腹腔可出现弥漫性腹膜炎表现,并有移动性浊音;腹膜外型破裂时,尿外渗及血肿引起下腹局部疼痛、压痛和肌紧张,直肠指检可发现直肠前壁饱满感及触痛。

膀胱破裂后,尿管可顺利插入膀胱,但仅流出少量血尿或无尿流出。

有骨盆骨折者,可合并大出血,伤势较重,常发生休克;开放性损伤可有体表伤口漏尿;闭合性损伤在尿外渗感染破溃后,可形成尿瘘。

(2)心理状态　膀胱损伤常发生于暴力事件之后,患者多有焦虑、恐惧的心理反应。

(3)其他状况　手术治疗后,患者可发生活动性出血;如耻骨上膀胱造瘘及留置尿管,可发生逆行感染。

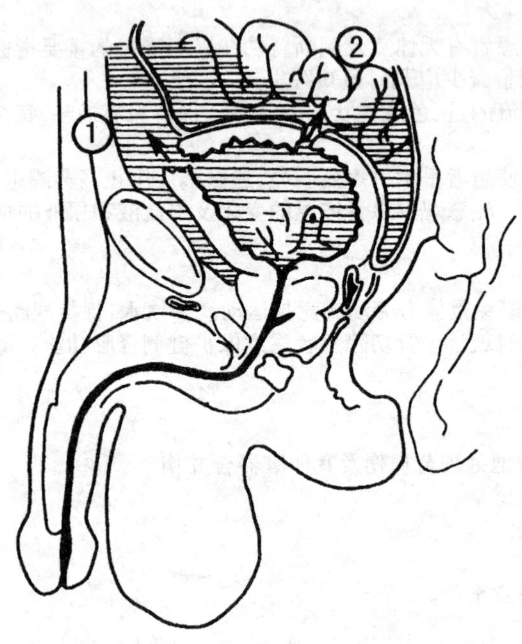

图 50-2　膀胱损伤类型

①腹膜外型　②腹膜内型

3.辅助检查

(1)导尿及测漏试验　怀疑膀胱破裂常需导尿,还应做导尿试验,即膀胱破裂时导尿管顺利插入膀胱,仅流出少量血尿。从导尿管注入无菌生理盐水 200ml,片刻后吸出,如吸出量明显减少或明显增加,均提示膀胱破裂。但有时因裂口小、凝血块堵塞可造成假阴性尿道流血者提示合并有尿道损伤,导尿应慎重。

(2)腹部平片　可显示骨盆骨折。从导尿管注入造影(如 10%泛影钠)300ml 后拍膀胱造影片,排出造影剂后再拍腹部平片,能清楚显示遗留于膀胱外的造影剂。腹膜内膀胱破裂时则显示造影剂衬托的肠袢,膀胱未完全充盈。

(3)B 超检查　可提示腹腔内有大量液体。

4.处理原则

患者症状较轻,膀胱造影显示少量尿外渗,可从尿道插入尿管持续引流膀胱,保持尿道引流通畅,可免于手术。膀胱破裂伴有出血和尿外渗,病情严重,须尽早施行膀胱修补术,即做下腹部正中切口,切开膀胱,清除外渗尿液,修补膀胱穿孔。开放性损伤、闭合性损伤有血性腹水者,应探查腹腔,根据病情修补膀胱损伤,清除尿外渗的同时处理其他脏器损伤。

【护理诊断及医护合作性问题】

1.疼痛

与膀胱损伤有关。

2.血尿

与膀胱出血有关。

3.组织灌注量改变

与损伤后尿外渗、出血、休克有关。

4.排尿异常

与膀胱破裂排尿功能受损有关。

【护理目标】

1.减轻患者疼痛与不适。

2.预防和纠正休克。

3.保持留置尿管通畅。

4.防治并发症。

【护理措施】

1.做好一般护理

根据病情，为患者妥善安置卧位；遵医嘱给予镇静或止痛治疗；做好心理护理，让患者安心休息。

2.对有骨盆骨折等合并伤的患者

观察有无休克的发生，伤后2日内每隔1～2小时测血压、脉搏、呼吸各1次，如出现血压下降、脉搏加快、面色苍白等表现，提示有休克发生，应及时报告并配合医生进行抗休克治疗。

3.术后护理

(1)保持留置导尿管通畅　妥善固定导尿管及连接管，避免扭曲折叠，定时挤压，观察尿液引流情况。

(2)记录24小时引流尿液的颜色、性状、量。

(3)每天2次尿道口及尿管周围清拭，预防泌尿系感染。

(4)10～20日拔除导尿管，拔管前应夹住尿管，训练膀胱排尿动作1～2日后，方可拔除。

(5)观察拔管后排尿情况，如有异常可再重复放置导尿管。

(6)鼓励患者多饮水，增加内冲洗作用。

4.健康教育

介绍本病康复的基本知识；鼓励患者多饮水；解释各引流物的意义，并要求注意保持伤口敷料干燥；向骨盆骨折的患者讲解长期卧床的注意事项。

【护理评价】

1.患者疼痛是否减轻。

2.患者休克是否得到有效预防与治疗。

3.是否及时地处理膀胱破裂，有效地引流、清除尿外渗。

4.其他脏器合并伤是否同时得到治疗。

第三节　尿道损伤患者的护理

【概述】

尿道损伤多见于男性。在解剖上男性尿道以尿生殖膈为界，分为前、后两段。前尿道包括球部和阴茎部，后尿道包括前列腺部和膜部。前尿道损伤多发生在球部，后尿道损伤多发生在膜部，若早期处理不当，常产生尿道狭窄、尿瘘等并发症。

1.病因及发病机制

(1)尿道内暴力伤　多为医源性，如膀胱镜检查时动作粗暴可损伤尿道。

(2)尿道外暴力闭合伤　主要为会阴骑跨伤和骨盆骨折所致。

(3)尿道外暴力开放伤　多见于战时。

(4)非暴力尿道伤　如化学、热、射线损伤。

2.病理生理

暴力损伤按病理类型分为尿道挫伤、裂伤和完全断裂。

(1)尿道挫伤　尿道内层损伤，阴茎筋膜完整。仅有出血和水肿，可以自愈。

(2)尿道裂伤　尿道壁全层断裂，尿道周围血肿和尿外渗，愈合后可引起瘢痕性尿道狭窄。

(3)尿道断裂　尿道完全离断，断端退缩、分离，血肿较大，发生尿潴留，用力排尿时会发生尿外渗。

尿道球部损伤时，血液及尿液渗入会阴浅筋膜包绕的会阴浅袋，使会阴、阴囊、阴茎肿胀，向上可扩展至腹壁,但不会外渗到两侧股部。若不及时处理可发生广泛的皮肤、皮下组织坏死、感染和脓毒症。尿道膜部断裂时,尿液沿前列腺尖处外渗至耻骨后间隙和膀胱周围(图 50-3)。

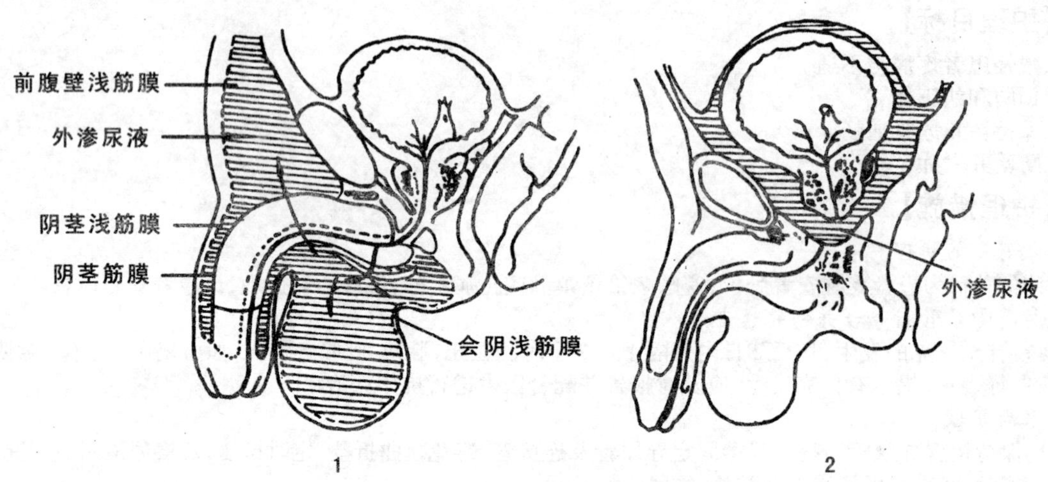

图 50-3　尿道损伤及尿外渗

1. 前尿道球部破裂的尿外渗　2. 后尿道膜部损伤的尿外渗

【护理评估】

1.健康史

询问患者受伤史,了解外力的性质和作用的部位、受伤时间等情况。对无受伤史的患者重点要了解患者近期内有无手术或侵入性检查史。

2.身心状况

(1)休克　膀胱破裂时患者会出现休克,一般因骨盆骨折所致的剧烈疼痛、大出血、尿外渗引起的腹膜炎导致患者发生休克。后尿道损伤骨盆骨折时患者病情较危重,出血多,可引起创伤性休克和失血性休克。

(2)尿道滴血或血尿　前尿道损伤不排尿时即有鲜血从尿道口流出,或出现初段血尿;后尿道损伤可不表现尿道滴血或血尿,如排尿,可表现为初段、终末血尿或终末滴血。

(3)疼痛　伤处有疼痛。后尿道损伤时疼痛可放射至肛门周围,直肠指检有压痛;尿道如完全断裂,则前列腺尖端有浮动感。

(4)尿外渗　尿道断裂后,用力排尿时尿液可从裂口处渗入周围组织形成尿外渗,继发感染可出现脓毒症。

(5)尿瘘　开放性损伤与体表伤口漏尿,如与直肠、阴道相通,经肛门、阴道漏尿。闭合性损伤长期感染后破溃亦可形成尿瘘。

(6)排尿困难　尿道损伤后局部水肿,尿道外括约肌痉挛,以及尿道的完整性、连续性被破坏所致。在严格消毒下,轻缓插入导尿管,在尿道损伤处,常有阻碍感,并有血液滴出。如能通过损伤处,先流出血液,后流出尿液,导尿管插入后留置持续导尿可作为治疗支架并引流。后尿道损伤伴有骨盆骨折,一般不宜插入导管,以免加重损伤。

(7)局部血肿　骑跨伤前尿道损伤时常发生在会阴部,患者表现为阴囊处肿胀,出现淤斑和蝶形血肿。

3.辅助检查

如疑有骨盆骨折或膀胱破裂,应摄腹部平片,必要时行尿道造影,可显示造影剂外渗及尿道损伤部位,尿道单纯挫伤无外渗现象发生,应插入导尿管判断尿道连续性,查是否断裂,必要时做膀胱造影,判断是否膀胱损伤。

4.心理-社会状况

损伤使患者产生恐惧心理,患者担心损伤是否会给生命带来威胁。医源性损伤患者会丧失对医务人员的信任,情绪低落。

5.处理原则

轻度尿道挫伤及轻度裂伤,症状轻、尿道连续性存在,无排尿困难,不需要特殊治疗。尿道损伤排尿困难或不能排尿,安置导尿管成功者,可留置导尿 10 ~ 14 天,作为治疗支架并引流尿液。同时行抗感染、止血治疗,嘱多饮水以起到内冲洗作用。拔除尿管后定期扩张尿道。尿道断裂需行尿道修补术或断端吻合术。后尿道损伤早期行尿道会师术，若休克严重者只可先行膀胱造瘘术，之后再行手术治疗。术后并发症最常见尿道狭窄。

【护理诊断及医护合作性问题】

1.组织灌注不足

与骨盆骨折尿道损伤失血有关。

2.躯体移动障碍

与疼痛、治疗需要有关。

3.血尿

与损伤有关。

4.疼痛

与损伤、尿外渗有关。

5.潜在并发症

感染、尿瘘、尿道狭窄。

【护理目标】

1.预防和纠正休克。

2.充分引流尿外渗。

3.保持留置导尿管或膀胱造瘘管引流通畅。

4.预防感染。

5.缓解疼痛。

【护理措施】

1.维持组织灌注

骨盆骨折所致的后尿道损伤时患者会合并休克，应严密监测患者的生命体征及意识状态，同时遵医嘱给予抗休克治疗。

2.体位与活动

损伤合并休克的患者，需配合医生给予抢救措施，骨盆骨折患者应平卧位，勿随意搬动，以免加重损伤。尿道手术患者术后应平卧位，减少活动，以保证手术的成功。

3.保持尿管引流通畅

充分引流尿液，如有血块阻塞应及时清除，以保持尿路通畅，减轻膀胱张力，利于伤口愈合。

4.预防感染

膀胱造瘘术除有造瘘管外，还有引流管（放置在膀胱侧间隙）。术后应经常更换敷料，保持局部干燥，防止感染。

5.并发症的观察与护理

1）尿瘘：开放性损伤或长期尿外渗感染可形成尿瘘。应保持引流通畅和局部清洁，加强换药，避免交叉感染。保护局部皮肤，防止尿性皮炎的发生。

2）尿道狭窄：尿道损伤拔除导尿管需定期扩张尿道，防止尿道狭窄。注意询问患者排尿改善的情况，给予鼓励，增强患者的自信心。

6.健康教育

注意休息，尿道损伤患者需定期扩张尿道，护士应向患者讲明尿道扩张的必要性与重要性，让患者坚持并积极配合。宣传多饮水、进食易消化食物的意义。有些患者需二期手术治疗，告诉患者二次手术的具体时间。

【护理评价】

1.患者有无感染发生。

2.患者疼痛是否缓解。

3.其他合并伤是否同时得到处理。

4.留置导尿管或膀胱造瘘管是否通畅。

5.是否满足患者的基本需要。

（周涛）

第五十一章　泌尿系统结石患者的护理

第一节　概　述

学习目标

知识目标　能说出泌尿系统结石的病因、病理生理，并正确为患者进行护理评估。

能力目标　能够提出正确的护理诊断，并能够为患者提供合适的护理措施。

素质目标　护理患者时体现以患者为中心的整体护理理念。

泌尿系统结石即尿路结石或尿石症，是常见的泌尿外科疾病之一。分为上尿路结石和下尿路结石，其中上尿路结石包括肾结石和输尿管结石，下尿路结石包括膀胱结石和尿道结石。

一、病因及发病机制

1.流行病学因素

包括年龄、性别、种族、职业、社会经济地位、饮食成分和结构、水分摄入量、气候、代谢和遗传等因素。上尿路结石好发于20～40岁。男性发病年龄高峰为35岁；女性有两个高峰，30岁和55岁。在二次世界大战时，上尿路结石发病率降低，近40年来发病率大大上升，提示与经济收入和饮食结构变化有关。实验证明，饮食中精制糖、动物蛋白增多，纤维素减少，促使上尿路结石形成。大量饮水使尿液稀释，能减少尿中晶体形成。相对高温环境及活动减少等亦为影响因素，但职业、气候等不是单一决定因素。

2.尿液因素

（1）尿中形成结石物质　如钙、草酸、尿酸等排出增加。

（2）尿pH改变　尿液呈碱性时易形成磷酸镁铵及磷酸钙结石，尿液呈酸性时易形成尿酸和胱氨酸结石。

（3）尿量减少　尿中结石形成物质浓度增加，易形成结石。

（4）尿中抑制晶体形成和聚集物质减少，如枸橼酸、酸性黏多糖等。

3.泌尿系统解剖结构异常

泌尿系统任何部位的梗阻与狭窄、憩室等都可导致晶体或基质在引流较差部位沉积形成结石。常见的先天性梗阻，如输尿管畸形、肾盂输尿管连接处狭窄等，后天性疾病如前列腺增生、尿道狭窄等也常合并结石。

4.尿路感染

尿路感染时尿液中基质增加，促进晶体黏附。感染性结石（磷酸镁铵结石）的形成需要两个条件：pH≥7.2和尿中有氨存在。产生脲酶的细菌感染是形成这类结石的原因。

二、尿结石成分及性质

上尿路结石大多数为草酸钙结石。膀胱结石中磷酸镁铵结石较上尿路结石多见。草酸钙结石质硬、粗糙，不规则，常呈桑葚样，棕褐色。磷酸钙、磷酸镁铵结石易碎，表面粗糙，不规则，灰白色、黄色或棕色，X线可见分层现象，常形成鹿角形结石。尿酸结石质硬，光滑或不规则，常为多发，黄或红棕色，纯尿酸结石在X线下不显影。胱氨酸结石表面光滑，淡黄至黄棕色，蜡样外观，在X线下亦不显影。

三、病理生理

尿路结石所致的病理生理改变，与结石部位、大小、数目、继发炎症和梗阻程度等因素有关。尿路结石可引起泌尿系统的直接损伤、梗阻、出血、感染和恶变。尿路结石在肾和膀胱内形成。上尿路结石所致的急性梗阻，可导致平滑肌痉挛，出现肾绞痛；慢性不完全性梗阻可导致肾积水，使肾实质变薄，肾功能逐渐减退。肾积水感染导致肾积脓。梗阻与感染又可使结石增大，互为因果，加重泌尿系损害。绝大多数输尿管结石和尿道结石是结石排出过程中停留在该处所致，常停留或嵌顿于生理狭窄处，即肾盂输尿管连接处、输尿管跨越髂血管处及输尿管膀胱连接处（图51-1）。由于输尿管内径自上而下由粗变细，结石常位于输尿管下1/3处。

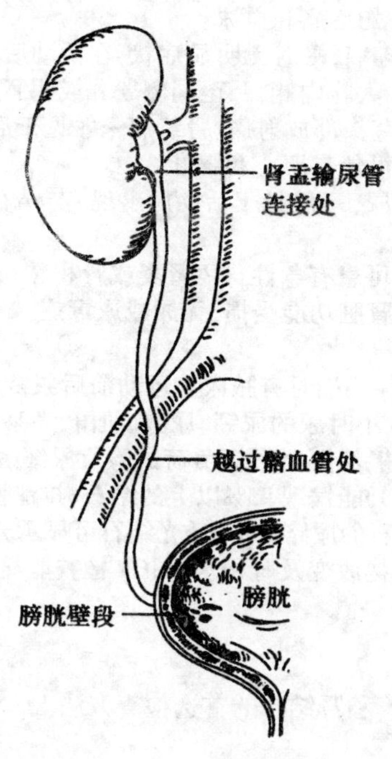

图51-1 输尿管生理狭窄

第二节 上尿路结石

案例引入

陈某,突然出现右侧腰部剧烈疼痛,向右下腹放散,伴有恶心,急诊行B超检查发现,右侧肾盂内有一个1.5cm椭圆形结石,余无异常。

1.还需做哪些检查?

2.首选的治疗方案?

3.如果行ESWL,如何护理?

学习目标

知识目标 能说出上尿路结石的病理、护理诊断及医护合作性问题、护理目标。

能力目标 能够提出正确的护理诊断,并能够为患者提供合适的护理措施。

素质目标 护理患者时体现以患者为中心的整体护理理念。

【护理评估】

1.健康史

(1)既往史 有无类似绞痛和血尿发作史;询问患者有无长期应用钙剂或噻嗪类利尿剂;年轻患者应注意有无胱氨酸或草酸代谢异常等遗传性疾病。

(2)饮食习惯及爱好 包括每天饮水量、饮茶习惯、每日食肉量、食糖量、饮酒情况等。过多地食用巧克力、西红柿、菠菜等及豆腐可增加尿中草酸含量。茶是含草酸最高的植物,喜欢喝浓茶的人则增加了草酸结石形成的可能性。

2.身心状况

上尿路结石主要症状是与活动有关的疼痛和血尿。

(1)疼痛　肾结石可引起患侧腰部疼痛，平时无明显症状，在活动后出现腰部钝痛；输尿管结石可引起肾绞痛，并沿输尿管走行放射至同侧腹股沟、大腿内侧，乃至同侧睾丸或阴唇，若结石位于输尿管膀胱壁段或输尿管口，可伴有膀胱刺激症状以及尿道和阴茎头部放射痛。肾绞痛一般见于活动后突然出现，结石越小症状越明显，患者表现疼痛剧烈、难以忍受，大汗，还可伴有恶心和呕吐。

(2)血尿　可表现为肉眼或镜下血尿，一般见于活动后出现，与结石对尿路黏膜的损伤有关。镜下血尿较多见。

(3)并发症表现　结石继发感染时可患有急性肾盂肾炎或肾积脓，表现为发热、寒战等全身症状。结石引起一侧或双侧尿路梗阻时，可导致一侧肾脏功能受损、无尿或尿毒症。

3.辅助检查

(1)实验室检查　可有镜下血尿，伴感染时有脓尿。运动前后尿常规检查，若运动后尿中红细胞多于运动前，有诊断意义。测定尿酸水平以及24小时尿的尿钙、尿酸、肌酐、草酸含量以了解代谢情况，可判断有无内分泌紊乱；测定血钙、磷、肌酐、碱性磷酸酶，必要时做钙负荷试验及尿细菌培养。

(2)影像学检查　泌尿系平片(KUB)能发现95%以上的结石；排泄性尿路造影及逆行尿路造影可评价结石所致的肾结构和功能改变，有无引起结石的尿路畸形，透光结石可显示充盈缺损；B超检查能发现平片不能显示的小结石和透X线结石，亦能显示肾结构改变及肾积水等；CT检查能显示以上方法不能显示的结石，并能判断是否有肾实质的其他病变。

温馨提示：X线平片是骨折、气胸和肾结石的首选检查方法。

(3)内镜检查　包括肾镜、输尿管镜及膀胱镜检查，可明确诊断并进行治疗。

4.心理－社会状况

结石症状明显，给患者带来不适感觉，反复发作会使患者产生焦虑情绪，面对手术治疗，更会加重焦虑，对于反复发生的结石患者情绪低落，对治疗缺乏信心。护士应该详细了解患者的心理状态，评估患者的家庭情况和社会地位，了解其有何后顾之忧。

5.处理原则

(1)非手术治疗　适用于结石直径小于0.6cm、光滑、无尿路梗阻、感染者。其方法包括饮食调节、饮水利尿、解痉止痛、药物排石等。

(2)体外冲击波碎石术(ESWL)　主要适用于上尿路、小于2.5cm的结石。

(3)手术治疗

1)非开放性手术：采用内镜取石或碎石，其优点是损伤小，恢复快。方法有：①输尿管镜取石或碎石术，是经尿道插入膀胱，沿输尿管直视下采取套石、取石或碎石等方法。适用于中、下段输尿管结石；②经皮肾镜取石或碎石术，适用于大于2.5cm的肾盂、肾盏结石，经腰部细针穿刺直达肾盂或肾盏，插放肾镜，直视下取石或碎石。结石较大时可用超声、液电、激光或气压弹道碎石器将结石击碎后取出。经皮肾镜取石后，需安置肾盂造瘘管引流尿液，促进伤口愈合。

2)传统开放手术治疗：主要术式有输尿管切开取石术、肾盂切开取石术、肾实质切开取石术等。随着内镜取石和ESWL技术的普遍开展，绝大多数上尿路结石已不再采用开放手术治疗。

3)腹腔镜输尿管取石：适用于输尿管结石大于2cm，原考虑开放性手术；或经ESWL、输尿管手术治疗失败者。

【护理诊断及医护合作性问题】

1.疼痛

与结石刺激引起的平滑肌痉挛有关。

2.血尿

与结石对尿路黏膜的损伤有关。

3.潜在并发症

感染、尿路梗阻。

【护理目标】

1.患者疼痛得到缓解，舒适度增加。

2.患者掌握结石预防的有关知识。

3.并发症得到有效预防或及时发现并处理。

【护理措施】

1.保守治疗的护理

(1)减轻或消除肾绞痛　药物止痛是主要的治疗方法,按医嘱肌内注射阿托品、哌替啶,配合应用针刺、应用钙离子通道阻滞剂等,均能缓解肾绞痛;侧卧排尿,以减轻结石对肾盂和输尿管平滑肌的刺激;局部热敷也能减轻疼痛。还可使用既往有效的非药物性缓解疼痛的方法,如音乐治疗、放松疗法等。

(2)促进排石　每日饮水3000ml以上,保持每天尿量2000ml以上,达到内冲洗目的。同时联合应用利尿剂、中草药、针灸及解痉止痛药物。在患者心肺负荷能承受的情况下,可配合做适当的跳跃或其他体育活动,增加结石排出的体位优势。

(3)尿液观察　每次排尿时应过滤尿液,了解结石排出情况,并保留结石以便分析其成分,指导患者药物治疗。观察尿量,定期查尿常规,做尿培养,监测有无血尿及尿路感染等情况,按医嘱应用抗生素防治尿路感染。

2.体外冲击波碎石术的护理

体外冲击波碎石术(ESWL)是通过X线或B超对结石进行定位,利用高能冲击波聚焦后作用于结石,使结石碎裂。其特点是安全、有效,95%以上的上尿路结石可以通过此方法治疗。小于2.5cm的肾、输尿管上段结石,肾功好,结石下段无狭窄,无感染可行ESWL术。远端尿路梗阻、妊娠、出血性疾病、严重心脑血管疾病、安置心脏起搏器者、血肌酐≥265μmol/L、急性尿路感染、育龄妇女下段输尿管结石等,不宜行ESWL术。术前不需特殊准备,术后护理包括:

(1)心理护理　加强与患者沟通,鼓励患者诉说内心的心理感受,向患者介绍体外碎石的原理、方法及配合手术的注意事项,使患者能顺利接受治疗。

(2)饮食护理　部分患者会出现头晕、恶心、呕吐等症状,可指导患者卧床休息,适当禁食,从静脉补充营养和水分。若没有上述症状术后即可进食。

(3)观察碎石排出情况　每次排尿后留于玻璃瓶内,同时用滤过网或纱布滤过,以观察碎石的排出情况。

(4)活动与体位排石　碎石后经常变换体位,适当活动可促进碎石排出。

3.并发症的观察及护理

ESWL术并发症包括肾绞痛、血尿、尿路梗阻、发热、皮肤损伤等。部分巨大结石碎石后,细碎的结石迅速大量涌入输尿管,形成石街,引起尿路梗阻,严重者可引起肾功改变。对巨大结石,一般是多次碎石,碎石后48小时,指导患者卧床休息,患侧在下的侧卧位,多饮水,使结石随尿液缓慢、逐渐地排出。术后部分患者会出现发热,主要是由于术前感染扩散、术后出现梗阻合并感染所致,因此术后应监测患者体温变化,超过38.5℃可采用物理降温,若患者出现寒战、高热应急检血常规和血培养,并遵医嘱给予药物降温。

温馨提示:ESWL术后患者取患侧卧位,可减慢结石碎末流出的速度,防止结石碎末在流出过程中再次形成结石。

4.非开放性手术与护理

该方法具有损伤小、恢复快的特点。

(1)输尿管肾镜取石或碎石术　适用于中、下段输尿管结石,平片不显影结石,因肥胖、结石硬、停留时间长而不能用ESWL者。亦可用于治疗ESWL所致之“石街”,直视下取出。若结石大取出困难,用超声、气压弹道法碎石后取出。损伤性并发症如穿孔、假道、应注意观察。

(2)经皮肾镜取石或碎石术　经腰背部细针穿刺直达肾盏或肾盂,扩张皮肤至肾内通道,放入肾镜,于直视下碎石、取石,适用于直径大于2cm的肾结石及下肾盏结石。术后常规放置造瘘管,必要时放置输尿管引流管。可并发肾实质损伤或穿破、出血、感染、损伤周围脏器等。

术前应向患者做好解释工作,术后会出现血尿,血尿严重应报告医师及时处理。手术前后常规应用抗生素预防感染。如体温升高达38.5℃以上,应考虑有感染。发生输尿管穿孔主要表现为尿外渗,易继发感染。术后早期应特别注意观察,必要时切开引流尿外渗。经皮肾造瘘管应妥善固定,保持通畅。肾实质裂伤出血患者需卧床休息,应用止血药物。

5.开放性手术与护理

(1)术前护理　除按手术前的护理常规进行护理外,手术当天需先将患者送至X光室,再拍摄一张泌尿系平片,确定结石的位置是否有移动,作为选择手术切口的参考。

(2)术后护理

1)一般护理:患者术后48小时内取半卧位,以利于呼吸和引流。适当给予止痛剂,指导患者做深呼吸、有效咳嗽及翻身。伤口应保持干燥与无菌，尿液或渗液浸湿敷料时应及时更换。

2）排尿观察：术后患者每天应多饮水，每小时尿量应维持在50ml。仔细观察尿量及血尿情况，以确定肾功能和是否有活动性出血。若摄入充足，每小时尿量仅20～30ml时，说明有肾功能障碍。术后12小时内尿液大都带有血色，若有持续鲜红血尿，则是出血征象，需立即通知医生。

3）引流管的护理：根据手术方式不同放置不同的引流管，如肾周引流管、肾造瘘管、输尿管支架引流管、膀胱造瘘管等。护士必须了解引流管插入的部位及用途。各种导管引出体外的皮肤出口处应妥善固定。引流管不宜过长，避免扭曲、折叠阻碍引流。按时更换引流瓶（或引流袋），严格无菌操作。观察引流液的量、性质、色泽并及时记录，如有阻塞，应在无菌操作下用生理盐水冲洗，使之通畅。

4）并发症的观察与护理：若行肾部分切除和肾实质切开取石术者，应防止继发出血。绝对卧床休息2周，密切注意生命体征的变化，同时应保持引流管通畅及观察引流液颜色。保持大便通畅，必要时遵医嘱应用缓泻剂。应用抗生素，预防感染。

6.健康教育

（1）经常向患者宣传卫生知识，使患者了解患尿石症的病因、病理、症状及预防知识，加强患者康复信心。

（2）向患者讲述饮水、饮食注意事项，适当体育活动的重要意义，争取患者从生活细节中防病治病以及定期检查，防止结石复发。

（3）向患者宣传体外震波碎石的原理，避免碎石时声波等刺激而引起循环系统的改变。

（4）向患者宣传震波碎石后可有绞痛、血尿等反应。震波碎石后，半个月复查腹部平片，以观察碎石排出情况。必要时，重复碎石，间隔时间不少于7天。

（5）对手术患者讲解手术的目的、术式、患者放置引流管、卧床、活动、血尿等知识。

【护理评价】

1.患者主诉疼痛是否减轻或无痛。

2.患者对治疗是否有信心。

3.患者是否出现手术并发症。

4.患者是否掌握结石预防的相关知识。

5.指导患者定时复诊。

第三节　下尿路结石

学习目标

知识目标　能说出下尿路结石的身体状况、处理原则，并正确为患者进行护理评估。

能力目标　能够提出正确的护理诊断，并能够为患者提供合适的护理措施。

素质目标　护理患者时体现以患者为中心的整体护理理念。

膀胱结石，继发性明显多于原发性结石，常继发于前列腺增生、膀胱憩室、异物或因肾、输尿管结石排入膀胱所致，男性多见。

尿道结石，较少见，绝大多数来自肾和膀胱。尿道狭窄、尿道憩室及有异物存留时可形成尿道结石，也以男性多见。

【护理评估】

1.健康史

详见上尿路结石内容，重点询问患者有无排尿突然中断、排尿困难等现象，并了解患者的既往史，有无尿路感染、膀胱刺激症状、上尿路结石等疾患。

2.身心状况

（1）膀胱结石　典型症状为排尿突然中断，并感疼痛，放射至阴茎头部和远端尿道，伴排尿困难和膀胱刺激症状。小儿患者常用手搓拉阴茎，经跑跳及改变姿势后，疼痛能缓解和继续排尿。因腹压增加常并发脱肛。前列腺增生患者继发膀胱结石时，排尿困难加重或伴感染症状。

（2）尿道结石　典型表现为排尿困难、尿线变细、点滴状排尿及尿痛，有时发生急性尿潴留伴会阴部剧痛。体检时，前尿道结石可沿尿道扪及，后尿道结石经直肠指检可触及。

3.辅助检查

(1)B 型超声检查　能显示结石声影,可同时发现前列腺增生症等。

(2)X 线检查　平片能显示绝大多数结石,较大结石可在透视下见到。

(3)金属探子　较大的膀胱结石可在排空膀胱后行双合诊时在直肠阴道中触及,用金属探子可探知结石存在,并出现金属摩擦及碰石感。

(4)膀胱镜检查　在上述方法不能确诊时使用膀胱镜检查,能直接见到结石,有时可发现其他病因。

【护理措施】

膀胱结石需手术取出，采用经尿道膀胱镜取石或碎石术或行耻骨上膀胱切开取石术。尿道结石可直接取出或轻轻向尿道远端推挤、钩出或钳出;后尿道结石可用尿道探条将结石轻推入膀胱,再按膀胱结石进行处理。执行一般手术前、后护理常规。

【护理评价】

同上尿路结石患者的护理。

(周涛)

第五十二章　泌尿系梗阻患者的护理

案例引入

患者，男，66岁，1年来出现尿频，每天10余次，夜间更为明显，近1个月来出现排尿困难，并逐渐加重，2天前因尿潴留在医院急诊行留置导尿，昨日尿管拔除后仍不能排尿，收入院治疗。查体：直肠指诊前列腺沟变浅，B超示残余尿量为150ml。

1.初步判断为前列腺增生，依据是哪些？

2.该患者如何护理？

学习目标

知识目标　能说出前列腺增生患者的病因及病理变化、护理诊断及合作性问题和护理目标。

能力目标　能够提出正确的护理诊断，并能够为患者提供合适的护理措施。

素质目标　护理患者时体现以患者为中心的整体护理理念。

【概述】

前列腺增生症是老年男性常见病。从病理讲细胞增多是增生，细胞增大为肥大，前列腺增生是细胞良性增多，不是肥大，所以称为前列腺增生。

1.病因及发病机制

目前前列腺增生的病因仍不完全清楚，一般认为与老年后睾丸功能衰退以及性激素代谢紊乱有密切关系。随着年龄的增长，男性在35岁以后前列腺会有不同程度的增生，一般多在50岁以后出现临床症状。前列腺的正常发育有赖于雄激素，若在青春期切除睾丸则前列腺不会再发育。随着年龄的增长，体内性激素平衡失调，加之雄、雌激素的协同作用等因素导致前列腺增生。吸烟、遗传、饮食、肥胖、饮酒、性生活、社会经济地位、高血压及糖尿病等均为前列腺增生的危险因素。

2.病理生理

前列腺的组成分为外周带、中央带和移行带。前列腺的增生开始于围绕尿道精阜的腺体即移行带。外周带位于前列腺的背侧及外侧部分，是前列腺癌最常发生的部位。

前列腺增生有两类结节：基质型和腺泡型，亦可有混合型即纤维腺结节。基质结节由增生的纤维和平滑肌细胞组成，小而质韧；腺泡结节由增生的腺组织组成，大而质软。前列腺增生时，增生的结节挤压周围腺体，形成外科包膜。前列腺增生使尿道前列腺部弯曲、伸长，受压变窄，其精阜亦随增生的腺体向下移至接近外括约肌处。增生的腺体可造成膀胱出口梗阻，梗阻程度与增生的腺体大小不成比例，而与增生腺体的位置和形态有直接关系。前列腺增生引起梗阻时，膀胱逼尿肌增厚，黏膜表面出现小梁，严重时形成小室和假性憩室。长期排尿困难使膀胱高度扩张，可导致输尿管末端丧失其活瓣作用，发生膀胱输尿管返流；梗阻和返流可引起肾积水和肾功能损害。前列腺增生使尿路梗阻后膀胱内尿液潴留，且因膀胱功能受损使排尿不净形成残余尿，容易继发感染和形成结石。

【护理评估】

1.健康史

详细询问患者是否服用过性激素类药物，了解患者营养状况，并重点询问患者排尿情况，如有无尿频、排尿困难等症状，以及采用过何种治疗方法，如药物治疗或手术治疗。

2.身心状况

（1）尿频　夜尿频是最早出现的症状。早期与前列腺充血有关，其后随膀胱残余尿量增多或并发感染、结石，尿频逐渐增加重。

（2）排尿困难　是前列腺增生最重要的症状。进行性排尿困难，典型表现是排尿迟缓、断续、尿后滴沥、排尿费力、射程缩短、尿线细而无力，终呈滴沥状，排尿时间延长。

(3)尿失禁　当梗阻程度严重，膀胱残余尿量增多时，逐渐发展出现尿失禁。膀胱过度充盈致使少量尿液从尿道口溢出，称为充盈性尿失禁。

(4)急性尿潴留　前列腺增生患者在气候变化、劳累、饮酒、便秘、久坐等因素下，会使前列腺突然充血、水肿导致急性尿潴留，患者出现不能排尿、膀胱胀满、下腹痛，需要到医院急诊进行处理。

(5)其他症状　前列腺增生合并感染或结石时，可出现尿频、尿急、尿痛等膀胱刺激症状。当前列腺增生腺体表面黏膜血管破裂时也可发生不同程度的无痛性血尿。当梗阻引起的肾积水、肾功能受到损害时，患者可逐渐出现慢性肾功能不全的表现，如食欲不振、恶心、呕吐、贫血、乏力等症状。长期排尿困难导致腹压增高还可引起腹股沟疝、内痔与脱肛等。

3.辅助检查

(1)尿液检查　检查是否有脓细胞、红细胞、白细胞，以了解是否有合并症存在。

(2)直肠指检　指检时多数患者可触到增大的前列腺，表面光滑、质韧、有弹性、边缘清楚、中央沟变浅或消失，同时还要注意肛门括约肌张力是否正常。

(3)尿流动力学检查　前列腺增生早期即可发生排尿的功能改变，如最大尿流率及平均尿流率降低，排尿时间延长，尿道阻力增加等。

(4)B超　可经腹壁、直肠或尿道途径进行。经腹壁检查时膀胱需要充盈，扫描可显示前列腺体积大小，增生腺体是否突入膀胱，还可以测定膀胱残余尿量，排尿后残余尿量＞50～60ml者提示膀胱逼尿肌失代偿。另外，B超还可发现膀胱内有无结石形成以及上尿路积水改变。

(5)膀胱镜检查　可以在膀胱镜下看到尿道延长，前列腺增大或突入膀胱，膀胱壁有小梁、小房或憩室形成。如患者有血尿，还可以在膀胱镜下与膀胱肿瘤相鉴别。

4.心理－社会状况

前列腺增生是一种进行性逐渐加重的疾病，不仅在生理上严重着影响患者，在心理也给患者带来较大的阴影。如尿频，尤其是夜尿增加，严重影响患者休息与睡眠，排尿越来越费力，并且每一次仅能排出一点点尿液，这些都给患者的心理造成较重的负担。

5.处理原则

前列腺增生的治疗方法有4种：等待观察、药物治疗、手术治疗和其他。治疗药物有四类：α受体阻滞剂、5α还原酶抑制剂、植物类制剂、成纤维细胞生长因子抑制剂。手术治疗目的在于改善症状、减轻梗阻、防治远期并发症的发生。非开放性外科治疗以经尿道前列腺电切(TUR)为主，是成熟的治疗方法。其他的经尿道外科治疗方法如激光、微波消融、汽化电切、前列腺尿道支架等。开放性手术有耻骨上前列腺摘除手术、耻骨后前列腺摘除手术、经会阴前列腺摘除手术。

【护理诊断及医护合作性问题】

1.排尿异常

与前列腺增生症致尿路梗阻有关。

2.有感染的可能

与年龄及术后免疫能力低下有关。

3.尿潴留

与梗阻加重膀胱肌收缩无力有关。

4.疼痛

与手术或膀胱痉挛有关。

5.潜在并发症

出血、膀胱痉挛、TUR综合征、尿失禁。

【护理目标】

1.维持尿路通畅。

2.预防感染，促进伤口的愈合。

3.减少手术疼痛与不适。

4.预防手术后的并发症。

【护理措施】

1.术前护理

(1)做好心、肝、肾功能检查。前列腺增生症患者均为高龄老人，可能有不同程度的高血压、动脉硬化、慢性气管炎、肺气肿等老年病。做好各种检查，了解患者全身状态，及时治疗，加强营养，协助恢复体力以适应手术，利于术后康复。

（2）每日询问患者排尿情况，嘱患者吃粗纤维、易消化食物，以防便秘，忌饮酒、辛辣食物。鼓励患者多饮水，勤排尿。如出现严重的排尿困难或急性尿潴留，应施行导尿或留置导尿，必要时也可施行趾骨上膀胱造瘘术，以引流尿液，减轻症状，回访膀胱功能，预防尿毒症发生。

（3）术前带有造瘘管或留置导尿管的患者，应保证持续引流通畅。长期留置导尿者，应施行膀胱冲洗。冲洗时应遵循少量、多次、微温、低压、无菌的原则，减少冲洗对膀胱的刺激，必要时每日冲洗2次。

（4）密切观察病情，如出现发冷、发热等症状，应及时通知医生并遵医嘱合理应用抗生素以控制感染。

（5）施行经尿道电切前列腺手术的患者，由于电切镜通过尿道施行手术，因此要求患者尿道必须能通过24F探子。为此术前应协助医生探扩尿道。

（6）做好患者心理护理，解除患者焦虑情绪，以满足患者的心理需要。

2.术后护理

（1）膀胱持续冲洗　耻骨上前列腺摘除术患者术后回病房应立即用无菌生理盐水，通过膀胱造瘘管行膀胱持续冲洗，以减少出血，防止凝血块阻塞尿道。冲洗液的温度以微温为宜，膀胱冲洗时间一般为3～5天。排出液转为淡红色或淡粉色时，可改为间断冲洗或停止冲洗。早期冲洗速度要快，一般100滴/分钟左右。当出血量减少时，可减慢冲洗，尿液澄清后即可停止持续冲洗。冲洗过程中，如发现血块阻塞，应及时快速冲洗或用无菌注射器、无菌冲洗器适当冲击和抽吸血块，保持冲洗通畅。

（2）术后并发症的护理

1）出血

①原因：前列腺窝出血流入膀胱内形成血块，使尿管引流受阻，膀胱膨胀及痉挛，静脉回流受阻更加重出血。a.前列腺窝创缘止血不确实；b.气囊尿管安放位置不当，气囊滑脱或破裂引起出血；c.膀胱痉挛，膀胱痉挛可加重前列腺窝出血，而出血、血块堵塞导尿管又可加重膀胱痉挛。

②护理措施：a.固定气囊尿管的下肢外展15°，保持伸直、制动，使气囊压迫于尿道内口；b.膀胱持续冲洗保持通畅，并根据血尿的程度调整灌注速度；c.密切观察血尿的颜色及有无生命体征的变化；遵医嘱给予输血、补液、止血等治疗。

2）膀胱痉挛

①患者表现：术后尿意频发，尿道及耻骨上区疼痛难忍，伴盆底及下肢肌阵挛，膀胱痉挛发作时可致冲洗管一过性受阻，有时因膀胱内压升高，导致膀胱内液体反流至冲洗管或从尿管周围流出。反复膀胱痉挛及其继发冲洗管引流不畅可加重出血，并可引起血压升高。

②原因：a.术前存在膀胱逼尿肌不稳定，即不稳定膀胱；b.尿管位置不当及其气囊充盈过大，刺激膀胱三角区；c.出血与膀胱痉挛两者互为因果；d.膀胱冲洗液刺激。

③护理措施：有效止痛是非常必要的。a.术后遵医嘱给予止痛药或解痉药物，术后多置硬膜外患者自控镇痛泵（PCA）可以减少膀胱痉挛的发生；b.调整气囊尿管的位置及牵拉的强度和气囊内的液体量，争取在无活动性出血的情况下，早日解除牵拉和拔除尿管；c.有血块堵塞时及时行高压反复冲洗，将血块清除，保持尿路的通畅。

3）尿路感染

①原因：a.术前尿路有感染未控制；b.术前尿培养无细菌生长，但尿路可能有细菌污染，最常见于有尿潴留曾经导过尿的患者；c.留置尿管给细菌进入泌尿系统打开了一条通道，处置没有严格无菌操作造成交叉感染。

②护理措施：a.遵医嘱应用抗生素治疗；b.严格无菌操作；c.保持会阴部清洁，每日会阴护理2次；d.排气后指导患者每日饮水2000ml以上；e.严防逆流或使用抗反流式引流袋；f.注意观察患者体温的变化及有无睾丸和附睾肿胀、疼痛的临床表现，一经发现，及时通知医生。

4）TUR综合征

①原因：术中低渗性灌洗液大量吸收入血，使血容量急剧增加所致的稀释性低钠血症和水中毒，患者可在术后几小时内出现症状，烦躁不安、恶心、呕吐、抽搐、痉挛、昏睡，严重者可出现肺水肿、脑水肿和心衰竭等症状。

②护理措施：术后及时补充含钠液体可以预防患者术后出现TUR综合征；若患者一旦出现上述症状则立即遵医嘱减慢输液速度，给脱水剂和利尿剂，并对症护理。

3.健康教育

1.向患者讲解手术、术式及术前、术后护理的注意事项。

2.向患者说明导尿管的意义，以及维持冲洗的意义及注意事项。

3.向患者宣传多饮水进易消化食物的意义。

4.向患者向TUR手术患者宣传出院后减少活动、忌烟酒、防感冒、忌刺激，避免手术后再出血。

【护理评价】

1.患者尿路是否通畅,是否发生膀胱痉挛。
2.患者是否有感染的发生。
3.尿管拔除后患者是否能正常排尿。
4.患者的营养及水分摄取是否维持恰当的状况。

（周涛）

第五十三章　泌尿系统肿瘤患者的护理

案例引入

患者,男,59岁,化肥厂工人。1年前间断出现肉眼血尿,口服消炎药自觉症状好转,未到医院就诊。3周前出现大量肉眼血尿,伴有血块,出现排尿困难,到医院就诊。检查:B超检查显示膀胱底部有一3cm×5cm菜花样肿物;膀胱镜检查发现肿物位于膀胱底部,表面有坏死和溃疡;CT显示肿物浸及膀胱壁肌层。

1.初步判断为膀胱肿瘤,依据是哪些?

2.患者采取部分切除术,该患者的护理要点有哪些?

学习目标

知识目标　能说出肾癌、膀胱癌的病因及病理变化、处理原则,并正确为患者进行护理评估。

能力目标　能够提出正确的护理诊断,并能够为患者提供合适的护理措施。

素质目标　护理患者时体现以患者为中心的整体护理理念。

第一节　肾癌患者的护理

【概述】

肾癌是最常见的肾脏恶性肿瘤,亦称肾细胞癌。占原发肾恶性肿瘤的85%左右。小儿最常见的为肾母细胞瘤。

1.病因及发病机制

(1)吸烟　长期吸烟者可增加患肾癌的危险,与吸烟量有关,停止吸烟25年后方可下降。

(2)肥胖　流行病学调查发现肥胖与肾癌的发病有相关性。

(3)职业　有些化学物质,如二甲胺、铅、镉等,动物实验证明可诱发肾癌。石油精炼厂和石油化工产品工作20年以上的男性,肾癌的死亡率可增加2倍。报纸印刷工人、干洗行业等也因接触有害化学物质增加肾癌的危险性。

(4)激素和药物　化学物质特别是激素在动物和人类可能引起肾癌;利尿药可能是促进肾癌发生的因素,高血压患者因服用利尿药容易发生肾癌。

(5)其他　长期患有肾结石及感染可诱发上皮化生及不典型增生而发展成癌;此外,透析者容易发生肾癌,因此透析超过3年者应每年进行B超检查。家族性肾癌为染色体遗传病,多数发病年龄比较早,趋于多病灶和双侧性。

2.病理生理

肾癌常累及一侧肾脏,多单发。肾癌由肾小管上皮细胞发生,有假包膜,切面黄色,可有出血、坏死和钙化。透明细胞是肾癌细胞的主要构成部分。因肿瘤细胞含大量胆固醇,在切片染色过程中被溶解,故镜下呈透明状。除透明细胞外,约半数肾癌同时可见颗粒细胞和梭形细胞。以梭形细胞为主的肿瘤恶性程度高,较少见。肿瘤穿出包膜后,可经血液和淋巴转移到肺、脑、骨等部位。还可直接扩展至肾静脉、下腔静脉形成癌栓。淋巴转移首站为肾蒂淋巴结。

【护理评估】

1.健康史

询问患者的职业及吸烟史、用药史(激素、利尿药等)以及家族史,以明确患者有无致癌物质的接触史、患者吸烟量和吸烟时间。评估患者的全身状态,了解患者有无心血管系统、呼吸系统慢性疾病史,了解患者其他脏器有无疾病史。

2.身心状况

间歇无痛性肉眼全程血尿为常见症状，表明肿瘤已穿入肾盏、肾盂。腰部有钝痛或隐痛，血块通过输尿管时可发生肾绞痛。肿瘤较大时腹部或腰部可触及肿块。全身常有低热，可能是因肿瘤坏死、出血、毒性物质吸收所引起。

血尿、腰痛、肿块称之为肾癌三联征，加之发热称为肾癌四联征，是肾癌的典型表现。

此外，肿瘤还可引起血沉加快、高血压、红细胞增多症、高血钙等。晚期出现消瘦、贫血、低蛋白血症。

3.辅助检查

（1）B超检查　是最简便无创的检查方法，敏感性高，可发现临床上尚未出现的病状，尿路造影未出现改变的早期肿瘤，准确率接近CT。

（2）X线检查

1）尿路平片：可见肾外形增大、不规则，偶有点状、絮状或不完整的壳状钙化。

2）静脉尿路造影：可见肾盏、肾盂因受肿瘤挤压有不规则变形、狭窄、拉长或充盈缺损。

3）CT检查：能明确肿瘤大小、部位、邻近器官、静脉、淋巴受累情况。

4）MRI：对肾癌的分期很准确，尤其对肾静脉和下腔静脉内有无癌栓优于CT，但发现肿瘤不如CT。

（3）血管造影　可以显示新生血管、动静脉瘘、肾静脉和腔静脉病变。当肿瘤坏死、囊性变、动脉栓塞时血管造影可不显影。目前肾动脉造影常用于较大的或手术困难的肾癌，术前进行造影和动脉栓塞可以减少手术出血量。对于晚期肾癌，动脉栓塞加入化疗药物可以作为姑息疗法。因血管造影剂有肾毒性，不适用于肾功能不全者。

（4）用于检查肾癌骨转移病灶。

4.心理-社会状况

随着血尿、疼痛等症状的不断加重，引起患者的紧张与不安。确诊后患者精神、心理压力极大，迫切想知道癌症对自己生命的影响程度以及最佳治疗方法，但又对愈后十分担心，此时患者很敏感，渴望得到他人的帮助。

5.处理原则

肾癌最主要的治疗方法是根治性肾切除术，亦可在腹腔镜下行肾癌根治术。肾癌对放射治疗及化学治疗均不敏感，可行生物治疗、生物化疗、细胞因子治疗。应用生物制剂白细胞介素-2（IL-2）、干扰素-α（INF-α）等免疫治疗，对转移性肾癌治疗有一定疗效。

【护理诊断及医护合作性问题】

1.焦虑、恐惧

与缺乏疾病的相关知识、担心手术效果和愈后有关。

2.血尿

与肿瘤生长突破肾盂、肾盏有关。

3.疼痛

与肿瘤压迫、手术所致组织损伤有关。

4.潜在并发症

出血、肾功能不全。

【护理目标】

1.患者掌握疾病基本的知识，对治疗有一定信心。

2.患者疼痛减轻或无疼痛。

3.患者术后无并发症，维持有效血容量和正常的尿量。

【护理措施】

1.减轻患者焦虑

护士应关心体贴患者，与患者进行交流，倾听患者的感受，向患者讲解疾病的相关知识，解除患者的疑虑，介绍成功患者的病例可增强患者对治疗的信心。鼓励家属与患者交谈能使患者高兴的话题。

2.血尿护理

血尿较轻的患者，无须特殊处理，护士应安慰并告诉患者，术后血尿症状便会消失，不要过分担心；血尿较重的患者，指导其卧床休息、多饮水，同时注意观察血尿的颜色及量，遵医嘱应用止血药和输血治疗。

3.疼痛护理

肾癌患者的疼痛多为胀痛，一般无须处理；若疼痛较重、难以忍受时，可遵医嘱给止痛药，同时指导患者卧床休息，注意询问患者疼痛的性质。

4.发热护理

嘱患者多饮温水,防止受凉感冒。若体温不超过38℃以物理降温为主,但由于肿瘤的存在,体温下降只是暂时的,之后还会升高。

5.术后护理

(1)根治性肾切除术,切除范围大,对患者的创伤大。术后应每2 ~ 4小时监测一次生命体征,做好水-电解质平衡、胃肠减压、出血倾向的观察及护理。肾切除术后可能出现对侧肾衰竭,应正确记录24小时尿量,动态观察尿比重和监测对侧肾功能,若尿量较少应及时通知医生。

(2)巨大肿瘤切除后,腹膜后可能广泛渗血;左侧肾癌切除时可能合并脾损伤,应注意观察是否有内出血及电解质紊乱的表现,保证输血、输液通畅,以预防休克。严密观察切口是否渗血,应及时更换敷料。

(3)术后患者血压平稳,应取半卧位。鼓励并协助患者深呼吸、咳嗽,定时翻身,叩背咳痰,若痰液黏稠给予雾化吸入。鼓励患者适当早期活动,一般术后2 ~ 3日,患者生命体征平稳,即可离床活动,以预防肺感染和下肢静脉血栓的形成,促进伤口引流。

(4)在术后数天内,保持患者每天的液体输入量为2000 ~ 3000ml。术后禁食,当肠蠕动恢复、肛门排气、无恶心呕吐等症状时,可进富含维生素及营养丰富的饮食。

6.健康教育

(1)有针对性地对患者进行肾癌知识的宣教,缓解其精神压力,增强治疗、康复的信心。

(2)术后3个月内不要做剧烈运动。可以做一些轻微活动,以增强体质,促进术后早日康复。

(3)注意尿量的变化,了解健侧肾功能变化情况。

(4)每半年复查一次,如出现血尿、乏力、消瘦、腰腹部肿块应立即到医院就诊。

【护理评价】

1.患者肾癌的基本知识是否掌握。

2.患者疼痛是否减轻。

3.患者是否出现并发症。

4.患者对治疗、康复是否有信心。

第二节 膀胱癌患者的护理

【概述】

膀胱癌是全身常见的肿瘤之一,也是泌尿系最常见的肿瘤,常发生于50 ~ 70岁的人,男:女为4:1,以表浅的乳头状肿瘤最为常见。

1.病因及发病机制

与膀胱肿瘤发生有关的危险因素包括:

(1)吸烟　吸烟是最常见的致癌因素,并且也是很重要的危险因素。可能与香烟里含有多种芳香胺的衍生物致癌有关。吸烟者比不吸烟者膀胱癌的发病率高2 ~ 4倍,并且发病率与吸烟者的吸烟量、吸烟史有关,吸烟量越大、吸烟史越长的患者膀胱癌发生的危险性就越大。

(2)长期接触某些致癌物质　染料、纺织、皮革、橡胶、塑料、油漆、印刷等这些物质里含有联苯胺、β-萘胺、4-氨基双联苯等致癌物质,长期接触可使膀胱癌发生的危险性显著增加。对致癌物质的易感性个体差异极大。

(3)膀胱慢性炎症与长期异物刺激　膀胱结石、膀胱憩室、膀胱炎等膀胱的慢性炎症与长期异物刺激可诱发膀胱癌。

(4)其他原因　长期大量服用镇痛药非那西丁、内源性色氨酸代谢异常等都可能为膀胱癌的病因或诱因。

2.病理生理

上皮性肿瘤占95%以上,其中移行细胞癌占90%以上,鳞癌占7%,腺癌占2%,未分化癌占1%。移行细胞癌分化程度分3级:Ⅰ级为低度恶性;Ⅱ级为中度恶性;Ⅲ级属高度恶性。生长方式可分为3种:乳头状占70%;浸润性占25%;原位性占5%。临床及病理上根据肿瘤浸润深度分期(图53-1),分为:原

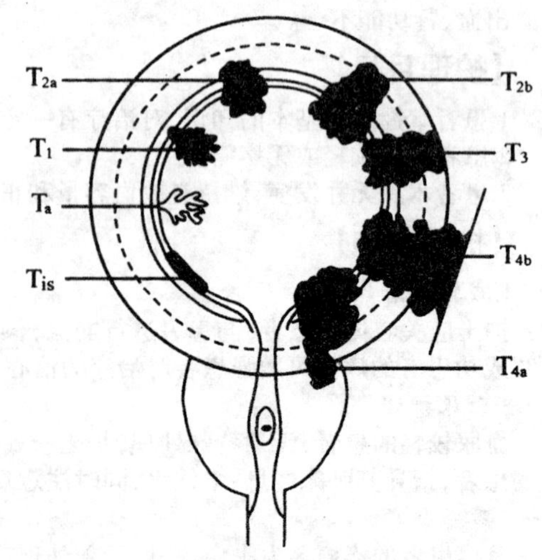

图53-1　膀胱肿瘤分期

位癌(Tis);乳头状癌无浸润(Ta);侵犯固有层(T_1);浸润浅肌层(T_2);浸润深肌层或穿透膀胱壁(T_3);侵犯前列腺或膀胱邻近组织(T_4)。

肿瘤分布在膀胱侧壁及后壁最多见,三角区和顶部次之。移行细胞癌具有多发性、同时或先后多部位发病、易复发的特点。

肿瘤扩散以直接向深部浸润为主,淋巴转移常见,血行转移发生在晚期,可转移到肝、肺、骨等处。

【护理评估】

1.健康史

了解患者有无长期接触苯胺类致癌物质病史,有无长期吸烟史、长期大量服用非那西丁镇痛药的病史、患有膀胱慢性炎症病史等危险因素。

2.身心状况

(1)血尿　常表现为间歇发作性、无痛性肉眼血尿,一般为全程性,终末加重。血尿程度与肿瘤大小不成正比。非上皮性肿瘤血尿不明显。

(2)膀胱刺激症状　肿瘤浸润膀胱壁时可引起尿频、尿急、尿痛。肿瘤坏死、溃疡或合并感染时症状更明显,广泛原位癌也可引起膀胱刺激症状。

(3)其他症状　肿瘤或血块阻塞尿道内口,可引起排尿困难甚至急性尿潴留。晚期肿瘤已侵犯膀胱外周组织或盆腔时,有会阴、耻骨上、骶髂部等处疼痛,并可有下肢浮肿,全身情况恶化。鳞癌、腺癌预后不良。鳞癌常伴膀胱结石、尿路感染;腺癌由脐尿管发生时肿块在膀胱壁,由腺性膀胱炎恶变时则在三角区附近。

3.辅助检查

(1)实验室检查　尿细胞学检查能发现脱落的肿瘤细胞,可作为血尿的初步筛选,需要连续3天留取尿标本送检。此外尿检查端粒酶、膀胱肿瘤抗原(BTA)等有助于提高膀胱癌的检出率。

(2)影像学检查　B超可发现直径在0.5cm以上的肿瘤,可作为患者的初步筛选。静脉尿路造影(IVU)可了解肾盂、输尿管内有无肿瘤并可了解肾脏的功能。CT、MRI可进一步确定膀胱肿瘤浸润深度以及有无淋巴结转移等情况。

(3)膀胱镜检查　可直接观察到肿瘤的大小、形态、数目、有无蒂等情况。

4.心理-社会状况

血尿会使患者感到紧张和害怕,担心会威胁生命,同时担心肿瘤切除后会复发;而要进行膀胱全切除术的患者还要面临身体形象的改变,今后正常的生活受到影响,这些都会使患者产生焦虑或恐惧情绪。护士应该关心患者,全面了解患者的心理状态。

5.处理原则

以手术治疗为主,辅以化疗、放疗、免疫疗法。常用的手术方法有:经尿道切除术(即通过膀胱镜进行肿瘤的电灼或切除)、膀胱切开肿瘤电灼或切除术、膀胱部分切除及膀胱全切术等。膀胱全切术要尿流改道和膀胱替代,常用的方法有输尿管皮肤造口术、回肠代膀胱术等,故手术创伤大、并发症多。

【护理诊断及医护合作性问题】

1.血尿

与肿瘤坏死有关。

2.排尿异常

与肿瘤浸润膀胱坏死组织、血块、瘤体、刺激有关。

3.焦虑

与癌肿及手术治疗有关。

4.疼痛

与癌肿晚期及手术有关。

5.自我形象紊乱

与尿流改道手术、造瘘口或引流装置的存在对身体形象的影响有关。

【护理目标】

1.维持生命体征在正常范围。

2.维持尿路通畅。

3.减轻患者焦虑,接受并配合治疗。

4.减轻患者疼痛与不适。

5.接受尿流改道术对身体形象的改变,自我情绪调整。

【护理措施】

1.术前护理

对需要做尿流改道手术的患者，应耐心解释手术的目的和术后自我护理的方法。利用已做过同类手术的患者进行现身说法，帮助患者树立信心，接受治疗，保持稳定情绪。

对行膀胱全切术、肠道代膀胱术的患者，应做好肠道准备。拟做双侧输尿管皮肤造口术的患者，术前彻底清洁腹壁皮肤，防止感染。手术日晨必须排空膀胱，并留置导尿管和肛管以利手术。女性患者应用消毒液清洁阴道。

2.术后护理

(1)密切观察生命体征，引流管及切口的出血量的变化，注意有无内出血和休克症状，按医嘱及时应用止血药物。

(2)术后禁食，待肠鸣音恢复，肛门排气后，进营养丰富及富含维生素的饮食。

(3)肠道代膀胱术常用回肠代膀胱，是取一段回肠代替膀胱，两侧输尿管与代膀胱吻合，代膀胱可与尿道吻合或开口于腹壁造口，术后用集尿袋收集尿液。术中放置两侧输尿管内支架管及代膀胱内的尿管。术后6小时取半卧位，做好左右输尿管支架管、回肠造口支架管及耻骨后死腔引流管的护理。应掌握各种引流管在体内的部位和作用。两侧输尿管支架管对输尿管吻合口起支撑保护作用，一般术后2周拔除；代膀胱内留置肛管或乳胶管，用以引流代膀胱内的肠液及可能漏入的尿液，一般术后1周拔除；耻骨后间隙乳胶管接负压吸引，术后2 ~ 3天无引流液时可拔除。

(4)造瘘口的护理

1)观察造瘘口的血运情况：膀胱全切除术后注意观察患者输尿管皮肤造口或回肠代膀胱腹壁造口黏膜的血运情况，如出现苍白、紫色或发黑，应立即通知医生。皮肤乳头用氯己定棉球清洁，动作要轻柔。

2)保护造瘘口周围皮肤：由于造瘘口会不断有尿液流出，对造瘘口周围皮肤有腐蚀性，因此应保持造瘘口周围皮肤的清洁与干燥，及时清理流出的尿液，指导患者用柔软的手纸或棉球擦拭，将对皮肤的刺激减少到最低程度，如皮肤出现发红或有湿疹，可采用皮肤保护剂保护局部皮肤。

3)心理护理：造口患者正常生理结构的改变使患者不能接受自己身体形象，因此护士需要耐心疏导患者，告诉其造口处佩戴集尿器后不会影响正常的生活，经常鼓励患者，使其逐渐适应身体的改变。

(5)保留膀胱手术者，术后均应进行放疗、化疗及免疫治疗。放疗及化疗时注意常规检查血象，如果白细胞下降到3×10^9/L，血小板下降到80×10^9/L以下时应停止治疗。化疗行膀胱灌注后可能出现尿痛、血尿。免疫治疗前如免疫功能低下暂不能进行，注射卡介苗可能引起皮肤坏死和感染，然而无论哪种治疗，患者都应注意饮食保持体力，常规服用抗生素控制感染。

3.健康教育

护士应告诉患者坚持定期复查的重要性。膀胱癌术后患者第一年内应每3个月复查1次，如无复发则可半年复查1次，一年后可每年复查1次。告诉患者多喝水、勤排尿，不要憋尿。不要接触染料等化学致癌物质。适当地锻炼身体以增强身体的抵抗能力。对于造瘘患者护士应指导其佩戴合适的集尿器。每天清晨暴露造瘘口及周围皮肤0.5 ~ 1小时，如皮肤出现湿疹可用白炽灯照射15 ~ 20分钟。尿袋可每天煮沸消毒，每周更换1次。防止造瘘口狭窄，需定期进行扩张。第一次可在医务人员的指导下进行，之后应教会患者自己进行扩张。

【护理评价】

1.患者生命体征是否平稳。

2.患者的排尿是否通畅。

3.患者是否掌握疾病的基本知识，焦虑情绪是否减轻。

4.患者疼痛或不适是否减轻。

5.患者是否能遵循医护人员的指示，定期追踪检查。

（周涛）

第九篇

女性生殖系统疾病患者的护理

第五十四章　概　论

"女性生殖系统疾病患者的护理"主要是研究女性在非妊娠状态的生理、女性生殖系统疾病的诊断、防治及护理、妇女保健和实施节制生育各项措施的妇女身心健康状况,研究如何为上述阶段的妇女身心健康提供科学的、全方位的、人性化的优质护理服务。其主要内容包括女性生殖系统结构与机能、女性生殖系统疾病患者的护理、节制生育妇女的护理及女性生殖保健、女性生殖系统疾病诊疗、手术患者的护理及常用妇科护理操作技术等。通过本章节的学习,学生要树立"以人的健康为中心"的护理理念,理解对女性生殖系统疾病患者整体护理的科学内涵,具备适应社会发展过程中,人们对生育健康及医护保健需求变化的良好职业素质,掌握开展妇科患者及节制生育的妇女护理必备的专业基本理论、基本知识和基本技能,并能灵活运用对妇科患者及节制生育的妇女实施整体护理,同时初步具备开展妇女保健工作和计划生育工作的能力,成为贴近社会和行业的需求,紧贴临床护理工作和国家执业护士考试的实际需要的技能型妇科护理应用人才。

第一节　女性生殖系统结构与机能

一、女性生殖系统结构

案例引入

患者,女,30岁,自述外阴右下后部肿块疼痛3天,今出现寒战、发热,T39℃,肿块触有波动感。请评估该患者出现了什么情况?

学习任务:1.你作为社区护士,判断患者最有可能的诊断是什么?如何处理?

2.你作为社区护士,如何对患者进行健康教育?

学习目标

知识目标　能说出女性内、外生殖器官包括的内容及功能。能说出骨盆的组成。

能力目标　说出女性生殖系统解剖的组成和位置。领会骨盆、骨盆底与分娩的关系。

素质目标　尊重老师、同学,营造和谐的学习环境。培养护生认真、勤奋的学习态度和爱护患者的观念及良好的人文精神。

(一)外生殖器

女性外生殖器又称外阴,是女性生殖器官的外露部分,位于两股内侧之间,前面为耻骨联合,后面以会阴为界。

1.阴阜(Mons pubis)

即耻骨联合前面隆起的脂肪垫,内含丰富的血管和神经末梢。青春期该部皮肤开始生长阴毛,分布呈尖端向下的三角形。阴毛为女性第二性征之一,阴毛疏密、粗细、色泽可因人或种族而异。

2.大阴唇(Labium major)

为邻近两股内侧的一对隆起的皮肤皱襞。起自阴阜,止于会阴。两侧大阴唇前端为子宫圆韧带终点。后端在会阴体前相融合,形成大阴唇的后联合。大阴唇外侧面与皮肤相同。皮层内有皮脂腺和汗腺,青春期长出阴毛;其内侧面皮肤湿润似黏膜。大阴唇皮下脂肪层含丰富血管、淋巴管和神经。当局部受伤时,出血易形成大阴唇血肿。未婚妇女的两侧大阴唇自然合拢,遮盖阴道口及尿道外口。经产妇大阴唇由于分娩影响向两侧分开;绝经后大阴唇呈萎缩状,阴毛稀少。

3.小阴唇(Labium minus)

位于大阴唇内侧的一对薄皱襞。褐色、无毛,富含神经末梢,极为敏感。两侧小阴唇前端相互融合,再分为两叶包绕阴蒂,前叶形成阴蒂包皮,后叶形成阴蒂系带。小阴唇后端与大阴唇后端相会合,在正中线形成横皱襞称阴唇系带，此系带经产妇受分娩影响已不明显。

4.阴蒂(Clitoris)

位于两小阴唇顶端的联合处，它与男性阴茎海绵体相似，具有勃起性。它分为三部分，前为阴蒂头，富含神经末梢，极敏感；中为阴蒂体；后为阴蒂脚。但仅阴蒂头露见，其直径为6～8mm。

5.阴道前庭(Vaginal vestibule)

为两小阴唇之间的菱形区域。其前为阴蒂，后为阴唇系带。在此区域内，前方有尿道外口，后方有阴道口，阴道口与阴唇系带之间有一浅窝，称舟状窝(又称阴道前庭窝)。此窝经产妇受分娩影响不复见。在此区域内尚有以下各部：

(1)前庭球(Vestibular bulb)　又称球海绵体，位于前庭两侧，前端与阴蒂相接，后部与前庭大腺相邻，浅层为球海绵体肌覆盖，有勃起性。

(2)前庭大腺(Major vestibular gland)　又称巴多林腺(Bartholin glands)，位于大阴唇后部，亦为球海绵体肌所覆盖，如黄豆大，左右各一。腺管细长，向内侧开口于前庭后方小阴唇与处女膜之间的沟内。性兴奋时分泌黄白色黏液起润滑作用。正常情况检查时不能触及此腺。若因感染腺管口闭塞，形成前庭大腺脓肿，或仅腺管开口闭塞使分泌物集聚，形成前庭大腺囊肿，则两者均能看到或触及。

(3)尿道口(Urethral orifice)　位于阴蒂头的后下方及前庭前部，为尿道的开口，略呈圆形。其后壁上有一对并列腺体称尿道旁腺或斯基思腺(Skene gland)，其分泌物有润滑尿道口的作用，但此腺亦常为细菌潜伏所在。

(4)阴道口及处女膜(Vaginal orifice and hymen)　阴道口位于尿道口后方、前庭的后部，为阴道的开口，其大小、形状常不规则。阴道口周缘覆有一层较薄黏膜称处女膜。膜的两面均为鳞状上皮所覆盖，其间含结缔组织、血管与神经末梢。有一孔多在中央，孔的形状、大小及膜的厚薄因人而异。处女膜多在初次性交时破裂，受分娩影响产后仅留有处女膜痕(见图55-1)。

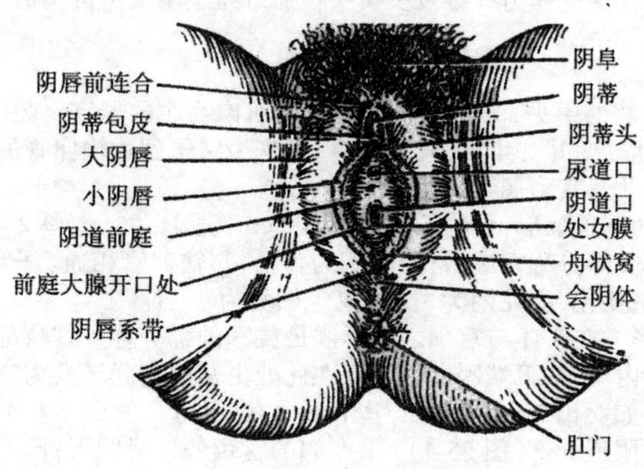

图54-1　女性外生殖器

(二)内生殖器

案例引入

某产妇，阴道出血量多，经按摩子宫和使用子宫收缩剂后出血减少，请从子宫的结构及功能来解释作用机理。

女性内生殖器包括阴道、子宫、输卵管及卵巢，后二者称子宫附件(uterine adnexa)(图54-2、图54-3)。

1.阴道(Vagina)

(1)解剖　位于真骨盆下部中央，是性交器官、月经血排出及胎儿娩出的通道。呈上宽下窄的管道。前壁长7～9cm，与膀胱和尿道相邻，后壁较长，10～12cm，与直肠贴近。上端包围宫颈，下端开口于阴道前庭后部。环绕宫颈周围的部分称阴道穹隆，按其位置分为前、后、左、右4个部分。其中后穹隆最深，与直肠子宫陷凹紧密相邻，为盆腔最低部位，临床上可经此处穿刺或引流。

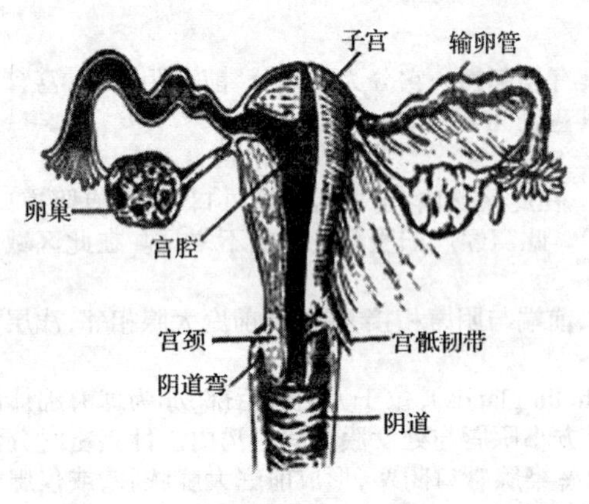

图 54-2　女性内生殖器(矢状断面观)

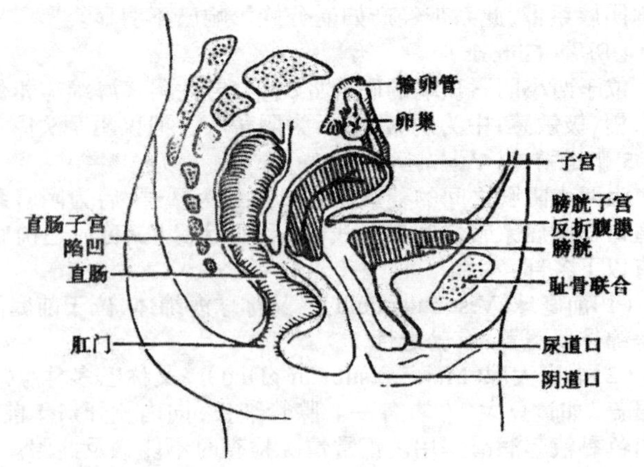

图 54-3　女性内生殖器(后面观)

(2)组织结构　阴道壁由黏膜、肌层和纤维组织膜构成,有很多横纹皱襞,故有较大伸展性。阴道黏膜呈淡红色,由复层鳞状上皮细胞覆盖,无腺体。阴道黏膜受性激素影响有周期性变化。幼女及绝经后妇女的阴道黏膜上皮甚薄,皱襞少,伸展性小,容易创伤而感染。阴道肌层由两层平滑肌纤维构成,外层纵行,内层环行,在肌层的外面有一层纤维组织膜,含多量弹力纤维及少量平滑肌纤维。阴道壁因富有静脉丛,故局部受损伤易出血或形成血肿。

2.子宫(Uterus)

(1)解剖　子宫位于骨盆腔的中央,为一壁厚、腔小、以肌肉为主的器官。腔内覆盖黏膜称子宫内膜,青春期后受性激素影响发生周期性改变并产生月经;性交后,子宫为精子到达输卵管的通道;孕期为胎儿发育、成长的部位;分娩时子宫收缩使胎儿及其附属物娩出。

成年人子宫呈前后略扁的倒置梨形,重约 50g,长 7 ~ 8crn,宽 4 ~ 5cm,厚 2 ~ 3cm。宫腔容量约 5ml。子宫上部较宽称宫体,其上端隆突部分称宫底,宫底两侧为宫角,与输卵管相通。子宫下部较窄呈圆柱状称宫颈。宫体与宫颈的比例随年龄发生变化,婴儿期为 1∶2,成年妇女为 2∶1。

宫腔为上宽下窄的三角形。在宫体与宫颈之间形成最狭窄的部分称子宫峡部,在非孕期长约 1cm,其上端因解剖上较狭窄,又称解剖学内口;其下端因黏膜组织在此处由宫腔内膜转变为宫颈黏膜,又称组织学内口。宫颈内腔呈梭形称宫颈管,成年妇女长 2.5 ~ 3.0cm,其下端称宫颈外口。宫颈下端伸入阴道内的部分称宫颈阴道部,在阴道以上的部分称宫颈阴道上部(图 55-4)。未产妇的宫颈外口呈圆形;已产妇的宫颈外口受分娩影响形成大小不等的横裂,而分为前唇和后唇。

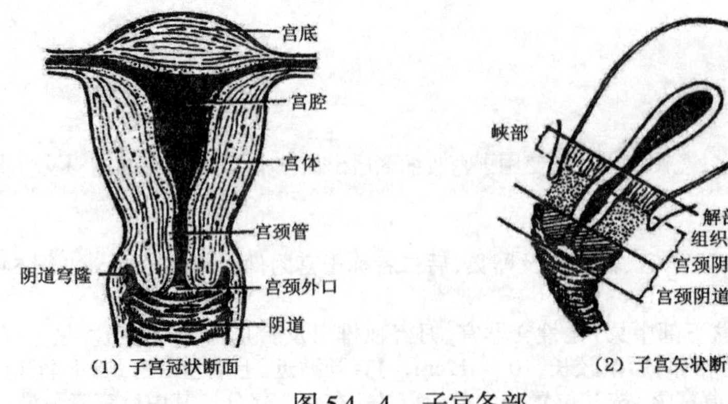

图 54-4　子宫各部

(2)组织结构　宫体和宫颈的结构不同。

1)宫体:宫体壁由 3 层组织构成,内层为子宫内膜,中层为肌层,外层为浆膜层。

子宫内膜:为一层粉红色黏膜组织,分为功能层和基底层。从青春期开始受卵巢激素影响,其表面能发生周期性变化的称功能层，余下 1/3 靠近子宫肌层的内膜无周期性变化称基底层。

子宫肌层：较厚，非孕时约厚 0.8cm，肌层由平滑肌束及弹力纤维所组成。肌束纵横交错如网状，大致分 3 层：外层多纵行，内层环行，中层多各方交织。肌层中含血管，子宫收缩时血管被压缩，能有效制止产后子宫出血。

子宫浆膜层：为覆盖宫体底部及前后面的腹膜脏层，与肌层紧贴，但在子宫前面近子宫峡部处，腹膜与子宫壁结合较疏松，向前反折覆盖膀胱，形成膀胱子宫陷凹。覆盖此处的腹膜称膀胱子宫返折腹膜，并与前腹壁腹膜相连续；在子宫后面，腹膜沿子宫壁向下，至宫颈后方及阴道后穹隆，再折向直肠，形成直肠子宫陷凹亦称道格拉斯陷凹，并向上与后腹膜相连续。

2）宫颈：主要由结缔组织构成，亦含有平滑肌纤维、血管及弹力纤维。宫颈管黏膜上皮细胞呈单层高柱状，黏膜层有许多腺体能分泌碱性黏液，形成宫颈管内的黏液栓，将宫颈管与外界隔开。宫颈阴道部为复层鳞状上皮覆盖，表面光滑。在宫颈外口柱状上皮与鳞状上皮交界处是宫颈癌的好发部位。宫颈黏膜受性激素影响也有周期性变化。

（3）子宫韧带　共有 4 对，位于盆腔中央，膀胱与直肠之间，下端接阴道，两侧有输卵管和卵巢。子宫的正常位置呈轻度前倾前屈位，主要靠子宫韧带及骨盆底肌和筋膜的支托作用（图 54-5）。

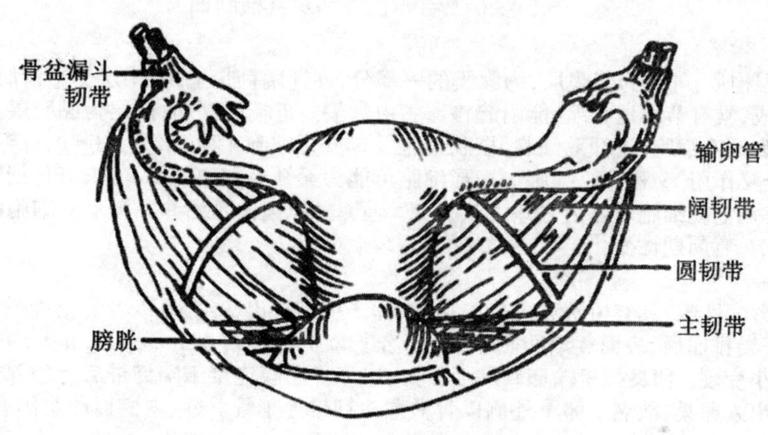

图 54-5　子宫各韧带（前面观）

1）圆韧带：呈圆索形得名，长 12 ～ 14cm，由结缔组织与平滑肌组成。起于子宫双角的前面、输卵管近端的下方，然后向前下方伸展达两侧骨盆壁，再穿过腹股沟管终于大阴唇前端。圆韧带肌纤维与子宫肌纤维连接。表面为阔韧带前叶的腹膜覆盖，使宫底保持前倾位置。

2）阔韧带：覆盖在子宫前后壁的腹膜自子宫侧缘向两侧延伸达到骨盆壁，形成一对翼状的双层腹膜皱襞，将骨盆腔分为前后两部。前有膀胱，后有直肠。

阔韧带分为前、后两叶，其上缘游离，内 2/3 部包围输卵管（伞部无腹膜遮盖），外 1/3 部移行为骨盆漏斗韧带或称卵巢悬韧带，卵巢动静脉由此穿过。在输卵管以下、卵巢附着处以上的阔韧带称输卵管系膜，其中有结缔组织及中肾管遗迹。卵巢与阔韧带后叶相接处称卵巢系膜。卵巢内侧与宫角之间的阔韧带稍增厚称卵巢固有韧带或卵巢韧带。在宫体两侧的阔韧带中有丰富的血管、神经、淋巴管及大量的疏松结缔组织，通称宫旁组织。子宫动静脉和输尿管均从阔韧带基底部穿过。

3）主韧带：在阔韧带的下部，横行于宫颈两侧和骨盆侧壁之间，为一对坚韧的平滑肌与结缔组织纤维束，又称宫颈横韧带，起固定宫颈位置的作用，为保持子宫不致向下脱垂的主要结构。

4）宫骶韧带：从宫颈后面的上侧方（相当于组织学内口水平），向两侧绕过直肠到达第 2、3 骶椎前面的筋膜。韧带含平滑肌和结缔组织。外有腹膜遮盖，短厚有力，将宫颈向后向上牵引，维持子宫处于前倾位置。

若上述韧带、骨盆底肌和筋膜薄弱或受损伤，可导致子宫位置异常，形成不同程度的子宫脱垂。

3.输卵管（Fallopian tube or oviduct）

为一对细长而弯曲的管道，位于子宫阔韧带的上缘内，内侧与宫角相连通，外侧游离，与卵巢接近。全长 8 ～ 14cm。根据输卵管的形态由内向外可分为 4 部分（图 54-6）：①间质部（或称壁内部）：为通入子宫壁内的部分，狭窄而短，长约 1cm；②峡部：在间质部外侧，管腔较窄，长 2 ～ 3cm；③壶腹部：在峡部外侧，管腔较宽大，长 5 ～ 8cm；④伞部（或称漏斗部）：为输卵管的末端，开口于腹腔，游离端呈漏斗状，有许多须状组织。具有“抬卵”作用。是输卵管为卵子与精子相遇的场所，也是向宫腔运送受精卵的管道。

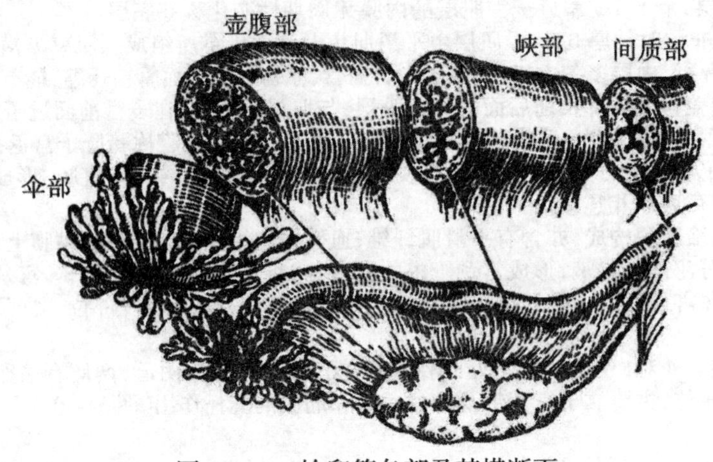

图 54-6　输卵管各部及其横断面

输卵管壁由3层构成:外层为浆膜层,为腹膜的一部分,亦即阔韧带上缘;中层为平滑肌层,由内环行、外纵行的两层平滑肌组成,常有节奏地收缩,能引起输卵管由远端向近端的蠕动;内层为黏膜层,由单层高柱状上皮组成。上皮细胞分为纤毛细胞、无纤毛细胞、楔状细胞及未分化细胞4种。纤毛细胞的纤毛摆动有助于运送卵子;无纤毛细胞有分泌作用(又称分泌细胞);楔形细胞可能为无纤毛细胞的前身;未分化细胞亦称游走细胞,为上皮的储备细胞,其他上皮细胞可能由它产生或补充。输卵管肌肉的收缩和黏膜上皮细胞的形态、分泌及纤毛摆动均受性激素影响,有周期性变化。

4.卵巢(Ovary)

为一对扁椭圆形的性腺,具有生殖和内分泌功能,即产生和排出卵细胞,以及分泌性激素。青春期前,卵巢表面光滑,青春期开始排卵后,表面逐渐凹凸不平。成年妇女的卵巢约4cm×3cm×lcm大,重5 ~ 6g,呈灰白色;绝经后卵巢萎缩变小变硬。卵巢位于输卵管的后下方,以卵巢系膜连接于阔韧带后叶的部位称卵巢门,卵巢血管与神经即经此处出入卵巢,故名。卵巢外侧以骨盆漏斗韧带连于骨盆壁,内侧以卵巢固有韧带与子宫连接。

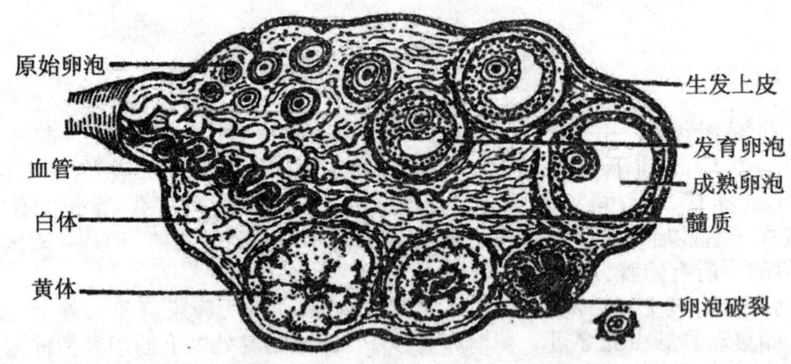

图 54-7　卵巢的构造(切面)

卵巢表面无腹膜,由单层立方上皮覆盖称生发上皮,其内有一层纤维组织称卵巢白膜。再往内为卵巢组织,分皮质与髓质。皮质在外层,其中有数以万计的原始卵泡(又称始基卵泡)及致密结缔组织;髓质在中心,无卵泡,含疏松结缔组织及丰富血管、神经、淋巴管及少量与卵巢悬韧带相连续、对卵巢运动有作用的平滑肌纤维(图54-7)。

(三)邻近器官

女性生殖器官与骨盆腔其他器官不仅在位置上互相邻接,而且血管、淋巴及神经也相互有密切联系。当某一器官有病变时,如创伤、感染、肿瘤等,易累及邻近器官。

1.尿道(Urethra)

位于耻骨联合和阴道前壁之间,长4 ~ 5cm,直径约0.6cm,从膀胱三角尖端开始,穿过泌尿生殖膈,终止于阴道前庭部的尿道外口。尿道内括约肌为不随意肌,尿道外括约肌为随意肌,且与会阴深横肌密切联合。由于女性尿道短而直,又接近阴道,易引起泌尿系统感染。

2.膀胱(Urinarybladder)

为一囊状肌性器官,排空的膀胱为锥体形,位于耻骨联合之后、子宫之前。其大小、形状可因其盈虚及邻近器官的情况而变化。膀胱充盈时可凸向骨盆腔甚至腹腔。膀胱可分为顶、底、体和颈4部分。膀胱各部之间无明显界限。前腹壁下部腹膜覆盖膀胱顶,向后移行达子宫前壁,两者之间形成膀胱子宫陷凹。膀胱底部黏膜形成一三角区称膀胱三角,三角的尖向下为尿道内口,三角底的两侧为输尿管开口。两口相距约2.5cm。此部与宫颈及阴道前壁相邻,但正常情况下,其间组织较疏松。由于膀胱充盈可影响子宫及阴道,故妇科检查及手术前必须排空膀胱。

3.输尿管(Ureter)

为一对肌性圆索状长管,起自肾盂,终于膀胱,各长约30cm,粗细不一。最细部分的内径仅3 ~ 4mm,最粗可达7 ~ 8cm。输尿管在腹膜后,从肾盂开始,沿腰大肌下降,在骶髂关节处进入骨盆腔继续下行,于阔韧带基底部向前内方行,于宫颈外侧约2cm处,在子宫动脉的后方与之交叉,又经阴道侧穹隆顶端绕向前方而入膀胱。在壁内斜行1.5cm,开口于膀胱三角区的外侧角。在施行子宫切除结扎子宫动脉时,避免损伤输尿管。

4.直肠(Rectum)

前为子宫及阴道,后为骶骨。直肠上段有腹膜遮盖,至直肠中段腹膜折向前上方,覆于宫颈及子宫后壁,形成直肠子宫陷凹。直肠下段无腹膜覆盖。肛管长2 ~ 3cm,在其周围有肛门内、外括约肌及肛提肌,而肛门外括约肌为骨盆底浅层肌的一部分。因此,妇科手术及分娩处理时均应注意避免损伤肛管、直肠。

5.阑尾(Appendix vermiformis)

上端接盲肠,长7 ~ 9cm,通常位于右髂窝内。但其位置、长短、粗细变化颇大。有的下端可达右侧输卵管及卵巢部位,而妊娠期阑尾位置又可随妊娠月份增加而逐渐向上外方移位。因此,妇女患阑尾炎时有可能累及子宫附件,应注意鉴别诊断。

(四)血管、淋巴及神经

1.动脉

女性内外生殖器官的血液供应主要来自卵巢动脉、子宫动脉、阴道动脉及阴部内动脉(图54-8)。

(1)卵巢动脉　自腹主动脉分出(左侧可来自左肾动脉)。在腹膜后沿腰大肌前下行至骨盆腔,跨过输尿管与髂总动脉下段,经骨盆漏斗韧带向内横行,再经卵巢系膜进入卵巢内。进入卵巢门前分出若干分支供应输卵管,其末梢在宫角附近与子宫动脉上行的卵巢支相吻合。

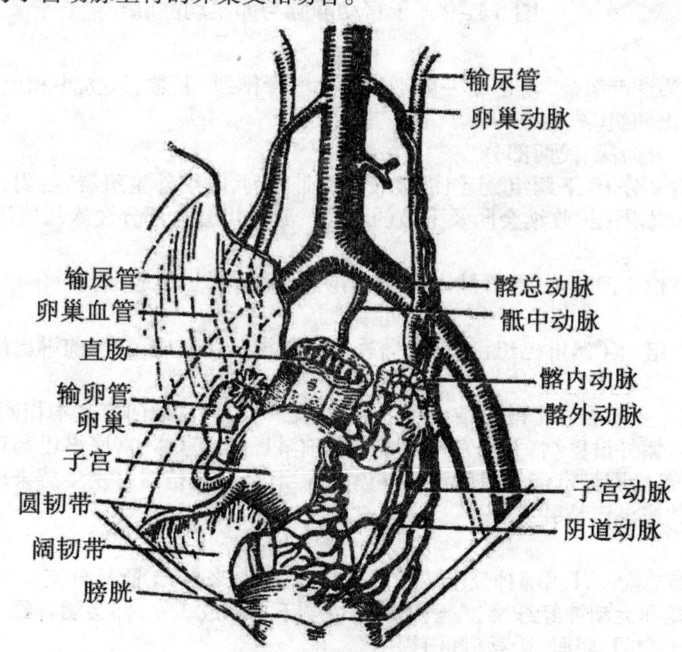

图54-8　输尿管及盆腔血液供应

(2)子宫动脉　为髂内动脉前干分支,在腹膜后沿骨盆侧壁向下向前行。经阔韧带基底部、宫旁组织到达子宫外侧(距子宫峡部水平),距宫颈内口水平约2cm处横跨输尿管至子宫侧缘。此后分为上、下两支:上支较粗,沿子宫上缘迂曲上行称宫体支,至宫角处又分为宫底支(分布于宫底部)、卵巢支(与卵巢动脉末梢吻合)及输卵管支(分布于输卵管);下支较细,分布于宫颈及阴道上段称宫颈-阴道支。

(3)阴道动脉　为髂内动脉前干分支，有许多小分支分布于阴道中下段前后面及膀胱顶、膀胱颈。阴道动脉与子宫动脉阴道支和阴部内动脉分支相吻合，因此，阴道上段由子宫动脉宫颈-阴道支供应，而中段由阴道动脉供应，下段主要由阴部内动脉和痔中动脉供应。

(4)阴部内动脉　为髂内动脉前干终支，经坐骨大孔的梨状肌下孔穿出骨盆腔，绕过坐骨棘背面，再经坐骨小孔到达会阴及肛门，并分出4支:①痔下动脉，供应直肠下段及肛门部;②会阴动脉，分布于会阴浅部;③阴唇动脉，分布于大、小阴唇;④阴蒂动脉，分布于阴蒂及前庭球。

2.静脉

盆腔静脉均与同名动脉伴行，并在相应器官及其周围形成静脉丛，且互相吻合，故盆腔静脉感染容易蔓延。卵巢静脉出卵巢门后形成静脉丛，与同名动脉伴行，右侧汇入下腔静脉，左侧汇入左肾静脉，故左侧盆腔静脉曲张较多见。(图54-9)

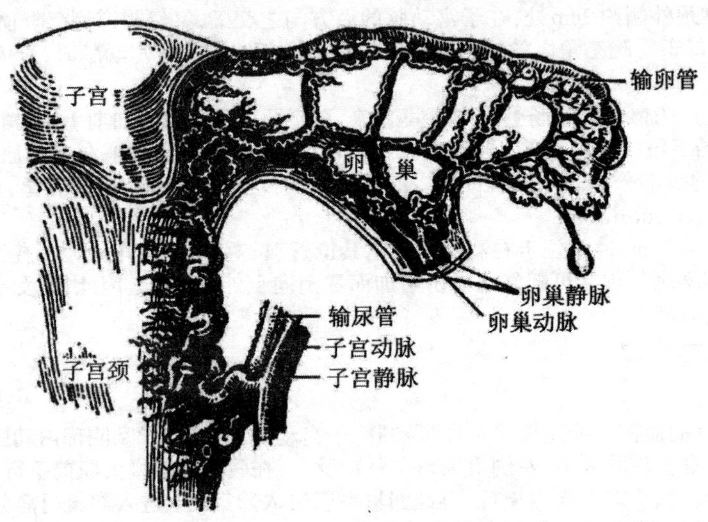

图54-9　子宫动静脉与卵巢动静脉

3.淋巴

女性盆部具有丰富的淋巴系统，淋巴结一般沿相应的血管排列，其数目、大小和位置均不恒定。主要分为外生殖器淋巴与盆腔淋巴两组(图54-10)。

(1)外生殖器淋巴　分为深、浅两部分。

1)腹股沟浅淋巴结:又分上、下两组，上组沿腹股沟韧带排列，收纳外生殖器、会阴、阴道下段及肛门部的淋巴;下组位于大隐静脉末端周围，收纳会阴及下肢的淋巴。其输出管大部分注入腹股沟深淋巴结，少部分注入髂外淋巴结。

2)腹股沟深淋巴结:位于股管内、股静脉内侧，收纳阴蒂、股静脉区及腹股沟浅淋巴，汇入闭孔、髂内等淋巴结。

(2)盆腔淋巴分为3组　①髂淋巴组由髂内、髂外及髂总淋巴结组成;②骶前淋巴组位于骶骨前面;③腰淋巴组位于腹主动脉旁。

阴道下段淋巴引流主要入腹股沟淋巴结。阴道上段淋巴引流与宫颈回流基本相同，大部汇入闭孔淋巴结与髂内淋巴结;小部汇入髂外淋巴结，并经宫骶韧带入骶前淋巴结。宫体、宫底淋巴与输卵管、卵巢淋巴均汇入腰淋巴结。宫体两侧淋巴沿圆韧带汇入腹股沟浅淋巴结。当内、外生殖器官发生感染或癌瘤时，往往沿该部回流的淋巴管传播，导致相应淋巴结肿大。

4.神经

(1)外生殖器的神经支配　外阴部神经主要由阴部神经支配。来自:①骶丛分支;②自主神经:由第Ⅱ、Ⅲ、Ⅳ骶神经分支组成，含感觉和运动神经纤维，在坐骨结节内侧下方分成3支，即会阴神经、阴蒂背神经及肛门神经(又称痔下神经)，分布于会阴、阴唇、阴蒂、肛门周围。

(2)内生殖器的神经支配　主要由交感神经与副交感神经所支配。交感神经纤维自腹主动脉前神经丛分出，下行入盆腔分为两部分:①卵巢神经丛:分布于卵巢和输卵管;②骶前神经丛:大部分在宫颈旁形成骨盆神经丛，分布于宫体、宫颈、膀胱上部等。骨盆神经丛中有来自第Ⅱ、Ⅲ、Ⅳ骶神经的副交感神经纤维，并含有向心传导的感觉神经纤维。但子宫平滑肌有自律活动，完全切除其神经后仍能有节律收缩，还能完成分娩活动。临床上可见下半身截瘫的产妇能顺利自然分娩。

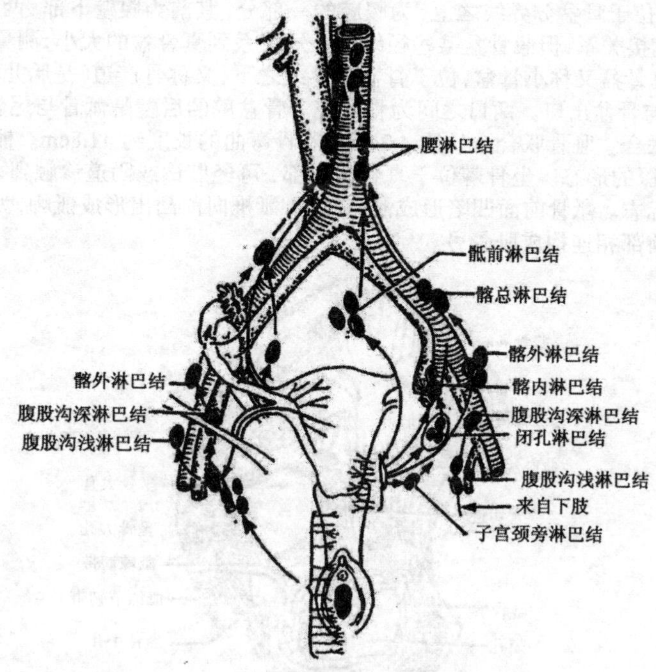

图54-10　女性生殖器淋巴流向

(五)骨盆

女性骨盆是胎儿阴道娩出时必经的骨性产道。其大小、形状对分娩有直接影响。通常女性骨盆较男性骨盆宽而浅,有利于胎儿娩出。

1.骨盆的组成

(1)骨骼　骨盆由骶骨、尾骨及左右两块髋骨组成。每块髋骨又由髂骨、坐骨及耻骨融合而成。骶骨由5～6块骶椎合成;尾骨由4～5块尾椎合成(图54-11)。

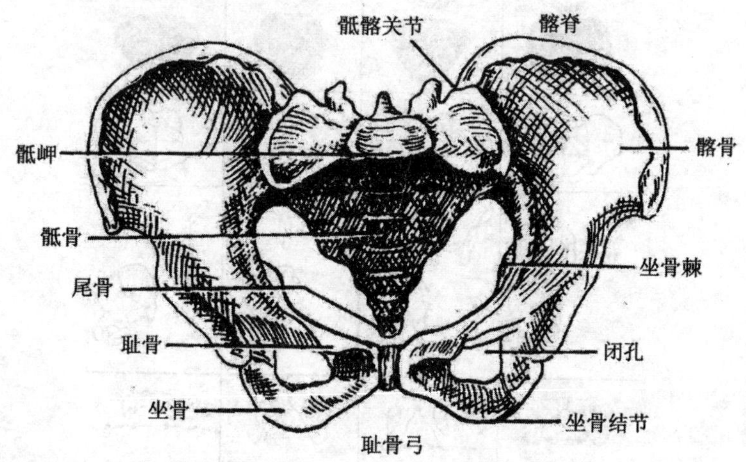

图54-11　正常女性骨盆(前上观)

(2)关节　有耻骨联合、骶髂关节和骶尾关节。两耻骨之间有纤维软骨,形成耻骨联合,位于骨盆的前方。骶髂关节位于骶骨和髂骨之间,在骨盆后方。骶尾关节为骶骨与尾骨的联合处。

(3)韧带　骨盆各部之间的韧带中有两对重要的韧带,一对是骶、尾骨与坐骨结节之间的骶结节韧带,另一对是骶、尾骨与坐骨棘之间的骶棘韧带。骶棘韧带宽度即坐骨切迹宽度,是判断中骨盆是否狭窄的重要指标。妊娠期受激素影响,韧带较松弛,各关节的活动性亦稍有增加,有利于分娩时胎儿通过骨产道(图54-12)。

2.骨盆的分界

以耻骨联合上缘、髂耻缘及骶岬上缘的连线(所谓分界线即髂耻线)为界,将骨盆分为假骨盆和真骨盆两部分。假骨盆又称大骨盆,位于骨盆分界线之上,为腹腔的一部分,其前为腹壁下部,两侧为髂骨翼,其后为第5腰椎。假骨盆与产道无直接关系,但假骨盆某些径线的长短关系到真骨盆的大小,测量假骨盆的这些径线可作为了解真骨盆的参考。真骨盆又称小骨盆,位于骨盆分界线之下,又称骨产道(是胎儿娩出的通道)。真骨盆有上、下两口,即骨盆入口与骨盆出口。两口之间为骨盆腔。骨盆腔的后壁是骶骨与尾骨,两侧为坐骨、坐骨棘、骶棘韧带,前壁为耻骨联合。耻骨联合全长约4.2cm,骶骨弯曲的长度约11.8cm。骶岬至骶尖的直线长度约9.8cm。骨盆腔呈前浅后深的形态。坐骨棘位于真骨盆中部,可经肛诊或阴道诊触到,在分娩过程中是衡量胎先露部下降程度的重要标志。骶骨前面凹陷形成骶窝,第1骶椎向前凸出形成骶岬,为骨盆内测量对角径的重要据点。耻骨两降支的前部相连构成耻骨弓。

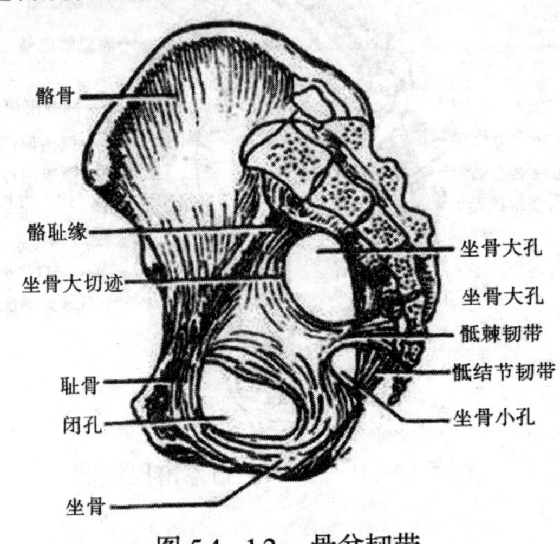

图54-12 骨盆韧带

3.骨盆的类型

根据骨盆形状(按CallweU与Mokw分类)分为4种类型(图54-13)。

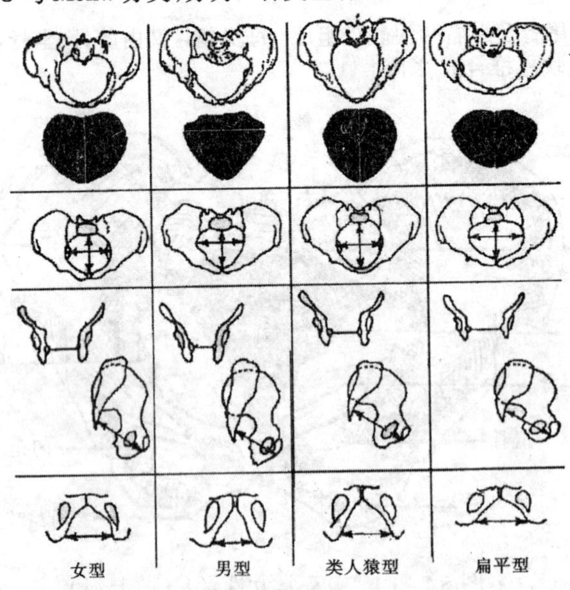

图54-13 骨盆的4种基本类型及其各部比较

(1)女型 骨盆入口呈横椭圆形,髂骨翼宽而浅,入口横径较前后径稍长,耻骨弓较宽,两侧坐骨棘间径≥l0cm。女型最常见,为女性正常骨盆。在我国妇女骨盆类型中占52%~58.9%。

(2)扁平型 骨盆入口前后径短而横径长,呈扁椭圆形。耻骨弓宽,骶骨失去正常弯度,变直向后翘或深弧型,故骶骨短而骨盆浅。在我国妇女中较常见,占23.2%~29%。

(3)类人猿型 骨盆入口呈长椭圆形,骨盆入口、中骨盆和骨盆出口的横径均缩短,前后径稍长,坐骨切迹较宽,两侧壁稍内聚,坐骨棘较突出,耻骨弓较窄,但骶骨向后倾斜,故骨盆前部较窄而后部较宽。骶骨往往有

6节且较直,故较其他型深。在我国妇女中占14.2%～18%。

(4)男型　骨盆入口略呈三角形,两侧壁内聚,坐骨棘突出,耻骨弓较窄,坐骨切迹窄呈高弓形,骶骨较直而前倾,致出口后矢状径较短。因男型骨盆呈漏斗形,往往造成难产。较少见,在我国妇女中仅占1.0%～3.7%。

骨盆的形态、大小除种族差异外,其生长发育还受遗传、营养与性激素的影响。上述4种基本类型只是理论上归类,临床多见为混合型骨盆。

4.骨盆底(Pelvic floor)

由多层肌肉和筋膜所组成,封闭骨盆出口;盆腔脏器赖以承载并保持正常位置。若骨盆底结构和功能发生异常,可影响盆腔脏器位置与功能,甚至引起分娩障碍。而分娩处理不当,亦可损伤骨盆底。

骨盆底的前方为耻骨联合下缘,后方为尾骨尖,两侧为耻骨降支、坐骨升支及坐骨结节。两侧坐骨结节前缘的连线将骨盆底分为前、后两部:前部为尿生殖三角,又称尿生殖区,有尿道和阴道通过。后部为肛门三角,又称肛区,有肛管通过。骨盆底有3层组织:

(1)外层　即浅层筋膜与肌肉。在外生殖器、会阴皮肤及皮下组织的下面,有一层会阴浅筋膜,其深面由3对肌肉及一括约肌组成浅肌肉层。

1)球海绵体肌:位于阴道两侧,覆盖前庭球及前庭大腺,向后与肛门外括约肌互相交叉而混合。此肌收缩时能紧缩阴道又称阴道缩肌。

2)坐骨海绵体肌:从坐骨结节内侧沿坐骨升支内侧与耻骨降支向上,最终集合于阴蒂海绵体(阴蒂脚处)。

3)会阴浅横肌:自两侧坐骨结节内侧面向中线会合于中心腱。

4)肛门外括约肌:为围绕肛门的环形肌束,前端会合于中心腱。

(2)中层　即泌尿生殖膈:由上、下两层坚韧筋膜及一层薄肌肉组成。覆盖于由耻骨弓与两坐骨结节所形成的骨盆出口前部三角形平面上,又称三角韧带。其上有尿道与阴道穿过。在两层筋膜间有一对由两侧坐骨结节至中心腱的会阴深横肌及位于尿道周围的尿道括约肌。

(3)内层　即盆膈:为骨盆底最里面最坚韧层,由肛提肌及其内、外面各覆一层筋膜所组成,亦为尿道、阴道及直肠贯通。

肛提肌是位于骨盆底的成对三角形扁肌,向下向内合成漏斗形。每侧肛提肌由前内向后外由3部分组成:耻尾肌、髂尾肌、坐尾肌。肛提肌有加强盆底托力的作用。又因部分肌纤维在阴道及直肠周围密切交织,还有加强肛门与阴道括约肌的作用。

5.会阴(Perineum)

广义的会阴是指封闭骨盆出口的所有软组织,包括皮肤、肌肉和筋膜。狭义的会阴是指阴道口与肛门之间的软组织,厚3～4cm,由外向内逐渐变窄呈楔状,表面为皮肤及皮下脂肪,内层为会阴中心腱,又称会阴体。妊娠期会阴组织变软有利于分娩。分娩时要保护此区,以免造成会阴裂伤。

二、女性生殖系统生理机能

案例引入

某女,16岁,月经来潮2年,周期不规律。

学习任务:您作为管床护士请在评估原因后,为其开展月经形成的知识宣教。

学习目标

知识目标　能说出卵巢功能及周期性变化、子宫内膜的周期性变化、月经的临床表现。能说出妇女一生各阶段的生理特点及月经的周期性调节。

能力目标　能够提出正确的护理诊断,并能够为患者提供合适的护理措施。

素质目标　学习过程中体现对患者的关心。

妇女一生各时期都有不同的组织学、解剖学变化及生理特点。女性生殖系统的功能、生理变化与其他系统的功能息息相关,且能相互影响。

(一)妇女一生各阶段的生理特点

女性从新生儿到衰老是渐进的生理过程,也是下丘脑-垂体-卵巢轴功能发育、成熟和衰退的过程。妇女一生根据其生理特点可按年龄划分为几个阶段,但并无截然界限,可因遗传、环境、营养等条件影响而有个体差异。

1.新生儿期

出生后4周内称新生儿期。胎儿在母体内受到胎盘及母体性腺所产生的女性激素影响,出生的新生儿常见外阴较丰满,乳房略隆起或少许泌乳,出生后脱离胎盘循环,血中女性激素水平迅速下降,可出现少量阴道流血。这些生理变化短期内均能自然消退。

2.儿童期

从出生4周到12岁左右称儿童期。在10岁之前,儿童体格持续增长和发育,但生殖器仍为幼稚型,阴道狭长,上皮薄、无皱襞,细胞内缺乏糖原,阴道酸度低,抗感染力弱,容易发生炎症;子宫小,宫颈较长,子宫肌层亦很薄;输卵管弯曲且很细;卵巢长而窄,卵泡虽能大量生长,但仅低度发育即萎缩、退化。子宫、输卵管及卵巢均位于腹腔内,接近骨盆入口。

在儿童后期,约10岁起,卵巢内的卵泡受垂体促性腺激素的影响有一定发育并分泌性激素,但仍达不到成熟阶段。卵巢形态逐步变为扁卵圆形。女性特征开始呈现,皮下脂肪在胸、髋、肩部及耻骨前面堆积;子宫、输卵管及卵巢逐渐向骨盆腔内下降;乳房开始发育。

3.青春期

从月经初潮至生殖器官逐渐发育成熟的时期称青春期。世界卫生组织(WHO)规定青春期为10~19岁,可供参考。这一时期的生理特点为:

(1)全身发育　此时期身高迅速增长,体型渐达成年女性。

(2)第一性征　由于下丘脑与垂体促性腺激素分泌量增加及作用加强,使卵巢发育与性激素分泌逐渐增加,内、外生殖器进一步发育。外生殖器从幼稚型变为成人型;阴阜隆起,大阴唇变肥厚,小阴唇变大且有色素沉着;阴道长度及宽度增加,阴道黏膜变厚并出现皱襞;子宫增大,尤其宫体明显增大,使宫体占子宫全长的2/3;输卵管变粗,弯曲度减小,黏膜出现许多皱襞和纤毛;卵巢增大,皮质内有不同发育阶段的卵泡,致使卵巢表面稍呈凹凸不平。此时的女性虽已初步具有生育能力,但整个生殖系统的功能尚未完善。

(3)第二性征　除生殖器官以外,还有其他女性特有的征象:音调变高;乳房丰满而隆起;出现阴毛及腋毛;骨盆横径发育大于前后径;胸、肩部皮下脂肪增多,显现女性特有的体态。

(4)月经来潮　是青春期开始的一个重要标志。青春早期各激素水平开始有规律性波动,直到雌激素水平达到一定高度而下降时,引起子宫撤退性出血即月经初潮。由于卵巢功能尚不健全,故初潮后月经周期也多无一定规律。

(5)青春期激素水平的变化　青春期开始雌激素水平虽达到一定高度,但尚不足以引起黄体生成激素的高峰,故月经周期尚不规律且多为无排卵性。据报道,初潮后前2年内55%~95%的月经周期为无排卵性。随后,卵泡刺激素水平上升,雌激素水平也上升达成人排卵前高峰水平,并持续一定时间,出现正反馈作用。诱发LH高峰而有排卵性的月经周期。此时虽已初步具有生育能力,但整个生殖系统的功能尚未完善。

4.性成熟期

一般自18岁左右开始,历时约30年,性成熟期又称生育期。此期妇女性功能旺盛,卵巢功能成熟并分泌性激素,已建立规律的周期性排卵。生殖器各部和乳房也均有不同程度的周期性改变。

5.围绝经期

此期长短不一,因人而异。可始于40岁,历时10余年,甚至20年。卵巢功能逐渐衰退,生殖器官亦开始萎缩向衰退变更。曾称为更年期,WHO于1994年召开有关绝经研究进展工作会议,推荐采用围绝经期之称。包括绝经前后的一段时期,又将其分为3个阶段:绝经前期、绝经、绝经后期。

6.老年期

一般60岁后妇女机体逐渐老化,进入老年期。此期卵巢功能已衰竭,主要表现为雌激素水平低落,不足以维持女性第二性征。生殖器官进一步萎缩老化。因骨代谢失常引起骨质疏松,易发生骨折。

(二)下丘脑-垂体-卵巢激素功能及调节

下丘脑-垂体-卵巢轴,是一个完整而协调的神经内分泌系统,它的每个环节均有其独特的神经内分泌功能,并且互相调节、互相影响。它的主要生理功能是控制女性发育、正常月经和性功能,因此又称性腺轴。此外,它还参与机体内环境和物质代谢的调节。

性腺轴的神经内分泌活动还受到大脑高级中枢调控。在下丘脑促性腺激素释放激素(Gn-RH)的控制下,腺垂体分泌FSH和LH,卵巢性激素依赖于FSH和LH的作用,而子宫内膜的周期变化又受卵巢分秘的性激素调控(图54-14)。

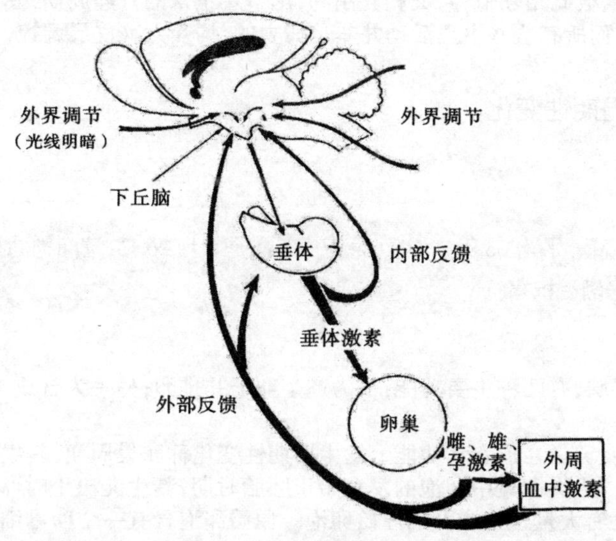

图 54-14　下丘脑-垂体-卵巢轴之间的相互关系示意图

下丘脑的神经分泌细胞分泌卵泡刺激素释放激素(FSH-RH)与黄体生成激素释放激素(LH-RH),二者可通过下丘脑与脑垂体之间的门静脉系统进入腺垂体。垂体在下丘脑所产生的激素控制下分泌 FSH 与 LH,能刺激成熟卵泡排卵,促使排卵后的卵泡变成黄体,并产生孕激素与雌激素。卵巢性激素依赖于 FSH 和 LH 的作用,而子宫内膜的周期变化又受卵巢分泌的性激素调控。

性腺轴的功能调节是通过神经调节和激素反馈调节实现。卵巢性激素对下丘脑-垂体分泌活动的调节作用称为反馈性调节作用。下丘脑的不同部位对性激素作用的反应性不同。使下丘脑兴奋，分泌性激素增多者称正反馈;反之,使下丘脑抑制,分泌性激素减少者称负反馈。大量雌激素抑制下丘脑分泌 FSH-RH(负反馈);同时又兴奋下丘脑分泌 LH-RH(正反馈)。大量孕激素对 LH-RH 呈抑制作用(负反馈)。当下丘脑因受卵巢性激素负反馈作用的影响而使卵巢释放激素分泌减少时,垂体的促性腺激素释放也相应减少,黄体失去支持而萎缩,由其产生的两种卵巢激素也随之减少。子宫内膜因失去卵巢性激素的支持而萎缩、坏死、出血、剥脱,促成月经来潮。在卵巢性激素减少的同时,解除了对下丘脑的抑制,下丘脑得以再度分泌有关释放激素，于是又开始另一个新的周期,如此反复循环(图 54-15)。

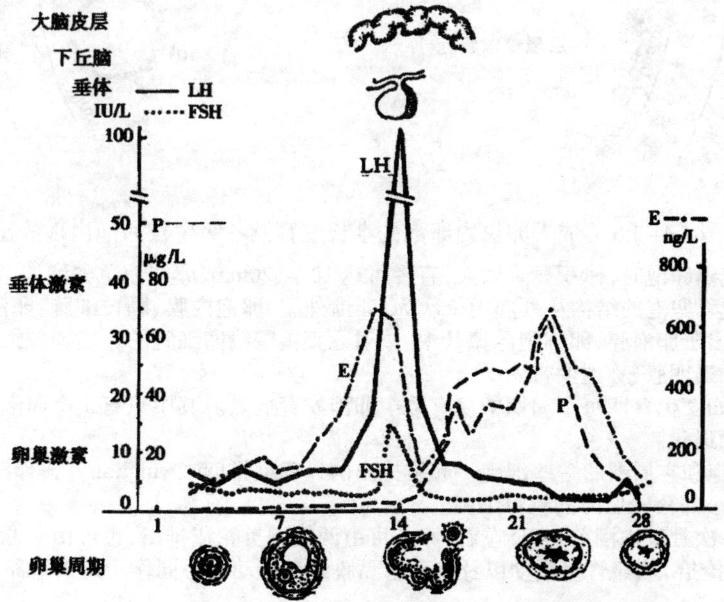

图 54-15　月经周期中下丘脑-垂体-卵巢轴的变化

下丘脑、垂体与卵巢激素彼此相互依存,又相互制约,调节着正常的月经周期,其他内分泌腺及前列腺素与月经周期的调节密切相关。而所有这些生理活动并非是孤立的,均受大脑皮层调控,可见神经系统在月经周期的调节中起重要作用。

(三)卵巢功能及其周期性变化

案例引入

女性,23岁,月经周期规律,平均28天来1次,最近的1次是5月26日,请问她的排卵可发生在何时?为什么她自觉月经前期比月经来潮后抗寒?

1.卵巢功能

卵巢是女性生殖内分泌腺,有两种主要功能:一为产生卵子并排卵;另一为合成并分泌性激素。

2.卵巢的周期性变化

从青春期开始到绝经前,卵巢在形态和功能上发生周期性变化称卵巢周期,其主要变化如下:

(1)卵泡的发育及成熟　人类卵巢中卵泡的发育始于胚胎时期,新生儿出生时卵巢大约有15万~50万个卵泡。儿童期卵巢的皮质含有大量密集成群的原始卵泡。原始卵泡含有一个卵母细胞,周围有一层梭形或扁平细胞围绕。到青春期以后,卵母细胞逐渐减少。生育期只有300~400个卵母细胞发育成熟,并经排卵过程排出,其余的卵泡发育到一定程度自行退化,这个退化过程称卵泡闭锁(图54~16)。

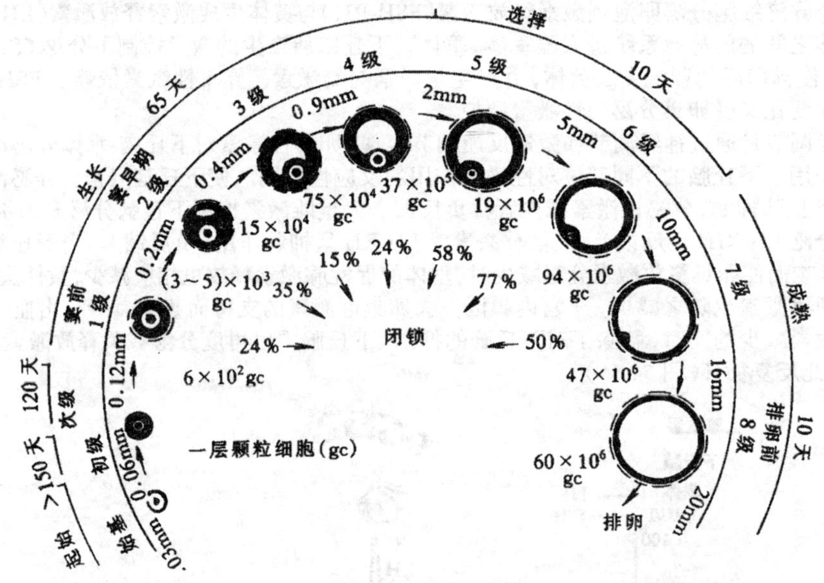

图54-16　成人卵巢内卵泡的生长发育及各级生长卵泡出现的比例

当卵泡发育至成熟卵泡时,体积显著增大,直径可达10~20mm,卵泡液急骤增加,卵泡腔增大。卵泡移行向卵巢表面突出。成熟卵泡的结构从外向内依次为:卵泡外膜、卵泡内膜、颗粒细胞、卵泡腔。腔内充满大量清澈的卵泡液、卵丘突出于卵泡腔,卵细胞深藏其中、放射冠直接围绕卵细胞的一层颗粒细胞、在放射冠与卵细胞之间还有一层很薄的透明膜,称透明带。

一般认为,正常妇女生育期每个周期中仅有数个卵泡发育成熟。其中只有1个卵泡发生排卵,其余同样成熟的卵泡都不排卵而退化。

(2)排卵　卵细胞和它周围的一些细胞一起被排出的过程称排卵(Ovulation)。排卵时随卵细胞同时排出的有透明带、放射冠及小部分卵丘内的颗粒细胞。

排卵多发生在下次月经来潮前14日左右,卵子可由两侧卵巢轮流排出,也可由一侧卵巢连续排出。卵子排出后,经输卵管伞部捡拾、输卵管壁蠕动以及输卵管黏膜纤毛活动等协同作用进入输卵管,并循管腔向子宫侧运行。

(3)黄体形成及退化　排卵后,卵泡液流出,卵泡腔内压下降,卵泡壁塌陷,形成许多皱襞,卵泡壁的卵泡颗粒细胞和内膜细胞向内侵入,周围有结缔组织的卵泡外膜包围,共同形成黄体(Corpus lutein)。黄体化后形成颗粒黄体细胞及卵泡膜黄体细胞。排卵后7～8日(相当于月经周期第22日左右)黄体体积达最高峰,直径1～2cm,外观色黄(图54-17)。

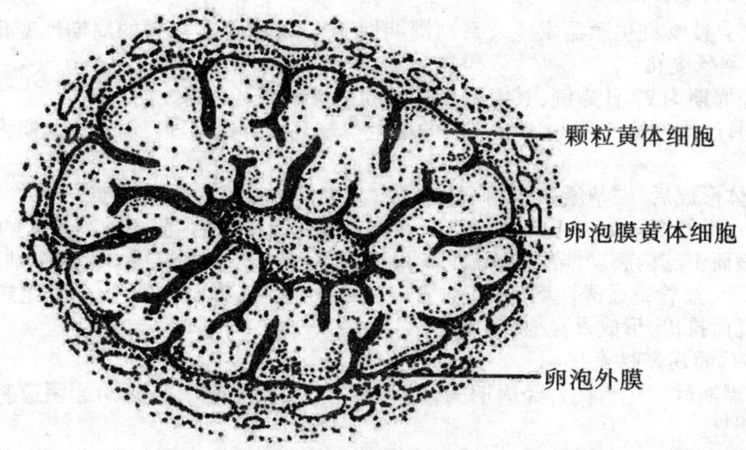

图54-17　卵巢黄体

若卵子未受精,黄体在排卵后9～10日开始退化,其机理迄今不详。退化时黄体细胞逐渐萎缩变小,周围的结缔组织及成纤维细胞侵入黄体,逐渐由结缔组织所代替,组织纤维化,外观色白称白体(Corpus ablicans)。

正常排卵周期黄体功能仅限于14日内,黄体衰退后月经来潮,卵巢中又有新的卵泡发育,开始新的周期。

3.卵巢分泌的甾体激素

卵巢合成及分泌的性激素,主要为雌激素(Estrogen)、孕激素(Progestin)和少量雄激素(Androgen)等甾体激素。

(1)雌激素的生理作用

1)促使子宫发育,引起肌细胞的增生和肥大,使肌层变厚,血运增加,并使子宫收缩力增强以及增加子宫平滑肌对缩宫素的敏感性。

2)使子宫内膜增生。

3)使宫颈口松弛,宫颈黏液分泌增加,质变稀薄,易拉成丝状。

4)促进输卵管发育,加强输卵管节律性收缩的振幅。

5)使阴道上皮细胞增生和角化,使黏膜变厚并增加细胞内糖原含量,增强局部的抵抗力;使阴唇发育、丰满。

6)使乳腺腺管增生,乳头、乳晕着色。促进其他第二性征的发育。

7)雌激素对卵巢的卵泡发育是必需的,从原始卵泡发育到成熟卵泡,均起一定的作用;有助于卵巢积储胆固醇。

8)雌激素通过对下丘脑的正负反馈调节,控制脑垂体促性腺激素的分泌。

9)促进钠与水的潴留;在脂肪代谢方面,总胆固醇有下降趋势,使脂蛋白减少。降低胆固醇与磷脂的比例,减少胆固醇在动脉管壁的沉积,有利于防止冠状动脉硬化。

10)足够量的雌激素存在时,钙盐及磷盐方能在骨质中沉积,以维持正常骨质。青春期在雌激素影响下可使骨骺闭合;绝经期后由于雌激素缺乏而发生骨质疏松。

(2)孕激素的生理作用

1)影响子宫平滑肌细胞膜的通透性,使细胞内钾离子浓度降低,钠离子浓度升高,使肌纤维松弛,兴奋性降低;同时降低妊娠子宫对缩宫素的敏感性,从而减少子宫收缩,有利于受精卵在子宫腔内生长发育。

2)使增生期子宫内膜转化为分泌期内膜,为受精卵着床做好准备。

3)使宫颈口闭合,黏液减少、变稠,拉丝度减少。

4)抑制输卵管肌节律性收缩的振幅。

5)使阴道上皮细胞脱落加快。

6)在已有雌激素影响的基础上,促进乳腺腺泡发育成熟。

7)孕激素通过对下丘脑的负反馈作用,影响脑垂体促性腺激素的分泌。

8)孕激素能兴奋下丘脑体温调节中枢,使体温升高。正常妇女在排卵前基础体温低,排卵后基础体温可升高0.3～0.5℃,这种基础体温的改变,可作为排卵的重要指标。

9)孕激素能促进水与钠的排泄。

(3)孕激素与雌激素的协同和拮抗作用　根据上述生理功能,显示孕激素在雌激素作用的基础上,进一步促使女性生殖器和乳房的发育,为妊娠准备条件,可见二者有协同作用;另一方面,雌激素和孕激素又有拮抗作用,表现在子宫收缩、输卵管蠕动、宫颈黏液变化、阴道上皮细胞角化和脱落以及钠和水的潴留与排出。

(四)子宫内膜的周期性变化

卵巢的周期性变化使女性生殖器发生一系列周期性变化,尤以子宫内膜的周期性变化最显著。

1.子宫内膜的周期性变化

以正常一个月经周期为28日为例,其组织形态的周期性改变可分为3期:

(1)增生期　在月经周期第5 ~ 14日。内膜的增生与修复在月经期即已开始。此期内膜修复很快,逐渐生长变厚,细胞增生。

(2)分泌期　黄体形成后,在孕激素作用下,使子宫内膜呈分泌反应称分泌期。

(3)月经期　在月经周期第1 ~ 4日。此时雌、孕激素水平下降,使内膜中前列腺素的合成活化。前列腺素能刺激子宫肌层收缩而引起内膜功能层的螺旋小动脉持续痉挛, 内膜血流减少。受损缺血的坏死组织面积渐扩大。组织变性、坏死,血管壁通透性增加,使血管破裂导致内膜底部血肿形成,促使组织坏死剥脱。变性、坏死的内膜与血液相混而排出,形成月经血。

2.生殖器其他部位的周期性变化

(1)阴道黏膜的周期性变化　在月经周期中,随着雌、孕激素的消长,可以引起阴道黏膜周期性改变,这种改变在阴道上段更明显。

排卵前,阴道上皮在雌激素的影响下,底层细胞增生。逐渐演变为中层与表层细胞,使阴道上皮增厚;表层细胞出现角化,其程度在排卵期最明显。细胞内富有糖原,糖原经寄生在阴道内的阴道杆菌分解而成乳酸,使阴道内保持一定酸度,可以防止致病菌的繁殖。排卵后,在孕激素的作用下,主要为表层细胞脱落。临床上常借助阴道脱落细胞的变化了解体内雌激素水平和有无排卵。

(2)宫颈黏液的周期性变化　在卵巢激素的影响下,宫颈腺细胞分泌的黏液,其物理、化学性质及其分泌量均有明显的周期性改变。月经干净后,体内雌激素水平降低,宫颈管分泌的黏液量很少。雌激素可刺激分泌细胞的分泌功能,随着雌激素水平不断提高,至排卵期黏液分泌量增加,黏液稀薄、透明,拉丝度可达10cm以上。若将黏液制作涂片,干燥后检查可见羊齿植物叶状结晶,这种结晶在月经周期第6 ~ 7日开始出现,到排卵期最为清晰而典型。排卵后,受孕激素影响,黏液分泌量逐渐减少,质地变黏稠而混浊,拉丝度差,易断裂。涂片检查时结晶逐步模糊,至月经周期第22日左右完全消失,而代之以排列成行的椭圆体。依据宫颈黏液的周期性变化,可反映当时的卵巢功能。

(3)输卵管的周期性变化　包括形态和功能两方面,均受到激素调控,但不如生殖器其他部位的周期性变化明显。(图54-18)

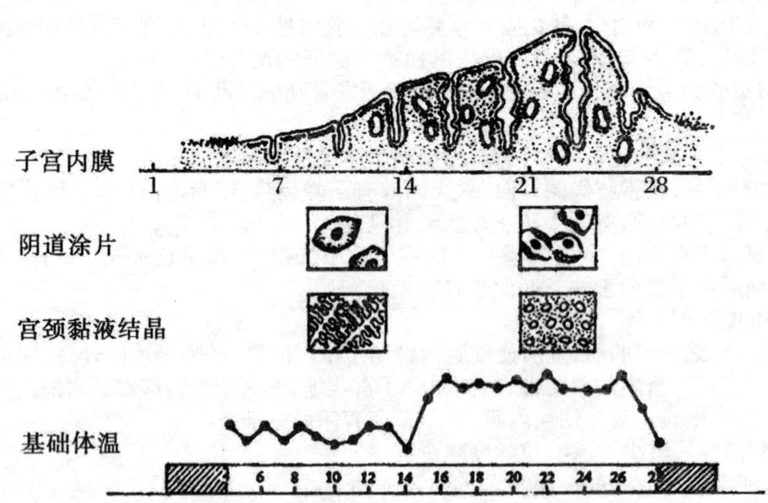

图54-18　月经周期中激素、卵巢、子宫内膜、阴道涂片、宫颈黏液及基础体温的周期变化

(五)月经及月经期的临床表现

1.月经的定义

月经(Menstruation)是指随卵巢的周期性变化,子宫内膜周期性脱落及出血。是生殖功能成熟的标志之一。

2.月经初潮

月经第一次来潮称月经初潮(Menarche)。月经初潮年龄在11～18岁,多在13～15岁。初潮的迟早,受各种内外因素影响,体弱或营养不良者月经初潮可较迟,而体质强壮及营养好者,月经初潮可提早。

3.月经周期

出血的第1日为月经周期的开始,两次月经第1日的间隔时间称一个月经周期(menstrual cycle),一般28～30日为一个周期。周期长短因人而异,但每个妇女的月经周期有自己的规律性。

4.月经持续时间及出血量

正常妇女月经持续时间差异亦很大,但每个妇女的月经持续日数基本一致。正常月经持续时间为2～7日,多数为3～6日。一般月经第2～3日的出血量最多。月经量的多少很难统计,临床上常通过每日换月经垫次数粗略估计量的多少。多数学者认为每月失血量超过80ml即为病理状态。

5.月经血的特征

月经血一般呈暗红色,除血液外,还有子宫内膜碎片、宫颈黏液及脱落的阴道上皮细胞。月经血的主要特点是不凝固,但在正常情况下偶尔亦有些小凝块。月经血内缺乏纤维蛋白及纤维蛋白原,主要是由于纤维蛋白的溶解。开始剥落的子宫内膜中含有极多的活化物质混入经血内,使经血中的纤溶酶原激活转变为纤溶酶,纤维蛋白在纤溶酶的作用下裂解为流动的分解产物。同时内膜组织含有其他活性酶,能破坏许多凝血因子(如凝血因子Ⅰ、Ⅴ、Ⅶ、Ⅷ、Ⅸ),也妨碍血液凝固,以致月经血变成液体状态排出。

6.月经期的症状

一般月经期无特殊症状。但由于经期盆腔淤血及子宫血流量增多,有些妇女可有下腹及腰骶部下坠感,个别可有膀胱刺激症状(如尿频)、轻度神经系统不稳定症状(如头痛、失眠、精神忧郁、易于激动)、胃肠功能紊乱(如食欲不振、恶心、呕吐、便秘或腹泻)以及鼻黏膜出血、皮肤痤疮等,但一般并不严重,不影响妇女的工作和学习。

第二节　女性生殖系统疾病患者护理概述

案例引入

某女,28岁,因阴道出血就诊。护士进行首次护理评估。

学习任务:1.您作为社区护士,应该评估哪些内容?

2.您作为社区护士与患者会谈时的注意事项有哪些?

学习目标

知识目标　能说出妇科患者的特点及常见临床表现,并正确为患者进行护理评估。能正确书写妇科护理病历。

能力目标　能够掌握女性生殖系统疾病常见症状的护理。能够掌握妇科检查和常用特殊检查的护理配合要点。能够熟悉妇科门诊及病区的护理管理要求。

素质目标　具有良好的妇科护理人员的职业素质,学习过程中体现对患者的关心。

一、妇科护理病历

妇科护理病历是指导护理人员临床实践的记录和依据,是妇科患者医疗文件的重要组成部分,也是涉及医疗纠纷、医疗保险及法律诉诉的重要资料,因此,书写完整而规范的妇科护理病历,是每个从事妇科护理工作的护士必须掌握的一项临床基本功,应以负责任的精神和实事求是的态度认真对待,及时完成。

书写妇科护理病历,护理人员要应用护理程序,采集病史,进行身体评估,分析患者的心理、社会状态,参考各有关辅助检查的结果,根据不同服务对象的需要,制订相应的护理计划并实施。

【护理评估】

案例引入

女性,初潮年龄13岁,经期4 ~ 6天,周期26 ~ 28天,孕10月顺产一婴、孕6月产一胎、自流产一次、人工流产一次,现有一子,请用妇科病历书写法简写记录。

1.病史采集方法

妇科护理评估可以通过观察、会谈、对女性患者进行身体检查、心理测试等方法,获得其生理、心理、社会、精神和文化等各方面的资料。由于女性生殖系统疾病常常涉及患者的隐私和与性生活有关的内容,收集资料时会使患者感到害羞和不适,甚至不愿说出真情,所以在护理评估的过程中,要做到态度和蔼、语言亲切,关心体贴和尊重患者,耐心细致地询问和进行体格检查,给患者以责任感、安全感,并给予保守秘密的承诺,在可能的情况下要避免第三者在场,这样才能收集到患者真实的生理、心理、社会资料。

2.病史内容

包括一般项目、主诉、现病史、月经史、婚育史、既往史、个人史和家族史等8个方面。

(1)一般项目　询问患者的姓名、年龄、婚姻、籍贯、职业、民族、教育程度、宗教信仰、家庭住址等,记录入院日期,观察患者的入院方式。患者年龄、婚姻、信仰、职业等不同,影响患者发病后的反应。

(2)主诉　了解患者入院的主要问题、主要症状、出现的时间和患者的应对方式。妇科常见的症状有阴道流血、白带异常、下腹痛、下腹部包块、外阴瘙痒、闭经及不孕等。也有本人无任何自觉不适,通过妇科普查而发现问题的患者。

(3)现病史　围绕主诉了解发病的时间、原因及可能的诱因、病情发展经过、就医经过、采取的护理措施及效果。可按照时间顺序进行询问。还需了解患者有无伴随症状及其出现的时间、特点和演变过程,特别是与主要症状的关系。此外详细询问患者相应的心理反应,询问食欲、大小便、体重变化、活动能力、睡眠、自我感觉、角色关系、应激能力的变化。

(4)月经史　询问初潮年龄、周期、经期(可简写为:初潮年龄、经期、周期、绝经年龄,如初潮14岁,周期28 ~ 30天,经期4 ~ 5天。可简写为14 4 ~ 5/28 ~ 30)了解经量多少(询问每日更换卫生巾次数)、经前期有无不适(如乳房胀痛、水肿、精神抑郁或易激动等)、有无痛经和疼痛部位、性质、程度、起始时间、消失时间,常规询问末次月经时间(LMP)及其经量和持续时间。月经异常者应了解再前次月经日期(PMP)。绝经后患者应询问绝经年龄、绝经后有无不适、有无阴道出血和白带增多。

(5)婚育史　包括结婚年龄、婚次、男方健康情况、是否近亲结婚(直系血亲及dg代旁系)、同居情况、双方性功能、性病史。足月产、早产、流产及现存子女数(可简写为:足-早-流-存或孕×产×)、分娩方式、有无难产史、产后或流产后有无出血、感染史,末次分娩或流产的时间,采用的计划生育措施及效果。

(6)既往史　询问既往健康状况,曾患过何种疾病,特别是妇科疾病及与妇科疾病密切相关的病史,如生殖系统炎症、肿瘤、损伤、畸形等,是否肥胖,有无肺结核、肠结核、结核性腹膜炎、肝炎、心血管疾病及腹部手术史等。为防止遗漏,可按全身各系统依次询问。同时应询问食物过敏史、药物过敏史,并说明对何种药物过敏。

(7)个人史　询问患者的生活和居住情况、出生地和曾居住地区、个人特殊嗜好、自理程度、生活方式、睡眠、饮食、营养、卫生习惯等。了解与他人、家人的关系,对待职业、工作、退休的满意度,有无烟酒嗜好。

(8)家族史　了解患者的家庭成员包括父母、兄弟、姊妹及子女的健康状况,询问家族成员有无遗传性疾病(如血友病、白化病等)、可能与遗传有关的疾病(如糖尿病、高血压、癌肿等)以及传染病(如结核等)。

3.身体评估

身体评估常常在采集病史的过程中进行,包括全身检查、腹部检查和盆腔检查,盆腔检查因为妇科检查所特有,也称为妇科检查,以及女性生殖系统特殊检查。

(1)全身检查　测量体温、脉搏、呼吸、血压、身高、体重;观察精神状态、全身发育、毛发分布、皮肤、淋巴结、头部器官、颈、乳房(检查其发育及有无包块或分泌物)、心、肺、脊柱及四肢。

(2)腹部检查　是妇科评估的重要组成部分,应在盆腔评估前进行。观察腹部有无隆起,腹壁有无瘢痕、静脉曲张、妊娠纹、腹壁疝、腹直肌分离等。扪诊腹壁厚度,肝、脾、肾有无增大及压痛,腹部其他部位有无压痛、反跳痛及肌紧张,腹部能否扪到肿块及其部位、大小、形状、质地、活动度、表面光滑或高低不平、隆起、有无压痛。叩诊时注意鼓音和浊音分布区,有无移动性浊音存在。如为合并妊娠妇女,应检查宫底高度、胎方位、胎心率及胎动等。

(3)盆腔检查　即妇科检查,见第三节。

(4)女性生殖系统特殊检查　见第四节。

4.心理-社会内容

(1)患者对健康问题及医院环境的感知 了解患者对健康问题的感受,对自己所患疾病的认识和态度,对住院、治疗和护理的期望及感受,对患者角色的接受。

(2)患者对疾病的反应 评估患者患病前及患病后的应激方法,面对压力时的解决方式,处理问题过程中遭遇到的困难。尽可能明确导致患者疾病的社会心理原因。

(3)患者的精神心理状态 发病后患者的仪表、举止、情绪、意识、定向力、注意力、沟通交流能力、思维、记忆和判断能力有无改变。患病后患者有无焦虑、恐惧、否认、绝望、自责、沮丧、愤怒、悲哀等情绪变化。

5.辅助检查内容

包括血、尿、便三大常规检查,相关的实验室检查项目及相应的物理学诊断,如超声检查、X线检查、内镜检查等。

【护理诊断】

当妇科护士全面收集了有关患者的资料,并加以综合整理、分析后,应根据患者的问题作出护理诊断。护理诊断应包括患者现存的与潜在的问题、自我护理的能力及妇女群体健康改变的趋势。确认相应的护理诊断后,按照其重要性和紧迫性排列先后顺序,使护士能够根据病情轻重缓急采取先后行动。

妇科患者常见的护理诊断及医护合作性问题有:

1.组织灌注量改变

2.组织完整性受损

3.舒适的改变

4.疼痛

5.知识缺乏

6.焦虑、恐惧

7.自我形象紊乱

8.营养失调

9.潜在感染的危险

10.功能障碍性悲哀

【护理目标】

制定护理目标可以明确护理工作的方向,指导护士为达到目标中期望的结果去设计护理措施,并在护理程序的最后一步对护理工作进行效果评价。

选择的护理目标是妇科护士和患者双方合作的结果,使患者提高自我护理的能力和适应环境的能力。根据目标所需时间的长短可将护理目标分为长期目标和短期目标。

1.长期目标

又称为远期目标,是指在较长时间内(数周或数月)能够达到的目标。长期目标有利于妇科护士针对患者长期存在的问题采取连续护理行动,常常用于妇科出院患者、慢性炎症患者和手术后康复患者。

2.短期目标

又称为近期目标,是指在较短的时间内(1周或1天甚至更短的时间)能够达到的目标。常常用于病情变化较快或短期住院的妇科患者的护理计划。

有时长期目标中期望的结果往往需要一系列的短期目标才能更好地实现,或者长期目标包括一系列渐进性的短期目标,这样可以使护士分清各个护理阶段的工作任务,也可因短期目标的逐步实现而增加患者达到长期目标的信心。长期目标和短期目标在时间上没有绝对的分界,有些护理计划只有短期目标,有些护理计划则可能具有长期和短期目标。

妇科患者的护理目标常见的有:

1.患者能主动咨询,说出女性生殖系统的保健及疾病的防治和康复知识。

2.患者能积极配合诊疗,正确评价自己。

3.患者能表达出对疾病的感受,恐惧减轻,情绪稳定,找到应对方法。

4.患者能说出引起感染的因素及预防措施,不发生感染。

5.患者能主动摄食,身体免疫力增强。

6.患者能说出缓解疼痛的方法,诉局部不适或疼痛感减轻及消失。

7.患者出院时具有适应术后生活的能力和信心。

【护理措施】

包括心理社会反应的监测和疏导、一般护理、病情观察、执行医嘱、用药指导、缓解症状、促进舒适的护理措施、预防、减轻和消除病变反应的措施、日常生活护理和健康教育等。护理措施的内容可分为三类。

1.依赖性护理措施

主要是指护士执行医嘱。护士既执行医嘱完成护理活动,同时还承担对患者的治疗和护理的责任。

2.协作性护理措施

是指护士与其他医务人员协同完成的护理活动。如手术护理。

3.独立性护理措施

是指护士运用自己的护理知识和技能,自行或授权其他护理人员进行的护理活动,包括生活护理、住院评估、患者教育、对患者住院环境的管理及对患者病情和心理社会反应的监测等。

制定护理措施时要注意措施必须具有科学性、能实现护理目标、针对患者的具体情况、有充足的资源、保证患者的安全和保证健康服务活动的协调。

【护理评价】

护理评价可以判断执行护理措施后患者的反应,是评价预期目的是否达到的过程。将妇科患者目前的健康状况与护理计划中的护理目标进行比较,判断目标是否达到,现实与目标之间可能会存在目标完全实现、目标部分实现和目标未实现等几种结果,此时应重新收集患者资料,采用停止、修订、排除、增加的方法调整护理诊断和护理计划。在评价过程中应注意总结经验教训,不断改进和提高护理质量,以争取患者早日康复。

二、妇科疾病的常见症状及护理

案例引入

上述阴道出血的患者,来医院就诊时,面色苍白,出冷汗,脉搏细速,心率100次/分,呼吸20次/分,阴道出血量多,鲜红。

学习任务:你作为接诊护士,如何护理该患者?(列出初次护理计划)

妇科常见临床症状有阴道流血、白带异常、下腹痛、下腹部包块、外阴瘙痒等。

(一)阴道出血的护理

1.病因

异常阴道出血原因很多,诸如:卵巢内分泌功能失调、异常妊娠、肿瘤、生殖道炎症、损伤、异物,或全身性疾病等。年龄对阴道出血的鉴别有重要的参考价值:幼女与绝经后妇女(老年妇女)阴道出血多考虑恶性肿瘤;青春期女性阴道出血首先考虑功能失调性子宫出血(简称功血);育龄妇女则多考虑与妊娠有关的疾病。

临床上常见的阴道出血有以下几种:

(1)经量增多　月经量多或经期延长但月经周期基本正常,为子宫肌瘤的典型症状。其他如子宫腺肌病、月经失调、放置宫内节育器均可增多。

(2)不规则的阴道出血　青春期少女和围绝经期妇女多为月经失调。

(3)不规则的长期持续阴道出血　一般多为生殖道恶性肿瘤所致,宫颈癌或子宫内膜癌多见。

(4)性交后阴道出血　性交后即有鲜血出现,应考虑早期宫颈癌、宫颈息肉或子宫黏膜下肌瘤。

(5)两次月经中间阴道出血　发生在下次月经前第14~15日,历时1~4日,且血量极少,多为排卵期出血。

(6)经期或经后点滴阴道出血　持续极少量阴道赭红色出血,常为放置宫内节育器的不良反应。

(7)停经后阴道出血　育龄妇女首先考虑与妊娠有关的疾病,如流产、异位妊娠、葡萄胎等;围绝经期妇女多为月经失调,但也有生殖道恶性肿瘤的可能。老年妇女出血量少,历时2~3日,多为绝经后子宫内膜脱落或老年性阴道炎;出血量较多、流血持续不净或反复阴道出血,要警惕子宫内膜癌。

2.护理

【护理评估】

(1)健康史　询问患者年龄、月经史、婚育史,以往健康状况,有无慢性疾病。发病以前有无明显诱发因素。既往有无类似病史,排除外内、外科疾病史。发病以来诊治经历、效果及反应如何,有无继发贫血或感染的可能。

(2)身心状况

1)躯体状况:身体评估全身发育情况,排除全身性疾病,出血多者呈贫血或失血性休克体征。

2)心理状况:患者常因害羞或其他顾虑而不及时就诊,病程一长再加上并发感染或止血效果不佳,更产生恐惧和焦虑感,影响身心健康和工作学习。故应观察和询问患者的心理顾虑,了解患者对疾病的恐惧感,评估焦虑程度。

3)妇科检查:盆腔检查。

4)实验室及其他检查:血常规、诊断性刮宫、激素测定、基础体温、B超等。

【护理诊断及医护合作性问题】

(1)潜在并发症　与出血量过多有关。

(2)潜在感染的危险　与出血多、持续不净及继发性贫血等有关。

(3)舒适的改变　与性激素治疗的不良反应有关。

(4)恐惧　与缺乏相关知识及担心预后有关。

【护理目标】

(1)患者于治疗后几天内阴道流血量明显减少,并渐达到止血。

(2)严重贫血者住院期间血红蛋白得到纠正。

(3)患者能简述激素治疗的目的及用药注意事项。

(4)患者能列举应对药物不良反应的措施。

【护理计划与实施】

(1)维持正常血容量　观察并记录患者的生命体征、出入量。嘱患者保留会阴垫及内裤等以便准确估计流血量。对出血多者,应督促其卧床休息,按医嘱做好配血、输血、止血措施,配合医师的治疗方案维持患者正常血容量。

(2)预防感染　严密观察与感染有关的体征,如体温、脉搏、宫体压痛等。按医嘱做白细胞计数及分类检查,以及时发现异常。如有感染征象,应及时与医师联系并选用抗生素治疗。同时做好会阴护理,保持局部清洁,预防上行性感染。

(3)协助医生做各项检查　积极治疗疾病,遵医嘱正确合理使用性激素等,监测用药的不良反应。

(4)补充营养　出血多者应额外补充铁。注意向患者推荐含铁多的饮食,如猪肝、豆角、蛋黄、胡萝卜、葡萄干等,护士可按患者的饮食习惯,推荐适合于个人的饮食计划,以保证患者获得足够的营养。

(5)提供心理支持　异常出血、月经紊乱等都会造成患者的思想压力,护士应耐心聆听患者的主诉,了解患者的疑虑,尽可能提供相关信息,帮助患者澄清问题,解除思想顾虑,树立战胜疾病的信心。

【健康教育】

嘱患者加强营养,改善全身情况。出血期间避免过度劳累和剧烈运动,保证充分休息。性激素治疗期间不得随意停药,如出现不规则阴道出血要及时就诊。

【护理评价】

1.患者用药后,出血量明是否显减少。

2.患者贫血状况是否得到纠正。

3.患者能否按规定正确用药,用药期间有无药物不良反应。

4.住院期间,是否保持乐观情绪,配合治疗过程。

(二)白带异常的护理

案例引入

某女,32岁,已婚,述外阴瘙痒伴灼痛,白带量多、黄色、有异常臭味而就诊。

学习任务:1.你作为接待护士应从哪些病因方面来评估?

2.你作为社区护士,协助医师检查时要注意哪些问题?

3.你作为社区护士,请为该患者进行首次健康宣教。

1.病因

正常白带是白色稀糊状或蛋清样,很黏稠,无腥臭味,量少,对妇女健康无不良影响。如果生殖道出现炎症,特别是阴道炎和宫颈炎,或生殖道发生癌变时,白带量显著增多,且性状也有改变。

临床上常见的异常白带有以下几种:

(1)透明白带　蛋清样,但量显著增多,多为慢性宫颈炎或卵巢功能失调。

(2)白色或灰黄色泡沫状稀薄白带 滴虫性阴道炎的特征,可伴有外阴瘙痒。滴虫性阴道炎是常见的阴道炎,甲硝唑治疗有效。

(3)凝乳块状白带或豆渣样白带 念珠菌性阴道炎的特征,常伴有外阴瘙痒或灼痛。念珠菌性阴道炎也是常见的阴道炎,真菌感染所致,抗菌药治疗无效,需要抗菌药治疗。

(4)灰白色稀薄腥臭味白带 常见于细菌性阴道病。它是由正常生长在阴道内的细菌生态平衡失调引起的。患病时阴道内厌氧菌居多,甲硝唑治疗有效。

(5)脓样白带 黄色或黄绿色,黏稠,多有臭味。细菌所致的急性阴道炎、宫颈炎和宫颈管炎都可引起,抗菌药治疗有效。

(6)血性白带 白带中混有血液,血量可能由宫颈癌或子宫内膜癌引起,也可由宫颈息肉、重度宫颈糜烂引起。

(7)水样白带 持续有淘米水样白带,而且特别臭的,一般为晚期宫颈癌、阴道癌或宫腔内积脓。

2.护理

【护理评估】

(1)健康史 询问既往有无不良性生活、生殖器官炎症、宫颈裂伤等病史,发作与月经周期的关系、有无外阴瘙痒等。

(2)身体评估 了解白带的量、性状、气味,配合医师做妇科检查等。

(3)心理-社会评估 了解是否有治疗效果不佳致反复发作造成的烦恼。

(4)实验室 阴道分泌物检查、宫颈刮片;宫腔镜、腹腔镜检查等。

【护理诊断及医护合作性问题】

(1)组织完整性受损 与炎症分泌物刺激引起搔抓致皮肤破损有关。

(2)不舒适 与分泌物增多、刺激有关。

(3)知识缺乏 与对疾病的产生、发展及诊治等不知有关。

(4)恐惧 与缺乏相关知识及担心预后有关。

【护理目标】

(1)患者皮肤破损不发生或破损处得到愈合。

(2)患者接受治疗后,外阴瘙痒等症状减轻、分泌物减少。

(3)患者能叙述该病有关知识、对疾病的感受、主动积极参与制订诊治方案。

(4)患者能表达出对疾病的感受,恐惧减轻,情绪稳定。

【护理计划与实施】

(1)协助医师检查,明确病因,落实治疗措施,指导患者服药,选择最佳治疗方法。

(2)指导患者注意卫生,预防感染。注意保持外生殖器的清洁干燥,切忌搔抓,不要用热水洗烫,忌用肥皂,有感染时可用高锰酸钾溶液等坐浴,忌酒及辛辣或过敏食物,着柔软、棉质内裤,每天换洗,加强会阴护理,清洗外阴的盆和毛巾、换洗的内裤要用沸水消毒,在阳光下晒干。

(3)预防医院内交叉感染。

【健康教育】

(1)普及防癌、性道德的有关知识。开展以防癌为主的妇女病的普查普治。

(2)积极治疗疾病。制订康复计划,做好定期随访。

(3)养成良好的个人卫生习惯,保持外阴清洁,勤换内裤。注意性生活、五期等保健。从日常饮食起居入手,应节制房事,更要注意性生活的卫生习惯,针对感染性引发白带异常,建议一定要注重养成良好的卫生习惯,注意月经期、妊娠期和产褥期的卫生。月经期禁性生活。平时要注意洗用的毛巾和盆与脚巾和脚盆分开。尽量选用蹲式厕所。不得已用坐式时也应垫用卫生纸,不要过多地使用洁尔阴等外用洗药,手纸由前向后擦拭,内裤勤洗勤换,要用消毒清洁的卫生巾等。

【护理评价】

1.患者自诉局部症状是否减轻。

2.患者能否正确复述预防及治疗疾病的有关知识。

(三)下腹痛的护理

案例引入

患者,女,47岁,已婚,半小时前锻炼身体时突感右下腹部持续疼痛伴恶心、呕吐2次;1年前妇女病普查时发现右侧卵巢囊肿。

学习任务:你作为社区护士,协助医师检查时要注意哪些问题?

1.病因

妇女下腹部疼痛可发生急性腹痛和慢性腹痛两种。

急性下腹部疼痛可由下列原因引起:盆腔脏器的急性炎症,如子宫、盆腹壁炎症:盆腹部脏器的穿孔或破裂,如异位妊娠破裂、输卵管囊肿破裂,其中以异位妊娠破裂及阑尾穿孔脓肿常见。另外还有盆腔脏器的急性血运障碍,如卵巢瘤蒂扭转、输卵管积水扭转等,以及痛经、盆腹部外伤均可引起急性下腹部疼痛。有的腹痛就在病灶部位或其附近,有的则与病灶部位不符合,并且随着病情的进展,腹痛的部位又有转变。

急腹痛要考虑:

(1)痛觉所在部位　即在病变脏器本身的脏器痛。下腹正中疼痛多由子宫病变引起,一侧下腹痛多由该侧子宫附件病变引起,右侧下腹痛也可是阑尾炎引起的。双侧下腹痛甚至全腹疼痛,可能由卵巢囊肿破裂、输卵管妊娠破裂或盆腔腹膜炎引起。

(2)下腹痛时间　月经周期中间出现一侧下腹隐痛,多为排卵引起的。月经前后或经期出现下腹痛、坠胀,可为原发性痛经,或为子宫内膜异位症。有规律的下腹痛但无月经多为经血排出所致,可见于先天性生殖道畸形或术后宫腔、宫颈管粘连等。卵巢滤泡和黄体破裂导致的腹痛分别发生在月经周期的中期和后期。

(3)下腹痛性质　是突发性的剧痛、绞痛、刀割样疼痛还是逐渐加重的钝痛或胀痛,是阵发性疼痛还是持续性疼痛或持续性疼痛伴阵发性加剧,有无放射痛或牵涉痛;通常腹痛的性质能反映器官病变的类型或性质;隐痛或钝痛多为慢性炎症或腹腔内积液所致。坠痛可由子宫腔内有血或脓不能排出引起。阵发性绞痛可由子宫或输卵管等宫腔器官收缩引起。撕裂性锐痛可由输卵巢肿瘤破裂引起。顽固性疼痛难以忍受可能由于晚期癌症侵犯神经引起。向体壁放散的牵涉痛,前者亦可转为后者,妇科方面的急腹症多表现为脏器痛,如卵巢瘤蒂转,输卵管积水扭转。但也有先感觉腹痛在患部,以后病情发展又有变化者,所以应特别重视牵涉性疼痛。如肿瘤破裂出血引起的腹痛为突发性。

(4)下腹痛诱因　急性盆腔炎引起的腹痛常发生不洁人流产后,卵巢肿瘤蒂扭转所致腹痛常发生于体位改变或剧烈活动后。

(5)腹痛的程度　炎性病变引起的腹痛程度较轻;以穿孔、梗阻、扭转、嵌顿、缺血和破裂出血引起的腹痛程度较重;慢性腹痛以下腹钝痛及骶部疼痛为主伴腰酸,多为慢性子宫体炎、慢性附件炎、慢性盆腔结缔组织炎、盆腔淤血症、子宫后位、子宫肥大症、子宫脱垂等所致。症状多在劳累后、久站、性交后及月经期加重。

2.护理

【护理评估】

(1)健康史及相关因素

1)患者的年龄、婚姻和职业:下腹痛的病因和诱发因素、有无腹部外伤,有无停经、月经过期或月经不正常史等,有无不规则阴道流血或分泌物增多现象;腹痛的缓急和发生时间;本次腹痛为突发性且迅速加重,还是缓慢发生并逐渐加重。腹痛发生的时间和与病因的关系,与腹痛加剧或缓解相关的因素;有无消化道或全身伴随症状;疼痛与活动和睡眠的关系等。

2)既往史:有无妇科疾病等病史及有无类似疼痛发作史;有无用(服)药史、过敏史及腹部手术史等。

(2)身体状况

1)局部:①腹痛部位:腹痛位于上腹部还是下腹部,是左侧还是右侧,是局限于某一部位还是波及全腹。通常腹痛开始或最显著的部位与腹腔内病变部位相一致。盆腔内病变引起的腹痛多位于中下腹;②腹部形态:腹式呼吸是否存在,腹壁有无手术疤痕、腹部呈隆起或舟状,是否对称,有无肠型或异常蠕动波;③腹膜刺激的程度:妇科急腹症患者多伴有腹膜刺激征;④其他:肠鸣音亢进还是消失;肝浊音界是否缩小或消失;腹股沟区有无肿块;有无阴道出血和宫颈举痛等。

2)全身　患者生命体征是否平稳;有无恶心、呕吐;有无排便、排气或腹泻;有无寒战、高热;巩膜和皮肤有无黄染或皮肤苍白、湿冷等。

(3)辅助检查　血红蛋白、红细胞容积和血黏度、白细胞计数和中性粒细胞比例是否升高;尿常规检查有无异常;粪便检查是否显示隐血阳性或见白细胞;影像学和其他辅助检查有无异常发现。

(4)心理和社会支持状况　患者及家属对本次疾病的认知、心理承受程度及期望。

【护理诊断及医护合作性问题】

(1)疼痛　与盆腹腔内器官炎症、扭转、破裂、出血、损伤或手术有关。

(2)有体液不足的危险　与盆腹腔内脏破裂出血、腹膜炎症导致的腹腔内液体渗出、呕吐或禁食等所致的液体丢失有关。

(3)恐惧、焦虑　与未曾经历过此类腹痛有关。

(4)个人应对能力失调　与缺乏相关的应对知识和方法有关。

(5)潜在并发症　感染或感染加重、腹腔内残余脓肿、出血和瘘等。

【护理目标】

(1)患者自诉疼痛得到缓解或控制。

(2)患者未发生水、电解质、酸碱代谢紊乱,并发症得以预防或及时发现和处理。

(3)患者恐惧/焦虑得以减轻或缓解,情绪稳定。

(4)患者具备相关知识,能积极应对疾病所致的各项变化。

(5)患者未发生腹腔内残余脓肿、出血和瘘等并发症。

【护理计划与实施】

(1)减轻或有效缓解疼痛

1)观察:密切观察患者腹痛的部位、性质、程度和伴随症状有无变化,及其与生命体征的关系。疼痛程度的判断顺序从无痛至剧痛。若在短期内疼痛评分不断增高,应及时通知医师,并遵医嘱给予药物镇痛和(或)及时完善各项术前准备。

2)体位:非休克患者取半卧位,有助减轻腹壁张力,减轻疼痛。

3)禁食和胃肠减压:禁食并通过胃肠减压抽吸出胃内残存物,减少胃肠内的积气、积液,减少消化液和胃内容物自穿孔部位漏入腹膜腔,从而减轻腹胀和腹痛。

4)解痉和镇痛:①对疼痛剧烈的急腹症患者,可遵医嘱落实止痛措施。非药物性措施:包括静松疗法,如按摩、指导患者有节律地深呼吸;分散注意力法,如默念数字或听音乐;暗示疗法、催眠疗法和安慰剂疗法等;②注意评估镇痛效果和观察不良反应。

(2)维持体液平衡

1)消除病因:有效控制体液的进一步丢失。

2)补充容量:迅速建立静脉通路,根据医嘱正确、及时和合理地安排晶体和胶体液的输注种类和顺序。有腹腔内出血或休克者,应快速输液并输血,以纠正血容量。

3)准确记录出入水量:对神志不清或伴休克者,应留置导尿管,并根据尿量调整输液量和速度。

4)采取合适体位:对休克患者取头低脚高卧位。

(3)减轻焦虑和恐惧

1)术前:患者往往缺乏思想准备,担心不能得到及时有效的诊断、治疗或预后不良,常表现为恐惧、躁动和焦虑。对此类患者,护理人员要主动、积极迎诊和关心患者,向患者解说引起腹痛的可能原因,在患者做各项检查和治疗前耐心解释,使患者了解其意义并积极配合,以稳定其情绪;并创造良好的氛围,减少环境改变所致恐惧感。

2)术后:对担忧术后并发症或因较大手术影响生活质量的患者应加强心理护理和指导其如何正确应对。

(4)提供有效应对措施　加强护患沟通,消除患者的孤寂感;提供因人而异的病情解释和健康教育,缓解患者因知识储备不足或不能适时正确应对疾病所致的环境、健康、生活和工作改变的境况。此外,护士要主动与患者家属或患者单位沟通,争取家属和社会力量的支持。

(5)并发症的预防和护理

1)加强观察并做好记录:①生命体征:包括患者的呼吸、脉搏、血压和体温变化。若脉搏增快、面色苍白、皮肤湿冷,多为休克征象;若血红蛋白值及血压进行性下降,提示有腹腔内出血;若体温逐渐上升,同时伴白细胞计数及中性粒细胞比例上升,多为感染征象。②腹部体征:患者腹痛加剧,表示病情加重;局限性疼痛转变为全腹痛,并出现肌紧张、反跳痛,提示炎症扩散,应及时报告医师。

2)有效控制感染:①遵医嘱合理地、正确地使用抗生素药物;②保持引流通畅,并观察引流物的量、色和质;③腹部或盆腔疾病患者取斜坡卧位,可使腹腔内炎性渗液、血液或漏出物积聚并局限于盆腔,因盆腔腹膜吸收毒素的能力相对较弱,故可减轻全身中毒症状,并有利于积液或脓液的引流。

3)加强基础护理:①对伴有高热的患者,可用药物或物理方法降温,以减少患者的不舒适;②对生活自理能力下降或缺失者,加强基础护理和生活护理;③对神志不清或躁动者,做好保护性约束;④对长期卧床者,预防压疮的产生。

4)其他:对不能较长时间正常饮食的患者,尤其是年老、体弱、低蛋白血症和手术后可能发生并发症的高危患者,应积极提供肠内、外营养支持护理。

【健康教育】

(1)形成良好的个人卫生习惯。
(2)定期妇女病普查,积极控制诱发急腹症的各类诱因。
(3)月经不正常者应及时就医。
(4)急腹症行手术治疗者,术后应早期开始活动,以预防粘连性肠梗阻。

【护理评价】

(1)患者腹痛是否得以缓解,能否复述自我缓解疼痛的方法。
(2)患者体液是否维持平衡,或已发生的代谢紊乱有否纠正。
(3)患者能否主动表述内心的恐惧和焦虑,能否积极配合各项治疗、检查和护理,情绪是否稳定。
(4)患者能否复述相关疾病的预防和保健知识,能否适应疾病所致环境、健康和生活的改变。
(5)患者是否发生腹腔残余脓肿、出血或瘘等并发症,若发生并发症是否得到及时发现、有效治疗和护理。

(四)下腹部包块的护理

案例引入

某工厂医务室,妇女病普查,一已婚女工,36岁,怀疑医师检查出盆腔有肿瘤的诊断,拒绝到医院做进一步检查和及早进行手术治疗的建议,哭泣不停。

学习任务:1.你作为接诊护士此时该如何应对?

2.因病情需要且患者及家属已接受手术治疗方案,术前、术后主要的针对性护理措施有哪些?

1.病因

下腹包块可能是患者本人或家属无意中或体检时被发现的。下腹包块以妇科疾病为最多见,也可来自肠道、泌尿道、腹壁和腹腔。

(1)子宫增大

1)妊娠子宫:育龄妇女有停经史,且在下腹摸到包块,常为妊娠子宫。停经后出现不规则阴道出血,且子宫迅速增大,可能是葡萄胎。

2)子宫积脓:宫腔内有脓液使子宫增大,可见于子宫内膜癌,老年性子宫内膜炎合并于子宫积脓。

3)子宫肌瘤:下腹正中可摸到包块,质地硬,形状不规则。

4)子宫恶性肿瘤:更年期或绝经后妇女子宫增大,并且有不规则阴道出血,可能是子宫内膜癌。

5)子宫畸形:双子宫患者可在子宫另一侧摸到对称的包块。

(2)附件区包块

1)输卵管妊娠(宫外孕):包块位于下腹一侧,有明显触痛。患者常有停经史及少量阴道出血。

2)炎症包块:包块位于下腹两侧,有明显触痛。急性炎症患者有发热和下腹痛。慢性炎症患者有发热和下腹痛。慢性炎症患者可以不孕,并有下腹部隐痛史。

3)卵巢良性肿瘤:包块位于下腹一侧,无明显触痛,可活动,逐渐长大。

4)卵巢恶性肿瘤:包块位于下腹两侧,无明显触痛,不活动,迅速长大有腹水。

5)卵巢子宫内膜异位囊肿:即子宫内膜在卵巢上生长,也随着正常月经周期和生理周期性出血,但这种出血无法外排,在体内逐渐积聚,形成囊肿包块。

(3)其他　肠道疾病:充盈的膀胱,充盈的膀胱易被误诊为下腹包块,所以在做妇科检查之前患者应解净小便。

2.护理

【护理评估】

(1)健康史及相关因素　多数患者无明显症状或没有自觉症状,仅在妇科检查时发现。追溯病史应注意患者既往的月经史、生育史,是否有不孕或自然流产史;评估并记录是否存在长期使用雌激素的情况;发病后月经的变化情况;曾接受的治疗经过、疗效及用药后机体反应。同时,注意有无压迫所引起的症状。

(2)身体状况　只有半数患者有自觉症状,当肿瘤大到可在腹部扪及时,患者会有压迫感。尤其浆膜下肌瘤患者于下腹部可能扪及包块,当清晨膀胱充盈将子宫上推时更易扪及。肌瘤长大向前方突起可致尿频、尿急或排尿、排便困难。月经量增多、经期延长、周期缩短。下腹坠痛或痛经、脓性白带、继发性贫血,并伴有倦怠、虚弱和嗜睡等症状。

(3)心理及社会支持状况　了解患者及家属对本次疾病的认知、心理承受程度及期望。通常当患者得知有包块时,首先害怕患了恶性肿瘤,随之会为选择处理方案显得无助感或为要接受手术治疗而恐惧、不安。

(4)实验室及辅助检查　血液检查、妇科盆腔检查、诊断性刮宫或行子宫输卵管造影、B超显像及内镜等检查协助明确诊断。

【护理诊断及医护合作性问题】

(1)知识缺乏　与缺乏防治肿瘤等疾病的保健知识有关。

(2)个人应对无效　与选择肿瘤治疗方案的无助感有关。

(3)自我形象紊乱　与手术切除生殖器官有关。

(4)焦虑、恐惧　与担心疾病的诊疗结果和预后有关。

【护理目标】

(1)患者及家属能简述防治肿瘤等疾病的保健知识。

(2)患者能确认可被利用的资源及支持系统;出院时,患者维持水、电平衡状态,并能自理日常生活。

(3)患者及家属能简述正确应对术后的康复措施。

(4)患者情绪稳定、正视疾病、积极配合治疗。

【护理计划与实施】

(1)一般护理　注意休息,适当运动,保证充足睡眠;指导进高蛋白、高维生素饮食,帮助患者纠正其消极的应对方式。

(2)病情观察

1)密切观察生命体征。

2)肿块压迫症状和其他伴随体征。

3)患者及家属的心理变化。

(3)对症护理

1)提供信息,增强信心:详细评估护理对象所具备的有关疾病的相关知识及错误概念,通过连续性护理活动与患者建立良好的护患关系,讲解有关疾病知识,纠正其错误认识。为护理对象提供表达内心情感和期望的机会,帮助患者分析康复过程中可被利用的资源及支持系统,减轻其无助感。消除其不必要的顾虑,增强康复的信心。

2)加强护理,促进康复:严密观察并记录其生命体征的变化情况;协助医师完成各项诊治疗操作;按医嘱给药,必要时输血、补液、抗感染等对症护理;需接受手术治疗者,按腹部及阴道手术护理常规进行;应保持局部清洁,防止感染。

3)鼓励患者参与决策过程:根据患者的能力,提供相关疾病的治疗信息,允许并鼓励患者参与决定自己的治疗和护理方案,帮助患者接受现实的健康状况,充分利用既往解决问题的有效方法,由患者评价自己的行为,认识自己的能力。

(4)健康教育　做好随访及出院指导工作。护士要努力使接受保守治疗方案者明确随访的时间、目的及联系方式,按时接受随访指导,以便根据病情需要修正治疗方案。向接受药物治疗者讲明药物名称、用药目的、药物剂量、用药方法、可能出现的不良反应及应对措施;应该使术后患者了解,术后1个月返院检查的内容、具体时间、地点及联系人等。患者的性活动、日常活动的恢复均需通过术后复查全面评估身心状况后确定。要使患者了解:任何时候出现不适或异常症状,均需及时随诊。

【护理评价】

(1)患者能简述生殖器官的生理功能。

(2)患者能介绍术后保健措施。

(3)患者能列举可利用的资源及支持系统。

(4)患者能接受治疗,表现为主动配合诊治的过程;术后恢复正常生活方式。

三、妇科检查的护理配合

案例引入

1.你作为今天第一次到妇科门诊顶岗实习的实习护生，你必须熟悉的妇科检查内容有哪些？应该做好的护理职责是什么？

2.医师要为女性患者做妇科检查，你作为实习护生应该怎么配合？

【妇科检查方法及内容】

1.外阴检查

观察外阴的发育，阴毛多少及其分布，有无畸形、炎症、溃疡、赘生物、皮肤色泽，尿道口有无红肿，前庭大腺是否肿大，阴道口及处女膜的情况等。必要时，嘱患者屏气，增加腹压，以了解有无阴道前后壁膨出或子宫脱垂等（图 54-19）。

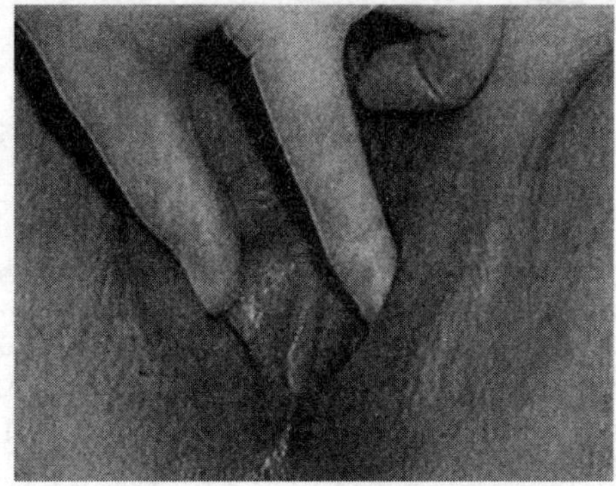

图 54-19　外阴检查

2.阴道窥器检查

将窥阴器蘸润滑剂（取分秘物做检查时，用生理盐水润湿），沿阴道后壁插入观察阴道注意，阴道壁黏膜色泽，有无充血、溃疡、赘生物，观察分泌物量、色及性状，有无气味。观察子宫颈，注意大小、色泽、外口形状，有无糜烂、裂伤、息肉、肿物和接触性出血。必要时进行宫颈刮片或取分泌物做涂片检查。冬天气温较低时，可将窥器前端置于 40 ～ 45℃肥皂液中预先加温，防止因窥器的温度影响对患者的检查效果。如拟做宫颈刮片或阴道上 1/3 段涂片细胞学检查，则不宜用润滑剂，以免影响检查结果，可改用生理盐水润滑。取出窥器时应将两叶合拢后推出，以免小阴唇和阴道壁黏膜被夹入两叶侧壁间而引起患者剧痛或不适（图 54-20）。

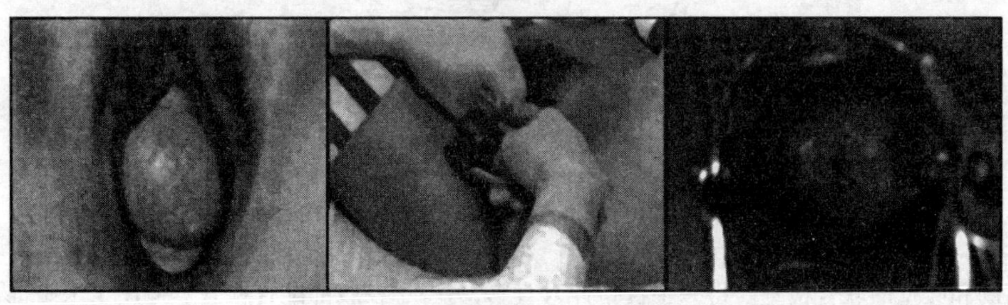

阴道壁膨出　　阴道窥器检查　　视诊子宫颈

图 54-20　阴道窥器检查

3.双合诊

指阴道和腹壁的联合检查。检查者一手戴手套，用食、中两指蘸润滑剂后轻轻伸入阴道，先了解阴道深度，有无畸形、疤痕、肿块和宫颈，穹隆部情况；然后将两手指置于宫颈下方，并向上推顶，另一手掌面向下按于下腹部，两手配合触摸检查（图 54-21）。逐步检查阴道、宫颈、子宫、输卵管、卵巢及宫旁结缔组织和韧带，以及盆腔内壁情况。双合诊可以检查阴道通畅度和深度，有无先天畸形、瘢痕、结节或肿块；触诊宫颈的大小、性状、硬度及宫颈外口情况，有无接触性出血和宫颈举痛；扪诊子宫体位置、大小、形状、软硬度、活动度以及有无压痛（图 54-22）；触摸子宫附件处有无肿块、增厚或压痛，以及肿块的位置、大小、形状、软硬度、活动度与子宫的关系、有无压痛等。

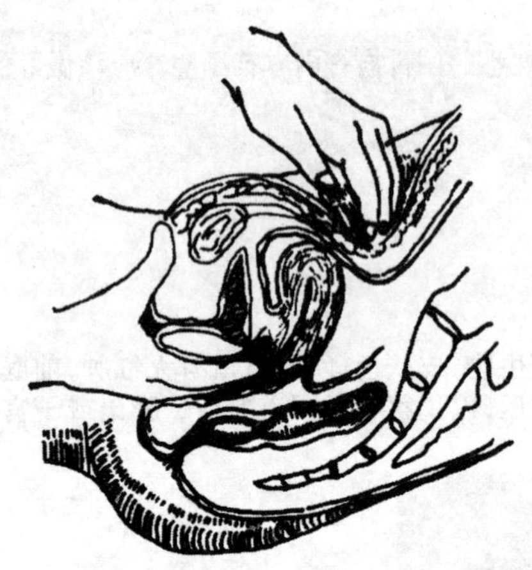

图 54-21　双合诊

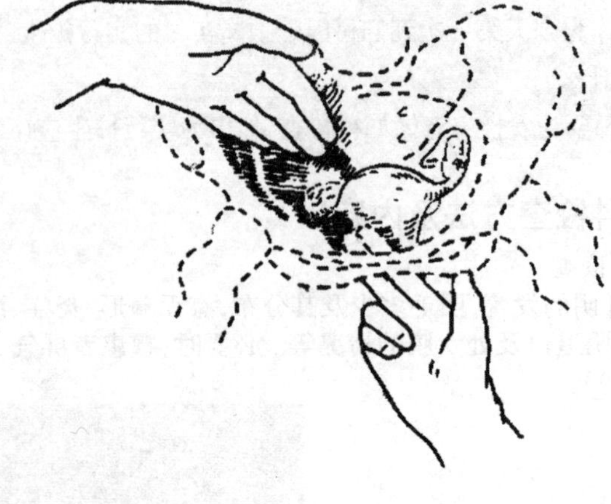

图 54-22　双合诊查子宫及附件

4.三合诊

指经阴道、直肠与腹部的联合检查。将一手的食指放入阴道。中指插入直肠,另一手按下腹部配合检查。一般在双合诊查不清时进行。对后位子宫、子宫后壁肿块、宫骶韧带、子宫直肠陷凹及盆壁有病变者多采用(图 54-23)。

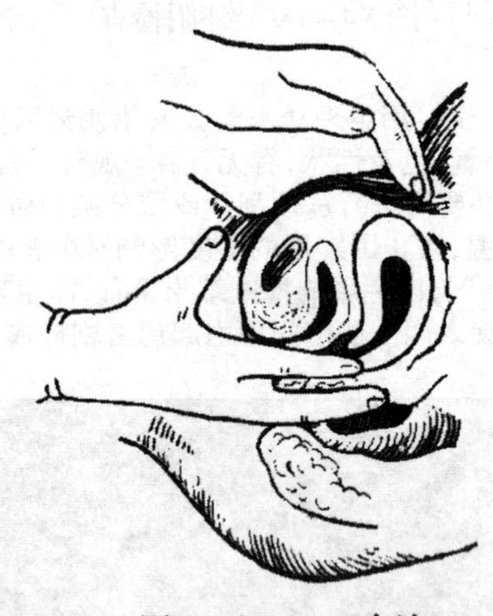

图 54-23　三合诊

5.肛腹诊

指经直肠和腹壁的联合检查。将一手食指伸入直肠,另一手在腹部配合检查。适用于未婚、阴道闭锁或月经期,不宜做阴道检查者。

6.记录

通过盆腔检查,将检查结果按解剖部位先后顺序记录。

(1)外阴　发育情况及婚产史(如发育正常,未婚、已婚未产或经产史)。

(2)阴道　是否通畅,黏膜情况。分泌物量、色、性状及有无臭味(如滑软、通畅,可见较多黄色白带,无臭味。后穹隆不饱满,无触痛)。

(3)宫颈　大小、软硬度,有无糜烂、裂伤、息肉、腺囊肿,有无接触性出血和举痛(如大小正常,质中,中度单纯性宫颈糜烂,无接触性出血,无宫颈摇举痛等)。

(4)宫体　位置、大小、软硬度、活动度及有无压痛(如子宫呈前倾前屈位,正常大小,质中,活动度正常,无压痛)。

（5）附件　有无肿块、增厚及压痛。若扪及肿块，记录其位置、大小、形态、软硬度、活动度及子宫关系。左右两侧分别记录（如右侧附件可触及鸭蛋大肿块，压痛明显，左侧附件正常）。

【护理配合】

（1）妇科检查设备准备　诊查床、妇科检查台、立灯、污物桶、器具浸泡桶（内盛消毒液）、洗手设备等（图 54-24）。

（2）用物准备　窥阴器、消毒手套、润滑剂、镊子、棉球、棉签、试管。

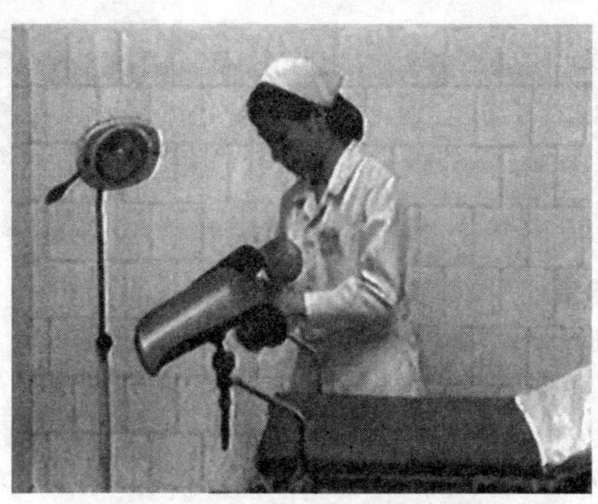

54-24　准备诊查床、玻片、刮板及常用药品等

（3）操作者准备　护士修剪指甲，穿清洁工作服，戴无菌帽子、口罩、消毒手套。

（4）患者准备　向患者做好解释工作，告知检查的目的和方法，缓解患者的紧张、恐惧；嘱患者先排尿、排便，必要时导尿或通便，以免影响检查结果。

（5）环境准备　调节好适宜的室温和光源；屏风遮挡，注意保护患者的隐私。

（6）协查准备　在检查床上铺臀垫，协助患者脱去一侧裤腿，取膀胱截石位。仰卧于检查床上，头略抬高，两手平放于身旁，腹壁放松。如腹壁紧张可与其交谈，分散注意力，嘱患者进行深呼吸以放松腹部（图 54-25）。

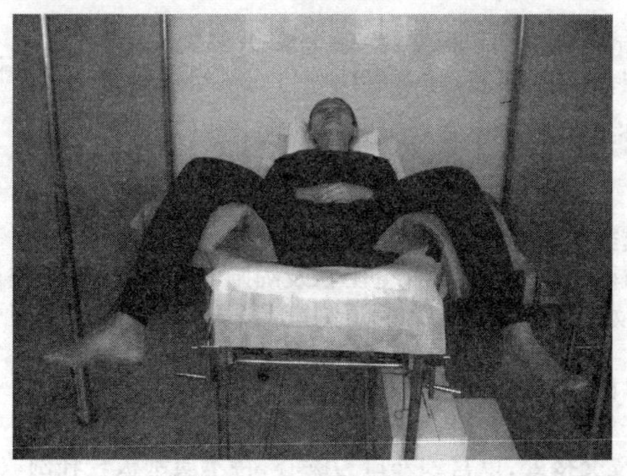

图 54-25　膀胱截石位

（7）注意事项

1）检查时应爱护患者，态度严肃、语言亲切、动作轻柔、认真仔细；对年老体弱患者协助上下床，以免摔伤。

2）除尿瘘患者有时需取膝胸位外，一般妇科检查均取膀胱截石位，危重患者不能上检查台者可在病床上检查。

3）防止交叉感染，注意用具消毒，臀垫、手套、阴道窥器等检查器械均应每人次更换。

4）月经期、阴道流血者、阴道术后短期内，一般不做阴道检查，必须检查时，应在无菌操作下进行，以防感染。

5）未婚女子仅做外阴视诊和肛腹诊，禁用窥阴器和双合诊；确有必要时，应征得本人和家属的同意。

6）危重患者检查时要密切观察其脉搏、呼吸、血压的变化及全身反应，应配合医生积极抢救，以免贻误诊治。

7)检查时采集的标本,如阴道分泌物、宫颈刮片等,应及时送检。

8)男医生检查时,应有女医务人员在场。

四、妇科常用特殊检查及护理配合

案例引入

1.你作为今天第一次到妇科门诊顶岗实习的实习护生,还必须尽快熟悉妇科常见的特殊检查有哪些?如何配合医师进行阴道及宫颈细胞学检查?

2.某患者询问还是实习护生的你:“我的宫颈脱落细胞检查报告为巴氏Ⅲ级,有什么问题吗?”你应该怎么回答?应指导她进一步做什么检查?

(一)阴道分泌物悬滴检查

阴道分泌物悬滴检查,又称白带常规。

【采集方法】

在行阴道窥器检查时,用长棉签自阴道后穹隆部取白带少许,放入盛有少量生理盐水的试管内制成混悬液,立即送检,找到活动的滴虫即为阳性,并同时进行阴道清洁度检查。如检查念珠菌,可用10%氢氧化钠混悬液检查,找到白色念珠菌的菌丝和芽胞即为阳性(图54-26)。

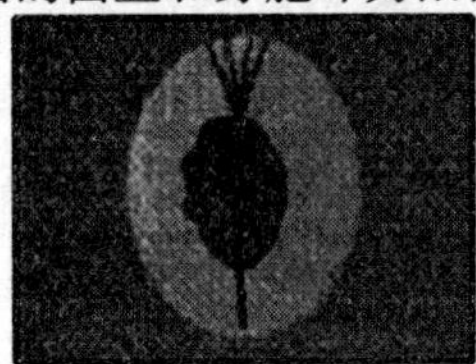

镜下滴虫　　白色念珠菌的菌丝　　宫颈刮片

图54-26　阴道分泌物悬滴检查——宫颈刮片

【护理配合】

(1)用物准备　窥阴器、试管、玻片、长棉签、生理盐水、10%氢氧化钠。

(2)操作者准备　患者准备、环境准备、注意事项等与妇科检查相同或遵医嘱。

(二)阴道及宫颈细胞学检查

【采集方法】

(1)阴道涂片　了解卵巢或胎盘功能。

1)对已婚妇女,轻轻刮取阴道侧壁上1/3处分泌物及细胞,均匀薄层涂于玻片上,置于95%的乙醇内固定。

2)对未婚妇女,用生理盐水浸湿的棉签伸入阴道侧壁上1/3涂抹后横放于玻片上向一个方向滚涂,置于95%乙醇内固定。

(2)宫颈刮片　是筛选早期宫颈癌的重要方法。

1)白带过多,先用无菌干棉球轻擦黏液,再作刮取。

2)在宫颈外口鳞柱状上皮交接处,以宫颈外口为圆心,将木质刮板轻轻刮取一周。

3)在玻片上做薄而均匀的涂片,并用95%酒精固定送检。

4)亦可采用宫颈双取器取材。

5)TCT技术制片更清晰,取材更全面,损伤更小。

(3)宫颈管吸片　了解颈管内情况,可用如下3种:

1)用浸湿生理盐水的棉签伸入颈管内旋转一周,涂片。

2)宫颈双取器。

3)擦净宫颈表面分泌物,以吸管轻轻放入宫颈口内,吸取分泌物制成涂片。

(4)宫腔吸片　疑宫腔内有恶变时,内诊及消毒后,将塑料管轻放入宫底部,上下左右移动吸取标本并制成涂片。

【阴道及宫颈脱落细胞检查在诊断中的应用】

1. *阴道脱落细胞在内分泌检查方面的应用*

阴道鳞状上皮细胞的成熟程度与体内雌激素水平成正比，常用成熟指数检查卵巢功能。在卵巢功能低落时则出现底层细胞。

轻度低落时,底层细胞<20%。

中度低落时,底层细胞占 20% ~ 40%。

高度低落时,底层细胞>40%。

2. *在妇科肿瘤诊断上应用*

目前报告形式为分级诊断及描述性诊断两种。目前我国多数医院仍采用分级诊断,诊断标准如下,但未能与组织病理学诊断名词相对应,也包括非癌的诊断。

巴氏Ⅰ级:正常,为正常阴道细胞涂片。

巴氏Ⅱ级:炎症。细胞核增大,淡染或有双核,可见核周晕或胞浆内空泡。分为ⅡA,ⅡB;ⅡB 是指个别细胞核异质明显但又不支持恶性。

巴氏Ⅲ级:可疑癌。主要是核异质,表现为核大深染,核形不规则或双核。

巴氏Ⅳ级:高度可疑癌。细胞具有恶性特征,但涂片中恶性细胞较少。

巴氏Ⅴ级:具有典型的多量癌细胞。

TBS(TheBethesda system)分类法我国正在逐步推广,描述性诊断的主要内容包括:

1)感染:有无真菌、细菌、原虫、病毒等感染。可诊断滴虫、念珠菌性阴道炎,细菌性阴道病;衣原体感染;单纯疱疹病毒;巨细胞病毒感染和人乳头瘤病毒感染。

2)反应性和修复性改变:可诊断炎症,萎缩性阴道炎,宫内节育器引起的上皮细胞反应性改变,放射治疗后反应性改变。

3. *上皮细胞异常*

(1)鳞状上皮细胞异常　①不典型鳞状上皮细胞,性质待定;②低度鳞状上皮内病变:包括 HPV 感染;鳞状上皮轻度不典型增生;宫颈上皮内瘤样病变Ⅰ级;③高度鳞状上皮内瘤样病变:包括鳞状上皮中度和重度不典型增生及原位癌;宫颈上皮内瘤样病变Ⅱ级和Ⅲ级;④鳞状细胞癌。

(2)腺上皮细胞异常　①绝经后出现的良性子宫内膜细胞;②不典型腺上皮细胞,性质待定;③宫颈腺癌;④子宫内膜腺癌;⑤宫外腺癌。

【护理配合】

(1)用物准备　窥阴器、宫颈双取器、消毒手套、消毒纱布、消毒木质刮板、清洁玻片、装有 95%酒精的标本瓶、无菌干棉球、生理盐水棉签、吸管等。

(2)操作者准备　患者准备、环境准备、协查等与妇科检查相同或遵医嘱。

(三)宫颈或颈管活体组织检查

案例引入

某患者接受宫颈活组织检查，护士怎么处理活检钳取的组织？患者阴道内有压迫止血带线纱球，护士应做何检查后的注意事项指导？

宫颈活组织检查是取部分宫颈组织做病理检查,以确定病变性质,是确诊宫颈癌常用的方法。临床上可分为点切法、宫颈管搔刮术及宫颈锥切术。

1.*点切法*

【适应症】

(1)宫颈脱落细胞学检查巴氏Ⅲ级以上。

(2)疑有宫颈癌需进一步明确诊断者。

(3)慢性特异性炎症,需进一步明确诊断者。

【禁忌症】

(1)急性阴道炎症。

(2)急性附件炎或盆腔炎症。

（3）妊娠期、月经期，也不在月经前1周内做活检，以防感染。

【注意事项】

（1）用活检钳在宫颈外口柱状上皮和鳞状上皮交接处取材，一般3、6、9、12点多点取材；分瓶标记送检。
（2）钳取的组织要有一定深度。
（3）疑宫颈管病变时，应同时搔刮宫颈管。
（4）宫颈局部填尾纱压迫止血，嘱患者24小时取出（图54-27）。

2.宫颈锥切术

【适应症】

（1）宫颈脱落细胞检查多次见到恶性细胞，而宫颈多次活检及分段诊刮均未发现病灶。
（2）宫颈活检为原位癌或镜下早期浸润癌，而临床可疑为浸润癌，为明确病变累及程度及决定手术范围。
（3）宫颈锥切术作为宫颈上皮内瘤样病变或重度糜烂的治疗手段。

【注意事项】

1）据不同手术指征，伸入宫颈管1～2.5cm锥型切除，切除标本12点处做一标记再送病检。
2）须切除子宫者，最好在锥切术后48小时内进行。
3）术毕探查颈管并留置导尿管24小时持续开放。
4）宜在经净后3～7日内施术，术后6周探查有无狭窄，禁性生活2个月。
5）用于诊断者禁用电刀、激光刀。

3.宫颈管搔刮术

宫颈管搔刮术是用细小刮匙伸入宫颈管全面搔刮1～2周，将组织送检，用以确定宫颈管内有无病变或癌灶是否侵犯宫颈管。

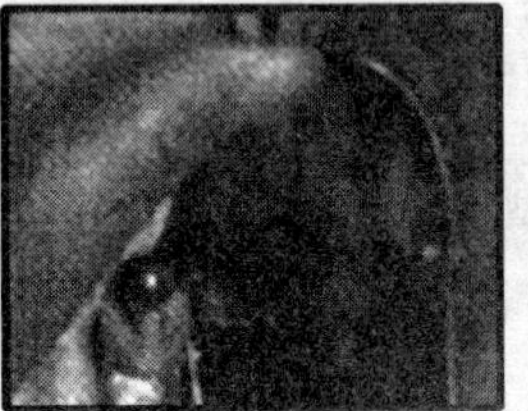
活检钳取组织

分瓶固定后送检

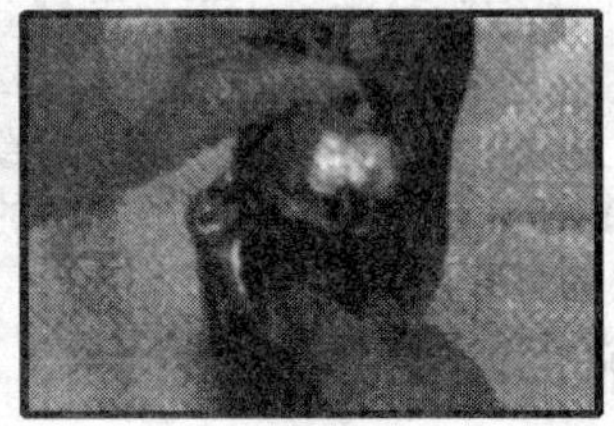
压迫止血

图54-27　宫颈或颈管活体组织检查

【护理配合】

（1）用物准备　窥阴器、活检钳、手术刀、消毒纱布、消毒手套、带线纱球、1‰新洁尔灭、装有95%酒精的标本瓶、细小刮匙等。
（2）操作者准备　患者准备、环境准备、注意事项等与妇科检查相同或遵医嘱。

（四）子宫颈黏液检查

案例引入

某女，28岁，结婚3年未怀孕，请你向患者解释：医师为什么要为她做子宫颈黏液检查？还可以做哪些检查？

【检查方法】

取膀胱截石位，用阴道窥器暴露宫颈，先观察宫颈黏液性状，用棉球拭净宫颈及阴道穹隆的分泌物。用干燥长钳深入宫颈管内1cm夹取黏液，缓慢分开钳柄，观察其拉丝度，再将黏液置于玻片上，待其干燥后，低倍光镜下观察。

【临床应用】

（1）预测排卵期　用以指导避孕及受孕。
（2）诊断妊娠　若月经过期，宫颈黏液出现椭圆体持续2周以上，可能为妊娠；若早孕，检查见不典型结晶，示孕激素不足，有可能先兆流产。

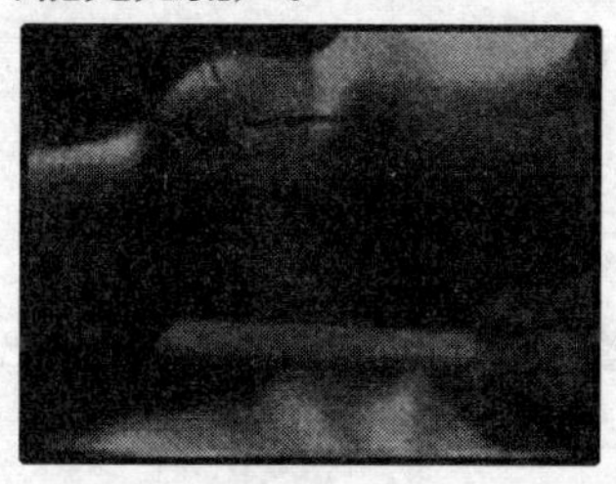
宫颈黏液

黏液结晶

图 54-28　子宫颈黏液检查

（3）诊断闭经　宫颈黏液出现正常周期性变化，闭经原因在子宫；宫经黏液无周期性变化，则闭经原因在卵巢或卵巢以上部位。

（4）诊断功能失调性子宫出血　功血于流血前见到羊齿植物叶状结晶，提示无排卵(图 54-28)。

【护理配合】

（1）用物准备　窥阴器、消毒手套、长无齿镊、清洁玻片、酒精灯、显微镜。

（2）操作者准备　患者准备、协助检查等与妇科检查相同或遵医嘱。

（五）腹腔穿刺

案例引入

急诊室，某一急性下腹部疼痛的妇女来诊，医师要做经阴道后穹隆穿刺检查，护士应该如何配合？

1.经腹壁腹腔穿刺术

妇科疾病多位于盆腔及下腹部，可通过腹腔穿刺明确盆腔积液的性质，或查找肿瘤细胞，有助明确诊断，并行治疗。

【适应症】

（1）用于协助诊断腹腔积液的性质。

（2）鉴别贴近腹壁的肿物性质。

（3）腹水过多者，穿刺放出部分腹水，使呼吸困难等症状暂时缓解。

（4）腹腔穿刺注药行卵巢癌化疗。

【禁忌症】

（1）疑有腹腔内严重粘连，特别是晚期卵巢癌广泛转移致肠梗阻。

（2）疑有巨大卵巢囊肿。

【注意事项】

（1）严格无菌操作。

（2）取脐与左髂前上嵴连线中外 1/3 交界处为穿刺点。

（3）控制穿刺深度，放液速度不宜过快，一次放液不超过 4000ml。

（4）疑炎性腹水者，应做细菌培养加药敏。

2.经阴道后穹隆穿刺

【适应症】

（1）明确直肠子宫陷凹积液性质，或贴近后穹隆的肿块性质。

（2）超声介导下可经后穹隆穿刺取卵。

【禁忌症】

（1）盆腔严重粘连，直肠子宫陷凹被较大肿块完全占据，并已凸向直肠。

（2）疑有肠管与子宫后壁粘连。

(3)临床高度怀疑恶性肿瘤。

(4)异位妊娠准备采用非手术治疗时,尽量避免感染,影响疗效。

【注意事项】

(1)穿刺深度要适当,不可过深,以免超过液平吸不出积液。

(2)穿刺时注意进针方向,避免损伤子宫及直肠。

(3)抽吸为鲜血,放置4 ~ 5分钟凝固为血管内血液;若放置6分钟以上不凝为腹腔内出血;若抽吸的为暗红,微混,甚至脓液,为盆腔炎性渗出液。

【护理配合】

(1)用物准备　外阴消毒用物、无菌巾、窥阴器、消毒手套、宫颈钳、18号腰穿针头、10ml注射器、小试管、弯盘、消毒纱布、棉球、2.5%碘酒、75%酒精、无齿长镊。

(2)操作者准备　患者准备、环境准备、协助检查等与妇科检查相同或遵医嘱。

(六)输卵管通畅检查

案例引入

上述不孕妇女，医师要为她做输卵管通畅检查，护士检查前的准备工作有哪些？检查后应该嘱咐患者注意哪些情况？

1.输卵管通液术(Hydrotubation)

是检查输卵管是否通畅的一种方法,并具有一定的治疗功效。

【适应症】

(1)不孕妇女,男方精液正常,疑有输卵管阻塞。

(2)输卵管再通术后,检查和评价手术效果。

(3)对输卵管黏膜轻度粘连有疏通作用。

【禁忌症】

(1)内外生殖器急性炎症或盆腔急性或亚急性发作者。

(2)月经期或有不规则阴道出血者。

(3)严重全身疾病,不能耐受手术者。

【注意事项】

(1)手术时间通常选择在月经净后3 ~ 7日为宜。

(2)所用无菌生理盐水温度以接近体温为宜,以免液体过冷刺激输卵管发生痉挛。

(3)注射时务必使宫颈导管贴紧宫颈外口,以免液体外漏。

(4)禁性生活及盆浴2周,酌情应用抗生素。

【操作方法】

(1)患者排尿后取膀胱截石位,常规消毒外阴、阴道后铺消毒巾。

(2)行双合诊复核子宫位置、大小及盆腔情况。

(3)窥阴器暴露子宫颈,消毒子宫颈及宫颈外口。

(4)宫颈钳夹宫颈前唇,以探针探查子宫腔的方向及深度。

(5)将子宫颈导管插入宫颈管,使橡皮塞与宫颈紧密接触以免液体外溢。

(6)连接注射器,将20ml无菌生理盐水或加入庆大霉素8万U的液体缓慢推注,如注入20ml无阻力,患者也无不适感,说明输卵管通畅;如勉强注入10ml即有阻力,患者有下腹胀痛感,停注后液体又回流到注射器内,表示输卵管阻塞;如再经加压注射,液体又能推入,表示输卵管有轻度粘连且已被分离。

2.子宫输卵管碘油造影

将造影剂注入子宫腔和输卵管,使之显影,经X线透视和摄片,以观察宫腔有无病变,输卵管是否通畅和阻塞发生的部位。

图 54-29 输卵管通畅检查

【操作方法】

(1)术前做碘过敏试验和清洁灌肠。

(2)患者卧于放射台上,操作方法基本同通液术。

(3)当插入宫颈导管后,缓慢注入40%碘化油10ml,同时在透视下观察子宫腔和输卵管显影情况,然后定位摄片。24小时后再重复摄片,检查碘油是否流入腹腔。如在盆腔内见到散在碘油,表示输卵管通畅,如输卵管不通,则可在片中见到被阻部(图54-29)。

【护理配合】

(1)用物准备 除妇科检查用物外,另备外阴消毒用物、无菌巾、窥阴器、消毒手套、宫颈钳、子宫探针、10ml注射器、20ml注射器、50ml注射器、子宫颈导管、橡皮管、血管钳、生理盐水或0.5%普鲁卡因、庆大霉素、药杯、小试管、弯盘、消毒纱布、棉球、2.5%碘酒、75%酒精、无齿长镊、输卵管通液器、宫腔镜及附件配置等。

(2)患者准备 术前配合医师评估患者,排除禁忌症:测体温超过37.5℃,向手术医师汇报,暂不检查;指导患者选择适宜的检查时间,一般为月经干净后3 ~ 7日内,或遵医嘱;心理疏导,缓解患者的紧张情绪;配合医师取适宜检查体位;遵医嘱用药,其余同妇科检查配合。

(3)术后健康指导 术后2周内禁性交和盆浴,保持外阴清洁,并遵医嘱应用抗生素。若有腹痛、发热、阴道出血等异常随时就诊。另遵医嘱。

第三节 基础体温测定

案例引入

某女,18岁,因5年来月经一直不规律,医师指导她BBT测定,请你回答她:

1.为什么要做这项检查?

2.怎么测定?

3.若BBT测量为单相,可能是什么情况?

基础体温(basal body temperature, BBT)是机体处于最基本情况下的体温,反映机体在静息状态下的能量代谢水平。

【测量方法】

每晚睡前将体温表水银甩至36℃以下,置于伸手可取的地方。第2日清晨醒后,不讲话,也不活动,取体温表放于舌下,测口温5分钟。将月经期、性生活、失眠、感冒等也记录在体温单上。一般需连续测量至少3个月经周期以上。

【临床应用】

(1)指导避孕与受孕 BBT上升前后2 ~ 3日易受孕,BBT上升4日后至月经来潮前的10日为安全期。

(2)协助诊断妊娠 BBT上升持续18日可协助诊断早孕。

(3)协助诊断月经失调

1)无排卵性功能性子宫出血的基础体温为单相。

2)排卵性月经失调,BBT可推断黄体功能状态。黄体期短于11日,属黄体过早萎缩;持续时间虽正常,但体温上升幅度<0.3℃,为黄体发育不良;基础体温为双相,但下降缓慢,可能是黄体萎缩过程延长。

3)BBT可提示闭经部位:BBT双相在子宫,BBT单相在卵巢、垂体或下丘脑。

一、诊断性刮宫

案例引入

某女,44岁,因性生活后阴道出血就诊,经常规检查为"宫颈癌可疑",可采用能反复检查、无创伤性,又能提高活检阳性率的妇科腔镜是什么?护士怎么配合医师检查?

诊断性刮宫(简称诊刮),其目的是刮取宫腔内容物做病理检查协助诊断,若同时疑有宫颈管病变时,需对宫颈管及宫腔分步进行刮宫,称分段诊刮。

1.一般诊断性刮宫

【适应症】

(1)子宫异常出血或阴道排液,疑为子宫内膜癌者。

(2)月经失调,如功能失调性子宫出血或闭经,需了解子宫内膜变化情况及其对性激素的反应。

(3)不孕症需了解有无排卵或疑有子宫内膜结核。

(4)对功血或不全流产,诊刮不仅有助于诊断还有止血作用。

【禁忌症】

(1)急性阴道炎、宫颈炎。

(2)急性或亚急性盆腔炎。

2.分段诊断性刮宫

案例引入

某女,49岁,阴道不规则出血6个月,该患者最适宜做何检查?请指导患者术后的注意事项。

【适应症】

(1)绝经后子宫出血。

(2)子宫内膜癌需要了解宫颈管是否受累。

【护理配合】

(1)用物准备　除妇科检查用物外,另备外阴消毒用物、无菌巾、窥阴器、消毒手套、宫颈钳、子宫探针、弯盘、消毒纱布、棉球、2.5%碘酒、75%酒精、无齿长镊、装有95%酒精的标本瓶、细小刮匙等。

(2)患者准备　术前配合医师评估患者,排除禁忌症,指导患者选择适宜的检查时间,一般为月经干净后3~7日内,或遵医嘱;心理疏导,缓解患者的紧张情绪;配合医师取适宜检查体位;遵医嘱用药,其余同妇科检查配合。

(3)术后健康指导　术后2周内禁性交和盆浴,保持外阴清洁,并遵医嘱应用抗生素。若有腹痛、发热、阴道出血等异常随时就诊。另遵医嘱。

二、妇科腔镜检查、手术患者的护理

(一)阴道镜

【概述】

阴道镜(Colposcope)是妇科内窥镜之一,1925年德国学者HansHinselman发明,经过半个多世纪的发展,阴道镜已普遍应用于下生殖道疾病的诊断,尤其是对下生殖道癌前病变及早期癌的诊断。阴道镜检查就是应用阴道镜将子宫颈、阴道和外阴的黏膜放大一定的倍数,在光源的照射下,观察肉眼所看不到的上皮和血管的变化(图54-30;图54-31;图54-32;图54-33)。

图54-30　超声设备

图54-31　阴道镜

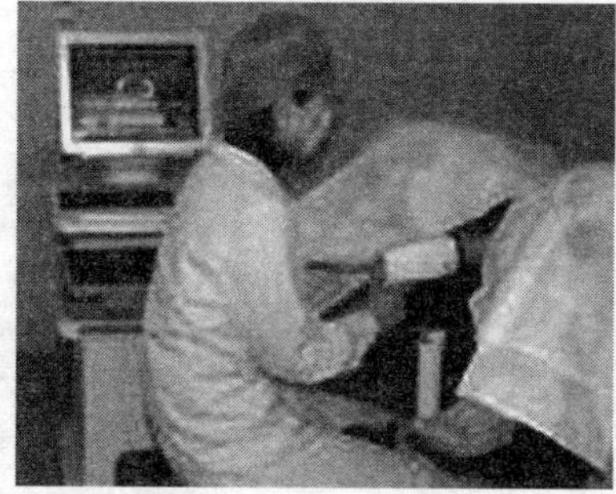

图54-32　超声检查

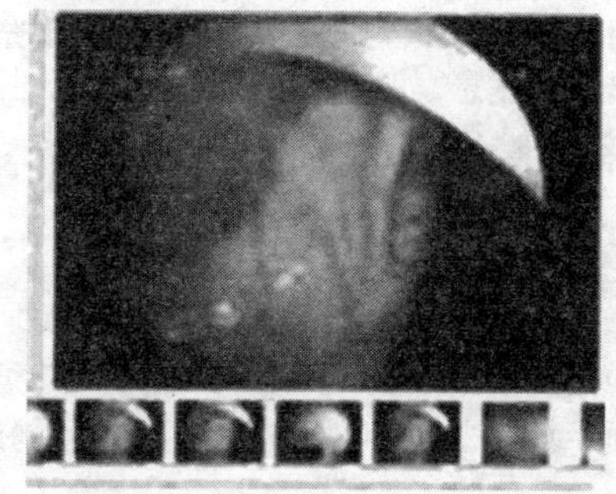

图54-33　阴道镜检查

【临床应用】

(1)诊断方面　阴道镜检查具有：可反复检查、无创伤性，有助于鉴别下生殖道病变的性质，及时发现癌前病变、早期癌，提高活检阳性率等优点。

(2)治疗方面　在阴道镜检查后可提高治疗的准确性，避免遗漏病变部位或过大范围的治疗所造成的不必要损伤。

(3)随访方面　由于阴道镜检查具有无创伤性、可反复性等优点，故可作为动态观察病变发展和治疗后疗效评判等的有效指标。

(4)科研方面　阴道镜检查是一种形态学方面的诊断措施，通过阴道镜可观察到用肉眼所看不到的细微变化，从而指导临床治疗等。由此可见，阴道镜是一座架于临床与病理形态学之间的观察活组织形态学的桥梁，是临床医生用于诊断下生殖道疾病的有效武器。

【适应症】

(1)有异常的临床症状和体征　如异常增多的阴道分泌物药物治疗无效、接触性出血、宫颈炎久治不愈等。

(2)阴道细胞学异常　巴氏涂片Ⅱ级或以上。

(3)临床可疑病灶　临床上肉眼检查发现可疑病灶或不能确诊的新生物。

(4)病理切片可疑　病理切片可疑时可在阴道镜下活检，以提高病理诊断的正确率。

(5)临床与病理不符　临床诊断和病理诊断不符时，可在阴道镜检查的帮助下作出正确的诊断。

(6)宫颈癌前病变、宫颈癌可疑者。

(7)宫颈转移癌可疑者。

(8)阴道病变　如阴道赘生物、结节等性质不明者。

(9)外阴病变诊断　对外阴瘙痒、外阴色素改变及外阴赘生物性质不明等。

(10)尖锐湿疣的诊断　尤其是诊断亚临床型的病变。

(11)随访　宫颈炎、宫颈癌前病变、尖锐湿疣、阴道病变、外阴病变等治疗后，均可通过阴道镜检查来评价治疗效果和动态观察疾病的发展。

【禁忌症】

阴道镜检查无绝对禁忌症，其相对禁忌症即镜下活检的禁忌症：

(1)外阴、阴道、宫颈、盆腔急性炎症。

(2)大量阴道流血。

(3)宫颈恶性肿瘤。

【护理配合】

(1)心理护理　由于绝大多数患者缺乏阴道镜检查的知识,有紧张、恐惧等心理。术前应告知患者阴道镜检查的目的、方法、步骤,做好宣教,疏导紧张、恐惧心理,消除顾虑,及时、认真解释患者提出的各种问题,以取得患者的信任,使其主动配合。

(2)查前用物准备　阴道窥器1个、宫颈钳1把、卵圆钳1把、活检钳1把、尖手术刀片、刀柄各1个、弯盘1个、纱布4块、干棉球若干个、标本瓶4 ~ 6个、阴道镜1台。

(3)护理要点

1)嘱患者检查前24小时内禁性交、阴道检查、冲洗等操作。

2)术前嘱患者排空膀胱。

3)备齐检查用物,接通电源,协助医生调整光源,及时传递所需用物。

4)使用阴道窥器时不蘸润滑剂,以免影响观察。

5)术后嘱患者休息,如有标本注明标记,及时送检。

(二)妇科腹腔镜

案例引入

某女,46岁,继发性、进行性加重的痛经2年,评估系"子宫内膜异位症"的可能性较大,患者恐惧剖腹手术治疗,目前哪项手术方式是既可检查又能手术,且创伤小、恢复快、疼痛轻、疗效同?护士应该怎么配合?

【概述】

腹腔镜与电子胃镜类似,是一种带有微型摄像头的器械,腹腔镜手术就是利用腹腔镜及其相关器械进行的手术:使用冷光源提供照明,将腹腔镜镜头(直径为3 ~ 10mm)插入腹腔内,运用数字摄像技术使腹腔镜镜头拍摄到的图像通过光导纤维传导至后级信号处理系统,并且实时显示在专用监视器上。然后医生通过监视器屏幕上所显示患者器官不同角度的图像,对患者的病情进行分析判断,并且运用特殊的腹腔镜器械进行手术(图54-34;图54-35;图54-36)。

腹腔镜检查、手术的优点:手术创伤小;术后恢复快;住院时间快;术后疼痛轻;腹部切口瘢痕小、美观;治疗效果与开腹手术相同。

【适应症】

(1)宫外孕的手术治疗　可行腹腔镜输卵管切除术;输卵管线性切开取胚胎术保留输卵管;输卵管异位妊娠的包块清除术。

(2)卵巢囊肿的剥除术。

(3)输卵管或卵巢良性肿瘤切除术。

(4)附件切除术。

(5)绝育术;子宫穿孔修补术;节育环外游取环术。

(6)盆腔粘连分解术。

(7)不孕症;输卵管造口术。

(8)子宫复位术;子宫悬吊术。

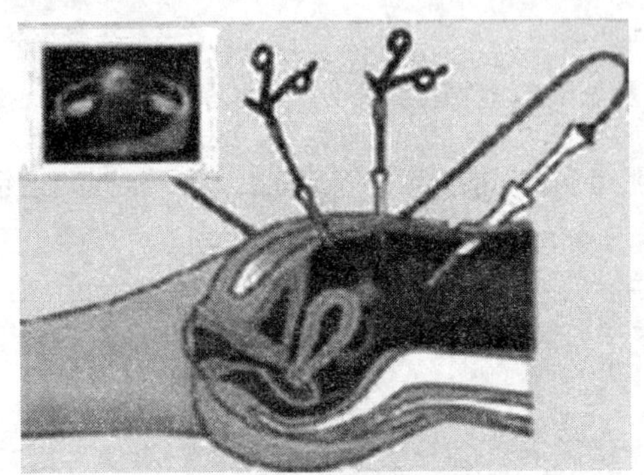

图54-34　腹腔镜示意图

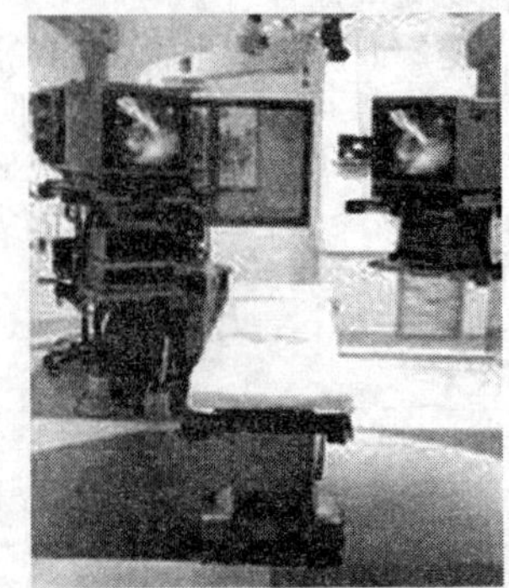

图54-35　全套腹腔镜外科手术系统

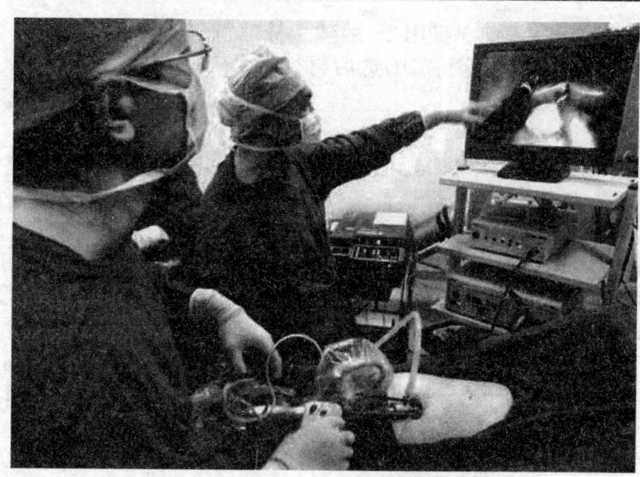

图54-36　妇科腹腔镜检查

(9)子宫肌瘤的手术治疗。

1)单纯子宫肌瘤的切除术。

2)子宫全切术。

3)子宫次全切术。

4)筋膜内子宫切除术。

5)腹腔镜辅助阴式子宫切除术。

(10)辅助生育手术;腹腔镜下卵细胞的收集;配子输卵管内移植。

(11)子宫内膜异位症的治疗。

手术适应范围:

(1)有手术治疗的指征,肌瘤≤5cm。

(2)子宫大小为3 ~ 4个月孕以内,原则上不超过4个月妊娠大小。

(3)子宫与周围器官组织无致密粘连。

(4)特殊部位的肌瘤需慎用(阔韧带肌瘤、宫颈肌瘤等)。

【并发症】

(1)特有并发症

1)与气腹相关的并发症:如高碳酸血症、皮下气肿、气体栓塞等。

2)腹腔穿刺相关并发症:如腹内空腔或实质性脏器损伤,腹膜后大血管损伤等,经穿刺孔疝出的戳孔疝也应归于此类并发症。

3)腹腔镜专用手术器械性能缺陷或使用不当所致的并发症:如高频电流的"趋肤效应"造成的空腔脏器穿孔。

(2)传统并发症

1)切口与腹内感染。

2)肿瘤术后的腹内或腹壁种植。

3)术后出血等。

【护理配合】

1.术前护理

(1)心理护理　由于绝大多数患者对腹腔镜的检查、手术方法缺乏了解,对手术有紧张、恐惧等心理。针对这些心理特点,做好术前宣教,让患者与同病区同种病患者交流沟通,消除顾虑,增强信心是相当重要的。护理人员对患者提出的各种问题要认真解释,以取得患者充分信任,使其主动配合治疗。

(2)术前常规检查　做好血常规、尿常规、术前四项、凝血四项、肝功、生化、胸透、心电图检查,并交代好检查注意事项。

(3)皮肤准备　同一般开腹手术备皮范围。但应特别注意脐部清洁,先用消毒棉签蘸松节油湿润脐孔,3 ~ 5分钟后用干棉签将脐孔内污垢擦净,再用生理盐水清洗脐孔并擦干,以防术后切口感染。

(4)肠道准备　术前2日进半流食,术前1日进流食,以清淡、易消化食物为主,切忌大鱼、大肉,以防引起术后肠胀气。术前日14：00口服20%的甘露醇250ml加温开水1000ml导泻,18：00、19：00及术晨7：00用温肥皂水各灌肠1次,术前日20：00后禁食,24：00后禁饮。

(5)阴道准备　子宫全切患者,术前3日用2%的碘伏棉球行阴道擦洗每日1～2次,附件手术术前1日用2%的碘伏棉球行阴道擦洗1次。有阴道炎者,治愈后再行手术。

(6)遵医嘱准备好用物。

2.术后护理

(1)常规护理　询问麻醉方式及手术情况。手术患者平卧,头偏向一侧,给予氧气吸入2L/分钟,提高血氧饱和度,减轻患者因气体刺激带来的不适,暂禁食禁饮。对无恶心、呕吐者,术后6小时可给予流食,排气后可进普食,以高蛋白、高热量、高维生素食物为主。

(2)密切观察生命体征　术后患者回病房后给予心电监护6小时,每1小时测血压、脉搏、呼吸、血氧饱和度1次,注意观察患者的面色及精神状况,直至病情稳定。早期发现有无内出血休克,遇有生命体征改变时应及时报告医生及时处理。每日测体温4次直至正常,3日后改为每日1次。

(3)切口观察与护理　密切观察切口情况,由于腹腔镜手术切口小,切口一般用创可贴粘贴,不需缝合,但应观察伤口出血渗血、腹壁淤血及疼痛情况,一旦发生特殊情况须及时处理,观察切口感染情况并根据医嘱给药。

(4)管道观察与护理　尿管和引流管可在术后放置,各种引流管妥善固定,保持引流通畅,防止扭曲、受压、堵塞和脱落。记录引流液的量和性状。指导并协助患者保持侧向引流管的卧位,以利引流液的流出。站立时引流袋不能高于插管位置,以免引流液倒流引起逆行感染。尿管一般6～12小时拔掉,引流管根据引流量的多少而确定拔管时间,一般术后1～3日拔管。

(5)早期下床活动　由于腹腔镜手术创伤小,只要病情允许,即可尽早下床活动。

(6)并发症的观察与处理　一是与经腹手术相同的并发症,如出血感染、邻近脏器损伤。观察及护理也同经腹手术。二是腹腔镜特有的并发症:①肩痛。这是由于手术中二氧化碳气体残留腹腔中刺激膈下神经引起的。手术后应在肠部腹壁加压,将二氧化碳排出,术后常规吸氧2～4小时均可自行缓解;②腹痛。多数由于某些手术中肿瘤内容物刺激切口引起,注意避免腹部紧张和胀气,极少需用止痛药;③高碳酸血症。因二氧化碳弥漫入血而出现呼吸浅慢,二氧化碳分压($PaCO_2$)升高,吸氧可促进机体对二氧化碳的吸收和排出。

(7)性生活指导　一般腹腔镜手术者,手术2周后即可恢复正常的性生活,而一般不孕症患者,进行输卵管检查及整型手术者,有时为配合排卵的时间,则1周后也可进行性生活,性生活时不宜太过激烈。至于行腹腔镜子宫全切除术者,因为不仅腹部有伤口,阴道的顶部也有缝合伤口,因此性生活的时间要延至休息8周之后,伤口完全愈合,深层骨盆腔的组织也复原了才可性生活。

(三)宫腔镜

案例引入

某女,50岁,子宫异常出血2个月,为了进一步探查宫腔内病因,患者目前可接受何项能直视下的检查?查前、查中、查后护士的配合要点有哪些?

【概述】

宫腔镜是一项新的、微创性妇科诊疗技术,用于子宫腔内检查和治疗的一种纤维光源内窥镜,包括宫腔镜、能源系统、光源系统、灌流系统和成像系统;它是利用镜体的前部进入宫腔,对所观察的部位具有放大效应,以直观、准确成为妇科出血性疾病和宫内病变的首选检查方法(图54-37;图54-38;图54-39;图54-40)。

宫腔镜不仅能确定病灶存在的部位、大小、外观和范围,且能对病灶表面的组织结构进行细致的观察,并在直视下取材或定位刮宫,大大提高了对宫腔内疾病诊断的准确性,更新、发展和弥补了传统诊疗方法的不足。对于大部分适应于作诊断性刮宫的患者,以先作宫腔镜检查明确病灶部位后再作活组织检查或刮宫更为合理、有效。宫腔镜手术可诊断和治疗多种疾病,如妇女的功能失调性子宫出血、黏膜下肌瘤、子宫内膜息肉、宫内节育环和流产后胚胎组织残留等。经宫腔镜治疗后不仅使原来靠传统方法需切除子宫的患者避免了开腹手术,同时还可保留子宫,对伴有出血性疾病的患者如血小板减少症、血友病及白血病等宫腔镜手术也是安全的。另外,宫腔镜还可对幼女及未婚女性进行阴道及宫腔检查,及时准确的发现该处的异常并进行相应治疗,同时还可保护处女膜的完整,减轻患者痛苦。宫腔镜检查也可用于不孕原因的诊断,子宫畸形矫正,在必要时还可用于早期子宫内膜癌的诊断。

【适应症】

(1)子宫异常出血,包括月经过多、月经过频、经期过长、不规则子宫出血等。

(2)不孕症和反复自然流产;在男女双方全面、系统评估的基础上,探查宫腔内病因并予以矫正。

(3)B超、子宫输卵管碘油造影或诊刮检查提示有宫腔内异常或可疑者,可经宫腔镜检查确诊、核实或排除。

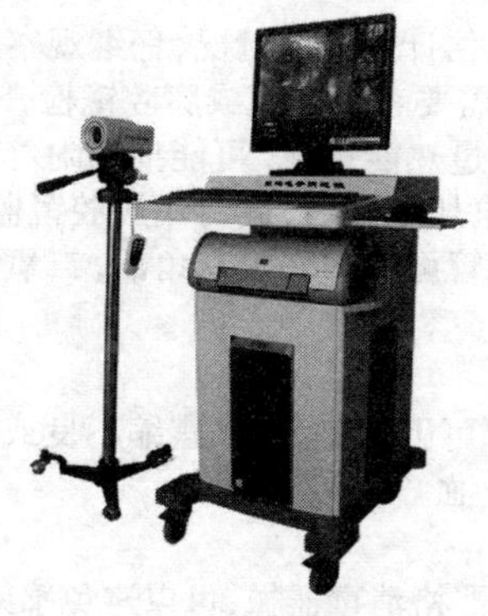

图54-37　超声设备

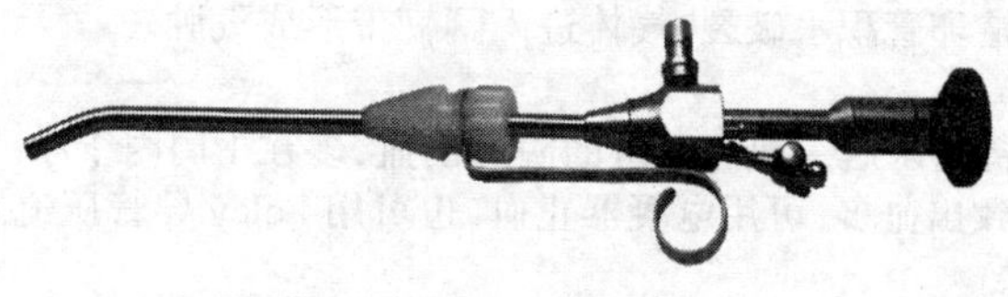

图54-38　宫腔镜

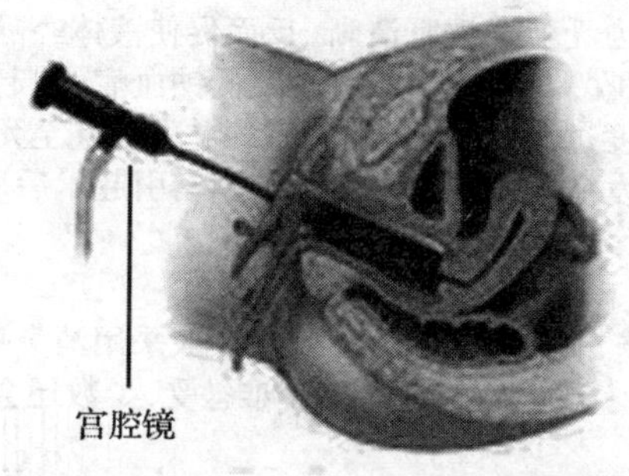

图54-39　宫腔镜检查示意图

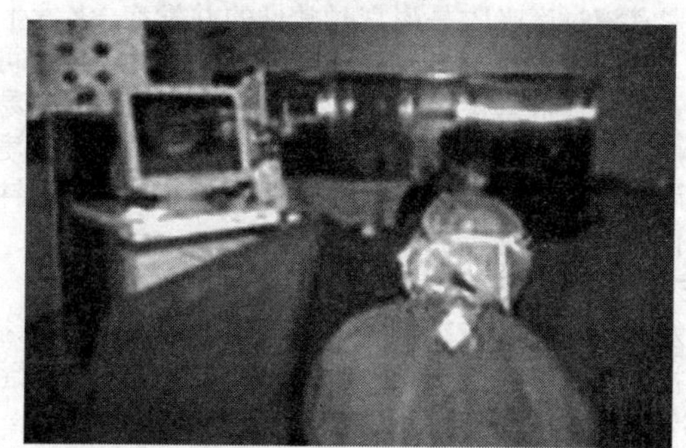

图54-40　子宫腔镜检查

(4)有子宫腔内粘连或宫腔内异物残留者,后者包括胎儿骨片等。

(5)疑有子宫内膜癌及其癌前病变者,应用宫腔镜检查、定位活检结合组织病理学评估,有助于早期诊断和及时处理。

(6)患者选择合适和术前准备齐全,某些宫腔镜手术可替代或改观传统的治疗方法。

(7)宫腔镜诊疗技术在计划生育临床和科研中的应用:

1)宫内节育器IUD。

2)在人工流产及其并发症诊治中的作用。

3)宫腔镜输卵管绝育研究。

(8)作为随访和科学研究中的应用。

【禁忌症】

(1)活动性子宫出血(少量出血或特殊指征者例外)。

(2)急性或亚急性生殖道感染者。

(3)近期有子宫穿孔或子宫手术史者(3个月内)。

(4)欲继续妊娠者。

(5)宫颈恶性肿瘤。

(6)生殖道结核,未经适当抗结核治疗者。

(7)宫腔过度狭小或宫颈过窄者。

(8)严重心、肺、肝、肾等脏器疾患,代谢性酸中毒等难以忍受者。

(9)术前测口腔体温不低于37.5度者,暂缓检查或手术。

【并发症】

1.损伤

(1)过度牵拉和扩张宫颈可致宫颈损伤或出血。

(2)子宫穿孔　诊断性宫腔镜手术子宫穿孔率约为4%,美国妇科腹腔镜医生协会近期报道,手术宫腔镜的子宫穿孔率为13.0%。严重的宫腔粘连、疤痕子宫、子宫过度前倾或后屈、宫颈手术后、萎缩子宫、哺乳期子宫均易发生子宫穿孔。有时穿孔未能察觉,继续手术操作,可能导致严重的肠管损伤。穿孔多发生子宫底部。同时用腹腔镜监测可减少穿孔的发生。一旦发生穿孔,应停止操作,退出器械,估计穿孔的情况,仔细观察腹痛及阴道出血。5mm 的检查镜穿孔无明显的后遗症,而宫腔镜手术时的穿孔,则需要考虑开腹或腹腔镜检查。近年来使用的电凝器和激光器所致的穿孔,更应特别小心。宫腔电切手术时,通过热能传导,可能损伤附着于子宫表面的肠管,或者电凝器穿孔进入腹腔,灼伤肠管、输尿管和膀胱。宫腔镜电切手术时,同时用腹腔镜监测,可以协助排开肠管,确认膀胱空虚,减少并发症的发生。宫腔镜下的输卵管插管可能损伤子宫角部,二氧化碳气体膨宫可致输卵管积水破裂,气体进入阔韧带形成气肿。

2.出血

宫腔镜检术后一般有少量的阴道出血,多在 1 周内干净。宫腔镜手术可因切割过深、宫缩不良或术中止血不彻底导致出血多,可用电凝器止血,也可用 Foley 导管压迫 6 ~ 8 小时止血。

3.感染

感染发生率低。掌握好适应症和禁忌症,术前和术后适当应用抗生素,严格消毒器械,可以避免感染的发生。

4.膨宫引起的并发症

膨宫液过度吸收是膨宫时常见的并发症,多发生于宫腔镜手术,与膨宫压力过高、子宫内膜损伤面积较大有关。膨宫时的压力维持在 100mmHg(13.3kPa)即可,过高的压力无益于视野清晰,反而促使液体经静脉或经输卵管流入腹腔被大量吸收。手术时间过长,也容易导致过度吸收,导致血容量过多及低钠血症,引起全身一系列症状,严重者可致死亡。用二氧化碳作膨宫介质,若充气速度过快,可能导致严重的并发症甚至死亡。目前采用专用的充气装置,充气速度控制在 100ml/分钟,避免了并发症的发生。二氧化碳膨宫引起术后肩痛,系二氧化碳刺激膈肌所致。

5.其他

发达国家做宫腔镜检查时采用静脉麻醉或全麻插管方法镇痛,国内由于条件限制,一般采用消炎痛栓、宫颈旁神经阻滞麻醉、宫颈管黏膜表面麻醉等方法进行镇痛,但是,多数仍然感觉疼痛较难忍受,少数还会出现呕吐、出冷汗、休克等类似人工流产综合症的表现。

一旦发生低钠血症性脑病、静脉空气栓塞、子宫穿孔等并发症,后果十分凶险。

【宫腔镜的优势】

(1)高科技微创诊疗器械　最大限度上实现宫内病变精准测定,可减少输卵管假阻塞现象,能明确地分侧检查输卵管通畅度,尤其适用于输卵管通而不畅(管腔内部分粘连)或近端阻塞者;如在B超或腹腔镜监视下检查,能观察到输卵管有无膨胀、伞端是否有液体流出及流出的形态等,从而对输卵管作出全面评估。

(2)高科技纤维光源内窥镜　包括宫腔镜、能源系统、光源系统、灌流系统和成像系统,更直接、准确、可靠,减少漏诊,诊断更准确,不仅能直接看到检查子宫内生理、病理病变,还能疏通闭塞的输卵管,切除黏膜下肌瘤,或去除导致出血的子宫内膜。

(3)不用开腹的手术　微创手术的典范,宫腔镜手术具有痛苦小、出血少、手术时间短、术后恢复快、住院时间短、并发症少、不影响卵巢功能等特点,保留子宫的生理完整性,创伤小。方法简易、安全、经济,效果满意。

【护理配合】

1.术前护理

(1)心理护理　由于病变在隐私部位会加重患者的心理负担。护士应理解患者,以亲切和蔼的语言耐心解答患者的疑问,在取得患者信任的基础上,让患者表达自己的感受,帮助患者选择积极的应对措施,讲解宫腔镜手术的特点,同时做好家属的工作,让其理解患者配合治疗及护理过程。应与患者沟通需实施手术的优点,介绍手术者的技术,并简单讲解意外情况的预防和处理对策,并教会患者如何配合,如术中麻醉体位、手术体位、手术中衣物穿着等,消除患者紧张焦虑的情绪,主动配合检查、手术。

(2)用物准备　术前将宫腔检查镜及鞘置于 2%戊二醛消毒液中浸泡消毒备用,浸泡时间为 20 ~ 30 分钟,用时用无菌生理盐水冲洗;摄像头、电缆线用 75%酒精擦拭两遍后使用;膨宫液管需放在 40%甲醛气体熏蒸箱内熏蒸 12 小时;备好并检查显示器、冷光源及操作部件,使设备仪器处于最佳状态。术前将显示器常规置于患者左侧位置,保证性能良好和医生操作方便;准备 5%葡萄糖液 1000 ~ 3000 毫升作为膨宫液(糖尿病者用甘露醇),膨宫压力为 100mmHg;宫腔镜手术包 1 个(内有消毒钳、弯盘、各个型号扩宫条、窥器、子宫刮匙、宫颈钳、取环钩以及妇科会阴部手术常规敷料等)。

(3)阴道准备　无阴道流血的患者术前给予 0.05%碘伏溶液冲洗阴道并上药 3 日,1 次/日。有阴道流血的患者予以 0.05%碘伏棉球擦洗阴道,以预防宫腔感染。宫腔镜手术一般选择月经结束 3 ~ 7 日后,月经后或术前 3 日禁止性生活。

(4)患者准备　术前常规测生命体征,术前禁饮 6 小时,禁食 12 小时,术前留置导尿,注意保暖,取膀胱截石位等待手术的开始。配合医师做好传染病检查(乙肝表面抗原、HIV、HCV、RPR),小肝功、肾功、心电图、血尿常规、凝血四项、白带常规。术前准备时注意遮挡,尽量减少暴露部位,减轻患者的羞怯感。常规做药物过敏试验、配血备用。

2.术中护理

(1)生命体征的观察　密切观察受术者的血压、心率、呼吸、神志、血氧饱和度的变化。

(2)人工流产综合征(又称心脑综合征)的观察　观察因扩张宫颈和膨胀宫腔引起的迷走神经反射导致患者出现心动过缓、心律紊乱、血压下降、面色苍白、出汗、头晕、恶心、呕吐等。一旦出现症状,应将患者取平卧位,休息后多能缓解,必要时给予氧气吸入,发生异常及时报告手术医生和麻醉医生。当患者心率减慢明显,心率≤60次/分钟,应暂停操作,立即给予静脉推注阿托品0.5～1mg。

(3)低钠血症的防护　当手术时间过长,超过1小时,手术创面较大,大量使用膨宫液,术中长时间膨宫压力过高时均可导致低钠血症的发生。若一旦发生,患者首先表现为血压升高和心律减慢、呼吸急促、恶心、呕吐、软弱无力和嗜睡等颅内压增高症状。凡有上述症状时应建议立即停止手术,急查血钠,遵医嘱吸氧、静脉注射速尿或缓慢静脉滴注少量高渗氯化钠液,同时监测血钠浓度,及时调整用量。严密观察生命体征、水-电解质及神经系统的症状变化。该并发症的预防关键在于减少灌流液的过量吸收。

(4)空气栓塞的防护　术中应避免头低臀高位,及时更换输液瓶及膨宫液,避免静脉输入空气和输入宫腔内液体间断导致气体进入宫腔。发生空气栓塞时,应建议医生停止手术,立即将患者取左侧卧位,行正压通气,保持呼吸道通畅,填塞阴道及宫颈阻断气体来源,配合医生积极挽救。

(5)电灼伤的护理　这类并发症的预防应着重强调"三查七对",术前护士应认真核对膨宫液名称、质量、有效期,保证膨宫液的正确使用。如果使用晶体液,电切时则会灼伤子宫内膜。另外术前必须为患者摆好体位,做好绝缘准备。贴负极板于患者肌肉丰满的位置,一般可选择臀部或大腿下,若电极与皮肤未完全接触,也易发生电灼伤。而且手术医生在术前常规消毒时,也应提醒其不要将消毒液弄湿电极板,以免意外发生。术中定时检查负极板是否有松脱现象。一旦发生灼伤,应暂停手术,检查发生原因,对症处理。

(6)子宫穿孔的防护　发生穿孔的患者表现为不同程度的腹痛、腹胀、血压下降、多汗、烦躁不安等休克症状。如在电切手术中发生穿孔,还可以出现相应脏器(如膀胱、肠管)损伤的症状与体征,处理不及时会危及患者生命。一旦发生穿孔,应降低膨宫压力。对于较小的穿孔,除补充血容量、抗炎、止血外,应静脉滴注催产素,静脉推地塞米松10mg,按摩子宫,促进子宫收缩。如损伤较大或无法控制出血,应及时剖腹探查修补。这类并发症的预防重要的是手术者的操作熟练程度,提高技术水平以及术前应对患者的疾病及身体情况进行全面的了解,如患者的宫颈萎缩,不易扩张,可术前用药扩张宫颈,减少扩宫、置镜的风险。

(7)妥善保管好切下的组织,防止病理标本遗失。

3.术后护理

(1)生命体征监测　手术结束回病房后,应向医生了解麻醉、手术情况,密切监测生命体征:术后每1小时观察血压、脉搏、呼吸并记录1次;6小时平稳后,改为4小时1次。术后3日内每天测体温、脉搏、呼吸4次。大多数患者术后体温维持在正常水平,个别患者有一过性发热,体温可达到38～39℃,对症降温处理后,可恢复正常水平。

(2)体位及活动护理　根据麻醉方式指导患者术后卧床方式,单纯连续硬膜外麻醉的患者取去枕平卧6小时,以免过早抬高头部致使脑脊液自穿刺处渗出至脊膜腔外,造成脑压过低,牵张颅内静脉窦和脑膜等组织而引起头痛。麻醉消退后可随意卧位;采取静脉麻醉的患者指导其清醒前去枕平卧头偏向一侧,清醒后随意卧位,无不适感即可下地活动。手术后及早活动:除高危患者外,6～8小时后可下床活动,并逐渐增加活动量。术后至少休息1周。

(3)疼痛的护理　术后患者可出现不同程度的疼痛,嘱患者行放松术多可自行缓解,若不能缓解者可给予镇痛剂。

(4)观察排尿、排便情况　护理人员应早期督促、指导和协助患者排尿,确实排尿困难者可诱导排尿,必要时给予导尿。观察大便的颜色性质、量等情况,警惕膀胱及肠管损伤,及早发现问题,及时通知医生。

(5)饮食护理　局麻患者术后即可进食,硬膜外麻醉的患者术后6小时进食,可进软食及普食,建议吃易消化的营养丰富的食物,忌食有刺激性的食物。

(6)会阴护理　术后可用1∶5000高锰酸钾或0.1%洗必泰溶液擦洗会阴,每日2次,以免造成置管期间宫腔逆行感染。

(7)观察阴道出血　严密观察阴道出血量、颜色及性状,注意清洁。术后1周阴道排液为血性,以后逐渐转为血水、黄水及无水样排液,约持续2个月左右。如阴道排液有异味,出血量多或持续时间长,可应用缩宫剂,止血药及抗生素。对手术创面大、出血多的患者,多在术后放置宫腔气囊导尿管,向气囊内注入生理盐水8～10ml,起到压迫止血的作用。术后要注意观察阴道出血情况,如无异常一般术后24小时撤掉宫腔气囊导尿管。

(8)观察腹痛的情况　宫腔镜术后即发生的腹痛常因痉挛而引起,可用654～25mg肌注。腹痛严重时应查明原因并观察腹痛部位性质,腹部有无肌紧张、压痛、反跳痛等。

(9)并发症的观察　宫腔镜术中可能发生的并发症有空气栓塞、灌流液吸收过多综合症、子宫穿孔等，术后应密切观察患者腹痛、恶心、呕吐、头痛等症状，发现异常，及时报告医生处理。

(10)遵医嘱抗炎治疗。

(11)宫腔检查结束后，观察10～15分钟，待患者无明显不适方可离开。告知患者术后1周内阴道有少量出血；注意保持外阴清洁，勤换会阴垫；术后2周禁止性生活，注意休息，加强营养，增加抵抗力；术后可给抗生素预防感染；按医嘱服药，定期复诊。

(12)出院指导　因术后阴道排液时间较长，应在出院前给予全面的健康指导，提高患者的自护能力。交代患者有情况随时来院就诊，禁止性生活、游泳、盆浴1个月。子宫纵隔切除术、宫腔粘连松解术的患者，嘱术后2～4月再次做宫腔镜检查，待宫腔形态恢复正常后，取出防止粘连的不锈钢节育环。

第四节　妇科手术患者的护理

学习目标

知识目标　能说出外阴、阴道创伤的病因、临床表现及处理原则，并正确为患者进行护理评估。

能力目标　能够为外阴阴道手术及腹部手术患者提供合适的护理措施。能运用所学知识为腹部手术患者进行健康教育。

素质目标　学习过程中体现对患者的关心。

一、妇科外阴手术患者的护理

【概述】

外阴手术是指女性外生殖器部位的手术，在妇科中应用广泛。按照手术范围，有外阴根治切除术、前庭大腺切除术、宫颈手术、阴道成形术、处女膜切开术等。

手术适用于外阴、阴道及宫颈病变、创伤，生殖道瘘、畸形，子宫、阴道前后壁脱垂等。

【护理评估】

1.病史

询问年龄。了解患者的身体状况、疾病的轻重、缓急，以决定手术的方式、范围及时间。

2.身体评估

同腹部手术。

3.心理-社会评估

术前准备及手术时的暴露部位是隐私部位，一些患者因年轻往往不愿谈及疾病，一些患者则因术后将影响性生活出现忧虑、自我概念紊乱等。

【护理诊断】

1.知识缺乏

缺乏疾病及手术相关知识。

2.自尊紊乱

与手术切除外阴或阴道疾病的认识有关。

3.疼痛

与疾病的特殊部位及手术创伤有关。

4.有感染的危险

与疾病的部位有关。

5.性生活形态改变

与手术有关。

6.情境性自我贬低

与外阴阴道疾病所致的羞愧、内疚有关。

【护理目标】

1.患者获得相关的疾病知识。

2.患者维持较好的自尊。

3.患者疼痛逐渐减轻。

4.患者无感染发生。

5.患者性生活协调。

6.患者自我贬低的心理状态得到纠正。

【护理措施】

1.术前护理

术前护理措施与腹部手术基本相同，但还应注意以下几点：

(1)心理护理　与妇科腹部手术患者的心理特点大体相同，但外阴、阴道手术的患者还会担心手术会损伤身体的完整性、手术切口疤痕会引起性生活不协调；由于病变在隐私的部位，患者的心理负担会加重等。护理人员应热情接待新患者，并理解患者，以亲切和蔼的态度耐心对待患者，让患者表达自己的感受。术前应耐心向患者讲解相关的知识及治疗措施的效果，消除患者因担心术后影响性生活而出现的紧张、焦虑、恐惧心理，介绍手术、麻醉情况及手术前后的注意事项，使患者安心配合治疗。

(2)皮肤准备　外阴、阴道手术的患者更要注意个人卫生，每日清洗外阴。术前一日行皮肤准备，备皮范围包括外阴部、肛门周围、臀部及大腿内侧上 1/3。

(3)肠道准备　按腹部肠道手术准备。

(4)阴道准备　正常阴道并不是无菌的，为了防止术后感染，应在术前 3 日开始进行阴道准备，一般行阴道冲洗或坐浴，每日 2 次，常用 1∶5000 的高锰酸钾液、1∶20 的碘伏或 1∶1000 的新洁尔灭等。术晨行阴道消毒，特别注意阴道穹隆，消毒后用大棉球蘸干。

2.术后护理

术后护理措施与腹部手术基本相同，但还应注意以下几点：

(1)体位　根据不同手术采取不同的体位，处女膜闭锁及有子宫的先天性阴道患者，术后应采取半卧位，有利于经血的排出，而外阴癌根治术的患者应平卧，双腿外展屈膝位，膝下垫软枕头，减少腹股沟及外阴部的张力，有利于伤口的愈合，子宫脱垂手术后的患者以平位为宜。

(2)切口的观察　外阴阴道肌肉组织少，切口张力大，不易愈合，护理人员应随时观察切口情况，注意有无渗血，红肿热痛等炎性反应，并注意观察局部皮肤的颜色、湿度、温度，有无皮肤组织坏死，注意阴道分泌物的量、性质、颜色及气味，有异常及时通知医生。

(3)保持外阴清洁干燥　每天冲洗或擦洗外阴 2 次，勤换内衣内裤，患者排便后用同法清洁外阴防止感染。

(4)保持大小便通畅　一般留置尿管 5 ~ 7 日，特点注意保留尿管的通畅，并做好保留尿管患者的护理。一般于术后 3 日开始大便，如无大便可用缓泻剂。

(5)避免增加腹压的动作　如长期下蹲、用力长时间咳嗽等。

【护理评价】

1.患者能说出治疗方式及护理要点。

2.患者能正确评价自我能力，表达自我感受，处事、交往良好。

3.患者自述疼痛减轻或消失，无疼痛所致的痛苦表情。

4.患者无异常的发热、切口周围无红肿热痛。

5.患者能积极地自我评价，对今后的生活具有信心。

6.患者能叙述外阴阴道手术后维持正常性生活的应对措施。

【出院指导】

外阴、阴道手术后的患者，因伤口愈合较慢，应嘱患者回家后注意保持外阴清洁。患者休息 3 个月，禁止性生活及盆浴，避免重体力活和增加腹压的运动，注意适当运动，逐渐增加活动量。出院后 1 个月到门诊检查术后恢复情况，3 个月到门诊复查。如病情变化应及时就诊。

二、妇科腹部手术患者的护理

案例引入

某女,20岁,因先天性无阴道接受人工阴道成形术。手术前,护士应做哪些准备?手术后采取哪些护理措施防治疼痛和感染?

在妇产科工作中,手术治疗具有重要作用,尤其对于妇科肿瘤患者的治疗占有相当重要的地位。妇科手术根据手术急缓程度分为择期手术、限期手术和急诊手术。根据手术途径分为腹部手术与阴式手术。腹部手术分为剖腹探查术、子宫切除术、子宫切除加附件切除术等。子宫切除术也可经阴道施行。手术不仅是治疗过程,也是创伤过程,因此做好术前术中及术后准备起着关键的作用。

妇科腹部手术适用于子宫本身及附件有病变,或因附件病变而不能保留子宫者,性质不明的下腹部肿块,急腹症等。

【护理评估】

1.病史

了解患者的情况,特别是本次患病的情况。

2.身体评估

(1)生命体征　对体温、脉搏、呼吸及血压评估。

(2)营养及饮食　术前患者的营养状况,直接影响患者术后的康复。

(3)辅助检查　血、尿、粪三大常规及心、肝、肾、肺等重要器官功能的检查。

3.心理社会评估

评估对手术不了解、对手术预后的担心产生的心理问题。

【护理诊断及医护合作性问题】

1.知识缺乏

缺乏妇科手术的相关知识。

2.焦虑

与担心手术及预后有关。

【护理措施】

1.心理护理

患者会出现不同的心理问题,如抑郁、焦躁、自卑、悲观失望、甚至出现轻生念头。心理护理可帮助患者缓解不良的心理反应,使患者保持平静的心情接受手术,以积极的态度与医护人员合作,取得最好的手术效果。

护理人员应热情接待新患者,介绍病区环境、医疗水平、主管医生和护士,介绍与其同病室病友相认识,使她们尽快熟悉新环境和新朋友。术前应耐心向患者讲解相关的知识及治疗措施的效果,消除患者因担心术后影响性生活而出现的紧张、焦虑、恐惧心理,介绍手术、麻醉情况及手术前后注意事项,使患者安心配合治疗。

2.手术前指导

(1)术前护理　护理人员应指导患者学会胸式呼吸,老年患者还应学习咳嗽和排痰,基本方法如下:训练患者做胸式深呼吸运动和有效咳痰。指导患者双手按住肋部或切口两侧,以限制腹部活动的幅度,深吸气后再用力咳痰,重复训练,直至患者掌握为止。预防发生术后坠积性肺炎。

(2)疼痛　疼痛对患者是一种伤害性刺激。强烈疼痛可使患者血压升高、心跳加快、心律失常、呼吸急促、出汗、肌肉紧张、恶心、呕吐,严重影响患者手术的恢复,增加术后并发症的发生。术前指导患者如何应对术后的疼痛,如何使用自控式镇痛泵,减少或避免并发症的发生。

(3)翻身和起床　指导患者翻身、起床和活动的技巧,鼓励术后早期活动,以利术后康复。术后早期活动是避免下肢静脉血栓形成的有效方法。

(4)排泄　术前应指导患者在病床上练习使用便器。

3.术前准备

(1)皮肤准备　手术前1日进行皮肤准备。腹部皮肤备皮范围是上起剑突下缘,下至两大腿上1/3,左右到腋中线,剃去阴毛。脐部用汽油棉签(或络合碘棉签)清洁后再用酒精棉签擦拭。整个备皮过程中护理人员动作要轻柔,切忌损伤患者表皮,以免微生物侵入而影响手术,备皮完成后用温水洗净、拭干。

(2)手术前1日抽血做血型及交叉配血试验;做普鲁卡因、青霉素等药物过敏试验。

(3)手术前晚及手术当日清晨测量生命体征,注意有无月经来潮,上呼吸道感染,如有上述情况应及时与医师取得联系。

(4)阴道准备　术前1日为患者冲洗阴道两次,第2次冲洗后在宫颈口及阴道穹隆部涂甲紫,为手术切除宫颈标记之用。行次全子宫切除术,卵巢囊肿剔除术及子宫肌瘤剔除术时不需要涂甲紫。阴道流血及未婚者不做阴道冲洗。阴道冲洗时护士动作要轻柔,注意遮挡患者。

(5)胃肠道准备　妇科一般手术患者肠道准备于术前1日开始。手术前1日清洁肠道,可口服20%甘露醇250ml 加生理盐水250ml导泻,也可用1%肥皂水灌肠,服药或洗肠后护士注意观察患者的反应,如服药后8小时左右患者仍无排便,要给予1%肥皂水洗肠1次。术前8小时禁止由口进食,术前4小时严格禁水。

妇科恶性肿瘤患者,特别是卵巢癌患者,由于肿瘤组织有可能侵犯肠道,术中要剥离癌组织或切除病变部位的部分肠管,肠道准备从术前3日开始。术前3日进半流食,口服庆大霉素8万单位,每日2次,口服20%的甘露醇250ml加生理盐水250毫升,每日1次。术前1日禁食,静脉补液,继续口服庆大霉素及甘露醇,并行清洁洗肠。

手术当日清晨清洁灌肠,至排泄物中无粪渣。对年老、体弱者清洁灌肠应按其承受能力而定,警惕腹泻导致脱水。

(6)术前晚8点,按医嘱给予镇静安眠药,可用地西泮10mg,肌内注射。

(7)膀胱准备　手术前为患者置保留尿管,导尿时注意无菌操作,见尿后固定尿管。

(8)其他　术前要了解患者有无药物过敏史,遵医嘱做药物过敏实验。进入手术室前患者要摘下义齿、发卡及首饰等并妥善保管,遵医嘱给予术前药物,核对患者姓名、床号、手术带药及手术名称,将患者及病历交给手术室接手术人员。

(9)床单位准备　手术后患者宜安置于安静舒适的小房间,护士应进行手术患者床单位的准备,铺好麻醉床,备床垫,备好血压表、听诊器、沙袋、弯盘、吸氧用物、引流瓶等,必要时准备胃肠减压器等。

4.手术日护理

(1)接待回病室的患者　护士与麻醉师之间妥善交接患者情况,向麻醉师详细了解术中情况,检查骶尾部皮肤受压情况,对使用电击板的患者要察看与电击板接触的皮肤情况,预防电击板接触不良或电击板放置部位不妥致局部皮肤受损。

(2)体位　患者返回病室后,全麻患者取去枕平卧位,头偏向一侧,防止呕吐物进入气管。硬膜外麻醉的患者去枕平卧6～8小时,腰麻患者去枕平卧12～24小时,防止术后头痛。如患者无特殊病情变化,术后次日晨取半卧位。

(3)术后即时护理　测量血压、脉搏和呼吸,检查静脉输液通路是否通畅、腹部伤口及麻醉穿刺部位敷料有无渗血、阴道有无出血、尿管是否通畅及尿液的量和性质、全身皮肤情况,如有引流管要观察引流管是否通畅、引流液的性状及量,接好引流管及引流瓶。

腹部压沙袋6小时,防止出血。值班护士要向手术医生及麻醉师询问术中情况,包括术中出血量,手术范围,术后有无特别护理要求并做好记录。做胃肠减压的患者及时接通负压吸引器调节适当的压力。

5.手术后护理

(1)生命体征的观察　手术后24小时内病情变化快,护士要密切观察生命体征的变化,及时测量生命体征并准确记录。全麻未清醒的患者还应注意观察瞳孔、意识及神经反射。每15～30分钟测量1次直至血压平稳后,改为每4小时1次,以后每日测量体温、脉搏、呼吸、血压3～4次,直至正常后3天。

(2)尿量的观察　妇科手术患者一般均置保留尿管,术后要保持通畅、勿折、勿压,注意观察尿量及性质,如发现尿液为鲜红色则考虑有可能损伤输尿管或膀胱;术后尿量至少每小时在50ml以上,如尿量过少,应检查导尿管是否堵塞、脱落、打折、被压,排除上述原因后,要考虑患者是否入量不足或有内出血休克的可能,及时通知医生及早处理。

常规妇科手术于术后第1天晨拔除尿管,妇科恶性肿瘤及阴道手术患者保留尿管的时间要根据患者的病情及手术情况而定。在保留尿管期间患者每天测量体温3～4次,每日冲洗会阴并更换尿袋,操作时要注意无菌,防止逆行感染。

在拔除尿管的前1～2天,将尿管夹闭定时开放,一般3～4小时开放1次,夜间应持续开放以训练和恢复膀胱功能,必要时拔除尿管后测残余尿。

(3)引流管的观察和护理　妇科手术后多置阴道引流和(或)腹腔引流,目的是引流出腹腔及盆腔内渗血、渗液,防止感染及观察有无内出血和吻合口愈合情况。应保持引流管的通畅,观察引流液的性质及量,术后24小时内若引流液每小时大于100ml并为鲜红色时,应考虑有内出血,须立即报告医生,同时保证静脉通路通畅,必要时测量腹围,以估计有无腹腔内出血及出血量。注意保持引流管适宜的长度。引流管及引流瓶应每日更换并要严格无菌操作,冲洗会阴每日2次,同时每日测体温3次,以及早发现感染征兆。

每日应认真记录引流液的量及性状,如患者同时有多支引流时,引流管上要有标记并分别记录,切忌混淆。如发现引流液为脓性且患者体温升高,则考虑有感染;如引流量逐渐增加、色淡黄要分析是否有漏尿,报告医生给予处理。一般情况下24小时引流液小于10ml且患者体温正常可考虑拔除引流管。

(4)术后止痛 一般术后24小时内可用哌替啶50mg加异丙嗪25mg肌内注射,可有效缓解伤口疼痛。6 ~ 8小时可重复1次。也可应用患者自控止痛泵。一般情况下,可与患者交谈分散其注意力,减少室内噪音,创造良好休息环境,使患者能安静休息减轻痛苦。术后12 ~ 24小时患者应半坐卧位,其不仅有利于引流防止感染,而且半卧位时腹肌松弛张力下降可减轻伤口疼痛,由于膈肌下降,有利于呼吸及排痰,减少肺部并发症的发生。

(5)术后恶心、呕吐及腹胀的观察和护理 一般术后呕吐不需要处理,使患者头偏向一侧,嘴边接好弯盘,及时清理呕吐物,清洁口腔,保持床单位干净整齐。严重的呕吐要通知医生给予药物治疗。

术后腹胀是由于肠管暂时麻痹,使过多气体积于肠腔而又不能从肛门排出造成的。术后要劝慰患者不要呻吟、抽涕,未排气之前不要食用奶制品及甜食,以免增加肠内积气。并鼓励、帮助患者早期活动,以促进肠蠕动恢复,防止肠粘连。

通常术后48小时可恢复正常肠蠕动,一经排气,腹胀可减轻。48小时后若患者仍未排气,腹胀严重应及时查找原因,排除肠梗阻后,可给予肛管排气或艾灸中腕穴等措施,刺激肠蠕动恢复,以减轻症状。

(6)饮食护理 一般妇科腹部手术后6 ~ 8小时可进流质饮食,忌食牛奶及甜食,肛门排气后可进半流食,排便后开始进普食。进行胃肠减压的患者均应禁食。术后患者注意加强营养,增加蛋白质及维生素的摄入,促进伤口愈合。

(7)术后7日拆线 年老、体弱或过度肥胖者伤口愈合的难度较大,应延长拆线时间或间断拆线。

【出院指导】

1.饮食

应进食高蛋白、高热量、高维生素的饮食,但应逐步增加食量。多吃新鲜蔬菜和水果。

2.休息与活动

术后多休息,有足够的睡眠。逐渐增加活动时间及活动量,活动量的大小应以患者的耐受力而定,应尽力而行。手术半月后可开始运动,运动内容有散步、保健操、太极拳等。

3.症状观察

注意伤口愈合情况。若伤口出现红肿、硬结、疼痛或发热等症状及时来院就医。全子宫切除术后7 ~ 14天,阴道可有少量粉红色分泌物,这是阴道残端肠线溶化所致,为正常现象,不需处理,适当休息即可。如阴道出血量多如月经量,应及时就诊。伤口拆线后可淋浴。

4.全宫切除术后3个月内禁止性生活及盆浴

子宫肌瘤剔除术、卵巢囊肿剔除术及宫外孕手术后1个月内禁止性生活及盆浴。妇科手术患者出院后应在1个月至1个半月来医院复查。

【护理评价】

1.患者是否体温正常,分泌物无臭味。

2.患者是否面色红润,精神良好。

3.患者能否叙述术后的自我护理措施。

4.患者能否叙述术后的性生活应对措施。

三、妇科门诊、病区的布局、设备及管理

案例引入

1.妇科门诊责任护士的工作职责有哪些?

2.妇科病房的日常护理管理包括哪些?

(一)妇科门诊的布局及护理管理

门诊是医疗服务的第一线,人流量多,病种繁杂。妇科门诊通常设在门诊部的一端,包括有候诊室、询诊室和检查室,附近应有厕所,以方便妇女就诊。护士要热情接待病员及其家属,向他们介绍门诊各辅助科室的分布和有关手续,为其诊疗提供方便。并应根据病情,对阴道流血量多、病重、病残及年老体弱者,照顾提前就诊。维持候诊秩序,保持安静,以创造良好的就诊环境。

在候诊室应设宣传栏，内有卫生知识小报、图片等内容，进行妇女保健和计划生育宣教、咨询。同时，护士应积极主动地配合医生，协助采集病史，做好各项记录和资料登记、整理工作。

(二)妇科检查室的设备及管理

1.主要设备

妇科检查室是供妇科检查、治疗及术前准备的场所。要求空气流通，光线充足。窗户宜嵌磨砂玻璃，检查床边应有屏风遮隔，室内除备体温表、血压计、听诊器、注射器等外，还需安装紫外线吊灯，备有检查床、立灯、灌洗筒架及妇科常用物品和敷料等。

(1)检查床　妇科检查床供检查和治疗用。床的下端安装两个支腿架，为检查取膀胱截石位时架腿用。床上铺褥垫、床单、橡皮布和无菌巾。另备脚套、小棉被等，床旁应设踏脚凳，床下放污物桶，床尾配坐凳，供治疗时使用。

(2)器械　备消毒窥阴器(鸭嘴型、鸟嘴型)、清洁和无菌手套、长镊子、活组织钳，宫颈刮板、宫颈钳、子宫探针、卵圆钳、小刮匙、导尿管、止血钳、剪刀、阴道灌洗器、消毒瓷缸、弯盘、干燥玻片和试管、小标本瓶，另应备浸泡污物的盆具和医生泡手用的盆、盆架等。

(3)药品　75%和95%乙醇、2.5%碘酊、10%～20%硝酸银、1%龙胆紫、0.5%-11%普鲁卡因、生理盐水、10%氢氧化钠、10%福尔马林、无菌肥皂液和液体石蜡油，外用止血粉、苯扎溴铵及其他消毒液。

(4)敷料　纱布块、大棉球、带线纱球、长棉签、消毒纸(垫)或无菌巾等。

2.管理

(1)检查室内应经常保持整洁，每日定时通风，诊疗前后需进行清洁整理，每日用紫外线空气消毒1次，每次照射30分钟，每周彻底清洁消毒1次。检查室内的温度宜保持在16～25℃。

(2)室内物品应固定安放，每日清点，及时补充备齐。

(3)用物清洁消毒，使用过的窥阴器和手套等物，先浸泡在消毒液中，30分钟后取出清洗，然后煮沸和高压消毒备用。检查传染病或癌症患者的器具用后应另行处理。检查床上的床单应每周更换，橡皮布可浸泡在消毒液中消毒，清洗晾干后待用。器械盘上的无菌巾每日更换1次。各种器皿每周定期擦洗、消毒，更换消毒液。

(三)妇科病区的布局、设备及管理

妇科病区常设有妇科病房、妇科检查室、治疗室，污物处理室等。在病房一端要设有厕所，做到定时打扫。妇科病房应与产科休养室分开，一般分普通病室和危重病室(内设有常备的护理器具及抢救用物)。病房布置要求规范，要为患者创造一个整洁、安静、舒适的治疗和休养环境，以促使她们早日康复。对患者的分泌物及排泄物，需及时消毒处理，避免交叉感染。护理人员应具有高度的责任心，必须熟悉妇科疾病的各项护理常规。对于病房的各类护理文件、表格填写要规范，各类物品应登记入册，要建立健全物品维修保养制度和使用规则，并有专人分别负责管理。

(四)妇科诊疗室工作规则

1.按治疗室要求进行消毒隔离。

2.随时备好妇科常规检查、特殊检查和术前准备所需的器械和物品。

3.妇科检查的器械和手套，用后立即用清水洗净，器械浸泡于0.1%新洁尔灭液或其他消毒液中至少20分钟，消毒包每日更换1次；手套浸泡于清水中，洗净后连同器械一并送消毒室进行高压消毒。癌症患者、严重感染、传染病及性病患者检查用具应单独处理。

(五)妇科护士工作职责

1.妇科门诊护士工作职责

(1)在科主任的领导下，主管医生的指导下，负责门诊的各项护理管理工作。

(2)负责接待宣传、导诊工作。

(3)负责门诊工作量的统计、物品准备。

(4)负责器械涮洗、打包、送消毒室消毒等工作。

(5)负责门诊的四防安全及清洁卫生。

(6)配合科主任做好科室的其他工作。

2.妇科病房主管护师、护师、护士职责

(1)在护士长的领导下，负责护理及观察患者，按级别护理巡视病房。

(2)按常规及需要，在日常工作中随时观察了解患者的诊断、治疗、生命征及病情变化、心理状况、营养状况、生活习惯等，及早发现问题，向护士长和医师汇报并给予相应的护理。

(3)负责患者的个人及床单位卫生，按常规及需要进行处理。在护理中要随时保证患者的安全舒适。

(4)监督病房环境,督促护理员工作,保持病房环境的卫生清洁整齐。随时注意病房温度、光线、通风的调节及消毒工作。

(5)检查收集化验标本情况,观察并记录患者排泄物,遇有异常情况须报告。

(6)加强对危重患者及手术前、后患者的护理,随时观察及准备急救用物,如病情变化,立即通知负责医生。

(7)新患者入院时,介绍病房有关制度,开展健康宣教工作,并按医院常规进行护理。

(8)按医嘱进行各项治疗。例如皮内、肌肉、静脉注射等。要保证治疗的准确。

(9)认真执行交接班工作制度。交接班人应将新入院患者、手术前后患者及其特殊情况、当日医嘱和应注意事项交代清楚。对手术、高热等患者,一定与接班护士(师)共同到病房交接,并将当日患者情况向接班护士及护士长详细汇报。

(10)负责病房器材管理,保证其完整、适用。准备及消毒各项医疗器材,并协助医生进行体检及治疗工作,在工作过程中严格执行无菌操作和隔离技术。

(11)负责保管病房使用的药品,及时补充和更新,保证使用。

(12)监督进入病房的工作人员和探视患者的亲友,严格遵守医院制度。

(13)对康复期及出院患者进行卫生宣教工作。

(14)协助完成对实习生的临床教学及实习任务。

(15)接受继续教育,钻研业务,开展护理科研,完成医院交给的任务。

(胡恒)

第五十五章　女性生殖系统炎症患者的护理

案例引入

患者,31岁,已婚妇女,外阴部肿胀、疼痛4天,查体见右侧外阴局部皮肤红肿、发热、压痛明显。触之有波动感,周围组织水肿。

学习任务:1.你作为社区护士,判断患者最有可能的诊断是什么?如何处理?

2.你作为社区护士,如何对患者进行健康教育?

学习目标

知识目标　能说出女性生殖系统的自然防御功能。能说出女性外阴炎的病因、症状、护理要点。能解释滴虫性阴道炎、外阴阴道假丝酵母菌、萎缩性阴道炎、盆腔炎、子宫颈炎的概念。能正确描述常见阴道炎的护理措施及健康指导方法,并正确为患者进行护理评估。

能力目标　能够提出正确的护理诊断,能够为女性生殖系统炎症患者提供预防保健指导,并执行相应的护理活动。

素质目标　学习过程中体现对患者的关心。

第一节　概　述

【阴道正常微生物群】

正常阴道内有病原体寄居形成阴道正常微生物群。

(1)革兰阳性需氧菌及兼性厌氧菌　乳杆菌、棒状球菌、非溶血性链球菌、肠球菌及表皮葡萄球菌。

(2)革兰阴性需氧菌及兼性厌氧菌　加德纳菌、大肠埃希菌及摩根菌。

(3)专性厌氧菌　消化球菌、消化链球菌、类杆菌、动弯杆菌、梭杆菌及普雷沃菌。

(4)支原体及假丝酵母菌。

【女性生殖器官自然防御功能】

女性生殖道的解剖和生理特点具有比较完善的自然防御功能,增强了对感染的防御能力。

(1)解剖方面　外阴两侧小阴唇合拢;阴道前后壁紧贴;子宫颈内口紧闭和宫颈管内有黏液栓堵塞,可阻挡病原体入侵。

(2)生理方面　阴道上皮受雌激素影响,细胞增生并储存糖原,在阴道杆菌作用下能分解为乳酸,维持阴道酸性环境(pH维持在4～5),而宫颈管的黏液呈碱性,故能使大多数病原体的活动和繁殖受到抑制,称为阴道自净作用。此外,子宫内膜周期性剥脱,可及时消除宫腔内的感染。

当月经期、分娩、手术或损伤时,生殖器局部的防御功能降低,同时,阴道内的条件致病菌,在环境适宜的情况下,生长繁殖而引起炎症。

【病原体】

常见的病原体除细菌外,尚有原虫、真菌、衣原体、支原体、梅毒螺旋体及病毒感染。其中有些疾病是通过性行为密切接触而传播的。

【阴道分泌物检查】

外阴及阴道炎症的共同特点是阴道分泌物增多及外阴瘙痒,但因病原体不同,分泌物特点及瘙痒轻重不同。在做妇科检查时,应注意阴道分泌物颜色、气味及pH。取阴道分泌物做pH测定及病原体检查。

第二节　外阴部炎症患者的护理

一、外阴炎

【概述】

外阴炎(Vulvitis)即外阴皮肤与黏膜的炎症。主要是因为外阴部暴露于外,又与尿道、肛门、阴道邻近,与外界接触较多,因此外阴易发生炎症,其中以大、小阴唇为最多见。

【护理评估】

1.健康史

阴道分泌物、月经血、产后恶露、尿液、粪便的刺激均可引起外阴不同程度的炎症。其次如尿漏患者的尿液、粪漏患者的粪便、糖尿患者的糖尿的长期浸渍等。此外,穿紧身化纤内裤、月经垫通透性差、局部经常潮湿等均可引起外阴部的炎症。

2.身体状况

(1)症状　外阴皮肤黏膜瘙痒、疼痛、灼热感,性交、活动及排尿及排便时加重。病情严重时形成外阴溃疡而导致行走不便。

(2)体征　妇科检查可见局部充血、肿胀、糜烂,常有抓痕,严重者形成溃疡或湿疹。慢性炎症者,外阴局部皮肤或黏膜增厚、粗糙、皲裂等。

3.处理原则

包括病因和局部治疗。积极寻找病因、消除刺激来源,保持外阴部清洁、干燥。局部可用1∶5000高锰酸钾坐浴,水温40℃左右,如有破溃可涂抗生素软膏。

4.心理-社会状况

外阴瘙痒患者常因发病部位处于隐私处而不愿就诊,特别是未婚妇女及老年妇女更感觉害羞或怕遭人耻笑,一些未婚妇女因为害羞不愿就诊。也会因外阴局部不适感而影响工作、睡眠和性生活等产生焦虑、抑郁、烦躁等情绪。

【护理诊断及医护合作性问题】

1.皮肤或黏膜完整性受损

与搔抓引起皮肤黏膜破损有关;与炎症使局部皮肤充血、破溃有关。

2.舒适的改变

与外阴瘙痒、疼痛有关。

【护理计划与实施】

1.健康教育

加强卫生宣教,普及防病知识。

2.诊疗配合

解释各种的目的、作用、方法、不良反应及注意事项,指导患者合理用药。

3.心理护理

解除患者的焦虑情绪。

4.减轻刺激,促进舒适

少食辛辣等刺激性食物,保持外阴清洁。

【护理评价】

1.患者受损的外阴皮肤是否已愈合。

2.患者局部症状是否减轻,舒适度是否已增加。

二、前庭大腺炎

【概述】

前庭大腺炎(Bartholinitis)是病原体侵入前庭大腺引起的炎症,包括前庭大腺脓肿和前庭大腺囊肿。前庭大腺位于两侧大阴唇后1/3深部,腺管开口于处女膜与小阴唇之间,在性交、分娩、月经期或其他情况下外阴被污染时易发生炎症。此病育龄妇女多见，幼女及绝经后期妇女少见。

【护理评估】

1.健康史

了解有无流产、分娩、外阴或阴道手术后感染史；注意询问个人的卫生习惯，有无诱因或不洁性交史等。

2.身体状况

（1）症状　急性期患者感觉患侧疼痛、局部肿胀、烧灼感，行走不便。甚至出现发热等全身症状。

（2）体征　检查见局部皮肤红肿、发热，有明显压痛。如形成脓肿时，可触及波动感，疼痛加重，并伴有发热等全身不适。脓肿可自行破溃流出脓液。急性炎症消退后，如腺管堵塞，可形成前庭大腺囊肿。

3.辅助检查

急性期血象常有变化，白细胞分类中性可明显升高。

4.处理原则

急性期应卧床休息，局部保持清洁，选用抗生素，也可配以清热、解毒中药局部热敷或坐浴。

当脓肿形成或囊肿较大时，可行切开引流造口术以保留腺体功能。目前采用CO_2激光或微波行囊肿造口术，效果良好。

5.心理-社会状况

前庭大腺炎会引起患者痛苦、坐立不安，患者常出现因怕痛和害羞而未能及时诊治的心理障碍。

【护理诊断及医护合作性问题】

1.疼痛

与脓肿引起局部压力、炎症刺激增大有关。

2.皮肤完整性受损

与炎症引起阴道黏膜充血、脓肿破溃有关。

【护理计划与实施】

1.急性期嘱患者卧床休息，选用金银花、蒲公英等中草药煎汤局部熏洗或坐浴。

2.遵医嘱给予抗生素，疼痛严重者可给予止痛药。

3.脓肿及囊肿切开后，局部放置引流条引流，引流条应每日更换。用1∶5000的洗必泰或1∶5000的高锰酸钾棉球擦洗外阴，每日2次。如有伤口愈合后，可用1∶8000的呋喃西林溶液坐浴，每日2次。

【护理评价】

1.患者局部症状是否缓解或消失，步态是否正常。

2.患者伤口愈合是否良好。

第三节　阴道炎症患者的护理

一、滴虫阴道炎

案例导入

患者，26岁，已婚妇女，3日来外阴瘙痒伴白带增多，并有尿频、尿痛。妇科检查：外阴潮红，阴道黏膜充血并有点状出血，大量脓性泡沫样分泌物，宫颈充血。分泌物悬滴法镜检见阴道毛滴虫。

学习任务：1.你作为社区护士，判断患者最有可能的诊断是什么？

2.你作为社区护士，如何对患者进行健康教育？

【概述】

滴虫阴道炎（Trichomonal vaginitis）是由阴道毛滴虫引起的常见阴道炎。滴虫称梨形，为白细胞的2～3倍大小，顶端有4根鞭毛，能活动。滴虫适宜在温度25～40℃、pH5.2～6.6的潮湿环境中生长，月经前后阴道pH升高，隐藏在腺体及阴道皱襞中的滴虫常得以繁殖，造成滴虫性阴道炎。滴虫不仅寄生于阴道，还可侵入尿道、尿道膀腺、膀胱、肾盂以及男性包皮皱褶、尿道、前列腺等处。

【传播途径】

1.经性交直接传播

由于男性感染滴虫后常无症状,易成为感染源。

2.间接传播

经公共浴池、游泳池、浴盆、坐式便器、衣物、器械及敷料等传播。

【护理评估】

1.健康史

了解个人卫生习惯,分析感染途径。询问既往阴道炎病史,有无局部瘙痒、烧灼感,白带量、颜色、性状、气味及是否与月经周期有关。

2.身体状况

(1)症状　典型症状是阴道分泌物增多及外阴瘙痒,分泌物为稀薄脓性、黄绿色、泡沫状,有臭味。伴有局部灼热、疼痛感,也可出现尿频、尿痛。少数患者阴道内可有滴虫感染,但无以上症状,称带虫者。

(2)体征　妇科检查时可见外阴黏膜充血,重者有散在出血点,甚至宫颈有出血斑点,形成“草莓样”宫颈,后穹隆有多量白带,呈灰黄色、黄白色稀薄液体或黄绿色脓性分泌物,常呈泡沫状。

3.辅助检查

阴道分泌物中找到阴道毛滴虫即可确诊。

4.处理原则

切断传染途径,杀灭阴道毛滴虫,恢复阴道正常状态,防止复发。

(1)局部治疗　选用1%乳酸、0.5%醋酸溶液冲洗阴道,然后取甲硝唑200mg塞入阴道后穹隆。每日1次,7 ~ 10日为1个疗程。

(2)全身治疗　初次治疗可选择甲硝唑2g,单次口服;或替硝唑2g,单次口服;或甲硝唑400mg,每日2次,连服7日。服药后偶见胃肠道反应,此外,偶见头痛、皮疹、白细胞减少等,一旦发现应停药。妊娠期慎用,哺乳期用药不宜哺乳。

5.心理–社会状况

妇女患病后往往会产生疑虑和焦急心理。患者常因反复发作而烦恼,出现无助感。

【护理诊断及医护合作性问题】

1.组织完整性受损

与阴道炎性分泌物刺激及瘙痒有关。

2.知识缺乏

缺乏疾病传染途径、治疗方案等方面的知识。

3.焦虑

与知识缺乏和不理想的治疗效果有关。

【护理计划与实施】

1.注意个人卫生

加强对公用设施的卫生管理。讲明彻底治疗的必要性。滴虫阴道炎常在月经期后复发,临床症状发生后,仍应于下次月经后继续治疗1个疗程,以巩固疗效。治疗后应在每次月经干净后复查白带,3次均为阴性称为治愈。

2.性伴侣的治疗

滴虫阴道炎主要由性行为传播,性伴侣应同时接受检查和治疗,治疗期间禁止性交。

3.治疗中的注意事项

治疗后无症状者不需随访,有复发症状的病例多数为重复感染,为避免重复感染,内裤及洗涤用的毛巾应煮佛5 ~ 10分钟以消灭病原体,并应对其性伴侣进行同时治疗。

【护理评价】

1.局部症状是否消失,外阴皮肤黏膜是否恢复完整性。

2.是否了解预防及治疗疾病的相关知识。

3.诊疗期间患者及性伴侣是否积极配合。

二、外阴阴道假丝酵母菌病

案例导入

患者，48 岁，已婚妇女，因胆道感染住院，应用抗生素治疗 12 日，近 3 日来外阴瘙痒明显，白带增多。妇科检查：外阴潮红，阴道黏膜有白色膜状物，擦除后露出红色黏膜面，大量豆腐渣样分泌物，宫颈充血。分泌物悬滴法镜检见菌丝。

学习任务：1.你作为社区护士，判断患者最有可能的诊断是什么？

2.你作为社区护士，如何对患者进行健康教育？

【概述】

外阴阴道假丝酵母菌病（vulvovaginal candidiasis，VVC）是由假丝酵母菌引起的常见外阴阴道炎症。酸性环境适宜假丝酵母菌的生长，有假丝酵母菌感染的阴道 pH 多在 4.0 ～ 4.7，通常＜4.5。假丝酵母菌对热的抵抗力不强，加热 60℃，1 小时即可死亡；但对干燥、日光、紫外线及化学制剂等抵抗力较强。假丝酵母菌平时可存在于口腔、肠道、阴道中，但在环境条件适宜时才迅速繁殖，引起感染。幼女、孕妇、糖尿病妇女、长期应用抗生素、肾上腺皮质激素和雌激素的妇女易发生假丝酵母菌感染。

【传播途径】

1.内源性传染

为主要感染，假丝酵母菌寄生于口腔、肠道和阴道中，这三个部位可以互相传染。

2.性交传染

少部分患者可通过性行为直接传染。

3.间接传染

极少通过接触污染的衣物间接传染。

温馨提示：在外阴阴道炎症中，除外阴阴道假丝酵母菌病通过内源性传播外，其余均通过性途径传播。

【护理评估】

1.健康史

询问有无局部瘙痒、烧灼痛及其程度，排尿是否正常，了解白带量、颜色、性状、气味及是否与月经周期或妊娠有关。了解个人的卫生习惯，有无诱因或不洁性生活史等。

2.身体状况

（1）症状　典型体征为白色稠厚呈凝乳或豆腐渣样。主要表现为外阴瘙痒、灼痛、性交痛以及尿痛。

（2）体征　妇科检查时可见外阴红斑、水肿，常伴有抓痕，严重者可见皮肤皲裂、表皮脱落。阴道黏膜红肿，小阴唇内侧及阴道黏膜附有白色块状物，擦除后露出红肿黏膜面，急性期还可能见到糜烂及浅表溃疡。

3.辅助检查

在阴道分泌物中找到假丝酵母菌的芽生孢子和假菌丝即可确诊。

4.处理原则

消除诱因，根据患者情况选择局部或全身应用抗真菌药物。

（1）消除诱因　积极治疗糖尿病，及时停用广谱抗生素、雌激素、皮质类固醇激素。

（2）局部用药　用 2% ～ 4% 碳酸氢钠液阴道冲洗或坐浴，改变阴道酸碱度，再选用咪康唑栓剂、克霉唑栓剂、制霉菌素栓剂、达克宁栓剂等抗真菌药物置于阴道后穹隆，每日 1 次，7 ～ 14 日为 1 个疗程。

温馨提示：在几种阴道炎症中，除外阴阴道假丝酵母菌病用碳酸氢钠灌洗外，其余均用醋酸灌洗。

（3）全身用药　经局部治疗未愈者、不能耐受局部用药者、未婚妇女及不愿采用局部用药者可选用口服药物。常用药物:氟康唑、伊曲康唑等。

5.心理–社会状况

外阴、阴道奇痒使患者不适感而影响工作、休息、睡眠等,也常因疾病的反复发作而烦恼,同时患者因对疾病缺乏认识及羞怯心理而未及时就医。

【护理诊断及医护合作性问题】

1.组织完整性受损

皮肤、黏膜充血,出现湿疹或溃疡等有关。

2.知识缺乏

缺乏对此病治疗方案、糖尿病治疗,抗生素、雌激素使用的知识。

3.焦虑

与病变为隐私部位及治疗效果不佳有关。

【护理计划与实施】

1.健康教育

积极治疗糖尿病,正确使用抗生素、雌激素、皮质类固醇激素。讲解疾病原因,勤换内裤,用过的内裤、盆及毛巾均应用开水烫洗、切忌搔抓。

2.阴道冲洗

灌洗液的温度为41 ~ 43℃,冲洗过程中操作轻柔,排除阴道冲洗禁忌症。

3.消除忧郁、焦虑等心理障碍

增强其战胜疾病的信心。对于顽固病例者应寻找原因,调整治疗方法。为避免感染新生儿,孕妇患病要积极治疗。

【护理评价】

1.外阴瘙痒是否减轻,能够正常休息与睡眠。

2.是否能及时就诊和按医嘱用药,定期复查。

3.患者能否面对现实,1周后焦虑症状消失。

三、萎缩性阴道炎

【概述】

萎缩性阴道炎(Atrophic vaginitis)常见于自然绝经、卵巢去势及盆腔放射治疗后的妇女,也可见于产后闭经或药物假绝经治疗的妇女。由于卵巢功能衰退,雌激素水平下降,阴道黏膜变薄,糖原含量减少,局部抵抗力降低,因此使病菌易于侵入繁殖而引起炎症。常为一般化脓菌混合感染。

【护理评估】

1.健康史

了解患者绝经的时间、卵巢手术史、盆腔放射治疗史或药物闭经史等。

2.身体状况

(1)症状　主要症状为外阴灼热不适、瘙痒及阴道分泌物增多。阴道分泌物稀薄,呈淡黄色,严重者呈脓血性白带。

> 温馨提示:对于三种阴道炎的鉴别,可从阴道分泌物的特点进行判断。

(2)体征　妇科检查见阴道呈萎缩性改变,上皮皱襞消失、萎缩、菲薄。阴道黏膜充血,有散在小出血点或点状出血斑,有时见浅表溃疡。

3.辅助检查

阴道分泌物检查见大量基底层细胞及白细胞而无滴虫或假丝酵母菌。有血性白带时应与子宫恶性肿瘤鉴别。

4.处理原则

抑制细菌生长,改善阴道内环境,补充雌激素,增加阴道的抵抗力。

(1)局部治疗　0.5%醋酸液或1%乳酸液冲洗阴道或坐浴,以增加阴道酸度,然后用甲硝唑或诺氟沙星每次1片置于阴道深部,每日1次,连用7～10日为1个疗程。

(2)全身治疗　顽固病例在排除肿瘤后遵医嘱指导患者口服小剂量雌激素。

5.心理-社会状况

由于局部疼痛常致心理不稳定,久治不愈又可产生无助感。也有个别患者因为惧怕癌症而焦虑。

【护理诊断及医护合作性问题】

1.舒适的改变

与阴道分泌物增多、阴道痛痒有关。

2.焦虑

与治疗效果不理想、害怕癌变有关。

3.知识缺乏

缺乏围绝经期、老年期保健知识。

【护理计划与实施】

1.加强健康教育,掌握萎缩性阴道炎的预防措施和技巧,注意保持会阴部清洁,勤换内裤。

2.告知患者严格按医嘱正确用药,并传授局部用药方法及注意事项。乳癌或子宫内膜癌患者慎用雌激素制剂。

【护理评价】

1.外阴瘙痒症状和白带是否消失,外阴皮肤黏膜是否恢复完整性。

2.是否掌握围绝经期和老年期的保健知识。

3.焦虑症状是否减轻。

第四节　子宫颈炎症患者的护理

案例导入

患者,女,32岁,阴道分泌物呈黄色脓性,量增多伴有下腹坠胀和腰骶部酸痛感2月,性交后有时有血性白带。妇科检查见宫颈重度糜烂乳突型,宫体大小正常,双附件未见异常,宫颈刮片巴氏Ⅱ级。热、压痛明显。触之有波动感,周围组织水肿。

学习任务:1.你作为社区护士,判断患者的最佳治疗方法。

2.你作为社区护士,如何对患者进行健康教育?

【概述】

子宫颈炎症多发于生育年龄的妇女,是妇科最常见的疾病之一,包括宫颈阴道部炎症及宫颈管黏膜炎症,有急性和慢性两种。以慢性宫颈炎(Chronic cervicitis)多见。本节仅叙述慢性宫颈炎。

一、病因及病原体

慢性宫颈炎多由分娩、流产或手术造成宫颈裂伤、病原菌侵入感染所致,或急性宫颈炎未治疗或治疗不彻底转变而来,病原体主要为葡萄球菌、链球菌、大肠杆菌、厌氧菌、沙眼衣原体、淋病奈瑟菌等。由于宫颈管内膜上皮薄,皱襞和腺体多,病原体潜藏不宜彻底清除,易形成慢性炎症。

二、病理

1.宫颈糜烂

是慢性宫颈炎最常见的一种病理改变。宫颈外口处的宫颈阴道部呈细颗粒状的红色区,称为宫颈糜烂。主要是该部位鳞状上皮因炎症刺激而脱落,被柱状上皮所覆盖。临床分3型:

(1)单纯性糜烂　在炎症初期,糜烂面仅为单层柱状上皮所覆盖,表面平坦。

(2)颗粒型糜烂　炎症继续发展,柱状上皮过度增生并伴有间质增生,糜烂面凹凸不平呈颗粒状。

(3)乳头型糜烂 柱状上皮和间质继续增生,糜烂面高低不平更加明显,呈乳突状突起。

2.宫颈肥大

由于慢性炎症的长期刺激,宫颈组织出血、水肿,腺体及间质增生,使宫颈呈不同程度的肥大,但表面光滑,最终由于结缔组织增生而使宫颈硬度增加。

3.宫颈息肉

慢性炎症长期刺激使宫颈局部黏膜增生,向宫颈外口突出而形成息肉,一个或多个大小不等,直径约 1cm,色红、质软而脆、易出血。由于炎症存在,息肉除去后易复发。

4.宫颈腺囊肿

在宫颈糜烂愈合的过程中,新生的鳞状上皮覆盖宫颈管口或伸入腺管,将腺管口阻塞。腺管周围的结缔组织增生或瘢痕形成压迫腺管,使腺管变窄甚至阻塞,腺体分泌物引流受阻、潴留而形成囊肿。囊肿表面光滑呈白色或淡黄色。

5.宫颈黏膜炎

又称宫颈管炎。病变局限于宫颈管内的黏膜即及黏膜下组织,宫颈外口有脓性分泌物,宫颈管黏膜增生向外口突出,宫颈口充血发红。由于炎症细胞浸润和结缔组织增生致宫颈肥大。

【护理评估】

1.健康史

了解患者个人卫生习惯、婚育史、阴道分娩史、妇科手术史、宫颈损伤等情况,有无阴道分泌物增多等。

2.身体状况

(1)症状 主要为白带增多,由于病原体、炎症范围、程度不同,白带性状也不同。多数呈乳白色黏液状,淡黄色脓性,如有宫颈息肉时为血性白带或性交后出血。患者可有腰骶部疼痛、盆腔下坠感等。宫颈黏稠脓性分泌物不利于精子穿透,可造成不孕。

(2)体征 妇科检查可见宫颈有不同程度的糜烂、腺体囊肿、肥大、息肉、裂伤、外翻等。根据糜烂面积大小可分为 3 度:

1)糜烂面积小于宫颈面积的 1/3 为轻度糜烂。

2)糜烂面积占宫颈面积的 1/3 ~ 2/3 为中度糜烂。

3)糜烂面积大于宫颈面积的 2/3 为重度糜烂。

3.辅助检查

宫颈刮片细胞学检查、碘试验或宫颈组织切片检查,以排除早期宫颈癌。

4.处理原则

慢性宫颈炎以局部治疗为主,可采用物理、药物和手术治疗,以物理治疗最多用。在治疗前先排除早期宫颈癌。

(1)物理疗法 是目前治疗宫颈糜烂疗效较好、疗程最短的方法。有激光治疗、冷冻治疗、红外线凝结疗法及微波疗法。其原理是使糜烂面的柱状上皮坏死脱落后为新生的鳞状上皮覆盖,疗程需 3 ~ 8 周。

(2)药物疗法 适用于糜烂面小、炎症浸润较浅者,目前临床多用康妇特栓剂,简便易行,疗效满意,每日放入阴道 1 枚,连续 7 ~ 10 日。

(3)手术疗法 宫颈息肉可手术摘除。对宫颈肥大、糜烂面较深广且累及宫颈管者,可考虑宫颈锥形切术。

5.心理-社会状况

患者因治疗效果欠佳而焦虑与不安,拒绝性生活,因担心癌变而恐惧。

【护理诊断及医护合作性问题】

1.组织完整性受损

与宫颈上皮糜烂、与慢性宫颈炎症、分泌物刺激有关。

2.焦虑

失眠、悲观或情绪不稳定,与知识缺乏、病程长或疗效不明显、害怕癌变有关。

3.不舒适

与白带增多有关。

【护理计划与实施】

1.健康指导

向患者传授防病知识,注意个人卫生。分娩及手术时减少宫颈裂伤,及时发现裂伤,及时缝合。定期妇科检查,积极预防、治疗宫颈炎。

2.配合治疗

(1)协助医生做宫颈刮片或宫颈组织检查,排除癌变。

(2)接受物理治疗的患者,治疗时间应选择月经干净后3～7日内进行。有急性生殖器炎症者禁用。物理治疗后分泌物增多,甚至多量黄色水样排液,在术后1～2周脱痂时可有少量出血,偶有大量出血,超过月经量需急诊处理。每日清洗外阴2次,2个月内禁止性生活和盆浴。2次月经干净后复查,一般可痊愈,效果欠佳者可进行第2次治疗。

(3)指导患者阴道置药的方法,及时做好妇科检查、宫颈上药和物理治疗的护理配合。

3.心理护理

向患者解释宫颈炎发病的原因、特点,以取得配合。对病理检查发现子宫颈上皮内瘤变或早期宫颈癌者应积极治疗,消除焦虑心理。

【护理评价】

1.组织完整性是否已恢复。

2.是否能说出对慢性宫颈炎的心理感受,焦虑减轻,主动配合治疗。

3.是否白带减少,舒适度增加。

第五节　盆腔炎症患者的护理

案例导入

患者,女,31岁,阴道分泌物增多、下腹坠胀和腰骶部酸痛感3月,常在劳累、性生活及月经期加剧。妇科检查:子宫呈后位,活动受限,子宫左侧有片状增厚、压痛,宫骶韧带增粗、变硬、有压痛。

学习任务:1.你作为社区护士,判断患者的最佳治疗方法。

2.你作为社区护士,如何对患者进行健康教育?

【概述】

女性内生殖器及其周围结缔组织、盆腔腹膜发生炎症时称为盆腔炎(pelvic inflammatory disease,PID),可分为急性盆腔炎和慢性盆腔炎两种,前者常见于产褥感染。慢性盆腔炎常为急性盆腔炎未能彻底治疗或患者体质较差,病程迁延所致,但也可无急性炎症病史。病情较顽固,当机体抵抗力较差时,可有急性发作。

【病理】

主要病理改变为组织破坏、广泛粘连、增生及瘢痕形成,导致:①输卵管阻塞、增粗;②输卵管卵巢粘连,形成输卵管肿块;③若输卵管伞端闭锁,浆液性渗出物聚积,形成输卵管积水、输卵管积脓或输卵管卵巢脓周肿的脓液吸收,被浆液性渗出物代替形成输卵管积水或输卵管卵巢囊肿;④盆腔结缔组织表现为主、骶韧带增生、变厚,若病变广泛,可使子宫固定,形成所谓"冰冻骨盆"。

【护理评估】

1.健康史

询问患者年龄,生育史,起病的诱因,宫内手术史,急性盆腔炎史,治疗方法,使用的药物及效果,腹痛、腰痛的时间、程度。了解个人卫生习惯,尤其是经期、流产及分娩后的卫生。

2.身体状况

(1)症状

1)不孕:输卵管粘连阻塞可致不孕。

2)异位妊娠:慢性盆腔炎患者异位妊娠发生率是正常妇女的8～10倍。

3)慢性盆腔痛:炎症形成的瘢痕粘连以及盆腔充血,常引起下腹部坠胀、隐痛及腰骶部酸痛。常在劳累、性交后及月经前后加重。

4)全身症状多不明显:有时出现低热、疲乏、食欲不振及神经衰弱等症状。当抵抗力下降时,可有急性发作。

(2)体征　子宫多呈后位,活动受限;如为输卵管炎,可扪及增粗的输卵管,呈索条状,有轻压痛;如形成输卵管积水或输卵管卵巢囊肿,可扪及粘连的囊性肿块;若为盆腔结缔组织炎,则宫旁结缔组织或宫骶韧带增粗、变硬,有触痛。

3.辅助检查

腹腔镜和B超检查能明确诊断。要求生育者，可做输卵管通畅检查。

4.处理原则

采用综合性方案控制炎症，包括中药治疗、物理治疗、药物治疗和手术治疗，同时注意增强局部和全身的抵抗力。

（1）一般治疗　卧床休息，取半坐卧位以利于脓液集聚于直肠子宫陷凹。加强锻炼、增加营养，提高机体的抵抗力。

温馨提示：盆腔腹膜抗感染性较强，吸收性能差。急性盆腔炎取半卧位，可减少炎症的扩散和毒物的吸收，从而减轻中毒反应。

（2）中药治疗　内服以清热利湿、活血化淤、行经止痛等中药。也可用中药外敷腹部或小剂量保留灌肠。

（3）物理治疗　常用方法有短波、超短波、药物离子透入等，能促进盆腔局部血液循环，改善组织的营养状况，提高新陈代谢，以利炎症的吸收和消退。

（4）西药治疗　主要应用抗生素，同时加α-糜蛋白酶或透明质酸酶和地塞米松等，以利粘连分解和炎症吸收。

（5）手术治疗　以彻底治愈为原则，避免遗漏病灶有再复发的机会，手术方式包括附件切除术或全子宫切除术加双侧附件切除术。对年轻妇女应尽量保留生育功能。

5.心理-社会状况

慢性炎症病程较长或易反复发作，甚至会使部分妇女造成不孕，因此，多数患者常表现为焦虑、失眠、精神抑郁等，精神负担较重。因病程顽固、治疗效果往往不明显或不理想，使患者对治疗缺乏信心。

【护理诊断及医护合作性问题】

1.焦虑

失眠、悲观或情绪不稳定，与知识缺乏、病程长、迁延不愈或疗效不明显有关。

2.慢性疼痛

长期有下腹及腰骶部隐痛，与慢性盆腔炎症刺激有关。

【护理计划与实施】

1.心理护理

关心患者的疾苦，耐心倾听患者诉说有关思想顾虑的问题并解答疑问，尽可能帮助患者解决问题，增强体质，与患者共同讨论最佳治疗方案，增强对治疗的信心。

2.健康教育

指导患者保持良好的个人卫生习惯，增加营养，积极锻炼身体，注意劳逸结合，遵医嘱执行治疗方案。

3.减轻不适

腰痛、腹痛时注意休息，防止受凉，下腹局部可用热敷、理疗等方法缓解疼痛。避免站立、行走过久或劳累等诱因。必要时可遵医嘱给予镇静止痛药以缓解症状。

4.手术护理

为接受手术患者提供手术前后的常规护理。

【护理评价】

1.患者学会运用缓解疼痛的方法，自觉疼痛减轻或消失。

2.患者睡眠是否有所改善，没有疲倦感。

3.患者主动配合治疗，参与护理措施的实施。

（胡恒）

第五十六章　女性内分泌失调疾病患者的护理

案例导入

患者，女，16岁，学生。月经初潮14岁，平时月经不规律，30～80天，经期5～14天，量时多时少，现停经75天，阴道多量出血5天，伴头昏、乏力2天就诊。护理体检：T36.7℃，P90次/分，BP120/80mmHg，贫血貌。肛门及B超检查，未异常。

学习任务：1.你作为社区护士，判断患者最有可能的诊断是什么？

2.你作为社区护士，指导患者还需要做什么检查？

3.你作为社区护士如何配合护理？

学习目标

知识目标　能说出功能失调性子宫出血的概念、病因及分类。能说出闭经的概念、病因及分类。能说出原发性痛经的概念及病因。能正确为妇科内分泌患者进行护理评估。

能力目标　能够提出正确的护理诊断，能够为女性生殖系统炎症患者提供预防保健指导，并执行相应的护理活动。

素质目标　学习过程中体现对患者的关心。

第一节　功能失调性子宫出血

【概述】

功能失调性子宫出血（简称功血），是指由于神经内分泌系统功能失调引起的子宫出血。功能失调性子宫出血分为两大类：无排卵性与有排卵性。功血的发病率约占妇科门诊的10%，以无排卵性最为多见，约占功血的80%～90%，主要发生于青春期与绝经过渡期，即生殖功能开始发育和衰退过程中两个神经内分泌系统波动大的阶段；少数发生于生殖期，如流产后、产后需要重新恢复排卵功能；亦可发生于生活上各种变化而引起的异常出血。排卵性功血较为少见，常需与器质性病变相鉴别。

一、病因及发病机制

1.无排卵性功能失调性子宫出血

无排卵性功血多见于青春期和绝经过渡期妇女。在青春期由于下丘脑-垂体-卵巢轴调节功能尚未健全而出现。绝经过渡期妇女，由于卵巢功能衰退，卵泡几乎耗竭而出现。

（1）青春期　青春期功血的患者血雌二醇（E2）水平在育龄妇女的正常范围内，但无正常月经周期中期E2正反馈所诱导的血LH峰，提示青春期无排卵功血的主要原因是下丘脑-垂体对雌激素的正反馈反应异常。青春期中枢神经系统下丘脑-垂体-卵巢轴正常功能的建立需经过一段时间，如果此时受到机体内部或外界许多因素诸如过度劳累、精神过度紧张、恐惧、忧伤、环境、气候骤变等应激刺激或肥胖等遗传因素的影响，就可能引起功血。

（2）绝经过渡期　绝经过渡期妇女卵泡对促性腺激素敏感性已降低，或下丘脑-垂体对性激素正反馈调节的反应性降低，故先出现黄体功能不足，随后排卵停止。

（3）育龄期　可因内、外环境中某种刺激，如劳累、应激、流产、手术或疾病等引起短暂阶段的无排卵。亦可因肥胖、多囊卵巢综合征、高催乳素血症等长期存在的因素引起持续无排卵。

2.排卵性功能失调性子宫出血

多发生于育龄妇女，虽然有排卵功能，但黄体功能异常，分为黄体功能不足和子宫内膜不规则脱落两种类型。

（1）黄体功能不足的原因在于神经内分泌调节功能紊乱，导致卵泡期卵泡刺激素（FSH）缺乏，卵泡发育缓慢，使雌激素分泌减少；黄体生成激素（LH）脉冲峰值不高，使黄体发育不全，孕激素分泌减少，子宫内膜分泌反应不足；卵巢本身发育不良，卵泡期颗粒细胞LH受体缺陷，使排卵后颗粒细胞黄素化不足，孕激素分泌减少，使子宫内膜分泌反应不足。正常情况下黄体生存14天后萎缩，子宫内膜因缺乏雌、孕激素的支持而脱落，形成月经。

（2）子宫内膜不规则脱落者，在月经周期中有排卵，黄体发育良好，但因萎缩过程延长，导致子宫内膜持续受孕激素影响，不能如期完整脱落，表现为子宫内膜不规则脱落。

【护理评估】

1.健康史

询问患者年龄、月经史、婚育史、避孕措施、既往史（有无肝胆疾病、血液病、高血压、甲状腺功能亢进或减退等慢性疾病），了解患者发病前有无精神紧张、情绪打击、过度劳累及环境改变等引起月经紊乱的诱发因素，回顾发病经过如发病时间、流血前有无停经史及以往诊治经历（所用激素名称和剂量、效果、诊刮的病理结果）、目前流血情况，询问有无贫血和感染的征象。区分异常子宫出血的几种类型：

（1）月经过多　周期规则，但经量过多（＞80ml）或经期延长（＞7天）。

（2）月经频发　周期规则，但短于21天。

（3）子宫不规则出血　周期不规则，在两次月经周期之间任何时候发生子宫出血。

（4）子宫不规则过多出血　周期不规则，经期延长，经量过多。

2.身体状况

（1）症状

1）无排卵性功血：可有各种不同的临床表现，常见的症状是子宫不规则出血，特点是月经周期紊乱，经期长短不一，出血量时多时少，量可少至点滴淋漓，或可多至大量出血，有时有数周至数月停经，然后出现不规则出血，血量往往较大，持续2～3周甚至更长时间，不易自止。少数表现为类似正常月经的周期性出血，但量较多。出血期不伴有下腹疼痛或其他不适，出血多或时间长的患者常伴贫血，大量出血可导致休克。

2）排卵性功血：①黄体功能不足者表现为月经周期缩短，月经频发。有时月经周期虽在正常范围内，但因卵泡期延长，黄体期缩短，故不孕或早孕期流产发生率高；②子宫内膜不规则脱落者，表现为月经间隔时间正常，但经期延长，多达9～10天，且出血量多，后几天常常表现为少量淋漓不断出血。

（2）体征

观察精神和营养状态，有无肥胖、贫血貌、出血点、紫癜、黄疸和其他病态。体格检查淋巴结、甲状腺、乳房发育情况，进行腹部触诊。包括妇科检查和全身检查，排除生殖器官及全身性器质性病变。注意有无贫血和休克。

3.实验室检查及辅助检查

（1）子宫内膜取样

1）诊断性刮宫：简称诊刮。其目的是止血和明确子宫内膜病理诊断。年龄>35岁、药物治疗无效或存在子宫内膜癌高危因素的异常子宫出血患者，应行诊刮明确子宫内膜病变。为确定卵巢排卵和黄体功能，应在经前期或月经来潮6小时内刮宫。不规则阴道流血或大量出血时可随时刮宫。诊刮时必须搔刮整个宫腔，尤其是两宫角，并注意宫腔大小、形态，宫壁是否平滑，刮出物性质和数量。疑有子宫内膜癌时，应行分段诊刮。无性生活史患者若激素治疗失败或疑有器质性病变，应经患者或其家属知情同意后考虑诊刮。

2）子宫内膜活组织检查：目前国外推荐使用Karman套管或小刮匙取内膜活检，其优点是创伤小，能获得足够组织标本用于诊断。

（2）超声检查　经阴道B超检查可了解子宫大小、形状，子宫内膜厚度及宫腔内病变等。

（3）宫腔镜检查　在宫腔镜直视下，选择病变区进行活检可诊断各种宫腔内病变如子宫内膜息肉、子宫黏膜下肌瘤、子宫内膜癌等。

（4）基础体温测定　基础体温呈单相型，提示无排卵。

温馨提示：孕激素有升高体温的作用，因此有排卵者基础体温曲线呈双向型，无排卵者基础体温始终处于较低水平。

（5）激素测定　于月经周期黄体期合适时间（第21日）测定血孕酮值，若升高提示近期有排卵。但常因出血频繁，难以选择测定孕激素的时间。同时测定血睾酮、催乳激素水平及甲状腺功能，以排除其他内分泌疾病。

(6)妊娠试验　有性生活史者应行妊娠试验,排除妊娠及妊娠相关疾病。

(7)宫颈细胞学检查　排除宫颈癌。

(8)血红细胞计数及血细胞比容　了解贫血情况。

(9)凝血功能测定　血小板计数、凝血酶原时间、活化部分凝血酶原时间等。

4.心理-社会状况

患者尤其是年轻患者常因害羞或其他顾虑而不及时就诊，随着病程延长并发感染或止血效果不佳出现大量出血时容易产生恐惧和焦虑,影响身心健康和工作学习。绝经过渡期者常常担心疾病严重程度,疑有肿瘤而焦虑不安、恐惧。不孕及月经期延长可致患者及家属产生焦虑,期盼怀孕。

5.处理原则

(1)无排卵性功血　出血阶段应迅速有效地止血及纠正贫血,血止后尽可能明确病因,并根据病因进行治疗,选择合适方案控制月经周期或诱导排卵,预防复发及远期并发症。

1)支持治疗:加强营养,改善全身状况。补充铁剂、维生素C和蛋白质。贫血严重者需输血。出血期间注意休息,避免过度劳累。流血时间长者给予抗生素预防感染。

2)药物治疗:内分泌治疗极有效,但应根据不同年龄的对象采取不同方法。青春期少女应以止血、调整周期、促进卵巢恢复功能和排卵为主;绝经过渡期妇女止血后以调整周期、减少经量为原则。使用性激素治疗时应周密计划,制订合理方案,尽可能使用最低有效剂量,并需严密观察,以免性激素使用不当而引起出血。

①止血:对大量出血患者,要求在性激素治疗8小时内见效,24 ~ 48小时内出血基本停止,若96小时以上仍不止血,应考虑有器质性病变存在。常用的内分泌药物有孕激素、雌激素、雄激素、抗前列腺素及其他止血药,如卡巴克络(安络血)、酚磺乙胺(止血敏)等。

a.孕激素:无排卵性功血是由单一雌激素刺激所致,补充孕激素使处于增生期或增生过长的子宫内膜转化为分泌期,停药后内膜脱落,出现撤药性出血,即“药物性刮宫”。适用于体内已有一定水平雌激素的患者。合成孕激素分为17-羟孕酮衍生物(甲羟孕酮,甲地孕酮)和19-去甲基睾酮衍生物(炔诺酮,双醋炔诺酮等)两类。

b.雌激素:应用大剂量雌激素可迅速促进子宫内膜生长,短期内修复创面而止血。适用于内源性雌激素不足者,主要用于青春期功血。目前多选用妊马雌酮。也可用乙烯雌酚、苯甲酸雌二醇。血止后2周开始加用孕激素,使子宫内膜转化。雌孕激素同时撤退,有利于子宫内膜同步脱落,一般在停药后3 ~ 7天发生撤药性出血。急性大出血时宜使用大剂量雌激素止血。

c.雄激素:雄激素有拮抗雌激素作用,能增强子宫平滑肌及子宫血管张力,减轻盆腔充血而减少出血量,但不能缩短出血时间和完全止血。故大出血时雄激素不能立即改变内膜脱落过程,也不能使其迅速修复,单独应用效果不佳。绝经过渡期患者用孕激素止血时,为减少撤退出血量可酌情加用雄激素。

d.联合用药:性激素联合用药的止血效果优于单一药物。青春期功血的患者在孕激素止血时,同时配以小剂量雌激素,以克服单一孕激素治疗的不足,可减少孕激素用量,并防止突破性出血。绝经过渡期功血的患者在孕激素止血的基础上配伍雌、雄激素治疗,可选用三合激素(黄体酮12.5mg、苯甲酸雌二醇1.25mg、丙酸睾酮25mg)2ml肌注。

e.抗前列腺素药物:出血期间服用前列腺素合成酶抑制剂如氟芬那酸,可使子宫内膜剥脱时出血减少。

f.其他止血药:卡巴克络(安络血)和酚磺乙胺(止血敏)可减少微血管通透性,是减少出血量的辅助药物,不能赖以止血。中药三七、云南白药也有良好的止血效果。

②调整月经周期:功血患者在止血后继续使用性激素人为地控制周期,这一过渡措施达到暂时抑制患者本身的下丘脑-垂体-卵巢轴,使之能恢复正常月经的内分泌调节。另外药物直接作用于生殖器官,使子宫内膜发生周期性变化,使无流血期延长至20天左右,而且预期脱落并出血不多。一般连续用药3个周期。常用的调整月经周期的方法有:雌、孕激素序贯疗法和雌、孕激素合并使用。

a.雌、孕激素序贯疗法:即人工周期,为模拟自然月经周期中卵巢的内分泌变化,将雌、孕激素序贯应用,使子宫内膜发生相应变化,引起周期性脱落。此法适用于青春期功血或育龄期功血内源性雌激素水平较低者。一般连续应用3个周期,用药2 ~ 3个周期后,患者常能自发排卵。

b.雌、孕激素合并应用:雌激素使子宫内膜再生修复,孕激素可以限制雌激素引起的内膜增生程度。适用于育龄期功血内源性雌激素水平较高者。连用3个周期,撤药后出血,血量较少。

③促进排卵:适用于青春期功血和育龄期功血尤其不孕的患者。促排卵治疗可从根本上防止功能失调性子宫出血复发。常用的药物有氯米芬(CC,又名克罗米芬)、人绒毛膜促性腺激素(HCG)、人绝经期促性腺激素(HMG)和促性腺激素释放激素激动剂(GnRHa)。

3)手术治疗:刮宫术最常用,既能明确诊断,又能迅速止血。绝经过渡期出血患者激素治疗前宜常规刮宫,最好在子宫镜下行分段诊断性刮宫,以排除子宫腔内细微器质性病变。青春期功血患者刮宫应持谨慎态度。刮宫时间的选择:如出血多应立即进行,出血少者可先服用3天抗生素后进行。子宫切除术很少用以治疗功血,适用于患者年龄超过40岁,子宫内膜病理检查诊断为不典型增生,或合并子宫肌瘤、子宫腺肌症、严重贫血者可施行子宫切除术。对激素治疗无效或复发者、年龄超过40岁的顽固性功血患者或对子宫切除有禁忌症者，可行子宫内膜去除术，方法有经宫腔镜行微波、热球、红外线、液氮冷冻、激光或显微外科内膜剥脱术。

（2）排卵性功血

1）黄体功能不足　治疗原则为促进卵泡发育，刺激黄体功能及黄体功能替代。分别应用CC、HCG和黄体酮。CC能促使卵泡发育，诱发排卵，使正常黄体形成。HCG可以促进及支持黄体功能。黄体酮补充黄体分泌孕酮的不足，用药后使月经周期正常，出血量减少。

2）子宫内膜不规则脱落　治疗原则为调节下丘脑-垂体-卵巢轴的反馈功能，使黄体及时萎缩。常用药物有孕激素和HCG。孕激素作用是调节下丘脑-垂体-卵巢轴的反馈功能，使黄体及时萎缩，内膜及时完整脱落。HCG有促进黄体功能的作用。

【护理诊断及医护合作性问题】

1.疲乏

与子宫异常出血导致的继发性贫血有关。

2.不舒适

与子宫不规则出血、月经紊乱导致的工作、学习不方便有关；与性激素治疗的不良反应有关。

3.有感染的危险

与子宫不规则出血、出血量多导致严重贫血、机体抵抗力下降有关。

4.潜在并发症

子宫出血量过多可致严重贫血、休克；黄体功能不全导致不孕或妊娠早期流产。

5.恐惧

与子宫出血量过多、出血时间长及担心预后有关。

6.焦虑

与出血、不孕有关。

【护理目标】

1.患者治疗后24小时内出血量明显减少，48 ~ 72小时止血；月经周期恢复正常并可正常怀孕。

2.患者能了解激素治疗目的，掌握用药方法和注意事项。

3.患者住院期间无感染发生。

4.患者贫血得到纠正。

【护理措施】

1.补充营养

患者体质往往较差，应加强营养，改善全身情况，可补充铁剂、维生素C和蛋白质。成人体内大约每100ml血中含50mg铁，行经期妇女，每天约从食物中吸收铁0.7 ~ 2.0mg，经量多者应额外补充铁。向患者推荐含铁较多的食物如猪肝、豆角、蛋黄、胡萝卜、葡萄干等。按照患者的饮食习惯，为患者制订适合于个人的饮食计划，保证患者获得足够的营养。

2.维持正常血容量

观察并记录患者的生命体征、出入量，嘱患者保留出血期间使用的会阴垫，以便准确地估计出血量。出血量较多者，嘱其卧床休息，避免过度疲劳和剧烈活动。贫血严重者，遵医嘱做好配血、输血、止血措施，执行治疗方案维持患者正常血容量。

3.预防感染

严密观察与感染有关的征象，如体温、脉搏、子宫体压痛等，监测白细胞计数和分类，同时做好会阴护理，保持局部清洁。如有感染征象，及时与医师联系并遵医嘱进行抗生素治疗。

4.遵医嘱使用性激素

（1）按时按量服用性激素，保持药物在血中的稳定程度，不得随意停服和漏服。

（2）药物减量必须按规定在血止后才能开始，每3天减量1次，每次减量不得超过原剂量的1/3，直至维持量。

（3）维持量服用时间通常按停药后发生撤退性出血的时间，与患者上1次行经时间相同考虑。

（4）指导患者在治疗期间如出现不规则阴道流血，应及时就诊。

5.加强心理护理

（1）鼓励患者表达内心感受，耐心倾听患者的诉说，了解患者的疑虑。

（2）向患者解释病情及提供相关信息，帮助患者澄清问题，解除思想顾虑，摆脱焦虑。也可交替使用放松技术，如看电视、听广播、看书等分散患者的注意力。

【护理评价】

1.患者治疗后出血量是否明显减少,月经周期是否恢复正常。

2.患者能否按规定正确服用性激素,服药期间药物不良反应程度轻。

3.患者体温是否正常,未发生感染、贫血,表现为血白细胞正常,血红蛋白及红细胞得到纠正。

第二节　闭　经

案例引入

患者,女,26岁,月经初潮14岁,平时月经规律,30 ~ 80天,经期5 ~ 14天,量中。6个月前进人工流产手术,术后周期性腹部疼痛,至今未来月经。

学习任务:1.你作为社区护士,判断患者最有可能的诊断是什么?

2.你作为社区护士,指导患者还需要做什么检查?

3.你作为社区护士如何配合护理?

【概述】

闭经(Amenoeehea)是妇科疾病中常见症状,表现为无月经或月经停止。通常将闭经分为原发性和继发性两类。年龄超过16岁(有地域性差异),第二性征已发育,或年龄超过14岁,第二性征尚未发育,且无月经来潮者称为原发性闭经(近年由于月经初潮提前,国外已建议将上述两种年龄分别提前1年)。以往曾建立正常月经,但以后因某种病理性原因使月经停止6个月以上者,或按自身原来月经周期计算停经3个周期以上者称为继发性闭经。根据其发生原因,闭经又可分为生理性和病理性两大类,青春期前、妊娠期、哺乳期及绝经后的月经不来潮均属生理现象,本节不讨论。

【病因及分类】

正常月经的建立和维持有赖于下丘脑-垂体-卵巢轴的神经内分泌调节,以及靶器官子宫内膜对性激素的周期性反应,其中任何一个环节发生障碍就会出现月经失调,甚至导致闭经。根据闭经的常见原因按病变区可分为4种:

1.子宫性闭经

闭经的原因在子宫。此时月经调节功能正常,第二性征发育也往往正常,但子宫内膜受到破坏或对卵巢激素不能产生正常的反应,从而引起闭经。如先天性无子宫、子宫内膜损伤、子宫内膜炎、子宫切除后或子宫腔内放射治疗后。

2.卵巢性闭经

闭经的原因在卵巢。卵巢性激素水平低落,子宫内膜不发生周期性变化而导致闭经。如先天性卵巢发育不全或缺如、卵巢功能早衰、卵巢已切除或组织被破坏、卵巢功能性肿瘤和多囊卵巢综合征等。

3.垂体性闭经

主要病变在垂体。腺垂体器质性病变或功能失调可影响促性腺激素的分泌,继而影响卵巢功能而引起闭经。如垂体肿瘤、腺垂体功能减退(Sheehan综合征)、垂体梗死、原发性垂体促性腺功能低下。

4.下丘脑性闭经

是最常见的一类闭经。中枢神经系统-下丘脑功能失调可影响垂体,进而影响卵巢而引起闭经,其病因最复杂。

(1)特发性因素　是闭经中最常见的原因之一。其确切机制不明,但表现为GnRH的脉冲式分泌异常,这种改变与中枢神经系统的神经传递或下丘脑功能障碍有关。

(2)精神性因素　精神创伤、环境改变、盼子心切或畏惧妊娠等强烈的精神因素可使机体处于紧张的应激状态,扰乱内分泌的调节功能而发生闭经。闭经多为一时性,通常很快自行恢复,也有持续时间较长者。

(3)体重下降和营养缺乏　中枢神经对体重急剧下降极为敏感,而体重又与月经联系密切。单纯性体重下降或真正的神经性厌食均可诱发闭经。单纯性体重下降系指体重减轻标准体重的15%~25%;神经性厌食者通常由于内在情感的剧烈矛盾或为保持体形而强迫节食引起下丘脑功能失调,促性腺激素释放激素、促性腺激素和雌激素水平均低下而发生闭经。

(4)剧烈运动　剧烈运动如长跑易致闭经。原因是多方面的。初潮发生和月经的维持有赖于一定比例(18% ~ 20%)的机体脂肪，若运动员机体肌肉/脂肪比率增加或总体脂肪减少，可使月经异常。因为脂肪是合成甾体激素的原料。另外，运动加剧后 GnRH 释放受到抑制可引起闭经。

(5)药物　除垂体腺瘤可引起闭经溢乳综合征外，长期应用某些药物如吩噻嗪及其衍生物(奋乃静、氯丙嗪)、利血平以及甾体类避孕药，偶尔也可出现闭经和异常乳汁分泌。药物性抑制所致的闭经溢乳综合征常常是可逆的，一般在停药后 3 ~ 6 个月月经自然恢复。

(6)颅咽管瘤　是垂体、下丘脑性闭经的罕见原因，瘤体增大压迫下丘脑和垂体柄时，可引起闭经、生殖器官萎缩、肥胖、颅压增高、视力障碍等症状，称为肥胖生殖无能营养不良症。

5.其他内分泌功能异常

肾上腺、甲状腺、胰腺等功能异常也可引起闭经。常见的疾病为甲状腺功能减退或亢进、肾上腺皮质功能亢进、肾上腺皮质肿瘤、糖尿病等均可通过下丘脑影响垂体功能而造成闭经。

【护理评估】

1.健康史

详细询问患者的月经史，包括初潮年龄、月经周期、经期、经量和闭经期限及伴随症状等。发病前有无导致闭经的诱因，如精神因素、环境改变、体重减轻、饮食习惯、剧烈运动、各种疾病及用药情况、职业或学习成绩等。已婚妇女需询问生育史及产后并发症史。原发性闭经应询问第二性征发育情况，了解生长发育史，有无先天缺陷或其疾病及家族史。

2.身体状况

(1)症状　根据闭经发生的年龄及月经史区分原发性闭经还是继发性闭经。

(2)体征　检查全身发育情况，有无畸形(包括骨骼)，有无多毛。测量体重、身高，四肢与躯干比例，五官特征。观察精神状态、智力发育、营养和健康情况。妇科检查应注意内外生殖器发育，有无先天缺陷、畸形，腹股沟区有无肿块，第二性征如音调、骨盆及是否具有女性体态、毛发(阴毛及腋毛)分布情况、乳房发育是否正常，乳房有无乳汁分泌等。其中第二性征检查有助于鉴别原发性闭经的病因，缺乏女性第二性征提示从未受过雌激素刺激。多数解剖异常可以通过体格检查发现，但无阳性体征仍不能排除有解剖异常。

3.实验室检查及辅助检查

生育年龄妇女闭经首先需排除妊娠。通过病史及体格检查对闭经病因及病变部位有初步了解，再通过有选择的辅助检查明确诊断。

(1)功能试验

1)药物撤退试验：用于评估体内雌激素水平，以确定闭经程度。

①孕激素试验：黄体酮注射液，每日肌注 20mg，连续 5 日；或口服醋酸甲羟孕酮，每日 10mg，连用 5 日。停经后出现撤药性出血(阳性反应)，提示子宫内膜已受一定水平激素影响，为Ⅰ度闭经。停药后无撤药性出血(阴性反应)，应进一步行雌孕激素序贯试验。

②雌孕激素序贯试验：适用于孕激素试验阴性的闭经患者。每晚睡前服妊马雌酮 1.25mg 或乙烯雌酚 1mg，连续 21 日，最后 10 日加用醋酸甲羟孕酮，每日口服 10mg，停药后发生撤药性出血者为阳性，提示子宫内膜功能正常，可排除子宫性闭经，引起闭经的原因是患者体内雌激素水平低落，为Ⅱ度闭经，应进一步寻找病因。无撤药性出血者为阴性，应重复一次试验，若仍无出血，提示子宫内膜有缺陷或被破坏，可诊断为子宫性闭经。

2)垂体兴奋试验：又称 GnRH 刺激试验，了解垂体对 GnRH 的反应性。典型方法：将 LHRH100μg 溶于 0.9% 氯化钠注射液 5ml 中，30 秒内静脉注射完毕。于注射前及注射后 15 分钟、30 分钟、60 分钟、120 分钟分别采血测定 LH 含量。注射后 15 ~ 60 分钟 LH 高峰值较注射前升高 2 ~ 4 倍，说明垂体功能正常，病变在下丘脑；经多次重复试验 LH 值无升高或升高不显著，说明垂体功能减退，如希恩综合征。

(2)激素测定

1)血甾体激素测定：包括雌二醇、孕酮及睾酮测定。血孕酮水平升高，提示排卵；雌激素水平低，提示卵巢功能不正常或衰竭；睾酮水平高，提示可能为多囊卵巢综合征或卵巢支持-间质细胞瘤等。

2)催乳激素(PRL)及垂体促性腺激素测定：PRL>25μg/L 时称为高催乳激素血症。PRL 升高者测定 TSH，TSH 升高为甲状腺功能减退；TSH 正常，而 PRL>100μg/L，应行头颅 CT 或磁共振显像(MRI)检查，排除垂体肿瘤。PRL 正常应测定垂体促性腺激素。月经周期中 FSH 正常值为 5 ~ 20U/L，LH 为 5 ~ 25U/L。若两次测定 FSH>25 ~ 40U/L，为高促性腺激素性腺功能减退，提示卵巢功能衰竭；若 LH>25U/L 或 LH/FSH 比例>3 时应高度怀疑多囊卵巢综合征；若 FSH、LH 均<5U/L，为低促性腺激素性腺功能减退，提示垂体功能减退，病变可能在垂体或下丘脑。

3)肥胖、多毛、痤疮患者还需测定胰岛素、雄激素(血睾酮、硫酸脱氢表雄酮、尿 17-酮等)，以确定是否存在胰岛素抵抗、高雄激素血症或先天性 21-羟化酶功能缺陷等。

(3)影像学检查

1)盆腔B超检查:观察盆腔有无子宫,子宫形态、大小及内膜厚度,卵巢大小、形态、卵泡数目等。

2)子宫输卵管造影:了解有无宫腔病变和宫腔粘连。

3)CT或MRI:用于盆腔及头部蝶鞍区检查,了解盆腔肿块和中枢神经系统病变性质,诊断卵巢肿瘤、下丘脑病变、垂体微腺瘤、空蝶鞍等。

4)静脉肾盂造影:怀疑米勒管发育不全综合征时,用以确定有无肾脏畸形。

(4)宫腔镜检查　能精确诊断宫腔粘连。

(5)腹腔镜检查　能直视下观察卵巢形态、子宫大小,对诊断多囊卵巢综合征等有价值。

(6)染色体检查　对鉴别性腺发育不全病因及临床处理有重要意义。

(7)其他检查　如靶器官反应检查,包括基础体温测定、子宫内膜取样等。怀疑结核或血吸虫病应行内膜培养。

4.心理-社会状况

闭经是患者的主要症状,闭经对患者的自我概念有很大的冲击,患者担心闭经对自己的健康、性生活和生育能力的影响。病程过长及反复治疗效果不佳时会加重患者和家属的心理压力,造成很大的精神负担和焦虑情绪,表现为情绪低落,对治疗和护理丧失信心,反过来又会加重闭经。

5.处理原则

纠正全身健康情况,进行心理和病因治疗,因某种疾病或因素引起的下丘脑-垂体-卵巢轴功能紊乱者,可用性激素替代治疗。

(1)全身治疗　由于闭经的发生与神经内分泌的调控有关,因此全身性治疗在闭经治疗中占有重要地位。急性或慢性疾病引起的闭经首先考虑全身性治疗;单纯性营养不良则需要增加营养,保持标准体重;体重过重而肥胖妇女的闭经,大部分并发内分泌失调,需用低热量饮食,但需富含维生素和矿物质,此外要经常进行适当的体力劳动和锻炼。

(2)心理学治疗　在闭经中占重要位置。如精神性闭经应行精神心理疏导疗法,神经性厌食症者应进行精神心理方面的治疗。

(3)病因治疗　闭经若由器质性病变引起,应针对病因治疗。如宫颈-宫腔粘连者可行宫腔镜宫颈-宫腔粘连分离后放置避孕环。先天性畸形如处女膜闭锁、阴道横膈或阴道闭锁均可手术切开或成形术,使经血畅流。结核性子宫内膜炎者应积极抗结核治疗。卵巢或垂体肿瘤者应制订相应治疗方案。

(4)性激素替代疗法　常用雌激素替代疗法,雌、孕激素序贯疗法和雌、孕激素合并疗法。雌激素可促进或维持生殖器官和第二性征的发育,并对下丘脑和垂体产生反馈而起调节作用。用雌、孕激素做人工周期,模仿自然月经周期进行治疗。雌、孕激素合并治疗可抑制垂体分泌促性腺激素,停药后可能出现反跳作用,使月经恢复及排卵。

(5)诱发排卵　下丘脑垂体性闭经而卵巢功能存在且要求生育者,可根据临床情况选用促排卵药如CC、HMG/HCG、溴隐亭治疗。

【护理诊断及医护合作性问题】

1.自我评价紊乱

与长期闭经及治疗效果不明显,不像其他正常女性每月月经来潮而出现自我否定,对自我或自我能力的评价和感觉是消极的有关。

2.焦虑

与担心疾病对健康、性生活、生育的影响有关。

3.功能障碍性悲哀

与担心丧失女性形象有关。

【护理目标】

1.患者能够接受闭经的事实,以正确的心态客观地评价自己。

2.患者能够主动诉说病情及担心。

3.患者能够主动、积极地配合诊疗方案。

【护理措施】

1.加强心理护理

建立良好的护患关系,鼓励患者表达自己的感情,对健康问题、治疗和预后提出问题。向患者提供诊疗信息,帮助其澄清一些观念,解除患者担心疾病及其影响的心理压力。

2.促进患者与社会的交往

鼓励患者与同伴、亲人交往,参与力所能及的社会活动,保持心情舒畅,正确对待疾病。

3.指导检查与治疗

向患者解释检查的重要性和方法,解释根据不同的闭经原因采用的不同治疗方法,指导患者合理用药,说明性激素的作用、不良反应、剂量、具体用药方法、时间等问题。

4.鼓励患者加强锻炼

供给足够的营养,保持标准体重,增强体质。

【护理评价】

1.患者能否主动、积极地配合检查,接受治疗。

2.患者能否接受闭经的事实,主动诉说病情及担心,以正确的态度对待疾病,对生活充满信心。

第三节　痛　经

案例引入

患者,女,18岁,月经初潮14岁,平时月经不规律,30 ~ 80天,经期25 ~ 30天,量中。经血暗红,每次来月经腹部痉挛性疼痛不适,行经第1日疼痛最剧烈,伴恶心、呕吐,面色发白、出冷汗。

学习任务:1.你作为社区护士,判断患者最有可能的诊断是什么?

2.你作为社区护士如何配合护理?

【概述】

痛经(Dysmenorrhea)为妇科最常见的症状之一,是指行经前后或月经期出现下腹部疼痛、坠胀,伴有腰酸或其他不适,症状严重影响生活质量者。发病率为45% ~ 95%。痛经分为原发性和继发性两类,原发性痛经是指生殖器官无器质性病变的痛经,占痛经的90%以上;继发性痛经是指盆腔器质性疾病引起的痛经。本节仅叙述原发性痛经。

【病因及发病机制】

痛经的痛性痉挛与子宫收缩有关,患有痛经的妇女子宫收缩活性在经期提高,肌层紧张度和收缩强度提高。原发性痛经的发生主要与月经时子宫内膜前列腺素(prostaglandin, PG)含量增高有关。$PGF_{2}\alpha$含量增高是造成痛经的主要原因。月经期因溶酶体酶溶解子宫内膜细胞而大量释放,使$PGF_{2}\alpha$及PGE_{2}含量增高。$PGF_{2}\alpha$含量高可引起子宫平滑肌过强收缩,血管痉挛,造成子宫缺血、乏氧状态而出现痛经。

此外,原发性痛经还受精神、神经因素影响,疼痛的主观感受也与个体痛阈有关。增多的前列腺素进入血循环,还可引起心血管和消化道等症状。

无排卵的增生期子宫内膜因无孕酮刺激,所含前列腺素浓度很低,通常不发生痛经。

【护理评估】

1.健康史

了解患者的年龄、月经史与婚育史,询问与诱发痛经相关的因素,疼痛与月经的关系,疼痛发生的时间、部位、性质及程度,是否服用止痛药缓解疼痛,用药量及持续时间,疼痛时伴随的症状以及自觉最能缓解疼痛的方法和体位。

2.身体状况

(1)症状

1)原发性痛经在青春期多见,常在初潮后1 ~ 2年内发病。

2)月经期下腹痛是原发性痛经的主要症状。疼痛常呈痉挛性,通常位于下腹部耻骨上,可放射至腰骶部和大腿内侧。疼痛多自月经来潮后开始,最早出现在经前12小时,以行经第1日疼痛最剧烈,持续2 ~ 3日后缓解。

3)可伴有恶心、呕吐、腹泻、头晕、乏力等症状,严重时面色发白、出冷汗。

(2)体征　原发性痛经一般无阳性体征,妇科检查无异常发现。

3.实验室检查及辅助检查

盆腔B超检查无异常发现,腹腔镜检查有助于排除其他引起痛经的器质性病变。

4.心理-社会因素

一般妇女对痛经不适都能耐受，但对此不适的反应因人而异。有的人痛阈低，对疼痛较为敏感，反应强烈，因此伴随痛经还可产生一些其他的身体不适。痛经引起小腹胀痛或腰酸的感觉，往往会使患者有意识或无意识地怨恨自己是女性，认为来月经时“倒霉”、“痛苦”，甚至出现神经质的性格。

痛经会导致患者产生恐惧心理，精神不振，影响正常的生活、学习和工作，也影响患者的正常社会交往，未婚女性可能担心今后的婚姻和生育。少数患者担心患其他严重疾病。一些患者可能产生药物依赖。

5.处理原则

避免精神刺激和过度疲劳，以对症治疗为主，疼痛不能忍受时使用镇痛、镇静、解痉药，口服避孕药有治疗痛经的作用，未婚少女可行雌、孕激素序贯疗法减轻症状，还可配合中医中药治疗。

【护理诊断及医护合作性问题】

1.疼痛

与月经期子宫痉挛性收缩、子宫肌组织缺血缺氧、刺激疼痛神经元有关。

2.恐惧

与长时期痛经造成的精神紧张有关。

3.焦虑

与痛经造成的心理压力有关。

4.睡眠形态紊乱

与痛经有关。

【护理目标】

1.患者能掌握缓解痛经的方法，疼痛症状能够缓解。

2.患者月经来潮前及经期无恐惧感和焦虑感。

3.患者在月经期得到足够的休息和睡眠。

【护理措施】

1.缓解症状

（1）腹部局部热敷和进食热的饮料，如热汤或热茶。

（2）服用止痛剂　若因每一次经期习惯服用止痛剂，则应预防药物依赖性和成瘾。

（3）药物处理：

1）口服避孕药：适用于要求避孕的痛经妇女，用药后可抑制子宫内膜生长，使月经量减少；药物抑制排卵，使黄体缺乏，无内源性孕酮产生，而孕酮刺激为子宫内膜生物合成PG所必需，从而使月经血PG浓度降低，疗效可达90%以上。

2）前列腺素合成酶抑制剂：通过抑制前列腺素合成酶的活性减少前列腺素产生，防止过强子宫收缩和痉挛，从而减轻或消除痛经。该类药物治疗有效率可达80%。月经来潮即开始服药效佳，连服2～3日。美国FDA批准的用于治疗痛经的药物有布洛芬、酮洛芬、双氯芬酸、萘普生等。

2.心理护理

疼痛既是一种客观存在，同时也是个人的主观感受。提高患者对疼痛的心理承受能力可以减轻疼痛。医护人员应为患者提供心理支持、精神安慰以缓解疼痛症状。

3.健康教育

（1）进行月经期保健的教育工作，包括注意经期清洁卫生，经期禁止性生活，加强经期保护，预防感冒，注意合理休息和充足睡眠，加强营养。

（2）重视精神心理护理，关心并理解患者的不适和恐惧心理，阐明月经期可能有一些生理反应如小腹坠胀和轻度腰酸，讲解有关痛经的生理知识，疼痛不能忍受时提供非麻醉性镇痛治疗。

【护理评价】

1.患者是否诉说疼痛症状减轻，并能够列举疼痛减轻的应对措施。

2.患者恐惧的行为表现和体征是否减少，在心理和生理上的舒适感增加。

3.患者是否自诉在月经期睡眠良好。

第四节　绝经综合征

案例引入

患者,女,48岁,月经初潮14岁,近2年来月经不规律,30 ~ 80天,经期25 ~ 60天不等,量时多时少。阵发性潮热、出汗,心悸、眩晕、头痛、失眠、情绪低落、抑郁、不能自我控制尿痛、尿急等。查体:T36.7℃,P90次/分,BP140/80mmHg,妇检:外阴、阴道萎缩,有老年性阴道炎表现,子宫颈及子宫萎缩变小,尿道口因萎缩而成红色。B超检查,未见异常。

学习任务:1.你作为社区护士,判断患者最有可能的诊断是什么?

2.你作为社区护士如何配合护理?

3.你作为社区护士如何为该患者开展健康指导。

【概述】

绝经综合征是指妇女绝经前后出现性激素波动或减少所致的一系列躯体及精神心理症状。绝经(Menopause)分为自然绝经和人工绝经。自然绝经指卵巢内卵泡生理性耗竭所致的绝经;人工绝经指两侧卵巢经手术切除或接受放射治疗所致的绝经。人工绝经患者更易发生绝经综合征。

一、病因及发病机制

1.内分泌因素

卵巢功能减退,血中雌-孕激素水平降低,使正常的下丘脑-垂体-卵巢轴之间平衡失调,影响了自主神经中枢及其支配下的各脏器功能,从而出现一系列自主神经功能失调的症状。在卵巢切除或放疗后雌激素急剧下降,症状更为明显,而雌激素补充后可迅速改善。

2.神经递质

血β-内啡肽及其自身抗体含量明显降低,引起神经内分泌调节功能紊乱。神经递质5-羟色胺(5-HT)水平异常,与情绪变化密切相关。

3.种族、遗传因素

个体人格特征、神经类型,以及职业、文化水平均与绝经综合征的发病及症状严重程度可能有关。绝经综合征患者大多神经类型不稳定,且有精神压抑或精神上受过较强烈刺激的病史。另外,经常从事体力劳动的人发生绝经综合征的较少,即使发生也较轻,消退较快。

二、内分泌变化

绝经前后最明显变化是卵巢功能衰退,随后表现为下丘脑-垂体功能退化。

1.雌激素

卵巢的功能衰退的最早征像是卵泡对FSH敏感性降低,FSH水平升高。绝经过渡早期雌激素水平波动很大,甚至高于正常卵泡期水平,系因FSH升高对卵泡过度刺激引起雌二醇过多分泌所致。整个绝经过渡期雌激素水平并非逐渐下降,只是在卵泡停止生长发育时,雌激素水平才急速下降。绝经后卵巢不再分泌雌激素,妇女循环中仍有低水平雌激素,主要来自肾上腺皮质和卵巢的雄烯二酮经周围组织中芳香化酶转化的雌酮。绝经期妇女循环中雌酮(E_1)高于雌二醇(E_2)。

2.孕酮

绝经过渡期卵巢尚有排卵功能,仍有孕酮分泌。但因卵泡期延长,黄体功能不良,导致孕酮分泌减少。绝经后无孕酮分泌。

3.雄激素

绝经后雄激素来源于卵巢间质细胞及肾上腺,总体雄激素水平下降。其中雄烯二酮主要来源于肾上腺,量约为绝经前的一半。卵巢主要产生睾酮,由于升高的LH对卵巢间质细胞的刺激增加,使睾酮水平较绝经前增高。

4.促性腺激素

绝经过渡期FSH水平升高,呈波动性,LH仍在正常范围,FSH/LH仍<1。绝经后雌激素水平降低,诱导下丘脑释放促性腺激素释放激素增加,刺激垂体释放FSH和LH增加,其中FSH升高较LH更显著,FSH/LH>1。卵泡闭锁导致雌激素和抑制素水平降低以及FSH水平升高,是绝经的主要信号。

5.促性腺激素释放激素

绝经后GnRH分泌增加，并与LH相平衡。

6.抑制素

绝境后妇女血抑制素水平下降，较雌二醇下降早且明显，可能成为反映卵巢功能衰退更敏感的指标。

【护理评估】

1.健康史

对已40岁的妇女，如月经增多或不规则阴道出血，必须详细询问患者的年龄、月经史、生育史、既往病史、手术史，肝病、高血压、其他内分泌腺体疾病等。

2.身体状况

（1）症状

1）近期症状

①月经紊乱：月经紊乱是绝经过渡期的常见症状，由于无排卵，表现为月经周期不规则、经期持续时间长及经量增多或减少。此期症状的出现取决于卵巢功能状态的波动变化。

②血管舒缩症状：主要表现为潮热，是雌激素降低的特征性症状。其特点是反复出现短暂的面部和颈部及胸部皮肤阵阵发红，伴有轰热，继之出汗。一般持续1～3分钟。症状轻者每日发作数次，严重者十余次或更多，夜间或应激状态易促发。该症状可持续1～2年，有时长达5年或更长。潮热发作严重影响妇女的工作、生活和睡眠，是绝经后期妇女需要性激素治疗的主要原因。

③自主神经失调症状：常出现如心悸、眩晕、头痛、失眠、耳鸣等自主神经失调症状。

④精神神经症状：绝经过渡期妇女往往感觉注意力不易集中，并且情绪波动大。表现为激动易怒、焦虑不安或情绪低落、抑郁、不能自我控制等情绪症状。记忆力减退也较常见。

2）远期症状

①泌尿生殖道症状：主要表现为泌尿生殖道萎缩症状，出现阴道干燥、性交困难及反复阴道感染，排尿困难、尿痛、尿急等反复发生的尿路感染。

②骨质疏松：绝境后妇女雌激素缺乏使骨质吸收增加，导致骨量快速丢失而出现骨质疏松。50岁以上妇女半数以上会发生绝经后骨质疏松。一般发生在绝经后5～10年内，最常发生在椎体。

③阿尔茨海默病：是老年性痴呆的主要类型。绝经后期妇女比老年男性罹患率高，可能与绝经后内源性雌激素水平降低有关。

④心血管病变：绝经后妇女动脉硬化、冠心病较绝经前明显增加，可能与雌激素低下和雌激素活性增强有关。

（2）体征　包括全身检查和妇科检查，全身检查了解患者有无心、肝、胆、乳腺疾病，包括精神状态、贫血程度、高血压程度、肺部及泌尿系统检查，皮肤毛发改变，乳房萎缩下垂；妇科检查发现外阴萎缩，大小阴唇变薄，皱襞减少，阴道萎缩，黏膜薄，伸展性差，可有老年性阴道炎表现，子宫颈及子宫萎缩变小，尿道口因萎缩而成红色。

3.实验室检查及辅助检查

（1）血常规、血小板计数、凝血功能测定　了解贫血程度及有无出血倾向。

（2）心电图及血脂检查　胆固醇增高主要是β脂蛋白。

（3）.尿常规、细菌学检查、膀胱镜检查　以排除泌尿系病变。

（4）宫颈刮片　进行防癌涂片检查。

（5）分段诊断性刮宫　排除器质性病变。

（6）其他　必要时行B超、X线、阴道脱落细胞、腹腔镜等检查。

（7）血清FSH值及E_2值测定　应检查血清FSH值及E_2值，了解卵巢功能。绝经过渡期血清FSH>10U/L，提示卵巢储备功能下降。闭经、FSH>40U/L且E_2<10～20pg/ml，提示卵巢功能衰竭。

（8）氯米芬兴奋试验　月经第5日起口服氯米芬，每日50mg，共5日，停药第1日测血清FSH>12U/L，提示卵巢储备功能降低。

4.心理-社会状况

妇女进入绝经期以后，由于家庭和社会环境的变化可加重身体与精神的负担，如子女长大离家自立、父母年老或去世、丈夫工作地位的改变、自已健康与容貌的改变等引起心情不愉快、忧虑、多疑、孤独等。妇女在绝经期以前曾有过精神状态不稳定，绝经期以后则往往较易发生失眠、多虑、抑郁、易激动等。也有一些妇女认为绝经后解脱了妇女生理上的烦恼，反而可以焕发出青春的活力。

5.处理原则

（1）一般治疗　绝经过渡期精神症状可因神经类型不稳定或精神状态不健全而加剧，故应进行心理治疗。必要时可选用适量的镇静药以助睡眠，谷维素、奋乃静可调节自主神经功能，治疗潮热症状。为预防骨质疏松，应坚持体格锻炼，增加日晒时间，饮食注意摄取足量蛋白质及含钙丰富食物，并补充钙剂。

（2）激素替代治疗（hormone replacement therapy，HRT） 激素替代治疗是一种医疗措施。当机体缺乏性激素，并由此发生或将会发生健康问题时，需要外源的给予具有性激素活性的药物，以纠正与性激素不足有关的健康问题。

【护理诊断及医护合作性问题】

1.自我形象紊乱

与月经紊乱、出现精神和神经症状等绝经综合征症状有关。

2.焦虑

与绝经过渡期内分泌改变、家庭和社会环境改变、个性特点、精神因素等有关。

3.有感染的危险

与绝经期膀胱黏膜变薄，反复发作膀胱炎有关；与内分泌及局部组织结构改变，抵抗力低下有关。

【护理目标】

1.患者能够积极参与社会活动，正确评价自己。

2.患者能够描述自己的焦虑心态和应对方法。

3.患者在绝经过渡期不发生膀胱炎、阴道炎等感染。

4.患者掌握有关健康知识，了解 HRT 的方法。

【护理措施】

1.指导用药

帮助患者了解雌激素补充疗法的有关知识，如用药目的、药物剂量、适应症、禁忌症、用药时可能出现的反应等。

（1）适应症 主要包括因雌激素缺乏所致的老年性阴道炎、泌尿道感染、潮红、潮热及精神症状，预防存在高危因素的心血管疾病、骨质疏松等。

（2）禁忌症 有 7 个方面问题的妇女劝其不用HRT：①雌激素依赖性肿瘤：乳腺癌、子宫内膜癌、黑色素瘤；②原因不明的子宫出血；③严重的肝、肾功能障碍，胆汁淤积性疾病；④近 6 个月内有血栓栓塞性疾病；⑤妊娠；⑥镰形红细胞贫血症；⑦孕激素禁忌症：如脑膜瘤。

（3）制剂及剂量 原则上尽量选用天然性激素，以雌三醇和雌二醇间日给药最为安全有效。剂量个体化。以取最小有效量为佳。我国应用最多的是国产尼尔雌醇，可有效地控制潮热、多汗、阴道干燥和尿路感染。国外常用的有妊马雌酮、微粒化 17-β雌二醇和 7-甲异炔诺酮。

（4）用药途径 性激素可经不同途径使用，需要相应的不同制剂。口服以片剂为主；经皮肤的有皮贴、皮埋片、涂抹胶；经阴道的有霜、片、栓、硅胶环及盐悬剂；肌肉注射有油剂及鼻喷用制剂。

（5）用药方案 序贯给药，在雌激素治疗的后半周期加用孕激素制剂。联合用药，雌、孕激素合剂。

（6）用药时间 根据治疗目的而不同。短期用药目的主要是为了解除绝经过渡期症状，待症状消失后即可停药。长期用药用于防治骨质疏松，HRT 至少持续 3 ～ 5 年以上，有人主张绝经后终身用药。

（7）督促长期使用性激素者接受定期随访 指导患者用药期间注意观察，若子宫不规则出血，应做妇科检查并进行诊断性刮宫，刮出物送病理检查以排除子宫内膜病变。雌激素剂量过大时可引起乳房胀痛、白带多、阴道出血、头疼、水肿或色素沉着等。孕激素不良反应包括抑郁、易怒、乳腺痛和浮肿。

2.心理护理

（1）与绝经过渡期妇女交往时，通过语言、表情、态度、行为等去影响患者的认识、情绪和行为，使护理人员和患者双方发挥积极性，相互配合，达到缓解症状的目的。

（2）使其家人了解绝经期妇女可能出现的症状并给予同情、安慰和鼓励。

3.健康教育

（1）向绝经过渡期妇女及其家属介绍绝经是一个生理过程，绝经发生的原因及绝经前后身体将发生的变化，帮助患者消除绝经变化产生的恐惧心理，并对将发生的变化做好心理准备。

（2）介绍绝经前后减轻症状的方法，以及预防绝经综合征的措施。如适当地摄取钙质和维生素 D，将减少因雌激素降低使得骨质疏松；规律的运动如散步、骑自行车等可以促进血液循环，维持肌肉良好的张力，延缓老化的速度，还可以刺激骨细胞的活动，延缓骨质疏松症的发生；正确对待性生活等。

（3）设立“妇女绝经过渡期门诊”，以利咨询、指导和加强护理。具体咨询内容包括：

1）帮助患者了解绝经过渡期是正常生理过程。

2）消除无谓的恐惧和焦虑，以乐观积极的态度对待老年的到来，帮助解决各种心理矛盾、情绪障碍、心理冲突、思维方法等问题。

3)耐心解答患者提出的问题,使护患合作和相互信任,共同发挥防治作用。

4)防癌检查,重点是女性生殖道和乳腺肿瘤。

5)对绝经过渡期妇女的性要求和性生活等方面给予关心和指导。

6)积极防治绝经过渡期妇女常见病、多发病,如糖尿病、高血压、冠心病、肿瘤和骨质疏松症。

7)防治绝经过渡期妇女常见、多发的妇女病,如阴道炎症、绝经后出血、子宫脱垂、尿失禁等。

【护理评价】

1.患者是否认识到绝经是女性正常的生理过程,能以乐观、积极的态度对待自己。

2.是否保持良好的情绪和精神状态,人际、社会关系是否协调。

3.绝经期是否有并发症发生。

4.是否掌握 HRT 的方法和可能出现的不良反应,接受定期随访检查。

（胡恒）

第五十七章　妊娠滋养细胞疾病患者的护理

案例引入

患者,女,27岁,因停经13周,阴道反复出血10天就诊。体检:T36.4℃,P78次/分,BP120/70mmHg。妇科检查:阴道畅,有少量血液,呈咖啡色,子宫大小如孕4个月。血β-HCG测定为160KU/L;B超示子宫腔未见孕囊,充满弥漫光点。医生诊断为:葡萄胎。建议行清宫术。但患者怀疑医生诊断,认为除有阴道流血外,其怀孕后一切症状和体征与其他妊娠妇女没有区别,不愿意行清宫手术。

学习任务:1.您作为责任护士,请为患者做好清宫术前的准备工作及术中护理配合。

2.请对葡萄胎的患者进行健康教育。

学习目标

知识目标　能说出葡萄胎、侵蚀性葡萄胎、绒毛膜癌的病理和临床表现,并正确为患者进行护理评估。

能力目标　能够提出正确的护理诊断,并能够为患者提供合适的护理措施。

素质目标　护理过程中体现对患者的关心。

妊娠滋养细胞疾病(gestational trophoblastic disease,GTD)是一组来源于胎盘滋养细胞的疾病,根据组织学可将其分为葡萄胎、侵蚀性葡萄胎、绒毛膜癌(简称绒癌)及胎盘部位滋养细胞肿瘤。侵蚀性葡萄胎及绒毛膜癌在临床表现、诊断和处理原则等方面基本相同,可合称为妊娠滋养细胞肿瘤。病变局限于子宫,称为无转移性妊娠滋养细胞肿瘤,病变出现在子宫以外部位,称为转移性妊娠滋养细胞肿瘤。胎盘部位滋养细胞肿瘤临床罕见,本章不作讲述。

第一节　葡萄胎

【概述】

一、定义

葡萄胎(Hydatidiform mole)是指妊娠后胎盘绒毛滋养细胞增生、间质水肿,而形成大小不一的水泡,水泡间借蒂相连成串,形如葡萄而得名,又称水泡状胎块。葡萄胎分为完全性葡萄胎和部分性葡萄胎。完全性葡萄胎指整个宫腔内充满大小不等的水泡状组织,无胎儿及其附属物,恶变率较高。部分性葡萄胎指仅部分绒毛有水泡样改变,可以有或无胎儿。

二、病因

确切病因尚未完全清楚。

1.完全性葡萄胎

发生于生育期的任何年龄,大于35岁或小于20岁好发。研究发现完全性葡萄胎的发生与饮食(缺乏维生素A及其前体胡萝卜素和动物脂肪)、年龄、细胞遗传异常(均来自父系的二倍体染色体核型)等因素有关。

2.部分性葡萄胎

部分性葡萄胎的发病率远低于完全性葡萄胎。与年龄、饮食因素无关。细胞遗传学研究表明,部分性葡萄胎的核型90%以上为三倍体,最常见的核型是69,XXY,多余的染色体多来自父方。不管是完全性或部分性,多余的父源基因物质是造成滋养细胞增生的主要原因。

三、病理

1.大体

水泡囊壁非薄、透亮，内含清液，水泡与水泡间的空隙充满血液及凝血块。部分性葡萄胎则有部分正常的胎盘组织。

2.组织学检查

(1)完全性葡萄胎　葡萄胎病变局限于子宫内，不侵入肌层，也不发生远处转移。其主要病理特征为：滋养细胞增生；绒毛间质水肿；间质内胎源性血管消失或少数无功能的血管。在这些特征中，以滋养细胞增生最重要。

(2)部分性葡萄胎　除有部分正常的绒毛处，病变的绒毛水肿同完全性葡萄胎，但间质中常可见到毛细血管，血管中可见到有核红细胞(血管有功能)。部分性葡萄胎滋养细胞增生的程度相对较轻。

【护理评估】

1.健康史

注意询问患者既往月经史、婚育史及避孕措施，此次妊娠的反应，有无妊娠剧吐和阴道流血等。如有阴道流血，应详细询问阴道流血的量、性质、时间，是否伴有水泡状物排出。

2.身体状况

(1)完全性葡萄胎

1)典型患者症状表现

①停经后阴道流血：为最常见症状。停经 8 ~ 12 周左右出现不规则阴道流血，量多少不一，常反复发作，可有大出血。葡萄胎组织可随出血排出体外。

②腹痛：因葡萄胎增长迅速和子宫过度快速扩张所致，表现为阵发性下腹痛，不剧烈，常发生于阴道流血前。黄素化囊肿扭转或破裂时，表现为急性腹痛。

③妊娠呕吐和妊娠期高血压疾病征象：出现较正常妊娠早，症状严重且持续时间长。

④甲状腺功能亢进征象：7%的患者可出现轻度甲状腺功能亢进征象，如心动过速、皮肤潮湿和震颤。

2)体征

①子宫异常增大、变软：半数以上患者的子宫异常增大、变软，伴有血清 HCG 水平异常增高，少数患者因水泡退行性变，子宫小于停经月份。

②卵巢黄素化囊肿：由于显著增生的滋养细胞产生的大量 HCG 刺激卵泡内膜细胞，使之发生黄素化而形成的囊肿，称为黄素化囊肿。发生率为 30% ~ 50%，双侧性，大小不等。

(2)部分性葡萄胎　临床症状与完全性葡萄胎相似，但程度较轻，一般无腹痛和妊娠期高血压疾病征象。妇科检查发现多数患者子宫大小与妊娠月份相符或小于妊娠月份，多无卵巢黄素化囊肿。

3.实验室及相关辅助检查

(1)绒毛膜促性腺激素(HCG)测定　测定血β-HCG具有特异性，葡萄胎时血β-HCG>100kIU/L，常高达 1500 ~ 2000kIU/L，妊娠 12 周以后不逐渐下降，反而随子宫增大而持续上升。少数葡萄胎尤其是部分性葡萄胎因绒毛退行性变，HCG 升高不明显。

(2)超声检查　B 超检查是重要的辅助诊断方法，最好采用经阴道彩色多普勒超声。完全性葡萄胎时在明显增大的子宫腔内充满弥漫分布的光点和小囊样无回声区，呈“落雪状”或“蜂窝状”图像，但无妊娠囊，也无胎儿结构及胎心搏动征。可测到双侧或单侧的卵巢黄素化囊肿。部分性葡萄胎可见水泡状胎块所致的图像改变及胎儿或羊膜腔，胎儿常合并畸形。

(3)流式细胞仪测定　完全性葡萄胎的染色体为二倍体，部分性葡萄胎为三倍体。

(4)其他检查　胸部 X 线摄片、血常规、出凝血时间、血型及肝肾功能。

4.心理-社会状况

葡萄胎发生不规则阴道流血时，部分患者会误认为是流产而行保胎治疗，当治疗效果不好或明确诊断后，患者及家属常感不安，担心此次妊娠的结局及今后是否能生育正常孩子，并表现出对清宫手术的恐惧。

5.治疗要点

(1)清除宫腔内容物　葡萄胎一经确诊，迅速清除宫腔内容物。一般选用吸刮术，具有时间短、出血少、不易发生子宫穿孔等优点。子宫大于妊娠 12 周者或术中感到一次刮净有困难时，一般 1 周后行第 2 次刮宫。

(2)子宫切除术　不作为常规处理。对年龄超过 40 岁的患者，葡萄胎恶变率明显增高，可考虑直接切除子宫保留附件。

(3)黄素囊肿的处理　黄素化囊肿一般不需处理，当其发生急性扭转时可在 B 超或腹腔镜下穿刺抽液，囊肿多能自然复位。如扭转时间较长发生坏死，则需做患侧附件切除术。

(4)预防性化疗　对有高危因素葡萄胎患者需行预防性化疗：①年龄>40 岁；②葡萄胎清宫前血β-HCG值异

常升高,清宫后,HCG下降缓慢或始终处于高值;③子宫体明显大于相应孕周或子宫短期内迅速增大;④卵巢黄素化囊肿直径>6cm;⑤无条件随访者。预防性化疗应在葡萄胎排空前或排空时开始。部分性葡萄胎一般不做预防性化疗。

【护理诊断及医护合作性问题】

1.恐惧

与真实或想象的葡萄胎对健康的威胁及将要接受的清宫手术有关。

2.有感染的危险

与反复阴道流血有关。

3.知识缺乏

缺乏有关葡萄胎治疗及随访的知识。

【护理目标】

1.患者恐惧感减轻,积极配合清宫手术。

2.患者住院期间无感染发生。

3.患者能陈述随访的重要性和具体方法。

【护理计划与实施】

1.心理护理

与患者建立良好的护患关系,鼓励患者表达内心的悲伤。向患者及家属解释疾病的病因、治疗方法及效果,纠正错误认识。向患者介绍治疗效果好的病例,以解除顾虑,增强信心。

2.清宫手术前监测病情变化

严密观察患者腹痛及阴道流血情况,注意阴道排出物内有无水泡状组织并保留会阴垫,以便准确估计出血量。发现阴道大出血时,应立即报告医生,及时测量血压、脉搏、呼吸,并做好急诊手术的准备。留晨尿或抽血做 HCG 测定,协助判断病情及预测预后。

3.清宫手术的护理

术前建立静脉通道,配血备用,备齐宫缩剂及其他抢救药物和物品,以防大出血造成休克。准备大号的吸管,在充分扩张宫颈管开始吸宫后加 10U 缩宫素予补液中,以减少出血和发生子宫穿孔。向患者及家属解释需做 2 次清宫手术的原因。组织学诊断是葡萄胎最重要和最终的诊断,因此每次葡萄胎清宫手术后必须将刮出物送病检,取材注意选取贴近宫壁新鲜无坏死的组织。

4.预防感染

病房应空气流通、安静舒适,保持患者皮肤及外阴清洁,每日用温开水擦洗外阴 1 ~ 2 次,使用会阴垫。密切观察患者体温及血象变化,如发现异常,及时报告医生,并遵医嘱使用抗生素。

5.子宫切除术患者做好腹部手术前准备和手术后护理

略

6.预防性化疗护理

见化疗患者的护理。

7.健康教育

(1)休息与营养　卧床休息,鼓励患者进高蛋白、高热量、高维生素、易消化饮食,对不能进食或进食不足者,应遵医嘱从静脉补充营养。

(2)随访　向患者及家属宣传定期随访可早期发现滋养细胞肿瘤,以便及时治疗。

1)随访时间:葡萄胎清宫手术后每周 1 次,直至连续 3 次正常,然后每个月 1 次持续至少半年,此后可每半年 1 次,共随访 2 年。

2)随访内容:①HCG定量测定,每次随访时必须监测;②健康史询问,注意有无不规则阴道流血、咳嗽、咯血及其他转移灶症状;③妇科检查,注意阴道壁是否有紫蓝色转移结节、子宫大小、黄素化囊肿是否缩小或消失;④必要时做 B 型超声、X 线胸片或 CT 检查。

(3)避孕　告知患者随访期间应坚持避孕 2 年。妊娠后在早孕期间做 B 型超声及 HCG 测定,以明确是否是正常妊娠。分娩后也需做 HCG 随访直至阴性。指导患者最好采用避孕套避孕,也可选用口服避孕药,不宜使用宫内节育器,以免穿孔或混淆子宫出血的原因。

温馨提示:葡萄胎患者术后最重要的随访项目是 HCG。葡萄胎术后应避孕 2 年,乳腺癌术后应避服 5 年。

第二节　妊娠滋养细胞肿瘤

【概述】

一、定义

侵蚀性葡萄胎(Invasive mole),指葡萄胎组织侵入子宫肌层引起组织破坏或并发子宫外转移者。绒毛膜癌(Choriocarcinoma),简称绒癌,是一种高度恶性肿瘤,早期即通过血行转移至全身,破坏组织和器官,引起出血坏死。侵蚀性葡萄胎继发于葡萄胎排空后,绒毛膜癌半数继发于葡萄胎之后,另有一半的患者继发于流产、足月分娩和异位妊娠后。继发于葡萄胎排空后6个月以内的妊娠滋养细胞肿瘤的组织学诊断多数为侵蚀性葡萄胎,而一年以上者多数为绒癌,半年至一年者,绒癌和侵蚀性葡萄胎均有可能,但一般来说时间间隔越长,绒癌可能性越大。

二、病理

1.侵蚀性葡萄胎

大体检查可见子宫肌壁内有大小不等、深浅不一的水泡状组织,宫腔内可有或无原发病灶。镜下可见绒毛结构及滋养细胞增生和分化不良。

2.绒癌

绝大多数原发于子宫,肿瘤常位于子宫肌层内,无固定形态,大小不等,与周围组织分界清,质地软而脆,暗红色伴出血坏死。镜下无绒毛或水泡状结构,滋养细胞高度增生,广泛侵入子宫肌层与血管,造成出血坏死。

【护理评估】

1.健康史

如是葡萄胎患者,详细询问第一次刮宫病史,包括刮宫时间、水泡大小、刮出物的量及病理检查结果;以后刮宫次数及刮宫后阴道流血情况;收集HCG的随访资料;询问生殖道、肺、脑等转移症状的主诉,有无化疗史及化疗的药物、剂量、疗程、疗效、用药后的机体反应情况。

2.身体状况

(1)无转移滋养细胞肿瘤　大多继发于葡萄胎后,仅少数继发于流产或足月产后。

1)阴道出血:是侵蚀性葡萄胎最常见的症状。在葡萄胎排空后、流产或足月产后,出现持续不规则阴道出血,量多少不等或一段时间正常月经后再停经,然后出现阴道出血。

2)腹痛:一般无腹痛,但当子宫病灶穿破浆膜层、黄素化囊肿蒂扭转或破裂、子宫病灶坏死伴感染时,可出现急性腹痛。

3)假孕症状:由于肿瘤分泌HCG及雌、孕激素的作用,可出现乳房增大、乳头及乳晕着色、少量泌乳、宫颈着色等假孕体征。

4)子宫复旧不全:常在葡萄胎排空后4～6周子宫未恢复正常大小。

5)黄素化囊肿持续存在:在葡萄胎组织排空2～4个月后,黄素化囊肿未能消退。

(2)转移性滋养细胞肿瘤　大多为绒癌。肿瘤主要经血行播散,最早的转移部位是肺,其次是阴道,另外有盆腔、肝和脑等。除出现原发病灶的表现外,还出现相应转移病灶的表现。由于滋养细胞的生长特点之一是破坏血管,所以各转移部位症状的共同特点是局部出血。

1)肺转移:表现为胸痛、咳嗽、咯血及呼吸困难。转移灶较小时也可无任何症状。

2)阴道转移:转移灶常位于阴道前壁,为紫蓝色结节,破溃后可引起阴道大出血。

3)脑转移:较少见,但常为主要致死原因。脑转移分为3个时期,首先瘤栓期,表现为一过性脑缺血症状如猝然跌倒、暂时性失语、失明等,约数分钟即可消失;继而发展为脑瘤期,血管内瘤栓细胞继续繁殖生长,侵入脑组织,伴有出血及细胞水肿,在脑内形成占位性肿瘤。因颅内压升高,患者出现头痛、喷射样呕吐、抽搐、偏瘫、昏迷等症状,不再自然消失;最后进入脑疝期,因颅内压逐步增高,脑室受压或小脑嵌顿于枕骨大孔,形成脑疝。由于呼吸中枢受压,患者骤然停止呼吸而突然死亡。

4)肝转移:表现为上腹部或肝区疼痛,严重者可出现腹腔内出血导致死亡。

5)其他转移:包括脾、肾、膀胱、消化道、骨等,其症状视转移部位而异。

3.实验室检查及辅助检查

(1) 血HCG测定　①葡萄胎后滋养细胞肿瘤:HCG水平是主要诊断依据。若HCG测定4次呈平台状态(±10%),持续3周或HCG测定3次升高(>10%),并至少持续2周或HCG水平持续异常达6个月,排除妊娠物残留或妊娠可判断为滋养细胞肿瘤;②非葡萄胎后滋养细胞肿瘤:一般认为足月产、流产和异位妊娠后4周以上,β-HCG仍持续高水平或一度下降至正常又迅速升高,临床已排除葡萄胎残留或再次妊娠,诊断为非葡萄胎后滋养细胞肿瘤。

(2)胸部X线摄片　诊断肺转移有价值。典型表现为面球状或团块状阴影。

(3)CT和磁共振成像　CT对肺部较小病灶和脑转移灶有较高诊断价值;磁共振成像主要用于脑、肝和盆腔病灶的诊断。

(4)超声检查　显示子宫大小及宫腔、肌层病变情况。

(5)组织学诊断　在子宫肌层或转移灶中见绒毛或退化的绒毛阴影,则诊断为侵蚀性葡萄胎;仅见大量滋养细胞浸润和坏死出血,未见绒毛结构者诊断为绒癌。

4.心理-社会状况

侵蚀性葡萄胎及绒毛膜癌患者常常需要多次化疗,医疗费用大,表现焦虑不安;化疗不良反应重,难以承受,同时担心疾病预后不佳而悲观绝望;对手术患者,常因子宫切除造成生育无望而绝望,迫切希望得到丈夫及家人的理解、帮助。

5.处理原则

以化疗为主,手术和放疗为辅的综合治疗。根据临床分期,制订个体化化疗方案。手术主要作为辅助治疗,在化疗的基础上,对于大病灶、耐药病灶或病灶穿孔出血做全子宫切除、肺叶切除。

温馨提示:在外科和妇产科的恶性肿瘤治疗中,除浸润性葡萄胎、绒毛膜癌首选化疗,其余均首选手术治疗。

【护理诊断及医护合作性问题】

1.活动无耐力

与转移灶症状、化疗不良反应ý,。

2.有感染的危险

与反复阴道流血、化疗使机体抵抗力降低有关。

3.潜在并发症

肺转移、阴道转移、脑转移。

4.角色紊乱

与较长时间住院及化疗有关。

【护理目标】

1.患者能参与所要求的身体活动。
2.患者住院期间无并发症发生。
3.患者适应角色改变。

【护理计划与实施】

1.心理护理

评估患者对滋养细胞肿瘤治疗、转归的认知及心理承受能力。倾听患者对自身健康及未来能否生育的担心、对恶性肿瘤的诊断、治疗及预后的悲哀与恐惧,向患者提供有关疾病的知识,缓解心理压力。说明妊娠滋养细胞肿瘤停止化疗1年以上无异常发现,可以妊娠,帮助其树立战胜疾病的信心,以积极地态度接受和配合治疗。

2.病情监测

多巡视病房,观察患者有无咯血、呼吸困难、头痛、呕吐等肺、脑转移症状;观察阴道流血量、性状、有无腹痛,发现异常,立即报告医生,并配合进行抢救。观察患者体温及血常规变化,判断有无感染。

3.转移灶患者的护理

(1)肺转移　①呼吸困难者应取半坐卧位,给予吸氧;②大咯血者取患侧卧位,保持呼吸道通畅,防止窒息;③协助患者摄胸片,监测肺部转移病灶的变化。

(2)阴道转移　①密切观察转移结节有无破溃出血,禁止做不必要的阴道检查,以防结节破溃大出血;②病灶破溃出血时,配合医师用无菌纱条由阴道顶端向外填塞压迫止血,记录纱条填塞数量及时间,24小时需更换1次,以免引起感染。一般需填6～7天后才可停用;③密切观察生命体征,出血多时做好输血输液准备,配合医生积极抢救。

(3)脑转移　①注意脑转移的早期症状,以便早期诊断及时治疗;②严密观察病情变化,控制输液量,以免颅内压升高,预防跌伤、压创等各种并发症的发生;③配合医生实施各项对症性诊疗措施,颅内压增高明显者,给予脱水剂。

4.健康教育

(1)休息与营养　嘱患者卧床休息，向患者及家属阐明营养对疾病治疗和康复的重要性，鼓励患者进高蛋白、高热量、高维生素、易消化的饮食，营造良好的进食环境，做好口腔护理，对不能进食或进食不足者，应遵医嘱从静脉补充营养。

(2)随访　向患者及家属宣传随访的重要性、随访时间、内容及注意事项，以引起重视，坚持随访。第1次随访在出院后3个月，以后每6个月1次直至3年，此后每年1次直至5年，以后每2年1次。随访内容同葡萄胎。随访期间应严格避孕，化疗停止达1年后方可妊娠。

（常菊群）

第五十八章　女性生殖系统其他疾病患者的护理

案例引入

患者，女，38 岁，痛经 6 年，逐渐加重半年。疼痛难以耐受，影响正常工作和生活，夜间失眠，需服镇痛物。月经周期正常，经量中等。妇科检查：子宫后位，正常大小，活动差，子宫后壁、骶韧带、子宫直肠陷凹等部位可触及多个痛性结节，两侧附件未扪及包块。

学习任务：1.请对该患者进行护理诊断。

2.作为责任护士，请你为患者做好入院、住院、出院护理。

学习目标

知识目标　能说出子宫内膜异位症的病因病理，并正确为患者进行护理评估。

能力目标　能够提出正确的护理诊断，并能够为患者提供合适的护理措施。

素质目标　学习过程中体现对患者的关心。

第一节　子宫内膜异位症患者的护理

【概述】

具有活性的子宫内膜组织（腺体和间质）出现在子宫体以外部位时称为子宫内膜异位症（endometriosis，EMT），简称异位症。异位内膜可侵犯全身任何部位，如脐、膀胱、肾、输尿管、肺、胸膜、乳腺，甚至手臂、大腿等处，但绝大多数位于盆腔内，以卵巢及宫骶韧带最常见，其次为子宫、直肠子宫陷凹、腹膜脏层、阴道直肠膈等部位，故有盆腔子宫内膜异位症之称。

【病因及发病机制】

育龄期是异位症的高发年龄，以 25 ~ 45 岁妇女居多。初潮前一般不会发病，绝经后或切除卵巢后异位内膜组织逐渐萎缩吸收，妊娠或使用性激素抑制卵巢功能可暂时阻止此病的发展，故子宫内膜异位症的发展与卵巢的周期性变化有关。流行病学研究认为本病具有家族聚集性，可能通过多基因或多因素遗传。

由于异位内膜随卵巢激素的变化而发生周期性出血，伴有周期纤维组织增生和粘连，形成大小不等的紫蓝色实质性结节或包块。卵巢内的异位内膜因反复出血而形成单个或多个囊肿，内含暗褐色黏糊状陈旧血，称卵巢子宫内膜异位囊肿，又称卵巢巧克力囊肿。

【护理评估】

1.*健康史*

了解患者以往有无痛经、不孕史，评估有无宫颈狭窄或阴道闭锁等引起经血潴留的因素存在，注意发病时间与流产或剖宫产的关系。

2.*身体状况*

子宫内膜异位症的症状和体征因病变部位不同而异，25%的患者无任何症状。

（1）症状

1）下腹痛和痛经：疼痛是本病的主要症状，其原因为异位病灶受周期性卵巢激素影响而出现类似月经期变化，特点是痛经。继发性痛经、进行性加重是内异症的典型症状。疼痛多位于下腹、腰骶及盆腔中部，有时可放射至会阴部、肛门及大腿，常于月经来潮时出现，并持续至整个经期。疼痛严重程度与病灶大小不一定呈正比。粘连严重、卵巢巧克力囊肿患者可能并无疼痛，而盆腔内小的散在病灶却可引起难以忍受的疼痛。

2）不孕：本病患者不孕率高达 40%，可能与卵巢、输卵管周围粘连而影响受精卵运输有关。

3）月经异常：15% ~ 30%的患者有经量增多、经期延长或月经淋漓不尽，可能与卵巢实质病变、黄体功能不良或并发子宫腺肌病和子宫肌瘤有关。

(2)体征　常规进行妇科检查，典型患者子宫多后倾固定，直肠子宫陷凹、宫骶韧带和子宫后壁下段扪及触痛性结节，在子宫的一侧或双侧附件处扪及与子宫相连的不活动囊性包块，有轻压痛。有时在阴道后穹隆部看到局部隆起的小结节或紫蓝色斑点。

3.辅助检查

(1)影像学检查　阴道或腹部B超可确定异位囊肿位置、大小和形状。盆腔CT及MRI对盆腔内异症有诊断价值，但费用较昂贵。

(2)血清CA_{125}值测定　血清CA_{125}浓度可能增高，但在诊断早期内异症时，腹腔液血清CA_{125}值较血清值更有意义。

(3)腹腔镜检查　是目前诊断内异症的最佳方法，在腹腔镜下对可疑病变进行活组织检查，即可确诊。

4.处理原则

子宫内膜异位症的治疗应根据患者年龄、症状、病变部位和范围以及对生育要求的不同情况加以全面考虑。强调治疗个体化。症状轻或无症状的轻微病变选用期待疗法。有生育要求的轻度患者先行药物治疗，重者行保留生育功能手术；年轻无生育要求的重度患者可行保留卵巢功能手术，并辅以性激素治疗；症状及病变均严重的无生育要求者考虑行根治性手术。

5.心理-社会状况

由于持续加重的盆腔粘连、疼痛、不孕等症状，以致影响日常生活、工作及性生活，患者常表现出焦虑、烦躁情绪，对疾病的治愈缺乏信心。尚未生育的患者担心不能生育造成患者的思想压力。药物治疗的患者担心药物不良反应，停药后是否会复发等。手术治疗的患者担心手术效果。

【护理诊断及医护合作性问题】

1.疼痛

与下腹痛、痛经有关。

2.焦虑

忧虑、情绪不稳定，与不孕、疗程长、担心疗效有关。

【护理计划与实施】

1.心理护理

倾听患者对疾病的认识和叙述，引导患者表达真实感受，采取相应措施对患者进行心理安慰与疏导，缓解和消除患者的焦虑、恐惧。

2.指导就医

子宫内膜异位症的治疗包括期待治疗、药物治疗、手术治疗、手术与药物联合治疗、不孕的治疗。

(1)期待治疗　对患者定期随访，并对症处理病变引起的轻微经期腹痛，可给予前列腺素合成酶抑制剂(吲哚美辛、布洛芬等)。希望生育者应尽早行不孕的各项检查或镜下对轻微病灶进行处理。一旦妊娠，异位内膜病灶坏死萎缩，分娩后症状缓解并有望治愈。

(2)药物治疗　适用于有慢性盆腔痛、经期痛经症状明显、有生育要求及无卵巢囊肿形成患者。采用使患者假孕或假绝经性激素的疗法导致子宫内膜萎缩、退化、坏死。采用的药物有孕三烯酮、米非司酮、达那唑、促性腺激素释放激素激动剂等。

(3)手术治疗　适用于药物治疗后症状不缓解、局部病变加剧或生育功能未恢复者；较大的卵巢内膜异位囊肿且迫切希望生育者。腹腔镜手术是本病的首选治疗方法，目前认为以腹腔镜确诊、手术加药物为内异症的金标准治疗。手术方法有保留生育功能手术、保留卵巢功能手术、根治性手术。

(4)手术与药物联合治疗　手术治疗前给予3～6个月的药物治疗，使异位病灶缩小、软化，有利于缩小手术范围和手术操作。对手术不彻底或术后疼痛不缓解者，术后给予6个月的药物治疗推迟复发。

(5)不孕的治疗　药物治疗对改善生育状况帮助不大。腹腔镜手术能提高术后妊娠率，治疗效果取决于病变程度。希望妊娠者术后不宜应用药物巩固治疗，应行促排卵治疗，争取尽早治疗。

3.健康指导

(1)防止经血逆流　及时发现并治疗引起经血潴留的疾病，如先天性生殖道畸形、狭窄和继发性宫颈粘连、阴道狭窄等。

(2)防止医源性内膜异位种植　尽量避免多次的宫腔手术操作。经期避免剧烈运动，避免做妇科检查；月经来潮前禁做输卵管通畅试验。

(3)适龄婚育和药物避孕　避孕药抑制排卵、促进子宫内膜萎缩，妊娠可延缓子宫内膜异位症的发生发展。

【护理评价】

1.患者疼痛是否减轻。

2.患者情绪是否稳定,焦虑是否减轻。

第二节 不孕症的护理

案例引入

患者,女,27岁,有正常的性生活,婚后3年未孕,既往体健,月经规则4 ~ 5/28天,量中等,妇科盆腔检查正常,男方检查未发现异常。

学习任务:1.请对该患者进行护理诊断。

2.作为责任护士,请你为患者做相关检查及护理。

学习目标

知识目标 能说出不孕的影响因素,并正确为患者进行护理评估。

能力目标 能够提出正确的护理诊断,并能够为患者提供合适的护理措施。

素质目标 学习过程中体现对患者的关心。

【概述】

凡婚后未避孕、有正常性生活、同居2年而未受孕者,称为不孕症(Infertility)。未避孕而从未妊娠者称为原发性不孕;曾有过妊娠而后未避孕连续1年不孕者称为继发性不孕。按照不孕是否可以被纠正分为绝对不孕和相对不孕。夫妇一方有先天或后天解剖生理方面的缺陷,无法纠正而不能妊娠者称为绝对不孕;夫妇一方因某种因素而阻碍受孕,导致暂时不孕,一旦得到纠正仍能受孕者称为相对不孕。我国不孕症发病率7% ~ 10%。

【病因及发病机制】

不孕因素可能在女方、男方或男女双方。女方因素约占50%,男方因素占30% ~ 40%,男女双方因素占10% ~ 20%。

1.女性不孕因素

以排卵障碍和输卵管因素居多。

(1)排卵障碍 占25% ~ 35%。排卵功能紊乱导致不排卵,主要原因有:①卵巢病变如先天性卵巢发育不全、多囊卵巢综合征、卵巢功能早衰、功能性卵巢肿瘤等;②下丘脑-垂体-卵巢轴功能紊乱,包括下丘脑、垂体器质性病变或功能障碍;③全身性疾病,如重度营养不良、甲状腺及肾上腺皮质功能异常可影响卵巢功能。

(2)输卵管因素 占女性不孕因素的50%,是不孕最常见的原因。慢性输卵管炎引起伞端闭锁或输卵管黏膜破坏,可使输卵管完全阻塞导致不孕。此外,输卵管发育不全、盆腔炎症疾病后遗症、子宫内膜异位症也可导致输卵管性不孕。

(3)子宫因素 子宫先天性畸形、子宫黏膜下肌瘤、子宫内膜炎、子宫内膜结核、子宫内膜息肉、宫腔粘连等影响受精卵着床,导致不孕。

(4)宫颈因素 宫颈炎症、宫颈黏液分泌异常、宫颈黏液免疫环境异常、宫颈息肉、宫颈肌瘤均能影响精子穿过,可造成不孕。

2.男性不孕因素

主要是生精障碍与输精障碍。

(1)精液异常 性功能正常,先天或后天原因所致精液异常,如无精子或精子发育不良、发育停滞、活力减弱、形态异常或精液液化不全等。

(2)性功能异常 外生殖器发育不良或勃起障碍、早泄、不射精。

(3)免疫因素 男性体内产生对抗自身精子的抗体或射出精子发生自身凝集而不能穿过宫颈黏液。

3.男女双方因素

约占10%。

(1)缺乏性生活基本知识。

(2)男女双方急切盼望怀孕等精神心理障碍。

(3)免疫因素　精子精浆或受精卵被阴道或子宫内膜吸收后，机体产生免疫抗体，导致精子和卵子不能正常结合或受精卵不能着床障碍。

【护理评估】

1.健康史

了解不孕症患者的月经状况，包括初潮年龄、月经周期是否规则、经期、经量及有无痛经等伴随症状。询问夫妇双方的结婚年龄、女方生育史、是否两地分居、性生活情况、是否采用过避孕措施、采用的具体避孕方法、避孕年限。了解既往有无结核史。尤其是有无生殖器结核史。对于继发性不孕者，还需要询问既往分娩及流产史。家族中有无遗传病史、精神病史。此外，还应了解男方和生殖有关的健康状况。

2.身体状况

(1)症状　不孕是患者最主要的临床表现。由于引起不孕的病因不同，相应的伴随症状也不相同。

(2)体征　夫妇双方均应进行全身检查以排除全身性疾病。特别要注意第二性征的发育。妇科检查应着重内、外生殖器的发育，有无畸形，子宫大小及活动度，附件区有无增厚、压痛、肿块等；还应注意直肠子宫陷凹有无触痛结节等。

3.辅助检查

夫妇双方应进行包括第二性征发育情况在内的全身检查，并注意排除全身性疾病。

(1)男方检查　询问既往有无慢性疾病，除全身检查外，重点应检查外生殖器有无畸形或病变，尤其是精液常规检查。正常精液量为2 ~ 6ml，平均为3 ~ 4ml，少于1.5ml为异常；pH为7.0 ~ 7.8，在室温中放置5 ~ 30分钟内完全液化，精子总数>8000万/ml，活动数>50%，异常精子<20%，若精子总数<2000万/ml为异常；活动数<35%为异常；异常精子数>50%则为异常。

(2)女方检查　除妇科检查内外生殖器官的发育和病变情况外，还需进行以下检查：

1)卵巢功能检查：方法包括基础体温测定、宫颈黏液结晶检查、阴道脱落细胞涂片检查、B型超声监测卵泡发育、月经来潮前子宫内膜活组织检查、女性激素测定等，了解卵巢有无排卵及黄体功能状态。

2)输卵管功能检查：常用的方法有输卵管通液术、子宫输卵管碘油造影及B型超声下输卵管通液术，了解输卵管通畅情况。

3)性交后精子穿透力试验：上述检查未发现异常时进行此试验。根据基础体温表选择在预测的排卵期进行。在试验前3日禁止性交，避免阴道用药或冲洗。受试者在性交后2 ~ 8小时内就诊检查。

4)宫腔镜检查：了解子宫内膜情况，能发现宫腔粘连、黏膜下肌瘤、内膜息肉、子宫畸形等。

5)腹腔镜检查：用于上述检查均未见异常仍未受孕者，做腹腔镜检查进一步了解盆腔情况，直接观察子宫、输卵管、卵巢有无病变或粘连，并可结合输卵管通液术，于直视下确定输卵管是否通畅，必要时在病变处取活检。

6)免疫检查：判断免疫性不孕的因素是男方的自身抗体因素还是抗精子抗体因素。

4.处理原则

针对不孕症的病因进行处理。增强体质和促进健康；纠正营养不良和贫血；戒烟、不酗酒；积极治疗生殖器器质性疾病；及时治疗输卵管慢性炎症及阻塞；掌握性知识、学会预测排卵、选择适当日期性交；遵医嘱服用促排卵药物、改善宫颈黏液药物和消炎药物；根据具体情况选择辅助生殖技术。

5.心理-社会状况

患者因多年不孕而焦虑，产生自卑感、内疚感。另外，患者还要承受来自家庭成员及社会的压力，甚至影响夫妻和睦。不孕症的诊治有时需经历较长的时间，个人心理、生理、社会和经济方面都可能遭到压力。一旦患者接受正规的治疗往往会影响她们的工作、学习和生活。

【护理诊断及医护合作性问题】

1.知识缺乏

缺乏生育及不孕症的相关知识。

2.焦虑

忧郁、紧张不安，与多年不孕有关。

3.长期自尊低下

与不孕症诊治过程中繁杂的检查、无效的治疗有关。

【护理计划与实施】

1.心理护理

通过交谈、指导学习卫生书籍等方法解除患者忧虑,树立信心;指导患者要增强体质,注意饮食,纠正营养不良及贫血。

2.检查治疗配合

协助医师实施治疗方案,根据不同方案提供支持和帮助,如患慢性盆腔炎致输卵管部分阻塞者,鼓励患者坚持接受较为长期的综合性治疗,以期治愈。对绝对不孕患者,需要时间支持他们度过悲伤时期,同时提供辅助生殖技术的相关信息,根据患者自身条件接受相应的治疗方案,如人工授精、体外授精、胚泡植入等,亦可请经治疗成功的不孕患者介绍经验,以增强他们的信心。

3.健康指导

使患者掌握性知识,学会预测排卵期,选择排卵前 2 ~ 3 日至排卵后 24 小时内性交,以增加受孕机会。性交次数应适度,不能过频或过稀。教会患者配合检查。

接受婚前教育,介绍与受孕有关的各个环节;注意经期卫生,减少生殖道感染的机会;做好计划生育工作,减少人工流产手术;学会自测基础体温,如有异常及早就诊。

夫妇双方注意生活、工作规律,戒烟酒,注意饮食均衡,加强营养,增强体质,避免过度精神紧张和劳累,保持心情愉快。

【护理评价】

1.夫妇双方焦虑情况是否有所缓解或消失,表现为积极主动配合。

2.不孕夫妇是否能面对现实,寻找解决问题的途径。

第三节　子宫脱垂患者的护理

案例引入

患者,女,58 岁,2 年来阴道口脱出一块物,逐渐增大。妇科检查:外阴陈旧性裂伤Ⅱ度,阴道前后壁膨出,宫颈角化,子宫萎缩,部分宫体脱出阴道口外,双附件正常。

学习任务:1.请对该患者进行护理诊断。

2.作为责任护士,请你为患者做好疾病护理。

学习目标

知识目标　能说出子宫脱垂的病因及分度,并正确为患者进行护理评估。

能力目标　能够提出正确的护理诊断,并能够为患者提供合适的护理措施。

素质目标　学习过程中体现对患者的关心。

【概述】

子宫从正常位置沿阴道下降,宫颈外口达坐骨棘水平面以下,甚至子宫全部脱出于阴道口以外,称为子宫脱垂(Uterine Prolapse)。子宫脱垂常伴有阴道前后壁膨出。

【病因及发病机制】

1.分娩损伤

为子宫脱垂最主要的病因。在分娩过程中,尤其是经阴道手术助产或第二产程延长者,盆底组织极度伸展或裂伤。于产褥期产妇过早参加重体力劳动,此时损伤组织尚未修复,过高腹压迫使子宫向下移位。多次分娩增加盆底组织受损机会。

2.长期腹压增加

长期腹腔内压力增加如慢性咳嗽、习惯性便秘、排便困难、超重负荷、盆腹腔巨大肿瘤或大量腹水等均可迫使子宫向下移位。

3.盆底组织发育不良或退行性变

多系先天性盆底组织发育不良，常合并有其他器官的下垂，绝经后期因雌激素水平下降盆底组织萎缩退化，也可发生子宫脱垂或使脱垂程度加重。

【护理评估】

1.健康史

重点了解患者的生育史，尤其是分娩过程，注意有无难产及产后恢复情况。询问有无慢性咳嗽、便秘、长期蹲位劳动等情况。同时，注意评估患者是否伴有其他器官的下垂等。

2.身体状况

（1）症状　Ⅰ度患者多无自觉症状，Ⅱ、Ⅲ度患者主要有如下表现：

1）下坠感及腰背酸痛　由于下垂子宫对韧带的牵拉，盆腔充血所致。常在久站、走路、蹲位、重体力劳动以后加重，卧床休息以后症状减轻。

2）肿物自阴道脱出　轻者肿物突出不大，卧床休息后能自动回缩；重者脱出肿物大，影响行走，卧床休息也不能回缩，需用手回纳。突出肿物在咳嗽、走路时加重。

3）排便异常　伴膀胱、尿道膨出的患者，易出现排尿困难、尿潴留或张力性尿失禁等症状。如继发泌尿道感染可出现尿频、尿急、尿痛等。

4）分泌物增多　宫颈或阴道壁长期暴露于外阴，局部充血或受到摩擦，引起渗出物、分泌物增多。

（2）体征　患者屏气增加腹压时可见子宫脱出，并伴有膀胱、直肠膨出。脱出的子宫及阴道壁由于长期暴露摩擦，可见宫颈及阴道壁溃疡，有少量出血或脓性分泌物。宫颈及阴道黏膜多明显增厚，宫颈肥大，不少患者宫颈显著延长。

以患者平卧用力向下屏气时子宫下降的程度，将子宫脱垂分为3度：

Ⅰ度：轻型为宫颈外口距处女膜缘小于4cm，尚未达处女膜缘；重型为宫颈外口已达处女膜缘，在阴道口能见到宫颈。

Ⅱ度：轻型为宫颈已脱出阴道口外，宫体仍在阴道内；重型为宫颈及部分宫体已脱出至阴道口外。

Ⅲ度：宫颈及宫体全部脱出至阴道口外。

3.辅助检查

张力性尿失禁的检查：让患者先憋尿，在膀胱截石位下咳嗽，如有尿液溢出，检查者用食、中指分别置于尿道口两侧，稍加压再嘱患者咳嗽，如能控制尿液外溢，证明有张力性尿失禁。

4.处理原则

除非合并张力性尿失禁，无症状的患者不需治疗，有症状者可采用保守或手术治疗，治疗方案应个体化。治疗以安全、简单和有效为原则。

（1）支持疗法　加强营养，增强体质。

（2）非手术疗法　适用于子宫脱垂Ⅱ度重、Ⅱ度轻及不能耐受手术者，可选择放置子宫托。

（3）手术疗法　经非手术治疗无效或伴发阴道壁膨出者，可采用手术治疗。根据子宫脱垂的程度、年龄、生育要求及健康情况选择手术方式。

5.心理－社会状况

患者因行动不方便而感到很痛心，心情压抑，回避集体活动。手术治疗者担忧术后伤口愈合不良，或再次发生子宫脱垂，患者常出现焦虑、情绪低落等。

【护理诊断及合作性问题】

1.慢性疼痛

腰骶部酸痛、会阴部异物感，与宫颈和阴道溃疡及子宫下垂牵拉韧带有关。

2.组织完整性受损

脱出于阴道口外的子宫、阴道壁糜烂、溃疡，与局部长期摩擦有关。

3.焦虑

与长期的子宫脱出影响正常生活及不能预料手术效果有关。

【护理计划与实施】

1.心理护理

子宫脱垂患者由于长期受疾病折磨，往往有烦躁情绪，护士应亲切地对待患者，对患者的疾苦表示理解；针对其具体思想活动做好心理疏导。讲解子宫脱垂的疾病知识和预后；做好家属的工作，让家属理解患者，协助患者早日康复。

2.改善患者一般情况

积极治疗引起腹压增加的原发疾病,如慢性咳嗽、便秘等;加强营养,卧床休息,教会患者盆底肌肉的运动锻炼,促进盆底功能恢复。

3.指导患者正确使用子宫托

指导患者及时还纳脱出物,帮助患者选择适当大小的子宫托,并教会患者怎样使用,如放置和取出子宫托的方法、子宫托的消毒方法以及使用过程中的注意事项。

4.做好术前准备和术后护理

对需要手术治疗的患者应积极做好各项术前准备,包括外阴、阴道准备及肠道准备等。术后护理包括每日会阴擦洗2次以预防会阴伤口感染,术后卧床7 ~ 10天,保留尿管3 ~ 5天,注意留置的导尿管是否引流通畅,导尿管拔除后能否自主排尿。大便干结者应服缓泻药,避免使用腹压,术后预防咳嗽。

5.出院指导

放子宫托的患者应每3 ~ 6个月复查1次。术后休息3个月,半年内避免重体力劳动,禁止盆浴及性生活。术后2个月应来院复查伤口愈合情况。出院3个月后再到门诊复查。

6.健康指导

提倡晚婚晚育,防止生育过多、过密;正确处理产程,避免产程延长;提高助产技术,有产科指征者应及时行剖宫产终止妊娠。避免产后过早参加重体力劳动;积极治疗慢性咳嗽、习惯性便秘;提倡做产后保健操。平时注意营养和体育锻炼,增强体质有利于子宫脱垂的恢复。

【护理评价】

1.患者能否说出减轻疼痛的方法,并参与减轻疼痛护理。

2.患者能否说出减轻焦虑的措施,并能积极应用。

(常菊群)

第五十九章　女性生殖系统肿瘤患者的护理

第一节　宫颈癌患者的护理

案例引入

患者:女,56岁。病史:患者既往月经规律,2004年绝经,2005年6月无明显诱因出现血水样白带,并伴有异味,未予重视,未行诊治。大概过了3个月,患者自诉阴道接触性出血,无腰腹疼痛,去当地医院做了检查,诊断为宫颈癌。

学习任务:1.请对该患者进行护理诊断。

2.作为责任护士,请你为患者做好疾病护理。

学习目标

知识目标　能说出宫颈癌发病的影响因素,并正确为患者进行护理评估。

能力目标　能够提出正确的护理诊断,并能够为患者提供合适的护理措施及健康指导。

素质目标　学习过程中体现对患者的关心。

【概述】

宫颈癌是最常见的妇科恶性肿瘤。患者年龄分布呈双峰状,35～49岁和60～64岁,平均年龄为52岁。由于宫颈癌有较长癌前病变阶段,因此宫颈细胞学检查可使宫颈癌得到早期诊断与早期治疗。近40年来,国内外均已普遍开展宫颈细胞防癌涂片检查,宫颈癌发病率明显下降,死亡率也随之不断下降。

【病因】

宫颈癌病因至今尚未完全明了,可能是下列多种因素综合引起。

(1)早婚、早育、多产及性生活过早(指18岁前即有性生活)、性生活紊乱的妇女有较高的患病率。

(2)与配偶的关系　有人认为丈夫包皮过长或包茎、有阴茎癌或前列腺癌或其前妻患宫颈癌,以及男子有多个性对象,其妻子患宫颈癌的机会增多。

(3)病毒或真菌感染　高危型人乳头状瘤病毒(HPV)、单纯疱疹病毒Ⅱ型、人巨细胞病毒以及真菌感染可能与宫颈癌的发生有关。

【病理】

宫颈外口的原始鳞-柱交接部与生理性鳞-柱交接部间形成的移行带区是宫颈癌的好发部位。

1.宫颈上皮内瘤样病变(CIN),分为3级

(1)CINⅠ级　轻度不典型增生。

(2)CINⅡ级　中度不典型增生。

(3)CINⅢ级　重度不典型增生和宫颈原位癌。宫颈原位癌又称上皮内癌,病变限于上皮层内,基底膜未穿透,间质无浸润。异型细胞可沿宫颈腺腔开口进入移行带区的宫颈腺体,致使腺体原有的柱状细胞被多层异型鳞状细胞替代,但腺体基底膜保持完整,称宫颈原位癌累及腺体。

2.宫颈浸润癌

(1)巨检　宫颈上皮内瘤样病变、镜下早期浸润癌及极早期宫颈浸润癌,肉眼观察无明显异常,或类似宫颈糜烂,随着病变逐步发展,有以下4种类型:

1)外生型:最常见。癌组织向外生长,呈息肉状或乳头状突起,状如菜花又称菜花型。组织脆,易出血(图59-1)。

2)内生型:癌组织向颈管或组织内生长,在宫颈表面有结节形成,使宫颈肥大而硬,整个宫颈膨大如桶状(图59-2)。

3)溃疡型:外生型和内生型进一步发展时,癌组织坏死脱落,可形成凹陷性溃疡(图 59-3)。

4)颈管型:癌灶发生在宫颈外口内,隐蔽在宫颈管,侵入宫颈及子宫峡部供血层以及转移到盆壁的淋巴结,不同于内生型,后者是由特殊的浸润性生长扩散到宫颈管所致(图 59-4)。

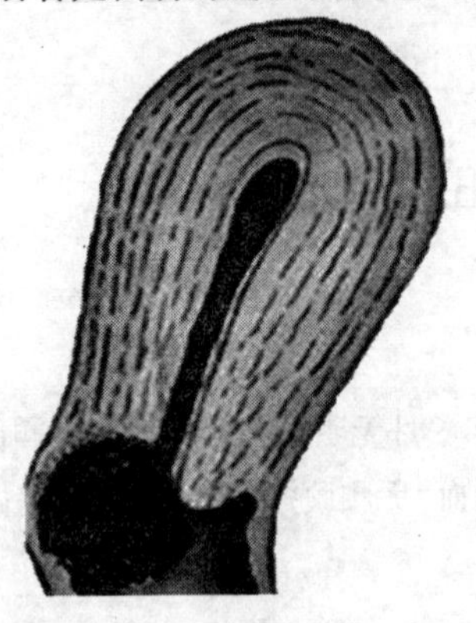

图 59-1　宫颈癌外生型

图 59-2　宫颈癌内生型

图 59-3　宫颈癌溃疡型

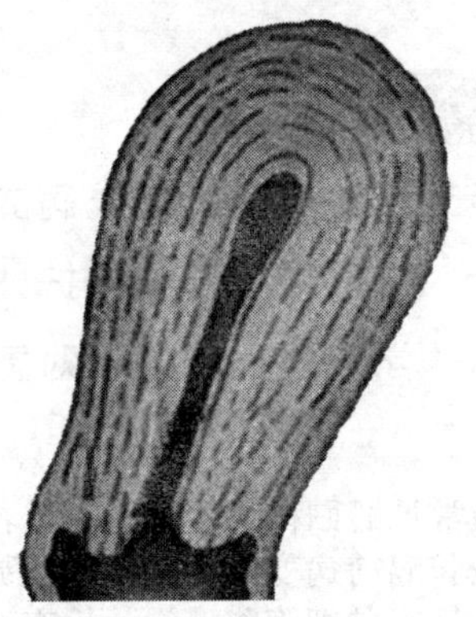

图 59-4　宫颈癌颈管型

(2)显微镜检　按组织发生学划分,宫颈癌分为宫颈鳞状细胞浸润癌和腺癌两种类型,鳞状细胞浸润癌占宫颈癌的 80% ~ 85%。腺癌占 15% ~ 20%,分为宫颈黏液腺癌、宫颈恶性腺瘤和宫颈腺鳞癌。

【转移途径】

主要为直接蔓延及淋巴转移,血行转移极少见。

【临床分期】

采用国际妇产科联盟(FIGO)的临床分期标准,分为:

0 期　原位癌。

Ⅰ期　癌瘤限于宫颈(包括宫体受侵)。

ⅠA　肉眼未见癌灶,仅在显微镜下可见浸润癌。

ⅠA1　间质浸润深度≤3mm,宽度≤7mm。

ⅠA2　间质浸润深度 3 ~ 5mm,宽度≤7mm。

ⅠB　肉眼见癌灶局限于宫颈,或显微镜下病变范围超过ⅠA2 期。

ⅠB1　肉眼可见癌灶≤4cm。

ⅠB2　肉眼可见癌灶 > 4cm。

Ⅱ期　癌瘤超出宫颈,但浸润未达盆壁,癌瘤已累及阴道,但未达到阴道下 1/3。

ⅡA　无明显宫旁浸润。

ⅡB　有明显宫旁浸润。

Ⅲ期　癌瘤浸润已达盆壁和(或)阴道下 1/3;导致肾盂积水或肾无功能。

ⅢA　癌瘤浸润未达盆壁,但累及阴道下 1/3。

ⅢB　癌瘤浸润已达盆壁，或有肾盂积水，或肾无功能。

Ⅳ期　癌瘤传播已超出真骨盆，或临床侵犯膀胱或直肠黏膜。

ⅣA　癌瘤侵犯至临近器官。

ⅣB　癌瘤播散至远处器官。

【护理评估】

1.健康史

在健康史中重点进行评估：①生育史：早婚、早育、多产者宫颈癌发病率增高；②性生活史：性乱，通过性传播某些病毒；③高危因素：特别是与高危男子有性接触的病史；④疾病诊疗过程：了解发病经过及曾接受的治疗经过，注意疗效及用药后机体反应。

2.身心状况

（1）症状　早期宫颈癌常无症状，也无明显体征，与宫颈炎无明显区别。随病变进展，患者一旦出现症状，主要表现为：

1）阴道流血：早期患者常表现为接触性出血，即发生在性生活后或妇科检查后的出血。晚期为不规则阴道流血。出血量可多可少，根据病灶大小、侵及间质内血管的情况而定。早期流血量少，晚期病灶较大表现为多量出血，一旦侵蚀较大血管可能引起致命性大出血。年轻患者也可表现为经期延长、周期缩短、经量增多；老年患者常主诉绝经后不规则阴道流血。一般外生型癌出血较早，血量也多；内生型癌出血较晚。

2）阴道排液：患者常诉阴道排液增多，白色或血性，稀薄如水样或米泔状，有腥臭。晚期因癌组织破溃，组织坏死，继发感染有大量脓性或米汤样恶臭白带。

3）晚期癌症状：根据病灶侵犯范围出现继发症状。病灶波及盆腔结缔组织、骨盆壁、压迫输尿管或直肠、坐骨神经时，患者诉尿频、肛门坠胀、大便秘结、里急后重、下肢肿痛等；严重时导致输尿管梗阻、肾盂积水，最后引起尿毒症。到了疾病末期，患者出现恶病质。

（2）体征　原位癌及微小浸润癌可无明显病灶，宫颈光滑或仅为柱状上皮异位。随着宫颈浸润癌的生长发展，根据不同类型，局部体征亦不同。外生型见宫颈赘生物向外生长，呈息肉状或乳头状突起，继而向阴道突起形成菜花状赘生物，表面不规则，合并感染时表面覆有灰白色渗出物，触之易出血。内生型则见宫颈肥大、质硬，宫颈管膨大如桶状，宫颈表面光滑或有浅表溃疡。晚期由于癌组织坏死脱落，形成凹陷性溃疡，整个宫颈有时被空洞替代，并覆有灰褐色坏死组织，恶臭。癌灶浸润阴道壁见阴道壁有赘生物。向宫旁组织侵犯，妇科检查扪及两侧增厚，结节状，质地与癌组织相似，有时浸润达盆壁，形成冰冻骨盆。

3.辅助检查

根据病史和临床表现，尤其有接触性出血者，应想到宫颈癌的可能，需做详细的全身检查及妇科三合诊检查，并采用以下辅助检查。

（1）宫颈刮片细胞学检查筛查的主要手段

1）巴氏涂片：结果分5级：巴氏Ⅰ级：正常。巴氏Ⅱ级：炎症。巴氏Ⅲ级：可疑癌。巴氏Ⅳ级：高度可疑癌。巴氏Ⅴ级：癌。

2）TBS分类法。

（2）碘试验　将碘液涂在宫颈及阴道壁上观察其染色情况。正常宫颈和阴道鳞状上皮含丰富糖元，可被碘染成橘色或深赤褐色。若不着色为阳性，说明此处上皮不含糖元或缺乏，多见于宫颈炎、肿瘤、囊肿、斑痕，它对癌无特异性，主要是明确病变的危险区，便于确定取材部位，以期提高诊断率。

（3）氮激光肿瘤固有荧光诊断法　应用光导纤维传递激光（常用氮激光）激发宫颈原有荧光（固有荧光），正常区呈蓝白色。上皮病变区呈紫色或紫红色，为阳性。在阳性区取材行活检，可提高诊断率。

（4）阴道镜检查　通过阴道镜观察宫颈表面有无异型上皮或早期癌变，选择可疑癌变区取材行活检，提高诊断准确率。

（5）宫颈活检　巴氏分类Ⅲ级以上、TBS分类有上皮细胞异常都应进行活检。这是确诊宫颈癌及其癌前病变最可靠和不可缺少的方法。在阴道镜下定位取活检。或无明显病灶时选择鳞柱交接部3、6、9、12点处取4点活检。必要时搔刮宫颈管。

（6）宫颈锥切术　当宫颈刮片多次阳性而活检阴性，或活检为原位癌但不能除外浸润癌时可做宫颈锥切术。锥切方式：手术直接切除、LEEP、冷凝电刀切除。

确诊宫颈癌后，根据具体情况，进行胸部X线摄片、淋巴造影、膀胱镜、直肠镜检查等，以确定其临床分期。

4.心理－社会状况

患者感到震惊、恐惧，害怕手术，害怕改变自己的生育状态及既往生活方式，害怕患了恶性肿瘤而危及生命；随之会为选择处理方案而显不安，迫切需要咨询指导。

【护理诊断与医护合作性问题】

1.恐惧、忧虑不安

与下列因素有关:①担心肿瘤危及生命;手术后会留下后遗症;②放疗或化疗的不良反应。

2.有感染的危险

与手术、肿瘤并发症、机体抵抗力低等有关。

3.营养失调

低于机体需要量与以下因素有关:①阴道出血造成贫血;②癌肿的慢性消耗;③手术、放疗、化疗引起食欲下降、摄入减少。

4.疼痛

与晚期癌浸润或手术创伤有关。

5.自我形象紊乱

与手术切除子宫有关。

【护理目标】

1.患者恐惧感减轻,情绪稳定,接受诊断结果,在治疗过程中表现出积极态度。

2.患者能说出引起感染的因素及预防措施,不发生感染。

3.患者能主动摄食,提高机体免疫力。

4.患者能说出减轻疼痛方法,疼痛感减轻。

5.患者于出院时具有适应术后生活的能力和信心。

【处理】

应根据临床分期、患者年龄、全身情况、设备条件和医疗技术水平决定治疗措施,常用的方法有手术、放疗及化疗等综合应用。

【护理措施】

1.一般护理

制订饮食计划,鼓励患者摄取足够的营养;协助患者维持个人卫生,注意保持床位清洁,室内空气流通,促进舒适;给患者足够的休息;进行心理调适,让患者以最好的身心状态接受治疗。严密观察病情,宫颈癌晚期患者可能阴道大出血造成休克,应做好急救准备。

2.对症护理

对于有活动性阴道出血的患者,可用纱布填塞止血,但需注意及时更换,并认真做好交班,嘱按时如数取出。对于疼痛的护理,保持病房病室安静,选择舒适体位,不可轻易用止痛剂或灌肠。

3.手术患者护理

(1)手术前护理

1)心理准备

①妇科手术涉及生殖器官的摘除和生育能力的丧失,要做好心理护理和患者交流沟通,了解她们的心理活动,使患者有心理准备,迎接致残性的手术。

②要多讲有激励于患者的语言,鼓励她们增强战胜疾病的信心,消除顾虑,用平静的心态配合手术治疗。

2)术前功能指导

①指导患者术前练习深呼吸及有效咳嗽,学会翻身,预防术后肺部并发症。

②训练患者床上肢体活动,预防术后血栓形成,并说明术后早期下地活动的意义,以利于康复。

③练习在床上使用便盆排尿,锻炼膀胱功能,以使尿管拔除后能自解小便,避免膀胱麻痹或急性膀胱炎的发生。

3)阴道和肠道准备:手术前3天开始每日冲洗阴道1次,如发现分泌物增多或有异味应通知医生,可给予宫腔引流或全身抗炎治疗。对有活动性出血的患者,可用纱布填塞止血,待出血停止后进行准备。宫颈局部有感染者,冲洗后宫颈表面敷消炎药物。术日早晨再行外阴和阴道冲洗,用消毒剂消毒宫颈和阴道,然后留置尿管。如发现有月经来潮,通知医生停止手术。术前3天清洁肠道,可口服黄连素、Vitk或中药排气汤,术前日晚给予清洁灌肠,以利于手术操作,减少污染和术后肠胀气。

4)营养的补充:宫颈癌中晚期患者均有不同程度的营养不良和身体衰弱,如果不及时补充就会影响术后的恢复和伤口的愈合。根据情况给予高蛋白、高热量、易消化、含有多种维生素的食物,以纠正负氮平衡,必要时输注白蛋白,贫血者可输新鲜血液。

(2)手术后护理

1)全麻术后常规护理:密切观察患者的面色、呼吸、血压、脉搏及体温,术后6小时血压平稳可给予半卧位,利于阴道切口的引流,减少炎症和腹胀。

2)切口观察:注意阴道切口渗血颜色和量,及时更换会阴垫,如果发现渗血多,及时报告医生,以便及时发现盆腔内出血,需行手术止血。注意腹部切口敷料,如有污染可更换外层纱布。

3)饮食指导:术后患者排气后,可给予流质、少渣半流质饮食,如无不适时再改为普食。

4)术后并发症的观察:妇科术后常见并发症有膀胱炎和膀胱麻痹,主要由于盆腔手术范围大、留置尿管时间长所致。为了预防并发症的发生,在留置尿管期间必须采用相应的护理措施。每日2次会阴清洗,以保持清洁无血迹。注意观察引流尿液的颜色、量并准确记录,每日更换尿袋,操作时严格无菌技术,以防尿道逆行感染,一般术后7-14天拔除尿管,拔除后,协助患者下地活动。通常在拔除尿管前3天开始夹管,每2小时开放一次,定时放尿训练膀胱功能。拔管后嘱患者每1～2小时排尿1次,如不能自解应采取轻柔按摩、热敷、诱导等方式帮助排尿,必要时重新留置尿管。

4.放射性治疗患者的护理

(1)心理准备　对于宫颈癌患者,护理人员必须详细介绍治疗前的准备、治疗中的注意事项,以及治疗后会出现的各种并发症,使她们对自己的放疗计划有一个完整的概念,对治疗树立信心及做好各种配合。

(2)放疗全身反应护理　一般放疗后2～3周,患者会出现食欲不振、乏力、疲劳、头晕、头痛、恶心,甚至呕吐等,及时给予对症处理,指导其合理休息、轻微活动。宫颈癌体外加腔内放射治疗,直肠是最易受损伤的脏器,常出现不同程度的腹痛、腹泻、腹胀,故宜进高蛋白、高维生素、少渣、低纤维饮食,避免吃易产气的食物,如糖、豆类、碳酸类饮料,忌辛辣、刺激性食物。严重腹泻者,需暂停放疗,检查患者脱水和电解质失衡的体征,通过吃水果、喝饮料、肉汤或静脉补液补钾等及时补充水、电解质和营养。

(3)阴道冲洗护理　阴道冲洗是放疗的重要辅助手段,可以减轻阴道黏膜充血、水肿,并能清除放疗后坏死组织,提高放射敏感度,预防盆腔腹膜炎。常规每日阴道冲洗1次。

(4)照射野皮肤护理　由于放射皮肤变薄、萎缩、软组织纤维化,致使毛细血管扩张,皮肤会出现充血、发红等湿性反应,继而出现皮肤干燥、脱皮、瘙痒或烧灼感。嘱患者不能用手抓,给予薄荷淀粉止痒,或涂擦氢化考的松软膏,穿宽松柔软的衣服。嘱患者不能挪动或坐起,防止容器移位和脱落影响照射。从电视屏中观察患者治疗情况,用对讲机询问患者,有何不适,如因下腹痛而自行改变体位,立即报告以便中断治疗,使放射源返回,然后进入后装室做相应处理或变换体位,如好转考虑继续治疗。

(5)腔内照射后护理

1)询问患者有何不适,鼓励多进水,少食多餐,如胃肠反应严重可补充液体,下腹痛、体温高者应考虑盆腔腹膜炎的发生,及时通知医师进行处理。

2)嘱患者坚持阴道冲洗,以减少局部感染,促进上皮愈合,并能避免阴道粘连,阴道冲洗应每日或隔日1次,如无特殊情况,在放疗后半年可以改为每周冲洗1～2次,并坚持两年以上。

【健康教育】

1.加强预防

注意普及防癌知识,提倡晚婚、少育,开展性卫生教育。凡已婚妇女,特别是围绝经期妇女有月经异常或性交后出血者,应警惕生殖道癌的可能,及时就医。发挥妇女防癌保健网作用,定期开展宫颈癌的普查普治,每1～2年1次,做到早发现、早诊断和早治疗。凡30岁以上妇女至妇科门诊就诊者,应常规作宫颈刮片检查,有异常者应进一步处理。

2.重视随访

宫颈癌患者治疗后出院时,应向其说明随访的重要性,并核对通信地址。随访时间:一般在出院后1个月行第1次随访,以后每隔2～3个月复查1次至1年。出院后第2年每3～6个月复查1次。出院后第3～5年,每半年复查1次。第6年开始每年复查1次。随访内容除临床检查外,应定期进行胸透和血常规检查。

【出院指导】

1.饮食

除医生特别指定外不需任何禁忌,建议多摄取高蛋白、高纤维食物。

2.复诊

定时服药、定期复查,如有高热、大量长时间阴道流血、休克、异常分泌物或手术伤口红肿、疼痛、化脓等情况应立即返诊。

3.休养

居室清洁、整齐、通风良好。保持身体清洁,可于出院后1周沐浴,但要注意保护伤口。生活规律、睡眠充足、家庭和睦、心情愉快均有利于身体尽早康复。

4.运动

术后2月内避免提重物、抱小孩、拖地板、蹬高取物等动作,以防止正在愈合的腹肌受损。半年内避免从事增加骨盆充血的活动,如久坐、跳舞等。

5.性生活

术后6周内避免性生活和阴道灌洗,避免损伤新生组织而引起感染。

6.月经

术后2 ~ 6周内若有少量阴道出血,是腹腔内伤口缝线溶解的原因,可在如厕后处置干净,以免感染。子宫切除术后患者不会再有月经,但可能产生一些不适感,如潮红等。

第二节　子宫肌瘤患者的护理

案例引入

患者,女,43岁,G_2P_1,主诉因月经量增多2年,发现下腹包块1个月入院。患者平素月经时有错后,初潮14岁,7天/35 ~ 50天,无明显痛经,末次月经为2004年2月22日。自2年前起月经量增多,较既往月经量增加一半以上,有血块,伴痛经,有时需服止痛片。近半年来经期延长至10天左右,有时有经间出血。1个月前洗澡时自觉下腹有一肿块如儿头大小。妇检:子宫如孕20周大小,不平,多发结节,质中;双附件(-)。

学习任务:1.请对该患者进行护理诊断。

2.作为责任护士,请你为患者完善相关检查及护理。

学习目标

知识目标　能说出子宫肌瘤发病的影响因素及并发症,并正确为患者进行护理评估。

能力目标　能为子宫肌瘤患者进行整体护理及健康指导。

素质目标　学习过程中体现对患者的关心。

【概述】

子宫肌瘤又称子宫平滑肌瘤,是女性生殖器最常见的一种良性肿瘤(图59-5)。多无症状,少数表现为阴道出血、腹部触及肿物以及压迫症状等。如发生蒂扭转或其他情况时可引起疼痛,以多发性子宫肌瘤常见。

根据肌瘤所在子宫的不同部位,而分为以下几类:

1.肌瘤位于肌壁内,周围均为肌层所包围,初发病时多为此类肌瘤,故最常见,占60% ~ 70%。

2.肌瘤向浆膜而发展,并突出于子宫表面,与浆膜层直接接触,占20%。如突入阔韧带两叶之间生长,即为阔韧带内肌瘤。

3.肌瘤向宫腔内生长,突出于子宫腔内,与黏膜层直接接触,约占10%-15%。此瘤可使子宫腔逐渐增大变形,并常有蒂与子宫相连,如蒂长可堵住阴道口或脱出于阴道内。

4.较少见肌瘤在子宫颈部位生长,因生长部位低,可嵌顿于盆腔内,产生压迫症状,手术切除困难,易损伤输尿管、膀胱。

子宫肌瘤常为多发性,并且以上不同类型肌瘤可同时发生在同一子宫上,称为多发性子宫肌瘤。

【病因】

子宫肌瘤确切病因不明,可能与体内雌激素水平过高,长期受雌激素刺激有关。

1.偶见于初潮后妇女,多见于中年妇女,绝经后肌瘤多停止生长并逐渐萎缩。

2.肌瘤多并发子宫内膜增生。

3.卵巢颗粒细胞瘤、卵泡膜细胞瘤(可分泌雌激素)患者常合并子宫肌瘤。

4.妊娠时雌激素水平增高,肌瘤多迅速增大。

5.外源性雌激素可加速肌瘤生长。

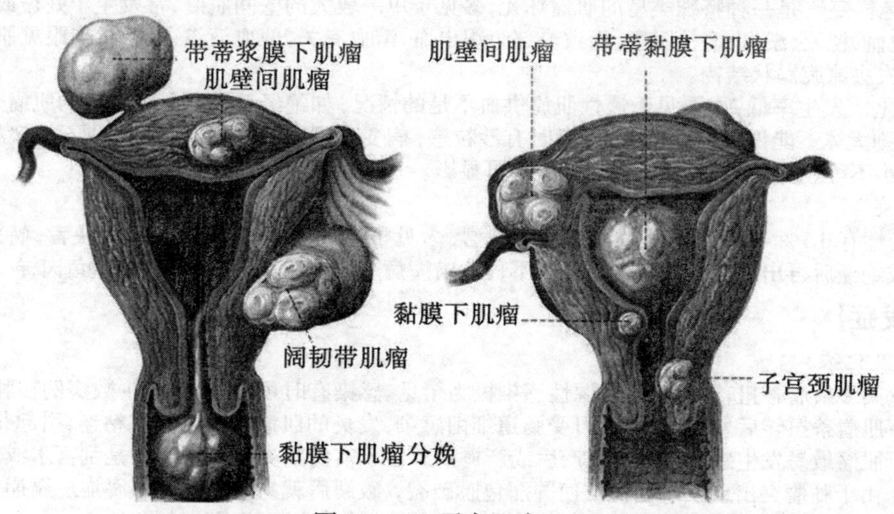

图59-5　子宫肌瘤

【症状】

1.月经改变

为最常见的症状，表现为周期缩短、经量增多、经期延长、不规则阴道流血等。

2.腹块

腹部胀大，下腹扪及肿物，伴有下坠感。

3.白带增多

白带增多，有时产生大量脓血性排液及腐肉样组织排出伴臭味。

4.疼痛

一般患者无腹痛，常有下腹坠胀、腰背酸痛等，当浆膜下肌瘤蒂扭转时，可出现急性腹痛，肌瘤红色变时，腹痛剧烈且伴发热。

5.压迫症状

肌瘤向前或向后生长，可压迫膀胱、尿道或直肠，引起尿频、排尿困难、尿潴留或便秘。当肌瘤向两侧生长，则形成阔韧带肌瘤，其压迫时，可引起输尿管或肾盂积水；如压迫盆腔血管及淋巴管，可引起下肢水肿。

6.不孕

肌瘤压迫输卵管使之扭曲，或使宫腔变形以致妨碍受精卵着床，导致不孕。

7.继发性贫血

若患者长期月经过多可导致继发性贫血，出现全身乏力、面色苍白、气短、心慌等症状。

8.低糖血症

子宫肌瘤伴发低糖血症（Hypoglycemia）亦属罕见。主要表现为空腹血糖低，意识丧失以致休克，经注射后症状可以完全消失。肿瘤切除后低血糖症状即完全消失。

【继发变性】

由于子宫肌瘤生长较快，当供血不良时，可以发生不同变性。肌瘤越大，缺血越严重，则继发变性越多。

1.良性变

（1）透明变性（玻璃样变）　因肌瘤生长迅速，造成相对供血不足，使部分变软，旋涡状结构消失，代之以均匀的透明样物质，巨检时易与肉瘤变性相混淆，光镜下看不到细胞结构，病变部分为无结构的均匀伊红色区域。

（2）囊性变　为透明变性进一步发展所致，在透明变性的基础上供血不足，使变性区域内组织液化，形成内含胶冻样或透明液体之囊腔，整个肌瘤质软如。

（3）坏死　由于瘤蒂扭转或重度感染而形成，肌瘤中央部位距供血较远，最易发生坏死。组织呈灰黄色，柔软而脆，也可形成小腔隙。

（4）感染　多见于黏膜下肌瘤突入阴道者，供血受阻，发生坏死，继以感染；也有少数患者因盆腔有感染病灶，多累及子宫肌瘤。

（5）脂肪变性　常在透明变性后期或坏死后发生，也可能系肌瘤间质化生而形成脂肪组织。光镜下见肌细胞内有空泡，脂肪染色阳性。

（6）红色样变　是一种特殊类型的肌瘤坏死，多见于单一较大的壁间肌瘤，常发生于妊娠或产褥期，可能与局部组织缺血、梗死、淤血、血栓阻塞，而致局部组织出血、溶血有关，使血液渗入瘤体，肉眼见肌瘤红色，似生牛肉状，完全失去原旋涡状结构。

（7）钙化　发生率低，主要见于慢性肌瘤供血不足的情况，如绝经后的妇女或细蒂的肌瘤。如钙蓝沉积分散而稀少，则大体不能识辨，但在剖开肿瘤时有沙粒感；病变范围较广时则形成一块硬石。镜检钙化区为深蓝色，形成大小不等、形态不同的层状沉积。摄片可显影。

2.恶性变

肉瘤变性有 0.5% ~ 1%的子宫肌瘤恶变为肉瘤，多见于年龄大，肌瘤较大且生长快者，特别是绝经后肌瘤增长迅速或绝经后再出现的肌瘤患者。机制不详。肉瘤病变区域组织灰黄，质软如生鱼肉样。

【并发症】

1.感染及化脓

肌瘤感染多系瘤蒂扭转的后果，血源性感染极为罕见。感染有时可为化脓性，少数病例在肿瘤组织中形成。浆膜下肌瘤蒂扭转后发生肠粘连，可受肠道细菌感染，发炎的肌瘤与子宫附件粘连，引起化脓性炎症。

黏膜下肌瘤最易发生感染，常与流产后或产褥期急性子宫内膜炎并存。有些是刮宫术或产科手术的损伤所引起的。由于肿瘤突出或手术创伤常使肿瘤包膜破裂，破裂后就易感染而发生腐崩。腐崩常引起严重不规则出血及发烧。排出之腐败碎屑因坏死组织失去着色反应，镜检常不能得到结果。

2.扭转

浆膜下肌瘤可在蒂部发生扭转，引起急性腹痛。瘤蒂扭转严重者若不立即进行手术或不能自行转回，则可能由于瘤蒂扭断而形成游离肌瘤，已如前述。扭转的肌瘤也可带动整个子宫，引起子宫轴性扭转。子宫扭转的部位多在子宫颈管内口附近，但这种情况极少发生，多由于较大的浆膜下肌瘤附着在子宫底部而子宫颈管又较细长所致。症状、体征与卵巢囊瘤蒂扭转近似，只是包块较硬。

3.子宫肌瘤合并子宫体癌

子宫肌瘤合并子宫体癌者占 2%，故围绝经期子宫肌瘤患者有持续，应警惕有无同时存在。在确定治疗前应做诊刮。

4.子宫肌瘤合并妊娠

略。

【实验室检查】

如有典型子宫肌瘤的病史和体征，并经双合诊，对照上述特点，诊断多无困难。

1.超声检查

目前 B 超检查较为普遍。鉴别肌瘤准确率可达 93.1%，它可显示子宫增大、形状不规则、肌瘤数目、部位、大小及肌瘤内是否均匀或液化囊变等，以及周围有否压迫其他脏器等表现。B 超检查既有助于诊断肌瘤，区别肌瘤是否变性或有否恶性变提供参考，又有助于卵巢肿瘤或其他盆腔肿块的鉴别。

2.探测宫腔

用探针测量宫腔，壁间肌瘤或黏膜下肌瘤常使子宫腔增大及变形，故可用子宫探针探测宫腔的大小及方向，对照双合诊所见，有助于确定包块性质，同时可了解腔内有无包块及其所在部位。但必须注意子宫腔往往迂回弯曲，或被黏膜下肌瘤阻挡，使探针不能完全探入，或为浆膜下肌瘤，宫腔往往不增大，反而造成误诊。

3.X 光平片

肌瘤钙化时，表现为散在一致斑点，或壳样钙化包膜，或边缘粗糙及波浪状的蜂窝样。

4.诊断性刮宫

小的黏膜下肌瘤或是功能失调性子宫出血，子宫内膜息肉不易用双合诊查出，可用刮宫术协助诊断。如为黏膜下肌瘤，刮匙在宫腔感到有凸起面，开始高起后又滑低，或感到宫腔内有物在滑动。但刮宫可刮破瘤面引起出血、感染、坏死，甚至败血症，应严格无菌操作，动作轻柔，刮出物应送病理检查。疑为黏膜下肌瘤而诊刮仍不能明确者，可采用子宫造影术。

5.子宫输卵管造影

子宫造影不但可显示黏膜下肌瘤的数目、大小，且能定位。因此，对黏膜下肌瘤的早期诊断有很大帮助，而且方法简单。在肌瘤处造影摄片显示宫腔内有充盈残缺。

6.CT 与 MRI

一般不需使用此两项检查。CT 诊断肌瘤其图像只表达特定层面内的详细内容，图像结构互不重叠。子宫良性肿瘤 CT 图像是体积增大，结构均匀、密度+40 ~ +60H（正常子宫为+40 ~ +50H）。

MRI 诊断肌瘤时，对肌瘤内部有无变性、种类及其程度呈不同信号。肌核无变性或轻度变性，内部信号多均一。反之，明显变性者呈不同信号。

【治疗原则】

根据患者的年龄、症状，肌瘤的大小、数目、生长的部位及对生育功能的要求等情况进行全面分析后选择处理合适的方案。

1.保守治疗

适用于　①年轻要求保留生育功能者。因肌瘤所致不孕或流产，药物治疗后使肌瘤萎缩促使受孕，成活。②绝经前妇女，肌瘤不很大，症状亦轻，应用药物后，使绝经，肌瘤随之萎缩而免于手术。③有手术指征，但目前有禁忌症需要治疗后方可手术者。患者合并内科、外科疾病不能胜任手术或不愿手术者。④选择药物治疗前，均宜先行诊断性刮宫做内膜活检，排除恶性变，尤对或经量增多者。刮宫兼有诊断及止血作用。

保守治疗主要包括随访观察和药物治疗，随访观察对于症状不明显或已接近绝经期的妇女，每3～6个月复查，加强随访观察，必要时考虑进一步治疗。药物治疗的根据在于，子宫肌瘤为性依赖性肿瘤，故采用拮抗性激素的药物以治疗。通过抑制垂体、卵巢功能，降低体内雌激素水平，达到治疗目的。

2.手术治疗

(1)子宫肌瘤切除术　系将子宫上的肌瘤摘除，保留子宫的手术。主要用于45岁以下，尤其40岁以下者。这不仅仅是为了不孕症妇女因无子女而做的手术，即使已有子女，肌瘤较大，直径大于6cm；月经过多，药物保守无效；或有压迫症状；黏膜下肌瘤；肌瘤生长较快者。

(2)子宫切除术　在期待疗法、药物疗法尚不能改善患者症状，需手术者又不符合肌瘤切除者，宜行子宫切除术。子宫切除可选用全子宫切除或阴道上子宫切除。子宫切除术以经腹为主，个别肿瘤小、附件无炎症粘连、腹壁过于肥胖、腹壁有湿疹者可考虑经阴道。

【护理评估】

1.健康史

月经过多或不规则出血，下腹部包块史等。

2.身心状况

多数患者无明显症状，或没有自觉症状，仅在妇检时偶尔发现。患者的症状与肌瘤生长的部位、大小、数目及有无并发症有关，特别是肌瘤生长的部位关系更为密切。

此外，患者在得知自觉患有子宫肌瘤时，会担心是否恶性肿瘤，之后会为选择何种处理方案而焦虑，或者因接受手术治疗而恐惧、担心等。

3.辅助检查

较小的肌瘤，尤其是黏膜下肌瘤，仅靠妇科检查诊断比较困难。B型超声可以较明确显示肌瘤大小及部位；是诊断子宫肌瘤的主要手段之一；诊断性刮宫可以感觉到内膜有突起或明显不平，通过以上检查，诊断一般无困难。对肌瘤增长迅速或绝经后仍继续增大，由硬变软者，应考虑有恶变之可能。

【护理诊断及合作性问题】

1.焦虑

与住院、需接受的诊治手段有关

2.知识缺乏

缺乏术前常规、术后锻炼及活动发面的知识

3.睡眠形态紊乱

与环境(住院)变化有关

【护理措施】

主要是手术患者的护理。

1.术前护理

(1)心理支持　手术前患者必然会产生各种思想顾虑，常表现为失眠、焦虑、心率加快、体温升高、血压升高，患者总希望术者水平较高。针对此心理，主动给患者介绍术者的资历，认真回答和解释患者提出的各种问题，使其消除紧张、恐惧等不安情绪，以良好的心理状态迎接手术。

(2)术前指导　术前需对患者进行全面评估，同时提供针对性的指导。

1)术前必须使子宫切除者了解术后不再出现月经，且因手术原因影响卵巢血运暂时性引起性激素水平波动而出现停经(肌瘤挖除术者)，或者不能再生育。

2)用通俗易懂的语言向患者说明灌肠、备皮、阴道准备、TCT检查，必要的分段性诊刮、术前禁食、术前用药、保留导尿、早期活动等必要性以及对预防术后并发症促进康复的作用。

3)认真做好术前合并症的处理:例如贫血、营养不良、低蛋白血症等。因术前营养状况直接影响术后康复过程,要注意指导患者摄入高蛋白、高维生素、高热量及低脂肪全营养饮食,及含铁量高的食物,如猪肝、鸡蛋、红枣、绿叶菜等。护士可根据患者的饮食习惯,协助制订饮食计划或食谱。以保证机体处于术前最佳的营养状况。

2.手术前1日护理

术前1日认真核对医嘱,做好如下准备:

1)备皮的范围应上自肋骨,下至耻骨联合及大腿上1/3,两旁至腋下线。应注意要用肥皂、热水洗净,剃毛时切勿划破皮肤。

2)药敏实验:术前1日应做青霉素、普鲁卡因过敏试验,并记录在病历上。

3)胃肠道准备:术前1日晚上应进易消化的流质饮食如小米粥,术日晨应禁止饮食,以防术中因恶心、呕吐发生窒息及吸入性肺炎,还可以防止术后腹胀。术前1日晚用温肥皂水灌肠1次。术日晨用温肥皂水灌肠1~3次(根据患者的耐受程度,量500~1000ml),排空肠道,以利于手术。

4)其他:根据患者的身体状况做血型鉴定、血交叉、配血。术前1日晚睡前按医嘱服用镇定催眠药物,保证患者在手术前能充足地睡眠和休息。

3.术后护理

(1)一般护理 术后6小时无恶心、呕吐者可给清流质,以后根据肠功能恢复情况改半流质或软食,肠功能未恢复前禁食牛奶豆浆,以防肠道产气,发生腹胀。术后早期活动有助于促进整个机体的恢复,促进血液循环,防止血栓形成,促进胃肠蠕动,防止腹胀便秘,促进排尿功能的恢复,防止尿潴留等。第一次起床活动时,家属或护士要搀扶站立并注意观察患者的面色脉搏,防止直立性低血压。检查伤口敷料,静脉通路,受压皮肤情况,接好引流管,保持引流通畅,了解术中情况。按麻醉方式安置患者于适当体位,一般术后次晨采取半卧位。

(2)病情观察 密切观察和记录病情变化,及时发现问题,配合医生的检查,做到及时处理。

1)注意观察患者的面色、神志、表情、生命体征变化,每15~30分钟巡视1次至病情稳定。

2)观察切口有无出血、渗血渗液或敷料脱落,如有,应及时寻找原因。

3)观察尿量变化:术后应注意保持留置导尿管通畅并认真观察尿量及性质,术后患者每小时尿量至少50ml以上,通常次全子宫切除术后48小时拔除尿管,全子宫切除术后72小时拔除尿管,肌瘤挖除24小时后拔除尿管,拔管前应指导患者定时夹闭尿管,锻炼膀胱功能,防止尿潴留的发生。若每小时尿量少于30ml,伴血压逐渐下降,脉搏细速,患者烦躁不安或诉说腰背疼痛或肛门处下坠感,应考虑有腹腔内出血。

4)阴道出血:术后2~3天可有少量阴道流血,色暗红;行子宫切除术患者,术后10~14天因阴道残端羊肠线吸收化线,可有少量淡红色出血,持续一周左右时间,无须特殊处理。

4.随访及出院指导

保守治疗者应明确随访的时间、目的、内容及联系方式,按时接受随访指导,以便及时观察病情。对接受药物治疗者讲明用药的目的、剂量、方法、不良反应及应对措施。手术患者术后禁性生活、盆浴2个月,3个月内避免剧烈运动、重体力劳动及长时间蹲立位,保持大便通畅,术后1月返院复查。任何时间出现不适或异常症状应及时随诊。

第三节 子宫内膜癌患者的护理

学习目标

知识目标 能说出子宫内膜癌发病的高危因素、病理分类、临床特点,并正确为患者进行护理评估。

能力目标 能够提出正确的护理诊断,并能够为患者提供合适的护理措施及健康指导。

素质目标 学习过程中体现对患者的关心。

【概述】

1.定义

子宫内膜癌是指原发于子宫内膜的癌,以腺癌为主,又称子宫体癌。多见于老年妇女,是女性生殖器三大恶性肿瘤之一,高发年龄为58~61岁,占女性癌症总数的7%,女性生殖道恶性肿瘤的20%~30%,发病有上升趋势,与宫颈癌相比已趋于接近甚至超过。

2.病因

目前对子宫内膜癌的病因仍不十分清楚，可能与下列因素有关：

(1)雌激素对子宫内膜的长期刺激　子宫内膜受雌激素的长期刺激又无孕激素拮抗使子宫内膜增生过长。

(2)体质因素　①患者常伴有肥胖、高血压、糖尿病（“子宫内膜癌三联征”）；②不孕少育及绝经延迟。

(3)遗传因素　约20%内膜癌患者有家族史。

3.病理

(1)巨检　病变多见于宫腔底部，尤以两侧宫角附近居多。

1)弥漫型：病变大部或全部累及内膜，但肌层浸润较少，晚期侵犯肌壁全层并扩展至颈管，也可侵入输卵管。

2)局限型：病变多位于子宫底部和宫角附近，后壁较前壁多见，早期局部内膜表面粗糙无肿块形成，此时检查子宫标本时要特别注意宫角，因病变不明显诊刮时不易刮到此处，当肿瘤向宫腔内生长时，形成息肉状或菜花状肿块，易侵犯肌层。

(2)镜检

1)内膜样腺癌：约占80%，内膜腺体高度异常增生，上皮复层，细胞异型明显，核大、深染，有核分裂相。根据细胞分化程度分为三级：Ⅰ级——高分化腺癌；Ⅱ级——中度分化腺癌；Ⅲ级——低分化腺癌。

2)腺癌伴鳞状上皮分化：腺癌组织中含有鳞状上皮成分。按鳞状上皮的良、恶性分为：腺角化癌和鳞腺癌。

3)透明细胞癌：癌细胞呈片状或管状排列，胞浆丰富、透亮，有特殊的鞋钉状细胞。恶性程度高，易较早转移。

4)浆液性腺癌：恶性程度很高，易广泛累及肌层、脉管。

4.转移途径

多数子宫内膜癌生长缓慢，局限于内膜或宫腔内时间较长。部分特殊病理类型（浆液性乳头状腺癌、鳞腺癌）和低分化癌可发展很快，短期内出现转移，主要转移途径为直接蔓延、淋巴转移，晚期可有血行转移。

(1)直接蔓延　癌灶初期沿子宫内膜蔓延生长，向上可沿子宫角延至输卵管；向下可累及宫颈管及阴道；若癌瘤向肌壁浸润可穿透子宫肌壁累及子宫浆肌层，广泛种植于盆腹膜、直肠子宫陷凹及大网膜。

(2)淋巴转移　为子宫内膜癌主要转移途径。当癌肿累及宫颈深肌层或分化不良时易早期发生淋巴转移。转移途径与癌肿生长部位有关。宫底部癌灶常沿阔韧带上部淋巴管网经骨盆漏斗韧带转移至卵巢；向上至腹主动脉旁淋巴结；子宫角或前壁上部病灶沿圆韧带淋巴管转移至腹股沟淋巴结；子宫下段或已累及子宫颈癌灶其淋巴转移途径与宫颈癌相同，可累及宫旁、闭孔、髂内、外及髂总淋巴结；子宫后壁癌灶可沿宫骶韧带转移至直肠淋巴结；约10%的内膜癌经淋巴管逆行引流累及阴道前壁。

(3)血行转移　较少见，晚期患者经血行转移至全身各器官，常见部位为肺、肝、骨等。

5.临床分期

(1)子宫内膜癌的临床分期（FIGO，1971年）为：

Ⅰ期：肿瘤局限于宫体。

Ⅰa期：子宫腔长度≤8cm。

Ⅰb期：子宫腔长度>8cm。

Ⅱ期：肿瘤累及宫颈。

Ⅲ期：肿瘤播散于子宫体外，局限于盆腔内（阴道、宫旁组织可能受累，但未累及膀胱、直肠）。

Ⅳ期：肿瘤播散于盆腔内累及膀胱或直肠（黏膜明显受累），或有盆腔以外的播散。

(2)子宫内膜癌的手术-病理分期（FIGO，1988年）为：

Ⅰ期

Ⅰa期：肿瘤局限于子宫内膜。

Ⅰb期：肿瘤浸润深度≤1/2肌层。

Ⅰc期：肿瘤浸润深度>1/2肌层。

Ⅱ期

Ⅱa期：仅宫颈黏膜腺体受累。

Ⅱb期：宫颈间质受累。

Ⅲ期

Ⅲa期：肿瘤累及浆膜和（或）附件和（或）腹腔细胞学阳性。

Ⅲb期：阴道转移。

Ⅲc期：盆腔淋巴结和（或）腹主动脉旁淋巴结转移。

Ⅳ期

Ⅳa期：肿瘤侵及膀胱或直肠黏膜。

Ⅳb期：远处转移，包括腹腔内和（或）腹股沟淋巴结转移。

6.临床表现

(1)症状　早期无明显症状,以后表现为阴道流血、阴道排液、疼痛等。

1)阴道出血　主要表现为绝经后阴道出血,量一般不多。未绝经妇女可能月经量多,持续时间延长或月经紊乱。

2)异常阴道排液　子宫内癌组织坏死脱落可引起渗液经由阴道排出可呈米汤样混有血液或为脓性伴有臭味。

3)疼痛　多发生在晚期患者,由于肿瘤浸润周围组织或压迫神经而造成下腹或腰骶部疼痛,并向下肢及足部放射。当癌灶堵塞宫颈管造成宫腔积脓时,可出现下腹胀痛及痉挛样疼痛。

4)全身症状　晚期可出现全身衰竭、贫血、恶病质等。

(2)体征　早期无明显异常,晚期子宫增大、稍软,偶见宫颈口癌组织脱出,质脆,触之易出血。若合并宫腔积脓,子宫明显增大,极软。癌灶浸润周围组织时,子宫固定或在宫旁或盆腔内扪及不规则结节状块物。

(3)辅助检查

1)分段诊断性刮宫:最常用、最有价值的方法。

分段诊断性刮宫是主要的确诊方法。先用小刮匙环刮颈管,再进入宫腔刮取子宫内膜。术时务须小心,慎防子宫穿孔,尤其当刮出多量豆渣样组织高度怀疑为子宫内膜癌时,应立即停止手术。刮出物分别装瓶、固定,做好标志送病理检查。

2)宫腔镜检查:诊刮阴性而病史有癌症可疑时,可行宫腔镜检查,直视子宫内膜,如有癌灶则可直接观察其部位、大小、生长形态,并可取材送病理检查。

3)宫腔吸管:可用细的塑料吸管插入宫腔,吸出组织,进行病理检查。亦可用生理盐水注入宫腔,反复冲洗后吸出液体,进行细胞学检查。

4)子宫碘油造影:可协助诊断。但已高度怀疑肿瘤时不可应用,以免引起肿瘤扩散。

5)用细毛刷进入宫腔转动取出组织,送病理和细胞学检查。

6)B 型超声检查:超声图像可显示子宫增大、宫腔内有实质不均回声区,或宫腔线消失,肌层内有不规则回声紊乱区等。

7.治疗要点

主要治疗方法为手术、放疗及药物治疗。早期病例首选手术治疗。晚期采用手术、放疗、药物等综合治疗。

(1)手术治疗　是首选的治疗方法。

早期患者一般作全子宫切除及双侧附件切除术。Ⅱ期做广泛性全子宫切除术及双侧盆腔淋巴结清除术。

(2)手术及放射综合治疗　Ⅰ期患者腹水中找到癌细胞或肌长层有癌浸润淋巴结转移术后加用体外照射Ⅱ期,或部分Ⅲ期患者术前加用外照射或腔内照射放疗结束后 1 ~ 2 周再进行手术。

(3)放射治疗　年老体弱及有严重内科合并症不能耐手术者以及Ⅲ期以上不宜手术者可放射治疗,包括腔内及体外照射。

(4)激素治疗　年轻早期患者要求保留生育功能者、晚期癌不能手术或癌复发患者可采用大剂量人工合成的孕激素治疗如醋酸甲孕酮 400mg,肌注每周 2 ~ 3 次;已酸孕酮 500mh,肌注每周 2 ~ 3 次等至少 12 周才能评价疗效。

(5)抗雌激素药　三苯氧胺适应症与孕激素治疗相同一般剂量为 20 ~ 40mg/d,口服可长期应用或分疗程应用。

(6)抗癌化学药物治疗　对晚期不能手术或放疗及治疗后复发病例可用 5-氟脲嘧啶(5-Fu)环磷酰胺(CTX)丝裂霉素(MMC)阿霉素(BDR)顺铂(DDP)等联合化疗有一定效果。

【护理评估】

1.健康史

子宫内膜癌的早期症状不明显,病程较长,发生转移较晚,早期病例的疗效好。在收集病史时应高度重视患者的高危因素,如老年、肥胖、绝经期推迟、少育、不育及停经后接受雌激素补充治疗等病史;高度警惕育龄妇女曾用激素治疗效果不佳的月经失调史。

2.身心状况

(1)症状　早期无明显症状,以后表现为阴道流血、阴道排液、疼痛等。晚期可出现全身衰竭、贫血、恶病质等。

(2)体征　如上。

3.心理-社会状况

患者面对病情及检查过程充满恐惧和焦虑,担心检查结果及预后。

【护理诊断及医护合作性问题】

1.恐惧、忧虑不安

与下列因素有关:①担心良、恶性肿瘤危及生命;手术后会留下后遗症;②放疗或化疗的不良反应。

2.有感染的危险

与手术、肿瘤并发症、机体抵抗力低等有关。

3.营养失调

低于机体需要量与以下因素有关:①阴道出血造成贫血;②癌肿的慢性消耗;③手术、放疗、化疗引起食欲下降、摄入减少。

4.疼痛

与晚期癌浸润或手术创伤有关。

5.自我形象紊乱

与手术切除子宫有关。

【护理目标】

1.患者恐惧感减轻,情绪稳定,接受诊断结果,在治疗过程中表现出积极态度。

2.患者能说出引起感染的因素及预防措施,不发生感染。

3.患者能主动摄食,提高机体免疫力。

4.患者能说出减轻疼痛方法、疼痛感减轻。

5.患者于出院时具有适应术后生活的能力和信心。

【护理措施】

1.恐惧患者的心理

要尽量采用非技术性语言使患者能听得懂,帮助患者减轻对疾病及手术的焦虑及恐惧,建立信心,能主动配合治疗和护理。

2.一般护理

加强营养,应给予高热量、高蛋白、高维生素的饮食。

3.手术患者护理

(1)手术前护理　做好常规准备,包括内脏功能检查及皮肤准备。其余见本章第一节。

(2)手术后护理　见本章第一节。

4.激素及其他药物治疗的护理

(1)在治疗过程中需注意观察不良反应,一般不良反应轻,可引起水钠潴留,出现浮肿,药物性肝炎。应告诉患者停药后会逐步好转。

(2)对三苯氧胺治疗的患者,应注意观察药物的不良反应,潮热、畏寒类似更年期综合征的反应,以及骨髓抑制反应。少数患者可出现阴道流血、恶心、呕吐。如出现不良反应应向医师汇报。

5.化疗药物治疗护理

见妊娠滋养细胞疾病。

6.中药治疗护理

让患者坚持服药,不要中断。

【健康教育】

对有高危因素的人群应有密切随访或监测:子宫内膜癌患者在治疗后应密切定期随访,争取及早发现有无复发,约 75%～95%的复发是在术后 2 ～ 3 年内。常规随访应包括详细病史(包括任何新的症状)盆腔的检查、阴道细胞学涂片、X 光胸片、血清 CA_{125} 检测及血常规、血化学检查等,必要时可做 CT 及 MRI 检查。一般术后 2 ～ 3 年内每 3 月随访 1 次,3 年后可每 6 个月随访 1 次,5 年后随访 1 年 1 次。95%复发病例均可经临床检查、阴道细胞学涂片检查及血清 CA_{125} 检查发现。

对门诊患者应普及防癌知识,尤其是高危因素患者,或更年期妇女出现月经紊乱、绝经后妇女不规则阴道流血者,应高度重视。

第四节　卵巢肿瘤患者的护理

案例引入

患者，女，31岁，发现下腹部包块3年，剧烈腹痛1天，急诊入院。停经2月余，有轻微恶心，无呕吐。入院后查：子宫大小正常，软，质中，无压痛，子宫左前方有一拳大、软、边界清楚肿块，有压痛，腹壁稍紧张，HCG(-)，约半小时后，患者感腹痛加剧，面色苍白，呕吐，出冷汗，检查：T37.5℃，P98次/分，R24次/分，BP90/60mmHg，表情痛苦，面色苍白，腹部检查：肌紧张，明显压痛，反跳痛，未触及包块。

学习任务：1.你作为责任护士，请为患者做好入院护理、住院护理、出院护理。

2.请为这位患者进行疾病健康教育。

学习目标

知识目标　能说出卵巢肿瘤发病的影响因素，并正确为患者进行护理评估。

能力目标　能够提出正确的护理诊断，并能够为患者提供合适的护理措施。

素质目标　学习过程中体现对患者的关心。

【概述】

1.定义

卵巢肿瘤是指发生于卵巢上的肿瘤。它是女性生殖器常见肿瘤之一，是妇科常见病，从幼儿到老年都可发生。卵巢恶性肿瘤还是妇科恶性肿瘤中死亡率最高的肿瘤。

2.病因

卵巢肿瘤的发病因素不清，但环境和内分泌影响在卵巢肿瘤致病因素中最受重视。根据其流行病学和病因学调查，其发病因素与高危人群是：

（1）环境因素　工业发达国家及上层社会妇女卵巢癌发病率高，可能与饮食中高胆固醇有关。另外，电离辐射及石棉、滑石粉会影响卵母细胞而增加诱发卵巢肿瘤的机会，吸烟及维生素A、维生素C、维生素E的缺乏也可能与发病有关。

（2）内分泌因素　卵巢肿瘤多发生在未产妇或未生育妇女，妊娠对卵巢肿瘤似有对抗作用，认为每日排卵所致卵巢表层上皮细胞反复破损与卵巢肿瘤发生有关。另外，乳腺癌、子宫内膜癌多并发卵巢肿瘤，此三种疾病都对雌激素有依赖性。

（3）遗传和家族因素　30%～50%卵巢肿瘤患者的直系亲属中有肿瘤病史。

3.转移途径

（1）直接蔓延及腹腔种植是卵巢恶性肿瘤的主要转移途径。癌细胞可直接侵犯包膜，累及临近器官，并广泛种植于腹膜及大网膜表面。

（2）淋巴也是重要的转移途径，由于卵巢有丰富的淋巴走向，癌栓脱落后可随其临近淋巴管扩散到髂区及腹主动脉旁淋巴结，横膈为转移的好发部位。

（3）血行转移较少见。

4.卵巢肿瘤的分类及病理特点

卵巢肿瘤种类最多，分生理性和病理性两类。生理性包括卵泡囊肿和黄体囊肿。病理性又分新生物肿瘤和非新生物肿瘤。非新生物有子宫内膜异位症、多囊卵巢等，新生物又分良性与恶性，有些还介于良、恶性之间。其中常见的有以下几种：

（1）浆液性囊腺瘤　来源于副中肾体腔上皮，为最常见的良性卵巢瘤之一。常见于30～40岁的妇女。以单侧性为多。分单纯性和乳头状囊腺瘤两种。

（2）浆液性囊腺癌　为最常见的原发性恶性卵巢瘤，占所有卵巢瘤的40%～60%，半数为双侧性，一般为中等大，半囊性。其显著特点为具有大量质脆的乳头状突起。起初位于肿瘤内壁，常穿透瘤壁，在肿瘤外面继续生长。在后一种情况，肿瘤向周围器官和组织，如肠管、子宫及附件、壁层及脏层腹膜侵犯，形成广泛癌性种植。

(3)黏液性囊腺瘤　为较常见的良性卵巢瘤，多发生于生育期年龄(26 ~ 45 岁)，有少数病例为儿童，最年幼者为 7 岁。肿瘤多为单侧，但约有 10%为双侧。大多数肿瘤为多房性，并具有较浆液性囊腺瘤为大的倾向，甚至可达到巨大的程度，远超过足月妊娠子宫大。患者可有月经异常，但症状多由肿瘤增大压迫所致。肿瘤呈椭圆形或形成大小不等的球形突起，表面光滑，中等硬度，瘤壁较厚。

(4)黏液性囊腺癌　系由黏液性囊腺瘤所衍变，远较乳头状浆液性囊腺癌发生率低。可为实性或囊性。癌变部位可局限于肿瘤的某一部，但多数扩展至整个肿瘤。如未穿破瘤壁，肿瘤表面光滑；但如侵蚀囊壁，则与邻近脏器粘连。囊腔内含有混浊的黏血性液体，为恶变表现之一。

(5)畸胎瘤　可发生于任何年龄，以 20 ~ 40 岁居多。畸胎瘤是卵巢肿瘤中最为常见的，占 85% ~ 97%，而且多为良性，占 95%，恶变率为 2% ~ 4%。畸胎瘤的恶性倾向随着年龄的增长而呈上升趋势。卵巢畸胎瘤有两大特性：一是双侧性常见；二是容易复发，复发率为 2%。

1)成熟型畸胎瘤：即良性畸胎瘤，由已分化成熟的组织构成，是最常见的卵巢良性肿瘤。

2)未成熟型畸胎瘤：即恶性畸胎瘤，由胚胎发生期的未成熟组织结构构成，多为神经胶质或神经管样结构，常有未分化、有丝分裂增多的恶性病理表现。

一般说来未成熟性畸胎瘤的预后效果较差，手术无法保证彻底、干净地消灭它，有复发的危险。而良性畸胎瘤的预后较好，良性发生恶变的可能性仅为 2% ~ 3%，不影响卵巢功能，手术后月经正常，受孕率正常，不存在复发的问题。

(6)纤维瘤　卵巢的纤维瘤常为单侧，约有 10%为双侧生长，大小不等。小者仅为卵巢表面一小结节；大者几乎充满腹腔，由于压迫邻近器官及蒂长易发生扭转而有明显症状。大体观察：卵巢纤维瘤表面光滑，硬，呈灰白色，或为多发结节状，结节大小不等。其切面均显示交错的结缔组织束，并可有变性区域、甚至形成囊腔。

卵巢纤维瘤属于良性，但偶可发生恶变。良性纤维瘤可以合并腹水及胸水，往往于切除肿瘤后自然消退。

(7)无性细胞瘤　为恶性肿瘤，但其恶性程度不一。当肿瘤包膜完整时，预后一般较好；当包膜破裂，邻近器官受侵犯，为双侧性或合并畸胎瘤者，预后一般不佳。无性细胞瘤常发生于功能上或发育不良的卵巢。

【护理评估】

1.健康史

早期病史无特殊，患者常于妇科普查时发现盆腔肿块而就医。注意询问有无家族史及有无与疾病有关的高危因素。根据患者的年龄、病程的长短以及局部体征的初步判断是否为卵巢肿瘤，有无并发症，并且对良恶性作出评估。

2.身体状况

(1)良性卵巢肿瘤的临床表现　肿瘤发展慢，早期往往无症状，常在妇检时偶然发现。随肿瘤增大会出现腹胀感，患者自己可从腹部触及肿物，若肿瘤长大而占满盆腔时可产生压迫症状，如尿频、便秘等。腹部检查可触及轮廓清楚的肿物。妇检时在子宫一侧或双侧触及囊性或实性的肿物，表面光滑并可活动，与子宫不相连。一般良性肿瘤无疼痛，只在发生并发症如扭转、破裂或继发感染时引起腹痛。

(2)恶性卵巢肿瘤的临床表现　早期多无自觉症状，如出现症状往往已到晚期。肿瘤短期内迅速生长、腹胀，出现腹水及压迫症状或发生周围组织浸润，功能性肿瘤可产生相应雌激素或雄激素过多症状。晚期患者出现衰弱、消瘦、贫血等恶病质现象。妇检触及肿瘤多为实性，双侧性，表面不平，固定不动，子宫直肠陷凹可触及大小不等的结节，有时腋下、锁骨上可触及肿大的淋巴结。无论良性、恶性肿瘤均可发生并发症，如瘤蒂扭转、肿瘤破裂、感染、恶性变。早期无症状，当肿瘤长大后，有腹胀，自觉在腹部扪及包块，如为恶性，迅速增大(表 59-1)。

表 59-1　卵巢良性肿瘤与恶性肿瘤的鉴别

	良性肿瘤	恶性肿瘤
年龄	生育年龄	幼女、青年妇女、绝经后妇女
病史	病程长，逐渐长大	病程短，长大迅速
体征	单侧多，包膜完整，活动好，囊性，表面光滑，多无腹水	双侧多，固定，实性或囊实性表面结节，常伴腹水，多为血性
一般情况	良好	迅速出现恶病质
B 超	隔光带，边缘清晰	液性暗区内有杂乱光团、光点，肿块周界不清

(3)卵巢肿瘤并发症

1)蒂扭转:蒂扭转为卵巢肿瘤最常见的并发症,也是妇科常见的急腹症。好发于瘤蒂长、活动度大、中等大小、重心偏于一侧的肿瘤(如皮样囊肿)。患者体位突然改变或连续向同一方向转动,妊娠期或产褥期由于子宫位置的改变均易促发蒂扭转。主要表现为突然发生一侧下腹剧痛,伴恶心、呕吐甚至休克。有时扭转可自然复位,腹痛也随之缓解。妇科检查可扪及张力较大包块,与子宫分开,压痛以瘤蒂处最剧。蒂扭转后,由于肿瘤静脉回流受阻,引起充血,呈紫褐色,甚至血管破裂出血。可因动脉阻塞致肿瘤发生坏死、感染(图 59-6)。

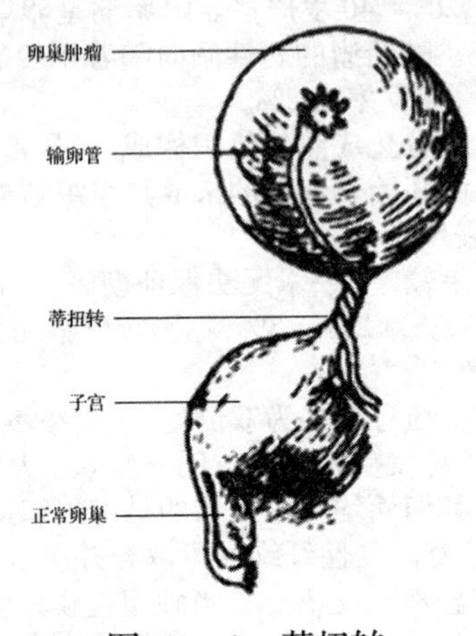

图 59-6　蒂扭转

2)肿瘤破裂:可因囊壁缺血坏死或肿瘤侵蚀穿破囊壁引起自发性破裂;或因受挤压、分娩、妇科检查及穿刺致外伤性破裂。破裂后囊液流入腹腔,刺激腹膜,可引起剧烈腹痛、恶心、呕吐,甚至休克。检查时有腹壁紧张、压痛、反跳痛等腹腔刺激体征,原肿块缩小或消失。确诊后,应立即剖腹探查,切除囊肿,清洗腹膜。

3)感染:由卵巢肿瘤引发的感染较少见,多继发于肿瘤蒂扭转或破裂等。主要症状有发热、腹痛、白细胞升高及不同程度的腹膜炎。应积极控制感染,择期手术探查。

4)恶性变:卵巢良性肿瘤恶变多发生于年龄较大尤其绝经后者,肿瘤在短期内迅速增大,患者感腹胀,食欲不振,检查肿瘤体积明显增大,固定,多有腹水。疑有恶性变者,应及时处理。

3.实验室及其他检查

(1)B 超检查　实质性卵巢肿物约 70%为恶性;囊性与实性混合型肿瘤也多属恶性。B 超检查若发现肿瘤壁厚(实性反射厚度超过 2cm)应高度可疑恶性。

(2)细胞学检查　经腹或后穹隆穿刺抽取腹水进行细胞学检查,有助于卵巢恶性肿瘤诊断。

(3)其他　腹腔镜检查(巨大肿块或粘连肿块禁忌)可直接观察肿瘤来源和大体情况,以及整个盆腹腔及横膈,以判定病变范围和期别;可吸取腹水进行细胞学检查,或取可疑组织做病理检查;还可以通过免疫学、生物化学等方法测定患者血清中的肿瘤标志物(如 AFP);CT 检查、核磁共振成像(MRI)检查可辅助诊断。

4.心理-社会状况

在判断卵巢肿瘤性质时期,对患者及家属而言,都是一个焦虑、恐惧、艰难的时期,患者及家属迫切渴望尽早得到确切的诊断结果,患者得知自己患有可能致死的疾病,会产生极大压力,需护理人员协助应对。

【治疗要点】

1.卵巢良性肿瘤

立即手术治疗,其手术方式可有卵巢肿瘤剥除术、卵巢切除术、子宫及附件切术。

2.卵巢恶性肿瘤

手术治疗为主,辅以化疗和放疗。

【护理诊断、合作性问题】

1.营养失调

低于机体需要量与癌症、化疗药物的治疗反应等相关。

2.焦虑

与发现盆腔包块有关。

3.预感性悲哀

与切除子宫、卵巢有关。

4.疼痛

与卵巢肿瘤扭转或肿瘤压迫有关。

【护理目标】

1.患者维持足够的营养摄入，并说出营养摄取的原因及列举相应的措施。

2.患者正确对待疾病，坚定治疗信心，积极接受治疗过程。

3.患者疾病疼痛减轻或消失。

【护理措施】

1.心理护理

在判断肿瘤性质时期，对患者及其家属而言，是一个艰难而又恐惧的时期，护理对象迫切需要相关信息支持，并渴望及早得到确切的诊断结果。患者一旦得知患有恶性肿瘤，其治疗可能改变自己的生育状态及以往生活方式，而产生极大的心理压力，需要护理人员协助应对这些压力，提供情感支持，了解患者的疑虑和需要，评估患者焦虑的程度以及应对压力的技巧，讲明早期治疗的重要性，讲述现代医学的发展、治疗方法的不断改进，使患者树立信心，勇于面对病情，积极配合治疗，鼓励家属参与照顾患者，为他们提供单独相处的时间及场所，增进家庭成员间的互动作用。对不了解病情者，注意保护性医疗，向患者解释病情时，避免使用增添恐惧与顾虑的语言，使患者以良好的心态接受治疗。

2.特殊护理

(1)抽腹水护理　需放腹水者，备好腹腔穿刺包，并协助医生操作。放腹水过程中，严密观察患者的反应、面色、生命体征变化及腹水性状，并记录之。一次可放腹水3000ml左右，不宜过多，速度宜缓慢，以免腹压骤降发生虚脱，放后腹部用腹带包扎。

2.腹腔化疗护理　化疗药物用法：将顺铂100mg/m^{2}置于生理盐水2000ml中，注入腹腔，保留4小时后放完，注意手术后留置的腹腔化疗药管是否脱落，保持药管局部干燥；因腹水常从注药管的缝隙渗出，应及时更换敷料，保持腹部注药管敷料干燥。协助患者更换体位：应于抽腹水后进行腹腔化疗，将化疗药物稀释后注入腹腔，注入后更换体位，使药物尽量接触腹腔每个部位。

(3)化疗期间其他护理　按化疗常规护理。见妊娠滋养细胞疾病一章。

3.手术护理

由于良性肿瘤可以发生恶变，卵巢肿瘤深藏于盆腔，患病初期很少有症状，不易早期发现，所以大多数病例在初诊发现时已经是晚期或有转移，故一旦发现肿瘤，确诊后即应手术治疗。

(1)术前　术前3天做好肠道、阴道准备。每天用0.1%的新洁尔灭阴道冲洗；每天用肥皂水灌肠1次，术前3天起遵医嘱使用肠道抗生素。术前1天备皮，作好全身卫生处置，如洗头、洗澡、换衣服，避免着凉，避免损伤皮肤。需放腹水者，应备好腹腔穿刺用物，协助医师操作，记录腹水量，并及时送检，操作注意无菌技术。术晨用新洁尔灭棉球抹洗阴道和宫颈，并留置导尿管。遵医嘱做好围术期抗生素的使用。术前患者体温超过38℃，应及时报告医师。

(2)术后　全麻患者完全清醒后12小时，如血压稳定、病情允许，应协助患者取半卧位。保持腹腔引流管、导尿管、输液管通畅，预防管道扭曲、堵塞。观察引流液、尿液的性质、量，并做好记录，必要时监测尿常规。0.1%新洁尔灭会阴擦洗，每天2次，每天更换引流袋。保持伤口敷料干燥，如有渗液、渗血、污染，要及时更换。观察体温变化，术后7天内每天测体温4次，39℃以上每天测体温6次，并及时报告医师，遵医嘱予物理降温及使用抗生素。化疗前要测血常规、肝、肾功能，血小板计数，并定期复查、对照，以便及时发现问题，酌情处理。保持室内空气清洁，每天开窗通风3次，每次30分钟。

4.合理饮食及营养

疾病及化疗往往使患者营养失调。应鼓励患者进食营养素全面、富含蛋白和维生素的食物，必要时可静脉补充高营养液及成分输血等，保证治疗效果。

5.其他护理措施

见本章第一节。

【健康教育】

1.加强预防工作

日常生活中，尽可能避免高胆固醇饮食；30岁以上的妇女每年进行1次妇科检查，若能同时进行B超检查、CA_{125}等检测则更好；高危妇女宜口服避孕药预防，不论年龄大小，最好每半年接受1次检查；发现卵巢实性肿块直径≥5cm者，应及时手术；乳腺癌、胃肠道肿瘤患者治疗后应定期接受妇科检查，确定有无卵巢转移。

2.指导随访

(1)未手术者 3 ~ 6个月随访1次,观察肿瘤的大小变化情况。

(2)良性肿瘤术后 按一般腹部手术后1月常规进行复查。

(3)恶性肿瘤术后 易于复发,应长期随访。术后第1年每月1次,第2年每3个月1次。术后3 ~ 5年每3 ~ 6个月1次,以后可每年1次。随访内容包括:临床症状、体征、全身及盆腔检查,肿瘤标志物测定。B超检查视患者情况,必要时做CT或MRI。对有分泌性激素的肿瘤,还应做雌激素、孕激素的测定。

(常菊群)

第六十章　节制生育妇女的护理

学习目标

知识目标　掌握计划生育、避孕、不孕症、产前诊断的定义。掌握避孕的常用方法及健康指导。熟悉不孕症常见病因、女性不孕症诊断、特殊检查的方法和意义。熟悉人工终止妊娠方法的适应症、禁忌症及并发症的防治、手术配合的护理要点，能说出急、慢性心力衰竭发病的影响因素，并正确为患者进行护理评估。

能力目标　能协助生育期女性选择正确的节制生育措施。

素质目标　学习过程中体现对患者的关心。

计划生育是采用科学的方法，有计划地生育子女。实行计划生育是我国的一项基本国策。具体内容包括：①晚婚，按法定年龄推迟3年以上结婚；②晚育，按法定年龄推迟3年以上生育；③节制生育，国家提倡一对夫妇只生育一个孩子，育龄夫妻应以避孕为主，采用不同的节育方法达到短期避孕或长期不生育的目的；④优生优育，避免先天性缺陷代代相传，防止后天因素影响后天发育，以提高人口质量。

第一节　节制生育妇女的一般护理

案例引入

请指导以下妇女选择避孕方法：

1.新婚夫妇。

2.有一个子女的28岁妇女。

3.多子女的32岁妇女。

4.哺乳期的26岁妇女。

5.围绝经期的48岁妇女。

节制生育措施包括避孕法（药物避孕、工具避孕和其他避孕方法）、绝育手术（输卵管结扎术、输卵管粘堵术等）及避孕失败后的补救措施（人工流产术、中期妊娠引产术）。其中节制生育手术（宫内节育器放置与取出术、输卵管结扎术、人工流产术与中期妊娠引产术）占有极大比重，是开展节制生育工作的重要内容，手术的质量直接关系到妇女一生的健康和幸福，医护人员要有高度的责任心和科学的态度，不断提高手术质量。

【护理评估】

1.健康史

略。

2.身心状况

（1）症状

（2）体征

3.辅助检查

（1）实验室检查

（2）影像学检查

4.处理原则

（1）非手术治疗

(2)手术治疗

5.心理-社会状况

实施计划生育手术,可使节育妇女感到焦虑、恐惧。

【主要的护理诊断及医护合作性问题】

1.焦虑

与住院手术有关。

2.自我形象紊乱

与避孕药物所致的不良反应有关。

3.疼痛

与手术伤口、宫缩等有关。

4.知识缺乏

缺乏计划生育的医学常识。

5.有感染的危险

与腹部皮肤伤口或子宫腔创面有关。

【护理预期目标】

1.接受节制生育措施的妇女获得有关知识,焦虑减轻,能保持正常心态,积极配合。

2.接受手术的妇女疼痛缓解或消失。

3.受术者未发生感染。

【护理措施】

1.协助选择节制生育措施

为了落实节制生育措施,医护人员应协助每对夫妇根据具体情况选择最佳方法。①新婚夫妇,可选用男用避孕套,必要时加用紧急避孕法或女用外用避孕药;②有一子女的夫妇可选用宫内节育器、适用于新婚夫妇的各种方法及避孕药物(口服或注射用避孕药物或皮下埋植法);③有两个或以上子女夫妇最好采用绝育措施;④哺乳期妇女宜选用宫内节育器或避孕套;⑤未绝经妇女一般选用宫内节育器、避孕套或外用避孕药物。

2.减轻疼痛、预防感染

医护人员需与受术者共同讨论、分析引起疼痛的原因,并寻找缓解疼痛的方法。术后为其提供安静舒适的休息环境。根据手术的需要,可卧床休息 2 ~ 24 小时,适时下地活动,渐进性增加活动量。严密观察受术者阴道出血、腹痛等情况。住院期间为受术者定时测量生命体征,注意观察腹部伤口的感染征象,督促其保持外阴清洁。按医嘱给予镇静、止痛、抗生素等药物,以缓解疼痛,预防感染,促进康复。宫内节育器引起的疼痛,建议其就医,了解环大小是否合适,指导服用抗炎药物及解痉药物。

3.健康指导

(1)宫内节育器放置、取出术及人工流产手术均可在门诊进行,术后稍经休息受术者便可返回家中,休养 3 ~ 14 天。告诉她们如果阴道出血多,持续时间长,腹痛严重者及时就诊。

(2)钳刮术需住院进行,根据受术者的具体情况,术后休息 2 ~ 4 周,保持外阴清洁,1 个月内禁性生活及盆浴。协助受术者落实避孕措施。术后 1 个月门诊随访 1 次,如有腹痛、出血多者,随时就诊。

(3)输卵管结扎术,受术者需住院,术后应休息 3 ~ 4 周,禁止性生活 1 个月。经腹腔镜手术者,术后注意勿使腹压增高,如有咳嗽等宜用腹带包扎腹部。

(4)采用其他工具避孕及药物避孕者,要教会其使用方法和如何观察其不良反应一般应对措施。告知其有问题随时联系的方法。

【护理评价】

1.受术者是否自述焦虑程度减轻,表现为:术前、术中、术后情绪稳定,积极配合手术。

2.受术者疼痛是否减轻或消失。

3.夫妇双方获得有关知识,与医护人员共同协商采取适宜计划生育方式,积极配合。

4.受术者离院时体温、白细胞计数及分类是否正常。

第二节　避孕方法及护理

案例引入

某妇女，已有一8个月的女孩，身体健康，请问：

1.最好选用的避孕方法是什么？

2.什么时间来接受适宜？

3.请你为该妇女进行术后的健康指导。

用科学的方法，在产妨碍正常性生活和身心健康的情况下，使妇女暂时不受孕，称避孕。常用的方法有工具避孕和药物避孕。

一、工具避孕

利用工具阻止精子和卵子结合或改变宫腔内环境达到避孕的目的。

1.阴茎套(Condom)

也称避孕套，为男性避孕工具，性生活时套在阴茎上，使精液排在套内而不进入宫腔而达到避孕的目的。使用阴茎套有防止性疾病传播的作用，且一般无禁忌症，故应用甚广。

阴茎套是筒状优质薄乳胶制品，筒径有29mm、31mm、33mm、35mm4种，顶端呈小囊状，称储精囊。使用前选择合适的阴茎套型号，用吹气检查证实确无漏孔后，排去贮精囊内空气后使用。排精后阴茎尚未软缩时，连同队茎套一并取出。坚持每次性生活开始即用，并更换新套，最好能与避孕药膏同用。

如发现阴茎套破裂或滑脱，可采取下列措施：①女方站立使精液流出，阴道内涂避孕膏，或在手指上包一软布，蘸上温肥皂水伸入阴道将精液洗出；②立即服用探亲避孕药23号或53号。

2.宫内节育器(intra uterine device，IUD)

是一种安全、有效、简便、经济的可逆性节育方法。目前已成为我国育龄妇女的主要避孕措施。

(1)种类　一般将宫内节育器分为惰性和活性两大类。

1)惰性宫内节育器：为第一代IUD，国内主要为不锈钢圆环及其改良品。放环后出血及疼痛等。反应轻，但其带器妊娠率和脱落率较高，继续存放率低，自1993年起已决定停止生产。

2)活性宫内节育器：为第二代IUD，内含活性物质如金属、激素、药物及磁性物质等，藉以提高避孕效果。近期国内专家推荐Tcu-200B，Tcu-200C等活性宫内节育器。

①带铜宫内节育器：带铜T形宫内节育器(TCu-IUD)是我国目前临床首选的宫内节育器。其以塑料为支架，纵杆上绕以铜丝，或在纵杆上或横臂套以铜管，现多以铜套代替铜丝。根据铜圈暴露于宫腔的面积不同分为不同类型，铜总面积为200m^{2}者称为TCu-200，其他为TCu-220、TCu-380A等。带铜T形器在子宫内可持续释放具有较强抗生育作用的铜离子而起避孕作用，可放置15年，其中TCu-200应用最广。TCu380A是目前国际公认性能最佳的宫内节育器，我国已着手引进。

②带铜V型宫内节育器(VCu-IUD)是我国常用的宫内节育器之一。使用不锈钢做支架，外套硅胶管，横臂及斜臂铜丝或铜套的面积为200m^2。其带器妊娠、脱环率较低，但出血率较高，故因症取出率较高。

3)药物缓释宫内节育器：含孕激素T形宫内节育器采用T形支架，释放药物贮存在纵杆药管中，管外包有聚二甲基硅氧烷膜，控制药物释放。孕激素使子宫内膜发生变化，不利于受精卵着床，并使子宫肌处于不敏感状态，故带节育器者妊娠率较低，脱落率也低。但易发生突破性出血。目前研制用左旋18甲基炔诺酮代替孕酮，并以中等量释放(20μg/d)，有效期估计为10年。其不仅带器妊娠率低、且月经量少，但可致闭经及点滴出血。

目前，正在研究第三代IUD，其特点是体积偏小，质地柔韧及放置容易，并且出血和疼痛等不良反应少。

(2)避孕原理　尚不完全清楚。一般认为惰性宫内节育器的抗生育作用是多方面的，主要是子宫内膜长期受到异物刺激引起无菌性炎症反应，白细胞和巨噬细胞增多，使子宫掖组成改变等可能起破坏胚激肽的作用，阻止受精卵着床。异物反应也可损伤子宫内膜而产生前列腺素，从而改变输卵管蠕动，使受精卵的运行与子宫内膜发育不同步而影响着床。子宫内膜局部受压缺血，激活纤溶酶原，使局部纤溶活性增强，囊胚溶解吸收也可致不孕。

带铜宫内节育器具有与惰性宫内节育器相同的作用机制，而且所致异物反应更重。还由于长期缓慢释放的锅被子宫内膜吸收,局部浓度升高后改变内膜依锌酶的活性(如碱性磷酸酶和碳酸酐酶),并影响DNA合成、糖原代谢及雌激素的摄入,使子宫内膜细胞代谢受到干扰,不利于受精卵着床及胚囊发育。铜还可能影响精子获能,从而增强避孕效果。

含孕激素宫内节育器所释放的孕酮,主要引起子宫内膜腺体萎缩和间质蜕膜化,不利于受精卵着床。同时,孕酮可使宫颈黏液变稠而妨碍精子运行,还可影响精子的代谢,如氧的摄取及葡萄糖的利用过程。

(3)宫内节育器放置术

1)适应症:凡育龄妇女无禁忌症自愿要求放置者。

2)禁忌症:①生殖道急慢性炎症;②月经过多过频,或不规则出血;③生殖器官肿瘤;④子宫畸形;⑤宫颈口过松、重度陈,旧性宫颈裂伤或子宫脱垂;⑥严重全身性疾病患者。

3)放置时间:①月经干净后3 ~ 7天无性交者;②产后满3个月,剖宫产术后半年;③人工流产术后(出血少、宫腔长度小于10cm者);④哺乳期闭经排除早孕者。

温馨提示:产妇在哺乳期也有妊娠的可能,因此哺乳期应排除早孕才可放置宫内节育器。

4)放置方法:外阴部常规消毒铺巾,双合诊复查子宫大小、位置及附件情况。阴道窥器暴露宫颈后,再次消毒宫颈,以宫颈钳夹持宫颈前唇(前倾前屈子宫可夹持后唇)。用子宫探针顺子宫屈向探测宫腔深度,宫颈管较紧者应以宫颈扩张器顺序扩张至6号。用放环器将节育器推送入官腔底部,带有尾丝者在距宫口2cm处剪断。观察无出血即可取出宫颈钳及窥器。

5)护理要点:

①节育器大小的选择及消毒:

②术前准备:备上环用物;做受术者的心理护理、生命体征评估等。

③术后健康指导:a.术后休息3天;b.1周内避免重体力劳动;c.2周内禁性生活及盆浴;d.3个月内每次行经或大便时注意有无节育器脱落;e.术后1个月、3个月、半年、一年各复查1次,以后每年复查一次;f.告知受术者保持外阴清洁;术后可能少量阴道出血及下腹不适,如出现腰疼腹痛、发热、出血多时应随时就诊。

(4)宫内节育器取出术

1)适应症:①放置期限已满需更换者;②改用其他避孕措施或绝育者;③绝经 1 年以上者;④计划再生育者;⑤因不良反应治疗无效或出现并发症者;⑥带器妊娠者;⑦确诊节育器嵌顿或移位者。

2)取器时间:①一般于经后3 ~ 7天;②出血多者随时取出;③带器妊娠者于人工流产时取出。

3)取器方法:外阴部常规消毒铺巾,双合诊复查子宫大小、位置及附件情况。阴道窥器暴露宫颈后,再次消毒宫颈,以宫颈钳夹持宫颈前唇(前倾前屈子宫可夹持后唇)。用子宫探针顺子宫屈向探测宫腔深度,宫颈管较紧者应以宫颈扩张器顺序扩张至6号。用取环器将节育器取出,或带有尾丝者在距宫口2cm处夹住尾丝拉出。观察无出血即可取出宫颈钳及窥阴器。

4)护理要点:手术后休息1天,禁止性生活和盆浴2周。

(5)宫内节育器的不良反应及护理

1)出血:支撑力较高或与子宫内膜接触面较大的节育器易致出血。常发生于放置后1年内,最初3个月内尤甚。一般表现为月经过多、经期延长或周期中不规则出血。出血的原因可能与机械性压迫致子宫内膜和血管内皮细胞损伤,释放大量前列腺素、纤溶酶原激活因子、激肽等物质,使血管通透性增加、纤溶系统活性增加有关。

如果出现月经过多除建议患者休息、增加营养、严密注意出血的量和持续时间外,应劝告患者严格按医嘱用药。应补充铁剂;出血时间长时给予抗生素,同时给予前列腺素合成酶抑制剂如氟灭酸0.2g,每天3次,共3 ~ 5天;抗纤溶蛋白制剂6-氨基已酸2g,每天3次,共3 ~ 5天。或止血环酸1 ~ 2g;每天3次,共3 ~ 5天。如经上述处理仍无效,应建议患者就医更换节育器或采用其他措施。

2)腰酸腹胀:节育器与宫腔大小或形态不符;可致子宫过度收缩而引起腰酸或下腹坠胀。轻症不需处理,重症可休息或按医嘱给予解痉药物。上述处理无效者,应劝告患者就医更换合适的节育器。

(6)宫内节育器的并发症及护理

1)感染:常因放置节育器时无菌操作不严或节育器尾丝长期暴露于队道内导致上行感染而并发盆腔炎症,特别是生殖器本身存在感染灶时,易形成急性或亚急性发作。病原体除一般细菌外,厌氧菌、衣原体,尤其占重要地位。感染部位有子宫内膜、输卵管、卵巢、盆腔结缔组织。一旦发生感染,应用抗生素积极治疗并取出节育器。

2)节育器嵌顿:多因节育器放置时损伤宫壁或放置时间过长引起,也可由于节育器过大或表面不光滑,放置后引起宫壁损伤，致部分器体嵌入子宫肌壁；一经确诊应立即取出。钩取时节育器大部分能松动，将其拉出宫颈口外，将环丝拉直并将其剪断后抽出。如嵌顿较深时，可经X线或B超定位后再取。完全嵌入肌层者，则需剖腹切开子宫肌层方可取出。为防止节育器嵌顿，术前注意选择与宫腔大小适应、表面光滑的节育器。

3)节育器异位：多因操作不当致子宫穿孔，将节育器放置于腹腔、阔韧带、直肠子宫陷凹等处，其发生率虽低，但危害极大。因此，术前应查清子宫位置及大小，操作轻柔，尤其哺乳期及瘢痕子宫，术时甚易穿孔。节育器异位的临床症状不明显，少数因早孕就诊、随诊时发现尾丝短缩或消失，或取环时探针及取环钩触不到节育器才被发现。可通过B超、X线或宫腔放置探针后变换体位做造影检查，必要时做腹腔镜、宫腔镜检查以明确诊断。确诊后根据其所在部位。经腹或阴道将节育器取出。对有子女者，建议在手术同时行输卵管结扎术。

4)宫内节育器脱落及带器妊娠

①脱落：宫内节育器脱落可见于：a.放器时操作不规范，未将节育器放至子宫底部；b.节育器与官腔大小、形态不符致子宫收缩，促使节育器排出；c.节育器材料的支撑力小，宫口松或月经过多、体力劳动强度过大等；节育器的脱落多发生于带器后1年内，约半数发生在初3个月内，且常在经期脱落。有时甚至妊娠经辅助检查方知其脱落。因此，放器1年内应定期随访。

②带器妊娠：因术时未将节育器放置于宫底部；环号过大，子宫收缩使节育器下移；型号偏小，降至宫腔下部；双子宫者节育器只放入一侧宫腔；哺乳期放器，待哺乳结束子宫恢复正常大小时，则显示节育器相对偏小；或节育器嵌顿、异位等情况均可导致带器妊娠。带器妊娠者易发生自然流产。当确诊带器妊娠时，应行人工流产终止妊娠。

二、药物避孕

案例引入

某已婚妇女，月经量多，余无异常，体健。自愿接受短效口服避孕药避孕。她咨询：

1.短效口服避孕药的避孕机制是什么?

2.哪些妇女不可以用此方法避孕?

3.可能出现的不良反应有哪些?

国内应用的避孕药为人工合成的甾体激素避孕药，其特点为安全、有效、经济、简便，是一种目前应用最广的女性避孕药。制剂主要有3大类：①睾酮衍生物，如炔诺酮、18甲基炔诺酮、双醋炔诺酮等；②孕酮衍生物，如甲地孕酮、甲孕酮、氯地孕酮等；③雌激素衍生物，如炔雌醇、炔雌醇环戊醚、戊酸炔雌醇等。

1.短效口服避孕药

(1)复方短效口服避孕药　由雌激素和孕激素配伍而成，是应用最广且问世最早的避孕药物。只要按规定服用，避孕成功率按国际妇女年计算可达99.95%。我国常用的为口服避孕片1号和2号，为减轻其不良反应，对药物的剂量配伍进行了调整。药物剂型有：①糖衣片：药含于糖衣内；②纸型片：药附于可溶性纸上；③滴丸：药稀释于明胶溶液中，然后滴凝成丸，服后在肠道内缓慢释放，故可减少不良反应。

1)作用机制:

①抑制排卵：通过抑制下丘脑释放LHRH，使垂体分泌的FSH和LH减少；直接影响垂体对LFIRH的反应，不出现排卵前LH高峰，故不排卵。

②改变宫颈黏液性状：受孕激素影响，宫颈黏液量减少而黏稠度增加，拉丝度减少，不利于精于穿透。

③改变子宫内膜形态与功能：避孕药中孕激素成分对雌激素的干扰，使子宫内膜增殖期变化受抑制；孕激素作用使腺体及间质提早发生类分泌期变化，子宫内膜分泌不良，不适于孕卵着床。

2)适应症:育龄健康妇女。

3)禁忌症:主要为:①严重心血管疾病。因孕激素影响血脂蛋白代谢，可加速冠状动脉粥样硬化发展；雌激素使凝血功能亢进，导致冠状动脉硬化者诱发心肌梗死；雌激素又可增加血浆肾素活性，使血压升高，高血压患者脑出血发生率较未服药者升高2倍；②急、慢性肝炎或肾炎；③血液病或血栓性疾病；④内分泌疾病如糖尿病需用胰岛素控制者、甲状腺功能亢进者；⑤恶性肿瘤、癌前期病变、子宫或乳房肿块患者；⑥哺乳期，因药物可抑制乳汁分泌，且使母乳中蛋白质、脂肪含量下降；⑦月经稀少或年龄＞45岁者；⑧精神病生活不能自理者；⑨用药后有偏头疼或持续头疼者；⑩产后未满6个月或月经未来潮者。另外年龄大于35岁的吸烟妇女不宜长期服用，以免卵巢功能早衰。

4)用法及注意事项:3种复方短效避孕药，可任选一种；自月经第5天起，每晚1片，连服22天不能间断，若漏服必于次晨补服1片。一般于停药后2～3天发生撤退性出血，犹如月经来潮。若停药7天尚无阴道出血，则当晚开始第2周期用药。若再次无出血，宜停药并检查原因予以治疗。

5)药物不良反应:

①类早孕反应:雌激素刺激胃黏膜可引起头晕、乏力、食欲不振，严重者呕吐。轻症无需处理，数天后减轻或消失。较重者可服维生素 $B_6$20mg、维生素 C100mg 及山莨菪碱 10mg，每天3次，连服1周。一般坚持1～3个周期后上述状况可自行消失。

②月经改变:由于药物抑制了内源性激素的分泌，替代性对子宫内膜产生作用，一般服药后月经变得规则、经期缩短、经血量减少、痛经症状减轻或消失。但可发生下列情况:①闭经，因药物对下丘脑-垂体轴抑制过度而致。此时应停药，改用雌激素替代治疗或加用促排卵药物，仍无效者应进一步寻找原因;②突破性出血，是指服药期间发生不规则少量出血。多发生在漏服药后，少数人虽未漏服也可发生。若在服药的前半周期出血，系雌激素不足以维持内膜的完整性所致，可每晚加服炔雌醇0.005～0.015mg，与避孕片同时服至第22天停药。若出血发生于服药后半期，多为孕激素不足引起，可每晚增服避孕药1/2～1片;同服至第22天停药。若出血量多如月经，即应停药，待出血第5天再开始下一周期用药。

③体重增加:可能因避孕药中孕激素成分的弱雄激素活性促使体内合成代谢引起，也可能是雌激素成分致水钠潴留所致。

④色素沉着:少数妇女的颜面部皮肤出现淡褐色色素沉着如妊娠期所见，停药后多数能自然消退。

⑤其他:长期服避孕药者，为避免药物影响，以停药6个月后再受孕为妥，不影响日后生育及子代发育。长期服用避孕药并不增加乳腺癌发病率，且对于宫内膜癌、卵巢癌有一定预防作用，不增加生殖器官恶性肿瘤的发生率;对机体代谢中某些改变是暂时性的，停药后即可恢复。因此长期使用甾体避孕药物是安全的。

(2)三相短效口服避孕药　为减少复方短效口服避孕药的不良反应，现已研制出一种复方三相口服避孕药(简称三相片)。国内生产的三相片由炔雌醇和左旋18甲基炔诺酮组成。三相片模仿正常月经周期中内源性雌、孕激素水平变化，将1个周期服药天数分成3个阶段，各阶段中雌、孕激素剂量均不相同，顺序服用，每天1片，共21天。具体用法为:①第一相，1～6片，浅黄色;②第二相，7～11片，白色;③第三相，12～21片，棕色。第1周期从月经周期的第1天开始，第2周期后改为第3天开始。若停药7天无撤退性出血，则自停药第8天开始服下一周期的药物。三相片配方合理，避孕效果可靠，控制月经周期良好，突破出血和闭经发生率显著低于单相制剂，且恶心、呕吐、头晕等不良反应少。

2.长效口服避孕药

(1)制剂　各种制剂由长效雌激素和人工合成的孕激素配伍制成。

(2)作用机制　这类药物主要是利用长效雌激素炔雌醇环戊醚(简称炔雌醚)从胃肠道吸收后，储存于脂肪组织内缓慢释放起长效避孕作用。孕激素促使子宫内膜转化为分泌期，作用消退时引起撤退出血。外源性甾体激素通过反馈抑制下丘脑-垂体-卵巢轴功能产生抗排卵作用。服药1次可避孕1个月，避孕有效率达96%～98%。

(3)用法　避孕效果与给药方法有关。通常于月经来潮第5天开始服第1片，第10天服第2片，以后按第1次服用天期每月服1片。

(4)不良反应及其处理　长效避孕药反应及处理类似短效避孕药。

(5)注意事项　停用长效避孕药时，应在月经周期第5天开始服用短效药物3个月，作为过渡期，因此时体内常有雌激素蓄积，在停药后2～3个月内仍有月经失调可能。

3.长效避孕针

目前有单纯孕激素类和雌、孕激素混合类两种。单纯孕激素类因不含雌激素故可在哺乳期使用，缺点是易并发月经紊乱，因此主要应用雌、孕激素混合类制剂。用法为每月肌内注射1次，有效率达98%。

(1)适应症与禁忌症　与复方短效避孕药相仿，月经频发或经量过多者不宜使用。

(2)用法　第1个月于月经周期第5天和第12天各肌注1次，以后于每次月经周期第10～12天肌内注射1次，一般于用药后12～16天行经。

(3)不良反应及其处理　常见的不良反应是月经周期不规则或经量多，一般发生于用药的初3个月，可对症处理，也可用雌激素或短效避孕药调整。

4.速效避孕药(探亲避孕药)

此类药物的服用时间不受经期限制，适用于短期探亲夫妇。药物成分除双炔失碳酯外，均为孕激素类制剂或雌、孕激素复合制剂。

(1)作用机制　主要为:①改变子宫内膜形态与功能，不利于受精卵着床;②使宫颈黏液黏稠，不利于精子穿透;③月经周期前半期服用还有抗排卵作用。

(2)种类及用法

1)炔诺酮:每片5mg，避孕率为99.7%以上。若探亲时间在14天内，于性生活当晚及以后每晚口服1片;若超过 14 天,可改用 1 号或 2 号短效避孕药至探亲结束。停药后月经于 7 天内来潮,经量基本不变。

2)18-甲基炔诺酮:每片 3mg,于性生活前 1 ~ 2 天开始应用,服用方法同炔诺酮。

3)探亲片 1 号:每片含甲地孕酮 2mg,性生活前 8 小时服 1 片,当晚再服 1 片。以后每晚 1 片,直到探亲结束次晨加服 1 片。避孕率为 99.7%。

4)事后探亲片:即 53 号避孕药。为带弱雌激素活性的双炔失碳酯片。服用时间不受月经周期限制,性交后立即服 1 片,次晨加服 1 片,也不需连续用药。此药不良反应发生率较高,现多用于意外性生活的紧急补救措施。

5)甲醚抗孕丸:探亲当天中午含服 1 丸,以后在每次性交后服 1 丸。避孕率为 99.6%。

6)YUZPE 片:每片含 18-甲炔诺酮 0.5mg,炔雌醇 0.05mg,于性交后 72 小时内顿服 2 片,12 小时后再服 2 片。也可用我国生产的 18-甲基炔诺酮避孕片,顿服 4 片,12 小时后再服 4 片。可有恶心、呕吐等不良反应。总有效率为 97%。

5.缓释系统避孕药

避孕药缓释系统是将避孕药(主要是孕激素)与具备缓释性能的高分子化合物制成多种剂型,在体内持续恒定进行微量释放,起长效避孕作用。

(1)皮下埋植避孕　美国人口理事会创用 18-甲基炔诺酮置于软硅胶管内,药物经膜孔缓慢恒量释放出孕激素,进入人体产生避孕作用。第一代产品称 NorplantI,有 6 个硅胶囊,每个含左旋 18 甲基炔诺酮 36mg,于月经周期第 7 天内在上臂内侧做皮下扇形插入,平均释放率为 30μg/24 小时。第二代 NorplantⅡ,有 2 个硅胶囊,每个含左旋 18-甲基炔诺酮 70mg,用法同上,避孕时间为 5 年,有效率为 99%以上。不良反应主要是不规则少量阴道流血。服药期间禁用巴比妥、利福平等可使肝酶活性增加的药物,因其能加速药物代谢,降低血中避孕药水平,影响避孕效果。

(2)皮下注射微球及微囊　通过生物降解物质作为避孕药物载体,制成微球与微囊缓释制剂,可供注射,用以长效避孕。此种给药方式不但具有埋植剂的优点,且无需手术。近年研究成功的庚炔诺酮微球,每 90 天皮下注射 65mg 或 100mg,微球或微囊到期自然吸收,勿需取出。据报道,有效率为 100%。其不良反应为经期延长和经量增加。

(3)缓释避孕药阴道环　世界卫生组织制成含 18-甲基炔诺酮缓释硅橡胶阴道环,每天释放孕激素 20mg,避孕 3 个月。国内研究的硅橡胶阴道环,每天释放甲地孕酮 130mg。于月经干净后放入阴道后穹窿或套于宫颈上,时限为 1 年,有效率为 97.3%,但突破出血率高达 18.9%,可能是子宫内膜组织雄二醇含量较低所致。

(4)透皮贴剂避孕　是由美国研制的局部用避孕药。每个周期由 3 块有效期为 7 天的贴剂组成。每块贴剂含人工合成的雌激素和孕激素储存区,可按一定量和比例释放。每月用药 3 周;停药 1 周,效果同口服避孕药。

6.外用避孕药

此类药物是通过阴道给药,以杀精或改变精子功能达到避孕目的。目前常用的避孕药膜以壬苯醇醚为主药,其具有快速高效杀精能力,最快者 5 秒钟内精细胞膜就可产生不可逆改变;每张药膜含主药 50mg;但其 1/30 剂量就足以杀灭一次射精中的全部精子。用法为性生活前 5 分钟将药膜揉团置于阴道深处,待其溶解后即可性交。如能正确使用,避孕效果可达 95%以上。除少数妇女感阴道灼烧外,一般对局部无刺激或损伤。

7.其他避孕方法

(1)紧急避孕(Post eoital contraception)　是指在无防护性措施情况下性生活后或避孕失败后一定时间内(几小时或几天内)采取的防止妊娠的避孕方法。此种方法只能对一次性无防护性生活起保护作用。如不采用避孕套避孕,本周期内不应再有性生活,故不应作为常规避孕方法。紧急避孕是通过阻止或延迟排卵干扰受精或阻碍精子着床来完成的。

1)适应症与禁忌症:无保护性性生活 72 ~ 120 小时内可使用紧急避孕方法的对象有:①未采用任何避孕方法者;②避孕失败者(如阴茎套破裂、滑脱、过早取出,IUD 脱落、避孕药漏服等);③遭到性强暴者。对于已肯定妊娠妇女不再用此方法。

2)紧急避孕方法,可采用宫内节育器和避孕药物

①宫内节育器:为带铜宫内节育器,适合于希望长期避孕且符合放置节育器条件者。放置时间为无防护性措施性交 120 小时内的妇女。

②避孕药物:可用:①激素类:如复方左旋 18-甲基炔诺酮,首剂半片,相隔 2 小时再服半片;或用 53 号避孕药,性交后立即服 1 片,次晨加服 1 片;②非激素类的米非司酮,单剂 600mg。紧急避孕药物适用于临时避孕妇女,一般应在无防护性措施性交后 3 天内服用。激素类药物可有恶心、呕吐、不规则阴道出血等不良反应,米非司酮则不良反应轻。

(2)安全期避孕法　因其单靠避开易孕期性交而不用其他药具避孕,故又称自然避孕法。成熟卵子自卵巢排出后约可存活 1 ~ 2 天,而受精能力最强的时间是排卵后 24 小时内,精子进入女性生殖道可存活 2 ~ 3 天。因此,排卵前后 4 ~ 5 天内为易孕期,其余时间不易受孕,被视为安全期。采用安全期内进行性交而达到避孕目的,称为安全期避孕。

护理人员必须教会采取安全期避孕者确定安全期:①月经规律者可通过月经周期推算，月经周期为28 ~ 30天者,推测排卵时间为下次月经前14天,排卵日及其前5天、后4天以外的时间则为安全期。由于妇女排卵时间可受情绪、健康状况或外界环境因素等影响而提前或退后,偶可发生额外排卵,因此此法并不可靠;②基础体温测定:基础体温处于升高0.3 ~ 0.5℃,3昼夜后为安全期;如体温为逐渐升高,连续3天的基础体温均高于上升前6天平均体温的0.2℃以上,以后为安全期;③宫颈黏液检查:正常育龄妇女宫颈黏液量和性状有周期变化,排卵期增加10倍,稀薄、透明、黏液拉丝度达10cm以上。护理人员同时应告诉夫妇双方,安全期避孕法有20%的失败者,不是绝对可靠、安全的。

(3)黄体生成激素释放激素类似物避孕　LHRH的作用具有双相性,生理情况下,下丘脑释放的GnRH可促进FSH、LH的合成与分泌,进而促使卵泡发育和排卵,并释放性激素。但当外源性非脉冲式投给大剂量LHRHa时,由于其持续的作用使垂体内的LHRH受体失去敏感性,不再对LHRHa产生反应,因此,阻碍卵泡发育和排卵。有学者认为,自产后6周始,每天给予LHRHa300μg鼻腔内滴入,直至哺乳期结束作为哺乳期间避孕方法,效果满意。停药后4 ~ 8周卵巢功能恢复。

(4)免疫避孕法　目前正在研究利用单抗将药物导向受精卵或滋养层细胞,引起抗原抗体免疫反应,达到抗着床的目的。由于导向药物可提高靶细胞药物浓度,降低血中药物滞留,从而减少药物对机体的非特异性损伤。

第三节　女性绝育方法及护理

案例引入

某已育4子女的妇女,35岁,自愿接受女性绝育手术,她咨询:

1.目前简单易行、安全、效果好的手术方式是哪项?

2.手术后要注意哪些情况?

绝育是通过手术或药物,达到永久不生育的目的。女性绝育的主要方法为输卵管绝育术,其对世界范围内控制人口增长发挥了重要作用。通过切断、结扎、电凝、钳夹、环套输卵管或用药物粘堵、栓堵输卵管管腔,使精子与卵细胞不能相遇而达到绝育的目的,是一种比较安全的永久性节育措施,且可逆性高,要求复孕的妇女输卵管吻合术的成功率达80%以上。手术操作可经腹或阴道穹隆进入盆腔,也可直接经宫腔进行。

一、经腹输卵管结扎术

1.适应症

(1)自愿接受绝育术且无禁忌症者。

(2)患有严重的全身性疾病不宜生育者,可行治疗性绝育术。

2.禁忌症

(1)各种疾病的急性期。

(2)全身健康情况不良,不能胜任手术者,如心力衰竭、产后出血等。

(3)腹部皮肤感染或内外生殖器炎症者。

(4)患严重的神经官能症,或缺少决心者。

(5)24小时内2次体温达37.5℃或以上者。

3.手术时间选择

(1)非孕妇女应选择在月经前期,最好是月经结束后3 ~ 4天。

(2)人工流产,取环或分娩后48小时。

(3)自然流产月经复潮后,分娩后24小时内,剖宫产、剖宫取胎术同时。

(4)哺乳期或闭经妇女应排除早孕后,再行手术。

4.术前准备

(1)评估受术者的认识水平、对手术的接受程度,耐心解答提问,解除其思想顾虑。

(2)详细询问病史,进行全面评估,包括全身检查、妇科检查、肝功能、出凝血时间、血常规及白带常规等。

(3)按腹部手术要求准备皮肤,做普鲁卡因皮试。

(4)准备无菌手术器械及敷料。

(5)为受术者测体温。

(6)受术者排空膀胱,取侧卧臀高位。

5.麻醉方式

采用局部浸润麻醉或针麻。

6.手术步骤及配合

(1)受术者平卧位,手术野按常规消毒铺巾。

(2)切口一般在腹中线耻骨联合上方 3 ~ 4cm 处做 2cm 长切口,产妇则在宫底下 2cm 处做切口。

(3)暴露输卵管术者左手食指伸入腹腔,沿宫底后方滑向一侧,到达卵巢或输卵管后,右手持卵圆钳将输卵管夹住,轻轻提至切口。亦可用指扳法或吊钩法提管。

(4)确认输卵管用鼠齿钳替代卵圆钳夹持输卵管,再以两把无齿镊交替使用依次夹取输卵管直至伞端,并检查卵巢。

(5)结扎输卵管我国目前多采用抽心包埋法。即在输卵管峡部背侧浆膜下无血管区注入 0.5% ~ 1%普鲁卡因 1ml,用尖刀切开膨胀的浆膜层,再用弯蚊式钳轻轻游离该段输卵管,相距 1.5cm 处以 4 号丝线各做一道结扎,剪除其间输卵管,最后用 1 号丝线连续缝合浆膜层,将近端包埋于输卵管系膜内,远端包埋于系膜外。检查无出血后,将输卵管送回腹腔。同法处理对侧。

结扎切断法多用于剖宫产或分娩后,先用鼠齿镊夹住无血管区,将输卵管峡部提起,于中段双折,距顶端 1cm 处,用止血钳压挫,将丝线穿过系膜后,在压挫处结扎,在结扎线上方 3cm 处剪去一段输卵管。检查无出血后送回腹腔,对侧同法处理。

(6)清点纱布、器械,关闭腹腔,手术结束。

7.护理要点

(1)协助医师掌握适症证和禁忌症,选择恰当的手术时间,做好术前及术时护理。

(2)术后密切观察体温,脉搏及有无腹痛等。

(3)严格执行医嘱。

(4)保持伤口敷料干燥、清洁,以免感染。

(5)鼓励早日下床活动。

(6)术后休息 3 ~ 4 周,禁止性生活 1 个月。

8.术后并发症及防治措施

一般不易发生,多因操作粗暴,未按常规进行所致。

(1)出血、血肿多因过度牵拉,钳夹损伤输卵管成其系膜所致,也可因创面血管漏扎或结扎过松引起出血。血肿可见于腹壁,输卵管系膜,偶见于腹腔内。因此,术时应避免损伤血管,严格止血。一旦发现出血或血肿,应及时处理,血肿形成时也可根据情况切开止血后再缝合。

(2)感染分内源性和外源性。表现为腹壁切口,盆腔与腹腔不同程度感染,但败血症极少见。因此,应严格掌握手术指征,执行无菌操作规程,治疗体内原有的感染灶,预防发生感染。

(3)脏器损伤多因操作不熟练,术前未排空膀胱,解剖关系辨认不清而导致的膀胱及肠管损伤。因此,手术操作应仔细,且发现损伤要及时修补。

(4)绝育失败由于绝育措施本身的缺陷,或技术误差,绝育术失败后再孕的情况偶有发生。此时除宫内妊娠外,还应警惕异位妊娠情况。

远期并发症偶有慢性盆腔炎、肠粘连、月经异常粹。个别受术者,术后出现神经官能症的症状,严重者影响工作与生活。可能是受术者对手术存在思想顾虑,或医护人员语言不当引起。因此,术前应做好受术者的心理护理,手术中严肃认真,态度诚恳,及时处理受术者的不适及痛苦反应。

二、经腹腔镜输卵管绝育手术

1.适应症

同经腹输卵管结扎术。

2.禁忌症

主要为腹腔粘连,心肺功能不全、膈疝等,其余同输卵管结扎术。

3.术前准备

术前晚做肥皂水灌肠,术时取头低仰卧位。其余同输卵管结扎术。

4.手术步骤局麻或硬膜外麻醉

于脐孔下缘作 1 ~ 1.5cm 的横弧形切口,将 Verres 气腹针插入腹腔,充二氧化碳气体 2 ~ 3L,然后换置腹腔镜。在腹腔镜直视下将弹簧夹(Hulhclip)或硅胶环(Falopering)钳夹或环套于输卵管峡部。还可采用双极电凝烧灼输卵管峡部 1 ~ 2cm。

5.术后护理

术后需静卧数小时后再下床活动;严密观察受术者的体温、腹痛、腹腔内出血或脏器损伤的征象。

经腹腔镜行输卵管结扎术简单易行、安全、效果好,近年来我国各大城市已逐渐推广使用。

第四节　终止妊娠方法及护理

案例引入

某女,23岁,意外受孕46天,非常恐惧手术终止妊娠,咨询您:有其他不需手术,无创伤的流产方法吗?请你简介几种终止妊娠方法的适应症、禁忌症、用法、不良反应。

终止妊娠分为早期妊娠终止、中期妊娠终止和晚期妊娠终止。

一、人工流产

凡在妊娠早期采用人工方法终止妊娠称为早期妊娠终止,亦称为人工流产,是避孕失败的补救措施。临床上常见于避孕失败而目前又不愿生育,或因各种疾病不宜继续妊娠,或为预防有先天性缺陷及遗传病的胎儿出生者。人工流产可分为手术流产和药物流产两种方式。

1.手术流产

(1)负压吸引术

1)适应证

①因避孕失败要求终止妊娠者。

②因各种疾病不宜妊娠者。

③适用于孕6 ~ 10w以内者。

2)禁忌证

①各种疾病的急性期或严重全身性疾病者。

②生殖器官急性炎症者。

③妊娠剧吐酸中毒尚未纠正者。

④术前相隔4小时测2次体温均在37.5℃或以上者。

3)术前准备

①用物准备:无菌手术器械及敷料与放置宫内节育器相同,另加宫颈扩张器1套、不同号的吸管各1个、小头卵圆钳4把、有齿卵圆钳1把,刮匙1把,并备人流负压电吸引器。

②受术者准备:受术者排空膀胱后,取膀胱截石位。

③手术者按常规准备。

4)手术操作步骤

①常规消毒外阴、阴道,铺消毒洞巾。行双合诊检查子宫位置、大小及附件情况。用阴道窥器暴露宫颈并消毒,用棉签蘸1%丁卡因或利多卡因溶液置于宫颈管内3 ~ 5分钟。

②探测宫腔,扩张宫颈:宫颈钳夹持宫颈前(或后)唇,用子宫探针探测子宫屈向和深度,以执笔式持宫颈扩张器顺子宫位置方向扩张宫颈,自5号起扩张至大于准备用的吸管半号或1号。扩张时注意用力适度,切忌强行伸入。

③吸管吸引:此前先连接吸引管,进行负压吸引试验无误后,按孕周选择吸管号及负压大小,孕7周以下者用5 ~ 6号吸管,负压为53.2kPa;孕7 ~ 9周用6 ~ 7号吸管,负压为53.2 ~ 66.5kPa;孕9周以上用7 ~ 8号吸管,负压为66.5 ~ 73.1kPa,所用负压不宜超过79.8kPa。一般按顺时针方向吸引宫腔1 ~ 2周,当感觉子宫缩小,子宫壁粗糙,吸头紧贴宫壁上下移动受阻时,可慢慢取出吸管,如仅见少量血性泡沫而无出血时,表示已吸净。若术前曾行B超定位,则将吸管开口处对准胎盘附着处吸引,可迅速吸出胎囊及胎盘组织,使出血量减少。吸引结束后,用小号刮匙轻刮宫腔一周,特别是宫底和两宫角处。将全部吸出物用纱布过滤,仔细检查有无绒毛及胎儿组织,肉眼观察发现异常者,即送病理检查。

(2)钳刮加负压吸引术

1)适应症　适用于孕11 ~ 14周者。其余同负压吸引术。

2)禁止症　同负压吸引术。

3)手术前准备及手术步骤

①为保证钳刮术顺利进行，应先做扩张宫颈准备，如术前将艾司唑仑（舒乐安定）、丁卡因栓置于宫颈管内口处；或于术前3～4小时将前列腺素制剂塞入阴道或行肌内注射；也可于术前12小时将16号或18号导尿管慢慢插入宫颈管，直至宫腔深度的1/2以上处，露于阴道内的一段导管用消毒纱布包裹，置于后穹隆，次日取出，再行手术。

②手术中，先用卵圆钳夹取破羊膜，待羊水流出后，取胎儿、胎盘后再予负压吸引术。余同负压吸引术。

(3)护理要点

1)协助医师严格掌握手术适应症及禁忌症，做好术前、术中护理，遵医嘱给予药物治疗。

2)术后在观察室休息1～2小时，注意观察腹痛及阴道流血情况。

3)嘱受术者保持外阴清洁，1个月内禁止盆浴、性生活。

4)吸宫术后休息2周；钳刮术后休息2～4周。有腹痛或出血多者，应随时就诊。

5)指导夫妇双方采用安全可靠的避孕措施。

(4)并发症及防治

1)子宫穿孔：是严重的并发症，多见于哺乳期子宫、瘢痕子宫，子宫过度倾、屈或畸形的情况下，术者技术不熟练所致。因此，术前应查清子宫大小及位置，严格按操作规程认真执行手术，切忌粗暴用力。对子宫软者，术前用催产素。当器械进入宫腔突然产生"无底"感觉时或其深度明显超过检查时子宫大小，即应诊断"子宫穿孔"。此时需立即停止手术，给予催产素和抗生素，并严密观察受术者的生命体征，有无腹痛、阴道流血及腹腔内出血征象。子宫穿孔后，若情况稳定，胚胎组织尚未吸净者，可在B超或腹腔镜监护下清宫；尚未进行吸宫操作者，应立即剖腹探查。

2)人工流产综合征：受术者在术时或术后出现心动过缓、心律紊乱、血压下降、面色苍白、出汗、胸闷甚至发生昏厥和抽搐。其发生除与孕妇精神紧张，不能耐受宫颈扩张牵拉和过高的负压有关外，主要是子宫体、宫颈受机械性刺激导致迷走神经兴奋、冠状动脉痉挛、心脏传导功能障碍所致。因此，术前做好受术者的精神、心理护理；吸宫时注意掌握负压适度，进出宫颈口时关闭负压，吸净后勿反复吸刮宫壁；术前充分扩张宫颈，操作轻柔等均有利于预防人工流产综合征。受术者一旦出现心律缓慢，静脉注射阿托品0.5-1mg，即可缓解症状。

3)吸宫不全：指有部分胎儿或胎盘组织残留宫腔，是人工流产后常见的并发症。多于子宫体过度屈曲、术者技术不熟练的情况下发生。术后如阴道流血超过10天，血量过多，或流血暂停后又有多量出血者，应考虑为"吸宫不全"。经B超确诊使用抗生素3天后再行清宫术。刮出物送病理检查，术后继续抗感染治疗。

4)漏吸：指已确诊为宫内妊娠，但术时未吸到胎盘或胎盘绒毛。常与孕周过小、子宫过度屈曲、子宫畸形（双子宫）及术者操作技术不熟练等有关。因此，术后检查吸出物未发现胎囊等妊娠物时，应复查子宫及位置，重新探测宫腔后行吸引术。吸出物中如仍未见胚胎组织，应将吸出物送病理检查以排除异位妊娠的可能。

5)术中出血：多见于钳刮术中，因妊娠月份较大，组织不能迅速排出而影响子宫收缩所致。术中扩张宫颈后，可在宫颈注射催产素促使子宫收缩，同时尽快钳取或吸出内容物。

6)术后感染：多数因吸宫不全或流产后过早恢复性生活，器械、敷料消毒不严或操作无菌观念不强所致。感染初为子宫内膜炎，以后可以扩散至子宫肌层、附件、腹膜，严重时可导致败血症。主要表现为体温升高、下腹疼痛、白带混浊或不规则阴道出血。妇科检查发现子宫或附件区有压痛。患者需要卧床休息，为其提供全身性支持疗法，并积极抗感染。宫腔内有残留妊娠物者，应按感染性流产处理。

7)栓塞：行人工流产钳刮术时，偶可发生羊水栓塞。主要由扩宫引起宫颈裂伤、胎盘剥离血窦开放，为羊水进入母体提供了条件，此时应用催产素可促使发生。孕早、中期羊水中有形成分少，即使发生栓塞，患者的症状及严重性均不及晚期妊娠者凶险，死亡率较低。有关处理见第十章。

2.药物流产

(1)适应症

1)妊娠7周内者。

2)确诊宫内孕者。

3)吸刮宫人流术高危对象。

4)恐惧手术流产者。

5)身体健康。

6)40岁以下；自愿要求药流。

(2)禁忌症

1)曾患或现患心血管、呼吸、消化、内分泌、泌尿生殖、神经系统疾病。

2)米非司酮禁忌症者：肾上腺疾病甾体激素相关肿瘤，肝/肾功能异常、血栓病、瘙痒症。

3)前列腺素禁忌症：心脏病、贫血、青光眼、哮喘、高血压、胃肠紊乱。

4)过敏体质：妊娠剧吐；嗜烟酒。

5)疑诊宫外孕。

(3)用法 目前常用的药物米非司酮(mifepristone,RU486)是一种合成类固醇,结构类似炔诺酮,具有抗孕酮、糖皮质醇和轻度抗雄激素的特征。其对子宫内膜孕激素受体的亲和力比孕酮高5倍,因而能和孕酮竞争受体取代孕酮与蜕膜的孕激素受体结合,从而阻断孕酮活性而终止妊娠。同时由于蜕膜坏死,内源性前列腺素释放而使宫颈软化,子宫收缩促使妊娠物排出。大量临床研究证实,药物流产采用RU486与前列腺素(PG)配伍为目前最佳方案,两者的协同作用不但提高了流产的成功率,而且减少了用药剂量。

RU486 25mg 每天2次口服,共3天,于第4天上午用米索前列醇(misoprost01)0.6mg,一次顿服。

(4)不良反应及注意事项 药物流产方法简单,不需宫腔操作,无创伤流产,完全流产率达90%~95%。其不良反应较轻,仅有恶心、呕吐、下腹痛和乏力等,但产后出血时间过长(约3周左右)和出血量多是其主要不良反应。远期不良反应需进一步观察。用药后应严密观察随访,若流产失败,宜及时终止;不全流产者,出血量多时需急诊刮宫。阴道出血时间长者应给抗生素预防感染。采用药物流产前最好行B超以排除异位妊娠,否则异位妊娠误行药物流产可导致休克。

二、人工引产

指妊娠13周至不足28周之间用人工方法终止妊娠为中期妊娠终止。在妊娠13 ~ 14周期间常用钳刮术,中期妊娠引产术常用于15 ~ 24周妊娠者。

1.依沙吖啶(利凡诺)引产

利凡诺是一种强力杀菌剂,当将其注入羊膜腔内、羊膜外引产时,可使胎盘组织变性、坏死而增加前列腺素合成,引起宫颈软化、成熟、扩张及子宫收缩;同时药物经胎儿吸收后,损害胎儿主要生命器官,使胎儿中毒死亡。利凡诺引产用量的范围大(不超过100mg),安全性高,其引产成功率一般为90%~ 100%。

(1)适应症

1)中期妊娠,要求终止而无禁忌症者。

2)因患各种疾病,不宜继续妊娠者。

3)孕期接触导致胎儿畸形因素者。

4)因各种原因不愿继续妊娠者。

(2)禁忌症

1)急、慢性肝、肾疾病及严重心脏病、高血压、血液病。

2)各种急性感染性疾病、慢性疾病急性发作期及生殖器官感染。

3)剖宫产术或肌瘤挖除术2年内者。

4)术前体温两次超过37.5℃者。

5)前置胎盘或局部皮肤感染者。

(3)术前准备

1)器械、敷料

2)孕妇准备

①身心评估:严格掌握适应症及禁忌症。

②B超行胎盘定位及穿刺点定位。

③术前3天禁止性生活,每天冲洗阴道1次。

④局部皮肤准备。

(4)操作步骤

1)羊膜腔内注入法

①排空膀胱后取平卧位,常规消毒铺巾。

②用腰椎穿刺针从B超选定的穿刺点或宫底下2 ~ 3横指,中线旁空虚部位垂直进针,经过两次落空感后即进入腹腔。拔出针芯,见羊水溢出,接上注射器抽出羊水后,将利凡诺50 ~ 100mg药液注入羊膜腔。

③拔出穿刺针,局部用消毒纱布2 ~ 3块压迫数分钟后胶布固定。

2)宫腔内羊膜腔外注射法

①孕妇排空膀胱后取截石位,常规消毒铺巾。

②暴露宫颈后,宫颈钳夹住宫颈前唇,用敷料镊将导尿管送入子宫壁与胎囊间,将稀释的利凡诺液由导尿管注入宫腔。折叠并结扎外露的导尿管放入 阴道穹隆部,填塞纱布,24小时后取出阴道填塞纱布及导尿管。

(5)术中注意事项

1)给药量一般为50 ~ 100mg,不要超过100mg。

2)宫腔内羊膜腔外注药,必须稀释,浓度不能超过0.4%。

3)如从穿刺针向外溢血或针管抽出血液时应向深部进针或向后退针,如仍有血,则应更换穿刺部分。

4)所有操作应严格无菌。

(6)并发症

1)全身反应:未发现有过敏反应,偶有体温升高,常在用药后24 ~ 48小时内发生,一般不超过38℃,胎儿排出后很快下降。

2)产后出血:80%受术者有出血,量不超过100ml,极少数可超过400ml。

3)产道损伤:受术者可有不同程度的软产道损伤。

4)胎盘胎膜残留:发生率较低,但为避免组织残留,多主张胎盘排出后即刮宫术。

5)感染:发生率不高,但严重者可致死亡。

(7)护理要点

1)术前做好各种准备工作。

2)术中注药过程中,注意孕妇有无呼吸困难、发绀等羊水栓塞症状。

3)用药后定时测量生命体征,严密观察并记录宫缩、胎心、胎动消失的时间及阴道流血等情况。引产期间,孕妇应尽量卧床休息,以防突然破水等。

4)产后仔细检查软产道及胎盘的完整性,通常待组织排出后常规做清宫术。注意观察产后宫缩、感染体征、阴道流血及排尿功能的恢复情况。

5)即刻采取回奶措施,术后6周内禁止性交及盆浴,为产妇提供避孕措施的指导。

6)对不同原因需采用中期引产终止妊娠者,应为其提供表达内心顾虑、恐惧、孤独和自我贬低等情感的机会。给予同情、宽慰、鼓励和帮助,减轻患者无助感。使患者积极配合,获得最佳效果。

7)给药5天后仍未临产者即为引产失败,通报医师和家属,协商再次给药或改用其他方法。

2.水囊引产

水囊引产是将预先制备消毒后的水囊置于子宫壁和胎膜之间,囊内注入一定量的生理盐水,使子宫膨胀,宫内压力增高诱发宫缩,使妊娠物排出。

(1)适应症

1)中期妊娠终止者。

2)因患各种疾病不宜妊娠者。

(2)禁忌症　除同依沙吖啶引产外,尚有子宫瘢痕、宫颈或子宫发育不良、前置胎盘;但患肝、肾疾病能胜任手术者不作为禁忌。

(3)术前准备　受术者的准备、器械、敷料准备同依沙吖啶宫腔内注入引产。

用阴茎套制备水囊,将消毒后的两个阴茎套套在一起成双层,再将14号橡皮导尿管送入阴茎套内1/3,用丝线将囊口缚扎于导尿管上。排空囊内空气后将导尿管末端扎紧,即可使用。

(4)操作步骤

1)孕妇排空膀胱取截石位,常规消毒,铺巾。

2)暴露宫颈,并用扩宫器扩张宫颈口达8 ~ 10号。

3)用敷料镊将水囊送入子宫腔,直到整个水囊全部放入。

4)缓慢注入300 ~ 500ml生理盐水,导尿管折叠,扎紧后放入阴道穹隆部。

(5)注意事项

1)水囊注水量不要超过600ml。

2)水囊引产最好只放1次。

(6)并发症　同依沙吖啶宫腔内注入引产法。

(7)护理要点　基本内容同乳酸依沙吖啶引产。在水囊内注入无菌的生理盐水,并加入数滴美蓝以利识别羊水或注入液。放置水囊后出现规律的宫缩时应取出水囊。不论有无宫缩,水囊放置的时间最长不超过48小时。如宫缩过强、出血较多或体温超过38℃者,则应提前取出,并设法结束妊娠。如果出现宫缩乏力,取出水囊后无宫缩或有较多阴道出血时,应加用催产素静脉点滴。

除依沙吖啶、水囊引产外,中期妊娠引产根据不同情况还可采用前列腺素,天花粉结晶蛋白、甘遂、芫花类药物甚至剖宫取胎术。

温馨提示:流产的方法总结如下:

妊娠7周以内:药物流产(米非司酮+米索前列醇);妊娠6 ~ 10周:负压吸引;妊娠11 ~ 14周:钳刮术;妊娠13 ~ 14周:依沙吖啶引产、水囊引产。

(周艳)

第六十一章　妇女生殖保健

案例导入

护士小程到社区进行保健咨询服务。请解答：

1.为什么要开展妇女保健工作？其核心是什么？宗旨是什么？

2.采取什么方法开展这项工作？特点是什么？

学习目标

知识目标　掌握妇女保健工作的目的、任务。熟悉妇女保健工作的内容。了解妇女保健工作的特点和方法

能力目标　能运用专业知识为妇女开展生殖保健指导。

素质目标　学习过程中体现对患者的关心。

第一节　概　述

妇女保健（Women's health）是针对女性一生生殖的不同生理和心理特点，结合预防医学、临床医学、心理学、社会及人文科学、管理科学、健康教育等综合学科对女性生殖生理不同阶段进行系统的科学管理和健康保护工作，以提高和维护女性的身心健康。

一、妇女生殖保健工作的目的和意义

儿童优生、母亲安全是社会发展和文明的标志。女性生殖保健工作的目的在于通过积极的普查、预防保健及监护和治疗措施，开展以维护生殖健康为核心的贯穿妇女青春期、围婚期、生育期、围生期、围绝经期及老年期的各项保健工作，降低孕产妇及围生儿死亡率，减少患病率和伤残率，控制某些疾病发生及性传播疾病的传播。

妇女生殖保健的意义在于它是我国卫生保健事业的重要组成部分，与临床医学、疾病预防控制构成我国医学卫生防病的基本体系，其宗旨是维护和促进女性的身心健康。采取以预防为主，以保健为中心，以群体为服务对象，以基层为重点，以保健与临床相结合的方法，提高民族综合素质，维护家庭幸福和后代健康，并促进计划生育基本国策的贯彻和落实。

二、妇女保健工作的组织结构

1.卫生行政结构

（1）卫生部内设妇幼保健司并下设妇幼保健处，领导全国妇幼保健工作。

（2）省（直辖市、自治区）卫生厅设基层卫生与妇幼保健处。

（3）市（地）级卫生局设妇幼保健科。

（4）县（市）级卫生局设妇幼保健所。

2.专业机构

（1）妇幼卫生专业机构　各级妇产医院、儿童医院，综合性医院妇产科、计划生育科、儿科，预防保健科，中医医疗机构中妇科、儿科，妇产科、儿科诊所以及各级妇幼保健机构。不论其所有制关系如何（全民、集体、个体）均属妇幼卫生专业机构。

（2）各级妇幼保健机构

1）国家机构级：目前国家级妇幼保健机构设立在中国疾病预防中心，与各省、市、县妇幼保健机构构成我国妇幼保健服务体系。

2）省级：省妇幼保健院。

3）（地）市级：（地）市级妇幼保健院（所）。

4)县级:县级妇幼保健院(所)。

三、妇女生殖保健工作的特点及方法

妇女生殖保健工作是一项群众性、社会性强,涉及面广,且有一定艰巨性的卫生保健工作。它不同于日常的临床工作,可以坐等患者上门,以治愈疾病为主要的内容,而是必须深入到家家户户,通过调查研究,了解女性生殖健康面临的问题和保健的需要,确定解决的办法,然后组织好人力和物力资源,使工作计划付诸实施,达到解决问题、保护健康的目的;它也不像临床工作能立竿见影地见到效果,必须持之以恒,经过一定时间的努力,才能显示出成果。但受益面大,影响深远。

它不仅是一项单纯的科学技术工作,在实施中还包含着许多社会工作和组织工作,且由于女性的生殖健康受很多社会因素的影响,要排除不利的社会因素,绝不是卫生保健部门一方面的力量所能办到的,必须依靠各级领导,并联合有关方面包括民政、公安、教育等政府部门及青年、妇女、工会等群众组织多部门协作,强调全社会参与和政府职责。加强三级妇幼保健网的建设,提高专业队伍的业务技能水平。深入调查研究,制订切实可行的工作计划和防治措施。广泛开展社会宣传,普及卫生宣教。

开展妇女生殖保健工作,必须运用妇产科的理论与实践,流行病学和社会医学的观点和方法,以群体为对象,以预防保健为中心,以临床为基础,防治相结合。

第二节　妇女生殖保健工作内容

一、女性一生各阶段的生理特点

1.新生儿期(Neonatal period)

出生后4周内称新生儿期。女性胎儿在宫内受到母体性腺及胎盘所产生的女性激素的影响,其外阴、子宫、卵巢及乳房等均可有一定程度的发育,个别的有乳液分泌现象。出生后脱离母体环境,血中女性激素水平迅速下降,可引起少量阴道出血,这些都是生理现象,短期内均能自然消退。

2.儿童期(Childhood)

从出生4周到12岁左右称儿童期。该期女孩体格快速增长、发育,但生殖器发育缓慢。儿童早期(8岁之前),由于下丘脑、垂体对低水平雌激素的负反馈及中枢性抑制因素高度敏感,故下丘脑—垂体—卵巢轴功能处于抑制状态。此期生殖器仍为幼稚型,阴道上皮薄、无皱襞,细胞内缺乏糖原,阴道酸度低,抗感染力弱,容易发生炎症;子宫小,宫颈较长,约占子宫全长的2/3,子宫肌层亦很薄;输卵管弯曲且很细;卵巢长而窄,卵泡虽能启动生长,但发育到一定程度即萎缩、退化。子宫、输卵管及卵巢均位于腹腔内,接近骨盆入口。

在儿童后期卵巢内的卵泡有一定发育并分泌性激素,但仍达不到成熟阶段。女性特征开始呈现。

3.青春期(Adolescence or puberty)

从月经初潮至生殖器官逐渐发育成熟的时期称青春期为10 ~ 19岁,是儿童到成人的转变期。此期全身及生殖器官迅速发育,性功能日趋成熟,第二性征明显,开始有月经。这一时期的生理特点为:

(1)全身发育　此时期身高迅速增长,体形渐达成人女型。11 ~ 12岁青春期少女体格生长呈直线加速,以后生长速度开始下降。青春期生长加速是由于雌激素、生长激素和胰岛素样生长因子等分泌增加所致。除了身体生长加速外,体型也有所变化。

(2)第一性征进一步发育　外生殖器从幼稚型变为成人型;阴阜隆起,大阴唇变肥厚,小阴唇变大且有色素沉着;阴道长度及宽度增加,阴道黏膜变厚并出现皱襞,子宫增大,尤其宫体明显增大,输卵管变粗,卵巢增大,皮质内有不同发育阶段的卵泡,致使卵巢表面稍呈凹凸不平。

(3)第二性征出现　除生殖器官以外,还有其他女性特有的征象:音调变高;乳房丰满而隆起;出现阴毛及腋毛;骨盆横径发育大于前后径;胸、肩部皮下脂肪增多,显现女性特有体态。乳房在青春期性激素刺激下逐渐发育,是女性第二性征的最初特征,为女性青春期发动的标志。一般女孩接近10岁时乳房开始发育,经过3 ~ 5年时间发育为成熟型。该阶段肾上腺皮质功能开始增强,血循环中雄烯二酮、脱氢表雄酮及硫酸脱氢表雄酮升高。由于雄激素增加,引起阴毛和腋毛的生长,称为肾上腺功能初现。肾上腺功能初现提示下丘脑-垂体-肾上腺雄性激素轴的功能渐趋完善。

(4)月经来潮　第一次月经来潮称月经初潮,为青春期的重要标志。月经初潮通常发生于乳房发育2年后。月经来潮提示卵巢产生的雌激素足以使子宫内膜增殖,在雌激素达到一定水平且有明显波动时,引起子宫内膜脱落出现月经。此时由于中枢系统对雌激素的正反馈机制尚未成熟,有时卵泡发育成熟但不能排卵,故月经周期常不规律。经2 ~ 5年建立规律的周期性排卵后,月经才逐渐正常。此外,青春期女孩心理活动发生较大变化:产生性别意识,结识异性伙伴兴趣增加,情绪和智力发生明显变化,容易激动,想象力和判断力明显增强。

4.性成熟期(Exual maturity period)

卵巢功能成熟(性激素周期性分泌及排卵)的时期称为性成熟期,又称生育期。此阶段一般自18岁左右开始,历时约30年,是妇女生育机能最为旺盛的时期。生殖器官及乳房在卵巢分泌的性激素作用下发生周期性变化。

5.绝经过渡期(Menopausal transition period)

指从卵巢功能开始衰退至最后一次月经的时期。可始于40岁,历时短至1～2年,长至10余年。此期由于卵巢功能逐渐衰退,卵泡不能成熟及排卵,因而月经不规律,常为无排卵性月经。最终由于卵巢内卵泡自然耗竭。对垂体促性腺激素丧失反应,导致卵巢功能衰竭,月经永久性停止,称绝经。中国妇女的平均绝经年龄为50岁左右。从卵巢功能开始衰退直至绝经前后的时期称为围绝经期,此期雌激素水平波动或降低,可出现血管舒缩障碍和精神神经症状。在机体自主神经系统的调节和代偿下,大多数妇女无明显症状,部分妇女可出现潮热、出汗、失眠、抑郁或烦躁等,称为围绝经期综合征。

6.绝经后期(Postmenopausal period)

指绝经后的生命时期。在早期阶段,卵巢内虽然卵泡耗竭,停止分泌雌激素,但其间质仍能分泌少量雄激素。此期由雄激素在外周组织转化而来的雌酮成为循环中的主要雌激素。妇女60岁以后机体逐渐老化,进入老年期。此期卵巢功能已完全衰竭,除整个机体发生衰老改变外,生殖器官亦进一步萎缩老化,表现为雌激素水平低落,易感染、发生老年性阴道炎,骨代谢失常引起骨质疏松,易发生骨折。

温馨提示:注意儿科护理学中的"青春期"与妇产科护理学中的"青春期"含义的区别。妇产科中的"青春期"是指从月经初潮开始至生殖器官发育成熟的时期。

二、女性生殖保健工作内容

女性生殖保健工作内容包括:①女性各期保健;②计划生育指导;③常见女性生殖系统疾病及肿瘤的普查、普治;④贯彻落实妇女劳动保健制度;⑤妇女保健信息管理。

1.女性各期保健

(1)女童保健　女童保健是女性一生生殖及身心健康的基础。女童保健除了要和男童一样,加强营养指导,合理安排膳食,培养良好的生活习惯,注意监测其生长发育,定期进行预防接种外,还应根据女童的生理、心理和社会特点,做好以下保健指导:①培养良好的卫生习惯;②保护女童安全;③尽早发现并治疗发育成熟障碍,注意营养的合理与均衡,避免女童体格发育偏离及性早熟;④慎重对待女童生殖器官的发育畸形或缺陷;⑤女童生殖道肿瘤恶性程度高,应引起足够的重视;⑥重视女童心理卫生。

(2)青春期保健　世界卫生组织(WHO)规定青春期年龄范围为10～18岁,女性一般早于男性1～2岁。

1)青春期主要问题

①生理:青春期尤其是早期,大多数女性由于下丘脑-垂体-卵巢轴神经内分泌系统的调节不成熟和子宫等发育不成熟,出现月经紊乱,如周期不规律、经量改变、经期延长、和痛经等。

②心理行为:由于对自身性发育及性成熟的生理变化不了解而对性发育困惑不解;对性发育好奇和对两性关系的朦胧意识而引起情绪不稳,有对异性产生兴趣、倾慕、希望交往和与异性交往的紧张、害羞的矛盾心理;对青春期的正常脂肪增加误认为肥胖而烦恼,不正确减肥,个别甚至发展为神经性厌食,影响身心健康;社会交往逐渐增多,独立性逐渐增强,如得不到应有的尊重,易与家长和老师产生矛盾;同伴之间影响增大;对社会复杂性认识不够;适应不了学习压力,有时由于学习成绩不佳而产生悲观失望情绪;易于幻想等。

2)青春期保健重点:青春期保健分三级,青春期保健以预防为重点。一级预防:根据青春期女性的生理、心理、社会行为特点,为培养良好的健康行为而给予的保健指导。二级预防:通过学校保健,定期体格检查,早期发现各种疾病和行为异常,减少或避免诱发因素。三级预防:指青春期女性疾病的治疗和康复。

3)青春期保健内容:指导青春期女性:①养成良好的饮食习惯:加强营养,合理膳食,定时、定量进餐;②养成良好的生活方式:合理安排生活和学习,保证每日充足睡眠,加强体育锻炼,适当的娱乐休息;③养成良好的卫生习惯:了解月经生理卫生知识,保持精神愉快,注意月经期卫生,保持外阴清洁、注意保暖、防止过劳;同时加强健康教育和开展恰当性教育,消除青春期女性对性器官变化的忧虑,解除青少年对性的神秘感;注意培养正确的人生观和道德观,培养积极向上的生活情趣,慎重交友,防止沾染吸烟吸毒、饮酒等不良行为,防止早恋和婚前性行为;尊重、理解和引导女青年向健康的方向发展。

(3)经期保健

1)保持会阴清洁:月经来潮时,子宫壁内膜脱落,形成创面,生殖道的自然防御功能减弱,不注意卫生极易患妇科病。每晚用温水清洗外阴部,勤换内裤、淋浴,使用的卫生巾或卫生纸要柔软清洁、消毒杀菌、吸水性强。

2)保持精神愉快:经期可出现情绪波动、易怒烦躁等,要注意学习知识,自我调节和控制。

3)加强营养:适当进食富含蛋白质、铁质的食物,忌食生冷、辛辣食物,注意保暖,特别注意下腹及下肢部位。

4)增强体质:适宜的体育活动,避免剧烈运动和劳累,以免引起月经过多及痛经;合理安排作息时间,保证睡眠,不熬夜,注意科学用时。

5)经期禁止性生活、游泳、盆浴、阴道灌洗,避免妇科检查及手术等;

6)如有痛经、异常出血及严重紊乱等现象,尽早求医问诊;不服用活血化淤类药物,遵医嘱用药。

(4)围婚期保健

围婚期(Perimarriage period)是人一生中重要的阶段,心理和生理以及社会的适应能力方面都会产生一系列变化,这种变化对人们的生殖健康、孕育后代和今后的家庭生活起到连接和转化的作用。

婚姻法规定结婚年龄:男不得早于22周岁,女不得早于20周岁。这个法定年龄是结婚的最低年限。现实生活中,一般认为男25 ~ 30岁,女23 ~ 28岁为最佳结婚年龄。

围婚期保健内容:围婚期保健是围绕婚姻前后,为保证婚配双方和子代的健康而开展的一系列保健措施,是针对这一时期提供的以医疗保健、健康促进为主要目的和内容的服务。20世纪80年代中期,我国以婚前保健、新婚保健以及孕前保健为主题的围婚期保健在全国各地展开。围婚期保健服务包括进行关于性卫生、生育和优生、避孕和遗传病等知识的婚前卫生指导;对有关婚配、生育保健等问题进行婚前卫生咨询,提供医学意见;对准备结婚的男女双方可能患影响结婚和生育的疾病进行婚前医学检查,发现问题积极进行医学及保健指导,以达到夫妇生活健康和满意、提高人口出生素质和家庭幸福的目的。

围婚期保健重点在婚前保健。1994年颁布的《中华人民共和国母婴保健法》将婚前医学检查列为依法服务,更加明确了以婚前医学检查、婚前卫生咨询以及婚前卫生指导为主要内涵的婚前保健的重要性。婚前医学检查是对准备结婚的男女双方可能患有的影响结婚和生育的疾病进行的医学检查。通过婚前医学检查:①可使男女双方对自己和对方的健康有所了解;②可了解双方有无遗传家族史;③可使双方了解性知识,以促使婚后性生活的和谐。对于医学上认为“不宜结婚”、“暂缓结婚”、“不宜生育”或“建议采取医学措施,尊重受检双方意见”的服务对象,应耐心讲明科学道理,提出医学预防、治疗及采取措施的意见,进行重点咨询指导。

遗传病是指生殖细胞或受精卵的遗传物质发生了改变所引起的疾病(包括:染色体病、基因病)。

需要做优生咨询的:①宜生育过一个遗传病或出生缺陷患儿的夫妇;②夫妇双方或一方患有某种遗传病或有遗传病家族史者;③夫妇双方或一方已知或可能是遗传病致病基因的携带者及染色体平衡异位的携带者;④有原因不明的习惯性流产、早产、死产、死胎史的夫妇;⑤有化学、物理等致畸物质或放射性物质接触史的夫妇;⑥有病毒、细菌等致畸生物因素接触史的夫妇;⑦近亲婚配的夫妇;⑧高龄夫妇;⑨血型不合的夫妇。

(5)生育期保健

案例导入

小李怀孕后,妇女保健人员告诉她:

1.为什么要接受孕产期保健?

2.什么是围产期保健?

小李担心生孩子时有危险,准备人工喂养婴儿,妇女保健人员告诉她:

1.产科医护人员会采取产时保健的"五防、一加强"内容是?

2.妇女保健人员应采取促进和支持母乳喂养的措施有哪些?

3.哺乳期保健人员的职责是什么?

生育期保健包含孕期、产期、产褥期、哺乳期保健等。孕产期保健的核心是围产期保健。

通过加强孕产期保健,及时诊治高危孕产妇,降低孕产妇死亡率和围生儿死亡率;给予计划生育指导,避免妇女在生育期内因孕育或节育引发各种疾病;根据妇女的生理、心理及社会特征,加强疾病普查及卫生宣传,以便早期发现疾病,早期治疗,确保妇女身心健康。

国家实行“四免一救助”,即免费婚前医学检查、孕产妇免费住院分娩、免费筛查新生儿三种疾病、免费治疗筛查出的患儿,对贫困孕产妇急救进行救助。

产前筛查是通过医学检测,查找出可能怀有严重先天畸形胎儿的孕妇个体,并提前采取相应措施,从而最大限度地减少异常胎儿的出生,提高整个国家的人口素质。产前筛查的疾病有:唐氏综合征即21-三体综合征、18-三体综合征、13-三体综合征、神经管畸形:包括无脑儿、脊柱裂、脑膨出等。

妊娠期发现下列情形之一者,应提出终止妊娠的医学意见:①胎儿患有严重遗传性疾病;②胎儿有严重缺陷;③因患严重疾病,继续妊娠可能危及孕妇生命安全或者严重危害孕妇健康。

(6)孕产期保健

1)孕产期保健(Maternal health care):是指各级各类医疗保健机构为准备妊娠至产后42天的妇女及胎婴儿提供全程系列的医疗保健服务。

2)围产期保健(Perinatal health care):是围绕妊娠、分娩和产后一段时期,为保障母婴健康和安全、降低孕产妇和围产儿死亡率而进行的一系列保健服务。

孕产期保健以预防为主,以保护母亲安全、提高出生人口素质、降低围生儿和孕产妇死亡率及远期伤残率为目标。早期发现妊娠,早期检查,防止生殖有害因素影响,提供优生咨询,降低出生缺陷的发生。

①孕前保健:是指为准备妊娠的夫妇提供以健康教育与咨询、孕前医学检查、健康状况评估和健康指导为主要内容的系列保健服务,孕前保健一般在计划受孕前6个月进行,指导夫妻双方选择最佳的受孕时期,如适宜年龄、最佳的身体心理状态、良好的社会环境等,避免接触对妊娠有害的物质、预防遗传性疾病的传衍,并做好充分的精神心理准备,减少高危妊娠和高危儿的发生,确保优生优育。女性生育年龄在25 ~ 29岁为佳,男性生育年龄在25 ~ 35岁为好。

②孕期保健:是指从确定妊娠之日开始至临产前,为孕妇及胎儿提供的系列保健服务。一般分为三个阶段:早孕期(孕12周内)保健、中孕期(孕13 ~ 27周)保健及晚孕期(孕28周至分娩)保健。内容包括建立孕产期保健册(卡)、提供产前检查、筛查危险因素、诊治妊娠合并症和并发症,提供心理、营养和卫生指导等。

③产时保健:对孕产妇和胎婴儿进行全产程监护,安全助产及对新生儿进行评估及处理。目的是确保分娩顺利,母儿安全。持续性地给予母亲生理上、心理上和精神上的帮助和支持,缓解疼痛和焦虑。此期是整个妊娠安全的关键。产时保健要点可概括为"五防、一加强":"五防"是防滞产、防感染、防产伤、防产后出血、防新生儿窒息;"一加强"是加强对高危妊娠的产时监护和产程处理。

④产褥期保健:产褥期是产妇恢复和新生儿开始独立生活的阶段,产褥期母体全身及生殖系统逐渐复原,乳腺开始分泌旺盛。保健是为产妇及新生儿进行健康评估,开展母乳喂养、产后营养、心理、卫生及避孕指导,为新生儿进行预防接种和新生儿疾病筛查等。要进行母乳喂养知识和技能、新生儿保健的卫生宣教,预防产褥感染、产后出血等并发症的发生,促进产妇产后生理功能的恢复。

(7)哺乳期保健　哺乳期指产妇用自己的乳汁喂养婴儿的时期,纯母乳喂养4 ~ 6个月,加辅食后继续母乳喂养到1岁。哺乳期保健的中心任务是提高纯母乳喂养率;预防和处理哺乳期母亲常出现的问题;采取正确的避孕措施。

(8)促进和支持母乳喂养的措施

1)向孕产妇及家人宣传母乳喂养可促进母婴健康,母乳对母婴的好处。

2)将母乳喂养的好处及有关问题的处理方法告诉所有的孕妇。

3)帮助母亲在产后半小时内哺乳。

4)指导母亲如何喂奶,以及在与婴儿分开的情况下如何保持泌乳。

5)除母乳外,禁止给新生儿喂任何食物和饮料,除非有医学指征。

6)实行母婴同室,使母亲与婴儿一天24小时在一起。

7)鼓励按需哺乳。

8)不给母乳喂养的婴儿吸吮橡皮乳头或使用奶头做安慰物。

9)支持促进母乳喂养组织的建立,并将出院的母亲转介给妇幼保健组织。

哺乳期保健人员职责:①定期访视,评估母亲身心康复情况;指导母亲饮食、休息、清洁卫生及产后适度运动;评估母亲与婴儿关系;②评估母乳喂养及婴儿生长发育情况,重点了解哺乳次数,是否按需哺乳,亲自观察哺乳的姿势,并给予正确指导;以及评估婴儿体重增长、大小便次数及性状,婴儿睡眠、母子情感交流等;改变传统包裹婴儿的方法。采取放开四肢,穿连裤衣衫的新方法,正确喂养婴儿;③指导母亲在哺乳期间合理用药及采取正确的避孕措施,如工具避孕或产后3 ~ 6个月放置宫内节育器,不宜采取药物避孕和延长哺乳期的方法;④评估家庭支持系统,完善家庭功能。

(9)孕产妇系统管理　遵照孕产期保健相关的法律法规、规章、诊疗指南、技术规范,为辖区内的孕产妇提供系统保健服务。包括:建立孕产期保健手册,提供孕前保健、产前检查、助产服务、产后访视、产后42天健康检查和相关健康教育,进行高危孕产妇的专案管理。

管理机构上至国家卫生部下达村卫生室(所)、社区卫生服务站,各级卫生行政部门管理、指导和监督,以妇幼保健机构为主负责,医院妇产科、儿科、内科、外科、辅助科室等相关科室协作工作。

开展孕产妇系统管理,从确定早孕建卡开始定期产前检查、住院分娩、产褥保健、产后母婴健康检查卡回收后结束。

产后母婴健康检查及计划生育指导产后母婴健康检查包括产后访视及产后体检。产后访视开始于产妇出院后3日内、产后14日和28日，共3次，如有必要可酌情增加访视次数。了解产妇子宫复旧、会阴部切口或剖宫产切口愈合情况，检查乳房及母乳喂养情况及孕产妇的饮食、休息、婴儿的健康状况等，及时给予正确指导和处理。产褥期内禁止性交。产妇和婴儿于产后42日到医院分别接受全面的健康检查，婴儿接受健康体检及之后的儿童保健，产妇包括全身检查和妇科检查，同时给予计划生育指导，使夫妇双方知情，选择适宜的避孕措施。

（10）围绝经期保健及老年期保健

围绝经期（Perimenopausal period）（更年期）是指妇女从接近绝经时出现的与绝经有关的内分泌、生物学和临床特征至绝经后1年内的时期，即从生殖功能旺盛逐渐发展到生殖功能衰退到老年的一段过渡时期，也即从卵巢功能逐渐衰退到完全停止的阶段，由于在围绝经期内性激素的减少可引发一系列躯体和精神心理症状，一般年龄阶段为45～55岁。围绝经期保健的主要目的是：提高围绝经期妇女的自我保健意识和生活质量。

1）围绝经期主要问题

①围绝经期综合征：主要表现为血管舒缩症状；皮肤感觉异常；神经心理症状；肌肉、关节疼痛；泌尿生殖系统症状：甚至可出现高血压、假性心绞痛，或代谢性症状，如肥胖、血糖、尿糖增高等。

②心理问题主要有情绪波动较大、易激动、易激惹；紧张、焦虑、忧郁、抑郁；精力减退，记忆力不集中，失眠、健忘；对绝经和性欲下降而产生衰老的恐惧感；由于得不到社会和单位的重视、自身价值得不到体现而悲伤、失落。而对月经、更年期的文化观念、某些家庭、经济、生活或工作等社会因素均可能加重心理症状。

2）围绝经期妇女的保健重点

①对围绝经期妇女进行健康教育，使其了解围绝经期生理过程，减少困惑和忧虑。

②合理安排生活，合理营养，劳逸结合，注意体育锻炼。

③指导其保持外阴部清洁，预防生殖道、泌尿系感染；进行性保健指导；指导避孕至停经1年以上，宫内节育器绝经1年后取出。

④定期体检，每1～2年定期进行1次妇科常见疾病和肿瘤的筛查。防治妇科肿瘤及子宫脱垂和张力性尿失禁发生；防治围绝经期月经失调，重视绝经后子宫出血。

⑤加强心理保健，减轻心理负担，注意调整心态，保持乐观情绪。

⑥围绝经期症状重者可在遵医嘱情况下应用激素替代疗法或补充钙剂等综合措施，防治围绝经期综合征和骨质疏松等。

⑦家庭、社区、社会各界均应支持、关心和爱护围绝经期妇女。

65岁以后为老年期，该期是妇女一生中生理和心理上的一个重大转折点，此时期整个机体发生老年性改变，生殖器官亦逐渐萎缩，易发生老年性阴道炎、老年性子宫内膜炎、骨质疏松等老年性疾病。老年期又是癌肿好发年龄，尤其是生殖器肿瘤，故应加强时期保健工作，定期做妇科检查及防癌检查，以期早诊早治。通过对老年期妇女的保健，期望提高其生活质量，达到健康长寿。

2.以防癌为主的常见妇女病的普查普治

定期进行以防癌为主的女性生殖系统常见病多发病的普查普治，能够早发现、早诊断、早治疗子宫颈癌等女性生殖系统肿瘤，减少女性生殖系统感染、性传播疾病等疾病的发病率，并可及时控制某些疾病的进一步发展，降低死亡率，保障妇女健康。

健全各级妇女病防治网络，制订普查普治计划，组织好实施工作。一般要求普查对象为从青春期至老年期的女性；每1～2年普查1次；对发现的异常情况应认真进行随访和治疗。通过普查普治，了解女性生殖系统疾病的发病情况，探讨发病因素，研究其发病规律，制定防治措施，同时为国家政府制定有关法规、政策、计划等提供依据。

妇女病普查的内容和方法：①应用统一的普查表格；②填写病史：应包括月经史（初潮年龄、周期、月经量）、孕产史、既往史、家族肿瘤史；③妇科检查；④宫颈防癌刮片：为妇科普查的重要内容之一；⑤乳房检查：列为妇女病普查的常规检查内容；⑥填表：检查后按顺序填写各项检查结果，并做出诊断，提出治疗意见和建议。如需进一步检查和治疗，可记入备注栏内，预约到指定医院或保健院检查治疗。

3.计划生育技术服务与指导

提供计划生育技术服务，开展计划生育健康教育，是指青春期教育、新婚期教育、孕产期教育、育儿期教育和围绝经期教育。

计划生育指导包含：指导育龄夫妇知情选择和实施避孕方法；提高避孕方法的有效性和安全性；降低非意愿妊娠率和人工流产率；实施计划生育各种手术，提高手术质量，防止和减少手术并发症；加强计划生育管理、避孕措施实施后的追访和手术并发症的管理。

计划生育优质服务的六要素的内容是：（1）提供足够选择的避孕方法；（2）介绍避孕方法的知识；（3）胜任的技术能力；（4）良好的人际关系；（5）周密的随访服务；（6）多功能的生殖保健服务。

计划生育的“三大工程”的是:(1)实施避孕节育知情选择工程;(2)实施生殖道感染干预工程;(3)实施出生缺陷干预工程。

4.职业女性劳动保健

由于女性的生理特点,应对职业女性进行劳动保护。职业环境中的有毒有害因素如物理因素(噪声、振动、微波、电离辐射等)、化学因素(苯、二硫化碳、有机磷、铅、汞等)、重体力劳动和不良体位均可影响女性的生殖健康,导致月经异常、性欲改变、不孕、生殖肿瘤、胎儿发育异常、流产、早产、死胎、子宫脱垂、生殖系统炎症等情况的发生。

职业女性劳动保护措施:

(1)月经期 加强月经期卫生指导和劳动保护,月经期不应从事冷水和低温作业,不得从事重体力劳动和高处作业。

(2)孕前期 为防止职业有害因素对女性生殖细胞造成损伤和影响妊娠后胎儿发育,已婚待孕女职工禁忌从事铅、苯、汞等作业场所;患有射线病、慢性职业中毒或近期有过急性中毒史的女职工,必须待治愈后再妊娠。

(3)孕期 早期发现妊娠,孕早期防止有害毒性物质影响胚胎和胎儿发育;定期产前检查;不得从事重体力劳动和高处作业;妊娠7个月后不得安排夜班劳动。

(4)产前产后期 为保证孕产妇分娩前后的健康,法定产假为90天,其中产前休息15天,产前休息对预防早产、产时体力适应、保证产后乳汁分泌有积极作用。

(5)哺乳期 哺乳期女职工不得从事有毒有害工作,以防止职业有害因素影响乳汁;女职工哺乳期为1年,应保证工作时间内的法定哺乳时间。

(6)围绝经期 加强健康教育,使妇女了解围绝经期的生理和心理特点,解除思想顾虑,防治更年期综合征;关心和帮助围绝经期女职工,多组织适宜的文体活动,劳逸结合;合理安排围绝经期妇女的工作,不适应者应调整适宜的工作。

5.女性生殖保健信息管理

定期、系统性地开展妇女卫生保健信息资料的收集、汇总、统计和分析,了解妇女各阶段和各方面健康和疾病的主要问题,评估妇女保健工作的质量,根据妇女健康指标和妇女保健服务指标(略),提出妇女健康和保健工作的主要问题,有针对性地制订保健工作计划,科学地管理和实施,使得妇女保健工作更有成效。

信息管理包括调查设计、资料收集、资料整理和汇总、资料分析。资料收集的来源包括日常工作记录,如孕产妇系统保健册、妇女病普查表、门诊和住院病历等;常规统计报表,如孕产妇、新生儿死亡报表、孕产妇保健工作年报表、妇女病查治年报表等;专题调查,在以上常规资料不能满足需要时,要根据某一特定的目的组织专项调查来收集资料。

信息管理系统要求自下而上定期上报资料或报表,逐级收集和汇总下级上报资料,统计分析资料,反馈信息,提出改进妇幼卫生工作的建议。

(1)孕产期保健工作统计指标

1)产前检查覆盖率=期内接受一次及以上产前检查的孕妇数/期内孕妇总数×100%。

2)产前检查率=期内产前检查总人次数/期内孕妇总数×100%。

3)产后访视率=期内产后访视产妇数/期内分娩的产妇总数×100%。

4)住院分娩率=期内住院分娩产妇数/期内分娩的产妇总数×100%。

(2)孕产期保健质量指标

1)高危孕妇发生率=期内高危孕妇数/期内孕(产)妇总数×100%。

2)妊娠期高血压疾病发生率=期内患患者数/期内孕妇总数×100%。

3)产后出血率=期内产后出血人数/期内产妇总数×100%。

4)产褥感染率=期内产褥感染人数/期内产妇总数×100%。

5)会阴破裂率=期内会阴破裂人数/期内产妇总数×100%。

(3)孕产期保健效果指标

1)围生儿死亡率=(孕28足周以上死胎、死产数+生后7日内新生儿死亡数)/(孕28足周以上死胎、死产数+活产数)×1000‰

2)孕产妇死亡率=年内孕产妇死亡数/年内孕产妇总数×10万/10万。

3)新生儿死亡率=期内生后28日内新生儿死亡数期内活产数×1000‰。

4)早期新生儿死亡率=期内生后7日内新生儿死亡数/期内活产数×1000‰。

(4)妇女病普查普治的常用统计指标

1)妇女病普查率=期内(次)实查人数/期内(次)应查人数×100%。

2)妇女病患病率=期内患患者数/期内受检查人数×10万/10万。

3)妇女病治愈率=治愈例数/患妇女病总例数×100%。

(5)国家人口计生委关于《人口和计划生育统计报表》统计

__________年度人口与出生情况

表　号:国 人 口 统 1 表
制表机关:国家人口和计划生育委员会
备案机关:国　家　统　计　局
备案文号:国 统 办 函[2008]78 号
有 效期:2011 年 8 月
填报单位(盖章):

单位:人

<table>
<tr><th rowspan="3">地区</th><th rowspan="3">期末人口总数</th><th rowspan="3">期末已婚育龄妇女人数</th><th rowspan="3">期末领取独生子女证人数</th><th colspan="9">本期出生人数</th><th rowspan="3">往年出生未报人数</th></tr>
<tr><th colspan="3">一孩出生</th><th colspan="3">二孩出生</th><th colspan="3">多孩出生</th></tr>
<tr><th>男</th><th>女</th><th>其中:计划内</th><th>男</th><th>女</th><th>其中:计划内</th><th>男</th><th>女</th><th>其中:计划内</th></tr>
<tr><td>甲</td><td>1</td><td>2</td><td>3</td><td>4</td><td>5</td><td>6</td><td>7</td><td>8</td><td>9</td><td>10</td><td>11</td><td>12</td><td>13</td></tr>
<tr><td>合计</td><td></td><td></td><td></td><td></td><td></td><td></td><td></td><td></td><td></td><td></td><td></td><td></td><td></td></tr>
<tr><td></td><td></td><td></td><td></td><td></td><td></td><td></td><td></td><td></td><td></td><td></td><td></td><td></td><td></td></tr>
</table>

报出日期:　　年　月　日　　　　统计负责人:　　　　填表人:

__________年度节育情况

表　号:国 人 口 统 2 表
制表机关:国家人口和计划生育委员会
备案机关:国　家　统　计　局
备案文号:国 统 办 函[2008]78 号
有 效期:2011 年 8 月
填报单位(盖章):

单位:人、例

地区	选用各种避孕方法人数									本期实行计划生育手术例数						
	小计	男性绝育	女性绝育	放置宫内节育器	皮下埋植	口服及注射避孕药	避孕套	外用药	其他	小计	男性绝育	女性绝育	放置宫内节育器	取出宫内节育器	人工流产	皮下埋植
甲	1	2	3	4	5	6	7	8	9	10	11	12	13	14	15	16
合计																

报出日期:　　年　月　日　　　　统计负责人:　　　　填表人:

(周艳)

第六十二章　妇科常用护理操作技术

案例导入

某全子宫切除加淋巴结清扫术后留置导尿管者，请问：

1.常规护理措施的操作技术是什么？

2.采用的目的是什么？

3.要准备哪些用物？

4.擦洗顺序是什么？

5.有哪些护理要点？

学习目标

知识目标　熟练掌握会阴擦洗、阴道冲洗、阴道宫颈上药的护理操作方法。会进行会阴擦洗、阴道冲洗、阴道宫颈上药的用物准备。

能力目标　能运用所学知识解释会阴擦洗、阴道冲洗、阴道宫颈上药及坐浴的护理要点。

素质目标　学习过程中体现对患者的关心。

第一节　会阴擦洗

【目的】

保持会阴及肛门部清洁，促进患者舒适和会阴伤口愈合，防止生殖系统、泌尿系统的逆行感染。

常用于：长期卧床，生活不能自理者，妇科术后留置导尿管者，会阴有伤口者，患有急性外阴炎者，会阴、阴道手术前后；产后 1 周内。

【用物准备】

1.配 1∶1000 新洁尔灭溶液棉球，适时加温。

2.会阴擦洗盘 1 只（内盛无菌弯盘或消毒药碗 2 只、无菌镊或血管钳 2 把、浸有药液的棉球、无菌纱布、棉球若干）、橡皮单、治疗巾或一次性会阴垫各 1 块、裤腿 1 个、冲洗壶、便盆、屏风、药液（0.1%苯扎溴铵溶液、0.02%碘伏溶液、1∶5000 高锰酸钾溶液等），棉签 1 包、集尿袋 1 只。

【操作步骤】

1.向患者做好解释工作（会阴擦洗的用途、注意事项），以取得配合。

2.操作时请病房内多余人员（特别是异性）暂时回避，以减轻患者的心里压力。

3.嘱患者排空膀胱，取膀胱截石位，床上取屈膝仰卧位。

4.将会阴擦洗盘放于床边，暴露外阴部，注意为患者保暖、用屏风遮挡。患者臀下垫好棉垫、橡皮垫或一次性会阴垫，外阴视诊评估，用一长镊子夹取浸有消毒药液棉球，用另一长镊子擦洗，一般擦洗 3 遍。第 1 遍擦洗净外阴血迹、分泌物或其他污垢，顺序为：第 1 遍擦洗自上而下，由外向内（阴阜——大腿内侧上 1/3——大阴唇——小阴唇——会阴——肛门周围）；第 2、3 遍擦洗顺序改为由内向外（小阴唇——大阴唇——阴阜——大腿内侧上 1/3——会阴——肛门周围），会阴有伤口的，以伤口、阴道口为中心，逐渐向外擦洗，防止伤口、阴道口、尿道被污染，最后擦洗肛周部和肛门，伤口处滴鱼肝油；若保留导尿管者需揩洗尿道口导尿管四周，更换集尿袋。擦洗时可根据患者的情况决定擦洗的次数直至擦净，最后用干纱布擦干。

5.移去弯盘，为患者换上干净的会阴垫，脱下裤腿，协助患者穿好衣裤。整理床单。

6.健康宣教，嘱患者取健侧卧位；正确使用月经垫，防止感染；保持外阴部清洁干燥；积极治疗疾病；自然分娩者早期下床活动等。

7.操作后处理,整理用物,正确浸泡;洗手。

【护理要点】

1.素质要求:态度和蔼可亲,自我介绍,语言柔和恰当,服装鞋帽整洁,仪表大方,举止端庄。

2.擦洗时应注意观察会阴及会阴伤口周围情况,包括红肿及分泌物性质和伤口愈合情况,发现情况及时记录并向医师汇报。

3.凡留置导尿管者,要将尿道口周围反复擦洗干净,并注意尿管是否通畅或脱落。

4.严格遵循无菌操作原则,护理人员每完成一次擦洗后均应清洁双手,然后再护理下一位患者,并注意将有感染者安排在最后擦洗,以免交叉感染。

5.擦洗溶液温度适中,动作轻稳、规范。

6.会阴擦洗每日2次,大便后也应擦洗。

7.如果需要进行会阴冲洗,应另备冲洗壶和便盆。冲洗时用无菌纱布堵住阴道口,防止冲洗液流入阴道,导致逆行感染。

第二节 阴道灌(冲)洗

案例导入

某女,30岁,因外阴痒,白带异常就诊。

1.协助诊断的检查方法是什么?

2.若是念珠菌阴道炎,选用灌洗药液是什么?

3.阴道灌洗液的最佳温是什么?

4.阴道灌洗一次冲洗液量为什么?

5.灌洗桶距床面高度一般为什么?

6.还要注意哪些情况?

【目的】

阴道灌洗可改善阴道血液循环,减少阴道内分泌物,减轻局部组织充血,有利于炎症的浪,具有清洁、收敛和热疗的作用。

临床常用于慢性宫颈炎、阴道炎局部治疗。是妇科手术前常规阴道准备内容之一。腔内放疗后常规清洁冲洗等。

【用物准备】

1.灌洗筒1个(连接带调节夹的橡皮管,长130cm)

灌洗头1个、阴道窥器1个、长镊子1把、卵圆钳2把、便盆1个、消毒巾橡胶单各1块、手套1双、血管钳、水温计1个、纱布若干、1%龙胆紫1瓶、冲洗消毒壶、屏风等。

2.药液

常用灌洗药液有1:5000高锰酸钾溶液、1:2000苯扎溴铵溶液、0.02%~0.05%碘伏溶液、1%乳酸溶液、0.5%醋酸溶液、2%~4%碳酸氢钠溶液、生理盐水等。以上各种不同的灌洗药液根据病情需要而选用。

将配制好的、水温为41~43℃药液500ml~1000ml放入挂在高于床面60~70cm处的灌洗筒中,排出橡皮管内空气备用。

【操作步骤】

1.核对患者

向患者解释阴道灌洗的目的、适应症、方法、可能的感受,以取得患者的合作。

2.患者排空膀胱后

取膀胱截石位,暴露外阴,臀下放好橡皮布及便盆。

3.外阴视诊评估

略。

4.操作者戴消毒手套

右手持灌洗头柄部，开放调节夹，先冲洗外阴。然后用左手分开小阴唇，将灌洗头沿阴道侧壁缓缓插入阴道达穹隆部，边灌洗边上下左右移动灌洗头，使阴道壁及穹隆各部均能被灌洗到，或用窥阴器暴露子宫颈后再灌洗，灌洗时转动窥阴器，以洗净阴道四周皱襞。

5.当灌洗液剩下100ml时

关闭调节夹，取出灌洗头和窥阴器，再次冲洗外阴部。扶患者坐起，当阴道内残留液体流出时，用纱布擦干外阴；撤去便盆和橡胶单、治疗巾，整理床单。

6.为患者换上干净会阴垫

脱下备用裤腿，协助患者穿好衣裤。整理床单。

7.用于妇科手术前

第(2)步后下压窥阴器，流出阴道积液，干棉球擦干阴道积液，弃第1把钳；第2把卵圆钳取新洁尔灭酊球消毒宫颈、穹隆、阴道；宫颈、穹隆涂1%龙胆紫；取出窥阴器，干球擦干外阴。

8.健康宣教

要求患者积极配合。

9.操作后处理

整理用物，正确浸泡；洗手。

【护理要点】

1.素质要求　态度和蔼可亲，自我介绍，语言柔和恰当，服装鞋帽整洁，仪表大方，举止端庄。

2.冲洗筒距床沿距离不得超过70cm，以免压力过大，水流过速，使污液进入宫腔或冲洗液与局部作用时间过短。

3.冲洗液温度不能过高或过低，一般以41 ~ 43℃为宜，温度过低使患者不适，温度过高则会造成烫伤阴道黏膜。

4.灌洗过程中动作轻柔，灌洗头不能插入过深，冲洗头弯头应向上，避免刺激后穹隆引起不适、疼痛及擦伤阴道黏膜及宫颈组织引起出血。

5.排除禁忌症对宫颈癌有活动性出血者、月经期、产后或人工流产术后宫口未闭者不宜冲洗，以防引起上行性感染。产后10天后或妇产科手术2周后患者，若合并阴道分泌物混浊、有臭味、阴道伤口愈合不良、黏膜感染坏死等，可进行低位阴道冲洗，冲洗筒之高度不得超过床沿30cm，避免污液进入宫腔或损伤阴道残端伤口。

6.必要时可在妇科检查床上，用窥阴器扩开阴道，直视下冲洗效果会更好。冲洗时，应轻轻转动窥阴器，使冲洗液能达到阴道各部。

第三节　会阴湿热敷

案例导入

某女，诊断为急性前庭大腺炎。护士遵医嘱，采用会阴湿热敷护理技术。请问：

1.如何操作？

2.热敷面积是多少？

3.湿热敷温度一般为多少度？

4.必须注意哪些情况？

【目的】

1.会阴湿热敷可改善局部血液循环，提高组织抵抗力，增强白细胞的吞噬功能。

2.有利于局部脓肿的局限和吸收、促进局部组织的生长和修复。

3.常用于会阴水肿、血肿、伤口硬结及早期感染等患者。

【用物准备】

方盘内盛:橡皮布 1 块,治疗巾 1 块,干纱布 2 块,棉垫 2 块,医用凡士林。有盖搪瓷缸盛煮沸的 50%硫酸镁溶液,内有纱布若干。

【操作步骤】

1.介绍外阴湿热敷的目的、方法、效果及预后,鼓励患者积极配合。

2.行会阴擦洗,清洁局部伤口污垢。

3.先在局部涂一薄层凡士林,盖上无菌纱布。

4.将搪瓷虹中热纱布用镊子拧至不摘水敷上,再盖上棉布垫保温。

5.每 3 ~ 5 分钟更换热敷垫 1 次,亦可将热水袋放在棉垫外,延长更换敷料时间,一次热敷 15 ~ 30 分钟。

6.热敷结束,更换新会阴垫,整理床铺。

【护理要点】

1.热敷面积为病灶范围的 2 倍。

2.湿热敷温度一般为 41 ~ 48℃。注意防止烫伤,对休克、虚脱、昏迷及术后感觉不灵敏者尤应警惕。

3.在热敷过程中,护士应随时评价热敷效果,并提供患者一切生活护理。

第四节　阴道、宫颈上药

案例导入

某诊断为滴虫性阴道炎的患者,咨询护士:在家怎么进行阴道用药和坐浴?请护士:

1.向患者解释阴道用药、坐浴的目的、适应症。

2.为患者示范用物准备。

3.指导患者严格按比例配制坐浴溶液,教会患者自己放入药剂。

4.请患者复述注意事项。

阴道或宫颈上药在妇科护理操作技术中应用广泛而又简便,一般均在妇科门诊由护士操作,也可教会患者在家自己局部上药。

【目的】

用以治疗阴道炎、宫颈炎及术后阴道残端感染。月经期除外。

【用物准备】

1.按医嘱准备阴道用药,常用药品有 20% ~ 50%硝酸银溶液、,20% ~ 50%铬酸溶液、1%龙胆紫、2%碘甘油、喷雾剂及阴道栓剂等。

2.消毒盘 1 只、药碗 1 只、卵圆钳 1 把、窥阴器 1 只、润滑油 1 瓶、消毒棉球 3 只、大干棉球数只、清洁治疗巾 1 块、手套 1 副、窥阴器、阴道冲洗用品 1 套、长镊子 1 把、一次性手套一双、干棉球若干。

【操作步骤】

1.核对患者、向患者解释,介绍其目的、方法,以取得患者合作

2.妇科手术患者术前,一般先行外阴冲(擦)洗、坐浴或阴道灌洗后再上药

3.根据药物的不同剂型,采用喷撒法、涂擦法、纳入法等方法给药

(1)涂擦法　用长棉签蘸取药液,均匀涂在子宫颈或阴道病变处。

(2)喷撒法　将药粉用喷撒器喷撒在宫颈和阴道表面。腐蚀性药物不可喷撒。

(3)纳入法　凡栓剂、片剂、丸剂可直接放入阴道后穹隆部。有些药物可教会患者自己放入,临睡前洗净双手,或戴上无菌手套,用一手分开阴唇,另一手食指将药物沿阴道后壁向内向后推进,直至食指完全伸入,推至阴道后穹隆为止。

(4)宫颈棉球上药法　阴道用药为粉剂、药液、药膏时,可将药液、药膏蘸于或将药粉撒于带有尾线的棉球

上，用窥阴器暴露宫颈后，将棉球顶塞于子宫颈部，线尾留在阴道外，嘱患者 12 ～ 24 小时后自行牵引尾线将棉球取出，一般为 1 日或隔日放药 1 次，每 7 ～ 10 日为一疗程。

4.健康教育

放置窥阴器时要求患者配合（哈气），按医嘱阴道用药。

5.操作后处理

整理用物，正确浸泡；洗手。

【护理要点】

1.素质要求：态度和蔼可亲，自我介绍，语言柔和恰当，服装鞋帽整洁，仪表大方，举止端庄。

2.应用腐蚀性药物时必须由护士操作，在窥阴器扩开阴道直视下进行，只涂于宫颈病灶局部，不得涂于病灶以外的正常组织，以免造成不必要的损伤，上药前应将纱布或小棉球垫于阴道后壁及后穹隆部，以免药液下流灼伤正常组织，涂好后，即应如数取出所垫纱布或棉球，宫颈上如有腺囊肿，应刺破，并挤出黏液擦净后再上药。

3.月经期及子宫出血者不应从阴道给药。

4.用药后禁止性生活。

5.阴道栓剂最好晚上或休息时上药，以免活动时脱出，影响治疗效果。

6.宫颈用带线棉球上药时，嘱患者切记在放药 12 ～ 24 小时后将棉球取出。棉签上的棉花必须捻紧，涂药须顺同一方向转动，以防药棉落入阴道难以取出。

7.未婚妇女用药，不要使用窥阴器，可用长棉签涂擦。

第五节　坐　浴

【目的】

坐浴能借助水温与药液的作用，促进局部血液循环，减轻炎症和疼痛，达到清洁和治疗的作用。

常用于各种外阴炎、阴道炎的治疗和外阴及阴道的手术前准备。

【用物准备】

坐浴盆、30cm 高坐浴架、屏风各 1 个，无菌纱布垫 1 块、41 ～ 43℃的坐浴溶液 2000ml。常用药液有 1：5000 高锰酸钾溶液 0.5% ～ 1%乳酸溶液、0.5%醋酸溶液、2% ～ 4%碳酸氢钠溶液、中成药液洁尔阴等。以上各种药液根据各种疾病的需要而选择。

【操作步骤】

1.向患者解释坐浴的目的、适应症，嘱患者自解小便并将外阴及肛门周围擦洗干净。

2.将坐浴盆置于坐浴架上，用 95%酒精消毒坐浴盆；教会患者按比例配制好坐浴溶液，在盆内配制 1：5000PP 溶液 2000 ～ 2500ml，水温在 40 ～ 43℃左右（可用手腕内侧试温）；坐浴开始时应嘱患者用盆内一块消毒纱布接触皮肤试温，以防烫伤，采用舒适坐位将全臀和外阴泡于溶液中；一般坐浴 15 ～ 20 分钟左右。

3.坐浴结束后用用无菌纱布垫擦干外阴部，协助患者卧床休息。

4.有伤口者应给予换药，随时观察患者的情况。

5.整理床单，清理用物，消毒浴盆；洗手。

【护理要点】

1.素质要求：态度和蔼可亲，自我介绍，服装鞋帽整洁，仪表大方，举止端庄。

2.月经期、阴道流血、产后 7 天内禁坐浴以免引起宫腔内感染。

3.指导患者严格按比例配制坐浴溶液，以免浓度过高造成黏膜烧伤，或浓度过低影响治疗效果；药液水温适中，以 41 ～ 43℃左右为宜，避免水温过高烫伤皮肤和黏膜。同时注意室温和保暖，防止受凉。

4.坐浴时必须将臀部与外阴全部浸在药液中。

（周艳）

第十篇

神经系统疾病患者的护理

第六十三章　概　述

学习目标

知识目标　掌握协助腰椎穿刺术；熟悉神经系统常见症状及体征的特点及护理要点；了解神经系统组成及生理功能。

能力目标　能够对神经系统疾病患者进行正确的生理、心理护理。

素质目标　尊重、关心、爱护患者，培养良好的职业素质、团队意识及协作精神。

第一节　神经系统解剖与生理

神经系统包括中枢神经系统和周围神经系统。中枢神经系统包括脑和脊髓，其主要功能是分析、综合来自内外环境的信息，周围神经系统包括脑神经和脊神经，主要功能是接受、传递神经冲动。两者相互配合，完成机体的统一协调活动，以保持内环境稳定和外环境相适应。

一、中枢神经系统

包括脑和脊髓。脑分为大脑、间脑和脑干。

1.大脑

位于间脑、中脑和小脑的上方，由左右两半球、基底节和侧脑室组成，包括额叶、顶叶、枕叶、颞叶和岛叶。两大脑半球由胼胝体连接。两侧功能表现为不对称性：一般以右手劳动为主的成年人，左侧大脑半球在思维、语言和计算能力等方面起主导作用，右侧半球在空间、音乐、美术等方面占优势。

(1)额叶　主要为运动中枢，同时与精神语言和眼球的协调运动有关。额叶病变时主要引起单瘫或对侧中枢性偏瘫；随意运动、语言和精神活动方面的障碍；双眼向病侧同向斜视。

(2)顶叶　为全身躯体感觉的投射区。躯体感觉是交叉的，面部感觉是双侧的；身体感觉的皮质投射区是倒置的，头部代表区在中央后回底部，上肢代表区在中间，下肢代表区在顶部。

(3)枕叶　为视觉中枢，所以枕叶病变时主要引起视觉障碍。

(4)颞叶　为嗅觉、味觉中枢、语言中枢，也与精神和行为有关。病变时幻嗅或幻味，做舔舌、咀嚼动作。发生运动性失语症、失写症、失读症和感觉性失语症。

(5)岛叶　位于外侧沟深面，表面有数条长短不等的脑回。

2.间脑

间脑位于大脑半球和中脑之间，可分为丘脑和下丘脑。丘脑是各种感觉传导的转换站，也称感觉的皮质下中枢。由于丘脑和大脑皮质间有广泛的往返联系，因此感觉功能是大脑皮质和背侧丘脑两者结合起来的功能。下丘脑位于丘脑前下方，与边缘前脑及脑干网状结构有紧密的联系。下丘脑把躯体运动功能、植物神经功能和内分泌腺的活动联系起来，实现许多复杂生理功能的控制和调节，如对体温的调节、对水平衡的调节、对内分泌系统的调节、对摄食行为的调节，、对情绪反应的影响等。

3.脑干

脑干由中脑、脑桥延髓组成。其主要功能包括:①生命中枢:延髓有基本生命活动中枢，维持着生命必要的心血管活动、呼吸运动等。脑桥有角膜反射中枢，中脑有瞳孔对光反射中枢；②传导功能:脑干白质内的传导束、中继核与中枢各部都有着广泛的纤维联系，起着上传、下达的传导作用。脑干内损伤可出现病变同侧的脑神经麻痹和对侧的肢体瘫痪，称交叉性瘫痪；③保持睡眠与觉醒:脑干网状结构的激活系统促使皮层兴奋，保持觉醒；其抑制系统保持睡眠，并控制睡眠与觉醒的交替节律功能。

4.脊髓

呈椭圆形条索状，位于椎管内，由脊髓发出31对脊神经分布到四肢和躯干。脊髓的正常活动是在大脑的控制下进行的。其主要功能为:①传导功能:一方面把大脑皮质的运动兴奋性经过脊髓、脊神经传到效应器官，另一方面把肌肉、关节和皮肤的感觉经脊神经、脊髓、脑干传到大脑半球；②内脏反射功能:脊髓可以完成一些基本内脏反射，如血管紧张发射、发汗反射、勃起反射、排尿反射和排便反射等。但脊髓只是这些反射的初级中枢，对内脏功能的调节也是初级的，不能很好地适应生理功能的需要。

二、周围神经系统

周围神经系统包括脑神经和脊神经。

1.脑神经

脑神经与脑相连，共12对。它们的名称和顺序是：Ⅰ嗅神经、Ⅱ视神经、Ⅲ动眼神经、Ⅳ滑车神经、Ⅴ三叉神经、Ⅵ展神经、Ⅶ面神经、Ⅷ前庭蜗神经、Ⅸ舌咽神经、Ⅹ迷走神经、Ⅺ副神经、Ⅻ舌下神经。

2.脊神经

脊神经共31对。借前根和后根与脊髓相连。前根是运动性纤维，后根是感觉性纤维，后根上有感觉神经元胞体积集聚而成的脊神经节。前、后根在椎间孔处合并后出椎间孔。31对脊神经包括：颈神经8对，胸神经12对，腰神经5对，骶神经5对，尾神经1对。神经丛有颈丛、臂丛、腰丛和骶丛。

3.脑的血液供应

脑的血液供应是通过颈内动脉和椎动脉。颈内动脉入颅后分出大脑前动脉、大脑中动脉、眼动脉、后交通动脉等供应大脑半环前3/5部分（额叶、顶叶、颞叶和基底节）及眼部的血液。椎动脉经枕骨大孔入颅后在桥脑下缘联合成基底动脉，其末端分为左、右两条大脑后动脉，供应大脑半球的后2/5部分（枕叶、丘脑颞叶基底面）的血液。另外，分出小脑前下动脉，桥脑支等供应小脑和脑干的血液。颈内动脉和大脑后动脉之间由后交通动脉连接，形成脑的动脉环（Willis环），沟通了两侧大脑半球的血液供应，发挥侧支循环功能，相互调节代偿（图63-1）。

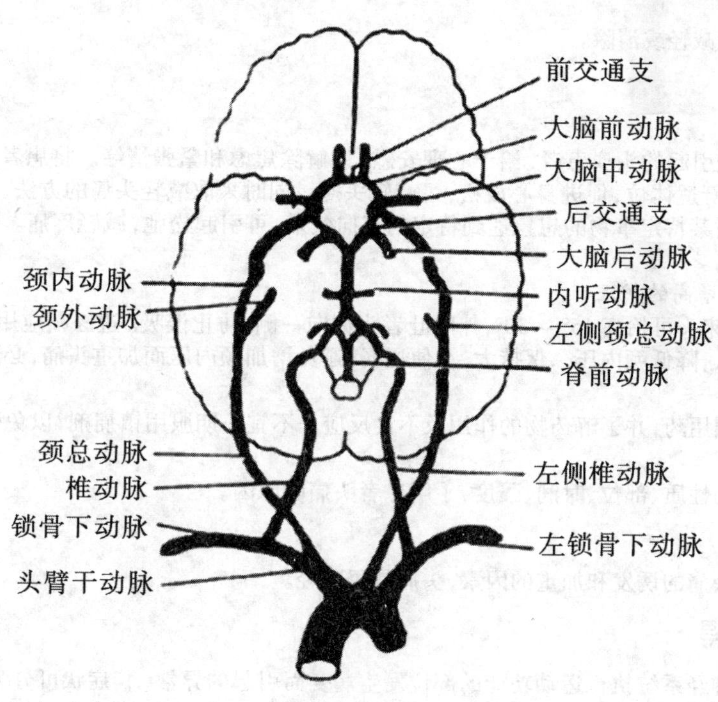

图63-1　脑血液供应图

第二节　神经系统疾病常见症状和体征的护理

神经系统常见症状和体征主要包括头痛、感觉障碍、运动障碍和意识障碍。

一、头痛

头痛（Headache）是指额、顶、颞、枕部的头痛，是头部痛觉神经纤维受理化刺激或感染、血管病变、缺氧等引起。头痛可以是某些严重脑病的信号，也见于高级神经活动失调或全身性疾病。

【护理评估】

1.健康史

询问患者是否曾患有脑部感染、血管病变、占位性病变、颅脑外伤;五官、颈椎、颈肌病变;以及高血压、发热、缺氧、过敏反应、中毒、代谢障碍或神经官能症等病变。

2.身体评估

(1)偏头痛　常为一侧或双侧颞部搏动性头痛,为血管性头痛。头痛前可有视物模糊、眼前散光等视觉先兆。女性多见,部分与月经周期有关,常有家族史。

(2)颅内高压性头痛　头痛剧烈伴恶心、喷射性呕吐、视乳头水肿为颅内压增高症状,并伴有呼吸减慢、心率减慢、血压升高等体征。

(3)颅外局部因素所致疼痛　眼源性头疼常位于眼眶周围及前额,用眼过度常可诱发或加重,眼部疾病一旦治愈,头痛也将缓解。耳源性头痛表现为单侧颞部持续性头痛,常伴有乳突压痛。神经性头痛部位不固定,伴有失眠、焦虑、思想不集中等症状。

3.心理-社会评估

询问患者是否由于头痛烦燥不安、情绪低落,是否因存在止痛剂的依赖性,而表现出焦虑、恐惧心理。

【护理诊断及医护合作性问题】

头痛　与情绪紧张致高级神经活动失调、脑血管病变、颅内压增高等有关。

【预期结果】

头痛及伴随症状减轻或消除。

【护理措施】

1.一般护理

对非器质性病变引起的头痛患者,给予心理安慰,以解除焦虑和紧张情绪。将患者安置在安静、光线较暗的环境中休息,保持舒适体位,促进身心放松,可减轻头疼。同时采取减轻头痛的方法,如:精神放松、听音乐、气功疗法或者利用对某特定事物的想象达到特定的正向效果,可引起松弛,减轻疼痛。另外,理疗、按摩、加压等方法均可减轻头痛。

2.头痛伴颅内压增高的护理

绝对卧床休息,床头可抬高 15°~30°,伴呕吐者头偏向一侧,防止误吸。遵医嘱应用脱水剂,如 20%甘露醇 250ml,快速静脉滴入,降低颅内压。保持大、小便通畅,避免增加颅内压而加重头痛,必要时可给予缓泻剂。

3.用药护理

指导患者按医嘱用药,并了解药物的作用及不良反应。不宜长期服用镇痛剂,以免引起药物的依赖性。

4.病情观察

观察患者头痛的性质、部位、时间、强度,了解患者头痛的原因。

【护理评价】

患者能否说出头痛的诱发和加重的因素,头痛是否减轻。

二、运动障碍

运动障碍指因神经系统执行运动功能的部位发生病变而引起的异常,其症状可分为瘫痪、僵硬、共济失调和不随意运动。

【护理评估】

1.健康史

询问患者血压、血糖、血脂是否异常,有无高血压、糖尿病及其他疾病,如急性或亚急性脑脊髓膜炎及脑实质的感染、脑血管疾病、脑肿瘤、脑外伤、中毒性神经变性、神经脱髓鞘等。

2.身体评估

根据受累部位可分为上运动神经元瘫痪和下运动神经元瘫痪,前者是脑、脊髓疾病引起的瘫痪,亦称中枢性瘫痪或痉挛性瘫痪(硬瘫);后者为周围神经疾病引起的瘫痪,亦称周围性瘫痪或驰缓性瘫痪(软瘫)。其鉴别要点见表 63-1。

表 63-1　上、下运动神经元瘫痪的鉴别

	上运动神经元瘫痪	下运动神经元瘫痪
瘫痪范围	以整个肌体为主(单瘫、偏瘫)	以肌群为主
肌张力	增高	减低
腱反射	亢进	减弱或消失
肌萎缩	无或稍有废用性萎缩	明显
病理反射	阳性	阴性
电变性反应	无	有

(1)肌力测定　瘫痪是指随意运动减弱或丧失。随意运动时,肌肉收缩的力量称肌力,常用来判断瘫痪程度。肌力分为以下 6 级:

0 级　完全瘫痪。

一级　肌肉有收缩,但不能产生动作。

二级　肌肉仅能做水平运动,但不能克服地心引力,故不能抬起。

三级　肌体能克服地心引力,脱离床面,但不能对抗阻力。

四级　肌体能克服一定阻力,但差于正常人。

五级　肌力正常。

(2)瘫痪的类型(见图 64-2)

1)单瘫:单个肢体的瘫痪,见于大脑皮层运动区或脊髓前角的局限性损害。

2)偏瘫:为一侧肌体随意运动丧失,并伴有同侧中枢性面瘫,见于内囊损害。

3)交叉性瘫痪　表现为病变侧脑神经周围性麻痹与对侧肢体的中枢性瘫痪,见于一侧脑干病变。

4)截瘫:双侧下肢或四肢瘫痪,见于脊髓横贯性损害。

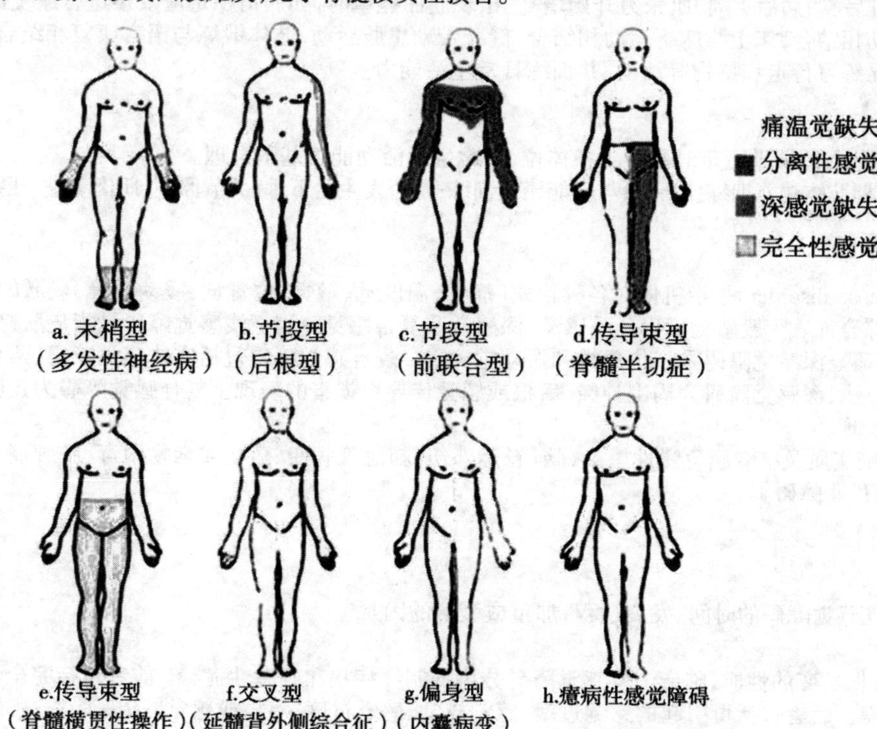

图 63-2　不同病损部位的瘫痪类型

3.心理-社会评估

询问患者有无注意力不集中、缺乏主动性、情感活动难以自制等现象;有无克服困难、增强自我照顾的能力与信心;是否存在悲观、焦虑、绝望等情绪变化。

【护理诊断及医护合作性问题】

1.躯体移动障碍

与肢体瘫痪有关。

2.有废用综合征的危险

与躯体移动障碍、运动减少有关。

【预期结果】

1.患者在他人的协助下能定时翻身,更换体位,皮肤保持完整无损。

2.患者能掌握肢体功能训练技巧,积极参与功能锻炼;没发生足下垂、关节僵硬、肌肉萎缩等现象。

【护理措施】

1.心理护理

关心患者,加强沟通,以和蔼的态度、热情主动的服务,赢得患者的信赖。协助患者完成洗漱、饮食、大小便、坐轮椅等日常活动,在满足患者基本需要的同时,介绍已康复的典型病例鼓励患者树立信心,持之以恒,配合治疗及功能训练。

2.皮肤护理

每2小时协助患者翻身1次,按摩受压部位,对受压的骨隆突处使用气垫、气圈等保护具,截瘫患者宜卧于有活板开孔(放置便器)的木板床,以免腰骶部皮肤被便器擦伤。

3.体位护理

保持瘫痪肢体功能位。如患肢平放,维持手臂外展姿势,肘关节稍屈曲,仰卧时肩关节高于肩水平,避免关节内收。下肢用足托板托住足底使踝关节呈90°,避免足下垂,膝下垫一软枕,使腿微屈,并以卷曲的毛巾支托在髋关节外侧,避免下肢外旋。

4.康复护理

评估患者四肢肌力、肌张力及活动情况,与患者及家属共同制订肢体功能锻炼计划,计划应切实可行、循序渐进。在急性期过后(约病后1周)肌张力开始增高、出现屈曲痉挛时,如病情稳定应及早进行康复锻炼。应注意被动与主动运动相结合,床上与床下运动相结合,健肢带动患肢运动,肢体锻炼与语言康复相结合。1个月后根据患者肌力情况练习行走和持物等活动,并训练日常生活能力。

【护理评价】

1.患者能否在他人的协助下定时翻身更换体位,日常生活活动能否基本自理。

2.患者能否掌握肢体功能训练技巧,参与功能康复训练;是否发生足下垂、关节僵硬、肌肉萎缩、压疮、感染等。

三、感觉障碍

感觉障碍(Sense disorder)是指机体对各种形式(痛觉、温度觉、触觉、位置觉、震动觉等)刺激的无感知、感知减退或异常的综合征。一般感觉障碍分浅感觉、深感觉和复合感觉障碍。浅感觉障碍是指皮肤黏膜痛觉、温度觉、部分触觉障碍。深感觉障碍是指位置觉和振动觉障碍。复合感觉障碍包括实体感觉障碍、两点辨别觉障碍和图形觉障碍。浅、深感觉障碍为周围神经、后根或感觉传导束损害的表现。复合感觉障碍为丘脑以上皮质感觉中枢损害的表现。

常见病因为脑实质及脑脊膜急慢性感染,脑、脊髓外伤,脑血管病变,药物或毒物中毒,脑肿瘤或椎间盘脱出压迫,以及全身代谢障碍。

【护理评估】

1.健康史

询问患者出现感觉障碍的时间、发展过程、加重或缓解的因素。

2.身体评估

(1)分类　根据病变的性质,临床上将感觉障碍分为抑制性症状和刺激性症状。前者包括完全性感觉缺失和分离性感觉障碍。后者包括可引起的感觉过敏、感觉异常、感觉过度、疼痛或感觉减退、消失。

(2)定位诊断　典型感觉障碍类型具有特殊的定位诊断价值(图63-3)

1)末梢型:手套、袜套型分布感觉障碍,见于多发性末梢神经损害。

2)节段性:脊髓某些节段的病变产生受累节段的感觉缺失或感觉分离,见于脊髓空洞症。

3)传导束型:感觉传导束损害引起病变以下部位的感觉障碍。

4)交叉型:延髓外侧和脑桥病变时,常产生病变同侧的面部和对侧身体的感觉缺乏。内囊损害,引起对侧偏身感觉障碍,并伴对侧偏瘫、偏盲。

5)皮质型;皮质型感觉障碍为精细性感觉(形体觉、两点区别觉、定位觉、图形觉等)障碍。大脑皮质感觉区病变,出现对侧单肢感觉障碍。

3.心理-社会评估

评估患者是否因感觉异常而生惊恐、焦虑、失眠甚至悲观失望,有无认知、情感或意识行为方面的异常,是否有疲劳感,注意力不集中,能否得到家庭的关爱和支持。

【护理诊断和医护合作性问题】

感知改变:与神经系统病变致感觉传导受损有关。

【预期结果】

感觉障碍部位无损伤,能学会用其他方法感知,感觉障碍逐步恢复。

【护理措施】

1.心理护理

安慰患者不要紧张,消除不安感。教会患者放松的技巧。

皮肤护理,做好感觉障碍肢体保暖防冻、防烫、防搔抓、防碰撞和防重压的护理。对感觉障碍伴有瘫痪的患者应协助翻身,以免因一侧身体长期受压而发生压疮。经常用温水擦洗、按摩,并做肢体被动运动,以促进血液循环和感觉恢复。

2.安全护理

对下肢有深感觉障碍的患者应告知避免夜间独自在黑暗处行走,以防跌伤。

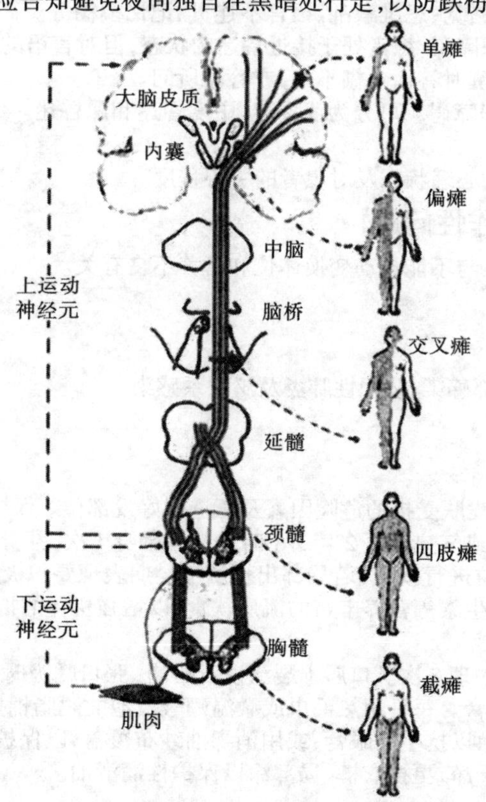

图63-3　感觉障碍类型的定位

3.知觉训练

指导患者或家属每日3次进行知觉训练,如用砂纸、棉絮丝等刺激触觉,用冷水、温水刺激温度觉,用大头针刺激痛觉,并解释各种刺激的感觉体验,帮助其用视觉弥补感觉的不足。

【护理评价】

患者感觉障碍是否减轻或消失;是否发生烫伤、跌伤、冻伤和其他损伤。

四、意识障碍

意识(Consciousness)是指人对外界环境及自身状态的识别和觉察能力。意识障碍(Disturbance of consciousness)是指人对外界环境刺激缺乏反应的一种精神状态。任何原因引起的大脑皮质、皮质下结构、脑干网状结构激活系统等部位的损害或功能抑制,导致高级神经活动功能受损,均可出现意识障碍。

意识障碍的病因复杂,包括中枢神经系统炎症(如脑炎、脑膜炎、脑脓肿)、脑血管疾病(如脑出血、脑梗死、蛛网膜下腔出血)、大脑占位性病变(如脑肿瘤)等脑部病变;全身性病变如严重感染(如败血症)、心血管病(如阿-斯综合征、休克)、内分泌与代谢障碍(如肝性脑病、尿毒症)、药物与化学物质中毒(如一氧化碳中毒、有机磷农药、巴比妥等中毒)等。

【护理评估】

1.健康史

询问患者家属或知情者,了解患者的发病方式及过程。向家属了解有无脑部病变、全身严重感染、心血管病、肝肾疾病、药物中毒等病史。

2.身体评估

意识障碍可有不同的表现,可分以下几种:

(1)嗜睡　是最轻的意识障碍,患者在安静环境中经常处于睡眠状态,呈一种病理性倦睡,可为轻刺激所唤醒,醒后能正确回答问题,配合检查,但反应迟钝,停止刺激后即又入睡。

(2)意识模糊　是较嗜睡程度深的意识障碍。患者表现思维活动困难、言语不连贯,对时间、地点、人物的定向能力发生障碍,可有幻觉、错觉、思维紊乱、语言不连贯、记忆模糊等。

(3)昏睡　是较严重的意识障碍,患者处于接近昏迷的状态,但对言语的反应能力尚未完全丧失,经高声呼唤,可被唤醒,但很快又入睡。醒时答话含糊不清,或答非所问。

(4)昏迷　是最严重的意识障碍。可分为浅昏迷、中度昏迷和深昏迷。

3.心理-社会评估

询问患者家庭背景,家属的心理状态及对患者的关心程度。

【护理诊断及医护合作性问题】

有皮肤完整性受损的危险:与不能自动变换体位和营养不良有关。

【预期结果】

1.未发生皮肤破损和压疮。

2.未发生口腔、眼部、会阴部感染,坠积性肺炎及泌尿系感染。

【护理措施】

1.皮肤护理

向患者家属解释容易产生皮肤受损的危险因素及压疮的好发部位。保持床铺平整、清洁、干燥,骶尾部、股骨大转子、足跟、踝等处垫棉圈或气垫。每2 ~ 3小时为患者翻身1次,翻身时避免拖、拉、推等动作,翻身后将肢体置于功能位,并对受压部位进行按摩,若局部出现压疮早期表现要积极处理,防止进一步加重。及早通过鼻饲给予高热量、高蛋白、高维生素等营养丰富的流质饮食,以增强机体的抵抗力。

2.口腔、眼部、会阴部的护理

先取下假牙,每天做口腔护理2次。口唇干裂涂以石蜡油,张口呼吸时可用湿消毒纱布覆盖在口鼻上,口腔黏膜破溃处涂以黏膜溃疡软膏。每日用热毛巾或微温硼酸液泡的脱脂棉擦净眼角分泌物,眼睑闭合不全者每日用生理盐水洗眼一次,并涂以抗生素眼膏,或用消毒油纱布覆盖,以保护角膜。大、小便失禁时应注意做好肛门及会阴部卫生,及时清洗干净,更换衣裤,局部涂以保护性润滑油。

3.呼吸道护理

患者可取平卧位,头偏向一侧,以免呕吐物误吸入气管;也可给患者肩下垫高,使颈部伸展,以防舌后坠,保持气道通畅。定时给患者翻身拍背,每2°3小时1次,由下往上、由外向内拍背,痰液黏稠不易咳出时,给予雾化吸入或吸痰,并遵医嘱应用祛痰药物。保持室内空气清洁、流畅,限制探视,减少污染机会,观察痰的性状、量、气味和颜色,如体温升高肺部感染时,应遵医嘱使用抗生素,并给予物理降温。

4.泌尿系统护理

留置导尿时，应严格无菌操作，用苯扎溴铵棉球进行尿道口消毒，同时保持尿道外端的清洁，定期更换尿管和尿袋。尿袋的位置应低于膀胱，搬动患者时要先夹管，以防尿液返流造成感染，保持尿管引流通畅，观察尿液性状，必要时遵医嘱使用抗生素及进行膀胱冲洗。每日2次为女患者做好会阴部的冲洗。根据病情补充足够的液体，以利排尿。

5.病情观察

观察记录生命体征、瞳孔大小和对光反射情况，以及偏瘫、颈强直等神经系统体征，分析意识障碍的原因、程度以及病情变化，及时做好抢救准备。

【护理评价】

1.意识障碍减轻或神志清楚。

2.生活需要得到满足，未出现压疮等并发症。

第三节　神经系统常用诊疗技术及护理

一、腰椎穿刺术

腰椎穿刺术(lumbar puncture)是神经系统疾病常用的诊疗方法之一。

【适应症】

1.诊断性

可以测定脑脊液压力。进行脑脊液常规、生化细胞学、免疫学和细菌学等检查，并可向注入造影剂，进行空气或碘造影等。

2.治疗性穿刺

可以引流血性脑脊液、炎性分泌物或造影剂等，或向蛛网膜下腔注入各种药物。某些脑膜炎、正压性脑积水和脑炎时，也可放取适量脑脊液以降低颅内压和改善临床症状。

【禁忌症】

1.颅内占位性病变，特别是有严重颅内压增高者，以及高颈段脊髓肿物或脊髓外伤的急性期，因前者可引起脑疝，后者可加重脊髓的受压，均可引起呼吸甚至心跳骤停。

2.穿刺部位的皮肤、皮下软组织或脊柱有感染时。

3.有出血倾向者。

【术前准备】

1.向患者解释穿刺的目的及注意事项，消除紧张、恐惧心理，取得配合，嘱排尿。

2.术前做普鲁卡因皮试。

3.备齐用物：常规消毒治疗盘、无菌腰椎穿刺包及其他用物，如无菌手套、2%普鲁卡因、弯盘、鞘内注射药物、酒精灯、火柴、按需要准备培养管1～2个等。

【术中配合】

1.体位

患者去枕侧卧硬板床上，背部齐床沿，头向胸前弯曲，双手抱膝，双膝向腹部弯曲，腰背尽量向后弓起，使椎间隙增宽，有利穿刺。

2.穿刺部位

一般取第3～4腰椎间隙，即两侧髂棘连线与后正中线的交会处。

3.方法

局部常规消毒，打开无菌包，戴无菌手套，铺洞巾，进行局麻。术者持腰椎穿刺针(套上针芯)，沿腰椎间隙垂直进针，推进4～6cm(儿童2～3cm)深度时，感到阻力突然消失，表明针头已进入脊膜腔。拔出针芯，脑脊液自动流出，接上压力管，可见液面缓缓上升，到一定平面后可见液平面随呼吸而波动，此读数为脑脊液压力；如压力明显增高，针芯则不能完全拔出，使脑脊液缓慢滴出，以防脑疝形成。放出脑脊液2～5ml送检。术毕，将针芯插入后一起拔出穿刺针，覆盖消毒纱布，用胶布固定。

需要了解蛛网膜下腔有无阻塞，可做动力试验(亦称压颈试验)。即于测定初压后压迫患者一侧颈静脉10秒，进行观察判断。若脑脊液压力于压颈后立即上升至原来水平1倍，解除压迫后，在20秒内迅速下降至原来水平，表明蛛网膜下腔无阻塞。若脑脊液压力于压颈后不上升，表明蛛网膜下腔完全阻塞。

【术后护理】

1.术后患者去枕平卧4 ~ 6小时,以免引起低压性头痛。

2.术后继续观察患者有无头痛、恶心、腰痛等反应。

【注意事项】

1.严格掌握禁忌症,凡疑有颅内压升高者必须先做眼底检查,如有明显视乳头水肿或有脑疝先兆者,禁忌穿刺。

2.穿刺时患者如出现呼吸、脉搏、面色异常等症状时,应立即停止操作,并做相应处理。

3.鞘内给药时,应先放出等量脑脊液,然后再等量转换性注入药液。

二、脑室外引流术及护理

1.原理与目的

脑室引流可分为内引流术、外引流术,前者如脑室-腹腔引流、脑室-心房引流等。现常用脑室外引流术。脑室持续外引流术是经颅骨钻孔行脑室穿刺后或在开颅手术中,将引流管前端置于脑室内,末端连接无菌引流瓶,将脑脊液引出体外的一项技术。该术是诊断和治疗神经系统疾病的重要操作。通过持续引流,可减缓颅脑手术后脑水肿程度,预防脑膜粘连,促进康复。

2.适应症与禁忌症

(1)急性颅内压增高　颅脑手术;脑脊液循环障碍;脑室造影;化脓性脑室炎;蛛网膜下腔出血者均为适应症。

(2)穿刺部位感染　存在明显出血倾向;大脑半球占位性病变、怀疑侧脑室受压变形移位者等为禁忌症。

3.操作前准备

(1)穿刺前向患者说明穿刺目的、操作中的配合事项,取得患者的合作。

(2)提供舒适、安静整洁的环境。

(3)准备好穿刺包、脑室引流瓶、麻醉药、无菌手套、纱布、消毒棉球、胶布及输液架。

(4)帮助患者摆放适当体位。

4.操作过程

(1)协助手术医师消毒、铺巾。

(2)配合穿刺,常用的穿刺方法有:

1)侧脑室前角:仰卧位,颅骨钻孔部位在发际后2cm,中线旁2.0 ~ 2.5cm,穿刺深度为4 ~ 6cm。

2)侧脑室三角区:侧卧或俯卧位,颅骨钻孔部位位于枕外隆凸上4 ~ 7cm,中线旁3cm,穿刺深度为4.5 ~ 5.5cm。

3)侧脑室下角后部:侧卧或仰卧使头稍转向对侧。颅骨钻孔部位为外耳道上3cm、后3cm处,穿刺深度为4 ~ 5cm。

(3)操作过程中要严格无菌操作　穿刺成功后可连接监测颅内压的设备或引流管道。

(4)术后整理用物,及时记录,送检标本。

5.操作后护理

(1)妥善固定　头部和床档上的引流管要固定,便于患者适当翻身和活动,防止移位和脱落。

(2)保持通畅　避免引流管扭曲、受压;无脑脊液流出可将引流管稍作旋转;仍无液体流出者,可用无菌注射器向外轻轻抽吸,切不可注液冲洗,以免阻塞物进入脑室;必要时配合医生换管。但要注意引流速度,避免引流过快,引起颅内压骤降。

(3)严格无菌　注意无菌操作,每日定时更换引流袋,必要做作脑脊液常规检查或细菌培养。搬动患者或更换引流瓶时,应夹闭引流管,防止引流液的返流和颅内压的急剧变动。

(4)观察记录　认真观察记录脑脊液的颜色、量及性状。正常脑脊液无色透明、清亮,每日400 ~ 500ml,术后1 ~ 2日可略呈血性。若脑脊液中有大量鲜血提示脑室内出血,少量出血可能是脑脊液引流过快、损伤脑室壁血管和脉络丛所致。若脑脊液混浊且量多,提示感染。

(5)拔管　引流管留置5 ~ 6天,拔管前应试行抬高引流袋或夹闭引流管24小时,若出现头痛、呕吐等颅内压增高症状,应立即放低引流袋或开放引流管。若无以上症状,可考虑拔管。拔管时须夹闭引流管,以防液体逆流。拔管后,出现脑脊液漏者,应通知医生缝合处理防止颅内感染。

(胡丹)

第六十四章　颅内压增高患者的护理

案例引入

患者，张某，男性，29岁，建筑工人。因高空作业时不慎从6m多高处坠落，当即昏迷，约25分钟后清醒，患者主诉头痛伴恶心，呕吐2次，右侧外耳道有血性液体流出，双侧瞳孔等大，对光反射存在，除右上肢因骨折制动外肢体活动尚可，约2小时后，头痛、恶心、呕吐加重，进而昏迷，右侧瞳孔散大，对光反射差，左侧肢体瘫痪，腱反射亢进，巴宾斯基征阳性。

提问：作为管床护士，试判断该患者是否存在颅内压增高症状，其判断依据是什么？

张某入院后，为进一步确诊，首选的辅助检查是什么？

张某病情变化过程中，因颅内压增高继发了何种并发症？主管护士在观察生命体征变化时会有哪些改变？为降低颅内压，首选的药物是什么？

张某病情观察的重点是什么？管床护士查房时发现张某刺痛睁眼，唯有叹声，针刺肢体呈过伸反应，其GCS昏迷评分是多少？

张某若进行手术治疗，则术后护理中最重要的措施是什么？若采取冬眠低温疗法，管床护士应做好哪些护理工作？

学习目标

知识目标　知道颅内压增高及脑疝的定义、身心状况、病情观察及冬眠低温疗法的护理要点；知道颅内压增高的处理原则、脑疝的抢救配合；了解：颅内压增高的病因及病理生理。

能力目标　能够对颅内压增高的患者进行正确的生理、心理护理。

素质目标　尊重、关心、爱护患者，培养良好的职业素质、团队意识及协作精神。

【概述】

颅内压增高(Intracranial hypertension)是常见的临床病理综合征，是颅脑损伤、脑肿瘤、脑出血、脑积水和颅内炎症等疾病所共有的征象。成人的正常颅内压为0.7 ~ 2.0kPa(70 ~ 200mmH_2O)，儿童的正常颅内压为0.5 ~ 1.0kPa(50 ~ 100mmH_2O)。颅内压持续高于200mmH_2O(2kPa)，引起头痛、呕吐和视乳头水肿三大病征，称为颅内压增高。根据病因不同分为弥漫性颅内压增高和局限性颅内压增高两类；根据病变发展速度分为急性、亚急性和慢性三类。

1.病因及发病机制

(1)颅腔内容物的体积或量增加

1)脑体积增加：如脑缺氧、脑外伤、脑及脑膜感染、汞或砷中毒等原因造成脑水肿。

2)脑脊液增多：脑脊液分泌过多、循环受阻或吸收障碍而导致脑积水。

3)脑血流量增加：如颅内静脉回流受阻或过度灌注使脑血流量增加。

(2)颅内空间或颅腔容积缩小

1)先天性因素：如狭颅症、颅底凹陷症等先天性畸形使颅腔容积变小。

2)后天性因素：颅内占位性病变如颅内血肿、脑肿瘤、脑脓肿等，或大片凹陷性骨折，使颅腔空间相对变小。

2.病理生理

(1)颅内压的调节　颅内压(ICP)是指颅腔内容物对颅腔壁所产生的压力，颅内容物包括脑组织、脑脊液和血液，三者与颅腔容积相适应，以维持正常的颅内压力。成人的颅腔是一个骨性的半密闭的体腔，借枕骨大孔与椎管相通，其容积是固定不变的，颅内压的调节主要依靠脑脊液量的增减实现。当颅腔内容物的体积增加或颅腔容积缩小超出了代偿范围时,即可发生颅内压增高。

(2)颅内压增高的后果

1)脑血流量减少:颅内压增高时,可使脑灌注压下降,机体通过脑血管扩张及脑血管阻力减小,维持脑血流量稳定。但当颅内压急剧增高,使脑灌注压低于5.3kPa(40mmHg)时,脑血管的自动调节功能失效,致脑血流量急剧下降;而当颅内压增高接近平均动脉压时,脑血流量几乎为零,脑组织处于严重缺血缺氧状态,最终导致脑死亡。

2)脑疝:脑疝是颅内压增高的严重并发症,即脑组织从压力高处向压力低处移位,压迫脑干、血管和神经而产生的一系列严重病变。小脑幕切迹疝(颞叶钩回疝),是颞叶的海马回、钩回通过小脑幕裂孔向幕下移位。枕骨大孔疝(小脑扁桃体疝),是小脑扁桃体及延髓经枕骨大孔向椎管移位。

【护理评估】

1.健康史

注意患者的年龄;了解有无颅脑损伤、颅内感染、脑肿瘤、高血压、颅脑畸形等疾病史,初步判断颅内压增高的原因;有无合并其他系统疾病;有无呼吸道梗阻、咳嗽、癫痫、便秘等诱发颅内压增高的因素。

2.身体状况

头痛、呕吐和视乳头水肿是颅内压增高的"三主征",但出现的时间并不一致。

(1)头痛　是最常见的症状。系颅内压增高使脑膜血管和神经受刺激与牵拉所致。初时较轻,以后加重。并呈持续性、阵发性加剧,清晨时加重是其特点。头痛与病变部位常不相关,多位于前额及颞部。程度可随颅内压增高而进行性加重,咳嗽、打喷嚏、用力、弯腰、低头时可加重。

(2)呕吐　多呈喷射状,与进食无直接关系。常出现于剧烈头痛时,易发生于饭后,可伴恶心,系因迷走神经受激惹所致。呕吐后头痛有所缓解。

(3)视神经乳头水肿　是颅内压增高最客观的重要体征。因视神经受压、眼底静脉回流受阻所致。表现为视神经盘充血,边缘模糊不清,中央凹陷消失,视盘隆起,静脉怒张。严重时乳头周围可见火焰状出血。长期、慢性颅内压增高引起视神经萎缩而导致失明。

(4)意识障碍及生命体征变化　慢性颅内压增高的患者往往神志淡漠,反应迟钝;急性颅内压增高者常有明显的进行性意识障碍甚至昏迷。患者可伴有典型的生命体征变化,出现Cushing(库欣)反应,即早期代偿时,血压升高、脉搏缓慢有力,呼吸加深变慢;后期失代偿时,表现为血压下降,脉搏细快,呼吸浅快而不规则。

(5)其他　一侧或双侧展神经麻痹、复视、阵发性黑矇、头晕、猝倒、头皮静脉怒张,小儿头颅增大、囟门饱满、颅缝增宽。头颅叩诊时呈破罐声等。

(6)脑疝

1)小脑幕切迹疝:表现为剧烈头痛和频繁呕吐,烦躁不安,意识障碍进行性加重。患侧的瞳孔短暂缩小后逐渐散大、对光反射减弱或消失,病变对侧肢体自主活动减少或消失,生命体征紊乱,最后呼吸心跳停止。

2)枕骨大孔疝:表现为剧烈头痛和频繁呕吐,颈项强直,强迫头位,生命体征紊乱出现较早,意识障碍出现较晚,瞳孔忽大忽小,早期可发生呼吸骤停而死亡。

3.辅助检查

(1)头颅X线片　可见颅骨骨缝增宽、蝶鞍骨质稀疏及蝶鞍扩大、蛛网膜颗粒压迹增大加深、脑回压切迹增多等。

(2)CT、MRI　CT是诊断颅内占位性病变的首选检查。CT和MRI检查均能作出较准确的定位诊断并可帮助定性诊断。

(3)脑血管造影　主要用于疑有脑血管畸形或动脉瘤等疾病的病例。数字减影血管造影(DSA)图像清晰,可使疾病的检出率提高。

(4)腰椎穿刺　能间接反映颅内压状态,并可检查脑脊液生化指标,但有引发脑疝的危险,对颅内压增高症状和体征明显者应禁用。

4.心理-社会状况

头痛、呕吐等不适可引起患者烦躁不安、焦虑等心理反应。应了解患者及家属对疾病的认知和适应程度。

5.处理原则

首先是处理原发疾病,颅内压增高造成急性脑疝时,应紧急手术。

(1)非手术治疗　适用于原因不明或一时不能解除病因者。

1)脱水治疗:常用高渗性和利尿性脱水剂以减轻脑水肿。

2)激素治疗:激素能改善毛细血管通透性,可防治脑水肿。

3)过度换气或吸氧:可使脑血管收缩,减少脑血流量,从而使颅内压相应降低。

4)冬眠低温疗法:应用药物和物理方法降低患者体温,以降低脑耗氧量和脑代谢率,防止脑水肿。

5)抗感染:伴有颅内感染者,使用抗菌药物控制感染。

(2)手术治疗　对于颅内占位性病变,应争取手术切除。有脑积水者,行脑室穿刺引流脑脊液,以缓解颅内高压。

【护理诊断及医护合作性问题】

1.脑组织灌注异常

与颅内压增高有关。

2.疼痛

与颅内压增高有关。

3.有体液不足的危险

与颅内压增高引起列呕吐及应用脱水剂有关。

4.潜在并发症

脑疝。

【护理目标】

1.脑组织灌注正常,未因颅内压增高造成脑组织的进一步损害。

2.患者主诉头痛减轻,舒适感增强。

3.体液恢复平衡,生命体征平稳,尿比重在正常范围,无脱水症状和体征。

4.患者未出现脑疝或出现脑疝征象时能够及时被及时发现和处理。

【护理计划与实施】

1.一般护理

(1)体位　抬高床头15°～30°,以利于颅内静脉回流,减轻脑水肿。

(2)给氧　持续或间断给氧,改善脑缺氧,使脑血管收缩,降低脑血流量。

(3)饮食与补液　不能进食者,成人每日补液量不超过2000ml,保持每日尿量不少于600ml。神志清醒者,可给予普通饮食,但需适当限盐,注意水、电解质平衡,记录24小时出入液量。

(4)生活护理　满足患者的日常生活需要,避免意外损伤。有呕吐者,及时清理呕吐物,防止误吸,观察并记录呕吐物的量和性质。

2.病情观察

(1)意识状态　目前临床对意识障碍的分级方法不一。传统的分为清醒、模糊、浅昏迷、昏迷、深昏迷5级(表64-1)。

表64-1　意识状态的分级

意识状态	语言刺激反应	痛刺激反应	生理反应	大小便能否自理	配合检查
模糊	迟钝	灵敏	正常	有时不能	能
浅昏迷	无	不灵敏	正常	不能	尚能
昏迷	无	迟钝	正常	不能	不能
深昏迷	无	无防御	减弱	不能	不能
清醒	灵敏	无	无	能	不能

Glasgow昏迷评分法:评定睁眼、语言及运动反应,三者得分相加表示意识障碍程度,最高分为15分,表示意识清醒;8分以下为昏迷,最低分为3分,分数越低表明意识障碍越严重(表64-2)。

(2)生命体征　注意呼吸节律和深度、脉搏快慢和强弱以及血压和脉压变化,若血压上升、脉搏慢而有力、呼吸深慢,提示颅内压升高。

(3)瞳孔变化　正常瞳孔等大,圆形,在自然光线下直径为3～4mm,直接、间接对光反应灵敏。严重颅内压增高继发脑疝时可出现异常变化。

表 64-2　Glasgow 昏迷评分法

睁眼反应	语言反应	运动反应
不能睁眼　1	不能发声　1	遵命动作　6
刺痛睁眼　2	唯有叹声　2	定位动作　5
呼唤睁眼　3	含混不清　3	肢体回缩　4
自动睁眼　4	回答错误　4	肢体屈曲　3
	回答正确　5	肢体过神　2
		无动作　1

3.降低颅内压

(1)防止颅内压骤然升高

1)休息:劝慰患者安心休养、避免情绪激动,以免血压骤升而增加颅内压。

2)保持呼吸道通畅:防止颈部过伸、过曲,及时清理呼吸道分泌物和呕吐物,舌根后坠者应托起下颌或置口咽通气管,必要时行气管切开。

3)避免剧烈咳嗽和便秘:避免并及时治疗感冒和咳嗽,防止肺部感染;多吃蔬菜和水果或给予缓泻剂以防止便秘。

4)及时控制癫痫发作:按医嘱定时给抗癫痫药物,一旦发作应及时抗癫痫和降低颅内压。

5)躁动的处理:对于躁动患者应寻找并解除引起躁动的原因,不盲目使用镇静剂或强制性约束,以免引起颅内压进一步增高。适当加以保护以防外伤及意外。

(2)药物治疗的护理

1)脱水疗法:首选20%甘露醇250ml,15 ~ 30分钟滴完,每日2 ~ 4次。遵医嘱定时、反复使用,停药前逐渐减量或延长给药间隔时间。注意输液速度,观察脱水治疗的效果。

2)激素治疗的护理:常用地塞米松5 ~ 20mg,或氢化可的松100mg静脉注射。注意观察有无因应用激素诱发应激性溃疡出血、感染等不良反应。

(3)辅助过度换气的护理　应定时进行血气分析,维持患者$PaO_2$12 ~ 13.33kPa(90 ~ 100mmHg),$PaCO_2$3.33 ~ 4.0kPa(25 ~ 30mmHg)水平为宜。过度换气的时间不宜超过24小时,以免引起脑缺血。

(4)冬眠低温疗法的护理

1)安置于单人房间,光线宜暗,室温18-20℃。

2)给冬眠药物半小时后,机体御寒反应消失,进入睡眠状态后,方可加用物理降温,降低温度以每小时下降1℃为宜,宜肛温32 ~ 34℃为宜。

3)密切观察意识、瞳孔、生命体征和神经系统征象,当收缩压<70mmHg时,或脉搏>100次/分、呼吸低于10次/分或不规则时,应终止冬眠疗法。

4)液体输入量每日不宜超过1500ml,鼻饲饮食温度应与体温相同。

5)预防肺部、泌尿系感染,防止冻伤和压疮。

6)终止冬眠疗法:冬眠低温治疗时间一般为3 ~ 5天,先停用物理降温,再停用冬眠药物,并加盖毛毯,待体温自然回升。

温馨提示:冬眠疗法时,遵循“先用后停”的原则,即先用药物降温,后用物理降温;复温时先停物理降温,后停药物降温。

(5)脑室引流的护理

1)严格无菌操作,妥善固定引流管并确保通畅,每日更换引流袋。

2)引流管开口需高于侧脑室平面10 ~ 15cm,需要搬动患者时应及时夹闭,防止脑脊液逆流引起颅内感染。观察引流的量及性状,每日引流量<500ml。

3)引流时间,开颅手术后3 ~ 4天,引流术后5 ~ 7天。

4)拔管前应夹管或抬高引流袋,观察有无颅内压增高现象。

(6)脑脊液分流术后的护理　严密观察病情,判断分流术效果。警惕有无分流管阻塞和感染并发症。观察有无脑脊液漏,一旦发现,应及时通知医师并协助处理。

4.缓解疼痛

(1)有效降低颅内压　做好降低颅内压的相应护理,有效控制颅内压力。

(2)镇痛　遵医嘱应用镇痛剂,但禁用吗啡、哌替啶,以免抑制呼吸中枢;避免加重头痛的因素。

5.心理护理

及时发现患者的心理异常和行为异常,查找并去除原因,协助患者对人物、时间、地点定向力的辨识,用爱心、细心、同情心、责任心照顾患者,有助于改善患者的心理状况。

6.健康指导

(1)心理指导　颅脑疾病后,患者及家属均对脑功能的康复有一定的忧虑,担心影响今后的工作和生活,应鼓励患者尽早自理生活,对恢复过程中出现的头痛、耳鸣、记忆力下降等给予适当的解释,树立患者的信心。

(2)康复训练　颅脑疾病手术后,可能遗留语言、运动或智力障碍,伤后1～2年内仍有恢复的可能,制订康复计划,进行语言、记忆力等方面的训练,以改善生活自理能力和社会适应能力。

【护理评价】

1.患者脑组织灌注是否正常,意识障碍有无改善。

2.患者是否主诉头痛减轻,舒适感增强。

3.患者体液是否平衡,生命体征是否平稳,尿比重是否在正常范围,有无脱水症状和体征。

4.患者是否出现脑疝或出现脑疝征象是否被及时发现和处理。

(胡丹)

第六十五章 颅脑损伤患者的护理

案例引入

谢某,女性,26岁,纺织女工。在车间工作时因帽子脱落,不慎辫子被卷入转动机器中,致前额部分皮肤撕脱1小时急诊入院。查体:患者烦躁不安,面色苍白,手足湿冷,T36.5℃,P98次/分,R20次/分,BP108/90mmHg。

提问:谢某首先考虑为何种损伤?在现场应如何处理伤口?

谢某行清创缝合术后3天,管床护士在换药时发现伤口有明显红肿,局部有波动感,应立即采取何措施?对此伤口如何进行换药?

学习目标

知识目标 知道颅脑损伤患者的身体状况、护理措施;熟悉颅脑损伤患者的处理原则,头皮损伤的分类、颅骨骨折机制、脑损伤机制、脑挫裂伤的病理。

能力目标 能够对颅脑损伤患者进行正确的生理、心理护理。

素质目标 尊重、关心、爱护患者,培养良好的职业素质、团队意识及协作精神。

颅脑损伤(Head injury)约占全身损伤的15%~20%,仅次于四肢损伤,常与身体其他部位的损伤复合存在,其致残率及致死率均位居首位。颅脑损伤多见于交通、工矿作业、自然灾害、爆炸、跌倒、坠落、锐器及钝器对头部的伤害。颅脑损伤可分为头皮损伤(Scalp injury)、颅骨损伤(Skull injury)和脑损伤(Brain injury)。三者可单独或合并存在。

头皮分五层:皮肤、皮下组织、帽状腱膜、帽状腱膜下层及骨膜。帽状腱膜与皮肤连接紧密,与骨膜连接疏松;骨膜在骨缝处贴附紧密,其余部位贴附疏松。头皮的血供丰富,动、静脉伴行,由颈内、外动脉的分支供血。颅骨分为颅盖和颅底两部分,颅底被蝶骨嵴和岩谷嵴分为颅前窝、颅中窝、颅后窝。

第一节 头皮损伤

【概述】

头皮损伤(Scalp injury)是因外力作用使头皮完整性或皮内发生改变,是最常见的颅脑损伤。包括头皮血肿、头皮裂伤和头皮撕脱伤。

1.病因及病理

(1)头皮血肿 多由钝器伤所致,按血肿出现于头皮的层次分为皮下血肿、帽状腱膜下血肿和骨膜下血肿。

1)皮下血肿:常见于产伤或碰伤,血肿位于皮肤表层与帽状腱膜之间。因皮肤借纤维膈与帽状腱膜紧密连接,血肿不易扩散,范围较局限,体积较小。

2)帽状腱膜下血肿:是由于头部受到斜向暴力、头皮发生剧烈滑动、撕裂该层间的导血管所致。该处组织松弛,出血易扩散,可蔓延至全头部,失血量多。

3)骨膜下血肿:常由于颅骨骨折引起或产伤所致。因骨膜在骨缝处紧密连接,血肿多以骨缝为界,局限于某一颅骨范围内。

(2)头皮裂伤 是常见的开放性头皮损伤。多由锐器或钝器打击所致,头皮血供丰富,出血较多,可致失血性休克。

(3)头皮撕脱伤 是一种严重的,多因发辫受机械力牵拉,使大块头皮自帽状腱膜下层连同骨膜一并撕脱,使骨膜或颅骨外板暴露,剧烈疼痛和大量失血可导致创伤性休克。

【护理评估】

1.健康史

询问头部受伤的部位、时间以及过程。了解是锐器伤还是钝器伤，锐器伤创缘整齐；钝器伤常造成头部不规则的裂伤或血肿；头皮切线方向的暴力打击或经发辫传递的过度牵引力可致头皮撕脱伤。

2.身体状况

(1)头皮血肿　皮下血肿体积小、张力高、压痛明显，有时周围组织肿胀隆起，中央反而凹陷，稍软，易误为凹陷性颅骨骨折。帽状腱膜下血肿可延及整个头部，使头颅增大，肿胀，有明显的波动感。骨膜下血肿多局限于某一颅骨范围内，多以骨缝为界，张力较高。

(2)头皮裂伤　伤口大小、深度不一，创缘多不规则，有时伴有皮肤挫伤或缺损，出血量大，可伴有休克。

(3)头皮撕脱伤　头皮缺失，颅骨外露，出血量大，常伴有休克。

3.辅助检查

较大的头皮血肿、严重的头皮开放性损伤应注意检查有无颅骨骨折和脑损伤，必要时做X线摄片、CT扫描检查。

4.心理–社会状况

对于突发的损伤毫无心理准备，疼痛、出血多常使患者恐惧不安，尤其是头皮裂伤及撕脱伤者，担心损伤影响头发生长和自我形象。

5.处理原则

(1)头皮血肿　一般较小的头皮血肿，无需特殊处理，经过1～2周多能自行吸收。伤后给予冷敷以减少出血和疼痛，24小时后热敷以促进血肿吸收。较大的血肿常需穿刺抽出积血后同时局部压迫包扎。

(2)头皮裂伤　现场急救可局部加压包扎止血，尽早清创缝合。

(3)头皮撕脱伤　现场急救可用无菌敷料覆盖创面，加压包扎止血；同时将撕脱的头皮用无菌纱布包好备用，争取在12小时内清创缝合。可行头皮再植，或全厚或中厚皮片再植。

【护理诊断及医护合作性问题】

1.疼痛

与头皮损伤有关。

2.潜在并发症

感染、休克。

【护理目标】

1.患者疼痛或不适得到减轻。

2.病情变化得到及时发现和处理。

【护理计划与实施】

1.病情观察

密切监测血压、脉搏、呼吸、尿量及神志变化，注意有无休克及脑损伤的发生。

2.伤口护理

观察头皮裂伤伤口有无渗血渗液，头皮撕脱伤缝合后有无皮瓣坏死和感染，保持敷料整洁和干燥。

3.预防感染

严格无菌操作原则，观察有无全身和局部感染表现，头皮裂伤、头皮撕脱伤常规使用抗生素预防感染。

4.心理护理

稳定患者情绪，鼓励并帮助患者，给予精神和心理上支持。使患者了解疾病的表现并保持正确的态度，消除患者紧张、恐惧心理，必要时给予镇静、镇痛剂，减轻疼痛，但对合并脑损伤者禁用吗啡类药物。

5.健康指导

头皮血肿早期应冷敷，切忌用力揉搓；头皮开放性损伤者应尽早清创缝合，同时注射破伤风抗毒素。头皮撕脱伤患者植皮术后，应避免植皮区受压、滑动，以便皮瓣成活。

【护理评价】

1.患者疼痛或不适是否减轻。

2.患者是否发生并发症，一旦发生，是否及时发现和处理。

第二节 颅骨骨折

案例引入

患者,女,38岁。骑摩托车时不慎被汽车撞倒,致前额及眼眶周围受伤1小时入院就诊。查体:患者神志清楚,眼睑青肿,结膜下出血,鼻部不断流出血性液体。

请问:1.考虑该患者为何种颅骨损伤,确诊的依据有哪些?

2.应采取哪些处理措施?

作为管床护士,通过对该患者病情的初步评估,目前其存在的主要护理诊断有哪些?为预防逆行颅内感染,应采取哪些护理措施?

【概述】

颅骨骨折(Skull injury)指颅骨受暴力作用所致颅骨结构改变,常合并脑损伤。按骨折部位分为颅盖与颅底骨折;按骨折形态分为线性与凹陷性骨折;按骨折与外界是否相通分为开放性与闭合性骨折。

1.病因及病理

颅骨损伤的病因是外界暴力,当颅骨受到外界暴力作用时,着力点局部下陷变形,并使整个颅腔也随之变形,先是颅骨内板折裂,外力持续作用,使外板也随之折裂,形成凹陷性或粉碎性骨折。当外力引起颅骨整体变形较重时,常在薄弱的颞骨鳞部或颅底发生线性骨折,骨折线沿暴力作用方向和颅骨脆弱处延伸,造成脑神经或血管损伤及相邻部位的脑组织损伤。颅底硬脑膜损伤时,常引起脑脊液鼻漏或耳漏。

【护理评估】

1.健康史

了解头部受伤的部位、暴力大小、方向,伤后有无昏迷史;既往有无其他疾病史,如高血压、冠心病等。

2.身体状况

(1)颅盖骨折

1)线性骨折:发生率最高,表现为骨折局部的头皮肿胀和压痛,患者常伴发骨膜下血肿。

2)凹陷骨折:好发于额、顶部。多为全层凹陷,局部可扪及局限性下陷区。部分患者仅有内板凹陷。若骨折片损伤脑重要功能区表面,可出现偏瘫、失语、癫痫等神经系统定位体征。

(2)颅底骨折

1)颅前窝骨折:累及眶顶和筛骨,可有鼻出血、眶周淤血(熊猫眼征)和球结膜下出血(兔眼征)。常合并脑脊液鼻漏,嗅神经或视神经损伤。

2)颅中窝骨折:累及蝶骨和颞骨岩部,表现为颞部淤血肿胀,可伴有脑脊液鼻漏和耳漏。常合并第Ⅶ、Ⅷ脑神经损伤,若累及蝶骨和颞骨的内侧部,可能损伤垂体或第Ⅱ~Ⅵ脑神经。

3)颅后窝骨折:累及颞骨岩部后外侧和枕骨基底部,有乳突部皮下淤血斑(Battle征)及枕下部肿胀及皮下淤血斑;枕骨大孔或岩尖后缘附近的骨折,可合并后组脑神经(第Ⅸ~Ⅻ脑神经)损伤。

3.辅助检查

(1)X线 颅骨X线检查可帮助了解骨折片陷入的深度和有无合并脑损伤。对颅底骨折的诊断意义不大。

(2)CT 可确定有无骨折,并有助于脑损伤的诊断。

4.心理-社会状况

患者可因意外颅骨骨折、脑脊液漏而焦虑、恐惧,长时间卧床及体位的限制,使患者变得厌烦或掉以轻心。

5.处理原则

(1)颅盖骨折 单纯线性骨折本身无须特殊处理,关键在于处理因骨折引起的脑损伤或颅内出血,尤其是硬脑膜外血肿。凹陷性骨折如位于脑重要功能区表面,有脑受压或凹陷直径>5cm,深度>1cm,开放性粉碎性凹陷骨折应予手术复位或摘除碎骨片。

(2)颅底骨折 本身无须特殊治疗。应着重于观察有无脑损伤及处理脑脊液漏、颅神经损伤等合并症。出现脑脊液漏时,应使用破伤风抗毒素及抗菌药物预防感染。大部分脑脊液漏在伤后1~2周自愈,超过4周应考虑手术修补硬脑膜,以封闭瘘口。若骨折片压迫视神经,应尽早手术减压。

【护理诊断及医护合作性问题】

1.有感染的危险

与脑脊液外漏有关。

2.潜在并发症

颅内出血、颅内压增高、颅内低压综合征。

【护理目标】

1.患者脑脊液漏期间未发生颅内感染。

2.患者并发症能得到预防或及时发现和处理。

【护理计划与实施】

1.病情观察

密切观察患者的意识、瞳孔、生命体征、颅内压增高症状和肢体活动等情况，及时发现和处理并发症。明确有无脑脊液漏，区分脑脊液与鼻腔分泌物，可将血性液体滴于白色滤纸上，若血迹外周有月晕样淡红色浸渍圈，则为脑脊液；根据脑脊液中含糖、耳鼻腔分泌物中不含糖，也可用尿糖试纸测定加以鉴别。

2.脑脊液漏护理

（1）体位　清醒者宜半坐位；昏迷者床头抬高15°～30°；脑脊液耳漏者取患侧卧位，借重力作用使脑组织移向颅底贴附于硬脑膜，逐渐粘连而封闭硬脑膜破口，待脑脊液漏停止3日后，可改其他卧位。

（2）预防逆行颅内感染

1）每日2次清洁、消毒鼻前庭、外耳道。在鼻前庭、外耳道口松松放置一消毒干棉球吸附漏出之脑脊液。棉球浸湿后，随时更换，并由此估计漏出量的变化。

2）禁止鼻腔、耳道的填塞、冲洗和滴药。

3）脑脊液鼻漏者，禁止经鼻腔置胃管、吸痰和鼻导管给氧。

4）告知患者勿挖耳、抠鼻，避免连续咳嗽、打喷嚏、擤鼻涕、屏气等可引起颅内压突然升降的动作。

5）遵医嘱给予抗生素和TAT。

3.疼痛护理

遵医嘱给予镇静剂或镇痛药物，减轻疼痛与不适。

4.心理护理

指导患者正确面对损伤，调整心态，配合治疗。告诉家属限制探视的意义，保障患者休息，避免交互感染。

5.健康指导

指导患者如何正确摆放体位和预防颅内感染；告知颅骨缺损者应注意避免局部碰撞，可在伤后半年做颅骨成形术。

【护理评价】

1.患者在脑脊液漏期间有无颅内感染发生。

2.患者是否发生并发症，一旦发生，是否及时发现和处理。

第三节　脑损伤

案例引入

患者，女性，30岁。骑自行车时不慎跌倒，左额颞部撞击水泥地上，当即昏迷，约20分钟后清醒，伴头痛，恶心，呕吐3次入院。查体：神志清楚，生命体征平稳，神经系统检查未见异常。

提问：1.该患者为何种类型原发性颅脑损伤？

2.入院后应如何做好病情观察？

患者入院后7小时，再度处于昏迷状态，呼之不应，按压眶上神经无反应。查体：BP150/105mmHg，脉搏缓慢有力，呼吸深而慢。左侧瞳孔散大，对光反射消失，右侧肢体瘫痪，病理反射阳性。

提问：1.考虑该患者继发了何种颅脑损伤？诊断依据有哪些？

2.需立即采取哪些处理措施？

该患者在全麻下行“颅内血肿清除术”后回到病房，管床护士如何安排其术后体位？若放置脑室引流管，如何做好其护理？

【概述】

脑损伤(Brain injury)是指脑膜、脑组织、脑血管以及脑神经在受到外力作用后所发生的损伤。

1.病因及发病机制

根据伤后脑组织是否与外界相通分为开放性和闭合性脑损伤。前者多为锐器或火器伤,常伴有头皮裂伤、颅骨骨折和脑膜破裂,后者多为钝器伤或间接暴力所致,脑膜完整。

颅脑损伤通常是多种应力共同作用的结果,因此,其损伤的程度和类型也多种多样。引起脑损伤的外力除可直接导致颅骨变形外,还可使头颅产生加速或减速运动,从而使脑组织受到压迫、牵张、滑动或负压吸附等多种应力产生的损伤。由于暴力作用的部位不同,使脑在颅腔内产生的超常运动各异,运动方式可以是直线性也可以是旋转性。如人体坠落时,运动着的头颅撞击于地面,受伤瞬间头部产生减速运动,脑组织因惯性力作用撞击在受力侧的颅腔内壁上,造成减速性损伤;与此同时,着力点对侧的脑组织因负压吸附而产生对冲伤。此类损伤多见于额极、颞极及其基底部。此外,由于脑组织在颅腔内急速移位,与颅底摩擦以及受大脑镰、小脑幕牵拉,更易导致多处或弥漫性损伤。当暴力过大或伴有旋转力时,可使脑组织在颅腔内产生旋转运动,不仅使脑组织表面在颅腔内因摩擦、撞击引起损伤,而且在脑组织内不同结构间产生剪应力,引起更为严重的损伤。

此外,当胸部突然遭受到巨大压力冲击时,胸腔内压力急剧增高,由于头部静脉无静脉瓣,致使上腔静脉血液逆行入颅内,脑淤血水肿,出现点状出血甚至小血管破裂,引起蛛网膜下隙出血、癫痫及昏迷。

2.病理生理

根据损伤病理改变的先后分为原发性和继发性脑损伤。前者指暴力作用头部后立即发生的脑损伤,包括脑震荡(Cerebral concussion)和脑挫裂伤(Cerebral contusion and laceration)。后者是指在伤后一段时间后出现的脑受损病变,包括颅内血肿和脑水肿等。

【护理评估】

1.健康史

询问头部有无受伤史。头部受力的大小、受伤的部位、时间以及过程,受伤当时有无昏迷或昏迷持续时间,能否回忆受伤前及受伤经过。

2.身体状况

(1)脑震荡　是最常见的轻度原发性脑损伤。为一过性脑功能障碍,无肉眼可见的神经病理改变。表现为伤后立即出现的短暂意识障碍,一般不超过30分钟;同时出现皮肤苍白、出汗、血压下降、生理反应迟钝等;清醒后不能回忆伤前及当时的情况,称为逆行性遗忘;常伴有头痛、头昏、恶心、呕吐等症状。神经系统检查无阳性体征。

(2)脑挫裂伤　为脑实质性损伤,包括脑挫伤和脑裂伤,两者常并存。

1)意识障碍:是脑挫裂伤最突出的临床表现。一般伤后立即出现昏迷,其程度和持续时间与损伤程度、范围直接相关。多数患者超过半小时,严重者可长期持续性昏迷。

2)局部症状和体征:依损伤的部位和程度而不同。若伤及脑皮质功能区,立即出现相应的症状和体征,如失语、失聪、锥体束征、偏瘫等。

3)头痛、呕吐:与颅内压增高,自主神经功能紊乱或蛛网膜下腔出血有关。

4)颅内压增高和脑疝:因继发脑水肿或颅内血肿所致。可使早期的意识障碍或偏瘫程度加重,或意识障碍好转后又加重。

(3)颅内血肿　是颅脑损伤中最多见、最危险却又是可逆的继发性病变。按血肿的来源和部位分为硬脑膜外、硬脑膜下和脑内血肿。按发病时间分为急性(<3天)、亚急性(3天至3周)和慢性(>3周)。因血肿压迫脑组织,引起占位性病灶症状和体征及颅内压增高,可导致脑疝而危及生命。

1)硬脑膜外血肿:症状取决于血肿的部位及扩展的速度。

①意识障碍:可以是原发性脑损伤直接所致,也可由血肿导致颅内压增高、脑疝引起,后者发生于伤后数小时至1～2日。典型的意识障碍是在原发性意识障碍之后,经过中间清醒期,再度出现意识障碍,并渐次加重。

②颅内压增高及脑疝表现:头痛、恶心、剧烈呕吐。一般成人幕上血肿>20ml、幕下血肿>10ml,即可引起颅内压增高症状。幕上血肿者大多先经过小脑幕切迹疝,然后合并枕骨大孔疝,故严重的呼吸循环障碍常发生在意识障碍和瞳孔改变之后。幕下血肿者可直接发生枕骨大孔疝,较早出现呼吸骤停。

2)硬脑膜下血肿

①急性和亚急性硬脑膜下血肿:症状类似于硬脑膜外血肿,脑实质损伤较重,原发性昏迷时间长,中间清醒期不明显,颅内压增高及脑疝多在1～3日内进行性加重。

②慢性硬脑膜下血肿:由于致伤外力小,出血缓慢,患者可有慢性颅内压增高表现,并有间歇性神经定位体征,有时可有智力下降、记忆力减退和精神失常。

3)脑内血肿:以进行性加重的意识障碍为主,若血肿累及重要功能区,可出现偏瘫、失语、癫痫等症状。

3.辅助检查

(1)脑脊液检查　脑震荡时,脑脊液检查无明显改变;脑挫裂伤时,脑脊液中常有红细胞。

(2)X线　了解颅骨骨折情况。

(3)CT　脑震荡常无异常改变。CT是脑挫裂伤的首选项目,可了解脑挫裂伤的部位、范围、脑水肿程度及脑室受压及中线结构移位等情况。可明确定位颅内血肿,并计算出血量,对开放性脑损伤可了解伤道及碎骨片和异物定位。

(4)颅脑超声　对幕上血肿有定位价值,中线移位超过3cm,有诊断意义。

(5)脑血管造影　对颅内血肿有定位意义,典型征象为无血管区。

4.心理-社会状况

了解患者及家属对颅脑损伤及其功能恢复的心理反应,了解家属对患者的关心程度和支持能力。

5.处理原则

(1)脑震荡　一般无须特殊处理,卧床休息1～2周,可完全恢复。可适当给予镇痛、镇静对症处理。

(2)脑挫裂伤　以非手术治疗为主,减轻脑损伤后的病理生理反应,预防并发症。

1)非手术治疗

①一般处理:包括静卧、休息;保持呼吸道通畅;营养支持;应用抗菌药物;对症处理及观察病情变化。

②防治脑水肿:是治疗脑挫裂伤的关键。可用脱水、激素或过度换气等治疗对抗脑水肿、降低颅内压;吸氧、限制液体入量;冬眠低温疗法等。

③促进脑功能恢复:应用营养神经药物和高压氧治疗等。

2)手术治疗:重度脑挫裂伤经非手术治疗无效,颅内压增高明显甚至出现脑疝迹象时,应做脑减压术或局部病灶清除术。

(3)颅内血肿　一经确诊,通常以手术清除血肿。

【护理诊断及医护合作性问题】

1.意识障碍

与脑损伤、颅内压增高有关。

2.清理呼吸道无效

与意识障碍有关。

3.营养失调

与脑损伤后高代谢、呕吐、高热有关。

4.焦虑、恐惧

与脑损伤的诊断与担心治疗效果有关。

5.潜在并发症

颅内压增高、脑疝、癫痫、感染、压疮、废用综合症等。

【护理目标】

1.患者意识逐渐恢复,能够进行有效语言交流。

2.呼吸道保持通畅,无缺氧征象。

3.患者营养状态维持良好。

4.患者情绪稳定,能配合治疗和护理,遵从指导。

5.患者并发症能得到预防或及时发现和处理。

【护理计划与实施】

1.现场急救

(1)保持呼吸道通畅　深昏迷患者取侧卧位或侧俯卧位,抬起下颌或放置口咽通气管。及时清理呼吸道分泌物、血块、呕吐物,必要时行气管切开或人工辅助呼吸。

(2)妥善处理伤口　开放性颅脑损伤应剪短伤口周围头发,并消毒,用无菌敷料保护外露脑组织,避免受压。伤口局部现场不冲洗,不用药。尽早应用抗生素和破伤风抗毒素。

(3)防治休克　有休克发生时,需立即扩充血容量。

温馨提示:颅内压升高、老年呼吸系统疾病禁用吗啡,以免抑制呼吸;胆道疾病、胰腺疾病禁用吗啡,以免引起 Oddi 扩约肌痉挛,加重疼痛。

2.病情观察

动态观察病情是鉴别原发性与继发性脑损伤的主要手段,无论伤情轻重,急救时就应该建立观察记录单。

(1)意识　意识障碍是脑损伤患者最常见的变化之一。出现的迟早和轻重可作为区别原发性和继发性脑损伤的重要依据。

(2)生命体征　患者伤后可出现持续性的生命体征紊乱,为避免患者躁动影响结果的准确性,应先监测呼吸,再测脉搏,最后测血压。伤后早期因组织创伤反应,可出现中等程度发热,若累及脑干,可出现体温不升或中枢性高热。伤后数日后体温升高,常提示感染存在,应注意呼吸、脉率、血压的变化,及时发现有无颅内压增高,警惕颅内血肿及脑疝。

(3)瞳孔　可因动眼神经、视神经及脑干损伤引起。观察瞳孔大小、形态、对光反射、眼裂大小、眼球位置及活动情况,注意两侧对比。伤后一侧瞳孔进行性散大,对侧肢体瘫痪,意识障碍提示脑受压或脑疝;双侧瞳孔散大、对光反应消失、眼球固定伴深昏迷,多为原发性脑干损伤或临终表现;双侧瞳孔大小形状多变、对光反应消失,伴眼球分离,多为中脑损伤;有无间接对光反射可以鉴别视神经与动眼神经损伤。某些药物、惊骇、剧痛可影响瞳孔变化,吗啡、氯丙嗪可使瞳孔缩小;阿托品、麻黄碱使瞳孔散大。

温馨提示:瞳孔缩小常见于有机磷农药中毒;瞳孔散大见于颅内压增高;瞳孔先小后大见于小脑幕切迹疝;瞳孔时小时大见于脑干损伤。

(4)神经系统体征　原发性脑损伤引起的局灶症状,伤后即出现,不再继续加重。继发性脑损伤的症状在伤后逐渐出现,多呈进行性加重。

(5)其他　观察有无脑脊液漏、呕吐及呕吐物性质,有无剧烈头痛或烦躁不安等颅内压增高表现或脑疝先兆。

3.一般护理及对症处理

(1)降低颅内压　抬高床头15°~30°,以利脑静脉回流,减轻脑水肿。避免呼吸道梗阻、高热、咳嗽、癫痫发作等颅内压增高因素,应用20%甘露醇、速尿、激素等药物控制脑水肿和降低颅内压,必要时手术引流减压或清除血肿。

(2)维持体液平衡　每日输液量在1500~2000ml内,输液速度不宜过快,注意补充电解质与维持酸碱平衡。

(3)加强营养　及时补充能量和蛋白质。早期可用胃肠外营养,肠蠕动恢复后改用肠内营养,给予三高饮食。

温馨提示:颅内压升高、肝硬化伴腹水、慢性肾衰竭、肺癌术后的患者均需限制水的入量。

(4)对症处理

1)泌尿系感染:长期留置导尿管是引起泌尿系感染的主要原因。必须导尿时,严格无菌操作,尿管留置时间不宜超过3~5天,需长期导尿者,可做膀胱造瘘术,保持会阴清洁,注意训练定期排尿功能。

2)中枢性高热:常用物理降温,必要时冬眠低温疗法。

3)暴露性角膜炎:眼睑闭合不全者,给予眼药膏保护;无须随时观察瞳孔时,可用纱布覆盖眼睑,甚至行眼睑缝合术。

4)废用综合征:脑损伤患者因意识不清或肢体功能障碍,可发生关节挛缩和肌萎缩。应保持患者肢体于功能位,防止足下垂。每日做四肢关节被动活动及肌按摩2~3次,防止肢体挛缩和畸形。

5)外伤性癫痫:可用苯妥英钠预防,发作时用地西泮10~20mg,静脉注射,每日总量不超过100mg。癫痫完全控制后,继续用药1~2年,逐渐减量后停药。

6)应激性溃疡:严重颅脑损伤及激素应用可诱发急性胃肠黏膜病变。可停用激素和使用胃酸分泌抑制剂如西咪替丁等。

4.心理护理

给予患者及家属解释与安慰,主动介绍有关疾病知识,让患者了解疾病的治疗与护理计划,以便更好地配合。对于昏迷患者,提倡呼唤式护理,以人为本,促进康复。

5.健康指导

对脑震荡"脑外伤综合征"患者应做好解释工作,加强心理疏导,树立信心。对外伤性癫痫患者,强调按时服药,不可单独外出、登高、游泳等,防止意外伤害。对有语言、运动和智力障碍者,应制订康复计划,加强功能训练,定期复诊。

【护理评价】

1.患者意识是否逐渐恢复,能否进行有效语言交流。

2.患者呼吸道是否通畅,有无缺氧征象。

3.患者营养状态是否维持良好。

4.患者情绪是否稳定,能否配合治疗和护理,是否遵从指导。

5.患者是否发生并发症,一旦发生,是否及时发现和处理。

(胡丹)

第六十六章　颅内肿瘤患者的护理

案例引入

患者,女,22岁,未婚。因停经、溢乳3年,双侧视力进行性下降伴双颞侧偏盲半年入院。

提问:1.首先考虑为何种疾病?

2.为确诊可选择那些辅助检查?

患者在了解病情后,诉心悸、失眠、忧愁,担忧麻醉和手术效果。针对该患者目前最主要的护理诊断是什么?经积极术前准备后,患者在全麻下行"脑肿瘤切除术"后回到病房,其术后护理要点有哪些?

学习目标

知识目标　知道颅内肿瘤手术治疗的护理措施;熟悉颅内肿瘤的身心状况;颅内肿瘤的病因及分类。

能力目标　能够对颅内肿瘤患者进行正确的生理、心理护理。

素质目标　尊重、关心、爱护患者,培养良好的职业素质、团队意识及协作精神。

【概述】

颅内肿瘤(Intracranial tumors)是神经外科中最常见的疾病之一,分为原发性和继发性两大类。原发性颅内肿瘤可发生于脑组织、脑膜、颅神经、垂体、血管及胚胎残留组织等。继发性肿瘤指身体其他部位的恶性肿瘤转移或侵入形成的转移瘤。颅内肿瘤可发生于任何年龄,但以20～50岁多见,40岁左右为发病高峰。少年、儿童以后颅窝及中线肿瘤较多见,主要为髓母细胞瘤、颅咽管瘤及室管膜瘤。成年人以大脑半球胶质细胞瘤最为多见,如星形细胞瘤、胶质母细胞瘤;其次为脑膜瘤、垂体瘤及听神经瘤等。老年人以胶质母细胞瘤和转移癌为多。颅内原发性肿瘤发生率在性别上差异并不明显,男稍多于女。

【病因及分类】

病因目前尚不清楚,包括遗传因素、物理因素、化学因素及生物因素等。颅内肿瘤的分类方法多样。目前多使用北京神经外科研究所的分类:①神经上皮组织的肿瘤:包括星形细胞瘤、少突胶质细胞瘤、室管膜瘤、脉络丛肿瘤、松果体细胞瘤、胶质母细胞瘤、髓母细胞瘤;②脑膜肿瘤:包括各类脑膜瘤、脑膜肉瘤;③神经鞘膜细胞肿瘤:包括良性、恶性神经鞘瘤,良性、恶性神经纤维瘤;④垂体前叶肿瘤:包括嫌色性腺瘤、嗜酸性腺瘤、嗜碱性腺瘤、混合型腺瘤;⑤先天性肿瘤:包括颅咽管瘤、上皮样囊肿、畸胎瘤、神经错构瘤等;⑥血管性肿瘤;⑦转移性肿瘤;⑧邻近组织侵入性肿瘤;⑨未分类肿瘤。

【护理评估】

1.健康史

了解患者的年龄及是否患有其他部位肿瘤,如肺癌、乳腺癌等。是否有家族史。

2.身体状况

(1)颅内压增高　90%以上的脑瘤患者可出现颅内压增高的症状或体征。常呈慢性、进行性发展。其表现为:头痛、呕吐、视乳头水肿,还可有视力减退、头晕、复视、一过性黑矇、猝倒、意识障碍等。严重者可出现脑疝。

(2)局部症状与体征　主要取决于肿瘤生长的部位,因肿瘤对脑组织造成的刺激、压迫和破坏不同而异。刺激性症状包括:癫痫、疼痛、肌抽搐;压迫和破坏症状包括:偏瘫、失语、感觉障碍及脑神经的功能障碍和小脑症状等。首发症状或体征常表明脑组织最先受损的部位,有定位诊断意义。

(3)内分泌紊乱　鞍区肿瘤早期可出现内分泌功能紊乱,如女性停经、泌乳、不育,男性性功能障碍、肢端肥大症和巨人症、库欣综合征等。

3.辅助检查

(1)X线　包括头颅平片、脑室脑池造影、脑血管造影、DSA等。

(2)CT、MRI　CT是目前应用最广的脑成像技术,MRI对脑组织的细微分辨优于CT。

(3)脑电图及脑电地形图　对大脑半球凸面病灶有较高的定位价值。

(4)内分泌激素检测　泌乳素(PRL)、生长激素(GH)、促肾上腺皮质激素(ACTH)等测定有助于鞍区肿瘤的诊断。

4.心理-社会状况

评估患者及家属的心理状况,了解患者有无焦虑、恐惧、悲伤、绝望的心理,有无自杀动机和行为。了解患者及家属对疾病及其手术治疗的认知程度,了解家属对患者的关心程度和支持能力。

5.处理原则

(1)降低颅内压　以缓解症状,争取治疗时间。方法包括:脱水、激素、冬眠低温和脑脊液外引流术等。

(2)手术治疗　是最直接、有效的方法。包括切除肿瘤、内减压术、外减压术和脑脊液分流术。

(3)放疗　适用于肿瘤位于重要功能区或部位深不宜手术、患者全身情况差不允许手术及对放射治疗敏感的颅内肿瘤等。

(4)化疗　逐渐成为重要的综合治疗手段之一。但在化疗过程中需防颅内压增高、肿瘤坏死出血及其他不良反应,同时辅以降低颅内压药物。

(5)其他治疗　如免疫治疗、中医药治疗和基因药物治疗等。

【护理诊断及医护合作性问题】

1.自理缺陷

与肿瘤压迫导致肢体瘫痪以及开颅手术有关。

2.焦虑、恐惧、预感性悲哀

与肿瘤诊断和担心疗效有关。

3.潜在并发症

颅内压增高、脑疝、脑脊液漏、尿崩症。

【护理目标】

1.患者的日常生活需要得到满足。

2.心态平衡,获得精神支持,心理压力减轻。

3.并发症能得到预防或及时发现和处理。

【护理计划与实施】

1.一般护理

(1)口腔和鼻腔的清洁　经口鼻蝶窦入路手术的患者,术前需剃胡须、剪鼻毛,并加强口腔及鼻腔护理。术后注意口腔护理。

(2)体位　幕上开颅术后患者应卧向健侧,避免切口受压。幕下开颅手术后早期宜无枕侧卧或侧俯卧位;经口鼻蝶窦入路手术后取半卧位,以利于伤口引流。后组脑神经受损、吞咽功能障碍者只能取侧卧位,以免口咽部分泌物误入气管。体积较大的肿瘤切除后,因颅腔留有较大空隙,24小时内手术区应保持高位,以免突然翻动时发生脑和脑干移位,引起大脑主静脉撕裂、硬脑膜下出血或脑干功能衰竭。搬动患者或翻身时,应有人扶持头部使头颈部成一直线,防止过度扭曲或震动。

(3)饮食　颅后窝手术或听神经瘤手术后因吞咽、迷走神经功能障碍而发生吞咽困难、饮水呛咳者,应严格禁食禁饮,采用鼻饲供给营养,待吞咽功能恢复后逐渐练习进食。

2.伤口及引流护理

颅内肿瘤手术切除后,在残留的创腔内放置引流物,目的是引流手术残腔内血性液体及气体,使残腔逐渐闭合,减少局部积液或形成假性囊肿。应做好引流护理:

(1)妥善固定　术后早期,创腔引流袋放置于头旁枕上或枕边,高度与头部创腔保持一致,以保证创腔内一定的液体压力,避免脑组织移位。尤其是位于顶后枕部的创腔,术后48小时内,不可随意放低引流袋,否则因创腔内液体被引出致脑组织迅速移位,有可能会导致大静脉撕裂,引起颅内血肿。另外,创腔内暂时积聚的液体可以稀释渗血、防止渗血形成血肿。创腔内压力升高时,血性液体可自行流出。

(2)引流速度　术后48小时内,可将引流袋略放低,以期较快引流出创腔内的液体,使脑组织膨出,以减少局部残腔,避免局部积液造成颅内压增高。

(3)引流量及拔管　若术后早期引流量多,应适当抬高引流袋。引流管放置3～4日,一旦血性脑脊液转清,即拔出引流管,以免形成脑脊液漏。

3.并发症护理

(1)颅内压增高、脑疝　密切观察生命体征、神志、瞳孔、肢体功能等情况。遵医嘱落实降低颅内压的措施。

(2)脑脊液漏　注意口、鼻、耳等处有无脑脊液漏。经蝶手术后避免剧烈咳嗽,以防脑脊液鼻漏。若出现脑脊液漏,应做好相应护理。

(3)尿崩症　主要发生在鞍上手术后。患者出现多尿、多饮、口渴,尿比重降低。在给予神经垂体素治疗时,应准确记录入液量,根据尿量的增减和血清电解质变化调节方案。

4.心理护理

给予心理支持,使患者和家属能够面对现实,耐心倾听患者的诉说,减轻其压力;解释有关手术治疗的方法及注意事项,促使患者配合实施。

5.健康指导

对放疗、化疗患者做好可能出现不良反应的知识宣教。鼓励患者尽快适应社会和自我形象的改变。指导患者功能锻炼,早期开始,包括肢体训练、语言训练及记忆力恢复,尽可能提高其生命质量。

【护理评价】

1.患者的日常生活需要是否得到满足。

2.患者心态状态是否稳定,能否配合治疗和护理。

3.患者是否出现并发症,若出现能否及时发现和处理。

(胡丹)

第六十七章　脑血管疾病患者的护理

案例引入

患者，男，65岁，有心房颤动病史，清晨起床自行上厕所时摔倒，家人发现其口角歪斜，自述左侧上、下肢麻木。送医院检查：神志清楚，左侧偏瘫，CT见低密度影。

提问：首先考虑为何种疾病？诊断依据是什么？

学习目标

知识目标　知道脑出血及蛛网膜下腔出血的临床特点及护理要点；脑血管疾病的分类及主要病因；三种缺血性脑血管疾病的临床要点，提出相应的护理诊断及护理措施。

能力目标　能够对脑血管疾病患者进行正确的生理、心理护理。

素质目标　尊重、关心、爱护患者，培养良好的职业素质、团队意识及协作精神。

脑血管疾病（cerebrovascular disease，CVD）是各种原因使脑血管发生病变引起脑功能障碍性疾病的总称。脑卒中（stroke）是指急性脑循环障碍导致局限性或弥漫性脑功能缺失的临床事件，包括脑出血、脑梗死、蛛网膜下腔出血等。

脑血管疾病是临床常见病，是目前人类疾病的三大死亡原因之一，其发病率为（100 ~ 300）/10万，患病率为（500 ~ 740）/10万，死亡率为（50 ~ 100）/10万，约占所有疾病死亡人数的10%，存活者中50% ~ 70%遗留瘫痪、失语等严重残疾，给社会和家庭带来沉重的负担。

【分类】

临床上可以分为急性和慢性二类。急性脑血管病又称为脑卒中、卒中或脑血管意外，临床最为多见，包括出血性卒中和缺血性卒中，出血性卒中包括脑出血及蛛网膜下腔出血；缺血性卒中包括脑血栓形成、脑栓塞及短暂性脑缺血发作等。慢性脑血管病包括脑动脉硬化症、血管性痴呆等。

【病因和危险因素】

1.病因

图脑血管疾病由多种因素所致，常见病因包括以下四类：

（1）血管壁病变　高血压性动脉硬化和动脉粥样硬化是脑血管疾病最常见的病因。其次为动脉炎、先天性血管病（动脉瘤、血管畸形）等各种原因引起的血管损伤。

（2）心脏病和血流动力学改变　高血压、低血压、风心病、心肌病等。

（3）血液成分和血液流变学改变　高黏血症、服用避孕药和弥散性血管内凝血。

（4）其他病因　包括空气、脂肪、癌细胞和寄生虫等栓子，脑血管受压、外伤、痉挛等。

2.危险因素

脑血管疾病与许多因素有密切关系，主要包括以下几种，其中高血压、心脏病、糖尿病、吸烟被认为是最重要的危险因素。

（1）高血压　目前一致认为高血压为脑卒中极其重要的危险因素，缺血性和出血性脑卒中的发病与之均有肯定关联。长期持续高血压，脑卒中发病率最高，比短期或间期性高血压者高5倍。血压越高，危险性越大，其发病率与血压水平密切相关。

（2）心脏病　各种心脏病均是脑卒中发病的重要危险因素，尤其与缺血性脑卒中关系更为密切。常见因素为冠心病、充血性心力衰竭、左心室肥厚、心律失常，尤其是心房颤动，即使无风湿性心脏病史者也与脑卒中有密切关系。

（3）糖尿病　在临床反复发作的缺血性脑卒中患者中有10% ~ 30%患糖尿病，在因缺血性脑卒中而病死的患者中，糖尿病是非糖尿病患者的2倍以上；40岁以上糖尿病患者脑卒中的发生比非糖尿病多5倍。

(4)吸烟及酗酒 吸烟及酗酒不论对缺血性或出血性脑卒中均是危险因素。

(5)胆固醇和脂血症影响 高胆固醇和高脂血症使动脉硬化发病率升高，血液黏稠度增加，缺血性脑卒中发病率相应增高。高血压低胆固醇患者也易发生脑血管疾病。

(6)肥胖 肥胖明显与高血压相关，肥胖而不伴高血压和糖尿病的人，肥胖不是脑卒中的重要危险因素。

(7)药物因素 如避孕药、抗凝药、溶栓药、交感胺类药物等。

(8)其他因素 如饮食、季节与气候、地理环境、高原因素等。

第一节 短暂性脑缺血发作患者的护理

短暂性脑缺血发作(transient ischemic attack，TIA)是指历时短暂并经常反复发作的脑局部供血障碍，导致供血区局限性神经功能缺失症状。每次发作持续15分钟至1小时，不超过24小时即完全恢复，但常有反复发作，不遗留神经功能缺损的症状和体征。好发于50～70岁，男性多于女性。TIA是缺血性脑卒中最重要的危险因素。

【病因及发病机制】

其发病与动脉硬化、动脉狭窄、心脏病、血液成分改变及血流动力学变化等多种因素有关，最主要的病因是动脉粥样硬化。

发病机制不明，多数学者倾向于栓塞学说。动脉粥样硬化斑块脱落构成的微栓子随血流进入脑部形成微栓塞，当栓子破裂、分解或随血流移向更细小的动脉，脑血供恢复，症状消失。微栓子主要来自颈内动脉颅外段、椎动脉等。此外，与血液动力学改变、脑血管痉挛、血液成分改变有关。

【护理评估】

1.健康史

注意询问患者有无动脉粥硬化、高血压、风心病、冠心病、糖尿病等病史，生活习惯及有无本病的家族史，是否既往有类似反复发作史。

2.身体状况

患者发作突然，持续时间短暂，一次发作持续数秒至数小时，最长不超过24小时；症状完全恢复，一般不留神经功能缺损；发作时症状取决于累及的动脉系统，常反复发作。根据病变部位分为以下两类：

(1)颈内动脉系统TIA 主侧半球受累表现为失语、对肢体运动障碍或感觉障碍、一过性失明或偏盲等。患者颈部可闻及血管杂音。

(2)椎动脉系统TIA 常表现为发性眩晕，伴恶心、呕吐。很少出现耳鸣。大脑后动脉供血不足可出现一侧或两侧视力障碍，有视野缺损，若脑干、小脑受累可出现复视、眼震颤、共济失调、平衡障碍、吞咽困难及交叉瘫等。此外有以下集中特征症状：①跌倒发作(Drop attack)：常在迅速转颈突然出现双下肢无力倒地，无意识丧失，可立即站起，可能是脑干网状结构缺血使机体肌张力突然减低所致；②短暂性全面性遗忘症(tansient global amnesia，TGA)：发作时出现短时间记忆丧失，患者对此有自知力，持续数分钟至数十分钟，发作时间、地点定向力障碍，但谈话、书写和计算能力保持；③双眼视力障碍发作：因双侧大脑后动脉距状支缺血而致枕叶皮质受累，引起暂时性皮质盲。

3.心理-社会评估

未发病前不予重视，发病后才产生恐惧心理。

4.辅助检查

(1)CT或磁共振检查 大多正常，部分病例可见脑内有小的梗死灶或缺血灶。

(2)数字减影脑血管造影(DSA)或无创经颅多普勒(TCD) 可发现血管狭窄、动脉粥样硬化斑。TCD微栓子监测适合发作频繁的TIA患者。

【治疗要点】

1.病因治疗

控制血压、治疗心脏疾病，纠正血液成分异常等。

2.预防性药物治疗

抗血小板聚集药有阿司匹林，其作用是抑制血小板内环化酶的活性，减少血小板中的血栓烷A2，降低血小板聚集。可用培他啶或低分子旋糖酐静滴。

3.脑保护治

对发作频繁的TIA患者可给予钙通道阻滞剂(尼莫地平、西比灵)进行脑保护治疗。

【护理诊断及医护合作性问题】

1.有受伤的危险

与眩晕、复视、共济失调有关。

2.潜在并发症

脑梗死。

【预期结果】

1.没有发生意外受伤。

2.病情控制良好，没有发生脑梗死。

【护理措施】

1.一般护理

患者取平卧位休息，保证脑的血液供应。饮食给予低脂、低盐、低胆固醇、适量碳水化合物、丰富维生素饮食，忌烟限酒及辛辣食物，切忌暴饮暴食或过分饥饿。

2.安全护理

移开患者活动场所的障碍物，防止地面过滑，卫生间、走廊和楼梯安装扶手。嘱患者有前驱症状时就地降低体位，避免摔伤。教会患者应用拐杖、助行器等。指导患者选择合适的、底部不滑的鞋。进行适当的活动，促进血液循环。指导家属改善居室环境，帮助患者克服运动、视力障碍等困难，防止发生摔伤。

3.用药护理

遵医嘱应用抗凝药、抗血小板聚集药、血管扩张药及中医中药等。在用抗血小板聚集剂、抗凝药物时应密切观察有无出血倾向。有少数患者可出现全身紫癜，个别患者有消化道出血，发现这些现象及时报告医生，并给予积极治疗。

4.心理护理

了解患者及家属的思想顾虑，让已治愈的患者进行现身说法，帮助患者树立与疾病做斗争的信心。关心体贴患者，告诉患者积极配合治疗、按时服药对预后的重要性。动员家属关心、爱护、帮助和支持患者。

5.病情观察

注意观察患者的神志、视力、肌力等改变，了解患者有无引起循环血容量减少、血压下降的因素。注意观察患者有无眩晕、复视，了解患者共济失调的情况。

6.健康指导

告诉患者及家属及早诊断和遵医嘱用药的重要性。积极配合治疗，按时服药，预后较好。以低脂、低胆固醇、高维生素饮食为宜，戒烟，少饮酒。坚持锻炼身体，以促进血液循环。积极治疗原发病，如高血压、动脉硬化、心脏病、糖尿病、高脂血症等。避免精神紧张及过度疲劳，保持情绪稳定，经常发作的患者不要从事过重的体力劳动及单独外出，以防疾病发作时跌倒。定期到医院复查，如出现肢体麻木、无力、视力障碍等应及时就诊。

【护理评价】

患者能否配合治疗和护理，是否发生意外受伤。

第二节　脑血栓形成患者的护理

案例引导

患者，男，78岁，因“语言不清伴下肢乏力4天”入院。4天前出现言语不清，有双下肢乏力，行走不稳，有时头晕，伴左侧肢体麻木，有时有进食呛咳，无头痛，无视物旋转，无恶心、呕吐，来我院治疗。病程中无发热、胸痛心慌，无肢体抽搐、晕厥，食欲尚可，大小便正常。

既往有高血压病史6年（未服药），糖尿病病史6年（使用30R诺和灵治疗）。

查体：T37℃，P75次/分，R18次/分，BP160/90mmHg，瞳孔对光反射灵敏，伸舌居中，口角不歪，四肢肌力、肌张力正常，生理反射存在，病理反射未引出。头颅CT示：双侧放射冠、丘脑、基底节区多发缺血灶，腔隙性梗死灶。

提问：1.该患者初步诊断是什么？

2.脑血管疾病的主要危险因素有哪些？如何预防？

脑血栓形成(Cerebral thrombosis)是由于供应脑的动脉因动脉粥样硬化等病变使管腔狭窄、闭塞,或形成血栓,致使脑局部血流中断、缺血缺氧、坏死而出现相应的神经系统症状。这是缺血性脑血管病中常见的类型。本病多见于 50 ~ 60 岁以上有动脉硬化者,常伴有高血压、冠心病和糖尿病。

【病因及发病机制】

最常见的病因是脑动脉粥样硬化,常伴有高血压。少见的病因有各种动脉炎、先天性血管畸形、真性红细胞增多症、血液呈高凝状态等。

动脉粥样硬化好发于动脉的分叉部及弯曲部,故脑血栓的好发部位是大脑中动脉、颈内动脉的虹吸部和起始部、椎动脉及基底动脉中下段等。脑动脉壁的病变是脑血栓形成的基础,动脉管壁粥样硬化变性或炎性改变使动脉粗糙,官腔狭窄,如达到 80%即影响脑血流量。当动脉粥样硬化斑块形成溃疡后,血小板及纤维素等黏附、聚集形成血栓。如有血液黏度增加、血流缓慢、血压下降或脱水时则更易促进血栓形成。在血栓形成过程中,如侧支循环充分可不出现症状。

【护理评估】

1.健康史

询问患者有无不良的生活方式和饮食习惯,有无烟酒嗜好,患病时间、方式,有无明显诱因,发病前有无头痛、头昏等。

2.身体评估

起病前多有前驱症状,表现为头痛、眩晕、短暂性肢体麻木,无力,约 25%患者病前有 TIA 史。多于静态时发病,患者常在清晨或夜间醒来发现偏瘫、失语等。症状多在数小时甚至 1 ~ 3 天内达高峰,一般无意识障碍,生命征稳定。如出现意识障碍则提示脑干网状结构供血不足。大面积梗死或病情严重者有意识障碍,甚至出现脑疝,引起死亡。

起病在 6 小时内即达到高峰者常有完全瘫痪及昏迷型卒中,又称完全性卒中(Complete stroke)。6 小时至数日内脑缺血症状逐渐加重呈阶梯式,称为进展型卒中(Progressive stroke)。

(1)颈内动脉大脑中动脉血栓形成　常见症状为对侧偏瘫,偏身感觉障碍,优势半球病变时可有失语。如眼动脉受累则出现同侧一过性视力障碍,大脑中动脉主干闭塞,出现对侧偏瘫,偏身感觉障碍和同向偏盲,优势半球受累可有失语。

(2)椎-基底动脉血栓形成　基底动脉主干闭塞时出现四肢瘫、球麻痹、意识障碍,常迅速死亡。脑桥基底部梗死可出现闭锁综合征(Zocked-synerome),患者四肢瘫痪,球麻痹,不能讲话,但意识清楚,面无表情,仅能以眼球上下运动来表达自己得意愿。

3.心理-社会评估

因突发失语、偏瘫患者可产生自卑、恐惧感。

4.辅助检查

(1)脑脊液　多数正常,仅少数出血性梗死者可见红细胞,大面积梗死时压力可增高,细胞数和蛋白质在发病数天后可稍高于正常。

(2)CT　可出现低密度灶。

(3)MRI　可较早发现脑梗死,特别是脑干和小脑的病灶。

【治疗要点】

1.早期溶栓

尽早恢复梗死区血流灌注是“超早期”的主要处理原则。超早期是指发病后 6 小时以内,应用此类药物首先需经 CT 证实无出血灶,并应检测出凝血酶原时间等。若能在起病后 3 小时内用药更为理想。临床常用的溶栓药有:尿激酶(UK)、链激酶(SK)、重组的组织型纤溶酶原激活剂(rt-PA)。其中尿激酶在我国应用最多。

2.抗凝治疗

目的在于防止血栓扩展和新血栓形成。常用的药物有肝素、低分子肝素及华法令等。治疗期间应检测凝血时间和凝血酶原时间。

3.保护脑组织

可采用钙离子阻滞剂、镁离子、抗兴奋性氨基酸递质、自由基清除剂和亚低温治疗等。给予脑细胞营养剂治疗。

4.降纤治疗

降解血中纤维蛋白原,增强纤溶系统活性,抑制血栓形成。可选择降纤酶、巴曲霉和蚓激酶等。

5.抗血小板聚集

阿司匹林可降低死亡率和复发率,但在进行溶栓及抗凝治疗时不要同时应用,以免增加出血风险。

6.外科治疗

如颈动脉内膜切除术、颅内外动脉吻合术、开颅减压术等对急性脑梗死患者有一定疗效。

【护理诊断及医护合作性问题】

1.躯体移动障碍

与肢体瘫痪有关。

2.生活自理缺陷

与肢体瘫痪、失语有关。

3.语言沟通障碍

与病变累及大脑优势半球,语言中枢受损有关。

【预期结果】

患者学会摆放瘫痪肢体的位置,保持身体平衡,躯体活动能力增强;生活自理能力逐步提高,或恢复到原来日常生活自理水平;能用简短文字或其他方式有效地表达基本需要,保持沟通能力。

【护理措施】

1.一般护理

急性期绝对卧床休息,取平卧位,以保证有较多血液供给脑组织,避免搬动。头部禁用冰袋或冷敷,以免血管收缩、血流缓慢而使脑血流量减少。给予氧气吸入或高压氧舱治疗。

2.饮食护理

给予低盐低脂饮食,如有吞咽困难、呛咳者,可给予糊状流质或半流质小口慢慢喂食,必要时给予鼻饲。

3.病情观察

定时监测生命征和意识、瞳孔的变化,注意调整血压并记录,使血压维持在略高于病前的水平,若血压过高或过低应及时通知医生,并配合处理。及时发现颅内压增高症状,并按医嘱快速静滴脱水剂。

4.用药护理

遵医嘱用药,并注意药物的不良反应。如观察静滴低分子右旋糖酐时有无发热、荨麻疹等过敏反应,服用阿司匹林后有无黑便,使用抗凝剂和溶栓剂期间,有无全身皮肤黏膜出血,如出现异常,应立即报告医生处理。

5.康复护理

给患者及家属讲解早期活动的必要性及重要性,指导患者进行功能训练,训练时不可操之过急,要循序渐进,活动量应由小渐大,时间由短到长,被动与主动运动、床上与床下运动相结合,语言训练与肢体锻炼相结合。教会患者及家属保持关节功能位置:上肢、手关节保持轻微背屈,手中可握一手帕,肘关节微屈曲,上肢高于肩部水平,避免关节内收、下垂,可采用夹板或三角巾托起。下肢、足底垫起,使足背与小腿呈90°,防止足下垂。将膝关节下放一小枕垫起,使腿微屈,外侧放枕头垫好,以防止膝关节伸展性挛缩及下肢外旋。教会患者及家属锻炼和翻身技巧,训练患者平衡和协调能力,在训练时保持环境安静,使患者注意力集中。鼓励患者做力所能及的活动,训练患者日常生活基本技能,如穿脱衣服、扣纽扣、洗脸、漱口、自己动手吃饭及使用各种餐具。鼓励患者调动健侧肢体能动性,辅助瘫侧进行运动。

6.健康指导

告知患者及家属应积极治疗原发病,如高血压、糖尿病等。在降压治疗过程中要做到平稳降压,防止血压波动过大。生活有规律,平时要保持适量体力活动,促进心血管功能,改善脑血液循环。以低脂、低胆固醇、高维生素饮食为宜,忌烟、酒及辛辣食物,忌暴饮暴食或过分饥饿。对短暂脑缺血发作的患者应让其充分了解本病可能导致的后果,鼓励患者积极配合治疗,告知患者避免突然的转头或仰头动作,发作较频繁的患者尽量减少独处的时间。老年人晨间睡醒时不要急于起床,最好安静10分钟后缓缓起床,以防体位性低血压致脑血栓形成。抗血小板聚集的药物应坚持长期服用,告知患者药物常见的不良反应,一旦出现应及时就医。指导患者及家属康复功能训练的基本方法,并鼓励患者长期坚持进行,多数可在1 ~ 3年内逐步恢复肢体功能。嘱患者定期到医院复查,如出现头晕、肢体麻木、短暂脑缺血发作等先兆表现时,应及时由他人护送就诊。

【护理评价】

患者是否会正确摆放瘫痪肢体的位置,躯体活动能力增强;生活自理能力是否逐步恢复;能否用有效的方式表达基本需要,保持沟通能力。

第三节　脑栓塞患者的护理

案例引入

患者,女,73岁。右侧肢体活动不利1天入院。患者于入院当天做家务时突然倒地,呼之不应,右侧肢体不能活动,无口吐白沫,无四肢抽搐及二便失禁,即来院急诊。追问病史,患者有冠心病、心房颤动病史10余年,平时口服地奥心血康等药物。体格检查:T36.7℃,P77次/分,R22次/分,BP168/105mmHg。两肺呼吸音略粗,未闻及干湿啰音。心浊音界向左侧扩大,心率87次/分,律不齐,各瓣膜未闻及杂音,腹平软,双下肢无水肿。神经系统检查:神志朦胧,呼之能睁眼,双眼向左侧凝视,双瞳孔等大等圆,直径2.5mm,对光发射存在。右侧鼻唇沟略浅,伸舌不合作。颈软,右侧肢体肌张力<左侧,肌力检查不合作,左侧肢体见自主活动,右侧肢体未见自主活动,右侧Babinski(+),左下肢病理征(-)。辅助检查:头颅CT:左侧颞顶枕部片状低密度影。EKG:心房颤动,心室率85次/分,有ST-T改变。

提问:1.该患者的可能诊断是什么?

2.主要护理诊断和护理措施是什么?作为管床护士,如何为患者进行健康教育?

脑栓塞(Cerebral embolism)是指各种栓子(血液中异常的固体、液体、气体)随血流进入颅内动脉系统使血管腔急性闭塞,引起相应供血区脑组织坏死出现脑功能障碍。脑栓塞多见于颈内动脉系统,特别是大脑中动脉。患者以青壮年多见,多数继发于风湿性心脏病,急性起病。而老年人多继发于冠心病、心肌梗死。

【病因及发病机制】

脑栓塞的栓子来源有:心源性、非心源性、来源不明三大类。心源性栓塞是最常见的病因,特别是风湿性心脏病二尖瓣狭窄伴心房颤动时,左心房附壁血栓脱落形成的栓塞。亚急性细菌性心内膜炎瓣膜上的炎性物质脱落、心肌梗死的附壁血栓、心脏黏液瘤、二尖瓣脱垂、心脏外科手术等也常引起栓塞。非心源性栓塞有主动脉弓及大动脉粥样硬化斑块和附着物脱落、感染性脓栓、长骨骨折的脂肪栓塞、癌细胞栓塞及各种原因的空气栓塞。有些虽经仔细检查也未能找到栓子的来源。

【护理评估】

1.健康史

询问患者有无风心病病史、外伤史;老年患者有无冠心病病史。

2.身体评估

大多数患者意识清楚,或仅有轻度意识模糊,可出现栓塞部位引起的局限性神经缺失症状。通常表现为偏瘫、单瘫、偏身麻木、失语、癫痫发作。心源性脑血栓同时有心脏病的症状及体征,或有手术经过。脂肪脑血栓常发生于头骨骨折或手术后,常先有肺部症状,如呼吸困难、胸痛等,以后可出现精神异常、烦躁不安、头痛、抽搐、昏迷、颅内压增高等神经系统症状。

3.心理-社会评估

由于患者身体残疾、肢体运动和语言功能障碍,易产生悲观失望、焦虑。评估患者家属对患者的关心和支持程度。

4.辅助检查

(1)头部CT、MRI　可早期发现脑梗死病灶,呈低密度影。

(2)脑血管造影　可显示栓塞的部位、梗死范围及侧支循环情况。

(3)脑电图检查　脑梗死侧脑电图基本节律稍慢、波幅减低、α波消失或出现慢波,脑软化区出现局限性θ波。

(4)心电图、超声心动图等检查　有助于明确脑栓塞的病因。

(5)血象　注意血糖、血脂、血液流变学检查是否正常。

(6)脑脊液检查　多正常,大面积梗死时压力可增高。

【治疗要点】

1.脑部损害的治疗

急性期和恢复期的治疗，原则上与脑血栓形成相同，具体治疗措施根据病情选择。

2.积极治疗原发病

原发病的治疗在于根除栓子的来源，防止脑血栓复发。

【护理诊断及医护合作性问题】

参见本章第二节脑血栓形成患者的护理。

【护理目标】

参见本章第二节脑血栓形成患者的护理。

【护理计划与实施】

参见本章第二节脑血栓形成患者的护理。

【护理评价】

参见本章第二节脑血栓形成患者的护理。

第四节　脑出血患者的护理

案例引入

患者，男，65岁，突然头痛、神志不清、左侧肢体活动不利1小时入院。1小时前，在晨练时，突然头痛、神志不清，跌倒在地，送医院途中出现大小便失禁，呕吐1次，无抽搐，左侧肢体不动。既往有高血压病史6年，未正规治疗。查体：T36.8℃，P62次/分，R18次/分，BP200/110mmHg，浅昏迷。两眼向右凝视，左侧鼻唇沟变浅，口角下垂，颈有抵抗。双肺呼吸音清，心律齐，左侧上下肢弛缓性瘫痪，肌力0级，巴彬斯基征阳性，脑膜刺激征阳性。头颅CT示：右侧壳核部位有4cm×3cm的类圆形密度均匀的高密度灶。

提问：1.初步诊断是什么？诊断依据有哪些？

2.病情观察中，最主要防止哪种并发症？

3.作为管床护士，应如何护理该患者？

脑出血（intracereb ral hemorrhage，ICH）或称脑溢血，为原发性非外伤性脑实质内出血，占全部脑卒中的20%～30%，病死率高，致残率高。

【病因及发病机制】

高血压及动脉硬化是脑出血最重要的病因。其他有先天性脑血管畸形、动脉瘤、血液病（如白血病、再生障碍性贫血、血友病等）、抗凝或溶栓治疗等。

持续高血压可使脑内小动脉硬化，玻璃样变，形成微小动脉瘤，当一些诱因致血压升高时血管破裂出血。大脑中动脉与其所发出的深穿支-豆纹动脉呈直角，是微动脉瘤多发部位。出血80%位于大脑半球，主要在基底节附近，其次是各脑叶、脑干及小脑。脑出血后，血肿周围组织受压、水肿，大血肿可引起脑组织和脑室移位，形成脑疝。脑疝是脑出血最常见的死亡原因。

【护理评估】

1.健康史

询问患者既往有无高血压或脑动脉硬化病史，起病前有无明显的诱发因素，如体力活动、情绪激动、饮酒、用力排便以及气候变化等。

2.身体评估

起病突然，多在活动、情绪激动、劳累、用力排便时突然发生。症状多在数分钟至数小时达到高峰，有剧烈头痛、头昏、恶心、呕吐、意识障碍，一侧肢体无力、失语、大小便失禁等。不同部位出血临床特点表现如下：

（1）基底节区（内囊）出血　占脑出血的60%～70%，患者多突然头痛、呕吐、意识障碍轻或无，呈现典型的“三偏征”，即病灶对侧出现不同程度偏瘫、偏身感觉障碍及同向偏盲。出血量大破入脑室或损伤丘脑下部及脑干，昏迷加深，病情严重，病死率极高。

(2)脑叶出血(皮质下白质出血)　约占脑出血的15%。表现以头痛、呕吐等颅内压增高症状及脑膜刺激征为主。也可以出现各叶的局灶性体征,如部分性癫痫、单瘫、偏盲或象限盲、各种类型的不全性失语、精神异常等。脑叶出血以顶叶多见,多数预后良好。

(3)脑桥出血　占脑出血的10%左右。起病突然,剧烈头痛、头晕、复视等。轻者表现为单侧桥脑损害体征,即相应的交叉性瘫痪和双眼凝视瘫痪侧。重者短期进入深昏迷、四肢瘫痪、呕吐咖啡样胃内容、双侧瞳孔呈针尖样大小、中枢性高热、呼吸不规则,多于24 ~ 48小时内死亡。

(4)小脑出血　占脑出血的5% ~ 10%,多表现为突然眩晕、枕部剧痛、频繁呕吐、患侧肢体共济失调、眼球震颤、面瘫、颈项强直等,但无肢体瘫痪。重症者颅内压迅速增高、昏迷加深、枕骨大孔疝形成,多在48小时内死亡。

(5)脑室出血　较少见,多数为继发性脑室出血,由脑实质内出血破入脑室所致,约占脑出血的5%。起病急骤,可表现为头痛、呕吐、脑膜刺激征阳性,肢体迟缓性瘫痪,有阵发性强直性痉挛或去大脑强直状态,病情严重者预后差。

温馨提示:要学会区分脑出血和脑血栓形成。脑出血患者通常患有高血压,在白天情绪激动、过度活动后发病,主要表现为剧烈头痛、恶心、呕吐;动脉粥样硬化性血栓性脑梗死患者通常患有动脉硬化、高脂血症,在睡眠或安静休息后发病,主要表现为肢体瘫痪。

3.心理–社会状态评估

脑出血患者意识清楚者常因偏瘫或失语,产生急躁不安、恐惧、悲观等心理状态。

4.辅助检查

(1)脑脊液检查　脊液压力常增高,多呈血性。病情严重、有明显颅内压增高者禁做腰穿。

(2)CT检查　应作为首选,早期即可见高密度影,周围伴水肿带。同时CT可显示血肿的部位和大小、有无移位、破入脑室等。

(3)MRI检查　脑出血的急性期MRI不具有特征性,且检查速度慢,不易与其他占位病变区别。脑出血的亚急性期或血肿消退期,MRI可显示血肿的特征性形态。

脑梗死与脑出血的鉴别要点见表67-1。

【治疗要点】

1.急性期治疗

治疗原则:调整血压,降低颅内压,减轻脑水肿,防止再出血,防治并发症。

(1)降低颅内压,减轻脑水肿　是治疗脑出血的重要措施。常用20%甘露醇250ml静滴。

(2)调整血压　血压过高(收缩压在180 ~ 230mmHg或舒张压在105 ~ 140mmHg时),可用降压药物卡托普利口服,但不宜将血压降得过低,以防脑供血不足。急性期后2周,血压仍持续过高者应降压治疗。急性期血压骤停者应给予适量的升血压药物,以保证足够的血液供应脑组织。

(3)防治并发症　积极预防感染、应激性溃疡、中枢性高热、下肢深静脉血栓形成等并发症。

(4)手术治疗　目的在于清除血肿,手术宜在超早期(发病后6 ~ 24小时)内进行。

2.恢复期治疗

应及早、定时、定量加强瘫痪肢体的被动活动与主动锻炼。配合针灸、理疗等治疗以促进功能恢复。

【护理诊断及医护合作性问题】

1.躯体移动障碍

与锥体束受损导致肢体瘫痪有关。

2.语言沟通障碍

与病变累及舌咽、迷走神经及优势半球语言中枢有关。

3.潜在并发症

脑疝,上消化道出血。

表 67-1　脑梗死与脑出血的鉴别要点

	脑梗死	脑出血
发病年龄	多在 60 岁以上	多在 60 岁以下
起病状态	安静状态或睡眠中	活动中
起病速度	10 余小时或 1~2 天达到高峰	数十分钟只至数小时达到高峰
高血压史	较少	较多
全脑症状	轻或无	头痛、呕吐、嗜睡、打哈欠等颅内压增高症状
意识障碍	通常较轻或无	较重
神经体征	多为非均等性偏瘫	多为均等性偏瘫
头颅 CT	脑实质内低密度病灶	脑实质内高密度病灶
脑脊液	无色透明	血性(洗肉水样)

【护理目标】

1.患者活动范围及能力增加,生活自理能力逐渐恢复。

2.患者能有效表达自己的需要,配合语言功能训练,语言功能好转或恢复。

【护理计划与实施】

1.休息与体位

急性期应绝对卧床,尤其是发病后 24 ~ 48 小时内避免搬动。患者取侧卧位,头部抬高 15° ~ 30°,以利于颅内血液回流,减轻脑水肿。体温升高时应给予物理降温,头部放置冰袋或冰帽,给予氧气吸入,以改善脑组织缺氧。

对有面神经瘫痪的患者,可取面瘫侧朝上卧位,有利于口腔内分泌物的引流。病室应保持安静,避免声、光刺激,限制探视。各项护理操作如翻身、吸痰、鼻饲等动作均须轻柔。患者应避免情绪激动、剧烈咳嗽、打喷嚏等,以防止颅内压增高导致进一步出血。

2.饮食护理

急性脑出血患者在发病 24 ~ 48 小时内禁食,此后若生命征平稳,无颅内压增高及严重上消化道出血,可开始流质饮食,昏迷者可鼻饲。保证有足够蛋白质、维生素、纤维素摄入。根据患者情况调整饮食中的水和电解质的量,适当控制入液量,一般每日不超过 1500 ~ 2000ml。清醒患者摄食时一般以坐位或头高侧卧位为宜,进食要慢,面肌麻痹时,应将食物送至口腔健侧近舌根处,使患者容易控制和吞咽食物。保持大便通畅,防止用力排便而导致颅内压增高,必要时按医嘱给予缓泻剂,禁止大量不保留灌肠。

3.保持呼吸道通畅

安置患者合适的体位,使口水、呕吐物和呼吸道分泌物自然流出,保持呼吸道通畅。对昏迷较深的患者使用口腔放置通气管,或用舌钳将舌外拉,以防后坠造成窒息。随时给患者吸痰、翻身拍背,做好口腔护理,清除呼吸道分泌物,以防误吸。准备好气管切开或气管插管包,必要时配合医生进行气管切开或气管插管,做好相应的术后护理。

4.对症护理

绝对卧床休息的患者生命体征平稳后应每 2 小时翻身 1 次,以避免局部皮肤长时间受压,保持机体于功能位。排便失禁的患者臀下垫吸水性强的小布垫,并及时清除排泄物,便后擦洗干净局部皮肤,然后涂以保护性润滑油。尿失禁的患者应及时留置尿管。

5.病情观察

密切观察生命体征、意识、瞳孔变化等,及时判断患者有无病情加重及并发症的发生。如迅速出现的持续高热,应给予物理降温。意识障碍呈进行性加重,常提示颅内有进行性出血。当出现剧烈头痛、频繁呕吐、烦躁不安、血压进行性升高、脉搏加快、呼吸不规则、意识障碍加重、一侧瞳孔散大时,提示脑疝可能,应立即与医生联系,迅速建立静脉通路,按医嘱快速滴注 20%甘露醇 250ml(30 分钟内滴注完成)。头部冷敷,限制每日液体摄入量(一般禁食患者以尿量加500ml液体为宜),避免使颅内压增高的因素,如剧咳、打喷嚏、躁动、用力排便等。

6.康复训练

急性期应保持肢体于功能位置。病情稳定后,可对瘫痪肢体关节进行按摩和被动运动,防止肢体肌肉失用性萎缩。康复期及时进行功能锻炼,促进瘫肢功能恢复。对失语患者应评估失语的类型和程度,向患者和家属解释失语的原因,并鼓励患者进行语言训练。与患者及家属共同讨论制订语言训练计划,促进语言功能尽快恢复,训练计划应由简到繁、循序渐进。

7.健康指导

(1)向患者和家属介绍出血性脑血管疾病的基本知识,告知积极治疗的重要性。避免神经紧张、情绪激动、用力排便及过度劳累等诱发因素,指导患者控制情绪、保持乐观心态。告知患者家属,家人的支持对患者疾病恢复的重要性,引导家属以乐观的态度接受自己亲人躯体和精神方面的改变。

(2)教会患者家属测量血压的方法,每日定时测血压,发现血压异常波动及时就诊。向患者及家属介绍脑出血的先兆症状,如出现头痛、眩晕、肢体麻木、活动不灵、口齿不清时,应及时就诊,教会家属再次发生脑出血时的现场急救处理措施。

(3)饮食宜清淡,摄取低盐、低糖、低脂、低胆固醇食物,避免刺激性食物及饱餐,多吃新鲜蔬菜和水果,矫正不良的生活方式,戒除烟酒。

(4)让患者及家属明白,锻炼开始越早疗效越好。向患者及家属介绍康复功能锻炼的具体操作方法,鼓励患者增强自我照顾意识,通过康复锻炼尽可能恢复生活自理能力,同时告知患者只要坚持功能锻炼,许多症状和体征可以在1～3年内得到改善。

【护理评价】

1.患者活动范围及能力是否增加,生活自理能力是否逐步恢复。

2.患者能否效地表达自己的需要,配合语言功能训练,语言功能好转或恢复。

第五节　蛛网膜下腔出血的患者的护理

案例引入

患者,男,28岁,突然出现剧烈头痛、呕吐2小时人院。患者于2小时前在排便时突然出现剧烈头痛,呈炸裂样全头痛,以枕颈不突出,同时恶心、呕吐数次,为胃内容物,送医院急诊治疗。既往有发作性头痛7年,服用去痛片或休息后能缓解。查体T37℃,P82次/分,R20次/分,BP120/80mmHg,神清,痛苦面容,烦躁不安。心肺未见明显异常。左眼上睑下垂,左侧瞳孔散大,对光反射消失,左眼球处于外展位,眼球向内、向上、向下活动不能。无面瘫,伸舌居中,四肢以无瘫痪,颈强直,脑膜刺激征阳性。

提问:1.初步诊断是什么疾病,还需做哪些辅助检查?

2.治疗原则是什么?护理措施有哪些?

蛛网膜下腔出血(subarachnoid hemorrhage,SAH)是指脑底部动脉瘤或脑动静脉瘤畸形破裂,引起脑膜血管破裂,血液直接流入蛛网膜下腔,占脑血管疾病的15%左右。

【病因及发病机制】

最常见的病因是先天性脑动脉瘤(50%～80%),其次是脑血管畸形和高血压动脉硬化,少见病因有脑底异常血管网症脑动脉炎、脑肿瘤破坏血管、血液病等。

脑动脉瘤多呈囊状,一般单发,青年人多见。脑血管畸形多为动静脉畸形,血管壁厚薄不一。脑底动脉粥样硬化时,血管内弹力层发生变性断裂,在血流冲击下逐渐形成梭状动脉瘤破裂出血。

当重体力劳动或情绪激动、血压突然升高、酗酒时,血管破裂,血液流入蛛网膜下腔。严重者也可导致脑疝。

【护理评估】

1.健康史

询问患者有无高血压病史,平时有无反复头痛。起病缓急及起病时情况,有无情绪激动、用力、咳嗽、排便等诱发因素。

2.身体评估

起病急,多有诱发因素。突然出现异常剧烈的头痛,伴恶心、呕吐。半数出现不同程度的意识障碍;重者昏迷。脑膜刺激征明显,为特征性体征。典型患者出现一侧动眼神经麻痹。少数有精神症状,如烦躁不安、定向力障碍等。眼底检查可见玻璃体膜下片状出血。一般在发病1小时内即可出现,是诊断蛛网膜下腔出血的重要依据。

蛛网膜下腔出血发病后数日可有低热,系出血后吸收热。少数重症者有深昏迷。

再出血是SAH主要急性并发症,20%的患者发病后10 ~ 14天发生。发病后10 ~ 14天为迟发性脑血管痉挛高峰期,是死亡和伤残的重要原因。

3.心理-社会评估

患者发病前可能平时偶有舌麻、头痛,不予重视。常有突发用力或情绪波动,发病后神志清楚者存在焦虑、紧张、恐惧、绝望的心理。

4.辅助检查

(1)CT　多数可见脑沟、脑池或外侧裂中有高密度影。

(2)MRI　能明确检出巨大的动脉瘤内血凝块。

(3)脑脊液　出现血性脑脊液,压力增高,镜检可见大量红细胞。1周后红细胞破坏消失,脑脊液黄变,可见含铁血黄素吞噬细胞。蛋白常偏高,糖及氯化物正常,3周后脑脊液恢复正常。

(4)DSA　多采用动脉DSA方法,对诊断动脉瘤很有效,动脉瘤直径最小2mm时均可显示,对动脉静脉畸形能显示出病变的范围及其供血动脉及引流静脉,可了解其侧支循环情况,对诊断和手术方案选择均有价值。

【治疗要点】

治疗原则是控制继续出血,防治迟发性脑血管痉挛,去除病因和防止复发。

1.一般处理

对头痛和烦躁不安者适当给予止痛镇静药,如强痛定、地西泮和鲁米那等。保持大便通畅,如可用缓泻剂和大便软化剂(如麻仁丸等)。

2.降低颅内压

SAH可引起脑水肿及颅内压升高,严重者出现脑疝,应积极进行脱水以降低颅内压,可用20%甘露醇、呋塞米、白蛋白。药物脱水效果不佳并有脑疝时,可行颞下减压术和脑室引流,以挽救患者生命。

3.防治再出血

用纤维蛋白溶解药抑制纤维蛋白溶解酶原的形成,推迟血块溶解,防止再出血的发生。常用的药物有6-氨基己酸(EACA)等抗纤药。

4.防治迟发性血管痉挛

钙通道拮抗剂可减轻血管痉挛引起的临床症状,常用有尼莫地平,盐酸氟桂嗪(西比灵)

5.其他治疗

脑脊液置换疗法。颅内动脉瘤可手术切除或血管介入治疗。

【护理诊断及医护合作性问题】

1.疼痛

头痛与颅内压增高和血液刺激脑膜有关。

2.潜在并发症

脑疝,再出血。

【护理目标】

了解卧床休息的重要性,配合治疗,头痛减轻或消失。

【护理计划与实施】

1.一般护理

急性期应绝对卧床休息4 ~ 6周,解释卧床休息的主要目的是防止再出血,嘱患者保持情绪稳定。病室环境宜安静、舒适。除有意识障碍、恶心、呕吐外,一般不必禁食,从流质饮食开始,逐渐改为半流质,多食水果、蔬菜。保持大便通畅,避免剧烈运动和用力排便。

2.头痛护理

对剧烈头痛的躁动不安者可用止痛剂、镇静剂。

3.用药护理

按医嘱使用脱水剂、止血药,在使用20%甘露醇脱水时,一定要注意快速滴入,切勿漏入组织中,以防组织坏死;在使用抗血纤溶芳酸(PAMAB)时,静脉滴注速度应缓慢,以免导致血压下降。肾功能障碍者慎用 6-氨基己酸,并应特别注意有无深静脉血栓形成。其他护理措施见本章第三节。

4.病情观察

观察患者头痛的性质、部位、时间、频率、强度,观察患者的面色、表情,了解患者头痛的诱因。

5.健康指导

多吃维生素丰富的食物,如蔬菜、水果,养成良好的排便习惯,忌烟酒。保持情绪稳定,注意劳逸结合,避免不良刺激,如剧烈运动、咳嗽及从事重体力劳动的。女性患者 1 ~ 2 年应避免妊娠及分娩。告诉患者及家属,如有头痛、头晕等症应及时就诊。告知患者该病有反复发作特点,应积极根治病因。

【护理评价】

患者是否了解卧床休息的重要性和配合治疗,头痛是否减轻或消失。

(胡丹)

第六十八章　三叉神经痛患者的护理

案例引入

患者，女，36岁，近2周来在刷牙时出现左侧面颊和上牙部疼痛，每次持续3-4分钟，神经系统检查未发现异常。

提问：该患者最可能的诊断是什么？

学习目标

知识目标　知道三叉神经痛的护理诊断和护理措施。

能力目标　能够为患者进行健康指导。

素质目标　尊重、关心、爱护患者，培养良好的职业素质、团队意识及协作精神。

三叉神经痛（Trigeminai neuralgia）是一种原因未明的三叉神经分布区内闪电样反复发作、难以忍耐的阵发性剧痛，历时短暂，数秒钟至2分钟，而不伴三叉神经功能破坏的症状，又称为原发性三叉神经痛。1982年中国六城市调查本病患病率为35.1/10万。

【病因与发病机制】

原发性三叉神经痛的病因仍不清楚，多数学者认为系脑干三叉神经感觉主核或半月神经节细胞发作性放电，也有学者认为是由半月神经节附近的动脉硬化的小血管压迫三叉神经根等原因引起。继发性三叉神经痛多为脑桥小脑角占位病变压迫三叉神经以及多发性硬化等所致。

【护理评估】

1.健康史

了解患者的年龄及是否有高血压病史，平时有无反复头痛。起病缓急及起病时情况，有无情绪激动、用力、咳嗽等诱发因素。

2.身体状况

以面部三叉神经分布区内突发的剧痛为特点，似触电、刀割、火烫样疼痛，每次发作从数秒至2分钟不等。其发作来去突然，间歇期完全正常。可固定累及某一分支，尤以第二、三支多见，也可同时累及两支，同时三支受累者少见。以面颊部、上下颌或舌疼痛最明显；口角、鼻翼、颊部和舌等处最敏感，轻触、轻叩即可诱发，故有“触发点”或“扳机点”之称。严重者洗脸、刷牙、谈话、咀嚼都可诱发，以致不敢做这些动作。发作时患者常双手紧握拳或握物，或用力按压痛处，或用手擦痛处，以减轻疼痛。因此，患者多出现面部皮肤粗糙、色素沉着、眉毛脱落等现象。神经系统检查无阳性体征。

原发性三叉神经痛者常为开始时发作次数较少，间歇期长，随着病程的进展使发作逐渐频繁、间隙期缩短，甚至整日疼痛不止。本病可缓解，但极少自愈。继发性三叉神经痛，多伴有其他脑神经及脑干受损的症状和体征。

【处理原则】

迅速有效止痛是治疗本病的关键。

1.药物治疗

首选药物为卡马西平，开始为0.1g，每日3次，以后每日增加0.1g，直到疼痛消失，然后再逐渐减量，最小有效维持剂量常为0.6～0.8g/d。其次可选用苯妥英钠、氯硝西泮、氯丙嗪、氟哌啶醇。轻者亦可服用解热镇痛药物。另有文献报告哌咪清治疗顽固性三叉神经痛疗效优于卡马西平。

2.经半月神经节射频热凝治疗

采用射频热凝治疗对大多数患者有效，可缓解疼痛数月至数年。但可致面部感觉异常、角膜炎、复视、咀嚼无力等并发症。

3.封闭治疗

药物治疗无效者可行三叉神经纯乙醇封闭治疗。

4.手术治疗

以上治疗长达数年仍无效且又能耐受开颅手术者可考虑三叉神经终末支或半月神经节内感觉支切断术，或行微血管减压术。手术治疗虽然止痛疗效良好，但都有可能失败，或产生严重并发症，术后复发，甚至有生命危险等。因此，只有经过上述几种治疗无效且剧痛难忍者才考虑手术治疗。

【护理诊断及医护合作性问题】

疼痛　面颊、上下颌及舌疼痛与三叉神经受损有关。

【护理目标】

1.患者的日常生活需要得到满足。

2.情绪稳定，能配合治疗和护理，遵从指导。

【护理计划与实施】

1.一般护理

保持室内光线柔和、周围环境安静、安全，避免患者因周围环境刺激而产生焦虑加重疼痛；饮食宜清淡保证机体营养，避免粗糙、干硬、辛辣食物，严重者给予流质。

2.病情观察

观察患者疼痛的部位、性质，注意观察患者发生疼痛的原因和诱因。

3.对症护理

指导患者运用想象、分散注意力、放松、适当按摩疼痛部位等技巧减轻疼痛；生活有规律，保证充分休息，鼓励患者参加一些娱乐活动如看电视、杂志，听音乐，跳交谊舞；以减轻疼痛和消除紧张情绪；尽可能减少刺激因素如洗脸、刷牙、刮胡子、咀嚼等。

4.用药护理

指导患者按医嘱正确服用止痛药，注意观察药物的不良反应，如卡马西平可导致头晕、嗜睡、口干、恶心、行走不稳、皮疹和白细胞减少；哌米清可于治疗后4～6周出现手颤、记忆力减退、睡眠中出现肢体不随意抖动等。

5.心理护理

由于咀嚼、哈欠、讲话等可诱发疼痛，以致患者不敢做这些动作，且出现面色憔悴、精神抑郁和情绪低落，护理人员应给予疏导和支持，帮助患者树立与疾病作斗争的信心，积极配合治疗。

【健康指导】

帮助患者和家属掌握本病有关的治疗和训练方法。如刷牙、洗脸时动作要轻柔，进软食，禁食较硬的食物，以免诱发疼痛；遵医嘱合理用药，能辨别药物的不良反应，如有不良反应应及时就诊；不要随意停药或更换药物。

【护理评价】

1.患者的日常生活需要是否得到满足。

2.情绪是否稳定，能否配合治疗和护理，是否遵从指导。

（胡丹）

第六十九章 脊髓疾病患者的护理

案例引入

患者,女,26岁。因四肢麻木、无力6天入院。6天前,无明显诱因出现右上肢麻木、无力。次日,出现排尿、排便困难,以及左下肢活动不利、无力,并感到头颈部胀痛,就诊于当地医院,头颅CT无异常,怀疑脑炎,给予抗感染治疗,病情无好转,并逐渐出现右下肢麻木及活动不灵。患病期间无意识障碍及抽搐,为确诊来我院诊疗。发病前1周曾患上呼吸道感染。否认疫苗接种史。查体:T36.8℃,P82次/分,R19次/分,BP130/80mmHg,神志清,语言流利,视力正常,双侧瞳孔等大等圆,光反射灵敏,伸舌居中。双上肢肌力1 ~ 2级,肌张力减低,双下肢肌力0 ~ 1级,肌张力低下,C4以下双侧痛觉、深感觉缺失。双肱二头肌反射减弱,上、中、下腹壁反射均消失,双腱反射减弱,病理反射未引出。膀胱充盈,脊柱呈生理弯曲,无叩击痛。辅助检查示:脑脊液压力正常,细胞数和蛋白含量轻度增高。脊椎MRI显示:脊椎增粗,脊髓前后动脉略显增粗。

提问:1.该病最可能的医疗诊断是什么?诱因是什么?

2.作为管床护士,请列出主要的护理诊断是什么?并提出相应的护理措施?

学习目标

知识目标 知道脊髓疾病的发作特点、主要护理诊断及护理措施;了解急性脊髓炎的病因。

能力目标 能够对脊髓疾病的患者进行正确的生理、心理护理及健康指导。

素质目标 尊重、关心、爱护患者,培养良好的职业素质、团队意识及协作精神。

脊髓是联系脑与身体其他部位的主要通路,它是由颅底向下延伸的软性类管状神经组织,并受到脊柱(椎体)的保护。从脊髓进出的脊神经贯穿其全长,并从每个椎体间的椎间孔通过。脊髓是高度分化的神经组织。脊髓的前部由传递运动信息及激发肌肉运动的运动神经组成。脊髓的后部及两侧则由传递感觉信息到大脑的感觉神经组成,如触觉、位置觉、痛觉和冷、热觉。

引起脊髓损伤的原因很多,可因外伤而完全离断或被感染病灶所压迫,或因血供中断或受病变累及(如脊髓囊肿、颈椎关节强直或多发性硬化),从而导致脊髓的神经功能改变。主要表现为运动障碍、感觉障碍、括约肌功能障碍、自主神经功能障碍。

急性脊髓炎患者的护理

急性横断性脊髓炎(Acute myelitis)是指非特异性炎症引起的脊髓白质脱髓鞘病变或坏死,导致急性横贯性脊髓损伤。临床特征为病变水平以下肢体瘫痪,各种感觉缺失,膀胱、直肠、自主神经功能障碍。

【病因及发病机理】

病因尚不十分清楚,但30% ~ 40%的患者在病毒感染或疫苗接种后出现。可能与病毒感染后自身免疫反应有关。

炎症可累及脊髓的不同部位,但以上胸髓(T_3 ~ T_5)最多见。病变部位的脊髓肿胀充血、变软,脊髓切面灰、白质分界不清,可见点状出血。镜下见有软脊膜充血和炎性细胞浸润。严重者脊髓软化、坏死,后期可有脊髓萎缩和疤痕形成。

【护理评估】

1.健康史

任何年龄均可发病,以青壮年多见。询问病前数天或1 ~ 2周有无发热、全身不适或上呼吸道感染等病史。询问起病缓急,发病前有无背痛或胸腰部束带感,随后出现麻木、无力等症状。

2.身体状况

该病起病急，发病前有无背痛或胸腰部束带感，随后出现麻木、无力等症状，多于数小时至数天内症状发展至高峰，出现脊髓横贯性损害症状。重点询问有无典型表现：运动障碍、感觉障碍、植物神经功能障碍等。

（1）运动障碍　常为首发症状。以胸髓受损害后引起的最常见，如颈髓受损则出现四肢瘫，往往可伴有呼吸肌麻痹。

早期阶段，病变水平以下呈弛缓性瘫痪、降低、深反射消失，也可引不出来。通常于 2 ～ 3 周后，逐渐过渡到痉挛性瘫痪，肌张力逐渐升高，尤以伸肌张力增高较明显，深反射出现继而亢进，病理反射明显，与此同时有时肌力也可能开始有所恢复，恢复一般常需数周、数月之久，可并发肺部、尿路感染、压疮等。

（2）感觉障碍　损害平面以下肢体和躯干的各类感觉均有障碍，重者完全消失、系双脊髓丘脑束和后索受损所致。

（3）植物神经功能障碍　括约肌功能障碍导致尿潴留。此外，脊髓休克期尚有大便秘结、损害平面以下躯体，无汗或少汗、皮肤干燥、苍白、发凉、立毛肌不能收缩；休克期过后，皮肤出汗及皮肤温度均可改善，立毛反射也可增强。

3.社会–心理评估

患者常因病情骤起、肌无力、感觉障碍、尿潴留等而产生恐惧、悲观等心理状态，应通过观察和交流重点进行评估。

4.实验室检查

脑脊髓液检查压力正常，细胞数特别是淋巴细胞和含量正常或轻度增高。脊髓造影或磁共振成像可见病变部位脊髓增粗等改变。

【治疗要点】

目前尚无特效的治疗方法，主要通过减轻脊髓损害、防治并发症、促进功能恢复，大多数患者都可以部分恢复。

1.药物治疗

急性期药物治疗以糖皮质激素为主，可减轻脊髓水肿。应用大剂量甲基强的松龙短程疗法，500 ～ 1000mg 静脉滴注，1 次/日，连用 3 ～ 5 天；或用地塞米松 10 ～ 20mg 静脉滴注，1 次/日，10 ～ 20 天为一疗程，以后改为泼尼松 40 ～ 60mg/日，逐渐减量停药。急性期还可使用免疫球蛋白，维生素 B，必要时使用抗生素。

2.康复训练

早期康复锻炼对功能恢复、改善预后有重要意义。

【护理诊断及合作性问题】

1.躯体移动障碍

与脊髓疾病导致肢体瘫痪有关。

2.排尿异常

与脊髓疾病导致括约肌功能障碍有关。

【护理措施】

1.一般护理

急性期卧床休息，保持室内环境安静、光线柔和，避免不良刺激。保持皮肤卫生及床单位整洁、干燥，可加用气垫床，每 2 小时更换体位 1 次，保持肢体功能位。每日用温水擦洗感觉障碍的肢体部分，忌用热水袋。给予高热量、高蛋白、高维生素饮食，多吃酸性及纤维素丰富的食物，少食胀气食物，鼓励多饮水。排尿困难者可留置导尿，注意无菌操作，每 4 小时放尿 1 次。

2.病情观察

密切观察体温、呼吸、循环状况及运动、感觉障碍部位平面和程度，观察自理能力，排尿、排便状况。有无吞咽困难、呼吸障碍等症状。

3.维持呼吸道通畅

注意保暖，避免受凉，经常拍背和坐卧位，帮助排痰。协助咳痰，有呼吸困难者，遵医嘱给予氧气吸入，备好气管插管或气管切开的物品。

4.用药护理

大剂量使用激素时，注意有无消化道出血倾向，观察大便颜色，定期查便隐血。

5.心理护理

鼓励患者保持良好的心态，树立战胜疾病的信心。

6.康复护理

保持肢体功能位，病情稳定后及早进行瘫痪肢体和膀胱功能的训练。

7.健康指导

加强营养,增强体质。加强肢体锻炼,促进肌力恢复。指导家属患者锻炼时要加以保护,以防跌伤等意外。指导患者及家属制订预防褥疮、肺部及泌尿系感染的计划。

(胡丹)

第七十章　帕金森病患者的护理

案例引入

患者，男，62岁，最近主要感觉身体僵硬，运动不协调，不抖，晚上睡觉到了凌晨3：00～5：00会因为僵硬而醒，患者很是痛苦。今年有所好转，但有一段时间晚上醒后全身都感觉蚂蚁在叮咬，全身神精痛苦万分，持续1个小时。最近睡觉后会因胸闷呼吸困难而无法睡觉，连喝水都难以下咽，感觉胸部很僵。

提问：该患者可能的医疗诊断是什么？依据是什么？

学习目标

知识目标　掌握帕金森病的护理措施。

能力目标　能够对帕金森病的患者提出主要的护理诊断，进行正确的生理、心理护理及健康指导。

素质目标　尊重、关心、爱护患者，培养良好的职业素质、团队意识及协作精神。

帕金森病（Parkinson disease，PD）又称为震颤麻痹，是一种影响患者活动能力的中枢神经系统慢性疾病，由英国一位叫做詹姆士·帕金森（James Parkinson）的医生于1817年首先提出。本病早期主要表现包括静止性震颤、肌强直、行动缓慢、动作起动困难和姿势异常等。多在60岁以后发病，据估计，中国的帕金森病患者在100万以上，随着城市人口老龄化，帕金森病患者数量在增加。

【病因与发病机制】

迄今为止，帕金森病的病因仍不清楚。目前多认为是年龄老化、遗传和环境毒素的接触等综合因素共同作用的结果。即中年以后，对环境毒素易感的个体，在接触到毒素后，因其解毒功能障碍，出现亚临床的黑质损害，随着年龄的增长而加重，多巴胺能神经元渐进性不断死亡变性，最终失代偿出现帕金森病的临床症状。

【护理评估】

帕金森病的起病是缓慢的，最初的症状往往不被人所注意。主要可出现以下症状：

1.静止性震颤

常为首发症状，多由一侧上肢的远端（手指）开始，逐渐蔓延至同侧下肢、对侧上肢及下肢。典型的表现是手指节律性震颤呈“搓丸样动作”。初期为静止时明显震颤，活动时减轻，睡眠时停止。

2.肌强直

肢体伸屈肌张力均增，高呈“铅管样”或“齿轮状”强直，随后呈“折刀样”强直。面肌受累则缺乏表情呈面具状脸。

3.运动障碍

常因肢体及手部肌肉强直而难以完成精细动作，严重时起坐困难、躺下时不能翻身，穿鞋系带扣钮扣均困难，生活不能自理。写字也逐渐变得困难，笔迹弯曲，越写越小，称为“小写症”。步态障碍尤为突出，早期表现行走时下肢拖步上肢不动，随着病情的进展，步伐逐渐变小、变慢、启步艰难，一旦迈步，以极小步伐前冲越走越快，不能即时停步或转弯，称“慌张步态”。

4.其他症状

可有植物神经功能紊乱现象，如唾液和皮脂腺分泌增多，汗分泌增多或减少，大、小便排泄困难和直立性低血压。少数患者可合并痴呆或抑郁等精神症状。

【实验室检查】

1.脑脊液（CSF）检查

多巴胺代谢产物高香草酸可见降低。

2.尿液检查

尿中多巴胺及其代谢产物即高香草酸亦降低。

3.正电子发射断层扫描(PET)或单光子发射断层扫描(SPECT)

对帕金森病早期诊断鉴别诊断及检测病情进展有一定价值。早期可显示纹状体DA转运载体(DAT)功能显著降低、DA递质合成减少和D2型DA受体活性在早期超敏后期低敏。

【治疗要点】

1.药物

(1)抗胆碱能药物 适用于早期轻症或由药物诱发等的帕金森综合征:①苯海索(安坦):每次1～2mg,3次/d;②东莨菪碱:每次0.2～0.4mg,3次/d。

(2)多巴胺替代疗法

1)美多巴:62.5mg开始,2～3次/d,视病情控制情况,缓慢增加药量,最大剂量不超过250mg,3～4次/d。

2)森纳梅脱:常用25/250剂型。开始时服用半片,3次/d,以后每隔日增加1片,直到最适剂量。如有不良外周不良反应(如恶心、呕吐等)可改用25/100mg半片,3次/d,以后每隔日增加半片,直到最适剂量。一般每日最大量不超过森纳梅脱25/250mg 4片。或选用帕金宁(森纳梅脱控释片)1片,晨起1次,以后每3日增加1片,直至最适剂量。一般为每日3～4片。每日剂量分3次,每次间隔6小时。此药应吞服,不能咀嚼。

(3)多巴胺受体激动剂

1)培高利特:每晚口服50ug,共2日;以后每隔3日增加100ug/d,直到1.0～1.5mg/d的最适剂量,3次/日,饭后服用。

2)泰舒达:每日150～200mg,对静止性震颤更有帮助也可改善抑郁情绪。

3)普拉克索:每晚口服0.25mg,共1周。以后每隔7日每日增加0.5mg,总量达1.0mg/d,分3次饭后服用。

2.手术疗法

症状限于一侧或一侧较重的患者如药物治疗不满意者,可考虑立体定向手术。

【护理诊断及医护合作性问题】

1.躯体活动障碍

与黑质病变、锥体外系功能障碍所致震颤、肌强直、步态不稳等有关。

2.长期自尊低下

与震颤、流涎、面肌强直等身体形象改变和言语障碍等有关。

3.知识缺乏

缺乏本病相关知识与药物治疗知识。

4.营养失调

低于机体需要量与吞咽困难、饮食减少和肌强直、震颤所致机体消耗量增加有关。

【护理措施】

1.一般护理

起病初期应鼓励患者尽量参加有益的社交活动,指导患者维持和增加业余爱好,坚持适量运动锻炼如散步、打太极拳等。晚期因运动障碍而卧床不起,应帮助患者取舒适体位,经常按摩四肢肌肉,被动运动关节,防止肌肉萎缩,但要注意动作轻柔,避免造成患者疼痛和骨折。患者一般营养状况差,需供给高热量、高维生素及高纤维素、低盐低脂、适量蛋白质易消化饮食,戒烟酒。可多吃谷类和蔬菜瓜果,适量吃奶类和豆类及肉类,多喝水,尽量不吃高脂食物。

2.病情观察

观察震颤逐渐累及的范围和程度,行走、起坐、手的操作能力减损的速度、程度;观察讲话、写字的能力,表情肌的变化及精神和智力情况。还要注意是否有新增加的症状,如咀嚼缓慢、吞咽困难、流口水、尿频、排尿困难等,以及它们出现的时间。晚期患者应该观察有无冠心病、心肌梗死、脑动脉硬化、脑卒中、肾功能衰竭及水-电解质紊乱等发生。更应引起重视有无感染如皮肤压疮和泌尿系统、呼吸道的感染等,以免给患者的生命带来威胁。

3.对症治疗

(1)预防误吸 由于部分老年帕金森病患者咀嚼肌、咽下肌群长期强直引起吞咽功能障碍,在吃饭时易造成误吸,应选择半流,易消化饮食,如粥类、菜泥、鸡蛋羹、酸牛奶等及合适体位。

(2)预防患压疮 因长期卧床易发生压疮,应保持床铺清洁干燥、勤洗澡、换内衣、剪指、趾甲等。经常变换体位和轻拍背部。

4.用药护理

（1）服药过程中要仔细观察震颤、肌强直和行走功能、语言功能的改善情况，观察患者起坐的速度、步行的姿势，讲话的音调与流利程度，写字、扣纽扣、系鞋带及进食动作等，以确定疗效。

（2）观察药物不良反应　治疗帕金森病的药物主要成分是左旋多巴，长期服用左旋多巴治疗的患者会出现不同程度的消化道症状，严重时患者口中会有一种金属异味、恶心、眩晕、甚至呕吐，有时即使胃里没有任何食物也会出现呕吐。故可饭后服药，以减少药物对胃肠道的刺激。长期服用左旋多巴及其复方制剂的患者还会出现各种类型的运动障碍，会出现"剂末现象"和"开关现象"。"剂末现象"是指每次服药后药效维持时间缩短，当药物浓度降低、药效即将消失时，帕金森症状会明显加重。如果再次服药，帕金森症状又会减轻。患者对"剂末现象"多有预感，临床护理上稍加注意是可以避免发生意外的。"开关现象"是一种症状波动现象，"开"时，帕金森症状减轻，"关"时症状加重。此现象不可预知，护理上要格外引起重视。首先要注意观察患者出现"开关现象"与服药之间的关系，从中寻找出发作规律；其次要把患者的安全放在首位，做好安全防范措施，应嘱其不要单独外出。美多巴可降低心律和血压，可能会加重低血压，偶尔伴有直立性低血压，出现头昏和晕厥，应嘱患者多饮水，以维持有效体液量。由卧位改为立位时，要先坐一会儿，并要放慢速度，如果感觉头晕，及时用手抓住床挡坐在椅子上或蹲下。

5.心理护理

由于晚期患者行走困难，生活自理能力显著下降，患者情绪低落，会出现焦虑、抑郁等情绪，对工作、学习、家庭丧失信心，常有自责和自卑观念。随着病情加重，患者变得表情呆滞、言语障碍，更会产生恐惧或绝望心理。故要为患者创造良好的治疗和休养环境，给予患者充分的关心和爱护，为患者介绍相关疾病知识，帮助患者树立战胜疾病的信心。

【健康指导】

1.注意膳食和营养

首先可根据患者的年龄、活动量给予足够的总热量，膳食中注意满足糖、蛋白质的供应，以植物油为主，少进动物脂肪。适量进食海鲜类，以提供优质蛋白质和不饱和脂肪酸，有利于防治动脉粥样硬化；多吃新鲜蔬菜和水果，以提供多种维生素，并能促进肠蠕动，防治大便秘结。患者出汗多，应注意补充水分。

2.生活中的指导和帮助

早期患者运动功能无障碍，能坚持一定的劳动，应指导患者尽量参与各种形式的活动，坚持四肢各关节的功能锻炼。随着病情的发展，患者运动功能发生一定程度的障碍，生活自理能力显著降低。此时宜注意患者活动中的安全问题，走路时持拐杖助行。若患者如厕下蹲及起立困难时，可置高凳坐位排便。若患者动作笨拙，常多失误，无法进食者，需有人喂汤饭。穿脱衣服，扣纽扣，结腰带、鞋带有困难者，均需给予帮助。

3.加强肢体功能锻炼

本病早期应坚持一定的体力活动，主动进行肢体功能锻炼，四肢各关节做最大范围的屈伸、旋转等活动，以预防肢体挛缩、关节僵直的发生。晚期患者应做被动肢体活动和肌肉、关节的按摩，以促进肢体的血液循环。

4.预防并发症

注意居室的温度、湿度、通风及采光等。根据季节、气候、天气等情况增减衣服，决定室外活动的方式、强度。以上措施均能有效地预防感冒。晚期卧床患者要按时翻身，做好皮肤护理，防止尿便浸渍和压疮的发生。被动活动肢体，加强肌肉、关节按摩，对防止和延缓骨关节的并发症有意义。结合口腔护理，翻身、叩背，以预防吸入性肺炎和坠积性肺炎。

（胡丹）

第七十一章　癫痫患者的护理

案例引入

患者，男，26 岁，突然出现意识丧失，全身抽搐，眼球上翻，瞳孔散大，牙关紧闭，大小便失禁，持续约 3 分钟，清醒后对抽搐全无记忆。

提问：1.初步诊断是什么疾病？依据是什么？

2.对该患者急性发作时的急救护理有哪些？

学习目标

知识目标　知道癫痫大发作的临床特点及护理要点；熟悉癫痫发病的影响因素。

能力目标　能够对癫痫患者进行正确的生理、心理护理，并指导患者及家属正确治疗及护理。

素质目标　尊重、关心、爱护患者，培养良好的职业素质、团队意识及协作精神。

癫痫（Epilepsy）是慢性反复发作性短暂脑功能失调综合征，以脑神经元异常放电引起反复痫性发作为特征，是发作性意识丧失的常见原因。痫性发作（Seizure）是脑神经元过度同步放电引起的短暂脑功能障碍，通常指 1 次发作过程，患者可同时有几种痫性发作。由于脑病变部位和起源不同，癫痫发作可表现为不同程度的运动、感觉、意识、精神、行为和自主神经等功能异常。我国癫痫的患病率 0.5%左右，是神经系统疾病中仅次于脑血管病的第二位常见疾病。

【病因及发病机理】

1.病因

（1）特发性癫痫　也称原发性癫痫，多在儿童或青年期首次发病，有特征性临床及脑电图表现。本类患者脑部无可解释症状的结构变化或代谢异常，与遗传因素有密切关系，近亲病患率为 2% ~ 6%。已发现多个家族遗传特发性癫痫基因和千余种癫痫相关性基因突变。

（2）症状性癫痫　占癫痫的大多数，各年龄组均可发病。多由脑部器质性病变或代谢疾病所致，如染色体异常、脑部先天性畸形、围产期损伤、颅脑外伤、颅内感染、中毒、颅内肿瘤、脑血管病、代谢遗传性疾病、脑缺氧等。

（3）隐源性癫痫　表现为症状性癫痫，但无明确病因，无特定的临床和脑电图特征。

（4）状态关联性癫痫发作　发作与特殊状态有关，如高热、缺氧、内分泌改变、电解质失调、药物过量、长期饮酒戒断、睡眠剥夺、过度引水等，一旦去除有关状态即不再发作，故一般不诊断为癫痫。

2.影响发作的因素

（1）遗传因素　影响癫痫预致性，如孪生子癫痫患病一致性较高。此外，遗传因素可使癫痫阈值降低。

（2）环境因素　如年龄，60% ~ 80%的癫痫首次发作的年龄在 20 岁之前；睡眠，癫痫发作与睡眠-醒觉周期密切有关，如全面性强直-阵挛发作常在晨醒时发作，婴儿痉挛常在醒后和睡前发作；内分泌、电解质紊乱及代谢改变等可使机体内环境改变，引起癫痫阈值降低，并诱发癫痫发作，如经期或妊娠性癫痫；疲劳、睡眠不足、饥饿、便秘、饮酒、闪光、感情冲动、过度换气、过度饮水等也可诱发癫痫发作。

3.发病机制

癫痫的发病机制极为复杂。虽然癫痫分为特发性和症状性，但是，随着影像学和分子遗传学的发展，逐渐发现许多特发性癫痫患者脑内存在器质性病变。不论是何种原因引起的癫痫，其电生理改变是一致的，即发作时大脑神经元出现异常的、过度的同步性放电。其原因为兴奋过程的过盛，抑制过程的衰减和（或）神经膜本身的变化。抑制性神经递质γ-氨基丁酸（GABA）和兴奋性神经递质谷氨酸异常可导致癫痫发作。

【护理评估】

1.健康史

详细了解家族中有无其他癫痫患者，有无脑部病变或外伤史，以及各种诱因。

2.身体评估

癫痫的临床表现多样，但都具有短暂性、刻板性、间歇性和反复发作性的特征。诊断癫痫最重要的依据是患者发作的经过，如先兆症状、发作时状态及发作后意识模糊等。

（1）部分性发作（Partail seizure）　又称局灶性发作（Focal seizure）。

1）单纯部分性发作：持续时间较短，一般不超过1分钟，不伴意识障碍。①部分运动性发作：以发作性一侧面部或肢体远端节律性抽搐为特征。如抽搐按大脑皮层区的分布顺序扩延，自一侧拇指沿手指、腕部、肘部、上臂、面部扩展，然后至同侧下肢，称为jackson癫痫；②部分感觉性发作：可表现为肢体麻木感和针刺感，多见于口角、舌、手指或足趾，称体觉性发作；也可表现为视觉性、听觉性、嗅觉性、味觉性和眩晕性等特殊感觉性发作；③自主神经发作：出现苍白、面部及全身潮红、多汗、立毛、瞳孔散大、呕吐、腹鸣、烦渴和欲排尿感；④精神性发作：发现记忆扭曲（如似曾相识、旧事如新等）、情感异常（无名恐怖、抑郁和不适当愉快感）、幻觉或错觉（如视物变大或变小、听声变强或变弱）等。

2）复杂部分性发作：又称精神运动性发作或颞叶癫痫，主要特征有意识障碍，于发作初先有精神或特殊感觉等先兆症状，随后出现意识障碍，自动症和遗忘症。自动症（Automatism）是指癫痫发作过程中或发作后意识模糊状态，出现一定程度上协调的、有适应的无意识活动，并伴有遗忘。患者可有进食样自动症（吸吮、咀嚼、舔唇、流涎、吞咽等）、模仿性自动症（恐怖、愤怒、思索样表情）、手势性自动症（擦脸、咂嘴、绞手、抓持物体、解纽扣、翻口袋、搬家具等）、词语性自动症（背诵、自语或重复词组或语句等）、走动性自动症（机械地继续其发作前正在进行的活动如行走、奔跑等）。

（2）全身性发作（Generalized seizures）　主要有以下几种形式：

1）全面性强直—阵挛发作（generalized tonic-clonicity onset，GTCS）：简称大发作（Grand mal），是临床最常见的发作类型，主要表现为全身肌肉强直和阵挛，伴有意识丧失及自主神经功能障碍。发作前可先有瞬间疲乏、麻木、恐惧等感觉，或出现无意识动作等先兆。发作分3期：①强直期：突然意识丧失，尖叫一声后跌倒在地，全身肌肉强直性收缩，头部后仰，上眼睑抬高，眼球上翻，上肢屈肘，下肢伸直，牙关紧闭，呼吸暂停，唇色发绀，瞳孔散大及对光反应消失，持续10～20秒；②阵挛期：全身肌肉张弛交替阵挛，0.5～1.0分钟；③痉挛后期：阵挛期后可出现短暂的强直痉挛，以面部和咬肌为主，导致牙关紧闭，可发生舌咬伤。抽搐突然停止，口吐白沫或血沫。然后全身肌肉松弛，有大小便失禁，过数分钟后意识逐渐恢复。发作开始至意识恢复历时5～10分种。醒后觉头痛疲乏，对发作全无记忆。部分患者进入昏睡状态，持续数小时或更长，清醒后常感头痛、周身酸痛或疲乏。

2）强直性发作：全身或部分肌肉强烈持续的强直性收缩，头、眼和肢体固定在某一位置，躯干呈角弓反张，伴短暂意识丧失、面部青紫、呼吸暂停和瞳孔散大等，如发作时处于站立位可突然摔倒。持续数秒至数十秒。

3）阵挛性发作：见于婴幼儿，为全身重复性阵挛抽动伴意识丧失，之前无强直期。

4）失神（Absence）发作：①典型失神发作，也称小发作（Petit mal），多见于儿童，表现为突发短暂的意识丧失和正在进行的动作中断，双眼茫然，呼之不应，状如"发愣"，持续5～10秒，可伴简单自动性动作，如擦鼻、咀嚼、吞咽等，或伴失张力如手持物坠落，一般不会摔倒，事后对发作全无记忆，每天发作数次至数百次不等；②非典型失神发作，意识障碍发作及中止较典型者缓慢，肌张力改变较明显。

5）失张力性发作（Atonic seizure）：由于部分或全身肌张力突然降低导致垂颈、张口、肢体下垂（持物坠落）或躯干失张力跌倒发作，持续数秒至1分钟，时间短者意识障碍不明显，立即清醒和站起。

痫性发作与假性癫痫发作的鉴别见表71-1。

（3）癫痫持续状态（Status epilepticus）　简称癫痫状态，是癫痫连续发作之间意识尚未完全恢复又频繁再发，或癫痫发作持续30分钟以上不自行停止。多由于突然停用抗癫痫药或因饮酒、合并感染致某类发作短期内频繁出现，发作间歇仍有意识障碍。常伴有高热、脱水和酸中毒。

3.心理–社会评估

癫痫反复发作影响正常生活、工作甚至婚姻，若在陡斜山路行走、高空作业、河边或炉前等危险环境突然发作可危及生命，患者可有焦虑、紧张、悲观、自卑、孤独。

4.辅助检查

（1）脑电图检查　对诊断有重要价值，有助于分型、估计预后及术前定位，约半数以上患者在发作间歇期可出现各种痫样放电，如棘波、尖波、棘—慢波等病理波。必要时通过视频监测发作表现及同步脑电图记录证实。

温馨提示：脑血管疾病检查方法首选CT，癫痫检查方法首选脑电图。

表 71-1 痫性发作与假性癫痫发作的鉴别

临床特征	痫性发作	假性癫痫发作
发作场合	任何情况下	常在精神刺激后和有人场所
发作特点	突然、刻板样发作,可摔伤、舌咬伤或尿失禁	发作形式多样,有强烈自我表现,如闭眼、哭叫、手足抽动和过度换气等,无摔伤、舌咬伤或尿失禁
眼位及面色	上睑抬起,眼球上串或向一侧偏转,发绀	眼睑紧闭,眼球乱动,面色苍白或发红
瞳孔	散大,对光反射消失	正常,对光反射存在
对抗被动运动	不能	可以
巴彬斯基征	多为(+)	(-)
持续时间及终止方式	1 ~ 2分钟,自行停止	可长达数小时,需安慰及暗示

(2)CT,MRI检查 对病因诊断有重要价值,了解有无原发性神经疾病如脑血管疾病、感染、畸形、占位性改变、脑萎缩等。

(3)实验室检查 血常规、血糖、血电解质、渗透压、肾功能等检查,了解有无系统疾病与代谢紊乱。

【治疗要点】

1.发作时治疗

患者正处在意识丧失和全身抽搐时,原则上是预防外伤及其他并发症,为防止再次发作,选用地西泮、苯妥英钠等。

2.抗癫痫药物治疗

间歇期应定时服用抗癫痫药物见表 71-2。

表 71-2 常用抗癫痫药物及其不良反应

药物	控制类型	不良反应
苯妥英钠(PHT)	GTCS、部分性发作	胃肠道症状、毛发增多、齿龈增生、面容粗糙、复视、小脑征、精神症状
卡马西平(CBZ)	部分性发作首选	胃肠道症状、复视、嗜睡、体重增加、小脑征
苯巴比妥(PB)	小儿癫痫首选	复视、嗜睡、认知和行为异常
丙戊酸钠(VPA)	全面性发作、GTCS、合并典型失神发作首选	肥胖、毛发减少、嗜睡、震颤、典型踝肿胀、肝损害
托吡酯(TPM)	部分性发作、GTCS	震颤、头痛、头晕、胃肠道症状、精神症状、体重减轻、小脑症
拉莫三嗪(LTG)	部分性发作、GTCS	头晕、嗜睡、恶心

3.癫痫持续状态的治疗

在给予吸氧、防护的同时,应尽快制止发作。一般首选地西泮 10 ~ 20mg 静注,儿童 1 次静注量为 0.25 ~ 1.00mg/kg,不超过 10mg,必要时可重复;无效时可选用异戊巴比妥、苯妥英等。

4.病因治疗

对病因明确者应针对病因治疗。如驱虫治疗脑寄生虫病,纠正低血糖、低血钙等代谢异常,手术治疗颅内占位性病变。

【护理诊断及医护合作性问题】

1.有受伤的危险

与癫痫发作时突然意识丧失或判断力受损有关。

2.有窒息的危险

与癫痫发作时意识丧失、喉头痉挛、口腔和支气管分泌物增多有关。

3.自尊紊乱

与抽搐发作时难堪的外观形象、尿失禁等有关。

4.潜在并发症

脑水肿、酸中毒或水电解质失衡。

【护理目标】

发作时无意外事故发生，呼吸道通畅，能保持正常心态，参加正常社交活动。

【护理计划与实施】

1.一般护理

主要为防止外伤及窒息。告知患者有前驱症状时立即平卧，避免摔伤。癫痫发作时切勿用力按压患者身体，以防骨折和脱臼。安置患者于头低侧卧位，下颌稍向前，解开衣领和腰带，取下假牙。及时使用牙垫，或压舌板、筷子、纱布、小布卷等置于患者口腔一侧上、下臼齿之间，防止舌、唇和颊部咬伤。及时吸出口腔和气道内分泌物，必要时行气管切开。缺氧者在保持呼吸道通畅的同时及时给氧。

温馨提示：癫痫抽搐发作首要的处理措施是松解衣领及裤带，放低头部。

2.病情观察

严密观察发作时患者的生命体征、神志、瞳孔变化，注意有无心率增快、血压升高、呼吸减慢或暂停、瞳孔散大、牙关紧闭、大小便失禁等。观察发作的类型，发作的持续时间及次数。发作停止后意识是否完全恢复，有无头痛、疲乏或自动症。发作时有无外伤等。

3.用药护理

(1)告知患者及家属用药的注意事项

1)从单一药物小剂量开始，逐渐加量。

2)以尽可能控制发作又不引起毒性反应的最小有效剂量为宜。

3)经药物治疗，特发性癫痫在控制发作1～2年后，非特发性癫痫在控制发作3～5年后考虑减量，合并用药者先改为单一用药，通常在1～2年逐渐减量停药，部分患者需终生服药。需更换两种药物时应给予1周的重叠用药期。切忌服药控制发作后就自行停药，或间断不规则用药，以免诱发癫痫持续状态。

(2)观察药物疗效和不良反应　不良反应轻者一般不需停药，从小剂量开始逐渐加量，或与食物同服可以减轻不良反应；严重反应时应减量或停药、换药。服药前应做血、尿常规和肝功能、肾功能检查，以备对照。服药后应定期体检、复查血象和生化检查。

4.癫痫持续状态的护理

(1)迅速控制发作是治疗和护理的关键。选择有效控制发作的药物：①地西泮(安定)为首选药物。立即按医嘱缓慢静脉注射地西泮，成人10～20mg，儿童0.3～0.5mg/kg，复发者可在15分钟后重复注射，或稀释后静脉滴注，如出现呼吸变浅、昏迷加深、血压下降，宜暂停注射；②氯硝安定3mg静脉注射，以后改静脉滴注或口服；③异戊巴比妥钠0.5g溶于注射用水10ml静注，速度不超过0.05g/分钟，注意有无呼吸抑制和血压下降，每日极量为1g；④10%水合氯醛25～30ml加等量植物油保留灌肠。

(2)控制入液量，防治脑水肿。按医嘱快速静滴20%甘露醇250ml或地塞米松10～20mg，并给予吸氧，高热者可给予物理降温。

(3)保持呼吸道通畅。24小时以上不能经口进食的患者应给予鼻饲饮食；保持口腔清洁，防止继发感染。

(4)保持病室环境安静，避免外界各种刺激。应专人护理，床旁加护栏，防止受伤。极度躁动的患者必要时给予约束带，但切勿过紧。

(5)严密观察病情变化。监测生命征、意识、瞳孔等变化，监测血清电解质和酸碱平衡情况，及时发现并处理高热、周围循环衰竭、脑水肿等严重并发症。

5.心理护理

患者常因反复发作、长期用药而精神负担加重，护理人员应了鼓励患者说出心理感受，指导患者克服自卑心理，努力消除诱发因素，乐观接受治疗，并鼓励家属向患者表达关怀，指导患者承担力所能及的社会工作，提高其自信心和自尊感。

6.健康指导

(1)疾病知识指导　介绍有关本病的基本知识，指导患者和家属掌握与疾病相关的知识及自我护理的方法，分析生活中存在的可变性诱因。

(2)避免诱发因素　避免过度疲劳、睡眠不足、便秘、情感冲动，避免淋雨、过度换气、过度饮水、声光刺激等，以减少发作。

(3)合理饮食　给予清淡、富于营养的饮食，避免刺激性、饥饿或过饱，多吃蔬菜、水果。戒除烟酒。

(4)合理休息和活动　发作时和发作后均应卧床休息，建立良好的生活习惯，劳逸结合，参加有益的社交活动，以减轻心理负担，增强自我控制能力。

(5)坚持药物治疗　强调遵医嘱按时服药的重要性，不可随意增减剂量或撤换药物，以防诱发癫痫发作加重或癫痫持续状态。注意观察不良反应，定期监测血药浓度、血象和肝、肾功能。嘱患者一旦出现不良反应立即就医，调整用药。

(6)加强安全指导　勿参加带有危险性的工作和活动，如攀高、游泳、驾驶、在炉火旁、高压电机旁作业，以免发作时危及生命。随身携带标注姓名、住址、联系电话及简要病史的个人住处卡以备急救所需。

【护理评价】

发作时有无意外事故发生；呼吸道是否通畅；能否保持正常心态。

(胡丹)

第十一篇

运动系统疾病患者的护理

第七十二章　概　论

案例引入

患者，男，28岁，车祸后右大腿肿痛4小时。4小时前，张先生骑摩托车时发生车祸，即感右大腿剧烈疼痛，不能站立。伤后神志清楚，无胸痛、呼吸困难，无腹痛、呕吐，皮肤无活动性出血，四肢无麻木，急诊入院。

体格检查：P130次/分，BP85/65mmHg，痛苦面容，神志清，口唇苍白，胸、腹部检查未见异常。右大腿明显肿胀，缩短畸形，可及骨擦音及骨擦感，右下肢皮肤感觉正常，足背、胫后动脉搏动减弱。请思考：

1.上述案例中，哪些是骨折特有体征？

2.如果需要明确诊断，需要做何种检查？

3.如果你是急诊室护士，对于张先生首要的护理措施是什么？

4.张先生住院后，如果医生对其行右下肢胫骨结节骨牵引配合小夹板治疗。你应如何对患者进行护理？

5.张先生住院后，如果医生对其行右股骨切开复位内固定术，你应如何对患者进行相关护理？

学习目标

知识目标　骨折的定义、病因、分类和移位；骨折的愈合过程和影响愈合的因素。

能力目标　骨折的诊断、处理原则；骨折的并发症；骨筋膜室综合征的概念；骨折的急救；四肢骨折患者的护理措施。能够提出正确的护理诊断，并能够为患者提供合适的护理措施。

素质目标　学习过程中体现对患者的关心。

【概述】

骨折（Fracture）是指骨的连续性和完整性发生中断。

1.病因及分类

骨折的病因分为病理性和创伤性2类。病理性骨折是指急性骨髓炎、骨肿瘤等疾病引起骨质破坏，在遭受轻微外力时发生的骨折。临床以创伤性骨折多见，引起骨折的创伤暴力有：①直接暴力。骨折发生在暴力直接作用的部位，常伴有较严重的软组织损伤，如头部撞击后引起的颅顶骨凹陷性骨折；②间接暴力。暴力通过传导、杠杆以及肌肉强力收缩等造成着力点其他部位的骨折。如高空坠落臀部着地，暴力通过骶髂关节传递给脊柱，造成椎体压缩性骨折。股四头肌强烈收缩引起髌骨骨折；③积累劳损，轻微外力长期、反复作用于肢体同一部位引起的骨折，如远距离行军引起的第二、三跖骨骨折，又称为疲劳性骨折。

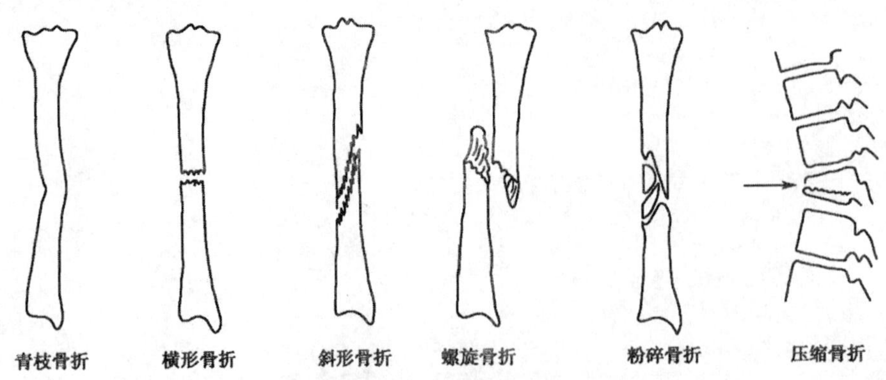

图72-1　骨折类型

骨折分类办法很多(图 72-1),根据骨折端与外界是否相通可分为:①闭合性骨折。骨折处皮肤、黏膜完整,骨折端与外界不相通;②开放性骨折,骨折处皮肤、黏膜破损,骨折端与外界相通,处理不当会引起化脓性骨髓炎。根据骨折的程度和形态可分为:①不完全骨折。骨的连续性和完整性部分中断,如裂缝骨折和青枝骨折;②完全性骨折。骨的连续性和完整性完全中断,如横形骨折、斜形骨折、螺旋形骨折、粉碎性骨折、嵌插骨折、压缩性骨折等。根据骨折端复位后稳定程度分为:①稳定性骨折。复位后骨折断端不易发生移位,如裂缝骨折、青枝骨折、横形骨折、嵌插骨折、压缩性骨折;②不稳定性骨折。复位后骨折断端容易发生移位,如斜形骨折、螺旋形骨折、粉碎性骨折等。

2.移位

骨折发生后,受暴力因素、肌肉牵拉、骨折远端肢体重量牵拉以及不恰当的搬运和治疗等因素影响,常导致骨折断端出现不同程度的移位。①成角移位,两骨折断端纵轴线交叉成角,成角方向为顶角所指方向,有向前、向后、向内、向外成角;②侧方移位,指骨折远端相对于近端的侧方移位,可有前、后、内、外侧方移位;③缩短移位,骨折断端相互重叠、嵌插,使肢体长度缩短;④分离移位,骨折断端在纵轴方向分离,肢体长度变长;⑤旋转移位,指骨折远端围绕近端沿纵轴方向旋转。可有旋前、旋后,内旋、外旋等。临床上几种移位方式常同时存在(图 72-2)。

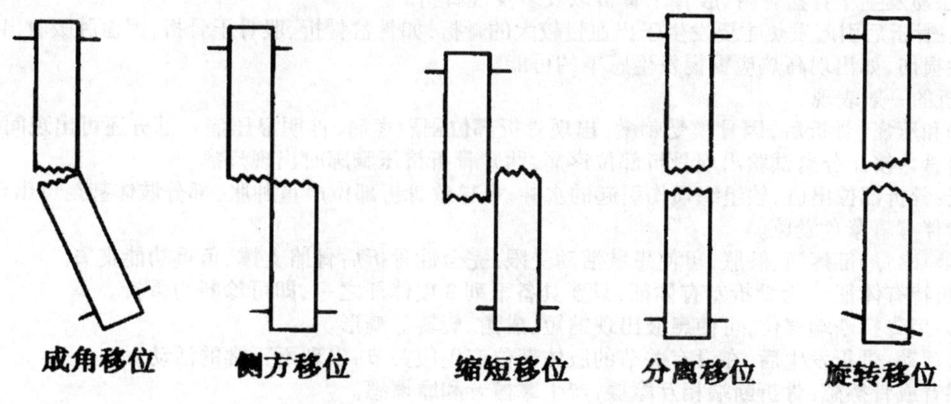

图 72-2　骨折段 5 种不同的移位

3.骨折愈合过程及影响因素

(1)骨折愈合过程　分为血肿机化期、原始骨痂形成期和骨痂塑形期,3 个阶段为一连贯过程,不可截然分开。

1)血肿机化期:骨折后,骨髓、骨膜以及周围组织血管破裂出血,在骨折断端及周围形成血肿,6 ~ 8 小时血肿凝固成血块,并逐渐被肉芽组织取代,肉芽组织中成纤维细胞产生大量胶原纤维,骨折断端由纤维组织连接。此期一般在骨折后 2 周左右完成。

2)原始骨痂形成期:受骨折刺激,骨内、外膜增生,成骨细胞大量增生,在骨折附近的骨内、外膜周围形成骨样组织并逐渐骨化,形成新骨,分别形成内骨痂和外骨痂,此即膜内化骨。由血肿机化后的纤维组织逐渐转化为软骨组织,并经钙化形成骨痂,形成环状骨痂和髓腔内骨痂,此称为软骨内化骨。此期一般需要 4 ~ 8 周,膜样化骨较软骨内化骨快,骨折治疗过程中应尽量减少软骨内化骨。

3)骨痂塑型期:随肢体活动和负重,在应力轴线上的成骨细胞相对活跃,骨痂不断增强,而应力轴线以外部位,破骨细胞活动增强,多余的骨痂逐渐被吸收清除。

(2)影响骨折愈合的因素　骨折愈合受多方面因素影响,应避免不利于骨折愈合的因素,促进骨折愈合。

1)全身因素:影响骨折愈合的全身因素主要包括年龄和身体健康状况两方面,儿童骨折愈合快,老年人愈合较慢。身体健康状况不良者,如糖尿病、慢性肝病、营养不良等患者骨折愈合时间明显延长。

2)局部因素:对于大多数成人而言,影响骨折愈合的因素多为局部因素。常见局部因素包括:①骨折类型和数量,斜形、螺旋形骨折与横形骨折相比,因骨折断面接触面积大,愈合快;多发性骨折、粉碎性骨折愈合慢;②骨折部位血液供应,血供良好部位骨折愈合快,如桡骨远端骨折,因骨折部位位于骨骺端,血液供应较好,愈合快;而股骨颈囊内骨折,因股骨头血液供应不良,容易发生股骨头缺血性坏死,骨折不愈合;③软组织损伤情况,严重软组织损伤,破坏骨折部位血液供应,影响骨折愈合;④软组织嵌入,若有软组织嵌入骨折断端之间,妨碍骨折端的对合和接触,影响膜内化骨和软骨内化骨,延缓骨折愈合甚至骨不愈合;⑤感染,骨折合并感染引起化脓性骨髓炎,骨折周围软组织坏死并伴有死骨形成,严重妨碍骨折愈合。

3)治疗的影响:反复多次手法复位,可加重骨折周围软组织损伤程度,不利于骨折愈合。切开复位时,若过多剥离骨膜和软组织将影响骨折断端血供,延缓骨折愈合,甚至骨不愈合。开放性骨折若过多摘除碎骨片,造成骨质缺损,延缓愈合。骨折固定不确切以及不恰当的功能锻炼都将妨碍骨折愈合过程。

(3)骨折临床愈合标准　骨折临床愈合后,骨折断端已有连续的骨痂连接,并达到一定强度,此时可拆除外固定,进行主动功能锻炼。其标准为:①局部无压痛及纵向叩击痛;②患肢无反常活动;③X线检查骨折线模糊,有连续性骨痂通过骨折断端;④解除外固定后,上肢能向前平举1kg重物并持续1分钟以上。下肢脱拐在平地连续步行3分钟,且不少于30步;⑤连续观察2周,骨折处不变形。进行肢体反常活动检查和肢体负重活动时应慎重,应在X线检查证实骨折临床愈合后方可考虑进行。

【护理评估】

1.健康史

询问患者外伤病史,暴力大小、性质及方向,受伤经过以及伤后出现的症状及病情演变。既往是否有骨骼疾病病史,如骨髓炎、骨肿瘤、骨质疏松症等,排除病理性骨折。

2.身体状况

(1)全身表现　严重骨折和多发性骨折可出现全身表现。

1)血容量不足或休克:骨折断端出血、周围血管损伤以及软组织损伤,引起失血、失液,导致血容量不足甚至出现休克,易发生于骨盆骨折、股骨干骨折以及多发性骨折。

2)发热:骨折后引起发热主要发生于出血量较大的骨折,如骨盆骨折、股骨干骨折,因血肿吸收出现的低热。对于开放性损伤,如出现高热应警惕发生感染的可能。

(2)骨折的一般表现

1)疼痛和压痛:骨折后,因骨膜受刺激,出现骨折部位剧烈疼痛,伴明显压痛。部分还可出现间接压痛,如骨盆骨折时骨盆挤压分离试验出现骨折部位疼痛,肋骨骨折挤压胸廓时出现疼痛。

2)肿胀:骨折部位出血,软组织损伤引起的水肿,可导致骨折部位严重肿胀,部分肢体甚至可出现张力性水疱。局部常伴有青紫色淤斑。

3)功能障碍:局部疼痛、肿胀,可使患肢活动受限,完全性骨折后骨骼支撑、负重功能丧失。

(3)骨折特有体征　为骨折专有体征,只要具备下列3项体征之一,即可诊断为骨折。

1)畸形:因骨折断端移位,可使患肢出现缩短、成角、旋转等畸形。

2)反常活动:骨折发生后,在没有关节的肢体部位产生假关节,出现不正常的活动。

3)骨擦音或骨擦感:骨折断端相互摩擦,产生摩擦音和摩擦感。

在检查特有体征时,不能为刻意引出反常活动和骨擦感、骨擦音而故意反复多次检查,以免增加患者痛苦并导致重要神经、血管损伤。不完全性骨折,如青枝骨折、裂缝骨折,不出现反常活动和骨擦感、骨擦音,也可无明显畸形;部分完全性骨折,如嵌插骨折,骨折断端嵌插一起,3种特有体征可不明显,应常规借助X线摄片检查确诊。

(4)常见并发症　骨折本身对患者影响并不严重,但骨折引起的一些重要组织、脏器损伤,常引起严重后果,甚至危及患者生命。根据并发症出现时间先后,可分为早期并发症和晚期并发症。

1)早期常见如下并发症:

①休克:为骨折早期引起患者死亡的主要原因。可因骨盆骨折、股骨干骨折等引起大出血,或骨折合并重要器官损伤,如肋骨骨折引发肝、脾破裂导致的失血性休克;以及严重创伤引起的创伤性休克。

②重要内脏损伤:a.脑损伤,颅顶骨凹陷性骨折,可引起颅内压增高并造成脑组织受压,出现感觉运动障碍、失语等脑皮层受压表现;b.肺损伤,胸部创伤合并肋骨骨折,骨折端可造成肺组织及血管损伤,出现气胸、血胸或血气胸;c.肝、脾破裂,下胸部创伤造成肋骨骨折,同时还可引起肝、脾等脏器破裂,出现内出血及休克;d.膀胱、尿道损伤,骨盆骨折移位,尿生殖膈受牵拉,产生的剪切暴力可造成后尿道损伤。骨折断端可刺破膀胱,造成腹膜外膀胱破裂;e.直肠损伤,骶尾骨骨折可造成直肠破裂。

③重要组织损伤:a.重要血管损伤,如伸直型肱骨髁上骨折(图72-3),骨折近端向前下移位,造成肱动脉损伤;股骨髁上骨折,骨折远端向后移位,造成腘动脉损伤;b.脊髓损伤(图73-4),脊柱骨折和脱位,可造成脊髓损伤,出现损伤平面以下瘫痪;c.重要周围神经损伤,如肱骨中下1/3交界处骨折,可造成桡神经损伤,表现为垂腕畸形。

④脂肪栓塞综合征:常发生于成人长骨骨折,由于骨折处髓腔内血肿张力过大,或骨折暴力压迫,使骨髓内脂肪微粒挤压进入破裂的静脉窦,造成肺或脑脂肪栓塞。临床表现为急性呼吸功能不全;出现呼吸困难、发绀,X线胸片提示广泛肺实变。

⑤骨筋膜室综合征(Osteofascial compartment syndrome):是指骨筋膜室(由骨、骨间膜、肌间隔与深筋膜共同形成的软组织腔隙)内的肌肉和神经因急性缺血而出现的一系列症候群。多见于前臂和小腿,常因直接暴力引起。产生肌肉、神经缺血主要由于骨折部位血肿和组织水肿,使骨筋膜室内容物体积增加。另外,骨折部位肢体包扎过紧,使骨筋膜室容积缩小都将引起骨筋膜室内压力增高,使供应神经、肌肉的小血管受压导致缺血。其

主要表现为：a.患肢出现剧烈疼痛；b.局部肿胀，张力高，明显压痛；c.患肢皮肤苍白、潮红或发绀；d.患肢远端动脉搏动减弱或消失；e.指（趾）呈屈曲状，伸直受限，被动伸直时疼痛加剧。

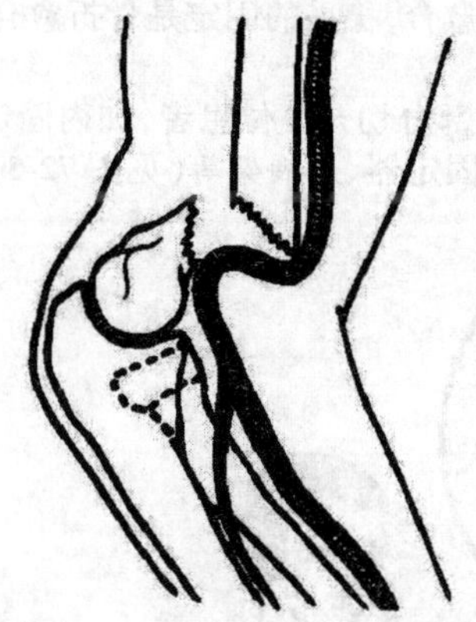

图72-3　伸直型肱骨髁上骨折损伤肱动脉

图72-4　脊柱骨折脱位时损伤脊髓

2）中晚期骨折有如下并发症。

①感染：多见于开放性骨折，特别是污染较重且未能做到彻底清创者，处理不当可致化脓性骨髓炎。

②损伤性骨化：又称骨化性肌炎，常见于关节附近，特别多见于肘关节附近。由于关节扭伤、脱位或关节附近的骨折，形成骨膜下较大血肿，血肿机化后成骨细胞长入，在关节附近软组织内广泛骨化，造成关节活动障碍。

③创伤性关节炎：因关节内骨折，关节面遭受破坏，如未能达到解剖复位，造成关节面不平整，长期磨损引起创伤性关节炎，表现为关节活动时疼痛。

④关节僵硬：肢体骨折或关节损伤后，由于患肢需长时间固定，关节内外发生纤维粘连，并伴有关节囊和周围软组织挛缩，导致关节活动障碍。关节僵硬与关节长时间固定有关，及时拆除固定和积极进行功能锻炼是防治关节僵硬的有效方法。

⑤缺血性骨坏死：骨折后，某一骨折断端血液供应破坏，该骨折断端发生缺血性坏死，如老年人股骨颈骨折造成股骨头缺血性坏死。

⑥缺血性肌挛缩：为支配肢体主要血管损伤或骨筋膜室综合征处理不当导致的严重后果，肌肉缺血坏死、机化，出现肌挛缩，如伸直型肱骨髁上骨折引起肱动脉损伤引起前臂缺血挛缩，导致"爪形手"畸形。

⑦与长期卧床有关的并发症：a.坠积性肺炎，因骨折长期卧床，特别是年老、体弱或伴有慢性疾病的患者，严重时可危及患者生命；b.压疮，长期卧床不起，骨隆突处皮肤受压，导致局部血循环障碍，容易形成压疮；c.下肢深静脉血栓形成，下肢长时间制动，下肢肌肉活动减少，缺乏肌肉收缩对深静脉血管的挤压，使静脉血液回流缓慢，加之创伤后血液处于高凝状态，易发生深静脉血栓形成。

3.辅助检查

（1）X线检查　明确骨折类型及移位程度，摄片范围应包括上下关节。对于脊柱骨折及关节内骨折还可通过CT检查明确骨折情况。

（2）血常规　多发性骨折、骨盆以及股骨骨折等引起大出血时可出现急性贫血。

4.处理原则

骨折治疗原则包括复位、妥善固定和合理功能锻炼三方面。

（1）复位　是指通过非手术或手术的方法，将移位的骨折断端恢复到正常的解剖关系或接近正常的解剖关系。复位为骨折愈合的前提，是治疗骨折的首要步骤。根据复位方法不同分为手法复位和切开复位，根据复位标准分为解剖复位和功能复位。

1）解剖复位是指复位后纠正各种移位，恢复正常的解剖关系。功能复位指复位后未能达到解剖复位的标准，但骨折愈合后不影响肢体功能。对于骨折应争取能达到解剖复位或接近解剖复位，但不能为追求解剖复位而反复多次复位，加重骨折断端周围软组织损伤，能达到功能复位即可。部分骨折则必须达到解剖复位，如关节内骨折，否则会引起创伤性关节炎。

2）手法复位是指通过牵引、反折、回旋、扳正等手法使骨折断端复位。切开复位是通过手术切开，暴露骨折断端，直视下将骨折复位。大多数骨折通过手法复位可获得成功，少数情况下需切开复位。手术指征包括：①骨折断端有软组织嵌入，手法复位失败者；②关节内骨折，未能达到解剖复位，影响关节功能者；③手法复位未能达到功能复位要求,影响肢体功能者;④骨折合并重要神经、血管损伤,应行骨折切开复位,再修复神经、血管;⑤多处骨折。

(2)固定　复位后,将骨折断端维持在复位后的位置,使其逐渐愈合,稳妥的固定是骨折愈合的关键。根据固定方法不同,可分为外固定和内固定。

1)外固定:固定物用于体外,主要用于骨折手法复位后的固定,部分切开复位患者,如内固定不稳妥,也可加用外固定。常用的外固定有小夹板、石膏绷带、持续牵引固定、外固定器、外展架等(见图 72-5)。

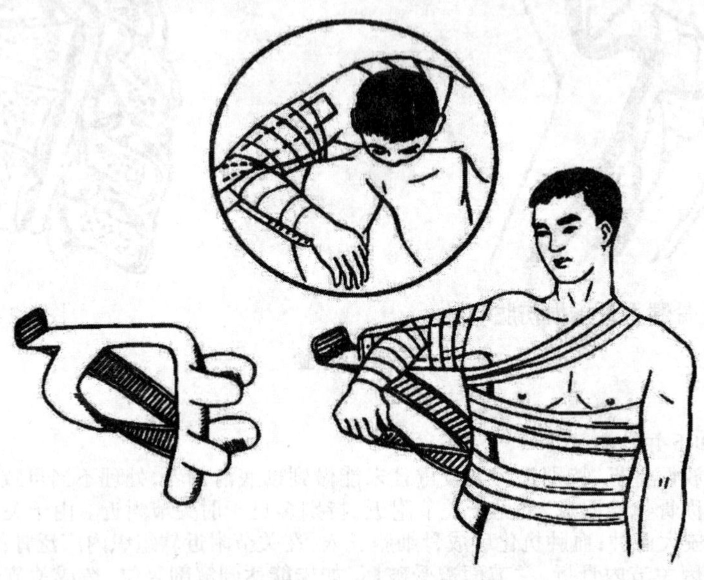

图 72-5　外展架外固定

2)内固定:固定物置于患者体内,主要用于骨折切开复位后的固定,部分骨折经手法复位后,可在X线监视下,经皮穿刺行内固定术,如股骨颈骨折的三刃钉固定。

内固定物材料常选用金属物,常用的固定物有螺丝钉、接骨板(图 72-6)、髓内针等。固定牢固可靠,缺点为需 2 次手术取固定物。目前临床有一些可吸收内固定物,可避免 2 次手术。

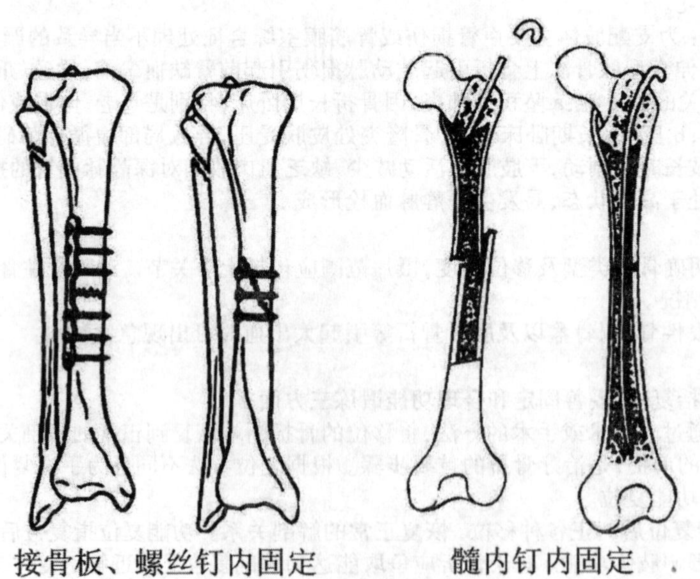

图 72-6　接骨板、螺丝钉内固定

(3)功能锻炼　合理的功能锻炼可以促进骨折愈合,早日恢复正常功能,防止一些并发症的发生。对于骨折愈合的不同时期,功能锻炼有不同要求,应遵循循序渐进、动静结合、主动锻炼与被动运动相结合的原则,正确指导患者进行功能锻炼。

5.心理-社会状况

骨折常发生于创伤后，对突如其来的意外伤害以及骨折引起的疼痛和功能障碍，患者常表现为恐惧、焦虑。随着病情发展，又担心骨折后能否痊愈，是否会致残，骨折长时间固定，是否会影响工作、生活，家人能否给予生活和精神上的照顾和支持。部分患者骨折致残后，不能面对现实，常表现为自暴自弃，甚至悲观、绝望。

【护理诊断及医护合作性问题】

1.躯体活动受限

与骨折疼痛、肢体固定有关。

2.有失用综合征的危险

与骨折固定，肢体缺乏功能锻炼有关。

3.潜在并发症

休克，内脏损伤，神经损伤，骨筋膜室综合征，感染，缺血性肌挛缩等。

【护理计划与实施】

1.应急护理

(1)生命支持　在抢救现场及急诊室，首先应简单快速而全面评估患者的伤情，是否合并其他重要脏器的损伤、存在危及生命的损伤、处于休克状态。优先处理危及生命的损伤，对于休克者应快速输液抗休克治疗。

(2)止血与伤口包扎　开放性伤口可使用无菌纱布、敷料包扎，或使用现场最清洁的布类包扎伤口，防治伤口继续被污染。对于戳出伤口的骨折端，不应将其复位，以免将污染物带到伤口深处。肢体骨折合并大出血时，采用加压包扎止血或止血带止血。

(3)伤肢妥善固定　固定的目的是减轻骨折活动引起的疼痛，避免对周围软组织、血管和神经的进一步损伤。任何怀疑骨折的肢体在搬运前都应妥善固定，固定的范围应超过骨折上、下关节，固定的材料可用夹板、树枝、木棍、木板等。在抢救现场，固定前一般不主张对骨折行整复，若有明显畸形，并有可能穿破软组织或损伤邻近重要神经、血管时，可适当牵引肢体，纠正明显畸形，再行固定。

(4)搬运　骨折患者须经妥善固定后才能搬运，搬运时应采取正确的搬运办法，以免带来不必要的损伤。对于脊柱骨折患者搬运时，应防止因搬运不当导致或加重脊髓损伤，正确的搬运方法应使用木板或质地较硬的材料做成的担架(图72-7)。搬运时，应始终保持脊柱中立位，绝不可使头颈部或躯干扭曲和弯曲。搬运颈椎损伤患者时，必须有一人固定并略牵引患者头颈部，置于木板后，应在头颈两侧用沙袋限制头颈活动。

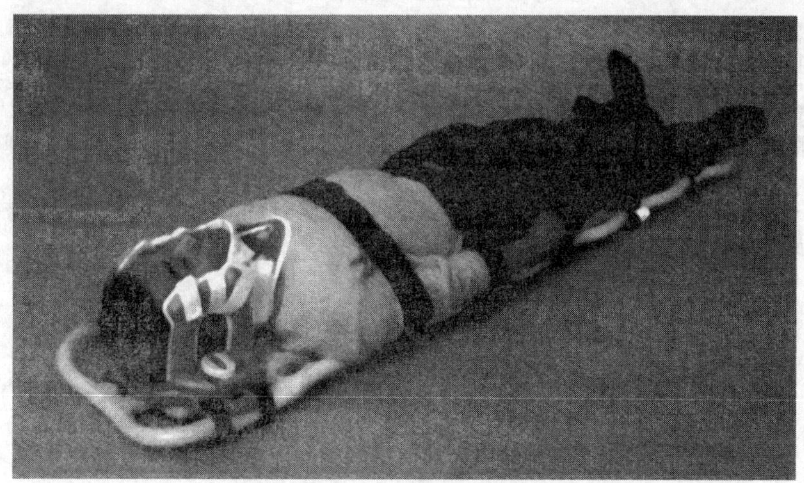

图72-7　脊柱损伤的搬运

2.非手术治疗患者的护理

(1)一般护理

1)体位：部分骨折患者需长时间卧硬板床，如脊柱、骨盆骨折、行持续牵引的四肢骨折，应做好卧床护理。四肢骨折患者休息时应抬高患肢，将肢体远端抬高至心脏平面以上，利于静脉回流，促进肿胀消退。卧床及骨折固定期，应注意保持肢体功能位，如肘关节屈曲70°～90°、膝关节屈曲10°～15°，防止畸形愈合。对于截瘫患者应使用石膏托或支架将踝关节固定于90°，防止足下垂畸形。

2）饮食护理：提供营养丰富、易消化食物，多食水果和新鲜蔬菜，防止便秘。长期卧床易发生骨质脱钙，尿中钙盐增加易形成尿路结石，鼓励患者多饮水，预防泌尿系结石和感染。

3）生活护理：长期卧床患者，生活自理能力下降，应做好生活护理工作，如协助洗漱、进食、大小便护理等，鼓励并指导患者主动进行躯体活动，提高生活自理能力。保持床单清洁，常翻身，经常进行皮肤护理，鼓励患者深呼吸，以防长期卧床引起压疮、坠积性肺炎、泌尿系统感染等并发症。

（2）病情观察　骨折早期患者注意观察肢体远端感觉、运动、血液循环及肢体肿胀情况，及早发现神经、血管损伤，并警惕有无骨筋膜室综合征发生的可能。对于骨盆、脊柱、股骨骨折以及多发性骨折患者需注意有无早期休克征象，复杂性创伤患者需注意骨折以外其他部位损伤表现，如血气胸、腹腔内脏破裂等。骨折固定和愈合期间，经常观察患者肢体形态及关节活动情况，并定期X线摄片检查，了解骨折愈合情况。

（3）物理治疗　可促进局部血液循环，利于肿胀和炎症的吸收，促使肢体功能早日恢复。应根据病情需要选择按摩、关节被动活动、热敷、红外线、超短波等理疗。

（4）功能锻炼　应根据骨折愈合的不同阶段，合理指导患者进行功能锻炼。①早期阶段，骨折后1～2周，此阶段为血肿机化期，骨折断端易出现移位。功能锻炼应以患肢肌肉等长性舒缩活动为主，骨折上、下关节暂不活动。此期功能锻炼主要目的是促进患肢血液循环，防止肌肉萎缩；②中期阶段，骨折2周后至达到临床愈合标准，此阶段相当于原始骨痂形成期，骨折断端已有纤维连接，并逐渐形成骨痂。应指导患者在健肢协助下逐步进行骨折上、下关节活动，以防止肌肉萎缩和关节僵硬；③晚期阶段，达到临床愈合标准，外固定物解除，此阶段为功能锻炼的关键时期，应指导患者进行主动功能锻炼，促使骨痂塑性，促进关节活动范围和肌力恢复。

3.手术治疗患者的护理

（1）手术前护理　骨科手术为严格的无菌手术，切开复位后常采用人工材料行内固定，如不注意无菌原则，势必引起手术区域感染，导致手术失败。术前护理除外科一般术前护理措施外，更需注意皮肤准备。

（2）手术后护理　除一般外科术后护理常规外，骨科患者需注意以下几点：①患肢抬高，并保持肢体功能位；②密切观察肢体远端感觉、运动及血液循环情况，及时发现手术或包扎、固定不当带来的神经、血管损伤；③部分患者术后仍需长期卧床，做好生活护理工作；④正确指导患者进行功能锻炼，促进肢体功能早日恢复（功能锻炼见本节非手术治疗患者的护理）。

4.心理护理

对于创伤引起的骨折，患者常表现为紧张、焦虑、恐惧。应做好患者及家属的思想工作，关心体贴患者，介绍疾病相关知识，使患者对自已的伤情有一个正确的认识。及时给予生活上的照顾，鼓励患者做些力所能及的事情。多与患者沟通、倾听患者诉说，针对患者的心理问题进行有的放矢的心理疏导。鼓励患者进行伤肢的功能锻炼，树立战胜疾病的信心。

5.健康指导

（1）加强劳动保护，遵守交通规则，避免骨折的发生。

（2）骨折发生后，应及时就诊，防治骨折并发症的发生。对于骨折患者，妥善固定后，方能搬运，避免不正确的搬运措施加重损伤。加强社区居民急救基本技能的培训，包括创伤患者正确的急救措施。

（3）介绍疾病相关知识，指导患者及家属配合治疗和护理工作，合理安排饮食和生活护理，避免长时间卧床带来的并发症。

（4）指导患者进行合理的功能锻炼，与患者及家属一起制订详细的锻炼计划，尽快恢复肢体功能。

（5）告知患者及时复诊，评估骨折愈合及功能恢复状况。

【护理评价】

1.患者基本生活能否得到照顾，能否在他人的协助下完成一些简单活动。

2.患者能否科学地进行功能锻炼，有无肌肉萎缩、关节僵硬等失用综合征发生。

（肖静）

第七十三章　骨与关节损伤患者的护理

学习目标

知识目标　掌握常见四肢骨折种类、临床特征、护理措施。熟悉常见四肢骨折的移位特点、治疗原则。了解常见四肢骨折的护理评价。掌握关节脱位的病因、诊断、治疗原则。掌握关节脱位的护理要点。熟悉肩、肘、髋关节脱位的临床表现、处理原则。掌握常见脊柱骨折与脊髓损伤的临床表现、护理措施。熟悉常见脊柱骨折的治疗原则。了解创伤性高位截瘫患者的护理要点。

能力目标　能够提出正确的护理诊断，并能够为患者提供合适的护理措施。

素质目标　学习过程中体现对患者的关心。

第一节　四肢骨骨折患者的护理

案例引入

患者，男，44岁，因右小腿疼痛畸形活动受限1小时入院。患者1小时前，不慎摔倒，致右小腿疼痛、不能活动。右小腿下段前侧约3cm×2cm皮肤挫伤重，发紫黑色，无明显出血，压痛，叩击痛。右小腿肿胀明显，主动活动不能，右踝关节活动受限，右小腿向内侧成角畸形，反常活动，可触及骨擦感、骨擦音。足趾活动受限，不能背伸，足背动脉搏动未扪及。右足肿胀，末梢血供差。

1.初步判断为何种骨折，依据是哪些？

2.还需做哪些检查以明确诊断？

3.这位患者除骨折外，还可能并发了哪些软组织的损伤？最可能出现的并发症是什么？如果出现应该如何护理？

【概述】

四肢骨骨折是外科常见病。

1.病因及发病机制

（1）锁骨骨折　多由间接暴力所致，好发于青少年，常在跌倒时，手掌和肩部着地而发生，骨折部位常为锁骨中外1/3处。

（2）肱骨髁上骨折　是指肱骨远端内、外髁上方的骨折。多见于儿童。肱骨髁上骨折由间接暴力所致。

（3）伸直型桡骨远端骨折（Colles骨折）　Colles骨折指距桡骨远端关节面3cm内的骨折，并且远端向背侧移位。多见于中、老年有骨质疏松者。Colles骨折是由间接暴力所致。跌倒时，手掌着地、腕关节背伸、前臂旋前所致。

（4）股骨颈骨折　是指股骨颈与基底部之间的骨折。多发生于中、老年人，与骨质疏松有关。老年人伴骨质疏松者遇扭转暴力易发生股骨颈骨折。青少年股骨颈骨折较少，需要较大暴力才能引起。

（5）股骨干骨折　是指股骨小转子以下，股骨髁以上部位的骨折。多见于青壮年。股骨干骨折常由强大的直接或间接暴力引起。

（6）胫腓骨干骨折　是指胫骨平台以下到髁上的部分发生的骨折。以青壮年、儿童多见。由于胫腓骨表浅，又是负重的主要骨，直接暴力是主要致病因素。

2.移位特点

（1）锁骨骨折　好发于锁骨中外1/3处，儿童多为青枝骨折；成人多为斜形骨折。在诊断治疗时应注意：臂从神经及锁骨下血管。骨折后近端受胸锁乳突肌的牵拉而向上、向后移位,远端因受上肢重量的影响而向下移位。

(2)肱骨髁上骨折　根据暴力的来源和移位可分为伸直型和屈曲型骨折。跌倒时,肘关节呈半屈曲状或伸直位,手掌着地,暴力经前臂传导而达肱骨下端,导致髁上部伸直型骨折。其骨折近端向前移位,远端向后移位,骨折近端常损伤肱前肌、肱动静脉、正中神经和桡神经。此类骨折较常见。当跌倒时,肘关节屈曲,肘后着地,暴力由后下方向前上方尺骨鹰嘴直接撞击肱骨下端导致髁上部屈曲型骨折。骨折的近端向后,远端向前。此型骨折少见,合并血管神经损伤者较少。

(3)伸直型桡骨远端骨折(Colles 骨折)　骨折远端向背侧以及桡侧移位。患肢呈"银叉样"畸形。

(4)股骨颈骨折

1)按骨折线的部位分类:分为头下型骨折、经颈型骨折和基底部骨折(图 73-1)。头下型和经颈型为关节囊内骨折,骨折时头的血液供应中断,使骨折不易愈合,易造成股骨头缺血性坏死。基底型由于骨折端血供良好,骨折较易愈合。

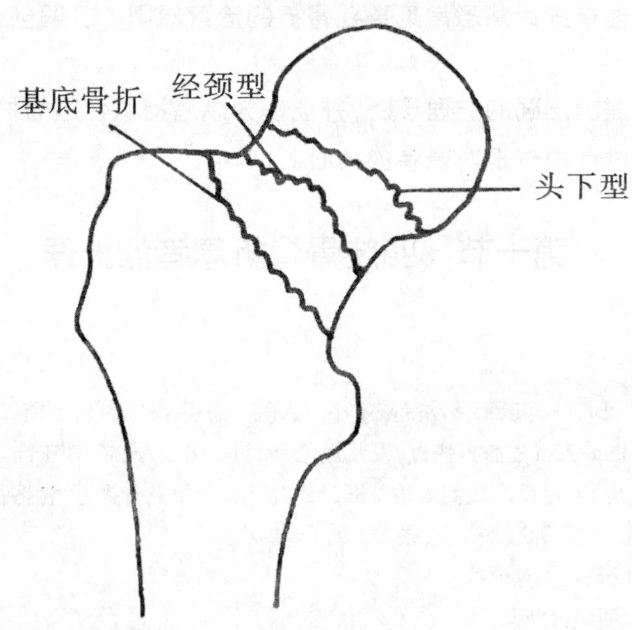

图 73-1　股骨颈骨折类型

2)按骨折线的角度分类:可分为内收型骨折和外展型骨折(图 73-2)。内收型骨折线远端与两髂嵴联线形成的角度(Pauwells 角)< 50°;外展型骨折,Pauwells 角< 30°。

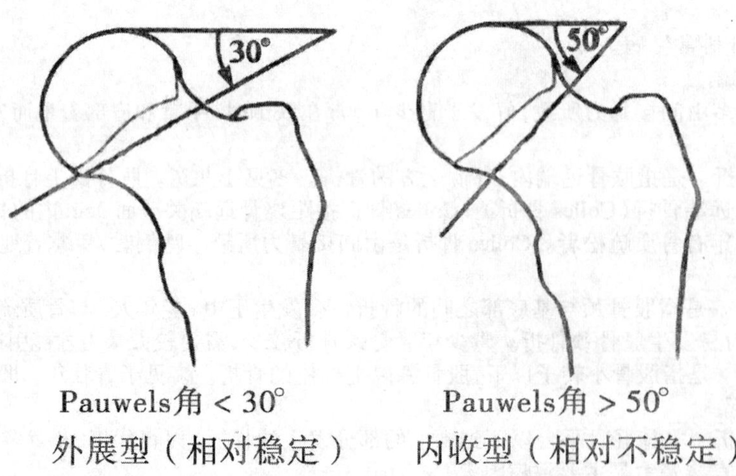

图 73-2　股骨颈骨折 Pauwells 角分型

(5)股骨干骨折　直接暴力引起股骨干的横形或粉碎形骨折,同时有广泛的软组织损伤。间接暴力引起股骨干的斜形或螺旋形骨折,周围软组织损伤较轻。

(6)胫腓骨干骨折　胫腓骨容易遭受直接暴力损伤,骨折线在同一平面,呈横断、斜形和粉碎形骨折。由于胫骨前内侧紧贴皮肤,直接暴力作用常合并有软组织损伤,形成开放性骨折。间接暴力多由高空坠落、滑倒所致,呈斜形或螺旋形骨折。

【护理评估】

1.健康史

了解患者的年龄、外伤经过,既往有无骨骼疾病史,如肿瘤、炎症等。明确外力作用的时间、方式、性质和程度,其次了解患者受伤时的体位和环境、伤后立即发生的功能障碍及其发展情况、急救处理的经过等。

2.身心状况

了解骨折的类型、局部体征和患肢功能状况、固定情况、过敏及循环状况,生命体征是否平稳,有无合并其他部位损伤或并发症,是否伴有休克、发热的全身症状,开放性骨折失血量的估计、是否伴有感染等。

(1)锁骨骨折　局部疼痛、肿胀、肩关节活动时疼痛加重。畸形、异常活动、患侧肩下垂。检查时可扪及骨折端有局限性压痛及骨擦音。

(2)肱骨髁上骨折　肘关节肿胀明显、疼痛、功能障碍,有时可出现皮下淤血和张力性水疱。肘后三角关系正常,如果合并有正中神经、尺神经、桡神经损伤则出现前臂相应的神经支配区的感觉减弱或消失以及相应的功能障碍。

(3)伸直型桡骨远端骨折(Colles 骨折)　伤后局部疼痛、肿胀,可出现典型的畸形姿势(图 73-3),即侧面看呈"银叉"畸形,正面看呈"枪刺样"畸形。局部压痛明显,腕关节活动障碍。

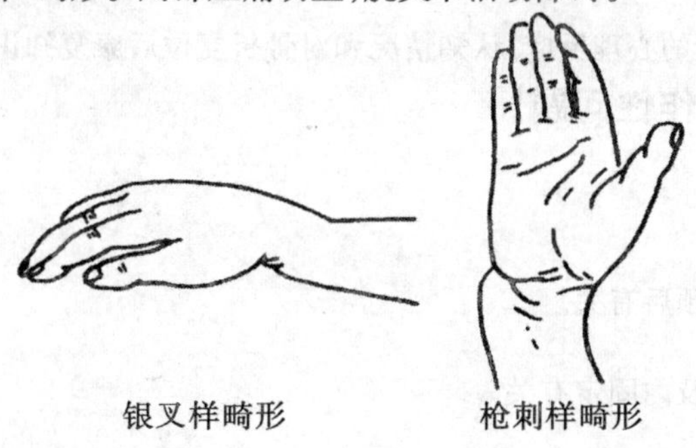

银叉样畸形　　枪刺样畸形

图 73-3　colles 骨折畸形

(4)股骨颈骨折　受伤后髋部出现疼痛,不能站立或行走,患肢有短缩、内收、外旋畸形。患髋有压痛,足跟部或大粗隆部叩打时髋部疼痛。股三角处有压痛。

(5)股骨干骨折　受伤后出现大腿疼痛、肿胀、皮下淤斑,局部出现成角、短缩、旋转等畸形。患肢活动受限。检查时,局部有压痛,有异常活动、骨擦音。内出血 500 ~ 1000ml,出血多者可伴有休克。

(6)胫腓骨干骨折　局部疼痛、肿胀、反常活动、畸形和活动受限,开放性骨折可出现骨折端外露,伴有腓总神经、胫神经损伤时,出现足下垂或仰足的表现。伴有胫前及胫后动脉损伤时,则足背动脉和胫后动脉搏动消失,趾端苍白、冰凉。如果继发有骨筋膜室综合征,远端肢体出现疼痛、肿胀、麻木、肢体苍白、感觉消失。

3.辅助检查

X 线可明确诊断,显示骨折的部位、类型、稳定程度、移位情况等。

4.处理原则

(1)锁骨骨折

1)三角巾悬吊:对无移位的锁骨骨折可采用三角巾悬吊 3 周。

2)手法复位"8"字带固定:对有移位的锁骨骨折,使患者维持双肩后伸的体位,然后采用横"8"字绷带包扎固定。

3)有手术指征时,可考虑切开复位固定。

(2)肱骨髁上骨折

1)手法复位和石膏托固定:肘部肿胀轻、桡动脉搏动正常者可行手法复位石膏托固定。

2)持续骨牵引:肘部肿胀严重,已有张力性水疱者,受伤时间较长,末梢血供良好者可行尺骨鹰嘴牵引。肿胀消退后再行手法复位石膏托固定。

3)手术治疗:手法复位失败或伴有血管、神经损伤者可行切开复位交叉克氏针内固定手术。

(3)伸直型桡骨远端骨折(Colles骨折)

1)手法复位外固定:手法复位在牵引下进行,复位后背侧面用石膏托或特制小夹板固定腕关节于旋前、屈腕、尺偏位。

2)切开复位内固定:有手术指征者应切开复位,用松质骨螺钉或钢针固定。

(4)股骨颈骨折

1)持续皮牵引:适用于无明显移位的外展嵌插骨折。

2)手法复位内固定:对于内收型骨折和有移位的骨折应尽早给予复位,经皮多枚骨圆针或加压螺纹钉内固定术。

3)人工股骨头置换术:适用于60岁以上的老人,股骨头下骨折有明显移位或旋转者。

(5)股骨干骨折

1)牵引:3岁以内的儿童,用垂直悬吊皮牵引;成人各类型骨折可采用骨牵引。

2)切开复位内固定:如非手术治疗失败或合并有神经、血管的损伤或伴有多发性损伤、不宜卧床过久的老年人可采用切开复位内固定。

(6)胫腓骨干骨折

1)手法复位外固定:横断形或短斜形骨折可以进行手法复位,长腿石膏或小夹板外固定。

2)牵引:斜形、螺旋形或轻度粉碎性骨折可行跟骨结节牵引,待纤维愈合后,去掉牵引,用长腿石膏托或小夹板继续外固定。

3)切开复位内固定:手法复位失败可采用切开复位后,螺丝钉或加压钢板、绞锁髓内钉内固定。对于开放性或粉碎性严重的可采用骨外固定术。

5.心理-社会状况

了解患者及其家属对骨折的心理反应、认知情况和对骨折复位后康复知识的了解和支持程度。

【护理诊断及医护合作性问题】

1.疼痛

与肌、骨骼的损伤有关。

2.焦虑、恐惧

与疼痛、长期卧床及担忧预后有关。

3.有感染的危险

与皮肤受损、开放性骨折及内固定有关。

4.皮肤完整性受损的危险

与骨折后躯体活动受限有关。

5.潜在并发症

脂肪栓塞、骨筋膜室综合征、坠积性肺炎、骨化性肌炎、创伤性关节炎、缺血性骨坏死、缺血性肌挛缩。

6.知识缺乏

患者缺乏骨折的病因、治疗、护理、手术、康复训练及预防并发症等相关知识。

【护理计划与实施】

1.锁骨骨折

横“8”字绷带时,须保持固定的有效性,若出现肢体肿胀、麻木,提示固定过紧。骨折区肿胀消失,常使绷带松弛,应经常检查并及时调整固定的松紧度。固定期间,双肩后伸,睡觉时去枕平卧硬板床,在两肩胛区垫枕以使两肩后伸、外展,使骨折端保持良好的复位位置。

2.肱骨髁上骨折

应注意观察肢体肿胀程度、桡动脉搏动及肢体感觉、运动功能,及时发现有无前臂骨筋膜室综合征发生。一旦出现,应及时汇报医生,切开前臂深筋膜减压。

3.桡骨远端骨折

固定期间应注意观察患肢感觉、运动和血液循环情况,如有严重肿痛、麻木、皮肤发绀等情况,立即通知医生及时处理。固定后即开始指导患者进行用力握拳、手指关节伸屈以及前臂肌肉等长收缩的功能锻炼,固定解除后加强腕关节背伸、掌屈功能锻炼。

4.股骨颈骨折

非手术治疗患者行下肢皮肤牵引并卧床6 ~ 8周,保持患肢外展中立位,做好皮肤牵引和生活护理,注意防治肺部感染、泌尿道感染和压疮等并发症。卧床期间指导患者进行股四头肌主动舒缩功能锻炼以及踝关节、跖趾关节屈伸锻炼。手术治疗患者术后应保持患肢外展中立位,经2 ~ 3周卧床休息后,可在床上起坐,6周后可扶双拐下地不负重行走；人工股骨头或全髋关节置换术后1周可下地活动。

5.股骨干骨折

股骨干骨折失血量较多，若为多处骨折，易发生休克，应密切观察患者的全身情况，如血压、脉搏、面色、尿量等，及时发现休克并汇报医生，配合救护，如建立静脉通道、输液、输血等。股骨下1/3骨折，可引起腘血管和坐骨神经损伤，应仔细检查远端肢体的血循环及感觉、运动功能。指导患者抬高患肢，并置于外展位。牵引期间即应加强股四头肌舒缩功能锻炼，做好骨牵引护理工作。

6.胫腓骨干骨折

（1）严密观察患者生命体征的变化，尤其是开放性骨折、骨折合并小腿皮肤撕脱伤和其他合并伤患者。发现患者面色苍白、口唇发绀、血压下降等休克征象时，应立即投入抢救，输血、输液、输氧等。

（2）密切观察患肢远端血液循环、感觉、运动、足背动脉及胫后动脉搏动情况，观察患肢皮肤颜色、温度、肿胀情况，警惕骨折合并腘动脉损伤、腓总神经损伤及小腿骨筋膜间室综合征，发现肢体远端动脉搏动触及不清、肢端发凉，感觉迟钝、肿胀严重、皮肤颜色改变，应立即通知医生，做出紧急处理。

（3）患肢抬离，保持中立位，严禁外旋，为防止足跟压伤，可住踝部垫小软枕，以使足跟悬空。

（4）患肢功能锻炼应尽早开始，防止膝、踝关节强直和肌肉萎缩。同时，在外固定坚强牢固的情况下，早期下床，适当给骨折端以应力刺激，促进骨折愈合。

温馨提示：骨折患者术后早期锻炼患肢肌肉；中期锻炼骨折处的远近关节；晚期锻炼全身的重点关节。

【护理评价】

1.患者疼痛是否缓解或减轻。
2.患者焦虑、恐惧是否缓解或减轻。
3.患者感染是否得到及时控制。
4.患者皮肤是否完整，有无压疮发生。
5.患者并发症是否得到预防或早期发现及时处理。
6.患者是否获得相关防治知识。

第二节　常见关节脱位患者的护理

案例引入

患者，男，24岁，因右肩部疼痛畸形活动受限一小时入院。患者1小时前，打篮球不慎向后跌到，右上臂后方撞击于硬物。右肩部疼痛、不能活动。

1.初步判断为右肩关节脱位，体格检查可见哪些体征？其中最具有诊断意义的体征是什么？

2.还需做哪些检查以明确诊断？

3.该患者经过X线检查确诊为肩关节脱位，行手法复位后予以三角巾固定患肢，对此患者应给予何种护理措施？

【概述】

关节面失去正常的对合关系称为关节脱位（Articular dislocation），俗称脱臼。部分失去正常对合关系称为半脱位（Part of articular dislocation）。关节脱位多发生于青壮年、儿童，老人较少发生。

1.病因及分类

（1）概述

1）按发生的原因可分为

①创伤性脱位：外来暴力作用于正常关节引起的脱位。

②先天性脱位：外界因素或内在原因影响胚胎期发育而导致关节先天发育不良，出生后即出现脱位，而且逐

渐加重,如髋关节脱位,是由于髋臼或股骨头先天发育不良引起。

③病理性脱位:关节结构发生病变,骨端遭受病变破坏而引起脱位。如关节结核、类风湿性关节炎等所引起的脱位。

④习惯性脱位:创伤性关节脱位后造成关节囊、韧带松弛或在骨附着处被撕脱,使关节存在不稳定因素,轻微外力可导致再脱位,反复发生,称为习惯性脱位。多见于肩关节脱位。

2)按脱位后时间可分为

①新鲜脱位:脱位时间低于 3 周者。

②陈旧性脱位:脱位时间超过 3 周者,一般闭合复位困难,而常需切开复位。

3)按脱位后皮肤是否破损分为

①闭合性脱位:是指皮肤完好。

②开放性脱位:是指关节软骨面与外界空气相通。

关节脱位中以肩关节脱位最为多见,其次为踝、肘、髋关节等。

(2)肩关节脱位　肩关节脱位(Dislocation of the shoulder)多由间接暴力引起,当身体侧位倒地时,手掌着地,肩关节外展、外旋,使肩关节前方关节囊破裂,肱骨头滑出肩胛盂而出现脱位。也可以发生于患者向后跌倒时,肱骨后方撞击于硬物上肱骨头受到肩峰的阻挡,成为杠杆的支点,迫使肱骨头向前下方脱出。

肩关节脱位分为前脱位、后脱位、下脱位、盂上脱位等。由于肩关节前下方组织薄弱,所以前脱位最多见(图73-4)。前脱位又可分为喙突下脱位、锁骨下脱位、盂下脱位,其中以喙突下脱位最多见。

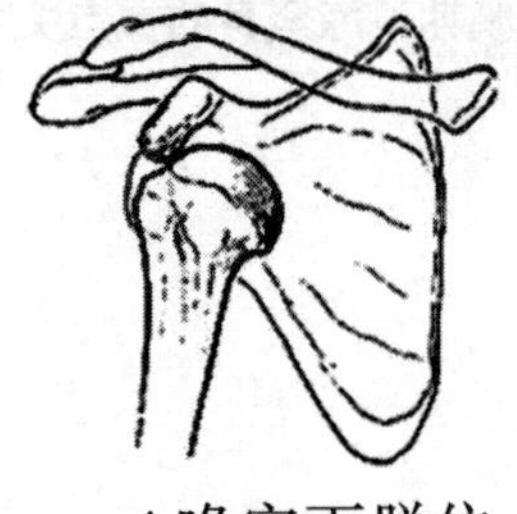
A喙突下脱位

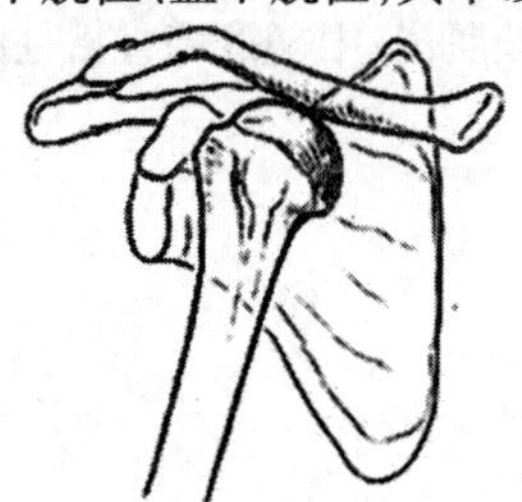
B锁骨下脱位

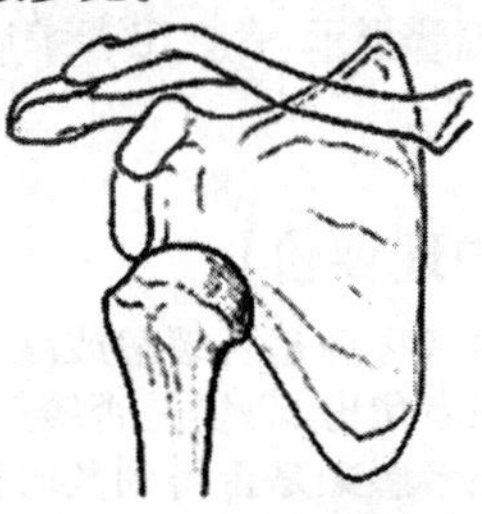
C盂下脱位

图 73-4　肩关节前脱位

(3)肘关节脱位　大多由间接暴力引起,患者跌倒时,上臂伸直手掌着地,暴力传递至尺、桡骨上端,尺骨鹰嘴突产生杠杆作用,使其半月切迹移向后上方,肱骨髁则向前脱出,而形成肘关节后脱位。如肘关节从后方受到直接暴力,可产生尺骨鹰嘴骨折和肘关节前脱位,这种脱位较少见。多见于青壮年,其中以后脱位为多见。

(4)髋关节脱位　强大暴力可导致髋关节脱位(Dislocation of the hip)。据脱位后股骨头的位置分为后脱位、前脱位和中心脱位,其中后脱位最为常见。下面以后脱位为例。

髋关节后脱位多由间接暴力引起,当髋关节屈曲或屈曲内收时,暴力从膝部向髋部冲击,使股骨头穿出后关节囊。或弯腰工作时,重物砸于腰骶部,也可使股骨头向后冲破关节囊而形成脱位。

2.病理生理

创伤性关节脱位时除构成关节的骨端有移位外,同时伴有关节囊不同程度撕裂,关节腔内外有积血。3 周左右血肿机化,形成肉芽组织,继而成为纤维组织,形成关节周围粘连。关节脱位的同时可以伴有关节附近的韧带、肌和肌腱的损伤,又可伴有撕脱性骨折及血管、神经等损伤。

【护理评估】

1.健康史

了解患者的受伤经过,有无关节和骨端的肿瘤及炎症等病变,有无反复脱位的病史等。

2.身心状况

(1)概述　进行体格检查,全面了解患者临床表现,有无脱位后局部体征及全身并发症。并通过 X 线了解脱位的类型及有无合并症。

1)一般症状　关节疼痛、肿胀、淤血斑、局部压痛及关节功能障碍。

2)特有体征

①畸形:脱位的关节处有明显的畸形,如关节变粗大、患肢变短或变长等。

②弹性固定:脱位关节周围肌痉挛,关节囊与韧带牵拉,使患肢固定在异常位置,被动运动时感到有弹性阻力。

③关节盂空虚:脱位后可在体表摸到关节所在的部位有空虚感。

(2)肩关节脱位　三角肌塌陷,肩部失去正常轮廓成方肩畸形(图73-5),关节盂空虚。关节盂外可触及肱骨头。搭肩试验(Dugas征)阳性:表现为患侧手掌搭于健侧肩部时,肘部不能紧贴胸壁。正常时肘部可贴近胸壁。

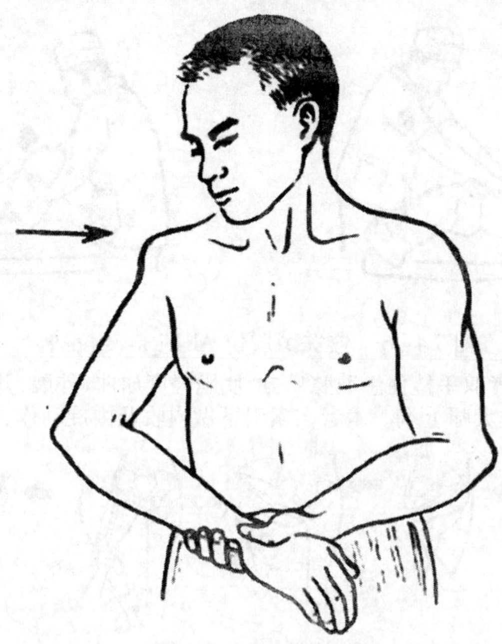

图74-5　方肩畸形

(3)肘关节脱位　肘部变粗,上肢变短,鹰嘴后突显著。肘关节弹性固定于半伸直位,大约45°。肘后三角失去正常关系。

(4)髋关节脱位　患髋关节疼痛,被动活动时疼痛加剧。患侧下肢呈屈曲、内收、内旋和短缩畸形,臀后隆起,大粗隆位于Nelaton线上方,上移明显。

3.辅助检查

(1)X线摄片　明确脱位类型、脱位方向,是否合并关节内骨折,有无损伤性骨化等并发症。

(2)B超检查　主要用来普查先天性关节脱位,如发现股骨头在髋臼外可确诊为先天性髋关节脱位。

4.处理原则

(1)概述　依据病史、临床表现、X线可确诊。治疗原则:

1)复位:包括手法复位和切开复位,以手法复位为主。复位成功标志:①关节被动活动恢复正常。②骨性标志复原。③X线检查证实关节复位。切开复位指征:有关节内骨折,经手法复位失败者;有软组织嵌入,手法难以复位者;陈旧性脱位手法复位失败者。

2)固定:复位后将关节固定于稳定位置2～3周,使损伤的关节囊、韧带、肌等软组织得以恢复。

3)功能锻炼:在固定期间要经常进行关节周围肌的伸缩活动和患肢其他关节的主动活动。固定解除后,逐步进行患侧关节的主动功能锻炼,并辅以理疗、中药熏洗等,促进关节功能早日恢复。

(2)肩关节脱位

1)复位:以手法复位为主,常用的复位方式有两种:①Hippocrates法,或称手牵足蹬法;②Kocher法,或称牵引回旋复位法。

2)固定:单纯肩关节脱位复位后用三角巾悬吊上肢,肘关节屈曲90°,固定于胸前3周。

3)功能锻炼:固定后,疼痛、肿胀减轻,可指导患者健侧缓慢推动患肢外展与内收活动,活动的范围以不引起患肩疼痛为限。固定期间应活动腕部和手指,解除固定后主动锻炼肩关节的活动,应逐渐加大受伤关节的活动范围,促使关节功能的恢复。

(3)肘关节脱位

1)复位:大多数采用手法复位,对于手法复位失败的可采用切开复位。

2)固定:复位后用长臂石膏托固定肘关节于屈曲90°,再用三角巾悬吊胸前2～3周。

3)功能锻炼:固定期间可做伸指握拳等练习,同时在外固定保护下做肩、腕关节的活动。外固定去除后,锻炼肘关节的屈伸活动及肘关节周围肌力。应注意以主动锻炼为主,被动活动时动作要轻柔,以不引起剧烈疼痛为度,切忌粗暴,以免引起骨化性肌炎而加重肘关节僵硬。

(4)髋关节脱位

1)复位:手法复位有提拉法(Allis 法)(图 73-6)和问号法(Bigelow 周法)(图 73-7)。

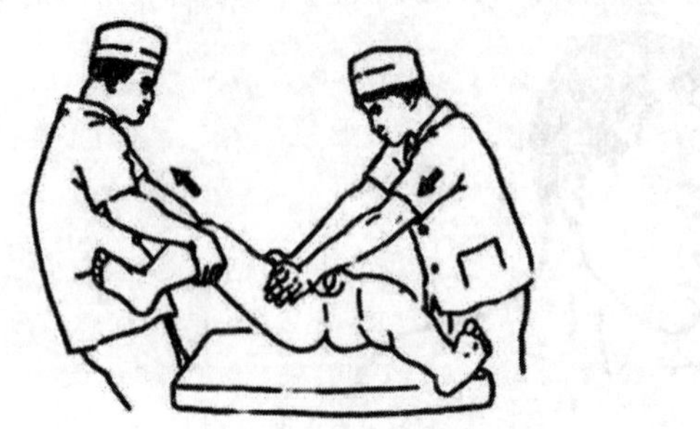
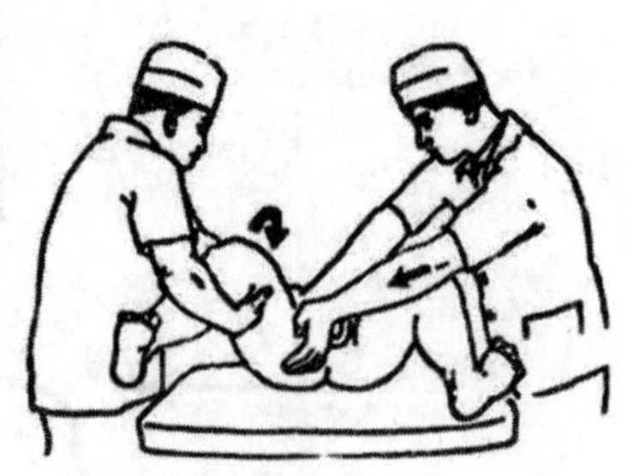

图 74-6　髋关节脱位 Allis 复位法

注:患者仰卧于治疗台上,术者双手持住患肢膝后方,使髋轻度屈曲、外展,并沿股骨纵轴做持续索引;助手立于对侧,双手向后外侧推按患肢大腿上端。术者在索引下做内收及内旋动作,听到弹响则提示复位成功。

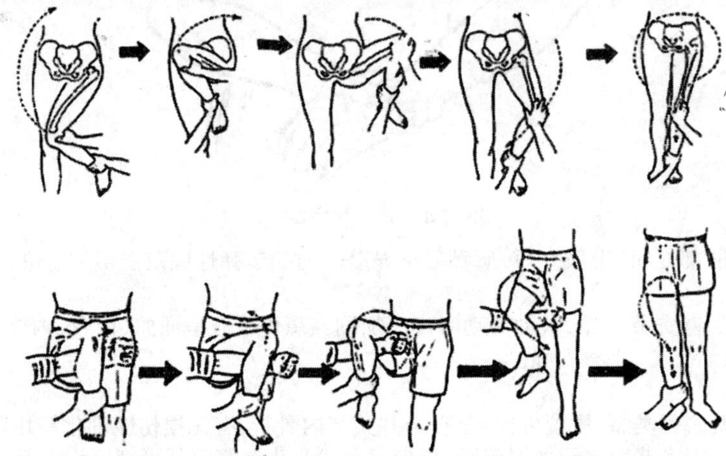

图 74-7　髋关节脱位 bigelow 复位法

2)固定:髋关节脱位患者复位后用皮牵引将患肢固定于外展中立位 3 ~ 4 周,或穿丁字鞋固定 3 ~ 4 周,在此期间不能做盘腿、并腿等动作,以防髋关节再次脱位。3 个月内患肢不能负重,以免缺血的股骨头受压变形,影响正常的行走功能。

3)功能锻炼:复位固定后行双上肢及患肢踝关节的活动。3 日后进行抬臀练习。去除牵引后指导患者用双拐练习步行。

5.心理-社会状况

关节脱位多因突然创伤引起,患者无思想准备,脱位后关节活动障碍、疼痛以及对疾病认知不足,常产生焦虑、紧张、恐惧心理。反复性脱位者,日常生活稍不注意就引起脱位,给患者生活、工作都带来不便,常致焦虑。先天性脱位病儿家属常对疾病缺乏了解,误认为小孩将终身残疾,因而放弃治疗。

【护理诊断及医护合作性问题】

1.疼痛

与关节脱位有关。

2.焦虑

与疼痛有关。

3.皮肤完整性受损

与使用石膏、夹板有关。

4.有废用综合征的可能

与患肢制动有关。

5.知识缺乏

缺乏本病的治疗与康复知识。

【护理计划与实施】

1.概述

(1)疼痛护理　查明原因,给予及时处理。必要时可遵医嘱给予止痛剂。执行护理操作时动作要轻柔,避免引起不必要的痛苦。脱位后24小时内局部冷敷,之后局部热敷,减轻肌痉挛引起的疼痛。

(2)协助医师尽早复位　做好复位前的身体及心理准备,向患者说明复位的目的和方法,以取得患者的合作;复位前给予适当的麻醉,以减轻疼痛,同时使肌松弛,利于复位。

(3)保持有效的固定　复位后将患肢固定于功能位置2～3周,陈旧性脱位手法复位后,固定时间应适当延长。向患者及家属说明复位后固定的目的、方法、重要性及注意事项,防止发生习惯性脱位。固定期间应观察患肢的血液循环,定期检查患肢的感觉和运动,以了解神经、血管损伤的程度和恢复情况。固定时间太长易发生关节僵硬,太短则关节囊达不到修复,容易形成习惯性脱位。

(4)并发症护理

1)关节脱位伴骨折的患者在治疗和护理时要注意骨折的治疗和愈合。

2)关节脱位伴神经的牵拉或压迫损伤者,应定期检查患肢的感觉和运动功能,了解神经修复的程度。

3)在治疗、护理的过程中,应注意改善关节部位及周围组织的血液供应,可采用超声波、电疗、热疗及功能锻炼等措施,防止关节面缺血坏死、创伤性关节炎等潜在并发症的发生。

4)髋关节后脱位后有发生股骨头坏死的可能性,因此患肢不能过早地负重,3个月内要定期做X线检查,经X线证实股骨头血液循环良好后方可弃拐步行。

(5)指导功能锻炼　向患者及家属说明功能锻炼的重要性和必要性,科学地指导患者功能锻炼,使患者能自觉地按计划进行功能锻炼,防止锻炼不当或过早锻炼引起习惯性脱位。固定期间,应进行关节周围肌的舒缩运动和除患肢外其他未固定关节的主动活动。解除固定后,逐渐加大关节的活动范围,同时配合热敷、理疗、中药烫洗这样有利于增加血液循环,消除肿胀,防止关节僵直和废用性萎缩。

2.肩关节脱位护理

肩关节前脱位患者复位成功后,用三角巾将患肢固定于内收、内旋位,腋下垫棉垫,应注意保持固定位置,同时应注意观察患肢血液循环和肢体远端感觉、运动,避免腋血管和臂丛神经受压。固定期间,指导患者进行患侧腕、指关节功能锻炼。固定解除后,逐步进行肩关节摆动和旋转锻炼,防止过度外展、外旋动作,以防发生再脱位。

3.肘关节脱位护理

脱位早期注意评估是否合并血管和神经损伤,注意患处肿胀情况,早期可冷敷,减轻水肿。固定期间指导患者进行伸指、握拳等锻炼;固定解除后应加强肘关节屈、伸和前臂旋转功能锻炼。

4.髋关节脱位护理

髋关节脱位常由强大暴力引起,可造成多发性损伤,注意观察是否合并低血容量性休克,并注意患肢感觉、运动及血液循环,排除神经、血管损伤。皮肤牵引固定期间,应注意保持患肢处于外展位,防止髋关节屈曲、内收、内旋,以免引起再脱位。固定期间,指导患者进行踝关节、足部功能锻炼,并进行股四头肌等长性舒缩运动。4周后,扶拐下地活动,3个月内患肢不能负重活动。

5.心理护理

(1)对患者表示理解和同情,给予安慰和鼓励,耐心做好解释工作,以减轻紧张心理,同时耐心引导患者了解关节脱臼的相关知识,增加患者对疾病的认识,以便积极配合治疗。

(2)合理安排患者周围环境,将日常生活用物放置于患者能自行取用之处,以利于减少由于活动受限带来的心理问题。

(3)鼓励患者尽可能像从前一样参与家庭及其他社会活动。

6.健康教育

(1)向患者及家属宣教有关疾病治疗和康复的知识,尤其是注意保持有效固定和坚持功能锻炼,预防习惯性关节脱位发生。

(2)教会患者有关外固定护理及功能锻炼的方法。

(3)让患者了解可能发生的并发症及其预防措施。

(4)教育患者平时如何注意安全,以减少或避免事故发生。

【护理评价】

1.患者疼痛是否减轻或消失。

2.患者情绪是否稳定,对预后有无信心。

3.患者皮肤是否完整,有无损伤。

4.患者肢体功能恢复是否良好,有无并发症的发生。

5.患者能否正确认识疾病,能否掌握相关的治疗和康复治疗。

第三节 脊柱骨折患者的护理

案例引入

患者,男,40岁,煤矿工人,被煤块砸伤腰背部,感到腰痛,伴两下肢运动障碍及大小便失禁24小时入院。体检:腹胀、肠蠕动减慢,胸腰段有后凸畸形,明显按痛和叩痛。在耻骨上平面以一下感觉丧失,两下肢运动丧失,X线胸片示胸12压缩粉碎骨折,胸12腰1间有移位。

1.对该患者最有意义的检查是什么?

2.该患者的截瘫指数是多少?

3.如果进行手术治疗,术后主要护理措施包括哪些?

【概述】

脊柱骨折(Fracture of the spine)又称脊椎骨折,是一种较严重且复杂的创伤性疾病,其发病率约占全身骨折的5%~6%。脊髓损伤(Spinal injury)是脊柱骨折的严重合并症,常导致截瘫,造成患者终生残疾,还会继发其他系统并发症,危及患者生命。

1.病因及发病机制

脊柱骨折绝大多数由间接暴力引起,少数因直接暴力所致。如自高处坠落,头、肩或足、臀部着地,地面对身体的阻挡使身体猛烈屈曲,所产生的垂直分力可导致椎体压缩性骨折;水平分力较大,则可同时发生脊椎脱位。弯腰时,重物落下打击头、肩或背部,也可产生同样的损伤。直接暴力所致的损伤,多见于战伤、爆炸伤等。

脊柱骨折可分为多种类型:

(1)根据暴力作用的方向分类

1)屈曲型损伤:较常见,多发生于胸腰段交界处的椎骨。

2)伸直型损伤:极少见,如椎弓骨折合并椎体向后脱位。

3)屈曲旋转型损伤:可发生椎间小关节脱位。

4)垂直压缩型损伤:可引起胸、腰椎粉碎压缩骨折或寰椎裂开骨折。

(2)根据损伤的程度和部位分类

1)胸腰椎骨折与脱位:包括椎体单纯压缩骨折、椎体粉碎压缩骨折和椎骨骨折脱位。

2)颈椎骨折与脱位:包括颈椎半脱位、颈椎椎体骨折、颈椎脱位及寰枢椎骨折与脱位。

3)附件骨:常与椎体压缩骨折合并发生,如关节突骨折,椎板、椎弓根、横突和棘突骨折等。

(3)根据骨折的稳定性分类

1)稳定型骨折:指单纯压缩骨折,不超过椎体原高度的1/3,骨折无移位。

2)不稳定型骨折:损伤较为严重,复位后容易移位。

2.病理生理

脊柱骨折很容易导致脊髓损伤。脊髓损伤是脊柱骨折的严重并发症,由于椎体的移位或碎骨块突入椎管内,使脊髓或马尾神经产生不同程度的损伤。受伤平面以下,感觉、运动、反射完全消失,括约肌功能完全丧失,称完全截瘫,部分丧失称不完全截瘫。以胸腰段为最多见,大多数为30岁左右的年轻人,在平时脊髓损伤大多由交通、工伤事故不慎发生,在战时或震伤中尤为多见。脊髓损伤最常见的原因是闭合性钝性外伤。

根据脊髓损伤的程度和部位可分为:

(1)脊髓震荡　脊髓遭受强烈震荡,立即发生弛缓性瘫痪,损伤平面以下的感觉、运动、反射及括约肌功能全部丧失,但数分钟或数小时内可以完全恢复。是脊髓损伤中最轻的一种。

(2)脊髓挫伤与出血　是脊髓的实质性破坏,脊髓内部可有出血、水肿、神经细胞破坏和神经传导纤维束中断。

(3)脊髓受压　骨折移位、椎体滑脱、碎骨块和破裂的椎间盘突入椎管内,直接压迫脊髓,使脊髓产生一系列的脊髓损伤的病理变化。

(4)马尾神经损伤　表现为受伤平面以下出现弛缓性瘫痪。

【护理评估】

1.健康史

了解患者受伤的时间、暴力的性质、方向和大小、作用部位，受伤的体位，抢救措施，搬运方法及所用工具等。

2.身心状况

受伤局部疼痛、肿胀、畸形、棘突间隙加宽及局部有明显触痛、压痛和叩击痛，脊柱活动受限。胸腰段损伤时，有后突畸形。合并脊髓损伤时，有脊髓损伤的症状和体征。可伴有四肢的感觉、运动、肌张力、腱反射及括约肌功能异常等。

脊髓损伤由于受损部位、损伤原因、损伤程度不同而表现出不同的症状和体征。

(1)脊髓震荡　损伤平面以下的感觉、运动、反射及括约肌的功能完全丧失。在数分钟或数小时内可完全恢复。

(2)脊髓挫伤、出血与受压　表现为受伤平面以下单侧或双侧同一水平的感觉、运动、反射及括约肌的功能全部暂时消失或减弱。其预后取决于脊髓挫伤程度、出血量及受压程度及解除压迫的时间。

(3)脊髓圆椎损伤　会阴部表现为皮肤鞍状感觉障碍，大小便失禁或潴留和性功能障碍。双下肢感觉、运动正常。

(4)脊髓断裂　损伤平面以下的感觉、运动、反射及括约肌功能完全丧失。

(5)马尾神经　损伤平面以下弛缓性瘫痪，有感觉及运动功能障碍，括约肌功能丧失，肌张力降低，腱反射消失。

(6)胸段脊髓损伤　表现为截瘫。

(7)颈段脊髓损伤　表现为四肢瘫痪，上颈椎损伤的四肢瘫痪均为痉挛性瘫痪，下颈椎损伤上肢表现为弛缓性瘫痪，下肢为痉挛性瘫痪。

(8)脊髓损伤后各种丧失的程度可用截瘫指数来表示：

"0"代表功能完全正常；

"1"代表功能部分丧失或接近丧失；

"2"代表功能完全丧失。

分别用相应数字表示某截瘫患者的自主运动、感觉和两便功能情况，代表三项功能的数字之和即为该患者的截瘫指数。例如某患者，自主运动功能完全丧失，而其他两项部分丧失，其截瘫指数为2+1+1=4。截瘫指数最大为6，最小为0。

截瘫指数大致可反映脊髓损伤的程度、发展情况，便于记录和比较治疗效果。

3.辅助检查

(1)X线　可显示椎体损伤情况，如压缩、粉碎及移位；椎间孔变小，关节突骨折或交锁；棘突间隙增宽及附件骨折等。有助于进一步明确诊断，确定损伤部位、类型和移位等。

(2)CT、MRI　可清楚地显示小关节的骨折及椎管的变化。还可清晰地显示脊髓压迫的影像，尤其能显示椎管内软组织的病变轮廓。

(3)实验室检查　血尿便常规、全血计数、血中BUN、氯化物、磷酸酶、钠、钾、铝、磷、pH、动脉血氧分压和二氧化碳分压等，均应及时测得结果。

(4)脊髓造影　由颅骨底部的C1-2侧边穿刺，注入显影剂，当显影剂下流，经过骨折或脱位处，摄影检查显影剂的流动是否有阻断现象。

4.处理原则

(1)伴有其他严重多发伤　如颅脑、胸腹腔器官损伤或休克时，应优先处理，以挽救生命。

(2)胸腰椎骨折

1)单纯压缩型骨折：①椎体压缩不到1/3或年老体弱不能耐受复位及固定者，可仰卧于硬板床上，骨折部位垫厚枕，使脊柱过伸，3天后开始锻炼腰背肌，第3个月开始可稍下地活动，但以卧床休息为主，3个月后开始逐渐增加下地活动时间；②椎体压缩超过1/3的青少年和中年受伤者，可采用两桌法或双踝悬吊法复位，复位后包石膏背心，固定3个月。

2)爆破型骨折：①无神经症状且证实无骨折片挤入椎管者，可采用双踝悬吊法复位；②有神经症状和有骨折片挤入椎管者，不宜复位，需手术去除突入椎管的骨折片及椎间盘组织，再做植骨和内固定术。

(3)颈椎骨折

1)稳定型颈椎骨折：轻者可用枕颌带悬吊卧位牵引复位，有明显压缩脱位者，采用持续颅骨牵引复位。牵引重量3～5kg，复位并牵引2～3周后用头胸石膏固定3个月。

2)爆破型骨折有神经症状者：原则上应早期手术切除碎骨片、减压、植骨及内固定。但若有严重并发伤，需待病情稳定后手术。

(4)脊髓损伤

1)及早稳定脊柱:合适的固定,可以防止因损伤部位的移位而产生脊髓的再损伤。

2)及早解除脊髓压迫:是保证脊髓功能恢复的关键。

3)减轻脊髓水肿和继发性损害。

5.心理-社会状况

了解患者对功能失调的感性认识和对现况的承受能力。患者及其家属对疾病治疗的态度。患者心理状况的改变程度等。

【护理诊断及医护合作性问题】

1.低效性呼吸形态或清理呼吸道无效

与呼吸肌神经损伤及活动受限有关。

2.体温调节无效

与自主神经功能紊乱有关。

3.躯体移动障碍

与疼痛及神经损伤有关。

4.自理能力缺陷综合征

与四肢瘫痪后活动或功能受限有关。

5.潜在并发症

压疮、呼吸道感染、泌尿系感染、下肢静脉血栓。

6.知识缺乏

缺乏有关功能锻炼的知识。

【护理计划与实施】

1.维持呼吸平稳

(1)观察患者的呼吸形态、频率、深浅,听诊肺部呼吸音,以了解有无呼吸困难及呼吸道梗阻。

(2)患者床旁应备好各种急救药品和器械,如呼吸兴奋药、氧气、气管切开包、人工呼吸器、电动吸引器等。

(3)鼓励患者定时进行深呼吸及有效咳嗽训练,以利于肺部膨胀和排痰。对于有肋间肌麻痹的患者,鼓励用膈肌呼吸。咳嗽时,用双手按压上腹部"帮助咳嗽"。吸气时,护士协助患者胸部向上用力,以帮助患者肺部扩张和有效咳嗽。教会患者使用呼吸训练器的方法,每2~4小时锻炼1次,用后注意评估效果。

(4)指导协助患者每2小时翻身1次,轻轻叩击胸背部,便于痰液排出。对于痰液黏稠者,可给予雾化吸入,使痰液稀释。必要时,用吸引器吸痰,或经气管镜吸痰,以保持呼吸道通畅,防止感染。

(5)用呼吸机辅助呼吸的患者,应监测动脉血气分析,以作为调整各项参数的依据。

(6)高位颈部脊髓损伤的患者,应早期实行气管切开,减少呼吸道梗阻和防止肺部感染。气管切开的患者应按气管切开术后常规护理。

(7)遵医嘱持续或间断吸氧,以增加血氧饱和度。

2.病情观察

(1)在伤后48小时内,应严密观察患者的生命体征,每4小时测心率、血压1次,防止低血压和心动过缓的出现。观察患者是否有心动过缓等迷走神经刺激反应,尤其是在翻身或吸痰后,观察患者心血管的反应。

(2)在伤后24小时内,每隔几小时要检查患者的感觉、运动、反射等功能有无变化,观察病情有无加重或减轻,如有变化立即通知医生。

(3)留置导尿管,监测尿量,准确记录每日出入量。

(4)维持体温正常 ①严密监测体温变化:体温异常是病情恶化的征兆。颈部脊髓损伤时,由于自主神经系统功能紊乱,对周围环境温度的变化,丧失了调节和适应的能力,患者常出现高热(40℃以上)或低温(35℃以下);②高温时,应用物理降温法,如使用冰袋冷敷、乙醇擦浴、冰水灌肠,同时调节环境温度,降低室温、通风散热等;③低温时应注意对患者进行保暖,如加盖毛毯、关闭门窗、升高室温。

3.生活护理

(1)增强自理能力

1)协助患者活动关节,按摩肢体。保持双足呈功能位,防止足下垂。

2)配合医师、理疗师,帮助患者进行康复锻炼,防止肌萎缩、关节僵直。

3)护士与医师合作,利用多种辅助工具,教会患者如何自行完成从床上移至轮椅、进食、穿衣、沐浴等基本活动,以提高患者独立生活的能力。

4)损伤后完全丧失行走能力必须依靠拐杖及轮椅者,应掌握拐杖及轮椅的使用技巧。根据每个患者的特点订做合适的轮椅。四肢瘫痪者，需使用特殊的电动轮椅。①使用拐杖时-般拐杖的高度为患者直立时，腋窝到地面的距离。行走时，应以上肢臂力及腋下拐顶共同支撑身体重量。拐杖顶端以软垫包裹，底端应有橡胶垫，以防滑倒；②使用轮椅时，应注意选择适合患者身材的型号。乘坐轮椅时，坐姿应正确，身体置于座位中部，抬头背向后靠。当从轮椅上站起或移动时，应先将闸制动。长期使用轮椅者，应注意预防压疮。

(2)训练规律排便

1)排便训练：①要求患者每天固定时间排便；②如无禁忌，应摄入足够的液体，每天至少2000ml，以利于排便；③增加膳食纤维的摄入，如粗粮、粗纤维蔬菜、新鲜水果等，以刺激肠蠕动；④必要时，可应用栓剂或缓泻剂进行治疗。

2)对于便秘者，可沿结肠方向从右向左做腹部按摩，每日2～3次，以促进蠕动和肠内容物移动。如2～3天未排便时，可给予缓泻剂，必要时灌肠。对6～7天未排便的患者，其粪便常不易排出，可戴手套，手指涂润滑剂将干粪块掏出。

(3)促进规律排尿

1)仔细观察并记录尿量、颜色及清晰度，定期检查腹部体征，评估患者膀胱功能受损情况。

2)急性期后，应用诱导方法刺激排尿，如听流水声、会阴部热敷、腹部按摩膀胱等。

3)损伤初期，应留置尿管，每3～4小时开放1次，以防止尿潴留，维持膀胱功能。

4)在可能的情况下，进行膀胱反射性动作训练。当膀胱胀满时，可用手由外向内，由轻至重，均匀按摩下腹部，待膀胱收缩为球状，紧按膀胱底，向前下方挤压，使膀胱排尿。排尿后可再次加压，尽量将尿排尽。另外，还可加强会阴肌、腹肌功能训练，以辅助排尿等。

5)对于长期留置尿管的患者，定时做尿道口周围清拭及膀胱冲洗。教会患者及家属尿管的护理方法，注意预防尿路感染。

4.改善营养状况

(1)保证充足营养和水分的摄入。

(2)进食时，安排患者尽量保持舒适的坐位，避免环境中不良刺激。

(3)鼓励患者摄入含蛋白丰富的食物，如瘦肉、鱼肉、鸡肉、鸡蛋、豆类、谷类等。其中豆类及动物蛋白应占总蛋白摄入的50%。

(4)饮食中应多用植物油，以利于润滑肠道，缓解便秘。

(5)多进食富含纤维素食物，如粗纤维蔬菜、水果等，以促进肠蠕动。

(6)鼓励患者少食多餐，细嚼慢咽，以利于食物的消化和吸收。

(7)消化不良、肠炎、腹泻、便秘的患者应多食用酸奶，有助于减轻腹泻和便秘。

5.并发症的护理

(1)压疮　脊髓损伤的患者，因长期卧床，皮肤感觉减弱或消失，自主神经功能紊乱导致局部缺血，身体的骨隆突处易发生压疮且极难愈合。防治措施：每2～3小时翻身1次，有条件时可使用特制的翻身床、小垫床、电离分区域充气床垫、波纹气垫等，以减轻局部压迫。保持床单清洁、整齐、无折叠；保持皮肤干燥并定期按摩；定期翻身，用气圈或棉垫使骨突处悬空，并于翻身时按摩骨突部位。对已经形成压疮且面积较大、组织坏死较深时，应按外科原则处理创面。

(2)泌尿系感染　脊髓损伤的患者因膀胱功能障碍、尿潴留、长期留置尿管，或液体摄入不足等，易发生泌尿系感染。防治措施：①保持会阴部清洁；②尿潴留和排尿失禁的患者，应留置尿管，插导尿管时，需严格无菌操作；③注意观察尿管有无受压、扭曲、阻塞等，应及时调整，保持尿管引流通畅；④损伤早期，留置尿管应持续开放，使膀胱排空，减少感染发生的机会；2～3周后，应夹闭导尿管，每4～6小时开放1次，使膀胱充盈，以训练膀胱的自主节律性，避免膀胱萎缩；⑤长期留置尿管者，一般每5～7天更换导尿管1次，防止导尿管发生阻塞或引流不畅，导致逆行感染，硅胶导尿管可适当延长更换时间；⑥膀胱冲洗：长期留置导尿管的患者，应按常规进行膀胱冲洗，以冲出膀胱内积存的沉渣；⑦体外按摩膀胱排尿：根据情况，某些患者可采取手法按摩，刺激膀胱排尿。指导患者每2小时在腹部由外向内均匀按摩膀胱，压出尿液；⑧鼓励患者多饮水，每日争取饮水3000ml，使排尿每日在1500ml以上，以利于尿液的稀释，避免结石形成。

(3)肺部感染　鼓励患者定时进行深呼吸及有效咳嗽训练，定时翻身，拍背，以利于痰液排出。痰液黏稠时，给予超声雾化吸入，雾化液中加入庆大霉素、糜蛋白酶、地塞米松等，以达到抗感染、稀释痰液的目的。每日2～3次，每次15～20分钟。对于年龄较大、分泌物多、且不易排出者，应早期行气管切开术，以防肺部感染。另外注意保暖，避免因受凉而诱发上呼吸道感染。

6.指导功能锻炼

(1)根据患者病情，制订合理的功能锻炼计划。

(2)指导和协助患者进行未瘫痪肌的主动锻炼。按脊柱骨折的训练方法做颈部活动、上肢各关节活动、深呼吸运动、腹背肌锻炼等。

(3)指导患者利用床上拉手,定期引体上升,以锻炼上肢及腰背肌力量。

(4)对瘫痪肢体,应指导患者及家属做关节的全范围被动活动和肌按摩。每日2～3次,每次30～60分钟。

(5)注意适度锻炼。活动度从小到大,手法轻柔,力度适中,不可过急过猛,以防加重损伤。锻炼时间及次数应以患者不感到疲惫为宜。

7.心理护理

与患者交流,鼓励患者表达对疾病及预后的看法,并说出自己的感受。耐心回答患者提出的问题,尤其是与疾病预后及康复有关的问题。让患者了解由于机体的功能改变引起不良情绪反应是正常的。帮助患者明确如何正确对待身体的各种变化,采取正确的应对措施。指导并协助患者最大限度地自理,减少依赖性,保持患者自尊感,增强自信心。与患者家属、亲友及其社交成员进行交流,鼓励他们多与患者接触,关心照顾患者,给患者以身体上及心理上的支持。

8.健康教育

(1)指导患者、家属及亲友,应注意患者的安全,保证家庭环境中无有害物体存在,并能满足患者的特殊需要(如轮椅)。

(2)鼓励患者继续按计划进行功能锻炼。

(3)指导患者培养自理生活的能力,尽可能自行完成日常生活活动。

(4)指导患者进行膀胱及直肠功能训练。

(5)教会患者及家属皮肤护理及预防压疮的方法。

(6)指导患者及家属所用药物的方法及注意事项。

【护理评价】

1.患者能否维持良好的通气状态,能否自主咳嗽和有效咳嗽。

2.患者体温是否维持在正常范围,有无高热或低温等现象。

3.患者能否最大限度地恢复肢体功能。

4.患者生活自理能力是否逐渐恢复。

5.患者并发症是否得到及时发现和处理。

6.患者是否掌握有关功能锻炼的知识,能有计划地进行功能锻炼。

（肖静）

第七十四章 骨与关节感染患者的护理

案例引入

患者，男，8岁，右小腿轻微外伤后寒颤高热（39.5℃）5天，右小腿上端肿胀、剧痛，局部皮温高，肤色正常，白细胞计数 25×10^9/L，X线片未见明显变化，局部穿刺，针达骨膜下时抽出黄色脓汁。

1.考虑患者是何种疾病？

2.针对患者的症状和体征，应采取何种护理措施？

3.如何对持续冲洗和负压引流的骨髓炎伤口进行护理？

学习目标

知识目标 了解急慢性骨髓炎的病因、临床表现、诊断要点、处理原则。熟悉化脓性关节炎的病因、临床表现、诊断要点、处理原则。掌握化脓性骨与关节炎患者的护理。了解骨与关节结核的病理、临床表现与处理原则。熟悉骨与关节感染患者围手术期护理。

能力目标 能够提出正确的护理诊断，并能够为患者提供合适的护理措施。

素质目标 学习过程中体现对患者的关心。

第一节 急性骨髓炎患者的护理

【概述】

化脓性骨髓炎（Suppurative osteomyelitis）是指骨膜、骨质与骨髓组织的化脓性感染。按感染途径分为：①血源性骨髓炎：身体其他部位的化脓性感染病灶内细菌进入血液循环，并播散至骨骼引起的感染；②创伤后骨髓炎：开放性骨折或骨折手术后发生了感染；③外来性骨髓炎：骨骼邻近软组织化脓性感染直接蔓延至骨骼，如脓性指头炎引起的指骨骨髓炎。临床以血源性骨髓炎最为多见。

急性血源性骨髓炎多见于10岁以下儿童，常发生于胫骨上端和股骨下端，致病菌以金黄色葡萄球菌最为多见。

1.病因及发病机制

急性骨髓炎最多见的是急性血源性骨髓炎。发病前大多有身体其他部位的原发性化脓性感染病灶，如疖、痈、扁桃体炎等。最常见的致病菌是金黄色葡萄球菌，其次为乙型溶血性链球菌。化脓性致病菌侵入血循环，菌栓进入骨营养动脉，停滞于长骨干骺端的毛细血管内繁殖而引发本病。

2.病理生理

早期以骨质破坏和坏死为主，晚期以新生骨形成为主。大量菌栓进入长管状骨的干骺端，阻塞小血管，迅速发生骨坏死，并形成局跟性骨脓肿。脓液沿哈佛管蔓延进入骨膜下间隙将骨膜掀起成为骨膜下脓肿，致骨密质外层缺血坏死。脓液穿破骨膜流向软组织筋膜间隙而成为深部脓肿。脓肿亦可穿破皮肤排出体外，形成窦道。脓液进入骨髓腔，破坏骨髓组织、骨松质及内层骨密质的血液供应，形成大片死骨。儿童骨骺板具有屏障作用，脓液一般不易进入邻近关节。

【护理评估】

1.健康史

询问发病前身体其他部位是否有化脓性感染病灶，如疖、痈、中耳炎、上呼吸道感染等，以及感染后诊疗经过。询问发病前有无外伤病史，是否合并体弱、营养不良、过度疲劳等机体全身抵抗力降低状况。

2.身心状况

（1）症状 起病急骤，全身不适，有寒战、高热，体温可达39℃以上。患肢有持续、进行性加重的疼痛。儿童可表现为烦躁不安、呕吐与惊厥,重者可发生昏迷及感染性休克。

(2)体征　局部皮肤温度增高、发红、肿胀,干骺处有局限性深压痛。3 ~ 4天后若肿胀、疼痛加剧,提示该处形成骨膜下脓肿。当脓肿穿破骨膜、形成软组织深部脓肿时,疼痛反而减轻,但局部红、肿、热、压痛更为明显。当脓肿穿破皮肤时,体温可逐渐下降,但局部可经久不愈而形成窦道。1 ~ 2周后,有发生病理性骨折的可能。

3.辅助检查

(1)实验室检查　血白细胞计数和中性粒细胞比例增高;红细胞沉降率加快;血细菌培养可为阳性。

(2)局部分层穿刺　做涂片检查、细菌培养及药物敏感试验有助于明确诊断和选择用药。

(3)影像学检查　①早期X线摄片无特殊表现。发病2周后,可见干骺区散在性虫蛀样骨破坏,并向髓腔扩散,骨密质变薄,可有死骨形成;②CT检查可较早发现骨膜下脓肿;③发病48小时后,核素骨显像可有病理改变。

4.处理原则

根据上述症状和体征,结合辅助检查,基本可明确诊断。

(1)非手术治疗

1)抗生素:早期联合、大剂量应用有效抗生素。体温下降后再连续应用至少3周,以巩固疗效。

2)支持疗法:高热时降温、补液、补充维生素;纠正水、电解质和酸碱平衡紊乱;必要时给予少量多次输新鲜血液。

3)局部制动:患肢作持续性皮肤牵引或石膏托固定于功能位,以减轻疼痛、防止关节挛缩畸形及病理性骨折或关节脱位。

(2)手术治疗　局部钻孔引流或开窗减压术,于骨腔内放置2根引流管帮持续冲洗引流。

5.心理-社会状况

急性骨髓炎起病急,表现为明显毒血症症状,并有肢体疼痛、肿胀,行动不便,且病儿对病情不能表述,给病儿家庭带来焦虑、恐慌等心理压力。急性骨髓炎治疗不及时或治疗不当,还会转变为慢性骨髓炎,出现肢体缩短畸形,甚至致残。部分家长因担忧治疗不当,带患儿四处求医,延误治疗。

【护理诊断及医护合作性问题】

1.体温过高

与脓毒症有关。

2.疼痛

与炎症刺激、骨髓腔内压力过高有关。

3.有失用综合征危险

与长期制动和固定有关。

4.潜在并发症

感染性休克、肢体缩短畸形、病理性骨折等。

【护理计划与实施】

1.术前护理

(1)一般护理

1)患者应卧床休息,鼓励多饮水,给予高蛋白、高维生素、高糖饮食。

2)抬高患肢以利静脉血回流,减轻肿胀或疼痛。

3)预防褥疮,有窦道形成时,加强局部皮肤的护理。

(2)病情观察

1)观察生命体征的变化,高热时,给予物理降温,并给予补液,维持水、电解质和酸碱的平衡。

2)注意邻近关节有无红、肿、热、痛或积液出现。

3)观察伤口引流情况,保持引流通畅,记录引流液的量及性状。

(3)控制感染　遵医嘱应用抗生素,抗生素现配现用,按计划滴入,以保持血液中抗生素的浓度,一般在体温、白细胞正常后继续用药2 ~ 3周。遵医嘱给予少量多次输新鲜血。

(4)疼痛护理

1)限制患肢活动,必要时用石膏托或皮牵引固定于功能位,以缓解肌痉挛,解除疼痛;防止炎症扩散;防止患肢畸形;防止发生病理性骨折。

2)搬动患肢时动作要轻。保护好患肢,以防发生继发损伤。

2.术后护理

(1)一般护理

1）遵医嘱正确及时执行治疗措施。

2）协助医生换药，随时更换敷料。

3）患肢适当主动活动，以便脓液引流，炎症吸收，促进伤口愈合。

（2）病情观察

1）生命体征观察，根据病情按时测体温、血压、脉搏。

2）恢复期仍要注意患者体温和局部症状的变化。

（3）伤口及引流管护理

1）持续冲洗和负压引流护理（图 74-1；图 74-2）：①引流管接负压吸引瓶（灌注引流时，低位引流管接负压吸引瓶），防止引流管扭曲、受压，保持引流通畅；②应密切观察引流液性质与引流量，及时记录注入量与引流量，如引流量明显少于注入量，提示引流不畅；③灌洗引流每日自高位引流管滴入 1500 ~ 2000ml 含抗生素冲洗液，24 小时连续滴注；单纯闭式引流可每日从引流管注入少量含高浓度抗生素的冲洗液；④滴入液体应先快后慢，刚开始 12 ~ 24 小时应快速滴入，将积存脓液、坏死组织和血凝块冲出，以后减慢维持至每分钟 1.0 ~ 1.5ml；⑤如发现冲洗液滴人或排出不畅应检查管道有无梗阻，可采用无菌生理盐水加压冲洗，排除梗阻；⑥引流管一般留置 3 周，体温下降、引流液连续 3 次细菌培养阴性可考虑拔除引流管，先拔除高位滴入管，空吸 2 ~ 3 日后再拔除低位吸出管。

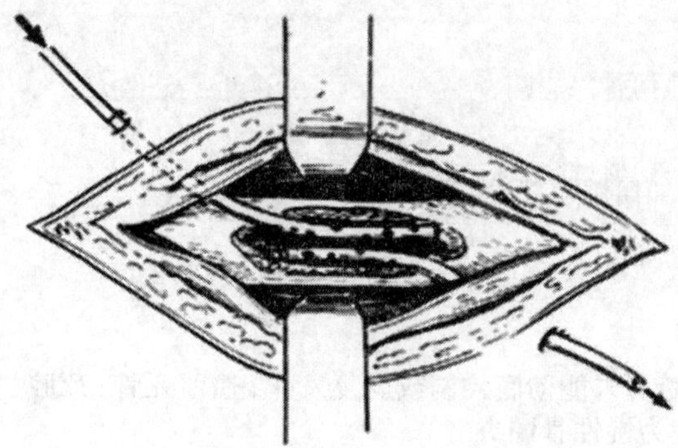

图 74－1　安放双管

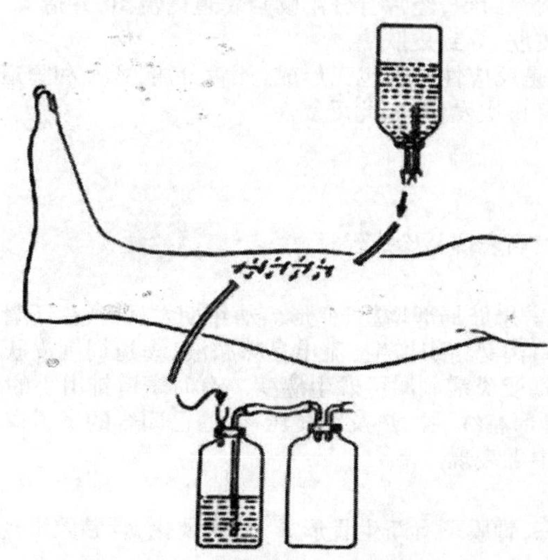

图 74－2　灌洗、吸引装置

2）创面护理：观察伤口渗出情况，保持敷料干燥，引流、冲洗过程中浸湿敷料，应及时更换。延迟缝合伤口，予以碘仿纱布填塞，保持伤口周围皮肤清洁、干燥。

3.健康教育

（1）X 线片证明包壳已坚固形成，破坏骨已经修复正常时开始逐渐负重。

（2）加强患肢功能锻炼，恢复患肢功能。

（3）当局部疼痛时，及时就诊治疗。

【护理评价】

1.患者体温是否下降或恢复正常。

2.患者疼痛是否缓解或消除。

3.患者是否发生关节僵硬、肌肉萎缩等失用综合征。

第二节 慢性骨髓炎患者的护理

案例引入

患者,男,20岁,半年前曾患右股骨急性化脓性骨髓炎,经治疗后好转,但局部有窦道形成,常有少许稀黄色脓汁流出,有时有小的死骨排出,近4日瘘道口闭合,但出现高热,局部压痛明显,并有红肿,X线片示有死骨存留,而且包壳形成充分。

1.该患者初步诊断最可能是何种疾患?

2.是否在急性发作期?

3.如果行切开引流术,术后如何进行护理?

【概述】

1.病因及发病机制

慢性骨髓炎多数是急性骨髓炎未能彻底控制或反复发作,遗留死骨、死腔、窦道演变而成。少数是由于低毒性细菌感染,在发病时即表现为慢性骨髓炎。

2.病理生理

急性炎症期间产生脓腔和死骨,脓液穿破皮肤排出体外,炎症逐渐消退。但留有死骨,周围有骨包壳形成,并形成死腔,死腔内充满细菌和肉芽组织,经常有分泌物自窦道内流出,并造成多种细菌引起的混合型感染。窦道口反复流脓,会刺激窦道周围皮肤,导致皮肤癌。

慢性骨髓炎的基本病理变化是反应性新骨包壳形成,死骨分离,死腔和窦道经久不愈或时愈时发。当机体抵抗力降低或局部受伤时,炎症又再次发作,如此反复。

【护理评估】

1.健康史

询问有无急性骨髓炎病史,发病表现及诊疗经过。

2.身心状况

慢性骨髓炎静止期可无症状。患肢局部增粗、变形。幼年期发病者,由于骨骺破坏,生长发育受影响,肢体呈现短缩或内、外翻畸形。窦道口肉芽组织增生,流出臭味脓液,窦道周围皮肤菲薄、色素沉着;或者呈湿疹样皮炎,易破溃形成慢性溃疡。长期受炎症刺激可发生癌变。有时窦道排出小的死骨,死骨排净后,窦道可暂时闭合。慢性骨髓炎急性发作时,局部有红、肿、热及明显压痛,原已闭合的窦道口开放,流出大量脓液或死骨。全身可出现衰弱、贫血等慢性感染中毒表现。

3.辅助检查

(1)X线 骨骼失去正常形态,骨膜下有新生骨形成,骨质硬化,骨髓腔不规则,有大小不等的死骨影,边缘不规则,周围有空隙。

(2)CT 可显示脓腔与小片死骨。

(3)经窦道插管注入水溶性碘溶液造影剂可显示脓腔情况。

4.处理原则

治疗原则为清除死骨及炎性肉芽组织,消灭死腔。

(1)手术适应症及禁忌症 对有死骨、死腔及窦道流脓都应手术治疗。对于慢性骨髓炎急性发作期以及形成大块死骨但包壳未充分形成者不宜行病灶清除术。

(2)手术方法 包括病灶清除、消灭死腔和闭合伤口3步骤。

5.心理-社会状况

慢性骨髓炎因炎症反复发作，患肢肌肉萎缩、骨骼逐渐变形、窦道反复流脓引起周围皮肤癌变可能。患儿可出现肢体缩短畸形，给患者和家庭造成沉重经济负担和精神压力，常表现为悲观、沮丧等心理。

【护理诊断及医护合作性问题】

1.营养失调

低于机体需要量与慢性感染有关。

2.皮肤完整性受损

与窦道反复流脓、皮肤溃疡有关。

3.有失用综合征危险

与长期制动和固定有关。

【护理计划与实施】

1.术前护理

(1)一般护理

1)卧床休息：抬高患肢，肢体于功能位限制活动，以减轻疼痛，防止关节畸形及病理性骨折；必须移动患肢时，应给予协助，避免继发性损伤。

2)营养支持：嘱患者高蛋白、高糖、多维生素饮食，必要时给予少量多次输血。

(2)病情观察　病情重者，尤其是儿童，应记出入量和特别护理记录，密切观察生命体征及神态的变化。

(3)维持正常体温　高热患者，采取有效的降温措施。一般采用物理降温，必要时遵医嘱给予药物降温。

(4)控制感染　注意浓度和滴入速度，密切注意用药后的不良反应和毒性反应。及时做血培养和药物敏感试验，以指导选用有效的抗生素。

(5)术前准备　做好常规及皮肤准备，窦道口周围皮肤要保持清洁，手术备皮要彻底。

2.术后护理

(1)一般护理　患者采取适当卧位，做好术后一般护理。协助患者活动，防止肌萎缩。

(2)病情观察　伤口行药物灌注、冲洗、负压引流，要注意观察引流液的量、颜色、性质等。

(3)伤口护理　注意术后伤口的护理，及时更换敷料。

(4)引流管护理

1)保持引流通畅，防止引流液逆流。多采用点滴冲洗和负压引流。术后24小时内，渗血渗流较多，应快速滴入冲洗液，以免血块堵塞引流管。冲洗液一般选用细菌敏感的抗生素配制而成。每日用量依病情而定。

2)伤口行药物灌注、冲洗持续的时间根据死腔的大小而异，一般为2～4周。当体温正常、伤口无炎症现象、引流出的液体清晰时，应考虑拔管。先拔除滴入管，引流管继续引流1～2天后再拔除。

3.健康教育

(1)加强患肢功能锻炼，最大限度地恢复功能。

(2)病情变化，及时诊治。

【护理评价】

1.患者营养状况是否得到改善。

2.患者皮肤完整性是否恢复。

3.患者是否发生肌肉萎缩。

第三节　化脓性关节炎患者的护理

案例引入

患者，女，9岁，8天前突发左髋剧痛，左下肢活动受限，伴畏寒、高热、全身不适及食欲不振，急重病容，贫血，体温38.7℃，脉搏100次/分，左大腿近端肿胀，皮温升高，但外观无异常，腹股沟韧带中点稍下方深压痛。

1.最可能的诊断是什么?

2.应如何明确诊断?

3.如何进行相关护理措施?

【概述】

1.病因及发病机制

由身体其他部位或邻近关节部位的化脓性病灶内的细菌通过血液循环播散或直接蔓延至关节腔所致。开放性关节损伤后继发感染也是病因之一。也可由关节穿刺时，细菌直接进入关节而发生感染。常见的致病菌为金黄色葡萄球菌，其次为白色葡萄球菌、链球菌、肺炎球菌、大肠埃希菌等。

2.病理生理

化脓性关节炎的病理发展是一个逐渐演变的过程。早期为浆液渗出期，此期关节滑膜充血、水肿以及白细胞浸润，关节腔内含有大量白细胞的浆液，此阶段治疗若不及时，则关节滑膜炎症加重，渗出液增多，黏稠混浊.内含脓细胞并可找到致病菌。关节软骨遭到破坏而使关节面粗糙、纤维粘连，进一步发展则进入脓液渗出期，渗出液内含有大量脓细胞和致病菌。关节液呈脓性渗出、关节软骨发生溶解、滑膜破坏。虽经抗生素治疗得到控制，但关节则发生不可逆的功能障碍。另外由于关节软骨破坏，可影响骨骼的生长发育，也可发生不同程度的外形异常、骨端缺损、肢体短缩等。

【护理评估】

1.健康史

询问发病前身体其他部位是否有化脓性感染病灶，如疖、痈、中耳炎、上呼吸道感染等，有无化脓性骨髓炎病史，以及关节外伤、手术和关节腔内注射等病史，发病后诊疗经过，是否合并体弱、营养不良、过度疲劳等机体全身抵抗力降低情况。

2.身心状况

（1）起病急骤，常伴有寒战、高热等脓毒症症状，严重者可出现谵妄、昏迷，小儿常伴有惊厥。

（2）病变关节迅速出现疼痛，浅表的关节，如膝、踝关节局部红、肿、热、痛表现非常明显。深部关节，如髋关节局部炎症表现常不明显。关节常处于半屈曲位，以减少疼痛，活动关节时疼痛加剧。膝关节腔内积液时，浮髌试验可为阳性。

（3）脓液穿透关节囊进入软组织内，将出现软组织感染表现，局部感染症状加重，而全身症状会减轻。脓液穿破皮肤，形成窦道，脓液排出后，局部、全身表现均会减轻，病变将转变成慢性。

3.辅助检查

（1）实验室检查　①血常规化验：白细胞总数升高，中性粒细胞计数比例超过90%以上，红细胞沉降率增快；②关节穿刺：抽出液外观呈浆液性或脓性，涂片见大量成堆的脓细胞，细菌培养几乎均为阳性。

（2）X线　早期关节周围软组织阴影扩大，关节间隙增宽；后期关节间隙变窄或消失，关节面毛糙，甚至发生骨质破坏或增生。

4.处理原则

有化脓性感染病史和感染的症状和体征，结合辅助检查结果，基本能明确诊断。治疗原则：

（1）早期应用有效抗生素。

（2）关节腔内注射抗生素。

（3）关节腔灌洗。

（4）关节切开引流术。

（5）石膏固定。

5.心理-社会状况

化脓性关节炎起病急、病情重，病变关节肿痛，活动受限。感染常发生于儿童，对病情难以正确表述，常表现啼哭和不愿活动肢体，病儿家人往往产生恐惧和紧张心理。治疗过程中又对疾病的预后表示担忧、害怕，引起关节强直，顾虑较多。

【护理诊断及医护合作性问题】

1.体温过高

与脓毒症有关。

2.疼痛

与炎症刺激、关节腔内压力过高有关。

3.有失用综合征危险

关节挛缩、强直，与关节长时间保持屈曲位有关。

【护理计划与实施】

1.术前护理

（1）一般护理

1）患者卧床休息，适当抬高患肢，限制活动，保持患肢于功能位，防止关节畸形及病理性脱位。急性炎症消退后，鼓励患者做主动活动。

2）予以营养易消化的流质或半流质饮食，并注意调节体液平衡。

（2）控制感染　遵医嘱早期应用广谱的、足量的、有效的抗生素，注意药物的浓度和滴入的速度，用药期间，密切观察药物的不良反应和毒性反应。

（3）疼痛护理　关节固定，使关节休息，常用皮肤牵引或石膏托等方法，防止感染扩散，克服肌痉挛，拉开关节面，以减轻关节软骨之间的压力，从而减轻疼痛，防止关节面进一步破坏。皮肤牵引或石膏托固定的护理见常见骨折患者护理。

（4）维持正常体温　体温高时可给予物理降温，必要时遵医嘱用药物降温。

2.术后护理

除患者的一般常规护理外，重点注意观察引流物的量、性质，及时更换敷料和拔除引流物。

3.健康教育

1.向患者及家属讲明化脓性关节炎的发生、发展及预后情况。

2.指导患者关节功能锻炼，避免关节功能障碍。

3.指导康复期治疗，安排复诊日期。

【护理评价】

1.患者体温是否能维持或接近正常。

2.患者疼痛是否缓解。

3.患者是否发生关节挛缩、强直。

第四节　骨与关节结核患者的护理

【概述】

1.病因及发病机制

骨与关节结核为骨与关节的特异性感染，本病好发于青少年及儿童。是一种继发性感染，约90%的患者继发于肺结核。结核分枝杆菌经血液循环侵入骨质或滑膜，当机体抵抗力下降时可引起骨结核或滑膜结核。可发展为全关节结核。

2.病理生理

受累的骨与关节出现结核性浸润、肉芽增生、干酪样坏死及寒性脓肿形成，滑膜骨质、软骨逐渐被破坏。晚期可导致病理性关节脱位、骨折、肢体畸形或残废。发病部位以脊柱最多见，约占骨与关节结核发病率的50%，其次是膝关节、髋关节、肘关节、肩关节。

【护理评估】

1.健康史

询问有无结核病接触史，有无肺结核、肠结核病史，结核病发病后诊疗经过，发病前有无身体抵抗力降低等诱因，有无预防接种卡介苗。

2.身心状况

（1）全身症状

1）发病缓慢：一般不明显，可有低热、脉快、食欲减退、盗汗、消瘦、乏力、贫血等全身慢性结核中毒症状。病变活动期表现较明显。

2）疼痛：早期病变部位即有轻度疼痛，随病情发展逐渐加重，活动时疼痛更明显。脊柱结核多为钝痛，咳嗽、打喷嚏、持重物时疼痛加重。髋关节结核早期即有髋部疼痛，在儿童病例，常诉说同侧膝部疼痛。膝关节结核在全关节结核早期疼痛较明显，单纯滑膜和骨结核疼痛较轻。在儿童的髋关节和膝关节结核常有“夜哭”。肩关节结核早期有酸痛感，以肩关节前侧为主，有时可放射到肘部及前臂。

（2）局部体征

1）脊柱结核：脊柱生理弯曲改变，以胸段后突畸形明显。由于干酪样物质、死骨和坏死的椎间盘压迫脊髓，出现肢体感觉，运动和括约肌功能障碍，甚至完全性截瘫。局部有压痛和叩击痛。

2）髋关节结核：早期患肢外旋、外展、屈曲、相对变长。后期由于关节面软骨破坏，患肢出现内旋、内收、屈曲畸形，相对变短。髋关节前后方有压痛，粗隆部可有叩击痛，关节运动障碍。髋关节结核可表现为跛行，托马斯征(Thomas sign)阳性(图 74-3),即让患者平卧于板床,患肢伸直,健侧髋、膝关节完全屈曲,膝部紧贴前胸,使腰背部平贴于床面,若患侧髋关节出现屈曲,提示托马斯征阳性,屈曲角度可说明畸形程度。

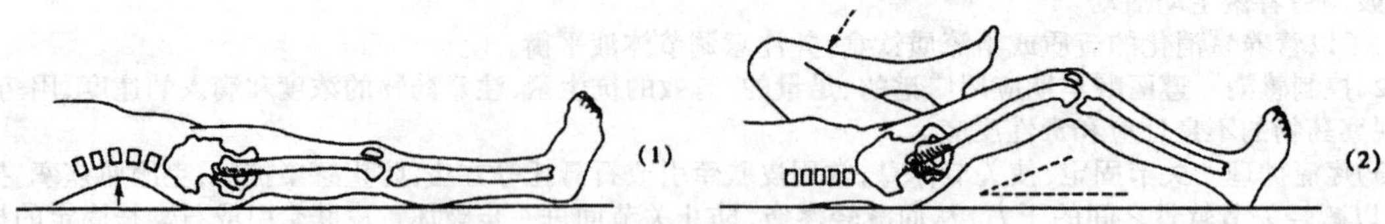

图 74-3 髋关节屈曲试验托马斯征阳性

3)膝关节结核:局部肿胀,由于膝关节上下肌因废用而萎缩,肿胀可呈梭形。膝关节位置表浅,因此肿胀和积液十分明显。检查时发现膝眼饱满,髌上囊肿大,浮髌试验阳性。晚期全关节结核时,膝关节处于屈曲位,当十字韧带破坏时,发生膝关节脱位,小腿向后方移位,并膝外翻畸形。

4)肩关节结核:肩关节外展、外旋受限,三角肌萎缩。

5)寒性脓肿和窦道:脊柱结核脓肿可沿肌及筋膜间隙向远处流注。髋关节结核脓肿多在股三角区或臀部。膝关节和肩关节结核脓肿形成后一般局限在病灶附近。寒性脓肿破溃后形成经久不愈的窦道,常易并发混合性感染。

3.辅助检查

(1)X线 X线摄片是骨与关节结核诊断检查的主要手段。

(2)CT 对骨与关节结核的诊断不比传统的X线摄片优势,一般只用于比较隐蔽或难于明确诊断和定位的脊柱结核和髋关节结核。

4.处理原则

(1)支持治疗 卧床休息,加强营养。

(2)全身使用抗结核药物 主张联合使用异烟肼、利福平等抗结核药物。由于骨关节结核病灶血供较差,用药时间应长。其治愈标准为:①全身情况良好,体温恢复正常,食欲良好;②局部症状消失,窦道闭合,关节活动无疼痛;③X线检查脓肿消失或钙化;无死骨,病灶边缘轮廓清晰;④连续3次红细胞沉降率检查正常;⑤下床活动,随访1年,仍能达到上述4项指标者为临床治愈,可停用药物治疗,定期随访检查。

(3)局部注射抗结核药物 主要适用于早期单纯性滑膜结核,具有抗结核药物用量小、局部药物浓度高和全身反应轻等优点。最常用的药物为异烟肼,每周注射1~2次,剂量为100~200mg。

(4)局部制动 局部固定制动,保证病变部位的休息,解除肌肉痉挛,减轻疼痛,防止病理性骨折、脱位,防治关节畸形。常采用石膏、支架固定或牵引固定。小关节结核固定期限一般为1个月,大关节结核需固定3个月左右。

(5)手术治疗 手术方法包括:①切开排脓,适用于冷脓肿有混合性感染,全身中毒症状重,不能耐受病灶清除术者;②病灶清除术,手术进入结核病灶部位,将脓液、干酪样坏死物、结核性肉芽组织以及坏死组织等彻底清除,并放入抗结核药物。主要适用于病灶内有大块死骨及大脓肿,窦道反复流脓,单纯骨结核、滑膜结核药物治疗效果不佳者,脊柱结核出现脊髓受压表现者;③矫形手术,如关节融合用于改善关节功能。

5.心理-社会状况

骨关节结核为慢性疾病,以儿童、青少年居多,严重影响患者的学习、生活,使患者及家庭产生焦虑心理。病情发展会导致关节强直、肢体缩短畸形,甚至脊柱结核引起截瘫等并发症,患者产生恐惧、悲观失望、厌世等心理。

【护理诊断及医护合作性问题】

1.疼痛

与结核性炎症刺激有关。

2.营养失调

低于机体需要量与结核慢性感染消耗及食欲减退有关。

3.躯体移动障碍

与局部制动和关节破坏、强直有关。

4.潜在并发症

病理性骨折或脱位、截瘫等。

【护理计划与实施】

1.非手术治疗患者的护理

(1)一般护理

1)卧床休息:适当限制活动,以缓解疼痛,防止感染蔓延扩散,防止病理性脱位或骨折。注意保持肢体的功能位,防止关节畸形。

2)改善营养状况:给予高蛋白、高热量、富含维生素、易消化的饮食,必要时少量多次输新鲜血,提高抵抗力。

(2)抗结核药物治疗　遵医嘱合理应用抗结核药物,注意药物的毒性反应及不良反应的发生和预防。

(3)皮肤护理　长期卧床的患者,注意皮肤及生活护理。换药时,应严格无菌操作,注意消毒隔离措施,避免混合感染的发生。

(4)心理护理　加强患者心理护理。保持病房整洁、安静、舒适、空气流通、阳光充足。

2.手术治疗患者的护理

(1)术前护理　除了一般的常规准备外,应纠正患者的营养状况,提高对手术的耐受力;调节患者的心理因素,解除患者的顾虑。术前应用抗结核药物至少2周,有窦道合并感染者应用广谱抗生素至少1周。

(2)术后护理　①严密病情观察,按时监测生命体征,注意观察肢端的颜色、温度、感觉及毛细血管充盈反应等,发现异常应及时报告并协助处理;②脊柱结核术后脊柱不稳定,或做脊柱融合术后,必须局部确切制动,避免继发损伤及植骨块脱落等。合并截瘫的患者,按截瘫的护理常规,预防截瘫的并发症,如压疮、泌尿系感染、呼吸系感染、肢体畸形等;③关节结核,行滑膜切除术的患者,术后多采用皮肤牵引,注意保证牵引有效;关节融合术后,多用石膏固定,注意石膏固定的护理;④鼓励患者适当主动活动病变以外的关节,防止关节僵直。活动量应根据患者的病情而定,原则是循序渐进,持之以恒,以达到最大限度地恢复肢体的功能。

3.健康教育

(1)积极治疗结核原发病灶是预防骨与关节结核的最主要措施。

(2)介绍骨与关节结核的治疗原则及方法,以使患者配合治疗。

(3)告诉患者遵医嘱坚持用药,注意药物的毒不良反应,如出现耳鸣、听力异常应立即停药,同时注意肝、肾功能受损及多发性神经炎的发生。病情变化,及时复诊。

【护理评价】

1.患者局部疼痛是否缓解或消失。

2.患者营养状况是否得到改善,食欲有无好转,体重是否增加。

3.患者能否得到良好的生活照料,生活自理能力是否提高。

(肖静)

第七十五章　骨肿瘤患者的护理

案例引入

患者,男,35岁,右膝关节内侧疼痛、肿胀半年。曾在外院摄X线片。见右胫骨上端内侧有一5cm×4cm大小透光区,中间有肥皂泡样阴影,骨端膨大。近1个月来肿胀明显加重。夜间疼痛难忍,右膝关节活动受限。入院后X线摄片示胫骨上端病变扩大,肥皂泡样阴影消失,呈云雾状阴影,病变侵入组织。

1.患者最可能的是哪种骨肿瘤?

2.应该进行何种治疗?

3.术后如何进行护理?

学习目标

知识目标　能说出骨肿瘤的临床表现与诊断要点,并正确为患者进行护理评估。

能力目标　能够提出正确的护理诊断,并能够为患者提供合适的护理措施。

素质目标　学习过程中体现对患者的关心。

【概述】

骨肿瘤是指骨组织(骨膜、骨和软骨)及骨附属组织(骨的血管、神经、脂肪、纤维组织等)所发生的肿瘤。骨肿瘤的发病具有年龄特点,如骨肉瘤多见于青少年,骨巨细胞瘤多见于青壮年人,骨髓瘤多见于老年人,发病率为所有肿瘤的2%～3%。

1.病因及发病机制

骨肿瘤分为原发性和继发性两大类,原发性骨肿瘤是由骨组织及其附属组织本身所发生的肿瘤;继发性骨肿瘤是由其他器官或组织发生的恶性肿瘤通过血液循环、淋巴转移到骨组织及其附属组织所发生的肿瘤或直接浸润到骨组织及其附属组织所发生的肿瘤。

2.病理生理

按骨肿瘤的细胞来源可有骨性、软骨性、纤维性、骨髓性、脉管性、神经性等。根据肿瘤组织的形态、细胞的分化程度及细胞间质的类型,可分为良性、中间性和恶性三大类。恶性以骨肉瘤占首位。

(1)骨软骨瘤　骨软骨瘤是一种常见的良性肿瘤,多发于青少年,可分为单发和多发两种,多数有家族史,可恶变,多发性骨软骨瘤发生恶变的机会要比单发性的多。

(2)骨巨细胞瘤　骨巨细胞瘤是起源于松质骨的溶骨性肿瘤,好发年龄20～40岁,女性多于男性,属潜在恶性,好发于长形管状骨的骺端。

(3)骨肉瘤　骨肉瘤是恶性程度很高的骨肿瘤,是原发性恶性骨肿瘤中最常见的肿瘤,多见于年轻人。常见于股骨下端、胫骨或腓骨上端、肱骨上端的干骺端。

【护理评估】

1.健康史

了解患者的年龄、性别、职业、工作环境、生活习惯、既往有无肿瘤病史或手术治疗史和家族中有无肿瘤患者。

2.身心状况

了解患者的一般健康状况。评估患者的营养状态及对手术治疗的耐受力,重要器官的功能状态等。注意疼痛的性质和进展情况,用什么措施可缓解或减轻疼痛。肢体肿胀情况,是否有压迫或转移症状。了解畸形的部位和活动受限的原因。

(1)骨软骨瘤　骨软骨瘤早期无症状,多见于生长活跃的干骺端,如股骨下端、胫骨上端和肱骨上端。当肿瘤生长到一定大时,可因压迫周围组织,如肌腱、神经、血管等感到隐痛而影响功能。大多数患者是在无意中发现骨性肿块而就诊的。

（2）骨巨细胞瘤　主要症状为局部疼痛，随肿瘤的生长而疼痛加重。多见于股骨下端或胫骨上端。若侵及关节软骨，将影响关节功能。

（3）骨肉瘤　主要症状是进行性加重的疼痛，开始时呈间歇性发作的隐痛，逐渐转为持续性剧痛。患肢关节有不同程度的功能障碍。病变局部肿胀，很快形成肿块，局部皮温增高，静脉怒张。

3.辅助检查

（1）实验室检查　骨肉瘤患者血清碱性磷酸酶明显升高，血沉加快。

（2）X 线检查

1）骨软骨瘤：长管骨的干骺端骨性凸起，或呈杵状、蒂状、或鹿角状。

2）骨巨细胞瘤：骨端病灶呈偏心性溶骨性破坏，骨端呈肥皂泡样膨胀，骨密质变薄，当破溃后肿瘤可侵入软组织。

3）骨肉瘤：病变部位骨质浸润性破坏，边界不清，病变区可有排列不齐结构紊乱的肿瘤骨。可以使骨膜突起，形成骨膜下三角形新骨，形成的反应骨和肿瘤骨呈日光放射状（图 75-1），即影像学中的“日光射线”现象，周围有软组织肿块阴影。实验室检查可有贫血、血沉加快、碱性磷酸酶增高。

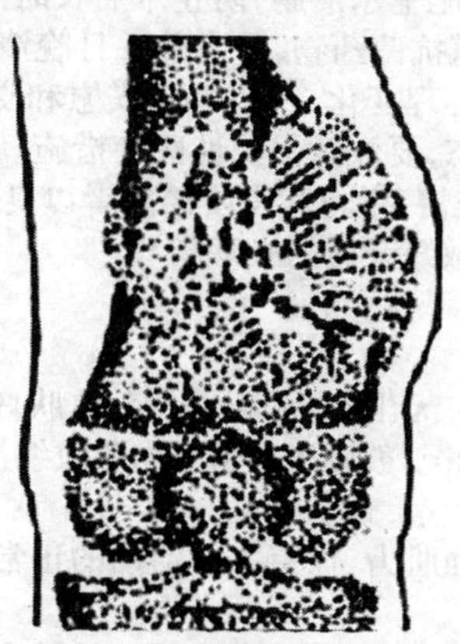

图 75－1　肿瘤骨星日光放射状

（3）病理检查　是最后确定诊断骨肿瘤唯一可靠的检查。

（4）CT 或 MRI 检查　显示肿瘤部位、远处转移病灶。

4.处理原则

（1）骨软骨瘤　骨软骨瘤虽属良性，因有恶变可能，应早期手术切除。

（2）骨巨细胞瘤　以手术治疗为主，化疗无效，放疗虽有效，但易发生照射后肉瘤变。

（3）骨肉瘤　治疗的措施是术前进行化疗 3 ～ 8 周，然后作瘤段切除后假体植入等保肢术或截肢术，术后再继续进行化疗的综合治疗。

5.心理－社会状况

患者面对恶性肿瘤心理压力重，对肢体功能丧失或担心预后而出现焦虑、恐惧，特别是截肢后自我形象紊乱，对患者心理状态影响较大。

【护理诊断及医护合作性问题】

1.疼痛

与肿瘤浸润或压迫神经有关。

2.自我形象紊乱

与截肢手术有关。

3.知识缺乏

缺乏术后功能锻炼的知识。

4.焦虑或恐惧

与担心恶性肿瘤预后有关。

5.潜在并发症

病理性骨折。

【护理计划与实施】

1.术前护理

(1)一般护理

1)营养护理:饮食宜清淡,易消化。鼓励患者摄取足够营养,合理进食高蛋白、高糖、多维生素饮食。必要时进行少量多次输血和补液,以增强抵抗力,为手术治疗创造条件。

2)适当活动和休息:应嘱咐患者下地时患肢不要负重,以防病理性骨折和关节脱位而发生意外损伤;脊柱肿瘤的患者应绝对卧床休息,避免下床活动以防止脊柱骨折造成截瘫,指导患者做松弛活动。对于允许下床活动而不能走动的患者,可利用轮椅帮助患者每天有一定的室外活动时间。对无法休息和睡眠的患者,应注意改善环境,必要时睡前给予适量的镇静止痛药物,以保证患者休息。

(2)疼痛护理　疼痛可按照“三级止痛”方案用药。一级止痛:疼痛一般,使用非麻醉类药物,如阿司匹林+辅佐剂(非类固醇类抗炎药,如消炎痛)。二级止痛:中度持续性疼痛,使用弱麻醉药,如可待因+阿司匹林+辅佐剂;三级止痛:强烈持续性疼痛,使用强麻醉剂,如吗啡+非麻醉剂+辅佐剂。注意事项:①按时给药,尽可能在未痛之前用药;②指导患者保持舒适体位并经常改变;③适当配合应用镇静剂,增强止痛药的作用;④转移患者注意力,如看电视、听音乐及其他消遣活动,消除紧张情绪。

(3)术前准备

1)脊柱、下肢手术者,手术前一日晚肥皂水灌肠,防止术后长时间卧床而腹胀。

2)骶尾部手术者,术前3天服用肠道抗菌药物,手术前一日晚清洁灌肠。

(4)心理护理　观察并理解患者的心理变化,给以心理安慰和支持,消除害怕和焦虑,使患者情绪稳定,耐心向患者解释病情,根据患者的心理状态,要注意保护性医疗措施。解释治疗措施尤其是手术治疗对挽救生命、防止复发和转移的重要性。通过语言、表情、举止和态度给患者以良性刺激,使患者乐观地对待疾病和人生。同时要注意社会因素对患者心理的影响,做好亲属的心理指导。

2.术后护理

(1)病情观察

1)密切观察残肢端创口情况,注意有无出血、水肿、水疱、皮肤坏死及感染。及时更换敷料。

2)用石膏外固定时,注意肢端血运情况,鼓励患者适当做肌收缩活动,石膏解除后,加强锻炼,促进功能恢复。

(2)控制感染　遵医嘱及时应用抗生素,预防感染。

(3)指导患者进行残肢锻炼　以增强肌力,保持关节活动的正常功能,鼓励患者使用辅助工具(拐杖),早期下床活动,为安装假肢做准备。

(4)心理护理　截肢或关节离断术后,患者往往出现某些精神失常症状,称为“创伤性精神病”,所以要有专人护理,防止患者发生意外。术后出现幻肢痛应解释原因,对症处理。

3.动脉灌注患者的护理

主要用于四肢骨肉瘤的治疗。术前向患者解释动脉灌注的方法及意义,取得患者的配合。术后要密切观察生命体征及切口部位,警惕大出血的发生。抬高患肢,注意患肢端血运情况。注意药物的毒性反应,如高热,可用物理或药物降温,如恶心、呕吐严重者,可给予液体疗法。

4.化疗患者的护理

应了解和掌握化学治疗药物的作用和毒性反应,掌握药物的浓度,定时查血常规,了解抗癌药物对骨髓功能的抑制程度。贫血重者应给予输新鲜全血;白细胞减少时,要防止感染,必要时采取隔离措施;血小板减少时注意观察出血情况,必要时给予成分输血。定期查肝、肾功能,以了解抗癌药物对其损害情况。做好化疗并发症的护理具体见第九章肿瘤患者的护理。

5.健康教育

(1)向患者讲解骨肿瘤的一些情况,随着肿瘤的综合性治疗的发展,树立战胜疾病的信心,稳定情绪,促进身心健康。

(2)告诉患者合理应用镇静止痛药物,提高患者的生活质量。

(3)指导患者进行各种形式的功能锻炼,最大限度地提高患者的生活自理能力。

(4)嘱咐患者按时复查,出现异常情况如局部肿胀、疼痛等应及时就诊。

【护理评价】

1.患者疼痛是否缓解。

2.患者是否接受自我形象改变。

3.患者能否配合治疗,是否按照功能锻炼计划配合训练。

4.患者情绪是否稳定,恐惧或焦虑心理是否减轻。

(肖静)

第七十六章 颈肩痛与腰腿痛患者的护理

学习目标

知识目标 了解肩关节周围炎的病因，临床表现与诊断要点，熟悉肩关节周围炎治疗原则、护理要点。熟悉颈椎病的病因，临床表现和诊断要点。掌握颈椎前路手术患者的术后护理。了解腰椎间盘突出症的病因，熟悉其临床表现、诊断要点、处理原则，掌握其护理原则。了解腰椎管狭窄的病因、临床表现、诊断要点。

能力目标 能够提出正确的护理诊断，并能够为患者提供合适的护理措施。

素质目标 学习过程中体现对患者的关心。

第一节 肩关节周围炎患者的护理

【概述】

颈肩痛是指颈部、肩及肩胛等处的疼痛，有的伴有一侧或双侧上肢放射痛。肩关节周围炎和颈椎病是引起颈肩痛的常见疾病。

肩关节周围炎简称肩周炎，是指肩关节周围肌肉、肌腱、关节囊及滑囊的慢性损伤性炎症，以活动时疼痛和功能受限为临床特点。

1.病因及发病机制

中老年人软组织发生退行性改变，对外力承受能力减弱，是引起肩周炎的基本病因。长期过度活动或姿势不良是导致肩周炎的激发因素，肩部急性损伤治疗不当常为肩周炎诱因。部分患者由于肩关节以外原因引起，如颈椎病、胆管疾病等引起肩部牵涉痛，患者不愿活动肩关节，日久可转变成真正肩周炎。

2.病理生理

肩关节周围软组织慢性损伤后，表现为增生、粗糙和关节内外粘连，患者活动关节产生疼痛和运动受限。

【护理评估】

1.健康史

本病好发于50岁左右人群，女性多于男性，左侧多于右侧。了解患者从事职业，有无肩部不正确的劳动姿势，有无肩部外伤以及肩关节长时间固定病史，有无颈椎病、心肺疾病以及胆管疾病等病史。

2.身心状况

本病起病缓慢，初期表现为肩部某一部位在特定动作或姿势时出现疼痛。随着病情发展，疼痛范围扩大，可牵涉至颈部和上臂中段，并伴有肩关节活动受限。若被无意触碰则剧痛难忍，严重者梳头、洗脸、穿脱衣服均感困难。

检查可见患侧肩部肌肉萎缩、肩关节活动范围受限，尤其外展、外旋、上举、后伸动作受限明显。肱二头肌长、短头肌腱、冈上肌腱以及三角肌前后缘可有明显压痛点。

3.辅助检查

X线检查对肩周炎诊断无特异性，对以长期肩痛就诊的中、老年患者，行肩部X线摄片可排除肩部肿瘤。部分年龄较大或病程较长的肩周炎患者，X线摄片可见肩部骨质疏松和软组织内钙化影。

4.处理原则

(1)早期予以理疗、适度按摩以及针灸可改善肌肉血供、解除肌肉痉挛，缓解疼痛。

(2)持续、剧烈疼痛者可短期服用非甾体类抗炎药和肌松弛剂。

(3)有局限疼痛点的患者可痛点注射醋酸泼尼松龙。

(4)每日进行肩关节的主动活动，防止肌肉萎缩和关节粘连。

(5)肩外因素所致肩周炎还需积极治疗原发病。

5.心理-社会状况

慢性疼痛和肩关节活动受限严重者影响患者生活自理和工作能力,部分患者因此转岗甚至失去工作,患者常表现出焦虑、情绪低落等心理。如不及时治疗,肩关节因长时间缺乏锻炼,导致肩周肌肉萎缩和关节粘连等后遗症,患者常对疾病预后表示担忧。

【护理诊断及医护合作性问题】

1.疼痛

与肩关节周围软组织慢性损伤性炎症有关。

2.躯体移动障碍

与疼痛、关节内外粘连有关。

3.有失用综合征的危险

与因疼痛不敢活动关节有关。

【护理计划与实施】

1.一般护理

协助患者做好生活护理,如穿脱衣服、梳头等。注意肩关节保暖,避免受凉。

2.心理护理

本病发生人群以50岁左右女性多见,家庭和工作压力重,常产生焦虑、情绪低落等心理,应多与患者交谈,介绍疾病相关知识和治疗成功的病例,消除患者对疾病预后的担忧,做好针对性心理护理。

3.用药护理

遵医嘱给予非甾体类抗炎药和肌松弛剂,注意观察药物不良反应,长期使用非甾体类抗炎药可引起胃肠黏膜损伤、肾功能损害和凝血障碍等不良反应,对有消化性溃疡病史者慎用,或使用选择性COX-2抑制剂,如美洛昔康、塞来昔布。

4.对症护理

指导患者与他人交流或看书、读报,分散患者注意力,减轻疼痛。还可采取局部理疗、按摩、针灸等治疗,缓解疼痛。疼痛局限者可采用糖皮质激素封闭治疗和遵医嘱给予药物缓解疼痛。

5.功能锻炼

疼痛剧烈时,患侧肩关节应制动、休息,可进行肩周肌肉等长舒缩运动。疼痛缓解后,应鼓励患者进行肩关节功能锻炼,以防止肩关节周围肌肉萎缩和关节粘连,锻炼应循序渐进,关节活动范围由小到大,忍着轻痛坚持锻炼,但避免引起剧烈疼痛和禁忌强烈被动活动,以免加重软组织损伤。常用锻炼方法有弯腰,垂臂进行前后、左右摆动和旋转运动,爬墙外展和上举运动。

6.健康指导

(1)肩部注意保暖,夏季应避免空调或电风扇直接吹向肩部。

(2)避免肩部过度劳累,注意休息,防止肩关节急性损伤。

(3)指导患者正确进行功能锻炼,说明功能锻炼的意义,鼓励患者坚持锻炼,防治关节周围肌肉萎缩和关节粘连。

(4)指导患者正确服用药物,出现异常情况应及时就诊。

【护理评价】

1.患者肩部疼痛是否减轻或消除,患者舒适度是否增加。

2.患者能否得到应有的生活照料,生活自理能力有无增强。

3.患者是否发生肩周肌肉萎缩和肩关节粘连。

第二节　颈椎病患者的护理

案例引入

患者，男，45岁，主诉头痛头晕3个月，颈侧屈或后伸时头晕加重，猝倒3次，有时视物不清，椎动脉造影有部分梗阻。

1.患者最大可能是哪种类型颈椎病？

2.其他几种颈椎病的临床特点各有哪些？

3.颈椎病术后护理措施有哪些？

【概述】

颈椎病（Cervical spondylosis）是指颈椎间盘退行性变，以及继发性椎间关节退行性变引起的脊髓、神经、血管损害而出现相应症状和体征。好发部位在颈5-6、颈4-5。

1.病因及发病机制

（1）颈椎间盘退行性变　是颈椎病的发生和发展中最基本的原因。

（2）损伤　急性损伤可使原已退变的颈椎和椎间盘损害加重而诱发颈椎病；慢性损伤对已退变颈椎加速其退变过程而提前出现症状。但暴力伤致颈椎骨折、脱位所并发的脊髓或神经根损害则不属颈椎病范畴。

（3）颈椎先天性椎管狭窄　是指在胚胎或发育过程中椎弓根过短，使椎管矢状径小于正常（14～16mm）。在此基础上，即使退行性变比较轻，也可出现压迫症状而发病。

2.病理生理

由于椎间盘退变而使椎间隙狭窄，关节囊、韧带松弛，脊柱活动时稳定性下降，进而引起椎体、关节突关节、钩椎关节、前后纵韧带、黄韧带及项韧带等变性、增生、钙化。这样形成颈段脊柱不稳定的恶性循环，最后发生脊髓、神经、血管受到刺激或压迫的表现。

【护理评估】

1.健康史

颈椎病常发生于40～50岁以上人群，先天性椎管狭窄的患者20～30岁就可出现症状。询问患者从事的职业，有无长期伏案工作或颈部不良姿势等慢性损伤的诱因，有无颈部外伤病史。

2.身心状况

根据受压或刺激的组织不同，临床上将颈椎病分为以下几种类型：

（1）神经根型颈椎病　由于颈椎间盘侧后突出、钩椎关节或关节突关节增生、肥大，刺激或压迫神经根所致。先出现颈痛及颈部僵硬，短期内加重并向肩部及上肢放射。咳嗽、打喷嚏及活动时疼痛加剧。皮肤可有麻木、过敏等感觉异常。上肢肌力和手握力减退。检查可见颈部肌痉挛，颈肩部压痛，颈部和肩关节活动有不同程度受限。神经系统检查有较明确的定位体征。

1）上肢牵拉试验阳性：术者一手扶患侧颈部，一手握患腕，向相反方向牵拉，此法可使臂丛神经被牵张，刺激受压的神经根而出现放射痛。

2）压头试验阳性：患者端坐，头后仰并偏向患侧，术者用手掌在其头顶加压，出现颈痛并向患手放射。

（2）脊髓型颈椎病　后突的髓核、椎体后缘的骨赘、肥厚的黄韧带及钙化的后纵韧带等导致脊髓受压。出现上肢症状，如手部麻木、活动不灵，尤其是精细活动失调，握力下降。也可有下肢症状，如麻木、行走不稳，有踩棉花样感觉。躯干有紧束感。病情加重可发生自上而下的上运动神经元性瘫痪。

（3）椎动脉型颈椎病　颈椎横突孔骨性纤维性狭窄，上关节突增生肥大，颈椎失稳都可直接刺激、牵拉或压迫椎动脉。临床表现有眩晕、头痛、视物障碍、猝倒等，当头部活动时可诱发或加重。

（4）交感神经型颈椎病　表现主要为交感神经兴奋症状，如头痛或偏头痛、头晕、恶心、视物模糊、心跳加快、心律不齐、血压升高，以及耳鸣、听力下降等。也可表现为交感抑制症状，如头昏、眼花、流泪、鼻塞、心动过缓、血压下降，以及胃肠胀气等。

3.辅助检查

（1）X线　可见生理性前凸消失、椎间隙变窄、椎体前后缘骨质增生，钩椎关节、关节突关节增生等。

（2）CT和MRI　可见椎间盘突出、椎管、神经根管狭窄及脊髓、脊神经受压情况。

4.处理原则

根据患者的病史、症状、体征及神经系统检查可明确诊断。治疗原则:改善受压,减轻症状,促进循环。

(1)非手术疗法　包括颈部牵引、颈托和围领限制颈椎活动、推拿按摩、理疗、药物治疗。

(2)手术治疗　非手术治疗无效、反复发作或脊髓型压迫症状进行性加重者,可采用手术治疗。

5.心理-社会状况

颈椎病为慢性疾病,部分患者饱受疾病疼痛之苦,给工作、学习和生活带来很大影响。由于疾病知识缺乏,常将脊髓型颈椎病误认为椎管内、颅内肿瘤,认为是不治之症,带来焦虑、恐惧等心理。部分患者接受手术治疗时,又因担心手术危险性、术后恢复情况以及术后生活照料等问题而焦虑。

【护理诊断及医护合作性问题】

1.疼痛

与神经根受刺激压迫、椎动脉供血减少有关。

2.躯体移动障碍

与脊髓或神经根受压有关。

3.潜在并发症

术后呼吸困难。

【护理计划与实施】

1.术前护理

(1)术前准备　教会患者做推移气管的训练,以适应术中牵拉气管操作。术前2 ~ 3天给予抗生素,做好术前常规准备。需植骨者,备皮时注意供骨部位的皮肤准备。准备好术中用品,如X线片等。

(2)心理护理　稳定患者情绪,向患者讲解手术目的、过程、注意事项,多与患者交流,给予心理支持。

2.术后护理

(1)一般护理　行植骨椎体融合者,在搬送患者回病房过程中,要特别注意颈部确切固定,一般用围领固定,应有专人护送。回病房后取平卧位,颈部取稍前屈位置,两侧颈肩部放置沙袋限制头颈部偏斜。

(2)病情观察

1)密切观察生命体征的变化,有病情变化,及时报告。

2)密切观察呼吸状态:前路手术因术中要反复牵拉气管,可使气管黏膜受损而发生水肿。术后要常规进行雾化吸入,鼓励患者深呼吸和有效地咳嗽。呼吸困难是前路手术后最危急的并发症,一般多发生在术后1 ~ 3日。当呼吸费力、呈张口状、应答迟缓、发绀等,应即刻通知医生,做好手术处理准备,以及气管切开术的准备。

(3)伤口护理

1)观察颈部敷料有无被渗血湿透,一旦湿透及时更换敷料。

2)观察颈部有无肿胀及软组织的张力。

3)观察、询问患者是否感到憋气、呼吸困难,因出血量达到一定量时,局部肿胀压力增高而气管受压。

4)保持引流通畅,记录引流物量、性质。

5)患者一旦出现呼吸困难、烦躁、发绀,应在通知医生的同时,立即敞开敷料,剪开颈部切口缝线,以利于积血外溢,解除气管压迫。

6)如果患者呼吸经清除血肿后仍无改善,应协助医生施行气管切开术。术后患者床边要常规备置气管切开包,以备急用。

(4)并发症的预防和护理　常见并发症有切口感染、肺部感染、压疮等,按医嘱合理应用抗生素,勤翻身,保持床面整洁、干燥。

(5)心理护理　因颈椎手术后的恢复需要较长时间,一般要几个月甚至更长,所以要给患者做详细的病情解释,及时转告患者病情好转的情况,以使患者增强战胜疾病的耐心和信心。

3.健康教育

(1)向患者讲明本病的发病原因、表现,及时诊治。

(2)教会患者牵引、推拿按摩的方法及注意事项,一旦发生病情变化及时就诊。

(3)鼓励患者增加自信心、自尊心,学会自我照顾,使心态良好。

(4)教育患者家属科学地照护患者,给予心理支持。

(5)学会自我保健。在工作中,尤其是办公室工作人员,要定时改变姿势,做颈部及上肢活动,或做工间操;睡眠时,宜睡硬板床,注意睡眠姿势,枕头高度适当,一般枕头与肩部同高为宜;注意避免头颈部过伸或过屈。

【护理评价】

1.患者疼痛是否减轻。

2.患者能否得到良好的生活护理，生活自理能力是否提高。

第三节　腰腿痛患者的护理

案例引入

患者，男，26岁。汽车修配工人，两天前抬轮胎时失手，腰部骤然有撕裂感，随即剧痛。自今晨起疼痛向右下肢放散，咳嗽与排便时疼痛加剧，查体腰部僵硬，腰肌活动明显受限，右棘突旁明显压痛，直腿抬高试验左侧60°，右侧45°，加强试验阳性。

1.患者最可能的诊断是什么？

2.如果非手术治疗无效，行手术治疗，术后应如何进行护理？

【概述】

腰腿痛是临床常见的一组症状，指下腰、腰骶、骶髂、臀部等处的疼痛，可伴有一侧或双侧下肢放射痛和马尾神经症状。腰腿痛的病因较多，腰椎间盘突出症和腰椎管狭窄症是导致腰腿痛的常见疾病。

1.病因及发病机制

(1)腰椎间盘突出症　腰椎间盘突出症(Herniation of lumbar intervertebral disk)是指腰椎间盘变性、纤维环破裂，髓核组织突出，刺激或压迫马尾神经根所引起的一种综合征。以腰4-5和腰5骶1间隙发病率最高。以20～50岁为多发年龄，男性多于女性。原因有：①椎间盘退行性变；②损伤；③遗传因素；④妊娠。

(2)腰椎管狭窄症　腰椎管狭窄症(Stenosis of the lumbar spinal canal)指腰椎管因某种因素产生骨性或纤维性结构异常，导致一处或多处管腔狭窄，致马尾神经或神经根受压所引起的一种综合征。病因分先天性和后天性。先天性椎管狭窄可由于骨发育不良所致；后天性椎管狭窄常见于椎管的退行性变。在椎管发育不良的基础上发生退行性变是腰椎管狭窄症最多见的原因。40岁以上为多发年龄。依据椎管狭窄的不同部位，又可分为以下3种：①中央型狭窄主；②侧隐窝型狭窄；③椎间孔狭窄。

2.病理生理

(1)腰椎间盘突出症　根据病理变化可分为4型：①膨隆型；②突出型；③脱垂游离型；④Schmorl结节及经骨突出型。

(2)腰椎管狭窄症　椎管狭窄由于病因不同，病理改变亦各异。但绝大多数由于退行性改变所致。退行性椎管狭窄系椎间盘、纤维环、关节突和韧带退变、老化而致，它的退变起始于椎间盘、椎间盘膨出突入椎管、椎间盘高度下降，椎间隙狭窄，相应的小关节移位，发生骨性关节炎，致使增生肥大，小关节内聚，继而脊椎退行性滑脱，脊柱不稳定。椎体前方或后方骨赘形成是造成椎管狭窄的软组织因素。依据椎管狭窄的骨性因素，由于脊柱不稳定，位于椎管内维持脊柱稳定的黄韧带和后纵韧带肥厚增生，更减少了椎管容积。在动态下的某种位置韧带折皱突向椎管、构成椎管狭窄的软组织因素。

【护理评估】

1.健康史

(1)腰椎间盘突出症　患者多有弯腰劳动或长期坐位工作史，评估患者有无半弯腰持重或突然扭腰的动作。

(2)腰椎管狭窄症　评估患者年龄、性别，有无长期腰腿痛史，有无间歇性跛行史，有无腰椎其他疾患病史。

2.身心状况

(1)腰椎间盘突出症

1)症状：①腰痛，最常见。早期患者仅有腰痛，表现为急性剧痛或慢性隐痛；病程长的患者行走时疼痛难以忍受；患者在弯腰、咳嗽、排便等用力时均可使疼痛加剧；②坐骨神经痛，见于腰4-5、腰5骶1椎间盘突出者，多表现为单侧疼痛。疼痛从下腰部向臀部再向下肢、足背或足外侧放射，可伴有麻木感。中央型椎间盘突出症可有双侧坐骨神经痛，表现为双侧大腿及小腿后侧疼痛。咳嗽、打喷嚏等导致腹内压增高的活动均可使疼痛加剧；③马尾神经受压，中央型突出的髓核或脱垂游离的椎间盘组织压迫马尾神经，表现为双侧大小腿、足跟后侧及会阴部感觉迟钝，大、小便功能障碍。

2)体征:①腰椎侧突:是腰椎为减轻神经根受压所引起疼痛的姿势性代偿畸形;②腰部活动受限:腰部各方向的活动均受到不同程度的影响,以前屈受限最明显;③压痛、叩痛:在病变椎间隙的棘突间,棘突旁侧1cm处有深压痛、叩痛,并伴有向下肢的放射痛;④直腿抬高试验及加强试验阳性:患者平卧,患肢膝关节伸直,被动直腿抬高下肢,至60°以内即出现放射痛,称为直腿抬高试验阳性(图76-1)。主要系神经根受压或粘连使移动范围减小或消失、坐骨神经受牵拉所致。在直腿抬高试验阳性的基础上,缓慢降低患肢高度,至放射痛消失,再被动背屈踝关节以牵拉坐骨神经,若引起疼痛,则称为加强试验阳性;⑤神经系统表现:主要为感觉减退、肌力下降及腱反射改变。腰神经根受累时,患侧小腿前外侧和足背内侧的痛、触觉减退,拇趾背伸力降低。骶1神经根受累时,外踝附近及足外侧的痛、触觉减退,足跖屈无力,踝反射减弱或消失。

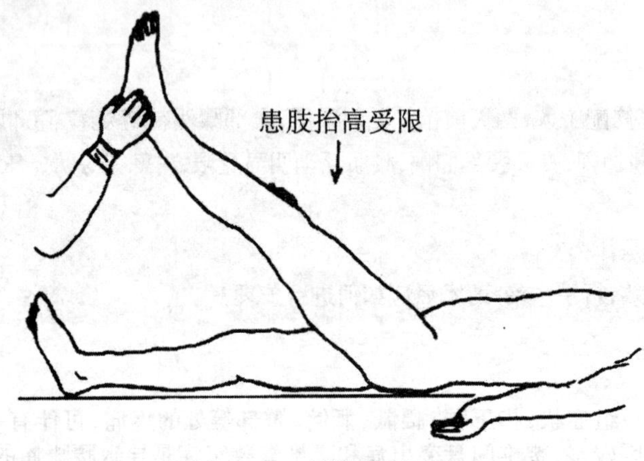

图76-1　直腿抬高试验

(2)腰椎管狭窄症

1)症状:①间歇性跛行:患者在行走数百米或更短的距离后,出现下肢疼痛、麻木、无力,需蹲下休息数分钟后,方可继续行走,但继续行走后又复现上述症状;②腰腿痛:可有腰背痛、腰骶部痛或下肢痛。下肢痛为单侧或双侧,站立位、过伸位或行走过久时疼痛加重,前屈位、蹲位及骑自行车时疼痛减轻或消失。疼痛程度一般较腰椎间盘突出症轻,但逐渐加重;③马尾神经受压:表现为双侧大小腿、足跟后侧及会阴部感觉迟钝,大、小便功能障碍。

2)体征:①腰部后伸受限及压痛,患者常取腰部前屈位。腰椎生理前凸减少或消失,腰椎棘突旁有压痛;②感觉、运动、反射改变。

3.辅助检查

(1)腰椎间盘突出症　X线平片可提示脊柱侧凸,椎体边缘增生及椎间隙变窄等退行性变。CT和MRI可显示椎管形态、椎间盘突出的程度和方向等;MRI还能显示脊髓、髓核、马尾神经、脊神经根的情况。脊髓造影可间接显示有无腰椎间盘突出及突出的程度。电生理检查,如肌电图等可明确神经受损的范围及程度。

(2)腰椎管狭窄症　腰椎X线片除可显示椎体、椎间关节和椎板的退行性变外,可测量腰椎管的矢径与横径。椎管造影有较高的诊断价值。CT、MRI检查可显示脊髓、脊神经根、马尾神经受压情况。

4.处理原则

(1)腰椎间盘突出症

1)非手术治疗:目的是减轻椎间盘对受压神经根的刺激或压迫,消除神经根的炎性水肿。①绝对卧床休息;②持续牵引;③硬膜外注射皮质激素;④理疗、推拿和按摩。

2)手术治疗:非手术治疗无效或巨大、骨化椎间盘、中央型椎间盘压迫马尾神经者,可采取腰椎间盘突出物摘除术或经皮穿刺髓核摘除术。

(2)腰椎管狭窄症

1)非手术治疗:多数患者经非手术治疗症状都能缓解。

2)手术治疗:主要目的是解除对硬脊膜及神经根的压迫。适用于:①症状严重,非手术治疗无效者;②神经功能障碍明显,特别是马尾神经功能障碍者。手术方法:包括椎板切除,上关节突、椎板切除,神经根管扩大及神经根粘连松解等,必要时同期行脊柱融合内固定术。

5.心理-社会状况

了解患者及其家属对腰椎间盘退变、腰椎管狭窄症的心理反应、认知情况和对康复后康复知识的了解程度。腰椎间盘突出后,疼痛常反复发作,对工作、学习和生活带来很大影响。患者接受手术治疗时,又担心手术危险性、术后恢复情况等,给患者带来焦虑、恐惧心理。

【护理诊断及医护合作性问题】

1.疼痛

与椎间盘突出、肌痉挛、不舒适的体位有关。

2.躯体移动障碍

与疼痛、肌痉挛有关。

3.焦虑、恐惧

与担心预后及手术有关。

4.潜在并发症

肌萎缩,神经根粘连。

【护理计划与实施】

1.术前护理

(1)疼痛护理　①绝对卧硬板床休息,卧床3～4周后,可考虑戴腰围下床活动;②抬高床头20°,膝关节屈曲,放松背部肌,增加舒适感;③牵引期间注意观察患者体位、牵引力线及重量是否正确,维持反牵引。经常检查牵引带压迫部位的皮肤有无疼痛、发红、破损、压疮等。加强基础护理,如做好清洁卫生工作,协助患者床上使用便盆等;④遵医嘱适当给予镇痛剂等药物,缓解疼痛,以保证充足睡眠。

(2)活动与功能锻炼　①指导患者采用正确的方法下床,具体做法:将身体先移向床的一侧,用胳膊将身体撑起,移坐在床的一侧,将脚放在地上,利用腿部肌收缩使身体由坐位改为站立位。躺下时按相反的顺序依次进行;②指导患者进行未固定关节的全范围关节活动以及腰背肌的功能锻炼,若患者不能主动进行练习,在病情许可的情况下,可由医护人员或家属帮助患者活动各关节、按摩肌,以促进血液循环,防止肌萎缩和关节僵直;③协助能下床的患者逐渐加大活动量及范围;④嘱患者避免做弯腰、长期站立或上举重物等动作,以防腰部肌痉挛,加重疼痛。

(3)术前准备　向患者解释手术方式及术后暂时出现的问题,如疼痛、麻木等。训练正确翻身、床上使用便盆及术后功能锻炼的方法,以适应术后医疗护理的需要。做好术前常规准备。

(4)心理护理　①向患者解释疾病的发生、发展情况及影响因素;②讲明减少或预防疼痛发作的措施,减轻患者的心理负担;③鼓励患者与家属的交流,使家属能够积极帮助患者克服困难及心理压力。同时介绍患者与病友进行交流,以增加患者的自尊和自信。

2.术后护理

(1)一般护理

1)为了压迫止血,术后24小时平卧。根据手术和患者的恢复情况决定卧床时间,一般持续卧床1～3周。

2)术后24小时后应给予患者翻身,一般采取2人翻身法。

(2)病情观察　遵医嘱及时监测生命体征,并做好记录。

(3)切口护理　观察切口敷料有无渗湿,注意渗出液的量、性质。敷料渗湿后要及时更换。

(4)引流的护理　观察、记录引流液的量、颜色、性质,根据引流情况,一般引流管于术后24～48小时拔除。

(5)并发症的预防　常见并发症为神经根粘连和肌萎缩。术后1周就要指导患者进行腰肌、臀肌的等长收缩活动,以防肌萎缩。根据病情,协助患者做直腿抬高锻炼,以防神经根粘连。

3.健康教育

(1)教会患者及家属有关腰腿痛的防治知识。

(2)脊髓受压的患者,应戴围腰3～6个月,直至神经压迫症状解除。

(3)指导患者采取正确的坐、卧、立、行和劳动姿势,以减少急、慢性损伤发生的机会。

1)卧硬板床侧卧位时屈髋屈膝,两腿分开,上腿下垫枕,避免脊柱弯曲的"蜷缩"姿势;仰卧位时可在膝、腿下垫枕,避免头前倾、胸部凹陷的不良姿势;俯卧位时可在腹部及踝部垫薄枕,以使脊柱肌放松。

> 温馨提示:椎间盘突出症患者卧硬板床可减轻对神经的压迫,缓解疼痛。

2)保持正确姿势,行走时抬头、挺胸、收腹,腹肌有助于支持腰部;坐时最好选择高度合适、有扶手的靠背椅,注意身体与桌子的距离适当,使膝与髋保持在同一水平,身体靠向椅背并在腰部衬一靠垫;站立时应尽量使腰部平坦伸直,收腹、提臀。

3)避免长时间用同一姿势站立或坐位。站立一段时间后,将一只脚放在脚踏上,双手放在身前,身体稍前倾。长时间伏案工作者,应积极参加工间操活动,以避免慢性肌劳损。勿长时间穿高跟鞋站立或行走。

4)正确应用人体力学原理劳动,避免损伤。如站立举起重物时,应高于肘部;避免膝、髋关节过伸;蹲位举重物时,背部应伸直勿弯;搬运重物时,宁推勿拉;搬抬重物时,应将髋膝弯曲下蹲,腰背伸直,主要应用股四头肌力量,用力抬起重物再行走,避免采取不舒适的、紧张的体位或姿势。

5)腰部劳动强度大时应配带有保护作用的宽腰带。参加剧烈运动时,应注意运动前的准备活动和运动中的保护措施。

(4)积极参加适当体育锻炼,尤其是注意腰背肌功能锻炼,以增加脊柱的稳定性。同时加强营养,减缓机体组织和器官的退行性变。

1)在医师的许可下开始适当活动。

2)活动前应先有预备活动,活动时避免腰背部过伸或做一些引起腰痛的活动,如直腿抬高或弯腰;活动后有恢复活动,切忌活动骤起骤停,应循序渐进。

【护理评价】

1.患者疼痛是否缓解或减轻。

2.患者焦虑、恐惧是否缓解或减轻。

3.患者躯体移动障碍是否缓解或减轻。

4.患者是否获得相关的防治知识。

(肖静)

第七十七章　类风湿关节炎患者的护理

案例引入

患者，女，36岁，农民，关节疼痛半年余。近期来疼痛加重，随后又出现颜面水肿、皮肤紫癜。医生诊断为类风湿关节炎。你应怎样对王女士进行护理评估呢？

入院后，进一步评估发现王女士膝关节及掌指关节对称性疼痛、肿胀，并伴有明显的晨僵现象，起床活动至午后症状才能缓解，以上表现阴天时尤为严重。双下肢散在紫癜，米粒大小，压之不褪色。王女士听医生诊断为类风湿关节炎并很难根治，使王女士非常悲观，精神紧张，睡眠不好，很少说话。王女士主要存在哪些护理诊断？应提供什么护理措施？

经过积极配合治疗，王女士病情好转，其生活自理水平好转，准备出院。应向王女士及其亲属做何保健指导？

学习目标

知识目标　能说出类风湿关节炎患者的病因、临床特征、常见护理诊断和护理措施。

能力目标　能够提出正确的护理诊断，并能够为患者提供合适的护理措施。

素质目标　学习过程中体现对患者的关心。

【概述】

类风湿关节炎（rheumatoid arthritis，RA）是一种以关节病变为主的非特异性炎症，表现为全身多发性和对称性慢性关节炎，其特点是关节痛和肿胀反复发作进行性发展，最终导致关节破坏、强直和畸形。

1.病因及发病机制

病因尚不清，可能与下列因素有关：①自身免疫反应：与本病有关的人类白细胞相关抗原HLA-DR$_4$与本病有不同程度的相关性，在某些环境因素作用下与短链多肽结合，激活T细胞，可产生自身免疫反应，导致滑膜增殖、血管翳形成、炎性细胞聚集和软骨退变；②感染：本病发展过程的一些特征与病毒感染相符，多数人认为甲型链球菌感染为本病之诱因；③遗传因素：RA有明显的遗传特点，发病率在RA患者家族中明显增高。

2.病理生理

病理本病理变化是关节滑膜的慢性炎症。早期滑膜充血、水肿，单核细胞、淋巴细胞和浆细胞浸润，纤维蛋白渗出。滑膜内皮细胞增生、肥厚，形成绒毛状皱褶，突入关节内；滑膜边缘部分增生形成肉芽组织血管翳，并逐渐覆盖于关节软骨表面。肉芽组织血管翳，使关节软骨逐渐被破坏、吸收，仅有纤维组织覆盖。肉芽组织也可破坏软骨下骨，使骨小梁减少，骨质疏松。后期关节面间肉芽组织逐渐纤维化，形成纤维性关节僵直，进一步发展为骨性强直。

除关节外，关节周围的肌键、键鞘也有类似的肉芽组织侵入，使肌萎缩，继而发生挛缩，进一步影响关节功能。

【护理评估】

1.健康史

有无类风湿性关节炎诱发因素；有无家族史。

2.身心状况

类风湿关节炎多发生在20～45岁，女性多见。发病缓慢。

症状和体征：

（1）关节疼痛、肿胀　初起关节酸痛、肿胀，随病变发展，疼痛日益明显，反复发作后受累关节附近肌肉萎缩，关节呈梭形肿胀。

（2）晨僵　晨起关节僵硬或全身发紧现象，活动一段时间后症状可缓解。

（3）多关节受累　受累关节多为双侧性、对称性，掌指关节或近侧指间关节常见，其次是手、腕、膝等关节。

（4）关节活动受限或畸形　病变持续发展，关节活动受限；晚期关节出现不同程度畸形，如手指的鹅颈畸形，掌指关节尺偏畸形,膝关节内、外翻畸形等。

(5)关节外表现　①全身症状,表现为低热、乏力,全身肌肉酸痛,食欲不振等;②皮下结节,常见于尺骨鹰嘴,手背、耳廓等;③眼部病变,如干性结膜角膜炎,巩膜炎等;④血管炎,如手指小动脉炎等;⑤肺部病变,如胸膜炎、肺炎等。

3.辅助检查

(1)实验室检查　血红蛋白减少,白细胞计数正常或降低,但淋巴细胞计数增加。大约70%~80%的病例类风湿因子阳性,但其他结缔组织疾病也可为阳性。血沉加快,C-反应蛋白增高,血清IgG、IgA、IgM增高。关节液混浊,黏稠度降低,黏蛋白凝固力差,糖含量降低,细菌培养阴性。

(2)X线表现　早期关节周围软组织肿大,关节间隙增宽,关节周围骨质疏松,随病变发展关节周围骨质疏松更明显,关节面边缘模糊不清,关节间隙逐渐狭窄。晚期关节间隙消失,最终出现骨性强直。

4.处理原则

类风湿关节炎目前尚无特效疗法。治疗目的在于控制炎症,减轻症状,延缓病情进展,保持关节功能和防止畸形。应强调根据不同患者、不同病情制订综合治疗方案。

(1)非药物治疗　加强营养、注意休息,对于关节肿痛明显者可行牵引或间断固定,鼓励患者系统地康复锻炼,预防关节僵硬和畸形。

(2)药物治疗　目前没有任何药物可以完全阻止病变发展,常用的药物分为三线。第一线的药物主要是非甾体类药物,其中昔布类消化道不良反应较轻;第二线药物有抗疟药、金盐制剂、柳氮磺胺吡啶、免疫抑制剂如青霉胺、甲氨蝶呤、环磷酰胺等;第三线药物主要是激素。对于病情较轻、进展较慢的患者,多主张先应用一线药物,必要时联合二线药物。而对病情严重、进展较快的患者,在一、二线药物联合运用同时,早期给予小剂量激素,以迅速控制症状,见效后逐渐减轻药物。

(3)手术治疗　早期可做受累关节滑膜切除术,以减少关节液渗出,防止血管翳形成,保护软骨和软骨下骨组织,改善关节功能;也可在关节镜下行关节清理、滑膜切除术;晚期,可根据病情行关节成形术或人工关节置换术。

5.心理-社会状况

患者长期受疾病痛苦折磨,思想包袱很重,易产生悲观情绪,甚至产生轻生的想法,护理人员应察颜观色,注意患者的言行,了解其心理状态。

【护理诊断及医护合作性问题】

1.有废用综合征的危险

与关节炎反复发作、疼痛和骨关节骨质破坏有关。

2.疼痛

与关节炎性反应有关。

3.躯体移动障碍

与关节疼痛、僵硬、功能障碍有关。

4.自理缺陷

与关节疼痛、功能障碍有关。

5.功能障碍性悲哀

与疾病久治不愈、关节可能致残、影响生活质量有关。

【护理计划与实施】

1.一般护理

(1)饮食护理　饮食中补充蛋白质、各种维生素和矿物质,适当控制水分和盐的摄入。忌辛辣、刺激性食物。

(2)休息与体位　避免寒冷和潮湿,注意保暖,及时添加衣服,戴手套、护膝,穿棉靴等。应坚决禁止淋雨和涉水。睡眠时也要注意保暖,以免受凉。急性活动期有发热、乏力等全身症状,应卧床休息,但不宜绝对卧床。过度休息和限制活动,反而易导致关节废用、肌肉萎缩,影响关节功能。

2.病情观察

关节疼痛的部位性质、关节肿胀、晨僵以及关节外的表现。

3.关节护理

晨僵护理:起床后行温水浴,活动关节。夜间睡眠戴弹力手套保暖,可减轻晨僵程度。

预防关节废用:勤督促、勤协助。

(1)症状基本控制后,鼓励患者及早下床活动。

(2)由被动向主动,使患者能承受,避免长时间不活动。

(3)可做肢体屈伸、散步、手抓握提举活动。

(4)配合理疗、按摩

4.用药护理

遵医嘱应用非甾体抗炎药、慢作用抗风湿药以及肾上腺糖皮质激素等。

(1)慢作用抗风湿药　起效时间长,有控制病情进展的可能,同时又有抗炎作用,多与非甾体抗炎药联合应用。用药期间可出现口腔溃疡、恶心、骨髓抑制等不良反应,应注意患者血象的变化。

(2)肾上腺糖皮质激素　抗炎作用强,能快速缓解症状,但不能根本控制疾病,停药后易复发。

长期用药可造成停药困难的依赖性,不良反应较多,所以仅限于活动期有严重全身症状、关节炎明显而又不能被非甾体抗炎药所控制的患者,或慢作用药尚未起效的患者。

患者不能自行增减剂量或停药,应在医生的指导下逐渐减量。同时密切观察药物的疗效及不良反应。

5.心理护理

使患者正确对待疾病,积极参与制订治疗及护理方案。鼓励患者不能停止社交娱乐活动。社交娱乐活动有助于患者保持良好的心理状态,增强战胜疾病的信心。

6.健康教育

(1)向患者解释遵医嘱服药的重要性及用药的注意事项。

(2)指导患者每天有计划地进行锻炼,增强机体的抗病能力,保护关节功能,防止废用。

(3)向患者和亲属解释合理饮食,做到高热量、高蛋白质,富含钙、维生素D、维生素B和维生素C的饮食。

(4)嘱患者避免感染、寒冷、潮湿、过度劳累、精神刺激等各种诱因。病情复发时,应及早就医,以免重要脏器受损。

(5)避免过度强烈使用小关节,避免关节长时间保持一个位置,避免关节长时间处于变形位置,避免过度体力消耗。

【护理评价】

1.患者有无发生关节废用。

2.患者疼痛是否缓解。

3.患者躯体移动障碍是否得到缓解。

4.患者生活自理能力是否得到改善。

5.患者心理状况是否良好。

(肖静)

第七十八章　系统性红斑狼疮患者的护理

系统性红斑狼疮(systemic lupus etgthomatosus, SLE)是一种累及全身多系统、多器官的慢性自身免疫性疾病。SLE患者血清具有以抗核抗体为主的大量不同的自身抗体。其病因复杂,病情反复发作,病程迁延,临床上主要表现为皮肤、关节、内脏等器官的损害。本病以女性多见,其中育龄妇女占90%。我国患病率约为70/10万。

【概述】

本病的病因不明,可能与下列因素有关。

1.遗传

SLE的发病有家族聚集倾向,近亲的发病率为12%,尤其是同卵孪生的发病率高达40%。目前发现的易感基因,如HLA-DR2、-DR3等,在患者中的发生频率明显高于正常人。有色人种SLE患病率高于白人,提示其与种族有关。

2.环境因素

日光、感染、某些化学药品(如肼苯达嗪、苯妥英钠、普鲁卡因胺、异烟肼、青霉胺、磺胺等)、某些食物成分(如苜蓿芽)都可诱发SLE。

3.性激素

大部分SLE为育龄妇女,患者体内的雌酮羟基化产物增高,另外妊娠可诱发本病或加重病情,显示SLE的发病与性激素有关。

发病机制至今尚不清楚,可能是在遗传易感性基础上,在环境因素和性激素的影响下,促发了异常的免疫应答,淋巴细胞不能正确地识别自身组织,出现了自身免疫反应,产生多种抗自身组织抗体,其中抗核抗体(ANA)对疾病的发生发展起了关键的作用。由DNA与DNA抗体为主所形成的免疫复合物,沉积在各个器官的血管壁,引起血管炎从而导致器官的损伤。此外,其他的自身抗体在发病中也起了一定的作用,导致血细胞被吞噬清除或因杀伤作用而减少,抗磷脂抗体能影响到血液的凝固系统,促发血管内栓塞,构成SLE的许多临床症状,如狼疮脑病、脊髓炎、反复流产、血小板减少等。

【护理评估】

SLE临床表现复杂多变,早期可仅侵犯1～2个器官,因此表现不典型,容易误诊。以后可侵犯多个器官,大多数患者呈缓解与发作交替过程。阳光照射、感染、妊娠、分娩、药物等为常见诱发因素。

1.全身表现

SLE患者在早期或活动期多表现有非特异性的全身症状,有90%的患者在病程中出现发热,尤以长期低、中度发热为常见。此外,疲倦、乏力、体重减轻亦颇多见。

2.皮肤与黏膜

80%患者有皮肤损害,常于皮肤暴露部位出现对称性皮疹,约40%患者面部有蝶形红斑,为鲜红或紫红色,偶可表现为盘形红斑。红斑上毛细血管明显扩张,有鳞屑,去掉鳞屑后可见毛囊口扩大,缓解时红斑可消退,留有棕黑色色素沉着。也可在手掌大小鱼际肌部位的皮肤、指端及甲周出现红斑、紫癜、网状淤斑。约30%患者出现口腔溃疡,溃疡浅,可有轻微疼痛。40%患者有脱发。少数患者表现为遇冷后对称性指(趾)端苍白,发绀和潮红等肢端小动脉痉挛,称雷诺现象。在日光暴晒或紫外线照射下常使病情加重或复发,称光敏感。

3.关节与肌肉

约85%的患者出现关节受累,大多表现为关节痛,部分可伴有关节炎,最常见于指、腕、膝关节,伴红肿者少见。偶有指关节畸形。约40%可有肌痛,5%可有肌炎。

4.肾

几乎所有的病例均有肾组织的病理变化,但有临床表现者仅为75%,狼疮性肾炎以慢性肾炎和肾病综合征最常见。早期多表现为无症状的尿异常,随着病程的发展,患者可出现大量蛋白尿、血尿(肉眼或显微镜下)、各种管型尿、氮质血症、水肿和高血压等,晚期发生尿毒症,是SLE死亡的常见原因。

5.心血管

约30%的患者有心血管病表现,其中以心包炎最常见,可为纤维素性心包炎或心包积液。约10%的患者有心肌炎,可有气促、心前区不适、心律失常,心电图有助于诊断,严重者可发生心力衰竭而死亡。约10%的患者可发生周围血管病变,如血栓性静脉炎等。

6.肺与胸膜

10%的患者可有狼疮性肺炎，表现为发热、干咳、气促，肺部X线可见片状浸润阴影。少数患者可有肺间质纤维化。1/3的患者可有单侧或双侧胸膜炎。

7.消化道

约30%的患者可有食欲不振、呕吐、腹痛、腹泻、腹水等。少数患者可有各种急腹症发作，如急性腹膜炎、急性胰腺炎，胃肠炎等。常是SLE发作的信号。40%的患者有血清转氨酶升高，肝脏不一定肿大。

8.神经系统

可累及神经系统任何部位，但以中枢神经系统尤其是脑最为多见。患者表现为头痛、呕吐、偏瘫、癫痫、意识障碍；或为幻觉、妄想、猜疑等精神障碍症状。凡有中枢神经系统症状者表示病情活动且严重，往往预后不良。

9.其他

约40%的患者可有慢性贫血，属正细胞正色素性贫血，少数患者因血小板减少可发生各种出血。约20%的患者有无痛性轻、中度淋巴结肿大。约15%的患者有脾大。

【辅助检查】

1.一般检查

常有正常色素性贫血，少数有溶血性贫血，约50%的患者白细胞减少。1/3的患者有血小板减少。尿中可有蛋白、红细胞管型。血沉增快，肝功能和肾功能可出现异常。

2.自身抗体检查

(1)抗核抗体(ANA) 对SLE的敏感性为90%，是目前SLE最佳的筛选试验。

(2)抗双链DNA抗体(抗dsDNA) 抗体特异性高达95%，敏感性约70%，对确诊SLE和判断狼疮的活动性参考价值大。本抗体滴定度高者有肾损害。

(3)抗Sm抗体 特异性高达99%，但敏感性约25%，在SLE不活动时亦可为阳性，故可作为回顾性诊断的重要根据。

(4)其他 如抗核糖核蛋白(RNP)抗体，抗干燥综合征(SSA/SSB)抗体，抗磷脂抗体及抗红细胞膜，抗血小板膜等抗体均可阳性，此外，少数患者血清类风湿因子(RF)也可阳性。

3.补体

CH50(总补体)、C_3、C_4降低，有助于SLE的诊断，并提示狼疮活动，其阳性率约为80%，特异性比较高。

4.狼疮带试验

用免疫荧光法测皮肤的真皮和表皮交界处是否有Ig沉积带，IgG沉着诊断意义较大。取腕上方伸侧部位的正常皮肤做检查，可提高本试验的特异性。

5.肾活检

对狼疮肾炎的诊断、治疗和估计预后均有价值。肾组织示慢性病变为主，而活动性病变少者，对免疫治疗的反应差；反之，治疗反应好。

【治疗要点】

急性活动期应卧床休息，避免阳光暴晒和紫外线照射，避免使用可能诱发狼疮的药物。SLE目前虽不能根治，但合理治疗后可缓解，尤其是早期患者，故宜早期诊断，早期治疗。病情缓解后，则接受维持性治疗。

1.非甾体抗炎药

主要用于以发热、关节肌肉疼痛等病变为主，而无重要脏器明显损伤或血液病变的轻型患者。有肾炎者慎用，因能使肾功能恶化。常用药物有吲哚美新、布洛芬、阿司匹林、萘普生等。

2.抗疟药

氯喹有抗光敏感和控制SLE皮疹的作用，是治疗盘状红斑狼疮的主要药物。

3.肾上腺糖皮质激素

是目前治疗SLE的主要药物，尤其适用于急性暴发性狼疮病例或有脏器受累的患者。常用泼尼松等，鞘内注射时用地塞米松。对一般病例，可先用大剂量泼尼松或泼尼松龙1mg/(kg·d)，晨起顿服。若有好转，继续服至8周，然后逐渐减量，每1～2周减10%，减至小剂量0.5mg/(kg·d)，在能控制SLE前提下，加用免疫抑制剂。对急性暴发性危重病例(如急性肾衰竭、狼疮脑病的癫痫发作或明显精神症状及严重溶血)，可予激素冲击疗法，如甲泼尼松龙1g/d静脉滴注，共用3天，再改用大剂量泼尼松治疗，这样能较快控制病情。由于用药量大，应严密观察药物不良反应。皮疹可用含糖皮质激素的软膏局部治疗。

4.免疫抑制剂

对于活动程度较严重的SLE，除了大量的激素外，还应给予免疫抑制剂，以减少激素的用量，该类药物以环磷酰胺(CTX)最常用。CTX按10～16mg/kg，加入0.9%氯化钠溶液20ml内，缓慢静脉滴注，时间要超过1小时，3～4周重复1次，或1mg～2mg/(kg·d)口服。激素联合使用硫唑嘌呤也有疗效，但不及CTX好，仅适用于中等度的严重病例,脏器功能恶化缓慢者。如果大剂量激素联合细胞毒药物使用4 ~ 12周,病情仍未改善,应加用环孢素。

5.其他

中医辩证施治获得一定效果,雷公藤对狼疮肾炎有一定疗效,但不良反应较大。

【常见护理诊断及医护合作性问题】

1.皮肤黏膜完整性受损

与疾病所致的血管炎症反应、血管痉挛、药物(激素、免疫抑制剂)等因素有关。

2.疼痛

与慢性关节痛和自身免疫有关。

3.潜在并发症

肾功能改变。

4.焦虑

与病情反复发作,迁延不愈、多脏器功能受损有关。

5.知识缺乏

缺乏有关本病的自我护理知识。

【护理目标】

患者皮肤受损减轻或修复,口腔黏膜溃疡愈合;自感疼痛减轻或消失;知道保护肾功能的自我护理方法;能接受患病的事实,生理上、心理上舒适感增加。

【护理措施】

1.一般护理

(1)活动期卧床休息,缓解期可适当活动,避免劳累和诱发因素。给食高糖、高蛋白和高维生素饮食,少量多餐,宜软食,忌食芹菜、无花果、蘑菇、烟熏食物及辛辣等刺激性食物,以促进溃疡愈合和减少口腔黏膜损伤和疼痛。有肾功能不全者应给予低盐、优质低蛋白饮食,限制水钠摄入。

(2)加强病房的清洁卫生,指导患者养成良好的卫生习惯,减少感染的机会;注意锻炼身体,增强机体抵抗力;密切观察患者的变化,即使有轻微感染的迹象,也应予以重视。

2.病情观察

定时测量生命体征、体重,观察水肿的程度,尿量、尿色、尿液检查结果的变化,监测血清电解质、血肌酐、血尿素氮的改变。做好皮肤及疼痛的护理。

3.用药护理

(1)非甾体类抗炎药　本类药物应在饭后服用,同时服用胃黏膜保护剂(如硫糖铝)、H2受体拮抗剂(如雷尼替丁,法莫替丁)等可减轻胃黏膜损伤。久用此类药物常可出现肝肾毒性、抗凝作用以及皮疹等,应注意观察,及早发现并处理。

(2)肾上腺糖皮质激素　应用本药后能迅速缓解症状,但可能出现机会感染、无菌性骨坏死等,常见的不良反应有满月脸、水牛背、血压升高、血糖升高、加重或引起消化性溃疡。在服药期间应给予低盐、高蛋白、含钾、钙丰富的饮食。定期测量血压,观测血糖、尿糖变化。做好皮肤和口腔护理,注意患者情绪变化。强调按医嘱服药的必要性,不能自行停药或减量过快,以免引起病情“反跳”。

(3)细胞毒药物　CTX常见不良反应有胃肠道反应、脱发、肝损害、白细胞减少、出血性膀胱炎等,尤其是血白细胞减少,当血白细胞少于3×10^9/L时,应暂停使用。用药期间应鼓励患者多饮水,观察尿液颜色变化,及早发现膀胱出血情况。有脱发者,鼓励患者戴假发,以增强自尊,并做好心理护理。

(4)氯喹衍生物　排泄缓慢,长期应用在体内蓄积,可引起视网膜退行性病变,宜定期做眼底检查,预防眼部病变。

(5)雷公藤多苷　可致停经、肝脏损害、胃肠道反应,白细胞减少等,要细致观察监测。

4.对症护理

(1)皮肤的护理　嘱患者勿晒太阳,外出穿长袖衣裤,病床应安排在没有阳光直射的地方。忌用对皮肤有刺激作用的物品,如染发剂、化妆品等。避免使用诱发本病的药物,如普鲁卡因胺、磺胺等。保持口腔清洁,晨起、睡前和进餐前后用消毒液漱口,有口腔黏膜溃疡者可用冰硼散或锡类散涂敷溃疡部,可促进愈合。对合并口腔感染者,遵医嘱局部使用抗生素。

(2)减轻或消除疼痛　关节肿痛者应卧床休息,减少活动,平躺硬床,保持关节功能位。遵医嘱使用止痛消炎药,应告诉患者服药的必要性和药物不良反应以及预防方法,并评估药物止痛效果。局部可做热敷、温水浴或做微波、红外线、超短波等理疗,按摩肌肉、活动关节。指导患者分散注意力,如适当娱乐、听音乐、放松术等,以减轻疼痛和焦虑情绪。

(3)肾损害的护理　有肾功能不全者应嘱患者卧床休息，给予低盐、优质低蛋白饮食，限制水钠摄入，避免使用对肾有毒性的药物，以免加重肾功能损伤。

5.心理护理

由于患者对病情不甚了解，容易产生一些情绪变化，加之病情反复发作、迁延不愈，患者常有悲观情绪，对治疗失去信心。护理人员要有同情心，应向患者解释病情，给予安慰、疏导，耐心解答问题，帮助患者松弛紧张情绪，以良好的心态配合治疗，增强患者战胜疾病的决心。如指导患者使用放松术，深呼吸、听音乐等，以分散其注意力，减轻焦虑的症状。

6.健康教育

(1)使患者及家属了解本病的基本知识，SLE 并非“不治之症”，若能及时正确有效的治疗，病情可以长期缓解。患者应保持一个良好的心态，保证治疗计划得到落实。

(2)避免疾病的诱发因素，如感染、过度劳累、直接暴露在阳光下、妊娠、分娩、使用诱发 SLE 的药物及含补骨脂高的食物、手术等，育龄妇女应注意避孕，病情活动伴心、肺、肾功能不全者属妊娠禁忌。在疾病缓解期，可做一些日常工作，但要劳逸结合。

(3)注意个人卫生，学会皮肤护理，预防皮肤破损和感染。

(4)指导患者学会基本的药物治疗方法，坚持遵医嘱服药，不可自行减量或停药，并教会其观察药物疗效和不良反应。定期复查，若症状复发或加重要及早就医。

(5)SLE 患者常有沉重的精神负担，嘱家属给予患者以精神支持和生活照顾。使患者保持心情舒畅，为患者创造一个有利于恢复身体健康的氛围。

（肖静）

第七十九章　运动系统常见诊疗技术及护理

学习目标

知识目标　掌握夹板固定术的护理措施。熟悉夹板固定术必须遵循的原则。了解夹板的选材。掌握石膏固定术的护理措施。熟悉常见的石膏类型以及相应的护理配合。了解各类型石膏的适应症。掌握牵引术的护理要点。熟悉常见的牵引类型以及相应的牵引重量。了解各类型牵引术的适应症和穿针部位。掌握骨折外固定器的护理要点。熟悉骨折外固定器疗法的优点。了解骨折外固定器的作用和适应症以及常用的外固定器。

能力目标　能够提出正确的护理诊断，并能够为患者提供合适的护理措施。

素质目标　学习过程中体现对患者的关心。

第一节　夹板固定术与护理

【概述】

夹板局部固定是治疗骨折的基本方法之一，该疗法有其完整的理论体系和治疗原则，在应用上也具有经济、简便易行，适合肢体生理要求，且疗效好的优点。

1.夹板的选材

夹板是局部外固定的主要用具，应具备以下性能：①可塑性；②韧性；③弹性；④吸附性和通透性；⑤质地轻；⑥能被X线穿透。

根据临床应用和力学测定，在木质夹板中以柳木为最好，椴木次之，榆木尚可，杨木较差。纤维塑料具备以上性能的，将成为一种人工合成的较为理想的夹板材料。

2.夹板固定须遵循的原则

（1）三点固定原理　主要克服成角弯曲趋向，利用成角的角顶与对侧的上下端形成的三点关系以维持复位。

（2）压力垫的合理放置　置放位置既要达到三点固定的目的，又要避免并发症。特别要避免依赖放置压力垫代替整复。

（3）随时调整　随着肢体肿胀程度的增减，要随时调整夹板扎带的松紧度，以保持良好的对位和防止压伤、筋膜间室综合征等并发症，直至骨折愈合。

3.适应症

（1）闭合性四肢骨骨折。

（2）开放性四肢骨骨折，创口较小且已经愈合的。

（3）陈旧性四肢骨骨折，适合进行手法复位者。

4.禁忌症

（1）创口较大的开放性骨折。

（2）伤肢严重肿胀，已出现末梢血液循环障碍者。

（3）骨折合并神经损伤表现。

（4）体形肥胖、伤肢皮下脂肪较厚、固定难以牢固者。

【护理诊断及医护合作性问题】

1.疼痛

与软组织无菌性炎症反应产生的化学物质刺激神经末梢、夹板过紧造成组织缺血、夹板过松骨折移位刺激周围神经等有关。

2.有血液循环障碍的可能

（1）夹板过紧。

（2）血管神经损伤。

(3)患肢高度肿胀。

(4)患肢位置不正确有关。

3.肿胀

与组织损伤后反应性水肿、夹板固定过紧肢体浅静脉回流受阻有关。

4.自理缺陷

与骨折引起的功能障碍、患病后的依赖心理有关。

5.知识缺乏

缺乏功能锻炼相关知识。

【护理计划与实施】

1.肢体位置

上肢骨折夹板固定后一般将肘关节屈曲90°,三角巾或前臂托板吊于胸前。卧位时自然伸肘并将前臂垫高与心脏成水平位;下肢骨折复位固定后将患肢抬高略高于心脏水平,膝关节屈曲10°,跟腱部垫一小枕将足跟悬空。搬动肢体时要双手平托,不可仅抬起肢体远端移动。

2.观察夹板扎带的松紧度

检查方法一般是拇、食指提起扎带能在夹板上上、下移动1cm为正常。过松、过紧均应及时调整。1周内应每班检查,以便及时发现问题予以处理。

3.观察患肢血液循环

夹板固定后,患肢肿胀、疼痛、皮温略高于健肢均属正常,若无并发症,1周后能逐渐消退。出现下列情况则表示血液循环障碍,要及时处理。

(1)持续性剧疼　骨折复位固定后,一般情况下疼痛会有所缓解,某一部位(骨折端除外)或整个患肢呈持续性剧痛,应警惕有血液循环障碍的可能,需密切观察并通知医生及时处理,血液循环障碍超过6小时,将发生不可逆的肢体坏死。

(2)患肢肿胀　患肢损伤一般3天后肿胀逐渐消退,若持续不消并有张力水泡,需引起注意,防止引起缺血性挛缩。

(3)皮肤温度低　血液循环障碍的肢体,皮肤温度明显低于健侧,甚至冰冷潮湿。

(4)皮肤颜色改变　若患肢出现皮肤苍白或青紫,则说明有血液循环障碍的存在,应通知医生查明原因,及时处理。

(5)感觉运动改变　正常情况下肢体感觉灵敏,活动自如,如出现患肢感觉麻木、迟钝或消失,肌力减弱,未固定关节活动受限或丧失,均是神经、肌肉缺血的征象。

(6)动脉搏动的变化　由于夹板内或组织内压力过高,阻断动脉血液供应,可出现肢端动脉搏动减弱或消失,提示组织缺血严重,应及时采取减压措施。

4.预防压迫性溃疡形成

(1)要经常检查夹板两端关节处的皮肤是否受压发红发热,手指能伸到的地方要沾滑石粉按摩。若患者反应上述部位或夹板压垫处持续性疼痛提示压迫严重,应做减压处理。

(2)大腿夹板固定,如肢体较粗,夹板间距过大,常有夹板扎带嵌入肢体软组织的情况(尤其要注意大腿内侧,因不易观察常出现压伤)。须在不影响固定的情况下,定时移动夹板扎带位置(范围为上、下1cm),或将手指伸进扎带下轻按皮肤,也可在两夹板间放置海棉垫、布垫等,以减轻压迫,改善血循环。

5.注意保持夹板清洁

勿被尿、粪或食物污染,以防污渍刺激皮肤或使夹板变形,如不慎污染,应及时更换。

6.指导功能锻炼

可以发挥肌肉对血液循环的"水泵"作用,促进血液循环,使肿胀尽快消退,并能预防关节粘连,有利于肢体力线调整,促进骨痂形成。所以,夹板固定后即指导患者进行正确的功能锻炼。功能锻炼时应遵循骨折早、中、后3期功能锻炼方法,既要防止怕痛懒于锻炼,又要防止康复心切,粗暴盲目锻炼。

【护理评价】

1.患者疼痛和肿胀是否缓解。

2.患者躯体功能障碍是否得到缓解。

3.患者生活自理能力是否得到改善。

4.患者是否掌握了功能锻炼的相关知识。

第二节　石膏固定术及护理

【概述】

石膏固定是骨科临床常用的治疗方法之一，根据不同疾患选用相应的固定方式，方能达到理想的治疗效果。

1.适应症

(1)开放性骨折伤口未愈合前。

(2)小夹板难以固定部位，如脊柱骨折。

(3)切开复位内固定术后的辅助性外固定。

(4)骨关节畸形行矫正术，维持矫形后的位置。

(5)化脓性骨髓炎和关节炎的固定，防止病理性骨折和脱位。

2.禁忌症

(1)固定部位伤口怀疑有厌氧菌感染者。

(2)孕妇禁忌行躯干部位石膏固定。

(3)年龄过大或过小、身体衰弱及全身情况不良患者禁忌做巨大型石膏。

【常见石膏固定类型】

1.石膏背心

(1)适应症　第9胸椎至第2腰椎范围内的骨折或疾病。

(2)固定范围　前面上端至胸骨上缘，下端至耻骨联合；后上端至肩胛骨下角，下端至骶尾部；侧旁上端距腋窝一掌宽，下端至股骨大粗隆。第9胸椎以上病变，需包托肩和颈，颈椎病变应固定头部，第2腰椎以下病变固定一侧大腿。

(3)护理配合　①躯干套针织衬垫，棘突、胸骨、两髂棘和耻骨联合处各用棉垫；②根据病情置患者于卧位或站立位，两臂上举妥善固定；③准备石膏条，与骨盆、腰、胸周长等长3条，与石膏背心前侧等长3条，与石膏背心后侧等长3条；④修边和开窗，两腋下修齐，两腹股沟处修平，使髋关节可屈曲90°，腹部开窗15cm×20cm椭圆形窗洞，上缘至肋缘下，下缘至脐部附近。

2.肩人字石膏或胸肱石膏

(1)适应症　肩或肱骨干损伤或疾病。

(2)固定范围　上端包括肩部，下端包括髂棘。

(3)护理配合　①用棉针织套缠绕身躯，锁骨、两髂嵴、髂前上棘用棉花衬垫(腹部垫厚软垫，石膏硬固后取出以增加腹部空间，女患者在胸部放软垫保护乳房，石膏硬固后取出)；②患者取坐位，扶持患者，使患部肩关节外展70°～90°，前屈45°，肘关节屈曲90°，上臂外旋15°，前臂轻度旋前，手指尖平指鼻尖；③准备石膏条，躯干3条，长臂上、下托2条，腋窝部向下至髂嵴加短带3条，共8条。

3.髋人字石膏

(1)适应症　髋关节和股骨的损伤或疾病。

(2)固定范围　自乳腺向下，包括躯干和患侧足部以上整个肢体。

(3)护理配合　①两髂嵴、骶尾部和棘突处各放棉垫，胸部和踝部用棉花包缠。腹部放厚棉垫，石膏硬固后取出，增加腹部空隙，利于呼吸和避免膀胱充盈和进食后患者不适；②患者仰卧位髋关节外展20°，轻度前屈，膝关节屈曲15°～20°，踝关节功能位，足趾向上；③准备石膏条，腹部3条、髋部2条，长腿石膏1条；④修边开窗，露出臀部内下侧1/4左右。单髋人字石膏健侧腹股沟应露出，使髋关节能屈曲90°。

4.长臂管型石膏

(1)适应症　肘部和前臂骨折或疾病。

(2)固定范围　上端起自腋下，下端达掌指关节近侧。

(3)护理配合　①患者坐位，前臂套棉织筒套，骨突部垫棉垫；②将上肢放于功能位，屈肘90°；③准备石膏条，全臂屈侧和伸侧各1条，伸侧稍长，使两侧石膏条远近端平齐。

5.短臂管型石膏

(1)适应症　腕部损伤或疾病。

(2)固定范围　上端起自肘窝以下，下端到掌心。

(3)护理配合　①患者坐位，前臂穿棉针织套筒，骨突部垫棉垫；②腕背屈20°，稍向尺侧倾斜10°左右，拇指对掌；③准备石膏条，患肢前、后各1条。

6.长腿管型石膏

(1)适应症　膝关节和胫排骨干的损伤和疾病。

(2)固定范围　上端起自腹股沟下，下端跖侧超出趾尖，背侧达跖趾关节。

(3)护理配合　①协助患者仰卧位，衬棉衬垫；②屈膝15°，踝关节功能位，足趾向上；③准备石膏条，长腿石膏1条。

7.短腿石膏管型

(1)适应症　踝和足部损伤或疾患。

(2)固定范围　上端至胫骨结节，下端同长腿管型石膏。

(3)护理配合　①协助患者坐位或卧位，衬棉衬垫，踝关节功能位；②准备前后侧各1条石膏条。

8.石膏托

有长腿石膏托、短腿石膏托、长臂石膏托、短臂石膏托，其固定范围分别同管型石膏。长腿石膏托，短腿石膏托，长短臂石膏托均需备2条石膏条。

9."U"形石膏

用于踝关节骨折或脱位。固定方法：踝部垫棉花垫，石膏条外侧自患肢腓骨头下绕足底至内侧，与外侧平齐。

10.环形石膏

用于肱骨中上段及肩关节损伤。固定方法：①屈肘90°，上臂贴于胸臂、肘部、肩部垫棉花垫；②石膏条从肩峰前侧绕过肘关节至后侧与前侧重叠，形成环状。

【护理计划与实施】

1.置患者于正确体位

四肢石膏固定者患肢略高于心脏并放置稳妥，避免旋转、扭曲。躯干部石膏固定应将躯体凹部用垫枕支起，并注意将骨突部悬空，使石膏固定肢体舒适、安全。在翻身或搬动时必须保持固定位置不变，防止石膏断裂、变形等意外情况发生。

2.石膏固定

患者3～5天内应列入交班内容，进行严密观察，因持续石膏压迫和肿胀组织内压增高将造成肌肉坏死、缺血性痉挛，严重者可发生古骨筋膜室综合征，持续6小时可造成不可逆损害，所以每班至少观察3次。正常情况下，患肢末端温暖、红润、感觉灵敏、活动自如，如趾、指端苍白或青紫、麻木、活动无力或痉挛、肢体高度肿胀，则疑有血液循环障碍或神经压迫，应及时报告医师给予减压处理。

3.预防压疮

(1)石膏定后，应密切关注患者的不良反应。如创伤部位持续性灼痛，应警惕石膏内有压迫点，切不可忽视。若局部灼痛无经处理自行消失，提示该处已受压麻痹，必须立即开窗检查，防止组织坏死、溃疡形成。对于瘫痪或不能主诉的小儿患者，在石膏固定后要经常利用嗅觉检查，若石膏开口处有异味泛出，说明有溃疡现象，须打开石膏进行换药，控制溃疡的发展。

(2)石膏边缘处的皮肤或露在石膏外的骨突部，如足跟、骶尾、腓骨头、肘部、腋窝等处，均应防止摩擦或受压。除经常按摩外，必须对卡压皮肤处的石膏边缘进行修整。

4.肩肘环型石膏固定

尺神经沟部位要用棉垫垫好，防止压迫损伤尺神经。

5.石膏内伤口渗血的观察

开放性骨折或切开复位内固定术后行石膏固定，必须观察创口渗血情况。

(1)血液渗出石膏表面的观察　将每一次在石膏表面观察到的血迹用铅笔做出标志，沿血迹画线并记录时间，根据血迹扩大范围观察出血量和是否继续出血，为治疗提供资料。若血迹短时间内迅速扩大则说明出血量大，必要时采取止血措施；若血迹扩大面积逐次减小，说明出血将逐渐停止。

(2)有些石膏内渗血可能不从伤口处的石膏上渗出，由于体位关系，渗血可沿石膏壁流向石膏低位处。所以在观察时除注意石膏表面的渗血情况外，还要留心石膏低位处是否有血液流出，特别是长臂石膏的腋窝下，髋人字石膏腰背部石膏边缘，不能翻身的要用手触摸，并结合血压的观察，正确估计出血量。

6.及时指导功能锻炼

功能锻炼是促进骨折愈合和肢体功能恢复的重要措施之一，也是骨科护理的重要组成部分。进行功能锻炼应科学合理，既要使患者正确掌握锻炼方法，又要使其有持之以恒的认真态度，避免急于求成的急躁情绪。练习幅度、活动量等应因病、因人而异，循序渐进，不可中断。

(1) 石膏固定后即应指导患者进行肌肉等长舒缩和未固定关节的功能活动。择期手术患者应在手术前教会肢体锻炼法，以使术后如法练习；新鲜创伤石膏固定，因无法观察石膏内肢体锻炼方法是否符合要求，应先指导健肢练习,确认方法正确后,再令患肢如法锻炼。总之功能锻炼强调方法正确,活动度到位,次数、时间有保证。

(2)在病情许可的情况下,鼓励患者下床活动。患者下床活动时,应先扶床站立,或沿床边行走,待适应后再扶拐行走。下肢骨折患者在行走时要注意全足着地,平起平放,由不负重到负重循序渐进。若石膏厚重者,可用纱布绷带做一套带,一端将患足托起,另一端固定于颈部,以减轻石膏向下的重力,因石膏向下的重力和肢体行走向前所克服的阻力而形成的剪力可造成患肢重复受伤。

7.废用性水肿的预防　下肢石膏拆除后护理不当,有发生废用性水肿的可能。因患肢的血液循环已经适应了坚实的石膏外固定,一旦固定解除,毛细血管内充血,压力增高,血管内压高于组织压,便引起肢体水肿。所以在石膏拆除后,应继续用弹性绷带包扎,逐步放松使肢体适应,防止废用性水肿的形成。

第三节　牵引术及护理

【概述】

牵引是应用作用力与反作用力的原理,对抗软组织的紧张和回缩,使骨折或脱位得以整复,预防和矫正畸形。牵引多施用于肢体或脊柱,持续牵引既有复位作用,也是外固定。常见的持续牵引分为皮肤牵引和骨牵引。

1.骨牵引

骨牵引是用骨圆钉或不锈钢针贯穿骨端松质骨,通过螺旋或滑车装置予以牵引。持续牵引的方法和牵引重量应根据患者的年龄、性别、肌发达程度、软组织损伤情况和骨折的部位来选择。其牵引重量太小,达不到复位和固定的目的;重量过大,可产生骨折分离移位。

(1)尺骨鹰嘴牵引(图 79-1)

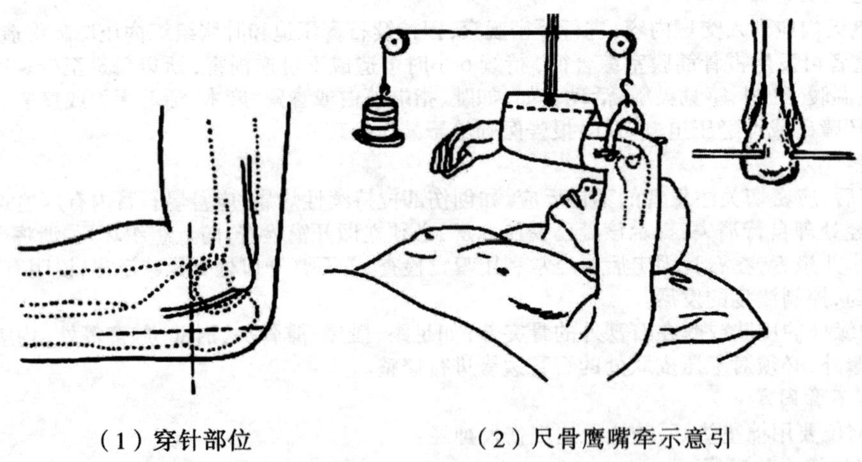

(1)穿针部位　　(2)尺骨鹰嘴牵示意引

图 79-1　尺骨鹰嘴牵引

1)适应症:难以复位或肿胀严重的肱骨髁上骨折和肱骨髁间骨折,粉碎型肱骨下端骨折,移位严重的肱骨干大斜形骨折或开放性骨折。

2)穿针部位:肘关节屈曲 90°,前臂中立位,于肘部内侧、尺骨鹰嘴顶点向下 3cm 处由内向外进针。

3)牵引重量一般为 2 ~ 4kg。

(2)股骨髁上牵引(图 79-2)

1)适应症:股骨干骨折、粗隆间骨折、髋关节脱位、骶髂关节脱位、骨盆骨折向上移位、髋关节手术前需松解粘连者。

2)穿针部位:在髌骨上缘 2cm 处或内收肌结节上 2 横指处。由内向外进针,防止进针时损伤股动脉。

3)牵引重量:按患者体重 1/6 ~ 1/8 计算。老年人按 1/9 计算,维持量为 3kg。

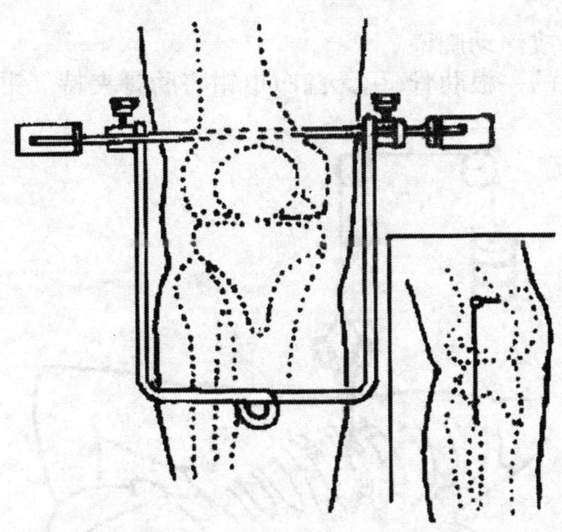

图 79-2　股骨髁上牵引

(3)胫骨结节牵引(图 79-3)

1)适应证:股骨干骨折、伸直型股骨髁上骨折等。

2)穿针部位:在胫骨结节向后 1.25cm,在此点平面稍向远侧部位即为进针点。由外向内进针以免伤及腓总神经。

3)牵引重量:为 7 ~ 8kg,维持量为 3 ~ 5kg。

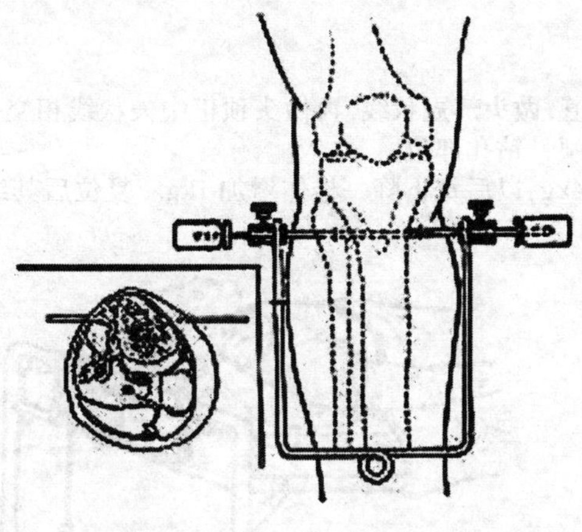

图 79-3　胫骨结节牵引

(4)跟骨牵引(图 79-4)

1)适应症:胫骨髁部骨折、胫腓骨不稳定性骨折、跟骨粉碎性骨折、跟骨骨折向上移位、膝关节屈曲挛缩畸形等。

2)穿针部位:内踝尖与跟骨后下缘连线中点为穿针部位,用骨圆针由内向外进针。

3)牵引重量:4 ~ 6kg。

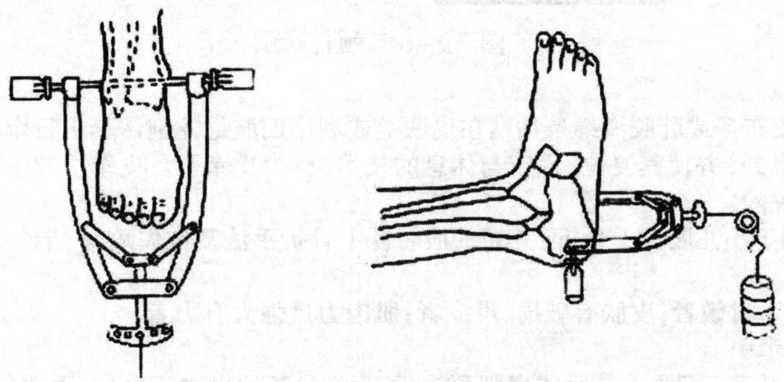

图 79-4　跟骨牵引

(5)肋骨牵引(图 79-5)

1)适应症:多根多段肋骨骨折造成浮动胸壁。

2)牵引部位:选择浮动胸壁中央的一根肋骨,用无菌布巾钳将肋骨夹持。钳指环系以牵引绳行滑动牵引。

3)牵引重量:一般为 2 ~ 3kg。

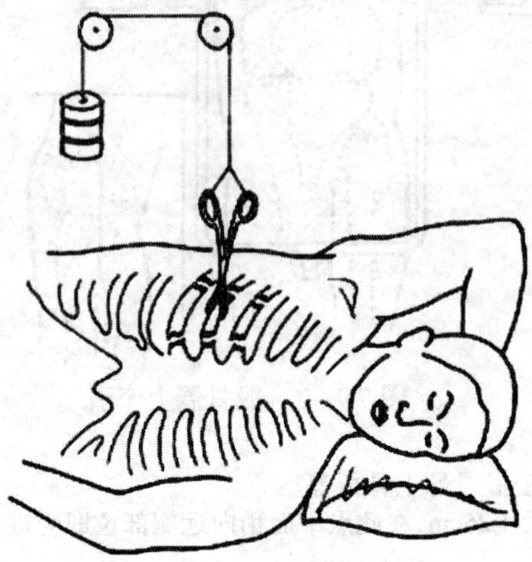

图 79-5　胸壁巾钳牵引

(6)颅骨牵引(见图 79-6)

1)适应症:颈椎骨折脱位。

2)进针部位:连接两耳外耳道,做头部冠状线,再做头顶正中矢状线相交一点,以此点为中点在冠状线上放颅骨牵引钳,两钉齿的位置即为颅骨钻孔部位。

3)牵引重量:第 1、2 颈椎用 4kg,以后每下降一椎体增加 1kg。复位后其维持量为 3 ~ 4kg。

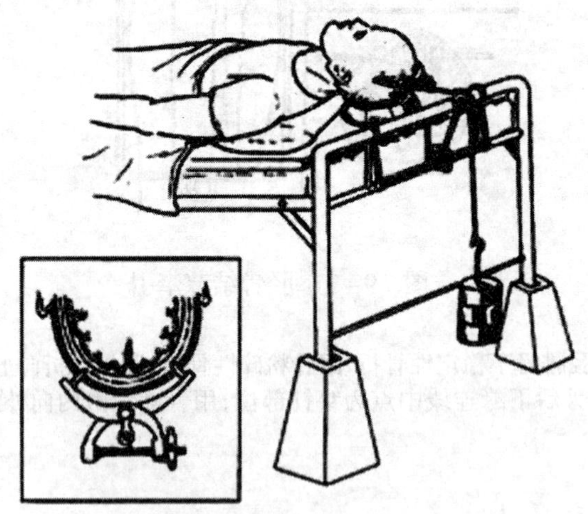

图 79-6　颅骨牵引

2.皮肤牵引

皮肤牵引是将宽胶布条或乳胶海绵条粘贴在皮肤上或利用四肢尼龙泡沫套进行牵引，即通过皮肤的牵拉而使作用力最终达到患处,并使其复位、固定与休息的技术,称为皮牵引。皮牵引的主要优点是可避免穿针的痛苦以及针孔感染的危险。

(1)适应症　适用于小儿股骨干骨折、儿童的股骨髁上骨折手法复位失败者、老年人下肢骨折以及关节炎症需制动者。

(2)禁忌症　对胶布过敏者;皮肤有破损、炎症者;肌肉力量强大有力者。

(3)临床常见皮肤牵引

1)上肢皮牵引:适用于肩胛骨关节盂或肩胛颈骨折,远端骨折块向内下移位,手法复位不满意者;移位明显的肱骨外科颈内收型骨折；上肢骨折后病情严重不宜立即复位者。

2)下肢皮牵引：适应于儿童股骨骨折，老年人股骨颈骨折、股骨粗隆间骨折，髋关节脱位复位后。

3)双下肢悬吊皮肤牵引：适应于3岁以下儿童股骨干骨折(见图79-7)。

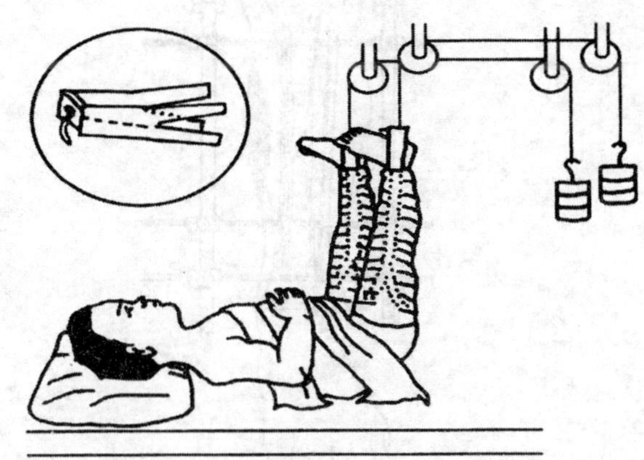

图79-7　垂直悬吊皮牵引

【护理计划与实施】

1.建立牵引患者床头护理卡，便于对照观察，进行正确护理。牵引护理卡内容包括患者姓名、年龄、诊断、牵引开始日期、牵引重量、患肢长度、健肢长度、患肢体位及需制动部位。

2.向患者详细说明牵引后肢体应保持的正确位置及注意事项，如出现不适要及时向医护人员反映。

3.每2小时观察患肢末梢血液循环、温度、活动、感觉情况1次，如患肢末梢苍白、青紫，温度较健侧低均为血液循环障碍的表现，如患肢感觉麻木，活动无力则提示有神经损伤，需查明原因及时处理。

4.经常观察牵引装置是否正常，如牵引架有无倾斜，牵引弓是否松脱，牵引针有无滑动，牵引重锤是否悬空，牵引绳有无被压，滑轮是否灵活等情况，发现异常应及时纠正。

5.注意保持反牵引力：下肢牵引要抬高床尾；颅骨牵引要抬高床头；上肢外展牵引要将患侧床脚垫高。移动患者时，需一人拉住牵引绳维持牵引同时取下重锤，另一人协助患者移动。

6.注意观察针眼处敷料渗出情况，如有渗血或渗液要及时进行清洁换药。

7.皮肤牵引要观察皮肤有无过敏情况，如皮炎、水泡；胶布、绷带是否滑脱。

8.颈托牵引要注意观察患者有无头晕、恶心、呕吐等症状，胸盆牵引及机械牵引要注意观察患者是否有心悸、呼吸困难、胃部不适等胸盆牵引综合征，机械牵引还应配合心电监护。如发现上述情况，应立即解除牵引。

9.保持床铺清洁干燥，定时按摩患者受压部位，防止褥疮发生。

10.指导患者进行正确功能锻炼。

11.防止发生坠积性肺炎、便秘、肾石症等并发症。

第四节　骨折外固定器使用及护理

【概述】

骨折外固定器是根据力学原理研制成的符合人体解剖特点和医疗要求的各种有效的固定器具。适用于关节或近关节部位的骨折和特殊类型不易固定的骨折。骨折外固定器疗法，作为骨折的三大疗法之一，以手法整复、几何穿针、弹性固定、早期锻炼为特点，缩短了患者的卧床时间，减轻了患者的痛苦，并使骨折端获得均匀而适度的生理应力刺激，从而能达到加速骨折愈合、早日恢复肢体功能的目的。

1.骨折外固定器的作用

(1)牵引复位　肢体发生骨折后，折端会出现重叠、短缩及骨缺损等情况，外固定器借助钢针直接对骨折的上下端施力，折端重叠牵开后，一些侧方移位和残留成角，可通过固定架上的调节装置和弧形压板、撬拨针进行纠正，使骨折端复位。

(2)维持固定　对于一些稳定性骨折以及不稳定的骨折，复位后外固定器借助其特殊的几何构形、牢固的固定方式，起到了稳定骨折端、保持骨的长度、早期下床活动等作用(图79-8)。同时其非功能替代，不出现应力遮挡,使折端在良好的应力环境中达到愈合,从而减少了因长期卧床制动而导致的骨折并发症。

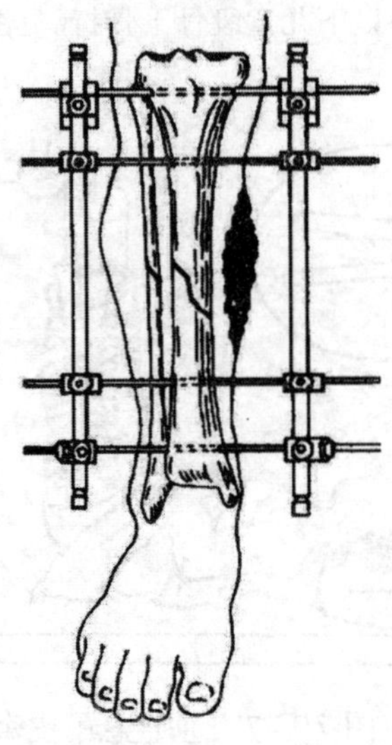

图 79-8　外固定器

(3)折端加压　大多外固定器既有牵引装置,同时也附带有加压的功能,常用于稳定性骨折和骨不连、迟延愈合的治疗。通过对连接杆的调节,对骨折端施加轴向压力,使断端紧密接触,刺激折端的骨组织再生。既增加了固定的稳定性,又有利于骨折的愈合。

2.骨折外固定器疗法的优点

(1)对一些难处理的病例无须手术,免去了手术之苦,既可给予良好的固定,还有利于搬动患者。

(2)本疗法将牵引、复位、加压、矫正成角融为一体,对于迟延愈合、不愈合的病例尤为适宜。

(3)对一些严重开放骨折及骨折合并感染的病例便于处理伤口,不影响骨折的复位与固定。

(4)由于其特殊的几何构形,使其有坚固的稳定性。

(5)同夹板一样,不固定上下关节,能进行早期下床功能锻炼,促进了骨折愈合和伤肢功能的早期恢复。

(6)易于拆除,不需要 2 次手术。

3.骨折外固定器的适应症

(1)四肢骨十的闭合性、不稳定性骨折。

(2)伴有严重软组织损伤的四肢Ⅲ度开放骨折和伤后 6 ~ 8 小时的Ⅱ度开放性骨折。

(3)四肢长骨干开放骨折合并骨感染。

(4)延迟愈合和不愈合的四肢陈旧性骨折。

(5)部分关节内骨折。

(6)儿童下肢长骨干骨折。

(7)髌骨及尺骨鹰嘴骨折。

(8)股骨粗隆间骨折。

(9)骨盆骨折。

(10)脊柱压缩性骨折。

(11)肢体延长术。

(12)骨与关节畸形的骨矫形和膝关节融合术。

(13)断肢再植术。

4.临床常见的几种骨折外固定器

1.鹰嘴钳夹固定器。

2.肱骨髁上撬式固定架。

3.双针起重机式固定架。

4.半环槽式外固定器。

5.髌骨抱聚器。

6.钩拉挤压复位固定器。

7.小腿钳夹固定器。

8.双针夹板。

9.经跟距反弹固定器。

10.防手法式踝关节骨折复位固定器。

【护理计划与实施】

1.整复固定前，详细询问病史，常规检查血常规、血糖、心电图、乙肝5项等，以全面掌握病情，对年老体弱、心肺功能差的患者备用抢救器材和药品，做好处理突发意外的准备，糖尿病患者原则上不使用经皮穿针外固定器。

2.根据骨折部位的不同，术前均需准备正轴位和正侧位片。

3.选取合适的骨外固定器，有型号之分的克氏针、钳夹等应根据患者的年龄和患肢周径选择，所有经皮穿针外固定器需高压火菌。

4.做好患者的心理护理，使之保持良好的心态，配合治疗。

5.整复固定过程中，注意观察患者生命体征的变化，嘱患者疼痛难忍时可以呻吟、喊叫，不要憋气，发现患者面色苍白、言语微弱、血压下降等休克症状时，应立即停止操作，行抢救。

6.术后抬高患肢，以高于心脏水平为宜，保持正确体位，搬动肢体时，托扶骨折上下端，避免出现剪切力。

7.严密观察患肢末梢血液循环、温度、感觉、运动情况，发现异常，及时报告医师，及时处理，防止因固定过紧造成的患肢缺血性挛缩。

8.注意观察局部皮肤情况，防止外固定器压伤皮肤形成溃疡。

9.注意观察外固定针（器）进入皮肤处，是否红、肿有渗出，防止针道感染。

10.观察外固定器是否松动滑脱，针锁是否紧固发现问题，及时调整，必要时拍片检查骨折是否移位。

11.整复固定后，一般均可做患肢肌肉的等长收缩锻炼和关节的伸屈锻炼，应鼓励患者克服怕痛心理，积极锻炼，以促进血液循环，防止关节强直、肌肉萎缩。该患者卧床时间较短，护理人员应指导患者各种正确的功能锻炼方法，初下地活动应有人扶持，防止摔伤和其他物品碰撞外固定器。

（肖静）

第十二篇

感觉系统疾病患者的护理

第八十章　眼部疾病患者的护理

第一节　眼的结构与功能

学习目标

知识目标　掌握眼球壁的结构与功能、熟悉眼球内容物的结构与功能，了解视路及眼的附属器结构与功能。

能力目标　能初步认识眼的结构与功能。

素质目标　培养良好的护理职业素质

眼是视觉器官，它由眼球、视路和附属器三部分组成。眼球接受外界信息，由视路向视皮质传递，完成视觉功能，眼的附属器除眼外肌司眼球运动外，其余皆对眼球具有保护作用。

一、眼球

眼球近似球形。成人眼球前后径平均为24毫米，垂直径23毫米，水平径为23.5毫米。最前端突出于眶外12-14mm，受眼睑保护。眼球包括眼球壁和内容物两部分。

温馨提示：角膜的生理特点：

1.透明

2.代谢缓慢

3.感觉敏锐

1.眼球壁

眼球壁分为外、中、内三层(图80-1)。

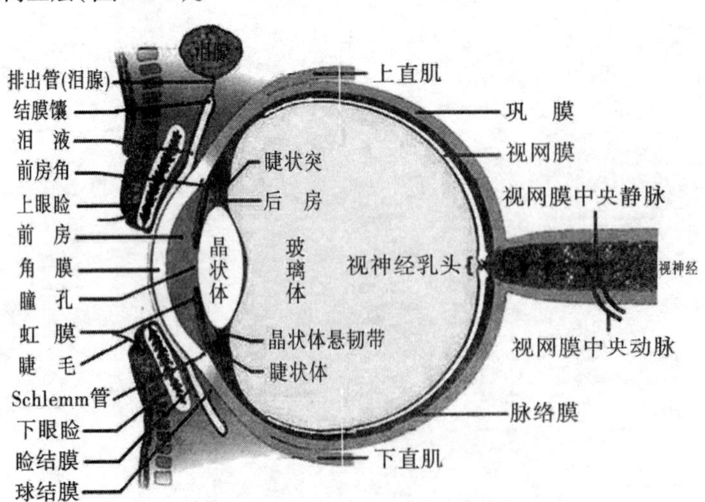

图80-1　眼球矢状面示意图

(1)外层　外层是由致密的纤维组织构成，故称纤维膜。前1/6为透明的角膜，后5/6为白色的巩膜，二者移行处称角巩膜缘。纤维膜坚韧而有弹性，具有保护眼内组织和维持眼球外形的作用。①角膜：位于眼球前面，质地透明，表面光滑，是重要的屈光间质。角膜无血管，代谢缓慢，其营养主要靠角膜缘血管网和房水供给。角膜含有丰富的三叉神经末梢，故感觉特别敏锐，一旦受到外界刺激，则立刻引起眼睑保护性闭眼反应；②巩膜：位于眼球中后部，颜色呈白色，但儿童因巩膜较薄，内面的色素组织可隐露而呈淡青色，老人因脂肪沉着而呈浅黄色。巩膜的厚度不均匀，后极部最厚，在直肌附着处最薄；③角巩膜缘：即角膜与巩膜移行区，宽约 1mm。由于透明的角膜嵌入不透明的巩膜内，并逐渐过渡到巩膜，所以在眼球表面没有一条明确的分界线，角巩膜缘是内眼常用的切口部位。

温馨提示：眼的屈光间质：1．角膜；2．房水；3．晶状体；4．玻璃体

眼球壁歌诀：球壁三层内中外，角膜透明巩膜白；中膜棕黑富血管，名称又分虹睫脉；内膜又叫视网膜，组织结构层次多；锥杆双极节细胞，视锥强光视杆弱。

(2)中层　中层为色素膜，又称血管膜、葡萄膜。由前向后分为虹膜、睫状体、脉络膜三部分。

1)虹膜：虹膜中心有一圆孔，称瞳孔。瞳孔受光刺激时即缩小，这种运动称为对光反射。虹膜的主要功能是根据外界光线的强弱而使瞳孔缩小或开大，以调节眼内的光线强度，保证视网膜成像清晰。

2)睫状体：位于巩膜内面，前端起于虹膜根部，后端止于脉络膜前缘。睫状体前部较为肥厚，称睫状冠，其内侧表面突起，称睫状突，产生房水。睫状体后部较为扁平，称睫状环。从睫状体至晶状体赤道部，有纤细的韧带与晶状体相连，称晶状体悬韧带。睫状体内含睫状肌，受动眼神经和副交感神经支配。当睫状肌环形纤维收缩时，晶状体悬韧带松弛，晶状体凸度相应增加，屈光力增强，使眼能看清近处物体，这种作用称为调节。

3)脉络膜：位于巩膜与视网膜之间，前接睫状体扁平部，后至视乳头四周。有丰富的血管和色素，具有营养视网膜外层组织和玻璃体以及暗室的作用。

(3)内层　内层为视网膜，视网膜的视轴正对终点为黄斑中心凹。黄斑区是视网膜上视觉最敏锐的特殊区域，其中央为一小凹，即中心凹。黄斑鼻侧处有一直径约为 1.5mm 的淡红色区，为视盘，亦称视乳头，是视网膜上视觉纤维汇集向视觉中枢传递的出眼球部位，无感光细胞，故视野上呈现为固有的暗区，称生理盲点。信息在视网膜内形成视觉神经冲动，以三个神经元传递，第一神经元为光感受器细胞，由两种细胞组成，一种外形如圆锥状，称锥细胞，具有感受强光和辨别颜色的作用，主要分布在黄斑部；另一种细胞外形如杆状，称为杆体细胞，具有感受弱光的作用，主要分布在视网膜周边，越近黄斑区越少。

温馨提示：眼底歌诀：颜色橘红真鲜艳，乳头中凹像圆盘；血管由此分支走，动静比例二比三；乳头缺乏视细胞，正常生理是盲点；乳头颞侧三点五，视觉灵敏在黄斑。

2.眼球内容物

眼球内容物包括房水、晶状体、玻璃体三种透明物质。它们与角膜一并称为眼的屈光间质，是光线进入眼内到达视网膜的通路。

(1)房水　房水由睫状突产生，由后房经过瞳孔进入前房，再经前房角的小梁网进入巩膜静脉窦，再进入眼的静脉系统。若排出途径受阻，即可导致眼压增高引起青光眼。房水是无色透明的液体，98.75%是水分，其余是少量的氯化钠、蛋白质、维生素 C 和无机盐等。房水有营养玻璃体、晶状体、角膜以及维持正常眼压等作用。

温馨提示：房水歌诀：房水来自睫状突，后房前房必经路；前房角入静脉窦，稳压折光养眼球。

(2)晶状体　晶状体为双凸面的弹性透明体。位于瞳孔与虹膜之后，玻璃体之前，周边通过悬韧带与睫状体相联系。晶状体主要起屈光调节作用，与睫状肌共同完成调节作用。随着年龄的增加，晶状体核变硬，弹性降低，调节力减退，以致视近时晶状体凸度不能增加而成为老视。晶状体无血管，营养来自房水，当晶状体受损或房水代谢发生变化时可发生混浊，称为白内障。

(3)玻璃体　玻璃体主要成分是水，占 98%以上，还含有少量胶原与透明质酸等。玻璃体正常是透明的，如因玻璃体变性、外伤、炎症或出血等，即可致玻璃体混浊，影响视力。玻璃体除参与屈光和维持眼球形态外，还有支撑视网膜的作用。玻璃体内无血管，靠房水和色素膜提供营养。外伤或手术所造成的玻璃体缺失由房水取代。

温馨提示：屈光系统有四个，角膜房水晶状玻；视远晶薄小带紧，看近晶厚睫肌缩。

二、视路

视路是视觉传导的通路。从视神经开始，经视交叉、视束、外侧膝状体、视放射至皮质视中枢。由于视觉纤维在视路各段排列不同，所以在神经系统某部分发生病变或损害时对视觉纤维损害各异，表现为视野异常，其对中枢神经系统病变的定位具有重要的意义。

三、眼附属器

眼的附属器包括眼眶、眼睑、结膜、泪器和眼外肌。

1.眼眶

眼眶为四边锥形的骨窝，其底边向前尖朝后，由额骨、蝶骨、筛骨、腭骨、泪骨、上颌骨、颧骨7块骨组成。眶尖有一孔二裂。尖端即为视神经孔，有视神经和眼动脉通过。视神经孔外侧有眶上裂、动眼神经、滑车神经、外展神经及三叉神经的眼支和眼静脉由此通过。眶外壁与眶下壁之间有眶下裂，三叉神经的第二支和眶下动脉由此通过。

2.眼睑

眼睑为位于眼眶前部、覆盖于眼球表面的软组织。分上、下两部分，有保护眼球的作用。上、下眼睑间的裂隙称睑裂。正常睁眼时，上睑缘可达角膜上缘下2mm。上、下眼睑相连处为眦。靠近鼻侧为内眦，靠近颞侧为外眦。内眦处有肉状隆起为泪阜，泪阜周围的浅窝为泪湖，泪阜外侧有一淡红色纵行皱褶，称半月皱襞。眼睑的边缘称睑缘，睑缘前唇有2 ~ 3行排列整洁的睫毛，后唇有睑板腺开口，前、后唇之间称唇间线或灰白线。眼睑的组织结构由外向内分为皮肤、皮下组织、肌肉、睑板、睑结膜5层。

3.结膜

结膜为一层菲薄透明的黏膜，覆盖于睑板及巩膜的表面。根据解剖部位可分为睑结膜、球结膜、穹窿结膜。这三部分结膜和角膜在眼球前面形成一个以睑裂为开口的囊状间隙，称结膜囊。结膜含有杯状细胞、副泪腺等分泌腺，能分泌黏蛋白与水样液，以参与组成泪膜，维持眼表，保护功能。

4.泪器

泪器包括分泌泪液的泪腺及排泄泪液的泪道两部分。

泪腺位于眼眶外上方的泪腺窝内，能分泌泪液，湿润眼球。泪液中含有少量溶菌酶和免疫球蛋白A，有杀菌作用。泪道是排泄泪液的通道，由泪点、泪小管、泪囊、鼻泪管组成，若某一部位发生阻塞，即可产生泪溢。

温馨提示：泪道的组成：1. 泪点；2. 泪小管；3. 泪囊；4. 鼻泪管

5.眼外肌

眼外肌是司眼球运动的肌肉。每眼有4条直肌和2条斜肌，直肌有上直肌、下直肌、内直肌和外直肌，斜肌有上斜肌和下斜肌。内、上、下直肌及下斜肌均受动眼神经支配，外直肌受外展神经支配，上斜肌受滑车神经支配。

第二节　眼睑与泪器疾病

案例引入

患者，男，28 岁，3 天前发现右眼上睑红肿并有疼痛，检查：体温、心率、血压均正常，全身检查未见异常。右眼视力 0.8，右上睑内侧红肿，皮肤面可触及一硬结，轻度压痛，表面有一小脓点，但波动感不明显，右侧耳前淋巴结肿大和压痛。左眼未检出异常。

1.该患者诊断为何病？

2.此时正确的护理措施是哪些？

该患者本人 1 天前在眼睑硬节处给予手指挤压，现突感右眼肿痛加剧，并伴有高热乏力。查体：神清，精神萎，T38.9C，P90 次/分，R24 次/分，BP110/76mmHg，右眼睑高度水肿，波及右侧面部，眼睑压痛明显，眼球中度突出，转动受限。实验室检查：白细胞 18×10^9/L，中性粒细胞 91%。

学习任务：1.该患者为何病情急剧加重？

2.此时应该如何处理？

学习目标

知识目标　掌握睑腺炎的身体评估及睑腺炎、睑板腺囊肿、泪囊炎的护理措施。熟悉睑板腺囊肿的身体评估及睑内翻与倒睫的护理措施。了解睑外翻、上睑下垂的护理措施及泪囊炎的身体评估。

能力目标　能对眼睑与泪器疾病患者进行正确的护理。

素质目标　尊重、关心、爱护眼睑与泪器疾病患者，培养良好的护理职业素质。

一、睑腺炎

【概述】

睑腺炎（Hordeolum）是由于细菌侵犯眼睑腺体所引起的急性化脓性感染，俗称麦粒肿，如果是睫毛毛囊或其附属的皮脂腺或变态汗腺感染，称为外麦粒肿。如果是睑板腺感染，称为内麦粒肿。大多为葡萄球菌，特别是金黄色葡萄球菌感染眼睑腺体而引起。

【护理评估】

1.健康史

多发生于儿童及青少年、屈光不正及长期熬夜、烟酒等不良生活习惯者。

2.身体评估

患处呈现红、肿、热、痛等急性炎症表现。开始时红肿范围较弥散，然后红肿逐渐局限，患者疼痛剧烈，同侧耳前淋巴结肿大和压痛。睑腺炎发生 2 ~ 3 天后，局部皮肤出现脓点，硬结软化，可自行破溃。内睑腺炎于睑结膜面形成黄色脓点，外睑腺炎向皮肤面破溃，睑腺炎破溃后炎症明显减轻。

在儿童、老年人或患有糖尿病等慢性消耗性疾病的体弱、抵抗力差的患者中，睑腺炎可在眼睑皮下组织扩散，发展为眼睑蜂窝织炎，可伴有发热、寒战、头痛等全身症状，严重的可引起败血症或海绵窦栓塞性静脉炎而危及生命。

【护理诊断与医护合作性问题】

1.疼痛

与睑腺急性炎症有关。

2.潜在并发症

败血症、脓毒血症、颅内感染等并发症。

3.知识缺乏

缺乏睑腺炎有关知识。

【护理计划与实施】

1.局部热敷

早期睑腺炎应给予局部热敷,每次10～15分钟,每日2～3次,以便促进眼睑血液循环,缓解症状,促进炎症消散。每日滴抗生素滴眼液4～6次,以便控制感染。

2.切开排脓

当脓肿形成后,应切开排脓。外睑腺炎的切口应在皮肤面,与睑缘相平行,使其与眼睑皮纹相一致,以尽量减少瘢痕。如果脓肿较大,应当放置引流条。内睑腺炎的切口常在睑结膜面,与睑缘相垂直,以免过多地伤及睑板腺管。当脓肿尚未充分形成时不宜切开,更不能挤压排脓,否则会使感染扩散,导致眼睑蜂窝织炎,甚至海绵窦栓塞性静脉炎或败血症而危急生命。一旦发生这种情况,应尽早全身使用足量广谱抗生素以控制感染。

3.健康指导

(1)养成良好的生活习惯,保持充足的睡眠。

(2)进食清淡饮食,多吃新鲜水果、蔬菜、保持大便通畅。

(3)避免眼睛接触化妆品、脏毛巾或污染的手是非常重要的。

(4)注意眼部卫生,增强体质,及时矫正屈光不正。

二、睑板腺囊肿

【概述】

睑板腺囊肿(Chalazion)是睑板腺特发性、无菌性、慢性肉芽肿性炎症,以往称为霰粒肿。

【护理评估】

1.健康史

多见于青少年或中年人,可能与其睑板腺分泌功能旺盛有关。

2.身体评估

本病进程缓慢,多无自觉症状在眼睑皮下能触及一硬结表面光滑皮肤无粘连、无压痛。大者可见皮肤隆起但无红肿患者感觉眼睑沉重,可出现轻度假性上睑下垂,翻转眼睑见病变所在部位睑结膜面呈紫红色或灰红色,有时自结膜面穿破排出粘胶样内容物肿块消退,但可有肉芽组织增生而产生摩擦感,睑板腺囊肿如有继发感染,则形成急性化脓性炎症,身体评估与内睑腺炎相同。

【护理计划与实施】

小而无症状者采取保守疗法,稍大者可采用热敷、按摩或理疗等方法,促使肿块消散,但效果常不可靠;反复发作者可做自血疗法;较大者须手术摘除。对于复发性或老年人的睑板腺囊肿,应将切除物进行病理检查,以排除睑板腺癌。

三、睑内翻与倒睫

【概述】

睑内翻(Entropion)是指眼睑,特别是睑缘向眼球方向卷曲的位置异常。当睑内翻达一定程度时,睫毛也倒向眼球。因此睑内翻和倒睫常同时存在。

倒睫是指睫毛倒向眼球,刺激角膜和球结膜的一种睫毛位置异常。常与眼睑内翻同时存在,但也可以只有倒睫而无内翻者。

【护理评估】

1.健康史

先天性睑内翻多见于婴幼儿,大多由于内眦赘皮、睑缘部轮匝肌过度发育或睑板发育不全所引起。痉挛性睑内翻多发生于下睑,常见于老年人。瘢痕性睑内翻为睑结膜及睑板瘢痕性收缩所致。

2.身体评估

睑内翻患者有畏光、流泪、刺痛、眼睑痉挛等症状。检查可见睑板、尤其是睑缘部向眼球方向卷曲。倒睫摩擦角膜,角膜上皮可脱落,荧光素弥漫性着染。如继发感染,可发展为角膜溃疡。如长期不愈,则角膜有新生血管，并失去透明性，引起视力下降。

3.处理原则

少数倒睫可用睫毛镊拔除，较彻底的办法是用电解法，以免再生。内翻合并倒睫者，行内翻矫正术。

【护理计划与实施】

睑内翻与倒睫患者平常需滴抗生素眼药水以预防角膜炎的发生。对暂不手术的者，可用胶布在眼睑皮肤面牵拉以减少对角膜的刺激。手术患者术后需注意预防感染和复发的可能。

四、睑外翻

【概述】

睑外翻（Ectropion）是睑缘离开眼球、向外翻转的反常状态。轻者睑缘于眼球离开，重者暴露睑结膜，甚至眼睑全部外翻。

【护理评估】

1.健康史

由于创伤、烧伤、化学伤、眼睑溃疡或睑部手术等可造成眼睑皮肤瘢痕引起瘢痕性睑外翻；老年人眼匝肌功能减弱，眼睑皮肤及外眦韧带也较松弛，使眼睑不能仅贴眼球，而引起老年性睑外翻；由于面神经麻痹，眼轮匝肌收缩功能丧失，又因下睑重量使之下坠而发生麻痹性睑外翻。

2.身体评估

睑外翻使部分或全部睑结膜暴露在外，失去泪液的湿润，久之引起结膜干燥，高度肥厚，呈现角化。下睑外翻可使泪点离开泪湖，引起泪溢。更严重的是，睑外翻常有眼睑闭合不全，使角膜失去保护，角膜上皮干燥脱落，易引起暴露性角膜炎或溃疡。

3.处理原则

根据睑外翻不同的发生原因采取不同的治疗方法，一般采取手术治疗。

【护理计划与实施】

1.指导正确的揩拭眼泪的方法，是用手帕由下眼睑往上揩，以防向下揩拭导致睑外翻。

2.睑外翻合并眼睑闭合不全者注意防止眼球干燥，保护角膜，可经常在结膜囊内涂以抗生素眼膏，严重者可用湿房眼垫遮盖。

3.正确做好睑外翻手术前后的护理工作。

五、上睑下垂

【概述】

由于提上睑肌功能不全或丧失，或其他原因所致的上睑部分或全部不能提起，遮挡部分或全部瞳孔者称上睑下垂（Ptosis）。

【护理评估】

1.健康史

上睑下垂可分为先天性和后天性。先天性为先天发育畸形，可为常染色体显性或隐性遗传；后天性可由动眼神经麻痹、重症肌无力症、外伤、肿瘤等引起。

2.身体评估

上睑下垂患者上睑不能上提，患者常紧缩额肌、皱额、耸肩以助提睑，重者需仰头视物。如为儿童，患眼下垂超过瞳孔时，常可造成弱视。

3.处理原则

先天性上睑下垂尤其单侧下垂遮挡瞳孔者更应争取早期手术，以防形成弱视。后天性上睑下垂应先根据各自病因采取药物治疗，治疗 3 ～ 6 个月无效时再慎重考虑手术。

六、泪囊炎

【概述】

泪囊炎（Dacryolystitis）是由于鼻泪管的阻塞或狭窄而引起，长期滞留在泪囊内泪液中的细菌，如肺炎球菌、葡萄球菌等，在此滋生刺激泪囊壁引起泪囊黏膜慢性炎症产生黏液性或脓性分泌物。

【护理评估】

1.健康史

慢性泪囊炎常见于沙眼、泪道外伤、鼻炎、鼻中膈偏曲、鼻息肉、下鼻甲肥大等,好发于中老年女性。急性泪囊炎是在慢性泪囊炎的基础上,使感染扩散到泪囊周围组织而造成急性炎症。

2.身体评估

慢性泪囊炎常见症状是泪溢、溢脓,压迫泪囊部或冲洗泪道时有黏液性或脓性分泌物自泪小点流出;急性泪囊炎局部皮肤红肿疼痛,压痛明显,炎症可扩散到颊部鼻梁和眼睑等处。

3.处理原则

慢性泪囊炎保守治疗方法有泪道冲洗、泪道探通、泪道插管等,但一般效果较差,近年来采取泪道激光治疗。手术治疗常采取泪囊鼻腔吻合术,疗效彻底,对年老体弱者可进行泪囊摘除术。急性泪囊炎首先全身抗生素治疗,待感染控制后按慢性泪囊炎方法治疗。

【护理计划与实施】

1.术前护理

(1)术前冲洗泪道,遵医嘱检查出凝血时间。

(2)向患者讲解手术目的及预后。鼻泪道吻合手术可建立鼻内引流通道,解决泪溢问题,术中有穿骨道的声音及较强的振动感。泪囊摘除手术可去除泪囊感染灶,但术后有泪溢症状。

(3)术前做鼻腔麻黄素棉条填塞,有收缩鼻黏膜、减少术中出血的作用。

2.术后护理

(1)眼部、鼻腔遵医嘱应用抗生素等药物。

(2)行鼻泪道吻合的患者,遵医嘱应用止血剂。一旦出现鼻黏膜出血,立即用无菌纱布填塞鼻腔,以压迫止血,并准备好止血药物备用,必要时行颊部冰敷。

(3)去除凡士林纱布后每日冲洗泪道,观察泪道是否通畅,是否有渗血,指导患者取高枕卧位或半卧位,勿用力咳嗽、擤鼻及自行拔管去除填塞纱条。

第三节　结膜与角膜疾病

案例引入

患者,男,12岁,因双眼畏光、流泪、分泌物增多3天来门诊就诊,患者3天前开始右眼红、分泌物增多,次日波及左眼。患者班级中10余名同学有相同症状。检查:全身系统检查未见异常。双眼睑轻度红肿,结膜充血明显,下穹窿有大量脓性分泌物,结膜表面白色膜状物,易拭去。角膜透明,前房清,瞳孔圆,对光反射灵敏。

学习任务:1.该患者诊断为何病?有何护理措施?

2.此病如何做好预防保健?

学习目标

知识目标　掌握急性传染性结膜炎、单纯疱疹性角膜炎的护理评估和护理措施;熟悉沙眼、细菌性角膜炎的护理评估和护理措施;了解翼状胬肉的护理评估和护理措施。

能力目标　能够对结膜炎与角膜炎疾病患者进行正确的护理。

素质目标　尊重、关心、爱护结膜与角膜疾病患者,培养良好的护理职业素质。

一、急性传染性结膜炎

【概述】

急性传染性结膜炎俗称的“红眼病”,是一种常见的传染性疾病,具有很强的传染性和流行性。根据不同的致病原因，可分为细菌性结膜炎和病毒性结膜炎两类。

细菌性结膜炎常见由金黄色葡萄球菌、肺炎双球菌、kocn-Weeks杆菌等引起，病毒性结膜炎常由腺病毒、肠道病毒等引起。

【护理评估】

1.健康史

本病全年均可发生，以春、秋季节多见，是通过接触传染的眼病，如接触患者用过的毛巾、洗脸用具、水龙头、门把、游泳池的水、公用的玩具等。因此本病常在幼儿园、学校、医院、工厂等集体单位广泛传播，造成暴发流行。

2.身体评估

红眼病发病急，一般在感染后1～2天内开始发病，且多数为双眼发病。患病早期，患者感到双眼异物感、烧灼感、畏光、流泪，紧接着眼睑水肿，结膜充血明显、结膜囊大量分泌物。细菌性结膜炎分泌物较稠厚，为黏液或脓性，重症患者结膜有假膜形成；病毒性结膜炎分泌物较稀，为水样或浆液性，角膜常伴有上皮点状混浊及耳前淋巴结肿大、压痛。

3.实验室检查及辅助检查

结膜分泌物涂片及结膜刮片中有多数多形核白细胞及细菌，提示为细菌性感染，必要时可做细菌培养及药物敏感试验，分离出病毒则确诊为病毒性结膜炎。

【护理诊断及医护合作性问题】

1.疼痛

与结膜炎症累及角膜有关。

2.潜在并发症

角膜炎症、溃疡、穿孔等并发症。

3.知识缺乏

缺乏结膜炎的有关防治知识。

【护理计划与实施】

1.冲洗结膜囊

眼分泌物较多者，可用生理盐水或0.3%的硼酸水冲洗结膜囊，每天2～3次。注意单眼冲洗时，勿将冲洗液溅入健眼，以防交叉感染。

2.用药护理

细菌性结膜炎常用眼药水有10%～20%磺胺醋酰钠眼药水、0.3%氟哌酸眼药水、0.25%氯霉素眼药水等，如为病毒性结膜炎则使用0.1%羟苄唑眼药水、0.1%疱疹净眼药水、0.1%无环鸟苷眼药水等，根据病情轻重，每2～3小时点1次。每晚涂抗生素眼膏。

3.健康指导

(1)严格搞好个人卫生，提倡勤洗手，不用手或衣袖拭眼。

(2)患者的毛巾、手帕、面盆要单独使用，用后煮沸消毒，以免再传染。

(3)点眼药水时瓶口勿触及病眼，以免发生交叉感染。

(4)一眼患病时应防止另眼感染。

(5)急性期患者需隔离，以避免传染，防止流行。

二、沙眼

【概述】

沙眼(Trachoma)是由沙眼衣原体(Chlamydia)引起的一种慢性传染性结膜，是致盲眼病之一。因其在睑结膜表面形成粗糙不平的外观，形似沙粒，故名沙眼。新中国成立前沙眼在我国是致盲的首要原因，新中国成立后随着人民生活水平的提高，医疗卫生条件的改善，现在沙眼的发病率已大为降低。

【护理评估】

1.健康史

多发生于儿童及青少年时期，潜伏期为5～12日，通常侵犯双眼。

2.身体评估

早期常无明显不适或眼部轻度异物感、发痒，急性期异物感明显、迎风流泪，分泌物增多；累及角膜可见畏光、流泪、疼痛、视力减退，严重的可引起失明。重症沙眼常发生以下并发症：由于结膜瘢痕收缩和睑板弯曲畸形引起睑内翻倒睫;穹隆因结膜瘢痕收缩可引起睑球粘连;沙眼病变累及泪道黏膜、鼻泪管发生狭窄或阻塞,导致慢性泪囊炎;由于结膜广泛结瘢,使杯细胞和副泪腺分泌功能破坏,引起实质性结膜干燥症;严重的角膜血管翳及睑内翻倒睫,摩擦角膜以致角膜溃疡,造成严重视力损害,导致失明。

3.实验室检查及辅助检查

应用荧光抗体染色法或酶免疫法,可测定沙眼衣原体,有实验室诊断意义。

温馨提示:沙眼并发症:1. 倒睫和睑内翻;2. 睑球粘连;3. 慢性泪囊炎;4. 实质性结膜干燥症 5. 角膜溃疡。

【护理计划与实施】

1.用药护理

治疗方法可选局部用药,常用眼药水有0.05%~0.1%利福平、10%~30%磺胺醋酰钠、0.1%酞丁胺等,每日3~4次,晚上用抗生素眼膏。急性期或严重的沙眼,除局部滴用药物外,成人可口服磺胺制剂等。连续服用7~10天为1个疗程,停药1周,可再服用。需2~4个疗程,应注意药物的不良反应。

2.手术护理

严重的沙眼并发症,如沙眼性上睑下垂、睑内翻倒睫、睑球粘连等,可以采取手术矫正,需做好手术前后的护理工作。

3.健康指导

沙眼衣原体常附在患者眼的分泌物中,任何与此分泌物接触的情况,均可造成沙眼传播感染的机会。因此应普及卫生知识,培养良好的卫生习惯,保持眼部清洁,不用手揉眼,加强服务行业的卫生管理,严格毛巾、脸盆等消毒制度,以阻断沙眼传播的途径,减少感染的传播,防止沙眼的感染流行。

三、翼状胬肉

【概述】

翼状胬肉(Pterygium)是睑裂部球结膜及结膜下组织发生变性、肥厚、增生,向角膜内发展,呈三角形,如蝉翼状。

【护理评估】

1.健康史

多见于户外劳动者,以渔民、农民发病最多,可能与风尘、日光、烟雾等长期的慢性刺激有关。

2.身体评估

未达瞳孔区的翼状胬肉一般无自觉症状,接近瞳孔区时可引起散光,侵入瞳孔区则可引起严重的视力障碍。

【护理计划与实施】

1.护理要点

小而静止期的翼状胬肉一般不需手术,当有炎症刺激充血时可用抗生素眼水滴眼,以控制炎症。对进展型胬肉或胬肉侵入瞳孔区者,应行手术切除,但易复发。

2.健康指导

预防翼状胬肉主要是尽可能避免烟尘、风沙及阳光刺激,注意眼部卫生,患沙眼或其他类型结膜炎应及时治疗,同时应注意睡眠充足,生活规律,避免大便干燥等全身情况。

四、细菌性角膜炎

【概述】

细菌性角膜炎(Bactericl keratitis)是由细菌所引起的角膜炎症的总称。病情多较危重,如得不到有效的治疗,可发生角膜溃疡穿孔,甚至眼内感染,最终眼球萎缩。最常见的致病菌有葡萄球菌肺炎链球菌、链球菌、假单胞菌等。

【护理评估】

1.健康史

多为角膜外伤后感染或剔除角膜异物后感染。某些局部及全身因素，如干眼、泪道阻塞、倒睫、戴接触镜、糖尿病、严重的烧伤、长期使用免疫抑制剂等，使机体全身或局部抵抗力下降，也可造成角膜感染。

2.身体评估

细菌性角膜炎表现为眼痛、畏光、流泪、视力障碍等，伴较多脓性分泌物。检查有眼睑水肿，睫状或混合充血，角膜上出现一个界线现象清楚的溃疡面，周围组织水肿，常伴有前房积脓，严重的可发生角膜穿孔。绿脓杆菌所致的角膜溃疡患者的特点是症状严重、发展迅猛，患者有剧烈眼痛、畏光、流泪、眼睑高度红肿、球结膜混合性充血，角膜出现迅速扩展的浸润及黏液状坏死，前房积脓严重，如不及时控制，数天内可导致全角膜坏死穿破、眼球萎缩。

3.实验室检查及辅助检查

从侵润灶刮取坏死组织，涂片染色找到细菌，结合临床大体能作出初步诊断。正确的病原学诊断需要作细菌培养，同时进行药物敏感试验。

4.处理原则

急性期用高浓度的抗生素滴眼液频繁滴眼，严重者需加球结膜下注射并全身应用抗生素。治疗过程中应根据细菌学检查及药物敏感试验，及时调整使用有效的抗生素，若药物治疗无效或已经穿孔者，可考虑治疗性角膜移植。

【护理诊断及医护合作性问题】

1.疼痛

与角膜炎症刺激有关。

2.感知改变

视力障碍与角膜混浊有关。

3.潜在并发症

角膜穿孔、全眼球炎及眼球萎缩等并发症。

4、知识缺乏

缺乏角膜炎有关知识。

【护理目标】

1.患者疼痛减轻或消失

2.视力得到恢复

3.并发症减轻或不发生

【护理计划与实施】

1.用药护理

急性期选用高浓度抗生素眼液频繁滴眼，10 分钟 1 次，病情控制后 30 分钟 1 次。常选用 0.3%氧氟沙星、0.3%妥布霉素等眼液。滴眼药时动作要轻柔，勿压迫眼球。睡前涂眼膏。在细菌培养、药物敏感试验报告出来之后，要及时调整敏感抗生素。并发虹膜睫状体炎者，应予以 1%阿托品眼液散瞳减轻疼痛及防止虹膜后粘连。注意压迫泪囊，防止吸收中毒。

2.严格消毒隔离

患者住隔离室，所用药品应固定专人专眼专用，器械整理用后消毒，脏缚料焚毁，检查治疗患者前后泡手等，避免交叉感染。

3.严密观察

严密观察患者角膜刺激征、病灶分泌物、结膜充血、视力及角膜有无穿孔等情况，如出现异常，立即通知医生并协助处理。

4.预防角膜穿孔

告知患者勿用力大便、咳嗽和打喷嚏，避免增加腹压，用眼罩保护患眼，避免受到撞击，对即将或已经穿孔的患者采用绷带加压包扎。

5.手术护理

对进行治疗性角膜移植的患者需做好术前术后的护理工作。

6.健康指导

应注意眼部卫生，养成良好的卫生习惯；医疗单位和其他服务性行业要加强消毒管理，防止医源性和其他途径的交叉感染。加强劳动保护,防止角膜外伤;处理眼部异物时应严格注意无菌操作,洗眼时动作要轻。饮食宜清淡,少食辛辣刺激性食物,保持大便通畅。

【护理评价】

1.患者的眼痛、畏光、流泪等不适症状是否明显减轻。
2.患者角膜溃疡是否得到控制。
3.患者能否避免角膜穿孔、眼内炎、眼球萎缩等严重并发症的发生。
4.患者视力是否得到提高。

温馨提示:单纯疱疹病毒性角膜炎类型:1. 树枝状角膜炎;2. 地图状角膜炎;3. 盘状角膜炎;4. 坏死性角膜基质炎。

五、单纯疱疹性角膜炎

【概述】

单纯疱疹性角膜炎是由单纯疱疹病毒感染所引起的角膜炎,一般由单纯疱疹病毒型感染引起,占角膜病的首位。其特点是多类型、易复发,发病机制与免疫状态有关。由于抗生素和皮质类固醇的广泛应用,其发病率有明显上升趋势,往往因反复发作而严重危害视功能,临床尚无有效控制复发的药物,因而仍为主要的致盲眼病之一。

【护理评估】

1.健康史

原发感染常发生于幼儿,表现为唇部疱疹、皮肤疱疹,或急性滤泡性结膜炎。原发感染后病毒潜伏在三叉神经节内,一旦机体抵抗力下降,如感冒、发烧、疲劳、月经、局部用皮质类固醇及创伤刺激之后,病毒活化,引起多种形式的角膜炎,并易反复发作。

2.身体评估

单纯疱疹病毒性角膜炎的身体评估较为复杂,分为原发性感染和复发性感染。原发性感染多见于6个月至5岁的儿童,主要表现为全身发热和耳前淋巴结肿痛,唇部和眼睑皮肤单疱感染,眼部可表现为滤泡性结膜炎、点状或树枝状角膜炎等。临床上以复发性感染最为常见,初起时角膜表面发生细小状小泡,呈点状、线状或星状排列。小泡破溃后即相互融合成线条状溃疡,溃疡连接融合成沟状,并向两端发展,形成树枝状角膜炎。患者自觉畏光、流泪、视物模糊。若病情进展,向四周或深层扩展,可形成地图状角膜炎或盘状角膜炎,严重者可并发虹膜睫状体炎。合并感染时,可出现前房积脓、继发青光眼。角膜深层可有新生血管长入,愈后可形成致密白斑,严重影响视力。反复发作者可引起坏死性角膜基质炎,甚至角膜穿孔。

【护理计划与实施】

1.药物治疗

(1)抗病毒药物　常用药有0.1%无环鸟苷、0.1%疱疹净(碘苷,IDU)、0.05%环胞苷(CC)、0.025%～0.1%阿糖苷(CA)等眼药水,每小时1次;3.3%阿糖腺苷(Ara-A)眼膏,每日涂眼三次,此外,合并应用抗生素眼药水,防止混合感染。用药要维持到炎症消退后数周。

(2)皮质类固醇　树枝状和地图状角膜炎,一般禁用皮质类固醇药物,因为它能抑制机体免疫反应,激活病毒,使病变向纵深发展,加重病情,延缓上皮细胞的愈合和再生。盘状角膜炎上皮比较完整,可在应用抗病毒药物的同时小剂量应用皮质类固醇激素。

(3)其他　反复发作者,可采用自血疗法,或用丙种球蛋白在患侧耳前淋巴结注射,以增强免疫力。

2.健康指导

(1)消除诱发因素,预防及积极治疗感冒,避免过度疲劳等。
(2)眼部、鼻部、口唇发生疱疹时,应积极治疗,可防止角膜炎的发生。
(3)对于原因不明的角膜炎症,不宜滥用皮质类固醇。

六、真菌性角膜炎

【概述】

真菌性角膜炎是一种由致病真菌引起的、致盲率极高的感染性角膜病。常见的致病菌有曲霉菌，镰刀菌、白色念珠菌、酵母菌等。近年来其发病率有升高的趋势。

【护理评估】

1.健康史

一般情况下，真菌不会侵犯正常角膜，但当有异物外伤、长期使用抗生素广谱抗菌素、糖皮质激素和机体抵抗力下降等情况时，非致病的真菌就可能变为致病菌，引起角膜继发性真菌感染。

2.身体评估

真菌性角膜炎起病缓慢，自觉症状较轻，有轻度畏光、流泪、伴视力障碍。角膜侵润灶呈白色或灰色，表面欠光滑，呈牙膏样或苔垢样外观，溃疡周围有抗原抗体反应形成的灰白色浸润即“免疫环”。有时在角膜病灶旁可见伪足或卫星样侵润灶。前房积脓呈灰白色，黏稠或呈糊状。真菌穿透性强，进入前房或角膜穿破时易引起真菌性眼内炎。

3.实验室检查及辅助检查

根据有异物外伤史、起病比较缓慢、症状相对较轻以及角膜病灶的特征可初步诊断。而角膜溃疡刮片找到菌丝或真菌培育有真菌生长则可确诊。

【护理计划与实施】

1.抗真菌治疗

常用抗真菌药物有 0.25%二性霉素 B、0.5%咪康唑、2.5%那他霉素以及 1%氟康唑眼水。病情严重的加用口服或静脉滴注抗真菌药物治疗，同时需注意药物不良反应。

2.其他

有虹膜睫状体炎时，应使用散瞳剂，常用 1%阿托品眼药水，真菌性角膜炎禁用皮质类固醇激素。

第四节　白内障

案例引入

患者，女，78 岁，双眼视力进行性下降 2 年，无眼痛、头痛等不适症状，2 年前开始视物模糊，逐渐加重，现行动困难，生活不能自理。检查：神清，扶入病房，T36.9℃，P80 次/分，R18 次/分，BP110/76mmHg，全身系统检查未见异常。视力右眼指数/眼前，左眼 0.04，光定位良好，双眼结膜无充血，角膜透明，前房清，瞳孔两侧等大等圆，对光反射灵敏，右眼晶状体乳白色混浊，左眼晶状体灰白色混浊，眼底窥视不入，双眼眼压 5/5=17.30mmHg。

学习任务：1.该患者患何种眼病？如何处理？

2.如何做好该患者的护理工作？

学习目标

知识目标　掌握白内障的护理措施；熟悉白内障的身体评估；了解年龄相关性白内障的分期。

能力目标　能够对白内障患者进行正确的护理。

素质目标　尊重、关心、爱护白内障患者，培养良好的职业素质。

【概述】

各种原因所引起晶状体混浊而影响视力称为白内障(Cataract)。老化、遗传、代谢异常、外伤、辐射、中毒和局部营养不良等可引起晶状体囊膜损伤，使其渗透性增加，丧失屏障作用，或导致晶状体代谢紊乱，使晶状体发生变性,形成混浊。

白内障按病因分为年龄相关性(老年性)、外伤性、并发性、代谢性、中毒性、辐射性、发育性和后发性白内障等。本节主要介绍年龄相关性白内障。

1.病因及发病机制

年龄相关性白内障的发病机制尚不完全明确,一般认为与老年人代谢缓慢、发生退行性病变有关,也有人认为与紫外线照射、内分泌紊乱、代谢障碍等因素有关。

2.病理生理

临床上将年龄相关性白内障分为皮质性、核性和囊下三种类型。

(1)皮质性白内障　以晶体皮质灰白色混浊为主要特征,其发展过程可分为4期。

1)初发期:混浊首先出现在晶体周边部,散瞳后可见到眼底红反光中有黑色楔形暗影,瞳孔区仍透明,视力无影响。

2)未成熟期或称膨胀期:混浊的皮质吸收水分肿胀,混浊加重并向周围扩展,体积渐增大,虹膜被推向前方,前房变浅,有发生闭角型青光眼的可能。

3)成熟期:混浊扩展到整个晶体,皮质水肿减退,晶体呈灰白色或乳白色,视力降至眼前指数或手动以下。

4)过熟期:成熟期白内障经过数年后,皮质纤维分解变成乳汁状,晶体核下沉,晶体体积缩小,对虹膜的支持力减弱,可见虹膜震颤现象。有时由于核下沉,可使视力有所提高。

(2)核性白内障　晶体混浊多从胚胎核开始,渐扩展至成人核。早期呈黄色,随着混浊加重,色泽渐加深如深黄色、深棕黄色。早期周边部皮质仍为透明,因此,在黑暗处瞳孔散大视力增进,而在强光下瞳孔缩小视力反而减退。

(3)后囊下白内障　在晶体后极部囊下的皮质浅层出现金黄色或白色颗粒,其中夹杂着小空泡,整个晶体混浊区呈盘状,常与皮质及核混浊同时存在,因混浊位于视轴区,早期即影响视力。

【护理评估】

1.健康史

多见于40岁以上且随年龄增长而增多,与遗传、紫外线、全身疾患、营养状况等因素均有一定关系。

2.身体评估

年龄相关性白内障主要症状为渐进性、无痛性视力下降,眼前有固定的黑影。根据晶状体浑浊程度和部位不同,可有单眼视物模糊、复视、多视及屈光改变。

3.处理原则

(1)非手术治疗　对于白内障的治疗目前尚无疗效肯定的药物,但早期白内障患者可用药物治疗,延缓白内障的进展。

(2)手术治疗　随着现代白内障手术技术及设备的提高,患者视力障碍影响生活和工作即可进行手术治疗,一般手术视力标准控制在0.3以下。目前常用的手术方法有小切口晶体囊外摘除加人工晶体植入术及白内障超声乳化术。

【护理诊断及医护合作性问题】

1.感知改变

视力障碍与晶状体混浊有关。

2.焦虑恐惧

缺乏手术准备及担心术后视力恢复等情况。

3.潜在并发症

青光眼、葡萄膜炎、手术并发症等。

4.知识缺乏

缺乏白内障有关知识。

【护理目标】

1.患者视力得到恢复。

2.患者焦虑得到缓解。

3.患者并发症得到及时的观察及处理。

【护理计划与实施】

1.术前护理

(1)协助医生做好角膜内皮、视力、光定位、色觉、人工晶体度数计算等检查。

(2)按医嘱点散瞳眼液,便于检查和手术。

(3)术前剪睫毛,冲洗泪道、结膜囊,如冲洗泪道有脓液溢出及时汇报医生以终止手术。

(4)注意观察生命体征及全身情况,如有异常及时汇报医生进行处理。

2.术后护理

(1)平卧位,头部勿过度活动,勿揉眼睛或剧烈运动。

(2)密切观察伤口出血及眼压情况,对前房积血应采取半卧位或高枕卧位,防止血压流入玻璃体。

(3)指导患者尽量避免低头弯腰动作,以免晶体脱位。

(4)注意术眼疼痛的情况。如出现持续的疼痛、分泌物增多、发热,应考虑眼压增高及感染的可能,报告医生及时处理。

3.出院指导

出院时嘱患者注意休息,不要使眼睛过度疲劳,并注意个人卫生,勿用手揉眼,淋浴洗发时,防止污水流入眼内。出院时教会患者正确点眼药水,半个月内交替滴抗生素眼水和激素眼水,每日4次,并嘱患者1周后复诊。

【护理评价】

1.患者能否适应环境、保持心情舒畅。

2.患者术后视力是否提高,生活能否自理。

3.患者是否没有青光眼、眼内出血、眼内感染等并发症。

第五节　青光眼

案例引入

患者,女,58岁,因右眼胀痛伴头痛3天入院。患者3天前因与邻居吵架后,突感右眼胀痛,伴有右侧剧烈头痛,恶心、呕吐,右眼视力严重下降。检查:T36.5℃,P70次/分,R20次/分,BP120/76mmHg,神清,精神萎,痛苦面容,扶入病房,全身系统检查未见异常。眼部检查:右眼,视力指数/眼前,眼睑轻度水肿,眼球混合性充血,角膜水肿,前房极浅,瞳孔直径5.5mm,对光反射消失,眼底窥视不清,眼压15/5=61.75mmHg;左眼,视力0.8,眼球无充血,前房稍浅,晶状体透明,眼压5/5=17.3mmHg。

学习任务:1.该患者患眼科何病?有何依据?

2.该患者左、右眼分别属于此眼病的那一期?

学习目标

知识目标　掌握青光眼的概念及急性闭角型青光眼的身体评估、护理措施;熟悉开角型青光眼、继发性青光眼的护理评估;了解开角型青光眼、继发性青光眼的护理措施。

能力目标　能够提出正确的护理诊断,并能够为患者提供合适的护理措施。

素质目标　尊重、关心、爱护青光眼患者,培养良好的护理职业素质。

【概述】

青光眼(Glaucoma)是一种常见致盲眼病,为病理性高眼压或视乳头血流灌注不良合并视功能障碍。其主要体征是高眼压、视乳头萎缩及凹陷、视野缺损及视力下降。青光眼是导致人类失明的三大致盲眼病之一,总人群发病率为1%,45岁以后为2%。

眼球内具有一定的压力,它是由眼球内容物对眼球壁施加的压力所形成的,称为眼压,其正常值为10～21mmHg。如果长时间过高的眼内压,将损害视神经,这种损害早期表现为视野部分损害,最终失去视力,而且视力损害是不可逆的,因此对于青光眼必须早诊断、早治疗。

目前根据前房角形态和发病年龄将青光眼分为开角型青光眼、闭角型青光眼和先天性青光眼。根据导致眼压升高的病因,每一种青光眼又分为原发性和继发性。

一、急性闭角型青光眼

急性闭角型青光眼是指突然出现房角关闭,使房水排出受阻,引起眼压急剧升高,导致眼部疼痛、视力骤然下降、眼充血等症状急性发作,又称为急性充血性青光眼。患者常伴有远视,双眼先后或同时发病。

病因尚未完全阐明。眼球局部具有遗传倾向的结构异常,如眼轴较短、前房浅、角膜较小、晶状体相对较厚等是引起本病的解剖因素。

【护理评估】

1.健康史

多见于40岁以上中老年人,女性常见,男女之比为1∶2,具有家族史。闭角型青光眼的发作,往往出现在情绪波动如悲伤、愤怒、精神刺激、用脑过度、极度疲劳、气候突变,以及暴饮暴食等情况下。

2.身体评估

典型的急性闭角型青光眼病程一般分为6期:

(1)临床前期　一眼已发生急性闭角型青光眼,另一眼前房浅、房角窄,但眼压正常,无自觉症状,属临床前期。

(2)先兆期(前驱期)　在急性发作之前,患者有轻度头痛、眼胀、恶心、一时性虹视等小发作,休息后自行缓解,称为先兆期。以后这样小发作越来越频繁,最后终于急性大发作。

(3)急性发作期　由于眼压突然上升,患者感到剧烈的眼痛、头痛,视力显著下降,由于迷走神经反射,可伴有恶心、呕吐。检查有混合充血、角膜水肿、前房甚浅、房角闭塞、瞳孔散大及眼压急剧升高。此期如不及时控制眼压,将发生严重的视力障碍,甚至导致永久性失明。

(4)急性发作期(缓解期)　急性发作的病例,经过治疗或极少数未经治疗后,关闭的房角重新开放,眼压降至正常,局部充血消失,角膜恢复透明,病情可以得到暂时缓解。

(5)慢性期　急性发作期未经及时适当的治疗,症状没有完全缓解,而转入慢性进展期,其表现为眼压呈中度升高,角膜部分恢复透明,瞳孔轻度散大,房角显示程度不等的前粘连,眼底可见视乳头呈病理性凹陷及萎缩。

(6)绝对期　持续高眼压的病例最终均可导致永久性失明。有时因眼压过高或角膜变性而剧烈疼痛。

温馨提示:急性闭角型青光眼病程:1. 临床前期;2. 先兆期(前驱期);3. 急性发作期;4. 急性发作期(缓解期);5. 慢性期;6. 绝对期

3.处理原则

原发性闭角型青光眼一经确诊,首选手术治疗,药物治疗只限于为手术做准备及手术后眼压控制不良或手术危险很大等情况下。药物有缩瞳剂、碳酸酐酶抑制剂、脱水剂等。手术尽量在药物控制眼压、充血消退后进行,否则高眼压状态下组织炎症反应大,易造成手术并发症。目前常用的手术方式有小梁切除术、虹膜嵌顿术、睫状体冷冻术以及青光眼植入阀等。而对于临床前期主张做周边虹膜切除术或激光周边虹膜切开术,以预防青光眼的发作。

【护理诊断及医护合作性问题】

1.疼痛

与眼压升高有关。

2.感知改变

视力障碍与角膜水肿、视神经萎缩等有关。

3.焦虑

与突然发病、缺乏术前准备及术后康复等相关知识有关。

4.潜在并发症

术后出血、切口感染等并发症的发生。

5.知识缺乏

缺乏青光眼有关知识。

【护理目标】

1.患者疼痛缓解。

2.患者视力得到全部或部分恢复。

3.患者焦虑得到缓解。

4.患者并发症得到及时的观察及处理。

该患者入院后，经给以快速静脉滴注20%甘露醇、1%毛果芸香碱眼水频繁滴眼以及口服醋氮酰胺等治疗，1天后右眼及全身症状消失。检查：神清，精神佳。右眼，视力0.3，眼睑无肿，眼球无充血，角膜透明，前房浅，瞳孔直径2mm，眼压5/6=14.5mmHg；左眼同入院时。

学习任务：1.患者还需什么后续治疗？有何护理措施？

2.如何教育该患者及家属做好眼部保健？

【护理计划与实施】

1.用药护理

(1)缩瞳剂　使瞳孔括约肌收缩，将周边虹膜拉平，与小梁网分开，房角得以重新开放，房水能顺利排出。常用缩瞳药物有：1%～2%毛果芸香碱（匹罗卡品），每15分钟滴眼1次，至瞳孔缩小接近正常后，可改为1～2小时1次，或每天4次。

(2)碳酸酐酶抑制剂　能抑制睫状突中碳酸酐酶的产生，从而减少房水的生成，使眼压下降。常用醋氮酰胺或称乙酰唑胺，服此药后有产生手足麻木的不良反应，并能促进钾离子排出，应加服氯化钾。

(3)β肾上腺素能受体阻断剂　有抑制房水分泌的作用，常用的有0.5%噻吗心安眼液。

(4)高渗脱水剂　高渗溶液可增加血浆渗透压，将眼球内的水分排出，眼压随之下降，常用甘露醇、甘油等。静脉输入甘露醇后可出现多尿、口渴或颅内压降低所引起的恶心、头痛、头昏等症状。严重心、肾功能不全者慎用。

2.手术护理

(1)术前护理

1)保持病室内安静、光线不宜过暗，以免瞳孔扩大，影响房水排出使眼压增高。

2)饮食应易消化、无刺激性，适当限制水的摄入。

3)做好术前准备，剪睫毛，冲洗泪道、结膜囊。

4)注意观察全身情况，如有不适及时汇报医生进行处理。

(2)术后护理

1)保持大便通畅，多食粗纤维食物。

2)手术后绝对卧床休息1～2天，勿摇头，控制咳嗽和打喷嚏，以免牵动伤口引起出血。

3)行青光眼滤过者，术后如眼压过高，宜早做眼球按摩，以促进手术滤过口通畅，维持疗效。

4)手术眼滴扩瞳药时要特别注意，勿误滴或流入健眼以引起眼压升高。

3.健康指导

(1)养成良好的生活习惯，不抽烟、饮酒，不喝浓茶、咖啡。

(2)不一次性大量饮水，以免使血容量急剧增加，房水形成过多，导致眼内压升高。

(3)不在光线过暗的地方久留，因暗光下瞳孔扩大，易引起房水循环受阻，眼压升高。

(4)保持乐观的情绪，避免急躁，因情绪激动可引起交感神经兴奋而瞳孔散大，眼压升高。

【护理评价】

1.患者眼压是否下降，眼痛、头痛、恶心、呕吐等症状是否减轻或消失。

2.患者视力是否提高或基本稳定。

3.患者有无出血、感染等手术并发症发生。

二、开角型青光眼

开角型青光眼是指高眼压状态下房角是开放的，大多为宽角，少数为窄角。其发病原因可能是由于小梁网、Schlemm管或房水静脉出现变性或硬化，导致房水排出系统阻力增加。多见于中年人以上，青年人亦可发生，常为双侧性，起病慢、眼压逐渐升高，房角始终保持开放，多无明显自觉症状，往往到晚期视力、视野有显著损害时，方被发现，因此早期诊断甚为重要。

【护理评估】

1.健康史

多见于中年人以上,青年人亦可发生,常为双侧性。具有家族遗传史。

2.身体评估

开角型青光眼早期无明显自觉症状,当发展到中晚期时,方感觉有轻微头痛、眼痛、视物模糊及虹视等。中心视力可维持相当长时间不变,但视野可很早出现缺损,最后由于长期高眼压作用,视神经逐渐萎缩。通过眼部检查发现:眼压升高、视乳头杯/盘比大于0.6、视野缺损,若房角为开角,诊断即可成立。

3.实验室检查及辅助检查

眼压描记、激发试验、对比敏感度检查、图形视网膜电流图、图形视诱发电位等辅助检查,对开角型青光眼的诊断有一定的参考价值。

【护理计划与实施】

1.用药护理

对于开角型青光眼患者首先使用药物治疗,以控制眼压。

2.手术护理

如经用多种药物治疗,仍不能将眼压控制,应考虑手术治疗,如激光小梁成形术、小梁切除术等,须做好手术前后的护理工作。

3.健康指导

对有开角型青光眼家族史者,嘱定期复查,争取早期诊断,早期治疗。

三、继发性青光眼

继发性青光眼是由于一些眼病或全身疾病在眼部改变而引起的眼压升高。这类青光眼多为单侧性,种类繁多,身体评估各有其特点,治疗原则亦不尽相同,预后也有很大差异。

继发性青光眼的发病原因是清楚的,根据病因结合房水排出障碍的机制可分出多种类型,大致分为继发性开角青光眼、继发性闭角青光眼和继发先天性(发育型)青光眼。临床上常见继发性青光眼有:青光眼睫状体炎综合征、虹膜角膜内皮综合征、色素性青光眼、剥脱综合征、房角后退性青光眼、血影细胞性青光眼、晶体溶解性青光眼、新生血管性青光眼、恶性青光眼、皮质类固醇性青光眼等。

【护理评估】

1.身体评估

继发性青光眼除有原发眼病或引起眼压升高的全身疾病表现外,还有眼压升高的眼部表现,如眼部疼痛、不同程度的混合性充血、角膜水肿等,视力多有严重损害。

2.处理原则

在针对各原发眼病及全身病进行病因治疗的同时进行降眼压治疗,药物治疗无法控制眼压者考虑手术,根据不同情况选择不同术式。

【护理计划与实施】

1.创造舒适安静的环境,保证患者充足的睡眠。

2.饮食结构合理,宜荤素搭配。应注意多进粗纤维食物如蔬菜、水果等以促进肠蠕动,保持大便通畅。

3.保持生活规律,保持乐观情绪,避免情绪激动。

4.对患者热情耐心,详细讲解病情,使患者能够正确对待疾病。

5.严格遵守医嘱,按时给药。

6.严格做好手术前后的护理工作。

第六节　葡萄膜炎

学习目标

知识目标　掌握前葡萄膜炎的身体评估和护理措施;熟悉后葡萄膜炎的身体评估;了解后

葡萄膜炎的处理原则。

能力目标 能够对葡萄膜炎患者进行正确的护理。

素质目标 尊重、关心、爱护葡萄膜炎患者，培养良好的职业素质。

葡萄膜炎(Uveitis)是葡萄膜的炎症，病因复杂，常反复发作，是眼科常见眼病之一。分类繁多，按发病部位可分为前葡萄膜炎、中间葡萄膜炎、后葡萄膜炎和全葡萄膜炎。

一、前葡萄膜炎

【概述】

前葡萄膜炎是指虹膜和睫状体的炎症，由于其血供相同，常同时发病，故又称为虹膜睫状体炎。虹膜睫状体炎是葡萄膜炎中最常见的一种类型，约占葡萄膜炎总数的一半以上。

【护理评估】

1.健康史

常见于青壮年。绝大部分属内源性，与风湿性疾病、结核、梅毒等自身免疫性疾病有关。

2.身体评估

(1)症状 患者可出现眼痛、畏光、流泪、视物模糊，在前房出现大量渗出时可引起视力明显下降。

2.体征

1)睫状充血：睫状充血是指位于角膜缘周围的表层巩膜血管的充血，是急性虹膜睫状体炎的一个常见体征。

2)角膜后沉着物：虹膜睫状体炎时有炎症细胞或色素沉积于角膜后表面，称为角膜后沉着物(Keratic precipitates)，简称KP。

3)前房闪辉：是由血-房水屏障功能破坏，蛋白进入房水所造成的，裂隙灯检查时表现为白色的光束，形成Tyndall现象。

4)瞳孔改变：炎症时因睫状肌痉挛和瞳孔括约肌的持续性收缩，可引起瞳孔缩小；虹膜部分后粘连不能拉开，散瞳后常出现多形状的瞳孔外观称梅花状瞳孔；如虹膜发生360°的粘连，则称为瞳孔闭锁；如纤维膜覆盖整个瞳孔区，则被称为瞳孔膜闭。

5)并发症：炎症反复发作或慢性化，造成房水改变，影响晶状体代谢从而可引起白内障。炎症细胞、纤维蛋白性渗出以及组织碎片阻塞小梁网、瞳孔闭锁、瞳孔膜闭阻断了房水由后房进入前房等多种机制，可引起继发性青光眼。严重的虹膜睫状体炎可导致睫状体脱离或萎缩，房水分泌减少，引起眼压下降，严重者可致眼球萎缩。

3.处理原则

治疗原则是立即扩瞳以防止虹膜后粘连、糖皮质激素抗炎以防止眼组织破坏和并发症的发生。由于虹膜睫状体炎绝大多数为非感染因素所致，因此一般不需用抗生素治疗，而对高度怀疑或确诊的病原体感染所致者，则应给予相应的抗感染治疗。

【护理诊断及医护合作性问题】

1.疼痛

与睫状神经刺激有关。

2.感知改变

视力障碍与房水混浊、瞳孔改变等有关。

3.潜在并发症

并发性白内障、继发性青光眼、眼球萎缩等并发症。

4.知识缺乏

缺乏葡萄膜炎有关知识。

【护理计划与实施】

1.药物治疗

(1)睫状肌麻痹剂 睫状肌麻痹剂是治疗急性前葡萄膜炎的必需药物，一旦发病应立即给药，其目的在于：预防和拉开虹膜后粘连，避免并发症；解除睫状肌、瞳孔括约肌的痉挛，以减轻充血水肿及疼痛，促进炎症恢复。常用1%阿托品眼水，每日1～3次。但是在点阿托品散瞳时，尤其对于儿童，一定要注意压迫泪囊区，以免因药物吸收而引起中毒。

(2)糖皮质激素 糖皮质激素有抗炎、免疫抑制作用，是治疗葡萄膜炎的非特异性有效方法。常用局部滴眼液或眼膏,如醋酸可的松、地塞米松等,严重的可采用球结膜下注射或全身给药。全身长期用糖皮质激素需注意其不良反应。

(3)非甾体消炎药　非甾体消炎药主要通过阻断前列腺素、白三烯等花生四烯酸代谢产物而发挥其抗炎作用。常用吲哚美辛、双氯芬酸钠等滴眼液点眼治疗,每日3～8次。

2.防治并发症

在虹膜睫状体炎的护理过程中需严密观察,积极预防和治疗并发症。

3.健康指导

(1)虹膜睫状体炎患者,应定期复查,预防复发,如自觉有复发症状,应及早诊治。

(2)积极锻炼身体,增强体质,预防感冒,少吃刺激性食物,注意劳逸结合,保持身心健康,对疾病的预防也有重要意义。

【护理评价】

1.患者眼痛、畏光、流泪等症状是否减轻或消失。

2.患者视力有否得到提高。

3.患者有无青光眼、白内障、眼球萎缩等并发症的发生。

二、后葡萄膜炎

【概述】

后葡萄膜炎是一组累及脉络膜、视网膜、视网膜血管和玻璃体的炎症性疾病,临床上包括脉络炎、视网膜炎、脉络膜视网膜炎、视网膜脉络膜炎和视网膜血管炎等。

【护理评估】

1.身体评估

(1)症状　主要取决于炎症的类型、受累部位及严重程度。可有眼前黑影或暗点、闪光、视物等模糊或下降,合并全身性疾病则有相应的全身症状。

(2)体征　视炎症累及部位及严重程度而定。常见的有:

1)一般不出现眼前段改变,偶尔可出现轻度前房闪辉、少量前房炎症细胞。

2)玻璃体内炎症,絮状或片状混浊。

3)局灶性脉络膜视网膜炎,侵润病灶大小可不一致,晚期形成瘢痕病灶。

4)视网膜血管炎,出现血管鞘、血管闭塞、玻璃体积血、增生性视网膜病变以及渗出性视网膜脱离。

2.处理原则

应根据不同的病因采取不同的治疗方法,确定为感染因素所致者,应给予相应的抗感染治疗;由免疫因素引起的炎症主要使用糖皮质激素或免疫抑制剂治疗。用药方式主要以口服为主,对于效果明显而不良反应小的药物可球旁或球后注射。

第七节　视网膜脱离

学习目标

知识目标　掌握视网膜脱离的身体评估;熟悉视网膜脱离的护理措施;了解视网膜脱离的健康史。

能力目标　能对视网膜疾病患者进行正确的护理。

素质目标　尊重、关心、爱护视网膜疾病患者,培养良好的护理职业素质。

【概述】

视网膜脱离（Retinal detachment）是指视网膜内层（神经层）与其本身的色素上皮层分离，并不是视网膜与脉络膜分离，可分为孔源性、非孔源行和牵引性三大类。

孔源性视网膜脱离的发病取决于3个因素，即视网膜裂孔、玻璃体液化及有一足够的拉力使视网膜与色素上皮分开，其中视网膜裂孔是关键。发生视网膜裂孔之前，常有视网膜玻璃体退行性变，其与年龄、遗传、近视及外伤有关。

【护理评估】

1.健康史

孔源性视网膜脱离多见于中年或老年人，男性患者较多，常为双眼先后发病，多数患有近视性屈光不正。

2.身体评估

发病前通常先有闪光亮点与黑影飘浮等症状，发病后患者忽然觉得视野中出现黑幕状暗影，随着视网膜脱离发展而扩大。当黄斑受到累及时，中心视力立即下降。眼底表现为脱离区的视网膜呈灰色或青灰色隆起，仔细检查可发现视网膜裂孔。裂孔多见于颞上象限，最常见者为圆形和马蹄形裂孔。

3.处理原则

迄今为止孔源性视网膜脱离仍以手术治疗为唯一手段，手术原则为封闭裂孔及解除玻璃体对视网膜的牵拉。常采用激光、冷凝或电凝等方法使裂孔周围产生无菌性炎症反应以封闭裂孔，再根据患者具体情况选择巩膜外加压、巩膜缩短以及玻璃体切割、玻璃体腔内注气或注油等方法使视网膜复位。

【护理诊断及医护合作性问题】

1.感知改变

视力下降及视野缺损。

2.焦虑

与视功能损坏及担心愈后不良有关。

3.知识缺乏

缺乏视网膜脱离有关知识。

【护理计划与实施】

1.术前护理

（1）限制活动和卧床休息，因为过多的活动可使视网膜脱离范围扩大，扩大到黄斑区就会严重影响视力恢复。

（2）应根据裂孔位置决定患者的体位和头位。

（3）指导患者戒烟酒，并告知术中避免咳嗽。

2.术后护理

（1）多吃水果和蔬菜，必要时应用缓泻剂或开塞露保持大便的通畅，有利于伤口愈合。

（2）卧床休息，包盖双眼，以减少眼球的转动，利于手术后的恢复。

（3）玻璃体内注气的患者应根据裂孔的位置以及注入物的性质采取不同的体位。

3.出院指导

（1）注意用眼卫生，不要过度用眼、揉眼，减免眼睛过度疲劳，保证充足睡眠。

（2）出院后应多卧床休息，避免头部震动，避免做重体力劳动，防止视网膜再次脱落。

（3）出院后定期门诊检查，一般1周复查1次，及时了解眼底恢复情况。

（4）如再次出现眼前闪、光视物变形等现象后，应及时来院就诊。

【护理评价】

1.患者视力是否得到提高或不进一步下降。

2.患者情绪是否稳定。

3.患者是否了解有关视网膜脱离的有关知识，能否进行自我护理。

第八节　屈光不正、斜视与弱势

学习目标

知识目标　掌握远视、近视、弱视的概念和防治；熟悉散光及斜视的概念；了解老视的概念及斜视的矫正。

能力目标 能正确防止远视、近视、弱视。

素质目标 培养良好的护理职业素质。

一、屈光不正

正常眼球在不用调节的情况下来自 5m 以外的平行光线经过眼球屈光系统（角膜房水晶状体玻璃体）的屈光后，焦点落在视网膜上，称为正视眼；而不能落在视网膜上，称为非正视眼，即屈光不正。屈光不正包括远视、近视和散光。

1.远视

眼球在调节静止状态下平行光线入眼后经过屈折焦点落在视网膜后面称为远视（Hyperopia）。其根本原因是眼轴相当较短或眼球屈光能力下降，5 岁以下儿童常有轻度的远视。

低度远视往往远近、视力均正常，度数稍高者远视力正常而近视力差，高度远视其远、近视力均很差。未经过矫正的远视眼看远、看近均使用较多调节力，集合作用亦过强，故容易发生内斜视。由于长期使用调节，眼疲劳症状明显，出现眼胀、头痛、视物模糊等，休息后症状可以缓解。

远视眼主要为光学矫正，应用合适的凸透镜给以矫正。轻度远视，没有症状如斜视或视疲劳可不必配镜；如有症状或度数较高必须尽早配镜矫正，其原则是配足度数。

2.近视

眼球在调节静止状态下平行光线入眼后经过屈折焦点落在视网膜前面称为近视（Myopia）。近视眼是由于眼轴过长或眼球屈光力过强造成的，其确切机理尚在研究之中，一般认为近视眼的发生受遗传和环境等多种因素的影响。

（1）近视眼的危害　近视眼主要为远视力减退，近视力好，高度近视可有视力疲劳，但不如远视严重，为调节与集合关系失调所致，由于近视眼视近时不需要调节，所以集合功能相对减弱，长期易造成外斜视。高度近视眼，因眼轴的过度伸长，可引起眼底的退行性改变，如豹纹状眼底、近视弧形斑、黄斑变性等，并易造成视网膜出血、视网膜脱离等严重并发症。

（2）近视眼的矫正　近视眼须用凹透镜加以矫正，其配镜原则为达到最佳视力的最低度数为宜，最常用和最好的为框架眼镜。所谓戴上眼镜后可使近视加深的说法并无科学依据，但如果戴镜后不注意用眼卫生，则视力加深是可能的，但与戴镜本身无关。除框架眼镜外还可以使用角膜接触镜，其可以增加视野，减少两眼像差，并有较佳的美容效果，但要求戴镜者注意卫生，处理不当可引起一系列角膜并发症。

近年来发展较快的为激光及手术治疗近视眼，如准分子激光、有晶体眼人工晶体植入术、透明晶体摘除加人工晶体植入术等，适用于不愿戴镜而且经严格术前检查有适应症者。

（3）近视眼的预防

除遗传和其他眼疾引起的近视外，大部分近视眼患者都是由后天因素引起的，特别是生长发育期的儿童和青少年，因此应特别重视对近视的预防工作：

1）避免长时间用眼，看书写字每隔 45 ~ 60 分钟要休息 10 分钟。休息时可以隔窗远眺或进行户外活动，使眼球调节肌得到充分放松。

2）近距离用眼时光线过强或太弱均是造成近视眼的重要因素。因此，在夜晚或光线暗的环境下，照明最好采用 40W 左右的白炽灯。这是因为白炽灯的光线比较柔和，显色性能良好，眼球容易适应。

3）保持良好的读书写字姿势，注意三个 1 即眼离书本 1 尺、胸离桌子 1 拳、手离笔尖 1 寸。走路或乘车时不要看书，不要躺着或趴着看书。

4）积极参加体育锻炼，增强体质。机体素质的好坏与青少年近视眼的发生也有密切关联。

3.散光

散光（Astigmatism）是由于眼球在不同的子午线上屈光力不等，从而使外界光线不能在视网膜上形成清晰的像。可分为不规则散光和规则散光两大类。不规则散光因角膜各子午线的弯曲度不一致而产生，多为用镜片不易矫正；规则散光为角膜两个主要子午线即屈折力最大的及屈折力最小的子午线互相垂直可用镜片矫正。

散光主要症状为视力减退和视力疲劳，可表现为头痛、眼疲劳、视物有虚影及看字串行等，当散光轴为斜轴时头位常倾向一侧以减少空间的变形，为了获得较清晰的视力常眯眼将上下眼睑闭得小些。

散光可用柱镜及接触眼镜矫正，对度数低无症状者可不矫正，若症状明显、度数虽小亦应矫正，原则上散光度应全部矫正给足，若度数高患者不能适应全部矫正，可先低度矫正待适应后再全部矫正。高度散光可用硬质角膜接触镜矫正。

4.老视

随着年龄的增长，晶状体逐渐硬化，弹性减弱，睫状肌的功能逐渐减低，从而引起眼的调节功能逐渐。从40 ~ 45岁开始，出现阅读等近距离工作困难，这种由于年龄增长所致的生理性调节减弱，称为老视。

老视是一种生理现象，不论其屈光状态如何，每个人均会发生老视。老视的矫正根据年龄和原有的屈光度推算，如正视眼在45岁约需+1.50D，50岁需+2.00D，60岁以上需+3.00D，而非正视眼老视镜的屈光度为上述年龄所需屈光度与原有屈光度的代数和。

二、斜视

两眼不能同时注视一目标，而仅能用一眼注视另一眼的视轴，表现不同程度的偏斜称为斜视（Strabismus）。斜视分为共同性斜视与非共同性斜视两大类。

共同性斜视主要是两眼经常地或间歇地脱离平行眼位而表现出一定的偏斜。当患眼和健眼分别注视时，两侧的斜度基本相等。其病因主要是由于知觉的、运动的或中枢性的障碍，使双眼视觉反射活动受到影响而至眼位分离。

非共同性斜视主要指麻痹性斜视，是由于病变累及支配眼外肌的神经及眼外肌本身，造成双眼在接受大脑指令时不能协调运动，而在患眼和健眼分别注视时，两侧的斜度不相等（前者大于后者），并且在眼睛注视不同方向时斜视度亦不同。

共同性斜视首先应充分散瞳验光配镜，如果戴眼镜后斜视不能完全矫正，或斜视与戴眼镜没有关系时则应手术治疗。非共同性斜视应首先寻找致病原因，根据病因治疗6个月无效后再行手术治疗。

三、弱视

视觉是一种发育性的感知功能，出生时功能相对较弱，通过此后日常生活中适当的视觉刺激逐步发育成正常视力。在视觉发育期间如果由于各种原因造成对视觉细胞的有效刺激不足从而导致矫正视力低于同龄正常儿童称为弱视（Amblyopia）。临床上分为斜视性弱视、屈光参差性弱视、形觉剥夺性弱视、屈光不正性弱视、先天性弱视。

弱视早期发现、治疗及时可以痊愈，若能在5岁前开始治疗效果最好，10岁以后则效果很差。其治疗方法有：配戴矫正眼镜、遮盖治疗法、后像疗法、压抑疗法、视觉刺激疗法等。

温馨提示弱视的分类：1．斜视性弱视；2．屈光参差性弱视；3．形觉剥夺性弱视；　4．屈光不正性弱视；5．先天性弱视

第九节　眼外伤

案例引入

患者，男，18岁，左眼足球击伤视物不清1小时入院。患者1小时前踢足球时不慎左眼被足球击伤，当即感左眼疼痛，视物不清，无头痛、恶心、呕吐等症状。检查：神清，精神尚可，全身系统检查未见异常。左眼视力0.1，眼睑轻度肿胀，皮下淤血，结膜无充血，角膜透明，前房积血Ⅰ级，瞳孔直径3mm，对光反射迟钝，晶状体透明，眼底窥视不清，眼压5/4=20.5mmHg。右眼检查未见异常。入院诊断为：（1）左眼外伤性前房出血；（2）左眼睑皮下出血。

学习任务：患者入院后护理措施如何？

学习目标

知识目标　掌握眼球穿通伤、眼化学伤的身体评估和护理措施；熟悉眼挫伤、眼内异物伤身体评估和护理措施；了解电光性眼炎的概念及处理。

能力目标　能够对眼外伤患者进行正确的护理。

素质目标 尊重、爱护、关心眼外伤患者,培养良好的护理职业素质。

【概述】

眼外伤(Ocular trauma)是由于机械性、物理性、化学性等因素直接作用于眼部,引起眼的结构和功能损害。眼外伤根据外伤的致伤因素,可分为机械性和非机械性。机械性眼外伤通常包括挫伤、穿通伤、异物伤等;非机械性眼外伤包括热烧伤、化学伤、辐射伤和毒气伤等。眼外伤是最主要的单眼致盲原因。

一、眼挫伤

眼挫伤是指眼部受钝器打击后产生的损伤,包括眼附属器挫伤和眼球挫伤。可引起眼内多种结构和组织的病变,对眼的结构和功能危害很大。

【护理评估】

1.健康史

有明确的外伤史。在生产、生活和体育运动中,砖石、土块、拳头、球类、跌撞、交通事故及爆炸(如鞭炮)产生的冲击波,是眼球钝挫伤的常见原因。钝力击中眼球时,可在打击部位产生直接损伤,由于眼球可以看成一个不可压缩的球体,因此钝力可在眼球内和眼球壁传递,引起多处间接损伤。

2.身体评估

依据受伤的性质以及部位,可造成不同程度的危害,严重的可引起眼球破裂而失明。

(1)睑皮下出血和气肿　睑皮下气肿为眼部钝挫伤合并眼眶内侧壁(常为筛窦),筛窦内气体进入眼睑内皮下造成,触之有捻发音。皮下淤血和气肿一般能自行吸收,伴皮下气肿时应预防。

(2)角膜挫伤　钝力作用于角膜时,可擦伤角膜表层组织,使角膜急剧内陷,内皮层和后弹力层破裂,引起角膜基层水肿混浊。严重时可致角膜破裂。

1)角膜上皮擦伤,患者视力减退,出现明显的疼痛、怕光和流泪等症状,上皮缺损区荧光素着色,若发生感染,可出现角膜溃疡。

2)角膜基质层水肿、增厚及混浊,后弹力层出现皱褶,可呈局限性。

3)角膜破裂,多发生于角膜附近,虹膜嵌顿,前房变浅或消失,瞳孔呈梨形。

(3)虹膜睫状体挫伤　挫伤可引起虹膜睫状体的创伤性炎症反应,首先小动脉痉挛,继而毛细血管扩张,小血管壁渗透性增加,导致组织水肿、房水混浊。挫伤严重时,能造成虹膜和睫状体组织及血管破裂、前房出血等。

1)外伤性虹膜睫状体炎:可出现睫状充血,虹膜水肿,纹理不清,瞳孔缩小,虹膜色素脱失,房水混浊或纤维蛋白性渗出,角膜后沉着物。

2)虹膜损伤与瞳孔异常:虹膜瞳孔缘及瞳孔括约肌断裂可造成瞳孔的不规则裂口。虹膜基质也可出现纵形裂口。严重挫伤可造成虹膜根部离断,虹膜根部有半月形缺损,瞳孔呈"D"字形,可出现单眼复视。有时整个虹膜从根部完全离断,形成外伤性无虹膜。瞳孔括约肌受损或支配神经麻痹,可造成外伤性瞳孔扩大(外伤性散瞳),一般表现为中度扩大,瞳孔不圆,对光反射迟钝或消失。

3)前房出血:前房出血为虹膜睫状体血管破裂所致。微量出血仅可见房水中出现红细胞,出血较多时,血液积于前房的下部呈一水平面。根据积血占前房的容量可分为3级:少于前房容量的1/3为Ⅰ级;介于1/3～2/3的为Ⅱ级;多于2/3为Ⅲ级。严重时前房完全充满血液,易造成继发性青光眼以及角膜血染。临床上通常将外伤后立即发生的出血称为原发性前房出血;积血吸收后或在吸收过程中再次出血者,称继发性出血,多在伤后1周内发生。

(4)晶体挫伤　挫伤可引起晶体脱位或晶体混浊。晶体脱位是由于悬韧带全部或部分断裂所致,部分断裂时,悬挂晶体的力量不平衡,晶体向悬韧带断裂的相对方向移位,晶体轴偏离视轴。检查时,在瞳孔区可见部分晶体赤道部,有部分虹膜震颤,患者可有散光或单眼复视。全脱位时,晶体可向前脱入前房,有时可嵌顿于瞳孔区,这两种情况,都易引起继发性青光眼和角膜内皮损伤。晶体向后可脱入玻璃体,此时前房变深,虹膜震颤,出现高度远视。如果巩膜或角巩膜部破裂,晶体也可脱位于球结膜下。晶体挫伤还可以引起晶体混浊,造成外伤性白内障。

(5)玻璃体积血　挫伤引起睫状体、脉络膜和视网膜血管破裂,可出现玻璃体积血。积血多时,眼底看不进。

(6)脉络膜挫伤　主要表现为脉络膜破裂及出血。多见于后极部及视盘周围,裂口呈弧形,凹面对向视盘。伤后早期破裂处常为暗黑色的深层出血掩盖,出血吸收后,显露出弧形的黄白色裂隙,可伴有色素。若破裂位于黄斑部,中心视力会永久丧失。

(7)视网膜震荡与挫伤　挫伤引起的视网膜震荡,是指后极部在伤后出现的一过性视网膜水肿,呈白色,中心视力下降。部分患者水肿消退后视力恢复;部分出现黄斑部色素紊乱,中心视力明显减退,不能恢复。挫伤造成视网膜外层组织变性坏死时,可称为视网膜挫伤,中心视力永久性丧失,多伴有视网膜出血或脉络膜破裂。

（8）眼球破裂　严重的钝挫伤可致眼球破裂。常见的破裂部位是角巩膜缘。身体评估为眼压降低，前房及玻璃体积血，球结膜下出血及水肿，眼球运动可能在破裂方向上受限，视力多为光感或无光感。

该患者入院3天后，经积极治疗，左眼前房积血基本吸收，视力明显好转。但患者第4天突感左眼胀痛，视力骤降，并伴有左侧头痛，恶心感。检查：左眼视力光感，睫状充血，角膜轻度水肿，前房积血Ⅲ级，眼内结构无法窥视，眼压38mmHg。右眼检查未见异常。

学习任务：1.该患者为何病情突然加剧？

2.应该如何处理？

【护理诊断及医护合作性问题】

1.疼痛

与眼内积血、眼压升高和眼内组织损伤有关。

2.感知改变

视力障碍与眼内积血和眼内组织损伤等有关。

3.焦虑

与担心视力恢复不良有关。

4.知识缺乏

缺乏眼外伤有关知识。

【护理计划与实施】

1.眼睑或结膜撕裂伤，要彻底清洁，细致缝合，尽量保存皮肤和组织，不可随便切除。对内眦部眼睑撕裂伤，应注意泪小管，如有断裂，须及时修复。

2.对角膜上皮擦伤，可涂抗生素眼膏后包扎，促进上皮愈合。角膜基质层水肿混浊者，可局部滴用皮质类固醇，必要时用散瞳剂。对角膜裂伤应行手术缝合，按角膜穿孔伤处理。

3.外伤性虹膜睫状体炎治疗按一般虹膜睫状体炎的原则处理，局部或全身应用皮质类固醇，可用1%阿托品散瞳。严重的虹膜根部离断伴有复视症状时，可考虑行虹膜根部缝合术。

4.前房出血者应包扎双眼，绝对卧床休息，取半卧位；适当应用镇静剂，全身应用止血剂，如止血敏、云南白药，可联合应用皮质激素；对于瞳孔一般可不扩瞳、不散瞳，出现虹膜刺激症状时，可及时散瞳；注意观察眼压，眼压升高时，应用降眼压药物；每日观察积血吸收情况，眼压持续升高或经药物治疗眼压仍不能控制，应做前房穿刺术放出积血。

5.晶体部分脱位如无明显症状，可不处理；如复视严重，无法解除，可考虑择期行摘除术。晶体全脱位者，应手术摘除。

6.对于玻璃体出血的患者早期可用止血药物，出血稳定后可用促进血液吸收的药物。伤后3个月以上积血仍不能吸收或伴有视网膜脱离者，可考虑做玻璃体视网膜手术。

【护理评价】

1.患者眼痛等症状是否减轻或消失。

2.患者视力是否得到提高。

3.患者情绪是否稳定。

4.患者是否了解眼外伤有关知识，能否进行自我护理。

二、眼球穿通伤

眼球穿通伤（Perforating wounds of the eyeball）是因带有利刃或尖端的物体的切割伤或刺伤，异物碎片击穿眼球所致。由前部刺入贯穿整个眼球而由后方穿出的双穿通伤称为眼球贯穿伤（Penetration wounds of the eyeball），是眼球穿通伤的一种。

【护理评估】

1.健康史

有锐器或异物碎片直接击破眼球所致。

2.身体评估

眼球穿通伤以其致病原因、受伤部位等,临床症状各不相同,可造成不同程度的视力下降以及组织损害。

(1)伤口小于3mm且形状规则、无眼内容物脱出的眼球穿通伤,常自行闭合 伤口大不规则常有虹膜损伤脱出及嵌顿前房变浅可伴有晶状体破裂及白内障或眼后段损伤,有明显的眼痛流泪和视力下降。

(2)外伤后眼内炎 常见的感染有绿脓杆菌、葡萄球菌等,发展快,眼痛、头痛剧烈,刺激症状明显,视力严重下降,甚至无光感,球结膜高度水肿,充血角膜混浊,前房纤维蛋白渗出或积脓玻璃体混浊或脓肿形成。

(3)交感性眼炎 外伤后的发生率约为0.2%,本病属迟发的自身免疫性疾病,主要与细胞免疫有关,抗原成分可能来源于视网膜色素上皮或光感受器外节。感染可能参与抗原的激活,检查伤眼(称诱发眼)的葡萄膜炎症持续不退并逐渐加重出现KP瞳孔缘,可有小珍珠样灰白色结节,经过2周至2月或更长的潜伏期,另一眼(称交感眼)突然出现类似的葡萄膜炎,视力急剧下降,眼底可出现黄白色点状渗出,多位于周边部(称Dalen-Fuchs结节)。交感性眼炎病程长,反复发作,晚期由于视网膜色素上皮的广泛破坏,整个眼底呈一片暗红色调,称为晚霞状眼底,治疗不当或病情严重不能控制时可出现继发性青光眼、视网膜脱离、眼球萎缩等并发症。

【护理计划与实施】

1.单纯性角膜伤口小于3mm且前房存在者,可不缝合包扎伤眼。大于3mm以上,多需做显微手术严密缝合恢复。前房有虹膜嵌顿时,用抗生素溶液冲洗争取送还眼内,不能还纳时可予剪除脱出的睫状体,应予复位脱出的晶状体和玻璃体予以切除,对角巩膜伤口应先固定缝合角膜缘一针,再缝合角膜,然后缝合巩膜,对巩膜伤口应自前向后边暴露边缝合,术后点散瞳剂及抗生素眼液

2.对复杂的病例,多采用二步手术方法,即初期缝合伤口恢复前房、控制感染后,在1 ~ 2周内,再行内眼或玻璃体手术,认真处理外伤性白内障、玻璃体出血、异物或视网膜脱离等。贯通伤有入口和出口,对前部入口缝合,而后部出口勉强缝合会使玻璃体脱出,可在伤后1周做玻璃体手术。

3.外伤后眼内炎要充分散瞳,局部和全身应用大剂量抗生素和糖皮质激素,玻璃体内注药是提供有效丰富药物浓度的可靠方法,同时可抽取房水及玻璃体液作细菌培养和药敏试验,必要时做玻璃体切割术及玻璃体内药物灌注。

4.伤后尽早缝合伤口、切除或还纳脱出的葡萄膜组织,预防感染,可能对预防交感性眼炎有作用。一旦发现本病,应按葡萄膜炎治疗,治疗效果不好的病例,可选用免疫抑制剂。多数病例经治疗可恢复一定视力,摘除诱发眼多不能中止病程。有些诱发眼经治疗后也可获得一定视力。

5.眼球穿通伤的患者应安静平卧,避免躁动啼哭,切忌对伤眼随便进行擦拭或清洗,更不可挤压伤眼,以防更多的眼内容物被挤出。

三、眼内异物伤

高速飞溅的金属和非金属碎屑及爆炸所造成的眼球穿通伤,常导致异物进入并停留在眼内,称为眼内异物伤。眼内异物除可机械性伤及眼组织外,铁质或铜质异物还可以引起眼部化学和毒性损伤。

【护理评估】

1.健康史

有明确的眼内异物外伤史。

2.身体评估

异物多数经角膜进入眼内,也可由角膜缘或前部巩膜进入。异物进入眼内后,所经过之处均可造成穿孔,有些异物可嵌在眼组织内,如嵌在晶状体内或视网膜内;也有的异物由于速度快、力量大,进入眼球后又从对侧眼球壁穿出,造成眼球双重穿孔伤。异物所在的位置和理化性质不同对眼的危害也有所不同。如异物的体积较大且有棱角者对眼组织的刺激较重,小而形状圆滑的异物则反应较轻。离血管丰富的组织较远的异物引起的反应较轻,如晶状体内的小异物可无任何症状或仅引起局限性混浊;而虹膜内的异物常引起肉芽肿及虹膜睫状体炎。嵌顿在脉络膜、视网膜内的异物可引起组织增生机化,甚至引起牵引性视网膜脱离。异物的化学性刺激是由于异物与眼组织发生化学反应所致,开始引起局部反应,以后逐步扩展至整个眼球。最常见的化学性质活跃的异物有铁、铜及合金,可引起铁质沉着症和铜质沉着症,对眼组织造成极大的损害。单纯的眼球穿通伤本来就有引起眼内感染的危险,而眼内异物的存留更增加了感染的可能性。尤其是非金属异物,如植物的枝、刺、木屑、煤屑等,常常带有细菌,可引起眼内感染,导致化脓性眼内炎,最后致眼球萎缩或摘除。

3.实验室检查及辅助检查

对疑似球内异物者应做X线摄影、CT或超声仔细检查,发现有异物存留时应行异物定位。

【护理计划与实施】

1.眼内异物无论其性质如何，都可能带细菌进入眼内，而且眼内容物又是细菌容易繁殖的场所，一旦怀疑眼内异物，应立即加强抗感染治疗，预防发生化脓性眼内炎。

2.迅速做确诊眼内异物的检查和定位，尽快摘出眼内异物及缝合伤口。

3.术后定期检查，特别是在伤后两周，注意有无交感性眼炎的发生。

4.做好心理护理工作，消除患者悲观、焦虑及紧张情绪，积极配合手术治疗。

四、眼化学伤

眼化学伤是由化学物品的溶液、粉尘或气体接触眼部所致。多发生在化工厂、实验室或施工场所，其中以酸、碱烧伤最为常见。

酸对蛋白质有凝固作用，低浓度时仅有刺激作用，高浓度能使组织蛋白凝固坏死，由于凝固的蛋白不溶于水，能阻止酸继续向深层渗透，因此组织损伤相对较轻。碱能溶解脂肪和蛋白质，可促使其渗透到深层和眼内，使细胞分解坏死，相比之下，碱烧伤的后果要严重得多。

【护理评估】

1.健康史

详细询问外伤的时间、致伤物的化学性质、浓度以及现场的处理情况。

2.身体评估

由于酸碱的浓度剂量、作用方式、接触时间、接触面积等不同，身体评估则有不同。根据酸碱烧伤后的组织反应，一般可分为轻、中、重三种不同程度的烧伤。

(1)轻度　多由弱酸或稀释的弱碱引起。眼睑与结膜轻度充血水肿，角膜上皮有点状损害或水肿。数日后消退，上皮修复，不留瘢痕，无明显并发症，视力多不受影响。

(2)中度　多由强酸或较稀的碱引起。睑皮肤可起水疱或糜烂，结膜水肿，并有小片缺血坏死灶，角膜混浊水肿，上皮层完全脱落或形成白色凝固层，严重影响视力，治愈后会遗留角膜斑翳。

(3)重度　多由强碱引起。结膜出现广泛的缺血性坏死，角膜全层呈灰白或瓷白色浑浊。由于组织坏死，角膜基质层溶解，出现角膜溃疡或穿孔，碱可立即渗入前房，引起葡萄膜炎、继发性青光眼和白内障等。角膜穿孔愈合后会形成前粘性角膜白斑、角膜葡萄肿或眼球萎缩。由于结膜缺损，愈合时可造成睑球粘连，最终引起视功能或眼球的丧失。此外眼睑、泪道的烧伤还可引起眼睑畸形、眼睑闭合不全、泪溢等并发症。

【护理计划与实施】

1.现场急救

立即分秒必争地在现场就地取材，用大量清水或其他水源反复冲洗，冲洗时应翻转眼睑，转动眼球，暴露穹窿部，将结膜囊内的化学物质彻底洗出。应至少冲洗30分钟后，送至医院再行冲洗，并尽快开始酸碱中和治疗。眼部冲洗是处理酸、碱烧伤的最重要一步，及时彻底冲洗能将危害减到最小程度。

2.后续治疗

(1)早期治疗　可给以散瞳，局部和全身应用抗生素控制感染。维生素C可抑制胶原酶、促进角膜胶原合成，可全身及局部大量应用，常在伤后做结膜下注射。

(2)中期治疗　清除坏死组织，防止睑球粘连。如果球结膜有广泛坏死，或角膜上皮坏死，可做早期切除。若在2周内出现角膜溶解变薄，需行全角膜板层移植术，并保留植片的角膜缘上皮，以挽救眼球。也可做羊膜移植术，口腔黏膜或对侧球结膜移植术。每次换药时用玻璃棒分离或安放隔膜，防止睑球粘连。

(3)胶原酶抑制剂应用　为防止角膜穿孔，可滴用枸橼酸钠或半胱氨酸等胶原酶抑制剂点眼。也可点用自家血清、纤维连接蛋白等。

3.晚期治疗

针对并发症进行。如手术矫正睑外翻、睑球粘连分离治疗法或增视性角膜移植术等。若出现继发性青光眼时，应用药物降低眼压，或行其他抗青光眼手术。

五、电光性眼炎

电光性眼炎是因眼睛的角膜上皮细胞和结膜吸收大量而强烈的紫外线所引起的急性炎症，可由长时间在冰雪、沙漠、广阔水面作业或行走时未带防护眼镜而引起，或太阳、紫外线灯等强烈紫外线的照射而致。电焊、热切割作业者，由于高温电弧光产生强烈紫外线、红外线等，也容易发生该病。

电光性眼炎潜伏期4～8小时，两眼突发烧灼感和剧痛，伴畏光、流泪、眼睑痉挛，头痛，眼睑及面部皮肤潮红和灼痛感，眼裂部结膜充血、水肿，角膜上皮点状剥脱。

发生了电光性眼炎后，其简便的应急措施是用煮过而又冷却的人奶或鲜牛奶点眼，能有止痛作用。还可用毛巾浸冷水敷眼，闭目休息。滴抗生素溶液或涂抗生素眼膏预防感染。若无并发症发生，一般在24小时后症状可减轻或消失，角膜上皮愈合。对于刺激症状明显者，可滴用麻醉剂，但不可频繁使用，以免影响角膜上皮的愈合。

第十节　眼科常用诊疗技术与护理

学习目标

知识目标　掌握视力检查、眼前段检查、滴眼药水、涂眼药膏；熟悉色觉检查、眼压检查、剪睫毛、结膜囊冲洗；了解视野检查、球结膜下注射、球后注射。

能力目标　能够对各种眼科常见诊疗技术进行正确的操作。

素质目标　培养良好的护理职业素质。

一、眼科常用的检查方法

1.视力检查

视力为眼的视敏锐度（Visual acuity）及辨别最小物像的能力，反应黄斑中心凹的视功能，亦称为中心视力。视力检查可分为远视力检查和近视力检查。

（1）远视力检查　我国通常用国际标准视力表和我国缪天容创立的对数视力表。检查时，被检者坐在距视力表5m的地方，国际标准视力表1.0或对数视力表5.0与被检眼在同一水平，双眼分别检查，先右后左，从上而下。受检者迅速说出视标缺口方向，把说对的最小视标一行的字号记录下来。正常人的视力为1.0或5.0。当视力低于0.1时，可逐步走近视力表，按0.1×d/5算出（d为被检者看清该行时距视力表的距离）其视力。如在3m处已看清0.1时，则视力为0.06。当视力低于0.01时，即在0.5m处不能辨别0.1时，改为指数（FC）/距离。若5cm还不能辨认指数则改为手动（HM）/距离。如对手动亦无感觉，可在暗室内用烛光或手电筒照射眼睛记录光亮为光感（LP），或无光感。如有光感，要做光定位检查。

（2）近视力检查　我国通常用Jaeger氏近视力表和我国徐广第设计的E字标准近视力表。视力表应放在光线充足的地方，或用日光灯照明。正常人在正常光线下距离30cm能看清楚第10行为1.0。如果因近视或远视而改变了视力表与眼睛的距离，则将改变的距离一并记录。

2.视野检查

黄斑注视点以外的视力称为视野，亦称为周边视力。其大小是指眼球向前固视时，除看清注视点以外，同时所能看到的空间范围。

常用的视野检查方法有：

（1）对比检查法（面对面检查法）　患者背光与检查者相对而坐，距离0.5m（约为一臂距离）。遮盖患者左眼，嘱右眼注视检查者左眼，同时检查者闭合右眼，在患者和检查者间等距离处伸出一手指，由周边向中心移动，探测视野范围，直至完成左、右、上、下、左上、左下、右上、右下共8个方向为止，并与检查者之正常视野互相对比，可得出初步视野。

（2）周边视野计检查法　受检者坐于视野计前，遮盖一眼，颏部置于支架上，使被检眼对准中心目标。检查时先用2～5mm直径白色及红色视标（必要时加查绿、蓝等色），自弓的周边向中心缓缓移动，当患者见到视标时，将弓上的度数记录在视野图上，再转变方向，每转30°～45°检查1次。最后将图上各点连接即为白色或颜色视野。记明视标颜色和大小、距离、眼别、视力、照明种类、检查日期。

（3）平面视野检查法　用于检查30°以内中心视野的改变。患者面向平面视野计，距离1米（或2米），固定头部于架上，被检眼正对平面视野中心点，遮盖另一眼。首先以白色视标（视标大小依据视力而定）检出生理盲点的位置和大小。检查中心视野有无暗点的，记明视标大小和颜色、距离、照明、眼别、视力、检查日期。

（4）方格视野检查法（Amsler方格表）　检查距离为30cm，被检者注视表中心的小白点，询问所见方格的清晰程度及线条有无弯曲或粗细不匀等现象，记录在方格视野图上。

（5）Goldmann 940型视野计检查法　视野计的背景为一个半径300mm的半球壳，内壁为乳白色，由均匀光线照明，一般为31.5asb。由一投射的光点做试标，其亮度为1000asb，光点大小的毫米数为64、16、4、1、1/4及1/16，可随意选用。另外有两组灰色滤玻片，可以使试标的亮度有不同程度的减弱。通过结构较复杂的转动系统，可将试标灵活地投射在球壳内，患者看见试标时按响信号器，以表示“看到”、转动系统的另一端在一专用的视野表格上指出相对应的部位，检查者在此做一记号，检查完毕即得到视野结果。仍属于手工操作的方法。

（6）自动静态视野计检查法　为自动化检查视野的方法。国际上通用的有 Humphery、Octopus 等型号。基本构形为，在一半球壳上（1/3m ~ 1/2m 半径），散在分布一些小孔约 100 ~ 200 个，孔后有光纤或发光二极管作光源，作为光点试标。试标光点出现的程序已预先设计好。试标大小为 0.1 ~ 5mm，光点出现时间为 0.1 ~ 0.5 秒，球壳内背景光一般用 4asb 或 31.5asb。检查时患者头部放在额颌托架上，根据检查目的选择程序，光点出现时患者按电钮回答，光点自动减弱其亮度，直到患者看不到没有回答，此亮度即为该点的敏感度；相反，光点会增加亮度，直到患者回答或最大亮度时仍不能回答。在某点，不论是由“看到”到“看不到”，或由“看不到”到“看到”，其最后见到的亮度作为该点的“光阈值”。检查完毕，视野计自动记录，以曲张图、数字图及灰度图等式样显示结果。

3.色觉检查

色觉即眼辨别不同颜色的能力，反映视网膜黄斑部的功能。如视椎细胞感光色素缺乏，则辨色能力缺陷，及色觉障碍。常见的色觉检查有：

（1）假同色图检查法　通常采用俞自萍、石原忍色盲本在白昼明亮的自然光照明下进行检查。被检者与色盲本之间的距离为 75 ~ 100cm。嘱被检者读出色盲本上的数字或图形。每辨认一张图不得超过 10 秒，对照色盲本的说明，记录检查结果。

（2）彩色绒线检查法　把各种规定颜色的绒线或纸放在被检查者前，让其选出类似的颜色，然后进行评定。

（3）色相排列法

1）FM-100 色彩试验：由 93 个色相子组成，其中 8 个为固定参考子，85 个为可移动的色相子，共分 4 盒。检查在≥2701x 自然光线或标准照明下进行。两眼分别检查，要求受检者按颜色变化的规律顺序排列好色相子。把色相子背面标明的序号记录在记分纸上，画出轴向图，并计算出总错误分，由此判断色觉异常的类型和严重程度。每盒排列时间一般为 2 分钟或稍延长。正常人总错误分在 113 分以下，色盲患者可达 400 ~ 500 分以上。由轴向分析可判断色盲性质。

2）D-15 色盘试验：由 16 个色相子组成，其中 1 个为参考子，15 个为色相子。检查方法大致同 FM-100 色彩试验。

（4）色觉镜检查法　从色觉镜观察孔所见视野分为两部分，一部分为有一定波长的黄色；另一部分为红和绿的混色。黄色仅有亮度变化，红绿混合比率是可变的。混合红绿使之与此黄色的色调相等，根据此红绿色成分，即可确定其色觉正常或异常。

1）检查方法：①被检者坐于仪器前，自观察孔注视，可见一圆形光盘，上半为红或绿色，下半为黄色；②检查者将右侧调节黄光亮度的单色旋钮调到 12.5 刻度上，嘱被检查者旋转左侧混色旋钮，直至上、下两半圆颜色及亮度完全一致。记下读数，正常均等点约在 70 刻度；③检查者将混色旋钮转到 0 度，嘱被检者旋转单色旋钮。每增加混合旋钮 10°，检查者旋转单色旋钮，直到均等为止，记录其均等点，复测三遍，取其平均值；④将各次结果记录于专用表格中，画出均等曲线。

2）结果判定：①绿黄均等成立者：先天绿色弱、先天全色弱、后天红绿色弱；②红黄均等成立者：先天红色弱、先天全色弱、杆体-色觉、后天红绿色弱；③绿黄均等、红黄均等都成立者：先天红色盲和绿色盲，先天全色弱、锥体-色觉；④绿黄均等及红黄均等都不成立者：正常眼、轻度先天红及绿色弱、先天及后天全色弱、后天红及绿色弱、非定型杆体-色觉。

4.眼前段检查

眼前段检查一般按照先查右眼后查左眼、从前到后的原则有序地进行。具体步骤为：眼睑、泪器、结膜、角膜、巩膜、前房、虹膜、瞳孔、晶状体、眼球等。

（1）眼睑　检查有无眼睑缺损、睑裂狭窄、上睑下垂、眼睑皮肤有无红肿、眼睑的位置有无异常、有无倒睫等。

（2）泪器　检查泪腺区有无肿块，注意泪点位置有无内外翻及闭塞，泪囊区有无红肿、压痛和瘘管，挤压泪囊时有无分泌物自泪点溢出，冲洗泪道是否狭窄及阻塞。

流泪和泪溢：泪液分泌过多，不能完全由正常的泪道排出而从睑裂部流出称为流泪；泪液分泌正常而泪道功能异常所引起的泪液溢出称泪溢。

（3）结膜　观察结膜有无充血、水肿、出血、异物、结石、睑球粘连等。

结膜充血和睫状充血：结膜充血起源于表面的结膜血管，呈鲜红色，越靠近穹窿部越明显，推之可移动，见于结膜的炎症和外伤。睫状充血起源于角膜缘深层血管网，呈暗红色，血管模糊不清，越近角膜缘越明显，无移动性，见于角膜炎、虹膜睫状体炎以及急性青光眼。结膜充血和睫状充血同时存在则称为混合充血，其临床意义同睫状充血，但病情更严重。

（4）角膜　注意角膜的大小、透明度、表面光滑度、有无新生血管、弯曲度和知觉等。

（5）巩膜　注意巩膜有无黄染、结节、充血和压痛等。

(6)前房　注意前房深、房水有无混浊、积血、积脓、异物等。

(7)虹膜　注意虹膜颜色、纹理,有无新生血管、萎缩、结节,有无虹膜根部离断、缺损、震颤等。

(8)瞳孔　注意瞳孔的大小、形状,瞳孔区有无渗出物,瞳孔的直接对光反射、间接对光反射是否存在等。

(9)晶状体　注意晶状体是否透明、位置和晶状体是否存在等。

(10)眼球　注意眼球的大小、双侧位置是否对称以及有无眼球震颤。眼球位置不对称即为斜视,角膜应光法是检查斜视最简单的方法。应光点落在瞳孔中央即为正位,偏内侧为外斜,偏外侧为内斜。定量估计,应光点落在瞳孔缘,斜视度约为15º;落在角膜缘约45º;落在两者之间为25º ~ 30º。

5.眼压检查

眼压测定是诊断青光眼的重要依据,也是观察病情和判断疗效的重要指标。常有的眼压测定法有:

(1)指测法　让被检者向下看,检者用两手食指在上睑上部外面交替轻压眼球,检查双眼,以便对比两眼的眼压,眼压高者触之较硬,眼压低者触之柔软,也可和正常的眼压相比较。此法可大概估计眼压的高低,所得结果可记录为正常(Tn)、较高(T+1)、很高(T+2)、稍低(T-1)或很低(T-2)。

(2)修兹(Schiotz)眼压计测量法　为常用的测量法,测量前应先向被检者作适当的说明,取得被检者的合作,然后让被检者仰卧,两眼滴0.5%的卡因溶液2 ~ 3次表面麻醉。测量前应先校正眼压计,用75%的酒精消毒眼压计足板,等酒精干后即可使用。检查时被检者两眼自然睁开,向天花板或某一固定目标点直视,勿转动,检者者用左手指轻轻分开上、下眼睑并固定在上、下眶缘,切勿压迫眼球,右手持眼压计的把手,将眼压计垂直下放,将足板轻轻放在角膜正中央(使眼压计自身重量完全压在角膜上,注意切不可施加任何其他压力),迅速记录眼压计指针所指刻度,如指针刻度小于3,则应加重砝码重测,将此刻度对照眼压计换算表,查出眼压值,测完后滴抗生素眼药水。

(3)非接触眼压计(non-contact tonometer, NCT)测量法　系应用自动控制装置吹出一定压力的气流,在一定的距离吹压角膜,并用光学方法自动检测被气流吹平的角膜面积。当气流吹压角膜达到固定面积(直径3.6mm)时,根据瞬间的气流强度,用电子计算机自动换算出眼压数值。此法器械不接触角膜,故不需麻醉,操作简便,而且可以避免交叉感染或角膜上皮损伤,故对大规模眼压普查尤为适用。

二、滴眼药水

1.目的

(1)诊断、防治眼部疾病。

(2)检查或手术前的准备(如散瞳或缩瞳)。

2.用物准备

治疗盘内放指定眼药水、消毒棉签、棉球、无菌滴瓶、弯盘1个。

3.操作方法及程序

(1)协助患者取坐位或仰卧位,头略后仰,眼向上注视,左手持棉签轻拉下眼睑,暴露结膜下穹隆部,右手持滴管或眼药瓶。

(2)将药液1 ~ 2滴滴入下结膜囊内。

(3)轻提上眼睑,嘱患者轻轻闭目2 ~ 3分钟,用棉签擦拭干外溢药液。

4.注意事项

(1)严格执行查对制度,核对姓名、药名、眼别、检查药物质量,无误后方可用药,尤其是散瞳及缩瞳、腐蚀性药物切忌滴错,以免造成严重后果。

(2)滴眼药水前应洗净双手,防止交叉感染,传染性眼病患者眼药水及用物应单独使用,严格执行消毒隔离制度。

(3)滴混悬液前应充分摇匀,正常结膜囊容量为0.02ml,每次滴入1滴即可。

(4)眼部有分泌物者应先用棉签擦拭干净,滴管距眼睑1 ~ 2cm,勿触及睫毛,以防污染。

(5)双眼滴药时,应先滴健眼后滴患眼,先轻后重,防止两眼交叉感染。

(6)眼药水勿直接滴在角膜上,操作时动作轻柔,对眼球穿通伤、角膜瘘、手术后的患者滴眼时勿压迫眼球。

(7)滴用散瞳、缩瞳(阿托品、毛果芸香碱等)或毒性较大药物时,滴眼药后即用棉球压迫泪囊区2 ~ 3分钟,防止药液经鼻腔黏膜吸收引起中毒反应,儿童更应注意。

(8)同时滴数种药物时,两药之间需间隔数分钟,先滴刺激性弱的药物,先滴消炎眼药水再滴散瞳类眼药水,与眼药膏同时用时,先滴眼药水再涂眼药膏。

三、涂眼药膏

1.目的

(1)治疗眼部疾如眼睑闭合不全、绷带加压包扎前需保护角膜者、需做睑球分离患者、散瞳检查眼底。

(2)用于手术或眼部受伤,需眼部包扎的患者。

2.用物准备

消毒棉签、棉球、消毒眼垫及圆头玻璃棒、抗生素眼膏、胶布。

3.操作方法及程序

(1)玻璃棒法

1)用消毒玻璃棒一端蘸少许眼药膏。

2)同眼药水法,轻拉下眼睑,嘱患者眼球向上看,手持玻璃棒与睑裂平行,将药膏放在下穹隆部,将上、下眼睑闭合,嘱患者闭眼。

3)旋转玻璃棒自颞侧轻轻抽出,用棉签擦去外溢的药膏,必要时盖眼垫。

4)用棉球把玻璃棒擦干消毒备用。

(2)软管法

1)手持眼膏软管将药膏挤入下穹隆结膜囊内,提起上眼睑轻轻将眼睑闭合。

2)用棉签轻轻擦去外溢的药膏。

4.注意事项

(1)检查玻璃棒是否完整,两端是否光滑,以免有破损而擦伤角膜、结膜。

(2)涂散瞳眼膏须用干棉球压迫泪囊数分钟。

(3)涂眼膏时软管切勿碰到角膜和睑睫毛,以免擦伤角膜、结膜和药膏,污染引起眼部不适及刺激征。

(4)给外伤、角膜溃疡、内眼手术后患者操作时动作要轻揉,勿压迫、按摩眼球,以免造成角膜穿孔。

(5)双眼均需涂眼膏者,应分别使用玻璃棒,防止交叉感染。

四、剪睫毛

1.目的

内眼手术准备,防止术中睫毛掉入伤口。

2.用物准备

消毒小弯剪刀1把、消毒棉签、眼膏、抗生素眼药水。

3.操作方法及程序

(1)按医嘱核对眼别,帮助患者仰卧平躺,头靠近床边。

(2)先在小弯尖刀上涂一薄层眼膏,左手将眼皮撑开,右手持睫毛剪,剪上睑睫毛时,嘱患者向下看,剪下睑睫毛时,嘱患者向上看,操作者用手指压住皮肤使睑缘轻度外翻,分别剪起上、下睑睫毛。

(3)用右手剪右眼睫毛时站在患眼同侧或床头,剪左眼睫毛时立于左侧,避免鼻梁妨碍操作。

4.注意事项

(1)操作时选择光线充足的地方。

(2)动作要轻巧,注意剪刀不要触及眼球,勿损伤睑缘皮肤。

(3)操作完毕,须行结膜囊冲洗,并滴用抗生素眼药水。

(4)老人、儿童、精神紧张者要妥善固定头部,并尽量取得患者合作。

(5)皮肤松弛者,尽量绷紧皮肤,防止损伤眼睑。

五、结膜囊冲洗

1.目的

(1)冲洗结膜囊内的异物及分泌物。

(2)中和化学物质,减轻化学物质对眼部的损害。

(3)眼部手术前常规清洁、消毒。

2.用物准备

洗眼壶、受水器、消毒棉签、冲洗液(常用生理盐水)、消毒眼垫及眼睑拉钩。

3.操作方法及程序

(1)患者取仰卧位或坐位,头略后仰向患眼微倾,由患者协助将受水器紧贴于患侧的脸颊部,告知冲洗注意事项。

(2)嘱患者轻闭双眼,操作者右手持洗眼壶,距眼球3～4cm,先将水流冲至颊部,然后移至眼部进行冲洗,距离由近至远。

(3)操作者左手翻转患者上、下眼睑,嘱其将眼球向各方向转动,使结膜囊各部分充分暴露,彻底清洗(视网膜脱离患者慎重)。

(4)冲洗后用消毒干棉签擦净眼睑及面部冲洗液,取下受水壶,必要时覆盖眼垫。

4.注意事项

(1)冲洗前应先用棉签擦净眼部药膏及分泌物后再冲洗。

(2)防止洗眼壶触及眼睑、睫毛,以免污染。洗眼壶不可过高或过低,冲洗压力不宜过大。

(3)眼球穿孔伤及角膜深层溃疡禁忌冲洗。

(4)冲洗液切勿直接冲于角膜上。

(5)眼睑肿胀、儿童及不能合作者可用眼睑拉钩拉开上、下眼睑冲洗。

(6)传染性眼病的用具,用后应彻底消毒。

(7)冲洗液保持适宜的温度,一般以32 ~ 37℃为宜。

六、泪道冲洗

1.目的

(1)检查泪道是否通畅。

(2)内眼、泪道手术前常规准备。

(3)清除泪道内的分泌物,注入药液治疗慢性泪囊炎。

2.用物准备

一次性弯针头、一次性注射器(5ml)、消毒棉签、表面麻醉药、消毒泪点扩张器、受水器、生理盐水、抗生素眼药水。

3.操作方法及程序

(1)患者取坐位或仰卧位,以手指或棉签挤压泪囊部位,挤出泪囊内的积液、积脓。

(2)表面麻醉药滴于泪点,或以棉签浸泡表面麻醉药后夹于患者上、下泪点3 ~ 5分钟。

(3)取盛有生理盐水或抗生素溶液的注射器、安上弯针头。

(4)嘱患者头部向上微向后仰,固定不动,眼向上注视,将下眼睑向下方牵拉,暴露下泪点,将冲洗针头垂直插入泪点1 ~ 2cm然后转为水平方向,向鼻侧进入泪小管内3 ~ 5cm,缓慢注入药液后,仔细观察泪点溢液情况,并询问患者有无液体流向鼻咽部。

(5)记录结果。

4.注意事项

(1)操作前须向患者做好解释,以取得合作。

(2)冲洗泪道不畅或阻力很大时,应询问病情,如无流泪史。应将针头轻轻转动冲洗,观察是否因针头被泪小管黏膜皱褶所阻塞,而产生不通的假象。

(3)泪点狭小者,可先用泪点扩张其扩大泪点再冲洗。

(4)操作时要谨慎、细心,动作轻巧、正确,以防误伤结膜及角膜,进针头遇到阻力,不宜施以暴力,避免损伤泪道造成假道。

(5)如出现肿胀,为冲洗液误入皮下组织,应立即停止冲洗,给予相应的治疗、处理。

(6)急性泪囊炎、急性泪囊周围炎患者禁止泪道冲洗及挤压泪囊部。

七、球结膜下注射

1.目的

(1)将药物注入结膜与巩膜之间的疏松间隙内,以提高药物在眼内的浓度,增强及延长药物的作用时间。

(2)由于注射液的刺激及渗透压的改变,促进血液循环,达到消炎和促进吸收的作用。

(3)常用药物有抗生素、激素、散瞳药、自家血清或高渗盐水等。

2.用物准备

1 ~ 2ml无菌注射器、4.5 ~ 6号针头、注射药物、0.5%地卡因溶液、抗生素眼药水、消毒棉球。

3.操作方法及程序

(1)患者取坐位或仰卧位。患眼滴表面麻醉剂(0.5%地卡因溶液)每3 ~ 5分钟1次,共3次,如角膜溃疡或结膜囊分泌物多时,可先用生理盐水或1%硼酸水冲洗结膜囊。

(2)操作者右手持吸好药物的注射器,左手拇指拉开下睑,令患者眼向内上方注视,以暴露出球结膜。将注射器以水平方向与眼球成10º~ 15º角,将针头刺入距角膜缘5 ~ 6mm颞侧近穹隆部的球结膜下,轻轻挑起球结膜进针3 ~ 4mm,缓慢注入药液,该处球结膜成鱼泡样隆起,注射量一般为0.1 ~ 0.5ml。

(3)注射完毕拔出针头后滴抗生素眼药水,嘱患者闭眼休息3 ~ 5分钟。如为角膜溃疡患者,应按医嘱涂上眼药膏并加封眼垫,观察无反应即可离去。

4.注意事项

（1）注射时嘱患者勿转动眼球，针尖斜面朝外，针头刺入的方向指向穹隆部，以防刺伤角膜。不合作患者可用开睑器及固定镊固定眼球后再注射。

（2）进针时要避开血管，注射后如有出血，可用棉签压迫片刻。

（3）若需散瞳拉开后粘连的虹膜，应将药液注射在离角膜缘很近的地方。治疗眼内炎症和玻璃体浑浊，药液用量可多些，注射部位应选择距角膜缘较远的地方。

（4）刺激性强、容易引起局部坏死的药物，不可做结膜下注射。

（5）多次注射者，应常更换部位，以免结膜下结疤、粘连。

（6）注射可的松混悬液时，应先将药物摇匀后再抽吸注射。

八、球后注射

1.目的

（1）内眼手术前麻醉睫状神经节，以达到手术时无痛。

（2）绝对期青光眼的止痛措施。

（3）治疗眼底病时使用。

2.用物准备

注射器、球后注射针头、注射药物、3%碘酊、75%酒精、消毒棉签、纱布。

3.操作方法及程序

（1）患者取仰卧位或坐位，分别用3%碘酊和75%酒精消毒下睑缘至眶下缘附近的皮肤（手术时用3%红汞及75%酒精消毒）。

（2）操作者站在患者头顶端，左手压紧消毒区边缘的皮肤，右手持吸好药物的注射器，在眶下缘的外1/3于内2/3交界处刺入皮肤（如从结膜囊进针，则先拉开下睑，从同一位置的下结膜囊刺入）并嘱患者眼球转向内上方，靠眶下壁垂直进针2mm，越过眼球赤道部即斜向鼻上方，入针约3cm深，回抽注射器无回血即可慢慢推注药液。

（3）注射完毕轻轻拔出针头，嘱患者闭眼并垫以消毒纱布轻压眼球片刻，使注入药物迅速扩散，并防止出血。

4.注意事项

（1）严格执行无菌操作。

（2）进针时如有明显抵抗感，不得强行进针，以防刺伤眼球。进针深度不宜超过3.5cm，以防刺入颅内，也不要过于偏向鼻侧，以防刺伤较大血管及视神经。

（3）进针时不宜过深过速，针尖不适锋利及过细，掌握好进针方向，切忌针尖在眶内乱刺。

（4）注射完毕，注意观察有无球后出血现象，如发现眼睑皮肤肿胀、眼球突出、运动受限等现象，应单眼用加压绷带包扎止血。

（苏静）

第八十一章　耳部疾病患者的护理

第一节　耳的结构与功能

学习目标

知识目标　掌握外耳、中耳的解剖结构尤其是鼓膜和咽鼓管的解剖特点和功能及声波传导的两个途径；熟悉鼓室的内容及六壁主要结构名称；了解内耳的解剖结构及功能。

能力目标　能够正确认识耳部的结构与功能。

素质目标　培养良好的护理职业素质。

一、耳的应用解剖

耳按解剖部位分为外耳、中耳和内耳。耳的绝大部分包含在颞骨内（图81-1）。

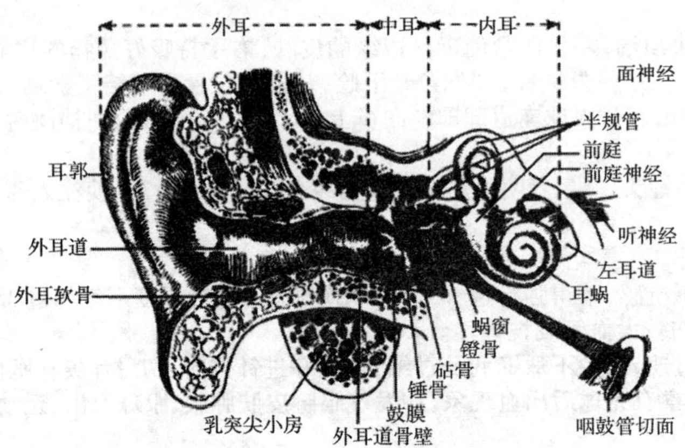

图81-1　外、中、内耳关系示意图

1.外耳

外耳由耳郭和外耳道组成。

（1）耳郭　由皮肤、软骨、肌肉、韧带构成，位于头颅两侧的颞部。分前（外）面和后（内）面，前面凹凸不平，有多个解剖标志，后面隆起，附着处称耳廓后沟，是耳科手术的重要标志。耳郭有皮下组织少易致畸形、血液供应差易致冻伤、周围神经丰富炎症外伤时疼痛明显等特点（图81-2）。

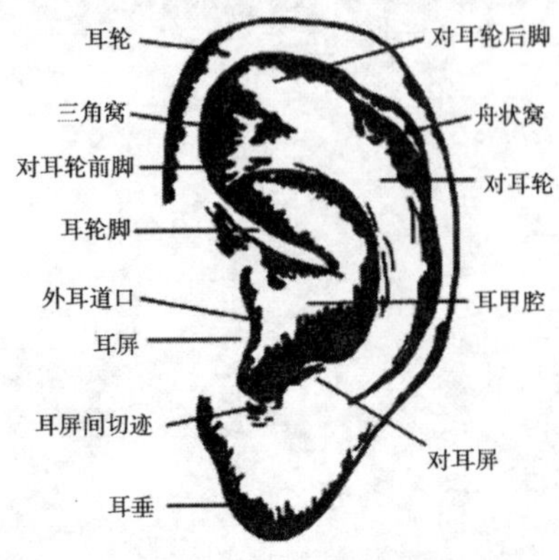

图81-2　耳郭表面标志

(2)外耳道　起自外耳道口,向内止于鼓膜,外1/3为软骨部,内2/3为骨部,呈"S"形弯曲,故检查鼓膜时应向后上方牵拉耳廓(成人)。软骨部富含皮脂腺、耵聍腺和毛囊,易发耳疖。外耳道皮下组织少,肿胀时疼痛剧烈。

外耳的血液主要来源于颈外动脉的颞浅动脉、耳后动脉和上颌动脉;外耳的神经感觉和支配主要源于三叉神经耳颞支(分布于外耳道前壁)、迷走神经耳支(分布于外耳道后壁)、来自颈丛的耳大神经和枕小神经等。

2.中耳

中耳包括鼓室、鼓窦、乳突和咽鼓管。

(1)鼓室　为颞骨内的不规则含气腔。

可把鼓室看作一立方体,共有六壁　包括外、内、前、后、顶、底六壁。鼓室内病变可破坏相应的鼓室壁,引起多种并发症。

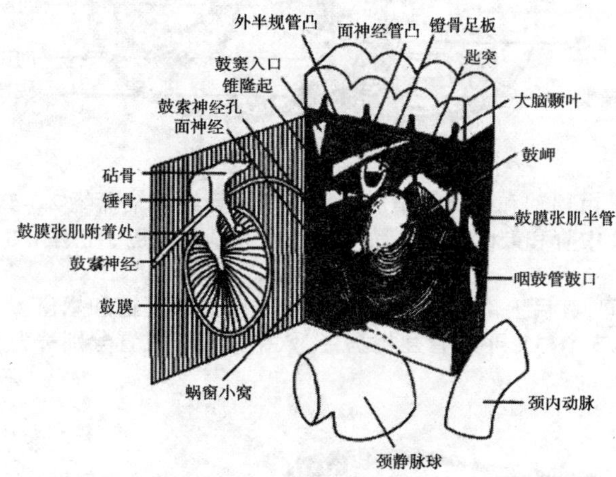

图81-3　右耳鼓室六壁模式图

外壁:由鼓膜和部分颞骨组成。成人鼓膜为椭圆形的半透明薄膜,有多个解剖标志。鼓膜最突出的标志是光锥。

内壁:即内耳的外壁,有多个凸起和凹陷。凸起包括鼓岬(耳蜗底周形成)、面神经管凸和外半规管凸;凹陷包括前庭窗(又称卵圆窗)和蜗窗(又称圆窗)。

前壁:下部以薄骨板与颈动脉相隔,上部有鼓膜张肌半管和咽鼓管的开口。

后壁:面神经垂直段从此经过,后壁上部有鼓窦入口,上鼓室以此与鼓窦相通。

上壁:即顶壁,又称鼓室盖,以颞骨岩部与颅中窝分开。

下壁:即底壁,以薄骨板与颈静脉球相隔。

温馨提示:鼓室歌诀:中耳鼓室六个壁,名称结构要牢记;前后上下外内侧,按照顺序记仔细;咽管孔窦鼓室盖,骨板鼓膜内侧迷;中耳炎症互蔓延,及早治疗莫大意。

鼓室内容:

听小骨:包括锤骨、砧骨和镫骨。锤骨连接鼓膜,镫骨连接前庭窗,砧骨在二者之间,三者组成听骨链。

肌肉:包括鼓膜张肌和镫骨肌,通过增加鼓膜张力而减少声波对内耳的冲击力。

韧带:包括锤上韧带、锤前韧带、锤外侧韧带、砧骨上韧带等,起固定听小骨作用。

血管:鼓室动脉血主要来自颈外动脉。

神经:鼓室神经主要是鼓索神经和鼓室丛。

(2)鼓窦　为鼓室后上方的含气腔,向前通上鼓室,向后下通乳突气房,上方以鼓窦盖与颅中窝相隔。

(3)乳突　为鼓室和鼓窦的外延部分,由许多气房连通而成。根据其发育程度分为气化型、板障型、硬化型和混合型。

(4)咽鼓管　为连接鼓室和鼻咽部的通道,常处于关闭状态,吞咽、打哈欠、张口时开放,空气进入鼓室,使鼓膜两侧保持气压平衡。各种原因引起的咽鼓管不开放或开放不良所致的气压不平衡,均能引起中耳的病变。

3.内耳

内耳又称迷路，为埋藏于颞骨岩部的复杂而精密的管道，包括骨迷路和膜迷路，膜迷路为套在骨迷路内的膜性管道。

骨迷路包括耳蜗、前庭和骨半规管(图81-4)。

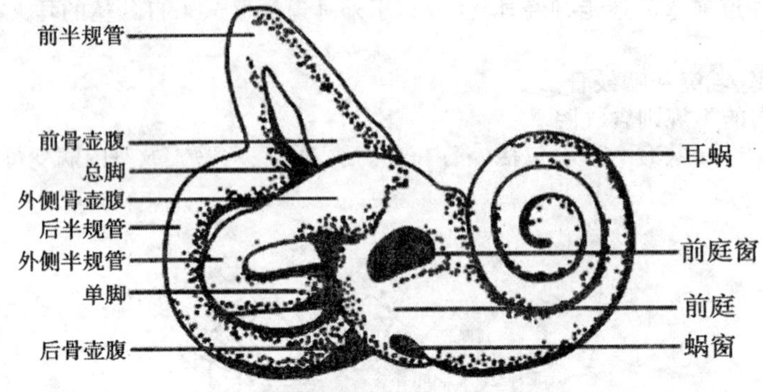

图81-4　右耳骨迷路

耳蜗：形似蜗牛壳而得名，由蜗轴和骨蜗管组成。人类的蜗管绕蜗轴盘绕2.5-2.75周。骨蜗管被基膜和蜗管前庭壁分为3个腔：前庭阶、中阶和鼓阶。前庭阶和鼓阶内充满外淋巴，在蜗孔处相通；中阶内充满内淋巴，内外淋巴不相通(图51-5)。

前庭：在耳蜗和半规管之间，其后上部与骨半规管相通，外壁有前庭窗和蜗窗。

骨半规管：在前庭后上方，3个弓形半规管互相垂直，依据其空间位置分别称为外侧(水平)半规管、前(垂直)半规管和后半规管。

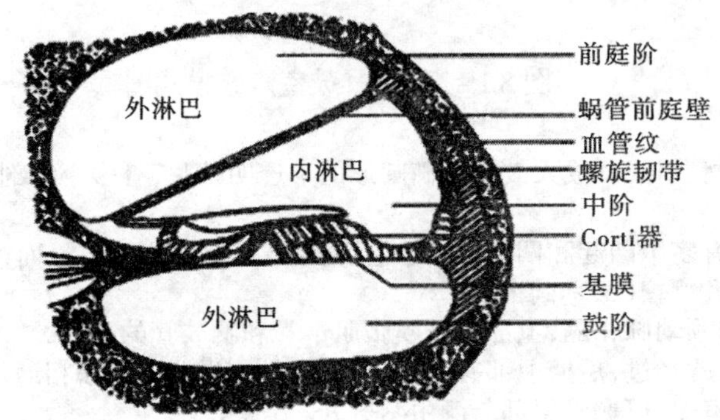

图81-5　耳蜗横切面

温馨提示：内耳歌诀：内耳迷路藏颞岩，耳蜗前庭半规管；听觉耳蜗螺旋器，前庭直线半规旋。

二、耳的生理

1.听觉生理

声波传入内耳有空气传导和骨传导两种途径，正常情况下以空气传导为主。

(1)空气传导　声波由耳郭和外耳道收集后(空气振动)，经鼓膜使听骨链产生振动后传至前庭窗(传声变压)，使内耳的外、内淋巴产生波动(液体波动)，从而振动基底膜，导致基底膜上的螺旋器的毛细胞受到刺激而感音(感音)。即声波经外耳道→鼓膜→听骨链→前庭窗。

(2)骨传导　声波直接对颅骨产生作用致内外淋巴波动，从而激发螺旋器产生听觉。正常情况下作用甚小，但在鉴别耳聋性质中有重要意义。

2.平衡生理

人体平衡主要靠前庭、视觉和本体感觉3个系统协调完成，而以前庭系统最重要。半规管主要感受角加速度刺激，球囊斑和椭圆囊斑主要感受线加速度刺激。

第二节　耳部疾病患者的护理

学习目标

知识目标　鼓膜外伤的护理评估、处理原则及护理措施；分泌性中耳炎的身体评估、处理原则及护理措施；急化脓性中耳炎的身体评估、处理原则、护理措施；慢性化脓性中耳炎手术的护理措施；熟悉分泌性中耳炎的发病机制，慢性化脓性中耳炎分类、各型的身体评估及处理原则，梅尼埃病的身体评估、处理原则及护理措施；了解耳源性并发症的分类、身体评估及处理原则，梅尼埃的病例改变。

能力目标　能够对耳部外伤与疾病进行正确的护理。

素质目标　尊重、关心、爱护耳部疾病患者，培养良好的护理职业素质。

一、先天性耳前瘘管

【概述】

先天性耳前瘘管是为胚胎期形成耳郭的第1、2腮弓的6个小丘样结节融合不良或第1腮沟封闭不全所致。是常见耳科疾病之一。据国内统计，单侧多于双侧，约4∶1，且女多于男。瘘口常位于耳轮脚前，瘘管可具分支，管壁衬以复层鳞状上皮，管腔内有脱落上皮及角化物。

【护理评估】

1.健康史

评估患者的瘘管是否在出生时即存在，有否反复感染的病史。

2.身体评估

患者的瘘管一般位于耳轮脚前，另一端为盲端。平时一般无明显症状，患者就诊时，大多已发生感染，局部出现红肿或化脓。感染时形成具有臭味的分泌物，反复感染可形成囊肿或脓肿。破溃后局部形成脓瘘或瘢痕。

3.心理和社会评估

患者可能担心反复感染形成脓瘘或瘢痕，影响美观。大多数患者希望能彻底控制感染或手术切除瘘管。

4.处理原则

平时注意卫生，避免感染，可不予处理；若发生感染，可予切开排脓，必要时手术切除瘘管。

【护理诊断与医护合作性问题】

1.疼痛

与瘘管发生感染有关。

2.发热

与局部感染化脓有关。

3.皮肤完成性受损

与瘘管和局部感染化脓破溃有关。

【护理计划与实施】

1.一般护理

(1)注意瘘管部位卫生，及时清理瘘管分泌物。

(2)遵医嘱全身应用抗生素。

(3)瘘管化脓或破溃后及时进行脓液引流。

(4)手术后配合医生做好换药工作。

2.健康指导

平时注意局部卫生，及时清理局部分泌物；发生局部红肿、疼痛或化脓时及时就医。

【护理评价】

1.患者瘘管感染是否得到控制。

2.患者手术是否彻底,有无复发。

3.患者手术后局部皮肤瘢痕是否明显。

二、鼓膜外伤

案例引入

患者,男,30岁,右耳闭塞感2个月,于2006年7月31日入院。患者2个月前感冒后乘飞机外出旅游,出现右耳闭塞不适,听力轻度下降,当时未引起重视,未给予治疗。后出现"流水样"耳鸣,改变体位时听力可改善,门诊给予药物及吹张治疗,右耳闭塞感持续未改善,并有加重来院就诊。病后没有耳痛,无耳流脓,无眩晕呕吐。体查:右鼓膜内陷,琥珀色,可见气泡,鼓膜活动度下降,未见穿孔。电测听:右耳传导性聋,语言频率35dB,左耳正常。声导抗:右耳鼓室图为B型,镫骨肌反射未引出,左耳正常。

学习任务:该患者可能患有何病?如何处理和护理?

【概述】

鼓膜外伤系直接或间接外力损伤所致,可分为器械伤(如尖锐物刺破鼓膜)和气压伤(如掌击耳部、炮震、跳水等)。其他原因有颞骨骨折、外耳道异物等。

【护理评估】

1.健康史

有鼓膜外伤史,如器械伤或气压伤。

2.身体评估

患者有耳痛、听力下降、耳闷、耳鸣等表现,部分患者可伴发眩晕、恶心等。检查可见外耳道内有血迹或血痂,鼓膜为不规则形穿孔。若外耳道有水样液持续流出,提示骨折引起的鼓膜穿孔同时伴脑脊液耳漏。

3.辅助检查

听力检查为传导性聋或混合性聋。

4.心理-社会评估

多有紧张情绪,担心预后情况。

5.处理原则

严禁任何水进入耳道,避免感染,争取自愈;若2周后鼓膜穿孔未自愈,可考虑行鼓膜修补术。

【护理诊断与医护合作性问题】

1.疼痛

与外伤有关。

2.鼓膜完整性受损

与外伤穿孔有关。

3.感知改变

听力不同程度下降,与鼓膜穿孔和内耳受损有关。

【护理计划与实施】

1.非手术疗法的护理

(1)遵医嘱全身应用抗生素,嘱伤后2周内勿擤鼻。

(2)用乙醇棉球消毒外耳道,外耳道口放置消毒干棉球。嘱患者保持外耳道干燥和清洁,禁止外耳道冲洗和滴药。

2.手术疗法的护理

穿孔2周不能愈合者,需行鼓膜修补术。术后禁止擤鼻,全身应用抗生素。

3.健康指导

(1)禁用尖锐物挖耳。

(2)爆破、燃放爆竹等场合戴耳塞。

(3)取外耳道异物或耵聍时须谨慎,避免损伤鼓膜。

【护理评价】

1.患者鼓膜穿孔是否愈合。

2.患者听力是否已经恢复。

3.患者有无感染等并发症发生。

三、分泌性中耳炎

【概述】

分泌性中耳炎是以鼓室积液和传导性聋为主要特征的中耳非化脓性炎性疾病,其命名甚多,如非化脓性中耳炎、分泌性中耳炎、卡他性中耳炎、浆液性中耳炎和胶耳等。

病因与发病机制:尚未完全明确,目前多认为与咽鼓管功能障碍、感染和免疫反应有关。一般认为,咽鼓管功能障碍是本病的基本病因,咽鼓管机械性阻塞(如腺样体肥大、肥厚性鼻炎等)和功能障碍(司咽鼓管开闭的肌肉无力)均可引起通气障碍,导致中耳负压,继而中耳黏膜毛细血管通透性增加,产生漏出液。中耳的这些改变更易发生感染,部分患者可因感染而合并渗出液;同时感染可激发免疫系统病变(Ⅰ型变态反应),使积液进一步加重。

【护理评估】

1.健康史

既往多有腺样体肥大、慢性鼻炎、鼻咽部肿瘤等影响咽鼓管开闭的疾病。头颈部肿瘤放射治疗后易发此病。

2.身体评估

全身症状不明显;局部可有听力下降、耳痛、耳鸣及耳闷等,小儿可表现为哭闹。早期鼓膜内陷,无光泽,各标志不清或消失;部分患者可透过鼓膜看见液平面或气泡。

3.辅助检查

音叉试验或纯音听力检查均为传导性聋;鼓室导抗图呈B型曲线,有重要诊断价值。对单侧鼓室积液的成人应做纤维鼻咽镜检查,以明确鼻咽部是否有新生物,以免误诊。

4.处理原则

清除积液,改善中耳通气引流,积极治疗原发病。

【护理诊断与医护合作性问题】

1.感知改变

听力下降,与传音系统异常有关。

2.舒适状态改变

耳痛、耳鸣及耳闷等,与鼓室积液有关。

3.不良情绪

焦虑和烦躁等,与耳鸣、耳痛和耳闷有关。

4.知识缺乏

缺乏疾病防治知识。

【护理计划与实施】

1.一般治疗的护理

(1)遵医嘱适当应用抗生素,防止鼓膜穿刺或置管时发生感染。

(2)成人局部麻醉下(儿童全身麻醉下)行鼓膜穿刺或鼓膜切开术,排除积液。

(3)麻黄碱滴鼻液滴鼻,保持鼻腔和咽鼓管通畅。

1)麻黄碱滴鼻液勿长期持续应用,避免发生药物性鼻炎。

2)导管吹张法、捏鼻鼓气法、波利策法改善咽鼓管通气,并教会患者捏鼻鼓气的方法。

3)长期不愈或咽鼓管功能短期不能恢复者,可行鼓室置管术。术前向患者解释手术的必要性。积极配合医师治疗原发病,如腺样体肥大、慢性鼻炎、鼻咽部肿瘤和鼻息肉等。术前向患者解释原发病与此病的因果关系及手术的目的和基本过程,使患者配合治疗。

2.健康指导

(1)加强锻炼,预防感冒。

(2)积极治疗鼻和鼻咽部疾病。

(3)提高对本病的认识,争取早期治疗。

【护理评价】

1.患者耳闭塞感、耳鸣等症状是否消失。

2.患者鼓室积液是否已经自行排泄或清除。

3.患者听力是否已经恢复。

四、化脓性中耳炎

案例引入

患者,女,47岁,左耳痛、流脓5天,加重伴眩晕3天入院。患者5天前感冒出现鼻塞流涕,用力擤鼻后出现左耳痛、听力下降,伴低调耳鸣,并伴有脓血性液体流出。3天前在当地医院给予消炎药物治疗,症状无改善,且出现旋转性眩晕、恶心、呕吐,呕吐物为胃内容物,来我院门诊就诊,以"急性化脓性中耳炎"给予静滴先锋霉素、维生素B6、ATP等药病3天,氯霉素药水滴耳治疗,耳痛改善,但仍有眩晕耳鸣、听力下降、恶心、呕吐。体查:左耳道充血,左鼓膜紧张部可见一直径0.3cm大小的穿孔,可见脓性分泌物附着。右鼓膜正常。双眼见水平旋转性眼震,快相向右,Ⅲ°。鼻腔黏膜充血,双下鼻甲稍肿大,双中鼻道见少量脓性分泌物。鼻咽光滑未见新事物。音叉检查:WT偏右,ST:(-)。血常规:白细胞10.670×109/L,余正常。电测听:左耳神经性性聋,语言频率110dB,右耳正常。头颅乳突CT:左侧化脓性中耳乳突炎,头颅未见异常。

学习任务:该患者可能患有何病?如何处理和护理?

【概述】

化脓性中耳炎可分为急性和慢性化脓性中耳炎两大类。急性化脓性中耳炎是中耳黏膜的急性化脓性炎症,好发于儿童。慢性化脓性中耳炎为中耳黏膜、骨膜或骨质的慢性化脓性炎症,临床以中耳长期持续或间断性流脓、鼓膜穿孔和听力下降为特点。如不及时治疗或治疗不当将导致严重的颅内、外并发症,危及生命。

【病因与发病机制】

1.急性化脓性中耳炎的主要致病菌为肺炎球菌、流感嗜血杆菌、溶血性链球菌及葡萄球菌等。感染途径主要有三种:咽鼓管途径最常见,当急性上呼吸道感染或急性传染病发生时细菌可经咽鼓管进入中耳,婴幼儿哺乳时乳汁可由咽鼓管进入中耳。其次是外耳道鼓膜途径,鼓膜破损时细菌可由外耳道直接进入中耳。血行感染现已少见。早期中耳黏膜充血并有炎性渗出物聚集,渗出物逐渐变为脓性,继而鼓膜因血液循环不良而穿孔,脓液外泄。

2.慢性化脓性中耳炎多因急性化脓性中耳炎治疗不当,迁延不愈转化而来,另外与身体抵抗力差和鼻腔、鼻窦及咽部的慢性感染灶也有关。常见致病菌为变形杆菌、绿脓杆菌、大肠杆菌和金黄色葡萄球菌等;也可两种致病菌同时存在。慢性化脓性中耳炎分为三型:单纯型慢性化脓性中耳炎、骨疡型慢性化脓性中耳炎和胆脂瘤型慢性化脓性中耳炎。

【护理评估】

1.健康史

(1)机体抵抗力差,平时常患上呼吸道感染。

(2)鼓膜外伤病史或鼓膜穿刺、置管术史。

(3)急性化脓性中耳炎病史。

(4)鼻、咽部慢性炎性病史。

2.身体评估

(1)急性化脓性中耳炎　多有畏寒、发热等全身症状。初期局部可有波动性跳痛、耳闷、耳鸣及听力下降等,鼓膜穿孔后上述症状稍减轻,但出现外耳道流脓。耳镜检查:早期鼓膜充血和外膨,各标志不清。中晚期可见鼓膜紧张部中央性小穿孔，穿孔处有脓液流出。乳突部可有轻微压痛。

（2）慢性化脓性中耳炎

1）单纯型：最常见，病变局限于鼓室黏膜。耳漏为间歇性，分泌物为黏液性或黏液脓性，无臭味。鼓膜多为紧张部中央性穿孔，鼓室内无肉芽组织增生。

2）骨疡型：又称坏死型或肉芽型，病变组织破坏广泛，病变深达骨质，并伴肉芽形成。特点为：耳道持续流脓，脓液黏稠、有臭味，可混有血丝。鼓膜多为紧张部边缘性穿孔。

3）胆脂瘤型：非真性肿瘤，而是位于中耳、乳突腔内的由角化上皮、坏死上皮和胆固醇结晶包在一起形成的囊性结构。胆脂瘤产生的溶酶体酶和胶原酶等可破坏骨质。原发性胆脂瘤早期可无流脓表现，如伴感染可长期持续流脓，脓液有特殊臭味。鼓膜一般为松弛部或紧张部后上方边缘性穿孔，透过穿孔可见鼓室内灰白色鳞屑状或豆渣样物质。

3.辅助检查

（1）听力检查　急性化脓性中耳炎多为传导性聋。单纯型慢性化脓性中耳炎为轻度传导性聋；骨疡型多为中、重度传导性聋；胆脂瘤型多为传导性聋，晚期可为混合性聋。

（2）实验室检查　急性化脓性中耳炎白细胞总数增高，多形核白细胞比例增加。

（3）影像学检查　乳突X片、颞骨CT对诊断和治疗有极大帮助。急性化脓性中耳炎、颞骨炎可见鼓室内密度均匀性增高。单纯型慢性化脓性中耳炎为鼓室黏膜增厚影，一般无骨质破坏；骨疡型显示中耳软组织影，并伴骨质破坏；胆脂瘤型影像早期即示上鼓室、鼓窦或乳突骨质破坏。

4.心理-社会评估

急性化脓性中耳炎患者因耳痛而烦躁和焦虑，并担心预后；慢性化脓性中耳炎患者因长期耳漏和听力下降而担心预后，也有部分患者不在意而不予治疗。

5.处理原则

各型化脓性中耳炎均须尽快控制感染，同时治疗原发病。急性化脓性中耳炎和慢性单纯型化脓性中耳炎一般可治愈，骨疡型和胆脂瘤型除以上治疗外还需尽早手术治疗。

【护理诊断与医护合作性问题】

1.疼痛

耳痛，与局部炎症或手术创伤有关。

2.体温升高

与化脓性炎症有关。

3.感知改变

与听力下降有关。

4.耳漏

脓液由鼓膜穿孔处流出。

5.潜在并发症

颅内外并发症如脑膜炎、脑脓肿、周围性面瘫、迷路炎和耳后骨膜下脓肿等，与骨疡型和胆脂瘤型慢性化脓性中耳炎有关。

6.知识缺乏

对化脓性中耳炎不够重视，缺乏对并发症的认识。

7.不良情绪

烦躁和焦虑情绪，与局部及全身不适有关。

【护理计划与实施】

1.急性化脓性中耳炎

（1）遵医嘱应用足量有效的抗生素，症状消除后仍需巩固5～7天。

（2）患者多休息，并保持大便通畅。

（3）指导患者应用0.05%盐酸羟甲唑啉滴鼻或麻黄碱液滴鼻，以利于咽鼓管通畅引流。

（4）鼓膜穿孔前以2%酚甘油滴耳；鼓膜穿孔后，取局部分泌物做细菌培养及药敏试验，先用3%过氧化氢清洗外耳道，再选择有针对性的抗生素滴耳液。

（5）穿孔不愈者，可择期行鼓膜修补术。

2.慢性化脓性中耳炎

（1）指导患者正确使用1%麻黄碱或0.05%盐酸羟甲唑啉滴鼻液滴鼻。

(2)取外耳道分泌物做细菌培养和药敏试验,以选择适当的抗生素。

(3)单纯型慢性化脓性中耳炎的病情较其他两型轻,感染控制且咽鼓管功能良好的情况下可行鼓室成形术。

(4)对骨疡型和胆脂瘤型者,说明其病情的严重性,需尽早行乳突根治术和鼓室成形术,避免发生颅内、外并发症。手术目的是彻底清除病灶、建立引流通道、重建听力、力求干耳。

(5)术后密切观察有无面瘫、眩晕、恶心和呕吐等并发症状,及时向医师报告。

(6)抽纱条后每日换药,并于术后12天左右拆线,同时观察引流情况和上皮术后生长情况。

(7)接受鼓室成形手术者勿用力擤鼻,注意饮食,保持大便畅通。

3.健康指导

教会患者正确的擤鼻方法,指导正确的哺乳姿势;加强锻炼,提高机体抵抗力,防止上呼吸道感染;鼓膜外伤或置管者避免鼓室进水;广泛宣传慢性化脓性中耳炎的危害性,尽早治疗,防止耳源性并发症的发生。

【护理评价】

1.急性化脓性中耳炎

(1)患者炎症是否得到控制,疼痛是否消失,体温是否已经恢复正常。

(2)患者鼓膜穿孔是否愈合。

(3)患者听力是否已经恢复。

(4)患者有无并发症发生。

2.慢性化脓性中耳炎

(1)患者对该病是否有了正确的认识,能否配合医护人员进行治疗。

(2)患者症状是否已经减轻或解除。

(3)患者鼓膜穿孔是否愈合,听力能否较好地恢复。

(4)患者手术后有无复发,能否参加正常的社交活动。

(5)患者有无并发症发生。

案例引入

患者,男,20岁,右耳反复流脓、听力下降18年就诊。患者从幼年起右耳开始流脓,脓液为白色,没有异味,同时觉患耳听力稍下降,给予滴耳液及口服抗生素治疗可以控制症状。多年来反复发作。病后无头痛、耳鸣、眩晕等不适。体查:双耳郭耳道无异常,右鼓膜紧张部穿孔,直径约5mm,鼓室黏膜光滑,淡红,无脓性分泌物,未见肉芽和息肉。捻鼻鼓气有气体溢出。左鼓膜正常。音叉检查:WT:偏右,RT:AC<BC(右)。ST:(+)右。电测听:右耳传导性聋,语言频率30dB,左耳正常。乳突CT:右慢性中耳乳突炎,未见骨质破坏及胆脂瘤形成。

学习任务:该患者患有何病?如何处理和护理?

附:乳突根治术的主要护理

1.术前主要护理

(1)耳周备皮(术耳周围大约10cm范围的毛发备皮)。

(2)术前8小时禁食。

(3)术前做好患者的心理工作,减轻患者的恐惧感。

(4)遵医嘱术前夜用镇静剂。

(5)术前30分钟肌内注射阿托品和苯巴比妥。

2.术后主要护理

(1)等级护理　Ⅰ级护理。

(2)体位　平卧侧头位(患耳偏上)。

(3)饮食　采用半流质或软食饮食(如为全麻手术,则为清醒后半流质或软食饮食)。

(4)观察护理　生命体征、创面敷料情况及有无颅内外并发症情况。

(5)换药护理　逐步抽除外耳道填塞物。

(6)拆线　术后12~14天拆耳后缝线。

(7)用药护理　遵医嘱使用抗生素等。

(8)出院时护理　瞩患者定期复诊等。

五、耳源性并发症

【概述】

耳源性并发症是中耳或乳突的急、慢性炎症向邻近或远处扩散引起的各种并发症，严重者可危及生命。

【病因与发病机制】

耳源性并发症的发生与中耳炎的类型、致病菌毒力、患者抵抗力等有关。胆脂瘤型中耳炎最易引起耳源性并发症，骨疡型次之，急性中耳炎少见，慢性单纯型化脓性中耳炎一般无耳源性并发症。耳源性并发症的感染途径有：①通过破坏或经缺损的骨壁侵犯周围组织，此途径最常见；②经正常解剖途径或未闭合的骨缝侵犯周围组织；③血行途径，最少见。

【护理评估】

1.健康史

成人多有慢性化脓性中耳炎病史，小儿多有急性化脓性中耳炎病史。

2.身体评估

根据出现的部位，耳源性并发症可分为颅内、颅外并发症两大类，其中颅内并发症最危险。常见的颅内并发症有：硬脑膜外脓肿、化脓性脑膜炎、乙状窦血栓性静脉炎和脑脓肿等。常见的颅外并发症有：耳后骨膜下脓肿、颈部贝佐尔德脓肿、迷路炎、岩锥炎和周围性面瘫等。并发症的共同临床表现为：耳漏、耳痛、鼓膜穿孔（多为松弛部或边缘性），鼓室内可见肉芽增生、息肉或胆脂瘤样物质。各种并发症的特异性临床表现分别为：

（1）硬脑膜外脓肿　脓肿可较长期地潜伏而无明显症状，随脓肿增大可出现患侧头痛，继续发展可出现全头痛，并有脑膜刺激征或局灶性神经定位体征。

（2）化脓性脑膜炎　为中耳乳突炎并发的软脑膜和蛛网膜的急性化脓性炎症。主要表现有高热、寒战、弥漫性头痛及喷射性呕吐，同时伴有烦躁不安和感觉过敏等。晚期可出现 Cheyne-Stokes 呼吸、瞳孔散大和对光反射异常等，患者可死于呼吸或循环衰竭。

（3）乙状窦血栓性静脉炎　指伴有血栓形成的乙状窦静脉炎。主要表现为周期性发作的高热、寒战、剧烈头痛和恶心。体温不稳定，可高达40℃，也可自行降至正常或以下；体温下降后症状可暂缓解。上述症状每天发作数次。患侧颈部可触及条索状肿块，局部有压痛，眼底可出现视盘水肿。Tobey-Ayer试验有助于此病的诊断。

（4）脑脓肿　指脑组织内局限性积脓，多发于颞叶，其次为小脑。临床可分为起病期、潜伏期、显症期和终期。起病期约持续数日，有发热、头痛、呕吐和脑膜刺激征等表现。潜伏期持续时间不等，无明显症状，有时可表现为淡漠、乏力、嗜睡和少语。显症期可出现颅压增高的特有症状：剧烈头痛和喷射性呕吐。颞叶脓肿可出现对侧肢体偏瘫和面瘫。小脑脓肿可表现为同侧肌张力减退和共济失调。

（5）耳后骨膜下脓肿　是脓液经乳突外侧骨皮质破溃区流入耳后骨膜下方形成，可有头痛和发热表现；耳后皮肤红、肿，耳廓被推向前、外方，耳后有压痛；诊断性穿刺可抽出脓液。

（6）颈部贝佐尔德脓肿　为脓液穿过乳突骨壁流入胸锁乳突肌内面形成的颈部脓肿，主要表现为同侧颈部疼痛、运动受限。局部压痛明显，穿刺抽出脓液即可确诊。

（7）迷路炎　即内耳炎。主要表现为阵发性眩晕、恶心、呕吐、自发性眼震、平衡失调和听力下降等。

3.辅助检查

（1）影像学检查　颅脑 CT 或 MRI 可清晰地显示脓肿的部位、大小及骨质破坏情况。

（2）其他检查　眼底检查、腰椎穿刺等有助于诊断。

4.心理-社会评估

患者初期对此病重视不够；病情严重时开始焦虑和恐惧，求生欲望十分强烈。随病情发展出现神志改变：嗜睡、抑郁、淡漠或昏迷等。

5.处理原则

情况危急者积极挽救患者的生命，脱离危险后积极控制感染，并给予支持治疗，尽早行乳突根治术及脓肿切除术。

【护理诊断与医护合作性问题】

1.疼痛

剧烈头痛，与颅内外并发症有关。

2.体温过高

与化脓性炎症波及颅内、外组织或器官有关。

3.脑膜刺激征

与脑膜炎有关。

4.清理呼吸道无效

与脑膜炎、脑脓肿有关。

5.皮肤完整性受损

与耳源性并发症和乳突探查术有关。

6.平衡障碍

与小脑脓肿或(和)迷路炎有关。

7.潜在并发症

晚期可出现脑疝、呼吸循环系统功能衰竭。

【护理计划与实施】

1.非手术治疗的护理

(1)绝对卧床休息,保持环境安静。

(2)备好抢救药品和器械,如葡萄糖、甘露醇、强心剂、呼吸兴奋剂、气管切开包和气管插管等。

(3)密切观察患者的神志、瞳孔大小、体温、呼吸、脉搏、血压等,注意有无面瘫、肢体偏瘫、眼震或大小便失禁等。

(4)患者出现烦躁、呼吸道分泌物增多等情况时,忌用镇静剂、镇痛剂和阿托品类药物,以免掩盖症状。

(5)遵医嘱应用足量、高效抗生素。

(6)要控制静脉输液量和速度,使患者处于轻度失水状态,并持续保持静脉通道,以备急救。

(7)便秘者适量应用缓泻剂,避免用力排便。

(8)大小便失禁者保持床单干燥清洁,防止褥疮发生。

(9)给予患者清淡、高热量半流质或流质饮食。

(10)昏迷患者按昏迷常规护理。

2.手术治疗的护理

(1)需行中耳乳突手术或脑部手术时按各手术常规准备。

(2)术前向患者解释说明手术的目的和意义,以争取患者配合治疗和护理。

(3)术前均须剃发备皮。

(4)按乳突手术或脑部手术的护理常规进行护理。

3.健康指导

(1)注意耳部卫生,避免中耳炎发生。

(2)积极治疗中耳炎,防止发生耳源性并发症。

(3)广泛宣传耳源性并发症的严重性和危害性,提高对此病的重视,争取早发现、早治疗。

【护理评价】

1.患者并发症是否得到控制,对患者生命有无威胁。

2.患者通过手术是否已经彻底清除病灶,是否解除了并发症尤其是颅内并发症的危险。

3.患者有无其他并发症发生。

六、特发性突聋

【概述】

特发性突聋指瞬间突然发生的、原因不明的感音神经性听力丧失。患者大多能说出发病的具体时间、地点和发病时的情形,一般单耳发病。

【病因与发病机制】

目前病因尚不明确,可能与病毒感染和内耳血液循环障碍、内耳缺氧等有关。

【护理评估】

1.健康史

(1)多数患者发病前有过度紧张、疲劳、抑郁、焦虑和悲伤等情况发生。

(2)急性上呼吸道感染病史。

(3)可有高血压、糖尿病、高脂血症等影响微循环疾病的病史。

2.身体评估

听力一般在数分钟或数小时内降至最低点，少数患者在数天内缓慢下降。听力损失的性质为感音神经性聋；耳鸣可为始发，也可伴随耳聋发生，多为高调性，听力恢复后耳鸣仍可较长时间存在。部分患者可有眩晕、耳闷及耳周麻木表现。耳镜检查见外耳道及鼓膜正常。

3.辅助检查

纯音测听显示感音神经性聋，声导抗图显示正常，颅脑CT或MRI显示无病理改变。

4.心理–社会评估

因发病急而毫无心理准备，耳聋、耳鸣、眩晕等往往使患者急躁和焦虑。

5.处理原则

早治疗是恢复听力的关键。应尽早使用血管扩张剂、改善微循环及营养神经的药物，同时注意休息和饮食。

【护理诊断与医护合作性问题】

1.感知改变

与听力下降有关。

2.舒适度改变

与眩晕、耳鸣等有关。

3.焦虑

与耳鸣、听力障碍、眩晕等有关。

4.知识缺乏

缺乏此病的发生、发展、预后及预防此病的知识。

【护理计划与实施】

1.药物治疗

(1)耐心、热情地向患者讲解此病的治疗需要情绪上的配合，良好的心理状况和情绪有利于病变的自愈。并嘱患者注意休息。

(2)遵医嘱给予抗病毒、改善内耳血液循环、营养神经及对症治疗的药物，同时可配合高压氧等治疗。

(3)禁烟酒、禁用耳毒性药物。

2.健康指导

(1)使患者了解此病的诱发因素，避免此病的发生。

(2)加强锻炼，预防感冒，注意劳逸结合。

(3)积极治疗高血压、高脂血症、糖尿病等原发病。

【护理评价】

1.患者耳鸣、耳聋等症状是否减轻或消失。

2.患者是否对本病的知识有了正确了解，能否配合医护人员进行治疗。

七、梅尼埃病

案例引入

患者，女，45岁。反复发作性眩晕、右耳耳鸣及听力下降10余年加重3天来诊。患者于10余年前无明显原因出现眩晕，发作时感觉自身及周围的物体旋转，右耳耳鸣、耳胀满感。伴恶心，呕吐。每年发作10余次，每次眩晕发作持续十几分钟至十几小时，早期右耳听力下降不明显，近年右耳听力下降逐渐加重。既往无中耳炎病史，无心脑血管病及糖尿病病史。发病前多有劳累过度或情绪不佳。查体：可见水平相眼震向右侧，双耳鼓膜正常。两年前曾做前庭功能检查，结果为右侧前庭功能低下。纯音测听：右耳为中重度感音神经性听力损失；甘油试验阴性；颞骨CT正常。

学习任务：该患者可能患有何病？如何处理和护理？

【概述】

梅尼埃病是一种原因不明的、以内耳膜迷路积水为主要病理特征的疾病,多发于青壮年,一般为单耳发病。

【病因与发病机制】

原因不明,可能与内淋巴吸收障碍、免疫反应、自主神经功能紊乱、内耳循环障碍、内分泌障碍和情绪改变有关。病理改变主要是膜迷路积水膨大,但内淋巴囊和膜半规管除外。

【护理评估】

1.健康史

反复发作的眩晕、耳鸣和听力下降等病史,发病间歇期无异常表现。

2.身体评估

发作性眩晕、耳聋和耳鸣是本病的主要特点。眩晕为旋转性,患者感到周围物体绕自身或某一平面旋转,伴恶心、呕吐、面色苍白、血压下降等自主神经症状,闭目时症状稍减轻。耳聋一般为单侧,发病期加重,间歇期好转,但每次发作都较上次重,个别患者有重振现象。耳鸣可以是此病的首发症状,性质不一,早期可为低调,晚期可为高调或混合性。耳胀满感、压迫感是此病的第四主征。耳镜检查鼓膜正常,咽鼓管功能检查正常。

3.辅助检查

(1)甘油试验　按1.2 ~ 1.5g/kg的甘油加等量生理盐水空腹服用,服药前1小时及服药后每隔1小时共行4次纯音听阈测试,如气导听力改善>15dB,则为试验阳性,提示存在膜迷路积水。

(2)听力检查　纯音测听示低频下降型感音神经性聋。

(3)前庭功能检查　发病高潮期眼震电图可显示水平型或水平-旋转型自发性眼震。

(4)影像学检查　颞骨X线、CT或MRI等显示无明显异常。

4.心理和社会评估

因反复发作,且临床表现较严重,故患者非常恐惧,心理压力极大。也有少数患者因发作时病情不重而不予重视。

5.处理原则

发作时积极对症处理,以调节自主神经功能、改善内耳循环和解除迷路积水为主要治疗原则;频繁发作者可手术治疗。

【护理诊断与医护合作性问题】

1.感知改变

由听力下降和耳鸣引起。

2.舒适状态改变

由眩晕、恶心、呕吐等引起。

3.不良情绪

恐惧、烦躁、焦虑、失望等,与多次反复发作有关。

4.有外伤的危险

易发生摔倒或车祸,与眩晕发病突然、难以预料有关。

【护理计划与实施】

1.药物治疗

(1)将患者安排在安静、光线稍暗的室内休息。

(2)低盐饮食,适当限制摄水量。

(3)适当应用镇静剂以消除患者部分症状,同时嘱患者充分休息。

(4)遵医嘱给予利尿药,以减轻膜迷路积水。

(5)遵医嘱应用改善内耳微循环和减轻血管痉挛的药物。

(6)对发作频繁、症状较重而长期影响工作或学习者可手术治疗。以下手术可供选择:内淋巴分流术、前庭神经切断术、鼓索神经切断术、颈交感神经切断术、经前庭窗减压术和迷路切除术等。向患者及家属说明手术的目的和意义,积极做好术前准备。

(7)耐心安慰、护理患者,使其消除不良情绪,积极配合治疗和护理。

2.健康指导

(1)戒除烟、酒等不良嗜好。

(2)避免应用耳毒性药物。

(3)平时低盐饮食,避免不利的情绪影响,保持良好的心态。

【护理评价】

1.患者的情绪是否稳定,能否积极配合治疗与护理。
2.患者是否对本病的防治知识有了较正确的认识。
3.患者眩晕、耳鸣、耳聋等症状是否得到控制。
4.患者手术后有无并发症发生。

(苏静)